中国新疆历史文化古籍文献资料译编

哈萨克族（一）

张新泰／总纂
贺灵／主编

新疆人民出版总社
克孜勒苏柯尔克孜文出版社
新疆人民出版社

图书在版编目（C I P）数据

中国新疆历史文化古籍文献资料译编 . 30 卷，哈萨克族 .1 / 贺灵主编 . —阿图什：克孜勒苏柯尔克孜文出版社；乌鲁木齐：新疆人民出版社，2016.8
ISBN 978-7-5374-1516-3

Ⅰ . ①中… Ⅱ . ①贺… Ⅲ . ①新疆 – 地方史 – 史料 – 古代②哈萨克族 – 民族历史 – 史料 – 新疆 – 古代 Ⅳ . ① K294.5 ② K283.6

中国版本图书馆 CIP 数据核字（2016）第 199630 号

项目统筹 胡新辉 林 辉 库来西·依萨克
责任编辑 许维丽
封面设计 刘堪海
技术编辑 杨 爽

出 版 新疆人民出版总社
克孜勒苏柯尔克孜文出版社
新疆人民出版社
地 址 阿图什市帕米尔西路 58 号
乌鲁木齐市解放南路 348 号
邮 编 845350 830001
发 行 克孜勒苏柯尔克孜文出版社
新疆人民出版社
电 话 （0908）4223138 （0991）2825887
印 刷 北京顺诚彩色印刷有限公司
开 本 880 × 1230 1/16
印 张 45
字 数 925 千字
版 次 2016 年 8 月第 1 版
印 次 2017 年 1 月第 1 次印刷
印 数 1—1000 册
定 价 130.00 元

前　言

历史是用资料记载的,资料是历史的载体。历史资料形态各异,诸如文字资料、实物资料(包括地面古迹、出土文物)、口碑资料等。研究地区和各民族历史与文化，以及各民族所创造的物质和精神文明，如果没有不同形态资料的有力支撑，则将一事无成。新疆(古称西域)自两汉开始进入信史时代,即跨入有文字记载的历史。两汉之前,虽然在此生息繁衍着诸多不同种族、不同语系语族、从事不同生产活动的氏族部落和史前民族,但都因处在没有文字记载的传说时代,故无法确切描述其历史活动。自公元前138年张骞代表汉朝政府出使西域"凿空"、公元前60年汉朝建立西域都护府、西域归入祖国版图之后,以司马迁《史记》滥觞、两汉国史拾遗补阙,新疆历史文化、风土人情等开始为我国正史所载述,新疆进入了信史时代。之后的各朝正史很多都对新疆历史、地理、民族、文化等予以详略不同的载述,尤其是唐代和清朝,对新疆留下了极其丰富的历史记述。这些资料是任何研究新疆历史、民族、文化者都必须首选之最权威资料,它们构筑了新疆历史文化资料之核心。

西域归入祖国版图之后,各朝各代均有身负不同使命的军吏、儒士、教徒、商人、使者、贬臣等游历西域,步履甚至东达异国他海(湖),为世人留下了体裁各异、视角多维的形形色色的文字,亦成为后人从不同侧面进一步认识和了解新疆的不可或缺的资料。其中不乏具有补阙释疑甚至填补空白者,它们与各朝正史新疆资料之间,是一种互补相参、拾遗补阙的关系,向被新疆研究者所重视,成为仅次于正史资料的新疆历史文化载体。

历史进入晚清之后,随着封建国门的洞开,神秘的新疆大地也成为列强争相探知的对象。一百年间,俄罗斯、瑞典、丹麦、日本、英国、法国、美国等国家的探险家、考古学家、地质学家、情报人员、史学者、旅游爱好者等频频涉足天山南北，或考察古迹，或盗掘文物，或探考险迹，或搜寻古籍史物，各自留下了内容丰富的不同文字探险记、考古记、游行记、研究著述以及图像资料等。目前，他们所盗取、搜集和偷运出境的各类资料，散存于这些国家的博物馆、图书馆、研究机构、大学或民间，它们正在慢慢为国人所知，与他们留下的著述一起，亦成为研究新疆历史文化不可忽视的重要资料群。

新中国成立前，学术界对新疆的历史、民族、文化等几无研究，更谈不上资料的搜集、整理和出版。20世纪五六十年代，新疆社科研究机构才开始对现有资料进行初步搜集整理工作，但成效甚微。党的十一届三中全会之后，随着新中国科学春天的到来，尤其是1981年初新疆社会科学院成立之后，新疆社科研究及相关资料的搜集整理工作全面展开。然而由于受当时经费、出版手段、人力不足等种种因素的制约，新疆历史文化资料的出版仍系薄弱的环节，且一度不受重视，20余年中仅有十余种资料薄册问世。近十年来，虽然该方面出版力度有所加大，但仍显零敲碎打，不成系统，更难为规模，这对研究领域和资料使用者仍很不利，尤其是对各少数民族研究人员、大学生及大中专院校教师，无法为自己的教学、研究和学习创造有利条件，为此，多年来直接影响了他们各方面水平的提高。更值得一提的是，在新疆，汉文经典资料的不普及，在各少数民族中，会直接影响到马克思主义国家观、民族观、宗教观、历史观和文化观的教育和普及，甚至影响新疆主流历史的宣传。因为只有通过这些经典资料，才能够正确阐明上述“五观”真谛，才能够准确唱响新疆历史主旋律，方能抵制和揭露民族分裂主义者在新疆历史、民族、宗教、文化等方面杜撰的伪历史和编造的歪理邪说。另外，系统编译出版有关新疆地方经典资料，是新疆基础文化建设的重要内容之一。为此，我们承蒙2015年国家出版基金的有力支持，将十余年编译的有关新疆经典资料，分门别类辑成《中国新疆历史文化古籍文献资料译编》40卷，使其更趋系统化、系列化和规模化，为各民族使用者创造有利条件。

本书编委会

2015年5月8日

编译说明

一、《中国新疆历史文化古籍文献资料译编》收录了以汉文为主的新疆历代有关历史文化方面的全国性和地域性最权威、最有价值的经典资料，还收录了大量由满、俄罗斯等民族文字翻译的各类权威资料，首次分地区、分民族出版。全套书分为40卷，如乌鲁木齐卷、伊犁卷、喀什卷、哈密卷、吐鲁番卷、塔城阿勒泰卷、阿克苏卷、巴里坤卷、乌什卷、叶尔羌卷、库车卷、焉耆库尔勒奇台卷、维吾尔族卷、汉族卷、哈萨克族卷、蒙古族卷、柯尔克孜族卷、锡伯族卷、满族卷、索伦卷、俄罗斯卷等。

二、本套书的译编工作始于2003年，而各种文字的古籍文献及档案资料的翻译工作则启动更早。十余年来，本书主编始终以高度负责和孜孜不倦的精神，对每条资料进行拟标题、核对原文、核实地名人名及专用名词，标点部分资料，尤对译自少数民族文字的大量资料进行加工处理，对其地名、人名及专用名词进行统一和核对工作，使书稿质量得到较大提高，很大程度上保证了书稿的可靠性和权威性。

三、新疆自古以来就是祖国领土不可分割的一部分，新疆的历史是新疆各族人民共同缔造的，新疆的地域文化更是新疆各族人民共同创造的，新疆自古以来就是多种宗教文化并存发展的重要地区。这是各类历史资料早已明确记载的铁的史实。然而新疆的民族分裂主义者无视这一史实，不断制造各种分裂理论，妄图把新疆从祖国的怀抱中分裂出去，这是新疆不安定的重大因素。对此，学术界和出版界具有重大的责任，即及时地用丰富的、以汉文为主的权威历史资料来厘清新疆自古以来就是祖国领土不可分割的一部分的铁的史实。通过这些资料，新疆重要的地区历史、各民族历史文化主线将变得更加系统和清晰，各民族专家学者可以藉此正确认识自己民族的历史文化，能够全面审视新疆各地区的历史，在其研究中，不仅十分方便地引用这些经典权威资料，还会带来十分积极的社会效益和政治影响。

四、古籍文献是记录地区历史和各民族历史文化的最重要载体。尤其是自秦汉以来形成的历代有关新疆历史文化方面的汉文古籍文献资料，是正确阐明新疆与祖国关系史、新疆与中亚关系史、新疆地域历史、新疆民族史、新疆宗教演变史、新疆文化史以及进行马克思主义国家观、民族观、宗教观、历史观和文化观教育的基础资料，更是对新疆各族人民进行爱国主义宣传教育的重要资料。因为只有通过这些古籍文献资料，才能够清楚地阐明两千多年来新疆各个部落、部族和民族，在共同缔造统一的祖国、抵抗外来侵略、反对和平息内乱过程中所做出的共同历史贡献；也只有通过这些资料，才能够揭穿和识破民族分裂主义者在新疆历史、民族、宗教、文化等方面杜撰的伪历史和编造的歪理邪说。

五、在过去的几十年中，由于人力、物力和财力的限制，在新疆基础文化建设方面欠账过多，至今未能够出版一套适合各民族专家学者（尤其是少数民族专家学者）和大中专院校师生共同使用的大型资料工具书，造成了少数民族专家学者、大中专院校师生很难有效、方便地利用汉文经典古籍文献资料的局面。因此，在新疆基础文化建设方面，只有系统、全面整理出版历代有关以汉文为主的新疆历史文化方面的经典权威资料，才能够在新疆正确阐明上述马克思主义"五观"真谛，才能够准确唱响新疆历史、文化的主旋律，才能够在维护祖国统一、反对民族分裂、抵制和识破西方的各种理论宣传方面立于主动地位，才能够以铁的史实引导各民族群众正确认识各自的历史文化，强化大家对祖国及其历史文化的认同感。

六、本套书资料上限自秦汉始，下限截至民国初年。所收汉文经典资料中，对涉及新疆及中亚的地名、人名及其他专用名词的表述，均存在不统一性，为了不破坏其结构的完整性和原始状态，没有夹注现名；翻译资料中少数民族或涉及中亚的地名、人名及其他专用名词，为避免产生差错或歧义，未标原音，基本上以古籍文献中记载的汉语译名或音译为准，并采用了约定俗成的译名。

七、书中收录的个别资料中，存在历代统治阶级对边疆部族和民族的不同蔑称以及其他议论，由于它们是客观历史存在，不宜人为抹去，仍按原样予以收录，请读者和引用者采取实事求是的态度，能够正确对待。

目 录

中国新疆历史文化古籍文献资料译编

中国新疆历史文化古籍文献资料译编

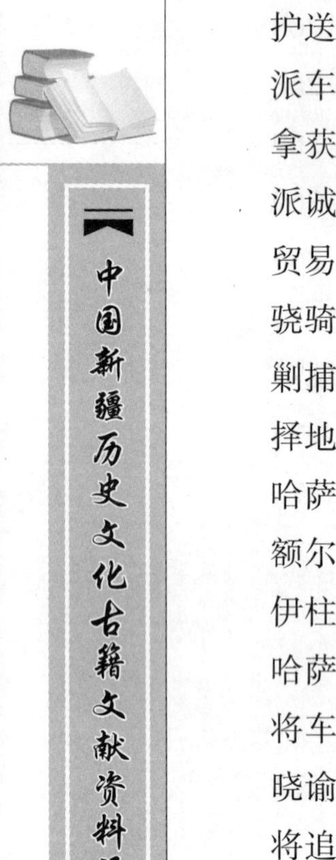
中国新疆历史文化古籍文献资料译编

中国新疆历史文化古籍文献资料译编

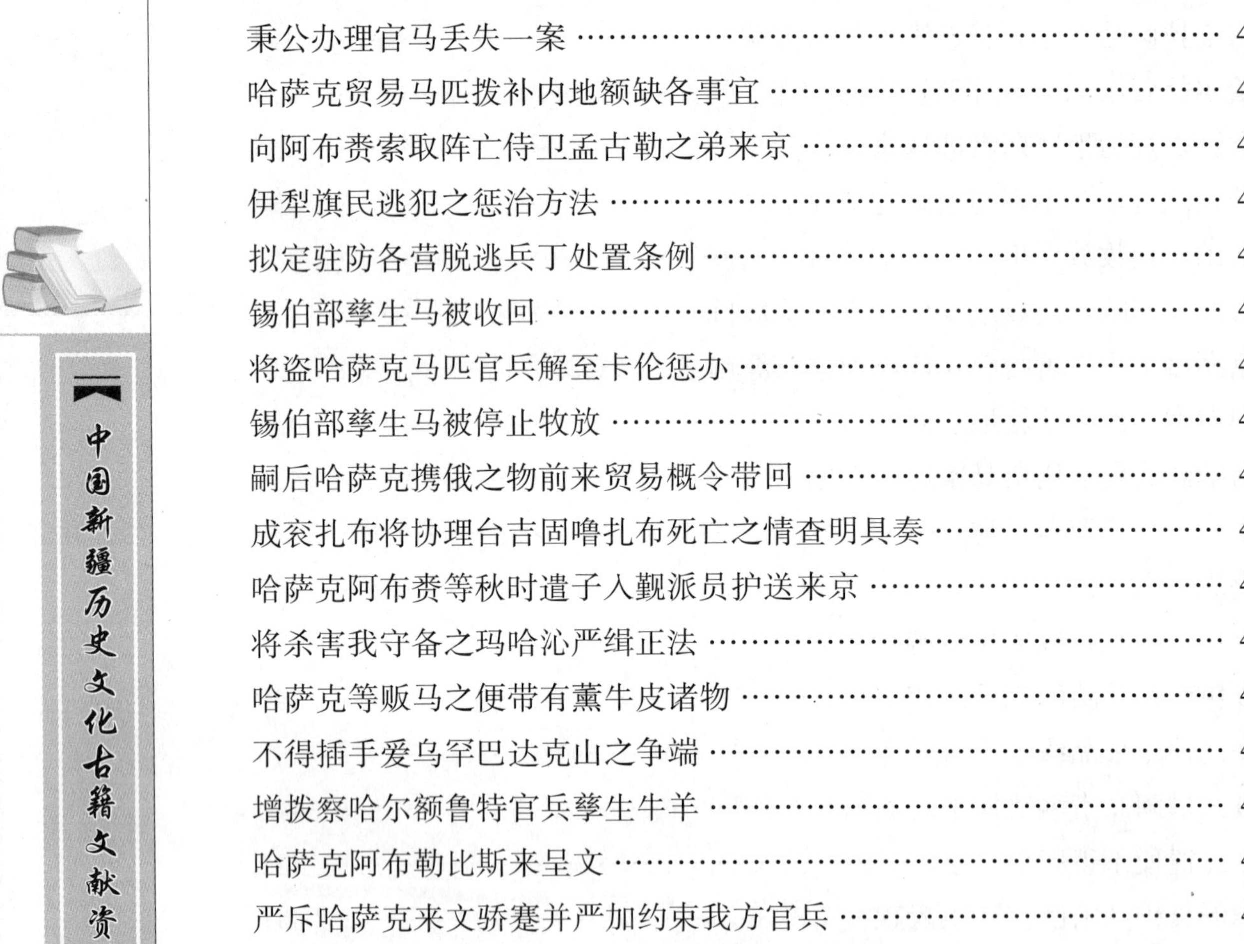

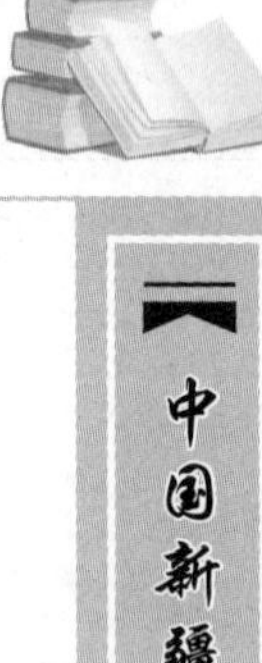

李牧拒匈奴

中国正史资料。记述了北方匈奴侵入中原北部的史实。对研究秦汉时期中国北方民族史具有重要参考价值。文曰："李牧者，赵之北边良将也。常居代雁门，备匈奴。以便宜置吏，市租皆输入莫府，为士卒费。日击数牛飨士，习射骑，谨烽火，多间谍，厚遇战士。为约曰：'匈奴即入盗，急入收保，有敢捕虏者斩。'匈奴每入，烽火谨，辄入收保，不敢战。如是数岁，亦不亡失。然匈奴以李牧为怯，虽赵边兵亦以为吾将怯。赵王让李牧，李牧如故。赵王怒，召之，使他人代将。岁余，匈奴每来，出战。出战，数不利，失亡多，边不得田畜。复请李牧。牧杜门不出，固称疾。赵王乃复强起使将兵。牧曰：'王必用臣，臣如前，乃敢奉令。'王许之。李牧至，如故约。匈奴数岁无所得。终以为怯。边士日得赏赐而不用，皆愿一战。于是乃具选车得千三百乘，选骑得万三千匹，百金之士五万人，彀者十万人，悉勒习战。大纵畜牧，人民满野。匈奴小入，佯北不胜，以数千人委之。单于闻之，大率众来入。李牧多为奇阵，张左右翼击之，大破杀匈奴十余万骑。灭襜褴，破东胡，降林胡，单于奔走。其后十余岁，匈奴不敢近赵边城。"

（《史记》卷八十一·廉颇蔺相如列传第二十一）

韩信降匈奴

中国正史资料。记述了韩信降匈奴的历史。对研究汉朝时期西域历史具有重要参考价值。文曰："六年（前 201 年）秋九月，匈奴围韩王信于马邑，信降匈奴。七年（前 200 年）冬十月，上自将击韩王信于铜鞮，斩其将。信亡走匈奴，（与）其将曼丘臣、王黄共立故赵后赵利为王，收信散兵，与匈奴共距汉。上从晋阳连战，乘胜逐北，至楼烦，会大寒，士卒堕指者什二三。遂至平城，为匈奴所围，七日，用陈平秘计得出。十二月，上还过赵，不礼赵王。是月，匈奴攻代，代王喜弃国，自归雒阳，赦为合阳侯。辛卯，立子如意为代王。（高帝十一年，前 196 年）春正月，淮阴侯韩信谋反长安，夷三族。将军柴武斩韩王信于参合。（高帝十二年，前 195 年）卢绾与数千人居塞下候伺，幸上疾愈，自入谢。夏四月甲辰，帝崩于长乐宫。卢绾闻之，遂亡入匈奴。"

（《汉书》卷一下·高帝纪第一下）

贰师将军败降匈奴

中国正史资料。记述了贰师将军在西域的活动。对研究汉朝时期西域历史具有重要参考价值。文曰:“元封元年(前111年)冬十月,诏曰:‘南越、东瓯咸伏其辜,西蛮北夷颇未辑睦,朕将巡边陲,择兵振旅,躬秉武节,置十二部将军,亲帅师焉。’行自云阳,北历上郡、西河、五原,出长城,北登单于台,至朔方,临北河。勒兵十八万骑,旌旗径千余里,威震匈奴。遣使者告单于曰:‘南越王头已县于汉北阙矣。单于能战,天子自将待边;不能,亟来臣服。何但亡匿幕北寒苦之地为!’匈奴詟焉。还,祠黄帝于桥山,乃归甘泉。(元封四年,前107年)秋,以匈奴弱,可遂臣服,乃遣使说之。单于使来,死京师。匈奴寇边,遣拔胡将军郭昌屯朔方。(太初二年,前103年)秋,蝗。遣浚稽将军赵破奴二万骑出朔方击匈奴,不还。三年夏四月,遣光禄勋徐自为筑五原塞外列城,西北至卢朐,游击将军韩说将兵屯之。强弩都尉路博德筑居延。秋,匈奴入定襄、云中,杀略数千人,行坏光禄诸亭障;又入张掖、酒泉,杀都尉。四年春,贰师将军广利斩大宛王首,获汗血马来。作西极天马之歌。天汉元年(前100年)三月,匈奴归汉使者,使使来献。二年夏五月,贰师将军三万骑出酒泉,与右贤王战于天山,斩首虏万余级。又遣因杅将军出西河,骑都尉李陵将步兵五千人出居延北,与单于战,斩首虏万余级。陵兵败,降匈奴。三年秋,匈奴入雁门,太守坐畏愞弃市。四年春正月,朝诸侯王于甘泉宫。发天下七科谪及勇敢士,遣贰师将军李广利将六万骑、步兵七万人出朔方,因杅将军公孙敖万骑、步兵三万人出雁门,游击将军韩说步兵三万人出五原,强弩都尉路博德步兵万余人与贰师会。广利与单于战余吾水上连日,敖与左贤王战不利,皆引还。(征和二年,前91年)匈奴入上谷、五原,杀略吏民。三年春正月,行幸雍,至安定、北地。匈奴入五原、酒泉,杀两都尉。三月,遣贰师将军广利将七万人出五原,御史大夫商丘成二万人出西河,重合侯马通四万骑出酒泉。成至浚稽山与虏战,多斩首。通至天山,虏引去,因降车师。皆引兵还。广利败,降匈奴。”

(《汉书》卷六·武帝纪第六)

汉朝西伐大宛

中国正史资料。记述了汉朝西伐大宛的史实。对研究汉朝时期西域历史具有重要参考价值。文曰:“夏,汉改历,以正月为岁首,而色上黄,官名更印章以五字。因为太初元年(前104年)。是岁,西伐大宛。蝗大起。丁夫人、雒阳虞初等以方祠诅匈奴、大宛焉。”

(《史记》卷十二·孝武本纪第十二)

李陵降匈奴

中国正史资料。记述了北方匈奴侵入中原北部的史实。对研究汉朝时期西域历史具有重要参考价值。文曰:“天汉二年(前99)秋,贰师将军李广利将三万骑击匈奴右贤王于祁连天山,而使陵将其射士步兵五千人出居延北可千余里,欲以分匈奴兵,毋令专走贰师也。陵既至期还，而单于以兵八万围击陵军。陵军五千人，兵矢既尽，士死者过半，而所杀伤匈奴亦万余人。且引且战，连斗八日，还未到居延百余里，匈奴遮狭绝道，陵食乏而救兵不到，虏急击招降陵。陵曰：'无面目报陛下。'遂降匈奴。其兵尽没，余亡散得归汉者四百余人。单于既得陵，素闻其家声，及战又壮，乃以其女妻陵而贵之。汉闻，族陵母妻子。自是之后，李氏名败，而陇西之士居门下者皆用为耻焉。"

（《史记》卷一百九·李将军列传第四十九）

车师后王姑句降匈奴

中国正史资料。记述了车师后王姑句降匈奴的情况。对研究汉朝时期西域历史具有重要参考价值。文曰："元始中，车师后王国有新道，出五船北，通玉门关，往来差近，戊己校尉徐普欲开以省道里半，避白龙堆之阸。车师后王姑句以道当为拄置，心不便也。地又颇与匈奴南将军地接，普欲分明其界然后奏之，召姑句使证之，不肯，系之。姑句数以牛羊赇吏，求出不得。姑句家矛端生火，其妻股紫陬谓姑句曰：'矛端生火，此兵气也，利以用兵。前车师前王为都护司马所杀，今久系必死，不如降匈奴。'即驰突出高昌壁，入匈奴。"

（《汉书》卷九十六下·西域传第六十六下）

汉公主等在乌孙国情况

中国正史资料。记述了张骞所述西域乌孙国情况。对研究汉朝时期西域历史文化具有重要参考价值。文曰："元康二年（-64），乌孙昆弥因惠上书：'愿以汉外孙元贵靡为嗣，得令复尚汉公主，结婚重亲，畔绝匈奴，愿聘马骡各千匹。'诏下公卿议，大鸿胪萧望之以为'乌孙绝域，变故难保，不可许。'上美乌孙新立大功，又重绝故业，遣使者至乌孙，先迎取聘。昆弥及太子、左右大将、都尉皆遣使，凡三百余人，入汉迎取少主。上乃以乌孙主解忧弟子相夫为公主，置官属侍御百余人，舍上林中，学乌孙言。天子自临平乐观，会匈奴使者、外国君长大角抵，设乐而遣之。使长[罗]侯光禄大夫惠为副，凡持节者四人，送少主至敦煌。未出塞，闻乌孙昆弥翁归靡死，乌孙贵人共从本约，立岑陬子泥靡代为昆弥，号狂王。惠上书：'愿留少主敦煌，惠驰至乌孙责让不立元贵靡为昆弥，还迎少主。'事下公卿，望之复以为'乌孙持两端，难约结。前公主在乌孙四十余年，恩爱不亲密，边竟未得安，此已事之验也。今少主以元贵靡不立而还，信无负于夷狄，中国之福也。少主不止，繇役将兴，其原起此。'天子从之，征还少主。狂王复尚楚主解忧，生一男鸱靡，不与主和，又暴恶失众。汉使卫司马魏和意、副侯任昌送侍子，公主言狂王为乌孙所患苦，易诛也。遂谋置酒会，罢，使士拔剑击之。剑旁下，狂王伤，上马驰去。其子细沈瘦会兵围和意、昌及公主于赤谷城。数月，都护郑吉发诸国兵救之，乃解去。汉遣中郎将张遵持医药治狂王，赐金二十斤，采缯。因收和意、昌系琐，从尉犁槛车至长安，斩之。车骑将军长史张翁留验公主与使者谋杀狂王状，主不服，叩头谢，张翁捽主头骂詈。主上书，翁还，坐死。副使季都别将医养视狂王，狂王从十余骑送之。都还，坐知狂王当诛,见便不发,下蚕室。初,肥王翁归靡胡妇子乌就屠,狂王伤时惊,与诸翎侯俱去,居北山中,扬言母家匈奴兵来,故众归之。后遂袭杀狂王,自立为昆弥。汉遣破羌将军辛武贤将兵万五千人至敦煌,遣使者案行,表穿卑鞮侯井以西,欲通渠转谷,积居庐仓以讨之。初,楚主侍者冯嫽能史书,习事,尝持汉节为公主使,行赏赐于城郭诸国,敬信之,号曰冯夫人。为乌孙右大将妻,右大将与乌就屠相爱,都护郑吉使冯夫人说乌就屠,以汉兵方出,必见灭,不如降。乌就屠恐,曰:'愿得小号。'宣帝征冯夫人,自问状。遣谒者竺次、期门甘延寿为副,送冯夫人。冯夫人锦车持节,诏(焉)乌就屠诣长罗侯赤谷城,立元贵靡为大昆弥,乌就屠为小昆弥,皆赐印绶。破羌将军不出塞还。后乌就屠不尽归诸翎侯民众,汉复遣长罗侯惠将三校屯赤谷,因为分别其人民地界,大昆弥户六万余,小昆弥户四万余,然众心皆附小昆弥。"

(《汉书》卷九十六下·西域传第六十六下)

贰师将军击匈奴

中国正史资料。记述了北方匈奴与汉朝的关系。对研究汉朝时期西域历史具有重要参考价值。文曰:"汉使王乌等窥匈奴。匈奴法,汉使非去节而以墨黥其面者不得入穹庐。王乌,北地人,习胡俗,去其节,黥面,得入穹庐。单于爱之,佯许甘言,为遣其太子入汉为质,以求和亲。汉使杨信于匈奴。是时汉东拔秽貉、朝鲜以为郡,而西置酒泉郡以鬲绝胡与羌通之路。汉又西通月氏、大夏,又以公主妻乌孙王,以分匈奴西方之援国。又北益广田至胘靁为塞,而匈奴终不敢以为言。是岁,翕侯信死,汉用事者以匈奴为已弱,可臣从也。杨信为人刚直屈强,素非贵臣,单于不亲。单于欲召入,不肯去节,单于乃坐穹庐外见杨信。杨信既见单于,说曰:'即欲和亲,以单于太子为质于汉。'单于曰:'非故约。故约,汉常遣翁主,给缯絮食物有品,以和亲,而匈奴亦不扰边。今乃欲反古,令吾太子为质,无几矣。'匈奴俗,见汉使非中贵人,其儒先,以为欲说,折其辩;其少年,以为欲刺,折其气。每汉使入匈奴,匈奴辄报偿。汉留匈奴使,匈奴亦留汉使,必得当乃肯止。杨信既归,汉使王乌,而单于复谄以甘言,欲多得汉财物,绐谓王乌曰:'吾欲入汉见天子,面相约为兄弟。'王乌归报汉,汉为单于筑邸于长安。匈奴曰:'非得汉贵人使,吾不与诚语。'匈奴使其贵人至汉,病,汉予药,欲愈之,不幸而死。而汉使路充国佩二千石印绶往使,因送其丧,厚葬直数千金,曰'此汉贵人也。'单于以为汉杀吾贵使者,乃留路充国不归。诸所言者,单于特空绐王乌,殊无意入汉及遣太子来质。于是匈奴数使奇兵侵犯边。汉乃拜郭昌为拔胡将军,及浞野侯屯朔方以东,备胡。路充国留匈奴三岁,单于死。乌维单于立十岁而死,子乌师庐立为单于。年少,号为儿单于。是岁元封六年也。自此之后,单于益西北,左方兵直云中,右方直酒泉、燉煌郡。儿单于立,汉使两使者,一吊单于,一吊右贤王,欲以乖其国。使者入匈奴,匈奴悉将致单于。单于怒而尽留汉使。汉使留匈奴者前后十余辈,而匈奴使来,汉亦辄留相当。是岁,汉使贰师将军广利西伐大宛,而令因杅将军敖筑受降城。其冬,匈奴大雨雪,畜多饥寒死。

儿单于年少，好杀伐，国人多不安。左大都尉欲杀单于，使人闲告汉曰：'我欲杀单于降汉，汉远，即兵来迎我，我即发。'初，汉闻此言，故筑受降城，犹以为远。其明年春，汉使浞野侯破奴将二万余骑出朔方西北二千余里，期至浚稽山而还。浞野侯既至期而还，左大都尉欲发而觉，单于诛之，发左方兵击浞野。浞野侯行捕首虏得数千人。还，未至受降城四百里，匈奴兵八万骑围之。浞野侯夜自出求水，匈奴闲捕，生得浞野侯，因急击其军。军中郭纵为护，维王为渠，相与谋曰：'及诸校尉畏亡将军而诛之，莫相劝归。'军遂没于匈奴。匈奴儿单于大喜，遂遣奇兵攻受降城。不能下，乃寇入边而去。其明年，单于欲自攻受降城，未至，病死。儿单于立三岁而死。子年少，匈奴乃立其季父乌维单于弟右贤王呴犁湖为单于。是岁太初三年也。其秋，匈奴大入定襄、云中，杀略数千人，败数二千石而去，行破坏光禄所筑城列亭鄣。又使右贤王入酒泉、张掖，略数千人。会任文击救，尽复失所得而去。是岁，贰师将军破大宛，斩其王而还。匈奴欲遮之，不能至。其冬，欲攻受降城，会单于病死。呴犁湖单于立一岁死。匈奴乃立其弟左大都尉且鞮侯为单于。其明年，汉使贰师将军广利以三万骑出酒泉，击右贤王于天山，得胡首虏万余级而还。匈奴大围贰师将军，几不脱。汉兵物故什六七。汉复使因杅将军敖出西河，与强弩都尉会涿涂山，毋所得。又使骑都尉李陵将步骑五千人，出居延北千余里，与单于会，合战，陵所杀伤万余人，兵及食尽，欲解归，匈奴围陵，陵降匈奴，其兵遂没，得还者四百人。单于乃贵陵，以其女妻之。后二岁，复使贰师将军将六万骑，步兵十万，出朔方。强弩都尉路博德将万余人，与贰师会。游击将军说将步骑三万人，出五原。因杅将军敖将万骑步兵三万人，出雁门。匈奴闻，悉远其辎重于余吾水北，而单于以十万骑待水南，与贰师将军接战。贰师乃解而引归，与单于连战十余日。贰师闻其家以巫蛊族灭，因并众降匈奴，得来还千人一两人耳。游击说无所得。因杅敖与左贤王战，不利，引归。是岁汉兵之出击匈奴者不得言功多少，功不得御。有诏捕太医令随但，言贰师将军家室族灭，使广利得降匈奴。猃狁、薰粥，居于北边。既称夏裔，式憬周篇。颇随畜牧，屡扰尘烟。爰自冒顿，尤聚控弦。虽空帑藏，未尽中权。"

（《史记》卷一百十·匈奴列传第五十）

贰师将军进西域

中国正史资料。记述了贰师将军在西域的活动。对研究汉朝时期西域历史具有重要参考价值。文曰："贰师将军军既西过盐水，当道小国恐，各坚城守，不肯给食。攻之不能下。下者得食，不下者数日则去。比至郁成，士至者不过数千，皆饥罢。攻郁成，郁成大破之，所杀伤甚众。贰师将军与哆、始成等计：'至郁成尚不能举，况至其王都乎？'引兵而还。往来二岁。还至敦煌，士不过什一二。使使上书言：'道远多乏食；且士卒不患战，患饥。人少，不足以拔宛。愿且罢兵，益发而复往。'天子闻之，大怒，而使使遮玉门，曰军有敢入者辄斩之！贰师恐，因留敦煌。其夏，汉亡浞野之兵二万余于匈奴。公卿及议者皆愿罢击宛军，专力攻胡。天子已业诛宛，宛小国而不能下，则大夏之属轻汉，而宛善马绝不来，乌孙、仑头易苦汉使矣，为外国笑。乃案言伐宛尤不便者邓光等，赦囚徒材官，益发恶少年及边骑，岁余而出敦煌者六万人，负私从者不与。牛十万，马三万余匹，驴骡橐它以万数。多赍粮，兵弩甚设，天下骚动，传相奉伐宛，凡五十余校尉。宛王城中无井，皆汲城外流水，于是乃遣水工徙其城下水空以空其城。益发戍甲卒十八万，酒泉、张掖北，置居延、休屠以卫酒泉，而发天下七科适，及载糒给贰师。转车人徒相连属至敦煌。而拜习马者二人为执驱校尉，备破宛择取其善马云。于是贰师后复行，兵多，而所至小国莫不迎，出食给军。至仑头，仑头不下，攻数日，屠之。自此而西，平行至宛城，汉兵到者三万人。宛兵迎击汉兵，汉兵射败之，宛走入葆乘其城。贰师兵欲行攻郁成，恐留行而令宛益生诈，乃先至宛，决其水源，移之，则宛固已忧困。围其城，攻之四十余日，其外城坏，虏宛贵人勇将煎靡。宛大恐，走入中城。宛贵人相与谋曰：'汉所为攻宛，以王毋寡匿善马而杀汉使。今杀王毋寡而出善马，汉兵宜解；即不解，乃力战而死，未晚也。'宛贵人皆以为然，共杀其王毋寡，持其头遣贵人使贰师，约曰：'汉毋攻我。我尽出善马，恣所取，而给汉军食。即不听，我尽杀善马，而康居之救且至。至，我居内，康居居外，与汉军战。'汉军熟计之视汉兵，汉兵尚盛，不敢进。贰师与赵始成、李哆等计：'闻宛城中新得秦人，知穿井，而其内食尚多。所为来，诛首恶者毋寡。毋寡头已至，如此而不许解兵，则坚守，而康居候汉罢而来救宛，破汉军必矣。'军吏皆以为然，许宛之约。宛乃出其善马，令汉自择之，而多出食食给汉军。汉军取其善马数十匹。中马以下牡牝三千余匹，而立宛贵人之故待遇汉使善者名昧蔡以为宛王，与盟而罢兵。终不得入中城。乃罢而引归。"

（《史记》卷一百二十三·大宛列传第六十三）

贰师将军在西域

中国正史资料。记述了贰师将军在西域的活动。对研究汉朝时期西域历史具有重要参考价值。文曰："初，贰师起敦煌西，以为人多，道上国不能食，乃分为数军，从南北道。校尉王申生、故鸿胪壶充国等千余人，别到郁成。郁成城守，不肯给食其军。王申生去大军二百里，(偵)[偵]而轻之，责郁成。郁成食不肯出，窥知申生军日少，晨用三千人攻，戮杀申生等，军破，数人脱亡，走贰师。贰师令搜粟都尉上官桀往攻破郁成。郁成王亡走康居，桀追至康居。康居闻汉已破宛，乃出郁成王予桀，桀令四骑士缚守诣大将军。四人相谓曰：'郁成王汉国所毒，今生将去，卒失大事。'欲杀，莫敢先击。上邽骑士赵弟最少，拔剑击之，斩郁成王，赍头。弟、桀等逐及大将军。初，贰师后行，天子使使告乌孙，大发兵并力击宛。乌孙发二千骑往，持两端，不肯前。贰师将军之东，诸所过小国闻宛破，皆使其子弟从军入献，见天子，因以为质焉。贰师之伐宛也，而军正赵始成力战，功最多；及上官桀敢深入，李哆为谋计，军入玉门者万余人，军马千余匹。贰师后行，军非乏食，战死不能多，而将吏贪，多不爱士卒，侵牟之，以此物故众。天子为万里而伐宛，不录过，封广利为海西侯。又封身斩郁成王者骑士赵弟为新畤侯。军正赵始成为光禄大夫，上官桀为少府，李哆为上党太守。军官吏为九卿者三人，诸侯相、郡守、二千石者百余人，千石以下千余人。奋行者官过其望，以适过行者皆绌其劳。士卒赐直四万金。伐宛再反，凡四岁而得罢焉。大宛之迹，元因博望。始究河源，旋窥海上。条枝西入，天马内向。葱岭无尘，盐池息浪。旷哉绝域，往往亭障。”

（《史记》卷一百二十三·大宛列传第六十三）

郑吉在西域

中国正史资料。记述了汉朝侍郎郑吉、校尉司马憙在西域的历史活动。对研究汉朝时期西域历史具有重要参考价值。文曰：“地节二年，汉遣侍郎郑吉、校尉司马憙将免刑罪人田渠犁，积谷，欲以攻车师。至秋收谷，吉、憙发城郭诸国兵万余人，自与所将田士千五百人共击车师，攻交河城，破之。王尚在其北石城中，未得，会军食尽，吉等且罢兵，归渠犁田。（秋收）[收秋]毕，复发兵攻车师王于石城。王闻汉兵且至，北走匈奴求救，匈奴未为发兵。王来还，与贵人苏犹议欲降汉，恐不见信。苏犹教王击匈奴边国小蒲类，斩首，略其人民，以降吉。车师旁小金附国随汉军后盗车师，车师王复自请击破金附。匈奴闻车师降汉，发兵攻车师，吉、憙引兵北逢之，匈奴不敢前。吉、憙即留一候与卒二十人留守王，吉等引兵归渠犁。车师王恐匈奴兵复至而见杀也，乃轻骑奔乌孙，吉即迎其妻子置渠犁。东奏事，至酒泉，有诏还田渠犁及车师，益积谷以安西国，侵匈奴。吉还，传送车师王妻子诣长安，赏赐甚厚，每朝会四夷，常尊显以示之。于是吉始使吏卒三百人别田车师。得降者言，单于大臣皆曰‘车师地肥美，近匈奴，使汉得之，多田积谷，必害人国，不可不争也。’果遣骑来击田者，吉乃与校尉尽将渠犁田士千五百人往田，匈奴复益遣骑来，汉田卒少不能当，保车师城中。匈奴将即其城下谓吉曰：‘单于必争此地，不可田也。’围城数日乃解。后常数千骑往来守车师，吉上书言：‘车师去渠犁千余里，间以河山，北近匈奴，汉兵在渠犁者势不能相救，愿益田卒。’公卿议以为道远烦费，可且罢车师田者。诏遣长罗侯将张掖、酒泉骑出车师北千余里，扬威武车师旁。胡骑引去，吉乃得出，归渠犁，凡三校尉屯田。车师王之走乌孙也，乌孙留不遣，遣使上书，愿留车师王，备国有急，可从西道以击匈奴。汉许之。于是汉召故车师太子军宿在焉耆者，立以为王，尽徙车师国民令居渠犁，遂以车师故地与匈奴。车师王得近汉田官，与匈奴绝，亦安乐亲汉。后汉使侍郎殷广德责乌孙，求车师王乌(孙)贵，将诣阙，赐第与其妻子居。是岁，元康四年也。其后置戊己校尉屯田，居车师故地。”

（《汉书》卷九十六下·西域传第六十六下）

乌孙聘汉女

中国正史资料。记述了西域乌孙聘汉女等历史。对研究汉朝时期西域历史具有重要参考价值。文曰：“乌孙以千匹马聘汉女，汉遣宗室女江都翁主往妻乌孙，乌孙王昆莫以为右夫人。匈奴亦遣女妻昆莫，昆莫以为左夫人。昆莫曰‘我老’，乃令其孙岑娶妻翁主。乌孙多马，其富人至有四五千匹马。而汉使穷河源，河源出于阗，其山多玉石，采来，天子案古图书，名河所出山曰昆仑云。是时上方数巡狩海上，乃悉从外国客，大都多人则过之，散财帛以赏赐，厚具以饶给之，以览示汉富厚焉。于是大觳抵，出奇戏诸怪物，多聚观者，行赏赐，酒池肉林，令外国客遍观(名)[各]仓库府藏之积，见汉之广大，倾骇之。及加其眩者之工，而觳抵奇戏岁增变，甚盛益兴，自此始。"

(《史记》卷一百二十三·大宛列传第六十三)

匈奴复求和亲

中国正史资料。记述了匈奴与汉朝的关系。对研究汉朝时期西域历史具有重要参考价值。文曰："汉骠骑将军之出代二千余里，与左贤王接战，汉兵得胡首虏凡七万余级，左贤王将皆遁走。骠骑封于狼居胥山，禅姑衍，临翰海而还。是后匈奴远遁，而幕南无王庭。汉度河自朔方以西至令居，往往通渠置田，官吏卒五六万人，稍蚕食，地接匈奴以北。数岁，伊稚斜单于立十三年死，子乌维立为单于。是岁，汉元鼎三年也。乌维单于立，而汉天子始出巡郡县。其后汉方南诛两越，不击匈奴，匈奴亦不侵入边。乌维单于立三年，汉已灭南越，遣故太仆贺将万五千骑出九原二千余里，至浮苴井而还，不见匈奴一人。汉又遣故从骠侯赵破奴万余骑出令居数千里，至匈河水而还，亦不见匈奴一人。是时天子巡边，至朔方，勒兵十八万骑以见武节，而使郭吉风告单于。郭吉既至匈奴，匈奴主客问所使，郭吉礼卑言好，曰：'吾见单于而口言。'单于见吉，吉曰：'南越王头已悬于汉北阙。今单于(能)即前与汉战，天子自将兵待边；单于即不能，即南面而臣于汉。何徒远走，亡匿于幕北寒苦无水草之地，毋为也。'语卒而单于大怒，立斩主客见者，而留郭吉不归，迁之北海上。而单于终不肯为寇于汉边，休养息士马，习射猎，数使使于汉，好辞甘言求请和亲。"

(《史记》卷一百十·匈奴列传第五十)

匈奴源流

中国正史资料。记述了匈奴的渊源。对研究秦汉时期西域历史具有重要参考价值。文曰："匈奴，其先祖夏后氏之苗裔也，曰淳维。唐虞以上有山戎、猃狁、荤粥，居于北蛮，随畜牧而转移。其畜之所多则马、牛、羊，其奇畜则橐驼、驴、骡、駃騠、騊駼、驒騱。逐水草迁徙，毋城郭常处耕田之业，然亦各有分地。毋文书，以言语为约束。儿能骑羊，引弓射鸟鼠；少长则射狐兔：用为食。士力能毋弓，尽为甲骑。其俗，宽则随畜，因射猎禽兽为生业，急则人习战攻以侵伐，其天性也。其长兵则弓矢，短兵则刀鋋。利则进，不利则退，不羞遁走。苟利所在，不知礼义。自君王以下，咸食畜肉，衣其皮革，被旃裘。壮者食肥美，老者食其余。贵壮健，贱老弱。父死，妻其后母；兄弟死，皆取其妻妻之。其俗有名不讳，而无姓字。"

(《史记》卷一百十·匈奴列传第五十)

西汉时期西域各国风习

中国正史资料。记述了西汉时期西域各国历史与文化。对研究西汉时期西域历史具有重要参考价值。文曰："西北外国使，更来更去。宛以西，皆自以远，尚骄恣晏然，未可诎以礼羁縻而使也。自乌孙以西至安息，以近匈奴，匈奴困月氏也，匈奴使持单于一信，则国国传送食，不敢留苦；及至汉使，非出币帛不得食，不市畜不得骑用。所以然者，远汉，而汉多财物，故必市乃得所欲，然以畏匈奴于汉使焉。宛左右以蒲陶为酒，富人藏酒至万余石，久者数十岁不败。俗嗜酒，马嗜苜蓿。汉使取其实来，于是天子始种苜蓿、蒲陶肥饶地。及天马多，外国使来众，则离宫别观旁尽种蒲萄、苜蓿极望。自大宛以西至安息，国虽颇异言，然大同俗，相知言。其人皆深眼，多须髯，善市贾，争分铢。俗贵女子，女子所言而丈夫乃决正。其地皆无丝漆，不知铸钱器。及汉使亡卒降，教铸作他兵器。得汉黄白金，辄以为器，不用为币。"

（《史记》卷一百二十三·大宛列传第六十三）

汉朝得西域名马

中国正史资料。记述了汉朝得西域名马等历史经过。对研究汉朝时期西域历史具有重要参考价值。文曰："自博望侯骞死后，匈奴闻汉通乌孙，怒，欲击之。及汉使乌孙，若出其南，抵大宛、大月氏相属，乌孙乃恐，使使献马，愿得尚汉女翁主为昆弟。天子问群臣议计，皆曰'必先纳聘，然后乃遣女'。初，天子发书易，云'神马当从西北来'。得乌孙好马，名曰'天马'。及得大宛汗血马，益壮，更名乌孙马曰'西极'，名大宛马曰'天马'云。而汉始筑令居以西，初置酒泉郡以通西北国。因益发使抵安息、奄蔡、黎轩、条枝、身毒国。而天子好宛马，使者相望于道。诸使外国一辈大者数百，少者百余人，人所赍操大放博望侯时。其后益习而衰少焉。汉率一岁中使多者十余，少者五六辈，远者八九岁，近者数岁而反。自博望侯开外国道以尊贵，其后从吏卒皆争上书言外国奇怪利害，求使。天子为其绝远，非人所乐往，听其言，予节，募吏民毋问所从来，为具备人众遣之，以广其道。来还不能毋侵盗币物，及使失指，天子为其习之，辄覆案致重罪，以激怒令赎，复求使。使端无穷，而轻犯法。其吏卒亦辄复盛推外国所有，言大者予节，言小者为副，故妄言无行之徒皆争效之。其使皆贫人子，私县官赍物，欲贱市以私其利外国。外国亦厌汉使人人有言轻重，度汉兵远不能至，而禁其食物以苦汉使。汉使乏绝积怨，至相攻击。而楼兰、姑师小国耳，当空道，攻劫汉使王恢等尤甚。而匈奴奇兵时时遮击使西国者。使者争遍言外国灾害，皆有城邑，兵弱易击。于是天子以故遣从骠侯破奴将属国骑及郡兵数万，至匈河水，欲以击胡，胡皆去。其明年，击姑师，破奴与轻骑七百余先至，虏楼兰王，遂破姑师。因举兵威以困乌孙、大宛之属。还，封破奴为浞野侯。王恢数使，为楼兰所苦，言天子，天子发兵令恢佐破奴击破之，封恢为浩侯。于是酒泉列亭鄣至玉门矣。"

（《史记》卷一百二十三·大宛列传第六十三）

汉朝与匈奴和亲

中国正史资料。记述了北方匈奴与汉朝的关系。对研究汉朝时期西域历史具有重要参考价值。文曰："孝文帝后二年，使使遗匈奴书曰：'皇帝敬问匈奴大单于无恙。使当户且居雕渠难、郎中韩辽遗朕马二匹，已至，敬受。先帝制：长城以北，引弓之国，受命单于；长城以内，冠带之室，朕亦制之。使万民耕织射猎衣食，父子无离，臣主相安，俱无暴逆。今闻渫恶民贪降其进取之利，倍义绝约，忘万民之命，离两主之欢，然其事已在前矣。书曰：'二国已和亲，两主欢说，寝兵休卒养马，世世昌乐，闟然更始。'朕甚嘉之。圣人者日新，改作更始，使老者得息，幼者得长，各保其首领而终其天年。朕与单于俱由此道，顺天恤民，世世相传，施之无穷，天下莫不咸便。汉与匈奴邻国之敌，匈奴处北地，寒，杀气早降，故诏吏遗单于秫蘖金帛丝絮佗物岁有数。今天下大安，万民熙熙，朕与单于为之父母。朕追念前事，薄物细故，谋臣计失，皆不足以离兄弟之欢。朕闻天不颇覆，地不偏载。朕与单于皆捐往细故，俱蹈大道，堕坏前恶，以图长久，使两国之民若一家子。元元万民，下及鱼鳖，上及飞鸟，跂行喙息蠕动之类，莫不就安利而辟危殆。故来者不止，天之道也。俱去前事：朕释逃虏民，单于无言章尼等。朕闻古之帝王，约分明而无食言。单于留志，天下大安，和亲之后，汉过不先。单于其察之。'单于既约和亲，于是制诏御史曰：'匈奴大单于遗朕书，言和亲已定，亡人不足以益众广地，匈奴无入塞，汉无出塞，犯(令)[今]约者杀之，可以久亲，后无咎，俱便。朕已许之。其布告天下，使明知之。'后四岁，老上稽粥单于死，子军臣立为单于。既立，孝文皇帝复与匈奴和亲。而中行说复事之。"

（《史记》卷一百十·匈奴列传第五十）

安息

中国正史资料。记述了西域安息的历史与文化。对研究汉朝时期西域历史具有重要参考价值。文曰："安息在大月氏西可数千里。其俗土著，耕田，田稻麦，蒲陶酒。城邑如大宛。其属小大数百城，地方数千里，最为大国。临妫水，有市，民商贾用车及船，行旁国或数千里。以银为钱，钱如其王面，王死辄更钱，效王面焉。画革旁行以为书记。其西则条枝，北有奄蔡、黎轩。"

（《史记》卷一百二十三·大宛列传第六十三）

大宛

中国正史资料。记述了西域大宛的历史与文化。对研究汉朝时期西域历史具有重要参考价值。文曰："大宛之迹，见自张骞。张骞，汉中人。建元中为郎。是时天子问匈奴降者，皆言匈奴破月氏王，以其头为饮器，月氏遁逃而常怨仇匈奴，无与共击之。汉方欲事灭胡，闻此言，因欲通使。道必更匈奴中，乃募能使者。骞以郎应募，使月氏，与堂邑氏(故)胡奴甘父俱出陇西。经匈奴，匈奴得之，传诣单于。单于留之，曰：'月氏在吾北，汉何以得往使？吾欲使越，汉肯听我乎？'留骞十余岁，与妻，有子，然骞持汉节不失。居匈奴中，益宽，骞因与其属亡乡月氏，西走数十日至大宛。大宛闻汉之饶财，欲通不得，见骞，喜，问曰：'若欲何之？'骞曰：'为汉使月氏，而为匈奴所闭道。今亡，唯王使

人导送我。诚得至，反汉，汉之赂遗王财物不可胜言。’大宛以为然，遣骞，为发导译，抵康居，康居传致大月氏。大月氏王已为胡所杀，立其太子为王。既臣大夏而居，地肥饶，少寇，志安乐，又自以远汉，殊无报胡之心。骞从月氏至大夏，竟不能得月氏要领。留岁余，还，并南山，欲从羌中归，复为匈奴所得。留岁余，单于死，左谷蠡王攻其太子自立，国内乱，骞与胡妻及堂邑父俱亡归汉。汉拜骞为大中大夫，堂邑父为奉使君。骞为人强力，宽大信人，蛮夷爱之。堂邑父故胡人，善射，穷急射禽兽给食。初，骞行时百余人，去十三岁，唯二人得还。骞身所至者大宛、大月氏、大夏、康居，而传闻其旁大国五六，具为天子言之。曰：大宛在匈奴西南，在汉正西，去汉可万里。其俗土著，耕田，田稻麦。有蒲陶酒。多善马，马汗血，其先天马子也。有城郭屋室。其属邑大小七十余城，众可数十万。其兵弓矛骑射。其北则康居，西则大月氏，西南则大夏，东北则乌孙，东则扜罙、于窴。于窴之西，则水皆西流，注西海；其东水东流，注盐泽。盐泽潜行地下，其南则河源出焉。多玉石，河注中国。而楼兰、姑师邑有城郭，临盐泽。盐泽去长安可五千里。匈奴右方居盐泽以东，至陇西长城，南接羌，鬲汉道焉。”

（《史记》卷一百二十三·大宛列传第六十三）

大夏

中国正史资料。记述了西域大夏的历史与文化。对研究汉朝时期西域历史具有重要参考价值。文曰：“大夏在大宛西南二千余里妫水南。其俗土著，有城屋，与大宛同俗。无大(王)[君]长，往往城邑置小长。其兵弱，畏战。善贾市。及大月氏西徙，攻败之，皆臣畜大夏。大夏民多，可百余万。其都曰蓝市城，有市贩贾诸物。其东南有身毒国。”“骞曰：‘臣在大夏时，见邛竹杖、蜀布。问曰：‘安得此？’大夏国人曰：‘吾贾人往市之身毒。身毒在大夏东南可数千里。其俗土著，大与大夏同，而卑湿暑热云。其人民乘象以战。其国临大水焉。’以骞度之，大夏去汉万二千里，居汉西南。今身毒国又居大夏东南数千里，有蜀物，此其去蜀不远矣。今使大夏，从羌中，险，羌人恶之；少北，则为匈奴所得；从蜀宜径，又无寇。’天子既闻大宛及大夏、安息之属皆大国，多奇物，土著，颇与中国同业，而兵弱，贵汉财物；其北有大月氏、康居之属，兵强，可以赂遗设利朝也。且诚得而以义属之，则广地万里，重九译，致殊俗，威德遍于四海。天子欣然，以骞言为然，乃令骞因蜀犍为发闲使，四道并出：出駹，出冉，出徙，出邛、僰，皆各行一二千里。其北方闭氐、筰，南方闭巂、昆明。昆明之属无君长，善寇盗，辄杀略汉使，终莫得通。然闻其西可千余里有乘象国，名曰滇越，而蜀贾奸出物者或至焉，于是汉以求大夏道始通滇国。初，汉欲通西南夷，费多，道不通，罢之。及张骞言可以通大夏，乃复事西南夷。”

（《史记》卷一百二十三·大宛列传第六十三）

大月氏

中国正史资料。记述了西域大月氏的历史与文化。对研究汉朝时期西域历史具有重要参考价值。文曰："大月氏在大宛西可二三千里，居妫水北。其南则大夏，西则安息，北则康居。行国也，随畜移徙，与匈奴同俗。控弦者可一二十万。故恃强，轻匈奴，及冒顿立，攻破月氏，至匈奴老上单于，杀月氏王，以其头为饮器。始月氏居敦煌、祁连间，及为匈奴所败，乃远去，过宛，西击大夏而臣之，遂都妫水北，为王庭。其余小众不能去者，保南山羌，号小月氏。"

（《史记》卷一百二十三·大宛列传第六十三）

康居

中国正史资料。记述了西域康居的历史与文化。对研究汉朝时期西域历史具有重要参考价值。文曰："康居在大宛西北可二千里，行国，与月氏大同俗。控弦者八九万人。与大宛邻国。国小，南羁事月氏，东羁事匈奴。"

（《史记》卷一百二十三·大宛列传第六十三）

乌孙

中国正史资料。记述了西域大国乌孙的历史与文化。对研究汉朝时期西域历史具有重要参考价值。文曰："乌孙在大宛东北可二千里，行国，随畜，与匈奴同俗。控弦者数万，敢战。故服匈奴，及盛，取其羁属，不肯往朝会焉。"

（《史记》卷一百二十三·大宛列传第六十三）

奄蔡

中国正史资料。记述了西域奄蔡的历史与文化。对研究汉朝时期西域历史具有重要参考价值。文曰："奄蔡在康居西北可二千里，行国，与康居大同俗。控弦者十余万。临大泽，无崖，盖乃北海云。"

（《史记》卷一百二十三·大宛列传第六十三）

汉朝与匈奴之争

中国正史资料。记述了北方匈奴与汉朝的关系。对研究汉朝时期西域历史具有重要参考价值。文曰："军臣单于立四岁，匈奴复绝和亲，大入上郡、云中各三万骑，所杀略甚众而去。于是汉使三将军军屯北地，代屯句注，赵屯飞狐口，缘边亦各坚守以备胡寇。又置三将军，军长安西细柳、渭北棘门、霸上以备胡。胡骑入代句注边，烽火通于甘泉、长安。数月，汉兵至边，匈奴亦去远塞，汉兵亦罢。后岁余，孝文帝崩，孝景帝立，而赵王遂乃阴使人于匈奴。吴楚反，欲与赵合谋入边。汉围破赵，匈奴亦止。自是之后，孝景帝复与匈奴和亲，通关市，给遗匈奴，遣公主，如故约。终孝景时，时小入盗边，无大寇。伊稚斜单于既立，其夏，匈奴数万骑入杀代郡太守恭友，略千余人。其秋，匈奴又入雁门，杀略千余人。其明年，匈奴又复复入代郡、定襄、上郡，各三万骑，杀略数千人。匈奴右贤王怨汉夺之河南地而筑朔方，数为寇，盗边，及入河南，侵扰朔方，杀略吏民甚众。其明年春，汉以卫青为大将军，将六将军，十余万人，出朔方、高阙击胡。右贤王以为汉兵不能至，饮酒醉，汉兵出塞六七百里，夜围右贤王。右贤王大惊，脱身逃走，诸精骑往往随后去。汉得右贤王众男女万五千人，裨小王十余人。其秋，匈奴万骑入杀代郡都尉朱英，略千余人。其明年春，汉复遣大将军卫青将六将军，兵十余万骑，乃再出定襄数百里击匈奴，得首虏前后凡万九千余级，而汉亦亡两将军，军三千余骑。右将军建得以身脱，而前将军翕侯赵信兵不利，降匈奴。赵信者，故胡小王，降汉，汉封为翕侯，以前将军与右将军并军分行，独遇单于兵，故尽没。单于既得翕侯，以为自次王，用其姊妻之，与谋汉。信教单于益北绝幕，以诱罢汉兵，徼极而取之，无近塞。单于从其计。其明年，胡骑万人入上谷，杀数百人。其明年春，汉使骠骑将军去病将万骑出陇西，过焉支山千余里，击匈奴，得胡首虏(骑)万八千余级，破得休屠王祭天金人。其夏，骠骑将军复与合骑侯数万骑出陇西、北地二千里，击匈奴。过居延，攻祁连山，得胡首虏三万余人，裨小王以下七十余人。是时匈奴亦来入代郡、雁门，杀略数百人。汉使博望侯及李将军广出右北平，击匈奴左贤王。左贤王围李将军，卒可四千人，且尽，杀虏亦过当。会博望侯军救至，李将军得脱。汉失亡数千人，合骑侯后骠骑将军期，及与博望侯皆当死，赎为庶人。其秋，单于怒浑邪王、休屠王居西方为汉所杀虏数万人，欲召诛之。浑邪王与休屠王恐，谋降汉，汉使骠骑将军往迎之。浑邪王杀休屠王，并将其众降汉。凡四万余人，号十万。于是汉已得浑邪王，则陇西、北地、河西益少胡寇，徙关东贫民处所夺匈奴河南、新秦中以实之，而减北地以西戍卒半。其明年，匈奴入右北平、定襄各数万骑，杀略千余人而去。其明年春，汉谋曰‘翕侯信为单于计，居幕北，以为汉兵不能至’。乃粟马发十万骑，私[负]从马凡十四万匹，粮重不与焉。令大将军青、骠骑将军去病中分军，大将军出定襄，骠骑将军出代，咸约绝幕击匈奴。单于闻之，远其辎重，以精兵待于幕北。与汉大将军接战一日，会暮，大风起，汉兵纵左右翼围单于。单于自度战不能如汉兵，单于遂独身与壮骑数百溃汉围西北遁走。汉兵夜追不得。行斩捕匈奴首虏万九千级，北至阗颜山赵信城而还。单于之遁走，其兵往往与汉兵相乱而随单于。单于久不与其大众相得，其右谷蠡王以为单于死，乃自立为单于。真单于复得其众，而右谷蠡王乃去其单于号，复为右谷蠡王。”

（《史记》卷一百十·匈奴列传第五十）

汉朝与匈奴

中国正史资料。记述了北方匈奴与汉朝的关系。对研究汉朝时期西域历史具有重要参考价值。文曰：“岁正月，诸长小会单于庭，祠。五月，大会茏城，祭其先、天地、鬼神。秋，马肥，大会蹛林，课校人畜计。其法，拔刃尺者死，坐盗者没入其家；有罪小者轧，大者死。狱久者不过十日，一国之囚不过数人。而单于朝出营，拜日之始生，夕拜月。其坐，长左而北乡。日上戊己。其送死，有棺椁金银衣裘，而无封树丧服；近幸臣妾从死者，多至数千百人。举事而候星月，月盛壮则攻战，月亏则退兵。其攻战，斩首虏赐一卮酒，而所得卤获因以予之，得人以为奴婢。故其战，人人自为趣利，善为诱兵以冒敌。故其见敌则逐利，如鸟之集；其困败，则瓦解云散矣。战而扶舆死者，尽得死者家财。后北服浑庾、屈射、丁零、鬲昆、薪犁之国。于是匈奴贵人大臣皆服，以冒顿单于为贤。是后韩王信为匈奴将，及赵利、王黄等数倍约，侵盗代、云中。居无几何，陈豨反，又与韩信合谋击代。汉使樊哙往击之，复拔代、雁门、云中郡县，不出塞。是时匈奴以汉将众往降，故冒顿常往来侵盗代地。于是汉患之，高帝乃使刘敬奉宗室女公主为单于阏氏，岁奉匈奴絮缯酒米食物各有数，约为昆弟以和亲，冒顿乃少止。后燕王卢绾反，率其党数千人降匈奴，往来若上谷以东。高祖崩，孝惠、吕太后时，汉初定，故匈奴以骄。冒顿乃为书遗高后，妄言。高后欲击之，诸将曰：'以高帝贤武，然尚困于平城。'于是高后乃止，复与匈奴和亲。至孝文帝初立，复修和亲之事。其三年五月，匈奴右贤王入居河南地，侵盗上郡葆塞蛮夷，杀略人民。于是孝文帝诏丞相灌婴发车骑八万五千，诣高奴，击右贤王。右贤王走出塞。文帝幸太原。是时济北王反，文帝归，罢丞相击胡之兵。其明年，单于遗汉书曰：'天所立匈奴大单于敬问皇帝无恙。前时皇帝言和亲事，称书意，合欢。汉边吏侵侮右贤王，右贤王不请，听后义卢侯难氏等计，与汉吏相距，绝二主之约，离兄弟之亲。皇帝让书再至，发使以书报，不来，汉使不至，汉以其故不和，邻国不附。今以小吏之败约故，罚右贤王，使之西求月氏击之。以天之福，吏卒良，马强力，以夷灭月氏，尽斩杀降下之。定楼兰、乌孙、呼揭及其旁二十六国，皆以为匈奴。诸引弓之民，并为一家。北州已定，愿寝兵休士卒养马，除前事，复故约，以安边民，以应始古，使少者得成其长，老者安其处，世世平乐。未得皇帝之志也，故使郎中系雩浅奉书请，献橐他一匹，骑马二匹，驾二驷。皇帝即不欲匈奴近塞，则且诏吏民远舍。使者至，即遣之。'以六月中来至薪望之地。书至，汉议击与和亲孰便。公卿皆曰：'单于新破月氏，乘胜，不可击。且得匈奴地，泽卤，非可居也。和亲甚便。'汉许之。后顷之，冒顿死，子稽粥立，号曰老上单于。"

（《史记》卷一百十·匈奴列传第五十）

王莽时期西域

中国正史资料。记述了王莽当政时期西域的情况。对研究汉朝时期西域历史具有重要参考价值。文曰："又去胡来王唐兜，国比大种赤水羌，数相寇，不胜，告急都护。都护但钦不以时救助，唐兜困急，怨钦，东守玉门关。玉门关不内，即将妻子人民千余人亡降匈奴。匈奴受之，而遣使上书言状。是时，新都侯王莽秉政，遣中郎将王昌等使匈奴，告单于西域内属，不当得受。单于谢罪，执二王以付使者。莽使中郎王萌待西域恶都奴界上逢受。单于遣使送，因请其罪。使者以闻，莽不听，诏下会西域诸国王，陈军斩姑句、唐兜以示之。至莽篡位，建国二年，以广新公甄丰为右伯，当出西域。车师后王须置离闻之，与其右将股鞮、左将尸泥支谋曰：'闻甄公为西域太伯，当出，故事给使者牛羊谷刍茭，导译，前五威将过，所给使尚未能备。今太伯复出，国益贫，恐不能称。'欲亡入匈奴。戊己校尉刁护闻之，召置离验问，辞服，乃械致都护但钦在所埒娄城。置离人

民知其不还，皆哭而送之。至，钦则斩置离。置离兄辅国侯狐兰支将置离众二千余人，驱畜产，举国亡降匈奴。是时，莽易单于玺，单于恨怒，遂受狐兰支降，遣兵与共寇击车师，杀后城长，伤都护司马，及狐兰兵复还入匈奴。时戊己校尉刁护病，遣史陈良屯桓且谷备匈奴寇，史终带取粮食，司马丞韩玄领诸壁，右曲候任商领诸垒，相与谋曰：'西域诸国颇背叛，匈奴欲大侵，要死。可杀校尉，将人众降匈奴。'即将数千骑至校尉府，胁诸亭令燔积薪，分告诸壁曰：'匈奴十万骑来入，吏士皆持兵，后者斩！'得三(百四)[四百]人，去校尉府数里止……校尉开门击鼓收吏士，良等随入，遂杀校尉刁护及子男四人、诸昆弟子男，独遗妇女小儿。止留戊己校尉城，遣人与匈奴南将军相闻，南将军以二千骑迎良等。良等尽胁略戊己校尉吏士男女二千余人入匈奴。单于以良、带为乌贲都尉。后三岁，单于死，弟乌絫单于咸立，复与莽和亲。莽遣使者多赍金币赂单于，购求陈良、终带等。单于尽收四人及手杀刁护者芝音妻子以下二十七人，皆械槛车付使者。到长安，莽皆烧杀之。其后莽复欺诈单于，和亲遂绝。匈奴大击北边，而西域亦瓦解。焉耆国近匈奴，先叛，杀都护但钦，莽不能讨。""天凤(二)年，乃遣五威将王骏、西域都护李崇将戊己校尉出西域，诸国皆郊迎，送兵谷。焉耆诈降而聚兵自备。骏等将莎车、龟兹兵七千余人，分为数部入焉耆，焉耆伏兵要遮骏。及姑墨、尉犁、危须国兵为反间，还共袭击骏等，皆杀之。唯戊己校尉郭钦别将兵，后至焉耆。焉耆兵未还，钦击杀其老弱，引兵还。莽封钦为剿胡子。李崇收余士，还保龟兹。数年莽死，崇遂没，西域因绝。"

（《汉书》卷九十六下·西域传第六十六下）

匈奴习俗

中国正史资料。记述了匈奴的风习。对研究秦汉时期匈奴历史文化具有重要参考价值。文曰："初，匈奴好汉缯絮食物，中行说曰：'匈奴人众不能当汉之一郡，然所以强者，以衣食异，无仰于汉也。今单于变俗好汉物，汉物不过什二，则匈奴尽归于汉矣。其得汉缯絮，以驰草棘中，衣裤皆裂敝，以示不如旃裘之完善也。得汉食物皆去之，以示不如湩酪之便美也。'于是说教单于左右疏记，以计课其人众畜物。汉遗单于书，牍以尺一寸，辞曰'皇帝敬问匈奴大单于无恙'，所遗物及言语云云。中行说令单于遗汉书以尺二寸牍，及印封皆令广大长，倨傲其辞曰'天地所生日月所置匈奴大单于敬问汉皇帝无恙'，所以遗物言语亦云云。汉使或言曰：'匈奴俗贱老。'中行说穷汉使曰：'而汉俗屯戍从军当发者，其老亲岂有不自脱温厚肥美以赍送饮食行戍乎？'汉使曰：'然。'中行说曰：'匈奴明以战攻为事，其老弱不能斗，故以其肥美饮食壮健者，盖以自为守卫，如此父子各得久相保，何以言匈奴轻老也？'汉使曰：'匈奴父子乃同穹庐而卧。父死，妻其后母；兄弟死，尽取其妻妻之。无冠带之饰，阙庭之礼。'中行说曰：'匈奴之俗，人食畜肉，饮其汁，衣其皮；畜食草饮水，随时转移。故其急则人习骑射，宽则人乐无事，其约束轻，易行也。君臣简易，一国之政犹一身也。父子兄弟死，取其妻妻之，恶种姓之失也。故匈奴虽乱，必立宗种。今中国虽详不取其父兄之妻，亲属益疏则相杀，至乃易姓，皆从此类。且礼义之敝，上下交怨望，而室屋之极，生力必屈。夫力耕桑以求衣食，筑城郭以自备，故其民急则不习战功，缓则罢于作业。嗟土室之人，顾无多辞，令喋喋而占占，冠固何当？'自是之后，汉使欲辩论者，中行说辄曰：'汉使无多言，顾汉所输匈奴缯絮米糵，令其量中，必善美而已矣，何以为言乎？且所给备善则已；不备，苦恶，则候秋孰，以骑驰蹂而稼穑耳。'日夜教单于候利害处。"

（《史记》卷一百十·匈奴列传第五十）

西汉时期西域各国简史

中国正史资料。记述了西汉时期西域各国的历史文化。对研究西汉时期西域历史文化具有重要参考价值。文曰："西域以孝武时始通，本三十六国，其后稍分至五十余，皆在匈奴之西，乌孙之南。南北有大山，中央有河，东西六千余里，南北千余里。东则接汉，阸以玉门、阳关，西则限以葱岭。其南山，东出金城，与汉南山属焉。其河有两源：一出葱岭山，一出于阗。于阗在南山下，其河北流，与葱岭河合，东注蒲昌海。蒲昌海，一名盐泽者也，去玉门、阳关三百余里，广袤三百里。其水亭居，冬夏不增减，皆以为潜行地下，南出于积石，为中国河云。自玉门、阳关出西域有两道。从鄯善傍南山北，波河西行至莎车，为南道；南道西踰葱岭则出大月氏、安息。自车师前王廷随北山，波河西行至疏勒，为北道；北道西踰葱岭则出大宛、康居、奄蔡焉(耆)。西域诸国大率土著，有城郭田畜，与匈奴、乌孙异俗，故皆役属匈奴。匈奴西边日逐王置僮仆都尉，使领西域，常居焉耆、危须、尉黎间，赋税诸国，取富给焉。自周衰，戎狄错居泾渭之北。及秦始皇攘却戎狄，筑长城，界中国，然西不过临洮。汉兴至于孝武，事征四夷，广威德，而张骞始开西域之迹。其后骠骑将军击破匈奴右地，降浑邪、休屠王，遂空其地，始筑令居以西，初置酒泉郡，后稍发徙民充实之，分置武威、张掖、敦煌，列四郡，据两关焉。自贰师将军伐大宛之后，西域震惧，多遣使来贡献，汉使西域者益得职。于是自敦煌西至盐泽，往往起亭，而轮台、渠犁皆有田卒数百人，置使者校尉领护，以给使外国者。至宣帝时，遣卫司马使护鄯善以西数国。及破姑师，未尽殄，分以为车师前后王及山北六国。时汉独护南道，未能尽并北道也，然匈奴不自安矣。其后日逐王畔单于，将众来降，护鄯善以西使者郑吉迎之。既至汉，封日逐王为归德侯，吉为安远侯。是岁，神爵三年也。乃因使吉并护北道，故号曰都护。都护之起，自吉置矣。僮仆都尉由此罢，匈奴益弱，不得近西域。于是徙屯田，田于北胥鞬，披莎车之地，屯田校尉始属都护。都护督察乌孙、康居诸外国动静，有变以闻。可安辑，安辑之；可击，击之。都护治乌垒城，去阳关二千七百三十八里，与渠犁田官相近，土地肥饶，于西域为中，故都护治焉。至元帝时，复置戊己校尉，屯田车师前王庭。是时匈奴东蒲类王兹力支将人众千七百余人降都护，都护分车师后王之西为乌贪訾离地以处之。自宣、元后，单于称藩臣，西域服从，其土地山川王侯户数道里远近翔实矣。出阳关，自近者始，曰婼羌。婼羌国王号去胡来王。去阳关千八百里，去长安六千三百里，辟在西南，不当孔道。户四百五十，口千七百五十，胜兵者五百人。

西与且末接。随畜逐水草，不田作，仰鄯善、且末谷。山有铁，自作兵，兵有弓、矛、服刀、剑、甲。西北至鄯善，乃当道云。”

（《汉书》卷九十六上·西域传第六十六上）

西汉时期西域各国皆佩汉印绶

中国正史资料。记述了西域各国与西汉的关系。对研究汉朝时期西域历史具有重要参考价值。文曰：“（西域）最凡国五十。自译长、城长、君、监、吏、大禄、百长、千长、都尉、且渠、当户、将、相至侯、王，皆佩汉印绶，凡三百七十六人。而康居、大月氏、安息、罽宾、乌弋之属，皆以绝远不在数中，其来贡献则相与报，不督录总领也。赞曰：孝武之世，图制匈奴，患其兼从西国，结党南羌，乃表河（曲）[西]，列（西）郡，开玉门，通西域，以断匈奴右臂，隔绝南羌、月氏。单于失援，由是远遁，而幕南无王庭。”

（《汉书》卷九十六下·西域传第六十六下）

汉公主后嗣情况

中国正史资料。记述了汉公主后嗣在西域乌孙国的情况。对研究汉朝时期西域历史具有重要参考价值。文曰：“（乌孙）元贵靡、鸱靡皆病死，公主上书言年老思土，愿得归骸骨，葬汉地。天子闵而迎之，公主与乌孙男女三人俱来至京师。是岁，甘露三年也。时年且七十，赐以公主田宅奴婢，奉养甚厚，朝见仪比公主。后二岁卒，三孙因留守坟墓云。元贵靡子星靡代为大昆弥，弱，冯夫人上书，愿使乌孙镇抚星（弥）[靡]。汉遣之，卒百人送（乌孙）焉。都护韩宣奏，乌孙大吏、大禄、大监皆可以赐金印紫绶，以尊辅大昆弥，汉许之。后都护韩宣复奏，星靡怯弱，可免，更以季父左大将乐代为昆弥，汉不许。后段会宗为都护，招还亡畔，安定之。星靡死，子雌栗靡代。小昆弥乌就屠死，子拊离代立，为弟日贰所杀。汉遣使者立拊离子安日为小昆弥。日贰亡，阻康居。汉徙己校屯姑墨，欲候便讨焉。安日使贵人姑莫匿等三人诈亡从日贰，刺杀之。都护廉褒赐姑莫匿等金人二十斤，缯三百匹。后安日为降民所杀，汉立其弟末振将代。时大昆弥雌栗靡健，翎侯皆畏服之，告民牧马畜无使入牧，国中大安，和翁归靡时。小昆（靡）[弥]末振将恐为所并，使贵人乌日领诈降刺杀雌栗靡。汉欲以兵讨之而未能，遣中郎将段会宗持金币与都护图方略，立雌栗靡季父公主孙伊秩靡为大昆弥。汉没入小昆弥侍子在京师者。久之，大昆弥翎侯难栖杀末振将，末振将兄安日子安犁莠代为小昆弥。汉恨不自（责）诛末振将，复使段会宗即斩其太子番丘。还，赐爵关内侯。是岁，元延二年也。会宗以翎侯难栖杀末振将，虽不指为汉，合于讨贼，奏以为坚守都尉。责大禄、大吏、大监以雌栗靡见杀状，夺金印紫绶，更与铜墨云。末振将弟卑爰疐本共谋杀大昆弥，将众八万余口北附康居，谋欲藉兵兼并两昆弥。两昆弥畏之，亲倚都护。哀帝元寿二年，大昆弥伊秩靡与单于并入朝，汉以为荣。至元始中，卑爰疐杀乌日领以自效，汉封为归义侯。两昆弥皆弱，卑爰疐侵陵，都护孙建袭杀之。自乌孙分立两昆弥后，汉用忧劳，且无宁岁。”

（《汉书》卷九十六下·西域传第六十六下）

安息国

中国正史资料。记述了西域安息国情况。对研究汉朝时期西域历史文化具有重要参考价值。文曰:"安息国,王治番兜城,去长安万一千六百里。不属都护。北与康居、东与乌弋山离、西与条支接。土地风气,物类所有,民俗与乌弋、罽宾同。亦以银为钱,文独为王面,幕为夫人面。王死辄更铸钱。有大马爵。其属小大数百城,地方数千里,最大国也。临妫水,商贾车船行旁国。书革,旁行为书记。武帝始遣使至安息,王令将将二万骑迎于东界。东界去王都数千里,行比至,过数十城,人民相属。因发使随汉使者来观汉地,以大鸟卵及犁靬眩人献于汉,天子大说。安息东则大月氏。"

(《汉书》卷九十六上·西域传第六十六上)

车师后城长国

中国正史资料。记述了西域车师后城长国情况。对研究汉朝时期西域历史具有重要参考价值。文曰:"车师后城长国,户百五十四,口九百六十,胜兵二百六十人。武帝天汉二年,以匈奴降者介和王为开陵侯,将楼兰国兵始击车师,匈奴遣右贤王将数万骑救之,汉兵不利,引去。征和四年,遣重合侯马通将四万骑击匈奴,道过车师北,复遣开陵侯将楼兰、尉犁、危须凡六国兵别击车师,勿令得遮重合侯。诸国兵共围车师,车师王降服,臣属汉。昭帝时,匈奴复使四千骑田车师。宣帝即位,遣五将将兵击匈奴,车师田者惊去,车师复通于汉。匈奴怒,召其太子军宿,欲以为质。军宿,焉耆外孙,不欲质匈奴,亡走焉耆。车师王更立子乌贵为太子。及乌贵立为王,与匈奴结婚姻,教匈奴遮汉道通乌孙者。"

(《汉书》卷九十六下·西域传第六十六下)

大宛国

中国正史资料。记述了西域大宛国情况。对研究汉朝时期西域历史文化具有重要参考价值。文曰:"大宛国,王治贵山城,去长安万二千(二)百五十里。户六万,口三十万,胜兵六万人。副王,辅国王各一人。东至都护治所四千三十一里,北至康居卑阗城千五百一十里,西南至大月氏六百九十里。北与康居、南与大月氏接,土地风气物类民俗与大月氏、安息同。大宛左右以蒲陶为酒,富人藏酒至万余石,久者至数十岁不败。俗耆酒,马耆目宿。宛别邑七十余城,多善马。马汗血,言其先天马子也。张骞始为武帝言之,上遣使者持千金及金马,以请宛善马。宛王以汉绝远,大兵不能至,爱其宝马不肯与。汉使妄言,宛遂攻杀汉使,取其财物。于是天子遣贰师将军李广利将兵前后十余万人伐宛,连四年。宛人斩其王毋寡首,献马三千匹,汉军乃还,语在张骞传。贰师既斩宛王,更立贵人素遇汉善者名昧蔡为宛王。后岁余,宛贵人以为昧蔡谄,使我国遇屠,相与(兵)[共]杀昧蔡,立毋寡弟蝉封为王,遣子入侍,质于汉,汉因使使赂赐镇抚之。又发(数)[使]十余辈,抵宛西诸国求(其)[奇]物,因风谕以(代)[伐]宛之威。宛王蝉封与汉约,岁献天马二匹。汉使采蒲陶、目宿种归。天子以天马多,又外国使来众,益种

蒲陶、目宿离宫馆旁,极望焉。自宛以西至安息国,虽颇异言,然大同,自相晓知也。其人皆深目,多须髯。善贾市,争分铢。贵女子;女子所言,丈夫乃决正。其地(皆)[无]丝漆,不知铸铁器。及汉使亡卒降,教铸作它兵器。得汉黄白金,辄以为器,不用为币。"

(《汉书》卷九十六上·西域传第六十六上)

姑墨国

中国正史资料。记述了西域姑墨国情况。对研究汉朝时期西域历史具有重要参考价值。文曰:"姑墨国,王治南城,去长安八千一百五十里。户三千五百,口二万四千五百,胜兵四千五百人。姑墨侯、辅国侯、都尉、左右将、左右骑君各一人,译长二人。东至都护治所(一)千二十一里,南至[于]阗马行十五日,北与乌孙接。出铜、铁、雌黄。东通龟兹六百七十里。王莽时,姑墨王丞杀温宿王,并其国。"

(《汉书》卷九十六下·西域传第六十六下)

龟兹国

中国正史资料。记述了西域龟兹国情况。对研究汉朝时期西域历史具有重要参考价值。文曰:"龟兹国,王治延城,去长安七千四百八十里。户六千九百七十,口八万一千三百一十七,胜兵二万一千七十六人。大都尉丞、辅国侯、安国侯、击胡侯、却胡都尉、击车师都尉、左右将、左右都尉、左右骑君、左右力辅君各一人,东西南北部千长各二人,却胡君三人,译长四人。南与精绝、东南与且末、西南与扜弥、北与乌孙、西与姑墨接。能铸冶,有铅。东至都护治所乌垒城三百五十里。"

(《汉书》卷九十六下·西域传第六十六下)

汉朝与龟兹国往来情

中国正史资料。记述了汉朝与龟兹国往来情况。对研究汉朝时期西域历史具有重要参考价值。文曰:"宣帝时,长罗侯常惠使乌孙还,便宜发诸国兵,合五万人攻龟兹,责以前杀校尉赖丹。龟兹王谢曰:'乃我先王时为贵人姑翼所误,我无罪。'执姑翼诣惠,惠斩之。时乌孙公主遣女来至京师学鼓琴,汉遣侍郎乐奉送主女,过龟兹。龟兹前遣人至乌孙求公主女,未还。会女过龟兹,龟兹王留不遣,复使使报公主,主许之。后公主上书,愿令女比宗室入朝,而龟兹王绛宾亦爱其夫人,上书言得尚汉外孙为昆弟,愿与公主女俱入朝。元康元年,遂来朝贺。王及夫人皆赐印绶。夫人号称公主,赐以车骑旗鼓,歌吹数十人,绮绣杂缯琦珍凡数千万。留且一年,厚赠送之。后数来朝贺,乐汉衣服制度,归其国,治宫室,作徼道周卫,出入传呼,撞钟鼓,如汉家仪。外国胡人皆曰:'驴非驴,马非马,若龟兹王,所谓骡也。'绛宾死,其子丞德自谓汉外孙,成、哀帝时往来尤数,汉遇之亦甚亲密。东通尉犁六百五十里。"

(《汉书》卷九十六下·西域传第六十六下)

捐毒国

中国正史资料。记述了西域捐毒国情况。对研究汉朝时期西域历史文化具有重要参考价值。文曰:“捐毒国,王治衍敦谷,去长安九千八百六十里。户三百八十,口千一百,胜兵五百人。东至都护治所二千八百六十一里。至疏勒。南与葱领属,无人民。西上葱领,则休循也。西北至大宛千三十里,北与乌孙接。衣服类乌孙,随水草,依葱领,本塞种也。”

(《汉书》卷九十六上·西域传第六十六上)

康居国

中国正史资料。记述了西域康居国情况。对研究汉朝时期西域历史文化具有重要参考价值。文曰:“康居国,王冬治乐越匿地。到卑阗城。去长安万二千三百里。不属都护。至越匿地马行七日,至王夏所居蕃内九千一百四里。户十二万,口六十万,胜兵十二万人。东至都护治所五千五百五十里。与大月氏同俗。东羁事匈奴。宣帝时,匈奴乖乱,五单于并争,汉拥立呼韩邪单于,而郅支单于怨望,杀汉使者,西阻康居。其后都护甘延寿、副校尉陈汤发戊已校尉西域诸国兵至康居,诛灭郅支单于,语在甘延寿、陈汤传。是岁,元帝建昭三年也。至成帝时,康居遣子侍汉,贡献,然自以绝远,独骄嫚,不肯与诸国相望。都护郭舜数上言:‘本匈奴盛时,非以兼有乌孙、康居故也;及其称臣妾,非以失二国也。汉虽皆受其质子,然三国内相输遗,交通如故,亦相候司,见便则发;合不能相亲信,离不能相臣役。以今言之,结配乌孙竟未有益,反为中国生事。然乌孙既结在前,今与匈奴俱称臣,义不可距。而康居骄黠,讫不肯拜使者。都护吏至其国,坐之乌孙诸使下,王及贵人先饮食已,乃饮啖都护吏,故为无所省以夸旁国。以此度之,何故遣子入侍?其欲贾市为好,辞之诈也。匈奴百蛮大国,今事汉甚备,闻康居不拜,且使单于有自下之意,宜归其侍子,绝勿复使,以章汉家不通无礼之国。敦煌、酒泉小郡及南道八国,给使者往来人马驴橐驼食,皆苦之。空罢耗所过,送迎骄黠绝远之国。非至计也。’汉为其新通,重致远人,终羁縻而未绝。其康居西北可二千里,有奄蔡国。控弦者十余万(大)[人]。与康居同俗。临大泽,无崖,盖北海云。”

(《汉书》卷九十六上·西域传第六十六上)

渠犁国

中国正史资料。记述了西域渠犁国情况。对研究汉朝时期西域历史具有重要参考价值。文曰:“渠犁,城都尉一人,户百三十,口千四百八十,胜兵百五十人。东北与尉犁、东南与且末、南与精绝接。西有河,至龟兹五百八十里。自武帝初通西域,置校尉,屯田渠犁。是时军旅连出,师行三十二年,海内虚耗。征和中,贰师将军李广利以军降匈奴。上既悔远征伐,而搜粟都尉桑弘羊与丞相御史奏言:‘故轮台(以)东捷枝、渠犁皆故国,地广,饶水草,有溉田五千顷以上,处温和,田美,可益通沟渠,种五谷,与中国同时孰。其旁国少锥刀,贵黄金采缯,可以易谷食,宜给足不(可)乏。臣愚以为可遣屯田

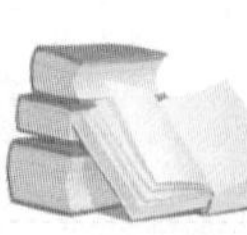

卒诣故轮台以东,置校尉三人分护,各举图地形,通利沟渠,务使以时益种五谷。张掖、酒泉遣骑假司马为斥候,属校尉,事有便宜,因骑置以闻。田一岁,有积谷,募民壮健有累重敢徙者诣田所,就畜积为本业,益垦溉田,稍筑列亭,连城而西,以威西国,辅乌孙,为便……'"

(《汉书》卷九十六下·西域传第六十六下)

莎车国

中国正史资料。记述了西域莎车国情况。对研究汉朝时期西域历史文化具有重要参考价值。文曰:"莎车国,王治莎车城,去长安九千九百五十里。户二千三百三十九,口万六千三百七十三,胜兵三千四十九人。辅国侯、左右将、左右骑君、备西夜君各一人,都尉二人,译长四人。东北至都护治所四千七百四十六里,西至疏勒五百六十里,西南至蒲犁七百四十里。有铁山,出青玉。宣帝时,乌孙公主小子万年,莎车王爱之。莎车王无子死,死时万年在汉。莎车国人计欲自托于汉,又欲得乌孙心,即上书请万年为莎车王。汉许之,遣使者奚充国送万年。万年初立,暴恶,国人不说。莎车王弟呼屠征杀万年,并杀汉使者,自立为王,约诸国背汉。会卫候冯奉世使送大宛客,即以便宜发诸国兵击杀之,更立它昆弟子为莎车王。还,拜奉世为光禄大夫。是岁,元康元年也。"

(《汉书》卷九十六上·西域传第六十六上)

鄯善国

中国正史资料。记述了西域鄯善国的历史文化。对研究汉朝时期西域历史文化具有重要参考价值。文曰:"鄯善国,本名楼兰,王治扜泥城,去阳关千六百里,去长安六千一百里。户千五百七十,口万四千一百,胜兵二千九百十二人。辅国侯、却胡侯、鄯善都尉、击车师都尉、左右且渠、击车师君各一人,译长二人。西北去都护治所千七百八十五里,至山国千三百六十五里,西北至车师千八百九十里。地沙卤,少田,寄田仰谷旁国。国出玉,多葭苇、柽柳、胡桐、白草。民随畜牧逐水草,有驴马,多橐它。能作兵,与婼羌同。初,武帝感张骞之言,甘心欲通大宛诸国,使者相望于道,一岁中多至十余辈。楼兰、姑师当道,苦之,攻劫汉使王恢等,又数为匈奴耳目,令其兵遮汉使。汉使多言其国有城邑,兵弱易击。于是武帝遣从票侯赵破奴将属国骑及郡兵数万击姑师。王恢数为楼兰所苦,上令恢佐破奴将兵。破奴与轻骑七百人先至,虏楼兰王,遂破姑师,因暴兵威以动乌孙、大宛之属。还,封破奴为浞野侯,恢为浩侯。于是汉列亭障至玉门矣。楼兰既降服贡献,匈奴闻,发兵击之。于是楼兰遣一子质匈奴,一子质汉。后贰师军击大宛,匈奴欲遮之,贰师兵盛不敢当,即遣骑因楼兰候汉使后过者,欲绝勿通。时汉军正任文将兵屯玉门关,为贰师后距,捕得生口,知状以闻。上诏文便道引兵捕楼兰王。将诣阙,簿责王,对曰:'小国在大国间,不两属无以自安。愿徙国入居汉地。'上直其言,遣归国,亦因使候司匈奴。匈奴自是不甚亲信楼兰。征和元年,楼兰王死,国人来请质子在汉者,欲立之。质子常坐汉法,下蚕室宫刑,故不遣。报曰:'侍子,天子爱之,不能遣。其更立其次当立者。'楼兰更立王,汉复责其质子,亦遣一子质匈奴。后王又死,匈奴先闻之,遣质子归,得立为王。汉遣使诏新王,令入朝,天子将加厚赏。楼兰王后妻,故继母也,谓王曰:'先王遣两子质汉皆不还,奈何欲往朝乎?'王用其计,谢使曰:'新立,国未定,愿待后年入见天子。'然楼兰国最在东垂,近汉,当白龙堆,乏水草,常主发导,负水儋粮,送迎汉使,又数为吏卒所寇,惩艾不便与汉通。后复为匈奴反间,数遮杀汉使。其弟尉屠耆降汉,具言状。元凤四年,大将军霍光白遣平乐监傅介子往刺其王。介子轻将勇敢士,赍金币,扬言以赐外国为名。既至楼兰,诈其王欲赐之,王喜,与介子饮,醉,将其王屏语,壮士二人从后刺杀之,贵人左右皆散走。介子告谕以'王负汉罪,天子遣我诛王,当更立王弟尉屠耆在汉者。汉兵方至,毋敢动,自令灭国矣!'介子遂斩王尝归首,驰传诣阙,县首北阙下。封介子为义阳侯。乃立尉屠耆为王,更名其国为鄯善,为刻印章,赐宫女为夫人,备车骑辎重,丞相[将军]率百官送至横门外,祖而遣之。王自请天子曰:'身在汉久,今归,单弱,而前王有子在,恐为所杀。国中有伊循城,其地肥美,愿汉遣(二)将屯田积谷,令臣得依其威重。'于是汉遣司马一人、吏士四十人,田伊循以填抚之。其后更置都尉。伊循官置始此矣。鄯善当汉道冲,西通且末七百二十里。自且末以往皆种五谷,土地草木,畜产作兵,略与汉同,有异乃记云。"

(《汉书》卷九十六上·西域传第六十六上)

疏勒国

中国正史资料。记述了西域疏勒国情况。对研究汉朝时期西域历史文化具有重要参考价值。文曰:"疏勒国,王治疏勒城,去长安九千三百五十里。户千五百一十,口万八千六百四十七,胜兵二千人。疏勒侯、击胡侯、辅国侯、都尉、左右将、左右骑君、左右译长各一人。东至都护治所二千二百一十里,南至莎车五百六十里。有市列,西当大月氏、大宛、康居道也。"

(《汉书》卷九十六上·西域传第六十六上)

尉头国

中国正史资料。记述了西域尉头国情况。对研究汉朝时期西域历史文化具有重要参考价值。文曰:"尉头国,王治尉头谷,去长安八千六百五十里。户三百,口二千三百,胜兵八百人。左右都尉各一人,左右骑君各一人。东至都护治所千四百一十一里,南与疏勒接,山道不通,西至捐毒千三百一十四里,径道马行二日。田畜随水草,衣服类乌孙。"

(《汉书》卷九十六上·西域传第六十六上)

温宿国

中国正史资料。记述了西域温宿国情况。对研究汉朝时期西域历史具有重要参考价值。文曰:"温宿国,王治温宿城,去长安八千三百五十里。户二千二百,口八千四百,胜兵千五百人。辅国侯、左右将、左右都尉、左右骑君、译长各二人。东至都护治所二千三百八十里，西至尉头三百里，北至乌孙赤谷六百一十里。土地物类所有与鄯善诸国同。东通姑墨二百七十里。”

（《汉书》卷九十六下·西域传第六十六下）

乌孙国

中国正史资料。记述了西域乌孙国情况。对研究汉朝时期西域历史文化具有重要参考价值。文曰：“乌孙国，大昆弥治赤谷城，去长安八千九百里。户十二万，口六十三万，胜兵十八万八千八百人。相，大禄，左右大将二人，侯三人，大将、都尉各一人，大监二人，大吏一人，舍中大吏二人，骑君一人。东至都护治所千七百二十一里，西至康居蕃内地五千里。地莽平。多雨，寒。山多松樠。不田作种树，随畜逐水草，与匈奴同俗。国多马，富人至四五千匹。民刚恶，贪（狠）[狼]无信，多寇盗，最为强国。故服匈奴，后盛大，取羁属，不肯往朝会。东与匈奴、西北与康居、西与大宛、南与城郭诸国相接。本塞地也，大月氏西破走塞王，塞王南越县度，大月氏居其地。后乌孙昆莫击破大月氏，大月氏徙西臣大夏，而乌孙昆莫居之，故乌孙民有塞种、大月氏种云。”

（《汉书》卷九十六下·西域传第六十六下）

乌贪訾离国

中国正史资料。记述了西域乌贪訾离国情况。对研究汉朝时期西域历史具有重要参考价值。文曰：“乌贪訾离国，王治于娄谷，去长安万三百三十里。户四十一，口二百三十一，胜兵五十七人。辅国侯、左右都尉各一人。东与单桓、南与且弥、西与乌孙接。”

（《汉书》卷九十六下·西域传第六十六下）

无雷国

中国正史资料。记述了西域无雷国情况。对研究汉朝时期西域历史文化具有重要参考价值。文曰：“无雷国，王治卢城，去长安九千九百五十里。户千，口七千，胜兵三千人。东北至都护治所二千四百六十五里，南至蒲犁五百四十里，南与乌秅、北与捐毒、西与大月氏接。衣服类乌孙，俗与子合同。”

（《汉书》卷九十六上·西域传第六十六上）

休循国

中国正史资料。记述了西域休循国情况。对研究汉朝时期西域历史文化具有重要参考价值。文曰：“休循国，王治鸟飞谷，在葱岭西，去长安万二百一十里。户三百五十八，口千三十，胜兵四百八十人。东至都护治所三千一百二十一里，至捐毒衍敦谷二百六十里，西北至大宛国九百二十里，西至大月氏千六百一十里。民俗衣服类乌孙，因畜随水草，本故塞种也。”

（《汉书》卷九十六上·西域传第六十六上）

焉耆国

中国正史资料。记述了西域焉耆国情况。对研究汉朝时期西域历史具有重要参考价值。文曰:“焉耆国,王治员渠城,去长安七千三百里。户四千,口三万二千一百,胜兵六千人。击胡侯、却胡侯、辅国侯、左右将、左右都尉、击胡左右君、击车师君、归义车师君各一人,击胡都尉、击胡君各二人,译长三人。西南至都护治所四百里,南至尉犁百里,北与乌孙接。近海水多鱼。”

(《汉书》卷九十六下·西域传第六十六下)

张骞出使西域

中国正史资料。记述了汉朝时期张骞出使西域的历史。对研究汉朝时期西域历史具有重要参考价值。文曰:“骞既至乌孙,乌孙王昆莫见汉使如单于礼,骞大惭,知蛮夷贪,乃曰:‘天子致赐,王不拜则还赐。’昆莫起拜赐,其他如故。骞谕使指曰:‘乌孙能东居浑邪地,则汉遣翁主为昆莫夫人。’乌孙国分,王老,而远汉,未知其大小,素服属匈奴日久矣,且又近之,其大臣皆畏胡,不欲移徙,王不能专制。骞不得其要领。昆莫有十余子,其中子曰大禄,强,善将众,将众别居万余骑。大禄兄为太子,太子有子曰岑陬,而太子蚤死。临死谓其父昆莫曰:‘必以岑陬为太子,无令他人代之。’昆莫哀而许之,卒以岑陬为太子。大禄怒其不得代太子也,乃收其诸昆弟,将其众畔,谋攻岑陬及昆莫。昆莫老,常恐大禄杀岑陬,予岑陬万余骑别居,而昆莫有万余骑自备,国众分为三,而其大总取羁属昆莫,昆莫亦以此不敢专约于骞。骞因分遣副使使大宛、康居、大月氏、大夏、安息、身毒、于阗、扜罙及诸旁国。乌孙发导译送骞还,骞与乌孙遣使数十人,马数十匹报谢,因令窥汉,知其广大。骞还到,拜为大行,列于九卿。岁余,卒。乌孙使既见汉人众富厚,归报其国,其国乃益重汉。其后岁余,骞所遣使通大夏之属者皆颇与其人俱来,于是西北国始通于汉矣。然张骞凿空,其后使往者皆称博望侯,以为质于外国,外国由此信之。”

(《史记》卷一百二十三·大宛列传第六十三)

张骞述乌孙国情况

中国正史资料。记述了张骞所述西域乌孙国情况。对研究汉朝时期西域历史文化具有重要参考价值。文曰:“始张骞言乌孙本与大月氏共在敦煌间,今乌孙虽强大,可厚赂招,令东居故地,妻以公主,与为昆弟,以制匈奴。语在张骞传。武帝即位,令骞赍金币往。昆莫见骞如单于礼,骞大惭,谓曰:‘天子致赐,王不拜,则还赐。’昆莫起拜,其它如故。初,昆莫有十余子,中子大禄强,善将,将众万余骑别居。大禄兄太子,太子有子曰岑陬。太子蚤死,谓昆莫曰:‘必以岑陬为太子。’昆莫哀许之。大禄怒,乃收其昆弟,将众畔,谋攻岑陬。昆莫与岑陬万余骑,令别居,昆莫亦自有万余骑以自备。国分为三,大总羁属昆莫。骞既致赐,谕指曰:‘乌孙能东居故地,则汉遣公主为夫人,结为昆弟,共距匈奴,不足破也。’乌孙远汉,未知其大小,又近匈奴,服属日久,其大臣皆不欲徙。昆莫年老国分，不能专制，乃发使送骞，因献马数十匹报谢。其使见汉人众富厚，归其国，其国后乃益重汉。匈奴闻其与汉通，怒欲击之。又汉使乌孙，乃出其南，抵大宛、月氏，相属不绝。乌孙于是恐，使使献马，愿得尚汉公主，为昆弟。天子问群臣，议许，曰：'必先内聘，然后遣女。'乌孙以马千匹聘。汉元封中，遣江都王建女细君为公主，以妻焉。赐乘舆服御物，为备官属宦官侍御数百人，赠送甚盛。乌孙昆莫以为右夫人。匈奴亦遣女妻昆莫，昆莫以为左夫人。公主至其国，自治宫室居，岁时一再与昆莫会，置酒饮食，以币帛赐王左右贵人。昆莫年老，语言不通，公主悲愁，自为作歌曰：'吾家嫁我兮天一方，远托异国兮乌孙王。穹庐为室兮旃为墙，以肉为食兮酪为浆。居常土思兮心内伤，愿为黄鹄兮归故乡。'天子闻而怜之，间岁遣使者持帷帐锦绣给遗焉。昆莫年老，欲使其孙岑陬尚公主。公主不听，上书言状，天子报曰：'从其国俗，欲与乌孙共灭胡。'岑陬遂妻公主。昆莫死，岑陬代立。岑陬者，官号也，名军须靡。昆莫，王号也，名猎骄靡。后书'昆弥'云。岑陬尚江都公主，生一女少夫。公主死，汉复以楚王戊之孙解忧为公主，妻岑陬。岑陬胡妇子泥靡尚小，岑陬且死，以国与季父大禄子翁归靡，曰：'泥靡大，以国归之。'翁归靡既立，号肥王，复尚楚主解忧，生三男两女：长男曰元贵靡；次曰万年，为莎车王；次曰大乐，为左大将；长女弟史为龟兹王绛宾妻；小女素光为若呼翖侯妻。昭帝时，公主上书，言'匈奴发骑田车师，车师与匈奴为一，共侵乌孙，唯天子幸救之！'汉养士马，议欲击匈奴。会昭帝崩，宣帝初即位，公主及昆弥皆遣使上书，言'匈奴复连发大兵侵击乌孙，取车延、恶师地，收人民去，使使谓乌孙趣持公主来，欲隔绝汉。昆弥愿发国半精兵，自给人马五万骑，尽力击匈奴。唯天子出兵以救公主、昆弥。'汉兵大发十五万骑，五将军分道并出。语在匈奴传。遣校尉常惠使持节护乌孙兵，昆弥自将翖侯以下五万骑从西方入，至右谷蠡王庭，获单于父行及嫂、居次、名王、犁污都尉、千长、骑将以下四万级，马牛羊驴橐驼七十余万头，乌孙皆自取所虏获。还，封惠为长罗侯。是岁，本始三年也。汉遣惠持金币赐乌孙贵人有功者。"

（《汉书》卷九十六下·西域传第六十六下）

张骞述西域传说

中国正史资料。记述了西域匈奴和乌孙的传闻。对研究汉朝时期西域历史具有重要参考价值。文曰："骞以校尉从大将军击匈奴，知水草处，军得以不乏，乃封骞为博望侯。是岁元朔六年也。其明年，骞为卫尉，与李将军俱出右北平击匈奴。匈奴围李将军，军失亡多；而骞后期当斩，赎为庶人。是岁汉遣骠骑破匈奴西(城)[域]数万人，至祁连山。其明年，浑邪王率其民降汉，而金城、河西并南山至盐泽空无匈奴。匈奴时有候者到，而希矣。其后二年，汉击走单于于幕北。是后天子数问骞大夏之属。骞既失侯，因言曰：'臣居匈奴中，闻乌孙王号昆莫，昆莫之父，匈奴西边小国也。匈奴攻杀其父，而昆莫生弃于野。乌嗛肉蜚其上，狼往乳之。单于怪以为神，而收长之。及壮，使将兵，数有功，单于复以其父之民予昆莫，令长守于西(城)[域]。昆莫收养其民，攻旁小邑，控弦数万，习攻战。单于死，昆莫乃率其众远徙，中立，不肯朝会匈奴。匈奴遣奇兵击，不胜，以为神而远之，因羁属之，不大攻。今单于新困于汉，而故浑邪地空无人。蛮夷俗贪汉财物，今诚以此时而厚币赂乌孙，招以益东，居故浑邪之地，与汉结昆弟，其势宜听，听则是断匈奴右臂也。既连乌孙，自其西大夏之属皆可招来而为外臣。'天子以为然，拜骞为中郎将，将三百人，马各二匹，牛羊以万数，赍金币帛直数千巨万，多持节副使，道可使，使遗之他旁国。”

（《史记》卷一百二十三·大宛列传第六十三）

安息国

中国正史资料。记述了西域安息国的历史。对研究汉朝时期西域历史具有重要参考价值。文曰：“安息国居和椟城，去洛阳二万五千里。北与康居接，南与乌弋山离接。地方数千里，小城数百，户口胜兵最为殷盛。其东界木鹿城，号为小安息，去洛阳二万里。章帝章和元年，遣使献师子、符拔。符拔形似麟而无角。和帝永元九年，都护班超遣甘英使大秦，抵条支。临大海欲度，而安息西界船人谓英曰：'海水广大，往来者逢善风三月乃得度，若遇迟风，亦有二岁者，故入海人皆赍三岁粮。海中善使人思土恋慕，数有死亡者。'英闻之乃止。十三年，安息王满屈复献师子及条支大鸟，时谓之安息雀。自安息西行三千四百里至阿蛮国。从阿蛮西行三千六百里至斯宾国。从斯宾南行度河，又西南至于罗国九百六十里，安息西界极矣。自此南乘海，乃通大秦。其土多海西珍奇异物焉。”

（《后汉书》卷八十八·西域传第七十八）

西域都护和戊己校尉

中国正史资料。记述了西域归属中国版图后与汉朝的关系。对研究汉朝时期西域历史具有重要参考价值。文曰：“武帝时，西域内属，有三十六国。汉为置使者、校尉领护之。宣帝改曰都护。元帝又置戊己二校尉，屯田于车师前王庭。哀平间，自相分割为五十五国。王莽篡位，贬易侯王，由是西域怨叛，与中国遂绝，并复役属匈奴。匈奴敛税重刻，诸国不堪命，建武中，皆遣使求内属，愿请都护。光武以天下初定，未遑外事，竟不许之。会匈奴衰弱，莎车王贤诛灭诸国，贤死之后，遂更相攻伐。小宛、精绝、戎庐、且末为鄯善所并。渠勒、皮山为于阗所统，悉有其地。郁立、单桓、孤胡、乌贪訾离为车师所灭。后其国并复立。永平中，北虏乃胁诸国共寇河西郡县，城门昼闭。十六年，明帝乃命将帅，北征匈奴，取伊吾卢地，置宜禾都尉以屯田，遂通西域，于阗诸国皆遣子入侍。西域自绝六十五载，乃复通焉。明年，始置都护、戊己校尉。及明帝崩，焉耆、龟兹攻没都护陈睦，悉覆其众，匈奴、车师围戊己校尉。建初元年春，酒泉太守段彭大破车师于交河城。章帝不欲疲敝中国以事夷狄，乃迎还戊己校尉，不复遣都护。二年，复罢屯田伊吾，匈奴因遣兵守伊吾地。时军司马班超留于阗，绥集诸国。和帝永元元年，大将军窦宪大破匈奴。二年，宪因遣副校尉阎槃将二千余骑掩击伊吾，破之。三年，班超遂定西域，因以超为都护，居龟兹。复置戊己校尉，领兵五百人，居车师前部高昌壁，又置戊部候，居车师后部候城，相去五百里。六年，班超复击破焉耆，于是五十余国悉纳质内属。其条支、安息诸国至于海濒四万里外，皆重译贡献。九年，班超遣掾甘英穷临西海而还。皆前世所不至，山经所未详，莫不备其风土，传其珍怪焉。于是远国蒙奇、兜勒皆来归服，遣使贡献。”“及孝和晏驾，西域背畔。安帝永初元年，频攻围都护任尚、段禧等，朝廷以其险远，难相应赴，诏罢都护。自此遂弃西域。北匈奴即复收属诸国，共为边寇十余岁。敦煌太守曹宗患其暴害，元初六年，乃上遣行长史索班，将千余人屯伊吾以招抚之，于是车师前王及鄯善王来降。数月，北匈奴复率车师后部王共攻没班等，遂击走其前王。鄯善逼急，求救于曹宗，宗因此请出兵击匈奴，报索班之耻，复欲进取西域。邓太后不许，但令置护西域副校尉，居敦煌，复部营兵三百人，羁縻而已。其后北虏连与车师入寇河西，朝廷不能禁，议者因欲闭玉门、阳关，以绝其患。”

（《后汉书》卷八十八·西域传第七十八）

车师前王国

中国正史资料。记述了西域车师前王国的情况。对研究汉朝时期西域历史具有重要参考价值。文曰：“车师前王居交河城。河水分流绕城，故号交河。去长史所居柳中八十里，东去洛阳九千一百二十里。领户千五百余，口四千余，胜兵二千人。后王居务涂谷，去长史所居五百里，去洛阳九千六百二十里。领户四千余，口万五千余，胜兵三千余人。前后部及东且弥、卑陆、蒲类、移支，是为车师六国，北与匈奴接。前部西通焉耆北道，后部西通乌孙。建武二十一年，与鄯善、焉耆遣子入侍，光武遣还之，乃附属匈奴。明帝永平十六年，汉取伊吾卢，通西域，车师始复内属。匈奴遣兵击之，复降北虏。和帝永元二年，大将军窦宪破北匈奴，车师震慑，前后王各遣子奉贡入侍，并赐印绶金帛。八年，戊己校尉索頵欲废后部王涿鞮，立破虏侯细致。涿鞮忿前王尉卑大卖己，因反击尉卑大，获其妻子。明年，汉遣将兵长史王林，发凉州六郡兵及羌（虏）胡二万余人，以讨涿鞮，获首虏千余人。涿鞮入北匈奴，汉军追击，斩之，立涿鞮弟农奇为王。至永宁元年，后王军就及母沙麻反畔，杀后部司马及敦煌行事。至安帝延光四年，长史班勇击军就，大破，斩之。顺帝永建元年，勇率后王农奇子加特奴及八滑等，发精兵击北虏呼衍王，破之。勇于是上立加特奴为后王，八滑为后部亲汉侯。阳嘉三年夏，车师后部司马率加特奴等千五百人，掩击北匈奴于阊吾陆谷，坏其庐落，斩数百级，获单于母、季母及妇女数百人，牛羊十余万头，车千余两，兵器什物甚众。四年春，北匈奴呼衍王率兵侵后部，帝以车师六国接近北虏，为西域蔽捍，乃令敦煌太守发诸国兵，及玉门关侯、伊吾司马，合六千三百骑救之，掩击北虏于勒山，汉军不利。秋，呼衍王复将二千人攻后部，破之。桓帝元嘉元年，呼衍王将三千余骑寇伊吾，伊吾司马毛恺遣吏兵五百人于蒲类海东与呼衍王战，悉为所没，呼衍王遂攻伊吾屯城。夏，遣敦煌太守司马达将敦煌、酒泉、张掖属国吏士四千余人救之，出塞至蒲类海，呼衍王闻而引去，汉军无功而还。永兴元年，车师后部王阿罗多与戊部候严皓不相得，遂忿戾反畔，攻围汉屯田且固城，杀伤吏士。后部候炭遮领余人畔阿罗多诣汉吏降。阿罗多迫急，将其母妻子从百余骑亡走北匈奴中，敦煌太守宋亮上立后部故王军就质子卑君为后部王。后阿罗多复从匈奴中还，与卑君争国，颇收其国人。戊校尉阎详虑其招引北虏，将乱西域，乃开信告示，许复为王，阿罗多乃诣诈降。于是收夺所赐卑君印绶，更立阿罗多为王，仍将卑君还敦煌，以后部人三百帐别属役之，食其税。帐者，犹中国之户数也。”

（《后汉书》卷八十八·西域传第七十八）

汉朝与匈奴单于和亲

中国正史资料。记述了汉朝复与匈奴和亲的历史。对研究汉朝时期西域历史具有重要参考价值。文曰：（文帝前元三年，前177年）“五月，匈奴入居北地、河南为寇。上幸甘泉，遣丞相灌婴击匈奴，匈奴去。发中尉材官属卫将军，军长安。十一年（前169年）夏六月，匈奴寇狄道。十四年冬，匈奴寇边，杀北地都尉印。遣三将军军陇西、北地、上郡，中尉周舍为卫将军，郎中令张武为车骑将军，军渭北，车千乘，骑卒十万人。上亲劳军，勒兵，申教令，赐吏卒。自欲征匈奴，群臣谏，不听。皇太后固要上，乃止。于是以东阳侯张相如为大将军，建成侯董赫、内史栾布皆为将军，击匈奴。匈奴走。（后元二年，前162年）六月，代王参薨。匈奴和亲。诏曰：‘朕既不明，不能远德，使方外之国或不宁息。夫四荒之外不安其生，封圻之内勤劳不处，二者之咎，皆自于朕之德薄而不能达远也。间者累年，匈奴并暴边境，多杀吏民，边臣兵吏（入）[又]不能谕其内志，以重吾不德。夫久结难连兵，中外之国将何以自宁？今朕夙兴夜寐，勤劳天下，忧苦万民，为之恻怛不安，未尝一日忘于心，故遣使者冠盖相望，结彻于道，以谕朕志于单于。今单于反古之道，计社稷之安，便万民之利，新与朕俱弃细过，偕之大道，结兄弟之义，以全天下元元之民。和亲以定，始于今年。’六年（前158年）冬，匈奴三万骑入上郡，三万骑入云中。以中大夫令免为车骑将军屯飞狐，故楚相苏意为将军屯句注，将军张武屯北地，河内太守周亚夫为将军次细柳，宗正刘礼为将军次霸上，祝兹侯徐厉为将军次棘门，以备胡。赞曰：孝文皇帝即位二十三年，宫室苑囿车骑服御无所增益……与匈奴结和亲，后而背约入盗，令边备守，不发兵深入，恐烦百姓。”（前元元年，前156年）“夏四月，遣御史大夫青翟至代下与匈奴和亲。（前元二年，前155年）秋，与匈奴和亲。（前元）五年（前152年）春正月，遣公主嫁匈奴单于。（中元二年，前148年）匈奴入燕。（中元六年，前144年）六月，匈奴入雁门，至武泉，入上郡，取苑马。吏卒战死者二千人。（后元二年，前142年）春，匈奴入雁门，太守冯敬与战死。发车骑材官屯。”

（《汉书》卷五·景帝纪第五）

莎车国（1）

中国正史资料。记述了西域莎车等国的情况。对研究汉朝时期西域历史具有重要参考价值。文曰：“二十一年冬，车师前王、鄯善、焉耆等十八国俱遣子入侍，献其珍宝。

及得见，皆流涕稽首，愿得都护。天子以中国初定，北边未服，皆还其侍子，厚赏赐之。是时贤自负兵强，欲并兼西域，攻击益甚。诸国闻都护不出，而侍子皆还，大忧恐，乃与敦煌太守檄，愿留侍子以示莎车，言侍子见留，都护寻出，冀且息其兵。裴遵以状闻，天子许之。二十二年，贤知都护不至，遂遗鄯善王安书，令绝通汉道。安不纳而杀其使。贤大怒，发兵攻鄯善。安迎战，兵败，亡入山中。贤杀略千余人而去。其冬，贤复攻杀龟兹王，遂兼其国。鄯善、焉耆诸国侍子久留敦煌，愁思，皆亡归。鄯善王上书，愿复遣子入侍，更请都护。都护不出，诚迫于匈奴。天子报曰：'今使者大兵未能得出，如诸国力不从心，东西南北自在也。'于是鄯善、车师复附匈奴，而贤益横。妫塞王自以国远，遂杀贤使者，贤击灭之，立其国贵人驷鞬为妫塞王。贤又自立其子则罗为龟兹王。贤以则罗年少，乃分龟兹为乌垒国，徙驷鞬为乌垒王，又更以贵人为妫塞王。数岁，龟兹国人共杀则罗、驷鞬，而遣使匈奴，更请立王。匈奴立龟兹贵人身毒为龟兹王，龟兹由是属匈奴。贤以大宛贡税灭少，自将诸国兵数万人攻大宛，大宛王延留迎降，贤因将还国，徙拘弥王桥塞提为大宛王。而康居数攻之，桥塞提在国岁余，亡归，贤复以为拘弥王，而遣延留还大宛，使贡献如常。贤又徙于阗王俞林为骊归王，立其弟位侍为于阗王。岁余，贤疑诸国欲畔，召位侍及拘弥、姑墨、子合王，尽杀之，不复置王，但遣将镇守其国。位侍子戎亡降汉，封为守节侯。莎车将君得在于阗暴虐，百姓患之。明帝永平三年，其大人都末出城，见野豕，欲射之。豕乃言曰：'无射我，我乃为汝杀君得。'都末因此即与兄弟共杀君得。而大人休莫霸复与汉人韩融等杀都末兄弟，自立为于阗王，复与拘弥国人攻杀莎车将在皮山者，引兵归。于是贤遣其太子、国相，将诸国兵二万人击休莫霸，霸迎与战，莎车兵败走，杀万余人。贤复发诸国数万人，自将击休莫霸，霸复破之，斩杀过半，贤脱身走归国。休莫霸进围莎车，中流矢死，兵乃退。于阗国相苏榆勒等共立休莫霸兄子广德为王。匈奴与龟兹诸国共攻莎车，不能下。广德承莎车之敝，使弟辅国侯仁将兵攻贤。贤连被兵革，乃遣使与广德和。先是广德父拘在莎车数岁，于是贤归其父，而以女妻之，结为昆弟，广德引兵去。明年，莎车相且运等患贤骄暴，密谋反城降于阗。于阗王广德乃将诸国兵三万人攻莎车。贤城守，使使谓广德曰：'我还汝父，与汝妇，汝来击我何为？'广德曰：'王，我妇父也，久不相见，愿各从两人会城外结盟。'贤以问且运，且运曰：'广德女婿至亲，宜出见之。'贤乃轻出，广德遂执贤。而且运等因内于阗兵，虏贤妻子而并其国。锁贤将归，岁余杀之。匈奴闻广德灭莎车，遣五将发焉耆、尉黎、龟兹十五国兵三万余人围于阗，广德乞降，以其太子为质，约岁给罽絮。冬，匈奴复遣兵将贤质子不居徵立为莎车王，广德又攻杀之，更立其弟齐黎为莎车王，章帝元和三年[也]。时长史班超发诸国兵击莎车，大破之，由是遂降汉。事已具班超传。莎车东北至疏勒。"

（《后汉书》卷八十八·西域传第七十八）

莎车国（2）

中国正史资料。记述了西域莎车国的历史。对研究汉朝时期西域历史具有重要参考价值。文曰:“莎车国西经蒲犁、无雷至大月氏,东去洛阳万九百五十里。匈奴单于因王莽之乱,略有西域,唯莎车王延最强,不肯附属。元帝时,尝为侍子,长于京师,慕乐中国,亦复参其典法。常敕诸子,当世奉汉家,不可负也。天凤五年,延死,谥忠武王,子康代立。光武初,康率傍国拒匈奴,拥卫故都护吏士妻子千余口,檄书河西,问中国动静,自陈思慕汉家。建武五年,河西大将军窦融乃承制立康为汉莎车建功怀德王、西域大都尉,五十五国皆属焉九年,康死,谥宣成王。弟贤代立,攻破拘弥、西夜国,皆杀其王,而立其兄康两子为拘弥、西夜王。十四年,贤与鄯善王安并遣使诣阙贡献,于是西域始通。葱领以东诸国皆属贤。十七年,贤复遣使奉献,请都护。天子以问大司空窦融,以为贤父子兄弟相约事汉,款诚又至,宜加号位以镇安之。帝乃因其使,赐贤西域都护印绶,及车旗黄金锦绣。敦煌太守裴遵上言:‘夷狄不可假以大权,又令诸国失望。’诏书收还都护印绶,更赐贤以汉大将军印绶。其使不肯易,遵迫夺之,贤由是始恨。而犹诈称大都护,移书诸国,诸国悉服属焉,号贤为单于。贤浸以骄横,重求赋税,数攻龟兹诸国,诸国愁惧。”

(《后汉书》卷八十八·西域传第七十八)

奄蔡国

中国正史资料。记述了西域奄蔡国的历史。对研究汉朝时期西域历史具有重要参考价值。文曰:“奄蔡国改名阿兰聊国,居地城,属康居。土气温和,多桢松、白草。民俗衣服与康居同。”

(《后汉书》卷八十八·西域传第七十八)

西域于阗小史

中国正史资料。记述了西域于阗历史。对研究汉朝时期西域历史具有重要参考价值。文曰:“西域内属诸国,东西六千余里,南北千余里,东极玉门、阳关,西至葱领。其东北与匈奴、乌孙相接。南北有大山,中央有河。其南山东出金城,与汉南山属焉。其河有两源,一出葱领东流,一出于阗南山下北流,与葱领河合,东注蒲昌海。蒲昌海一名盐泽,去玉门三百余里。自敦煌西出玉门、阳关,涉鄯善,北通伊吾千余里,自伊吾北通车师前部高昌壁千二百里,自高昌壁北通后部金满城五百里。此其西域之门户也,故戊己校尉更互屯焉。伊吾地宜五谷、桑麻、蒲萄。其北又有柳中,皆膏腴之地。故汉常与匈奴争车师、伊吾,以制西域焉。自鄯善踰葱领出西诸国,有两道。傍南山北,陂河西行至莎车,为南道。南道西踰葱领,则出大月氏、安息之国也。自车师前王庭随北山,陂河西行至疏勒,为北道。北道西踰葱领,出大宛、康居、奄蔡焉(耆)。出玉门,经鄯善、且末、精绝三千余里至拘弥。拘弥国居宁弥城,去长史所居柳中四千九百里,去洛阳万二千八百里。领户二千一百七十三,口七千二百五十一,胜兵千七百六十人。顺帝永建四年,于阗王放前杀拘弥王兴,自立其子为拘弥王,而遣使者贡献于汉。敦煌太守徐由上求讨之,帝赦于阗罪,令归拘弥国,放前不肯。阳嘉元年,徐由遣疏勒王臣槃发二万人击于阗，破之，斩首数百级，放兵大掠，更立兴宗人成国为拘弥王而还。至灵帝熹平四年，于阗王安国攻拘弥，大破之，杀其王，死者甚众，戊己校尉、西域长史各发兵辅立拘弥侍子定兴为王。时人众裁有千口。其国西接于阗三百九十里。于阗国居西城，去长史所居五千三百里，去洛阳万一千七百里。领户三万二千，口八万三千，胜兵三万余人。建武末，莎车王贤强盛，攻并于阗，徙其王俞林为骊归王。明帝永平中，于阗将休莫霸反莎车，自立为于阗王。休莫霸死，兄子广德立，后遂灭莎车，其国转盛。从精绝西北至疏勒十三国皆服从。而鄯善王亦始强盛。自是南道自葱领以东，唯此二国为大。顺帝永建六年，于阗王放前遣侍子诣阙贡献。元嘉元年，长史赵评在于阗病痈死，评子迎丧，道经拘弥。拘弥王成国与于阗王建素有隙，乃语评子云：'于阗王令胡医持毒药著创中，故致死耳。'评子信之，还入塞，以告敦煌太守马达。明年，以王敬代为长史，达令敬隐核其事。敬先过拘弥，成国复说云：'于阗国人欲以我为王，今可因此罪诛建，于阗必服矣。'敬贪立功名，且受成国之说，前到于阗，设供具请建，而阴图之。或以敬谋告建，建不信，曰：'我无罪，王长史何为欲杀我？'旦日，建从官属数十人诣敬。坐定，建起行酒，敬叱左右执之，吏士并无杀建意，官属悉得突走。时成国主簿秦牧随敬在会，持刀出曰：'大事已定，何为复疑？'即前斩建。于阗侯将输僰等遂会兵攻敬，敬持建头上楼宣告曰：'天子使我诛建耳。'于阗侯将遂焚营舍，烧杀吏士，上楼斩敬，悬首于市。输僰欲自立为王，国人杀之，而立建子安国焉。马达闻之，欲将诸郡兵出塞击于阗，桓帝不听，徵达还，而以宋亮代为敦煌太守。亮到，开募于阗，令自斩输僰。时输僰死已经月，乃断死人头送敦煌，而不言其状。亮后知其诈，而竟不能出兵。于阗恃此遂骄。自于阗经皮山，至西夜、子合、德若焉。”

（《后汉书》卷八十八·西域传第七十八）

后汉书论西域

中国正史资料。论述了汉朝对西域的经营。对研究汉朝时期西域历史具有重要参考价值。文曰：“论曰：西域风土之载，前古未闻也。汉世张骞怀致远之略，班超奋封侯之志，终能立功西遐，羁服外域。自兵威之所肃服，财赂之所怀诱，莫不献方奇，纳爱质，露顶肘行，东向而朝天子。故设戊己之官，分任其事；建都护之帅，总领其权。先驯则赏籝金而赐龟绶，后服则系头颡而衅北阙。立屯田于膏腴之野，列邮置于要害之路。驰命走驿，不绝于时月；商胡贩客，日款于塞下。其后甘英乃抵条支而历安息，临西海以望大秦，拒玉门、阳关者四万余里，靡不周尽焉。若其境俗性智之优薄，产载物类之区品，川河领障之基源，气节凉暑之通隔，梯山栈谷绳行沙度之道，身热首痛风灾鬼难之域，莫不备写情形，审求根实。至于佛道神化，兴自身毒，而二汉方志莫有称焉。张骞但著地多暑湿，乘象而战，班勇虽列其奉浮图，不杀伐，而精文善法导达之功靡所传述。余闻之后说也，其国则殷乎中土，玉烛和气，灵圣之所[降]集，贤懿之所挺生，神迹诡怪，则理绝人区，感验明显，则事出天外。而骞、超无闻者，岂其道闭往运，数开叔叶乎？不然，何诬异之甚也！汉自楚英始盛斋戒之祀，桓帝又修华盖之饰。将微义未译，而但神明之邪？详其清心释累之训，空有兼遣之宗，道书之流也。且好仁恶杀，蠲敝崇善，所以贤达君子多爱其法焉。然好大不经，奇谲无已，虽邹衍谈天之辩，庄周蜗角之论，尚未足以概其万一。又精灵起灭，因报相寻，若晓而昧者，故通人多惑焉。盖导俗无方，适物异会，取诸同归，措夫疑说，则大道通矣。”

（《后汉书》卷八十八·西域传第七十八）

汉朝经营西域

中国正史资料。记述了汉朝经营西域的历史。对研究汉朝时期西域历史具有重要参考价值。文曰：“延光二年，敦煌太守张珰上书陈三策，以为‘北虏呼衍王常展转蒲类、秦海之间，专制西域，共为寇钞。今以酒泉属国吏士二千余人集昆仑塞，先击呼衍王，绝其根本，因发鄯善兵五千人胁车师后部，此上计也。若不能出兵，可置军司马，将士五百人，四郡供其犁牛、谷食，出据柳中，此中计也。如又不能，则宜弃交河城，收鄯善等悉使入塞，此下计也’。朝廷下其议。尚书陈忠上疏曰：‘臣闻八蛮之寇，莫甚北虏。汉兴，高祖窘平城之围，太宗屈供奉之耻。故孝武愤怒，深惟久长之计，命遣虎臣，浮河绝漠，穷破虏庭。当斯之役，黔首陨于狼望之北，财币縻于卢山之壑，府库单竭，杼柚空虚，筭至舟车，赀及六畜。夫岂不怀，虑久故也。遂开河西四郡，以隔绝南羌，收三十六国，断匈奴右臂。是以单于孤特，鼠窜远藏。至于宣、元之世，遂备蕃臣，关徼不闭，羽檄不行。由此察之，戎狄可以威服，难以化狎。西域内附日久，区区东望扣关者数矣，此其不乐匈奴慕汉之效也。今北虏已破车师，執必南攻鄯善，弃而不救，则诸国从矣。若然，则虏财贿益增，胆執益殖，威临南羌，与之交连。如此，河西四郡危矣。河西既危，不得不救，则百倍之役兴，不訾之费发矣。议者但念西域绝远，恤之烦费，不见先世苦心勤劳之意也。方今边境守御之具不精，内郡武卫之备不脩，敦煌孤危，远来告急，复不辅助，内无以慰劳吏民，外无以威示百蛮。蹙国减土，经有明诫。臣以为敦煌宜置校尉，案旧增四郡屯兵，以西抚诸国。庶足折冲万里，震怖匈奴。’帝纳之，乃以班勇为西域长史，将弛刑士五百人，西屯柳中。勇遂破平车师。自建武至于延光，西域三绝三通。顺帝永建二年，勇复击降焉耆。于是龟兹、疏勒、于阗、莎车等十七国皆来服从，而乌孙、葱岭已西遂绝。六年，帝以伊吾旧膏腴之地，傍近西域，匈奴资之，以为钞暴，复令开设屯田如永元时事，置伊吾司马一人。自阳嘉以后，朝威稍损，诸国骄放，转相陵伐。元嘉二年，长史王敬为于阗所没。永兴元年，车师后王复反攻屯营。虽有降首，曾莫惩革，自此浸以疏慢矣。班固记诸国风土人俗，皆已详备前书。今撰建武以后其事异于先者，以为西域传，皆安帝末班勇所记云。”

（《后汉书》卷八十八·西域传第七十八）

安息国

中国正史资料。记述了西域安息国的情况。对研究西域历史具有重要参考价值。

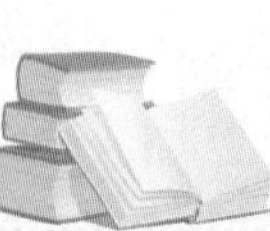

文曰:"安息国,在葱岭西,都蔚搜城。北与康居,西与波斯相接,在大月氏西北,去代二万一千五百里。"

(《魏书》卷一百二补·列传第九十)

康国

中国正史资料。记述了西域康国的情况。对研究西域历史具有重要参考价值。文曰:"康国者,康居之后也。迁徙无常,不恒故地,自汉以来,相承不绝。其王本姓温,月氏人也。旧居祁连山北昭武城,因被匈奴所破,西踰葱岭,遂有其国。枝庶各分王,故康国左右诸国,并以昭武为姓,示不忘本也。王字世夫毕,为人宽厚,甚得众心。其妻突厥达度可汗女也。都于萨宝水上阿禄迪城,多人居。大臣三人共掌国事。其王索发,冠七宝金花,衣绫、罗、锦、绣、白叠;其妻有髻,幪以皂巾。丈夫翦发,锦袍。名为强国,西域诸国多归之。米国、史国、曹国、何国、安国、小安国、那色波国、乌那曷国、穆国皆归附之。有胡律,置于祆祠,将决罚,则取而断之。重者族,次罪者死,贼盗截其足。人皆深目、高鼻、多髯。善商贾,诸夷交易多凑其国。有大小鼓、琵琶、五弦箜篌。婚姻丧制与突厥同。国立祖庙,以六月祭之,诸国皆助祭。奉佛为胡书。气候温,宜五谷,勤修园蔬,树木滋茂。出马、驼、驴、犎牛、黄金、硇沙……獐皮、氍毹、锦、叠。多蒲萄酒,富家或致十石,连年不败。太延中,始遣使贡方物,后遂绝焉。"

(《魏书》卷一百二补·列传第九十)

粟特国

中国正史资料。记述了西域粟特国的情况。对研究西域历史具有重要参考价值。文曰:"粟特国,在葱岭之西,古之奄蔡,一名温那沙。居于大泽,在康居西北,去代一万六千里。先是,匈奴杀其王而有其国,至王忽倪已三世矣。其国商人先多诣凉土贩货,及克姑臧,悉见虏。高宗初,粟特王遣使请赎之,诏听焉。自后无使朝献。"

(《魏书》卷一百二补·列传第九十)

乌孙国

中国正史资料。记述了西域乌孙国的情况。对研究西域历史具有重要参考价值。文曰:"乌孙国,居赤谷城,在龟兹西北,去代一万八百里。其国数为蠕蠕所侵,西徙葱岭山中,无城郭,随畜牧逐水草。太延三年遣使者董琬等使其国,后每使朝贡。"

(《魏书》卷一百二补·列传第九十)

西域各部

中国正史资料。记述了西域各部的情况。对研究西域历史具有重要参考价值。文曰:"西域。夏书称'西戎即序',班固云:就而序之,非盛威武,致其贡物也。汉氏初开西域,有三十六国。其后分立五十五王,置校尉、都护以抚纳之。王莽篡位,西域遂绝。至于后汉,班超所通者五十余国,西至西海,东西万里,皆来朝贡,复置都护、校尉以相统摄。其后或绝或通,汉朝以为劳弊中国,其官时置时废。暨魏晋之后,互相吞灭,不可复详记焉。太祖初,经营中原,未暇及于四表。既而西戎之贡不至,有司奏依汉氏故事,请通西域,可以振威德于荒外,又可致奇货于天府。太祖曰:'汉氏不保境安人,乃远开西域,使海内虚耗,何利之有?今若通之,前弊复加百姓矣。'遂不从。历太宗世,竟不招纳。太延中,魏德益以远闻,西域龟兹、疏勒、乌孙、悦般、渴槃陁、鄯善、焉耆、车师、粟特诸国王始遣使来献。世祖以西域汉世虽通,有求则卑辞而来,无欲则骄慢王命,此其自知绝远,大兵不可至故也。若报使往来,终无所益,欲不遣使。有司奏九国不惮遐崄,远贡方物,当与其进,安可豫抑后来,乃从之。于是始遣行人王恩生、许纲等西使,恩生出流沙,为蠕蠕所执,竟不果达。又遣散骑侍郎董琬、高明等多赍锦帛,出鄯善,招抚九国,厚赐之。初,琬等受诏,便道之国可往赴之。琬过九国,北行至乌孙国,其王得朝廷所赐,拜受甚悦,谓琬曰:'传闻破洛那、者舌皆思魏德,欲称臣致贡,但患其路无由耳。今使君等既到此,可往二国,副其慕仰之诚。'琬于是自向破洛那,遣明使者舌。乌孙王为发导译达二国,琬等宣诏慰赐之。已而琬、明东还,乌孙、破洛那之属遣使与琬俱来贡献者十有六国。自后相继而来,不间于岁,国使亦数十辈矣。初,世祖每遣使西域,常诏河西王沮渠牧犍令护送,至姑臧,牧犍恒发使导路出于流沙。后使者自西域还,至武威,牧犍左右谓使者曰:我君承蠕蠕吴提妄说,云:'去岁魏天子自来伐我,士马疫死,大败而还,我禽其长弟乐平王丕。'我君大喜,宣言国中。又闻吴提遣使告西域诸国,称:'魏已削弱,今天下唯我为强,若更有魏使,勿复恭奉。'西域诸国亦有贰者。牧犍事主稍以慢惰。使还,具以状闻,世祖遂议讨牧犍。凉州既平,鄯善国以为'唇亡齿寒,自然之道也,今武威为魏所灭,次及我也。若通其使人,知我国事,取亡必近,不如绝之,可以支久',乃断塞行路,西域贡献,历年不入。后平鄯善,行人复通。始琬等使还京师,具言凡所经见及传闻傍国,云:西域自汉武时五十余国,后稍相并。至太延中,为十六国,分其地为四域。自葱岭以东,流沙以西为一域;葱岭以西,海曲以东为一域;者舌以南,月氏以北为一域;两海之间,水泽以南为一域。内诸小渠长盖以百数。其出西域本有二道,后更为四:出自玉门,渡流沙,西行二千里至鄯善为一道;自玉门渡流沙,北行二千二百里至车师为一道;从莎车西行一百里至葱岭,葱岭西一千三百里至伽倍为一道;自莎车西南五百里葱岭,西南一千三百里至波路为一道焉。自琬所不传而更有朝贡者,纪其名,不能具国俗也。其与前使所异者录之。"

(《魏书》卷一百二补·列传第九十)

哌哒国

中国正史资料。记述了西域哌哒国的情况。对研究西域历史具有重要参考价值。文曰:"哌哒国,大月氏之种类也,亦曰高车之别种,其原出于塞北。自金山而南,在于阗之西,都乌许水南二百余里,去长安一万一百里。其王都拔底延城,盖王舍城也。其城方十里余,多寺塔,皆饰以金。风俗与突厥略同。其俗兄弟共一妻,夫无兄弟者其妻戴一角帽，若有兄弟者依其多少之数，更加角焉。衣服类加以缨络。头皆剪发。其语与蠕蠕、高车及诸胡不同。众可十万。无城邑，依随水草，以毡为屋，夏迁凉土，冬逐暖处。分其诸妻，各在别所，相去或二百、三百里。其王巡历而行，每月一处，冬寒之时，三月不徙。王位不必传子，子弟堪任，死便授之。其国无车有舆。多驼马。用刑严急，偷盗无多少皆腰斩，盗一责十。死者，富者累石为藏，贫者掘地而埋，随身诸物，皆置冢内。其人凶悍，能斗战。西域康居、于阗、沙勒、安息及诸小国三十许皆役属之，号为大国。与蠕蠕婚姻。自太安以后，每遣使朝贡。正光末，遣使贡师子一，至高平，遇万俟丑奴反，因留之。丑奴平，送京师。永熙以后，朝献遂绝。其国南去漕国千五百里，东去瓜州六千五百里。初，熙平中，肃宗遣王伏子统宋云、沙门法力等使西域，访求佛经。时有沙门慧生者亦与俱行，正光中还。慧生所经诸国，不能知其本末及山川里数，盖举其略云。”

（《魏书》卷一百二补·列传第九十）

悦般国

中国正史资料。记述了西域悦般国的情况。对研究西域历史具有重要参考价值。文曰：“悦般国，在乌孙西北，去代一万九百三十里。其先，匈奴北单于之部落也。为汉车骑将军窦宪所逐，北单于度金微山，西走康居，其羸弱不能去者住龟兹北。地方数千里，众可二十余万。凉州人犹谓之：‘单于王’。其风俗言语与高车同，而其人清洁于胡。俗剪发齐眉，以醍醐涂之，昱昱然光泽，日三澡漱，然后饮食。其国南界有火山，山傍石皆燋镕，流黄也。与蠕蠕结好，其王尝将数千人入蠕蠕国，欲与大檀相见。入其界百余里，见其部人不浣衣，不绊发，不洗手，妇人舌舐器物，王谓其从臣曰：‘汝曹诳我入此狗国中！’乃驰还。大檀遣骑追之不及，自是相仇雠，数相征讨。真君九年，遣使朝献。并送幻人，称能割人喉脉令断，击人头令骨陷，皆血出或数升或盈斗，以草药内其口中，令嚼咽之，须臾血止，养疮一月复常，又无痕瘢。世祖疑其虚，乃取死罪囚试之，皆验。云中国诸名山皆有此草，乃使人受其术而厚遇之。又言其国有大术者，蠕蠕来抄掠，术人能作霖雨狂风大雪及行潦，蠕蠕冻死漂亡者十二三。是岁再遣使朝贡，求与官军东西齐契讨蠕蠕。世祖嘉其意，命中外诸军戒严，以淮南王他为前锋，袭蠕蠕。仍诏有司以其鼓舞之节施于乐府。自后每使贡献。”

（《魏书》卷一百二补·列传第九十）

曹国

中国正史资料。记述了西域曹国的情况。对研究西域历史具有重要参考价值。文曰：“曹国，都那密水南数里，旧是康居之地也。国无主，康国王令子乌建领之。都城方三里。胜兵千余人。国中有得悉神，自西海以东诸国并敬事之。其神有金人焉，金破罗阔丈有五尺，高下相称。每日以驼五头、马十匹、羊一百口祭之，常有千人食之不尽。东南去康国百里，西去何国百五十里，东去瓜州六千六百里。大业中，遣使贡方物。”

（《隋书》卷八十三·列传第四十八）

何国

中国正史资料。记述了西域何国的情况。对研究西域历史具有重要参考价值。文曰:“何国,都那密水南数里,旧是康居之地也。其王姓昭武,亦康国王之族类,字敦。都城方二里。胜兵千人。其王坐金羊座。东去曹国百五十里,西去小安国三百里,东去瓜州六千七百五十里。大业中,遣使贡方物。”

(《隋书》卷八十三·列传第四十八)

康国

中国正史资料。记述了西域康国的情况。对研究西域历史具有重要参考价值。文曰:“康国者,康居之后也。迁徙无常,不恒故地,然自汉以来相承不绝。其王本姓温,月氏人也。旧居祁连山北昭武城,因被匈奴所破,西踰葱岭,遂有其国。支庶各分王,故康国左右诸国并以昭武为姓,示不忘本也。王字代失毕,为人宽厚,甚得众心。其妻突厥达度可汗女也。都于萨宝水上阿禄迪城。城多众居。大臣三人共掌国事。其王索发,冠七宝金花,衣绫罗锦绣白叠。其妻有髻,幪以皂巾。丈夫翦发锦袍。名为强国,而西域诸国多归之。米国、史国、曹国、何国、安国、小安国、那色波国、乌那曷国、穆国皆归附之。有胡律,置于祆祠,决罚则取而断之。重罪者族,次重者死,贼盗截其足。人皆深目高鼻,多须髯。善于商贾,诸夷交易多凑其国。有大小鼓、琵琶、五弦、箜篌、笛。婚姻丧制与突厥同。国立祖庙,以六月祭之,诸国皆来助祭。俗奉佛,为胡书。……大业中,始遣使贡方物,后遂绝焉。”

(《隋书》卷八十三·列传第四十八)

米国

中国正史资料。记述了西域米国的情况。对研究西域历史具有重要参考价值。文曰:“米国,都那密水西,旧康居之地也。无王。其城主姓昭武,康国王之支庶,字闭拙。都城方二里。胜兵数百人。西北去康国百里,东去苏对沙那国五百里,西南去史国二百里,东去瓜州六千四百里。大业中,频贡方物。”

(《隋书》卷八十三·列传第四十八)

史国

中国正史资料。记述了西域史国的情况。对研究西域历史具有重要参考价值。文曰:“史国,都独莫水南十里,旧康居之地也。其王姓昭武,字逖遮,亦康国王之支庶也。都城方二里。胜兵千余人。俗同康国。北去康国二百四十里,南去吐火罗五百里,西去那色波国二百里,东北去米国二百里,东去瓜州六千五百里。大业中,遣使贡方物。”

(《隋书》卷八十三·列传第四十八)

西突厥

中国正史资料。记述了西域西突厥的情况。对研究西域历史具有重要参考价值。

文曰："西突厥者，木杆可汗之子大逻便也。与沙钵略有隙，因分为二，渐以强盛。东拒都斤，西越金山，龟兹、铁勒、伊吾及西域诸胡悉附之。大逻便为处罗侯所执，其国立鞅素特勤之子，是为泥利可汗。卒，子达漫立，号泥撅处罗可汗。其母向氏，本中国人，生达漫而泥利卒，向氏又嫁其弟婆实特勤。开皇末，婆实共向氏入朝，遇达头乱，遂留京师，每舍之鸿胪寺。处罗可汗居无恒处，然多在乌孙故地。复立二小可汗，分统所部。一在石国北，以制诸胡国。一居龟兹北，其地名应娑。官有俟发、阎洪达，以评议国事，自余与东国同。每五月八日，相聚祭神，岁遣重臣向其先世所居之窟致祭焉。""大业初，（突厥）处罗可汗抚御无道，其国多叛，与铁勒屡相攻，大为铁勒所败。时黄门侍郎裴矩在敦煌引致西域，闻国乱，复知处罗思其母氏，因奏之。炀帝遣司朝谒者崔君肃赍书慰谕之。处罗甚倨，受诏不肯起。君肃谓处罗曰：'突厥本一国也，中分为二，自相仇敌。每岁交兵，积数十年而莫能相灭者，明知启民与处罗国其势敌耳。今启民举其部落，兵且百万，入臣天子，甚有丹诚者，何也？但以切恨可汗而不能独制，故卑事天子以借汉兵，连二大国，欲灭可汗耳。百官兆庶咸请许之，天子弗违，师出有日矣。顾可汗母向氏，本中国人，归在京师，处于宾馆。闻天子之诏，惧可汗之灭，旦夕守阙，哭泣悲哀。是以天子怜焉，为其辍策。向夫人又匍匐谢罪，因请发使以召可汗，令入内属，乞加恩礼，同于启民。天子从之，故遣使到此。可汗若称藩拜诏，国乃永安，而母得延寿；不然者，则向夫人为诳天子，必当取戮而传首虏庭。发大隋之兵，资北蕃之众，左提右挈，以击可汗，死亡则无日矣。奈何惜两拜之礼，剿慈母之命，吝一句称臣，丧匈奴国也！'处罗闻之，矍然而起，流涕再拜，跪受诏书。君肃又说处罗曰：'启民内附，先帝嘉之，赏赐极厚，故致兵强国富。今可汗后附，与之争宠，须深结于天子，自表至诚。既以道远，未得朝觐，宜立一功，以明臣节。'处罗曰：'如何？'君肃曰：'吐谷浑者，启民少子莫贺咄设之母家也。今天子又以义成公主妻于启民，启民畏天子之威而与之绝。吐谷浑亦因憾汉故，职贡不修。可汗若请诛之，天子必许。汉击其内，可汗攻其外，破之必矣。然后身自入朝，道路无阻，因见老母，不亦可乎？'处罗大喜，遂遣使朝贡。"

（《隋书》卷八十四·列传第四十九）

西域

中国正史资料。记述了隋朝西域的情况。对研究西域历史具有重要参考价值。文曰："西域。汉氏初开西域，有三十六国，其后分立五十五王，置校尉、都护以抚纳之。王莽篡位，西域遂绝。至于后汉，班超所通者五十余国，西至西海，东西四万里，皆来朝贡，复置都护、校尉以相统摄。其后或绝或通，汉朝以为劳弊中国，其官时废时置。暨魏、晋之后，互相吞灭，不可详焉。炀帝时，遣侍御史韦节、司隶从事杜行满使于西蕃诸国。至罽宾，得玛瑙杯；王舍城，得佛经；史国，得十儛女、师子皮、火鼠毛而还。帝复令闻喜公裴矩于武威、张掖间往来以引致之。其有君长者四十四国。矩因其使者入朝，啖以厚利，令其转相讽谕。大业年中，相率而来朝者三十余国，帝因置西域校尉以应接之。

寻属中国大乱，朝贡遂绝。然事多亡失，今所存录者，二十国焉。”

（《隋书》卷八十三·列传第四十八）

隋书论四夷

中国正史资料。记述了隋朝四夷的情况。对研究西域历史也具有重要参考价值。文曰：“史臣曰：四夷之为中国患也久矣，北狄尤甚焉。种落实繁，迭雄边塞，年代遐邈，非一时也。五帝之世，则有獯粥焉；其在三代，则猃狁焉；逮乎两汉，则匈奴焉；当涂、典午，则乌丸、鲜卑焉；后魏及周，则蠕蠕、突厥焉。此其酋豪，相继互为君长者也。皆以畜牧为业，侵钞为资，倏来忽往，云飞鸟集。智谋之士，议和亲于庙堂之上，折冲之臣，论奋击于塞垣之下。然事无恒规，权无定势，亲疏因其强弱，服叛在其盛衰。衰则款塞顿颡，盛则弯弓寇掠，屈申异态，强弱相反。正朔所不及，冠带所不加，唯利是视，不顾盟誓。至于莫相救让，骄黠凭陵，和亲约结之谋，行师用兵之事，前史论之备矣，故不详而究焉。及蠕蠕衰微，突厥始大，至于木杆，遂雄朔野。东极东胡旧境，西尽乌孙之地，弯弓数十万，列处于代阴，南向以临周、齐。二国莫之能抗，争请盟好，求结和亲。乃与周合从，终亡齐国。高祖迁鼎，厥徒孔炽，负其众力，将蹈秦郊。内自相图，遂以乖乱，达头可汗远遁，启民愿保塞下。于是推亡固存，返其旧地，助讨余烬，部众遂强。卒于仁寿，不侵不叛，暨乎始毕，未亏臣礼。炀帝抚之非道，始有雁门之围。俄属群盗并兴，于此寖以雄盛，豪杰虽建名号，莫不请好息民。于是分置官司，总统中国，子女玉帛，相继于道，使者之车，往来结辙。自古蕃夷骄僭，未有若斯之甚也。及圣哲膺期，扫除氛祲，暗于时变，犹怀旅拒，率其群丑，屡隳亭鄣，残毁我云、代，摇荡我太原，肆掠于泾阳，饮马于渭汭。圣上奇谋潜运，神机密动，遂使百世不羁之虏一举而灭，瀚海、龙庭之地画为九州，幽都穷发之民隶于编户。实帝皇所不及，书契所未闻。由此言之，虽天道有盛衰，亦人事之工拙也。加以为而弗恃，有而弗居，类天地之含容，同阴阳之化育，斯乃大道之行也，固无得而称焉。”

（《隋书》卷八十四·列传第四十九）

隋书论西域

中国正史资料。记述了隋朝西域的情况。对研究西域历史具有重要参考价值。文曰：“史臣曰：自古开远夷，通绝域，必因宏放之主，皆起好事之臣。张骞凿空于前，班超投笔于后，或结之以重宝，或慑之以利剑，投躯万死之地，以要一旦之功，皆由主尚来远之名，臣殉轻生之节。是知上之所好，下必有甚者也。炀帝规摹宏侈，掩吞秦、汉，裴矩方进西域图记以荡其心，故万乘亲出玉门关，置伊吾、且末，而关右暨于流沙，骚然无聊生矣。若使北狄无虞，东夷告捷，必将修轮台之戍，筑乌垒之城，求大秦之明珠，致条支之鸟卵，往来转输，将何以堪其敝哉！古者哲王之制，方五千里，务安诸夏，不事要荒。岂威不能加，德不能被？盖不以四夷劳中国，不以无用害有用也。是以秦戍五岭，汉事三边，或道殣相望，或户口减半。隋室恃其强盛，亦狼狈于青海。此皆一人失其道，故亿兆罹其毒。若深思即叙之义，固辞都护之请，返其千里之马，不求白狼之贡，则七戎九夷，候风重译，虽无辽东之捷，岂及江都之祸乎！”

（《隋书》卷八十三·列传第四十八）

曹国

中国正史资料。记述了西域曹国的情况。对研究西域历史具有重要参考价值。文曰：“曹国，都那密水南数里，旧是康居之地也。国无主，康国王令子乌建领之。都城方三里，胜兵千余人。国中有得悉神，自西海以东诸国并敬事之。其神有金人，破罗阔人丈有五尺，高下相称，每日以驼五头、马十匹、羊一百口祭之，常有数千人，食之不尽。东南去康国百里，西去何国百五十里，东去瓜州六千六百里。大业中，遣使贡方物。”

（《北史》卷九十七·列传第八十五）

安国

中国正史资料。记述了西域安国的情况。对研究西域历史具有重要参考价值。文曰：“安国，汉时安息国也。王姓昭武氏，与康国王同族，字设力；妻，康国王女也。都在那密水南，城有五重，环以流水，宫殿皆平头。王坐金驼座，高七八尺，每听政，与妻相对，大臣三人，评理国事。风俗同于康居，唯妻其姊妹及母子递相禽兽，此为异也。隋炀帝即位，遣司隶从事杜行满使西域，至其国，得五色盐而返。国西百余里有毕国，可千余家。其国无君长，安国统之。大业五年，遣使贡献。”

（《北史》卷九十七·列传第八十五）

何国

中国正史资料。记述了西域何国的情况。对研究西域历史具有重要参考价值。文曰：“何国，都那密水南数里，旧是康居地也。其王姓昭武，亦康国王之族类，字敦。都城方二里，胜兵者千人。其王坐金羊座。东去曹国百五十里，西去小安国三百里，东去瓜州六千七百五十里。大业中，遣使贡方物。”

（《北史》卷九十七·列传第八十五）

康国

中国正史资料。记述了西域康国的情况。对研究西域历史具有重要参考价值。文曰：“康国者，康居之后也，迁徙无常，不恒故地，自汉以来，相承不绝。其王本姓温，月氏人也，旧居祁连山北昭武城，因被匈奴所破，西逾葱岭，遂有国。枝庶各分王，故康国左右诸国并以昭武为姓，示不忘本也。王字世夫毕，为人宽厚，甚得众心。其妻，突厥达度可汗女也。都于萨宝水上阿禄迪城。多人居，大臣三人，共掌国事。其王素冠七宝花，衣绫、罗、锦、绣、白叠。其妻有发，幪以皂巾。丈夫翦发，锦袍。名为强国，西域诸国多归之。米国、史国、曹国、何国、安国、小安国、那色波国、乌那曷国、穆国皆归附之……多蒲桃酒，富家或致千石，连年不败。大业中，始遣使贡方物，后遂绝焉。”

（《北史》卷九十七·列传第八十五）

米国

中国正史资料。记述了西域米国的情况。对研究西域历史具有重要参考价值。文曰:“米国,都那密水西,旧康居之地。无王,其城主姓昭武,康国王之支庶,字闭拙。都城方二里,胜兵数百人。西北去苏对沙那国五百里,西南去史国二百里,东去瓜州六千四百里。大业中,频贡方物。”

(《北史》卷九十七·列传第八十五)

史国

中国正史资料。记述了西域史国的情况。对研究西域历史具有重要参考价值。文曰:“史国,都独莫水南十里,旧康居之地也。其王姓昭武,字狄遮,亦康国王之支庶也。都城方二里,胜兵千余人。俗同康国。北去康国二百四十里,南去吐火罗五百里,西去那色波国二百里,东北去米国二百里,东去瓜州六千五百里。大业中,遣使贡方物。”

(《北史》卷九十七·列传第八十五)

粟特国

中国正史资料。记述了西域粟特国的情况。对研究西域历史具有重要参考价值。文曰:“粟特国,在葱岭之西,古之奄蔡,一名温那沙。居于大泽,在康居西北,去代一万六千里。先是,匈奴杀其王而有其国,至王忽倪,已三世矣。其国商人先多诣凉土贩货,及魏克姑臧,悉见虏。文成初,粟特王遣使请赎之,诏听焉。自后无使朝献。周保定四年,其王遣使贡方物。”

(《北史》卷九十七·列传第八十五)

西突厥

中国正史资料。记述了西域西突厥的情况。对研究西域历史具有重要参考价值。文曰:“西突厥者,木杆可汗之子大逻便也。与沙钵略有隙,因分为二,渐以强盛。东拒都斤,西至龟兹,铁勒、伊吾及西域诸胡悉附之。大逻便为处逻侯所执,其国立鞅素特勤之子,是为泥利可汗。卒,子达漫立,号泥撅处罗可汗。其母向氏,本中国人,生达漫而泥利卒,向氏又嫁其弟婆实特勤。开皇末,婆实共向氏入朝,遇达头之乱,遂留京师,每舍之鸿胪寺。处罗可汗居无恒处,终多在乌孙故地。复立二小可汗,分统所部,一在石国北,以制诸胡国;一居龟兹北,其地名应娑。官有俟发、阎洪达,以评议国事,自余与东国同。每五月、八月,聚祭神,岁使重臣向其先世所居之窟致祭焉。”

(《北史》卷九十九·列传第八十七)

西域

中国正史资料。记述了西域的情况。对研究西域历史具有重要参考价值。文曰:“西域。夏书称:‘西戎即序。’班固云:‘就而序之,非盛威武致其贡物也。’汉氏初开西域,有三十六国。其后,分立五十五王,置校尉、都护以抚之。王莽篡位,西域遂绝。至于后汉，班超所通者五十余国，西至西海，东西万里，皆来朝贡，复置都护、校尉，以相统摄。其后或绝或通，汉朝以为劳弊中国，其官时置时废。暨魏、晋之后，互相吞灭，不可复详记焉。道武初，经营中原，未暇及于四表。既而西戎之贡不至，有司奏依汉氏故事，请通西域，可以振威德于荒外，又可致奇货于天府。帝曰：'汉氏不保境安人，乃远开西域，使海内虚耗，何利之有？今若通之，前弊复加百姓矣！'遂不从。历明元世，竟不招纳。太延中，魏德益以远闻，西域龟兹、疏勒、乌孙、悦般、渴槃陁、鄯善、焉耆、车师、粟特诸国王始遣使来献。太武以西域汉世虽通，有求则卑辞而来，无欲则骄慢王命，此其自知绝远，大兵不可至故也。若报使往来，终无所益，欲不遣使。有司奏：'九国不惮遐险，远贡方物，当与其进，安可豫抑后来？'乃从之。于是始遣行人王恩生、许纲等西使。恩生出流沙，为蠕蠕所执，竟不果达。又遣散骑侍郎董琬、高明等多赍锦帛，出鄯善，招抚九国，厚赐之。初，琬等受诏：便道之国，可往赴之。琬过九国，北行至乌孙国。其王得魏赐，拜受甚悦。谓琬等曰：'传闻破洛那、者舌皆思魏德，欲称臣致贡，但患其路无由耳。今使君等既到此，可往二国，副其慕仰之诚。'琬于是自向破洛那，遣明使者舌。乌孙王为发导译，达二国，琬等宣诏慰赐之。已而琬、明东还，乌孙、破洛那之属遣使与琬俱来贡献者，十有六国。自后相继而来，不间于岁，国使亦数十辈矣。初，太武每遣使西域，常诏河西王沮渠牧犍，令护送。至姑臧，牧犍恒发使导路，出于流沙。后使者自西域还至武威，牧犍左右谓使者曰：'我君承蠕蠕吴提妄说，云："去岁魏天子自来伐我，士马疫死，大败而还，我擒其长弟乐平王丕。"我君大喜，宣言国中。又闻吴提遣使告西域诸国："魏已削弱，今天下唯我为强。若更有魏使，勿复恭奉。"西域诸国，亦有贰。'且牧犍事主，稍以慢堕。使还，具以状闻。太武遂议讨牧犍。凉州既平，鄯善国以为唇亡齿寒，自然之道也。今武威为魏所灭，次及我矣。若通其使人，知我国事，取亡必近；不如绝之，可以支久。乃断塞行路，西域贡献，历年不入。后平鄯善，行人复通。始，琬等使还京师，具言凡所经见及传闻傍国，云：西域自汉武时五十余国，后稍相并，至太延中为十六国。分其地为四域：自葱岭以东，流沙以西为一域；葱岭以西，海曲以东为一域；者舌以南，月氏以北为一域；两海之间，水泽以南为一域。内诸小渠长，盖以百数。其出西域，本有二道，后更为四：出自玉门，渡流沙，西行二千里至鄯善，为一道；自玉门度流沙，北行二千二百里至车师，为一道；从莎车西行一百里至葱岭，葱岭西一千三百里至伽倍，为一道；自莎车西南五百里，葱岭西南一千三百里至波路，为一道焉。自琬所不传而更有朝贡者，纪其名，不能具国俗也。东西魏时，中国方扰，及于齐、周，不闻有事西域，故二代书并不立记录。隋开皇、仁寿之间，尚未云经略。炀帝时，乃遣侍御史韦节、司隶从事杜行满使于西藩诸国，至罽宾得玛瑙杯，王舍城得佛经，史国得十舞女、师子皮、火鼠毛而还。帝复令闻喜公裴矩于武威、张掖间往来以引致之。其有君长者四十四国，矩因其使者入朝，啖以厚利，令其转相讽谕。大业中，相率而来朝者四十余国，帝因置西戎校尉以应接之。寻属中国大乱，朝贡遂绝。然事亡失，书所存录者二十国焉。魏时所来者，在隋亦有不至，今总而编次，以备前书之西域传云。至于道路远近，物产风俗，详诸前史，或有不同。斯皆录其当时，盖以备其遗阙尔。”

（《北史》卷九十七·列传第八十五）

嚈哒国

中国正史资料。记述了西域嚈哒国的情况。对研究西域历史具有重要参考价值。文曰：“嚈哒国，大月氏之种类也，亦曰高车之别种。其原出于塞北。自金山而南，在于阗之西，都乌浒水南二百余里，去长安一万一百里。其王都拔底延城，盖王舍城也。其城方十里余，多寺塔，皆饰以金。风俗与突厥略同。其俗，兄弟共一妻，夫无兄弟者，妻戴一角帽，若有兄弟者，依其多少之数更加帽角焉。衣服类加以缨络，头皆翦发。其语与蠕蠕、高车及诸胡不同。众可有十万，无城邑，依随水草，以毡为屋，夏迁凉土，冬逐暖处。分其诸妻，各在别所，相去或二百、三百里。其王巡历而行，每月一处。冬寒之时，三月不徙。王位不必传子，子弟堪者，死便受之。其国无车，有舆，多驼、马。用刑严急，偷盗无多少皆腰斩，盗一责十。死者，富家累石为藏，贫者掘地而埋，随身诸物，皆置冢内。其人凶悍，能斗战，西域康居、于阗、沙勒、安息及诸小国三十许，皆役属之，号为大国。与蠕蠕婚姻。自太安以后，每遣使朝贡。正光末，遣贡师子一，至高平，遇万俟丑奴反，因留之。丑奴平，送京师。永熙以后，朝献遂绝。至大统十二年，遣使献其方物。废帝二年、周明帝二年，并遣使来献。后为突厥所破，部落分散，职贡遂绝。至隋大业中，又遣使朝贡方物。其国去漕国千五百里，东去瓜州六千五百里。初，熙平中，明帝遣賸伏子统宋云、沙门法力等使西域，访求佛经，时有沙门慧生者，亦与俱行。正光中，还。慧生所经诸国，不能知其本末及山川里数，盖举其略云。”

（《北史》卷九十七·列传第八十五）

悦般国

中国正史资料。记述了西域悦般国的情况。对研究西域历史具有重要参考价值。文曰：“悦般国，在乌孙西北，去代一万九百三十里。其先，匈奴北单于之部落也。为汉车骑将军窦宪所逐，北单于度金微山西走康居，其羸弱不能去者，住龟兹北。地方数千里，众可二十余万，凉州人犹谓之单于王。其风俗言语与高车同，而其人清洁于胡……日三澡漱，然后饮食。其国南界有火山，山傍石皆燋镕，流地数十里乃凝坚，人取以为药，即石流黄也。与蠕蠕结好，其王尝将数千人入蠕蠕国，欲与大檀相见。入其界百余里，见其部人不浣衣，不绊发，不洗手，妇人口舐器物。王谓其从臣曰：‘汝曹诳我，将我入此狗国中。’乃驰还。大檀遣骑追之，不及。自是相仇雠，数相征讨。真君九年，遣使朝献。并送幻人，称能割人喉脉令断，击人头令骨陷，皆血出或数升或盈斗，以草药内其口中，令嚼咽之，须臾血止，养疮一月复常，又无痕瘢。世疑其虚，乃取死罪囚试之，皆验。云中国诸名山皆有此草，乃使人受其术而厚遇之。又言：其国有大术者，蠕蠕来抄掠，术人能作霖雨、盲风、大雪及行潦，蠕蠕冻死漂亡者十二三。是岁，再遣使朝贡，求与

官军东西齐契讨蠕蠕。太武嘉其意,命中外诸军戒严,以淮南王佗为前锋,袭蠕蠕。仍诏有司,以其鼓舞之节,施于乐府。自后每使朝贡。”

（《北史》卷九十七·列传第八十五）

北史论四夷

中国正史资料。记述了四夷的情况。对研究西域历史具有重要参考价值。文曰:“论曰:四夷之为中国患也,久矣,北狄尤甚焉。种落实繁,迭雄边塞,年代遐邈,非一时也。五帝之世,则有獯鬻焉;其在三代,则猃狁焉;逮乎两汉,则匈奴焉;当涂、典午,则乌丸、鲜卑焉;后魏及周,则蠕蠕、突厥。此其酋豪相继,互为君长者也。皆以畜牧为业,侵抄为资,倏来忽往,云飞鸟集。智谋之士,议和亲于庙堂之上;折冲之臣,论奋击于塞垣之下。然事无恒规,权无定势,亲疏因其强弱,服叛在其盛衰,衰则款塞顿颡,盛则率兵寇掠。屈伸异态。强弱相反。正朔所不及,冠带所不加。唯利是视,不顾盟誓,至于莫相救护,骄黠凭陵。和亲结约之谋,行师用兵之事,前史论之备矣,故不详而究焉。及蠕蠕衰微,突厥始大,至于木杆,遂雄朔野。东极东胡旧境,西尽乌孙之地,弯弓数十万,列处于代阴,南向以临周、齐。二国莫之能抗,争请盟好,求结和亲。乃与周合从,终亡齐国。隋文迁鼎,厥徒孔炽,负其众力,将蹈秦郊。内自相图,遂以乖乱,达头可汗远遁,启人愿保塞下。于是推亡固存,返其旧地,助讨余烬,部众遂强,卒于仁寿,不侵不叛。暨乎始毕,未亏臣礼。炀帝抚之非道,始有雁门之围。俄属群盗并兴,于此浸以雄盛。豪杰虽建名号,莫不请好息人。于是分置官司,总统中国,子女玉帛,相继于道,使者之车,往来结辙。自古蕃夷骄僭,未有若斯之甚也。及圣哲应期,扫除氛祲。暗于时变,犹怀抵拒,率其群丑,屡隳亭鄣,残败我云、代,摇荡我太原,肆掠于泾阳,饮马于渭汭。太宗文皇帝奇谋内运,神机密动,遂使百世不羁之虏,一举而灭。瀚海龙庭之地,尽为九州;幽都穷发之乡,隶于编户。实帝皇所不及,书契所未闻。由此言之,虽天道有盛衰,亦人事之工拙也。加以为而弗恃,有而弗居,类天地之含容,同阴阳之化育,斯乃大道之行也,固无得而称焉。”

（《北史》卷九十九·列传第八十七）

北史论西域

中国正史资料。记述了西域的情况。对研究西域历史具有重要参考价值。文曰:“论曰:自古开远夷,通绝域,必因宏放之主,皆起好事之臣。张骞凿空于前,班超投笔于后,或结之以重宝,或慑之以利剑,投躯万死之地,以要一旦之功,皆由主尚来远之名,臣徇轻生之节。是知上之所好,下必效焉。西域虽通于魏氏,于时中原始平,天子方以混一为心,未遑及此。其信使往来,得羁縻勿绝之道。及隋炀帝规摹宏侈,掩吞秦、汉,裴矩方进西域图记以荡其心,故万乘亲出玉门关,置伊吾、且末镇,而关右暨于流沙,骚然无聊生矣。若使北狄无虞,东夷告捷,必将修轮台之戍,筑乌垒之城,求大秦之明珠,致条支之鸟卵,往来转输,将何以堪其弊哉!古者哲王之制也,方五千里,务安诸夏,不事要荒。岂威不能加,德不能被?盖不以四夷劳中国,不以无用害有用也。是以秦戍五岭,汉事三边,或道殣相望,或户口减半。隋室恃其强盛,亦狼狈于青海。此皆一人失其道,故亿兆罹其苦。载思即叙之义,固辞都护之请,返其千里之马,不求白狼之贡,则七戎九夷,候风重译,虽无辽东之捷,岂及江都之祸乎!案西域开于往汉,年世积久,虽离并多端,见闻殊说,此所以前书后史,踳驳不同,岂其好异,地远故也。人之所知,未若其所不知,信矣。但可取其梗概,夫何是非其间哉。”

(《北史》卷九十七·列传第八十五)

康国

中国正史资料。记述了西域康国的情况。对研究西域历史具有重要参考价值。文曰:“康国,即汉康居之国也。其王姓温,月氏人。先居张掖祁连山北昭武城,为突厥所破,南依葱岭,遂有其地。枝庶皆以昭武为姓氏,不忘本也。其人皆深目高鼻,多须髯。丈夫翦发或辫发。其王冠氊帽,饰以金宝。妇人盘髻,幪以皂巾,饰以金花。人多嗜酒,好歌舞于道路。生子必以石蜜纳口中,明胶置掌内,欲其成长口常甘言,掌持钱如胶之黏物。俗习胡书。善商贾,争分铢之利。男子年二十,即远之旁国,来适中夏,利之所在,无所不到。以十二月为岁首。有婆罗门为之占星候气,以定吉凶。颇有佛法。至十一月,鼓舞乞寒,以水相泼,盛为戏乐。隋炀帝时,其王屈术支娶西突厥叶护可汗女,遂臣于西突厥。武德十年,屈术支遣使献名马。贞观九年,又遣使贡狮子,太宗嘉其远至,命秘书监虞世南为之赋,自此朝贡岁至。十一年,又献金桃、银桃,诏令植之于苑囿。万岁通天年,则天封其大首领笃婆钵提为康国王,仍拜左骁卫大将军。钵提寻卒,又册其子泥涅师师为康国王。师师以神龙中卒,国人又立突昏为王。开元六年,遣使贡献锁子甲、水精杯、马脑瓶、驼鸟卵及越诺之类。十九年,其王乌勒上表,请封其子咄曷为曹国王,默啜为米国王,许之。二十七年,乌勒卒,遣使册咄曷袭父位。天宝三年,又封为钦化王,其母可敦封为郡夫人。十一载、十三载,并遣使朝贡。”

(《旧唐书》卷一百九十八·列传第一百四十八)

西突厥

中国正史资料。记述了西突厥的情况。对研究西域历史具有重要参考价值。文曰:“西突厥本与北突厥同祖。初,木杆与沙钵略可汗有隙,因分为二。其国即乌孙之故地,东至突厥国,西至雷翥海,南至疏勒,北至瀚海,在长安北七千里。自焉耆国西北七日行,至其南庭;又正北八日行,至其北庭。铁勒、龟兹及西域诸胡国,皆归附之。其人杂有都陆及弩失毕、歌逻禄、处月、处密、伊吾等诸种。风俗大抵与突厥同,唯言语微差。其官有叶护,有特勤,常以可汗子弟及宗族为之;又有乙斤屈利啜、阎洪达、颉利发、吐屯、俟斤等官,皆代袭其位。”

(《旧唐书》卷一百九十四下·列传第一百四十四下·突厥下)

安国

中国正史资料。记述了西域安国的情况。对研究西域历史具有重要参考价值。文曰："安者，一曰布豁，又曰捕喝，元魏谓忸蜜者。东北至东安，西南至毕，皆百里所。西濒乌浒河，治阿滥谧城，即康居小君长罽王故地。大城四十，小堡千余。募勇健者为柘羯。柘羯，犹中国言战士也。武德时，遣使入朝。贞观初，献方物，太宗厚尉其使曰：'西突厥已降，商旅可行矣。'诸胡大悦。其王诃陵迦又献名马，自言一姓相承二十二世云。是岁，东安国亦入献，言子姓相承十世云。"

（《新唐书》卷二百二十一下·列传第一百四十六下·西域下）

何国

中国正史资料。记述了西域何国的情况。对研究西域历史具有重要参考价值。文曰："何，或曰屈霜你迦，曰贵霜匿，即康居小王附墨城故地。城左有重楼，北绘中华古帝，东突厥、婆罗门，西波斯、拂菻等诸王，其君旦诣拜则退。贞观十五年，遣使者入朝。永徽时上言：'闻唐出师西讨，愿输粮于军。'俄以其地为贵霜州，授其君昭武婆达地刺史。遣使者钵底失入谢。"

（《新唐书》卷二百二十一下·列传第一百四十六下·西域下）

火寻

中国正史资料。记述了西域火寻国的情况。对研究西域历史具有重要参考价值。文曰："火寻，或曰货利习弥，曰过利，居乌浒水之阳。东南六百里距戊地，西南与波斯接，西北抵突厥曷萨，乃康居小王奥鞬城故地。其君治急多飓遮城。诸胡惟其国有车牛，商贾乘以行诸国。天宝十载，君稍施芬遣使者朝，献黑盐。宝应时复入朝。"

（《新唐书》卷二百二十一下·列传第一百四十六下·西域下）

康国

中国正史资料。记述了西域康国的情况。对研究西域历史具有重要参考价值。文曰："康者，一曰萨末鞬，亦曰飒秣建，元魏所谓悉万斤者。其南距史百五十里，西北距西曹百余里，东南属米百里，北中曹五十里。在那密水南，大城三十，小堡三百。君姓温，本月氏人。始居祁连北昭武城，为突厥所破，稍南依葱岭，即有其地。枝庶分王，曰安，曰曹，曰石，曰米，曰何，曰火寻，曰戊地，曰史，世谓'九姓'，皆氏昭武。土沃宜禾，出善马，兵强诸国。人嗜酒，好歌舞于道。王帽毡，饰金杂宝。女子盘髻，幪黑巾，缀金蘤。生儿以石蜜啖之，置胶于掌，欲长而甘言，持珤若黏云。习旁行书。善商贾，好利，丈夫年二十，去傍国，利所在无不至。以十二月为岁首，尚浮图法，祠祆神，出机巧技。十一月鼓舞乞寒，以水交泼为乐。隋时，其王屈木支娶西突厥女，遂臣突厥。武德十年，始遣使来献。贞观五年，遂请臣。太宗曰：'朕恶取虚名，害百姓，且康臣我，缓急当同其忧。师行万里，宁朕志邪？'却不受。俄又遣使献师子兽，帝珍其远，命秘书监虞世南作赋。自是岁入贡，致金桃、银桃，诏令植苑中。高宗永徽时，以其地为康居都督府，即授其王拂呼缦为都督。万岁通天中，以大首领笃娑钵提为王。死，子泥涅师师立。死，国人立突昏为王。开元初，贡锁子铠、水精杯、码瑙瓶、驼鸟卵及越诺、侏儒、胡旋女子。其王乌勒伽与大食亟战不胜，来乞师，天子不许。久之，请封其子咄曷为曹王，默啜为米王，诏许。乌勒伽死，遣使立咄曷，封钦化王，以其母可敦为郡夫人。”

（《新唐书》卷二百二十一下·列传第一百四十六下·西域下）

沙陀

中国正史资料。记述了西域沙陀的情况。对研究西域民族历史具有重要参考价值。文曰：“沙陀，西突厥别部处月种也。始，突厥东西部分治乌孙故地，与处月、处蜜杂居。贞观七年，太宗以鼓纛立利邲咄陆可汗，而族人步真觖望，谋并其弟弥射乃自立。弥射惧，率处月等入朝。而步真势穷亦归国。其留者，咄陆以射匮特勒劫越之子贺鲁统之。西突厥寖强，内相攻，其大酋乙毗咄陆可汗建廷镞曷山之西，号‘北庭’，而处月等又隶属之。处月居金娑山之阳，蒲类之东，有大碛，名沙陀，故号沙陀突厥云。咄陆寇伊州，引二部兵围天山，安西都护郭孝恪击走之，拔处月俟斤之城。后乙毗可汗败，奔吐火罗。贺鲁来降，诏拜瑶池都督，徙其部庭州之莫贺城。处月朱邪阙俟斤阿厥亦请内属。永徽初，贺鲁反，而朱邪孤注亦杀招慰使连和，引兵据牢山。于是射脾俟斤沙陀那速不肯从，高宗以贺鲁所领授之。明年，弓月道总管梁建方、契苾何力引兵斩孤注，俘九千人。又明年，废瑶池都督府，即处月地置金满、沙陀二州，皆领都督。贺鲁亡，安抚大使阿史那弥射次伊丽水，而处月来归。乃置昆陵都护府，统咄陆部，以弥射为都护。龙朔初，以处月酋沙陀金山从武卫将军薛仁贵讨铁勒，授墨离军讨击使。长安二年，进为金满洲都督，累封张掖郡公。金山死，子辅国嗣。先天初避吐蕃，徙部北庭，率其下入朝。开元二年，复领金满洲都督，封其母鼠尼施为鄯国夫人。辅国累爵永寿郡王。死，子骨咄支嗣。”

（《新唐书》卷二百一十八·列传第一百四十三·沙陀）

石国

中国正史资料。记述了西域石国的情况。对研究西域历史具有重要参考价值。文曰：“石，或曰柘支，曰柘折，曰赭时，汉大宛北鄙也。去京师九千里。东北距西突厥，西北波腊，南二百里所抵俱战提，西南五百里康也。圆千余里，右涯素叶河。王姓石，治柘折城，故康居小王窳匿城地。西南有药杀水，入中国谓之真珠河，亦曰质河。东南有大山，生瑟瑟。俗善战，多良马。隋大业初，西突厥杀其王，以特勒匐职统其国。武德、贞观间，数献方物。显庆三年，以瞰羯城为大宛都督府，授其王瞰土屯摄舍提于屈昭穆都督。开元初，封其君莫贺咄吐屯，有功，为石国王。二十八年，又册顺义王。明年，王伊捺吐屯屈勒上言：‘今突厥已属天可汗，惟大食为诸国患，请讨之。’天子不许。天宝初，封王子那俱车鼻施为怀化王，赐铁券。久之，安西节度使高仙芝劾其无蕃臣礼，请讨之。王约降，仙芝遣使者护送至开远门，俘以献，斩阙下，于是西域皆怨。王子走大食乞兵，攻怛逻斯城，败仙芝军，自是臣大食。宝应时，遣使朝贡。”

（《新唐书》卷二百二十一下·列传第一百四十六下·西域下）

史国

中国正史资料。记述了西域史国的情况。对研究西域历史具有重要参考价值。文曰：“史，或曰佉沙，曰羯霜那，居独莫水南康居小王苏薤城故地。西百五十里距那色波，北二百里属米，南四百里吐火罗也。有铁门山，左右巉峭，石色如铁，为关以限二国，以金锢阖。城有神祠，每祭必千羊，用兵类先祷乃行。国有城五百。隋大业中，其君狄遮始通中国，号最强盛，筑乞史城，地方数千里。贞观十六年，君沙瑟毕献方物。显庆时，以其地为佉沙州，授君昭武失阿喝刺史。开元十五年，君忽必多献舞女、文豹。后君长数死、立，然首领时时入朝。天宝中，诏改史为来威国。”

（《新唐书》卷二百二十一下·列传第一百四十六下·西域下）

挹怛国

中国正史资料。记述了西域挹怛国的情况。对研究西域历史具有重要参考价值。文曰：“挹怛国，汉大月氏之种。大月氏为乌孙所夺，西过大宛，击大夏臣之。治蓝氏城。大夏即吐火罗也。哌哒，王姓也，后裔以姓为国，讹为挹怛，亦曰挹阗。俗类突厥。天宝中遣使朝贡。”

（《新唐书》卷二百二十一下·列传第一百四十六下·西域下）

平定噶尔丹武功告成应祭告天地

康熙三十六年五月癸卯（二十四日 1697.7.12）礼部题，平定噶尔丹武功告成，臣等详稽典礼，应遣官祭告天地、太庙、社稷、永陵、福陵、昭陵、暂安奉殿、孝陵、仁孝皇后、孝昭皇后、孝懿皇后陵，及岳镇海渎、历代陵寝阙里，并加上徽号，命史馆诸臣，编辑平定北寇方略，昭示无极。上曰，喀尔喀、厄鲁特原皆纳贡之国，因其交相不睦，屡谕和好，乃仍搆衅，致起兵争，噶尔丹曾破回子中之萨马拉罕、布哈尔、哈萨克、布鲁特、叶尔钦、哈思哈尔、赛拉木、吐鲁番、哈密诸国，其所攻取降服者一千二百余城，乃习于战斗之国也，喀尔喀焉能抵敌，是以七旗数十万众，一岁之中，丧亡略尽，喀尔喀之汗、诺颜、台吉等，知朕豢养蒙古，夙有厚恩，悉皆款塞来归，其时若不允其内附，恩养得所，必皆沦入于厄鲁特，则尔时噶尔丹之势力，不言可知矣，允其内附而恩养之，噶尔丹必假此衅端，与我朝搆难，凡此情势，皆经熟筹，受纳喀尔喀，非漫然而为之也。噶尔丹假索取喀尔喀为名，遂犯我边境，尚书阿喇尼帅蒙古兵，逆战于乌尔会之地，我师大北，噶尔丹乘势遂直抵乌兰布通，距京师未及七百里，斯时诸王大臣，及国家谙悉军务之人，不在行间者少矣，适朕躬以违和还京，左翼军虽能胜敌，而右翼军不能制胜，大臣而下以至军士，阵亡被创者甚众，噶尔丹亦自知其无济，归路遭罹瘟疫，得还科卜多者不过数千人耳。当是时，即预知其势虽大损，必复称兵报怨，六年以来，乌兰布通之役时廑朕怀，因是训练军旅，咨访形势，正经理武备之时，噶尔丹果复举兵，寇掠喀尔喀之纳木扎尔托音于克鲁伦之地，朕思此贼不可以寻常寇盗视之，诏武臣三品以上，咸陈灭贼方略，会同详议，举朝皆以为难，其言贼当讨灭者，不过四人，朕以为此贼断当亟图，遂昭宣大义，祭告于天地、宗庙、社稷之灵，克成厥勋，倘事或未成，则受喀尔喀之内附，致厄鲁特之兵争，縻中国之脂膏，事朔荒之边塞，穷兵黩武，其名恐未能免矣。今我师所至，上天佑助，无水之地而灵泉涌出，不毛之地而庶草蕃芜，事悉称意者，此皆国家之福，将士之劳所致也。今西北永远宁谧，其不致蒙咎者即幸矣，自今以往，务益殚励精，始终如一，治安之日，愈求治安，其祭告诸典礼，俱依议行，徽号不必上。

（《清圣祖实录》卷183　页964—965）

磔诛伊拉古克三库图克图等

康熙三十六年(1697)十月癸亥。磔诛伊拉古克三库图克图等。先是工部侍郎常绶等奏言：六月十五日，臣等至策旺喇卜滩所，授之敕书赐物。臣等谓策旺喇卜滩曰，台吉尔昔有擒斩噶尔丹等之奏，皇上亦特遣我等宣谕，使台吉兴兵，擒斩噶尔丹。噶尔丹虽死，而丹济拉乃噶尔丹一体之人，今近至尔地，台吉既发兵往征，当将丹济拉本身，噶尔丹男女，及其骸骨，并取畀我。策旺喇卜滩言，我厄鲁特风俗，兵机戒预泄。六月二十八夜半，策旺喇卜滩遣其寨桑托卜齐来告曰，往征丹济拉之兵未到前，丹济拉觉之，率妻子十五人，向哈密遁去，追之不及，获噶尔丹男女。又伊拉古克三库图克图，率百许人，已至额冷哈毕尔罕地方矣。臣等次日，见策旺喇卜滩，谓之曰，伊拉古克三库图克图乃本朝人，得罪逃归噶尔丹，凡百祸端兴之者，此人也，台吉假我兵二百，往擒之。策旺喇卜滩言，我发兵，授诸大人，即至漏泄，伊拉古克三库图克图，未必不遁，当密差往讨丹济拉之兵，陡然前执之。噶尔丹之子及其母，亦并发去，我已擒献噶尔丹之子，其已灰之骨，无用之女，岂复有所爱惜？但我风俗，不仇无用之女子。至噶尔丹之骨，我不沉之水，则弃之野，即往送皇上，亦无异也。想圣主亦鉴许之也。是以臣等，七月初五日起行迎往。十四日，至库色木素克地方。策旺喇卜滩使人彭苏克丹津喇木扎木巴喇嘛多尔济寨桑等，以伊拉古克三库图克图本身，及其弟托博克孟克里，噶尔丹之子车陵三鲁卜，及其母布林，交付臣等，授之而归。伏惟皇帝庙谟，预烛噶尔丹之死，其遗孽必走策旺喇卜滩。既遣臣等，又密谕行事之策，无不符合。远邦感戴，即擒逆贼祇献，西北诸蒙古土鲁番、哈密等国，大为惊异，即臣等亦不胜惊异。仗圣上威德，广播遐方，臣等往来，略无阻误。得旨：据常绶等奏言，索噶尔丹之女而不与。常绶等乃特遣之人，何以不索取而竟归？至吴尔占扎卜阿巴塞稜阿尔拜，又何以不索取而来？著伊等将不行索取，并其行事原由，逐一开明具奏。至伊拉古克三库图克图执彼以来，彼有何言？一并开明具奏。常绶等奏言：臣等六月十五日，见策旺喇卜滩宣旨曰，朕亲率数路大兵，出征噶尔丹，此行但讨先叛之人，兵到尔境，勿疑勿惧，并不侵尔。至敕中虽命尔兴兵征噶尔丹，但尔国邻近哈萨克诸国，为尔之仇，恐兵兴乘隙，失尔妻子。至噶尔丹下人，离散在尔地者，亦有之，如有愿归我者，即付我等，如在吾地，有愿归尔者，告于往差大臣，记明来奏。谕

毕，策旺喇卜滩言，乞诸大人少待声息。至归人之事，请俟我奏使格色尔归来，不能即付。臣等又见策旺喇卜滩，言台吉令我等少待，我等已待数日矣，或与或不与，竟无决绝，台吉如与我等，则我等携之而去，如不与则我等奏之皇上矣。策旺喇卜滩言，丹济拉已遁至中国，不必言矣。请以噶尔丹之子相付，锺齐海乃无用之女，噶尔丹乃已灰之骨，我土风俗，不以为仇不便相付。臣等言，中国律例，大凡叛人不存其后，不留其尸，必穷究扫除。皇上亲统大军，特出征讨，若不获此，必不中止。今台吉不与，则台吉前所奏擒杀噶尔丹之语大背，而前此台吉奔走之劳，皆虚矣，当细思之。至归我之人，何必待格色尔，当即交发我等。策旺喇卜滩言，噶尔丹乃我仇人，我既执其子畀之，无用之女，已灰之骨，岂复有所爱惜。但我土风俗，与无用之女，已灰之骨，为仇人必呲之，故不畀尔等。至归人之事，应俟格色尔，不能即与。以是为词，竟不之与。臣等闻吴尔占扎卜色棱等，在策旺喇卜滩所，谓策旺喇卜滩曰，目下噶尔丹地方，来投台吉者，皆我之仇，俱应畀我，至欲归我之人，亦应并畀我。在我土者，有欲归尔之人，台吉可语我，奏之皇上。策旺喇卜滩言，给人等事，当待格色尔，不能即与，前言已毕，夫复何言？臣等言台吉所给之人，即欲待格色尔相付，则我等待之。策旺喇卜滩言，我有当奏之事，故差格色尔往奏，不能遽授尔等。臣等又见策旺喇卜滩，言巴图尔额尔克济农噶尔丹多尔济等，俱归降皇上，已极显荣，青海众台吉，今皆已降，台吉乘时归主，倚之为生，必极显荣，与众迥异矣。策旺喇卜滩言，我自始至终尽悃诚而事皇上，即今亦但仰戴皇上而已，是以我不必效法青海众台吉也。我意中自以为所行已极善矣，诸大人之出此言也，岂以我前所行有未善乎？臣等言巴图尔额尔克济农等，归降皇上，已极显荣，台吉果归降皇上，倚之为生，必更显荣，与伊等迥别，如众人皆降，至于显荣，台吉独如此，能安处乎？况哈萨克国与尔为难，我等此言，大有益于台吉者也，良时不可失，故我等陈其所见如此，台吉当深思此言。策旺喇卜滩言，总之，但以悃诚事圣上而已，不必效法他人也，续执伊拉古克三库图克图交付臣等。臣等语之曰，当将伊拉古克三库图克图下人，全交我等为是。策旺喇卜滩言，请以伊拉古克三库图克图，及其诸弟相付，他人皆无用之人，不必交与。臣等语之曰，伊拉古克三库图克图，乃本朝之人，其下人亦不可不与，其诸弟诸子妻妾下人，及降我之格垒沽英之子，吴巴什之妻，俱畀我为是。策旺喇卜滩言，伊拉古克三库图克图，乃为首之人，并其诸弟，付尔等足矣，其他皆无涉之人，不必相付，遂将伊拉古克三库图克图，其弟托博克孟克里，及噶尔丹之子车陵三鲁卜，其母布林及程贝臧布，保母察罕，交付臣等。又达尔扎纳亲哈什哈之妻色棱达什，诉于臣等曰，圣上使我与丈夫完聚，故与吴尔占扎卜之母，一齐发放。今闻我丈夫自哈密擒解御前，乞大臣带我归去，与我夫完聚。臣等遂谕之，亦携之而来，问伊拉古克三库图克图，供曰，蒙皇上恩恤小人，因前蒙世祖皇帝，有准我去住随意之旨，且水土不服，故不奏皇上而往青海，我问之达赖喇嘛第巴，当往何处为宜？彼令我当往厄鲁特去，又值噶尔丹遣使人喇马扎卜来召我，是以往归噶尔丹。闻噶尔丹至杭爱左侧游牧，我曾往语之曰，尔于此地游牧，大不是矣。皇上遣侍卫克什图使于噶尔丹之时，我曾遣人名云端者，请皇上安，且陈奏我来此之故，后在克鲁伦皇上差阿喇卜滩之兄，宣谕温旨。我曾谓噶尔丹，当差好人，遵奉圣旨为是。噶尔丹破败之后，我又差人，名罗卜臧喇什者，请皇上安，陈奏衷情，在古尔班赛堪地方，待之三月。我差人不归，故往归丹济拉，被往征丹济拉之兵所擒，不能负荷皇上洪恩，罹此大罪，应作何处治，一唯圣断，我有何辞？因臣等与策旺喇卜滩言词繁多，欲俟到京之日再奏。是以仅将执噶尔丹之子，伊拉古克三库图克图之事奏闻。今奉旨，著将臣等行事始末，逐一奏明。

（《亲征平定朔漠方略》卷四十六）

策旺喇卜滩陈奏哈萨克构兵

康熙三十七年(1698)四月奏亥。策旺喇卜滩陈奏哈萨克构兵，及拘禁丹津俄木布情由。策旺喇卜滩奏言：恭请皇上万安。臣仰沐圣恩，至于荣显。臣之与哈萨克构兵，非愿为此也。昔噶尔丹擒哈萨克头克汗之子，以畀达赖喇嘛，故头克使人乞臣关说，求还其子，与彼完聚，愿与之好。臣乃使人于达赖喇嘛，索得头克之子，拨五百人护送，归之头克。及尽杀臣五百人，后又杀臣属下吴尔赫德巴图尔台吉，掠取其人民，续又掠我吴礼杨罕百余户人。臣妻父阿毓音，以其女归臣，使妻兄三济扎布送臣之妻，彼又要战于路。去岁秋，臣商人自鄂罗斯归，彼又掠之。哈萨克屡来犯臣，有如许过恶，臣是以兴兵而往，恐圣上谓臣喜事好兵，故陈此自白。又丹津俄木布听谗，与噶尔丹同杀其兄索诺木阿拉布坦。后臣与噶尔丹分散，各自游行。丹津俄木布，又偕阿奴喀屯，往就噶尔丹，今穷迫而后来归，始知以臣为兄，臣非与弟争名也。若使彼逸居，恐又听谗害臣，臣是以拘而禁之。为此遣使阿布都拉厄尔克寨桑萨木坦达尔汉俄母布等，赍本奏闻。理藩院为之转奏。

（《亲征平定朔漠方略》卷四十八）

策妄阿喇布坦疏与哈萨克搆兵事宜

康熙三十七年四月癸亥（十九日 1698.5.28）理藩院奏，策妄阿喇布坦疏言，臣之与哈萨克兵搆兵，非得已也。昔噶尔丹擒哈萨克头克汗之子以畀达赖喇嘛，故头克使人乞臣关说，求还其子，与彼完聚。臣乃使人于达赖喇嘛，索得头克之子，拨五百人护送归之，头克反尽杀臣五百人，后又杀臣属下吴尔赫德巴图尔台吉，掠取其人民，续又掠我吴[乌]梁海百余户人。臣妻父阿毓奇以其女归臣，使妻兄三济扎布送臣之妻，彼又要战于路。去岁秋，臣商人自鄂罗斯归，彼又掠之。哈萨克屡来犯臣，有如许过恶，臣是以兴兵而往，恐圣上谓臣喜事好兵，故陈此自白。又丹津鄂木布听谗，与噶尔丹同杀其兄索诺木阿拉布坦，后臣与噶尔丹分散，各自游行，丹津鄂木布又偕阿奴喀屯往就噶尔丹，今穷迫而后来归，臣若使彼逸居，恐又听谗害臣，臣是以拘而禁之。为此遣使阿布都拉厄尔克寨桑、萨木坦达尔汉鄂母布等奏闻。上命示议政大臣。

（《清圣祖实录》卷 187　页 999—1000）

策旺喇卜滩遵旨遣使来献噶尔丹之尸

康熙三十七年(1698)九月癸未。策旺喇卜滩遵旨遣使来献噶尔丹之尸。先是,策旺喇卜滩遣使格色尔寨桑等来贡,上赐策旺喇卜滩使人格色尔寨桑、土鲁克拜人等,蟒袍彭缎。复遣内阁侍读学士喇什,理藩院司务英古,赍敕使于策旺喇卜滩所。敕文云:皇帝敕谕策旺喇卜滩曰,尔与尔督噶尔丹分离以来,诚心恭顺,职贡不绝,朕亦不时加恩遣问。噶尔丹逆天,违背朕旨,今永灭矣。其属下大寨桑诸喇嘛,俱已来降。但丹济拉、吴尔占扎卜数人,无所于归,流行而已。近者副都统阿南达报称,丹济拉携其子多尔济塞卜腾拉思伦等来降。噶尔丹之尸,噶尔丹之女锺齐海,程贝臧布伊妻及其稚子诸颜格隆,俱被尔所遣堪都截留。伊拉古克三库图克图,往投汝所,吴尔占扎卜、色稜阿巴等,尔已擒之,阿喇儿拜自缢死,车林布木往投丹津俄木布。此项人等,皆党恶之人,不可一日容者也。若在尔地,亦不利于尔,故特遣敕谕尔。朕旨一到,尔立刻一并查拿。及噶尔丹之尸,与其女锺齐海,同朕使臣,差人护解。如此,则尔始终确然恭顺之心著,亦得长沐朕宠荣高厚之恩于无穷矣。倘若隐匿,不行擒解,不但尔历年之恭顺皆虚,即尔贸易之人,亦永不许通行矣。上项情事,亦已明谕。尔使格色尔寨桑等,恐不能全记告汝,特遣内阁侍读学士喇什,理藩院司务英古,赍敕往谕,以伴敕例,赐彩缎十端。喇什等奉敕,至策旺喇卜滩所。宣旨之后,策旺喇卜滩言,我厄鲁特风俗,不与死尸女子为仇,况以死尸畀人,大有禁忌。不然则噶尔丹存日,我尚思执之杀之,岂有惜此无用之尸者乎?然而奉旨特差诸公,来取噶尔丹之尸,我若拘于禁忌,而不发去,恐谓我绕说也。虽于我有灾,我不敢拂,当遵旨给发。至锺齐海、吴尔占扎卜事,我当奏请。因付噶尔丹之尸,以云端格隆充使来奏,其奏词云,蒙皇上惠颁敕书赐物并到,前者历奉眷恤之旨,故遣格色尔随两使臣,往请属裔之事,未蒙赐覆,想或所奏未悉故尔。至在此人等,及臣所应辖人等,在中国者,前虽已奏,今仍奏请鉴恤。锺齐海及噶尔丹骸骨,已白之侍郎侍读学士侍卫克什图阿喇木扎巴彭苏克丹津多尔济寨桑哈什哈上奏矣。然大君特遣使来,是以将噶尔丹骸骨,遵旨而行,缘许臣陈奏母讳,是以罔知所忌,有此陈奏。噶尔旦多尔济及他诸事,俱云端格隆口奏。云端格隆云,策旺喇卜滩使我口奏云,噶尔旦多尔济逃来,并不至我处,居在郭蛮喇嘛所。后我欲征哈萨克,彼诳言亦欲随征。我到伊里河,彼又从厄冷哈必尔汉逃去,往回于所居库察城,被挥特人等所杀,其下人俱四散。噶尔旦多尔济之母,率寨桑数人,向西而去矣。至噶尔丹之尸,锺齐海、吴尔占扎卜之事,我前已曾奏请。虽经奏请,而奉圣旨特遣使臣来,是以将噶尔丹骸骨,遵旨遣发。至锺齐海乃一女子也,且系吾妹,我厄鲁特风俗,向不与女子为仇,皇上垂慈,请以畀我。吴尔占扎卜等寨桑,并非我祖父之旧人,我所得分之辈。但我人力甚少,哈萨克等类,俱与我为难,我得伊等,可以助力。倘皇上谕旨必欲索取,我亦安敢有违。理藩院据此为之转奏。

(《亲征平定朔漠方略》卷四十八)

凡恭顺竭诚者必厚待加恩

康熙三十七年九月癸未(十二日 1698. 10. 15)谕策妄阿喇布坦敕曰,朕抚养亿兆,凡恭顺竭诚者,必厚待加恩,前以吴尔占扎卜、阿巴色稜等辈,皆助噶尔丹之人,恐留于尔地,又复作乱,亦未可定,故命尔解来,今尔疏言,吴尔占扎卜、阿巴色稜等,非臣所应分之人,但臣人力甚少,而哈萨克等人又皆与臣为难,臣得伊等可以助力,据实陈情,朕矜尔谆恳之意,许停解吴尔占扎卜、阿巴色稜矣。至锺齐海,尔疏言于尔为妹,乞皇上垂怜,即以畀臣,但锺齐海乃噶尔丹亲女,不得与他人为比,此断不许留于尔地,务必差人解来,如此,则许尔照常通使行商,尔若仍不肯解来,尔不得复通使矣。至厄鲁特来降朕者,原皆噶尔丹属下人,噶尔丹违朕之旨,毒害生灵,朕亲率兵剿灭,其属众有俘获而来者,有陆续归降者,并非尔之人,所奏不准行。又尔疏言,第巴自臣前次奏后,闻其凡事背理而行,中国亦常洞鉴之矣,朕已严敕第巴,使遣班禅,第巴钦遵朕旨奏覆,于来年三月遣班禅来,尔之所奏,朕已知之。特谕。

(《清圣祖实录》卷 190　页 1013—1014)

荡平厄鲁特噶尔丹御制碑文

康熙三十七年十月乙巳(四日 1698. 11. 6)先是,上亲征朔漠,荡平厄鲁特噶尔丹,诸王大臣等,请立碑太学,以垂万世。至是,御制碑文曰:惟天尽所覆,海内外日月所出入之区,悉以畀予一人,自践阼迄今,蚤夜殚思,休养生息,冀臻熙皞,以克副维皇大德好生之意,庶几疆域无事,得以偃兵息民。乃厄鲁特噶尔丹,阻险北陲,困此一方人,既荼毒塞外,辄狡焉肆其凶逆,犯我边鄙,虐我臣服,人用弗宁,夫荡寇所以息民,攘外所以安内,边寇不除,则吾民不安,此神人所共愤,天讨所必加,岂惮一人之劳,弗贻天下之逸,于是断自朕心,躬临朔漠,欲使悔而革心,故每许以不杀,彼怙终不悛,我师三出绝塞,朕皆亲御以行,深入不毛,屡涉寒暑,劳苦艰难,与偏裨士卒共之,迨彼狂授首,胁从归诚,荒裔之长,来享阙下,西北万里,灌燧销烽,中外乂谧。惟朕不得已用兵以安民,既告厥成事,乃蠲释眚灾,洁事禋望,为亿兆期升平之福,而廷臣请纪功太学,垂示来兹,朕劳心于邦本,尝欲以文德化成天下,顾兹武略,廷臣佥谓所以建威消萌,宜昭斯绩于有永也。朕不获辞,考之礼,王制有曰,天子将出征,受成于学,出征执有罪,反释奠于学,以讯馘告。而泮宫之诗亦曰,矫矫虎臣,在泮献馘。又礼,王师大献,则奏凯乐,大司乐掌其事。则是古者文事武事为一,折冲之用,俱在樽俎之间,故受成献馘,一归于学,此文武之盛制也。朕向意于三代,故斯举也,出则告于神祇,归而遣祀阙里,兹允廷臣之请,犹礼先师以告克之遗意,而于六经之指为相符合也。爰取思乐、泮水之义,为诗以铭之,以见取乱侮亡之师,在朕有不得已而用之之实,或者不戾于古帝王伐罪安民之意云尔。铭曰:巍巍先圣,万世之师。敬信爱人,治平所基。煌煌圣言,文武道一。礼乐征伐,自天子出。朕临域中,逾兹三纪。尝见羹墙,寤寐永矢。下念民瘼,上承帝谓。四海无外,尽隶侯尉。维彼凶丑,渎乱典常。既梗声教,遂窥我疆。譬之于农,患在螟螣。秉畀不施,将害稼穑。度彼游魂，险远是怙。震以德威，可往而取。朕志先定，龟筮其依。属车万乘，建以龙旗。祝融骖鸾，风伯戒途。宜旸而旸，利我樵苏。大野水涸，川渎效灵。泉忽自涌，其甘如。设为犄角，一出其西。一出其东，中自将之。绝域无人，兽群受掩。五日穷迫，彼狂走险。大歼于路，波血其孥。剪其党孽，俘彼卒徒。众乌昏号，单马宵遁。恐久驻师，重为民困。慎固戍守，还辕于京。自夏徂冬，雨雪其零。载驰载驱，我行再至。蠢兹穷寇，昏惑不悔。我边我氓，以休以助。爰宁其居，爰复其赋。藩落老稚，斯恬斯嬉。岁晏来归，春与之期。春风飘翩，扬我旌旃。我今于迈，如涉我郊。言秣我马，狼居胥山。登高以眺，闵彼弹丸。天降凶罚，孤雏就羁。三驾三捷，封狼舆尸。既腊枭獍，既狝貙貙。大漠西北，解甲弃殳。振旅凯入，泽沛郊卜。明禋肆赦，用迓景福。昔我往矣，在泮饮酒。陈师鞠旅，誓屈群丑。今我来思，在泮献功。有赫颂声，文轨来同。采芹采藻，颂兴东鲁。车攻马同，亦镌石鼓。师在安民，非出得已。古人有作，昭示此旨。缅惟虞廷，诞敷文德。圣如先师，战慎必克。惟兵宜戢，惟德乃绥。亿万斯年，视此铭词。

（《清圣祖实录》卷 190　页 1015—1016）

商南多尔济等所奏青海事宜

康熙三十九年七月庚子（九日 1700.8.23）大学士等遵旨，以商南多尔济等所奏青海事宜问侍郎常绶、侍读学士伊道、郎中常明等回奏。上曰，此事稍觉迟延，方奏到日，即为行文甚好，青海台吉亦属失算，何以先将已意泄漏，但将来使照常款待礼遣，断不敢搆衅，今以朕计之，亦尚无妨。朕巡幸蒙古之地颇多，凡事朕皆熟悉，策妄阿喇布坦人虽狡猾，但由博罗塔拉至土伯特，必经哈拉乌苏等艰险之处，路径甚恶，断不能往伐，何也，策妄阿喇布坦素行奸恶，故其附近哈萨克、布鲁特诸部，皆相仇雠，欲悉军大举，则路既难行，且无留护其妻孥者，若兵单力弱，断难成事，惟有奋激而行，妻孥与俱，幸而有济则已，无济，则有归附土伯特之谋而已，然策妄阿喇布坦奏书之意，特张虚声，欲观青海之动静耳，亦未必果欲争战也。观古赵充国所议五事良是，应宜留意。

（《清圣祖实录》卷 200　页 34—35）

出使土尔扈特部行程（5）

系清朝使臣图理琛于康熙五十一年（1712）奉命出使今俄国伏尔加河流域土尔扈特部所经之地的道里、山川、民俗、物产等的记录，对研究蒙古土尔扈特部历史及中亚地理具有极为重要的参考价值。文曰："俄罗斯国之西北诸国名曰：图里耶斯科，西费耶斯科，博尔托噶里牙，付兰楚斯，雅尔马尼牙，宜大里牙，宜斯巴尼牙，狄音，和尔斯提音，布鲁斯奇，博尔斯奇，别穆斯奇，赛萨林穆斯奇，昂假尔斯奇，贺兰斯奇，博玻林穆斯奇，肆班斯奇。南面所有诸国部落名曰：土尔扈特，哈拉哈儿叭，哈萨克，策旺拉布坦，布鲁特，莽武特，布哈尔，哈萨尔巴什，伊尔钦哈什哈尔，库车，阿克苏，吐尔们，沙障。在彼候阿玉奇汗迎接之间，乃属冬令，诸人轮流宴饮，或会同射的，或于河岸骑射捕鱼以为娱，其俄罗斯官所差通事等至土尔扈特国，阿玉奇汗闻此信甚喜，传集其部落，修治毡帐衣服，预备供给，俱各停妥，候青草发后，于五十三年四月初五日，土尔扈特国阿玉奇汗差伊部下台吉魏正等，恭请至圣大皇帝万安，并问天使无恙，于五月初六日，渡厄济儿河，因马驼未齐，候驻一日，于十八日，贝子阿拉布珠儿之父那哑儿麻木，差伊所属之寨桑赵忒霸台吉诺尔木尔金，于我四人处各送马二匹，舒哥等四人处各送马一匹，曰：我头目言，我子阿拉布珠儿蒙至圣大皇帝沛施恩泽，生计饶裕，不胜感戴，欲往叩谢如天大皇帝阙下，并仰瞻金颜，奈路途迢远，苦不能至，今闻得大皇帝颁发谕旨，钦命天使至此，不胜荣幸，特差我等前来，恭请至圣大皇帝万安，问天使大人无恙，并送马匹。我等言，尔那哑尔麻衣，感大皇帝深恩，特遣尔等前来，恭请大皇帝万安，送我等马匹，甚合礼仪，但我等系特差往尔汗处颁发谕旨，今尚在途中，尔汗又预备马匹乘骑，此地并无用马处，尔那哑尔麻木深感大皇帝厚泽，遣尔等前来请安送马之处，我等回日奏闻大皇帝可也，将所送马匹发还。二十日起程，行十日，于六月初一日，至土尔扈特阿玉奇汗驻扎马奴托海切近地方，阿玉奇汗遣伊部下台吉并番僧等来迎，导至宿处安置，至沿途阿玉奇汗部下台吉并番僧及归入阿玉奇汗之莽武头目各帅所属人等，陈设筵宴，排列生畜，远来迎接，以及马前跪献食物者甚众，皆不胜钦敬，至下午，阿玉奇汗差伊近侍番僧格瓦等前来秉曰：明朝吉日，我汗恭请至圣大皇帝谕旨，并会天使，次早初二日，捧旨前往，土尔扈特国台吉、番僧排列前导，俄罗斯国官兵随后拥护，至阿玉奇汗幄帐切近，下马，交过谕旨，阿玉奇汗跪接，北向恭请东土大皇帝万安毕，我等宣旨曰：大皇帝谕旨，问汗无恙，欲将尔侄贝子阿拉布珠儿发往，使尔团聚，询问俄罗斯国商人哈密萨儿，又将阿拉布珠儿之四人调来，正在料理，恰合朕意，尔竭诚特遣使萨穆坦等请安朝觐进贡前来，朕甚嘉念，于是特选厄鲁特之舒哥、米斯及我等前来颁发谕旨，并赐恩赏。阿玉奇汗不胜感谢，让我等坐其右，作乐筵宴，阿玉奇汗恭请大皇帝万寿。我等答曰：我大皇帝甲午年诞生，今年六十一岁。阿玉奇汗又问皇子几位？我等答曰：现今已封亲王、郡王、贝勒、贝子及常随大皇帝射猎，我等得见者共十六人，尚有几位未出深宫，我等无由瞻仰，不得而知。阿玉奇汗问公主几位？我等答曰：已经下嫁，我等所知者十数位，今宫壶中尚有几位？亦不得而知。阿玉奇汗又问闻得大皇帝每岁避暑行围所系何地名？相去京师几多远？近于何时往返？我等答曰：我大皇帝避暑之处，名热河及喀喇河屯，离都城七八日路，每岁或四月尽，或五月初起驾，立秋后哨鹿完日，九月间回銮。阿玉奇汗问此地山川树木林薮若何？我等言，此地在长城边外，有高山，大川，水极甘美，林木茂盛，禽兽蕃息。阿玉奇汗又问，大皇帝处如何耕种？或待雨播种，可有水田否？我等答曰：我中国五谷及各种豆菽，无不栽种，亦有待雨水播种者，亦有水田。阿玉奇汗又问，大皇帝龙兴之处，相隔都城几多远近？人烟多少？我等答曰：此处名盛京，自都城行二十余日可至，彼处人烟稠密，设立五部衙门，建官管理，又安设三将军，弹压地方。阿玉奇汗问，满洲、蒙古大帅相类，想起初必系同源，如何分而各异之处？大皇帝必已洞鉴，烦天使留意，回都时可奏知大皇帝，我所遣之人来时，将此原由恳乞降旨明示。我等答曰：我等留意回日奏闻。

阿玉奇汗又问:满洲何以有新旧名色?我等答曰:初在盛京时,扈从太祖皇帝、太宗皇帝人之子孙,俱称旧满洲,其在盛京边界地方居住,后因我大皇帝迁居京师者,皆系新满洲。阿玉奇汗又问,清文与蒙古字有同异否?原系何人创制流传?我等答曰:清文与蒙古字大相悬异,我太祖皇帝创制十二字头,太宗皇帝于字旁复增圈点,并谐音韵,于是千变万化,其用无穷,至精至奥。阿玉奇汗又问,曩时闻得大皇帝国中有一平西王作乱,大皇帝剿除剪灭,系何年叛逆?尚有遗孽否?我等答曰:平西王受我大皇帝隆恩,念其稍有微劳,封为王爵,安置我中国西南隅云南地方,安享荣华,尚不自足,竟负恩叛逆,我大皇帝赫然震怒,遣发禁旅,剿除剪灭。我中国法律,此等负国忘恩之人,断不留其种类,此系癸丑年倡乱,平定以来,已四十余年矣,我等向阿玉奇汗言,来时奉大皇帝谕旨,欲将贝子阿拉布珠儿遣回与尔完聚,若经由策旺拉布坦之路,策旺拉布坦与尔不睦,他托言伊西边哈萨克国、哈拉哈儿叭国邀害阿拉布珠儿,亦未可定,不便由此路遣回,须由俄罗斯国行走,方可安妥,特命我等合同国王定议,回京奏闻,再将阿拉布珠儿遣回。阿玉奇汗曰:其父兄俱在,我一同商酌定议,再回复天使。我等又向阿玉奇汗言,我等来已数年,幸平安至此,已将谕旨交付国王,大事已毕。其阿拉布珠儿之事定议后,我等即可启行。阿玉奇汗曰:诺,断不敢久留天使,其往返迎送,阿玉奇汗皆将伊部下,并借来俄罗斯官兵齐集排列,放炮作乐。越一宿,初四日,阿玉奇汗之妃达尔马巴拉邀请作乐筵宴,请二新满洲步射,莫不称善。初五日,阿玉奇汗差伊近侍之异什来禀称,闻天使内有善射二人,我国王欲得一观,如不弃,请往,若倦则已,我等言有新满洲二人,不过能射而已,非善射者,尔国王欲观,令其往射。于是噶扎尔图及米丘二人携上赐弓矢前往,阿玉奇汗邀其近前,列坐献茶果,问二人年庚,指盘内欧梨曰:中国亦有此果否?噶扎尔图答曰:中国果品最多,不可胜数。阿玉奇汗又问:天使原籍,相隔都城几多远近?噶扎尔图言,自京师马行,三个月内可至。阿玉奇汗又问,彼处寒暑雨雪,并山川林薮若何?噶扎尔图言我原籍地方,夏月不甚炎热,冬月甚寒,雨雪不定,平素雪积二三尺深许,雪大之年,有四五尺深许,山高峻险,林薮森密,溪河甚多,内黑龙江牛门河最大。阿玉奇汗又问,水之甘苦。噶扎尔图言,河水甘美,虽洼处停潦之水,亦美无异。阿玉奇汗又问河内出何等鱼?山中有何等兽?噶扎尔图言,河内所产之鱼,种类甚多,亦有鳇鱼,大者有一二丈,许其索伦、达呼尔人渔捕此鱼进贡,山内有虎、豹、熊、狼、野猪、鹿、狍、坎达汉等兽。阿玉奇汗又问,可种田地否?居何庐舍?养何生畜?噶扎尔图言,不种田地,以打牲射猎资生,无庐舍,似尔国游牧,止养马匹,无他生畜,于是树的射箭,阿玉奇汗称善。噶扎尔图言,我二人并非善射者,方随众学射耳。大皇帝处执劲弓善射者以万计。阿玉奇汗借弓详看,问曰:此弓角系牛角否?噶扎尔图言,我中国南方有种水,此系水牛角。阿玉奇汗又问,其牛身大几许?是何颜色?噶扎尔图言,我大皇帝曾差我往南方湖广地方,因此得见,比旱牛稍大,其色似驼。阿玉奇汗又问,大皇帝所执弓式可得闻否?亦射鼓的否?中的若何?噶扎尔图言弓式大约相同,俱择上等佳角,桦皮制造,大皇帝不时射鼓的，十中八九。阿玉奇汗又问，中国汉人亦射箭否？出征所用器械等物曾带来否？噶扎尔图言，我中国有绿旗兵丁，皆汉人，驻防各省，并岩疆要地，颇多善射者，大皇帝常调取来京，命其勤习骑射，以励人材，其行兵所需大炮、鸟枪、刀剑长枪弓箭器械等项甚多，我等此来，止携有弓箭、别项器械俱未曾带来，阿玉奇汗取看称善。阿玉奇汗又问，天使原籍以外地方，尚有国度否？离海洋远近，可曾渡海否？噶扎尔图言，我原籍地方以外，有毕尔拉国、役犬国、莫尼伊尔及鼓鲁伊尔诸部落，我所不知部落尚多，俱与大皇帝每岁纳贡，东海大洋，相隔我原籍有一月程，沿海一带，曾往射猎，不曾过大洋，阿玉奇汗又问，闻得中国有属国名朝鲜者，与大皇帝纳贡否？天使可曾到彼处否？噶扎尔图言，朝鲜国系我中国所属，每年贡进方物，我不曾到其地。是日，原厄鲁特国王鄂奇尔图车臣汗之妻，系阿玉奇汗之妹，名多尔济拉布坦，邀请作乐筵宴。初六日，阿玉奇汗之长子沙克度尔扎布邀请作乐筵宴，令其蒙古人相角抵，请二新满洲射箭，观众之咸称善。初七日，阿玉奇汗差伊侍近番僧阿拉穆占巴，并格瓦及萨穆坦等前来曰：我国王差我等来禀天使，我国王常欲遣使，恭请大皇帝万安，心中殷殷，因南路不通，所以数年相隔，未曾遣使，近日于俄罗斯国假道，特遣萨穆坦等前往请安进贡，蒙大皇帝隆恩，重加赏赐，不以俄罗斯国道路僻远，复颁谕旨，遣天使前来，纶音下降，捧读之余，不胜欣跃，中心爱戴，今我国王复欲遣使前往，其缮写表章款式，我等外夷，不通中国礼仪，恐不合式，或缮写表章具奏，或令使者到日口奏，与天使商酌定议而行。我等言，表奏口奏之处还是国王自行裁酌。阿拉穆占巴等又曰：天使在萨拉托付地方耽搁情由，我国王命我等诉禀天使，闻得天使到俄罗斯国边界萨拉托付地方信息，犹不的确，后得实信，遂即差魏正等前去迎接，从前使者凡自俄罗斯国来者，皆系俄罗斯国差人送至我国地方，其自我国去者，我国即差人送至俄罗斯国交付，此番天使来时，我以为俄罗斯国仍照前差人送来，因此耽误，后又向俄罗斯国借用船只，往返差人往喀山地方去，以致迟滞日久。我等言，此系已往之事，今大事既毕，略有迟延，无甚大碍。阿拉穆占巴等又禀曰：戊寅年，阿拉布珠儿去时，我汗曾遣使厄里克格孙前往请大皇帝万安，进大青马一匹，己卯年到京，闻得大皇帝厚赐恩赏遣还，不知何故未到？途中被何人谋害，至今无信，我等答曰：先年曾闻尔国遣使进贡，我等各有所司，且年久，不知其详。初十日，阿玉奇汗又请，于是前往，言及阿拉布珠儿之事，阿玉奇汗曰：将阿拉布珠儿作何遣回之处，大皇帝自有睿裁，南路断不能来，如从俄罗斯国行走，必假道于察罕汗方可，若差人往察罕汗处去，必需时日，天使必至久待，今请天使先回，随后差往察罕汗去，如允我遣使时，再行奏闻。阿玉奇汗又问曰：达赖喇嘛可遣使往来否？我等答曰：达赖喇嘛不时遣使，我等来时，途中又遇达赖喇嘛使者。阿玉奇汗又曰：今道路不通，我国人不能达至西藏，凡一切药物，甚是难得，我于大皇帝恳求一求药物，烦天使留意，转为奏闻，我奏表内一并奏请，至二位新满洲最善射，幸得快睹，亦烦奏闻，我虽系外夷，然衣帽服色略与中国同，其俄罗斯国乃衣冠语言不同之国，难以相比，天使返旆时，察看俄罗斯国情形，凡目击亲见者，须当留意奏知，大

皇帝作何区处，悉听大皇帝睿鉴，至遣使往来人数若多，恐彼惮烦，断绝道途，我遂无路请安朝觐进贡矣，此等情由，烦天使留意奏闻，我恭请至圣大皇帝万安，我行绝域远夷蒙大皇帝隆恩，感戴不尽，但愿至圣大皇帝万万岁，将我此言，亦烦奏闻。十一日，阿玉奇汗并伊妃达尔马巴拉、其子沙克都儿扎布库敦多布、其妹多尔济拉布坦，于我等八人处，各送一匹马外，阿玉奇汗又通共送马七十六匹，熏牛皮四百张，沙克都儿扎布又送马七十二匹，熏牛皮二百张。我等言，我等奉大皇帝钦命前来，将谕旨交付，不但尔汗喜悦，我等亦喜之不尽，胜于诸物多矣，我等系远行之人，尔国固有预备马匹供用，至俄罗斯国有察罕汗马匹供用，其马匹皮张，并无所用处，今尔汗感激大皇帝隆恩，以我等远来，如此馈送，我等若毫不收受，恐或见怪，可将送我等乘骑各受一匹，其余马匹、皮张一墍璧辞，但将尔汗馈送之礼奏知大皇帝可也，来使回复阿玉奇汗，又复遣人恳乞曰：大皇帝不弃我汗，特遣天使远来，我国并无佳物，此马匹皮张，不过略表微诚，天使虽无可用处，可于途间变价盘费，恳乞全收。我等言，此等馈送物件，我中国从无售鬻之理，若收受一二件，无异全领，于是将阿玉奇汗及达拉穆巴拉、沙克都儿扎布车领敦多布、多尔济拉布坦所送马匹，各受一骑。次日，阿玉奇汗以噶扎尔图、米丘善射，亦各送马一匹，收受。多尔济拉布坦之女，即沙克都尔扎布之妻，察汗萨木送我等马各一匹曰：我父鄂齐尔固车臣汗在日，屡蒙至圣大皇帝眷爱洪恩，近日我母多尔济拉布坦感大皇帝从前大德，特遣使请安，后蒙大皇帝优加恩赉，又念我母舅阿玉奇汗将阿拉布珠儿殊加恩恤，我等不胜感戴，天使此来，并无可送之物，各送驽马一匹，并非佳物，略表微忱，念我父蒙大皇帝眷顾之恩，幸乞辱留，并恳将我情词，转为奏闻，于是酌议收受，其所收马匹，回至萨拉托付地方，俱赏给俄罗斯国通事及护送兵丁讫，阿玉奇汗季子车领敦多布奏曰：我年童稚，恭请至圣大皇帝万安，进鸟枪一杆，鸟枪已交付我使者，我无言可奏，但愿如天大皇帝万万年，临御天下，我在此朝暮于佛前竭诚祷祝，烦天使奏闻。”

（图理琛：《异域录》）

出使土尔扈特部行程(8)

系清朝使臣图理琛于康熙五十一年(1712)奉命出使今俄国伏尔加河流域土尔扈特部所经之地的道里、山川、民俗、物产等的记录，对研究蒙古土尔扈特部历史及中亚地理具有极为重要的参考价值。文曰：“(康熙)五十三年正月十二日起程，越十四宿，于十五日至托穆斯科地方，沿途俱是归附俄罗斯之塔塔拉并巴尔巴忒之野人居住，此处哈萨克国，哈拉哈儿叭国、策旺拉布坦，皆与俄罗斯国连界，居人稀少，俱食雪。托穆斯科，在塔喇斯科之东南，相去二千五百余里，鄂布河从托穆斯科二百里外来，自东南向西北而流，俄罗斯呼为鄂布河，其巴尔巴忒人呼为牙巴里河，托穆河来自东南，由西面绕过柏兴，向西北而流，至百里外归入鄂布河，自塔喇斯科三百里内，皆林薮，有杉松、马尾松、杨、桦、榆、丛柳、樱薁，俱俄罗斯居住，间有田亩，从此至鄂布河沿途地甚平坦，惟桦木片片丛生，甚稀，生芦荻处甚多，有水泽，无溪涧，此处塔塔拉与巴尔巴忒两种人杂处，夏秋则饮泽中及低洼处潦水，冬春则食雪冰，俄罗斯、哈萨克国、哈拉哈儿叭国、策旺拉布坦四国连界接壤，此处所居塔塔拉并巴尔巴忒人，与俄罗斯、策旺拉布坦两国，昔纳赋，不时被哈萨克国入侵夺掳掠，自鄂布河以至托穆斯科，沿途皆林薮，有杉松、马尾松、杨、桦、榆、丛柳、樱薁，俄罗斯与塔塔拉人，间有田亩，托穆河东岸有庐舍，居千余户，俄罗斯与塔塔拉，并货通及克尔纪斯、厄鲁特各种人杂处，柏兴左近地方田亩甚多，天主堂十座，设管辖柏兴头目一员，驻兵五百名。自托穆斯科往伊聂谢来，向东北行，其间一千六百余里，其楚里穆河，自麻科佛斯科山内发源，向西南归入鄂布河，沿途俱林薮，有杉松、马尾松、果松、桦、杨、丛柳、樱薁、刺玫，托慕斯科百里以内，有小柏兴四五处，俱俄罗斯，间有田亩，楚里穆河林薮内，皆系塔塔拉人，散处甚稀，捕灰鼠、银鼠、狐狸纳贡，伊聂谢二百里以内皆山林，有小柏兴六七处，俱俄罗斯，间有田亩，越十五宿，至伊聂谢柏兴，候办驿马供给，止二宿，于二月初二日启程，又行十日，至伊里穆城。伊里穆城。在伊聂谢之东南，相去二千余里，沿途俱山林，有岭，亦由通古斯河舟行，陆路亦通。伊里穆城似柏兴，四面皆山林，有杉松、马尾松、杨、桦、丛柳、樱薁。其伊里穆河来自东北，环流伊里穆城，归入通古斯河，伊里穆河北岸有庐舍，居二百余户，俱俄罗斯，有天主堂二座，设管辖柏兴头目一员，驻兵二百名，自伊里穆城往厄尔库城，向东南行，其间千有余里，沿途皆山林，有岭，亦由昂噶拉河舟行，陆路亦可行。五十四年三月二十七日，至京师，往畅春园陛见，将奉差往返诸事面奏。上大悦，深加褒奖，俯降温纶，颁赐御膳，具奏疏曰：为钦奉上谕事，臣等于康熙五十一年五月二十二日，自京师启程，于七月二十三日，至俄罗斯国边界楚库柏兴地方，管理柏兴之俄罗斯头目衣番萨非翅，闻得中国至圣大皇帝钦差天使，即拨官兵船只迎接，至柏兴地方，谕旨前排列兵丁数队，导引至公署安歇，俄罗斯头目言两国和议年久，我国人不时前往中国，沾至圣大皇帝深恩，天使前来，理应即便途往，但天使此来，业已往报察罕汗，回信未至难于启程，暂请少待，于是臣等住楚库柏兴地方候察罕汗信到。"

（图理琛：《异域录》）

出使土尔扈特部行程(19)

系清朝使臣图理琛于康熙五十一年(1712)奉命出使今俄国伏尔加河流域土尔扈特部所经之地的道里、山川、民俗、物产等的记录，对研究蒙古土尔扈特部历史及中亚地理具有极为重要的参考价值。文曰："(康熙五十二年)七月初四日，至托波儿地方，噶噶林马提飞费多里鱼翅遣所属俄罗斯官衣番鄂番那西赤迎接问候，自河岸至公署，排兵列织，谕旨前排列数对兵丁导迎，送至公署，噶噶林执手叩请中国至圣大皇帝万安，于是我等问察罕汗起居，互相叙寒温，坐毕，噶噶林曰：两国自和议之后，我国人民不时往中国贸易，屡沾至圣大皇帝深恩有年，中国人并不曾一至我国地方，今天使大人此来，有何事故？或有干预我国之事否？我等答曰：我至圣大皇帝其仁如天，视万国犹一家，保万民如赤子，是以普天率土，莫不畏威怀德，来享来王，其遣使进贡朝觐者甚众，我大皇帝无论远近内外，俱一体加恩爱恤，不止尔俄罗斯一国，我等此来，因土尔扈特阿玉奇汗特遣使往中国，恭请大皇帝万安，贡进方物之人，由尔国经过，尔国遣人转送至中国，所以我大皇帝敕谕我国大臣，傅询尔国前往贸易之商人哈密萨尔，言沿途马匹供应不致违误，是以我大皇帝亦由此路遣我等前往阿玉奇汗处，颁发谕旨，并赐恩赏，于尔国无事，但我等来时，我大部交付，有俄罗斯国商人哈密萨尔乞请，行俄罗斯佛教番僧在京师者，止有米提理一人，年已老迈，倘有不测，则行我俄罗斯佛教之人，必致断绝，若准我国送番僧前来，我即送来等语，我国大臣转奏，蒙大皇帝恩准著送番僧前来，又曾交付尔商人哈密萨尔，尔国若有外科良医，一并送来，我等事竣还朝时，尔国若将行教番僧、外科医士给发，令我等带去，噶噶林曰：是此等情节，我哈密萨尔俱曾告诉，番僧现今在此预备，医士此处无甚良者，已差往莫斯科洼城调取，尚未曾到，天使大人回时，可以到此。我等言：我等奉至圣大皇帝命，路经尔国，往土尔扈特国阿玉奇汗处去，我等此来，尔国察罕汗可曾听见否？曾差人来否？噶噶林曰：天使大人前来之处，已报知我国察罕汗，我察罕汗说，中国大皇帝命天使大人特往阿玉奇汗处去，尔等须当钦敬，护送至阿玉奇汗处，一应马匹供用，不可迟误，但未曾遣人来，我察罕汗不在莫斯科洼城，现在军前，天使大人回来时我察罕汗欲会天使大人，亦未可定，若欲相会，自当特遣人来，不知天使大人去否？我等答曰：来时奉大皇帝谕旨，两国和议已久，尔等过俄罗斯国地方，往阿玉奇汗处去，若去来之际，察罕汗得知，差人邀会。询问地理情形，尔等分一半人往察罕汗处去，一半人往阿玉奇汗处去，若请尔等全去，即著前往，及尔国商人哈密萨尔在京师时，亦曾有谕旨，尔国人民虽每岁前来贸易，俱系平素商贾，察罕汗并未特遣人进贡，所以朕亦不曾遣使，此所遣使者，是往阿玉奇汗处去的，尔察罕汗如欲相会，询问地理情形，著其中一半人前往相见。噶噶林曰：如此，天使大人可曾带得印文来否？我察罕汗欲会天使特遣人来请，亦为可定，彼时天使不可食言。我等答曰：不曾带甚文书来，尔察罕汗必欲相会，差人前来，我等即前往相会，有何食言之处，我等向噶噶林言，两国所属之泥布楚城居住之库似克等。共十口，越境至中国地方伐木打牲，被我巡逻兵役拿获，理应遵定边界和议之款治罪，我大皇帝仁慈宽大，姑宥其罪其宽免情由，曾有文书交与商人哈密萨尔带来，使尔知会尔察罕汗，此文书曾到否？噶噶林曰：文书已到，业已差人禀知我察罕汗去了，其回信尚未曾到，我从前在泥布楚城作头目时，似此等私行越境人，亦有割耳鼻者，亦有砍手者，大辟者。越一日，特遣官前来请会，于是前往。噶噶林问曰：中国大皇帝天从至圣，国家享承平已久，天使大人受皇帝恩泽，享用安逸。我等答曰：我大皇帝至圣至神，以仁孝治天下，以忠义励臣僚，国无重刑，不嗜杀戮，无间遐迩，一体同仁，山陬海隅，罔不粘恩被泽，簿海人民，皆中心感戴，所以国家雍熙，雨阳时若，人寿年丰，宇内咸享升平之福，我等世戴大皇帝深恩，今幸际盛世，不但我等身沐皇恩，受享安逸，即举家老幼妻子，无不沾我大皇帝厚泽，安居乐业，我大皇帝深恩高厚，不能枚举，即我等安享乐业之处，亦难殚述。噶噶林曰：诚然，中国大皇帝至圣至神，举国殷富，四方宁谧，天使大人等俱安享乐业，闻之已久，我先察罕汗在时，国家无事，上下相安，先察罕汗喜射猎，好鹰犬，当时臣宰俱享安逸，二十年来，我国兵甲之事，全无休息，至今犹征战，不但我俄罗斯国，观天下诸国，沙漳汗、恭喀尔汗、西费也斯科国、厄纳特赫国、哈萨克国、哈拉哈尔叭国、策旺拉布坦、阿玉奇等国，皆互相争斗，独中国甚是宁谧，目今察罕汗幼稚时，最喜与儿童为战斗戏，从前同戏诸儿，今皆作将军，若似乃父行事，我等亦可受享安逸矣，尔中国宁靖，宇内无事，大皇帝亦射猎否？亦养鹰犬否？我等答曰：我至圣大皇帝圣神文武，法天行健，每于万机余暇，古来经传史册，无不经览，天文地理，律吕数术，无不贯通，又天纵神武，常亲骑射，以教习臣庶，不时围猎，奖励文武，而训练兵将，凡扈从士卒，俱按日官给盘费，又给与官马乘骑，虽今日下令，明早起行，亦无些毫迟误，一应俱系内府恩赐官给，即我等一切应用诸物，亦皆系大皇帝恩赏，我等只身效力，毫无拮据，大皇帝亦养海东青、鸦虎、鹰犬，海东青有雪白者，有芦花者，有本色者，单放野鸡，俱系过时捕得，无窝雏，惟鹰有窝雏，亦有捕得者，亦放野鸡，亦捉走兔，犬内有捉虎狼鹿狍者，有捉狐兔者，至于水禽雁鸭，俱放鸦虎按时放捉，闻尔国有窝雏海青，可取来一观。噶噶林曰：我等亦养海青，亦系捕捉方得，并无窝雏，不知在何处结巢，随将所养本色海青及一草白犬出视，曰：天使大人此来，河路迢远，最属险恶，途中劳苦，一切马匹供应，可有迟误否？中国亦有如此河路否？我等答曰：我中国似此大河亦有，更有大于此者，名为长江，我等来时，沿途官员甚是钦敬，迎接官博尔科泥甚是勤慎，尔国察罕汗供给丰裕，不可胜用，马匹船只，并无迟误，是以我等不劳而至。噶噶林曰：闻得土尔扈特国贝子阿拉布珠儿之四人，天使大人带来，其阿拉布珠儿是何人？将他四人带来，是何情由？我等答曰：阿拉布珠儿系阿玉奇汗之侄，十年前，同乃母往西藏谒见达赖喇嘛，其间策旺拉布坦与阿玉奇汗不睦，所以阿拉布珠儿不能归其原籍，穷迫至极，故此投往中国，我大皇帝仁育万方，务使天下人民无一夫不得其所，所以将阿拉布珠儿封为贝子，于嘉峪关外党色尔胜地方安置，每岁赏给俸银缎疋生畜，今甚殷实，去岁阿玉奇汗特遣使恭请我至圣大皇帝万安，贡进方物，因此遣我等颁发谕旨，并赐恩赏之便，将阿拉布珠儿四人带去，见乃父那咂尔麻木，命其知阿拉布珠儿蒙我大皇帝深恩，其身依然无恙耳。一日，有俄罗斯国官衣番鄂番那西赤者来见，问曰：中国大臣内何等品极方为尊爵？我等答曰：我中国亲王、郡王、贝勒、贝子、国公，俱系宗室，天潢一派，其功臣子孙，有世袭民公侯伯者，内有领侍卫内大臣、大学士，外有尚书、都统、前锋统领、护军统领，外省有将军、总督、提督，此皆系头等品极大臣。衣番鄂番那西赤曰：我俄罗斯察罕汗侍近有大臣四员，一应事务，不用通知国王，即可专擅行事，中国亦有此等臣宰否？适间天使大人所言大臣内何等大臣最尊？我等答曰：我中国并无如此专擅行事之臣宰，事无大小，皆具题请旨，恭候上裁，臣宰钦遵施行，不敢专擅行事，大臣内领侍卫内大臣，六位大学士，六位最尊，无过于此者。衣番鄂番那西赤曰：我俄罗斯国若有大事会议，汗亦前往公同会议，中国有事会议，大皇帝亦往同议否？我等答曰：国家倘有议政要务，有议政王贝勒大臣会

同裁定奏闻，皆听皇上裁夺，我国大皇帝无前往同议之理。衣番鄂番那西赤曰：天使大人看来，我国噶噶林，于中国何等臣宰相似？我等言，看来类同我中国尚书、总督。衣番鄂番那西赤曰：我国之噶噶林，与中国领侍卫内大臣相似，嗣后天使大人将噶噶林不可呼为尚书，但称大臣可也。欲以缎十二疋差人送与噶噶林，有管待饭食俄罗斯官曰：差人馈送，于我国理不合，天使大人亲往之时带去方可，我等言，此非佳物，我等自中国远来，经过尔噶噶林地方，备承厚意，故以此相酬，我中国凡以物与人，并无亲送之理，今差人馈送，于尔国理不合，若我等亲身带去，又于我中国之礼有碍，以此微物，岂可坏两国大体，不如停止，遂公议停止馈送，以俄罗斯官博尔科泥远接劳苦，赐与缎四疋，又赐与博尔科泥之副员非尔萨缎二疋，起程前一日，噶噶林差伊俄罗斯官来请曰：天使大人明日起行，如蒙不弃，今日可来一饭否？于是前往，噶噶林见余所带小刀，再三顾盼，不胜称羡，即解以赠之，噶噶林免冠拜受，起程之日，特差伊俄罗斯官答送元狐皮十张，余言尔总管念我系好友，如此馈送，理当收受，但我并不曾带得佳物相赠，尔总管之物，如何收受，谨心领矣，遂却之，来使遣人回覆，噶噶林后又差人再四叩恳。余言，我中国凡奉君命差遣，一切物件，毫不敢受，将皮张拿回，向尔总管为我道谢，赐与来使玻璃碗二件，在托波儿地方住八日，于十二日，自托波儿起程，仍派原接俄罗斯官博尔科泥册班讷非赤拨护送兵六十名，小心防护，送至阿玉奇汗处，一并同回，又差伊所属俄罗斯官等送二十余里方回。托波儿，在狄穆演斯科之西南，其间逆流行六百余里，厄尔齐斯河来自东南，绕过托波儿，向东北而流，托波儿河来自西南，于托波儿相对地方，归入厄尔齐斯河，沿河两岸，地势平坦，有杉松、杨、桦、樱薁、丛柳，小柏兴五十余处，左近皆田亩，托波儿以北二十余里，河东岸之上，有小土山，极平坦，无城郭，居千余户，其庐舍皆大木营治，有砖造庙宇二所，理事公署木房数间，其山麓及河岸一带，居二千余户，其庐舍亦皆系大木营治，有市廛，天主堂二十余座，驻兵二千余名，有头目十数员，其西毕尔斯科省城堡及柏兴地方头目兵丁，俱属噶噶林马提飞费多尔鱼赤统辖。有床、桌、椅、凳、车、拖床、船、舟、艇。有钟、鼓、喇叭、木笛、唢呐、铜弦筝、胡琴。种大麦、荞麦、油麦、麻。产蔓菁、白菜、王瓜、芫荽、倭瓜、葱、蒜。畜马、牛、羊、猪、鹅、鸭、鸡、犬、猫。”

（图理琛：《异域录》）

吐鲁番系策妄阿喇布坦咽喉要地

康熙五十四年六月甲戌（十日 1715.7.10）西安将军席柱、吏部尚书富宁安遵旨议奏，吐鲁番与哈密接壤，且系策妄阿喇布坦咽喉要地，不可不先取，沿途安站运米之事，应于布隆吉尔、巴尔库尔两处各设兵五百名，大兵喂养马匹五十日，于七月二十日起程，八月十五日前后至巴尔库尔地方，休养马匹数日，从哈密之北大山后乌兰乌苏路进兵，九月初五六日间到皮千吐鲁番地方越山，近临吐鲁番城池，相机剿抚，平定吐鲁番后，招安素尔通等处回子，一面通知哈萨克、布鲁特，不但吐鲁番易取，即策妄阿喇布坦亲来亦可剿灭，吐鲁番既平，再相机进剿策妄阿喇布坦。奏入，上谕议政大臣等曰，览富宁安、席柱所奏今年进兵取吐鲁番等语，若在甘肃等处将马匹喂养肥壮，于九月间方取吐鲁番，则时值冬令，且伊地方太近，不如仍照原议，明年前进为当。祁里德处信息亦应等候。再，策妄阿喇布坦曾有秋天兵至哈密之语，总兵官路振声之兵止有一千，力量单弱，西安之兵既在甘肃等处喂养马匹，著将甘肃提标营兵二千添发路振声处。

（《清圣祖实录》卷264　页597—598）

席柱等自甘州率头队官兵起程

康熙五十四年九月辛酉（二十九日 1715.10.25）（议政大臣等）又议覆，西安将军席柱、吏部尚书富宁安疏言，臣等于六月二十九日，自甘州率领头队官兵起程，于八月十八日至巴尔库尔，阅视地方形势，除总兵官路振声已于吴尔图等地方设立哨探外，所有吴图布拉克、库勒墨图、搜济等处，俱添设哨探。再巴尔库尔东西两边俱系大谷，地方宽长，且水草甚好，已令现到之兵，自巴尔库尔接连立营，安设斥堠，俟兵丁全到，于巴尔库尔东边一百里尽处奎苏地方遍立营盘。应将席柱等所奏无庸另议外，查前哈密白克额敏曾报称，策妄阿喇布坦欲于秋时复来哈密，现今投顺之厄鲁特人特木尔等亦言，策妄阿喇布坦传令治办器械，预备行粮，不许属下人私骑骟马，凡有人问，但云向哈萨克地方出兵，今大兵现于巴尔库尔一路、阿尔泰一路整备，正欲策妄阿喇布坦前来，然哨探之地最属紧要，应令将军席柱等严加防范，不时巡查。从之。

（《清圣祖实录》卷265　页607）

策零那木扎尔等领兵来犯哈密

雍正十年三月戊辰（十一日 1717.11.27）宁远大将军岳钟琪奏言，据马厂游击龙有印解送擒获准噶尔贼人巴颜等供称，领兵来犯哈密，系台吉色布腾及小策零敦多卜之子策零那木扎尔等，噶尔丹策零去年九月内，调兵六千名，在乌鲁木齐地方会齐，至奇台附近处过冬，今年正月十二日，由奇台起程，于二十日夜间，过无克克岭，前赴哈密，其侵犯阿尔泰之兵，去年十一月间，小策零敦多卜回至哈喇沙尔，大策零敦多卜回至他尔巴哈台，留小策零敦多卜之子曼济，在拨东齐地方过冬，今因哈萨克兵掳掠准噶尔七百余户，噶尔丹策零已将曼济撤回，欲往哈萨克地方发兵等语，理合录供缮奏。报闻。

（《清世宗实录》卷116　页543—544）

谕赫寿可以己意作劝谕书送拉藏汗

康熙五十六年七月壬申（二十日 1717.8.26）……又谕赫寿曰，尔可以己意作一劝谕书，送于拉藏汗云，蒙皇上之恩，将我补授理藩院尚书，昔时曾到尔处，汗甚爱敬，我念彼此相好之情，尽我之心，作书相告。顷者统领驻扎巴尔库尔地方兵丁将军富宁安等，率先锋兵问罪于策妄阿喇布坦之境，拿获策妄阿喇布坦哨兵厄鲁特阿筹拉克、推扎布二人，问之云，策妄阿喇布坦仍住伊本处，与鄂罗斯、哈萨克、布娄尔皆为仇敌，拉藏之子娶策妄阿喇布坦之女三年，已经生子，达赖喇嘛、班禅及拉藏之使，俱在策妄阿喇布坦处，闻卜穆之子策零敦多卜、托布齐、都噶尔、叁都克等率六千兵，去年往阿里克处助拉藏汗

征卜鲁克巴，至今未回，以此思之，策妄阿喇布坦之奸狡，甚不可信，或助尔征卜鲁克巴，或侵尔以取西边地方，俱未可定。再顷者尔呈部之文，有部中若不料理，我等除力争之外，别无他法等语，由此观之，尔或欲侵戴青和硕齐、罗卜藏丹津，以引导策妄阿喇布坦之兵，亦未可定，尔诚受我主之封，食我主之禄，而侵我边境之贝勒，我四川等处所有三万兵丁，与贝勒戴青和硕齐同在一处，又岂有坐视尔临挪磨浑武巴什、穆鲁斯乌苏等处，侵青海之理乎？至彼时，我兵助戴青和硕齐与尔交战，我虽有禁止之文，亦无及矣。将此作书可也。

（《清圣祖实录》卷273　页677—678）

噶尔丹策零领所属移哈喇沙尔

雍正九年三月乙亥（十二日1731.4.18）谕大学士等，宁远大将军岳钟琪、署总督查郎阿，因闻贼营脱回兵丁蓝生芝传说，噶尔丹策零带领部落家口移住哈喇沙尔，并有四月初一日，小策零敦多卜会兵去犯北路之言，筹画四条具奏。随传问多尔济、波罗特，据称哈喇沙尔系回子所住耕种之处，相近有小城，名克鲁勒克，其地气候炎热，又甚隘小，仅可容千余家，四面系开种田亩，不能牧放，多尔济在哈喇沙尔居住最久，波罗特亦亲听彼地人传说，二人之言的确与否，虽未可必，然大约其地之不甚宽大可知。噶尔丹策零若欲移住于此，必率其全部而来，少亦一二万人，哈喇沙尔果能容此大众乎？且以情理论之，伊里为贼之巢穴，西北与图尔古特、哈萨克接境，实皆贼之仇国，噶尔丹策零又安敢舍其巢穴，而远居于哈喇沙尔乎？如果率其大队住于吐鲁番相近之处，则贼之注意在我巴尔库尔军营，而岳钟琪乃云，贼人由吐鲁番一路，直侵哈密，截我营站，乘势侵扰安西、肃州沿边一带等语。据多尔济、波罗特俱云，哈喇沙尔至吐鲁番，虽有路径，皆系沙碛，其自吐鲁番至哈密，一由沙碛，大队难行，一沿南山，系一线细路，又须仍从巴尔库尔经过，然后得达，二人之言果确，则贼众不能从哈喇沙尔直至吐鲁番，而吐鲁番一路不能直侵哈密也明矣，设贼人欲侵犯哈密，巴尔库尔大营之大军，岂竟任其出入，而令阻截台站，乘势侵扰安西、肃州乎？至云贼人以大队全赴西路，攻我军营，贼势甚众，我军众寡莫敌，当持重戒严，坚壁固守，一面知会北路遣兵应援，一面飞调绿旗、满洲、蒙古兵丁，由无克克岭三面夹击等语，从前事起仓猝，彼时军营兵马无几，是以谕令岳钟琪，倘贼夷以大队再犯，当持重坚守，以待应援，今则现在军营马步车兵，约有一万九千余名，加以安西、甘肃之兵六千名，续派兵四千名，共二万九千名，是兵不为寡矣。夫樊廷以马步二千，敌彼二万，转战七昼夜，尤足以相当，乃以二万九千人之众，而云众寡莫敌，何懦怯至此，且从前尚欲直至伊里，捣其巢穴，岂有贼人来至数百里内，而无剿杀之策，转坚壁而不出乎？独不思我军坚壁不出，倘贼但虚张声势，作攻我军之状，而分其众以侵扰图呼鲁克、塔尔那沁、哈密等处，阻截营站，断我音问，此时将任贼于军营近地肆行无忌乎？岳钟琪又欲以图呼鲁克、毛垓图，及安西之满洲、蒙古官兵，由无克克岭合会，夹击贼人，若果至巴尔库尔，贼即败逃，亦从阔舍图一路，直走伊尔布尔和邵而遁，无克克岭相去二三百里,安所得夹击之。又云,贼夷或令吉穆察之兵侵犯军营,而以哈喇沙尔之贼侵犯青海,查哈喇沙尔之至青海,必由噶斯,噶斯之口甚隘,断不能行,且贼人既遣人侵犯大营,彼岂不虑我军之剿杀,自必留哈喇沙尔之众以为应援,又何敢分其众侵犯青海乎?至虑贼之率其丑类,悉赴沙州等处,尤为背谬,贼若由噶斯、伊孙察罕、齐老图而进,则此数路,断难容走万余人,若由大道而来,又不知何法可以越我巴尔库尔军营而过也。岳钟琪于口外地方形势茫然不知,于军务机宜亦觉昏聩,凡巴尔库尔军营筑城之要策,及大军剿贼之胜算,并未筹及,而但将旁枝末节盈篇累牍,备极周详,朕披览之下,实为烦忧。如蓝生芝所闻,贼人有抢卡伦牲畜,践踏禾苗之语,不思贼人若来抢夺我卡伦牲畜,我独不能剿戮此抢夺之贼乎?贼人可以践踏我禾苗,我不可以乘其践踏而擒之乎?岳钟琪何以但能虑贼,而不知筹己也。又蓝生芝云,有哈密回子报信领路等语,哈密回子之不可信,由来已久,亦当谅其苦情,盖其力量微弱,遭准噶尔之凌虐,恨之入骨,而畏之如虎,其或偶然通信于贼者,乃恐惧之至,为将来自全之计,我军固不可不留意提防,然不可使彼有疑惧之心,我之军力能庇护哈密,哈密自不为贼人所用,岳钟琪不必因蓝生芝之言而深究也。至西凤二府运粮一事,原因轸念甘肃连年挽运军糈,民间不无烦扰,是以特命范时绎到彼,协同巡抚武格、侍郎马尔泰,将西安、凤翔二府米石运至甘肃凉州,以资军食,武格等议行本运之法,俾西凤二府官民任转运之劳,甘肃地方少得息肩,朕意深以为然。今岳钟琪、查郎阿又为递运之议,是与雍正元年设台盘运相同,将来必有派拨协济之累,或更以交接卸责,至将米石灌水搀沙,从前误累,岂可复蹈。尔等可传谕岳钟琪等知之。

(《清世宗实录》卷104　页378—381)

傅尔丹奏报进兵袭击察罕哈达贼人

雍正九年(1731)五月丙午。靖边大将军傅尔丹奏报,进兵袭击察罕哈达贼人。傅尔丹奏言:臣等于五月六日,至科卜多筑城处。据乌苏图舒鲁克卡伦驻防侍卫巴尔善等,擒准噶尔一人,曰塔苏尔海丹巴。询之,云:噶尔丹策零发兵三万,令大策零敦多卜、小策零敦多卜,及大策零敦多卜之子多尔济丹巴率之,先后至阿尔台山奇兰所在地,犯我北路。今小策零敦多卜,已至察罕哈达。而大策零敦多卜,及其子多尔济丹巴未到,现兵仅二万余。噶尔丹策零恐哈萨克部乘虚见袭,预发兵万人,令大策零敦多卜之子纳木扎尔达什、卫征和硕齐,驻守阿尔辉。复令诺颜和硕齐,率兵一万,驻守阿里玛图、沙喇擘勒。其噶尔丹策零游牧处,自守之兵,不过二万而已。又云:噶尔丹策零向令妹夫罗卜藏策凌,率兵一万,驻扎阿里玛图、沙喇擘勒,以防哈萨克。而罗卜藏策凌,向与噶尔丹策零有隙,率其属三千余户,来至大国噶斯地界。噶尔丹策零闻之,遣乌喇特巴哈曼济追之,为其所败。复遣喀喇沁都噶尔之子察衮追之。以是大策零敦多卜,久之未至。臣思贼兵未集,宜乘其不备袭之,选京师各省兵一万,轻装由科卜多河西,分为三队,于六月九日出师。前锋统领丁寿、散秩大臣公达福、副都统塔尔岱,领第一队;参赞马尔萨、副都统承保、西弥赖，领第二队；臣等以大兵继之，速发掩击。其科卜多之地，留兵七千三百，筑城如故，令都统衮泰、总兵胡杰等管辖。科卜多河东，乃通奇兰要路，拨满洲兵二千，俟都统侯陈泰、副都统阿三到后，驻扎统辖。与衮泰等互为应援。所有统兵启行日期，合行具奏。翌日，又奏言：臣等于初九日，分队出兵，遣前锋统领丁寿、恭赞马尔萨、副都统塔尔岱等，前行瞭望，擒贼夷巴尔喀等十二人，于扎克赛河之地。据云：小策零敦多卜，牧场在察罕哈达，去臣等军营止三日程。其兵不过一千，尚未立营。大策零敦多卜，因途中有病，留驻和博克山。其子多尔济丹巴，已于小策零敦多卜所住山梁之前驻扎。至罗卜藏策凌，已贰于噶尔丹策零，大约率其属往土尔扈特，否则径往青海矣。臣等现在乘夜进兵，袭击察罕哈达贼夷。

（《平定准噶尔方略》前编，卷二十三）

拿获准噶尔贼夷塔苏尔海丹巴

雍正九年六月丙午（十五日 1731.7.18）靖边大将军傅尔丹折奏，臣等于五月初六日至科布多筑城地方，随据乌苏图舒鲁克卡伦驻防之侍卫巴尔善等，拿获准噶尔贼夷塔苏尔海丹巴一名，供称噶尔丹策零派兵三万，令大策零敦多卜、小策零敦多卜及大策零敦多卜之子多尔济丹巴三人统领，陆续起程，至阿尔泰山奇林地方会合，来犯北路，今小策零敦多卜已至察罕哈达地方，大策零敦多卜与伊子多尔济丹巴尚未到齐，现在之兵止有二万余名，噶尔丹策零恐哈萨克国闻知，乘虚来攻，预先派兵一万，令大策零敦多卜之子纳木扎尔达锡、卫征和硕齐总领，驻防阿尔辉地方，又派兵一万，令诺颜和硕齐总领，驻防阿里马图西拉百尔地方，噶尔丹策零游牧处兵丁，不过二万名保守，又供噶尔丹策零前令其妹夫罗卜藏策零带兵一万名，往阿里马图西拉百尔驻扎，防守哈萨克国，罗卜藏策零因与噶尔丹策零不和，率领属下三千余户，来到大国噶斯地方，噶尔丹策零闻知，派吴喇忒巴噶满朱追逐，交战被败，复遣喀喇沁杜噶尔之子查衮追逐，因此大策零敦多卜迟延未来等语。臣思贼人尚未全至，乘其不备，正宜速迎掩杀，臣等拣选京城各省兵一万名，轻装由科布多河西路，于六月初九日起程，分为三队，前锋统领丁寿，散秩大臣公达福，副都统塔尔岱率领第一队，参赞马尔萨，副都统承保、西弥赖率领第二队，臣等统领大兵前进，沿途袭击。其科布多筑城地方，留兵七千三百名，仍旧筑城，防守粮饷，令都统衮泰、总兵胡杰等管辖，科布多河东，系通奇林要路，派定满洲兵二千名，俟都统侯陈泰、副都统阿三到时，驻扎管辖，与衮泰等互为应援，所有统兵起程日期，理合具奏。奏入，报闻。

（《清世宗实录》卷 107　页 414—415）

投诚回子供噶尔丹策零情况

雍正九年六月乙卯（二十四日 1731.7.27）宁远大将军岳钟琪折奏，据救援吐鲁番松潘总兵官张元佐回营，带准噶尔投诚回子麻木雅儿、道俩二名，供称噶尔丹策零之弟罗卜臧舒努，娶哈萨克阿布尔海里汗之女，现在哈萨克地方居住，前正月间，遣使到噶尔丹策零处，争论其父所遗产业，又因噶尔丹策零杀其母，并其同胞之妹，与弟仇怨甚深，欲发兵相战，二月间，哈萨克阿布尔海里汗发兵七万，令伊弟布尔海里统领，将吹、塔拉斯地方所居准噶尔一千户人畜俱已掳去，又将准噶尔在别处牧放之马掳去二三千匹，又噶尔丹策零去年九月间，遣使往叶尔启木、哈什嘎尔、和通地方，勒索马三万匹，此三处回子俱已反叛等语。理合具奏。奏入，报闻。

（《清世宗实录》卷 107　页 420—421）

噶尔丹策零夸额尔齐斯游牧

雍正九年十一月戊辰（九日 1731.12.7）谕大学士等，王丹津多尔济具奏，据投诚之厄鲁特多尔济供称，噶尔丹策零现在夸额尔齐斯游牧，因有哈萨克之人常来抢掠马畜，杀掳人众，是以噶尔丹策零亲统兵一万，在游牧外相隔一日路程防守等语。查夸额尔齐斯与伊里甚远，而云噶尔丹策零在彼游牧，此言固属谬妄，但策零敦多卜领兵现在夸额尔齐斯居住，不可不预为防范，阿济、毕济乃贼人出入之要路，今廷臣议称，阿济、毕济在西北两路军营之间，应驻兵二三千名，防守堵御，朕思阿济等处，与巴尔库尔相隔二三百里，从前朕屡降谕旨，令岳钟琪但经理西路之事，而不必旁及北路者，因彼时贼人情形，似欲专扰西路也，今贼人既盘踞夸额尔齐斯，则其意全在北路矣，若岳钟琪以大将军拥兵四五万，而但坐镇无事之坚城，于理可乎？然廷议于阿济等处驻兵二三千名，朕意以为兵数太少，必得万余名方为有益，尔等行文于岳钟琪，详悉妥议具奏。至十月间，无克克岭卡伦被贼掳去兵丁，贼人直至南山一带盗窃马匹，我军四五万驻扎巴尔库尔，一闻贼信，将马匹收入城中，塔尔那沁离营不过二三百里，而不能保护马匹，仍听贼徒肆行无忌，大将军与数万官兵，未知所司何事，尔等行文并及之。

（《清世宗实录》卷 112　页 494—495）

岳钟琪奏报获贼巴颜所供情形

雍正十年（1732）三月戊辰。宁远大将军岳钟琪奏报，获贼巴颜所供情形。岳钟琪奏言：据马厂游击龙有印，监送所获准噶尔贼人巴颜等供称，领兵来犯哈密，系台吉塞卜腾，及小策零敦多卜之子策凌那木扎尔等。噶尔丹策零去年九月，调兵六千，会于乌鲁木齐，到奇台附近过冬。今年正月十二日，由奇台起程，于二十日夜过乌克克岭，前赴哈密。其侵阿尔台兵，去年十一月间，小策零敦多卜归哈喇沙尔，大策零敦多卜之子曼济在博东齐过冬。现今哈萨克兵，掳准噶尔七百余户。噶尔丹策零已撤曼济还，欲令发兵赴哈萨克部。

（《平定准噶尔方略》前编，卷二十九）

乌鲁木齐北奇林地方聚有贼兵三万

雍正十年五月庚辰（二十四日 1732.6.16）护宁远大将军岳钟琪奏言，据驻扎鲁谷庆总兵官王廷瑞报称，有从贼营脱回之蒙古兵纳图里等口称，乌鲁木齐之北奇林地方，聚有贼兵三万，欲侵犯阿尔泰等语，臣随遣侍卫噶查尔图、守备郎建业等，带领满洲兵五十名，巴尔虎兵五十名，蒙古兵一百名，绿旗兵一百名，前往哨探，随据伊等回营禀称，哨探贼踪，行至鄂龙吉地方遇贼，杀贼四名，擒贼垂木丕尔达尔扎等八名到营。臣各加严讯，俱供乌鲁木齐附近吉木塞地方，共有兵三千名，系台吉色布腾统领，分路遣人哨探，一往色必忒地方，已遇大兵擒剿，一往陶赖、无克克等处，小策零敦多卜在奇林地方，共聚兵三万，俟秋深马肥，前往阿尔泰，侵犯喀尔喀游牧，那亲哈什哈带兵一千名，前往鲁谷庆，大策零敦多卜之子纳木扎尔达锡等领兵一万，前去哈萨克地方出兵等语，臣复遣噶查尔图等，带兵前往吴尔图地方，抄截贼人归路，一面飞饬总兵官王绪级、副将花天立，率兵一千五百名，在陶赖一带搜山剿捕，谨奏。得旨，侍卫噶查尔图等，遇见贼众，剿杀生擒，甚属可嘉，噶查尔图赏银一百两，郎建业赏银六十两，满汉蒙古兵丁等赏银一千两，分别赏赉，以示奖励。

（《清世宗实录》卷118　页570—571）

准噶尔贼众来侵乌孙珠尔处

雍正十年七月辛丑（十七日 1732.9.5）谕办理军机大臣等，据靖边大将军顺承亲王锡保奏称，七月十四日，贼众来侵乌孙珠尔处，傅尔丹等接战数次，败贼前队，及贼兵后队全至，尽力冲突，我师失利，还归大营等语。乌孙珠尔处，傅尔丹领兵万余，既已破贼前队，则后队自应败去，如何我师遂被冲散回营，用兵失机，罪在不赦，去岁傅尔丹冒昧进剿，损伤官兵，追回科布多时，尚能整顿军旅，邀截贼众，是以特恩宽免其罪，理应竭力报效，冀雪前耻，何以又致偾事，倘因贼众我寡，恐有疏失，相机回营，尚属可原，若系轻躁懦弱，以致失机，即应革职，严加议处，或官兵内有见敌先溃者，即应正法示众，著大将军顺承亲王秉公详查，据实陈奏。

（《清世宗实录》卷121　页598—599）

因准噶尔遣使乞和令北路大军撤回

雍正十三年十月乙亥（十日 1735.11.23）命预筹边备，谕总理事务王大臣等曰，乃者因准噶尔遣使乞和，故令北路大军撤回，驻鄂尔昆，其许准噶尔乞和之事，虽尚未定，朕意以为和与不和，总无关系，惟在我筹办协宜，计及久远耳。盖大兵之兴，原欲保护喀尔喀等，若旷日持久，我兵屯驻之地悉喀尔喀之地，一切需用牲畜及游牧行走，不免有害于喀尔喀之生计，既于喀尔喀等无益，而糜费国帑，劳瘁兵力，常在极边屯驻，亦非国家之长计远虑，且戍守之处太远，仍属无济，当量其近边要害之地，以镇守之，纵使准噶尔贼寇复萌侵扰喀尔喀之意，但越阿尔台岭，远行数千里，兵寡力微，岂能获利，如欲大集其众而来，近者自额尔得尼招大创之后，锐气已折，又历年经我两路大兵拒截，人马伤残，亦安能一时遽为整理，其外况有哈萨克、布鲁特与之搆难，设不自顾，悉其游牧，以全力深入我境，断不能获利，何以旋归耶，然在我惟当严为之备，虽贼寇潜窥，不使得逞，必令负创而还，则自知震詟，边境可以永固，于蒙古生计与我之兵力国帑，俱受其益。至于办理之道，戍兵宜于何处驻扎，喀尔喀内扎萨克游牧之地宜如何守护，卡伦如何安设，粮饷如何办运，均俟平郡王到日，会同总理事务王大臣及傅鼐等，详悉确议具奏，事虽未定，而先事裁审，则条理精详，其于久远之计，庶几有裨。

（《清世宗实录》卷4　页220—221）

遵旨预筹勘界办法折

又谕（议政王、军机大臣等），明绪奏，遵旨预筹勘界办法一折。俄国使臣，上年在塔尔巴哈台议界，不遂所欲，隐忍回国，倘今年再来会议，难保不带兵预占地方，以为强词夺理地步。明绪现已会同明谊等，晓谕蒙古人等齐心御侮，并委员赴北吹河一带，查勘地址，预筹办理。所办尚属周密，惟科布多、伊犁两处边界，究应由何处议分，必须预行勘明，临事方有把握。现在伊犁卡外游驶之俄人，业经全行撤回，趁此春融冻释，即可将该处界址详细查勘。著常清迅派妥员，同原派之委员哈布齐贤等，将伊犁本境边卡，何处可以议分，有无关碍哈萨克及布鲁特生计之处，逐一详查，绘图贴说，由常清核准，咨送明绪妥筹办理。此时已交夏令，恐俄使即须前来，该将军等务将勘界一事，赶紧办妥，不得稍有迟误。明绪另片奏，塔尔巴哈台回民，闻陕甘回匪滋事，疑惧谋乱，经明绪传令回民掌教石金斗等明白开导，该回民均各遵服，照旧安业各等语。新疆地方，回种极多，明绪于衅端初生，即能设法解散，消患未形，办理甚是。掌教回子石金斗，乡约陈生福、海玉珍等劝导出力，著照明绪所拟，分别给与顶戴，以示奖励，嗣后仍著该大臣不动声色，弹压抚绥，毋稍疏忽。前因陕回搆衅，往往时造洗回谣言冀煽同类，曾明降谕旨，令带兵官及地方文武，务分良莠，不分汉回，于抗拒滋事者，尽法剿灭，安分守业者，妥为保护，以示一视同仁至意。西域万里，恐尚未接奉此旨，兹令军机处钞录二分，发交常清、明绪，于伊犁、塔尔巴哈台等处，刊刻誊黄，遍行晓谕，以安反侧。将此各谕令知之。

（《清穆宗实录》卷63　页231—233）

命询准噶尔降人绰罗岱等

乾隆元年（1736）十一月壬辰。命询准噶尔降人绰罗岱等。准噶尔部人绰罗岱、巴克、根敦三人来降。奉旨观此三人所供，视前投诚者，语较明白，俟到日再行细问具奏。其有应行施恩之处，著从优给赏。寻王大臣等询问覆奏言：据绰罗岱等云，自吹纳木喀归，知大皇帝欲以阿尔台山为界，噶尔丹策零、宰桑、大台吉等议。小策零敦多卜言，历年既苦用兵，本境足以游牧，宜让与大国为便。其伯父之子大喇嘛拉卜立木言，我出家人，不知此事，但我属人，日渐贫困，大国必得阿尔台方许和好，我意以和为美。余多阿谀噶尔丹策零者，故其意亦未定。又云，策妄阿喇布坦死，噶尔丹策零佯言为其妾塞特尔扎卜所毒，遂杀之，并杀其所生四子四女。现在与土尔扈特绝不来往，与哈萨克、布鲁特，并为仇敌。凡准噶尔部人，无不以定界和好为乐者。

（《平定准噶尔方略》前编，卷四十一）

准噶尔派人至拉达克地方贸易

中国第一历史档案馆藏军机处满文熬茶档。乾隆五年(1740)十月二十九日，正红满洲旗副都统、降二级留任驻藏大臣纪山奏报准噶尔派人至拉达克地方贸易。文曰："为奏闻事。查得，本年三月，臣为遵旨防范准噶尔赴藏熬茶之使臣等，会同郡王颇罗鼐商议，于各要隘驻兵设卡之处，详密奏闻案内称，为从拉达克地方由叶尔羌巧取贼之实信，已密行驻阿里克公珠尔默特车布登，有何消息来报之时，另行奏闻。等因具奏在案。兹郡王颇罗鼐呈文内称，本年九月初二日，原拉达克汗德永那木扎勒之妻布里特旺姆，会同带兵驻守阿里克之公珠尔默特车布登派往探信之崇奔索诺木禀报颇罗鼐称，准噶尔地方以名阿亥伯克之回子为首，带二十帐一百人，由叶尔羌而行，于本年七月十一日至拉达克地方贸易。据告称，我等去年十月自准噶尔之伊犁游牧起程，至叶尔羌过冬，雪融之后，始方起程至此。我等闻得，额讷特克克之巴扎汗，与额林之巴扎汗彼此交恶构衅，我等之台吉噶尔丹策零特命我等佯作贸易，乘便打探彼等谁输谁赢，回返具报。等语。又称其准噶尔人等与哈萨克、土尔扈特及大国，现皆和好，并不交恶，将其一名噶伦斋桑，于去年派往内地，返回之后，八月间以喇嘛名绰萨克巴之人为首，带千驼之驮包，拟遣往西藏送布彦，尚整备千驼驮包，拟派往内地。再，所以赴藏送布彦，缘在策妄阿喇布坦故后，噶尔丹策零将其贼兵派往额尔德尼昭等地，均未成事，而况今其准噶尔游牧所有人畜，灾疾频仍，为此经祈请大皇帝，前往西藏送布彦修好事，以释罪愆外，并无如前肇启事端、兵戈相交之事。等因相告。并告称准噶尔地方以名素希伯克之人为首，带八帐五十人，亦相继至拉达克地方贸易。据告称，准噶尔六千名兵丁，去往哈萨克交战，准噶尔战败，其兵败之处，瞒于其众。赴藏念经使臣，已从准噶尔游牧起程，并拟派使请大皇帝安，整备携至内地贸易之千驼驮包。等语。惟准噶尔人等极为诡诈，阿亥伯克、素希伯克所告之言，其真伪难辨，相应请尔郡王留意。等因来报。是故，呈报大臣。等因。为此谨具奏闻。等因。乾隆五年十月二十九日奉朱批：知道了。钦此。"

（档号：03－1741－1－06）

洮赖川拿获脱出回子二名

乾隆六年七月壬辰（三十日 1741.9.9）（是月），安西提督永常等奏，洮赖川拿获脱出回子二名，一捏杂儿，系叶尔根人，一拜木喇特，系哈萨克人，皆因为奴受苦，思沐天朝厚恩，相伴而来，所有讯取供词，缮折奏闻。得旨，知道了。目今往藏熬茶之人，又称不得贸易，欲中路而回，此事虽在未定，彼若执意欲返，亦无留彼之理，当听其归耳，若至哈密，汝等当以失信大义责之，约束出境，毋令生事，不必似来时之款待，而彼出境之后，更宜小心防守，须过今冬再请旨可也，仍将夷使情形，备细奏闻。

（《清高宗实录》卷147　页1126）

询问唐古忒喇嘛罗布藏丹怎回藏缘由

中国第一历史档案馆藏军机处满文熬茶档。乾隆八年(1743)十二月十一日，凉州将军乌赫图、玉保、索拜等奏报询问唐古忒喇嘛罗布藏丹怎回藏缘由。文曰:"为奏闻问询准噶尔使臣吹纳木喀等携至藏地拟留唐古忒喇嘛罗布藏丹怎情形事。臣等抵藏,问喇嘛罗布藏丹怎,尔系何人之属,因何去往准噶尔地方,年岁为几,在彼处共住几年。据供称,我原为喀木地方人,本年五十岁,戊年准噶尔策零敦多卜掳掠藏地,为给策妄阿喇布坦送信,由哲蚌等四大寺每寺抽调喇嘛各一名,作为使臣遣派,我随我之师傅喇嘛根敦达克巴前往。抵达彼处后,策妄阿喇布坦留下我等不令返回,共住二十六年。本年乘准噶尔地方派使至藏熬茶之便,经告请我之经师,转告噶尔丹策零,将我遣返藏地。等语。又问,尔抵彼住有二十余年,尔之师傅喇嘛代尔恳求噶尔丹策零遣返,以此观之,噶尔丹策零定有吩咐尔之言,尔现抵此,已为我等之人,其如何训示于尔、吩咐探取何等消息之处,均皆如实相告。答称,酉年命台吉车布登率兵三千,往略阿布达喇克尔德木回子部落,因阿布达喇克尔德木地方炎热,准噶尔出征人等均皆染患痘症,败给阿布达喇克尔德木部落人等,折损兵丁一千五百余名,其余兵丁身患痘症返回游牧,传给游牧人等,痘疫流行,殪没者极众。故此,噶尔丹策零惧而领其妻孥及喇嘛等,移住博罗塔拉地方回避,不见任何人。我来时,未见噶尔丹策零,据吹纳木喀转告我称,噶尔丹策零之言,兹将尔遣返原籍,尔可随同我等之使臣前往,行抵彼处之后,凡事皆以实相告,不得贬低我等,亦勿颂赞我等,此外并无训导尔之言。而后将我与使臣一同遣回,并未令我探取土伯特人等消息。在来途,喇嘛商卓特巴、斋桑吹纳木喀等曾训导我曰,俟抵西藏,即言准噶尔大败哈萨克人等,擒获其头目阿布勒,掠得大量人畜,其实哈萨克人等并无败于准噶尔之处。未年抑或申年,噶尔丹策零派兵近三万名,交付小策零敦多卜、车布登、噶尔丹策零之子喇嘛达尔扎等,往征哈萨克。行抵哈萨克边界,驻兵近三年,无功而返。沿途虽遇见哈萨克小头目阿不拉之近百人掳掠而来,然准噶尔人等大为困顿,大半徒步返回。诚有噶尔丹策零吩咐之言,焉敢匿而不报。酉年噶尔丹策零派兵三千,以斋桑霍托拉、拉苏荣等为首,往征巴达克山部落,霍托拉等为巴达克山部落所败,折损兵丁二千五百余名,斋桑拉苏荣被伤返回。前年齐默特等返回游牧,告噶尔丹策零称,此次我等至东科尔贸易,彼处大臣等并不妥加照料我等贸易之事,将我等关在空城之中,降低我等携往货物价钱,拖延日久,耽误熬茶之事,将我等遣回游牧。观彼处照料大臣等之情形,竟将我等当贼囚禁防范,在外看守,并无与我等交和之意。观彼处青海蒙古、内地民人等之生计,极为穷困,且较懒散,理应趁机由巴里坤、噶斯、阿里克、叶尔羌、喀什噶尔路出兵,图谋西藏等地。等因肆意编造谎言。噶尔丹策零信其所言,正商议每路调派兵丁一千五百名间,与齐默特同行之喇嘛商卓特巴、斋桑巴雅斯瑚朗、多尔济等告噶尔丹策零称,齐默特之言均假,彼处大臣等并未为难我等,赴藏熬茶事宜所以耽搁,是乃齐默特执意不去西藏,无奈返回游牧。等因悲凄陈告。齐默特等来时携至苏木巴尔鼐之信交付于噶尔丹策零,内称,自珲台吉始,即起战乱,生灵涂炭,兹臻和睦,黄教振兴,众生安堵。有人从中挑拨,战乱再起,亦难逆料。无论如何,望噶尔丹策零三思而后行。

等因。噶尔丹策零阅毕，暂罢发兵，复派斋桑吹纳木喀往请大皇帝之恩。问，苏木巴尔鼐因何得知构启战乱，如此致信噶尔丹策零。观苏木巴尔鼐致信噶尔丹策零，可谓噶尔丹策零不曾吩咐尔乎？凡事据实以答。答称，苏木巴尔鼐以齐默特返回后挑拨噶尔丹策零启衅，亦难逆料，故致信噶尔丹策零提醒，并非探取此地消息致信噶尔丹策零者。诚有吩咐之处，我现不陈告，嗣后事发，实难担当，岂敢匿而不报。等语。问，而今准噶尔人等生计如何，噶尔丹策零信赖者皆为何人，噶尔丹策零有几子，在我边界地方驻兵与否。据供称，因连年战乱，准噶尔人等生计大不如前。先前噶尔丹策零凡事皆交小策零敦多卜办理，因有人讦告小策零敦多卜抱有叛逆之心，噶尔丹策零疑而拆散其父子，不再任用。斋桑达赖台什、托多、海尔拉图那沁、巴罕曼济皆已亡故，现任用台吉车布登、斋桑查衮、巴图鲁默德齐等人。噶尔丹策零有二子，长子喇嘛达尔扎，年十五，次子策妄多尔济，年十一。巴里坤、阿尔泰路卡伦，均各驻有卡伦兵百名。此外，并无其他见闻。等语。单独究询同行之俗人散杜布曰，尔系何处之人，因何去往准噶尔地方，至彼已有几年，尔来时，噶尔丹策零有何吩咐尔之言，据实招来。散杜布供称，我十六岁与喇嘛罗布藏丹怎一起随同我等之师傅喇嘛根敦达克巴前往，在彼同住二十六年，返回时，噶尔丹策零并无吩咐之处。余供同喇嘛罗布藏丹怎。问达希，供同散杜布。查得，去年原拉达克汗德中那木扎勒之妻布里特旺姆，以由准噶尔脱出彼等所属喇嘛噶津林沁，自幼师从班禅额尔德尼住扎什伦布寺，今因年迈怀念故土既已返回，相应请将其安置于扎什伦布寺。等因致信郡王颇罗鼐。颇罗鼐先行呈文驻藏办事大臣纪山，纪山将喇嘛噶津林沁解来藏地细究，将其同来巴珠等三人一并交付郡王颇罗鼐，嘱令从中暗加防范，不得走漏任何消息。等因奏准安置在案。臣等细究准噶尔使臣吹纳木喀等携来留藏唐古忒喇嘛罗布藏丹怎等，虽别无他故，惟喇嘛罗布藏丹怎等系久居准噶尔地方之人，不可深信，故臣等将喇嘛罗布藏丹怎等交付于郡王颇罗鼐，嘱令照安置噶津林沁等人之例安置外，尚派可靠干练之人暗中稽查，妥为防范妄自离间传言，探取本地消息送达准噶尔人等。为此谨具奏闻。乾隆八年十二月十一日奉朱批：知道了。钦此。”

（档号：03－1742－1－32）

噶尔丹策零等进献达赖喇嘛等物件数目

中国第一历史档案馆藏军机处满文熬茶档。乾隆九年（1744）正月十八日，驻藏办事副都统兼武备院卿索拜奏报噶尔丹策零等进献达赖喇嘛等物件数目。文曰：“噶尔丹策零以请达赖喇嘛安之礼，进献伯尔克哈达一方、宗喀巴史经一套、衣冠一袭、缎二匹、铺垫一个。噶尔丹策零为其父母，以向达赖喇嘛祈福礼，进献哈达一方、金十两、银一百两、缎三十匹、金丝缎一匹、俄罗斯毡二十三块、熏牛皮十三张、水獭皮十张、回子地方绸十匹、白布七匹。噶尔丹策零进献大昭供佛大哈达二十三方、五色哈达三方、银曼达三个、塔齐勒七个、奔巴一个、法轮一个、燃灯银六百七十一两、燃灯银盅五只、大珍珠念珠一串、澈柏念珠一串、玻璃念珠二串、银钵一个、青金石钵二个、铁禅杖一根、佛缎衣七袭、冠一顶、伞三把、缎幡七个、金钱九枚、镜子二面、珍珠五个、耳饰一个、银质如意一个、银夹一个、鸟枪四支、矛一支、撒袋一个、虎皮二张、银嘎布拉一个。噶尔丹策零进献小昭供佛大哈达四方、五色哈达一方、燃灯银三百六十九两、白珊瑚念珠一串、小珍珠念珠一串、佛衣二袭、铁禅杖一根、钵一个、铜镀金七珍八宝、伞一把、缎幡七个、镜子四十六面、银嘎布拉一个、铁剃刀一把、鸟枪四支。噶尔丹策零进献布达拉罗济索喇佛大哈达五方、小哈达七方、银法轮一个、珍珠念珠一串、佛衣二袭、燃灯银一百零九两、伞一把、缎幡二个、小珍珠念珠十串。噶尔丹策零进献哲蚌寺供佛大哈达十九方、小哈达十八方、燃灯银五百六十六两、回子地方缎一匹、绸一匹、白布一匹、伞三把、缎幡三个、系有五色哈达镜子六面、银碗一个、银嘎布拉一个、银杖一根、银绳一根、鸟枪六支、铁剃刀一把、俄罗斯毡一块、熏牛皮一张。在此寺熬茶二十五次，每熬茶一次用银十五两、共用银三百七十五两。喇嘛五千八百七十三人，人各散给布施银五两，堪布喇嘛七人，人各散给布施银二十五两。噶尔丹策零进献色拉寺供佛大哈达三方、燃灯银二百一十九两、伞一把、幡三个、系有五色哈达镜子三面、银嘎布拉一个、银制莲花一个、回子地方缎一匹、绸一匹、白布一匹、鸟枪二支。在此寺熬茶二十五次，每熬茶一次用银十两、共用银二百五十两。喇嘛三千四百七十八人，人各散给布施银五两，堪布喇嘛四人，人各散给布施银二十五两。噶尔丹策零进献甘丹寺供佛大哈达四方、燃灯银七百三十四两五钱、伞二把、幡五个、铜镀金七珍八宝、金法轮二个、挂佛前廊子之缎饰四条、系有五色哈达镜子九面、银嘎布拉四个、剃刀二把、杖一根、银绳一根、回子地方缎一匹、绸一匹、白布一匹、鸟枪九支、腰刀二把。在此寺熬茶二十五次，每熬茶一次用银十两、共用银二百五十两。喇嘛二千八百五十二人，人各散给布施银五两，堪布喇嘛六人，人各散给布施银二十五两。进献甘丹池巴诺们罕银一百五十两。噶尔丹策零进献热登寺供佛大小哈达七方、燃灯银二百五十一两四钱、伞三把、幡三个。在此寺熬茶三次，每熬茶一次用银三两、共用银九两。喇嘛三百五十七人，人各散给布施银一两。噶尔丹策零进献齐齐克塔拉寺迈达里佛大哈达二方、伞一把、燃灯银五十两、幡三个。此寺喇嘛八人，人各散给布施银五钱。噶尔丹策零进献净寂寺供佛燃灯银一百五十两、佛衣一袭。在此寺熬茶三次，每熬茶一次用银二两五钱、共用银七两五钱。噶尔丹策零进献珠木札勒寺供佛燃灯银五十两，喇嘛六十六人，人各散给布施银一两。噶尔丹策零在吉当甘丹吹库尔寺熬茶二次，每熬茶一次用银三两，共用银六两，喇嘛二百人，人各散给布施银一钱。噶尔丹策零进献上温都孙寺供佛回子地方缎一匹、绸一匹、白布一匹，该庙喇嘛五百五十人，人各散给布施银五两。噶尔丹策零进献下温都孙寺供佛回子地方缎一匹、绸一匹、白布一匹，该庙喇嘛五百人，人各散给布施银五两。噶尔丹策零以请班禅额尔德尼安之礼，进献伯尔克哈达一方、宗喀巴史经一套、衣冠一袭、铺垫二个、钵一个、禅杖一根、铃一只、银丝缎一匹、俄罗斯地方缎一匹。噶尔丹策零为其父母，以向班禅额尔德尼祈福礼，进献哈达一方、金十两、银一百两、金丝缎一匹、银丝缎一匹、俄罗斯地方缎二匹、蟒缎四

匹、锦缎二匹、妆缎二匹、缎十五匹、俄罗斯毡二十四块、熏牛皮十二张、水獭皮十张、回子地方缎二匹、绸二匹、白布八匹。噶尔丹策零进献扎什伦布寺供佛大哈达一方、金一百两、伞八把、幡四个、系有哈达银镜五面、金丝缎一匹、银叉一个、银嘎布拉四个、鸟枪四支、杖一根、剃刀一把、熏牛皮二张、白布一匹。在此寺熬茶二十五次，每熬茶一次用银十五两、共用银三百七十五两。喇嘛三千人，人各散给布施银五两，堪布喇嘛四人，人各散给布施银二十五两。噶尔丹策零进献班禅额尔德尼塔宝石二块、金二百两、银二千两。噶尔丹策零进献色赖卓特巴寺供佛哈达一方、伞一把、幡二个、系有哈达镜子三面、鸟枪二支、杖一根、银绳一根、燃灯银一百八十三两五钱、熏牛皮三张、水獭皮一张、白布二匹。在此寺熬茶一次，熬茶一次用银二两。喇嘛一百三十一人，人各散给布施银五两。噶尔丹策零进献鲁木布泽寺供佛系有哈达镜子三面、伞一把、银嘎布拉三个、杖一根、腰刀一把、鸟枪二支。在此寺熬茶喇嘛一百四十五人，共给布施银二百九十两。噶尔丹策零进献纳木灵寺供佛哈达一方、伞一把、燃灯银七十五两八钱。噶尔丹策零进献鞥衮寺供佛哈达四方、燃灯银一百七十四两、伞二把、系有哈达镜子四面、银嘎布拉一个、剃刀一把、鸟枪三支、水獭皮一张、熏牛皮二张、缎二匹、白布三匹。在此寺熬茶二十五次，每熬茶一次用银一两五钱，共用银三十七两五钱。喇嘛一百二十一人，人各散给布施银五两。噶尔丹策零进献荣扎木沁寺供佛伞一把、燃灯银五十八两。噶尔丹策零进献阿迪沙佛塔哈达四方、伞一把、幡八个、燃灯银一百一十两。噶尔丹策零进献拉穆吹忠哈达四方、金一两、鸟枪一支、回子地方缎二匹。噶尔丹策零进献哲蚌吹忠哈达四方、金一两、鸟枪一支、回子地方缎二匹。噶尔丹策零以问郡王颇罗鼐安之礼，寄来伯尔克哈达一方、回子地方缎二匹、绸三匹、俄罗斯毡二块、鸟枪一支、腰刀一把、白布五匹、哈萨克地方马五匹。噶尔丹策零寄给班禅额尔德尼之商卓特巴伯尔克哈达一方、俄罗斯地方缎一匹、毡一块、回子地方绸二匹、白布四匹。噶尔丹策零之子策望多尔济那木扎尔进献拉穆吹忠伯尔克哈达一方、嵌金披甲一副、撒袋一个、鸟枪一支、腰刀一把、矛一支、金一两。噶尔丹策零之子策望多尔济那木扎尔以请班禅额尔德尼安之礼，进献伯尔克哈达一方、经一套、衣帽一袭、铺垫一个、金轮一个、曼达一个、钵一个、铃一只。噶尔丹策零之子策望多尔济那木扎尔为其母，以向班禅额尔德尼祈福礼，进献哈达一方、金二两、银三十两、蟒缎一匹、缎二匹、俄罗斯地方缎一匹、毡四块、水獭皮三张、熏牛皮一张、回子地方缎一匹、绸二匹、白布二匹。噶尔丹策零之子策望多尔济那木扎尔为自己进献班禅额尔德尼哈达一方、金十两、银丝缎一匹。大策零敦多卜之孙达克巴进献迈达里佛哈达二方、佛衣一袭、幡二个。大策零敦多卜之孙达克巴进献哲蚌吹忠哈达一方、撒袋一个、鸟枪一支、腰刀一把、矛一支、金一两、银二十七两、缎二匹、俄罗斯毡一块、熏牛皮三十六张、貂皮九张。噶尔丹策零后为熬茶，进献哲蚌寺银一万七千四百四十六两六钱，进献色拉寺银一万二千六百零九两一钱，进献甘丹寺银一万二千一百二十两一钱，进献扎什伦布寺金一百两、银一万五千九百六十五两。噶尔丹策零为给谙悉经典之喇嘛，由哲蚌、色拉、甘丹、扎什伦布、二温都孙此六寺喇嘛内，挑选谙悉经典者四百五十人，人各给银十五两。（以上除噶尔丹策零等进献物件外，金共四百三十六两、银共十五万六千一百六十七两九钱）。”

（档号：03－1742－1－34）

希布常阿等被奖赏

道光二十四年（1844）九月初九日。奴才湍多布、纳福德谨奏；为奏闻向哈萨克征收官马情由事。顷据奴才奏派之锡伯佐领委营长希布常阿等返回报称，向巴柴、金集里克等地哈萨克收马十三匹，向特穆尔绰尔霍等地哈萨克收马四十二匹。希布常阿等收马时，哈萨克等皆恭顺交纳等语。此次收马共九十五匹，奴才等严饬该官员等监督烙印，皆放入官场妥善牧放外，锡伯防御讷清阿协助科布多官员征收马匹，并由彼处将马匹赶至科布多。此次派出之希布常阿等六员均皆效力，仍照旧例，从此处库缎内动支六匹，每人各赏一匹。为此谨具奏闻。道光二十四年十月初八日奉朱批：知道了。钦此。

（译自《军机处满文月折档》）

派人远出侦察准噶尔踪迹

乾隆十年十一月乙亥（八日 1745.11.30）驻藏副都统傅清奏，遵旨饬令郡王颇罗鼐，于今年卡隘处，派素所深信之人，远出侦察准噶尔踪迹。十月初三日，据颇罗鼐呈称，本年三月二十日，派深信之萨嘉达克齐、博尔博等三十名，探望准噶尔做善事回巢踪迹，据伊等回告，越过阿哈雅克卡座，到噶斯路上，探得准噶尔人等回巢，路上人畜多有死伤，情形甚属艰窘。又据颇罗鼐呈称，拉达克汗策卜登、那木扎尔等寄信内称，从前叶尔羌人等，每年到我所属地方贸易，自准噶尔熬茶以来一年有余，不见有人来此贸易，因遣二人前往萨纳珠口探信，据伊等回告，探得准噶尔部内墨得格齐巴图鲁宰桑等出痘死者十三人，其属下出痘死者甚众，噶尔丹策零畏惧，向从前夺取哈萨克游牧之北地方藏避。又准噶尔所属吉尔吉尔，头目二人不和，内头目甘班图伯克杀死一头目，并据其地，修造萨瓦尔格里雅城，截夺往来买卖人等，后噶尔丹策零避痘回巢，派兵三千名进征吉尔吉尔萨瓦尔格里雅城，将吉尔吉尔之甘班图伯克杀死，属下人等俱带至厄鲁特地方居住。又噶尔丹策零遣宰桑数人，向查汗萨瓦尔部落讲和，其现在信用之大宰桑二名，一系巴图尔之子拉沁，一系策零敦多卜之子扎克巴，又有阿木宾禅汗，强暴有力，占据四处部落，所属有阿卜都尔噶里木部落，中途又有博洛尔汗部落，博洛尔汗部落内无汗，系哈屯楚哈尔办事，噶尔丹策零在阿卜都尔噶里木看视行兵之路，遣回子巴克达呼雅逊都喇呼沙、巴勒宾等四十人前往，彼处人猜疑，杀死三十三人，惟七人遁归，噶尔丹策零愈怒，派厄鲁特兵二万四千、哈萨克兵四千、吉尔吉尔兵二千，令伊族台吉策卜登图拉尔、满积图拉尔、衮都尔图拉尔，于今年正月内起程前往，但闻阿卜都尔噶里木汗力量充足，兵丁强健，胜负未知如何。报闻。

（《清高宗实录》卷252　页258—259）

策卜登那木扎尔访察准噶尔情形

乾隆十二年(1747)二月己丑。驻藏副都统傅清奏报,拉达克汗策卜登那木扎尔访察准噶尔情形。傅清奏言:正月初九日,据郡王颇罗鼐告称,我嘱令拉达克鄂勒锥图汗策卜登那木扎尔,遣彭苏克与其属下等共七人,充作贸易,前往叶尔羌等处,体察准噶尔情形。今彭苏克等已回。据云,到叶尔羌等处时,有叶尔羌回子头目,唤去讯问天竺巴咱汗及土伯特藏内信息。我等告以藏内现蒙大皇帝恩,甚属平安。我等系多木津地方之人,机密事不能深知。彼处闻言疑惑,发往准噶尔,居住半年。我等因将彼部内情形,细加采访。访得前年八月,噶尔丹策零病故,遗言令次子策妄多尔济那木扎尔坐床,将长子喇嘛达尔扎分给一千余户,领导各自管辖。其后令哈柳为使进京,于上年六月回巢,称大皇帝隆恩甚厚,许令进藏熬茶,又准走喀喇乌苏一路,不胜欣喜。又访得策卜登台吉,已获罪被杀,并其妻子及其叔父郭莽堪布喇嘛皆被杀。郭莽堪布喇嘛之缺,已令扎什伦布之阿克巴喇嘛补授。阿克巴喇嘛之缺,已令罗卜藏丹怎补授。策妄多尔济那木扎尔之侄女,许与拉藏汗之孙纳噶查为妻。现在彼处所最重者,是纳沁宰桑、察罕宰桑、巴雅斯瑚朗宰桑、小策零敦多卜固子宰桑等。但因其台吉已亡,而新立台吉年幼,用事之人,彼此不和,惟恐阿卜都尔、噶里木、哈萨克、土尔扈特、喀尔喀等处,发兵袭之,所以防范卡伦甚严等语。

(《平定准噶尔方略》前编,卷五十)

访得策卜登台吉已获罪被杀

乾隆十二年二月己丑(二十九日 1747.4.8)驻藏副都统傅清奏,正月初九日,据郡王颇罗鼐告称,访得策卜登台吉已获罪被杀,并其妻子及其叔父果莽堪布喇嘛皆被杀,果莽堪布喇嘛之缺,已令扎什伦布之阿克巴喇嘛补授,阿克巴喇嘛之缺,已令罗卜藏丹怎补授,策妄多尔济那木扎勒之侄女,许与拉藏汗之孙纳噶查为妻,现在彼处所最重者是纳沁宰桑、察罕宰桑、巴雅斯瑚朗宰桑、小策零敦多卜固子宰桑等,但因其台吉已亡,而新立台吉年幼,用事之人彼此不和,惟恐阿卜都尔、噶里木、哈萨克、土尔扈特、喀尔喀等处发兵袭之,所以防范卡座甚严等语。报闻。

(《清高宗实录》卷285　页718)

会筹防范准夷事宜

乾隆十七年(1752)正月甲申。命尚书舒赫德、侍郎玉保赴北路军营会筹防范准夷事宜。定边左副将军亲王成衮扎布奏言:据卡伦骁骑校齐克慎报称,准噶尔宰桑玛木特等,遣人前来告称,本处台吉达瓦齐作乱,在纳林布鲁尔地方,被我兵杀败,达瓦齐与阿睦尔撒纳等十二人逃出,不知去向。是以我台吉,令阿尔台等处游牧宰桑三人,带兵往乌兰大坂努克穆隆都什托罗海华硕罗图洪郭尔鄂隆舒鲁克图得楼等七处隘口驻扎,以防达瓦齐与阿睦尔撒纳远遁。恐各卡伦疑我无故动兵,特来告知等语。又奏,据蒙古管旗章京莫尼扎卜,前往乌梁海,确访信息。有准噶尔人,至乌梁海探亲,告称,达瓦齐于去年九月内，与台吉喇嘛达尔扎有隙，私与台吉达什、阿睦尔撒纳、班珠尔、策凌、沙克都尔等，商议投顺大皇帝。其后，达什、沙克都尔反将商议之事，告知喇嘛达尔扎，即带兵追赶，与达瓦齐战败而回。达瓦齐又与阿睦尔撒纳、班珠尔等商议，若投中国，恐阿尔台地方，有兵堵截，地狭难过，因向额尔齐斯前赴哈萨克等语。

（《平定准噶尔方略》前编，卷五十四）

准噶尔宰桑玛木特等遣人前来

乾隆十七年正月甲申（二十二日 1752.3.7）定边左副将军成衮扎布奏，据防卡骁骑校齐克慎报称，准噶尔宰桑玛木特等遣人前来告称，本处台吉达瓦齐作乱，在纳林布鲁尔地方被我兵杀败，达瓦齐与阿睦尔撒纳等十二人逃出，不知去向，是以我台吉令阿尔台等处游牧宰桑三人，带兵往乌兰大坂、努克穆隆、都什托罗海、华硕罗图、洪郭尔鄂隆、舒鲁克图、得楼等七处隘口驻扎，以防达瓦齐与阿睦尔撒纳远遁，恐各卡疑我无故动兵，特来告知等语。又据蒙古管旗章京莫尼扎卜前往乌梁海确访信息，有准噶尔人至乌梁海探亲，告称达瓦齐于去年九月内，与台吉喇嘛达尔扎有隙，私与台吉达什、阿睦尔撒纳、班珠尔、策凌、沙克都尔等商议投顺大皇帝，其后达什、沙克都尔反将商议之事告知喇嘛达尔扎，即带兵追赶，与达瓦齐战败而回，达瓦齐又与阿睦尔撒纳、班珠尔等商议，若投中国，恐阿尔台地方有兵堵截，地狭难过，因向额尔齐斯，前赴哈萨克等语。奏入，谕军机大臣等，准噶尔向多诡诈，伊等如果虑达瓦齐逃窜，不过派兵防守足矣，今反遣人来告，殊属可疑，此或伊等恐我处生疑，故为安慰，却暗行谲计，猝然阑入我境，亦未可知。闻喀尔喀游牧多有距卡座甚近者，今若不预筹防范，恐贼人一旦窃发，不暇向内收移，将反令其得利，所有附近卡座之喀尔喀游牧，应早令收入腹地方妥，然此时遽使移徙，又不免起众人惊疑，且或贼人闻知，转以我为畏惧，此中宜缓宜急，应如何熟计妥办，甚关紧要，今派尚书舒赫德、侍郎玉保前往军营查看军容器械，著传谕成衮扎布，俟伊等到时，会商密议，务期筹画尽善，定议具奏。

（《清高宗实录》卷407　页336—337）

安西提督李绳武奏准夷交易事宜

乾隆十七年五月壬申（十二日 1752.6.23）安西提督李绳武奏准夷交易一事，据驻哈镇臣吕瀚咨称，夷目额连瑚里等所报牲畜货物，较十三年肃州贸易之数少有浮多，自当以定例责拒，但其远道来至哈密，牲畜不无乏弱，如不准在哈密变售，又非悯恤外夷之意，应俟该夷到日，如果苦苦哀求，饬镇臣察其情实，再为咨报酌办，断不敢曲为迁就，致启无厌之心，亦不敢过为抑勒，有失柔远之道。得旨，另有旨谕。又批，彼何尝有苦苦哀求之事，不过尔等绿旗习气，恐致生事，多方将就，而又为此美谈以上奏耳，被外夷窃笑者，不知其凡几矣。谕军机大臣等，此次准噶尔夷目额连瑚里等所报贸易之牲畜货物，合算较十三年之数不无浮多，再每次夷人到哈密，必有擦掌乏弱牲畜求售，应俟该夷到哈密后，查明确数，以理责问，如果恭顺恳求，再行照例办理等语。此番交易，系初次定

例，必当示之以信，不可稍有迁就，在该夷贪狡无厌，不过得尺进尺，得寸进寸，向来承办员弁惟恐生事，一味委曲周旋，将就了事，如何哀求，如何苦诉，究其实，何尝有是，徒粉饰以美观听耳。朝廷体制尊严，边疆奏事，有不能尽实，而外藩小国，其上下之情转相连贯，交易一事，未必不早为窥破，一次逾例，后次又复加增，厚利所在，彼何乐而不为也。今该夷内乱之余，又与哈萨克搆衅，其交易较前所增有限，已可得其情形，此正办理机会，总当悉遵前旨，在十三年定数内者，许其截长补短，通融折算，逾数者虽少，亦概驳回。至奏报来信、言语情形，务须一一据实，倘稍有粉饰，将来查出，惟该提督是问。将此传谕黄廷桂、李绳武知之。

（《清高宗实录》卷414　页421—422）

尚书舒赫德等奏报准夷信息

乾隆十八年(1753)六月丙申。尚书舒赫德等奏报，准夷信息。舒赫德、成衮扎布等奏言：据遣往乌梁海探信之四等台吉班扎喇克察等密报，准噶尔台吉喇嘛达尔扎，发兵往哈萨克，索取达瓦齐，其兵反随达瓦齐来擒喇嘛达尔扎。现闻达瓦齐已袭台吉。臣等复遣喀尔喀侍卫完楚克前往，同班扎喇克察询取实信。据回报云，我等至克木齐克河、巴颜台罕等处，託买马匹，察看乌梁海情形。据贝子旗分宰桑都塔齐等告称，我等会见准噶尔乌梁海宰桑满济岱等。据称，达瓦齐承袭台吉是实，现今欲往谒见。又闻达瓦齐遣使入京，亦遣使往俄罗斯，不知于何日起程。臣等察看此次所报信息，是达瓦齐自为台吉，已属确实。今仍照原议，带防秋兵行围前进，如有信息，再行奏闻。再查，从前西北两路，若有使臣前来，俱互相知会。臣等已密行知会安西提督讫。

（《平定准噶尔方略》前编，卷五十四）

喇嘛达尔扎发兵往哈萨克

乾隆十八年五月癸未(二十八日1753.6.29)谕军机大臣等，据成衮扎布等奏称，今春喇嘛达尔扎发兵往哈萨克，征伐达瓦齐，伊兵转与达瓦齐合，结连哈萨克兵，将喇嘛达尔扎拿获，达瓦齐即为台吉，又有准夷察罕宰桑，带领将及百人向南逃走等语。朕思准夷性多奸狡，或知我防范，故捏造此言使人传播，实隐为窥伺之计，亦未可定。至察罕宰桑，如果向南逃走，别无去处，必至安西，可传谕永常等，如彼带人投我边界，询实情节，一面具奏，一面照萨喇勒之例送京，此时各卡仍应严加防范，不可疏忽。

（《清高宗实录》卷439　页718）

钦差大臣永常等奏报准夷信息

乾隆十八年(1753)八月甲辰。钦差大臣永常等奏报，准夷信息。永常等奏言：臣等巡查哈密至东大坂，有准夷部人伯勒克携眷来降。臣等询问准夷信息。据供，上年喇嘛达尔扎为台吉时，疑达瓦齐有反意，欲诱至伊犁加害。达瓦齐不肯前去。喇嘛达尔扎即遣宰桑鄂什尔、索诺木二人带兵往拿。达瓦齐带领所属，欲投哈萨克，为追兵所截，仅率百余人，内有塔尔巴噶台头目阿睦尔撒纳，一同投入哈萨克。喇嘛达尔扎遂将阿睦尔撒纳之兄沙克都尔，又将达瓦齐家眷，拘至伊犁看守，遣人向哈萨克索取达瓦齐。哈萨克不与。随派宰桑赛音伯勒克及讷默库济尔噶尔二人，带兵三万往拿。哈萨克恐惧，欲将达瓦齐等送出。达瓦齐闻知，即同阿睦尔撒纳，并原带之属人，潜至旧游牧处，将沙克都尔杀害，收服众人至千余名，遂直赴伊犁。喇嘛达尔扎闻知，遣宰桑图鲁库、乌克图、鄂什尔、博第四人，挑兵迎截。兵未挑齐，于途次遇达瓦齐，图鲁库及乌克图二人，即行投降，鄂什尔及博第不肯，为达瓦齐所杀。去年十一月二十七日到伊犁，将喇嘛达尔扎杀害，达瓦齐自立为台吉。讷默库济尔噶尔旋亦归顺，赛音伯勒潜逃，又被擒拿，达瓦齐将从前原管地方人众，给与阿睦尔撒纳，等语。

（《平定准噶尔方略》前编，卷五十四）

齐旺巴勒等人履历清单

娄干所递佐领缺，拟正之镶蓝旗巴彦察衮佐领下骁骑校齐旺巴勒，食俸饷二十九年。出征二次，于叶尔羌、喀什噶尔、阿勒楚尔、伊什勒库勒、乌什等处打仗三十三次，杀贼三名，抓获活口一名，得一等功牌二枚、二等功牌五枚、三等功牌二枚。巡查哈萨克边界一次，赴乌鲁木齐送马二次，得赏银二两。现年四十五岁，察哈尔，马步箭平。拟陪齐旺巴勒之正蓝旗旺舒克佐领下骁骑校拉古尔，食俸饷二十七年。出征乌什作战十八次，杀贼三名，保荐卓异一次，得一等功牌一枚。巡查哈萨克、布鲁特边界六次，赴乌鲁木齐送马四次，得赏银七两。现年四十七岁，额鲁特。补放佐领递出骁骑校缺，拟正之镶黄旗萨木彦佐领下领催委笔帖式乌尔图纳逊，食钱粮二十二年。巡查哈萨克、布鲁特边界十三次，赴哈萨克阿布赉游牧探听来归土尔扈特信息二次，任该营委笔帖式六年，补放骁骑校拟陪一次。现年三十七岁，额鲁特。拟陪乌尔图纳逊之镶蓝旗巴彦察衮佐领下领催济木巴，食钱粮二十五年。塔尔巴哈台换防三次，巡查哈萨克、布鲁特边界三次，赴乌鲁木齐送马三次，补放骁骑校拟陪一次。现年四十三岁，察哈尔，马步箭平。

（《军机处满文录副奏折》3167—20）

达瓦齐与阿睦尔撒纳业经和好

乾隆十九年闰四月庚申（十一日 1754.6.1）又谕（军机大臣等），据策楞奏称，达瓦齐与阿睦尔撒纳业经和好，阿睦尔撒纳已往见达瓦齐，其助阿睦尔撒纳之哈萨克兵五万名，俱已撤回等语。朕思此等俱属荒唐，全不可信。哈萨克各为生理，并无总统之人，无论不能聚兵至五万之多，即所谓阿睦尔撒纳与达瓦齐业已和好，亦非实语，此明系准噶尔乌梁海惧我进兵驱逐伊等，妄言伊内业已安定，并无事故，以缓我师耳，可传谕策楞，勿遽以此为真，惟当设法冀得实信，留心办理。

（《清高宗实录》卷 462　页 999）

准噶尔夷使已抵桥湾即可入关

乾隆十九年五月壬午（四日 1754.6.23）又谕，据永常奏，准噶尔夷使已抵桥湾，现在即可入关，且据该夷使言，于起程时业已派出贸易头目，亦于六月间可到等语。从前

准夷部落准其通贡贸易,原系加恩噶尔丹策零,其后策妄多尔济那木扎勒、喇嘛达尔扎继立,因系噶尔丹策零之子孙,是以仍前办理,至达瓦齐篡立,则系伊之仆属矣,今伊贡使前来,若仍前相待,我朝当全盛之时,国体攸关,不应委曲从事,以示弱于外夷,若少示贬损,准夷素性猜疑,阴怀叵测,将来必至搆衅滋事,不得不先为防范。况伊部落,数年以来内乱相寻,又与哈萨克为难,此正可乘之机,若失此不图,再阅数年,伊事势稍定,必将故智复萌,然后仓猝备御,其劳费必且更倍于今,况伊之宗族车凌、车凌乌巴什等率众投诚,至万有余人,亦当思所以安插之,朕意机不可失,明岁拟欲两路进兵,直抵伊犁,即将车凌等分驻游牧,众建以分其势,此从前数十年未了之局,朕再四思维,有不得不办之势。所有明岁军兴,一应粮饷兵丁马驼,均应预为筹画,其西路所调兵丁约需二万,此内欲拨甘凉绿旗兵八千,及西宁、凉庄、西安、归化城、土默特、察哈尔,以及新降之厄鲁特兵,共合二万之数,如此办理,似已足敷调遣,或有另行办理之道,著永常详细筹议,速行具折驰奏,候朕酌定,将来十月内,朕另降谕旨,令永常、策楞等来京,将一应机宜,面加训谕。至陕甘现办军需,鄂乐舜恐不能办理裕如,已特派鄂昌前往,并令史奕昂署理甘藩,以资协助,可一并传谕知之。寻奏,查归化城、土默特、察哈尔,及新降之厄鲁特,习知口外道路情形,自应派拨,再索伦兵骑射素强,尤谙草地路径,亦应派入,请于臣标暨固原、甘州、安西三提,西宁、宁夏、凉、肃四镇绿旗兵派拨一万,其西安、宁夏、凉庄、归化城、土默特、察哈尔、厄鲁特派兵九千,再将索伦兵派入一千,共合二万之数。又查瓜州扎萨克公额敏和卓,人极勇往,深悉夷情,应将哈密、瓜州缠头派拨二百名,使额敏和卓带领随营进征,如遇夷境左近之缠头,令其晓谕招顺。至一切军装器械,现有备战备贮之项可以动用,粮饷马驼查照出征西路筹画,奏闻办理。下军机大臣议行。

(《清高宗实录》卷464　页1018—1019)

准噶尔辉特台吉阿睦尔撒纳来降

乾隆十九年(1754)七月丁酉。定边左副将军策楞等奏报:准噶尔辉特台吉阿睦尔撒纳来降。策楞等奏言:七月初六日,阿睦尔撒纳等,遣其部人得木齐卓特巴恰巴彦鄂尔特克,至卡伦告称,阿睦尔撒纳、刚多尔济、讷默库、班珠尔,带领四千余户,投顺圣主,自博东齐、乌英齐而来,先遣我等前来送信。又禀称,阿睦尔撒纳旧住处,原在塔尔巴噶台地方。达瓦齐遣宰桑奇塔特、额布进、乌克图三人来侵,我等败之,移居于都兰哈拉。达瓦齐又遣策凌、巴雅尔等来追,经阿睦尔撒纳败之于哈布河。以后,宰桑布林来犯,亦为我所败。阿睦尔撒纳与策凌交战时,台吉诺尔布、宰桑玛木特、宰桑哈萨克锡喇等,带领厄鲁特、乌梁海兵八千名,掳我等游牧。阿睦尔撒纳闻信,令其兄扎木参追至额尔齐斯河,与诺尔布等交战。诺尔布等败回,我等即将游牧向内迁移,又遇扎那噶尔布带兵堵截。扎木参与之交战,扎那噶尔布败走,我等方得前进。其包沁、扎哈沁人皆已逃避,只抢得玛木特属下得木齐库克新锡喇布六十余户,及牲畜等物。此后并无追兵,行走四十余日至此。

(《平定准噶尔方略》正编,卷三)

带领达瓦齐使臣敦多克进见

乾隆十九年五月癸巳(十五日 1754.7.4)理藩院尚书纳延泰、左侍郎玉保,带领达瓦齐使臣敦多克进见。上曰,汝台吉达瓦齐之事,朕已尽知,今遣汝来,一切推诚实言为是,今乃以欲如噶尔丹策零阐扬黄教安辑群生等语入奏,殊属无谓,达瓦齐弑噶尔丹策零之子喇嘛达尔扎,夺取台吉之位,又与纳默库济尔噶尔等搆衅,糜烂准部生灵,又将喇嘛等破戒还俗,有如此阐扬法教、安辑群生者乎?从前喇嘛达尔扎杀其弟而代之,朕即不以为是,然以彼终系噶尔丹策零之子,是以弗替旧恩,今达瓦齐残害喇嘛达尔扎,夺其基业,是噶尔丹策零之仇雠也,又安得以法教群生为辞乎?又云欲为策妄多尔济那木扎勒等遣人赴西方念经,从前喇嘛达尔扎奏请遣人赴西方,朕尚未允许,今反允达瓦齐之请乎?谅达瓦齐亦知所请难行,一则自占身分,欲照前例通行贸易,二则遣使请安,藉此窥探意指,若允其请,渐且奏请别事耳,伊若推诚祈恩,或可再议,若似此狡饰具奏,于伊事无益,尔等归时,将此旨晓谕达瓦齐知之。敦多克奏言,前大皇帝降旨永守和好,不渝旧盟,噶尔丹策零将准噶尔法教付之策妄多尔济那木扎勒,喇嘛达尔扎分非应立,仅以百户安置边徼,乃杀其弟而代之,干犯法教,是以达瓦齐不服,统众而居其位,臣奉使来时,命臣云,大皇帝若询及此事,宜明白陈奏。至喇嘛还俗,乃一二不肖之人,谗间众诺颜等干犯法教,因而治罪,并非尽行还俗也。上曰,汝处令喇嘛等还俗,众莫不知,尔不必讳言,再汝等此次至我边卡时,曾称有口奏机密之语,及理事官索诺木询问尔等,乃云并无口奏之言,而疏内又称尚有数语口奏,何乃自相矛盾,果有欲言,可于朕前实奏。敦多克等奏言,疏内所称有数语口奏者,乃谓大皇帝若摘问疏中之言,命臣明白陈奏耳,疏外实无另行具奏之事。上曰,据汝称疏外并无另行具奏之言,疏内又无他语,无庸询问,然则遣汝等至此者,明系命汝等窥探情形,若易于进言,则索取新降之杜尔伯特车凌等,若事觉难行即止耳。敦多克奏言,大皇帝若俯赐矜全,此等情节,亦曾命臣等提及。上曰,达瓦齐从前为喇嘛达尔扎所迫,欲求归附,为车凌乌巴什之兄达什所阻,逃奔哈萨克,达瓦齐自篡为台吉后,将达什执而囚之,彼时达瓦齐若归降于朕,朕亦如车凌一体施恩,岂有归之准噶尔之理乎?杜尔伯特车凌等乃达瓦齐一体之人,既已投诚于朕,达瓦齐安得索之,此断不能行,况达瓦齐系辜负噶尔丹(策零)之恩,绝其嗣续,夺其基业之仇雠,朕尚为不平,汝等皆其臣仆,世受深恩,乃绝少悼惋之意,宁无愧于心乎?敦多克气沮词屈,奏言,大皇帝谕旨明如皎日,无微不照,洞悉隐怀,臣等复有何言。上曰,达瓦齐疏内所奏,朕已明白降旨,汝等回时,自有谕旨赍去,今筵宴新降之杜尔伯特车凌等,汝等一同入宴,共观百戏。敦多克谢恩而退。

(《清高宗实录》卷464　页1023—1024)

阿布达什伊弟巴图尔带领户口前来

乾隆十九年十一月己卯(四日 1754.12.17)又谕(军机大臣等),据班第等奏称,同两玛木特来归之克尔努特台吉阿布达什,原同伊弟巴图尔带领户口前来,因被哈萨克锡

喇人等抢掳，暂居扎哈沁地方，今因擒获玛木特，前来归诚等语。阿布达什原与阿睦尔撒纳等同来投顺，因马力疲乏不前，中途又被劫掠，今据输诚款附，亦当加恩，著传谕班第，酌赏阿布达什缎匹，并照扎萨克台吉职衔，办给行粮牲畜，归于阿睦尔撒纳部内，一并居住。

（《清高宗实录》卷476　页1149）

扎哈沁人众俱系军威收服

乾隆十九年十一月辛卯（十六日1754.12.29）又谕（军机大臣等），据班第等奏，扎哈沁人众俱系军威收服，若将伊等迁移内地，令在扎布堪、库克岭等处安插，似属妥协，其所出得木齐收楞额之缺，请以玛木特保荐之人补授，令齐齐克诺尔驻防兵丁在库布克尔等处驻防，就近照料，令努三带兵二千名，驻扎库布克尔地方，令乌勒登等带兵一千名，驻扎萨尔托罗该地方等语。今欲将扎哈沁人众内徙者，必系乌勒登、努三意见，且努三因奉派照管此项人众，愈为过虑所致，何也，今若恐哈萨克锡喇领兵前来，此时正值严冬马匹疲瘦之际，彼如能来，则我亦早进兵往擒巴朗，况扎哈沁人众，如不可安置斋拉罕地方，则萨喇勒在彼时，果已筹算及此乎？今努三等称，与班珠尔、齐木库尔已公同商议，是伊与伊等索取凭据矣，班珠尔、齐木库尔俱系新降之人，伊等焉肯不计出万全。但此次办理准夷，虽应持重，然小心过甚，反恐于事有误，著寄信班第，此次扎哈沁人众既已迁移内地，著照伊等所奏行，明年大兵进时，只宜揆之机宜，不可诸事过虑，著令伊等知之。再前曾降旨，遣通玛木特接伊眷口，并寄信令班第询问，今虽将伊等内徙，班第仍应问明通玛木特再行遣往，伊如去而复来，则我可知其心，即或不来，止少一人耳，于我何损。著寄与班第，即令照此办理。

（《清高宗实录》卷477　页1156—1157）

扎哈沁人等迁至内地事宜

乾隆十九年十一月壬辰（十七日1754.12.30）又谕（军机大臣等）曰，班第等奏，请将收服之扎哈沁人等，迁至内地扎布堪、库克岭等处居住。此事断不可行，伊等如此办理者，特虑扎哈沁人内，有存二心之人潜行逃窜，又虑噶勒杂特、哈萨克锡喇兵来抢夺之故，此皆未审事之机宜，所虑殊属过当。我兵未收服乌梁海扎哈沁之前，或恐新降人等逃往送信，理宜防范，今车凌、阿睦尔撒纳俱已来降，又将乌梁海扎哈沁人等收服，准夷全部早有见闻，不但一二不足信之人逃往原不足惜，即使泄漏信息，彼知我收其属部，明年两路进兵，大加征剿，不过愈加惊怯耳，更有何虑。若恐其遣兵抢夺，即达瓦齐发兵前来，若人数不多，我兵以逸待劳，尽堪剿灭，即能以大力抢回扎哈沁，不过如我未收扎哈沁而已，于我未为伤损，而转可以试看达瓦齐之力量，明年易于进兵。今方欲办理准夷，若将投诚之人均如此迁居内地，明年进大兵时收服各部，又将何以办理乎？著班第等将扎哈沁人等，仍令居住斋拉罕地方，断不必移至内地。

（《清高宗实录》卷477　页1158）

收获包沁人众情形及安插事宜

乾隆二十年(1755)正月甲申。定边左副将军阿睦尔撒纳等疏奏,收获包沁人众情形及安插事宜。阿睦尔撒纳等奏言:副都统衔察达克、侍卫图伦楚文称,带兵前至包沁华额尔齐斯地方,包沁人等咸愿归降。随将包沁之宰桑阿克珠尔,与数得秦人等收获,并通玛木特家口,交公恭格敦丹照管居住。包沁之得木齐和济木瑚里,擒获噶勒杂特之库绷。询问巴朗踪迹。据库绷称,从前巴朗等在奇兰居住,闻大兵来信,即逃往阿里克台地方。自华额尔齐斯至喀喇额尔齐斯、奇、阿里克台等处,其间现有噶勒杂特二千余人,又有都噶尔人众居住。察达克现在领兵前往,擒拿巴朗。臣等以包沁乃布鲁特回人种类,与乌英齐、博东齐甚近,若为日稍久,知我兵少,难保无虞。随令副都统衔阿敏道,酌带兵一二百名,往迎恭格敦丹,将收获包沁人等,迁至齐拉罕地方居住。并据照管扎哈沁游牧之侍卫蒙固勒等文称,扎哈沁之得木齐瑚尔海齐,拿获跟随巴朗潜逃之纳玛林。询知巴朗逃时,将伊逼勒同逃,及到彼处,即欲归降,故来扎哈沁居住,数月来并未见巴朗。有包沁人颜达什,自伊犁来。纳玛林向伊询问,据颜达什云,在齐尔地方遇见台吉巴特玛车凌、额林沁及阿睦尔撒纳之宰桑默克勒齐三人,带领哈萨克兵,将我牲口掳去。现闻去擒达瓦齐,至兵由何路来,及已拿获达瓦齐与否,实俱不知。臣等以颜达什由伊犁回,又途遇哈萨克兵,准噶尔现在情形,伊必悉知,即令阿敏道将颜达什并察达克等所擒库绷二人,解送军营,询问准噶尔情形,以知虚实。

(《平定准噶尔方略》正编,卷五)

命将军班第等会议备御哈萨克事宜

乾隆二十年(1755)正月戊戌。命将军班第等会议,备御哈萨克事宜。定边左副将军阿睦尔撒纳等奏言:察达克等遣莫宁察,将噶勒杂特之库绷送至军营。臣等询问,据库绷告称,系噶勒杂特宰桑都噶尔属下人。都噶尔闻大兵收取扎哈沁,集众相商,俱愿归顺天朝。唯得木齐索和尔车凌等,欲暂为观望,俟达瓦齐果败,再为投诚。今闻大兵收获包沁,想已纷纷逃避。我向包沁而来,途遇哈萨克锡喇所属三人,言哈萨克至伊犁,将回众所种谷麦抢去,现在察罕乌苏之伯勒齐尔居住。达瓦齐住西巴尔图地方,曾遣伊宰桑恩克博罗特,于哈萨克边捉生,被哈萨克拿住。哈萨克居住之巴朗,向恩克博罗特云,我系噶尔丹策零之弟,尔等老多玉特喇嘛与我认识。我遣人与尔同往,告知达瓦齐,令其仍回旧游牧居住,我在伊犁为台吉,从此两相和好。不料达瓦齐暴虐异常,竟杀巴朗来使。

(《平定准噶尔方略》正编,卷六)

询明达瓦齐现在情形

乾隆二十年(1755)正月辛丑。定边左副将军阿睦尔撒纳等疏奏,询明达瓦齐现在情形。阿睦尔撒纳等奏言:察达克等将收服包沁之颜达什、洪郭尔、瑚泰、托克托玛什等四人解送军营。臣等细加询问。据颜达什告称,我原在两额尔齐斯之伯勒齐尔居住,包

沁人等投诚，并未与我信息，适至华额尔齐斯，始知此信，随与我同住十八户人口，携妻子牲畜前来投诚。又称，我于去秋前往伊犁，见达瓦齐惟终日饮酒，一切事务俱废。九月内，达瓦齐遣伊旧宰桑萨尔坦，带兵往擒额林沁，旋即败回。后传闻哈萨克兵来，达瓦齐又行文各处备兵，兵皆未到。及我回至托和木图地方，恰遇哈萨克兵，将我擒去，行走五日，始行释放。由齐尔以至伊犁所有游牧，俱被哈萨克抢夺，并无户口。凡达瓦齐所属，皆言自伊为台吉以来，竟无一日安宁，是以人人嗟怨。至伊犁地亩，虽稍有收成，而马匹皆甚平常。臣等察看颜达什等，闻风效顺，实出至诚，理合照例安置。随饬刚什勒图，解送努三等安插。

（《平定准噶尔方略》正编，卷六）

预筹擒获达瓦齐事宜

乾隆二十年(1755)二月己巳。定边左副将军阿睦尔撒纳疏奏，预筹擒获达瓦齐事宜。阿睦尔撒纳奏言：臣接奉谕旨，令筹办擒获达瓦齐事宜。查陆续投降人等，俱言准噶尔情形，穷蹙已极。诚如圣鉴，巴特玛车凌系臣近族，若伊能擒达瓦齐，自必俘献圣朝，冀受殊恩。倘达瓦齐为哈萨克、巴朗所擒，不特巴特玛车凌不肯俯首屈服，且巴朗并非噶尔丹策零之弟，亦断不能抚有准噶尔人众。臣意无论何人，但来归诚，俱广布天恩，准其投顺，如或抗违，即当领兵进剿，虽巴特玛车凌，臣亦不敢以私情稍为宽恕。现在兵已起程，俟到噶勒杂特等处，自当探取信息，相机而行。

（《平定准噶尔方略》正编，卷八）

定北将军班第密奏遵旨晓谕班珠尔等

乾隆二十年(1755)二月癸酉。定北将军班第密奏，遵旨晓谕班珠尔等。班第奏言：臣接奉密谕，令臣晓谕班珠尔、纳噶查绿由，仰见我皇上先几坐照，杜渐防微之至意。臣观纳噶查狡而好事，且自恃才能，外虽承顺阿睦尔撒纳，而心实藐视。即伊兄班珠尔，人甚朴拙，亦为其所轻。适奉旨，以伊误记前次面奉谕旨，甚觉惶恐，即将伊告知唐喀禄之言，不行承认。臣随加训饬。嗣后诸事留心，不令其任意乖张，并将平定准噶尔后分封四卫喇特为汗，各管其属之处，明白晓谕班珠尔等。又与阿睦尔撒纳等聚会时，亦不时提及，使之熟闻。阿睦尔撒纳人尚明白，一经开导，即知悔悟。兼之额驸色布腾巴尔珠尔，深知其性，每于言论之时，化其私心，俾其无所希冀。臣等唯同心协力，黾勉成功，其善后事宜，臣与鄂容安，留心商办。俟阿睦尔撒纳带领哈萨克人众入觐后，臣等即同萨喇尔酌定具奏，断不许其稍有欺罔擅专事权。再哈萨克游牧，旧在伊犁西北，后渐移至东北者甚多。现在额尔齐斯之北，亦有与阿睦尔撒纳接壤之处。

（《平定准噶尔方略》正编，卷八）

准噶尔计穷力竭我兵神速即可成功

乾隆二十年正月甲申(十日 1755.2.20)定边左副将军阿睦尔撒纳奏，察达克、图伦楚文称，兵至华额尔齐斯，收获包沁宰桑阿克珠尔，与得沁人等，并通玛木特家口，交恭格敦丹照管居住，包沁之得木齐和济木瑚里，获噶勒杂特之库绷，询称从前巴朗在奇兰居住，闻大兵来，逃往阿里克台，察达克现往擒拿，查包沁乃布鲁特回种，与乌英齐、博东齐近，日久知我兵少，难保无虞，随派兵往迎恭格敦丹，迁包沁于斋拉罕。又侍卫蒙固勒等文称，扎哈沁之得木齐瑚尔海齐，获逃人纳玛林，询知被巴朗胁带，早欲归降，故来扎哈沁居住，有包沁人颜达什，自伊犁来，纳玛林向问，据云在斋尔地方，遇台吉巴特玛车凌、额琳沁及阿睦尔撒纳宰桑默克勒齐三人，领哈萨克兵，掳我牲口，闻去擒达瓦齐。现令颜达什、库绷解营询问。谕军机大臣等，阿睦尔撒纳将新收包沁人等安插斋拉罕，甚是。将来招服噶勒杂特人等，亦著照此办理。朕从前惟闻阿睦尔撒纳征战甚勇，今阅伊所奏，如令颜达什、库绷前来，询问准噶尔情形及发兵接济察达克等，甚合机宜，朕深嘉之。察特克等不费一矢，即收服包沁人众，颜达什复称巴特玛车凌带领哈萨克兵，往讨达瓦齐。看来准噶尔内乱，计穷力竭，我兵神速，即可成功，今若度量情形，可毋庸会合西路之兵，即拣选精兵数千，于二月中旬奋勇深入，更觉易于集事。著交与阿睦尔撒纳酌量办理，察达克此次收服包沁人众及往擒巴朗等，殊属奋勉，其人亦颇诚实，除乌梁海兵丁不必派往外，伊身及伊所带曾经效力之乌梁海二十人，仍带领前进，可即传谕阿睦尔撒纳知之，随命察达克实授副都统，图伦楚为头等侍卫，翁郭尔扎木禅为二等侍卫。

（《清高宗实录》卷480　页7—8）

噶勒杂特闻我兵退必松其准备

乾隆二十年正月丁亥（十三日 1755.2.23）谕军机大臣等，阿睦尔撒纳等奏，察达克、图伦楚等，据包沁之得木齐和济木瑚里、通玛木特所属得木齐哈喇勒岱，告称噶勒杂特之宰桑哈萨克锡喇、都噶尔，领兵二千，欲掳包沁人众，随即带兵退回。此必包沁人内，有阴怀异心者，虚为声扬，察达克等并未详察，即已退兵，适为其所愚耳，因此益见阿睦尔撒纳前将包沁人等安置斋拉罕地方，甚合机宜。厄鲁特侍卫达什敦多布，系哈萨克锡喇一处宰桑都噶尔之兄，其户口尚在噶勒杂特，今伊情愿前往招服噶勒杂特人等，并擒拿巴朗，朕已赏达什敦多布副都统职衔，令其驰驿前往军营，此际察达克等虽回，不过到斋拉罕等处，著阿睦尔撒纳速谕伊等，即于所到处等候达什敦多布，不必遣包沁兵前往，著于努三所管兵内，再派数百名，共备一千，交察达克、图伦楚、翁郭尔扎木禅及达什敦多布，公同带领前进，噶勒杂特闻我兵退回，必然无备，乘此加兵，自更易于成功，阿睦尔撒纳即遵朕旨，明白晓谕，妥协办理，一面速行回奏。

（《清高宗实录》卷480　页10—11）

班珠尔等愿留北路

乾隆二十年正月辛卯（十七日 1755.2.27）又谕曰，唐喀禄奏，班珠尔等愿留北路一折，著钞寄班第、萨喇勒知悉。班珠尔兵少，本不成队，伊既不愿往西路，朕已允其所请，但朕观纳噶察为人狡诈喜事，今所告唐喀禄之言，有事成后，封阿睦尔撒纳为汗，带领哈萨克阿布赉等瞻仰，令与阿睦尔撒纳连界居住，从此当愈加和好等语，甚属含糊，似事成

时，只封阿睦尔撒纳为汗，殊不知准噶尔平后，朕亦不过将伊四卫拉特台吉，分封为汗，令各管属下而已，并非只封阿睦尔撒纳一人统管准噶尔地方也，若果如此，是仍如达瓦齐矣。试思朕之办理此事，果专为伊等乎？伊等预为此言试探，是其所望甚奢，若将来只封阿睦尔撒纳为辉特汗，转不免于失望。班第、萨喇勒，可将封阿睦尔撒纳为辉特汗，其余于三姓台吉内封为三汗之处，于闲中言及，俾伊等熟闻，庶几妄念可消。至阿睦尔撒纳游牧在塔尔巴哈台，果否与哈萨克毗连，若相距遥远而为此说，是欲借哈萨克以为擅权之地也，伊等果知奋勉，朕不惜格外加恩，至专擅则断乎不可，著侍卫扎克苏密赍此旨，传谕班第、萨喇勒留心察看，俟准噶尔既平，阿睦尔撒纳带彼处头目来时，再将哈萨克之事会议，请旨办理。

（《清高宗实录》卷 481　页 15—16）

阿巴噶斯乌勒木济哈丹等来降

乾隆二十年(1755)三月丙午。定边左副将军阿睦尔撒纳等疏，额林哈毕尔噶宰桑阿巴噶斯乌勒木济哈丹等来降。阿睦尔撒纳等奏言：三月十五日，有额林哈毕尔噶之宰桑阿巴噶斯、乌勒木济、哈丹等三人，带领三十人，迎接大兵，投诚前来。询知阿巴噶斯、哈丹，系兄弟二人，属下户口，共二千六百有余。乌勒木济属下户口，共一千三百有余。伊等投诚先来，至所属现住额林哈毕尔噶地方。臣等加意抚慰，并恭宣谕旨，令其不必迁移，仍在原住地方游牧。阿巴噶斯等告称，我等虽皆愿居原处，但不敢妄自求请，今蒙大皇帝早已洞照，实不胜欢忭。惟求速遣一人，送信游牧处，令聚集兵丁保守，以备不虞。随派得木齐锡喇卜，会同哈丹，前赴额林哈毕尔噶地方，将圣主抚恤准噶尔全部之旨，明白晓谕，收服人众。其阿巴噶斯、乌勒木济二人，臣等现在带往军前效力，仍于阿巴噶斯、乌勒木济属下两鄂拓克三千余户内，酌量拣选二千兵，带来效力，果能奋勉，另行察核具奏。又询知去年十月内，巴特玛车凌、额林沁、阿布赉，带领厄鲁特、哈萨克兵一万有余，将博罗塔拉等处所有游牧人众，尽行抢掠。阿布赉于阏勒奇岭东，将掳掠人带回，巴特玛车凌、额林沁带兵四千余直入伊犁，将居住伊犁河北达瓦齐之厄鲁特回子，尽行掳掠。达瓦齐与巴特玛车凌相拒月余，巴特玛车凌力不能继，始行脱回，现在或云在古尔班色尔克，或云在库克萨勒，或云在哈喇巴噶，纷纷不一，究未知现在何处。至问其由噶勒杂特游牧处至伊犁，尚有游牧人等与否？据阿巴噶斯等告称，斋尔地方，尚有集赛、鄂拓克四五千人，系宰桑齐巴克、额伯济二人统领居住，尚可得四五千兵。其噶尔藏多尔济属下，现有二千余户，前经达瓦齐调取，伊等并未前往，观此必无敢抗拒军行之意。但哈萨克锡喇、巴雅尔今既迁往，伊等或从中挑衅生事，亦未可定。臣等伏思集赛人众，既在斋尔居住，自应乘机进兵。于现在带来六千兵内，拣选三千，臣阿睦尔撒纳等带往，先至察罕呼济尔地方，展放卡伦，以资守望，俟有实信，然后遣人，赍奉敕谕，招抚伊等。如投诚前来，即行收服，否则当以兵威擒剿。

（《平定准噶尔方略》正编，卷九）

巴特玛车凌与哈萨克往征达瓦齐

乾隆二十年正月癸巳(十九日 1755.3.1)定边左副将军阿睦尔撒纳奏,阿克珠勒告称,谕军机大臣等,阿睦尔撒纳将阿克珠勒等所告,巴特玛车凌与哈萨克人众往征达瓦齐之处奏闻,可见达瓦齐势已穷蹙,准噶尔业成瓦解之形,若不迅速进兵,必致哈萨克幸获其利,著阿睦尔撒纳度量马力,或五六千、或三四千,务期奋勇前进,迅奏肤功。先因察达克等为包沁人言所诳,即行撤兵,朕已降有明旨,今观阿克珠勒之言,则其为欺诳愈见,俟达什敦多布到彼,仍遵前旨,与察达克、图伦楚带兵前往,在阿睦尔撒纳所领大队之前,另作一队哨探兵,方有裨益。再朕曾降旨令西路哨探兵,听候北路起程日期,亦于原定日期之前,先行进发。今已另谕萨喇勒,若西路先至博罗塔拉,有机可乘,则不必更候北路,倘北路先至亦然,如必需两路合攻,则仍守候一齐进发。总之两路将军大臣,皆为朕出力之人,不论孰先孰后,惟期克日成功,可传谕阿睦尔撒纳等知之。

(《清高宗实录》卷 481　页 17)

在哈萨克之巴朗自称噶尔丹策零之弟

乾隆二十年正月戊戌(二十四日 1755.3.6)谕军机大臣等,据阿睦尔撒纳等,询问库绷告称,哈萨克居住之巴朗,自称系噶尔丹策零之弟,著班第询问玛木特,伊系准噶尔旧人,必能知之,倘伊亦不知,则巴朗并非噶尔丹策零之弟,与准噶尔无涉矣。又库绷称哈萨克兵入伊犁,将回人谷麦抢夺,在察罕乌苏之伯勒齐尔居住。看来哈萨克兵现在伊犁就近地方,如我兵前进,遇哈萨克在彼,当如何办理,著班第、阿睦尔撒纳会议速奏。

(《清高宗实录》卷 481　页 21)

达瓦齐终日饮酒事务皆废

乾隆二十年正月辛丑(二十七日 1755.3.9)定边左副将军阿睦尔撒纳等奏,询据包沁之颜达什等称,去秋往伊犁,见达瓦齐终日饮酒,事务皆废。遣人往擒额琳沁,旋即败回。哈萨克兵来,行文各处备兵,兵皆未到。自斋尔至伊犁俱被抢夺。其属皆言自伊为台吉以来,无一日安宁,人人嗟怨。伊犁马匹,亦甚平常。报闻。

(《清高宗实录》卷 481　页 24)

达瓦齐势穷力竭兵到即可成功

乾隆二十年正月壬寅(二十八日 1755.3.10)又谕,昨览阿睦尔撒纳等疏奏,颜达什所告准噶尔情形,可见达瓦齐势穷力竭,我兵一到,即可成功,但哈萨克兵力稍强,又与达瓦齐甚近,若达瓦齐为哈萨克兵所擒,或为阿睦尔撒纳及巴特玛车凌拿获,均不如萨喇勒俘获为善,前已屡经降旨,著再传谕萨喇勒,仍遵前谕,不必拘定何处兵丁,乘机速行前进,西路之兵但能较北路先期到彼,速奏肤功,方副朕委任之意。

(《清高宗实录》卷 481　页 24—25)

从前恐达瓦齐为哈萨克兵所获

乾隆二十年二月丁未(三日 1755.3.15)又谕,从前因恐达瓦齐为哈萨克兵所获,或为巴特玛车凌擒缚，是以屡降谕旨，令勿论何路之兵先至，即行相机前进，不必两路会合。今阿睦尔撒纳奏到，恐西路先到，北路不能会齐，不无孤军深入之虞。朕思用兵自宜计出万全，著将阿睦尔撒纳原奏钞寄萨喇勒，令其仍遵原定二月二十八日起程，不必拘泥前旨，俟到额林哈毕尔噶，候北路信息，再同至博罗塔拉，会同前进伊犁。其如何通信会合之处，速即奏报，再阿睦尔撒纳此奏，能合机宜与否，伊若有所见，亦即速行奏闻。

（《清高宗实录》卷 482　页 33—34）

将阿睦尔撒纳言动密加查察陈奏

乾隆二十年二月丁巳（十三日 1755.3.25）又谕，前阿睦尔撒纳以托忒字奏请赏给敕书印信，以便招集伊从前散失人等，朕随谕以平定准噶尔后，将伊旧日所有人等，即令与伊会合居住，不必另给敕书印信，不识阿睦尔撒纳接到此旨，情形若何，议论若何，著班第等即行奏闻。又据班珠尔、纳噶察告称，将阿睦尔撒纳封汗，带领哈萨克人等，瞻仰朕躬之处，朕已降旨将四卫拉特台吉俱行封汗，哈萨克事务，俟平定准噶尔时，令班第、萨喇勒办理具奏，亦已谕知阿睦尔撒纳矣。此旨何以未经覆奏，亦著询问班第，将阿睦尔撒纳近日言动举止，密加查察，据实陈奏。

（《清高宗实录》卷 482　页 40）

准噶尔噶勒杂特部人齐伦来降

乾隆二十年二月庚申（十六日 1755.3.28）准噶尔噶勒杂特部人齐伦来降，命赏给安插如例。谕军机大臣等，据班第等奏称，来降之噶勒杂特部人齐伦告称，噶勒杂特之宰桑哈萨克锡喇、都噶尔等，俱向伊犁迁去，阿睦尔撒纳之兄巴特玛车凌等皆已败出，阿睦尔撒纳谓其言荒唐无据，噶勒杂特人等，闻我兵收服包沁，虽迁移他去，我兵撤回，伊等自仍归原游牧居住，且此际牲畜疲瘦，又安能遂至伊犁，所见甚是。但既有此言，则达什敦多布等为前哨兵，必须有兵接应，方合机宜。著传谕西路将军副将军等，仍照阿睦尔撒纳等所奏，两路大兵至博罗塔拉会合前进，勿拘泥从前所降之旨。再都噶尔原有投顺之意，今达什敦多布等，又前往擒拿巴朗，想都噶尔必闻我兵进发，前来投诚。巴特玛车凌即真败出，谅亦不远，闻阿睦尔撒纳领兵前进，亦必来寻伊弟，阿睦尔撒纳惟相度事机，小心办理为妥。再巴朗背恩逃窜，反捏浮言，阻挠归顺之人，甚属可恶，伊现在居近北路，或闻大兵将至，逃往西路，亦未可定，萨喇勒务遵前旨，访得巴朗信息，即另派兵，先行前往，擒拿巴朗，解送京师正法，勿令远飏。

（《清高宗实录》卷 483　页 42—43）

呼尔瑞台吉纳木奇等率众来降

乾隆二十年（1755）四月乙卯。定边右副将军萨喇尔疏奏，呼尔瑞台吉纳木奇等率众来降，及领兵前赴博罗塔拉情形。萨喇尔等奏言：臣前奏请，俟将军永常到乌鲁木齐，将臣等所领疲乏兵丁，裁撤留驻，交伊统领以为声援。添派和托辉特兵，并令新降之台吉、宰桑等，酌派所部兵丁，臣等一并带领起程。仍饬索伦兵，殿后继进。其余各队兵，俱令徐行，休息马力，以张声威。嗣有呼尔璊台吉纳木奇等，率领所属一千六百余户来降。臣等宣扬恩旨，常给缎匹、茶叶，并准其派出所部兵三百名，随营效力，余乃令其在原游牧处居住。寻据阿睦尔撒纳咨，北路兵业经起程，四月中旬，可抵博罗塔拉。伏思臣前经密奉谕旨，今西、北两路哨探兵，于博罗塔拉会合，一同进剿，毋令北路先发，今若照臣前奏，俟永常到时，始带兵起程，必落北路之后。臣等一面飞檄永常，令督催和托辉特及索伦兵作速前进，一面于宁夏、凉州、庄浪满洲兵内，拣选马匹肥壮，可至伊犁者，派出四百名，令和起、齐努浑带领，与臣等一同进发。复公同商派新降扎哈沁宰桑敦多克兵三百名，臣萨喇尔属下得木齐鄂勒锥、巴图尔巴图兵四十名，台吉噶尔藏多尔济兵三百名，扎那噶尔布兵六十名，噶勒杂特宰桑哈萨克锡喇兵五十名，叶克明安台吉巴雅尔等兵五十名，并新派呼尔璊台吉纳木奇等兵三百名，于三月二十九日，一并自罗克伦启行，计程于四月十五日内，可抵博罗塔拉。俟到彼处，西、北两路会合后，其如何协擒达瓦齐之处，相机办理。

（《平定准噶尔方略》正编，卷十）

罗斯台吉衮布扎卜等率众来降

乾隆二十年(1755)四月丁卯。定边右副将军萨喇尔等疏奏，罗斯台吉衮布扎卜等率众来降。萨喇尔等奏言：臣等领兵前进，陆续招降各部人众。于三月三十日，据绰罗斯台吉衮布扎卜，及伊弟三济扎卜，率领二十户来降。四月初二日，布库努特当扎木素等，及九得木齐收楞额等属下，一千一百余户来降。初五日，布库努特台吉巴尔珠尔五户，呼尔璊台吉纳木喀喇木锥等三十九台吉，共二百二十四户来降。初六、初七等日，阿巴噶斯、哈丹得木齐普尔普等率众三千余户来降。初八日，叶尔羌、喀什噶尔和卓木前来，告称，策妄阿喇布坦时，将我父缚来为质，至今并不将我等放回。我等情愿带领属下三十(千)余户，投降大皇帝为臣仆，并恭进玉盘一个。臣等随将圣主恩旨，宣示晓谕，鼓励并令各回原游牧处居住外。再叶克明安台吉巴雅尔、噶勒杂特宰桑哈萨克锡喇告称，我属下人等，因比年扰乱，牲只损伤，生计贫乏，请给与地方耕牧，以资养赡。臣等即如所请，令往吐鲁番耕牧，其籽种，今由吐鲁番莽里克等处领取。又额林哈毕尔噶等处居住之人，前以阿睦尔撒纳被哈萨克抢掠，生计亦多艰窘，因将阿睦尔撒纳属下未经带往二百余人，及额林哈毕尔噶处穷夷八百余户，共二千九百余人，俱令在额林哈毕尔噶等处居住，附入有牲畜之扎哈沁宰桑敦多克等属下，俾给与籽种，令其耕牧。臣等于三月二十九日，由罗克伦起程后，噶尔藏多尔济带领伊侄扎那噶尔布前来，情愿同往进兵效力。臣等留心察看，噶尔藏多尔济事事俱照臣等指示遵行，形迹并无可疑。且将军永常现驻乌鲁木齐，以为声援。而和托辉特台吉旺布多尔济、厄鲁特公丹拜及索伦、巴尔虎兵，又陆续前进，前后互为应援，防范周密，想噶尔藏多尔济亦断不能乘隙妄生觊觎。臣等办理诸事，稽留数日，此际达瓦齐想已得两路大兵前进信息，若不即遣人招服，恐其闻风远扬。因缮缴钤印，晓谕利害，饬侍卫塔奇图，及萨喇尔属下前锋策凌、亲王策凌属下佐领孟克等，于初四日，由乌兰乌苏地方遣往，传示达瓦齐。

（《平定准噶尔方略》正编，卷十）

集赛宰桑齐巴汉等率众来降

乾隆二十年(1755)四月壬申。定边左副将军阿睦尔撒纳等疏奏，集赛宰桑齐巴汉等率众来降。阿睦尔撒纳等奏言：四月初八日，贝子策布登扎布、普尔普等，文称：据协理台吉达什等，领兵至集赛，见喀喇阿济尔罕地方，有人游牧，即欲擒拿。有得木齐丹毕前来告称，我系都噶尔宰桑属下得木齐，情愿投诚，已差人送信，宰桑都噶尔即来投诚。初九日，集赛宰桑齐巴汉迎于途次，告称，我游牧在额米尔河，情原归附，前来迎接。我等五集赛，共六宰桑。我兄乌克图原系宰桑，为达瓦齐拘禁。今年二月，将我补放宰桑，由伊犁放回游牧。再宰桑达瓦、僧克尔二人，亦为达瓦齐拘禁。尚有旧宰桑策伯克达什策凌、杜尔把、齐巴汉，此三人内，杜尔把、齐巴汉现在伊犁，余皆在游牧地方。我闻大兵前来信息，即赴投诚，未及送信与众宰桑。伊等居住地方俱远，想一经闻信，二三日内亦必前来投降。我所管之人，一千余户。五集赛原有一万余户，因屡被哈萨克抢掳，止余七八千户。现今达瓦齐附近游牧之人，数年来因遇用兵，牲畜虚损，生计艰难。达瓦齐将一切事务，俱交恩克博罗特、吞图布、衮布等办理。伊日在醉乡，属下俱各离心。今年二月，达瓦齐因征哈萨克，令五集赛出兵五千余，在察罕呼济尔齐集预备，众人不从，并未前往。又十数日前，巴朗带人三十余户，至集赛地方，马匹俱为我等所掠，现今流落宰桑达什策凌附近地方，此外别无闻见。臣等即将晓示准噶尔敕谕宣示，齐巴汉不胜欣悦，情愿派兵效力。臣等即令带兵五十名，随臣等前进。臣等酌议，五集赛宰桑内，齐巴汉已经投诚，其达瓦齐欲调伊等之兵，又未应付，观此情形，则其余宰桑自必陆续归附。今若即遣兵前往收服，恐游牧人众一见大兵，未免易生疑惧。因令和托辉特副都统敦多卜、宰桑锡哈玛，往集赛地，收服众宰桑，即从彼处派得木齐兵丁，将巴朗擒拿。并遣副都统职衔达什敦多卜、宰桑乌勒木济，前往招降都噶尔。再数日内，宰桑达瓦齐属下得木齐朋楚克、鄂勒椿、巴图、杜尔把、齐巴汉属下得木齐纳沁哈什哈等，因伊等并无宰桑，情愿归附，陆续前来恳请。臣等已许其投诚，并选兵一百六十名，令随大兵前进。又据将军班第咨，送自伊犁前来之们都哈什哈。告称，伊系臣阿睦尔撒纳之人，自伊犁起程，距今止十三日。大兵进剿，达瓦齐尚未闻知，日在醉乡。现欲往征哈萨克集兵数千名，于额贝淖尔地方，令辉特台吉和通额默根管领，离此仅一日之程。臣思和通额默根，现在额贝淖尔与否，未可悬定。莫若遣人前往，将臣投顺以来，得沾大皇帝任用厚恩，并现在带兵前进情形，告知和通额默根，谕令早降，如不即归顺，再行办理。又闻，达瓦齐遣宰桑恩克博罗特、吞图布二人，往集赛调取兵丁。臣知二人俱系达瓦齐信用之人，若将二人擒获，达瓦齐情形俱可洞悉。因派参赞大臣郡王班珠尔等，带兵三百名前往进攻，务期擒获。

（《平定准噶尔方略》正编，卷十一）

谕令筹办擒达瓦齐事宜

乾隆二十年二月己巳(二十五日 1755.4.6)定边左副将军阿睦尔撒纳奏,接谕令筹办擒达瓦齐事宜,查巴特玛车凌系臣近族,若获达瓦齐,自必俘献,倘为哈萨克巴朗所擒,不特巴特玛车凌不服,巴朗并非噶尔丹策零之弟,亦断不能抚有准噶尔人众,臣意无论何人,但来归诚,俱准投顺,如或抗违,即当进剿,虽巴特玛车凌亦不敢徇情。报闻。

(《清高宗实录》卷483　页51)

应如何办理哈萨克事务详筹妥办

乾隆二十年二月壬申(二十八日 1755.4.9)谕军机大臣等,据萨喇勒等询问苏珠克图告称,哈萨克巴朗并非噶尔丹策零之弟,朕前曾降旨,询问阿睦尔撒纳,据奏在哈萨克时,留心察访,知系冒称巴朗名色,不足为据,合之萨喇勒所奏,其为假冒无疑,再降人齐伦曾言哈萨克兵,现为达瓦齐击败,使哈萨克力量稍强,能擒达瓦齐,则进兵时,须预筹所以备御之道,今并未占据伊犁,早已败退,我兵进剿,尤为便捷,况两路哨探兵会合一处,已逾万数,乘机前进,尽可迅奏肤功,萨喇勒务加意奋勉,仰副朕怀,至擒获达瓦齐后,应如何办理哈萨克事务,会同班第、阿睦尔撒纳等,详筹妥办。

(《清高宗实录》卷483　页53)

阿睦尔撒纳外虽承顺心实藐视

乾隆二十年二月癸酉(二十九日 1755.4.10)定北将军班第密奏,纳噶察狡而恃才,外虽承顺阿睦尔撒纳,心实藐视,即伊兄班珠尔人甚朴拙,亦为其所轻,适奉旨以伊误记前次谕旨,甚觉惶恐,即将伊告知唐喀禄之言,不行承认,臣随加训饬,并将平定后,分封四卫拉特为汗之处,晓谕班珠尔等,又于阿睦尔撒纳前不时提及,阿睦尔撒纳人尚明白,一经开导,即知悔悟,兼之色布腾巴勒珠尔深知其性,每于言论间,化其觊觎。再哈萨克游牧旧在伊犁西北,后多移至东北,现在额尔齐斯之北,亦有与阿睦尔撒纳游牧接壤处。报闻。

(《清高宗实录》卷483　页54)

哈萨克人等投诚前来

乾隆二十年二月癸酉(二十九日 1755.4.10)谕军机大臣等,据投降人等,均称哈萨克兵及巴特玛车凌等为达瓦齐所败,虽其虚实未定,然亦须预为筹画,庶临时不致周章,著传谕班第、阿睦尔撒纳,于大功告成后,若哈萨克人等投诚前来,将伊大头目酌量赴京入觐,赏给官爵,其所属之人,仍于原游牧安插,不必迁移,倘竟不归诚,亦不必用兵攻取,其如何设立防范,或应乘机办理之处,阿睦尔撒纳既深知其形势,可与班第定议办理。巴特玛车凌系阿睦尔撒纳之兄,今既败走,倘闻大兵一到,即来投顺,朕必为之加恩,即或伊不能来,亦当遣人迎取,岂有伊弟受朕重恩,而令其兄远弃于哈萨克之理乎?此皆成功以后事宜,但既至伊犁,则相隔尤远,倘临期再为奏办,未免稽迟,是以先行晓

谕，惟在班第等相机集事。

(《清高宗实录》卷483　页53—54)

达瓦齐派兵同哈萨克兵向阿尔台前来

乾隆二十年三月甲戌(一日 1755.4.11)谕军机大臣等，班第奏，新获乌梁海博尔贝告称，达瓦齐现派兵四千，会同哈萨克兵三千，向阿尔台前来，乌梁海宰桑布珠库，亦同领兵前进，并有令察达克、赤伦、车根等探信之语，其意欲令致疑察达克等，不为我兵遣用，博尔贝所告全属虚妄，此系必无之事，布珠库乃达瓦齐信任之人，故作谎言，虚张声势，冀少缓我大兵前进之意，且不论其言之虚伪，即使果实，亦于我兵前进，全无关碍。达瓦齐诚带兵前来，正值阿睦尔撒纳等鼓勇深入，成功愈可迅速，阿睦尔撒纳深知彼处情形，博尔贝所告之语，其真伪自必了然，但布珠库既为达瓦齐出力，则遣往之赤伦，或被伊戕害，亦属可虑，赤伦感激朕恩，输诚效力，其意深属可嘉，如果有受困之事，阿睦尔撒纳就近即派兵救援，现在察达克亦在彼处，或即派察达克前往亦可，阿睦尔撒纳一面酌量办理，一面仍带大兵前进，断勿稍为疑惑。博尔贝系车根属下人，而听布珠库之指使，妄言惑众，复致伤我兵丁，情甚可恶，著阿睦尔撒纳详细询明，即于军前正法。

(《清高宗实录》卷484　页55—56)

现在扎拉图所驻之兵毋庸撤回

乾隆二十年三月乙亥(二日 1755.4.12)谕军机大臣等，阿睦尔撒纳询明博尔贝奏称，布珠库之言，或恐我兵威所至，不准投顺，或系达瓦齐恐各处乌梁海悉行归降，设计安慰，均未可定，现在扎拉图所驻之兵，毋庸撤回，杭吉尔察克地方应添兵驻防，已移咨班第办理，并令察达克前来，面同博尔贝质对其言之真伪，使投顺之乌梁海等，勿致生疑，俟质对后，即将博尔贝正法，以彰国宪。阿睦尔撒纳办理甚合机宜，与朕昨所降旨吻合，即著照此办理，此必布珠库捏造谎言，冀缓我军，并使我致疑于初降之乌梁海等，不复遣用耳。阿睦尔撒纳令察达克前来，面同博尔贝质问明白，不特众乌梁海俱可安心，察达克亦全无疑惧，自当愈感任用之恩，出力报效。朕意博尔贝所言哈萨克三千兵，会同达瓦齐兵四千前来之语，哈萨克之兵或即从前降人库绷所称，哈萨克巴朗及巴特玛车凌所领之兵耳。果尔，则巴特玛车凌乃阿睦尔撒纳之兄，岂有反与达瓦齐会合之理，其言全不足据，于我兵亦毫无关碍，招摩多等处，驻兵防守亦可，即不驻兵，亦无不可，此时惟赤伦前往，事稍可虑，如果须应援，阿睦尔撒纳即遵朕前旨，留心办理，否则俟大兵平定伊犁后，此等乌梁海自必归降，此时原不必分兵前往也，现已令察达克前来，俟其到时，即可询知赤伦现在情形，察达克如恐赤伦在彼，或中布珠库诡计，伊欲带兵策应，即照伊所请，给兵前往，如不需策，应亦即停止。

(《清高宗实录》卷484　页57—58)

哈萨克锡喇领属人迁移额林哈毕尔噶

清朝中央实录资料。汉文。对研究清代新疆历史具有重要的参考价值。收入

1978年8月新疆民族研究所摘编的《清实录新疆资料辑录》(1—12)。文曰:"乾隆二十年三月戊子(十五日 1755.4.25)谕军机大臣等,阿睦尔撒纳奏,来降之巴第、阿咱特等告称,哈萨克锡喇带领伊属人,向额林哈毕尔噶迁移,其属下数得沁人等,及收楞额巴尔沁等,俱有来降之信,看来相继来降之人必多,此等望风纳款,即应加恩优恤,但现值进兵之时,无暇办理赏赉事务。著阿睦尔撒纳于沿途投降人等,详悉记明,在何处投降,即令其住居原处,不必迁徙,并将成功后即行施恩之处,明白晓谕,此内如有大头目等,应带往军前者,即行带往,其辉特、杜尔伯特、和硕特各部落及达瓦齐所属人等,亦必陆续来降,达瓦齐属下人,应另行分别办理。其辉特等所属人应如何办理,即当预为筹画,庶临时易于安插,阿睦尔撒纳即遵旨妥办,并传谕班第及西路萨喇勒等,转谕车凌等知之。

(《清高宗实录》卷484　页67—68)

招降都噶尔及擒获逃人孟克特穆尔

乾隆二十年(1755)五月庚辰。定边左副将军阿睦尔撒纳等疏奏,招降都噶尔及擒获逃人孟克特穆尔。阿睦尔撒纳等奏言:前遣副都统职衔达什敦多卜、厄鲁特章京乌勒木济,招降噶勒杂特宰桑都噶尔。今乌勒木济带领都噶尔,并擒获随同巴朗、同逃之孟克特穆尔前来。臣等询得,都噶尔素有归顺之心,为哈萨克锡喇所阻,迁移至集赛游牧边界。今伊兄达什敦多卜之婿乌勒木济前往,传谕恩旨,向化之心,益深踊跃,随即前来投顺,并情愿带一得木齐及兵六十名,随营效力。臣即令其带兵同进,又审询得,孟克特穆尔供,上年巴朗逃遁时逼我同行,我之母弟并未同逃,尚在游牧居住,后至奇兰地方,曾遣人告知库克新玛木特,令即擒拿巴朗。伊并未给回信,我遂与巴朗分散往依都噶尔度日。巴朗于彼处过额尔齐斯,依乌梁海宰桑图布慎处度日。今巴朗闻达什敦多卜等前来,遂弃其妻子,步行逃去。臣等现派内大臣玛木特、喀尔喀贝勒那木扎尔车苏隆、厄鲁特贝勒刚多尔济、贝子德济特等,领兵三百名,星往追擒务获。其孟克特穆尔,暂留臣营,俟擒获巴朗时,与擒获之巴布尔等,一并解京。

(《平定准噶尔方略》正编,卷十一)

宰桑达什策凌率众来降

乾隆二十年(1755)五月辛巳。定边左副将军阿睦尔撒纳等疏奏,宰桑达什策凌率众来降。阿睦尔撒纳等奏言:前遣喀尔喀副都统敦多卜、厄鲁特章京锡哈玛,前往鄂尔果楚克地方,招降五集赛宰桑策伯克、达什策凌等。至四月十七日,先据噶克布集赛宰桑达什策凌投降前来。臣等询知,伊等五集赛内,共有噶克布、伊克胡喇勒、拉布林、推素隆、杜尔把五鄂拓克。内惟噶克布集赛,四千余户,因人口众多,设二宰桑分管,即系达什策凌及策伯克二人。其余四鄂拓克,或千户,或不及千户,俱有宰桑一人。二月间,伊克胡喇勒宰桑齐巴汉,回至游牧,传达瓦齐之言,令五集赛派兵一千,在察罕呼济尔齐集,往征哈萨克。因春季马匹疲瘦,并未出兵,今闻大兵前来,诚心效顺。原派兵三百名

前来效力，缘此时马力俱弱，未能全到。其宰桑策伯克亦随后踵至。臣等即令达什策凌随大兵进发。

（《平定准噶尔方略》正编，卷十一）

宰桑乌鲁木等率众求降

乾隆二十年(1755)五月壬午。定北将军班第等疏奏，宰桑乌鲁木等率众求降。班第等奏言：额驸色布腾巴尔珠尔等，领兵前往阿勒坦特卜什地方，招服人众，拿获厄鲁特库绷一人，系宰桑乌鲁木之叔。乌鲁木因达瓦齐调遣，带兵一百名，往拒哈萨克。我情原归降，并即遣人邀回乌鲁木前来归顺。随据乌鲁木来营告称，我等早有归附天朝之心，昨闻大兵信息，即星夜领兵三十名前来。我等所属，有得木齐四人，人口四百余户，四项牲畜约计万余，俱各诚心归附。又贝子策布登等带领官兵，分起搜查阿尔台山梁等处。于四月二十七日，在古尔班鼐塔克地方，遇副都统察达克所属乌梁海得木齐朝罕等属人。又于乌兰布拉克、喀喇哈巴等处，遇鄂尔楚克那木达克等属人，及宰桑图布慎所属得木齐、喀喇曼集等属人，俱行收服，并获与巴朗同逃之曼集等八户人口，共收服人众二百余户，人口一千余名。

（《平定准噶尔方略》正编，卷十一）

擒获巴朗察汉等讯问达瓦齐情形

乾隆二十年(1755)五月甲申。定北将军班第等疏奏，擒获巴朗察汉等，讯问达瓦齐情形。班第等奏言：新降台吉和通额默根，留住游牧之宰桑库本，将达瓦齐所遣阿勒巴齐巴朗察汉擒送前来。讯据巴朗察汉供，达瓦齐遣我至和通额默根处调兵。嘱云，噶尔藏多尔济差人告知，现在萨喇尔领兵七百，由巴里坤前来，和通额默根毋庸往哈萨克进兵，即在博罗塔拉险要地方，屯兵防守，沿河下游安放卡伦，侦探信息，为进战退守之计。其萨喇尔所遣之人未至伊犁，达瓦齐已移住特克斯，是以未曾遇见。伊犁旧游牧人等，俱各四散，所存无几。前此达瓦齐并未调兵，今始传檄各处，今我谕宰桑丹津、玛玛什、苏拉济尔噶尔，于伊等三鄂拓克，派兵防守阏勒奇、察罕乌苏、摩垓图岭等处。其丹津游牧处所有牲畜，去年俱被哈萨克掳掠，现在兵力无多，不过暂派百余人，在阏勒奇之东，察罕布木地方，安设卡伦，探信了望。至噶尔藏多尔济遣往之人，并非伊属下头目。一系噶勒杂特哈萨克锡喇之人，一系布鲁古特尼玛之人，特系达瓦齐饰言，噶尔藏多尔济与伊一心彼此密通信息，聊以安慰众人之意。臣等伏思，巴朗察汉，乃达瓦齐遣赴和通额默根处调兵之人，其言不无狡饰，严刑究诘，矢口不移。详阅达瓦齐谕和通额默根之书，亦与巴朗察汉所供无异。至噶尔藏多尔济，现随副将军萨喇尔领兵同进，达瓦齐扬言密遣通信，明系设计离间。臣等现将巴朗察汉严行看守。再据宰桑索萨赉，擒获达瓦齐所遣调兵之鄂勒锥图前来。臣等细加诘讯，据鄂勒锥图供，达瓦齐于三月十三日，自伊犁遣我向和通额默根等各鄂拓克，派出征哈萨克之兵，令我监看起程。有巴尔达穆特鄂拓克波斯宰桑等，各带兵数百名，陆续起程。此等兵丁，俱系前往哈萨克，并非豫为迎距大兵之用。我因在彼守候未到之兵,适值们都哈什哈信到,遂为索萨赉鄂拓克之人擒获。再达瓦齐惟知终日饮酒,诸事不理,宰桑等亦不和睦,众心离散,牲畜疲瘦,即有迎距之心,实已进退无路,难以自存。臣等随将鄂勒锥图一并严行看守。

(《平定准噶尔方略》正编,卷十二)

济尔噶尔等四人来降

乾隆二十年(1755)五月甲申。班第等奏言:四月二十六日,有库图齐讷尔之得木齐曼集、乌巴什、讷默里、济尔噶尔等四人来降。臣等询据得木齐、乌巴什告称,我库图齐讷尔鄂拓克,有五宰桑分管。我等宰桑名克什木,共有七百余户,俱在尼楚滚地方居住。宰桑克什木,因达瓦齐派遣,带兵六十名,往距(拒)哈萨克。我见大兵已抵尼楚滚,即向曼集、讷默里、济尔噶尔、锡喇巴图尔、和通、玛玛什等六人计议,同来投降。达瓦齐前此并未调兵,闻大兵将到,始派兵防守博罗布尔噶苏隘口。虽经行文,我等亦并未遵照派防。又询得,善披领集赛之得木齐苏克、都尔格齐哈什哈等告称,我等鄂拓克,系喇嘛达尔扎时新立,共有六百余户,半系达什达瓦所属,半系罗卜藏策凌所属。我等今有四百余户,俱在齐老海居住。我宰桑莽鼐,带领二百余户,前往特克斯,曾告知我等,大兵不日将到,我族弟阿巴噶斯已经投降,准噶尔人等,自必将我掳掠,今暂居特克斯,尔等俟大兵到时,一面投降,一面与我寄信,随即来投。又询得古里特鄂拓克之得木齐和通喀喇、博罗莽鼎、伊什特克、咱玛、博勒等,告称,我等属人二百余户,原系罗卜藏策凌属下。达瓦齐将我等入于古里特鄂拓克。达瓦齐闻大兵前来,迁往特克斯,我等即移居于此,情愿投降。又臣等至尼楚滚地方。据阿勒闼沁鄂拓克宰桑塔尔巴,带伊二子,及五得木齐投诚前来。臣等询据塔尔巴告称,我鄂拓克得木齐十人,户口七百有余,现在济尔哈朗河居住,今俱愿投诚天朝。臣等即恭奉恩旨,一一宣示,应遣回者,谕令回原游牧处居住,应派往效力者,即带领行走。

(《平定准噶尔方略》正编,卷十二)

宰桑博什等率众来降

乾隆二十年(1755)五月壬辰。定边左副将军阿睦尔撒纳等疏奏,宰桑博什等率众来降。阿睦尔撒纳等奏言:前遣侍卫鼐库纳、协理台吉沙克都尔扎卜等,前往招降台吉诺尔布。五月初一日,沙克都尔扎卜回称,领兵至津集里克、伯斯伯勒齐尔二处地方,访台吉诺尔布信息,知伊尚在巴什干沙尔干之伯勒齐尔地方,往拒哈萨克。此处止有宰桑博什等,率兵八百四十七名,往拒哈萨克。随将圣主恩旨晓谕。博什等举手加额,愿率所带兵丁归降。又据哨探兵队内贝子策布登扎布普尔普等文称,四月二十八日,至伊犁,有佛寺喇嘛,并回人等二千余户,看船人十户,贸易宰桑博尔博等四十五户来降。臣等于五月初一日抵伊犁河,投降人众,陆续前来。据克尔努特台吉敦多布、叶克明安台吉绰瑚鼐、锡喇和通、塔尔巴哈沁之辉特台吉唐古忒等,俱来归诚,各请派兵随营效力。复据前往哈萨克台吉额林沁属下宰桑鄂勒锥告称,台吉额林沁前往哈萨克后,我等百余

户，为达瓦齐擒拿分散，今愿派出五十人步行效力。又喀什噶尔赛音伊苏卜伯克告称，我原系喀什噶尔宰桑，为达瓦齐革退，留住伊犁，今原派兵二十名效力，事定之日，祈遣使同往原游牧处，将旧属二万余户携带来降。又伊犁贸易回人阿卜达莫米木十三宰桑等告称，我等共二千余户，自伊犁河南哈什，至伊犁河北察罕乌苏等处地方居住，俱系旧台吉噶尔丹策零属人。因达瓦齐苛虐无厌，今俱穷困，情愿派兵三百名，协力同擒达瓦齐。又鄂斯莫木伯克告称，我等鄂拓克，共有七得秦，人丁五百余户，闻大兵前来，即欲率属求降。因为达瓦齐分遣，未能一时齐集，今原归降。臣等恭奉皇上恩旨，详悉开示，并将情愿出兵效力之人，带往军前，余俱谕令耕种贸易，各安生理。

（《平定准噶尔方略》正编，卷十二）

阿睦尔撒纳言语情形

乾隆二十年(1755)五月庚子。定北将军班第密奏，阿睦尔撒纳言语情形。班第奏言:据阿睦尔撒纳密行告称，若以噶尔藏多尔济为绰罗斯汗，众心多有不服。准噶尔风俗，素称强悍，喜生事端，心所不服者，虽威力挟制，不久必更滋事。不若于事定之时，齐集各宰桑、得木齐等，广为谘访。现今噶尔丹策零虽无嫡嗣，于伊亲戚中，不论何姓，择其众心诚服，能御哈萨克、布鲁特者，公同保举，奏请皇上施恩，俾领其众，则与情既协，事后可以永远宁帖。臣告以奉旨，封四卫喇特各为一汗，令自管辖，屡奉谕旨甚明。辉特、和硕特、都尔伯特，已将尔及班珠尔、策凌等加恩分封。独准噶尔一部，若另选别姓管辖，不独未合圣意，即准噶尔众心，亦岂能允服？阿睦尔撒纳复称，我蒙皇上重恩，已极尊荣，将来带领属人，在阿尔台附近地方游牧生理，于愿已足，复有何求？但我等四卫喇特，与喀尔喀不同，若无总统之人，恐人心不一，不能外御诸敌，又生变乱。然此亦非急务，俟与额驸公同商酌，再为陈请。臣即密行知会额驸色布腾巴尔珠尔，豫为留心。再自收服塔本集赛以来，凡有投降人众，俱云，皆闻阿睦尔撒纳而来。又屡次声言，准噶尔众心，无论何姓，惟能安抚大众，捍御外患，乃其所愿。伊此时惟以纠合从前失散之人，图立产业牲畜为急务。又常言，带领鄂拓克投降之宰桑索萨赉等，原系伊辉特部落之人。种种虚张声势，其希冀侥幸之心，已经毕露。俟大功告成，臣与萨喇尔、鄂容安等，惟悉心遵旨办理，不使稍萌妄念。再内大臣玛木特，退后每摘发阿睦尔撒纳之短，而睹面又多迎合，似属年老昏愦，不可深恃。

（《平定准噶尔方略》正编，卷十三）

萨喇勒等领噶勒藏多尔济投诚人等前进

乾隆二十年四月庚戌(七日 1755.5.17)谕军机大臣等，据萨喇勒等奏，带领噶勒藏多尔济投诚人等前进，又羁留达瓦齐之来使，带往进发，办理悉中机宜，朕深为嘉悦，伫望捷音。阅伊奏内，有噶勒藏多尔济人尚明白，但心迹叵测之语，朕思噶勒藏多尔济虽不可深信，现在既已投诚，又带兵一同前进，谅亦无意外之虞，若防范太过，恐伊知觉，反生贰心，惟有示以大度，默化其疑惧之意而已。至朕以哈萨克锡喇稍有疑窦者，盖彼系北路之人，如欲投诚，何不即由北路前来，反避走西路，其迹似有可疑，然既经投诚，一同带兵前进，则疑窦亦可自释，且伊等人众，即有一二略涉可疑之人，今达瓦齐已不克抵敌，而我继至之兵，又接踵前进，朕固知其无能为也，著将此传谕萨喇勒等，并将伊等前后奏折，录寄班第等，俾北路之兵，亦急速进发，尤为得力。再朕前曾降旨，俟俘获达瓦时，即行解送来京，不可因已据伊犁，稍容留顿。著再传谕两路将军，或达瓦齐被擒，或伊束手归诚，俱遵朕前旨办理。

（《清高宗实录》卷486　页86）

择水草茂盛地方多置牧厂以备调用

清乾隆朝满文寄信档。乾隆三十一年（1766）五月二十一日，大学士、领侍卫内大臣、忠勇公等奉上谕，字寄总管伊犁等处地方将军永贵著择水草茂盛地方多置牧厂以备调用。谕曰："各回城需马甚多，乌什系回疆腹地，土地辽阔，水草丰美，宜照伊犁之例设立牧厂数处，孳生牧放马匹牲只，以备接济喀什噶尔、叶尔羌等处调用。将此著寄谕永贵等，现在与哈萨克交易马匹，著多换驹骒，于乌什地方，择水草佳处多置牧厂，加以畜养，以广孳生。如何交易马匹、置办牧厂之处，著永贵即与明瑞会商，务图有济，议定具奏。"

（档号:03－131－5－013）

派定厄鲁特王宰桑等分班入觐

乾隆二十年（1755）六月戊午。定北将军班第等疏奏，派定厄鲁特王、公及投诚台吉、宰桑等分班入觐。班第等奏言：臣等前奉谕旨，将应令入觐之台吉、宰桑等，派定起程，并将人数职名于何时起程，何时可到之处，豫行奏闻。臣等伏思，现今大功告成，所有入觐人等，即应派定，及早起程。但达瓦齐尚未拿获，新降人内，有诚心归顺者，亦有畏惧兵威慑服者，人心尚在未定。且哈萨克及布鲁特各部落，诸事尚未全竣，其防守地方，约束兵丁应酌留大员经理。臣等公同酌议，派亲王策凌、策凌乌巴什、讷默库等，同去年未经入觐之亲王班珠尔等五人，前赴热河入觐。其都尔伯特贝勒刚多尔济，及策凌孟克等，暂留管辖兵丁。新降之台吉、宰桑内，量其能办事，如台吉唐古特、察滚，及散秩大臣阿巴噶斯、宰桑约苏图等，留营办事。其余品级较大，形迹可疑，如噶尔藏多尔济等台吉十员，厄尔锥音等宰桑十三员，作为第一起，派亲王策凌，及郡王扎拉丰阿带领起程。其第二起，派亲王班珠尔等，及阿睦尔撒纳之兄、台吉伊什丹津等十二人，并宰桑噶都尔等十三人，令参赞大臣阿兰泰带领起程。向后伯什阿哈什等大台吉，若能赶至，臣等亦令起程，附入第二起前进，如日久不到，俟明年令其入觐。现在第一起人等，于六月初旬起程，九月下旬可至热河。第三起人等，于六月二十日内起程，中途略加趱行，亦可与第一起同前至热河，瞻仰天颜。

（《平定准噶尔方略》正编，卷十四）

阿睦尔撒纳图占伊犁情形

乾隆二十年(1755)六月甲子。定北将军班第等密奏,阿睦尔撒纳图占伊犁情形。班第等奏言:臣等自入准噶尔边境以来,悉心察访,部落人众,习尚狡诈,惟图私利,罔知恩义,数年来生计贫乏,攘夺相寻。今大兵驻扎,尚有掠取站马、抢夺行人之事,虽交该宰桑、得木齐等缉拿,迟延未到,将来大兵既撤,势必益加怠玩。况臣等同办军务之人,不能秉公竭力,共勷国事。但借办公之名,济其私欲。如阿睦尔撒纳者,其初尚知感戴皇恩,臣等见其贪利妄行,力为劝阻,伊即听从,尚有勉力速冀成功之意。自入塔本集赛游牧以来,仰仗天威,所至迎降,伊渐志足意满,惟知寻获被抢人口,攫取牲只为务,有意迁延,致误会集博罗塔拉日期。又妄自夸张,谓凡来归之众,俱系为伊投诚,及入伊犁,益无忌惮。凡伊兄弟暨所属人等肆行劫夺,不行禁止。及得达瓦齐游牧,所收牲只财物,多方隐匿。贝勒策布登扎布,曾言伊抢夺鄂勒锥宰桑游牧处驼马各千余,羊至二万余,此外更不知凡几。伊素性贪忍,意图占据准噶尔地方,凡有仇隙者,任意杀害,是以众心怨恨。伊欲拥众自卫,不愿大兵撤回。臣等时为催促,推诿观望,且云巴里坤、额尔齐斯二处,仍须各留精兵五千,驻防过冬,语益坚执,明系仗我师力,威服准夷,以遂私计,全不知感戴皇恩,筹办善后事宜。至奉晓谕哈萨克敕书时,阿睦尔撒纳故意犹豫,欲待伊先行遣使。文内又有伊领蒙古、汉兵在此驻扎之语。策布登扎布向纳噶查争论,谓尔等何不将身受大皇帝之恩,带兵前来,据实告知,竟若自行前来者,纳噶查始终不遵。经臣等力指其非,始令侍卫顺德讷,同伊使奉敕前往。再收取达瓦齐游牧时,伊意不欲查明一切牲只财物数目。后臣等派人同玛木特往查,仍百计阻挠,至今尚未清晰。至查办牧场,及遣人收服四路之事,至今亦并未办理,一意迁延。惟与各宰桑头目,私行往来,行踪诡秘。即如各部前往热河入觐之人,并不即为派定,催足再四,始行开送。又屡行更换,及至起程,仍不免舛误。凡有传行事件,并不用印信,仍仿达瓦齐,私用小红钤记,臣等节次理谕,终不遵行。动即扬言,此处人众欲叛,视萨喇尔如仇敌,潜行猜忌。看来阿睦尔撒纳图据伊犁,恋恋不已。仰恳特降谕言,令其速行入觐,早定四部封汗之事,以杜非分之想。至纳噶查,居心诡诈,惟知附和阿睦尔撒纳,已在圣明洞鉴之中。此间众论,亦以纳噶查前往在策妄多尔济那木扎尔时,阻挠挟诈,共相怨恨。并恳降旨,将纳噶查调往青海驻防,以散其党。再阿睦尔撒纳扬言,此处喇嘛等谋反。臣等请将济隆胡土克图速行遣往,令其宣谕众庶,安辑人心。若阿睦尔撒纳久在此处,致伊等相互猜疑,必至生变,或因欲实其言,潜行鬼蜮,故生事端,俱不可不先事豫防。

(《平定准噶尔方略》正编,卷十四)

遣使晓谕哈萨克事宜

乾隆二十年(1755)六月甲子。定北将军班第等疏奏,遣使晓谕哈萨克事宜。班第等奏言:臣等接奉皇上颁发哈萨克谕旨,敬谨翻译蒙古文,派侍卫顺德讷、宰桑巴桑策凌,前往晓谕。臣等复行文哈萨克云,嗣后尔等与准噶尔人等,应恪遵大皇帝谕旨,仍前和好，所有彼此互行抢夺之物，俱各给还。如愿归诚，承受天朝恩泽，即遣明白晓事陪臣前来，当即代为陈奏。

（《平定准噶尔方略》正编，卷十四）

阿睦尔撒纳擅自调兵情形

乾隆二十年（1755）六月戊辰。定北将军班第等密奏，阿睦尔撒纳擅自调兵情形。班第等奏言：据喀尔喀贝勒策布登扎布呈称，阿睦尔撒纳指称防守哈萨克、布鲁特，调兵几千名，分驻二处，此事曾否会商已定，密行咨询。臣等以阿睦尔撒纳并未先行会商，面加诘问。伊始告称，传闻哈萨克有前来之信，布鲁特亦有抢夺边境之语，是以由博罗塔拉等鄂拓克，集兵五千名，拟在博罗呼济尔地方，防守哈萨克，保护游牧。由阿里玛图等鄂拓克，集兵四千名，拟布敦阿璊地方，令其驻防等语。臣等诘以哈萨克、布鲁特，何敢辄行侵犯，至各处调兵，有无滋扰游牧人等，且豫备应至何时而止。阿睦尔撒纳云，哈萨克、布鲁特前来，如好言遣回则已，若妄行劫掠，有此豫备之兵，既易于邀击，而游牧人等亦可照常耕牧生理，不致惊扰，且不过豫备两三月，俟遣使回时，即可撤回。臣等随公同商定，派兵豫备。次日，正欲钤印行文，伊称业用伊图记发行。臣等谕以一切行文，俱当用皇上钦颁印信，不得擅用图记，恐奸人从中假冒。嗣后若非印信文移，诸事不准遵行，违者治罪。现在通行传饬遵行。

（《平定准噶尔方略》正编，卷十四）

阿睦尔撒纳悖逆情形

乾隆二十年（1755）夏六月庚午。定北将军班第等密奏，阿睦尔撒纳悖逆情形。班第等奏言：臣等与阿睦尔撒纳将撤兵事宜，商酌已定。伊遣宰桑们都告称，据多果鲁特鄂拓克吗穆特前来密告，途中闻沙克都尔曼济鄂勒锥、讷默库与众喇嘛等商议，欲往迎达瓦齐，乘隙骚动。虽沙克都尔曼济等已随扎拉丰阿等起身，然行程未远，或乘夜来袭，亦未可定，应严加防备等语。臣等即传玛木特询问，语甚支吾，详察情形，显系阻挠撤兵之计。臣等谕之云，达瓦齐在伊犁时，沙克都尔曼济尚不能为力，今岂更能往迎，即迎之，亦何能为。惟是行军防范，理固应尔，虽无此信，原不宜怠忽。伊知臣等不为所动，复令自哈萨克逃回之达哈泰，前来密告哈萨克约有兵五万前来之信。臣等详询达哈泰，据称，我去年为哈萨克掳去，今年四月三十日逃回，闻知哈萨克聚兵抢掠准噶尔。前队兵于五月初旬起程，后队尚未齐集。并闻哈萨克人云，达瓦齐与我等积成仇隙，断不令其统辖准噶尔。若阿睦尔撒纳代为台吉，我等不敢发兵，两相和好。臣等复以现在阿睦尔撒纳同大兵前来，哈萨克等会否闻知？阿睦尔撒纳从前所遣丹津，尔何处遇见？并巴特玛车凌、额林沁现在何处？是否同哈萨克兵前来？一一询问。据称，我并未遇见丹津、巴特玛车凌、额林沁，闻其亦与哈萨克兵一同前来。阿睦尔撒纳领兵到此，哈萨克尚未及知，如果闻知，伊等甚畏阿睦尔撒纳，自必退回，不敢拒敌等语。臣等随向达哈泰云，尔即往哈萨克，将阿睦尔撒纳，现奉大皇帝谕旨，领兵前来，平定准噶尔之处，一一告知哈萨克。伊并不敢前往。而阿睦尔撒纳即以且倏丹津回时，自得实信为词，又捏称达瓦齐于八月内即来伊犁，种种捏饰，惟冀留驻大兵，张伊声势，占据伊犁，致误入觐日期。臣等正言力阻，虽不稍为摇惑，但逆谋现已显著。又阿睦尔撒纳遣纳噶查宰桑锡哈玛，私给喇嘛熬茶银一千两。且云，我若统辖准噶尔时，必将尔等善为养育。后经宰桑阿雅勒鹄，告知萨喇尔、喇嘛人等，皆言扰乱准噶尔全部，系达瓦齐、阿睦尔撒纳二人。今大兵一到，达瓦齐不知逃窜何所，我等方庆更生。而阿睦尔撒纳散布统辖准噶尔之言，我等与其为阿睦尔撒纳暴虐，不若急图远避等语。再达瓦齐逃遁后，所有投降宰桑衮布、达瓦、萨尔坦，虽曾助达瓦齐为虐，但既经归附，理应遵旨解京。乃阿睦尔撒纳不行具奏，亦不向臣等会商，擅自杀戮，并将家产抄没。又欲袭杀达瓦齐属下宰桑车凌多尔济、摩罗，及恩克博罗特、吞图布等，经臣班第、鄂容安力阻而止，已潜遣人将伊等家产抄没。其尤甚者，先经定议，将准噶尔错处之众，分为四卫拉特汗，编隶旗分佐领，令各居本地，不得移居一处。阿睦尔撒纳又潜行诡计，将属下被掳及向伊顺从人等，俱行收集，并各处遣人，往来招致，并不遵用皇上颁给印信，但用噶尔丹策零小红图记。查准噶尔噶尔丹策零为总台吉时，悉用小红图记，其下台吉人众，如有私用者，罪即应斩，部众莫不稔知。今阿睦尔撒纳行文，窃仿噶尔丹策零，其心迹显然可见。仰恳圣明降旨，速将阿睦尔撒纳调取回京，所有四部落，即行分封，绝其妄念。

（《平定准噶尔方略》正编，卷十五）

阿睦尔撒纳等进兵至察罕呼济尔

乾隆二十年四月丙寅（二十三日 1755.6.2）谕军机大臣等，阿睦尔撒纳等，领兵至察罕呼济尔地方，尚未知达瓦齐信息，现在进兵至额密勒等处，相机办理并遣人侦探巴特玛车凌实在信息，筹办俱合机宜，自必迅奏肤功，朕意察罕呼济尔地方，尚未得达瓦齐信息，盖因去岁至今，准噶尔全部，攘夺无已，复经巴特玛车凌及哈萨克巴朗等掳掠，夷众皆无栖止之地，星散奔逃，是以如入无人之境，达瓦齐料必不能固守，如果能固守，则噶勒杂特之哈萨克锡喇，又岂肯避走西路耶。看来达瓦齐势已瓦解，阿睦尔撒纳惟加意奋勉，迅奏肤功，副朕郑重委任至意。

（《清高宗实录》卷 487　页 103）

绰罗斯台吉衮布扎布等部陆续来降

乾隆二十年四月丁卯（二十四日 1755.6.3）定边右副将军萨喇勒等奏，臣等领兵前进，陆续招降各部人众，现据绰罗斯台吉衮布扎布等部，陆续来降，共四千余户，内和卓木，原系叶尔羌、喀什噶尔回部之长，因策妄阿喇布坦时，羁留伊父为质，未经放回，将属下三十余户率领来归，臣俱令各回原处游牧。再业克明安台吉巴雅尔、噶勒杂特宰桑哈萨克锡喇等，因比年扰乱，生计贫乏，请给地耕牧。臣等即令往吐鲁番耕牧。又额林哈毕尔噶等处居住之人，前以阿睦尔撒纳被哈萨克抢掠，生计亦艰，因将阿睦尔撒纳属下未经带往二百余人，及额林哈毕尔噶本处穷夷八百余户，俱令在额林哈毕尔噶等处居住，附入有牲畜之扎哈沁宰桑敦多克等属下，俾给与籽种，令其耕牧。再噶勒藏多尔济，带领伊侄扎那噶尔布，现随臣效力，事事俱遵指示，形迹并无可疑，臣等留办数日，此际想达瓦齐已得两路大兵前进信息，若不遣人招服，恐其闻风远飏，因缮檄钤印，晓谕利害，饬侍卫塔奇图等，由乌兰乌苏地方前往传示。谕军机大臣等，萨喇勒奏，绰罗斯台吉衮布扎布等各带领户口，前来投诚，及饬侍卫塔奇图等，前往晓谕达瓦齐，办理诸事，番合机宜，朕心深为嘉予，惟伫候伊等捷音，萨喇勒务宜加意奋勉，迅奏肤功，以副委任。再朕观尼玛所供达瓦齐现在情形，将来萨喇勒遣人晓谕后，固必前来投诚，或此时达瓦齐一闻大兵信息，即遣人至军前请降，皆未可定，如果来降，萨喇勒即一面受降，一面仍带大兵进发，办理一切善后事宜，并宜谕达瓦齐，毋令稍生疑惧，遵照前旨，解送京师。其噶勒藏多尔济率领伊侄，愿随大兵前往效力，诸事俱遵照萨喇勒等指示办理，亦属可嘉，萨喇勒等毋庸过于疑虑，转致别生事端。至投诚绰罗斯台吉衮布扎布，及布库努特当扎木素等，率众归诚，俱应即加赏赉，但尚未查明伊等名目等次，是以尚未颁赐赏赉，著萨喇勒至伊犁时，即行查明，分别具奏，朕自加以厚恩，先将此旨晓谕伊等知之。至投诚之和卓木，原系叶尔羌、喀什噶尔回部之长，羁留准噶尔为质，未经放回，情甚可悯，著萨喇勒即将伊派令前来入觐，至回营时，仍令复回原部，并将此预行告知，俾知感戴。萨喇勒此番筹办妥协，深属可嘉，著赏赐朕御用宝石数珠一盘，扎拉丰阿、鄂客安并著赏给荷包鼻烟壶，以示奖励。

（《清高宗实录》卷 487　页 105—106）

集赛宰桑齐巴汗迎于途次情愿归附

乾隆二十年四月壬申（二十九日 1755.6.8）定边左副将军阿睦尔撒纳等奏，四月初九日，有集赛宰桑齐巴汗迎于途次，情愿归附，效力军前，并告称我等五集赛共六宰桑，除杜尔把齐巴汗现在伊犁，其余宰桑达瓦、僧克尔、策伯克、达什车凌皆在游牧地方，我闻大兵云集，即来投诚，伊等居住俱远，想一闻信，亦必投降，现今达瓦齐，日在醉乡，属下离心，今年二月，达瓦齐因征哈萨克，令五集赛出兵五千，并未听从，又十数日前，巴朗带人三十余户至集赛地方，马匹俱为我等取掠，现今流落宰桑达什车凌附近地方，臣等即令齐巴汗带兵五十名，随大兵前进，查五集赛既不听达瓦齐调遣，自必陆续归附，但统兵前往，恐游牧人众转生疑惧，因令和托辉特副都统敦多布、宰桑锡哈玛前往收服，即于彼处派得木齐兵丁，将巴朗擒拿，并遣副都统职衔达什敦多布、宰桑乌勒木济，前往招降都噶尔。又据将军班第咨送，自伊犁前来之扪都哈什哈告称，伊系臣阿睦尔撒纳之人，自伊犁起程，距今止十三日，大兵进剿，达瓦齐尚未闻知，现欲往征哈萨克，集兵数千名，于额贝诺尔地方，令辉特台吉和通额默根管领，离此仅一日之程，臣即遣人将臣投顺以来，得蒙厚恩任用，并现在带兵前进情形，告知和通额默根，谕令早降。又闻达瓦齐遣宰桑恩克博罗特、吞图布，往集赛调取兵丁，二人系达瓦齐信用之人，若能擒获，达瓦齐情形俱可洞悉，因派班珠尔等，带兵三百进攻，务期擒获。谕军机大臣等，阿睦尔撒纳奏

称，集赛宰桑齐巴汗，率众投诚，即随大军前进，并遣副都统敦多布，前往集赛招降各处宰桑，俾即派兵擒获巴朗，又遣达什敦多布，招降宰桑都噶尔，办理俱合机宜，朕深为嘉予，大功旦晚可望告成，阿睦尔撒纳等务当益加奋勉，以副委任。至齐巴汗，冀沐朕恩，亲身迎接大兵，甚属可嘉，著加恩授为散秩大臣，并遣侍卫德善，赍孔雀翎帽衣服荷包等物，前往赏赐，仍将大功告成后，另加恩赏之处，谕伊知悉。再敦多布、达什敦多布，前往招降之集赛二宰桑，及宰桑都噶尔，并在伊犁之宰桑杜尔把齐巴汗，一闻信息，亦必陆续踊跃来降，但俟奏闻后，再颁赏赐，未免迟滞，将此四人，亦照齐巴汗，俱授为散秩大臣，各赏给孔雀翎帽衣服荷包等物，俟伊等投诚前来，即行赏给。其台吉和通额默根，为达瓦齐统领兵丁，驻扎额贝诺尔地方，阿睦尔撒纳已遣人前往招降，谅亦即来投诚，但不知伊系何等台吉，尚未奏明，量给倭刀皮帽一顶，数珠一盘，亦交与德善赍往，预备赏给，嗣后有似此等投诚台吉，俱照此颁赏，其应得职衔，著阿睦尔撒纳查明伊等带来户口多寡，分别具奏，俟其赴热河入觐时，再行赏给。阿睦尔撒纳此次办理可嘉，著加恩赐与朕御用珍珠数珠一盘，荷包鼻烟壶各一件，色布腾巴勒珠尔、青滚杂卜、玛木特、阿兰泰、班珠尔、讷默库、车布登扎布，俱著赏给荷包鼻烟壶各一件，以示奖励。

（《清高宗实录》卷487　页109—110）

乌逊呼济尔等处系哈萨克孔道

乾隆二十年五月辛巳（八日 1755.6.17）又谕曰，班第等奏称，乌逊呼济尔、察罕呼济尔等处系当哈萨克孔道，现交塔勒玛善、扎勒杭阿等，同台吉克伯克、宰桑卫征等，带兵设立卡座，以资防守，倘哈萨克领兵来时，一面具报，一面令噶克布、拉布林集赛，会兵一处迎敌，仍以祸福晓谕哈萨克，令其作速撤兵，具见筹办周密，深合机宜。此时哈萨克料不能前来，即使前来，大约仍系阿睦尔撒纳之兄巴特玛车凌一人而已，从前阿睦尔撒纳曾遣人通信伊兄，俟巴特玛车凌一到，即可得彼处实在情形，现在两路大兵已经会合，朕功指日可成。朕意此时正宜遣人往谕哈萨克，著班第、阿睦尔撒纳、萨喇勒，同选一人前往，明白晓谕，告以近因准噶尔等，扰乱多年，互相残杀，荼毒地方，朕抚有天下，以安辑群生为心，特发大兵戡定准噶尔，俾得休养生息，不罹兵革之灾共享太平之福，虽准噶尔素与哈萨克为仇，经朕平定以后，已降旨严禁准噶尔等，不得肆意妄行，劫夺哈萨克人众。尔哈萨克情愿归诚与否，听尔自为，惟须各守边界，不得妄行出境，劫夺准噶尔人等，倘不谨遵谕旨，必发大兵征剿，毋贻后悔，将此旨缮就，往谕哈萨克，其应于何时遣人前往，仍相机办理，不必拘泥朕旨，往谕后，即将彼处情形，详悉奏闻。

（《清高宗实录》卷488　页121—122）

领兵已过博罗布尔噶苏台

乾隆二十年五月丙戌（十三日 1755.6.22）谕军机大臣等，据萨喇勒等奏，领兵已过博罗布尔噶苏台，至登努勒台地方，达瓦齐所属，并无人在彼防守，其伊犁附近之台吉宰桑喇嘛等，俱已遣人前往招降，所办机宜悉协，不胜欣慰。至所奏功成之后，请停止伊犁驻兵一事，萨喇勒等盖因准噶尔近年以来，生计穷蹙，若多驻官兵，恐不无劳费起见耳，朕前此谕令驻兵，原非欲令永远戍守，以现办四卫拉特旗分佐领，并五集赛各鄂拓克人等，及哈萨克、布鲁特边界一切事宜，若不令大臣驻扎，无所统率，遇有应行查办之事，仅交四卫拉特各部落汗等办理，究属未协，且既驻大臣，不能不酌量驻兵数百名，或一二百名，以备差遣，至兵丁所需口粮，或收取达瓦齐辎重什物，或将诸鄂拓克应纳贡赋，征收支给，俱已足资应用。著班第、阿睦尔撒纳、萨喇勒等至伊犁时，会同妥议具奏，如量度情形并一二百名之兵，均可无庸筹办，则但令大臣官员驻扎，亦无不可，不必拘泥朕前旨。

(《清高宗实录》卷488　页125—126)

伊犁应办事宜交兆惠等妥协办理

乾隆二十年五月癸巳(二十日 1755.6.29)谕军机大臣等，大兵平定伊犁，所有应行入觐人等，著班第、阿睦尔撒纳、萨喇勒，即将派定人数若干，何时可到之处，一面奏闻，一面将应办事宜，交兆惠等妥协办理。再哈萨克处，应遵照从前所降谕旨，遣人前往，其晓谕哈萨克阿布赉之旨，应告以哈萨克，先与准噶尔互相构搆衅，当天朝进兵之时，正达瓦齐与尔等交争，因大兵前进，达瓦齐始将掳掠尔等之兵停止，今准噶尔地方已经平定，俱为臣仆，凡前此戕害尔等之事，自可永行禁止，尔等如愿归诚，必普加恩泽，若欲自为部落，亦只许静守边界，毋得侵扰，倘仍照前掳掠，当发大兵征讨，将此明白晓谕，视伊等情形若何，即行奏闻。再策妄阿拉布坦、噶尔丹策零俱系准噶尔台吉，伊等现在如有子孙，朕尚欲为加恩，如竟无嗣续，深属可悯。著班第等查明策妄阿拉布坦、噶尔丹策零坟茔，照蒙古礼致祭一次，仍由该鄂拓克人等内，酌量派人永远看守，并岁行祭扫之礼，将此通行晓谕准噶尔人等知之。

(《清高宗实录》卷489　页138)

班第等密奏阿睦尔撒纳言语情形

乾隆二十年(1755)七月丁丑。定北将军班第等密奏，阿睦尔撒纳言语情形。班第等奏言：臣等察看，阿睦尔撒纳甫至伊犁，即图安居，不愿他往。臣等询其何日起程入觐？伊推托支吾，但言此处事体，尚未完竣，哈萨克、布鲁特现有前来之信。又云或奉谕旨，令其在此与臣等同一办事，亦未可定。臣等据理开导，虽勉强听从，而迟疑瞻顾之情，时时流露。数日内，其辞又复变迁，自云俟达瓦齐擒获至尼楚滚地方，视凯旋兵丁起程讫，我即前往入觐，其意更属可疑。臣等暂为安慰，不甚催促。伊赋性狡诈，恐临期又复托故留顿，或于半途称疾，俱未可定。喀尔喀王额林沁多尔济人尚老成，有识见，每当会议时，能逆折其计，阿睦尔撒纳亦为敬让。臣等公同计议，令额林沁多尔济同伊一路行走。又恐先启其疑，此时且不露形迹，俟起程期近时，告以奉旨，令额林沁多尔济入觐，即可一同起程。俟阿睦尔撒纳抵热河后，皇上训谕开导，伊背逆之意，自必潜消。

(《平定准噶尔方略》正编，卷十五)

都尔伯特台吉伯什阿噶什等率众来降

乾隆二十年(1755)七月戊寅。定北将军班第等疏奏,都尔伯特台吉伯什阿噶什等率众来降。班第等奏言:六月十五日,都尔伯特台吉伯什阿噶什、和硕特台吉三济特,同至军营。告称,我等游牧,在哈萨克边界,大兵平定准噶尔,今始闻知,是以率众来降。臣等查伯什阿噶什属下共三四千户,三济特属下共三百余户,即行安抚,并令伊等随同亲王班珠尔等入觐。后据伯什阿噶什等告称,因游牧与哈萨克接壤,如无保护之人,恐哈萨克乘间掳掠,恳将伊弟肯哲毕喀先来入觐,伊等回去保护游牧,俟明年或近年游牧已定,再行入觐。臣等公同商议,伯什阿噶什等原与达瓦齐离心,上年即欲归降,曾密语臣萨喇尔之兄布林。今因游牧离哈萨克甚近,必须亲往保护,亦属紧要。即照所请,令伊等回保游牧,饬伯什阿噶什速遣伊弟肯哲毕喀,前来入觐。

(《平定准噶尔方略》正编,卷十五)

定北将军班第等密奏阿睦尔撒纳言语情形

乾隆二十年(1755)七月丁亥。定北将军班第等密奏,阿睦尔撒纳言语情形。班第等奏言:和硕特亲王班珠尔,追擒达瓦齐回营,应即赴京入觐。阿睦尔撒纳捏称,布鲁特、叶尔羌、喀什噶尔有合兵来犯之信,特穆尔淖尔游牧人众,现在畏惧,向内迁移,令贝勒齐木库尔车布登扎布告知臣等,欲于亲王班珠尔、贝勒齐木库尔、刚多尔济、台吉唐古特、宰桑阿巴噶斯察哈什特克尔得克等数人内,指派令其统兵,防守游牧边界。臣等告,以班珠尔、齐木库尔,俱系派定入觐之人,察哈什亦应奉旨入觐。除此三人外,方可选派。阿睦尔撒纳云,此外无可选派之人,即便遣往,亦不能办事。班珠尔又告称,若将我旧属赏还,情愿前往等语。臣等诘以从前因防范哈萨克、布鲁特,调兵九千名,分驻两处,岂尚不足防守边界。则云,所派之兵,因统领不得其人,至今尚未全往。臣等复诘以此时应行入觐之大台、宰桑,既可派留办事,照看游牧,从前因何不先派往。又云,彼时因尚无确信,是以仅将得木齐、收楞额等遣派。又向臣萨喇尔商议,欲令齐木库尔料理兵丁起程后,再行入觐。臣萨喇尔告之云,此时即刻启行,尚恐稽迟,若出兵后,焉能星速驰赴?臣萨喇尔随派诺海奇齐克,与宰桑特克尔得克一同前往,且语以布鲁特边界,不过宵小盗窃争夺,断无大事。阿睦尔撒纳欲留班珠尔等之议,始行中止。至起身之期,犹再三延缓,至二十九日始行。又班珠尔属人,原自无多,特倚藉阿睦尔撒纳势力,将噶尔丹时收获之鄂齐尔图,及车臣汗等和硕特属人,收取甚多。臣等遵旨,止将伊等旧日属人办给,余俱屡次驳回。

(《平定准噶尔方略》正编,卷十五)

封绰罗斯汗之事密谕班第

乾隆二十年五月庚子(二十七日 1755.7.6)定北将军班第奏,据阿睦尔撒纳密行告称,若以噶勒藏多尔济为绰罗斯汗,众心不服,不若于事定后,齐集各宰桑得木齐等,广为谘访,于噶尔丹策零亲戚中,不论何姓,择众心诚服能御哈萨克、布鲁特者,公同保奏,俾领其众，则舆情既协，亦可永远宁帖，臣告以奉旨封四卫拉特，各为一汗，令自管辖，若另选别姓，不独未合圣意，即准噶尔众心亦岂允服。阿睦尔撒纳复称，我蒙皇上重恩，已极尊荣，复有何求，但我等四卫拉特，与喀尔喀不同，若无总统之人，恐人心不一，不能外御诸敌，又生变乱，俟与额驸公同商酌，再为陈请，臣即密行知会额驸色布腾巴勒珠尔，预为留心，再伊此时，惟以纠合从前失散之人，图立产业为急务，又常言带领鄂拓克投降之宰桑索萨赉等，原系伊辉特部落之人，种种虚张声势，其希冀侥幸之心，已经毕露，俟大功告成，臣与萨喇勒、鄂容安等悉心办理，不使稍萌妄念。再内大臣玛木特，退后每摘发阿睦尔撒纳之短，而觌面又多迎合，似属年老昏聩，不可深恃。谕军机大臣等，班第奏，阿睦尔撒纳言语情形一折，阿睦尔撒纳不无希冀侥幸之心，班第答以准噶尔地方，四卫拉特封为四汗之处，业已降旨，断不可改，持论甚为得体，若止封阿睦尔撒纳为汗，则办理准噶尔一事，全为伊一人集事矣，然伊即潜萌觊觎之念，班第惟以奉有谕旨，不敢妄行陈奏，正词相拒，料伊亦不敢遽尔妄行，但此念既萌，久留彼处，于事无益，若即促其来京，使之疑惧，亦有未便，俟达瓦齐就擒之时，将伊同众台吉遣回，固可安然无事，但从前原有留伊驻扎办事之旨，班第若恐急遽遣回，致伊顿起猜嫌，不若仍遵前旨行，班第惟酌量情形，善为筹画，不必拘泥朕旨。至玛木特原系一狡猾之人，其行为更不必深论。从前萨喇勒，亦曾将众人不愿封噶勒藏多尔济为汗之处奏闻，朕曾传谕玉保，令其暂停降旨，今阿睦尔撒纳又为此言，看来众心果有不愿，亦未可定，班第留心访问，并察看噶勒藏多尔济，如果不足服众，即由噶尔丹策零近族内，拣选一人，封为绰罗斯汗之处，作为己意，密与阿睦尔撒纳商议具奏，若其人尚属可用，即不必商办，总俟伊入觐后，再行定夺，将此密谕班第知之。

（《清高宗实录》卷489　页143—144）

今功已告成大兵即宜陆续撤回

乾隆二十年五月庚子（二十七日 1755.7.6）又谕，据班第奏称，伊犁河北，从前原有存贮米粮缎匹等物，上年为哈萨克抢掠，所余马匹牲畜，俱经达瓦齐携往特克斯地方，厄鲁特回人等生计艰难，不足以供应大兵口粮等语。准噶尔地方数年以来，屡遭兵革，又为哈萨克抢掠，现在居住之厄鲁特回人等，生计自属拮据，若于伊犁多驻大兵，深属未便，从前萨喇勒等奏请停止伊犁驻兵，经朕传谕班第等，令其酌留兵丁一二百名，为驻扎大臣差遣委用，今功已告成，大兵即宜陆续撤回，班第等，现在自当即为办理，若尚未议撤，即遵旨妥协筹办，其应酌留兵丁，一并详议奏闻。

（《清高宗实录》卷489　页144）

萨喇勒从前遣人至达瓦齐处晓谕

乾隆二十年五月辛丑（二十八日 1755.7.7）谕军机大臣等，班第奏称，据投降之哈尔噶齐沙津禀称，萨喇勒遣赴达瓦齐处晓谕之人，因绕道前往，虽尚未见达瓦齐，闻达瓦齐欲将所遣噶勒杂特之人，用刑讯问等语。萨喇勒从前遣人至达瓦齐处晓谕，原系彼时酌量事机办理，但以噶勒杂特，甫经归顺之人，即令为使前往，如果受达瓦齐刑讯，甚属可悯，著传谕萨喇勒等，所遣噶勒杂特得木齐拜伯勒克等，若仅止于受刑，即酌量加恩赏赉，万一为达瓦齐戕害，即将伊子嗣查明奏闻，朕从优加恩赏给世职，将此一并晓谕哈萨克锡喇知之。

（《清高宗实录》卷489　页144—145）

伊犁已定所有投诚台吉等恳求入觐

乾隆二十年六月癸卯（一日1755.7.9）谕军机大臣等，准噶尔部落，自策妄多尔济那木扎勒以来，互相戕杀，内乱频仍，至达瓦齐愈行肆虐，所属人众，皆不聊生，朕悯念彼处生灵，特遣两路大兵，往平准噶尔全部，出水火而登衽席，今伊犁已定，所有投诚众台吉等，并感戴朕恩，恳求入觐，朕亦欲令伊等来京瞻仰，慰谕抚绥，施恩赏赉，但现在军行甫经平定，彼处又与哈萨克、布鲁特各部落连界，须酌留办事之人，不必俱令前来入觐。著传谕班第、阿睦尔撒纳等，将应行入觐台吉等，派定遣来外，仍于每部落酌留堪任办事之人，在各游牧稽查弹压，俟下次再令更番前来，方为允协。将军大臣等暂留驻扎，亦因准噶尔地方初定，现有应办事宜，俟一二年后，诸事俱定，即行撤回，再将彼处各台吉酌量劳绩及所属人数众寡，分别加恩，封为汗、贝勒、贝子、公等爵，虽各项爵秩，视汗自有等差，其为办理各该旗事务，职任维均，至本部落各扎萨克等事务，即不归其统辖，向来喀尔喀内扎萨克等体制皆然，朕视准噶尔众台吉，与喀尔喀诸部落无异，凡事俱一体办理，四卫拉特台吉，亦应照喀尔喀每部落设立盟长、副将军各一员，遇有应奏事件，即报明驻扎大臣转奏，至大臣等回京后即著报部转奏，所有应放盟长及副将军之人，俟伊等到热河入觐后，朕量其人才，再降谕旨。班第等可即通行传谕准噶尔全部人等知之。

（《清高宗实录》卷490　页150—151）

谕准噶尔全部台吉宰桑等

乾隆二十年六月庚戌（八日1755.7.16）谕准噶尔全部台吉宰桑等曰，尔准噶尔，自台吉噶尔丹策零时，恭顺天朝，尊崇黄教，部属人众，俱得安生，朕是以施恩准其遣使往来，岁通贸易，嗣策妄多尔济那木扎勒继立，互相戕杀，内乱频仍，达瓦齐更加暴虐，所有准噶尔全部人众，俱受荼毒，朕为天下共主，念噶尔丹策零之旧，不忍坐视汝众坐于涂炭，而各部落台吉等，相继款关来降，扶携户口数万，朕悯其穷蹙，为之经理游牧，以计久长，是以特派军大臣等，恭行天讨，命两路大兵进剿，驱除残暴，安辑生灵，尔众台吉等，去逆效顺，感戴朕恩，输诚纳款，朕心深为嘉予，今准噶尔全部底定，仍将尔四卫拉特台吉等，施恩封为汗、贝勒、贝子、公爵，令各管辖属人，安居乐业，尔台吉宰桑等，俱宜仰体朕一视同仁之意，约束所属人等，安静谋生，勿因睚眦小嫌，互相搆衅，亦毋得将所属人残虐，众属人等，亦并遵守条教，畜牲耕种，各勤职业，以共享太平之福，尔等僻处遐荒，朕自当示以怀柔之道，如喀尔喀内扎萨克，一体办理，自不以内地法度相绳。再尔准噶尔人等，向知尊崇佛法，朕特为广布黄教，在伊犁设立库伦，宣诵经典，俾群生咸知敬奉，尔等其善体朕心，皈依佛法，永远遵守。尔等自受达瓦齐凌虐，众不聊生，今朕如此加恩，尔四卫拉特，俱为天朝臣仆，实属厚幸，务宜洗涤旧习，永受朕恩。再哈萨克人等，向与尔准噶尔有隙，彼此时相抢掠，朕已降旨哈萨克，令其毋得仍前侵越，厘定边界，勿相扰害，尔等亦宜恪遵此旨，不得将哈萨克人众肆行抢掠，尔等其善体之。

（《清高宗实录》卷490　页161—162）

准噶尔底定从前之事俱不深究

乾隆二十年六月甲子（二十二日 1755.7.30）又谕曰，班第等奏称，派侍卫顺德讷、宰桑巴桑车凌，赍奉敕书，前往哈萨克晓谕，其行文有从前抢夺之物，各行给还，仍前和好等语。班第等，此言甚属错谬，伊等从前互相劫夺，系达瓦齐、喇嘛达尔扎时事，与现在无涉，止应将准噶尔地方全行底定，汝等从前之事，俱不深究，嗣后毋许再行抢掠，方合事宜，其措词殊未允协，此际想已遣往，俟顺德讷等回时，将哈萨克言语情形，即速奏闻，再阿睦尔撒纳之兄巴特玛车凌，究在何处，有无信息，一并具奏。

（《清高宗实录》卷491　页176）

班第等密奏阿睦尔撒纳不良行为

乾隆二十年六月甲子（二十二日 1755.7.30）定北将军班第等密奏阿睦尔撒纳，初尚知感恩，勉力从事，速冀成功，自入塔本集赛游牧以来，所至迎降，伊渐志足意满，惟知寻获被抢人口，攫取牲只，又妄自夸张，谓来归之众，俱系向伊投诚，及入伊犁，益无忌惮，纵属下人肆行掠夺，不行禁止，及得达瓦齐游牧，所收牲只财物，多方隐匿，驼马各千余，羊至二万余，又素性贪忍，凡有仇隙者，任意杀害，众心怨恨，遂思拥众自卫，不愿撤兵，臣等时为催促，推诿观望，且云巴里坤、额尔齐斯二处，仍须各留精兵五千驻防，明系仗我师力，威服准夷，以遂私计，至奉晓谕哈萨克敕书时，阿睦尔撒纳故意犹豫，欲先自行遣使，臣等力指其非，始令侍卫顺德讷同往。再取达瓦齐游牧处一切牲只财物，伊百计阻挠，至今尚未得清查。至查办牧场及遣人收服四路之事，亦尚未办，一意迁延，惟与各宰桑头目私行往来，行踪诡秘，即如入觐人数，并不即为派定，催促再四，始行开送，又屡行更换。凡有传行事件，并不用印信，仍仿达瓦齐私用小红钤记，臣等节次理论，终不遵行，动即扬言此处人众欲叛，视萨喇勒如仇，潜行猜忌，图据伊犁，恋恋不已。仰恳特降谕旨，令其速行入觐，早定四部封汗之事，以杜非分之想。至纳噶察，居心诡诈，惟知附和，并请调往青海驻防，以散其党。再阿睦尔撒纳扬言此处喇嘛等谋叛，请将济隆呼图克图速行遣往，令其宣谕众庶，安辑人心，阿睦尔撒纳久居此处，致伊等猜疑，必至生变，或因欲实其言，潜行鬼蜮，故生事端，俱不可不先事预防。谕军机大臣等，班第、鄂容安，将阿睦尔撒纳妄行觊觎，阻挠事务，及贪取牲只各情形，密行陈奏，班第、鄂容安留心查看阿睦尔撒纳居心行事，据实奏闻，甚属可嘉。但初览伊奏，似事端已成，再四详阅，仍系阿睦尔撒纳希图徼幸，贪得牲只什物耳，并无图占准噶尔确据，阿睦尔撒纳自投诚以来，叠受朕恩，事事出于望外，至朕办理庶政，一惟秉公执法之处，伊未经身试，是以志气骄盈，希图徼幸，亦事所必有。班第等即据实陈奏，深得防微杜渐之意，今朕于阿睦尔撒纳奏折内，温旨批谕，令伊即行入觐，班第等，亦婉言晓谕，使其起程前来，毋致惊疑，此时班第、鄂容安再细心察看，如阿睦尔撒纳占据僭越之形，果有实据，即行密奏，朕另行定夺。如并未至于此极，不过希图肥已，亦不必过于苛求，倘伊稍有知觉，转于事无益。著班第、鄂容安，密与萨喇勒详细商议，公同体察奏闻，若无确据，而过甚其词，亦不能逃朕洞鉴，班第等务宜详密，毋得稍有泄漏。

（《清高宗实录》卷491　页174—175）

班第等密奏阿睦尔撒纳私用图记事宜

乾隆二十年六月戊辰（二十六日1755.8.3）谕军机大臣等，据班第等密奏，阿睦尔撒纳私用图记，调兵九千，防守哈萨克、布鲁特等语，现在准噶尔全部底定，军威大振，哈萨克、布鲁特谅不敢复行侵掠，阿睦尔撒纳擅行派兵防守，班第等理宜阻止，但既经遣派亦可，朕前降旨，令阿睦尔撒纳入觐，如已起程来京，此事可不必置问，将此密谕班第等知之。

（《清高宗实录》卷491　页178）

阿睦尔撒纳意欲占据准噶尔

乾隆二十年六月庚午（二十八日1755.8.5）谕曰，班第、萨喇勒、鄂容安等密奏，阿睦尔撒纳意欲占据准噶尔，种种僭越妄行，情迹显著一折。前班第等初奏时，即传谕伊等，悉心公同体察，如阿睦尔撒纳果有实据，明晰具奏。今据班第等奏称，阿睦尔撒纳指称防守哈萨克、布鲁特，用钤记行文，调兵九千，又送银与喇嘛熬茶，并云将来统据准噶尔之后，当即善为照看，又擅杀达瓦齐众宰桑，抄没家产，私用噶尔丹策零小红钤记，结交奸佞之徒，各处遣人潜行招服，又告谕属下，有哈萨克惧伊，伊在此断不敢前来等语。种种不法之处，图据准噶尔已无疑义，岂必待其生变，始为实据耶。由阿睦尔撒纳福薄，不能承受厚恩耳，由此观之，伊未必即遵谕旨前来瞻仰，即使前来，若令仍往准噶尔，伊断不能安静守分，必致妄行滋事，与其俟伊结交煽惑，变迟而费大，何如及今乘机办理之为得也，看来此事断乎不可不办。朕意已定，将此密谕班第等，阿睦尔撒纳若仍未起程，班第等即行密商，如何擒拿办理，相机完结，伊信用之宰桑等，亦即拿解前来，其余无干人等，慰谕释放，俟旨遵行，事关紧要，伊等务必熟筹妥办，俾一举即能宁谧。完结之后，班第等可传谕准噶尔部众，阿睦尔撒纳自归附以来，受朕厚恩，委任信用，伊并不遵奉训谕，敢悖旨扰累投诚人等，劫掠牲畜，诬蔑沙克都尔曼济叛逆，擅杀宰桑等大员，抄没家产，其意盖将准噶尔人等，尽行骚动，然后独踞准噶尔，令尔等众台吉宰桑，无不为伊属下也。前因达瓦齐苦累尔等部众，朕始定计发兵，安辑地方，抚绥众庶，今若恣阿睦尔撒纳所为，是贻害尔等，必更甚于达瓦齐，是以将阿睦尔撒纳正法，但将伊附和数人治罪，至尔等与伊所属之人，俱无干预，仍令照旧安生，此正为尔众人永久安全之计，将此通行晓谕。如阿睦尔撒纳起身前来，则俟伊到时，朕当另行办理，如伊本不愿来，又勉强前进，及至中途，或于路通哈萨克处所，逗留不前，或寄信与巴特玛车凌等，勾结生事，则应如何先行防范之处，著班第等，公同熟筹，一面办理，一面奏闻。至阿睦尔撒纳若经伊游牧处所，留恋居住，托病不行，朕另遣人办理。但办理阿睦尔撒纳后，伊游牧处闻之，未免惊扰，或往哈萨克逃窜，此亦当预行防备，朕已降旨，以照管乌里雅苏台市集为名，留兵一千，令普庆、达色带领驻防，前莫尔浑员缺，已降旨令阿兰泰在乌里雅苏台驻扎办理。阿睦尔撒纳游牧，即著阿兰泰、普庆、达色领兵前往，与纳木扎勒办理，班第等将办理之处，一经酌定，即速行知阿兰泰，令同普庆、达色领兵往游牧处，将伊妻子及扎木参，并素日任用之和通，一并拿获来京，余众俱属无与，亦将此遍行明悉宣谕，以安众心，但马驼之场，不可留与伊等，现在所有马驼，应即尽行收取，使伊等不得乘骑逃遁，如阿兰泰在彼处尚未起程，将此详细告知，倘已起程，则办理阿睦尔撒纳后，即用密信速寄，如阿睦尔撒纳至热河，此处办理，临期朕降旨与阿兰泰等，将伊游牧办理。班第等办理此等机要之事，不得先事少有泄漏，使之惊觉，一切当体会朕意，计出万全，再此事办理时，虽不能不任智术，然仍当示之以大国之威信，使举动得体，方为妥协，朕于此事廑念甚切，此旨一到，班第等即将如何筹办之处，密速奏闻。

（《清高宗实录》卷491　页180）

阿睦尔撒纳即在军营正法事宜

乾隆二十年六月壬申（三十日 1755.8.7）又谕，据班第等密奏，阿睦尔撒纳图据准噶尔，种种悖逆不法情事，已降旨令班第等，将阿睦尔撒纳即在军营正法，但事后伊等游牧人众，必致惊乱逃窜，自应预为防备，是以于凯旋索伦兵内，留一千名，派阿兰泰、普庆、达色带领，俟班第信到，即往阿睦尔撒纳游牧处，擒其妻子及任用宰桑等，解送来京。但思阿兰泰等，如未到乌里雅苏台，办理无人，今特令阿桂前往，先将所降班第谕旨，交莫尔浑、舒赫德公同阅看，俟班第信息一到，即遵照办理，班第等办理阿睦尔撒纳时，或有伊属下人逃出，至伊等游牧通信，甚至抢掠喀尔喀，逃往哈萨克，种种皆未可定，莫尔浑等务为加意筹办，如所留之兵已到，而阿兰泰未即前来，莫尔浑等即奋往办理，或阿兰泰已经前来，而兵尚未到，应否于喀尔喀各部落内调用之处，即行详议，密为预备，勿稍宣露。纳木扎勒，朕尚未降谕旨，尔等办理时，当密告纳木扎勒，公同遵办。再莫尔浑等，所奏撤兵一折，内称所到各队兵丁，统需接济口粮等语。著于给发时，略为延缓，俾伊等多候数日，以备调遣。

（《清高宗实录》卷491　页181）

办理阿睦尔撒纳之意已决严加防范

乾隆二十年六月壬申（三十日 1755.8.7）谕军机大臣等，朕命班第等，遣人晓谕哈萨克，而阿睦尔撒纳，必欲遣伊属人前往，即此可以想见其心，其中必潜通信息，故令巴特玛车凌留住哈萨克，窥探此处情形，若不令阿睦尔撒纳统辖准噶尔地方，则将藉巴特玛车凌，以为挟制之具，今办理阿睦尔撒纳之意已决，班第等接到前旨，自当妥办，但事后哈萨克闻知，巴特玛车凌等势必前来搆衅，不可不留心预备，著班第、萨喇勒、鄂容安公同详议，严加防范。

（《清高宗实录》卷491　页181）

阿睦尔撒纳负恩狂悖断难姑容

乾隆二十年七月丁丑（五日 1755.8.12）又谕，前班第等屡次密奏，阿睦尔撒纳负恩狂悖，断难姑容，是以特降谕旨，令其密行擒治，今阿睦尔撒纳复欲速来入觐，语属可疑，未必出于至诚，特因所行非理，惧班第等擒治，因而多方逞其狡狯，是其言虽可听，实无欲来之心，或行至中途，托病迁延，或至塔尔巴哈台游牧，依恋久居，均未可定。夫以阿睦尔撒纳如此奸宄狂悖，岂仅降旨开导所能了事，若不将伊擒治，又何如置之不问，今伊恶迹已显著如此，班第等不思密为办理，但称请朕面加训谕，以折其心，是全不知事理之轻重矣。著速行密谕班第，如此际奉到前月二十八日所降之旨，已将阿睦尔撒纳擒治，甚善。若未及办理，而伊已起程前来，班第等接到此旨，约计阿睦尔撒纳行程未远，即遣人将伊追回擒治，如已逾旬日之外，亦须沿途详密侦探消息，再行办理，朕意阿睦尔撒纳至塔尔巴哈台，必诡言防范哈萨克，迁延不进。班第等应即以会同防范哈萨克为词，著萨喇勒、鄂容安带领所留兵五百名，及达什达瓦属下兵，声言会合，速行赶赴擒治，设伊行至中途，托病逗留，伏窜他处，不便遣兵擒拿，亦著班第等酌量设法妥办。总之，阿睦尔撒纳逆迹已著，不可姑容，以致贻患将来，然路途辽远，班第等须尽心筹画，乘时决策，毋得稍自委靡，致失机宜。再额琳沁多尔济不过一小有才之人，未经更事，一切密要之语，且勿令与闻，将此一并传谕班第等知之。

（《清高宗实录》卷492　页185—186）

阿睦尔撒纳诡言哈萨克惧伊势力

乾隆二十年七月辛巳（九日 1755.8.16）谕军机大臣等，据班第等奏称，闻哈萨克头目诺颜阿布赉等，私相商议，阿睦尔撒纳果领兵赴伊犁，伊等即永相和好，并将从前掠去辉特人等给还等语。前据班第等奏阿睦尔撒纳种种狂悖情事，似应即行擒治，续又称阿睦尔撒纳欲来热河，请将伊面加训谕，伊等前后所奏，毫无主见，即如所闻哈萨克头目之言，看来明系阿睦尔撒纳诡言哈萨克惧伊势力，煽惑众听，显有并据准噶尔之意，若留伊在彼，将来必滋生事端，不若早为办理。但伊等所奏，终属含糊，究未将伊实在情形，明白陈奏。著传谕班第、萨喇勒、鄂容安，伊等若接到前月二十八日谕旨，将伊擒治则已，如伊已经起程前来，仍俟至热河时，另行定夺。但阿睦尔撒纳来时，究宜何如办理，或可姑留与否，若将伊训饬后，仍行遣回，伊等能保其不致更生事端否，著班第等，公同详悉商议奏闻，伊等奏到时，朕再为酌定，此旨著速行覆奏。

（《清高宗实录》卷492　页188—189）

阿睦尔撒纳阻止班珠尔前来入觐等情

乾隆二十年七月丁亥（十五日 1755.8.22）谕军机大臣等，据班第等密奏，阿睦尔撒纳阻止班珠尔等前来入觐，又班珠尔倚藉势力，将并非伊旧日属人，归并管辖，经班第等驳回等语。阿睦尔撒纳种种悖逆，深负朕恩，屡降谕旨，令班第等遵办，今阅此奏，阿睦尔撒纳欲留班珠尔、齐木库尔等在彼，不令前来入觐，明系欲留其党，以增羽翼，其叛迹愈著，班第等如遵前月二十八日所降谕旨，已行擒治，固属甚善。若伊已起程，至塔尔巴哈台游牧地方，借防御哈萨克之名，逗留不前，亦遵前旨，著萨喇勒、鄂容安带领兵丁，以会同防范为词，将伊擒治。倘阿睦尔撒纳尚未至伊游牧，中途迁延，班第等，即以奉旨会商事件，追伊回至军营办理，如不遵旨前来，即著班第等带兵追擒，先将通哈萨克路径派兵堵御，使其不至兔脱，方为妥协。再前经降旨，令伊等办理阿睦尔撒纳时，将齐木库尔、纳噶察等一并查拿。今查班珠尔亦系其党，伊二人乃同母异父之子，自必同谋，班珠尔亦应一并治罪，但伊已于二十九日随同阿兰泰来京，途中尚可稍缓，俟伊至热河，另行办理。班第等，此次力折阿睦尔撒纳阻止班珠尔之议，萨喇勒即将诺海奇齐克等派出防御，不令阿睦尔撒纳得逞奸谋，甚属可嘉，班第、萨喇勒、鄂容安，务宜加意奋勉，和衷集事，庶不负朕委任至意。

（《清高宗实录》卷 492　页 192—193）

喇嘛呼毕勒罕尚匿阿睦尔撒纳处

乾隆二十年七月癸巳（二十一日 1755.8.28）谕军机大臣等，班第等奏，阿睦尔撒纳种种狡诈，屡次虚张哈萨克、布鲁特之信，或云兵来，或云欲与伊和好，语言不定等语。看来阿睦尔撒纳妄思蠢动，逆迹显著，朕已屡降谕旨，班第等自必遵办，至伊属下人等，应如何归入公中分管之处，此时亦宜密为筹画，再班第等，遣员解送达瓦齐宰桑爱勒齐等，及与巴朗同逃台吉内齐、额布根等九人，俱应行审讯，其余并非要犯，不必尽行解京，惟此内有因病留于回部之吹，索诺木额木齐，俟病痊即行解京。又从前班第等奏称，喇嘛呼毕勒罕，曾言阿睦尔撒纳有统领准部之分，今尚藏匿阿睦尔撒纳处等语。似此断不可容留，致使煽惑生事，班第等，即查出派员解送来京，毋得任其脱逃。

（《清高宗实录》卷 493　页 195）

准噶尔内乱之时被哈萨克侵掠

乾隆二十年七月甲午（二十二日 1755.8.29）谕军机大臣等，班第等奏，准噶尔内乱之余，时被哈萨克侵掠，所有牲只什物，各游牧互行掠夺，藏匿者多，现在彻底清查等语。准噶尔甫经平安，办理诸事，俱宜宽大，以慰众心，此际未经查出者，可即停止，惟阿睦尔撒纳贪饕恣取，不得任其隐匿，俟将伊擒治后，班第即于伊游牧，严行搜查，若阿睦尔撒纳已起程前来，候朕旨到日，再行办理。

（《清高宗实录》卷 493　页 196）

阿睦尔撒纳遣兵前往招服叶尔羌等

乾隆二十年七月丙申（二十四日 1755.8.31）谕曰，班第等将阿睦尔撒纳遣纳噶察，带兵前往招服叶尔羌、喀什噶尔回子，又欲借防备哈萨克为名，不行前来入觐，并欲令齐木库尔居住塔尔巴哈台地方，各情形密行陈奏。观此，则阿睦尔撒纳乖张悖逆之迹，益属显著无疑，朕前所降谕旨，伊岂肯倾心折服，是阿睦尔撒纳断难姑容，但恐伊至塔尔巴哈台地方，托故久居，不肯前进耳。如伊仍未起程，班第等遵奉二十八日所降谕旨，业经办理，甚善。倘未及办理，伊已起程前来，则应将伊依恋塔尔巴哈台之处，先行加意体察，最为紧要。班第等一经探得确信，则此旨一到，即遵朕前谕，将阿睦尔撒纳调回完结后，仍即遵旨，带兵速赴塔尔巴哈台，将伊亲属信用之人一并擒拿，如阿睦尔撒纳中途别无留恋，径行前来，班第等得信，亦即速行密奏，俟降旨办理，仍酌量日期，再降旨与班第等，俟奉到之日，一面派兵星赴塔尔巴哈台办理，此际惟宜密之益密，毋使稍有泄漏。

（《清高宗实录》卷493　页196—197）

收获阿睦尔撒纳游牧

乾隆二十年（1755）九月丁丑。驻扎乌里雅苏台办事大臣阿兰泰等疏奏，收获阿睦尔撒纳游牧。阿兰泰等奏言：臣等于八月二十四日，闻阿睦尔撒纳逃窜之信，即饬令普庆带兵，速赴阿睦尔撒纳扎卜堪游牧，收其妻子。二十五日，普庆领兵至伊游牧，先收伊牧厂内马四百余匹。臣等于二十六日，领兵拟往掩袭。阿睦尔撒纳之妻，及班珠尔、扎木参，遣宰桑等告称，阿睦尔撒纳不能承受圣主厚恩，肆行背叛，实未知情。今闻官兵前来，不胜惊惧，臣等随令班珠尔，及众台吉同来。据阿睦尔撒纳之妻诉称，去岁投诚以来，仰沐皇恩，不可胜数。阿睦尔撒纳悖逆妄行，不能承受，今情原带领我子，并班珠尔等，入诉圣主之前，所有游牧人众，应否令我子管领，出自天恩。并乞将游牧人众，迁至塔米尔等处，以防逃窜。臣等领兵暂行驻守，防范游牧，先将阿睦尔撒纳妻子交侍卫富廉等，由驿解送。并将伊游牧人众，令其迁至塔米尔等处，就近行知舒明办理。嗣据喀尔喀郡王桑赛多尔济文称：八月二十日，亲王额林沁多尔济，将阿睦尔撒纳所交印信，交令守护，带兵行走。二十一日至青吉尔地方，遇随阿睦尔撒纳行走之扎萨克林丕勒多尔济，骁骑校齐克慎，蓝翎永德、伍岱，喀尔喀章京雅木丕勒，带领喀尔喀、察哈尔兵二十五名，前来告称，阿睦尔撒纳逃遁之后，忽将我等掩袭，奋力射贼，始得夺路而出。适遇阿睦尔撒纳后队所载军装，因获其旗纛、盔缨、锁子甲等物。又询据亲王额林沁多尔济，解到阿睦尔撒纳属人宝巴、巴图尔哈尔察等，供称，阿睦尔撒纳潜谋叛逆，令长史阿穆尔济尔噶勒等，接取扎卜堪游牧，由哲尔格西喇呼鲁苏、哈卜塔克、拜塔克等各处，一同逃出，如不能全逃，止将妻子带往。又闻令阿巴噶斯之兵，抢掠驻扎额林哈毕尔噶之叶克明安台吉巴雅尔，宰桑哈萨克锡喇游牧，令库图齐纳尔克勒特乌鲁特绰和尔之兵，抢掠驻扎伊犁将军大臣，令塔本集赛噶勒杂特之兵，由乌隆古路，抢掠撤回各兵及声援兵丁等语。续又擒获阿睦尔撒纳属人鄂立、丹津二名。查丹津，即前遣通使哈萨克之人，俱供实不知情。因速行将军班第，及卡伦各侍卫等。随带兵由乌英齐一路，前赴乌兰库图尔堵截，并行知后队带领察哈尔兵丁侍卫官员，前往索伦毕乌拉克沁等岭堵截。

（《平定准噶尔方略》正编，卷十七）

阿睦尔撒纳等回避众人密商竟夜

乾隆二十年八月甲辰(三日 1755.9.8)谕军机大臣等,班第等奏称,阿睦尔撒纳、纳噶察、阿巴噶斯、察哈什等,回避众人,密商竟夜,或煽动各游牧,使不遵约束,或与绰和尔、约苏图等,结连哈萨克、布鲁特侵扰边境,俱未可定等语。阿睦尔撒纳之必应擒治,自无可疑,但看此情形,伊讵肯即来入觐,势必逗留于塔尔巴哈台游牧,班第等即遵前旨办理,至阿巴噶斯、察哈什等,迹似同谋,或但畏惧伊之总统准部,或实系有心甘为党恶,俱宜体察,若同党属实,即应一并办理,若勉强顺从,而概加擒治,准部诸酋见因一人而株连甚众,人人疑惧,亦有未便,此等机宜,班第、萨喇勒、鄂容安宜详悉筹酌,相机办理。至回部霍集斯伯克,已降旨令其明年入觐,所奏伊于解送达瓦齐时,阴求阿睦尔撒纳,俟招降叶尔羌、喀什噶尔后,令其总统各部,心殊叵测。此但因阿睦尔撒纳现系将军,且恐其总统准部耳,尚无足深虑。惟阿睦尔撒纳迁延留恋,甚有关系。班第等若即能办理固善,或前来热河,须候朕旨再行。再班第等前奏,阿睦尔撒纳起程后,纳噶察前来试探,述阿巴噶斯等诞妄之语,今伊等竟夜密商,或即系此情节,前经班第等将伊等调取,曾否前来,折内何以并未声明。又阿睦尔撒纳等屏人私议,既为班第等侦探而知,而遣人侦探之时,阿睦尔撒纳又岂竟无知觉。此等事宜,务须密之又密,方无贻误。至阿睦尔撒纳所收达什达瓦等属人,及掠取别部人等,擒治伊等后,即当分别办理,或给还本部,或编次归公,务宜逐一清查厘正。又所奏巴里坤驻兵一节,著班第等,将久在准噶尔之满洲蒙古兵丁,查明数目,令在巴里坤居住,伊等言语风土既为熟习,若与瓜州安西兵丁更番轮替,俾新调各兵,渐次学习,将来即可挈家驻扎,仍俟班第等奏到日,交军机大臣会议以闻。

(《清高宗实录》卷494　页204)

阿睦尔撒纳自必前来入觐

乾隆二十年八月己酉(八日 1755.9.13)谕军机大臣等,班第等奏称,奉到六月二十八日谕旨时,阿睦尔撒纳业与额琳沁多尔济同行,又有各处撤回兵丁在后,阿睦尔撒纳自必前来入觐等语。阿睦尔撒纳果来至热河,办理自易,且将伊罪恶,令暴白于新来投诚人等,亦可以快众心而彰国法。但伊甫经起程,即有人指其罪状,纷纷告讦,伊岂不闻风畏惧,且伊自揣所为,必不敢前来入觐,虽已起程,或沿途托故,恋住游牧,事所必至。伊现在已抵何处,折内未经奏明,前曾谕及起程若尚在十日以内,即行擒治,此时曾否办理,所当加意缜密,如尚未办理,现在虽有攻击阿睦尔撒纳之人,且阳为解劝,置之不问,切勿令其知觉,致生他变。至阿巴噶斯诞妄情形,显与同恶,今伊忽告萨喇勒云,从前随阿睦尔撒纳行走,未得在将军前效力等语。前经班第等,调取阿巴噶斯等前来,此时果遵调前来与否,折内亦未明晰。又管理伊犁渡口回目鄂斯伯克来诉,阿睦尔撒纳强取其牲只口粮,俟办伊游牧后,酌量给还,即不敷抵补,料擒治阿睦尔撒纳后,众心已快,亦可无庸补给。再所奏塔尔巴哈沁台吉额琳沁,由哈萨克逃回,现住博罗塔拉,与阿睦尔撒纳同族而有宿嫌，今虽攀援内附，中心必不相合，俟来见时，加意体察，自可得哈萨克与巴特玛车凌信息等语。班第等，或令额琳沁前来入觐，或酌量安插原游牧处，公同酌定，即行奏闻。至萨喇勒于阿睦尔撒纳之姊来见时，察其醉语，甚属留心，但妇女言词，不足深究，即如阿巴噶斯等，亦不过趋附势力，勉强胁从之人，若概行穷治，则各部未免生疑。但阿睦尔撒纳既有令伊姊子沙津巴图管领达什达瓦户口，协力同助之语，将来或即将沙津巴图安插于察哈尔地方，若沙津巴图尚无异心，亦不必安插，将此传谕班第等，俟办理阿睦尔撒纳后，即遵旨办理。

（《清高宗实录》卷 494　页 206）

阿睦尔撒纳行至何处及于何处逗留事宜

乾隆二十年八月甲寅（十三日 1755.9.18）又谕曰，班第等奏，杜尔伯特台吉伯什阿噶什告称，从前古尔班和卓闻大兵平定伊犁，原与哈萨克计议归附，续因阿睦尔撒纳遣使到彼，哈萨克复有出兵信息，请遣兵相助以为声援，班第等遂派侍卫章武、宰桑博第、前锋阿喇勒拜等前往等语。看此情形，明系阿睦尔撒纳阴相煽诱，即如阿巴噶斯等，亦皆受其笼络，今但将阿睦尔撒纳擒治，衅端即可永弥，朕意阿睦尔撒纳此时必逗留于游牧地方，班第等即遣人往追，伊必不遵行，惟遵照前旨，即令萨喇勒、鄂容安领兵至塔尔巴哈台，将伊擒治，方为妥协。如伊果前来入觐，则俟伊到热河时，办理固甚易也。从前遣使至哈萨克时，阿睦尔撒纳必令伊属下人前往，其中显有诡计，曾降旨将伊所遣之人讯问，班第等如业将阿睦尔撒纳擒治，即严拿阿睦尔撒纳遣往哈萨克之人，讯明切实供词具奏。再班第等曾奏，访得阿睦尔撒纳与阿巴噶斯等，竟夜屏人密语，而纳噶察传说阿巴噶斯诞妄之言，有若不令阿睦尔撒纳统率准噶尔，伊等惟有剖腹而死等语。乃阿巴噶斯又向萨喇勒告称，有被阿睦尔撒纳留住，不得在将军前效力之语。如班第等访闻属实，则伊等有心同谋，罪在不赦，如阿巴噶斯向萨喇勒之言果系实情，则是第为阿睦尔撒纳威力胁制，情尚可原，班第等应加意体察，不可受其欺绐，亦不得过于疑虑，且似阿巴噶斯之人，亦必不一而足，若办理阿睦尔撒纳后，一一根究，则以一人而株连众人，新降人众必生疑惧，于事无益。班第等务宜斟酌办理，今所虑者，阿睦尔撒纳或乘间逃入哈萨克，亦未可定，如果逃往，班第等即遵朕前旨，遣人晓谕哈萨克，务必令其擒献，倘不遵行，则以兵力进取，现在阿睦尔撒纳行至何处，及于何处逗留，折内并未声明，著即速查明具奏。至此次投诚之台吉宰桑等，朕俱酌量加恩，赏给爵秩，伯什阿噶什将哈萨克情形详悉告知，其输诚更属可嘉，且系准部大台吉，著加恩封为亲王，前锋阿喇勒拜亦属奋勉，著赏给蓝翎，伊等前往招服古尔班和卓后，即将情形奏闻。

（《清高宗实录》卷 494　页 210—211）

阿睦尔撒纳回至军营

乾隆二十年八月乙卯（十四日 1755.9.19）谕军机大臣等，班第等奏，遵旨行令阿睦尔撒纳回至军营，适伊从前遣往哈萨克之丹津，与来使同至，词颇恭顺，未便遽将阿睦尔撒纳调回,致生事端,遂即停止追回等语。所办尚合机宜,但哈萨克来使阿穆尔巴图鲁,既恳入觐,班第等即应明白晓谕,以阿布赉诚心款附,恭顺可嘉,我等即奏闻大皇帝,令尔等随阿睦尔撒纳一同入觐,如此,伊等既知内地将军权柄所在,而阿睦尔撒纳亦难于阻止,今将来使遣回,听阿睦尔撒纳定议,恐伊未必遣令前来,在阿睦尔撒纳,初不愿哈萨克来使恭请入觐,而又难于禁止,是以令往班第处定议,今班第仍交阿睦尔撒纳办理,是则堕其术中,殊未允协,嗣后哈萨克如再遣使前来,即径送入京,至阿睦尔撒纳之兄普尔普、宰桑乌巴什及在逃之固穆扎布等,或随伊入觐,或留匿伊游牧处,俱应分别办理,惟业克明安之德济特察衮,初降时颇属安靖,后渐骄纵贪饕,此特附和阿睦尔撒纳之人,班第等宜详察情形,相机办理。又所奏善披领集赛之尼尔巴喇嘛密告,阿睦尔撒纳使伊等保留驻扎,不愿入觐,伊等未经允从。又告其暗结各宰桑遣回游牧情事,甚属可嘉,著即授为大喇嘛,明年令其前来入觐。现在章武、阿喇勒拜等,协同伯什阿噶什,招抚哈萨克,可即将哈萨克现在遣使前来之处,晓示伯什阿噶什等,伊等抵哈萨克边境时,毋得抢掠生衅,惟加意防守,即伊部落有兵侵轶,亦先以理谕,令其撤回,如不遵,再为擒剿,仍将招抚哈萨克情形,陆续奏闻。

(《清高宗实录》卷494　页212)

阿睦尔撒纳入觐之心似属犹豫留心防范

乾隆二十年八月癸亥(二十二日 1755.9.27)又谕,据班第等奏,布库努特旧宰桑敦多克旺沁,密告萨喇勒云,阿睦尔撒纳入觐之心,似属犹豫,或半途复返,或遣讷默库、班珠尔等,将伊家口迁移,俱未可定。已密行乌里雅苏台驻扎大臣,留心防范等语。所见甚是。昨纳木扎勒,照阿睦尔撒纳宰桑等所请迁移游牧,朕即传谕莫尔浑等,留心防范,至阿睦尔撒纳中途逗留,或别生事端,班第等即遵节次谕旨,相机办理。又奏称,明噶特部落二千余户,原系阿尔台居住之乌梁海,从前被准夷威劫,令其防守北界,今愿移归旧游牧,若照伊所请,将来办理阿睦尔撒纳游牧时,可与噶勒藏多尔济、哈萨克锡喇等兵丁一同遣往等语。其事尚属可行,但阿睦尔撒纳虽有罪应诛,其游牧人众,毋庸惊扰,诚恐明噶特等,肆意抢掠,非所以示体恤,仍遵前旨传谕伊游牧人众,照旧安居,选派喀喇巴图鲁阿玉锡等大员管辖,并严禁抢掠,惟将阿睦尔撒纳从前贪取之物查出,酌量分赏明噶特人众,方为妥协。至敦多克旺沁,旧系布库努特宰桑,若伊游牧人众,群相推服,即给还原职,其侍卫吞图布,俟有别鄂拓克宰桑缺出补授,班第查明具奏请旨。再土尔扈特台吉巴图尔乌巴什告称,达瓦齐将伊属人分散,恳请会合游牧等语。班第等应查明办理,并将似此分散者,一体查出,应如何办理处,酌定奏闻,并将此传谕莫尔浑、阿兰泰、舒赫德等,将敦多克旺沁所告之处,加意防范,毋得稍忽。

(《清高宗实录》卷495　页217)

阿睦尔撒纳属人系从各部抢掠而来

乾隆二十年八月丁卯(二十五日 1755.10.1)谕军机大臣等,班第等奏,阿睦尔撒纳咨称，伊收集属下人众五千余户，俱多穷困，请将接济官兵所剩羊万余只，指伊俸银扣抵售买，班第等恐其借端生事，致误行期，酌将一半截留，候奏请赏给，所办尚合机宜。但阿睦尔撒纳属人，安得有五千余户之多，明系从各部抢掠，俟将伊治罪后，遵照前旨，分别给主归公，其余仍派员管辖。又奏称，塔尔巴哈沁台吉额琳沁，多罗特台吉舍楞等，自哈萨克逃出，被追兵掠夺，所有户口二千余户，口粮牲只俱乏，系阿睦尔撒纳同族兄弟，阿睦尔撒纳遣额琳沁之弟纳咱尔，舍楞之弟诺尔布，来请接济口粮，请暂于额林哈毕尔噶屯耕粮石内，计口授食，并于塔本集赛，及额林哈毕尔噶等鄂拓克，各派羊只，并将官茶二千封，运往接济，俾在和博克萨里、乌陇古等处居住等语。此等投降户口，自应酌量接济，若由内地运往口粮，接济伊等，则断乎不可，班第办理尚属妥协，此等人内，有应与职衔者，即行具奏请旨。

（《清高宗实录》卷495　页220—221）

阿奇木等驻扎塔什干等城事宜

乾隆二十年九月壬申（一日1755.10.6）又谕曰，班第等奏，阿睦尔撒纳前遣得木齐特古斯孟克，前往古尔班和卓及西部哈萨克，今与伊等使人同至，据伊等来文，及使人所告，请将塔什干城内，向日驻扎回人阿奇木一员，厄鲁特哈尔罕一员，不必驻扎，查此系策妄阿喇布坦时相沿旧制，今请裁去，是有据占塔什干之意，因示以不便准行，令其赍捧颁谕哈萨克敕书，与前遣之侍卫章武等同往招抚，仍令伯什阿噶什之兵，沿途防护等语。所办尚合机宜。惟哈萨克来文内，有闻阿睦尔撒纳仍居旧游牧，甚为喜悦，可复睹噶尔丹策零之时等语。此必系阿睦尔撒纳隐讳投降受恩之事，但以借兵复仇，并总统准部为词，从前因阿睦尔撒纳离军营未远，诘问恐致泄漏。今已历多时，自当详询特古斯孟克，将阿睦尔撒纳遣伊前往时，有何言语，明白供出。班第等未将曾否诘问之处陈奏，殊属含糊，此时特古斯孟克，如尚未遣回阿睦尔撒纳处，即详悉询问具奏。再古尔班和卓来文内称，前避达瓦齐之锋，逃往彼处，今欲来归，恐遇旧日仇人相害，乞为保护，并恐哈萨克、布鲁特邀截等语，伊若能亲身前来，受其归顺则可，若必须救助，至与哈萨克等搆兵，将来群起效尤，必无休息，断然不可，著传谕班第等知之。

（《清高宗实录》卷496　页225）

谕阿睦尔撒纳若执迷不悟将天网难逃

乾隆二十年九月庚辰（九日1755.10.14）谕阿睦尔撒纳，尔上年受困达瓦齐，率领妻子游牧前来归命，朕锡以王封，资之生计，且推诚倚任，用为将军，较来降之诸台吉，独加宠渥，皆众人所共知者。昨额琳沁多尔济奏，尔至乌陇古地方，忽行逃窜，朕初尚不信，以尔受恩深重，何反覆至此，今据各处奏报佥同，实出意料之外，揆厥所由，必因在军营时，与班第、萨喇勒等意见不和，恐其参奏，自生猜疑耳。尔等意见参差之处，朕已洞悉，意俟尔入觐时，询问明确，果无大故，自示含容，乃不避负恩背义之名，辄尔逋逃，狂愚实甚，尔意以为别娶妻室，纠集党羽，从前妻孥游牧，即可不顾，今尔游牧，自妻子至部众,无不以尔受朕深恩,自作不靖,若非朕曲加仁慈,俱因尔株累,至于歼灭,共相怨恨,即尔累及妻孥,犹属细事,至所属人等,积劳战阵,今又计日危亡,尔固不顾妻孥,此等谁无父母兄弟妻子,终身隔绝,岂人人尽如尔意耶。尔受朕恩如此,尚怀叵测,尔之属人,受尔恩几何,能终保其不生他变耶。尔若逃往哈萨克,尔前遣通使之丹津云,尔兄巴特玛车凌在彼乞食,尔即逃往,能如归命天朝之受恩宠渥耶。况哈萨克来使曾云,尔等全不可信,久相猜贰,即往亦未必容留,彼时进退无措,虽欲施恩曲宥,其如国法何,尔当详细筹画,仍悔罪乞恩。朕自念尔前劳,曲为宽贷,若执迷不悟,朕命将兴师,穷搜极捕,一被弋获,天网难逃,今特不忍尔自罹罪愆,且令尔部众不得安全,是以不惜降旨,详悉训谕,尔思达瓦齐系绰罗斯大族,据有伊犁,朕大兵所指,未敢稍撑螳臂,俯首就缚,尔与达瓦齐势力相较何如,即令暂收四卫拉特,不过一时乌合,各欲相机观变,旦夕立见瓦解,尔特不知觉悟耳,其熟计利害,无贻后悔。

(《清高宗实录》卷 496　页 234)

阿睦尔撒纳逃窜追捕无踪

乾隆二十年九月壬午(十一日 1755. 10. 16)又谕,据额琳沁多尔济等奏报,阿睦尔撒纳逃窜,追捕无踪,看来伊必至塔尔巴哈台游牧,否则径投哈萨克,今询问噶勒藏多尔济,据称自汗哈屯等处,取道至哈萨克甚近,彼处现有伊所属之乌梁海等,因遣伊宰桑固穆扎布,交侍卫德善带往。哈达哈等奉到谕旨,著派副管旗章京职衔莫尼扎布,同往传谕哈萨克阿布赉云,尔所遣使臣阿穆尔巴图鲁来见定北将军时,已将尔恭顺之意,奏闻大皇帝,甚为嘉悦,俟来使入觐后,正欲加恩,讵意阿睦尔撒纳潜谋叛逆,将来使遣回,且于入觐时,中途逃窜,伊去年受困于达瓦齐,穷极来归,所受大恩,不可胜数,乃心怀反复,欲总统准部,恃我威力,残扰邻近诸部落,正与尔来使所云,厄鲁特人全不可信之语,适相符合,今已传知各路堵截追擒,自当弋获,如追捕甚急,窜入尔境内,果能即行擒送,大皇帝必重加恩赏,否则潜踪日久,为我师所觉,径入擒剿,恐尔境内人等,不无惊扰。如此明白宣示,看阿布赉情形若何,哈达哈等,候固穆扎布、莫尼扎布,到彼传谕,及归途信息,速行奏闻,再乌梁海赤伦,如情愿同行,亦令其随往。

(《清高宗实录》卷 496　页 235—236)

命阿敏道领兵侦探班第信息

乾隆二十年九月壬午(十一日 1755. 10. 16)又谕曰,朕降旨命阿敏道领兵侦探班第信息,著传谕永常,派兵二百名,遣干弁续发,再传谕额琳沁,尔与阿逆有杀子之仇,尔从哈萨克来,思沐国家厚恩,岂为附和阿逆而来,今阿逆负恩悖叛,尔当尽力效诚,协助擒获,以承厚恩,即力有未逮,断不可入于其党,阿逆孤身逃窜,大兵进剿,计日被擒,伊尚不能自保,又岂能保他人乎? 此时如台站已通,即照此缮写,发送班第,如尚未通,著速派兵续进。

(《清高宗实录》卷 496　页 237)

准噶尔旧有四卫拉特仍为其部落树之君长

乾隆二十年九月癸未（十二日 1755.10.17）命封准噶尔部落，诏曰，准噶尔部落人等互相残杀，群遭涂炭，不获安生，朕统一寰区，不忍坐视，特发两路大兵进讨，各台吉管理鄂拓克宰桑等，畏威怀德，率属来归，从军自效，今已平定伊犁，擒获达瓦齐，是用广沛仁恩，酬庸锡爵，准噶尔旧有四卫拉特，今即仍其部落，树之君长，噶勒藏多尔济封为绰罗斯汗，车凌封为杜尔伯特汗，沙克都尔曼济封为和硕特汗，巴雅尔封为辉特汗。台吉和通额默根、达瓦、布鲁勒封为公，台吉巴泰、曼集、鄂勒椿、达克巴授为扎萨克一等台吉，罗布藏、巴颜察罕、吹扎布、鄂诺什、本塔什、索诺木丹津、诺尔布授为扎萨克职衔，将伊等授为扎萨克，及所属编次旗分佐领之处，该部察例具奏。宰桑鄂勒哲依、哈萨克锡喇俱授为内大臣，办理图什墨勒事务，鄂勒哲依仍管喀喇沁鄂拓克，哈萨克锡喇仍管噶勒杂特鄂拓克，宰桑拉苏隆、达什车凌、鄂哲特、都噶尔、鄂勒锥俱授为散秩大臣，仍管各鄂拓克，噶勒藏多尔济等及管理鄂拓克之宰桑鄂勒哲依等，受朕深恩，其董率所属，各勤教养，共图生聚，尔等如恪遵朕训，自永受无穷之福。钦哉毋怠。

（《清高宗实录》卷 496　页 237—238）

扎哈沁宰桑鄂尔奇木济托故不至情形可疑

乾隆二十年九月甲申（十三日 1755.10.18）谕军机大臣等，永常奏，传唤扎哈沁宰桑鄂尔奇木济，托故不至，情形可疑，已密行阿敏道、喀尔纳等，令其酌量兵力擒拿等语。鄂尔奇木济系朕念伊兄敦多克身故加恩授职之人，若果怀二心，自难宽贷，今授普尔普为散秩大臣，扎哈沁宰桑，交副都统额勒登额、侍卫端济布等，带往相机擒剿，俟擒获鄂尔奇木济，即交端济布解送来京。又将宰桑鄂勒哲依、哈萨克锡喇、吞图布、恩克博罗特等，送回游牧，整兵前进。永常即传谕哈萨克锡喇之弟塔斌，令其预为整备，俟伊兄一到，即协力前进剿捕。又奏阿睦尔撒纳现在逃叛，恐抢掠巴里坤，现候阿敏道等接续台站信到，即从穆垒退回巴里坤防守，是竟置班第等于度外，甚属错谬，巴里坤即须防守，可留三格办理，永常、策楞应整顿兵力，作速前进，遇阿巴噶斯、哈丹之众，务行剿灭，三格若亦随军前往，即著派豆斌，就近调取绿旗兵二三千名，防守巴里坤。至巴哈曼集，将游牧移于克什图，自系避贼，岂有从乱而反内移之理，永常不辨虚实，存心畏怯，办理种种未协，此旨接到，即同策楞奋勇前进，毋得仍蹈旧辙，慎之。

（《清高宗实录》卷 496　页 239）

包沁总管阿克珠勒供词

乾隆二十年九月庚寅（十九日 1755.10.24）又谕曰，哈达哈等奏，讯问包沁总管阿克珠勒供词，及现在派兵百名，令出边卡，收我被截之兵，并擒生问信等语。阿克珠勒所供哈萨克助兵一万，与阿巴噶斯、哈丹万人会合，抢掠伊犁，现在哈萨克情形，何能出兵万计，而阿巴噶斯等户口仅及三千，阿睦尔撒纳游牧业经收获，包沁复被歼灭，安得更有万人，此皆伊等张大其词，以摇惑众听。哈达哈等全未度量事机，惟过计预防，实为怯懦，至成衮扎布、塔勒马善，俱系堵截贼众之兵，既未遇阿睦尔撒纳，即应会兵同来，今伊等现住何处，卡外被截者何兵，被何人所截，奏内均未声明，如果兵少被截，再增派二百人续进，今计前至察罕呼济尔，不过一月之程，愈速愈合机宜，阿兰泰等即将现有兵丁马匹，通盘计算，一面奏闻，一面俟阿玉锡、丹津到时，奋勇前进，以期剿灭逆贼，此次进兵，以休养马力为要，可令每兵一名，带马四匹，多备三四月口粮，将汗哈屯乌梁海及收获各游牧马匹，查明应用，如马力平常，即酌量购买，勿拘成例，仍将班第信息及现办事宜，速行奏闻。

（《清高宗实录》卷497　页246—247）

策楞不能胜扎拉丰阿补授参赞大臣

乾隆二十年九月庚寅（十九日1755.10.24）谕曰，阿睦尔撒纳上年率众来归，朕加恩抚纳，封以王爵，伊于召见时，面陈略定准夷之策，朕以其才可用，爰授定边左副将军，为我师向导，近官军奏凯，朕召诸部台吉齐集热河，将行饮至之典，讵阿睦尔撒纳在伊犁军营时，辄以私印调兵，并遣使与哈萨克私通，扬言非令伊总统准部不可，种种不法，节经班第等奏闻，伊心怀叵测，揣知军前大臣必行参奏，不得已赴召前来，行至中途，遂将印信交亲王额琳沁多尔济，托故逃遁，潜遣侍卫七人，来取家属，伊兄齐木库尔执使首告，伊妻亦以其负恩逃叛，愤激不从，愿移内地，阿睦尔撒纳已为无家之人，而窜匿之初，乘厄鲁特诸部台吉现俱入觐，辄布流言，希图煽惑众听，抢掠台站，乃西路各部台吉俱坚心内向，有业克明安宰桑扎木参等，率所部数千人，赴永常处，叩请迁移附近军营居住，以为倚庇，乃永常不审虚实，疑为诡计，张皇失措，挟其宰桑置军中为质，兼程却走，复恐或蹑其后，檄行策楞以兵接应，并将前遣安接台站之副都统阿敏道行文撤回，退驻巴里坤拒守。夫阿睦尔撒纳负恩逃叛，众部同仇，即伊兄弟妻子亦皆愤恨离心，况附和同叛之包沁部落，北路闻信往剿，酋首即已就擒，部众歼灭，是阿睦尔撒纳孑身逋逃，无难计日擒戮，若当诸台吉叩辕请告之时，永常克振军威，诸部得所依倚，厉兵迅往，追捕叛迹，其势甚易，何至为浮言惊骇，无端退避，使新附寒心，士卒沮气，贻误一至于此，且伊前赴军营时，筹办诸务，率多冒昧，即如军行已有定站，而错会文移，遽令刻日兼程前进，兵粮业经支给，犹喋喋以口食不继为词，希冀邀誉市恩，竟不顾众心摇惑，此类难以枚举。朕是以但饬其驻乌鲁木齐，联络声援，不使偕众统兵进发，盖早知其中无定见，全不察事理之轻重也。兹当伊犁久经平定，回部率属归诚，所办者仅一潜踪伏莽之逸贼耳，而永常始则未知确实，疑系穷夷自相劫掠，奏请带兵追逐，意尚近于奋勉，迨一闻阿睦尔撒纳在逃之信，忽尔畏葸乖张，甘心偾事，实出情理之外，若不重治其罪，何以任将帅而励戎行，永常著革职拿解来京治罪。定西将军印务，前有旨著策楞补授，今观策楞竟不能自发一谋，自出一虑，惟听永常妄行调遣，恐不能胜将军之任，策楞著仍在参赞大臣上行走，即日带兵前往，其定西将军著扎拉丰阿补授。

（《清高宗实录》卷497　页243—245）

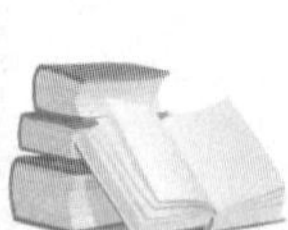

所获萨尔坦牲只分给众兵充饷

乾隆二十年九月甲午(二十三日 1755.10.28)谕军机大臣等,哈达哈等奏,亲王成衮扎布、护军统领塔勒玛善,领兵擒获包沁之萨尔坦,杀死三十人,逃出十余人,所获牲只,请分给众兵充饷等语。此次遇贼,虽有斩获,亦因贼少始能若是,且尚有逃者,若遇大队贼众,伊等退避,亦未可定,即如军行马力疲乏,自当更换所获马匹追袭,何得任其逋逃,成衮扎布等选软积习,朕所素知,伊等毋庸议叙,仍著饬行。其余台吉官兵,俱著查明报部议叙。从前擒获阿克珠勒之扎布,及杀贼之阿裕什巴尼朋楚克等,俱著赏银五十两,收获牲只什物,仍照所奏赏给。又据萨尔坦供词,有哈萨克锡喇与噶勒杂特、塔本、集赛人等,共抢掠伊犁之信,现在哈萨克锡喇已经入觐,伊弟塔斌,又释我被获兵丁,与永常通信,岂复有抢掠伊犁之事,明系贼党扬言。哈达哈等惟据供陈奏,似此不经之言,皆信以为真,而视班第等于膜外,伊等即不欲通信班第,亦当虚设一词,画一策,何竟置之不论,朕思之殊为愤恨,且为伊等耻之。再班珠尔等乃阿睦尔撒纳同党,其妻子属人俱当赏给功臣,但解送需时,若赏给此次效力之喀尔喀等,能保其不致逃窜否,如恐滋事,即解送京师亦可。至扎拉丰阿、玉保等,由阿济必济前往西路,如需带兵数百名,哈达哈等即行派往,断不得以北路用兵为词,著一并传谕伊等知之。

(《清高宗实录》卷497　页248—249)

侦探阿睦尔撒纳情形

乾隆二十年(1755)十一月丁酉。定西将军策楞疏奏,侦探阿睦尔撒纳情形。策楞奏言:据卡伦佐领桑寨,将自阿巴噶斯等游牧脱出之阿道海解到。臣询知,系呼尔璊台吉巴颜属人,在奎屯喀拉乌苏坐台。八月十七日,为阿巴噶斯、哈丹之得木齐吹津掠去,今乘间逃回。问其现在情形,据称,闻阿睦尔撒纳带领户口,在博罗塔拉坐床。阿巴噶斯、哈丹与呼尔璊三鄂拓克,共带兵二千,并集赛兵一千,额林沁、巴特玛车凌兵一千,至额林哈毕尔噶等处抢掠游牧,十月二十三日,会合于玛纳斯地方。但我逃来时,各游牧并未预备,明系诡言声张,不足为据。又据呼尔璊台吉纳木奇,欲投顺前来,为阿巴噶斯、哈丹所拒,不能渡玛纳斯河,现在各居游牧等语。又据阿敏道解到之都尔伯特属人西特所供相同。惟闻阿睦尔撒纳,有已逃往哈萨克之语。臣思,贼人诡言声张,俱不可信,即当乘其不备,速行进兵。是以即留阿道海等作为御导,并行知诺尔布林沁,令其会合同进。

(《平定准噶尔方略》正编,卷二十二)

阿睦尔撒纳肆行抢掠兵力稍弱台站

乾隆二十年九月戊戌(二十七日 1755.11.1)又谕曰,阿兰泰等奏,台站章京哈林,送到贝勒刚多尔济属人鄂勒锥、诺斯海及被抢台站脱出官兵所告贼众情形,看来阿睦尔撒纳惟就兵力稍弱之台站,肆行抢掠,未敢犯我声援及屯田兵丁,伊之伎俩,于此可见,鄂勒锥所闻派兵抢掠将军,及伊苏特、铿格尔有二千余户之语,乃阿睦尔撒纳有意声扬,皆非实事，伊潜逃踪迹，必难远去，但速进兵，即可擒获。哈达哈等，仍遵节次谕旨，俟丹津到时，即与成衮扎布、喀喇巴图鲁阿玉锡带兵前进，达勒当阿等随后继进，以为声援，务期擒剿贼众，通信伊犁，鄂勒锥等出使哈萨克，归途遇阿睦尔撒纳，被其拘禁，仍能脱出，深属可嘉，著交与哈达哈等，量行赏赐，其被抢台站官兵，以寡敌众，仍能脱出，亦著加恩赏赉。

（《清高宗实录》卷497　页253—254）

诺尔布琳沁击败阿巴噶斯等

乾隆二十年九月庚子（二十九日 1755.11.3）又谕曰，朕前谕将永常所奏台站情形一折，录寄玉保、集福等，令传谕带往宰桑鄂勒哲依，哈萨克锡喇、恩克博罗特、吞图布等阅看。今据奏称，伊等俱各缮书信，安抚游牧，并将书稿进呈，鄂勒哲依等诚心筹画，殊属可嘉。昨又将诺尔布琳沁击败阿巴噶斯等一节，录寄扎拉丰阿，传示伊等，谅必更加踊跃，今特加恩赏给御佩荷包及鼻烟壶各一件，著扎拉丰阿等，传谕伊等祗受，仍各赏银二百两，以示奖励。

（《清高宗实录》卷497　页256）

闻阿布赖探阿睦尔撒纳信息以结好

乾隆二十年十月辛亥（十一日 1755.11.14）又谕曰，班第、萨喇勒熟悉准噶尔情性及彼处事体，此次进兵所至之处，台吉宰桑有附从阿逆，宜剿戮者，即行剿戮，宣抚绥者，即行抚绥，所得马匹物件，可充军实者，即分与兵丁以壮军力，惟期简便办理，不得稍存疑畏，如有可用计用间之处，亦宜兼资互用，方为有益。再闻哈萨克阿布赖，兴兵探听阿睦尔撒纳信息，与之结好，则退师而返，与之搆衅，则进兵相攻，看来阿逆与哈萨克搆兵，亦未可定，果若相攻，于事愈觉有济，倘与之联和，可遣人往谕哈萨克，不可协助阿逆，抗拒天朝，彼岂不知若能擒献阿睦尔撒纳，必荷殊恩，即或不能，各回游牧，我朝亦不知兵于汝，但可否遣人之处，须相机办理，将此一并传谕班第、萨喇勒知之。

（《清高宗实录》卷498　页268）

巡查堵截达布逊图喇地方

乾隆二十年十月丙辰（十六日 1755.11.19）又谕曰，富德奏称额尔齐斯之北有达布逊图喇地方，系准噶尔、哈萨克、俄罗斯交界，其地产盐，舆图所载额尔齐斯之北有盐池，即其地也，距塔尔巴哈台千里，阿睦尔撒纳势力穷蹙，或由此路逃往俄罗斯，亦未可定。著传谕达勒当阿、哈达哈等，带兵进发后，或令察达克、赤伦等，带伊旧乌梁兵数百名，赴其地巡查堵截，或于索伦兵内，分数百人前往亦可，伊等愿往，所派兵丁，俱照军营，一体赏赉。

（《清高宗实录》卷499　页273）

阿睦尔撒纳传闻在博罗塔拉

乾隆二十年十月戊午（十八日 1755.11.21）谕军机大臣等，哈达哈等奏，现在带兵前进，约于一月内，可到察罕呼济尔等语。阿睦尔撒纳虽孑身逃窜，传闻在博罗塔拉地方，会合彼处贼众，约有三四千人，若哈达哈等兵少轻进，亦有可虞，伊等固不可恇怯退缩，亦不宜冒昧尝试。著传谕达勒当阿、哈达哈等，遵旨先遣精壮兵丁前行哨探，相机进止，与西路会合，共得兵四五千名，即奋勇追剿，务期弋获。又所奏遣往哈萨克之索伦跟役布颜图，传哈萨克有出兵之信，从前伊部落遣使前至军营，甚属恭顺，兹复何由起衅，或被阿睦尔撒纳煽惑，或布颜图弃伊主逃回，妄为捏饰，俟送到时，严行审讯，既有此语，达勒当阿等，应行知遣往哈萨克之侍卫德善，令伊等暂时留待，俟审讯明确，再行遣往。

（《清高宗实录》卷499　页280）

平定准噶尔御制碑文

乾隆二十年十月戊午（十八日 1755.11.21）御制平定准噶尔告成太学碑文曰：辽矣，山戎薰粥，旃裘毳幕之人，界以龙沙，畜其奚，虽无恒业，厥有分部。盖自元黄剖判，万物芸生，东夷西夷，各依其地。谬举淳维，未办理据，皇古莫纪。其见之书史者，自周宣太原之伐，秦政亘海之筑，莫不畏其侵轶，猾夏是虞。自时厥后，一二奋发之君，慨然思挫其锋而纳之宥。然事不中机，材不副用，加以地远无定处，故尝劳众费财，十损一得。搢绅之儒守和亲，介胄之士言征伐。征伐则民力竭，和亲则国威丧。于是有守在四夷、羁縻不绝、地不可耕、民不可臣之言兴矣。然此以论汉唐宋明之中夏，而非谓我皇清之中夏也。皇清荷天之龙，兴东海，抚华区。有元之裔，久属版章，岁朝贡，从征狩，执役惟谨。准噶尔厄鲁特者，本有元之臣仆，叛出据西海，终明世为边患。至噶尔丹而稍强，吞噬邻蕃，阑入北塞。我皇祖三临朔漠，用大破其师，元恶伏冥诛，胁从远遁迹，毋俾遗种于我喀尔喀。厥侄策妄阿喇布坦，收其遗孽，仅保伊犁。故尝索俘取地，无敢不共。逮夫部落滋聚，乃以计袭哈密、入西藏，准夷之势，于是而复张。两朝命将问罪，虽屡获捷，而庚戌之役，逆子噶尔丹策零，能用其父旧人，乘我师怠，掠畜于巴里坤，捣营于科布多，于是而准夷之势大张。然地既险远，主客异焉。此劳往而无利，彼亦如之，故额尔德尼招之败彼，亦以彼贪利而深入也。皇考谓我武既扬，不可以既，允其请和，以息我众。予小子敬奉先志，无越思焉。既而噶尔丹策零死，子策妄多尔济那木扎勒暴残，喇嘛达尔扎篡夺之，达瓦齐又篡夺喇嘛达尔扎，而酗酒虐下尤甚焉。癸酉冬，杜尔伯特台吉车凌等，率数万人来归。越明年秋，辉特台吉阿睦尔撒纳、和硕特台吉班珠尔，又率数万人来归。朕谓来者不可以不抚，而抚之莫若因其地其俗而善循之，且毋令滋方来之患于我喀尔喀也。于是议进两路之师，问彼罪魁，安我新附。凡运饷、筹驮、长行、利战之事，悉备议之。始熟经于庚戌之艰者，咸惧蹈辙。惟大学士忠勇公傅恒，见与朕同，而新附诸台吉，则求之甚力。朕谓犁庭扫穴，即不敢必，然喀尔喀之地，必不可以久居若而人，毋宁用其锋而观厥成，即不如志，亦非所悔也。故凡祃旗命将之典，概未举行，亦云偏师尝试为之耳。塞上用兵必以秋，而阿睦尔撒纳、玛木特请以春月，欲乘彼马未肥，则不能遁，朕谓其言良当，遂从之。北路以二月丙辰，西路以二月己巳，各启行。哈密瀚海向无雨，今春乃大雨，咸以为时雨之师。入贼境，凡所过之鄂拓克，携羊酒糗精迎恐后，五月乙亥至伊犁亦如之。达瓦齐于格登山麓，结营以待，兵近万。我两将军议，以兵取则伤彼必众，彼众皆我众，多伤非所以体上慈也。丁亥，遣阿玉锡等二十五人，夜斫营，觇贼向，贼兵大溃，相蹂躏死者，不可胜数，来降者七千余。我二十五人，无一人受伤者。达瓦齐以百余骑窜。六月庚戌，回人阿奇木霍集斯伯克，执达瓦齐来献军门，准噶尔平。是役也，定议不过二人，筹事不过一年，兵行不过五月，无亡矢遗镞之费，大勋以集，遐壤以定。岂人力哉，天也。然天垂佑而授之事机，设不奉行之，以致坐失者多矣，可与乐成，不可与谋始。亦谓蚩蚩之众云尔，岂其卿大夫之谓。既克集事，则又曰苟知其易，将劝为之。夫明于事后者，必将昧于几先，朕用是寒心。且准噶尔一小部落耳，一二有能为之长，而其树也固焉；一二暴失德之长，而其亡也忽焉，朕用是知惧。武成而勒碑，文庙例也。礼臣以为请，故据实事书之，其辞曰：茫茫伊犁，大干之西。匪今伊昔，化外羁縻。条支之东，大宛以南。随畜猎兽，蚁聚狼贪。乃世其恶，乃恃其远。或激我攻，而乘我缓。其计在斯，其长可穷。止戈靖边，化日薰风。不侵不距，不来其那。款关求市，亦不禁诃。始慕希珍，终居奇货。吏喜无事，迁就斯懦。渐不可长，我岂惧其。岂如宋明，和市之为。既知其然，饬我边吏。弗纵弗严，示之节制。不仁之守，再世斯斩。篡夺相仍，飘忽荏苒。夙沙革面，煎巩披忱。集泮飞鸮，食椹怀音。锡之爵位，荣以华裾。膝前面请，愿效前驱。分兵两路，雪甲霜锋。先导中坚，如晁错攻。益以后劲，蒙古旧属。八旗子弟，其心允笃。二月卜吉，牙旗飘摇。我骑斯腾，无待折胶。泉涌于碛，芜茁于路。我众欢跃，谓有天助。匪啻我众，新附亦云。黄发未睹，水草富春。乌鲁木齐，博罗塔拉。台吉宰桑，纷纷款纳。牵其肥羊，及马湩酒。献其屠耆，合掌双手。予有前谕，所禁侵陵。以茶交易，大愉众情。众情既愉，来者日继。蠢达瓦齐，拥兵自卫。依山据淖，惟旦夕延。有近万人，其心十千。勇不目逃，抡二十五。曰阿玉锡，率往贼所。衔枚夜袭，直入其郛。挥矛拍马，大声疾呼。彼人既离，我志斯合。突将无前，纵横鞺鞳。案角鹿埵，陇种东笼。自相狼藉，孰敢撄锋。狐窜鼠逃，将往异域。回部遮之，凶渠斯得。露布既至，告庙受俘。凡此蕆功，荷天之衢。在古周宣，二年乙亥。准夷是平，常武诗载。越我皇祖，征噶尔丹。命将祃旗，亦乙亥年。既符岁德，允协师贞。兵不血刃，漠无王庭。昔时准夷，弗恭弗譓。今随师行，为师候尉。昔时准夷，日战夜征。今也偃卧，知乐人生。曰匪准夷，曰我臣仆。自今伊始，安尔游牧。尔牧尔耕，尔长孙子。曰无向非，岂有今是。两朝志竟，亿载基成。侧席不遑，保泰持盈。勒石大成殿阼阶前。御制平定准噶尔勒铭伊犁碑文曰：惟天尽所覆，俾我皇清，罔不在宥。惟清奉昊天，抚薄海兆庶，悉主悉臣。太祖太宗世祖，肇基宅中，皇耆其武。圣祖世宗，觐光扬烈，克臻郅隆。逮予藐躬，思日孜孜，期四海同风。咨汝准噶尔，亦蒙古同类。何自外携，数世梗化。篡夺相仍，硕仇其下。惟达瓦齐，甚毒于酲。众心痻痻，如苗斯螽。如虺斯螫，众口嗷嗷。视尔嗷止，予焦劳止。期救不崇朝止，视为痻止，予噫嘻止，亟出汝涂泥止。乃命新附，尔为

先锋，熟悉其路。乃命劲旅，携数月粮，毋或掠掳。师行时雨，王旅啴啴，亦无潦阻。左旋右抽，王旅浑浑，既暇以休。乌鲁木齐，及五集赛，度之折折。台吉宰桑，迎降恐后，奚事斧吭。博罗塔拉，阏勒奇岭，险如关阖。倒戈反攻，达瓦齐走，旦夕涂穷。回部遮获，彼鼠斯喙，地入无隙。露布飞至，受俘午门，爰贷其罪。自今伊始，四部我臣，伊犁我宇。曰绰罗斯，及杜尔伯特、和硕特、辉特，封四可汗。众建王公，游牧各安，宰桑公臣，属我旗籍。谁汝苦辛，尔恭尔长。尔孳尔幼，徐以教养。尔驼尔牛，尔羊尔马，畜牧优游，分疆各守。毋相侵陵，以干大咎，齐御外域。曰布鲁特，越哈萨克，醉饮饱食。敬兴黄教，福自天锡，伊犁平矣。勒贞珉矣，于万斯年矣勒石伊犁东冈。御制平定准噶尔勒铭格登山碑文曰：格登之崔嵬，贼固其垒。我师堂堂，其固自摧。格登之巇嶭，贼营其穴。我师洸洸，其营若缀。师行如流，度伊犁川。粤有前导，为我具船。渡河八日，遂抵格登。面淖背岩，藉一昏冥。曰捣厥虚，曰歼厥旅。岂不易易，将韬我武。将韬我武，讵曰养寇。曰有后谋，大功近就。彼众我臣，已有成辞。火炎昆冈，惧乖皇慈。三巴图鲁，二十二卒。夜斫贼营，万众股栗。人各一心，孰为汝守。汝顽不灵，尚窜以走。汝窜以走，谁其纳之。缚献军门，追悔其迟。于恒有言，曰杀宁育。受俘赦之，光我扩度。汉置都护，唐拜将军。费赂劳众，弗服弗臣。既臣斯恩，既服斯义。勒铭格登，永诏亿世。勒石格登山。

（《清高宗实录》卷 499　页 276—280）

满楚等前往侦探班第等陷贼事宜

乾隆二十年十月癸亥（二十三日 1755.11.26）谕军机大臣等，昨据策楞奏，从伊犁脱出之索诺木，告知班第等陷贼之信，朕心深为悯恻，已传谕策楞，令其派侍卫满楚等前往侦探，并著从优赏赉，期速得班第等实在情形。盖进剿乌合之众，原属无难，惟班第、萨喇勒、鄂容安，因国事为贼所困，每一思之，不胜愤懑，亦未知虚实。著扎拉丰阿、玉保、策楞等设法通信，传谕班第等，以朕初意准噶尔危乱之余，甫经安定，若屯驻大兵，恐多惊扰，是以但命伊等驻扎办事，兵少力弱，为贼所困，非失守封疆可比，伊等或相机脱出，或忍死以待大兵，方为大臣举止，若谓事势至此，惟以一身殉之，则所见反小矣。鄂容安素称读书人，汉苏武为匈奴拘系十九年，全节而归，阿睦尔撒纳固不足比匈奴，我大清又岂汉时可及，自当爱惜此身，以图后效，恐伊等以失守罹罪，不识大义，遽尔轻生。夫为人臣子，若君父欲加之罪，亦惟顺受，岂可预料，而以一死为贤于生，于心安乎？朕今大兴师旅，陆续进发，务期擒剿逆贼，扎拉丰阿等，务体朕悯恻伊等之心，即会合各路大兵，竭力剿捕，俾逆恶知所惩创，扎拉丰阿系蒙古人，恐于助逆喇嘛，有意宽假，即玉保、策楞，亦稍存招抚之见，俱断不可行，惟鄂勒哲依、哈萨克锡喇，因入觐前来，其属人或被胁从，尚可询问伊等，分别剿抚，其余俱不得稍存姑息，致反覆叛乱，无所底止。

（《清高宗实录》卷 499　页 284—285）

中途出痘之宰桑等留于台站照看

乾隆二十年十月甲子(二十四日 1755.11.27)又谕,昨玉保奏中途出痘之宰桑哈萨克锡喇、吞图布等,留于台站照看,仍带鄂勒哲依等起程,今至努空西喇台站,鄂勒哲依、鄂哲特亦皆出痘,玉保先行,留乌勒登在途照看。等语。闻伊等痘疹轻稀,自易痊好,且嗣后来京,更无他虑,益觉可喜,著加恩赏给鄂勒哲依、哈萨克锡喇骑都尉世职,恩克博罗特、吞图布、鄂哲特云骑尉世职,听伊等指出子弟承袭,此际须宽心调养,俟全愈后从容行走,勿稍勉强,乌勒登善为照看,颇知悔过奋勉,著授为头等侍卫,仍将各宰桑等身体平复日期,速为奏闻。

(《清高宗实录》卷 499　页 286—287)

宰桑鄂罗斯率五百余户来归

乾隆二十年十月乙丑(二十五日 1755.11.28)谕军机大臣等,策楞奏称,塔尔巴哈沁台吉唐古忒,遣宰桑鄂罗斯,率五百余户来归,并将台站被掠之察哈尔、喀尔喀等送回等语。唐古忒诚悃可嘉,著加恩封为贝勒,赏给双眼翎,策楞俟伊来见时,即传旨奖谕。再台吉额琳沁,从前阿睦尔撒纳曾杀害伊子,外虽相依,心必不合,唐古忒若能通信额琳沁,俾擒获逆贼,不但藉复前仇,更使身邀恩赏,如力不能办,即令其束手来京,亦当施恩封赏,策楞将此传谕唐古忒,令其尽心办理,以期承受朕恩。如通信额琳沁时,其书词大指,告以阿睦尔撒纳与阿布赉久相和好,而额琳沁从哈萨克逃出时,曾伤害多人,阿布赉甚怀愤恨,今阿睦尔撒纳欲将额琳沁擒送哈萨克以修好,此系询问和硕特台吉纳噶察所告之词,其言必非无据,额琳沁自知与阿睦尔撒纳有隙,且与哈萨克不和,伊亦阅历有年,岂不预防祸害,若令其将阿睦尔撒纳擒拿,既可复仇免患,且可承受恩赏,策楞即传谕唐古忒,将此意作书,开导额琳沁,并将唐古忒言语情形奏闻。再现在军前新附颇多,兵势自当振作,若得阿睦尔撒纳未往伊犁之实信,即可速行进剿,盖以噶勒藏多尔济与恩克博罗特等,颇重待喇嘛,若会同进兵,将助恶喇嘛擒剿,恐伊等拘泥习俗,少觉掣肘,惟于未到时,能先示惩创,庶合事机,又如办理喇嘛一事,昨命全行剿灭,今思蒙古厄鲁特俱重黄教,亦宜分别办理,倘实系助恶,临阵仍复抗拒,自当诛戮,其擒获者俱解送来京,老弱量从宽宥,并将喇嘛系出家人,不守清规,好乱生事,是以特为整顿,明白晓示,俾众共知其罪无可逭,并传谕扎拉丰阿、玉保知之。

(《清高宗实录》卷 499　页 288)

伊主遣往哈萨克现被擒拿看守

乾隆二十年十一月戊寅(九日 1755.12.11)谕军机大臣等,前自北路脱出之索伦跟役布颜图供称,伊主遣往哈萨克,现被擒拿看守等语。当即传谕达勒当阿等,讯问布颜图确供具奏,并令将遣往哈萨克之侍卫德善等,暂行停止。今据策楞奏称,自伊犁前来之呼尔台吉萨喇勒告称,遣往哈萨克之侍卫达勇阿、顺德讷,带领哈萨克使者,同至伊犁,哈萨克情愿投顺等语。看来哈萨克阿布赉甚属恭顺,并无可疑,著哈达哈等传谕德

善等仍遵前旨，前往哈萨克，并将布颜图从前所供，果否实情，审明具奏。

（《清高宗实录》卷500　页303）

哈达哈疏奏阿睦尔撒纳奏折

乾隆二十一年（1756）正月辛未。定边左副将军哈达哈疏奏，阿睦尔撒纳奏折。哈达哈奏言：十二月十七日，从前遣往哈萨克之侍卫顺德讷，带同传旨晓谕阿睦尔撒纳之厄鲁特兆齐，回至军营。禀称，阿睦尔撒纳遣回伊等时，有奏折一件，令交军营大臣转奏。据阿睦尔撒纳称：臣受皇上天高地厚之恩，诸事遵循训示，仰赖威福，将达瓦齐及宰桑等擒献阙下，又将准噶尔全部归附天朝。第班第、萨喇尔诸事暴急，曾令额驸色布腾巴尔珠尔陈奏。臣又向伊等商议四卫喇特人众，应遵皇上谕旨，收其离散，悯其穷蹙，一切如噶尔丹策零时，令其安全。今若办理不善，伊等性情剽悍，必生变乱。且恐哈萨克、布鲁特闻风附和。班第等不能听从。至臣遵旨入觐，行至乌隆古地方，闻有擒拿之信，不得已潜避。所有颁给印信，不敢弃置，交与额林沁多尔济带回。其班第、萨喇尔如何陈奏之处，自蒙皇上洞鉴。又班第、萨喇尔乘马直入喇嘛经堂，将马系于柱上，伊等并坐大喇嘛之上。萨喇尔无忌妄谈，言四卫喇特人众皆伊管理。并于各鄂拓克内，选择妇女为妻，复肆行掳掠。宰桑克什木、巴雅尔拉虎等，众皆切齿。是以于臣未到伊犁之前，忽生变乱。前奉到皇上令遣使晓谕哈萨克之旨，即派顺德讷等及臣宰桑前往。今阿布赉等共言与臣同盟结好，断不背约，亦欲如臣一体沾恩。此顺德讷所亲闻者。臣现拟将四卫喇特游牧整理，并令回人、布鲁特、塔什罕、哈萨克等臣服天朝，将臣游牧与伊等会合同住，断不敢萌背叛之心。接到谕旨，不胜感激悚惶。伏祈赏给臣管辖四卫喇特印信，勉力报效等语。

（《平定准噶尔方略》正编，卷二十四）

阿睦尔撒纳现在情形

乾隆二十一年（1756）正月辛未。定边左副将军哈达哈等疏奏，遣使哈萨克，及阿睦尔撒纳现在情形。哈达哈等奏言：据侍卫顺德讷禀称，七月二十八日，前往哈萨克阿布赉所住额卜图淖尔地方，宣示敕谕。阿布赉不胜欢忭，告称，今准噶尔全部俱归附天朝，蒙皇上不弃荒裔，遣使晓谕，实出望外。今遣托克锡里、鄂图里、达瑚等三人，齐捧奏章，同往入觐。并遣我弟岳勒博罗斯，带领属人，通使军营大臣。又我倘有进献马匹，恐路远易致疲瘦，当缓期送赴阿睦尔撒纳处，转为呈献等语。并于八月二十五日，至阿布赉之弟汗巴巴处，宣示敕谕讫。至十月十六日，至博罗塔拉地方，见阿睦尔撒纳，始知其背叛情由。留住月余，因军营遣往，晓谕之厄鲁特兆齐到彼。阿睦尔撒纳缮写奏折，给予驼马，一并遣回。阿睦尔撒纳现在游牧地方，患病死伤者众，人亦穷困，肆行抢掠。计其兵丁，不过二千有余。同伊在彼者，系额林沁、伊什丹津、巴特玛、车凌、达瓦、占布、根敦扎卜、策伯克、敦多克舍凌、敦多克曼济、索萨赉布林、巴图济尔噶尔、鄂博什、固穆扎卜、巴桑、塞克塞、乌勒木济等十余人，其余俱不能认识。看来时势穷蹙，阿逆必逃入哈萨克境内。现在阿布赍等遣来入觐之人,俱留于彼处等语。又据遣往晓谕阿睦尔撒纳之兆齐禀称,十月二十九日,遣往阿睦尔撒纳处,宣示谕旨,阿睦尔撒纳屏人密问,伊游牧人众,现在何处。我告以奉旨,将尔游牧人众,移往塔米尔地方之内,并未杀戮,尔妻子已往内地,乞恩于圣主之前,现亦无恙。尔所遣宰桑阿穆尔济尔噶尔等,已经拿获审讯。又详察阿睦尔撒纳属人等,均因家室离散,人人念怨。约计伊游牧内,马匹不过千余,驼只不及一千,牛羊等项已属无余,生计甚窘等语。

(《平定准噶尔方略》正编,卷二十四)

策楞等疏奏分兵进剿事宜

乾隆二十一年(1756)正月甲午。定西将军策楞等疏奏,分兵进剿事宜。策楞等奏言:据内大臣尼玛等,将哈丹族弟库图齐投诚前来,送至军营。臣等详细询问。据称,去年十月间,我与乌克图,及伊犁喇嘛等议定,与将军萨喇尔、公丹拜等,协同擒拿阿睦尔撒纳,约于十一月初一日,在博罗布尔噶苏台、闼勒奇岭,两路会齐。我与公丹拜,约苏图锡克锡尔格等,带兵二千名,于初三日,到博罗布尔噶苏台,守候十日,并无诺尔布敦多克与将军萨喇尔同来之信,因暂回游牧,以图再举。后至诺尔布敦多克处询问,知伊发兵稍迟,未得会合。又因敦多克曼集之弟,将我等密商之事,告知阿睦尔撒纳,预为防备。十二月十五日,将军萨喇尔及诺尔布敦多克、锡克锡尔格等,在伊犁诺罗斯哈济拜牲地方,与阿睦尔撒纳相遇。十五、十六两日,彼此对敌冲杀,阿睦尔撒纳与回人和卓木连合,共计兵四千有余,其势颇盛,遂各四散。正欲前来投诚,适内大臣尼玛遣人传谕,遂即前来。现在锡克锡尔格等,因未得成事,各怀疑惧,看来未必复能聚兵等语。臣等伏思,伊犁喇嘛、宰桑等,感戴皇恩,协同擒拿阿逆赎罪,心甚诚笃。但事机不密,兵力未齐,未得集事。今锡克锡尔格既带领游牧,与萨喇尔等一同,由朱尔都斯前来,或复整兵威以图再举,亦未可定。今阿睦尔撒纳已入伊犁,宜仍遵前旨,两路进兵,并力搜捕。计厄尔锥音等,日内可抵军营,仍令伊等带兵三千名,由朱尔都斯一路前进。臣等仍领兵剿灭阿巴噶斯等游牧,直抵伊犁。并将现在办理情形,遣人知会萨喇尔、锡克锡尔格等,以期会合。再阿逆已入伊犁,且与和卓木连合。我兵两路夹攻,贼势穷困,势必逃往回人地方,亦应仍遵前旨,令纳噶查等往阿克苏城,晓谕擒拿。又据参赞大臣哈萨克锡喇等报称,领兵至玛纳斯地方,闻有台吉达什带领百余人居住,即派兵前往收服。随据达什带领伊子赛音伯勒克等前来投诚,情愿出兵效力,至和洛霍澌河地方,擒获阿睦尔撒纳信用之宰桑察衮,并伊子巴朗,及属人等,现派侍卫布瞻泰解送来京。其阿巴噶斯属下得木齐达什巴图等,在大小安集哈雅地方。经臣玉保等,将达什巴图三百户,俱已剿灭。

(《平定准噶尔方略》正编,卷二十四)

多尔济等既系都噶尔属人无庸内移

乾隆二十年十一月己亥(三十日 1756.1.1)又谕,据哈达哈等奏,遣往哨探之蒙固勒岱,遇宰桑都噶尔属人多尔济户口现在带回等语。多尔济等既系都噶尔属人,无庸内

移，或于扎哈沁游牧，或另择地方，给与游牧居住，仍向伊等晓谕，现在伊等宰桑哈萨克锡喇、都噶尔等，已加恩授为大臣，效力军前，候擒获逆贼时，仍遣回原游牧居住，伊等人为包沁人抢掠，著酌量赏赐茶叶，或给与口粮，以资接济，并行文策楞，传谕哈萨克锡喇、都噶尔等知之。再扎木禅带兵往寻伊祖玛木特，未遇而回，著哈达哈等，遣人晓谕玛木特之妻，令其安心居住，毋庸过虑。玛木特系准噶尔旧人，熟悉地方情形，必不至于围困，现在大兵进发，伊闻信自当迎出，倘有不虞，必以伊孙扎木禅承袭官爵，从重加恩，并令扎木禅小心奉侍，善于宽慰，哈达哈仍不时遣人往视，给与食物，以示体恤。

（《清高宗实录》卷501　页320）

阿睦尔撒纳一直图谋吞噬准噶尔

乾隆二十年十二月戊申（九日 1756.1.10）谕曰，阿睦尔撒纳本一奸诡狡恶之人，因数年来，准噶尔部落篡夺相寻，希图吞噬，而准噶尔台吉乃绰罗斯世传，伊系辉特，势不能遽行窃踞，遂以达瓦齐为奇货，诱助攻杀，伊得从中取事，及达瓦齐既为台吉，不遂所欲，乃率众来降，彼时策楞、舒赫德议，留其丁壮于军营，而老幼妇女，悉于归化城安置，朕为天下共主，彼以穷蹙来归，而转令其妻子离散，实所不忍，且伊拥众数千户同来，亦断不肯听其离析，势必肆出劫掠，其为害于喀尔喀者甚大，是以治策楞、舒赫德之罪，而召见阿睦尔撒纳于热河行在，锡之封赏，伊即面陈平定准噶尔方略。准噶尔一事，乃我皇祖皇考屡申挞伐未竟之绪，本所当办，今既机有可乘，自不容已，而以夷攻夷，非即用伊为先导不可，是以即用伊为将军，然朕已早烛其未可深信，故令额驸色布腾巴勒珠尔与之同行，密降谕旨，阿睦尔撒纳若实心出力，可与之事权，以诚感之，若有反叛之状，则汝收将军印，便宜行事。伊既向化而来，朕惟开诚布公，实心相待，加以厚恩，伊亦人类，宁不知感，此上苍所鉴临，初非术驭之，利结之，逆诈而预图之也。迨伊犁既定，朕降旨封四卫拉特为四汗，伊遂潜怀逆谋，欲并踞准噶尔，遣人至哈萨克，扬言伊领兵平定伊犁，而不云天朝大兵，又托言哈萨克人众，谓非令伊为总台吉不可，私调兵数千，置将军印不用，用准噶尔台吉私印，植党修怨，残杀自恣。六月内，班第等具以奏闻，朕即降旨，令其即军中拿问治罪，班第等旋奏伊将遵旨入觐，朕召军机大臣，示以所奏机宜，皆谓阿睦尔撒纳自必前来瞻仰，或虑其回巢后，滋生事端耳。而朕即预料其必不前来，是以复令班第等，即于彼中相机从事，若已起身，在旬日内，亦当追回迅速拿问。盖伊既怀叵测，即诈称入觐，亦必于途次迁延，若不早为完结，必致生变，与其俟伊交结煽动，变迟而费大，何如及时乘机办理之为得也。乃班第等奏称，已遵旨遣人追取，适有哈萨克使者同行，恐其惊疑，复将追取之人撤回，独不思哈萨克自大兵平定伊犁，即屡次遣使至营，本极恭顺，且深悉阿睦尔撒纳之反覆狡诈，果正其罪，亦何妨明切晓谕，示以天讨，彼何惊疑之有，此班第等不能遵旨办理，自失机宜之大端也。朕见班第等不能在外完结，即料其至伊游牧地方，必且窜匿，必且潜取家属，因降旨乌里雅苏台军营大臣等，令于撤回满洲、索伦兵内，截留一千名往御，而阿睦尔撒纳果密使心腹，邀其妻子，克期奔会，幸其所使班珠尔后期，而我满洲、索伦兵，已诘朝毕集，遮留其妻子部众，无一人阑出者，班珠尔等伎俩既穷，始束身入觐，仍计回时劫之以去。此朕于热河亲讯时，据班珠尔等一一供吐者，若朕不预为部署，彼之家属人众，将安然远飏，岂不增其羽翼耶。额琳沁多尔济，我之扎萨克亲王，班第等以其老成可任，令与阿睦尔撒纳同行，乃齐木库尔即密告其弟逆谋已著，速当擒戮，而恬不知警，但答以我单亲王，彼双亲王，不敢便宜从事。夫既为国家叛贼，尚何双亲王之足论。及阿睦尔撒纳缴授将军印信，令伊先行，尚不觉悟，逾日乃知其遁去，始以兵追捕，而已无及矣，此又自失机宜之一大端也。班第、鄂容安、萨喇勒驻扎伊犁，受心膂之寄，当联为一体，乃班第为人过于谨慎，气局狭小，好亲细事。鄂容安虽尚知大体，而不能通蒙古语，一应机密筹画，未能洞悉，颇有汉人习气。至萨喇勒之在准噶尔，譬之内地王府长史护卫者流耳，今虽授以显秩，彼众原所不服，而伊复粗率自大。三人者，性习各殊，安望其能和衷共济，重以阿睦尔撒纳之奸，其所不悦，尽遣入朝，三臣之左右，皆其党与，三臣深信不疑，疏于自卫，兵散处，马远牧，缓急无应，而军营金帛茶布以备赏赉者颇充裕，夷众眈眈以视，而班第等初不介意，即如敦多克曼集，乃阿睦尔撒纳所信用，班第等一闻抢掠台站之信，即应立为擒戮，以翦其爪牙，乃转令传谕喇嘛，安抚夷众，敦多克曼集因得招集群凶，操戈相向，三臣仓猝冲突，贼众大集，势不能支，班第、鄂容安捐躯以殉，萨喇勒被执。设班第、鄂容安见机明决，早为之所，安得至此。此二臣之殒命，种种皆由自误，无所归咎，而朕用人失当之误，亦无可辞也。所可异者，阿睦尔撒纳之狂悖情形，色布腾巴勒珠尔在军营时，皆所深悉，且曾受朕密旨防范者，乃毫不加察，反为其所愚，与班第等如水火，朕是以命其来京，乃在朕前仍无一言奏及，伊亲为额驸，位列藩王，岂其与逆竖同谋，实可信其必无是理，特年少无知，初不料其至此也。至永常以领兵大臣驻守乌鲁木齐，闻台站被掠，初以为穷夷自相攻劫，奏请带兵追逐，意尚近于勇往，即加内大臣衔，以示鼓励，及闻阿睦尔撒纳逃叛，辄畏葸乖张，甘心偾事，退回巴里坤，而置伊犁于度外。设令永常当业克明安宰桑扎木参等叩辕请告之时，厉兵迅往，诸部得所依倚，协力搜捕，阿睦尔撒纳孑身逋轶，可计日就擒，西陲已早安贴无事，如北路之歼灭包沁，是其明验也。若以为台站已断，难于前进，则现在策楞与噶勒藏多尔济之子诺尔布琳沁，又何以能偏师深入，振我军威，而伊犁之喇嘛宰桑等，皆闻风内向，悔惧自新，愿率众追捕叛逆以赎其罪耶。策楞既能奋勉，以盖前愆，爰授以定西将军，而永常之罪不容诛，今虽死于道路，亦当明正典刑。总之此事，诸臣昧于机宜，节节贻误，然其中盖有天意，何则朕思阿睦尔撒纳，虽倾险反侧，但当伊犁甫定，众或以其为国宣劳，而一切罪状，惟军营大臣见之，朕及军机大臣等知之，天下后世不尽知之也。又设使其遵旨入觐，朕为久远计，本欲宣播其奸，拿问治罪，然无知者犹将有鸟尽弓藏之议，是今日之逆迹显露，使人人知其必不可不诛，未必非上苍之默启之也。人情乐于观成，难于谋始，上年定议用兵，举朝率多疑议，及伊犁平定，则以为事出意外，闻阿睦尔撒纳负恩逃叛，又以为究不可办，且以为此固当然，今闻伊犁宰桑悔罪擒贼，或又以为恐未

必然，人心风俗，一向怯懦至此，此朕所以愧且惧也。班第、鄂容安见危授命，固为可悯，然于事无补，迥非傅清、拉布敦之殒身西藏，为国除凶者可同年而语，然一死已足自赎，班第诚勇公爵，仍著加恩令伊子巴禄承袭，鄂容安襄勤伯爵，著该旗带领伊子引见，令其承袭。朕于军国重务，一本大公，随机顺应，顺者嘉与之，逆者诛讨之，奋勇者奖励之，怯懦者罚殛之。惟准乎事理之至当，初非穷兵勤远，亦不至耗财重费，合计现在军需，较之雍正年间，所费不及六之一，而偏灾赈恤，与夫中外赏赉，初未因军兴稍有裁损，此王公大臣等所共知者，彼妄生异议者，诚何心耶。用将此事颠末，并在事诸臣功罪，宣谕中外知之，前后谕旨及军营奏报诸折并摘发。

（《清高宗实录》卷502　页332—336）

阿布赉遣人赍奏同入觐

乾隆二十一年正月辛未（三日1756.2.2）又奏，据侍卫顺德讷禀称，至额贝图诺尔宣谕，阿布赉不胜欢忭，遣人赍奏同入觐。又至阿布赉之弟汗巴巴处宣谕讫，旋至博罗塔拉，见阿逆患病，兵不过二千余，看来必逃入哈萨克。又据遣谕阿睦尔撒纳之兆齐禀称，详察所属离散，人人含怨。报闻。

（《清高宗实录》卷504　页358）

班第等临事暴急激成变乱

乾隆二十一年正月辛未（三日1756.2.2）定边左副将军哈达哈奏，据阿睦尔撒纳奏，班第等临事暴急，凌辱喇嘛，萨喇勒掳掠无忌，激成变乱，臣受恩图报，现拟整顿四卫拉特游牧，并令回人、布鲁特、塔什干、哈萨克等臣服，祈赏臣管辖四卫拉特印信。谕，朕览阿睦尔撒纳所奏，显系穷蹙无归，故为此摇尾乞怜之状，以图侥幸于万一，然其背叛之罪，百喙难辞。现在伊犁喇嘛宰桑等，前往擒拿，并将军策楞已经进兵会剿，自可计日就擒，明正其罪，以伸国法。至伊折内所奏情节，虽未可尽信，但阿睦尔撒纳中途逃窜，并未前抵伊犁，而该处之喇嘛人等，遂至仓猝生变，则班第等之办理不善，已可概见，适与朕前降之旨相符，将此宣示中外知之。

（《清高宗实录》卷504　页357—358）

哈丹携带阿巴噶斯妻子脱逃

乾隆二十一年正月己丑（二十一日1756.2.20）谕军机大臣等，据策楞奏称，哈丹携带阿巴噶斯妻子脱逃，内大臣尼玛，领兵前往追捕等语。尼玛自到军营以来，颇著劳绩，今又能勇往任事，殊属可嘉，尼玛原系布鲁古特台吉之裔，著施恩晋封公爵，仍办理图什墨勒事务，至图什墨勒办事人，宜量其年劳，酌定次序，鄂勒哲依系旧臣，年亦最长，著在前，哈萨克锡喇次之，其次则尼玛，又其次则约苏图，此所定次序，俱系斟酌至当。著策楞等，明白晓谕鄂勒哲依等知之，再此时阿睦尔撒纳想已拿获，著交萨喇勒、鄂实，并添派哈清阿，协同解京，仍著伊等沿途小心照料。

（《清高宗实录》卷505　页369）

分派官兵擒贼事宜

乾隆二十一年(1756)三月庚寅。定西将军策楞等疏奏,分派官兵擒贼事宜。策楞等奏言:据参赞大臣玉保咨称,二月二十六日,至乌哈尔里克地方。据诺尔布禀报,阿睦尔撒纳向和洛霍斯前行,带兵三千余,由诺尔布游牧经过,察其情形,似向哈萨克逃窜,我兵力单弱,未敢交战,专候大兵前来等语。臣等详思,阿逆断无三千兵丁之数,不过乌合之众,若乘势攻击,何难立时溃散。乃诺尔布迁延观望,明系有心退缩。今玉保等已领兵连夜追逐,复派乌尔登、扎那噶尔布等,接续前往。臣哈萨克锡喇,见诺尔布观望不前,即拣选精兵五十名前往,督同效力。臣策楞等亦统领大兵,即速进发,务期擒获逆贼。

(《平定准噶尔方略》正编,卷二十六)

准噶尔地方频年扰乱

乾隆二十一年二月壬子(十四日 1756.3.1.4)谕哈萨克特龙等,准噶尔地方频年扰乱,厄鲁特等莫不颠连失所,而车凌、车凌乌巴什、阿睦尔撒纳率属数万归诚请命,朕统一寰区,中外不忍异视,因各加厚泽,逮其属下,悉令得所,更念准噶尔部众,皆罹水火,特发大兵平定,使彼众咸登衽席,且欲尔等相邻部落,同享安居之福,因命将军大臣遣使谕尔,尔亦远慕皇仁,遣使启请于将军大臣,愿奉诏守法,经将军大臣转奏,朕鉴尔诚悃,方欲加恩,不意逆贼阿睦尔撒纳狼心辜德,于入觐时中途潜遁,是用未遑降诏,今逆贼阿睦尔撒纳业就擒解京,额琳沁亦已为伯什阿噶什所杀,巴特玛车凌出痘身死,贼之党羽,剿除净尽,地方肃清,准噶尔人众,悉属朕之臣仆。朕谕令各守疆土,久远安居,勿得肆扰邻部,尔亦当约束属下,一如前日不扰准噶尔之人,尔若仰企仁风,愿沾恺泽,朕当令尔不离故土,仍尔故俗,子孙乐业,尚有殊恩,若尔谓哈萨克,原属化外,不便内附,亦听尔之自便,朕不相强也,惟宜遵朕谕旨,严行约束属人,朕自加惠无已,用特遣侍卫宰桑,赍诏谆谕,尔奉到朕诏,宜体天朝休养群生之至意,以期永奉恩施。特谕。

(《清高宗实录》卷 506　页 398)

领兵移驻固勒扎情形

乾隆二十一年(1756)三月壬辰。定西将军策楞等疏奏,领兵移驻固勒扎情形。策楞等奏言:臣哈萨克锡喇于二月二十七日,带兵至伯勒齐尔地方,会同诺尔布追缉逆贼,行至喀喇乌苏,见额林沁据险结垒。公同商议,若先攻取额林沁,未免兵力稍分,稽迟时日,反令贼渠远遁。因遣人招降,额林沁、明噶特、舍楞、阿喇木扎木巴等,伊等俱已归降。正在派兵前进,是夜有布库努特一名,自阿逆处逃出,告称,阿睦尔撒纳一面率众擒拿敦多克曼集,一面轻骑遁走等语。现在臣玉保、尼玛、扎那噶尔布、乌尔登及众台吉宰桑等,选精兵一千名,迅速追逐前往。并据玉保等咨称,现在阿逆势力已弱,即日就擒,所有大队兵丁,毋庸续发等语。臣等详思,阿逆虽已逃窜,玉保、玛尼及众台吉等轻骑掩袭,断不致于漏网。今伊犁已定,其应收集流亡,抚慰各喇嘛,以及安插失业贫人等事,

俱须经理。臣等即将大兵，移至固勒扎居住。

（《平定准噶尔方略》正编，卷二十六）

阿逆穷窜情形

乾隆二十一年(1756)三月丙申。定西将军策楞等疏奏，阿逆穷窜情形。策楞等奏言：据蓝翎达永阿，自阿逆处脱出，告称，阿睦尔撒纳抢掠喇嘛，不敢与大兵抗拒，此时非逃往哈萨克，即奔窜布鲁特。而贼众观望，又俱不愿往哈萨克，无不深恨切齿，众心离散等语。复据扎萨克鄂诺锡，带同自阿逆处逃出之鄂勒锥图前来。告称，被阿睦尔撒纳抢掳游牧之后，随伊等至和洛霍澌地方，正值哨探大兵，与诺尔布等会合，占据津梁。阿睦尔撒纳不能渡河，仅依沙岗自守。大兵即于二十八日追及，并从前所调卓托鲁克、巴尔达穆特、霍勒博斯、多果鲁特等四鄂拓克兵五六百名，亦与大兵会齐。额林沁、舍楞等台吉，大兵一到，即行投诚。即察罕图克人等，亦闻其私相计议，因伊妻子皆在内地，断不肯逃向哈萨克等语。又据厄尔锥音处寄信之库克，并蓝翎侍卫爱新泰，及都尔格齐哈什哈等，前来告称，内大臣厄尔锥音，途次闻福昭所报之信未确，急赴乌鲁特克勒特聚集兵丁，将察哈什诱擒，解送京师。厄鲁锥音现带兵四千名前进，其所带之兵，已抵济尔哈朗地方等语。

（《平定准噶尔方略》正编，卷二十六）

将阿睦尔撒纳擒解前来

乾隆二十一年二月辛亥（十三日 1756. 3. 13）又谕，据策楞等奏，伯什阿噶什等，将阿睦尔撒纳擒解前来等语。此次拿获叛贼阿睦尔撒纳，伯什阿噶什、巴图尔乌巴什、诺尔布，古尔班和卓、贝克等，洵属奋勉，朕甚嘉予。伯什阿噶什，朕前曾欲封以王爵，著策楞即传谕封为亲王，其余诺尔布等四人，孰为台吉，孰为宰桑，著查明即行奏闻，候朕酌量加恩。并先谕知伊等，大皇帝因未悉尔之等级，是以暂缓予封，现命我等查奏，奏到时，即有恩旨，今因路远，不能多赍赏赐物件，特命御前侍卫，送到恩赏伊等五人马褂朝珠等物，策楞等即行赏给。再库图齐，此次亦甚奋勉，著加恩授为内大臣，补授阿巴噶斯宰桑，至普尔普，因此事往返勤劳，今又与福昭、车布登协同擒拿阿睦尔撒纳，著施恩授为内大臣，福昭、车布登俱授为二等侍卫，鄂勒哲依、尼玛、哈萨克锡喇等，剿贼俱各奋勇，除尼玛前经封公外，鄂勒哲依、哈萨克锡喇，俱著加恩封公，吞图布、恩克博罗特，俱授为散秩大臣。此内鄂勒哲依年老，不必前来，令在彼同兆惠、玉保办事，尼玛、哈萨克锡喇、吞图布、恩克博罗特内，议留一人，在彼办事，余同策楞来京。再阿睦尔撒纳今已就擒，伊姊德勒格尔之妻，仍遵前旨解京，伊妻敦多布巴勒桑乃噶尔丹策零之女，著照依达瓦齐所请，赏交达瓦齐，令其养赡，将此谕令伊等知之。

（《清高宗实录》卷 506　页 396）

顺德讷曾往哈萨克晓谕

乾隆二十一年三月己巳（一日 1756. 3. 31）又谕曰，顺德讷曾往哈萨克晓谕，人尚明白，著授为头等侍卫，赏银一百两，令其再往哈萨克，传旨晓谕阿布赉，现在逆贼阿睦尔撒纳穷蹙无聊，计日就擒，前阿逆曾向哈萨克借兵，阿布赉并未给与，深知大义，实可嘉予。再哈萨克属人等，亦有抢掠塔本集赛之事，塔本集赛正在附和阿逆之时，则伊等初非助逆行事，乃正为天朝出力，翦其党羽，恐伊等不知，妄生疑虑，是以遣使前往晓谕，阿布赉从前遣使朝贡，具见诚悃，如能倾心内附，自当格外加恩，俾伊等安居乐业，永享太平。伊等惟善自约束，毋使属人越境滋扰，其准噶尔各部，已严行禁止，亦不得扰害该部落，将此明白晓谕，如阿布赉遣使入觐，即令顺德讷带领前来。

（《清高宗实录》卷508　页410）

乌梁海等捏饰谣言

乾隆二十一年三月己巳（一日 1756.3.31）又谕，据德善等奏报，乌梁海等喧传哈萨克，与阿睦尔撒纳兵势连合，共相扰乱等语。此皆乌梁海等捏饰谣言，摇惑众心，情罪可恶，伊等畏威内附，全不可信，此等传言，明系听阿逆指使妄行声张，其背叛情形已露，若不严加惩创，不足以示儆戒。著谕哈达哈，密交和托辉特郡王青滚杂卜、贝勒车布登扎布，于伊等兵丁内，酌量选派前往，密查其为首倡恶之人，即行正法。现又据遣往乌梁海，换易马匹之副都统察达克等报称，图布慎、莽噶拉克俱即将马匹换易，尚属急公，此二人应加宽宥，若果勒卓辉已属首鼠两端之人，然从前尚有出力之处，青滚杂卜等应详加体察，斟酌办理。至鄂木布、博博等，则断不可恕。务应查拿严究，其属人一并拿获，赏给军前效力人员，马匹牲只，尽行收取，以资兵力。侍卫德善奉差时，已有畏惧情形，及至彼处，一闻乌梁海等捏造之言，不审虚实，即行退回，甚属懦怯，德善著革去侍卫，仍同顺德讷前往哈萨克晓谕，以观后效。青滚杂卜等即将何时前往办理之处，速行奏闻。

（《清高宗实录》卷508　页409）

准噶尔内乱频仍厄鲁特等流离困顿

乾隆二十一年三月己巳（一日 1756.3.31）谕哈萨克阿布赉曰，准噶尔数年来，内乱频仍，各部惊扰，厄鲁特等流离困顿，并失生计，朕为天下共主，不忍坐视，爰申天讨，平定伊犁，令伊等共享升平之福，一切善后事宜，正待将次经理，以为久远计，不料逆贼阿睦尔撒纳负恩背叛，肆行猖獗，今特命将军大臣等，统领大兵，兼程追捕，而准噶尔众台吉宰桑等，复纠集义旅，协力擒拿。现在阿睦尔撒纳势力穷蹙，弃众远飏，势必窜入尔哈萨克境内。此贼罪不容诛，无论逋逃何处，务期俘获正法，万无漏网之理。尔阿布赉恭顺天朝，从前遣使请安，具见诚悃，亦因逆贼中途阻止，未经入觐，至逆贼性情诡诈，尔等素所稔知，断无容留逆贼之理，设容留在彼，亦于尔部有损无益。尔部与准噶尔接壤，从前噶尔丹策零时，尔等尚受其节制，迩来遭准夷衰乱，始得逞志，现在西域诸部落俱入我版图，尔等果将逆贼容留，准噶尔部众，无一人与阿逆同心，势必群起滋事，是尔因一人而受众人之敌也。况大兵业已压境，彼时陈师索取，尔部落岂能晏然安处，事后追悔，即

已无及，尔其熟计利害，一切俱遵朕谕旨，速行擒献，永受朕恩，钦哉勿忽。

（《清高宗实录》卷508　页410—411）

闻阿逆现在出痘甚重等

乾隆二十一年三月庚午（二日 1756.4.1）谕军机大臣等，据玉保等奏，拿获阿巴噶斯属人乌逊供称，阿逆现领厄鲁特兵八千名，哈萨克兵八千名，已将乌逊送往将军营内，又闻阿逆现在出痘甚重等语。乌逊乃贼人党羽，所言不过虚张声势，既已拿获，即应正法，一面密告策楞，何用送往军营，摇惑众听，玉保办理甚属不合，且此次应候探明福昭所报确信，再行陈奏。即福昭等所报不实，或被普尔普所欺，亦宜一并查明奏闻，乃并无一语奏及，与策楞昨日所奏正同，伊等既冒昧于前，又复迟疑不进，是诚何心。即如另折所奏，宰桑巴桑等告称，初七日阿巴噶斯、乌勒木济二人，至噶顺地方见大兵到，即由山路奔窜，约计初八日，即到阿睦尔撒纳处等语。由此观之，阿睦尔撒纳所住地方，与军营相距甚近，巴桑即系亲见阿巴噶斯逃窜后，来至军营者，若如其言，即行追逐，早已可抵贼营，何伊等行走甚速，而玉保等行走甚迟，至于如此悬殊，谓非退缩不前而何。现在贼党巴苏泰又复来归，则其穷蹙情形，已不能支，玉保等应即迅速往擒，倘再迟缓误事，断不宽贷，如阿逆果出痘身亡，亦必将伊尸寸磔，以彰国宪，毋许草率完结。

（《清高宗实录》卷580　页411—412）

追袭贼党唐古忒情形

乾隆二十一年（1756）四月丁巳。参赞大臣富德疏奏，追袭贼党唐古忒情形。富德奏言：臣追逐贼党唐古忒，屡次击败，贼众由萨勒巴尔图等处遁去。臣等即由乌隆古河前往堵截，至察罕鄂博地方，忽遇哈萨克兵一千名，与唐古忒合队，大兵奋勇冲击，暂首百余级，擒获贼党二人。询知，阿睦尔撒纳于正月内，遣人令伊等前来抢掠乌梁海、塔本集赛等游牧。臣等即将被掠之集赛噶勒维特三十余户夺获，就近交与达什策凌、都噶尔等收回。共计连战十余次，阵亡兵三十名。其奋勉官员兵丁，查明另奏。

（《平定准噶尔方略》正编，卷二十七）

阿睦尔撒纳是否被擒捕事宜

乾隆二十一年三月乙亥（七日 1756.4.6）谕军机大臣等，览策楞等两次所奏，分兵前往洪郭尔鄂博，擒捕阿睦尔撒纳之处，尚属近理，但观伊等情形，并未迅速前进，则于军行缓急机宜，茫然不晓也。据陆续脱出之人，俱称阿睦尔撒纳被回民和卓木击败，势蹙力穷，在洪郭尔鄂博居住，正与现在策楞等领兵前进地方，相距不远，何必又分略地大队之兵，以次前进乎？策楞等即当选集轻旅，合力速行，及阿睦尔撒纳未得逃窜之先，即行追及，始与事机相协，即使选出之人，所言未必尽实，或大兵马力平常，亦应急速趋赴，审量贼情，如贼人之力尚强，则我兵暂为缓行，俟后队既集，协力进发，亦无不可，今乃未见一人，即已如此迟滞，则虽逆贼穷蹙果真，岂肯坐待策楞等兵至，而束手就缚乎？又岂必俟目睹策楞等到彼，始知仓皇奔窜乎？此即策楞等不知事理之明验，由伊等延缓情形度之，则阿睦尔撒纳未必即能擒获，试思逆贼一日不获，此事一日可了乎？策楞等一何悖谬至此，伊等纵计虑未周，独不思如何始可谓之竣事乎？此时阿睦尔撒纳倘已就缚，诚为尽善，若仍未获，则此旨到日，阿睦尔撒纳必早经兔脱，或先定一窜迹之地矣。如果逃往哈萨克、布鲁特等处，断不可虚张追逐之势，遽行撤兵，即著派达勒当阿、玉保、尼玛于索伦兵内，拣选一二千名，奋力追赶，仍先遣人往哈萨克传谕，阿睦尔撒纳乃叛大皇帝、重负厚恩之逆贼，今逃入汝界，汝等能将伊擒献，大皇帝必重加恩赏。伊或诡言逆贼到伊界内，又逃往布鲁特，则当谕以逆贼所到之处，大兵当即穷追，期于必获而后已，并不骚扰汝等。汝等或稍有阻挠，即是甘与贼通，我等必将一体办理，使之知所震慑，出力追捕，决不可稍为姑息，朕观外夷情形，均多恇怯，即如阿睦尔撒纳如此穷蹙，而伊等尚不免畏惧，况我统索伦精兵前往，丕振军威，伊等无有不詟服之理，逆贼万一逃往，即遵旨带领索伦兵，往追务获，此皆朕先事筹画者，若俟伊等奏到阿睦尔撒纳脱逃时，始行降旨指示，必致贻误矣。总之道途窎远，一切事务，伊等当详审应缓应急之宜，而一出以果断，始能适合事机，庶叛贼可以就擒，策楞等其殚心熟筹，勇往办理。

（《清高宗实录》卷508　页416—417）

询问德善遣往哈萨克事宜

乾隆二十一年三月壬午（十四日1756.4.13）谕军机大臣等，据哈达哈等奏，询问德善遣往哈萨克，中途为乌梁海等阻止退回各情节，伊言语支吾，不能指出实情等语。从前德善闻乌梁海等谣言，不察虚实，即行退回，朕即知其怯懦无能，是以将伊革职，自备资斧，仍随顺德讷前往哈萨克，效力赎罪。今观此奏，则乌梁海等原不敢遽萌阻止之念，特因德善退缩不前，伊等始得逞其无稽之谈。德善即甘受其欺绐，遽行退回，如果乌梁海等，敢于阻止，何以遵檄，即办给马匹口粮，且德善果奋勉前往，即伊等有意阻止，亦断不为所惑也。前已令青滚杂卜、车布登扎布等，领兵前往办理乌梁海等。著即谕知，将起意阻止德善之人，查明从重治罪，其余并著宽免。此等乌梁海原属无知，不过使知所警惧足矣。再宰桑固穆扎布亦系遣往哈萨克之人，伊遵噶勒藏多尔济所谕，令所属乌梁海等，将应行交纳一年税赋，办给马匹，以为遣往哈萨克之用，于此见噶勒藏多尔济诚心筹办，实属可嘉，今因德善中途退回，与固穆扎布无涉，且现已另派侍卫顺德讷前往，无庸固穆扎布与之同行，著即由彼处遣回游牧，传旨奖谕噶勒藏多尔济，其所属乌梁海等，应纳税赋，仍著噶勒藏多尔济收取。

（《清高宗实录》卷508　页421—422）

策楞等领兵虽至伊犁而阿逆已窜

乾隆二十一年三月丁亥（十九日1756.4.18）谕军机大臣等，策楞等领兵虽至伊犁，而阿逆业已逃窜，此时所有伊犁应办事宜，尚可稍缓，惟当追擒逆贼为第一要务，阿逆诡计百端，策楞等屡次误听传言，以致首恶兔脱，现在策楞等，皆云阿逆逃入哈萨克境内，以朕思之，阿逆现与额琳沁同逃，额琳沁杀掠哈萨克，积有仇隙，断无前往之理，况阿逆现领兵三千余，似此大队兵丁，哈萨克必不能容留，此又系阿逆诡计，扬言逃往哈萨克，俟我兵往追，伊或转从别路，掳掠台站，或仍至博罗塔拉、塔尔巴哈台等处栖身，皆属未定。策楞等务须侦探确实，万勿再为所愚，如果逃入哈萨克，则仍遵前旨，派达勒当阿等领兵索取，务期擒献。又如阿巴噶斯、哈丹等，大兵至伊等游牧时，伊等已逃回阿逆处同行，今伊犁地方，又不闻伊等踪迹，此时恐又回至伊游牧，收拾残众，或尾出大兵之后，前来抵敌，或向额林哈毕尔噶等处，肆行骚扰，此皆不可不预为防范者。从前达勒当阿曾奏带兵至安济海地方，直抵伊犁，兆惠亦奏称，前往特讷格尔察看情形，再行前进，今既须分路堵御，达勒当阿不必前赴伊犁，即驻扎安济海，确探阿巴噶斯等踪迹，速行办理，并著策楞派出熟悉地方情形如尼玛，哈萨克锡喇等一人，协同达勒当阿筹办，兆惠至特讷格尔后，亦暂止前进，或与达勒当阿会合一处，或另至紧要处所，声援策应，其北路哈达哈等，亦降旨令伊等带兵协拿，策楞等务互相通信，联络声势，以期弋获。至奏称，询问阿逆处逃出之人告称，敦多克曼集、德济特等，俱欲擒献阿逆，现已遣人前往等语。此语必不可信。敦多克曼集等与贼联为一气，交结甚深，焉肯即为擒献，其为诡计无疑，而策楞等即信以为真，遣人前往，无怪乎其屡次被欺而不自觉也。即阿逆现带兵三千之说，亦系诡言声张，伊两次被回人击败，乌合之众，量已无多，如果兵力尚盛，何以一见大兵，即行逃窜，竟不敢稍为抗拒，此亦不能无疑者，朕所指示，乃揣度形势而言，若策楞等身在彼处，更应确有所见，且鄂勒哲依、哈萨克锡喇、尼玛、吞图布等，俱系熟悉彼处情形之人，策楞等务宜公同筹酌，计出万全，但期适合机宜，亦毋庸拘泥朕旨。至塔本集赛人等，前已附和阿逆，此时阿逆若仍至博罗塔拉、塔尔巴哈台等处，应将此等人先行办理，不许仍蹈前辙，或迁至伊犁安插，其伊犁众喇嘛等，反覆无常，必须从重办理，方知儆戒，俟擒获阿逆后，策楞等酌量擒拿惩治。

（《清高宗实录》卷 509　页 426—427）

策楞分路擒拿阿逆事宜

乾隆二十一年三月丁亥（十九日 1756.4.18）又谕曰，策楞分路擒拿阿逆事宜，已详悉降旨，令伊等遵照办理，其北路哈达哈等所领兵丁，现在往办乌梁海事务，著传谕哈达哈，伊原系副将军，所有同往之青滚杂卜、车布登扎布，并著授为参赞大臣，并将扎木禅、察达克二人带往，俟办理乌梁海事竣，即在彼处候旨，或策楞处寄信到时，阿逆如逃往博罗塔拉等处，即领兵由彼处进发，协同擒拿，若逃入哈萨克境内，亦带兵至哈萨克边界驻兵，遣人索取，务令其速行擒献，其乌梁海等，随止德善前往哈萨克之处，必系听阿逆指使，务确取实情，即行奏闻。

（《清高宗实录》卷 509　页 427）

兵至乌哈尔里克之后事宜

乾隆二十一年三月庚寅（二十二日 1756.4.21）定西将军策楞等奏，据玉保咨称，兵至乌哈尔里克，据诺尔布禀报，阿逆带兵三千，向和尔郭斯前行，察其情形，似逃向哈萨克,兵弱未敢与战等语。查该逆乌合之众,断无三千,明系诺尔布观望退缩,今玉保等已前进,臣与哈萨克锡喇一并速发。谕军机大臣等,策楞等屡次奏报擒拿阿逆情形,大约勉强前进,总无计出万全,必期弋获之意。此次伊等分兵追逐,而哈萨克锡喇闻诺尔布之信,奋勇前往,督同效力,看来尚能成事。然策楞等于哈萨克锡喇、尼玛、吞图布等数人,止宜善为抚驭,使之感激效命,若加以督责,致失众心,则于事更为无益。至阿逆踪迹,虽似逃往哈萨克,或仍至博罗塔拉、塔尔巴哈台等处,潜行骚扰,其种种诡谲伎俩,昨已详悉指示,策楞等务宜加意侦探,勿专听传闻之言,以致顾此失彼,方为妥协。现在阿逆虽经逃窜,必遣人潜赴军营探信,或留于伊犁地方,皆当密加察访,如拿获此等人,询明情节,即行正法。再自上年进兵以来,从无滋扰各部落游牧之处,伊等自必知恩,今大兵驻扎日久,牲只口粮,俱资接济,若将带往茶叶银两向各部落互相交易自必乐从,如有遵谕即行换易,及沿途协助马匹口粮者,一一登记,俟事竣后酌量加恩,倘稍有勉强,或故将疲瘦牲只交易者,其人即属可疑,应留心办理,收取其牲只马匹,以增兵力,一切与哈萨克锡喇等斟酌办理。

(《清高宗实录》卷509　页429)

兵至喀喇乌苏招降额琳沁等

乾隆二十一年三月壬辰(二十四日 1756.4.23)定西将军策楞奏,兵至喀喇乌苏,招降额琳沁等,适据玉保咨称,阿逆穷蹙,即可追及擒获,所有伊犁收集流亡,抚慰喇嘛,安插失业贫人等事,臣现移住固勒扎经理,谕军机大臣等,策楞等奏称,玉保等现在将次追及阿逆,伊即领兵回至固勒扎等语。策楞等错谬已极,阿逆即已力穷,毋庸大兵深入,伊等应分队往追,何必急急回至固勒扎,此实朕所不解,且折内并未将玉保等相距阿逆远近之处,及阿逆究向何处逃遁,一一声明,而仅以收服一额琳沁,为足了事,是全不识事之轻重。且伊等从前误信福昭等拿获阿逆之言,即将巴里坤解送马驼,檄行停止,以致军行迟缓,今又将布库努特一小人所告之言,信以为实,焉知又非阿逆从中肆其诡诈,缓我大兵之计,策楞等一误再误,必致阿逆远飏,伊等束手无措而已。其回至固勒扎,若云抚定伊犁,则伊犁自昨岁已经平定,所有无业蒙古,亦伊等附和贼人,自取穷困,何必急于料理。且鄂勒哲依现在即至彼处,尽可交与办理,岂必待策楞亲同筹画,如因兵丁马力平常,则现在既无庸大兵深入,即拣选马匹,酌带二三百名前往,未始不可,策楞即欲撤回,亦应派扎拉丰阿在彼策应,伊领兵前往,所为何事,今阿逆尚未就擒,即已撤兵,又安用此将军参赞为耶。看今日情形,则阿逆必已窜入哈萨克境内。策楞等,务遵朕节次所降谕旨,著达勒当阿、玉保、尼玛等,迅速前往哈萨克边境索取,毋得少生退诿,并晓谕伊犁台吉宰桑等,伊等受阿逆暴虐,今虽脱逃,仍不得安然无事,大兵一撤,伊必前来滋扰,责令伊等协助大兵,穷追极捕,以绝根株,方为一劳永逸之计。其北路哈达哈等,协力擒拿之处,昨已详悉传谕。此时阿逆若逃入哈萨克,中途或掠抢新收之乌梁海等,或煽诱鄂木布等,将察达克等游牧骚扰,均未可定,哈达哈务于逆贼未到之先,即将乌梁海、鄂木布等，悉行擒治，以杜后患。事竣即遵旨带兵往哈萨克地方，索取阿逆，再从前遣德善往哈萨克，中途退回，实属怯懦，若此时阿逆果逃入哈萨克地方，著哈达哈即将德善在军营正法，以为畏葸偾事者戒。

（《清高宗实录》卷 509　页 430—432）

集赛及鄂拓克等拟迁伊犁安插

乾隆二十一年三月甲午（二十六日 1756.4.25）谕军机大臣等，从前阿逆宰桑阿睦尔济尔噶勒告称，阿逆与伯什阿噶什交结甚深，今伯什阿噶什虽有与诺尔布同来之语，尚未知在何处，阿逆或约同前往哈萨克，亦未可定，策楞等应详加探访，如阿逆前往伯什阿噶什处，即遣人晓谕利害，令其擒献，奏闻加恩。倘有隐匿纵放之事，即将伯什阿噶什擒拿治罪。再阿逆至哈萨克后，必煽诱哈萨克人等，骚扰各游牧地方，现在塔本集赛宰桑达什车凌、噶勒杂特宰桑、都噶尔等投往北路，已降旨令伊等于阿尔台附近地方安置，其哈萨克接壤之集赛及鄂拓克等，俱应预为防范，或迁至伊犁安插方为妥协，策楞等即遵旨办理。

（《清高宗实录》卷 509　页 432）

阿逆果已逃窜

乾隆二十一年四月戊戌（一日 1756.4.29）谕军机大臣等，览策楞等所奏，阿逆果已逃窜，朕早料伊等不能擒获，必致迁延逃避，伊等尚何颜更为陈奏。闻登努勒台地方，水草充足，牧放甚宜，著策楞等领兵赴彼处驻扎，俟一月后，选集兵丁，遵朕前旨，交与达勒当阿等，前往哈萨克办理。如先遣人往谕，则非仅委一偏裨可办，即著玉保，同恩克博罗特，选索伦兵五六十名，先行传谕，仍派兵一二千名随后继进，玉保系专任追捕阿逆之人，乃并不亲行，仅令乌勒登等前往，以致逆贼兔脱，此次前赴哈萨克，若仍不知奋勉，断不姑贷。

（《清高宗实录》卷 510　页 436—437）

策楞等误报阿睦尔撒纳就擒一事

乾隆二十一年四月己亥（二日 1756.4.30）谕曰，策楞等误报阿睦尔撒纳就擒一事，不加详审，遽尔飞章入告，固可骇异，然此实由克哷特宰桑，误听巴颜得木齐之子俄罗斯所传，辗转驰报，一如得之目睹，遂孟浪腾布，其咎尚属可原，及既知所报属虚，而大兵将抵伊犁，与叛贼相距甚近，若彼时疾驰倍进，振作军声，亦何难掩获。乃策楞、扎拉丰阿并不身先督率，而以追捕专委之玉保，令其前驱，玉保又仅令乌勒登、尼玛，追至库陇癸岭，获一额琳沁而返，遂若足以塞责，阿逆转得飘然远飏，窜入哈萨克界内。在叛贼诡计多端，而诸臣一无调度，朕早料其必致奔轶，屡经降旨训责，而道远往返，亦已无及，天下事原难预定，使诸臣果竭尽智勇，而或致失之意外，则亦无可如何，即当惊窜已远，而穷力以追，则亦自尽人事，乃漫不经心，彼此玩误，是叛贼之遁迹远引，实意中之事，而非意外之事矣。若谓马力疲乏，则叛贼之马何独不疲乏耶。即如多果鲁特之伊勒都齐、和硕齐等，系在我大兵之后，又何以转能寻踪前往耶。更可异者，玉保兵过伊犁不远，并不见贼，仅据逃兵之言，谓贼已穷蹙，即驰札策楞、达勒当阿等，以为叛贼困穷，无烦大军深入，而策楞等亦遂不权轻重，遽尔反旆，以安辑伊犁为词，不知伊犁乃久经抚定之地，有何可办。况经阿逆蹂躏之后，所存者饥羸残弱，将军一至，不过环向乞食而已，国家抚御中外，固不惜加恩惠养，然此等蠢夷，贼至即从，贼去来归，迥非内地赤子可比，乃不以擒贼为事，而沾沾为残众谋其家室，岂不谬耶。策楞前经获罪，至一闻阿逆逃窜，稍知奋勉，即速前进，朕加恩授以将军重任，伊当竭力图报，乃不审机宜缓急，措置失当若此。总之，用兵准噶尔原非朕本意，盖以无集事之人也，然其始也，车凌、车凌乌巴什等款关内附，不得不为之经理游牧，以为久长计，而两朝未竟之绪，机有可乘，于事势又有不容坐失者，初非穷兵黩武，启边衅而勤远略也，迨大军所至，未折一矢，诸部争迎，伊犁悉定，此可见上苍之默佑，有不期然而然者。至于阿逆负恩窜匿，忍心怙乱，人所切齿，然不过一逃囚耳，与此事大局，全无关碍，譬如猎场中走一狼，脱一兔，但以众人分路捕搜，竟至窜逸，岂不可笑可恨。哈萨克前经通使，及奉朕敕谕，情甚欢欣恭顺，阿逆即求托迹，其反覆诡诈伎俩人所共知，岂肯容纳，是尚不能及从前罗布藏丹津之投准噶尔。现已传谕哈萨克，令其协力擒献，自可计日授首，惟在事诸臣之办理不善，节节错误，则殊出情理之外，朕于用兵之初，所以迟回未决者，原虑诸臣非任事才，乃今天心垂相如此，而诸臣行事，不惟不能仰承，竟往往相左，果不出朕所虑，甚为愧懑。所有策楞、扎拉丰阿、玉保本身之罪，俟叛贼就擒后，再酌量分别，另降谕旨，特此通行宣谕中外知之。

（《清高宗实录》卷 510　页 438—439）

策楞所办事宜全无成竹

乾隆二十一年四月己亥（二日 1756.4.30）谕军机大臣等，前命兆惠赴巴里坤办事后，仍会同策楞领兵前进，今擒拿阿逆一事，已令玉保、达勒当阿等，带兵向哈萨克索取，现在伊犁无事，策楞所办事宜，全无成竹，兆惠至巴里坤办竣事务，即速来京，将伊犁及军营情形，详细奏闻，候朕面授方略，再往军营。

（《清高宗实录》卷 510　页 439—440）

现在逆酋未获本非论功之时

乾隆二十一年四月辛丑（四日 1756.5.2）谕军机大臣等，此次追拿阿逆，内大臣鄂勒哲依、哈萨克锡拉，俱属奋勉，现在逆酋未获，本非论功之时，但伊等系新降之人，应加恩以示鼓励。鄂勒哲依由珠勒都斯进兵，向各鄂拓克集兵四千余兵，奋勇协力。哈萨克锡拉曾擒察衮父子，今复将贼党克什木等擒获，俱能感激朕恩，实心效力，甚可嘉予。鄂勒哲依、哈萨克锡拉俱著加恩封授公爵，至吞图布管解贼党明噶特舍楞等至军营时，中途遇见伊母相聚，贼人乘间脱逃。吞图布系特授为图什墨勒办事之人，乃至疏纵贼党，本应治罪，第因母子相见，偶尔疏忽，致令贼人奔窜，尚非出于有心，著从宽免其治罪。前已令玉保带同恩克博罗特前往哈萨克，吞图布亦著同往，以赎前愆。

（《清高宗实录》卷 510　页 441）

策楞今日所奏情事

乾隆二十一年四月辛丑(四日 1756.5.2)谕,览策楞今日所奏,并未将如何擒贼及遣人前往哈萨克之处筹及,其意以为既至伊犁,大事已毕,不知伊犁地方,久经平定,伊等到彼与否,原无关系,惟当设法擒拿逆贼为要务,况阿逆原意料大兵不能骤至,初无防备及逃窜之意,使策楞当时即行奋力直前,则逆贼自必就缚,何能奔逸,其奈伊等之迁延不前何。且伊等从前折内,尚有遣人前赴哈萨克之说,今乃并无一言,惟将逃人所诉阿逆逸出时,带往哈萨克阿布赉之弟岳勒博罗斯,并留于准噶尔之俄罗斯使人颇罗和尔,一同前去之语,敷衍具奏,其意若谓阿逆既将哈萨克及俄罗斯之人带去,其势若不见容于哈萨克,必将投赴俄罗斯,索取既难,便可中止,不知逆贼所之,不论何地,必当前往擒捕,断无中止之理。而策楞等辄有难色,是诚何心,著传谕策楞等,仍遵昨日所降谕旨办理,一面将遣赴哈萨克之人,及玉保等何日起程之处,速行奏闻。

(《清高宗实录》卷 50　页 440—441)

获贼党克什木洪郭什俄罗斯等解京

乾隆二十一年四月辛丑(四日 1756.5.2)定西将军策楞等奏,获贼党克什木、洪郭什、俄罗斯等解京。报闻。

(《清高宗实录》卷 510　页 442)

军营内新来投诚之台吉宰桑等甚多

乾隆二十一年四月辛丑(四日 1756.5.2)又谕,现在军营内新来投诚之台吉宰桑等甚多,此等人须细加体察,如鄂勒哲依、哈萨克锡喇等,受恩甚深,自无异志,至大兵将抵伊犁,始行来归之索萨赉等,原系阿逆党羽,因势穷乞降,尚属可疑,伊等身在军营,首鼠两端,潜通消息,俱未可定。著传谕策楞,领兵至哈萨克时,不必将伊等带往,即移至额琳哈毕尔噶及附近巴里坤一带安插,方为妥协。伊等受阿逆骚扰,生计艰窘,设法迁移,俾不至于穷困,并将此晓谕鄂勒哲依等,自必益加奋勉,易于集事。

(《清高宗实录》卷 510　页 441—442)

伊犁地方穷困不能取办兵丁口粮

乾隆二十一年四月丙午(九日 1756.5.7)谕军机大臣等,策楞等奏称,据哈萨克锡喇告称,伊犁地方穷困,不能取办兵丁口粮,请移驻崆吉斯地方等语。伊犁地本荒僻,原非驻兵要地,且经阿逆骚扰之后,情形更属不堪,但现在大兵在彼,原为擒拿逆贼,并非久驻之计。策楞等既知难以驻兵,即应筹画前进,速擒逆贼,乃仅以一奏了事,意谓如此便可作撤兵之计,是伊等全不以擒贼为事,一味畏难退缩,深可痛恨。又如遣使哈萨克一事,哈萨克锡喇、尼玛等,俱不遣宰桑前往,仅请派一二得木齐、收楞额等,看来伊等俱不免有推诿之意,前降旨令玉保,带领恩克博罗特、吞图布等,传谕索取,伊等倘不能奋往从事,不必令其先行,著达勒当阿领兵前往,玉保带领伊等随后继进,务期擒献,毋负委任。至鄂勒哲依，由珠勒都斯进兵，拿获察哈什，掠其户口牲只，察哈什系附从阿逆之人，应行办理，著即将所获户口牲只，赏给鄂勒哲依，至其收取诺尔布敦多克属人一事，殊属非是。诺尔布敦多克系同萨喇勒前至吐鲁番投诚之人，何以将伊属人收取，且鄂勒哲依现办图什墨勒事务，诸事俱应秉公，始可服众，著策楞传谕鄂勒哲依，令将此项人等即行给还，伊果实心效力，将来自当从重施恩。

（《清高宗实录》卷510　页445）

阿逆由库陇癸岭逃入哈萨克境内

乾隆二十一年四月己酉（十二日 1756.5.10）谕军机大臣等，前据玉保奏称，阿逆由库陇癸岭逃入哈萨克境内，伊回至固勒扎，商同策楞等或领兵前进，或遣使索取等语。而策楞等随后奏事数次，总未筹及作何擒拿逆贼之处，虽有遣瑚集图前往哈萨克之语，究竟前往与否，亦未奏明，伊等现在作何筹画，彼此不相照应，前后又复矛盾，深可痛恨。已节次降旨训示，今玉保又奏及拿获贼党明噶特、舍楞等，遣人解赴军营，因策楞未与相见，乘间脱逃，其意以明噶特等脱逃，系策楞疏忽所致，与伊无涉，此等不过附和逆贼之人，无关紧要，原可不必深究，乃玉保辄为此奏，则是与策楞等显有牴牾情状，伊等不知和衷共济，协力擒拿首恶，各怀意见，形诸奏牍，实为深负朕恩。看此情形，必不能望伊等奋勉出力，殊不知逆贼无论窜往何处，必当穷搜极捕，明正典刑，以彰国宪。策楞、玉保等能自知罪愆，痛改前非，尚可加恩宽宥，倘仍各挟私见，贻误大事，朕亦任其自取，毋庸多谕。

（《清高宗实录》卷510　页448）

伯什阿噶什欲将游牧移至博罗塔拉

乾隆二十一年四月壬子（十五日 1756.5.13）又谕，前据策楞等奏，伯什阿噶什欲将游牧移至博罗塔拉地方，此系传闻之言，策楞等并未将亲见伯什阿噶什之处奏闻，今又于来京入觐人员内，列入伯什阿噶什之名。策楞等此时果与伊相见，自可无疑，如尚系传言，则所称移至博罗塔拉之语，不可全信。岂有迁至博罗塔拉，道由伊犁，伊不亲身来见者，此时伊若游移观望，不即向博罗塔拉迁移，犹依附哈萨克边界，则系明为接应阿逆，暗中联络，不可不详加体察，果有此情，策楞等即擒拿办理，倘实无从逆情形，亦即行奏闻。

（《清高宗实录》卷510　页450）

策楞等领兵擒拿阿逆事事舛谬

乾隆二十一年四月壬子（十五日 1756.5.13）谕军机大臣等，策楞等领兵擒拿阿逆，事事舛谬，全无筹画，今西路专任达勒当阿，北路专任哈达哈，伊二人尚属勇往，著即领兵前赴哈萨克，务期擒献，现据兆惠奏称，特讷格尔、安济海共有兵二千余名，巴里坤亦有可用马匹二千等语。著将特讷格尔等处兵丁，交与达勒当阿带领并著和起等，即将马匹解赴应用，哈宁阿、鄂实俱著在参赞大臣上行走。

（《清高宗实录》卷510　页450）

乌勒登著即于彼处正法

乾隆二十一年四月癸丑(十六日 1756.5.14)又谕曰，乌勒登系获罪之人，经朕遣往军营，稍著劳绩，加恩赏给副都统衔，伊当感激朕恩，诸事奋勉，乃于阿逆窜入哈萨克，并未穷追，坐令兔脱，罪何可逭，乌勒登著即于彼处正法。

(《清高宗实录》卷 511　页 452)

策楞等所办事宜种种乖谬

乾隆二十一年四月癸丑(十六日 1756.5.14)谕军机大臣等，朕因策楞等所办事宜，种种乖谬，是以命大学士公傅恒前往，整饬军务。策楞、玉保著拿解来京治罪，策楞之子特通额著革职，交达勒当阿军前效力，扎拉丰阿身为副将军，一筹莫展，本应一体治罪，姑念伊未经更事，且系蒙古，著革去郡王，加恩给贝子品级，来京侯旨。并谕鄂勒哲依、哈萨克锡喇、吞布图、恩克博罗特等，今因将军大臣办事错谬，革职拿问。伊等生长准噶尔地方，熟悉厄鲁特、哈萨克情形，理应奋勉效力，乃遣使哈萨克一事，并不实心商办，彼此推诿，伊等俱不能无罪，但念新降之人，姑从宽免，嗣后如能感恩图报，奋力赎罪，仍当加以厚恩，倘稍存退诿，亦不姑贷。

(《清高宗实录》卷 511　页 452)

策楞等办事乖谬特命傅恒前往治罪

乾隆二十一年四月甲寅(十七日 1756.5.15)谕军机大臣等，朕因西路领兵大臣策楞等，办理乖谬，特命大学士公傅恒前往经理，并拿问策楞等治罪。其北路专任哈达哈等，协力擒拿阿逆，迅奏肤功。今日哈达哈等，奏到办理乌梁海一折，尚未合宜，乌梁海等反覆无常，全不可信，现在有逃窜情形，明系预闻风声，欲随阿逆遁去，必须速行剿灭。哈达哈勿少迟疑，即行办理，收其牲只，以益兵力，方足以示惩儆。倘阿逆煽同哈萨克，威胁乌梁海等，潜为搆衅，因而抢掠察达克等游牧，则并旧日收服之乌梁海，皆为摇动，不若早为殄灭，庶可以杜后患。再伊等现已进兵二千名，尚余兵若干，哈达哈即同青滚杂卜迅速前往，现在牧草发生，务多带领兵丁二三千名，陆续进发，以壮军威，著哈达哈等一面办理，一面即速行奏闻。

(《清高宗实录》卷 511　页 453)

策楞等统兵追捕逆贼阿睦尔撒纳事宜

乾隆二十一年四月丁巳(二十日 1756.5.18)谕曰，策楞等统兵追捕逆贼阿睦尔撒纳，既已直抵伊犁，相距甚近，乃不振我军威，疾驰前进，以擒贼为事，一接玉保札致，即回驻伊犁。而玉保虽追至库陇癸岭，仅获一额琳沁而返，其额琳沁属下之人，仍皆相随叛贼以去，由此观之，若使策楞、玉保等早能奋勇协力，急行追捕，则叛贼断不至远飏。即玉保当额琳沁就缚时，更能取其属下马驼，以济我师行之用，竭力穷追，尚亦不难掩护，即使失之意外，其所擒戮，必不止一老迈之额琳沁而已也。此何等重务，而乃辗转延缓,坐失事机,前已明降谕旨,宣示中外矣。夫以叛贼伏处近地,尚且交臂失之,今已窜入哈萨克境内,其去已远,即遣使传谕哈萨克,其缚献与否,举未可知,是应慑以兵威,晓以大义,而先遴选勇敢将弁,将命以往,或庶几耳,而策楞等奏称,恐哈萨克羁留我使,致开衅端,欲遣哈萨克之俘留于厄鲁特者,令其前往,如此措置,岂不亵朝命而贻笑于诸厄鲁特耶。庸懦之人,将有以策楞等为晓事,不知事在人为,今未遣一人,未发一兵,是所谓自画自弃耳,即以国家经费言之,雍正年间两路用兵,费帑至七千万,今未至二千万也,而府藏充盈,较前转多,且朕并未因用兵加征赋税,克减兵饷,而赈恤更较往时为过优,何至策楞等为国惜费耶。此不过以恇怯思家之心,托为忠良为国之言耳。如是,则人谁不能,国家何赖有是臣乎?是以特命大学士忠勇公傅恒驰驿前往,将伊等拿问治罪,并至额林哈毕尔噶一带,令众台吉等齐集会盟,以宣布威信,整饬军务,兹以傅恒起程后二日,据策楞等奏称,奉到朕三月初七日训饬之旨,已自知罪戾,畏惧惶恐,即日率领官兵,调集各台吉人马,直压哈萨克边境,勒令擒献。如叛贼逃往布鲁特,即至布鲁特索取等语。是伊等既已厉兵深入,比傅恒到军营时,策楞等进兵,已一月有余,断无复行追还之理,所欲会盟之台吉宰桑等任事之人,又复随往军前,正在用兵之际,亦未便齐集会盟,大学士傅恒亦无庸前赴,即回京赞理机务。策楞等军前,现有达勒当阿同往,一切机宜,自应商酌而行,或因有此一番惩儆,策楞等知所奋勉,叛贼得以就擒,亦未可定,此亦视伊二人之福命矣。即如马匹一项,现奏称,就各鄂拓克凑集二千五百余匹,则前此亦并非无马,直以畏怯不欲办理耳。近据富德奏到,追杀叛贼唐古忒至塞伯苏台地方,遇哈萨克一千余众,我军以索伦兵三百余,直前冲突,悉皆溃散,斩三百余级,所获军械牲只甚多,此亦可见哈萨克本非劲旅,策楞等畏怯自误,是以望而却步耳。总之叛贼之逸,实由于策楞、玉保二人,既已误之于前,罪无可逭,今知畏罪,思欲奋勉,姑留一线,予以自赎之路,视此番效力如何,再降谕旨。朕用人行政,不有丝毫成见,如伊等果能擒贼奏功,尚可相抵,但恐伊等初念迫于畏惧,转念又复游移,后力不能自振,则朕虽曲加宽宥,亦不能也。将此通行宣谕知之。

(《清高宗实录》卷511　页455—456)

阿逆现窜入哈萨克境内

乾隆二十一年四月辛酉(二十四日 1756.5.22)谕军机大臣等,阿逆现窜入哈萨克境内,西路命达勒当阿,北路命哈达哈等,各领兵索取,阿逆或逞其狡谋,诈言哈萨克缚贼擒献,引兵深入,设伏以待,皆不可不预为防备,达勒当阿等领兵前往,即哈萨克有擒献之言,亦仍宜拥兵自卫,多方防范,毋冒昧以堕奸计,方为妥协。现在富德追袭唐古忒等,所遇哈萨克兵丁,系受阿逆怂恿,抢掠塔本集赛、噶勒杂特等游牧,在阿逆之意,无非欲使哈萨克有得罪天朝之名,而伊因得潜窜彼处,以为藏身之固,是以特降谕旨,晓谕哈萨克阿布赉,令其擒献逆贼,不特将抢掠塔本集赛等事,概免究问,尚当加以厚恩,并将富德等所获哈萨克属人二名,即行遣回,达勒当阿等接到谕旨,即先遣干员,同伊属人前

往，详悉传谕，仍带兵速行进发，责令擒献。

（《清高宗实录》卷 511　页 458—459）

逆贼阿睦尔撒纳势穷力竭

乾隆二十一年四月辛酉（二十四日 1756.5.22）命传谕左部哈萨克阿布赉曰，逆贼阿睦尔撒纳势穷力竭，窜入尔哈萨克境内，又煽惑尔属人等，抢掠塔本集赛、噶勒杂特等游牧，诱令尔等获罪天朝，伊得以栖身尔境，苟延残喘，今尔部边境人等，误信其言，私相劫掠，遇大兵击败，擒获尔属人呼岱巴尔氐、额塞尔拜二人，解送来京询问，知尔固不知情也，应即将此二人正法，念尔部落向属恭顺，不过属人误听阿逆之言，是以格外加恩，将尔属人释放遣回，并赍赏内缎四匹。从前侍卫顺德讷奏称，尔欲受天朝厚恩，遣使进贡，后使人为阿逆所留，未经入觐，朕已早鉴尔诚悃，此次接到谕旨，即将阿逆擒献，不特抢掠塔本集赛等事，概免究问，仍当加以厚恩，现遣两路将军等，领兵万人将抵尔境，尔等倘堕贼计，迷而不悟，不即擒献，则必更发大兵，尽行剿灭，尔其熟审利害，毋贻后悔。

（《清高宗实录》卷 511　页 459）

策楞玉保前领兵追寻阿逆踪迹事宜

乾隆二十一年四月丁卯（三十日 1756.5.28）又谕，据策楞等奏称，玉保领兵前赴察罕乌苏，追寻阿逆踪迹，达勒当阿等由博罗塔拉进发，俟至勒布西特呼木哈达处会齐，一同前赴哈萨克。又策楞等，因筹办官兵马匹口粮，暂驻于登努勒台，博罗布尔噶苏等处，以为声援，至应赴博罗塔拉时，即行前往等语。观此可知此次仍是玉保一人领兵前赴哈萨克，而策楞等并未继进，夫策楞、扎拉丰阿身为将军，不亲自前往，反令玉保独行，是诚何心，岂将军之去，反不如玉保之去为益耶。况玉保原系需人提调指挥之人，伊得意则进，失意则退，策楞等谅所深悉，岂以玉保擒获逆贼，则专属玉保一人之功，设令无功获罪，策楞等身为将军，又可脱然事外耶。策楞等宁不计及此，而冒昧妄行，朕实为之不解，伊等折内，有仍恳朕慈鉴之语，试问以如此行事，尚欲邀朕怜悯，岂但知乞朕加恩，竟不自忖作何承受耶。总之伊等前奏，欲赴哈萨克之意，特因朕严旨催促，迫于不得不然，姑勉强从事，及稍加温谕，即自延缓不前，殊不知朕所矜悯者，乃行间兵弁，及哈萨克锡喇、尼玛等新来归附之人，此际殊觉劳苦耳，岂谓策楞等受任将帅，不能奋身前进，至于数数偾事，转得邀恩耶。策楞等身膺重任，理应勇往直前，有进无退，乃必待朕降旨督促，方图前进，否即退缩不前，曾不思道路遥远，军中事宜，若必待朕一一指示而后奉行，讵能望其成事，即如官兵口粮一事，当向巴里坤领取，不应向厄鲁特凑办。去岁用兵时，准噶尔人众，尚未困敝，原可因粮，于敌且大兵不久即还，亦非久驻，而永常懵然不知，必斤斤以计日授粮为辞，朕是以斥其非而加之罪。今岁进兵，则诸部落当阿逆扰乱之后，事势与前大异，不但派往哈萨克之兵，当以接济口粮为要，即驻伊犁等处兵丁，亦当由内地运给口粮，岂可转向厄鲁特等凑办，在将军惟当迅速进兵，至所需口粮，何难向巴里坤领取，即令不能克期全到，且先赶运儿马骒马，其羊只随后运送，有何不可。而策楞并不筹办，前后奏折，亦无一言及此，岂不重堪骇怪乎？且准噶尔人众，俱我臣仆，伊等生计艰难，尤当施恩赏赉，何至索及伊等牲只，策楞等如此凑办牲畜，派拨各鄂拓克兵丁，全不知事体轻重，尤属悖谬不堪。又此次派往哈萨克之兵，自可就现有之兵，酌量调度，毋庸更为征派，如富德带兵三百，即能击败哈萨克一千之众，伊等独未之见乎？我兵抵哈萨克时，彼若即行缚献阿逆则已，否则量我兵力，或可急进，或应徐图，总在相度机宜，随时办理，何可预存拘牵之见。策楞等并不审量事势，而率意乖舛若此，朕实不胜诧异。再览伊等所奏，并未言及伯什阿噶什现在何处，从前伊与阿逆顶佛结盟，同恶有素，此时保无私相纠合，阻挠我师，尤宜先事防范。著达勒当阿细加侦访，如伯什阿噶什已向内地迁移，并无他故，自可毋庸办理，倘有别情，即先将伯什阿噶什擒拿，取其牲只，助我兵力，然后前赴哈萨克，庶可翦除阿逆羽翼，使无他患。今擒拿阿逆之事，业经屡降谕旨，责成达勒当阿，当善体朕意，奋勉出力，速图奏功，若策楞等或去或不去，及伊等尚肯救过赎罪与否，并听伊等自行揣度为之，朕亦毋庸多谕。

（《清高宗实录》卷 511　页 463—464）

玉保并未行文策楞令其停止进兵

乾隆二十一年五月戊辰（一日 1756. 5. 29）谕军机大臣等，据玉保奏，伊并未行文策楞，令其停止进兵一折，此语更属悖谬，试思伊即并未阻止策楞，而逆贼阿睦尔撒纳，究竟脱于谁手，伊等如果协力同心，彼此不相推诿，何以贻误至此，即如拿获额琳沁一事，伊属人既有抗拒情形，即应奋力剿捕，收其马匹，乘势追擒，则阿逆必不至于漏网，及遣使哈萨克，又复如此畏葸游移，玉保独不与闻其事乎？再前奏，阿逆脱逃时，兵力无多，今则突称带往二千人，种种自相矛盾，明系有心欺饰，若仍令参赞军务，必至掣肘偾事，著将玉保革去参赞大臣，仍在领队大臣上行走，以供驱策。此次若能奋勉，尚可宽宥，倘稍有退缩，必重治其罪。达勒当阿近日办事甚属勇往，著授为定边右副将军，巴禄现往军前办事，著授为参赞大臣。

（《清高宗实录》卷 512　页 466—467）

此次追袭唐古忒未拿获

乾隆二十一年五月庚午（三日 1756. 5. 31）谕军机大臣等，参赞大臣富德，此次追袭唐古忒，虽未拿获，中途将哈萨克人等击败，殊属奋勉，著加恩将富德所有罚俸降级革职留任之案，概行宽免。

（《清高宗实录》卷 512　页 468）

询问富德解到哈萨克呼岱巴尔氏

乾隆二十一年五月辛未（四日 1756. 6. 1）谕军机大臣等，询问富德解到哈萨克呼岱巴尔氏等告称，阿逆逃窜，若由阿勒坦额默勒、库陇癸岭经过沙喇伯勒地方，可至右部哈萨克境内等语。沙喇伯勒地方，即系伯什阿噶什所居，伊向与阿逆交结，今尚未见投诚，或与阿逆同投右部哈萨克，亦未可定，著达勒当阿、玉保，确探阿逆逃窜去向，追踪缉拿，若伯什阿噶什与阿逆会合，则先掠其游牧，以增兵力，前已降旨，令策楞等筹办，伊等身任将帅，并不虑及，必待朕之指示，不知伊等所办更有何事，即伊等缉贼之不力，于此益见，且哈萨克锡喇、尼玛等，皆熟谙情形之人，阿逆向何处逃窜，亦应询问伊等办理。

（《清高宗实录》卷512　页469）

擒获逆党恩克巴雅尔等

乾隆二十一年（1756）夏六月丁未。参赞大臣富德疏奏，擒获逆党恩克巴雅尔等，及进兵哈萨克情形。富德奏言：据骁骑校毕齐罕口等，擒获阿逆所属台吉恩克巴雅尔等四十余人。查恩克巴雅尔等，系从前投诚之人，附和阿逆，逃往哈萨克地方。今计穷力竭，复来归附，情罪可恶，已将巴桑等四人正法。其恩克巴雅尔、明噶特、俄罗斯等，解赴北路军营，以备审讯。再臣奉到谕旨，令回京面聆训诲。今既知阿逆逃往哈萨克确信，而两路军营一时并进。臣现在领兵至塔尔巴噶台，容臣会同两路军营大臣前进，俟擒获逆贼后，遵旨赴京。

（《平定准噶尔方略》正编，卷二十九）

古尔班和卓去年即投诚无附逆之事

乾隆二十一年五月壬申（五日1756.6.2）又谕，据策楞等奏，古尔班和卓系哈萨克仇敌，去年即行投诚，亦无附和阿逆之事等语。此奏甚属错误。古尔班和卓不特上年并未投降，且班第等前经奏称，伊因擒获达瓦齐，曾为阿睦尔撒纳称庆，则此时与阿逆同行，亦未可定，著传谕达勒当阿、玉保，大兵前进，古尔班和卓若将伊游牧内移，前来谒见，则可准其投降，否即用兵将伊擒拿，解送京师，并收取其牲只，以佐大兵进剿之用。

（《清高宗实录》卷512　页470）

哈萨克锡喇甚属奋勉深堪嘉予

乾隆二十一年五月癸酉（六日1756.6.3）又谕，此次进兵，哈萨克锡喇甚属奋勉，即如鄂勒哲依至今尚留游牧，并未前抵军营，而哈萨克锡喇诸事实心，深堪嘉予，此时如伊已领兵同进，回时著归伊游牧休息，如尚未进兵，亦暂令到伊游牧看视，再至军营，当亦不至迟误。

（《清高宗实录》卷512　页471）

拟先派玉保往哈萨克

乾隆二十一年五月癸酉（六日1756.6.3）谕军机大臣等，策楞等奏，先派玉保往哈萨克，其带往兵丁，令尼玛、乌勒登等，带回登努勒台牧放马匹等语。谬误已极。从前降旨令玉保先往哈萨克，特因玉保系专任追擒阿逆之人，致令逃脱，是以责令前往，彼时策楞等，俱已回至固勒扎，即就近更至登努勒台牧放，原无不可，及策楞等接到此旨奏称，玉保等已于前月初旬起程向哈萨克，乃行已数日，复令将兵丁撤回，看此情节，伊等并未进发，特为此饰词诓奏耳。否则玉保带兵前进，无故忽行撤回，有是理乎？如谓朕旨如此指示,何以擒贼之事,伊等并不遵旨办理,在玉保尚自知罪愆,勉力前往,而策楞转欲令之独行,是诚何心,若谓撤兵回至登努勒台,可以牧放,则乘此夏令,旷野何地无草,又或因玉保先行,可以疾驰前进,则玉保去后,策楞何以不相继随行,以为策应,顾于人则令之独行,在己则逍遥安住,朕实不解,著传旨申饬,并传谕达勒当阿,不得因策楞行文,遽行撤回,即著随玉保奋勇前进,迅奏肤功。

(《清高宗实录》卷512　页470—471)

策楞等现驻登努勒台将马匹牧放

乾隆二十一年五月甲戌(七日1756.6.4)谕,据策楞等奏,现驻登努勒台,将马匹牧放,并咨会达勒当阿,令其撤兵回驻,并将玉保所带之兵,亦令撤回牧放马匹等语。达勒当阿接到咨会,随以伊现已带兵前进,且兵粮足敷至七月下旬,无庸撤回,一面咨覆,一面具奏,达勒当阿所见,甚合机宜。从来用兵之道,有进无退,况追擒叛逆,期在必获,断无兵已进发,复令撤退,故使往返稽顿之理,朕前降旨,令玉保带领索伦兵五六十名,先往哈萨克,索取阿逆,随令达勒当阿带兵继进,策楞亦即带兵尾随,节次谕旨甚明。乃策楞等,不惟不能克期前进,反将玉保所带之兵,亦行调回,止令玉保以数十人先进,岂不更为可骇,信如伊等所办,则是以追擒叛贼之事,仅委之玉保数十人,而伊等安坐军营,且并欲夺其兵力而置之危地,此何心耶。伊等身为将军,将佐功罪,皆其功罪,玉保倘有偾事,策楞等能脱然事外乎?至前谕令将马匹在登努勒台牧放,原因大兵未经进发,彼时策楞等观望迁延,藉口于马力疲乏,朕实不胜愤懑,是以令将未用马匹,牧放膘壮,即行进发,先令玉保轻骑前进,以期速达耳。今达勒当阿业经带兵前进,策楞不即行续进,已属大谬,乃转称遵旨将马匹牧放,且将达勒当阿已进之兵,行令撤回,幸而达勒当阿能知事势轻重,不肯随声附和,使竟听其言,闻调即行撤回,将成何事体耶。此次追擒叛逆,在庸懦无识之人,未必不谓策楞等坐失机宜,实由马力疲乏,口粮不继所致,试思经旬已进之兵,旋复调撤,何不即以此回程马力,用之前进乎?岂前进则疲乏,而撤回则甚易乎?如此进而复退,马力岂不更加疲乏乎?至于随带口粮,策楞等前赴军营,较达勒当阿由北路起程,先期二十余日,何以据达勒当阿所奏,尚可敷数月之用,而策楞等则早称缺乏,且巴里坤续运口粮,俱已起运在途,而策楞等辄行文停止,及至临期需用,乃向各鄂拓克索取伊等资生牲只,以致坐候不前,又令玉保且行且待,是伊等现在所奏马力口粮之语,均不可信,不过以是藉口,掩其怯懦之罪耳。策楞等乖张谬误,种种不堪,特借购集马驼,接济牲只,为迁延之地,其罪复何所逭耶。将此通行传谕知之。

(《清高宗实录》卷512　页471—472)

策楞著拿解来京治罪

乾隆二十一年五月甲戌(七日1756.6.4)谕军机大臣等,策楞等办理军务,种种谬妄,已降旨宣谕中外,策楞著拿解来京治罪,伊子特通额著革职,交与达勒当阿,令在军前效力赎罪。扎拉丰阿,本应同策楞一体治罪,念伊系蒙古人,从宽革去郡王并副将军,

令其回至巴里坤，自备资斧，赴伊游牧。玉保此时如已带兵向哈萨克，即无庸拿解，若仍在达勒当阿队内，即遵旨拿解来京治罪。达勒当阿著补授定西将军，兆惠著补授定边右副将军，永贵著加恩赏给副都统职衔，在参赞大臣上行走。此旨著交阿里衮赍往，俟至军营，遇见策楞、玉保等时，再行宣谕。

（《清高宗实录》卷512　页472）

达勒当阿不听策楞之言径向哈萨克

乾隆二十一年五月甲戌（七日1756.6.4）又谕曰，达勒当阿不听策楞撤兵之言，径向哈萨克前进，似此奋勉出力，朕心甚为嘉许，夫以策楞身为将军，诸凡逡巡畏缩，实堪发指，已降旨将伊治罪，但军行宜计万全，方合机宜，若一意勇往，不量情形，所关非细，今达勒当阿带兵前进，应详探贼人形势，或用计袭，或用力攻，或待接济兵到，并力擒剿，慎勿冒昧轻试，朕非阻止达勒当阿勇锐之气，恐伊有鉴于策楞等，退缩不前之罪，矫枉过正，转失之于太锐，著将此旨交阿里衮带往，转谕达勒当阿，令其仰体朕意，相机办理，以副委任。

（《清高宗实录》卷512　页472—473）

哈达哈等奏称办理乌梁海事竣

乾隆二十一年五月甲戌（七日1756.6.4）又谕曰，哈达哈等奏称，办理乌梁海事竣，即前至哈萨克索取阿逆，如不即擒献，暂且无庸进兵，掠伊边界人等，增我兵力等语。现在西路达勒当阿，业已带兵前进，哈达哈应即速将乌梁海办毕，前往哈萨克，断不可稍涉观望。再伊等有预备马匹口粮，以为将来用兵之语。是其心存畏怯，并不思一举成功，殊属非是，现在策楞因办理军务，种种谬误，已将伊拿解治罪，哈达哈想未闻知，著将朕旨及策楞等原奏，钞寄阅看，舒赫德现在哈达哈军营，伊从前与策楞同获重谴，加恩宽宥，此次意见，若出自舒赫德，朕必将伊同策楞一体治罪，哈达哈务宜奋勇争先，毋蹈覆辙。再大兵进发，理应分为两队，今哈达哈等，领兵不过三四千，毋庸分队，且青滚杂卜、车布登扎布俱系蒙古，令伊等带兵前行，管辖恐不能周，若与哈达哈同队进发，伊等熟悉情形，一切事宜，俱可商办，哈达哈等即遵照办理。

（《清高宗实录》卷512　页473）

阿逆现处在哈萨克招摩多地方

乾隆二十一年五月丙子（九日1756.6.6）谕军机大臣等，据侍卫中秋奏称，询问自阿逆处逃出之厄鲁特巴颜告称，阿逆惟同喇嘛及哈萨克属人三十余人，现在招摩多地方，离阿布赉游牧路止三站等语。看此情形，随阿逆逃窜之人，俱各离散，力甚穷蹙，诚能迅速追逐，早应擒获，今已不免迟误。著传谕达勒当阿，即照巴颜所供逆贼逃往之路，带兵前进，途中遇见阿逆离散藏匿之人，即行剿灭，直入阿布赉游牧，悉力搜捕，务期弋获。从前谕令领兵至哈萨克边界，勒取阿逆，毋庸进兵，因尚不知阿逆果否逃往，自不便即加以兵威。今侦探既确，而哈萨克若不遵谕擒献，则是有心容隐，应立即将哈萨克办理。达勒当阿等，务大振军威，勿稍示怯，亦毋庸拘泥从前之旨，已令中秋将巴颜解往达勒当阿军营，可详细询问情形，带领前往。再巴颜供阿逆处，现止乌勒木济同行，并未言及阿巴噶斯、哈丹等，阿巴噶斯等，或已回至游牧，或在中途隐匿，达勒当阿沿途留心查访，一并擒拿，解京治罪，并传谕哈达哈等，即将乌梁海事办竣，领兵竟赴阿布赉游牧，会同西路大兵奋力剿捕，毋得少有迟误。

（《清高宗实录》卷512　页475）

达勒当阿奏现已领兵前往哈萨克

乾隆二十一年五月己卯（十二日1756.6.9）谕军机大臣等，据达勒当阿奏，现已领兵前往哈萨克，不俟巴里坤解到马匹等语，所奏甚合机宜。阿逆素性奸诈，必须迅速进兵，出其不意，方为有益。从前遣达永阿等由西路前往，顺德讷等由北路前往，降旨晓谕哈萨克，今达勒当阿、哈达哈率兵至哈萨克边界，若候达永阿、顺德讷等信息，始行前进，倘伊等在阿布赉处，少为稽留，以致淹迟时日，反失机会，且达永阿、顺德讷等，孑身奉使，亦不可无兵力接应。著传谕达勒当阿，哈达哈等，至哈萨克边界时，即带兵深入，所过地方，告以但为擒拿逆贼，毫无侵扰，令其各安居游牧，伊等若无抗拒情形，应严禁我兵，不得滋扰，其或托词阻挠，即加以兵威，无少示怯，第恐我兵既进，哈萨克等或从后掩袭，亦不可不预为防范，达勒当阿等，务期相度机宜，迅奏肤功。

（《清高宗实录》卷512　页477）

北路所带马匹牲只现勉力行走

乾隆二十一年五月庚辰（十三日1756.6.10）又谕曰，哈达哈奏，北路所带马匹牲只，不能肥壮，现在勉力行走等语。此不过留为日后推卸之地耳。前令伊等由乌梁海进兵哈萨克，原因办理乌梁海之后，取其牲只马匹以增兵力，更易集事。伊等若因阿逆系由伊犁脱逃，擒拿之责应专委之西路，北路相距辽远，又越乌梁海而行，以此藉口，逡巡观望，不但不能副朕委任，直是自取罪戾耳。哈达哈等如果奋勇自效朕，必加以殊恩，倘一味退缩，虽多方支饰，亦岂能逃朕洞鉴。况现在西路止带兵二千余名，北路兵丁已及四千，今又派扎布堪驻扎兵丁一千名，随后策应，以兵力多寡较之，北路应更加出力，方为勇往任事。哈达哈等，惟当速期成功，不得稍存歧视。

（《清高宗实录》卷512　页478）

将扎布堪驻扎兵调布延图等处驻防

乾隆二十一年五月庚辰（十三日1756.6.10）谕军机大臣等，据舒明等奏，将扎布堪驻扎兵二千余名内，调拨五百名，交侍卫三都布带领，往布延图等处驻防等语。著照所奏办理。扎布堪驻扎兵丁尚有一千五百余名，现在哈达哈办理乌梁海事竣，即由彼赴哈萨克，此项兵丁，与其在扎布堪闲住，不若拣选一千名，随哈达哈等陆续进发，则兵势益盛。著传谕舒明等，将扎布堪所余兵丁内，挑选一千名，办给马匹口粮，前赴哈萨克，并于伯起、三都布二人内，酌派一人带领。若唐喀禄已到军营，即令其带领前进。

（《清高宗实录》卷512　页478）

富德追缉唐古忒沿途击哈萨克各事宜

乾隆二十一年五月乙酉（十八日 1756.6.15）谕军机大臣等，富德等此次追缉唐古忒，沿途击败哈萨克各事宜，甚属奋勉。富德、莽阿纳、奇彻布并伯什阿噶什之子博东齐，散秩大臣达什车凌，都噶尔宰桑乌尔古勒济勒、卓特巴、伯克孟克等，俱著赏赉奖励，仍加恩授达什车凌为内大臣，乌尔古勒济勒、卓特巴为散秩大臣。闻伯什阿噶什遭哈萨克扰乱，迁徙他往，著博东齐前往寻觅，遇见即行奏阅，倘有不测，朕自加恩于博东齐，其游牧即准在额尔齐斯地方居住，并著伊宰桑诺斯海等，悉心善为保护。至达什达瓦宰桑讷默库、曼集，于一切差委事宜，甚属奋勉，著加恩授为三品总管。顷据玉保奏闻，阿逆仅余两三人，投往哈萨克阿布赉处，玉保已领兵前往索取。富德等接到此旨，不必追缉唐古忒，即由彼处前赴哈萨克，协力擒拿逆贼。莽阿纳、达什车凌俱著在参赞大臣上行走，一同带兵速进。此时各路兵丁应已齐集，富德等会同前往，兵势益盛，务期协助达勒当阿等，擒献逆贼，迅奏肤功，归途之便，仍将唐古忒擒拿治罪。

（《清高宗实录》卷513　页482—483）

纳喇巴图等计图擒献阿逆

乾隆二十一年五月乙酉（十八日 1756.6.15）谕曰，玉保奏称，据从哈萨克逃回之巴布噶津告称，阿逆逃至哈萨克境内，纳喇巴图等计图擒献，协力追捕，已将叛贼所随人众剿灭，现只带两三人逃窜阿布赉处等语。与侍卫中秋询问巴颜所供，阿逆携带三四十人逃窜之语，正相符合，特中秋未向巴颜详悉诘问缘由，未得哈萨克剿杀叛贼实在情形，故有三四十人之说耳。阿逆负恩背叛，反覆诡诈伎俩，人人共知。朕早料哈萨克不肯容纳，必至窜匿无归，今果止携二三人奔逸，可见策楞等，若早能振作军声，疾驰前进，则叛贼早已就擒，军务当早经告竣。而乃畏缩不前，坐失事机，即如前此谕令遴选将弁，晓谕哈萨克，而策楞等辄恐其羁留我使，致开衅端，迁延观望，仍不即时遣往。今观哈萨克之恭顺如此，逆贼之穷蹙如此，一一不出朕所夙料，而策楞、玉保二人，全无领会，动辄后时。所赖者上天默佑，朕惟额手敬承，益加兢惕耳，若如伊等之步步瞻顾，纵贼远飏，阃外之任，将何赖焉。再玉保奏称，即日前往哈萨克，乃明知叛贼孑身无助，始敢直前追逐，仍系取巧故智。不然，何前此恇怯之至，几于草木皆兵，而今则一似勇敢任事，毫无疑虑者，此亦何能逃朕洞鉴耶。将此宣谕中外知之。

（《清高宗实录》卷513　页482）

达勒当阿处兵丁口粮尚可支三月

乾隆二十一年五月戊子（二十一日 1756.6.18）谕军机大臣等，据黄廷桂奏，达勒当阿处兵丁口粮，尚可支给三月，惟策楞处兵粮，现在急须接济等语。策楞进兵，不过先达勒当阿一月之期，何以达勒当阿处，尚有三月之粮，而策楞处已需接济，领兵将帅，果能与士卒同甘苦，诸事加意整饬，不独粮糈一项，不致糜费，何者不可得力，策楞全不以为事，一任兵丁耗用，方至告匮。今达勒当阿带兵深入哈萨克，自应接济粮饷，资其食用，倘策楞以达勒当阿军营尚有三月之粮，将送往口粮，尽留伊处，则断无是理。著传谕策楞，粮到之日，先尽解达勒当阿处，其余著留伊军营支给。

（《清高宗实录》卷513　页484）

巴雅尔所属人等户口编次旗分佐领

乾隆二十一年五月己丑（二十二日 1756.6.19）谕辉特台吉巴雅尔曰，览尔奏，并请将所属人等户口，照杜尔伯特台吉车凌等所属，编次旗分佐领，永图生聚，朕实嘉之。尔既向化归城，率属内附，所有编次旗分佐领之事，不必急于办理，尔即于所属宰桑中，择其才具可用者，奏明授为管旗章京、副管旗章京及参领、佐领之属，使之善为约束，安分谋生，即无异内地臣仆。朕于沙克都尔曼济之奏，亦如此降旨，上年平定准噶尔全部之时，原为尔等筹画安全，俾共登之衽席，不意阿逆背叛滋扰，不特尔之所属，生计拮据，即全部二十一昂吉，亦皆不得宁居，朕是以复命将兴师，歼除逆贼，俟阿逆擒获后，朕降旨晓谕哈萨克部落，各守边界，毋得少有侵犯，尔等自可耕种牧养，各务本业，数年之后，生计日见丰裕，朕实不胜厚望。尔惟仰体朕心，管辖部众，严禁盗贼，以副朕一视同仁之意，寄赏尔缎匹荷包，尔其祗受。

（《清高宗实录》卷513　页485—486）

哈达哈等领兵至哈屯河水势甚大

乾隆二十一年五月癸巳（二十六日 1756.6.23）谕军机大臣等，据哈达哈等奏称，领兵至哈屯河，水势甚大，将已经渡河兵六七百名，令青滚杂卜带领，轻骑前往，其余兵丁一千余名，制造小船，更番渡河，令车布登扎布带领继进等语。哈达哈身为将军，理应身先士卒，奋勉直前，不得少存观望之意，今青滚杂卜、车布登扎布俱已轻骑前进，而哈达哈独驻河干，何以督率将领，若似此迟延，未知何日始抵哈萨克，必致贻误大事，关系非浅，观其所奏河水情形，不过山水下流，一时陡涨，数日间即可减退，且觅其浅处，未尝不可径渡，何至如此张皇，从前朕已察其有迟疑之状，是以屡经降旨训谕，今计此旨到日，哈达哈自当已抵哈萨克境内，务宜加意奋勉，断不得稍存畏葸，自取罪戾。

（《清高宗实录》卷513　页487）

古尔班和卓已被击败

乾隆二十一年五月丙申（二十九日 1756.6.26）谕军机大臣等，据策楞等奏称，古尔班和卓已经击败，收其马驼牛羊，前赴哈萨克等语。策楞等此举，盖因从前朕屡责其不能擒拿阿逆，始少加振作耳，然首犯现已脱逃，且奏称，古尔班和卓共带八千余人，官兵奋击，斩首二千余级，余众鼠窜潜逃等语。其所陈奏情形尚属可疑，古尔班和卓果有八千之众，虽剿杀二千余人，尚余六千，非甚穷蹙，何以遽行逃窜，如其人已无多，自可无庸置念。若果如所奏，尚有六千余众，则或潜伏一隅，俟我兵经过后，尾随邀截，皆未可定，不可不预为防范。现在伊犁办事乏人，策楞接到朕旨，即回伊犁，不必前赴哈萨克，惟传谕各鄂拓克人等，协力擒拿古尔班和卓，一经缉获，即押解来京治罪。此次疏脱古尔班和卓，咎在将军大臣，官兵尚属奋勉，侍卫瑚集图率五十余人，奋勇争先，尤属可嘉，著加恩授为头等侍卫，其余著有劳绩及中伤阵亡官兵等，策楞即查明具奏，候朕加恩。

（《清高宗实录》卷 513　页 490）

擒剿古尔班和卓情形

乾隆二十一年(1756)七月壬申。定边右副将军哈达哈等疏奏，擒剿古尔班和卓情形。哈达哈等奏言：据副都统职衔唐喀禄等报称，护送侍卫顺德讷赴哈萨克，至济尔玛台地方。有特楞古特宰桑敦多克告称，我特楞古特部落，人众七百户，及古尔班和卓部落人五百户，和克沁部落人五百户，俱愿投诚，恳求迁往阿尔台地方游牧等语。随将敦多克及古尔班和卓、和克沁得木齐二人，并奇尔吉斯宰桑送出，阿逆所属十八人，一并解至军营。臣等窃思，特楞古特等，既请投诚，移往阿尔台，何以潜赴乌梁海，形迹可疑。因严讯敦多克等，供称，伊等起程时，与西路大兵交战败走，途中又掠取玉保所带马驼等物，杀伤兵丁。今投乌梁海，意图抢掠，再遣人会合阿睦尔撒纳同逃，阿睦尔撒纳亦曾遣达瓦送信古尔班和卓等语。臣等即将宰桑敦多克及得木齐二人，并阿逆属人等，俱行截杀，随带兵八百名，疾赴伊等驻扎处，乘其不备，尽行剿灭。古尔班和卓与伊弟正欲脱逃，为察达克所获，讯问情节，俱已供认。随将古尔班和卓及伊眷属，一并正法。计获驼四百只，羊一千四百余只，马二百余匹，分给效力官员人等。臣等仍领兵前往哈萨克。

（《平定准噶尔方略》正编，卷二十九）

得木齐巴图孟克率所属九十余户投诚

乾隆二十一年六月辛丑（五日 1756.7.1）又谕，据舒明等奏，噶勒杂特宰桑根敦，得木齐巴图孟克率所属九十余户投诚等语。根敦等被乌梁海等劫掠，率属来归，甚属可悯，著加恩授根敦为佐领，赏缎二匹，暂与丹毕游牧同居。前闻噶勒杂特宰桑，止哈萨克锡喇，都噶尔，特克勒德克等三人，根敦或系宰桑子弟，或系得木齐误称为宰桑，均未可定，今暂授为佐领，俟询明哈萨克锡喇等，具奏到日，应授何职衔，再降谕旨。并著舒明传谕根敦等，现在伊犁平定，与内地无异，伊等或归故土，或在此地游牧，悉从其便，此时念伊等远道前来，复被乌梁海劫掠，暂为休息，再图迁徙，至奏请来京入觐，现今天时暑热，根敦或尚未出痘，且无庸令其前来。至其所称，途中遇劫之乌梁海等，现在逃赴阿逆处等语。著传谕达勒当阿、哈达哈等，沿途留心，遇此等投赴阿逆之乌梁海等，即行剿灭，并将为首之人，拿解来京治罪。

（《清高宗实录》卷 514　页 494—495）

黄廷桂备办赤金牧放听候马匹事宜

乾隆二十一年六月辛丑（五日 1756.7.1）谕军机大臣等，据阿里衮奏称，将黄廷桂备办赤金牧放听候马四千匹内，拣膘壮者先行起解，膘欠者缓缓赶运，俟遇见黄廷桂之日，除现行办解马匹口粮等项外，再行趱办起运，以资接济，愈多愈善等语。阿里衮因不知军营现在事体情形，是以如此具奏，甫经黄廷桂业已办牲畜口粮，自巴里坤起解军营，且现在策楞又将古尔班和卓等马匹牲畜收获，已得三个月口粮，毋庸急为接济起解口粮，达勒当阿所带官兵，尚有三月口粮，可以用至七月底，自巴里坤所解口粮，随后即可抵营以资接济。现今阿睦尔撒纳已被哈萨克之人抢掠，止带有二三人逃窜，达勒当阿等兵，此际亦抵哈萨克疆界，谅必即刻成功，将此寄知黄廷桂，其已经办解军营之马匹口粮，仍令起解，其未过巴里坤之马匹牲畜，俱令于巴里坤左近好水草处牧放，将口粮俱在巴里坤备贮，如有用处，再行起解，此际无庸趱办起解，将此晓谕策楞、达勒当阿、兆惠、阿里衮知之。

（《清高宗实录》卷 514　页 494）

办理乌梁海等事已将竣

乾隆二十一年六月癸卯（七日 1756. 7. 3）谕军机大臣等，据哈达哈等奏，办理乌梁海等，事已将竣，惟首犯鄂木布、呼图克、果勒卓辉等，尚未拿获等语。前哈达哈带兵渡哈屯河时，止令青滚杂卜、车布登扎布等先行，而伊独逗留河干，朕已降旨申饬，哈达哈身为将军，理应身先士卒，何故逡巡不前，今办理乌梁海事，虽多所斩获，而首犯脱逃，皆伊不能督率用命之故，此时亦无庸深究，著即将乌梁海办毕，速赴哈萨克缉拿逆贼，毋得仍前玩误，舒赫德随同哈达哈办事，甚属无益，不必前赴哈萨克，著即回至乌里雅苏台，办理粮饷事务。

（《清高宗实录》卷 514　页 496）

谕达勒当阿遇见策楞即行拿解来京

乾隆二十一年六月丙午（十日 1756. 7. 6）又谕曰，朕前降旨，令策楞不必进兵哈萨克，即回伊犁办事，恐伊自知获罪难逭，仍行前进，亦未可定。著传谕达勒当阿，遇见策楞时，取其将军印信，即行拿解来京，所有副将军印信，交与兆惠佩用，并将策楞种种谬误，拿解治罪之处，晓谕哈萨克锡喇、尼玛等知之。

（《清高宗实录》卷 514　页 499）

黄廷桂奏办解军营口粮

乾隆二十一年六月戊申（十二日 1756. 7. 8）谕军机大臣等，黄廷桂奏，办解军营口粮一折，系遵从前谕旨筹办。但早晚形势不同，所宜随时斟酌，据该督等连次运送口粮，当已敷裕，又现在阿巴噶斯业据巴禄擒解来京，而策楞办理古尔班和卓，所得牛羊牲畜，为数亦多，是此时军营粮食，现在充足，逆贼穷蹙奔窜，计当哈萨克不日擒献，不必徒费物力。昨已传谕该督，令其将已经运赴者，照旧运送外，所有未经运往军营牛羊米面等，著即留于巴里坤，毋须亟为起解，该督办送军营口粮，即著仍遵此旨行。

（《清高宗实录》卷 514　页 500）

达什车凌请带所属兵丁前往哈萨克

乾隆二十一年六月辛亥（十五日 1756. 7. 11）谕军机大臣等，富德奏，塔本集赛宰桑达什车凌，请带伊所属兵丁，前往哈萨克，朕已允其所请，第恐达勒当阿，仍遵从前所降之旨，不令厄鲁特兵丁前往，亦未可定。塔本集赛游牧，距哈萨克甚近，且伊等曾被哈萨克掳掠，前进时必能奋往出力，其别处厄鲁特兵丁，仍无庸派往。

（《清高宗实录》卷514　页502）

何国宗现在降调

乾隆二十一年六月癸丑（十七日 1756.7.13）谕曰，何国宗现在降调，所遗左都御史员缺，著赵宏恩补授，汪由敦著调补工部尚书，其刑部尚书员缺，著刘统勋补授，刘统勋未到之前，汪由敦仍办刑部尚书事，赵宏恩以左都御史，仍兼管工部尚书事。何国宗现差往伊犁一带测量，虽经降调，仍准服用原官顶戴，俟回京之日，朕酌量另降谕旨。刘统勋从前妄议弃巴里坤，退守哈密，正当逆贼初叛之际，朕恐其摇动人心，阻挠军务，且果如其言，阿逆何至穷蹙无归，束手窜入哈萨克，观其至伊犁而不能守，更复有何伎俩，敢于侵扰内地，则巴里坤之断无可弃，理亦甚明，是以将伊革职治罪。然当其时，刘统勋因目击永常匆遽情形，骤闻其言，未能深察，是以张皇失措，夫永常身为将军，膺阃外之重寄，尚且怯懦退回，甘心偾事，刘统勋本系书生，未娴军旅，其所陈奏，识见固属冒昧舛谬，尚为乃心公事，假使彼时藉口于职在文臣，办理军需，不与师行进止，模棱观望，缄默自守，转可安然无事。且如策楞、玉保等，皆统兵大臣，当阿逆穷窜逋逃，距军营密迩，乃仍徘徊不进，坐致远飏，彼三人者，皆满洲蒙古世仆，勇敢旧风未远，而皆选懦至此，以刘统勋文怯汉人，相提并论，则其过为可谅，而其心转为可嘉矣。至何国宗职司风宪，乃于京察大典，竟将伊亲弟列为一等，虽古有内举不避亲之语，然有祁奚之公则可，试问何国宗兄弟，能无愧祁奚所言否乎？此所关系于官常者甚大，不得不示以惩警，朕用人行政，毫无成见，赏罚予夺，惟一秉至公，期于各当，将此宣谕中外知之。

（《清高宗实录》卷515　页504）

乌梁海脱逃之人未及追赶

乾隆二十一年六月戊申（十二日 1756.7.8）又谕曰，哈达哈等奏，请速赴哈萨克，其乌梁海脱逃之人，未及追赶，办理尚知缓急，已降旨准行，第恐伊等接奉此旨，遂将乌梁海事，竟置不办，亦未可定。著传谕哈达哈等，俟擒获阿逆后，仍将隐匿及逃亡之乌梁海等，尽行查办，其余应行安抚及每岁作何输纳贡赋事宜，并著妥协办理。

（《清高宗实录》卷514　页500—501）

伯什阿噶什等带领户口来降

乾隆二十一年六月丙辰（二十日 1756.7.16）又谕曰，舒明等奏，伯什阿噶什、宰桑赛音伯勒克等带领户口来降，伊等中途被哈萨克抢掠，情形可悯，著加恩赏赛音伯勒克缎四端，得木齐恩克、济尔噶勒等缎各二端，现在伯什阿噶什为哈萨克所逼，未知逃避何处，伊子博东齐已领兵前往寻觅，赛音伯勒克等或即在此居住，或前往会合博东齐，俱听其自便。并传谕舒明等，详察赛音伯勒克等情形，如需酌量接济，奏闻请旨。

（《清高宗实录》卷515　页507）

玉保前赴哈萨克中途遇贼人

乾隆二十一年六月庚申(二十四日 1756.7.20)谕军机大臣等,策楞等奏,跟随玉保前往引导之鄂勒察克回至军营告称,玉保前赴哈萨克中途遇有贼人,共相迎敌等语。奏内并未声明系何人迎敌,看来不过古尔班和卓逃人及彼处穷饿无聊之众耳。此皆策楞从前疏脱古尔班和卓,不行追捕所致。达勒当阿即带鄂勒察克前往,务将古尔班和卓擒获。倘与阿逆同入哈萨克境内,亦必责令擒献,派干员解京治罪。如鄂勒察克并未见贼人实在情形,私回军营捏词禀告,即将鄂勒察克正法示众。

(《清高宗实录》卷 515　页 508)

玉保著加恩毋庸拿解授为头等侍卫

乾隆二十一年六月癸亥(二十七日 1756.7.23)又谕,从前阿里衮赴军营时,朕曾降旨,令拿解玉保来京治罪,今据达勒当阿奏称,玉保自知罪谴,前赴哈萨克,中途与贼人交战,尚能出力,著加恩毋庸拿解,授为头等侍卫,以观后效。

(《清高宗实录》卷 515　页 510)

和托辉特郡王青滚杂卜受恩最深

乾隆二十一年六月癸亥(二十七日 1756.7.23)谕军机大臣等,喀尔喀王公台吉内,惟和托辉特郡王青滚杂卜受恩最深。上年在军营时,将军大臣等参奏阿逆罪状,伊敢私自泄漏,且于阿逆前百计趋承,以致阿逆趾高气扬,肆行无忌,后于追缉阿逆之时,观望退缩,奏称必得两路出师五万,方可追擒。种种乖谬,指不胜屈。前此屡欲拿问,朕念伊祖博贝旧日劳绩,施恩宽宥。今无故自军前擅回,又扬言额琳沁多尔济、达木巴扎布等治罪之后,众心疑惧,而喀尔喀数年以来,皆以用兵为累,以其怨望之私,托为他人之语,妄行渎奏,藐法已极,断难姑容,必当明正典刑,以示儆戒。但达勒当阿、哈达哈等,现在领兵前往哈萨克,不便派兵拿解,著传谕舒明、阿兰泰等,如青滚杂卜撤兵回伊游牧,则此时无庸办理,俟达勒当阿等擒获阿逆凯旋时,降旨令伊等拿解,倘伊前赴舒明等驻扎地方,即降旨拿解来京治罪。舒明等务宜加意缜密,勿使泄露,致伊闻风脱逃。

(《清高宗实录》卷 515　页 510)

车布登多尔济等投诚以来奋勉效力

乾隆二十一年六月乙丑(二十九日 1756.7.25)谕军机大臣等,杜尔伯特亲王车凌等,辉特郡王车布登多尔济等,自投诚以来,感戴朕恩,咸知奋勉效力,其属众亦皆安静,从前因阿逆尚未擒获,是以不即令伊等回至旧时游牧地方,降旨俟明年再行迁移,今军营陆续奏到,阿逆情形,穷蹙无聊,哈萨克部落,现欲擒献,而达勒当阿、哈达哈等,统领大兵,逼近哈萨克境界,逆贼计日就擒,当兹准噶尔全部荡平,杜尔伯特、辉特人等,自可各回本部落,安居乐业,在素所服习之地,牧养耕种,于伊等生计,更属有益。现在正值收获之期,马匹肥壮,即乘此时迁徙,毋庸更俟明年。此皆朕曲为伊等筹画生计起见,著传谕舒明、巴兰泰、纳木扎勒等，传集杜尔伯特、辉特王公等，明白晓谕，一面迁移，一面奏闻，并谕伊等回本部落后，善为抚恤休养，永图生聚，共享升平之福。

（《清高宗实录》卷515　页511—512）

齐巴克等人履历

那彦所遗骁骑校缺，拟正之镶白旗巴图佐领下齐巴克，食钱粮十九年。出征一次，于鄂洛依、扎拉图、济尔噶朗、哈什、阿勒楚尔、伊什勒库勒、玛尔济奈等处打仗四十三次，杀贼八名。保荐卓异三次、头等六次、二等八次、三等九次，得头等功牌四枚、二等功牌六枚、三等功牌九枚，赏银三十二两。补放骁骑校拟陪一次。现年三十七岁，察哈尔，步箭平，马箭可。拟陪齐巴克之正红旗哈萨科佐领下领催蒙呼津，食钱粮十五年。出征二次，于阿固雅斯、库库乌苏等处充当向导，拿获活口一名。进京引见，得赏银二十两、绸缎二匹。出征乌什，打仗二十七次，杀贼五名。保荐卓异一次、头等八次、二等四次，得头等功牌三枚、二等功牌三枚。巡查哈萨克、布鲁特边界四次，跟随领队大臣那旺赴哈萨克阿布赉游牧一次，赴乌鲁木齐送马一次。现年四十四岁，察哈尔，步箭平，马箭可。

（《军机处满文录副奏折》2459—4）

齐巴克等人履历清单

云木楚木所递出佐领缺，拟正之镶黄旗云木楚木佐领下骁骑校齐巴克，食俸饷二十七年。出征一次，曾于鄂垒扎拉图等处，打仗四十二次，杀贼八名。得一等功牌二枚、二等功牌二枚、三等功牌二枚、赏银五十四两。巡查哈萨克边界一次，赴乌鲁木齐送马一次。补放佐领拟陪一次。现年四十四岁，察哈尔，步箭平，马箭可。拟陪齐巴克之镶蓝旗巴彦察衮佐领下骁骑校古木扎布，食俸饷十五年。出征一次，打仗十五次，杀贼六名，得赏银五两。补放骁骑校引见，得赏银十两。巡查哈萨克边界一次，到塔尔巴哈台出差一次。现年五十一岁，察哈尔，步箭平，马箭可。

（《军机处满文录副奏折》2455—31）

黄廷桂奏预备进兵事宜

乾隆二十一年七月辛未（五日1756.7.31）谕军机大臣等，昨据大学士黄廷桂奏，预备进兵事宜，其第一折，尚系笼统陈奏之词，是以朕批示嘉奖，及次第观其后所奏各折，明似畏难而不中事情，此黄廷桂接到雅尔哈善前奉谕旨，筹画办理，目今情形，与从前迥异，陆续据各路拿获逆贼党与，及自贼中投回之人，详稔逆贼阿睦尔撒纳已穷窜无依，意欲往投阿布赉，又知阿布赉必将伊擒送，正在窘迫无计之际，我师达勒当阿、哈达哈等两路大兵，计程亦可抵哈萨克之境，即阿布赉尚未即将逆贼擒缚，而我之兵力已足办理，观此事势，断不致有意外调遣之事。至另折所奏，于河南山东等省各营调马之处，殊非现在情形，且迹涉张皇，恐逖听者别生传说，如万一尚须接济，为数亦复无多，则尽现存之马挑用，亦不致迫不及待，但当饬属加意喂养，以备缓急可耳。将此传谕黄廷桂知之。

（《清高宗实录》卷516　页518）

特楞古特部落俱愿投诚

乾隆二十一年七月壬申(六日 1756.8.1)定边左副将军哈达哈等奏,据副都统职衔唐喀禄等报称,护送侍卫顺德讷赴哈萨克,至济尔玛台地方,有特楞古特宰桑敦多克告称,我特楞古特部落人七百户,及古尔班和卓部落人五百户,和克沁部落入五百户,俱愿投诚,恳求迁往阿尔台地方游牧等语。随将敦多克及古尔班和卓、和克沁得木齐二人,并奇尔吉斯宰桑,送出阿逆所属十八人,一并解至军营,臣等窃思特楞古特等,既请投诚,移往阿尔台,何以潜赴乌梁海,形迹可疑,因严讯敦多克等供称,伊等起程时,与西路大兵交战败走,途中又掠取玉保所带马驼等物,杀伤兵丁,今投乌梁海意图抢掠,再遣人会合阿睦尔撒纳同逃,阿睦尔撒纳亦曾遣达瓦送信古尔班和卓等语,臣等即将宰桑敦多克及得木齐二人,并阿逆属人等,俱行截杀,随带兵八百名,疾赴伊等驻扎处,乘其不备,尽行剿灭,古尔班和卓与伊弟正欲脱逃,为察达克所获,讯已供认,随将古尔班和卓及伊眷属,一并正法,计获驼四百只,羊一千四百余只,马二百余匹,分给效力官员人等,臣等仍领兵前往哈萨克。谕军机大臣等,哈达哈等带兵赴哈萨克,路遇古尔班和卓等,带领户口千余,潜往乌梁海,即派官兵擒获古尔班和卓等正法,其属人全行剿灭,甚属奋勇可嘉,哈达哈著加恩授为领侍卫内大臣,赏戴双眼翎,车布登扎布著晋封郡王,唐喀禄著授为副都统,舒赫德效力军营,此次亦属奋勉,著赏给副都统职衔,扎萨克台吉三都布多尔济著封授公爵,协理台吉策勒布多尔济著授为头等台吉,乌梁海副都统察达克著授为内大臣,赏银一百两,索伦营长卓里雅萨垒、蓝翎侍卫敦济勒图,各赏银五十两,其余效力官兵,哈达哈等查明奏闻,交部议叙。并著传谕哈达哈等,俟撤兵凯旋时,派唐喀禄、察达克等,酌派兵丁,前赴乌梁海,将逃散贼众查办,其首恶鄂木布、博博、果勒卓辉及达瓦藏布等,务期一并擒拿,解京正法。

(《清高宗实录》卷 516　页 520)

哈达哈已领兵前往哈萨克

乾隆二十一年七月癸酉(七日 1756.8.2)谕军机大臣等,昨因哈达哈已领兵前往哈萨克,是以将拿解青滚杂卜之事,交与舒明等相机办理。今据舒明等奏,青滚杂卜带往兵丁,俱已沿卡回至各游牧,惟令侍卫及绿旗兵丁,至舒明处送回炮位等语。青滚杂卜现在已回伊游牧,或尚逗留他处,著传谕舒明等,确查速奏。

(《清高宗实录》卷 516　页 520)

恩克博罗特令将游牧移至珠勒都斯

乾隆二十一年七月己卯(十三日 1756.8.8)谕军机大臣等,阿敏道奏称,绰和尔宰桑恩克博罗特,会集众鄂拓克,令将游牧移至珠勒都斯,惟得木齐绰克察屡谕不遵,恩克博罗特亲往责问,为绰克察戕害等语。绰克察目无法纪,务即拿获正法,以示惩儆。恩克博罗特绰和尔宰桑员缺,著吞图布补授,吞图布员缺,著达勒当阿等拟定正陪,具奏请旨。恩克博罗特性本粗暴,朕见时即加训谕,从前授伊宰桑,特以其为彼处旧人之子,至

于残刻属众之事，谅所不免，其所属人等，亦应将实在情形，告知图什墨勒等，奏闻请旨，乃敢擅自杀害，此等恶习，断不可长，吞图布应严加约束，毋得再生事端。前恩克博罗特向哈萨克进兵时，诈称坠马伤足，居心欺妄，宜为属人所害，若能如吞图布之勇往任事，自当承受朕恩，著并将此旨晓谕哈萨克锡喇、尼玛等知悉，哈萨克锡喇系恩克博罗特之叔，恩克博罗特有无子嗣，令其查明具奏。

（《清高宗实录》卷516　页524）

辉特王公等领属众移于卡外居住

乾隆二十一年七月癸未（十七日 1756.8.12）谕军机大臣等，纳木扎勒等奏，杜尔伯特、辉特王公等，带领属众，移于卡外居住，请俟明年再移至原游牧地方等语。杜尔伯特、辉特王公等，感朕深恩，约束所属，甚属可嘉，著舒明、纳木扎勒等，传旨奖谕，明年迁至原游牧地方，务宜管辖属人，耕种谋生，仍如在喀尔喀时守分安居，禁止盗窃，其有不遵约束者，即照定例治罪。所有补授盟长、副盟长及扎萨克等事，奏明酌量补授，其余官员及办理属人事宜，应归扎萨克办理者，各扎萨克自行办理，应会同盟长者，会同盟长等办理，朕当降旨哈萨克，令其各守边界，不得越境侵犯，倘哈萨克无故滋扰，伊等以逸待劳，善为防御，如有投诚人众，即送至乌里雅苏台军营办理，伊等亦不得妄生事端，与哈萨克搆衅，务宜善体朕心，永享承平之福。

（《清高宗实录》卷517　页527—528）

青滚杂卜遣人煽惑喀尔喀等

乾隆二十一年七月戊子（二十二日 1756.8.17）谕军机大臣等，据纳木扎勒奏，青滚杂卜遣人至乌里雅苏台，煽惑喀尔喀等，情形可疑等语。青滚杂卜居心诡诈，深可痛恨，著舒明等，详细查看，此时若已露背叛情形，即会同亲王成衮扎布、德沁扎布等，相机擒拿，若尚未生事端，止宜留心防范，俟哈达哈撤兵回时，再行办理，青滚杂卜游牧与唐努山甚近，其或在游牧，或向唐努山至乌梁海，皆未可定。并著传谕哈达哈，临期确访，或先派兵预阻去路，再行擒拿，毋得任其脱逃。再贝勒车登扎布呈称，不能办理台务，必系青滚杂卜指使，著一并拿解来京，其台站事务，即速交亲王成衮扎布接续办理，毋致贻误。至哈达哈等，自哈萨克回时，马匹不免疲瘦，舒明等即预选马匹，善为牧放，俟哈达哈将到，即解往接续，以增兵力，并著内阁学士阿桂速赴军营，协同办理。

（《清高宗实录》卷517　页530）

青滚杂卜叛迹已著领兵擒拿

乾隆二十一年七月壬辰（二十六日 1756.8.21）又谕曰，青滚杂卜叛迹已著，舒明等会同亲王成衮扎布等，领兵擒拿，哈达哈自哈萨克回时，务宜趱行，会同办理，即已后期，亦可堵御青滚杂卜逃窜之路，更为妥协。再多尔济车登亦系和托辉特部落，今既办理青滚杂卜，若不行告知，恐伊反生疑惧。著哈达哈留心试看，果其人无可疑，则将擒拿青滚杂卜之事，明白谕知，且告以系青滚杂卜一人之罪，与伊无涉，令伊协力擒拿，事后尚当格外加恩，若不可深信，即无庸告知，并将伊拿送京师，哈达哈务宜详慎办理。

（《清高宗实录》卷517　页533）

宣谕众王公台吉宰桑等各严以御下

乾隆二十一年七月癸巳（二十七日 1756.8.22）谕众鄂拓克等曰，尔准噶尔地方，数年用兵，致厄鲁特等生计维艰，今由各游牧处移驻哈萨克地方，奉公守法者固多，而乘便掳掠者，亦难保其必无，著宣谕众王公台吉宰桑等，各宜严以御下，如有草窃为奸者，即查拿重惩，俾宵小敛迹，各安耕牧，长受朕恩。

（《清高宗实录》卷517　页534）

前侍卫中秋拿获厄鲁特巴颜解至军营

乾隆二十一年七月甲午（二十八日 1756.8.23）原任定西将军策楞奏，前侍卫中秋拿获厄鲁特巴颜，解至军营，臣等将伊所告阿逆带领哈萨克兵三万前来之语，详悉讯问，实系捏造，希图摇惑众心，因即将巴颜正法。报闻。

（《清高宗实录》卷517　页535）

达尔党阿等疏奏击败哈萨克情形

乾隆二十一年（1756）九月乙巳。定西将军达尔党阿等疏奏击败哈萨克情形。达尔党阿等奏言：臣等领兵至雅尔拉地方，遣章京雅卜唐阿前往搜查，知哈萨克兵丁，俱潜伏于山沟幽僻之地。七月初三日，遣毕里衮带兵一百名，占据右翼高阜之处，又派乌尔登带兵一百名，进山引出贼众。臣等带兵一千名，各按队伍前进。贼众二千余人迎战。臣等派齐努浑、玛瑺、特通额、额尔登额，带领队伍，分部前进。阿里衮、鄂实、哈宁阿、明瑞，管理左右两翼臣达尔党阿、扎拉丰阿，统领大队兵丁，奋勇杀贼，斩首五百七十余人，生擒十一人，中箭带伤者甚多。复于十一日追逐至努喇地方，整兵前进，遇贼众二千余人，奋勇鏖战，杀贼三百四十余人，生擒十人，内有阿逆宰桑扎南布。臣等严加讯问，知阿逆与霍集伯尔根，带兵迎战。阿逆恐被大兵认识，改换蓝纛，因不能支持大兵，即先遁去。又据擒获哈萨克楚鲁克供称，伊兄弟二人，向为阿布赉所信任，情愿往谕阿布赉，擒献阿逆等语。查从前拿获哈萨克楚尔满时，即供称，楚鲁克、阿喇勒拜兄弟二人，素为阿布赉倚任。臣等即将阿喇勒拜留在军营，令楚鲁克于七月十二日起程，限十五日，令其晓谕阿布赉，擒献阿逆。

（《平定准噶尔方略》正编，卷三十一）

哈达哈等疏奏击败哈萨克情形

乾隆二十一年（1756）九月乙巳。定边左副将军哈达哈等疏奏，击败哈萨克情形。哈达哈等奏言：据贝子达尔扎等报称，卡伦地方，见哈萨克千余人，自巴颜山向西前行等语。臣等即派扎萨克三都卜等带兵六百名，前往奋击。臣等随亦带兵策应，共将哈萨克击败，暂首百余人，夺其马匹辎重，并生擒五人，逐加刑讯。供称，现在带兵迎战，即系阿布赉。其阿睦尔撒纳、霍集伯尔根等，带兵一千名，往寻西路大兵前去。阿睦尔撒纳自至哈萨克境内，我部落内老成晓事之人，佥谓阿睦尔撒纳为害四卫喇特，归附大皇帝，今复背叛，窜入我地，是特移祸于哈萨克，若不即行擒献，恐俱不能安生。而阿布赉以阿睦尔撒纳如穷鸟投林，希图免死，不便遽行执献。遂与阿睦尔撒纳商定，令各游牧凑集兵丁。阿布赉先领兵一千，至蒿哈萨拉克山，遥见兵势甚大，心怀畏惧，旋为大兵击败。前此阿布赉知大兵将至，即将游牧远移等语。臣等伏思，哈萨克众情犹豫，阿布赉袒护阿逆，堕其奸计。今仰赖皇上洪福，击败逃窜。阿布赉业已胆破。臣等即行带兵追逐前进。

（《平定准噶尔方略》正编，卷三十一）

哈达哈等疏奏追袭哈萨克情形

乾隆二十一年(1756)九月乙亥。定边左副将军哈达哈等疏奏，追袭哈萨克情形。哈达哈等奏言：臣等击败哈萨克后，复派散秩大臣达什策凌、副都统职衔瑚尔起等，率兵追赶。并派总管鄂博什、侍卫奇徹布，带兵随后接应。臣等统领大兵继进。据达什策凌、瑚尔起等报称，追及阿布赉后队，斩首百余级，获马二百余匹，器械百余件。又与阿布赉别队之布滚拜等交战，杀贼二十余人，生擒一人，获马四十余匹，即由阿布赉、布滚拜逃窜之路往追，贼众已纷纷四散。达什策凌、瑚尔起等，复拿获哈萨克贼人杭吉尔图、巴图鲁等四名。询知两日前，阿睦尔撒纳为西路大兵击败，现在逃往呢雅斯图山中。臣等即带兵往追，四面了望，并无踪迹。因复询问拿获贼人，告称，伊等初议在此山据守，今看来已归阿布赉巢穴等语。续据鄂博什奇奇布报称，至索克地方，遇贼二百余人，即行追击，斩首八人，余众俱逃窜等语。臣等仍带兵前进，于七月二十三日，抵伊什勒地方，与西路大兵会合，会同商议擒剿事宜。

（《平定准噶尔方略》正编，卷三十一）

谕定西将军达尔党阿等撤兵事宜

乾隆二十一年(1756)九月乙亥。谕定西将军达尔党阿等撤兵事宜。达尔党阿等奏言：臣等擒获哈萨克楚鲁克、阿喇勒拜，令其晓谕阿布赉，擒献阿逆。续经臣哈达哈等擒获杭吉勒图、昭华什等，亦请往谕阿布赉，速行擒献。是以将杭吉勒图拘留，释放昭华什回巢。嗣于七月二十七日，回至军营。据楚鲁克禀称，奉命谕阿布赉。据阿布赉云，我等带兵前来，并非敢与大国相敌，因寻阿睦尔撒纳，途间被大兵击败。阿睦尔撒纳如穷鸟投林，擒献无难，恳求大皇帝开一面之网，全伊一命等语。昭华什亦同楚鲁克前来。臣等即谕知楚鲁克等，我等钦奉大皇帝谕旨，统领两路大兵，擒拿阿逆，一日不获，断不中止。今阿布赉等并未将叛贼擒献，反二三其说，为阿逆请命，明系尔等缓兵之计，不知反为尔众哈萨克招祸。复据楚鲁克等禀称，我阿布赉为阿睦尔撒纳请命，亦不过希冀万一，如必责令擒献，岂敢抗违，请再予限十五日，我等星夜驰回，即将阿睦尔撒纳擒献，不敢欺罔等语。臣等复向伊等晓谕，无论尔等是否缓兵之计，我等惟遵大皇帝谕旨，进兵追擒叛贼，凡遇尔游牧之处，尽行剿灭，为利为害，尔等与阿布赉宜熟思深计。是日，仍将楚鲁克、昭华什等遣回。臣等公同商议，阿布赉果否擒献阿逆，事属未定，是以仍带兵前进。

（《平定准噶尔方略》正编，卷三十一）

申谕西北两路将军等撤兵

乾隆二十一年（1756）闰九月丙辰。申谕西北两路将军等撤兵。定西将军达尔党阿等奏言：领兵前进之参赞大臣阿里衮、策布登扎布等，回至军营。臣等公同商议，阿布赉现为大兵击败逃窜，今两路大兵，已抵哈萨克极边之境，又屡经攻战，马匹疲乏，时值隆冬，巴里坤解送之马匹、牲只、粮麦等项尚未送到，现在咨催。臣等揆度，现在驻兵之处四面旷野，冬月不能屯驻。拟即领兵，前往阿布赉游牧之哈萨拉克等处过冬，使阿布赉等失其巢穴，俟明年春草萌生，其如何进兵征剿之处，另行详议具奏。

（《平定准噶尔方略》正编，卷三十二）

达勒当阿等往哈萨克毋庸更为深入

乾隆二十一年八月戊申（十二日 1756.9.6）谕军机大臣等，达勒当阿、哈达哈等，前往哈萨克擒拿阿逆，今天时渐寒，马力亦恐疲乏，如阿逆尚未就擒，毋庸更为深入，著传谕一面撤兵，一面晓谕阿布赉，朕念哈萨克系边远部落，以一逃人之故，大兵久压其境，使伊等不得安居，是以暂行撤回，以图再举。达勒当阿、哈达哈等，即将厄鲁特兵丁，遣回各游牧，自行轻骑带兵，速由阿尔台一路前行，并力擒拿青滚杂卜，其后队兵丁，亦派员带领，陆续而行，即此时青滚杂卜已经就擒，亦须带兵赴喀尔喀各游牧，善为安抚，并谕哈宁阿仍遵前旨，带兵数百名前往伊犁，会同兆惠办事。

（《清高宗实录》卷 518　页 542—543）

将哈萨克汗巴巴人等击败

乾隆二十一年八月戊午（二十二日 1756.9.16）又谕曰，巴禄奏称，伊至努喇，接达勒当阿移咨，将哈萨克汗巴巴人等击败，寻遇阿睦尔撒纳带兵横阻，经官兵痛剿溃败等语。据此，则达勒当阿等，已两次大胜，现在如擒获阿逆，自即撤兵，如尚未获，著达勒当阿等即向阿布赉汗巴巴云，大兵之来，专为擒捕阿逆，汝等抗拒，致被我兵击败，如汝等将阿逆擒献，当奏闻大皇帝，加汝等重恩，此时渐冷，大兵暂撤，俟明年行兵时进攻，如阿逆一日不获，即二年或十年二十年，兵断不止，汝等游牧，何以当之，尚获安居乎？其如何擒献阿贼，悔罪乞恩之处，早自为计，一面晓谕，一面撤兵，由北路速行，此皆发交兆惠，速寄达勒当阿等，并寄巴禄知之。

（《清高宗实录》卷 519　页 550）

派往哈萨克之兵现在撤回

乾隆二十一年八月戊午（二十二日 1756.9.16）又谕，派往哈萨克之兵现在撤回，著将安济海所存路费牲畜由三格处派人解往，沿途接济撤回兵丁，即于巴里坤所存牲畜内，酌量拨解安济海，以备接济，著三格、雅尔哈善妥商速办。

（《清高宗实录》卷519　页550）

大兵自哈萨克撤回应酌定驻扎地

乾隆二十一年八月辛酉（二十五日 1756.9.19）谕军机大臣等，据兆惠奏称，大兵自哈萨克撤回，应酌定驻扎地方，已与图什墨勒扎尔呼齐等商议，在崆吉斯、安济海等处驻兵防守等语。大兵驻扎，原为保护众厄鲁特游牧，应在众厄鲁特游牧之外，周围布置，设遇哈萨克侵扰，大兵即行抵敌。或再调厄鲁特兵同御，方合机宜，且使厄鲁特等，知大兵全为保护伊等起见，愈加感戴，兆惠即晓谕图什墨勒扎尔呼齐等，遵照办理，不必泥定何地。再大兵撤回后，坐台兵丁亦应裁汰，所有厄鲁特坐台人等，俱令回至各游牧，惟酌派察哈尔兵丁，安设台站，倘有不敷，再添派绿旗兵丁同往办理。

（《清高宗实录》卷519　页552—553）

达勒当阿等与哈萨克接战大胜两次

乾隆二十一年八月甲子（二十八日 1756.9.22）谕曰，达勒当阿、哈达哈等奏称，伊等领兵擒拿阿睦尔撒纳，与哈萨克接战，大胜两次等语。官兵奋勇攻战，连获大捷，甚属可嘉，著将此次效力行走并阵亡受伤官兵，交该部查明，系内地者，照内地之例议叙，系厄鲁特者，照厄鲁特之例议叙。

（《清高宗实录》卷519　页554）

达勒当阿哈达哈等两次战捷奋勇可嘉

乾隆二十一年八月乙丑（二十九日 1756.9.23）谕军机大臣等，达勒当阿、哈达哈等两次战捷，奋勇可嘉，哈达哈前已赏给双眼翎，达勒当阿亦著赏给，前已降旨令伊等暂撤大兵，此时自应接到，仍著遵前旨办理，脱逃阿逆，皆由策楞、玉保二人迟误退缩之罪，今玉保虽同赴哈萨克，并未立功，策楞亦领兵继进，皆因接朕屡次训饬之旨，勉强前赴，初非出于本心。伊二人之罪实，属万无可逭。著达勒当阿等由哈萨克回时，仍遵前旨，将策楞、玉保拿解来京治罪，扎拉丰阿系蒙古人，且未更事，其罪尚与策楞、玉保二人有间，前已革去王爵，仍著加恩授为贝子，公明瑞派往军前，行走迅速，此次同达勒当阿等奋勇行阵，甚属可嘉，著授为副都统。额勒登额亦能效力自赎，著加恩授为头等侍卫。

（《清高宗实录》卷519　页555）

杜尔伯特台吉伯什阿噶什遣人前来投诚

又谕曰，杜尔伯特台吉伯什阿噶什，带伊属人八百余户，至额尔齐斯、奇兰、库尔图等处，遣人前来投诚等语。伯什阿噶什系杜尔伯特大台吉，屡被哈萨克抢掠，倾心投诚，甚属可嘉，著封为亲王。又谕伯什阿噶什曰，尔诚心感戴，率领属众投诚，甚属可嘉，前大兵抵伊犁时，尔即谒见将军大臣，正欲加恩封赏，旋遇阿逆背叛，未及举行，今尔屡被哈萨克抢掳,辗转迁徙,始克内附,已加恩封尔为亲王,闻尔现在抱病,属人又经远行,此时毋庸派兵从征,亦不必向内地迁移,著即在额尔齐斯等处游牧。尔杜尔伯特台吉车凌等,将来即令归至旧日游牧地方,尔等皆系同族,聚处一方,实为允协,正不必远离故土,徒劳往返也。俟尔病痊后,明岁来京入觐,更加赏赉。前博东齐告称,尔遇哈萨克扰乱,未知踪迹,方深廑念,今览奏不胜欣慰,至博东齐并非尔子,从前在军营时捏称情由,尔即查明奏闻。

(《清高宗实录》卷515　页511)

边卡地方见哈萨克千余人向西前行

乾隆二十一年九月己巳(四日 1756.9.27)定边左副将军哈达哈等奏,据贝子达尔扎等报称,边卡地方,见哈萨克千余人,自巴颜山向西前行等语。臣等即派扎萨克三都布等,带兵六百名,前往奋击,臣等随亦带兵策应,共将哈萨克击败,斩馘百余人,夺其马匹辎重,并生擒五人,逐加刑讯,供称现在带兵迎战,即系阿布赉,其阿睦尔撒纳、霍集伯尔根等,带兵一千名,往寻西路大兵前去,阿睦尔撒纳自至哈萨克境内,我部落内老成晓事之人,佥谓阿睦尔撒纳为害四卫拉特,归附大皇帝,今复背叛,窜入我地,是特移祸于哈萨克,若不即行擒献,恐俱不能安生,而阿布赉以阿睦尔撒纳如穷鸟投林,希图免死,不便遽行执献,遂与阿睦尔撒纳商定,令各游牧凑集兵丁,阿布赉先领兵一千,至蒿哈萨拉克山,遥见兵势甚大,心怀畏惧,旋为大兵击败,前此阿布赉知大兵将至,即将游牧远移等语。臣等伏思哈萨克众情犹豫,阿布赉袒护阿逆,堕其奸计,今击败逃窜,阿布赉业已胆破,臣等即行带兵追逐前进。下部知之。

(《清高宗实录》卷520　页560—561)

令晓谕阿布赉擒献阿逆

乾隆二十一年九月己巳(四日 1756.9.27)定西将军达勒当阿奏,臣等带兵一千名,至雅尔拉地方,贼众二千余人迎战,我兵奋勇杀贼,斩馘五百七十余人,生擒十一人,中箭带伤者甚多,复追逐至努喇地方,遇贼众二千余人,奋力鏖战,杀贼三百四十余人,生擒十人,内有阿逆宰桑扎南布,严加讯问,知阿逆与霍集伯尔根带兵迎战,阿逆恐被大兵认识,改换蓝纛,因不能支持大兵,即先遁去。又据擒获哈萨克楚鲁克供称,伊兄弟二人,向为阿布赉所信任,情愿往谕阿布赉,擒获阿逆等语。查从前拿获哈萨克楚勒时,即供称楚鲁克、阿喇勒拜兄弟二人,素为阿布赉倚任,臣等即将阿喇勒拜拘留军营,令楚鲁克于七月十二日起程,限十五日,令其晓谕阿布赉,擒献阿逆。报闻。

(《清高宗实录》卷520　页561—562)

擒获哈萨克楚鲁克阿喇勒拜

乾隆二十一年九月乙亥(十日 1756.10.3)定西将军达勒当阿等奏,臣等擒获哈萨克楚鲁克、阿喇勒拜,令其晓谕阿布赉,擒献阿逆,续经臣哈达哈等擒获杭吉勒图、昭华什等,亦请往谕阿布赉,速行擒献,是以将杭吉勒图拘留,释放昭华什回巢,嗣于七月二十七日回至军营，据楚鲁克禀称，奉命往谕阿布赉。据阿布赉云，我等带兵前来，并非敢与大国相敌，因寻阿睦尔撒纳途间被大兵击败，阿睦尔撒纳如穷鸟投林，擒献无难，恳求大皇帝开一面之网，全伊一命等语。昭华什亦同楚鲁克前来，臣等即谕知楚鲁克等，我等钦奉大皇帝谕旨，统领两路大兵，擒拿阿逆，一日不获，断不中止。今阿布赉等，并未将叛贼擒献，反二三其说，为阿逆请命，明系尔等缓兵之计，不知反为尔众哈萨克招祸。复据楚鲁克等禀称，我阿布赉为阿睦尔撒纳请命，亦不过希冀万一，如必责令擒献，岂敢抗违，请再予限十五日，我等星夜驰回，即将阿睦尔撒纳擒献，不敢欺罔等语。臣等复向伊等晓谕，无论尔等是否缓兵之计，我等惟遵大皇帝谕旨，进兵追擒叛贼，凡遇尔游牧之处，尽行剿灭，为利为害，尔等与阿布赉宜熟思深计。是日仍将楚鲁克、昭华什等遣回。臣等公议，阿布赉果否擒献阿逆，事属未定，是以仍带兵前进。又定边左副将军哈达哈奏，臣等击败哈萨克后，复派散秩大臣达什车凌、副都统职衔瑚尔起等，率兵追赶，并派总管鄂博什、侍卫奇彻布，带兵随后接应，臣等统领大兵继进。据达什车凌、瑚尔起等报称，追及阿布赉后队，斩首百余级，获马二百余匹，器械百余件，又与阿布赉别队之布滚拜等交战，杀贼二十余人，生擒一人，获马四十余匹，即由阿布赉、布滚拜逃窜之路往追，贼众已纷纷四散，达什车凌、瑚尔起等，复拿获哈萨克贼人杭吉尔图、巴图鲁等四名，询知两日前，阿睦尔撒纳为西路大兵击败，现在逃往呢雅斯图山中，臣等即带兵往追，四面瞭望，并无踪迹，因复询问拿获贼人，告称伊等初议在此山据守，今看来已归阿布赉巢穴等语。续据鄂博什、奇彻布报称，至索克地方遇贼二百余人，即行追击，斩馘八人，余众俱逃窜等语。臣等仍带兵前进，谕军机大臣等，达勒当阿、哈达哈等奏称，遣人晓谕阿布赉，责令擒献阿逆等语。阿逆自不能倖逃天网，此时阿布赉即未将阿逆擒献，现在时届冬寒，前经降旨，令伊暂行撤兵，恐途中驰递迟延，伊等尚未接到，著再传谕达勒当阿等，仍遵前旨撤兵，并将擒获哈萨克人内，释放一二人回巢，令其明白晓谕阿布赉，今奉大皇帝谕旨，天气严寒，暂行撤兵，尔等若不即将阿逆擒献，明春仍令大兵前来，尽将尔部落剿灭。撤兵后，达勒当阿等会同成衮扎布，擒拿青滚杂卜，及遣哈宁阿赴伊犁，协同兆惠办事，一切俱遵前旨行。至厄鲁特宰桑巴桑，甚著劳绩，著加恩补授内大臣，赏银二百两，索伦佐领莫托和里著加恩补授头等侍卫，赏银一百两，此次军前效力人员，俱著查明议叙。

（《清高宗实录》卷520　页565）

达勒当阿等奏请在哈萨拉克过冬

乾隆二十一年闰九月丙辰（二十一日 1756.11.13）谕军机大臣等，达勒当阿等奏，请在哈萨拉克过冬，明岁整兵前进一折。伊等办理一切，俱未合宜，朕早已料及，是以八月内，即降旨令其撤兵，著即遵照前旨办理，即如伊等派阿里衮领兵前进，而将军等并未同行，策楞系获罪效力之人，亦不知奋身前往，阿里衮仅率七十余人，遇贼千余，获其马匹辎重甚多，设伊等俱能如此奋勇，逆贼早已就擒。又遣往哈萨克之楚鲁克、昭华什等，曾否回至军营，奏内并未声明，种种办理，未见端绪，殊负委任之意。哈达哈前遇阿布赉，并未穷追，甚属畏葸，所赏双眼翎，不准戴用，撤兵回时，著随同成衮扎布办事。俟拿获青滚杂卜后，再降谕旨。从前降旨。令撤回兵丁，俱由北路行走，第恐接济口粮，稍觉周章，现在兆惠又有请留兵驻扎安济海之奏，著达勒当阿、哈达哈等，于所领兵丁内，派出一千名，交哈宁阿带往安济海驻扎，其余兵丁俱由北路撤回。阿里衮、富德著先行驰驿来京，鄂实、明瑞、额勒登额亦著来京，再哈达哈、车布登扎布等撤兵回时，路过乌梁海地方，并著协同舒赫德，擒拿果勒卓辉等正法，唐喀禄已令在科布多驻扎，同阿兰泰办理事务，舒明亦著驰驿来京，至哈萨克锡喇、尼玛、吞图布等，连年效力军营，殊属劳勚，著即传谕伊等，带领所属兵丁，各回游牧，以示体恤。

（《清高宗实录》卷523　页590）

哈萨克锡喇等筹办出兵事宜

乾隆二十一年闰九月丙辰（二十一日 1756.11.13）谕哈萨克锡喇、尼玛等曰，尔等所奏，将厄鲁特兵丁存留四百名，令尼玛、巴桑带领，随同将军大臣等过冬，哈萨克锡喇等各回游牧地方，筹办出兵事宜等语。前因擒拿阿逆，用兵哈萨克地方，原欲保护尔厄鲁特等，今阿逆及阿布赉被大兵击败远窜，且哈萨克锡喇等，感朕深恩，经年效力，亦甚勤劳；此时宜暂撤兵，俾厄鲁特等得以休息，一二年后，生计充足，整兵进剿，著尼玛、巴桑不必带兵存驻，即同哈萨克锡喇等，撤兵各归游牧，仍将朕轸念厄鲁特人众，明岁不复用兵，通谕各鄂拓克等，令其各安生业，但阿布赉等，现虽奔窜，然哈萨克等性如豺狼，不可深信，或在附近潜藏，乘间抢掠，或为阿逆唆诱，潜行惊扰厄鲁特人众，均未可定，务须留心防范，哈萨克锡喇等即会同兆惠，将保护游牧，安设台站，一应防守事宜商办后，再回游牧。

（《清高宗实录》卷523　页590—591）

阿睦尔撒纳负恩背叛一事

乾隆二十一年闰九月丁巳（二十二日 1756.11.14）谕曰，逆贼阿睦尔撒纳负恩背叛一事，当准噶尔甫经平定之后，若留此遗孽，恐其煽惑新附之众，是以严趣策楞、玉保等，就去年出征之兵追剿，并非别有征发，而逆党解散，阿逆只身遁逃，彼时我师与贼人相距甚近，可乘之机甚多，而伊二人各怀私见，坐失机宜，其意以为追之不及，可以自谢其罪，及之而不获，则罪滋大，此其居心尚可问耶。及朕饬催再四，西北两路之兵咸会，始见稍振军声，达勒当阿、哈达哈等，遂有蒿哈萨拉克山、伊什尔等处之捷，阿布赉汗巴巴等，望风奔溃，阿逆易服潜逃，然所获之楚鲁克等，两次纵回，传谕擒献，卒以限期相诳，逾月之久。而阿布赉等，遂得以其间移帐远徙，夫自去年平定伊犁，逐窜逆贼，以至速捷哈萨克，皆赖祖宗威灵，上天默佑，以致成功，而朕所用之大臣，往往以慎重观望，坐失机宜，是朕之咎也。又岂肯遂非，使师旅劳备于绝域，且马力已疲，而贼踪益远，非此诸人姑且迁延，所能了事，是以于八月望前，即特降谕旨，令其班师。乃达勒当阿等，于未经奉到此旨之先，已奏请暂回哈萨拉克地方过冬，俟明春再进，此不过强为之词耳。事断难行，仍谕令遵旨撤回，虽逆贼暂逃显戮，揆此情势，阿逆穷蹙奔窜之不暇，必不能因我撤兵，复勾连阿布赉等，犯我降番诸部，倘竟奋螳螂之臂，则伊犁现今料理规模已定，兵整粮足，厄鲁特诸部落，倾心向化，听我指挥，与去岁情形迥异，逆贼到即成擒，此万万无可虑者。总之前年办理准夷，原非大举，而机不可失，断自朕心，乃数月之间，平定伊犁，系絷酋长，完我两朝未竟之绪，此实仰荷上天眷佑，朕不敢自以为功，至诸臣之不能奋然为国家出力，顾此失彼，朕虽未尝不早虑及，而每以途遥失之事后，用是惭愤耳。至阿逆中道叛去，原于西师全局，毫无轻重，特已将次就擒，而复致飏脱，未克即正典刑。然揆之天理人情，从来叛贼，穴鼠釜鱼，断无久延之理，如罗卜藏丹津，自雍正年间叛入准噶尔，越岁二纪，昨年仍搜捕得之，献俘阙下，亦近事之明征大验也。况以阿逆之灭伦犯纪，如猘犬噬人，众咸切齿，其能久逃天网耶。其亲属悉早经擒缚，而率先助逆之阿巴噶斯、哈丹、克什木等，俱次第解至京师，咸已伏法。阿逆远窜穷荒，俟一二年后，朕再为相机酌理，此时将虽无功，而兵劳堪念，是用息我师徒，暂为休养，所有用兵前后本末，宣谕中外，俾共知之。

（《清高宗实录》卷523　页591—592）

向哈萨克进兵一带台站地方

乾隆二十一年闰九月己未（二十四日 1756.11.16）谕军机大臣等，兆惠等奏称，向哈萨克进兵一带台站地方，间有玛哈沁抢夺马匹，派散秩大臣赛赍喇呼等，带兵搜拿，并知会达勒当阿，于撤兵回程时，沿途查缉等语。办理甚属妥协。达勒当阿等进兵时，若能于台站地方，沿途派兵搜查，则玛哈沁等，必不敢肆行抢夺，此即伊等办理未到之处，此时大兵已撤，阿布赉等必仍归其巢穴，虽经大兵击败，自不能更生事端，或阿逆从中怂恿骚扰附近之厄鲁特等，亦未可定。著传谕兆惠，饬知各鄂拓克等，选兵数百名，前往袭击，使贼不得宁处，自无暇复出滋事，倘遇阿逆在彼，即奋力擒拿，此际兵已全撤，出其不意，更易成功，兆惠等即遵照办理，厄鲁特头目巴图尔，带领台站人等，截杀贼众，甚属奋勇，著加恩赏给蓝翎并银三十两，以示鼓励。

（《清高宗实录》卷523　页594）

酌量派兵往袭阿布赉使贼不得宁处

乾隆二十一年十月丙寅（二日 1756.11.23）谕军机大臣等，西北两路大兵现在撤回，已传谕兆惠，酌量派兵往袭阿布赉，使贼不得宁处。并通饬各鄂拓克，防范哈萨克，所有此次进兵俘获哈萨克人等，原无得罪天朝之处，应酌量施恩，释放回巢，俾伊等众哈萨克咸知感戴，自将阿逆擒献。现有旨传谕阿布赉，择伊等明白晓事者赍往，仍加恩酌给口粮，其头目人等，并著赏赐缎匹。兆惠接到此旨，即转谕哈萨克锡喇、尼玛等，遵照办理，如已将哈萨克人等分给众鄂拓克，即无庸复行查回，惟将乌图布妻子释放。再据玉保、顺德纳奏，哈萨克察罕拜巴图尔等，久有归诚之意，著兆惠询问哈萨克锡喇、尼玛等，如察罕拜巴图尔系哈萨克紧要之人，有意投诚，即著于此次释放人内，令其到彼传谕，兆惠等务宜妥协办理。

（《清高宗实录》卷524　页599）

阿睦尔撒纳背恩叛逆上干天讨

乾隆二十一年十月丙寅（二日 1756.11.23）命传谕哈萨克阿布赉汗巴巴曰，逆贼阿睦尔撒纳背恩叛逆，上干天讨，朕命将军大臣等领兵追擒，逆贼穷蹙奔窜，入尔哈萨克境内，大兵临尔部落，特为追擒逆贼一人，于尔部原属无涉，前已遣使传旨晓谕，意尔等接奉谕旨，必能明晓大义，擒献逆贼，岂意尔等堕贼术中，反奋螳臂，迎敌大兵，为我官兵两次击败，弃其游牧，流离奔散，皆尔等自取罪戾，不识去逆效顺之所致。今朕降旨撤兵，特因时届隆冬，官兵连年效力行间，今其暂回休息，至于阿逆罪恶满盈，断难久稽显戮，明岁仍派大兵前来索取，尔哈萨克人等，因此幺麽逃虏，坐致灭亡，朕心不忍。从前噶尔丹策零时，尔部落尚畏其强盛，力不能支，今准噶尔全部归顺天朝，供我臂指，复由内地调集大兵前往，尔等自审情形，何恃而不恐，朕为天下共主，一视同仁，虽尔部僻处荒远，不惜申命告诫，是以复降旨申谕，并令将军大臣等，将俘获尔部人等施恩释放，尔等接奉朕旨，即将阿逆擒献，遣使前来，朕必曲加宽宥，尚当格外施恩，俾尔等永享承平之福，尔等其熟计利害，毋贻后悔。

（《清高宗实录》卷524　页599—600）

嘉奖噶勒藏多尔济等

乾隆二十一年十月乙亥（十一日 1756.12.2）命传谕噶勒藏多尔济、沙克都尔曼济、巴雅尔等曰，尔等自上年前赴热河行在入觐后，即回至各游牧地方，已逾一载，甚劳远念，尔等遵朕谕旨，约束所属，守分安居，深堪嘉予，今届岁终，特遣侍卫第玛、部员巴达哈等，前往存问，并赍所赐食物荷包，以示优眷，俱各祗受。现在阿逆尚在哈萨克苟延残喘，朕念官兵效力经年，时届寒冬，暂行撤回，俟明年领兵再往，第阿逆狡诈百出，倘遣人潜赴尔等游牧，诡计煽惑，尔等即行擒献，毋令脱逃。至沙克都尔曼济遣人奏称，请于巴里坤附近地方游牧，已谕知雅尔哈善等，酌给口粮，暂为安插，俟明春赏给籽种，赴庚集、额布齐布拉克等处耕种，秋收后，再行回至原游牧，尔等仍善自谋生，永享升平之福，朕有厚望焉。

（《清高宗实录》卷524　页606）

巴雅尔抢掠洪霍尔拜等

乾隆二十一年十月戊寅（十四日 1756.12.5）谕军机大臣等，兆惠等奏称，据绰罗斯汗噶勒藏多尔济等咨称，巴雅尔抢掠洪霍尔拜、扎哈沁等五百余户，杀伤人众，劫夺牲只，已遣和起会同噶勒藏多尔济等，设计擒拿，巴雅尔原系不可深信之人，今果肆行吞噬，情甚可恶，应即行擒拿治罪。第扎哈沁人等，牲只亦甚无多，今据报称驼马牛羊，数至逾万，其中或尚有捏饰之处，亦不可不详加体察。再鄂尔奇木济，系扎哈沁宰桑，伊等既被抢掠，应由鄂尔奇木济转报将军办理，乃由噶勒藏多尔济等，咨报军营，亦属非是。

噶勒藏多尔济系绰罗斯汗，若将附近各鄂拓克事务，俱归管辖，亦非所宜，嗣后无论何鄂拓克事务，俱令径报将军，方为妥协。从前曾密谕兆惠，防范巴雅尔稍有可疑，即行办理，且因巴雅尔与哈萨克锡喇系同母异父之子，是以勿令知觉，其时哈萨克锡喇尚系新降，未经受朕厚恩，今伊效力军营，甚知感激奋勉，且现在尚未抵伊犁，兆惠等将巴雅尔擒拿后，俟哈萨克锡喇到时，仍如从前一同办理事务，不必稍露形迹，使伊疑惧。

（《清高宗实录》卷 524　页 610）

因时届寒冬降旨暂行撤兵

乾隆二十一年十月甲申（二十日 1756.12.11）谕军机大臣等，前因时届寒冬，降旨暂行撤兵，俟一二年后相机办理。今据瑚什来京奏称，阿逆与阿布赉等，虽俱远遁，彼处不能过冬，侦探大兵已撤，必仍赴原游牧居住等语。果尔，伊等往返奔驰，人马俱已疲困，正可乘机进剿，俾贼人不得少为休息，途穷计蹙，自将阿逆擒献，若为日既久，贼困稍舒，不若此时更易为力。昨已传谕兆惠，酌量派兵，赴阿布赉游牧地方袭击，并饬知各鄂拓克人等，防范阿逆前来侵扰，兆惠等自能遵照办理，现在兆惠所驻地方，与哈萨克相近，著预选索伦兵一千名，以备来春进剿之用，彼处现有巴里坤解送马一千匹，即于附近地方加意牧放，俟擒拿巴雅尔后，选其马匹驼只，以益兵力，兆惠等务宜悉心筹画，如有未协机宜之处，即行据实奏闻，若应如此办理，亦毋庸兆惠领兵，朕自派员驰驿前往，兆惠现在办理一应事宜，俱甚妥协，著赏给佩用荷包鼻烟壶，以示优眷。近因舒赫德追擒乌梁海果勒卓辉等，甚属奋勉，已加恩补授副都统，令其来京，询问彼处情形，俟到京后，即令其前赴军营，更替兆惠来京，面询一切事宜，并传谕兆惠知之。

（《清高宗实录》卷 525　页 614）

谕兆惠予明年春进兵哈萨克擒阿逆

乾隆二十一年十月乙酉（二十一日 1756.12.12）谕军机大臣等，昨已传谕兆惠，拣选兵丁，予明年春间，进兵哈萨克，擒剿阿逆。军行马匹，关系紧要，著传谕雅尔哈善等，所有应解军营马一千匹，即行解往，仍令黄廷桂预备马匹，解赴巴里坤，交雅尔哈善转解。

（《清高宗实录》卷 525　页 615）

顺库尔察克等俱著赏给银两

乾隆二十一年十一月丙申（三日 1756.12.23）又谕曰，哈达哈等奏称，达瓦藏布宰桑班珠尔属人顺库尔察克，厄鲁特台吉吹喇锡属人赛音察克等，进兵哈萨克时，派为向导，行走奋勉等语。顺库尔察克等，俱著赏给银两，并其妻子等送往察哈尔居住。

（《清高宗实录》卷 526　页 624）

阿逆奸狡性成尚未擒获设兵防备

乾隆二十一年十一月丁未（十四日 1757.1.3）谕军机大臣等，阿逆奸狡性成，现在尚未擒获，所有一切紧要卡座，俱应设兵预备。近据顺德讷奏称，阿布赉将伊女与阿逆为妻，并查出伊部落内所获厄鲁特人等，交与管辖等语。是阿逆当此计穷力竭，犹复煽惑哈萨克，断不肯安静无事，必须预为防范，使逆贼无所逞其奸宄。成衮扎布既深悉喀尔喀、乌梁海情形，哈达哈又经深入哈萨克，一切地方形势，自应瞭然，或应于额尔齐斯等处，派兵二三千名防守，或更有紧要地方，设卡防范，偶有骚动，以逸待劳，方为妥协。如应先遣兵丁，乘其不备，奋力擒剿，亦即相机办理。著成衮扎布、哈达哈，会同军营大臣等，悉心筹画，以副委任。

（《清高宗实录》卷526　页628）

兆惠接到派兵防范哈萨克之旨

乾隆二十一年十一月戊申（十五日 1757.1.4）谕军机大臣等，据兆惠奏，接到派兵防范哈萨克之旨，随传哈萨克锡喇、尼玛、吞图布等，派兵二千名，前赴军营，会议防守等语。此奏办理未协。前降旨令兆惠，将应否作何防范，及今岁应否进兵哈萨拉克等处，悉心筹画，如有未协机宜之处，即据实奏闻，原未指定即于今岁进兵，即发兵前往，现在兆惠所领索伦兵丁，尽可调遣，若哈萨克锡喇等，经年效力军营，甫回游牧，岂可即行调遣，使之仆仆道路，伊等能不觖望，且兆惠现奏，今岁不及进兵，而但以会商事务，竟行传至军营，更属未合，著即传谕停止。但令哈萨克锡喇等，在各游牧地方加意防守，倘遇贼来侵犯，即将游牧内移，使贼不获抢掠，徒费往返，以疲其力，一面再派兵掩袭，始合机宜，兆惠即遵照办理。

（《清高宗实录》卷526　页630）

调遣厄鲁特兵丁防守未合机宜

乾隆二十一年十一月己酉（十六日 1757.1.5）谕军机大臣等，昨日兆惠等，调遣厄鲁特兵丁防守，未合机宜，已降旨详悉训示。从前达瓦齐据伊犁时，厄鲁特等各游牧，俱在博罗塔拉地方，与哈萨克毗连，是以哈萨克人等得以肆行抢夺。今各游牧俱移至博罗塔拉以南，则彼处地方，皆成闲旷，现在阿布赉及阿逆等，屡经击败，逃窜他往，大兵撤回后，不过回至伊旧时游牧哈萨拉克等处，必无力绕道前来滋扰，第防范不可不周，惟宜设卡巡防，以备不虞，至我大兵往剿，即缓至明春前进，未始不可。此时厄鲁特各游牧，正应令其安居休息，以逸待劳，未可屡议调遣也。再伊等奏称，道都托罗垓、巴颜阿二处，俱属紧要，著每处派兵五百名，交哈宁阿、三格带领防御，此外尚有应行防守地方，并著兆惠等悉心筹办。

（《清高宗实录》卷527　页632）

北路科布多等处现在驻扎大臣办事

乾隆二十一年十一月庚戌（十七日 1757.1.6）谕军机大臣等，北路科布多等处，现在驻扎大臣办事，将军军营应移驻乌里雅苏台，以便居中调度，著传谕成衮扎布，俟擒青滚杂卜后，即携带眷属，前赴乌里雅苏台驻扎。现在阿逆与阿布赉交结，明春必应发兵擒拿，第念喀尔喀人等，连年效力军营，不免劳顿，俱著回至各游牧休息，明岁毋庸调遣，惟由西路派兵办理，并著成衮扎布、哈达哈等，晓谕喀尔喀王公等知之。

（《清高宗实录》卷527　页633）

调解西安马匹事宜

调：此处音 tiao。乾隆二十一年十一月庚戌（十七日 1757.1.6）又谕曰，黄廷桂所奏，调解西安马匹折内，有行文甘凉各处，俟其到时，沿途分拨，则皆知为补缺之马，不致启人疑议等语。此亦何疑议之有，岂黄廷桂尚未深悉此事机宜耶。阿逆之负恩逃窜，罪在必诛，以国法论之，固不得不极力擒追，用示显戮，以事理论之，尤不得不深筹剿获，永绝根株，前此降旨撤兵，不过暂令休息，俟一二年后，再为相机酌办，其实一切进剿事宜，仍当及时筹备，若竟任其远飏，必致终贻后患，况准噶尔一事，实皇祖皇考未竟之绪，仰承上苍默佑，适值事有可乘，今伊犁二十一昂吉，皆隶版图，岂可留此遗孽，挠我已成之功，致贻将来之患。阿逆从前尚不过孑身远飏，虽意其必将煽惑哈萨克，以图狂逞，而势难骤合，不妨徐为之图。今据顺德讷所奏，则阿布赍已妻之以女，假之以众，党羽盘结，其必不能忘情于伊犁，已可概见。且以阿逆之穷凶极恶，反复狡诈，将来亦安知不吞噬阿布赍，而悉夺其众，逾致滋蔓难图，是叛贼一日不获，则伊犁一日不安，边陲之事一日不靖，大臣以体国为心，俱应筹办及此，至用兵之费，雍正年间，西北两路，费至五六千万，今自用兵以来，统计军需，才及一千七百余万，即更有多费，而翦此凶顽，永敉荒服，朕亦何惜，今所虑者，不过马不足用，甘肃一省，屡经调拨，缺额自多，现令直隶购买马五千匹，已降旨全数解往，将来即再有需用之处，自当预为筹画，正必不以此鳃鳃过计也。朕非舍逸好劳，务勤远略，良以揆机度势，断无中止之理，既已事在必行，自当明切宣谕，俾众共晓然于一劳永逸之意，所有办理军需事宜，属期另当降旨黄廷桂，令其来京面谕，著将此先行传谕知之。

（《清高宗实录》卷527　页633—634）

遣哈萨克楚鲁克等向阿布赉晓谕

乾隆二十一年十一月辛亥（十八日 1757.1.7）谕军机大臣等，达勒当阿等，遣哈萨克楚鲁克、昭华什等，向阿布赉晓谕，而留阿喇勒拜、杭吉勒图于军营为质，乃并不加意防守，以致先后脱逃，续经拿获杭吉勒图，又不即行正法，仍复疏纵，办理实属玩误，达勒当阿及军营参赞大臣等，俱著交部严加议处。

（《清高宗实录》卷527　页635）

兵丁除留伊犁外令回至巴里坤

乾隆二十一年十一月壬子（十九日 1757.1.8）谕军机大臣等，据兆惠等奏，哈萨克撤回兵丁，除留伊犁外，余兵七百名，已令回至巴里坤等语。著传谕雅尔哈善，此项兵丁到日，即将喀尔喀兵丁遣回游牧，其索伦、察哈尔等兵丁留在巴里坤，酌量赏给口粮，听候调遣。

（《清高宗实录》卷527　页635）

玉保并未力追阿逆即撤兵罪不可宥

乾隆二十一年十一月甲寅(二十一日 1757.1.10)又谕,前因玉保并未力追阿逆,即行撤兵,罪不可宥,曾降旨拿解来京,嗣因玉保遵朕训饬之旨,即赴哈萨克地方,途遇贼匪,互相争战,朕特加恩免其治罪,并赏给头等侍卫,不料玉保至哈萨克地方,并未擒拿阿逆,亦无奋勉出力之处,从前疏纵贼匪之罪,与策楞同,著仍拿解来京治罪。至扎拉丰阿,前赴哈萨克,朕曾降旨封公,后又封为贝子,今扎拉丰阿既已深入,乃接奉谕旨,竟行退回,伊盖见事势难成,故借此以为自全地耳,似此迁延观望,殊属负恩,著降封为公。

(《清高宗实录》卷 527　页 635—636)

哈萨克锡喇尼玛等负恩谋叛

乾隆二十一年十一月丙辰(二十三日 1757.1.12)谕军机大臣等,昨据雅尔哈善等奏,布库努特得木齐多尔济等告称,哈萨克锡喇、尼玛等负恩谋叛,现拟领兵抢掠巴里坤,并擒拿噶勒藏多尔济等语。朕尚疑为未确,降旨谕雅尔哈善、李绳武等,带兵访查,会同兆惠相机办理。适又据和起遣人告知,巴雅尔、哈萨克锡喇、尼玛、莽噶里克等,同谋为逆情由,事已属实。厄鲁特等似此辜恩背叛,必应尽行剿灭。雅尔哈善等毋庸领兵前进,第宜安辑巴里坤地方,毋令众心摇惑,并派兵加意防守。著传谕哈达哈,即由北路军营驰驿来京,面聆训示,再往办理,哈达哈所领索伦兵丁,现留乌里雅苏台,著博勒奔察前往带领,由阿济必济一带,速赴巴里坤,听候调遣,军行应需马匹,著黄廷桂速行解往。雅尔哈善等,应即选精兵二三百名,驰赴兆惠处,告知现在情形,并令兆惠即率所部兵丁,回至巴里坤,沿途遇背叛贼人,悉行剿灭,倘哈萨克锡喇、尼玛等,并未与巴雅尔同谋,或旋行改悔,自陈罪状,雅尔哈善等即善为慰谕,派委妥员,解送来京。再沙克都尔曼济等,现在巴里坤居住,其情形如何,亦应详加体察,如无别情,即派伊等同往剿贼,倘稍有可疑,亦当乘其不备,先行剿灭。雅尔哈善等务宜详慎办理。

(《清高宗实录》卷 527　页 637)

雅尔哈善等密札奏稿等情

乾隆二十一年十一月辛酉(二十八日 1757.1.17)甘肃巡抚吴达善奏,十一月二十日,接准雅尔哈善等密札奏稿二件,一系厄鲁特等抢夺解送兆惠处马匹,一系询问多尔济哈萨克所供情由,如此负恩肆恶之逆贼,自必即日就擒,臣思肃州系军需总汇,一俟清厘积案后,即借巡边为名,于本月二十二日,自兰起程前往,就近与黄廷桂密为商办。得旨,有旨令汝赴巴里坤,汝宜前往照料,黄廷桂年老之人,坐办运筹在于彼,驰驱督理在于汝,汝二人如心腹手足,一体合意,何事不济耶。勉之,将此旨与黄廷桂看。

(《清高宗实录》卷 527　页 646)

阿布赉被两次击败潜踪逃窜

乾隆二十一年十二月丁卯(四日 1757.1.23)谕军机大臣等,哈萨克阿布赉等,虽被

中国新疆历史文化古籍文献资料译编

大兵两次击败，潜踪逃窜，今大兵既撤，自必仍回巢穴，或乘间侵扰杜尔伯特车凌等游牧，均未可定。前已降旨，令车凌等加意防范，或乘其不备，先发兵前往袭击，使贼不得宁处，倘遇阿逆遣人前来煽诱及侦探各处情形，即著车凌等拿解来京，毋令脱逃。至车凌等，奏请派员经理伊等游牧事务，伊等约束属人，甚属妥协，毋庸再行派往。现在乌里雅苏台及科布多等处驻扎大臣办事，离伊等游牧不远，如有紧要事务，即遣人往驻扎大臣处，妥协商办，其陈奏事件，亦即交与转奏。

（《清高宗实录》卷528　页648）

策楞玉保由西路军营拿解

乾隆二十一年十二月己巳（六日 1757.1.25）谕，据雅尔哈善奏称，策楞、玉保由西路军营拿解，途间遇厄鲁特贼众被害等语。从前令将策楞、玉保拿解来京，特以伊等身系将军参赞大臣，专任擒拿阿逆之事，乃各怀私意，并不勇往向前，即如达永阿自阿逆处脱出，即向玉保言，阿逆相离仅一日程途，趱行即可追及，玉保理应速行前往，乃并不追赶，只令达永阿转告策楞，以卸其责，维时策楞与玉保，相距亦仅隔一程，而策楞又托言无马，置若罔闻，径回伊犁，兵丁马匹即使难得，策楞岂亦无乘骑之马，且使果无马匹，又何以将哈萨克锡喇遣往，而伊等又何以返至伊犁耶。其意盖以不能追及阿逆，罪尚可诿，若追及而不能擒获，则罪滋大，是以如此故为推卸，任其远飏，其心尚可问乎？如伊等彼时以去贼不远，奋勇直前，即使不获成擒，朕必自有曲谅。乃伊等已得逆贼实信，反心存观望，坐失事机，致令逆贼兔脱，情罪显然矣。朕前降旨，将伊等拿解来京，盖欲审明情节，通行晓谕，明正其罪。今策楞、玉保俱于途次遇贼被害，在二人俱身获重罪，固无足惜，然使将伊等解京，审明情节，既可以显彰国宪，亦可使共见朕心。今伊等恶孽满盈，致干天谴，死于乱贼，假使伊等不如此推诿，能擒获逆贼，受朕何等重恩。不然，使伊二人果悉力追捕，即不能擒获逆贼，而身亡战阵，朕亦必加以优恤，同为一死，视今日之为贼所害者为何如耶。此皆不以国事为重，挟私误公，为天所恶之所致也。著将此通行晓谕，至同时被害，解送策楞、玉保之官员兵丁，虽与阵亡者有间，然因公差遣，遇贼身亡，殊属可悯，著交雅尔哈善等查明，交该部将如何恩恤之处议奏。

（《清高宗实录》卷528　页648—649）

兆惠等疏奏沿途剿灭贼众事宜

乾隆二十二年（1757）二月乙酉。定边右副将军兆惠等疏奏，沿途剿灭贼众事宜。兆惠等奏言：臣等于上年十一月十四日，因阿卜达里托赉，及阿察郭勒台站，为噶勒杂特人抢掠，派副都统三格带兵二百名，前往接续台站。十九日，阿巴噶斯宰桑库图齐遣人报称，噶勒杂特齐默特库等告知，扎那噶尔布等已抢台站，并将扎那噶尔布、哈萨克锡喇等传示各台吉宰桑之文呈送，系列噶尔藏多尔济为首共谋肆逆之词。据库图齐等虽称，擒拿齐默特库等送至军营，候二十五日尚未送到。而臣等传唤宰桑吞图布莽鼐等，亦并未至军营，情形可疑。臣等即领兵，自济尔哈朗起程，二十六日，至鄂垒扎拉图地方，贼人突至，交战一次。二十七日，据三格报称，擒戮抢掠安济哈雅台站之呼尔满贼众五十余人。嗣据遣往库图齐纳尔鄂拓克之副护军校兆坦、蓝翎诺尔本等，回至军营。告称，闻宰桑吞图布属人，共言达什策凌、哈萨克锡喇克、尼玛等，在哈萨克地方，即同谋叛逆，现在鄂拓克兵丁，俱已齐集等语。十二月初一日，遇贼兵数千，欲来迎战，，大兵半系步行，坚拒自守，不即与之交战。贼见大兵马力平常，俱不设备。臣等令索伦委署营总伊灵阿、三达保，带领精兵，于初三日五更时，潜行出营，乘贼不备，奋力冲击，贼众纷纷败走。复派侍卫齐努浑领兵一百余名，协力攻战，斩贼四五百名，复将逃匿林薮贼人，尽行剿灭。此二次交战，官兵阵亡三十四人，都统莽阿纳及官兵得伤者，一百四人，共斩贼千余人，收获驼马军器甚多。询问生擒贼人，据供，宰桑内达什策凌为首，图布慎塔什、布图库、莽鼐、都噶尔、讷默库等，同谋叛逆，惟吞图布曾经阻止，众人不从等语。十五日，由乌兰乌苏，至阏勒奇哈地方，擒剿呼尔满台吉图尔根等户口，拿获图尔根。供称，呼尔满台吉赛音伯勒克鄂尔椿等一百余户，在喀喇乌苏居往。纳木奇现将游牧移往齐尔地方等语。臣随派三格带兵擒拿，将赛音伯勒克等户口，尽行剿杀，惟鄂尔椿带领数人逃脱，收获马驼等物。二十三日，至呼图毕地方，将坐台厄鲁特孟克拿获。据供，系噶尔藏多尔济属人，现在噶尔藏多尔济在罗克伦游牧，并未从贼等语。臣等即遣蓝翎爱新泰、副护军校兆坦，持缴前往晓谕噶尔藏多尔济，令其领兵来会。二十八日，至罗克伦地方，拿获噶尔藏多尔济属人诺尔布。据称，噶尔藏多尔济已带兵迁至昌吉河源居住。复遣副护军校塔克慎、奖赏蓝翎济兰泰，令诺尔布引导前往，守候二日未回。臣等领兵起程，初五日，至乌鲁木齐。初六日，遇贼众追至，交战一日，至夜往劫贼营，俱已逃避，查军营内马驼无多，口粮亦少，暂令坚守，乘贼势懈怠，再行剿灭。十一日，遣往噶尔藏多尔济晓谕之兆坦等回营。告称，持檄赴彼，即为伊属人擒拿。现在噶尔藏多尔济、扎那噶尔布、尼玛、哈萨克锡喇、鄂哲特等，会兵前来迎战，将同往之爱新泰羁留，给文令伊回来。臣等阅噶尔藏多尔济文，内有从前将伊等骚扰，今请军营大臣，赴彼游牧面陈之语。词语悖逆，深属可恶。臣等并未给与回文。自十二日至十七日，贼众千余，连次攻战。至十八日，噶尔藏多尔济等始行遁去。臣等于二十三日起行，赴特讷格尔地方，复遇贼二百余人，鏖战一次。二十六日，见贼数人绕道而去，捉生询问，知是迎截巴里坤前来应援官兵。臣等拟从后夹攻，而贼人藏匿树林，诱之不来，追之则避，军营火药马匹弓箭已属无多。守至二十八日，臣等晓谕官兵，现在口粮不过十日，若不拼力死战，徒致坐困，于事无益。众皆鼓勇争先，一以当百，定于三十日起程。适遇遣来迎接之侍卫图伦楚、达礼善等，带兵八百名，沿途杀贼而至，将布拉罕地方，邀截大兵之扎那噶尔布尼玛等，二百余贼击败，其余贼众闻风逃窜。此皆皇上洞烛几先，遣兵策应，使臣等二千官兵，得以振旅而回。再造之恩，虽捐糜踵顶，不足以报。查图伦楚等乘骑马匹，远道遄行，亦皆疲乏。贼众游牧，已迁至乌鲁木齐，不能追及。且所带口粮，仅敷数日，是以臣等议将兵丁口粮通融散给，即遵旨前赴巴里坤。如巴雅尔、扎哈沁等游牧，未经远窜，即前往攻袭。

总之，准噶尔人等罪恶贯盈，必应尽行剿灭。至贼众伎俩，臣等俱已深悉，将来大兵齐集，一由额林哈毕尔噶，一由吐鲁番、朱尔都斯、空格斯等处，两路前进，自能歼灭贼众。厄鲁特俱行翦除，回众自必倾心归顺。

（《平定准噶尔方略》正编，卷三十七）

图伦楚等疏奏沿途剿贼情形

乾隆二十二年（1757）二月乙酉。侍卫图伦楚等疏奏，沿途剿贼情形。图伦楚等奏言：臣等遵旨带兵八百名，于上年十二月二十八日，自巴里坤起程。正月十九日，至伊勒巴尔和硕地方，剿杀巴雅尔属人一百余户。嗣遇副将军兆惠，遣往巴里坤报信兵丁二名。据称，兆惠现在乌鲁木齐地方坚守，随令一人驰赴巴里坤。臣等带领一人，令其向导行走，至济尔玛台地方，歼灭哈萨克锡喇属人二十余户。二十七日，遇阿察郭勒逃出之沙克都尔曼济所属，得木齐索诺木车楞等百余人，俱行歼灭。次日，复剿杀扎哈沁百余人。二十九日，至察罕乌苏，巴雅尔宰桑达巴、扎哈沁宰桑塔尔巴津等，带领兵丁二百余人迎战，复行剿灭，并擒获达巴、塔尔巴津等。询问兆惠信息，据称，现在驻守特讷格尔地方，扎那噶尔布尼玛鄂哲特等领兵迎战等语。臣等随将达巴、塔尔巴津正法，前赴兆惠驻扎地方。是日，一更时，方与兆惠等会合。此数次攻战，所获牲只甚多，除给兵丁口粮外，其余驼马等物，分给自济尔哈朗回来兵丁。今于二月初一日，起程赴巴里坤。

（《平定准噶尔方略》正编，卷三十七）

策楞和玉保定罪事宜

乾隆二十一年十二月甲申（二十一日 1757.2.9）谕曰，阿逆自伊犁脱逃时，策楞身为定西将军，玉保系参赞大臣，与贼相距甚近，乃畏缩推诿，以致该逆远遁，原欲拿至京师，审明情节，明正其罪，讵意伊等俱于途次遇贼被害。今扎拉丰阿到京，伊原系定边右副将军，续改授参赞，与策楞、玉保同事，因将策楞、玉保致脱阿逆各情节，面加询问，据伊奏称，玉保前进时，即虑及不能拿获阿逆，向策楞商问，策楞令伊先行，随后即领兵策应，后知阿逆已经兔脱，彼时营内只余四五日兵粮，马匹亦少，谅力不能追及，是以回至伊犁等语。玉保系领兵追捕之参赞大臣，理宜竭力奋勇，务期必获，乃于未去之先，预存退缩观望之意，其不肯勇往前进，已可概见。至策楞身为将军，当闻阿逆兔脱时，自宜兼程追捕，岂有反置之不问，复回伊犁之理，其意盖以追及阿逆而不能成擒，获罪滋大。若仅不能追及，罪尚可诿，其居心不良，朕早已洞鉴。又以拿获额琳沁，为足以委卸其罪，不复奋勇前进。即以额琳沁而论，伊系阿逆党羽，年已衰迈，设欲用彼力以擒阿逆，则当用计安慰，如无可用之处，应即行正法，收其游牧，以济兵力，外此更无他策。而策楞等心怀怯懦，不敢犯其游牧，复将伊诱至军营，诈称擒获，实属无耻。再乌勒登乃领队大臣，与策楞、玉保同在军营，经朕召伊来京面诘，据称闻阿逆脱逃之信，即请发兵五百追擒，玉保、策楞俱以伊妄希侥幸，置之不理，后伊随同玉保前进，复请兵追拿，玉保止发兵五十名，伊同额勒登额追至库尔默图岭，仅余二十八人，所骑驼只，又俱疲乏，而阿逆于伊起行之日,已经过岭,窜入哈萨克境内等语。询之扎拉丰阿,据称属实,核其情由,阿逆初时之得以远飏者,皆由玉保、策楞等存心不良,罔顾国事,互相推诿所致。至于此次两路进兵哈萨克,追擒阿逆,当分兵各进时,尚知奋勉,迨至两路会合,每至牴牾,更由伊等心在畛域,不以国事为重,以至办理一切,俱失机宜,种种悖缪,不胜枚举。又核计其由哈萨拉克,至伊什勒春集地方,进兵时,行走至五十日,迨至撤回,则又甚速,是追擒逆贼,反从容缓进如彼,撤兵回日,又迅速遄行如此,所谓勤劳王事者,固如是乎?至于两路大兵,屡败哈萨克之后,拣选兵马,前往擒拿阿逆时,北路派出喀尔喀郡王车布登扎布,西路派出阿里衮,彼时达勒当阿、哈达哈、扎拉丰阿、策楞等,俱在一处,皆系将军,乃四人内曾无一人同往,即或于参赞内派出,亦当派谙练蒙古情形,通晓蒙古言语之富德、唐喀禄等,若阿里衮,不惟于蒙古地方不能谙练,且不通晓蒙古言语,乃令其与车布登扎布前往,是诚何心,是明知阿逆业已远飏,断不能擒获,故令阿里衮一往以图了事。夫以朕所信用之将军大臣,乃如此行事,朕实愤懑。再达勒当阿,闻被虏台兵逃出,告知阿逆在前,伊并不竭力追擒,及遇哈萨克兵时,队内忽有人来告,阿逆现在此处,俟阿布赉到时,即行擒献之语。达勒当阿即信而不疑,不即进兵,久之贼众分散,始觉其诈,追赶已属无及,设当遣人来告之时,不为所愚,速行进击,阿逆未必不可就缚,何竟受人欺诓至此。至哈达哈,在后队守护辎重,营内报称有贼人形迹,哈达哈即遣巴图鲁侍卫奇彻布往追,据奇彻布报称,已见贼形,即催大队兵丁前进,而哈达哈并不星速前往,迟欠始进,设彼时哈达哈能带兵追及,一同攻战,擒获阿布赉,亦可与哈萨克换取阿逆,此又坐失事机之一端也。在达勒当、阿哈达哈等两次攻战时,朕亦非苛责其必能擒获阿布赉与阿逆也,但机有可乘,而伊等才力不逮,存心不坚,以致屡失机宜,朕实惜之。又伊等奏请在哈萨拉克地方过冬,明年派兵一万,及马匹数万,驼只数千等语,伊等宁不知如许马驼,不能一时即赴,纵使遄行趱运,而经历长途,能保其必不疲瘦,而故为此具奏耶。盖欲表伊等并无撤兵之意,第以所需军行驼马不能运送,不得已而撤兵,与伊等毫无干涉耳。伊等俱系朕加恩授为将军参赞之人,揆其伎俩,即能和衷共济,事之成否,尚在未定,似此不以国事为要,怀私歧视,各占地步,又安望其奏功。策楞、玉保罪孽满盈,致干天谴。达勒当阿、哈达哈等此次远赴哈萨克地方,亦属勤苦。使伊等协力办理,即不能擒获阿逆,朕亦必酌量加恩,乃各挟己私,深负委任,兹以其行走之劳,抵其应得之罪,不另加谴责,已属朕格外施恩。将此通行晓谕中外知之。

(《清高宗实录》卷529　页661—663)

哈萨克锡喇等势穷或逃往哈萨克

乾隆二十二年正月甲午(二日 1757.2.19)又谕,大兵由西路进剿,哈萨克锡喇等势穷力竭,或逃往哈萨克,亦未可定。著传谕杜尔伯特汗车凌等,及内大臣阿克巴集赛宰桑达什车凌,各派兵防守游牧,并通哈萨克地方隘口,严加堵御,倘遇贼人逃窜,即行擒献,此特为保护伊等游牧起见,并非令其出兵会剿,著副都统唐喀禄亲往车凌等游牧宣

谕,并派员明白晓谕达什车凌知之。

(《清高宗实录》卷530　页673—674)

明白晓谕游牧人众毋为逆贼煽惑

乾隆二十二年正月己亥(七日 1757.2.24)又谕噶勒藏多尔济曰,巴雅尔、哈萨克锡喇及回人莽噶里克等,负恩背叛,莽噶里克等供称,与尔同谋,朕知尔受恩深重,必无从逆之事,今据雅尔哈善等奏闻,知尔于哈萨克锡喇等扰乱之前,即遣人往诺尔布处,转告知将军兆惠,有身受国恩断不从贼之言,尔能深明大义,输诚报效,深堪嘉尚,已令尔从前来使固穆扎布,随将军大臣前往,遣赴尔游牧地方,现在大兵前进,擒拿巴雅尔、哈萨克锡喇等,尔能遣派所属人等,协助将军大臣擒拿逆贼,朕自加以厚恩,并明白晓谕尔游牧内人众,毋为逆贼煽惑,自取罪戾。勉之,毋忽。

(《清高宗实录》卷530　页677—678)

擒获叛贼得木齐纳逊等四人

乾隆二十二年正月辛丑(九日 1757.2.26)谕军机大臣等,据雅尔哈善等奏称,遣往策应兆惠之参将迈斯汉回营,擒获叛贼得木齐纳逊及厄鲁特齐巴克、默腾、巴朗、额森拜等四人,咸供兆惠现在被围,是以仍令图伦楚等前往策应等语。雅尔哈善等办理甚合机宜,惟是迈斯汉等领兵前往,既经守备高天喜剿杀噶勒杂特、哈萨克锡喇游牧人众,并收获驼马等物,迈斯汉即应更换驼马,经赴额布推济勒噶朗等处,迎接兆惠,乃一闻被围妄言,即行退回,殊属懦怯,著将迈斯汉革职,其参将员缺,即令奋勇效力之高天喜升授。至纳逊供称,哈萨克锡喇于十一月十五日,已围将军营盘之语。看来竟属子虚,计和起与哈萨克锡喇交锋乃十一月初七日之事,曾未一旬,伊何能即至彼处,至巴朗所供,尤属荒唐,著雅尔哈善再行严加刑讯,务究实在情形,一面奏闻,一面即将纳逊等正法。

(《清高宗实录》卷530　页682)

命唐喀禄等领兵驻防额尔齐斯

乾隆二十二年(1757)三月丙子。命参赞大臣唐喀禄等领兵驻防额尔齐斯,声援西路。署理定边右副将军策布登扎布等奏言:贼人哈萨克锡喇等,闻已逃向额尔齐斯地方。应于阿尔台山梁等处,驻扎兵丁,邀截贼人。臣于副都统瑚尔起所领兵内,派三百名,并派出科卜多驻扎兵丁五百名,令郡王品级车木楚克扎布带领前往。参赞大臣唐喀禄,现在都尔伯特游牧地方,无应办之事,应令唐喀禄前往统领。再额尔齐斯等处都尔伯特人等,熟悉情形,并令唐喀禄询问策凌等,酌派兵一二百名,一体带往。

(《平定准噶尔方略》正编,卷三十八)

玛瑺著加恩授为头等侍卫

乾隆二十二年正月乙巳(十三日 1757.3.2)又谕曰,侍卫玛瑺从哈萨克回时,中途遇贼,攻战数次,甚属奋勇,著加恩授为头等侍卫,仍赐墨尔根巴图鲁名号,赏银一百两,驰驿速赴行在。再从前降旨，令雅尔哈善等，将回至巴里坤兵丁，即令各回本处，今思此项索伦、察哈尔兵丁，途中转战，甫抵巴里坤，即令各回本处，转非所以示体恤，且巴里坤存留此项兵丁，亦属有益，嗣后陆赎自军营前来兵丁，著传谕雅尔哈善等，量加赏锡，给与口粮，暂留巴里坤，不必速行遣回。

（《清高宗实录》卷 530　页 684）

莽噶里克将噶勒藏多尔济所差人拿解前来

乾隆二十二年正月乙卯（二十三日 1757.3.12）又谕，据雅尔哈善奏称，莽噶里克将噶勒藏多尔济所差使人布图库拿解前来等语。噶勒藏多尔济，既系寄信莽噶里克，恐雅尔哈善等不识其意，以致刑讯伊之使人。著寄信与雅尔哈善，晓谕使人布图库，言大皇帝谕旨，能识尔托忒字迹，观尔所寄书信，知系尔台吉噶勒藏多尔济，遣使呈报哈萨克锡喇、尼玛等背叛，莽噶里克反以为尔等背叛，藉辞将尔解送至此，以便侦探伊子白和卓信息，恐大臣等不识字迹，将尔屈讯，尔但放心前来陛见，到时经朕问明，将晓谕尔台吉谕旨一并带回，如此晓谕后，并将朕谕旨朱批，与布图库阅看，雅尔哈善等即选妥干人员，将布图库并解送之回人，由河南速行解赴行营，沿途加意照管，勿致伊等疑惧。

（《清高宗实录》卷 531　页 692—693）

阿逆未远遁贼人等屡次诡言擒献

乾隆二十二年二月壬午（二十日 1757.4.8）谕军机大臣等，上年大兵前往哈萨克，阿逆尚未远遁，而贼人等屡次诡言擒献，我兵迁延不进，逐致首恶脱逃，朕面询自军营回来侍卫等，皆众口一词，则达勒当阿等为贼所愚，可为前鉴。厄鲁特等生性狡诈，此次大兵前进，畏惧兵威，必将逞其故智，希冀缓我之师，如果擒贼自效，率众归诚，必其人亲至军营，叩辕吁请，若并未见其人，而但遣人来往，其为缓兵之计无疑，著传谕成衮扎布等带兵前进时，应将此等诡称擒献贼人，先行斩戮，慎勿轻信贼言，致堕奸计。

（《清高宗实录》卷 533　页 717—718）

阿睦尔撒纳及阿布赉脱身逃窜事宜

乾隆二十二年二月乙酉（二十三日 1757.4.11）又谕，上年逆贼阿睦尔撒纳及阿布赉之得以脱身逃窜，西北两路领兵大臣，彼此互相归咎，其时达勒当阿等，带领西路官兵，追捕阿睦尔撒纳，前后相距不过里许，而乃为人所绐，以致远遁。北路哈达哈等，则既探知阿布赉所在，故意迟回，不即掩护，迨已逸去，始勒兵追蹑其后，夫军务机宜，间不容发，竟皆交臂失之，其奚所归咎，前因一时委用乏人，且事在万里之外，难以悬定，必须查询明确，方可定其处分，今询之陆续自军营来者，则众口一辞，前后吻合，是达勒当阿、哈达哈及同时参赞诸臣，均无所辞其责矣。此等误事之人，若不明示谴责，仍令安然保其爵位，将来何以用人，达勒当阿、哈达哈本身公爵，及哈达哈之领侍卫内大臣，俱著革退，吏部尚书员缺著傅森调补，工部尚书员缺著纳木扎勒补授，即兼管镶红旗满洲都统，阿里衮著降补户部侍郎，兼管镶蓝旗满洲副都统，所遗户部尚书员缺，著兆惠补授，即兼

中国新疆历史文化古籍文献资料译编

管镶白旗汉军都统，兆惠此次调度有方，甚属勤劳，并著授为领侍卫内大臣，以示鼓励。其傅森之兵部尚书员缺著舒赫德补授，仍兼管镶黄旗汉军都统，纳木扎勒之户部侍郎员缺著雅尔哈善调补，所遗兵部侍郎员缺著哈达哈降补，即兼管镶蓝旗汉军副都统，达勒当阿之镶蓝旗满洲都统员缺著雅尔哈善兼管，其正白旗满洲副都统员缺著达勒当阿降补，至两路参赞大臣，哈宁阿现随兆惠自伊犁回至军营，亦属勤劳，著免其议处，扎拉丰阿、鄂实、富德、唐喀禄，俱著交部察议，朕于诸臣功过，赏罚予夺，一秉至公，毫无成见，惟视人之效力何如耳，并将此通行传谕知之。

（《清高宗实录》卷533　页722—723）

搜捕厄鲁特贼从事宜

乾隆二十二年(1757)五月壬申。谕定边将军成衮扎布等，搜捕厄鲁特贼从事宜。成衮扎布等奏言：臣等此次进兵，由吐鲁番前进，所有沿途特克斯等处游牧之克勒特、乌鲁特、绰和尔、乌喇特、伊克商、温都逊、集赛等数鄂拓克人等，俱在山谷中栖身，与额林哈毕尔噶一带地方，声息不通。上年巴雅尔等背叛，此数鄂拓克并未附和，亦经副将军兆惠查明，臣等暂行安抚，不令惊惧。又向伊等换取马匹牲只，以济军行。惟查拿锡克锡尔格、衮布、巴哈曼集等贼众正法，其余俱令照旧游牧，并将宰桑鄂勒锥等，带往军营效力。据称，伊等咸惧哈萨克、布鲁特抢掠，情愿迁至哈喇沙尔游牧等语。查各鄂拓克内，约户口一千二百有余，应照所请，令其迁移，并饬令派兵三四百名，预备同往剿灭贼人。臣等仍留心察看，稍有可疑，即行擒剿。此等厄鲁特，俱经办理妥协，纵使阿逆前来，亦无容身之处，立可擒获。惟回人霍集占等戕害使臣，情罪可恶，且据城自守，非阿逆穷蹙情形可比，应即速往剿灭。臣等现在筹办前往。

（《平定准噶尔方略》正编，卷四十）

哈达哈于剿灭古尔班和卓时收获贼人物

乾隆二十二年三月乙巳(十四日1757.5.1)又谕，从前自军营回京大臣奏，据扎勒杭阿告称，哈达哈于剿灭古尔班和卓时，收获贼人珍珠等物，朕以其言无据，饬令密查。今据舒赫德查奏，哈达哈并无其事，明系扎勒杭阿与哈达哈素不相能，故为此倾陷之计，朕办理诸务，一本至公，岂肯以一空言而即治人之罪，且哈达哈之罪，并不在此，伊身为将军，带领大兵，任意迟延，以致阿布赉脱逃，是其罪有应得，扎勒杭阿不以此具奏，而反以全无影响之事，有意倾轧，此风断不可长，扎勒杭阿著革职，在粘竿处行走。朕简用大臣，寄以阃外重任，原期同心协力，共奏肤功，果有应行参奏之事，自当据实陈奏，若彼此相倾，全不以国事为重，辜恩溺职，断难姑容，著传谕军营大臣等知之。

（《清高宗实录》卷534　页739）

厄鲁特等势穷力竭必窜入哈萨克境

乾隆二十二年三月丙午(十五日1757.5.2)谕军机大臣等，现在大兵前进，贼众谅无不知，厄鲁特等势穷力竭，必窜入哈萨克境内，惟是大兵撤回后，伊等仍复占居巢穴，终非一劳永逸之计，著即于进兵时，招募回人垦种地亩，并将带往绿旗兵丁，派令耕种，不特秋成之后，可资军食，且使贼人无可归之路，哈萨克势不能久资养赡，必至自相戕贼，庶可以永绝根株。著传谕成滚扎布、兆惠、舒赫德等，将作何派令耕种，及防守额林哈毕尔噶一带地方，堵御贼人之处，公同酌议，一面奏闻，一面即领兵前往。

（《清高宗实录》卷534　页739—740）

车凌等感激朕恩甚属安静深堪嘉予

乾隆二十二年四月甲戌（十三日 1757.5.30）谕，据唐喀禄奏，杜尔伯特汗车凌等，因向与哈萨克、厄鲁特等有仇，今闻伊等背叛，请移游牧于乌兰固木地方等语。车凌等自输诚以来，感激朕恩，约束属人，甚属安静，深堪嘉予，今因叛贼扎那噶尔布、哈萨克锡喇等，肆行猖獗，恳将游牧内移，其内附之心益坚，唐喀禄即前往料理，亦甚妥协，著照所请，准其赴乌兰固木游牧，并赏给籽种，令其耕种。至伯什阿噶什之子博东齐等，虽与杜尔伯特同族，归并居住，或仰藉车凌等养赡，殊属未便，著将博东齐等送至乌里雅苏台，交车布登扎布等，酌量移往通肯呼裕尔，或呼伦贝尔地方居住。再侍卫佛保，奉差赴杜尔伯特游牧，途遇沙克都尔曼济之弟桑济扰乱，奋力交战，甚属勇往，佛保已加恩补授头等侍卫，其三等侍卫乌林泰，著加恩补授二等侍卫，虚衔蓝翎伊灵阿、副护军校鄂多，俱著补授蓝翎侍卫。其受伤及阵亡兵丁，俱著查明赏恤，车凌、车凌乌巴什等，闻知桑济之信，即派贝子玛什巴图，带兵奋击，甚属可嘉，著颁赐车凌、车凌乌巴什、玛什巴图等御用荷包，以示优眷。至杜尔伯特台吉布图库、班珠尔乃新降之人，在卡内派出马匹，接应佛保，亦应奖赏，俟伊等移往呼伦贝尔时，赴乌里雅苏台军营，各加恩赏给缎匹，著传谕车布登扎布，遵照办理。

（《清高宗实录》卷536　页769—770）

擒获贼人达什策凌等

乾隆二十二年（1757）六月戊子。定边右副将军兆惠等疏奏，擒获贼人达什策凌等。兆惠等奏言：六月初二日，参赞大臣富德遣员押解阿逆之侄达什策凌至军营。亲加讯问，据供，上年，阿睦尔撒纳因为哈萨克众人不容，回至布空地方。今年二月内，在博罗塔拉等处，会集众厄鲁特商议，共愿推为台吉。阿睦尔撒纳遣巴布克往告哈萨克，求助马驼牲只，并同往掠噶尔藏多尔济、扎那噶尔布等游牧。又遣宰桑策凌扎卜，至和托辉特青衮杂卜处通信。阿睦尔撒纳至济尔哈朗，遇见大兵，即行败走，逃至伊玛图、鄂伦淖尔等地方。复遣我赴哈萨克借兵，途中被宰桑塔什拿获。现在阿睦尔撒纳，或仍往哈萨克，或逃入俄罗斯，俱未可定等语。并据副都统爱隆阿，拿获阿逆遣往乌梁海之塔尔巴及乌梁海等九人，所供相同。应将达什策凌解京治罪，其余即行正法。

（《平定准噶尔方略》正编，卷四十一）

噶勒藏多尔济或由库陇癸山逃出

乾隆二十二年四月丁丑（十六日 1757.6.2）又谕曰，逆匪噶勒藏多尔济，现在慑于

兵威，或由阿勒坦额默勒、库陇癸山岭等处逃出，入哈萨克，或如达瓦齐逃奔回地，均未可定，成衮扎布等，宜派兵往截哈萨克之路，并恐投奔回部，可速饬五十六、托伦泰，令其带领沙呢雅斯，赴叶尔羌、喀什噶尔，见两和卓木时，著明白晓谕，协力查拿擒献，不可容留，大兵不日即至，尔等毋为临时之悔。至准噶尔喇嘛，断不可信，朕前降旨，尚欲设立库伦，振兴黄教，今准噶尔等，作孽深重，福泽已尽，不过将此内去年未曾助恶之喇嘛查出，留其性命，解送来京，断不可仍前库伦、锡呼、堪布等名号，择年老不滋事端之人，酌量补放总管等官，令其管辖，亦不必仍前留其鄂拓克，补放宰桑名号也。

（《清高宗实录》卷537　页774）

阿逆谋害沙克都尔尼玛逃避伊犁

乾隆二十二年四月辛巳（二十日 1757.6.6）参赞大臣哈达哈等奏，厄鲁特尼玛，原系阿睦尔撒纳之兄沙克都尔宰桑，因阿逆谋害沙克都尔，尼玛逃避伊犁，上年参赞大臣富德进兵时，因其熟悉哈萨克地方，带往向导，与其子们都，行走甚勤，是以令归入车布登多尔济游牧居住，此次首告车布登多尔济潜通阿逆之事，尼玛、根敦扎布等，公同商议，遣阿齐赴军营报知，臣等仓猝带兵，尼玛被擒，声诉缘由，始行释放，是以将伊妻孥等五十一名存留，并将尼玛同车布登多尔济等，解送京师，以备质对。报闻。

（《清高宗实录》卷537　页782—783）

拿获贼人询知哈萨克锡喇巴雅尔等

乾隆二十二年四月戊子（二十七日 1757.6.13）又谕（军机大臣等）曰，副将军兆惠奏，据巴图鲁侍卫奇彻布等，拿获贼人，询知哈萨克锡喇、巴雅尔等，由额尔齐斯逃向伊犁等语。贼人若径赴哈萨克，则追擒尚须时日，今逃入伊犁，不日应即遇大兵掩袭，朕意一路由珠勒都斯，一路由阔勒奇前往，至伊犁附近地方，会合一处，擒剿甚易，著传谕成衮扎布、兆惠等，现在两路大兵，约于何地会合，务期筹画妥协，迅速办理。

（《清高宗实录》卷537　页788—789）

扎那噶尔布遣人纠合回部遭拒

乾隆二十二年四月己丑（二十八日 1757.6.14）谕，据兆惠奏，扎那噶尔布遣人纠合回部，为霍集占等所拒等语。看来回人布拉呢敦、霍集占等，原未附和厄鲁特，特徘徊观望，未即前来投顺，此时若仍遣五十六等，带领伊来使沙呢雅斯，前往招抚，如将阿敏道等送回，则彼处情形，皆可洞悉。第布拉呢敦等生性狡猾，即使归降，亦不得仍居叶尔羌、喀什噶尔等处，著于吐鲁番、巴里坤二处，酌量指给一地，令其迁移，稍有推托，仍行拿解来京，著传谕成衮扎布等，遵照办理，再阿逆一闻噶勒藏多尔济被杀，或胁从哈萨克人等，乘机前来，亦未可定，伊若自投天网，大兵相值，正可立即擒获。或闻大兵已抵伊犁，中途逃窜，尤当预为堵截，如上年伊脱逃时，经过之阿勒坦额默勒岭及伊犁附近之阔勒奇一带地方，务须派兵加意堵御，成衮扎布等，其悉心筹酌办理。

（《清高宗实录》卷537　页789）

阿逆与哈萨克不睦回至准噶尔

乾隆二十二年四月庚寅(二十九日 1757.6.15)又谕(军机大臣等)曰,兆惠、富德等前后奏到,阿逆与哈萨克不睦,回至准噶尔,抢掠扎那噶尔布游牧,富德带兵追袭,剿灭贼党甚众,阿逆不敢迎敌,望风而遁,追至噶顺地方,遣兵预堵逃入俄罗斯去路,兆惠亦即领兵同追等语。此次兆惠、富德奋勇追捕,俱协机宜。但兆惠所奏,整顿后队兵丁,先办哈丹等游牧事竣,再同将军成衮扎布并力办理等语,尚属未协。现在两路分兵前进,特为剿灭厄鲁特贼众,若预知阿逆前来,则当并为一队,方合机宜,今蒙上天眷佑,使贼自投天网,适遇大兵,理应先擒首贼,其他厄鲁特等,皆可从容办理,著即传谕成衮扎布等,两路大兵,克期会合,务蹑阿逆逃窜踪迹,并力擒获,并传谕众厄鲁特等,有能擒献阿逆者,不特宽宥其罪,更当加以重赏,反覆开导,令伊等擒贼自效,以赎前愆,至阿逆逃窜之路,不过哈萨克、俄罗斯二处,如逃入俄罗斯,则自可申明成例,向彼索取,若哈萨克既与阿逆不睦,将军等领兵赴彼,晓谕利害,自必速为擒献,成衮扎布等遇此机会,务宜奋勇办理,速奏肤功。

(《清高宗实录》卷 537　页 790—791)

阿逆穷窜自可计日就俘

乾隆二十二年五月癸卯(十三日 1757.6.28)谕军机大臣等,昨据兆惠奏,阿逆穷窜情形,自可计日就俘,惟左右哈萨克地方,应预行遣人晓谕,已降旨令成衮扎布等,遣员赴阿布赉处,开示利害,令其擒献。三等侍卫布衮、蓝翎明嘉萨尔,熟悉彼处情形,著驰驿前往军营,交与成衮扎布等,选派侍卫数员,带领前往。阿布赉有欲图阿逆之意,此时未必再行逃往,其右部哈萨克特柳克,或尚容留阿逆,亦未可定。第遣员径赴右部哈萨克,恐伊等堕入贼计,饰词容隐,著布衮等先赴阿布赉游牧,明白晓谕,即令阿布赉遣人同往右部,俾知阿逆反覆无常,断难容留,致贻后悔,仍谕以天朝威德,如果擒献,自当格外加恩,一面带兵前往索取,成衮扎布等务宜妥协办理。又兆惠奏称,喀喇沁鄂勒哲依之子敦多克,戕杀伊父,同土尔扈特舍楞迁往库克乌苏、喀喇塔拉等语。敦多克情罪可恶,大兵到彼,务即拿解来京,毋得任其兔脱。

(《清高宗实录》卷 538　页 806)

擒获叛贼巴雅尔

乾隆二十二年(1757)七月丙午。定边右副将军兆惠疏奏,擒获叛贼巴雅尔。兆惠奏言:臣于五月十九日,自济尔哈朗起程。六月初二日,至额米尔西岸。适遇参赞大臣富德遣解阿睦尔撒纳之侄达什策凌前来。准富德咨称,遣擒获之厄鲁特特默齐喀喇,前往侦探阿逆踪迹,有曾在卡伦行走之厄鲁特侍卫衮楚克扎卜等,报知阿逆在额卜克特地方,距军营百余里,贼众约七百余人。富德随遣奇徹布、达礼善、努三等领兵前进,而身率罗卜藏多尔济、爱隆阿、图伦楚等随往。五月初一日,至额卜克特山,探知阿逆已遁,遂分路追蹑。据达什策凌所供,阿逆或逃入塔尔巴噶台。途次遇奇徹布等,亦称,贼踪虽有数处，总不离塔尔巴噶台前后，乃分兵四路追剿。二十一日，见有游牧踪迹，捉生讯问，知系叛贼巴雅尔所在，逃去已三日，或阿逆亦在其内，且巴雅尔亦应擒拿，因寻踪深入。二十四日，至塔尔巴噶台山后极险处，奇徹布等截贼去路，罗卜藏多尔济等从东攻入，夺险五处。夜半时，巴雅尔带眷属五十人逃出。因令奇徹布等前往追擒，而暂留剿洗余党，收取马驼，亦即前进。二十八日，骁骑校赛扎木苏擒获巴雅尔之子塔喇巴勒。六月初三日，爱隆阿报知，五月三十日，与哈萨克接战，旋即归降，并奇徹布阵亡之信，随即带兵接应。本日至爱呼斯，分兵协助图伦楚、达礼善。占颇图、海兰察等，两路搜寻，仍带兵前往山梁堵截。不移时，巴雅尔被海兰察追及，犹引弓欲射，海兰察射中其肘，占颇图射中其胫，始被擒获，并获其妻妹及二子。查叛贼巴雅尔，于五月二十四日夜逃出，即令奇徹布等，随踪穷追十有余日。巴雅尔绕行塔尔巴噶台三次，马力疲乏，始回原处被擒。问以阿逆及哈萨克锡喇所在，坚称不知等语。臣窃惟巴雅尔受恩封汗，乃敢附和叛乱，实为要犯。谨派侍卫额尔登额、马甲奖给扎孔雀翎海兰察等，将巴雅尔驰驿解京。其哈萨克归顺情形，并派额尔克沙喇、努三前往抚纳，另折奏闻。

（《平定准噶尔方略》正编，卷四十一）

哈萨克归顺情形

乾隆二十二年(1757)七月丙午。定边右副将军兆惠疏奏，哈萨克归顺情形。兆惠奏言：臣于六月十二日，在塔尔巴噶台之萨里地方，接参赞大臣富德咨称，贝勒罗卜藏多尔济、副都统爱隆阿等，追贼巴雅尔。五月三十日，至爱登苏，遇贼五十余人，突出拒敌，侍卫奇徹布中鸟枪阵亡，贼已败回。又来贼众二百余，鏖战数次。正调后队接应，复有贼众举玛尼纛四杆排立，遣人止战。问系何兵？答以天朝征讨准噶尔巴雅尔至此。遂遣人来告云，我等系哈萨克阿布赉属下。阿布赉遣伊弟阿布勒比斯，侵扰厄鲁特游牧，并令如遇大国之兵，即出去岁将军所发印文为据，以求归附。适因仓卒不知，是以拒战，我等即退兵，告知阿布赉，约于五日内，遣人来见将军、参赞等语。六月初三日，巴雅尔既擒，适哈萨克得木齐和托圭达木等到营。问系阿布勒比斯等问安请罪，并献马二匹。告称，我等原不敢擅动兵戈，只因阿睦尔撒纳去岁逃来，大国遣人索取，沿边居住之人，未即达知阿布赉，是以烦大皇帝征讨，致游牧惊扰。阿布赉欲将阿贼擒献，以求安静，先为所觉，盗马逸去。近闻厄鲁特溃散，欲乘间取其货物，不期猝遇大兵，致彼此伤损，今特献马请罪。倘阿贼入我境，必行擒送。如将军、参赞遣人往见，阿布赉必遣人请罪。并恳带兵效力，以图往来交易等语。因再三诘问，仍如前说。看其情词恭顺，随遣参领达里库等十一人，同来使往见阿布赉。谕以天朝与哈萨克本无嫌隙，因阿逆叛乱，逃入尔境，尔等反为所愚，出兵抗拒，是以有干征讨。将军等本欲在尔境过冬，俟今春再行进剿。大皇帝仁恩，谓若久居尔境，恐尔等不得安生，故撤回大兵，并传谕尔擒献逆贼。今尔等既愿归附，大皇帝自必加恩封赏，或更许尔贸易。倘此际阿逆窜入尔境，务当擒献，否则我将军现在三路进兵，已将准噶尔剿灭，必更入尔境矣。六月初七日，达里库至爱呼斯河，与阿布赍相见，随以前言开导。阿布赍始欲与兄弟商酌。旋诘以兵临游牧，不便迟延。阿布赍云，我系为首之人，自应主张。我等自祖父来，未能受中国皇帝恩典。今情愿将哈萨克全部归顺，永为大皇帝臣仆。随具表文，并进马四匹，遣使亨集噶尔等七人入觐。又遣使送马，云为臣等贺礼。初十日，回至富德军营，富德仍约与阿布赍相见。来使云，阿布赍已带兵巡查游牧，如欲知哈萨克全部，恳遣大员前往，会同阿布赍查明具奏。十三日，臣至富德军营，抚慰来使，遣达里库等伴送入京。又遣台吉额尔克沙喇、侍卫努三等，携缎匹礼物答贺，与所遣使人同往。臣等复对使人申明利害，谕以擒献阿逆。并嘱额尔克沙喇等，见阿布赍时，奖其恭顺，促擒逆贼。至查办各部落，但就其情愿归附者偕来，不必相强。若言及贸易，则告以军营现无商贩，须豫行指明处所，约定时日，以便招商备办。阿布赍如求入厄鲁特游牧，则告以疆界不可逾越，万难听许。臣等伏思，哈萨克远慕德威，归顺属实。倘阿逆仍入其境，或可得协擒之力。否则臣等亦必深入，务期擒获。谨将阿布赍所进托忒字表文，录副驰奏。

（《平定准噶尔方略》正编，卷四十一）

哈萨克协擒阿睦尔撒纳情形

乾隆二十二年(1757)秋七月丙辰。定边右副将军兆惠等疏奏，哈萨克协擒阿睦尔撒纳情形，及擒献逆党达什策凌等。兆惠等奏言：臣等因察访逆贼阿睦尔撒纳踪迹，遣顺德讷带兵往古尔班察尔，直至俄罗斯之境。六月二十四日，据顺德讷报称，六月十三日，至鄂逊绰确特山，遇哈萨克阿布赍之弟阿布勒比斯，称系奉富参赞之令，擒拿阿睦尔撒纳。随据哈萨克遣人告知，阿布赍亦在此间，因酌带十数人前往相见。阿布赍云，我已投顺中国大皇帝，愿为臣仆。因去年抗拒大兵，昨又误行对敌，是以畏惧藏匿，总为阿睦尔撒纳所累，今欲擒献阿贼党羽，以赎前罪等语。我告阿布赍云，大皇帝三路发兵，务擒逆贼，因尔哈萨克投顺，暂将额尔齐斯一路，停止进兵。若阿逆不在俄罗斯、乌梁海，即入尔境。昨又据拿获之厄鲁特等供，逆党额布济，即达什策凌、乌勒木济、齐巴罕等，于我副都统鄂博什兵到前一日，俱各分散，我等既属一家，当同往擒拿。阿布赍云，伊等若入我界，即当擒献。再我等哈萨克有三部落，我系鄂尔图玉斯头目。奇齐玉斯、乌拉玉斯，皆我族兄为长，已遣人至塔什罕，令其一体投顺，亦必遣人入贡等语。随以马二百余匹，易换官兵衣物银两，于十六日辞归。是日，过鄂逊绰确特山，至塔尔滚河，见有贼行踪迹。次日，寻至俄罗斯之铿格尔图喇，遣人告知。十八日，俄罗斯喀丕坦等，至额尔齐斯河滨相见，免冠叩请大皇帝安。因告以我将军大臣，为逆贼阿睦尔撒纳逃窜，派兵分路查拿，看贼众大概逃入尔境，应遵彼此不纳逃人之议，擒拿送出。喀丕坦等云，阿睦尔撒纳前遣使来，已拿送我察罕汗，其本身及属人，并未曾来。我俄罗斯法度颇严，岂敢背约藏匿等语。随告以阿逆等即未到来，自应遵照前约，传知尔等各卡伦，俟逆贼来时，擒拿解送。并先将我等奉差索取之处，行知萨纳特衙门。仍将现在并无阿逆给文为据，以便我等回报将军大臣转奏。往复再三，喀丕坦等因给与俄罗斯印文，并行文边界。遂于二十日带兵回程，路经乌梁海旧地，亦俱捉生询问等因。臣等又于二十七日，据哈萨克阿布赉遣使，解送达什策凌、齐巴罕前至军营。告称，阿布赉等于十九日至阿尔察图，适阿睦尔撒纳率二十人来投，告以明早相见，因先散其马匹牲只。阿贼警觉，抛弃衣物，同数人逃去，仅将达什策凌、齐巴罕拿获送来。又遣人到霍集伯尔根处，今将乌勒木济拿获，如阿贼亦在彼处，自必一并擒送等语。臣等因谆切晓谕，以阿布赉擒献贼党，我皇上自必嘉悦。但阿逆一日不获，则三路大兵，不能撤回，恐惊动尔等游牧。若擒献阿逆，我皇上恩赏阿布赉等，以及效力之人，必更优渥。来使等俱欢欣感激。臣等复讯问达什策凌、齐巴罕。佥供，阿逆于本年三月，带鄂毕特等人众，抢掠扎那噶尔布游牧。忽闻大兵来信，遂四散奔逃。后大兵尾追甚急，阿逆即将纠合之巴尔达穆特等游牧，移至喀拉玛，而自率兵三百，驻守额卜克特山。复为大兵击败，只带二十余人，逃入哈萨克。阿布赉虽好言安慰，而阿逆仍生疑惧。及黎明时，众哈萨克前来抢夺，阿逆已不知去向。又供称，阿逆投哈萨克时，于途次告众云，我等若投俄罗斯，则此生为人奴仆，倘哈萨克再不相容，则无路可去等语。臣等看来使所告情形，及达什策凌等所供，阿逆穷蹙已极，必不能侥逃法纲。现于哈萨克、俄罗斯相通各路，分哨搜拿，以期必获。其达什策凌、齐巴罕先行押解送京。

（《平定准噶尔方略》正编，卷四十二）

霍集占等扰乱戕害副都统阿敏道

乾隆二十二年五月丁未（十七日 1757.7.2）谕军机大臣等，成衮扎布等奏，闻回人霍集占等扰乱，戕害副都统阿敏道，俟大兵至伊犁，即前往回城剿灭等语。所奏非是。此次进兵，专为剿灭厄鲁特贼众，其回部事宜，俟荡平伊犁之后，原可从容办理，至于擒拿阿逆，原议定明岁再行进兵，岂料阿逆自投罗网，由哈萨克逃回，适遇大兵击败，率众数十人奔窜，此正机会可乘，时不宜失，现在两路大兵，应已会合，即当竭力搜捕，明正典刑。其余贼众，尚可徐徐办理，何论回人，纵回人妄逞鸱张，俟平定厄鲁特后，再行办理，亦有何难。成衮扎布等所奏，殊不识事体轻重，若以阿逆逃窜之路，正系兆惠等进兵地方，竟委其事于兆惠，而伊等以专办回部自任，尤属非是。现在富德等领兵追擒阿逆，兆惠逡巡未进，朕尚屡次切责，若两路大兵，互分彼此，更岂朕简用之意。成衮扎布幼习军旅，自能奋勇争先，此等意见必出自舒赫德，伊赴军营时，朕训诫至再至三，何得迟疑观望，一至于是，且现在阿逆情形，与上年迥不相同，伊前与阿布赉交结甚深，今已成嫌隙，势不能再行逃往。至右部哈萨克特柳克之容留与否，尚在未定，且上年策楞等带兵追擒并未深入，伊料此次大兵亦复如是，必潜身于险僻处所，苟延残喘，俟大兵撤回仍复窜入，势所必然，此时惟确探逆贼逃窜处所，派富德等带领精兵，多给马匹，务期彻底搜捕，擒拿首恶，以彰国宪，其余贼众不必即行办理。至霍集占使人沙呢雅斯，已派员送还回部，如恐其泄漏军情，则即行正法，其五十六、托伦泰等亦即追回，毋庸遣至回部，成衮扎布等即遵照妥协办理。

（《清高宗实录》卷539　页809—810）

乌喇特宰桑鄂勒哲依等投赴军营

乾隆二十二年五月癸丑(二十三日 1757.7.8)又谕(军机大臣等),据成衮扎布等奏,乌喇特宰桑鄂勒哲依、绰和尔得木齐阿穆呼朗等,投赴军营,现在暂行安抚。等语。所办尚合机宜。惟伊等并不以擒拿阿逆为要务,而亟以办理回部为言,殊属不知缓急。昨已详悉传谕,伊等果能即擒阿逆,则其余贼众及回人等,自可从容办理,若阿逆尚未成擒,而即深入回部,霍集占等畏惧大兵,势必固守力拒,倘阿逆复煽惑各厄鲁特等,从中掩袭,大兵两路遇敌,转致顾此失彼,殊未妥协。总之阿逆未擒,不必即办理回部,此可不再计而决,即阿逆未能克期擒获,大兵亦不得遽撤,或在额林哈毕尔噶、或在吐鲁番驻扎过冬,俟明年再行筹画。从前因阿逆已赴哈萨克,未必即能前来,而达勒当阿、哈达哈等,又称阿逆远窜他往,相距甚远,竭力追捕,必须一月之期,是以降旨暂行撤兵,讵意大兵方撤,贼即潜来,皆由达勒当阿等误中贼计,是以所言皆不足凭。今现在贼势穷蹙,正当奋勇追捕,勿蹈前辙,成衮扎布、兆惠等,务遵节次谕旨,迅速办理,毋负委任。

(《清高宗实录》卷 539　页 817)

阿逆现已穷蹙不日即可就擒

乾隆二十二年六月壬申(十二日 1757.7.27)又谕曰,成衮扎布等奏称,阿逆现已穷蹙,不日即可就擒,所有回人霍集占等,应即领兵擒拿等语。阿逆现在情形,自可不日成擒,纵令逃遁,若俄罗斯、哈萨克等处,自可索取,已详悉降旨,令兆惠等遵照办理,至办理回人一事,成衮扎布等,应将厄鲁特等悉行翦除,再为筹办,亦经屡降谕旨,即如吞图布、鄂哲特等,虽甚穷蹙,而色布腾巴勒珠尔等,尚未能擒获,又扎那噶尔布、尼玛等,相距成衮扎布军营甚近,亦未经弋获,此时未便即往回城。著成衮扎布等,即分派大员,奋力搜捕,毋使一人漏网,以绝根株。其克呼特等鄂拓克,恳请迁移之一千二百余户,未据声明安插何地,再伊犁地方,除此四鄂拓克人等之外,尚有何人,著一并查明,奏闻办理。

(《清高宗实录》卷 540　页 837—838)

鄂实系参赞大臣诸事宜加奋勉

乾隆二十二年六月癸酉(十三日 1757.7.28)又谕曰,鄂实系参赞大臣,诸事宜加奋勉,乃并未领兵前进,仅随同成衮扎布等行走,军营事务,有成衮扎布、及舒赫德二人办理,鄂实并无所事,伊若自居参赞大臣,而将剿捕贼众之事,俱推委于诸领队大臣,岂朕简任之意,鄂实著严加申饬。明瑞上年进兵哈萨克,颇著勤劳,此次惟追捕巴雅尔时,曾奏闻派往,现已降旨令同色布腾巴勒珠尔,擒拿吞图布等,务宜奋勉行走,用副委任。

(《清高宗实录》卷 540　页 839)

哈萨克头目霍集伯尔根等言语情形

乾隆二十二年(1757)八月丙寅。定边右副将军兆惠等疏奏,哈萨克头目霍集伯尔根等言语情形。兆惠等奏言:七月初六日,额卜克特西卡伦报称,有兵二百余,从爱呼斯雅尔河前来，马迹甚大，似哈萨克人众。臣等遣侍卫达礼善带兵往探。初七日，带领哈萨克霍集伯尔根之子拜达里克、喀喇巴喇特之弟玛密等到营。告称，闻阿布赉投顺大皇帝，因偏行晓谕各游牧，我父兄闻信，即带兵搜缉阿睦尔撒纳，先遣我等来见，并擒巴雅尔属人尼玛为贽，以求赏赐。臣等言，尼玛系我兵剿灭余贼，无关紧要，非阿睦尔撒纳可比，若擒献阿逆，自有重赏。因遣人往迎。霍集伯尔根等于初九日，率属六十余人，来至军营，跪请皇上圣安，并捧经祝颂万寿，与臣等行礼。据霍集伯尔根等言，我等因掠取准噶尔逃户，不知大兵已至边界，途中闻阿布赉投诚大皇帝，此际前往擒拿阿睦尔撒纳，我等亦愿为臣仆。臣等告言，尔等前来甚是，即将尔等职名及投诚缘由奏闻。今阿布赉等，已将达什策凌、齐巴罕擒送，只有阿睦尔撒纳尚未擒获。阿逆罪恶满盈，系奉大皇帝谕旨擒拿之贼，阿逆不获，我等断不撤兵。且我诸路之兵暂停者，因阿布赉投诚之故。若尔等擒献阿逆，必受大皇帝天恩重赏。霍集伯尔根等言，阿睦尔撒纳毫无依倚，我等何必留此一吗哈沁。若在我等游牧，岂有不行擒献之理？或在他人游牧，亦当报知，协力擒拿。臣等言，阿逆料不能远遁，不过在尔等游牧。即远遁至布哈尔、布鲁特等处，则我兵必由尔游牧擒拿，恐有惊扰，此时如有人欲献出阿逆，向尔等索马以酬，虽数百匹，尔等不妨给与，我大皇帝必加重赏，仍给尔等马价。否则我等驻尔边界屯田，长向尔游牧搜捕，利害较然，尔等可自行度量。霍集伯尔根等言，我等岂不知此理，俟回游牧后，必竭力擒献。臣等劳以酒食。初十日，复设筵宴，伊等饱食毕，令其观我兵校射、相扑。又悬锁子甲为的，射必洞穿，并令走马献伎。众哈萨克皆称赞欢笑。十一日，霍集伯尔根等辞归。臣等复加谆谕。伊等恳给印文，为投诚之据。复于两营之间，安设卡伦，令官兵将所余什物，及俘获人口，与哈萨克交易马匹，共得马二百余匹。臣等伏睹霍集伯尔根、喀喇巴喇特，情词恭顺，谨将给与印文及伊等所属头目名单，录呈御览。

（《平定准噶尔方略》正编，卷四十二）

询问土尔扈特使臣吹扎卜情形

乾隆二十二年（1757）八月癸酉。军机大臣疏奏，询问土尔扈特使臣吹扎卜情形。军机大臣奏言：土尔扈特使臣吹扎卜自藏回京。臣等遵旨，询问吹扎卜，尔土尔扈特旧游牧，原在何地？何故入于俄罗斯？现在游牧与哈萨克何处毗连？曾否争战？吹扎卜禀称，从前我等游牧，与四卫喇特同居伊犁，策妄阿喇布坦时，我阿玉奇汗与彼相恶，率属经由哈萨克，往取明噶特。因在额哲勒河游牧，与俄罗斯相近，俄罗斯即谓我等为其所属，其实并未归降。我等非奉大皇帝圣旨，及达赖喇嘛之言，自不肯为人臣仆。从前大皇帝遣使，为俄罗斯所阻。我纳木喀格隆被擒者，因我游牧有争夺之事耳。我等现居之地，与哈萨克阿布赉之子努勒苏勒坦毗连，亦有时交兵等语。因告以阿布赉今已归降，遣使奉表，朝夕即至。吹扎卜喜云，哈萨克既为大皇帝臣仆，若蒙谕旨，令我等由彼前来，更不迂回道路，于我等甚属有益。臣等又向吹扎卜云，尔等此来，欲请喇嘛同往，适遇达赖喇嘛圆寂，未遂所请，若敕召喇嘛与尔等同行，则往返需时，必难久候，此亦无可如何。今大皇帝悯尔远来,著我等传谕抚慰。吹扎卜跪奏云,此大皇帝仁爱之特恩,实不胜感激等语。臣等谨将询问吹扎卜地名,绘图恭呈御览。

(《平定准噶尔方略》正编,卷四十二)

兆惠等疏奏阿睦尔撒纳溺死信息

乾隆二十二年(1757)八月辛巳。定边右副将军兆惠等疏奏,阿睦尔撒纳溺死信息。兆惠等奏言:七月二十九日,据顺德讷报称,前在俄罗斯森博罗特图喇,向玛玉尔等查问阿睦尔撒纳踪迹,取其印文回报,仍派委署参领额林策等,分路搜查。今据额林策等来告,二十三日,与玛玉尔相见。玛玉尔云,此来甚好,适据齐伦图喇报称,有步行二人前来,向刈草之人告云,我系阿睦尔撒纳,可报知尔头目,前来渡我。其人即告知喀丕坦,遣人操舟前往,久未回报。复遣人往看,并无踪迹,惟于额尔齐斯河曲,寻获渡口小舟,想系溺死水中。今我处多派人役,寻觅尸首等语。额林策等复向玛玉尔索取文书。玛玉尔因未得实据,只以空纸用印,付额林策等回报。即派兵十名,侦探信息,并行文鄂博什,将卡伦兵丁,抽调一半,存营兵内,挑选六十名,前往接应,寻觅阿睦尔撒纳尸首等语。臣等伏思。玛玉尔虽称阿逆步行唤渡,而后来并无踪迹,未便据以为实,自应亲往查看,阿逆果否溺死,或逃入俄罗斯,或系他往。因遣使哈萨克,已逾四旬,尚需守候。是以臣富德带兵往会顺德讷,臣兆惠移兵中路,以待两处信息。

(《平定准噶尔方略》正编,卷四十三)

阿逆如逃入哈萨克即领兵前往擒拿

乾隆二十二年六月丁亥(二十七日 1757.8.11)又谕(军机大臣等),据兆惠奏,富德等追袭阿逆,已将巴尔达穆特各鄂拓克人众收服,阿逆穷蹙奔窜,如系逃入哈萨克地方,即领兵前往擒拿等语。富德等此次奋勇追袭,甚属可嘉,如已经弋获,自可竣事,若又逃窜他往,则应暂行撤兵,富德毋庸前往哈萨克,仍遵前旨,俟明春再行办理。至奏请将巴尔达穆特等各鄂拓克人众,暂存安抚,事属可行,但伊等若闻现在撤兵,明岁仍行前进之语,必致妄生疑惧,致滋事端,务须密行防范,富德著赏给荷包,并发往荷包十个,著富德酌量赏给奋勇行走之图伦楚、奇彻布等,以示鼓励,努三此次亦属奋勉,著施恩补授二等侍卫,其厄鲁特侍卫衮楚克扎布,著赏给孔雀翎,并银五十两,所有阵亡之察哈尔子爵车凌多尔济,著交部照例议恤。

(《清高宗实录》卷 541　页 855—856)

押解阿逆之侄达什车凌至军营

乾隆二十二年六月戊子(二十八日 1757.8.12)定边右副将军兆惠等奏,富德遣员押解阿逆之侄达什车凌至军营,亲加讯问,据供上年阿睦尔撒纳,因为哈萨克众人不容,回至布崆地方。今年二月内,在博罗塔拉等处,会集众厄鲁特密为商议,共愿推为台吉,阿睦尔撒纳即遣巴布克往告哈萨克,求助马驼牲只,并约同往掠噶勒藏多尔济、扎那噶尔布等游牧,又遣宰桑车凌扎布,至和托辉特青滚杂卜处通信,阿睦尔撒纳至济尔哈朗,猝遇大兵，不能抵御，即行败走，逃至伊玛图、鄂伦诺尔等地方，苟延残喘，因密遣达什车凌，星赴哈萨克借兵，经官兵中途将达什车凌拿获，当即向其追问现在阿睦尔撒纳踪迹。据称或仍往哈萨克，或逃入俄罗斯，均未可定。并据副都统爱隆阿，拿获阿逆遣往乌梁海之塔尔巴等，供亦与达什车凌相同，应请将达什车凌解京治罪，余犯在军营即行正法。报闻。

（《清高宗实录》卷541　页858）

贝勒罗布藏多尔济等追贼巴雅尔

乾隆二十二年七月丙午（十六日 1757.8.30）又奏，准富德咨称，贝勒罗布藏多尔济等追贼巴雅尔，五月三十日至爱登苏，遇贼五十余人，突出拒敌，侍卫奇彻布中鸟枪阵亡，贼已败回，又来贼二百余，鏖战数次，复有贼众举玛尼纛四杆排立，遣人止战，问系何兵，答以天朝征讨准噶尔巴雅尔至此，遂遣人来告云，我等系哈萨克阿布赉属下，阿布赉遣伊弟阿布勒比斯，侵扰厄鲁特游牧，并令如遇大国之兵，即出去岁将军所发印文为据，以求归附，适因仓猝不知，是以拒战，我等即退兵告知阿布赉，约于五日内，遣人来见将军参赞等语。六月初三日，巴雅尔既擒，适哈萨克得木齐和托圭达木等到营，问系阿布勒比斯等，问安请罪，并献马二匹，告称我兵原不敢擅动，只因阿睦尔撒纳去岁逃来，大国遣人索取，沿边居人，未即达知阿布赉，是以烦大皇帝征讨，阿布赉欲将阿贼擒献，先为所觉，盗马逸去。近闻厄鲁特溃散，欲乘间取其货物，不期猝遇大兵，至彼此伤损，今特献马请罪，倘阿贼入我境，必行擒送，如将军参赞遣人往见，阿布赉必遣人请罪，并恳带兵效力，以图往来交易等语。看其情词恭顺，随遣参领达里库等十一人同往，宣谕威德，阿布赉因愿以哈萨克全部归顺，随具表文，并进马四匹，遣使亨集噶尔等七人入觐。又遣使送马，云为臣等贺礼，富德仍约与阿布赉相见，来使云，阿布赉已带兵巡查游牧，如欲知哈萨克全部，恳遣大员前往，会同阿布赉查明具奏，臣至富德军营，抚慰来使，遣达里库等伴送入京，又遣台吉额尔克沙喇、侍卫努三等，携缎匹礼物答贺，臣等复对使人申明利害，谕以擒献阿逆，并嘱额尔克沙喇等，见阿布赉时，奖其恭顺，促擒逆贼。至查办各部落，但就情愿归附者偕来，不必相强，若言及贸易，则告以军营现无商贩，须预指处所，约定时日，以便招商备办，阿布赉如求入厄鲁特游牧，则告以疆界不可逾越，万难听许。伏思哈萨克远慕德威，归顺属实，倘阿逆仍入其境，或可得协擒之力，否则臣等亦必深入，务期擒获，谨将阿布赉所进托忒字表文录副驰奏。下部知之。

（《清高宗实录》卷543　页888—890）

谕哈萨克汗阿布赉情

乾隆二十二年七月丁未（十七日 1757.8.31）谕哈萨克汗阿布赉曰，朕为天下共主，中外一体，尔哈萨克为准噶尔所隔，未通贡使，兹以大兵平定准部，率属归诚，朕深鉴悉。据将军等奏，尔既归降，应加封号，并察明游牧，朕谓不必过拘，尔等僻处遐方，非可与喀尔喀诸部比，尔称号为汗，朕即加封，无以过此，或尔因系自称，欲朕赐以封号亦待来奏，朕惟期尔部安居乐业，俾游牧各仍旧俗，即贡献亦从尔便，如遣使入觐，朕自优加赏赉。

至逆贼阿睦尔撒纳负恩叛乱，诱尔部众，以致游牧不安，将军等奏尔所言，如逆贼等逃入境内，即当擒献，朕深信之，尔今既向化归诚，则当知准噶尔全部，悉我疆域，宜谨守本境，勿阑入侵扰，惟我军凯旋后，厄鲁特等或间有率游牧窜入尔境者，尔缚献首恶，而收其属人，尚属可行。兹因尔使入觐，还归尚需时日，先由驿递驰谕，并赐尔大缎四端，蟒缎二端，尔其钦遵朕训，永受无穷之福。特谕。

（《清高宗实录》卷545　页892—893）

哈萨克汗阿布赉悔过投诚称臣入贡

乾隆二十二年七月丁未（十七日1757.8.31）又谕曰，定边右副将军兆惠、参赞大臣富德奏称，哈萨克汗阿布赉悔过投诚，称臣入贡，遣使至营，情辞恳切，现在护送进京等语。哈萨克一部，素为诸厄鲁特所畏，去岁叛贼阿睦尔撒纳逃窜往投，我师追擒直入其境，阿布赉率其部落远徙数千里，旋欲缚献阿睦尔撒纳，以赎前愆，为阿睦尔撒纳所觉，遂遁回准噶尔，乘噶勒藏多尔济、巴雅尔等滋事之际，复肆鸱张，及大军复入伊犁时，噶勒藏多尔济已为其侄扎那噶尔布所害，而扎那噶尔布又为阿睦尔撒纳所袭。今兆惠、富德等率师进剿，现将叛贼巴雅尔及其妻子部众悉行擒获，则阿睦尔撒纳釜底游魂，其能久逃斧钺耶。况叛贼之所以虚张声势，煽惑众厄鲁特及回子等众者，惟恃一哈萨克耳。兹阿布赉既已请降，约以阿睦尔撒纳如入其地，必擒缚以献，则叛贼失其所恃，技无所施，此一大关键也。朕心实为之庆慰。哈萨克即大宛也，自古不通中国，昔汉武帝穷极兵力，仅得其马以归，史册所传，便为宣威绝域，兹乃率其全部倾心内属，此皆上苍之福佑，列祖之鸿庥，以成我大清中外一统之盛，非人力所能与也。然外间无知者流，必又谓其不可深信，又以阿睦尔撒纳、巴雅尔等来臣复叛，劳师费帑，至今未已为词。不知哈萨克越在万里之外，荒远寥廓，今未尝遣使招徕，乃称臣奉书，贡献马匹，自出所愿，所谓归斯受之，不过羁縻服属，如安南、琉球、暹罗诸国，俾通天朝声教而已，并非欲郡县其地，张官置吏，亦非如喀尔喀之分旗编设佐领，即准噶尔初归时，亦不过欲分为四卫拉特，令自为理，朕前作太学碑文，已具见大意，而伊等自弃生成，屡为不靖，亦准噶尔诸部之贪残狡诈，恶贯满盈，获罪于天，合有此一番杀劫，不能承受太平之福，且既已受号称臣，岂容置之不问，朕亦惟奉天以行耳。哈萨克自非准噶尔近接西陲之比也，若谓准噶尔之事本不当办，则尤不知事理之言，夫编氓子孙，尚以析薪负荷，肯堂肯构，为克承先志，况以两朝未竟之绪，而适值可乘之机，乃安坐而失之，使天下后世，传为遗憾，则朕亦何以上对皇祖皇考在天之灵耶。况如阿睦尔撒纳来时，若拒而不纳，伊其肯甘心返辔耶，亦必蹂躏我喀尔喀，厌其劫掠而后已耳。从前所降谕旨甚明，乃今春南巡时，有江南监生张汝霖、浙江训导章知邺，于妄请从军折内，有损兵折将之语，夫草茅微贱之人，谬信传闻，本不足论，然此等妄徒，何尝有忠君爱国之心，不过逞幸灾乐祸之口，而天下之大，其无知而造言者，可见正复不少。我兵自前次平定伊犁以来，未尝不屡有剿杀，非所谓驱之锋镝之间，使膏涂草野而不恤也。且定从古不入版图之地于三五年之间，此亦神且速

矣，而能保其必无一二受伤之人耶。至所用之兵，皆我八旗索伦子弟之众，并未尝征发闾左，调集耕甿，如杜甫所哀垂老、无家、新婚之为也。现在军需所计，较之雍正年间，才及十之三四，而各省偏灾之赈恤，动逾数百万，外此河工之动拨，宿逋之蠲免，戎行之经费，与一切赏赉赐予，何尝因此而少有减省，且视昔转有所加焉，较之前代以用兵而增税捐俸者，为何如耶。朕初非恶逸好劳，穷兵黩武，必以此事侈夸远略也，特以国家大事，无过于此，而因势乘便，正为长顾永虑，息事宁人之计。若以光武之不纳鄯善车师，以为人君盛节，不知彼时内乱尚未靖，安有余力顾彼，若可为之时，光武亦必为之，而可与本朝全盛之时，相提并论耶。总之，阿睦尔撒纳一日不获，则边陲一日不宁。而阿布赉既降，则阿睦尔撒纳不患其不获，阿睦尔撒纳既获，则准噶尔全局，可以从此奏功矣。著将哈萨克汗阿布赉降表翻译，宣布中外，并将此通行晓谕知之。表文曰：哈萨克小汗臣阿布赉，谨奏中国大皇帝御前，自臣祖额什木汗、扬吉尔汗以来，从未得通中国声教，今祗奉大皇帝谕旨，加恩边末部落，臣暨臣属，靡不欢忭，感慕皇仁，臣阿布赉愿率哈萨克全部，归于鸿化，永为中国臣仆，伏惟中国大皇帝睿鉴，谨遣头目七人及随役共十一人，赍捧表文，恭请万安，并敬备马匹进献，谨奏。

（《清高宗实录》卷 543　页 890—892）

哈萨克又已归降想阿逆不敢复入

乾隆二十二年七月丁未（十七日 1757.8.31）谕军机大臣等，朕昨谕兆惠等，擒剿阿睦尔撒纳及巴雅尔，而以擒拿哈萨克锡喇委唐喀禄，今富德等已擒巴雅尔，哈萨克又已归降，想阿逆不敢复入，或往投俄罗斯，现据兆惠等遣兵堵截，著传谕唐喀禄，令其留心协剿，阿逆或入俄罗斯，或往阿尔台，务期擒获，仍以擒拿哈萨克锡喇为要，再此二贼，或投乌梁海，亦未可定，并传谕车布登扎布，令其晓谕察达克，加意防范。

（《清高宗实录》卷 543　页 893）

逆贼阿睦尔撒纳逃入俄罗斯

乾隆二十二年（1757）九月己酉。定边右副将军兆惠疏奏，逆贼阿睦尔撒纳逃入俄罗斯。兆惠奏言：据参赞大臣富德咨称，八月初一日，至森博罗特。十二日，遇副都统鄂博什告称，沿河寻觅逆贼阿睦尔撒纳尸首，未获，因向陆路各卡伦查看。十四日，侍卫顺德讷回营酌议，遣人告知俄罗斯玛玉尔等，约于十五日，在额尔齐斯河相会。是日，玛玉尔等具舟来迎，恭请圣安后，告以顺德讷所报齐伦图喇人等，遇见阿睦尔撒纳之说，因尔等报知溺死，是以领兵寻觅，今全无踪迹，自属荒唐。从前与尔国定议，不匿逃人。且阿逆更与寻常逃犯不同，溺死既无实据，自难回奏。此等情节，尔等应亦闻知。玛玉尔等惟以溺死固属未确，但现在并无信息，若果闻知，自必往军营知会等语，支吾推诿。续据索伦委署章京噶布舒塔尼布告称，在森博罗特卡伦，遇厄鲁特伊宛告称，七月初旬，见阿睦尔撒纳带领八人，步行至俄罗斯，被刈草人擒获。我因认识阿睦尔撒纳，前去观看。阿睦尔撒纳问我为谁，答以达瓦齐属人。阿睦尔撒纳遂入玛玉尔室内，是夜即送往察罕汗处，其八人又于次日解送等语。因将伊宛带至军营，再三诘问。据称，阿睦尔撒纳原与达瓦齐同逃往哈萨克，是以熟识玛玉尔。因伊察罕汗未经发落，故诈称溺死等语。核其情节，与哈萨克来使所言，七月十九日阿逆步行逃出之语相符。又与自哈萨克逃来之厄鲁特达瓦所供亦合。因公同商议，若即据伊宛之言，向彼索取，恐玛玉尔以前言为愧，欲行对质，致启衅端。仍令顺德讷往告玛玉尔云，我等暂遣人往哈萨克取信，若阿逆不在彼处，或告知实入尔国，自当遵定议给还。随将兵丁交鄂博什照旧驻候。我同顺德讷愿往见察罕汗，以理索取，祈即具奏请旨等语。二十六日，臣与富德、顺德讷同问伊宛，仍如前说。且谓哈萨克若拿送阿逆前来，受妄言之罪等语。臣等伏思，阿逆逃入俄罗斯，事属确实，想俄罗斯以定议为重，自应送还。但行文萨纳特衙门及差遣使臣之处，向有成例，伏候训示。谨将厄鲁特伊宛、达瓦，由驿送京，以备询问。

（《平定准噶尔方略》正编，卷四十四）

察防逆贼阿睦尔撒纳踪迹

乾隆二十二年七月丙辰（二十六日 1757.9.9）定边右副将军兆惠等奏，臣等因察防逆贼阿睦尔撒纳踪迹，遣顺德讷带兵往古尔班察尔，直至俄罗斯之境。据顺德讷报称，六月十三日至鄂逊绰确特山，遇哈萨克阿布赉之弟阿布勒比斯，称系奉富参赞之令，擒拿阿睦尔撒纳，随据哈萨克遣人告知，阿布赉亦在此间，因酌带十数人，前往相见，阿布赉云，我已投顺中国大皇帝，今欲擒献阿贼党羽，以赎前罪等语。因告阿布赉云，大皇帝三路发兵，务擒逆贼，因尔哈萨克投顺，暂将额尔齐斯一路，停止进兵，若阿逆不在俄罗斯、乌梁海，即入尔境。昨又据拿获之厄鲁特等供，逆党额布济即达什车凌、乌勒木济、齐巴罕等，于我副都统鄂博什兵到前一日，俱各分散。我等既属一家，当同往擒拿。阿布赉云，伊等若入我界，即当擒献，再我等哈萨克有三部落，我系鄂尔图玉斯头目，奇齐玉斯、乌拉玉斯，皆我族兄为长，已遣人至塔什干，令其一体投顺，亦必遣人入贡等语。随以马二百余匹，易换官兵衣物银两，于十六日辞归。是日过鄂逊绰确特山，至塔尔滚河，见有贼踪。次日寻至俄罗斯境之铿格尔图喇，遣人告知。十八日，俄罗斯喀丕坦等前来相见，免冠叩请大皇帝安，因告以我将军大臣，为逆贼阿睦尔撒纳逃窜，派兵分拿，看贼众大概窜入尔境，应遵彼此不纳逃人之议擒送。喀丕坦等云，阿睦尔撒纳前遣使来，已拿送我察罕汗，其本身及属人若果来投，岂敢背纳[约]藏匿等语。诘问再三，喀丕坦等，因给与并无阿逆印文，并行文边界查拿，遂于二十日带兵回程，路经乌梁海旧地，亦俱捉生询问等因，臣等又于二十七日，据哈萨克阿布赉，遣使解送达什车凌、齐巴罕，至军营告称，阿布赉等，于十九日至阿尔察图，适阿睦尔撒纳率二十人来投，告以明早相见，因先散其马匹牲只，阿贼警觉，同数人逃去，仅将达什车凌、齐巴罕拿获送来，又遣人到霍集伯尔根处，令将乌勒木济拿获，如阿贼亦在彼处，自必一并擒送等语。臣等复讯问达什车凌、齐巴罕，佥供阿逆于本年三月，带鄂毕特等人众，抢掠扎那噶尔布游牧，闻大兵来，遂四散奔逃，后大兵追急，阿逆即将纠合之巴尔达穆特等游牧，移至喀拉玛，而自率兵三百，驻守额布克特山，后为大兵击败，只带二十余人逃入哈萨克，虽阿布赉好言安慰，仍生疑惧，及众哈萨克前来抢夺，已不知去向。又供称，阿逆曾于途次告众云，我等若投俄罗斯，则此生为人奴仆，倘哈萨克再不相容，则无路可去等语。臣等看来使所告情形，及达什车凌等所供，阿逆穷蹙已极，必不能倖逃法网，现于哈萨克、俄罗斯相通各路，分哨搜拿，以期必获，其达什车凌、齐巴罕，先行押解送京。谕军机大臣等，兆惠、富德奏称，哈萨克擒献达什车凌、齐巴罕，据来使所言，知阿睦尔撒纳势甚穷蹙，现在分路堵截等语。所办尚合机宜。顺德讷此次甚属奋勇效力，著加恩赏给副都统职衔，仍交部议叙，鄂博什虽追贼稍迟，尚能竭力进剿，从宽免其议处，其余效力官兵，著兆惠等查明报部议叙。

（《清高宗实录》卷543　页898—900）

逆贼阿睦尔撒纳夜遁时情景

乾隆二十二年八月辛酉（二日 1757.9.14）又谕（军机大臣等）曰，兆惠等奏称，哈萨克解送达什车凌等之来使，言及逆贼阿睦尔撒纳夜遁时，将器械鞍马，全行抛弃，谅难免脱，必被阿布勒比斯之人拿送等语。哈萨克人等，果能擒献逆贼，固属甚善，但前闻伊等部落，心颇不齐，又闻阿布赉与阿逆有誓，是其擒献与否，尚未可定，兆惠等曾奏云，如伊等将阿逆收留，不即擒送，即带兵相机往办，亦不扰其游牧，所见甚是。此际如尚未将阿逆擒献，即遣使促之云，恐尔等属人众多，或有隐匿，今派兵协同搜缉，庶可速擒，为此先行通知，庶不惊扰游牧，看其情形若何，作速奏闻。

（《清高宗实录》卷544　页907）

有兵二百余从爱呼斯雅尔河前来

乾隆二十二年八月丙寅（七日 1757.9.19）定边右副将军兆惠等奏，七月初六日，额布克特西卡报称，有兵二百余，从爱呼斯雅尔河前来，臣等遣侍卫达礼善带兵往探，次日带领哈萨克霍集伯尔根之子拜达里克，喀喇巴喇特之弟玛密等到营，告称，闻阿布赉投顺大皇帝，因遍行晓谕各游牧，我父兄闻信，即带兵搜缉阿睦尔撒纳，先遣我等来见，并擒巴雅尔属人尼玛为贽，以求赏赐。臣等言，尼玛系我兵剿灭余贼，无关紧要，非阿睦尔撒纳可比，若擒献阿逆，自有重赏，因遣人往迎，霍集伯尔根等，即率属六十余人至营，告称愿为臣仆，并云，阿睦尔撒纳若在我等游牧，必行擒献，辞归时复加谆谕，伊等恳给印文为投诚之据，复于两营间设卡，令官兵将所余什物及俘获人口，与哈萨克交易，共得马二百余匹，臣等伏睹霍集伯尔根、喀喇巴喇特，情词恭顺，谨将给与印文缘由，及伊等所属头目名单呈览。下部知之。又谕军机大臣等，览兆惠等先后奏折，看其情形，逆贼阿睦尔撒纳即可就擒，但不当因哈萨克投顺，遂尔倚恃颟顸，附逆奸狡性成，或自哈萨克逃出，远离塔尔巴哈台，潜伏僻地，或料知入冬我必撤兵，于察罕乌苏等处藏匿，此处宜分派兵丁，轻骑来往，严行搜缉，其哈萨克头目霍集伯尔根等，著传旨抚慰，并各赏蟒缎二端，大缎四端，以示奖励。

（《清高宗实录》卷544　页916）

传谕哈萨克派兵堵截将首贼擒献

乾隆二十二年八月己巳(十日 1757.9.22)谕军机大臣等，据雅尔哈善等奏称，差往兆惠等军营赍送事件之索伦哲森保等，行至额贝诺尔，遇贼数十人抢掠，致将事件遗失，途遇库图齐讷尔之厄鲁特告称，巴图尔乌巴什，近将巴尔达穆特鄂拓克抢掠，我等于昨日，被伊游骑抢掠得脱，想尔等亦受其害。又询问巴图尔乌巴什，及阿巴噶斯、哈丹游牧踪迹，俱在博罗布尔噶苏、阿勒坦特布什附近，俟三格兵回，即饬令进剿等语。巴图尔乌巴什亟宜殄灭，从前成衮扎布等奏称，抢掠集赛，逃往土尔扈特，朕即以为断无是事，不过仍藏僻地，俟我撤兵复出耳，今兵尚未撤，即已肆行，成衮扎布容有不知，舒赫德岂未见及此，一意苟且因循，急图归计乎？著速整官兵，搜捕务获，计此际兆惠、富德等已擒阿睦尔撒纳，即乘胜回兵，或尚待哈萨克信息，伊二人即留一守候，一带兵到额贝诺尔、博罗布尔噶苏等处，成衮扎布等于阒勒奇、阿勒坦特布什等处，两路夹攻，自必擒获。或贼众为兵威所追，逃往阿勒坦额默勒，兆惠等酌议。传谕哈萨克派兵堵截，将首贼擒献，余则听其掠取，是否可行，著相机办理。

(《清高宗实录》卷 544　页 917—918)

探得哈萨克锡喇在哲克得里克等处种地

乾隆二十二年八月癸酉(十四日 1757.9.26)定边右副将军兆惠等奏，臣等前派图伦楚带兵一百名，于和博克萨里等处进剿，据报，沿途剿杀贼众，收取马驼，探得哈萨克锡喇在哲克得里克等处种地，于七月初十日，至和博克捉生询问，知哈萨克锡喇统众三百前来，遂于阿尔噶凌图相遇，我兵奋力攻击，杀贼百余，哈萨克锡喇败走，以山险马乏，未能追及，询知哈萨克锡喇由戈壁逃往鄂什地方，随派索伦侍卫三达保带兵前往策应。又臣等前派爱隆阿带兵五百名，自巴尔楚克至济尔哈朗，接续台站，搜剿贼众，有库图齐讷尔、阿喇布占五十余户，善披领集赛五十余户，俱先自投降，随亲身投见。又于沙喇博和什岭前，遇杜尔伯特纳木奇游牧，遣人乞降，旋又逃去，我兵追及，始行投见，俱解送军营，臣等行文收取伊等器械马匹。据报，善披领属人即行交出，惟纳木奇属人口出怨言，查纳木奇受封贝勒职衔，伊子车凌乌巴什为扎萨克台吉，从前抢掠台站，随从阿睦尔撒纳，今虽勉强乞降，实不可信，除将纳木奇父子解京，其属人六百余，俱行剿杀。至库图齐讷尔、善披领等俱怀叵测，亦行文爱隆阿，令其续行办理。报闻。谕军机大臣等，图伦楚途遇哈萨克锡喇，以寡敌众，颇属奋勉，兆惠现在派兵策应，亦合机宜。昨据唐喀禄等奏称，前赴塔尔巴哈台，此时计已将到，伊等所带兵丁八百名，皆系挑选精壮，兆惠等需用，即行调遣，追剿哈萨克锡喇，但恐狡贼知哈萨克已降，不敢往投，或到额林哈毕尔噶等处，抢掠台站，阻截粮运，逃入回部，亦未可定，已传谕雅尔哈善，令派三格前往，协同堵截，其台站粮运，加意防护，不可稍有疏懈。

(《清高宗实录》卷 544　页 922—923)

阿睦尔撒纳自可旦夕俘获

乾隆二十二年八月乙亥（十六日 1757.9.28）谕军机大臣等，萨喇勒当厄鲁特变乱时，观望畏缩，不能奋勇复仇，是以降旨拿问，但伊曾奏及巴雅尔、尼玛等，虽降必叛，其言颇验，今巴雅尔等既已生擒，扎那噶尔布亦经献馘，哈萨克阿布赉率属归诚，计阿睦尔撒纳自可旦夕俘获，著将此等情节传谕萨喇勒，施恩免罪出狱，将从前赏给玛木特房屋，令其居住。

（《清高宗实录》卷 545　页 924）

兆惠等疏奏哈萨克情形

乾隆二十二年（1757）十月丙寅。定边右副将军兆惠等疏奏，哈萨克情形，及擒送叛贼乌勒木济。兆惠等奏言：据额尔克沙喇、努三等报称，七月初一日，入哈萨克游牧，遇头目多罗特拜，报知阿布赉，于二十二日相见。阿布赉跪请圣安。我向阿布赉云，尔等归降，大皇帝深为嘉悦，如头目人等，欲邀恩赐封号，即开列部落姓名，报知转奏。阿布赉具言逆贼阿睦尔撒纳被围，脱出之事。告以将军大臣等，不获阿逆，断不撤兵。阿布赉请问将军等来书，带领官兵，协同搜捕之故。答云，尔处久未擒送，故欲遣我兵相助，又恐惊尔游牧，先行告知。阿布赉约于后日会议。至日，阿布赉告以现在实无阿睦尔撒纳，其请赐封号，约明日再议。次日，阿布赉遣人告病，十余日未相见。因向伊属人访问，有云，阿布赉等与阿睦尔撒纳约誓，不便擒献。八月初九日，往见阿布赉，备述利害。阿布赉指子弟为誓。因问逆党哈丹之宰桑乌勒木济何以未见擒送？阿布赉云，闻在霍集伯尔根处，即遣人往取。自此十数日，与阿布赉相见，将鄂尔图玉斯、乌拉玉斯、齐奇玉斯三部落头目，开列名单。阿布赉又云，将军大人等曾告言，大皇帝仁恩，不改我等制度，更为感戴。因问及行期，告以必获阿睦尔撒纳，始可回报。阿布赉又云，闻阿睦尔撒纳有逃入俄罗斯之信，已遣人往探等语。又据额尔克沙喇等续报，阿布赉请于乌隆古地方，将马匹易换货物。告以道远，商贩不便，约于明年七月，在额林哈毕尔噶、乌鲁木齐等处交易等语。臣等伏思，阿睦尔撒纳已逃入俄罗斯，额尔克沙喇等不必久住哈萨克，应请撤回。至乌鲁木齐，现在酌议屯田，与哈萨克贸易，甚为有益。臣兆惠拟于九月初十日起程，向博罗塔拉、布尔噶苏台，会合成衮扎布等。值哈萨克遣使将乌勒木济送到，查系始终党助阿逆要犯，派员拿解送京。十四日，将哈萨克来使遣回，即起程前往。

（《平定准噶尔方略》正编，卷四十四）

阿睦尔撒纳最近情形

乾隆二十二年八月辛巳（二十二日 1757.10.4）谕曰，兆惠、富德等奏称，俄罗斯转告，叛贼阿睦尔撒纳仅二人徒步至河津，称伊系阿睦尔撒纳，于是俄罗斯即遣一人前往迎接，俱无踪迹等语。再四思维，此事毫无影响，即如俄罗斯所告之言，看来伊等亦未见阿睦尔撒纳，则此事岂可信以为实。昨奏到此折，朕即详细降旨指示，今思富德既已领兵前往，著尽力搜查，兆惠亦著尽心缉访，仍严交哈萨克，催促查拿，但叛贼阿睦尔撒纳，性极诡诈,伊断无仅二人徒步前往之理,此或伊仍稍有力量,特遣二人徒步前往,伊暗带数人,潜藏哈萨克、俄罗斯交界之处,或将俄罗斯拿获,探问俄罗斯之留伊与否,或伊仍回哈萨克,藏匿僻处,其坠河殒命之语,直属荒唐。再即如俄罗斯闻阿睦尔撒纳投往,亦必多遣数人,岂有仅遣一人驾船往接之理,依此言看来,即可知其未确。兆惠、富德知此,务极力搜查,则叛贼阿睦尔撒纳虽百出巧计,亦断不致令其兔脱,即阿睦尔撒纳殒命属实,亦必尽力访查,务得实迹,始可相信,不可因此荒唐一语,即信以为实。阿睦尔撒纳罪大恶极,岂有如此了事之理,此处诸人闻知,尚属不信,况兆惠、富德系承办此事之人,岂可遽信耶?此又必阿睦尔撒纳生计,欺诳我等,诡称此言,仍在哈萨克、俄罗斯、准噶尔之间隐匿,或投入俄罗斯,今俄罗斯声言伊溺死,暂留伊在彼,此等事容或有之。总而言之,兆惠、富德等,搜查逆贼阿睦尔撒纳身死实据,尚非紧要,察访阿睦尔撒纳投入俄罗斯与否,并在各僻处搜查,乃为紧要。兆惠等当益加奋勉,断不可轻信一面之词,妄生懈惰,今若懈惰,日后倘阿睦尔撒纳复经败露,伊等不能承此罪也。

(《清高宗实录》卷 545　页 929—930)

阿睦尔撒纳身死信息谅非真实

乾隆二十二年八月乙酉(二十六日 1757.10.8)又谕曰,兆惠等所奏,逆贼阿睦尔撒纳身死信息,谅非真实,计我遣往哈萨克之额尔克沙喇、努三等,此际已回至军营,自有确信,如仍未擒获阿逆,天气渐寒,应先将哈萨克锡喇、巴图尔乌巴什、鄂哲特、阿巴噶斯、哈丹等游牧办理,俾伊犁等处宁静,则来年更易于集事,如此等贼众,业经办理,或撤兵回济尔哈朗,或额林哈毕尔噶过冬。著传谕两路将军大臣等,定议具奏。议定后,兆惠可遣人往告阿布赉云,我兵久驻尔界,恐尔属人惊疑,是以大皇帝命我等撤兵,尔等若将阿逆擒献,即速为奏闻,自有重赏,于归途之便,正可剿除诸贼。现在成衮扎布等,既带兵前往,雅尔哈善又遣三格等追截,则以三路兵办此数贼,断无不获之理,然必待获贼,始可撤兵,不得因有此旨,遂亟图休息也。

(《清高宗实录》卷 545　页 932)

去岁擒剿叛贼阿睦尔撒纳事宜

乾隆二十二年八月丁亥(二十八日 1757.10.10)谕,去岁擒剿叛贼阿睦尔撒纳,进兵至哈萨克,西路以达勒当阿为将军,北路以哈达哈为将军,伊等既抵哈萨克,未能擒获阿睦尔撒纳,而哈萨克之阿布赉,复致兔脱,理应从重治罪,朕意伊等未必有心误事,不过为贼所愚,路远迟误之所致耳。是以降旨,将伊等微劳抵罪,免其处分。后经询问自军营回之侍卫官员,则咸称达勒当阿领兵追赶阿睦尔撒纳,相距一二里,逆贼不及驮载,反遣人谓哈萨克即欲擒献阿睦尔撒纳,惟待其汗阿布赉至,即便送至,乃达勒当阿堕贼奸计,俟其擒获,并未督兵追捕,且下令不许众兵前进。直至逆贼捆载脱逃后,方遣兵追赶。哈达哈则路遇哈萨克阿布赉,既经后队官兵呈报,并不勒兵追捕,至阿布赉逃去,始尾随追赶一次以塞其责,众奏佥同,达勒当阿、哈达哈,俱系擢用为将军之人,似此怠玩偾事，不可不治其罪，因将伊等公爵革去，降秩示谴。今讯问拿获逆贼阿睦尔撒纳之侄达什车凌及宰桑乌巴什，供称，阿睦尔撒纳于去岁九月尽间，自败走地方潜回。又据尼玛供称，去岁大兵追及阿睦尔撒纳，我催促打仗，将军等未允，等候阿布赉擒献，是以阿睦尔撒纳得以脱逃，彼时如尽力前进，即可擒获。再阿布赉对面安营，亦并不奋勇打仗，一味迟延，直至阿布赉逃去，始行追赶，旋即撤兵，其急于撤兵一事，亦系将军等商量办理等语。供词与自军营回之侍卫官员所奏，俱属吻合。观此，则伊二人不惟不能用朕奋勇之官兵，反为逆贼等所轻视矣。达勒当阿、哈达哈俱勋旧子孙，为朕股肱，受恩承袭公爵，且身为将军，带兵追剿逆贼，既遇贼首阿睦尔撒纳、哈萨克汗阿布赉，反堕贼术中，因循观望，失误事机，坐致逆贼兔脱，实出于情理之外。且去年由哈萨克撤兵时，据达勒当阿、哈达哈奏称，我兵所抵之伊什勒椿集，距逆贼阿睦尔撒纳逃窜所至之地，速行亦需月余，贼去既远，时亦寒冷，是以九月初间，自伊什勒椿集撤兵，行走五十余日，至巴颜鄂拉迤南之哈萨拉克地方等语。今据拿获之达什车凌及宰桑乌巴什供称，阿睦尔撒纳闻大兵撤回，由伊逃窜所至之地，于九月尽间起身前来，经过伊什勒椿集，行走二十余日至巴颜鄂拉，又行走十五日，抵哈萨拉克迤东之额布根塔尔珲地方，共计行走五十日等语。使逆贼逃窜所至之地，距我兵所到伊什勒椿集地方，果如达勒当阿、哈达哈所奏有月余程途，则阿睦尔撒纳由伊败窜所至之地，过哈萨拉克，返至额布根塔尔珲地方，即尽力速行，亦必须两三月余，方可能到，且逆贼性极诡诈，亦断不肯贸然而行，必已实知我兵撤回之信，方行起身，我军由伊什勒椿集撤后，与阿睦尔撒纳相距月余程途，迨伊差人探听得实，再由哈萨拉克至额布根塔尔珲地方，又必需三四月之期矣。乃我兵则于九月初间，由伊什勒椿集撤回，行走五十余日，始抵哈萨拉克，而逆贼阿睦尔撒纳，即自伊所逃窜相隔月余之地，九月尽间起身而来，既经哈萨拉克，复至额布根塔尔珲，亦只行走五十余日，何以如此之速，岂能飞来耶。以此推之，伊等所奏逆贼阿睦尔撒纳逃窜所至之地，与我兵所至之伊什勒椿集，谓有一月程途者，其被贼所欺，愈觉显然，今观此事前后情节，去岁逆贼阿睦尔撒纳逃窜所至之地，初不甚远，当时伊等如果奋力前进，必可就擒，何至疏脱，费如许力乎？观阿睦尔撒纳，今岁春间即到额林哈毕尔噶地方，此即达勒当阿、哈达哈每事因循，惟图速回之明证也。况今岁哈萨克阿布赉，遇我兵三十余名，一战即降，则去岁伊等稍肯奋勉，直前逼之，想阿布赉亦必投诚，早将逆贼擒献矣。观哈萨克阿布赉今岁之投诚，又去岁达勒当阿、哈达哈不曾用力之明证也。再伊等两路兵丁会合后，理宜联为一体，诸事商办，而伊等竟于初见之次日，即分营行走，至第三日即议及撤兵，有是理乎？且伊等即能和衷，尽力擒拿，尚未卜能将逆贼擒获与否，而乃各分彼此，岂能获贼耶。且如逆贼阿睦尔撒纳兔脱后，我兵追逐，达勒当阿、哈达哈俱系将军，若肯亲行，岂不胜于诸参赞大臣，乃伊二人并不前往，止遣阿里衮一人领兵追逐，不知用伊等为将军，所司何事。达勒当阿、哈达哈，如此种种贻误军情，若不将伊等治罪，则国家之赏罚何在，而后此谁复出力报效耶。此于用人之道，所关甚大，法难宽宥，本当以军法从事，但达勒当阿本一糊涂无能之人，为贼所愚，而哈达哈每图安逸，遇事因循，不肯奋勉，俱尚非出于有心，若果有心致贼逃窜，朕必将伊等从重治罪，以正典刑，然既误用于前，复姑容于后，此即朕之咎也，伊等身为将军，且系勋旧子孙，似此坐失机宜，玷辱满洲，更何颜面腼列班联，达勒当阿、哈达哈俱著革职发往热河，披甲效力行走。

（《清高宗实录》卷543　页934—937）

现在驻兵巴雅尔郭勒

乾隆二十二年九月壬辰（三日 1757.10.15）又谕曰，兆惠奏称，现在驻兵巴雅尔郭勒，候遣往哈萨克使臣回营，并富德处所探阿睦尔撒纳确信，或分兵过博罗塔拉，与永贵会合，或前赴成衮扎布军营等语。是兆惠之兵，尚需守候，不能即往额林哈毕尔噶，恐咨行成衮扎布后，舒赫德即藉此不往伊犁，则进剿贼人，责当谁属。著传谕成衮扎布、舒赫德，速领兵前抵伊犁，务将巴图尔乌巴什、哈萨克锡喇、昂吉岱、鄂哲特等，严行查拿，以期地方宁谧，毋得藉端推诿，即著作速回奏。

（《清高宗实录》卷546　页942）

哈萨克使臣等由北路前来

乾隆二十二年九月壬辰（三日 1757.10.15）又谕曰，哈萨克使臣等由北路前来，将至行在，若照常由西路遣回，正届我撤兵之期，沿途恐有疏失，著由乌里雅苏台，过索勒毕、乌拉克沁岭，自额尔齐斯、塔尔巴哈台，送至古尔班察尔，回伊游牧。派散秩大臣和硕齐、侍卫富锡勒、穆伦保等，带索伦兵一百名，厄鲁特兵一百名，沿途伴送使臣，搜剿玛哈沁等，可传谕成衮扎布等，交科布多驻扎大臣，派索伦兵预备，厄鲁特兵，著和硕齐先往拣派，其马驼牲只及整装银两，俱照例赏给。

（《清高宗实录》卷545　页942—943）

赐使臣等及扈从王大臣等宴

乾隆二十二年九月甲午（五日 1757.10.17）上御行殿，哈萨克阿布赉使臣亨集噶尔、乌穆尔泰、都楞、阿兰扎、阿布赉之弟阿布勒比斯使臣塔纳锡、伯克奈，赍表入觐行礼，赐使臣等及扈从王大臣等宴。

（《清高宗实录》卷546　页944）

命哈萨克使臣亨集噶尔等随从行围

乾隆二十二年九月乙未（六日 1757.10.18）命哈萨克使臣亨集噶尔等，随从行围。

（《清高宗实录》卷546　页946）

赐扈从蒙古王公及哈萨克使臣等食

乾隆二十二年九月戊戌（九日 1757.10.21）赐扈从蒙古王公台吉兵丁及哈萨克使臣等食。

（《清高宗实录》卷546　页946）

遣往哈萨克之额尔克沙喇等尚未回营

乾隆二十二年九月己亥（十日 1757.10.22）又谕曰，兆惠奏称，遣往哈萨克之额尔克沙喇等，尚未回营，哈萨克阿布赉初次所遣使人，已往见成衮扎布，俟归途之便，再遣使恭赍敕书赐物同往等语。计哈萨克使人归日，额尔克沙喇等，亦已到来，自可得阿逆信息，惟成衮扎布等，进剿巴图尔乌巴什等贼，未必即能完结，若遽撤兵回巴里坤过冬，则来岁进兵，又烦跋涉，或酌于济尔哈朗、额林哈毕尔噶等处驻扎，其安设台站，接济口粮马匹，均须预为筹画，著将军大臣等，定议具奏，至成衮扎布数年未曾来京请训，舒赫德虽面受训旨，而临事懦弱，不能协同办理，以致茫无头绪，著成衮扎布、兆惠、富德于撤兵后来京，筹办一切机宜，博勒奔察年迈，亦著同来，其军营事务，交雅尔哈善总理，再此次领队大臣内，三格、额勒登额未有劳绩，而三格从前看守尼玛，竟致脱逃，将军参赞等即应记过，俟其立功自赎，以昭赏罚，即如色布腾巴勒珠尔，往擒吞图布未获，又不穷追，经朕询问，成衮扎布等久未回奏。又明瑞从前进剿阿巴噶斯、哈丹游牧，此次色布腾巴勒珠尔，进剿克呼特等贼众，屡致脱逃，亦当议罪，而色布腾巴勒珠尔，较明瑞为重，但伊等初履行间，将军参赞调遣乖方，亦不为无过，况领兵剿贼，将军自当亲行，即有应行调遣者，参赞亦宜前往，鄂实即参赞大臣也，伊于军前事务，宜奋勉效力，至缮写奏章，谅皆舒赫德与成衮扎布商办，非鄂实所能，则伊所司何事，著将此等情节，俱各登记，俟成衮扎布等到时察议，其功罪不相抵者，即行参奏。

（《清高宗实录》卷 546　页 950—951）

赐蒙古王公及哈萨克使臣等食翼日如之

乾隆二十二年九月壬寅（十三日 1757.10.25）赐扈从王大臣、蒙古王公台吉及哈萨克使臣等食，翼日如之。

（《清高宗实录》卷 546　页 954）

赐扈从王蒙古王公吉台及哈萨克使臣等宴

“乾隆二十二年九月甲辰（十五日 1757.10.27）上御万树园，赐扈从王大臣、蒙古王公吉台及哈萨克使臣等宴。”（《清高宗实录》卷 546　页 955）“乾隆二十二年九月乙巳（十六日 1757.10.28）上幸卷阿胜境，赐扈从王大臣、蒙古王公台吉及哈萨克使臣等食。”（《清高宗实录》卷 547　页 956）

定议哈萨克交易事宜

乾隆二十二年（1757）十一月癸巳。定议哈萨克交易事宜。军机大臣奏言：黄廷桂奏筹办哈萨克交易事宜一折。奉旨，军机大臣议奏。查臣等前因兆惠等奏，阿布赉请将马匹，赴乌鲁木齐交易。臣等议以程途颇远，商贩难于聚集，请官为经理，选派熟谙交易之人，照商人一例，不必显露官办形迹。今据该督奏称，乌鲁木齐交易，运费浩繁，似在吐鲁番为便。明岁交易，止换马匹。哈萨克带有驼只牛羊，亦系军营需用，请一体收买。

应需缎匹，若由内府办解，丝色精良。官办后仍必招商，将来恐成色略灭，致烦言论。在陕省采办各色缎匹，及巴里坤现存杂色梭布、京庄布，均可敷用。哈密现存茶封，为数颇多，一切驮运，即用军营余驼，酌量雇觅商驼，添备车辆，遴选委道员、同知、副将，酌派备弁兵丁押送等语。查臣等原议，哈萨克交易，在乌鲁木齐，因前与阿布赉定约，奉旨允准，似不便更易，致失信远人。虽运费浩繁，原可增加价值。至吐鲁番，近接边陲，建有城堡，较乌鲁木齐地方空阔，可以随处开市者不同。恐哈萨克人等，与回民熟习，转致滋扰，应仍照臣等原议。至收换马匹骟马之外，有随带骒马亦可量收，庶于孳生有益，其他牲只，亦应一体收买，至疲瘦牲只，一切杂货，虽不应交易，但念其携带远来，或减价收留，以示节制。其缎匹一项，陕省既可采买，应如所奏办理。至布匹、茶封，尤哈萨克所必需。今哈密既存有茶封，巴里坤亦有购备布匹，应令雇觅商驼，或添备车辆运送，不必挑用军营余驼。其遴委道员、同知、副将等员，并酌带将弁，挑派兵丁，应需盐菜口粮，及商民人等，愿随前往，购买零星物件，各听其便，俱应如所奏。再该督奏派兵一百名，系因吐鲁番现有屯兵，足资弹压。今既仍在乌鲁木齐交易，应否添派兵丁，亦听该督酌量办理。明岁系初次贸易，自当立定章程，不可迁就。而交易之际，又必示以公平，俾遐荒感知天朝柔远之经，方为妥协。应交该督转饬道协各员，善为经理可也。

（《平定准噶尔方略》正编，卷四十五）

阿睦尔撒纳被俄罗斯人拿获事宜

乾隆二十二年九月己酉（二十日 1757.11.1）又谕，据兆惠、富德奏称，询问自森博罗特遇见之人，据伊供称，逆贼阿睦尔撒纳带领八人，前赴俄罗斯，被俄罗斯人拿获，送往察罕汗，又有由哈萨克投来之厄鲁特，供亦相同，看来逆贼阿睦尔撒纳往投俄罗斯属实，请遣使索取等语。前因伊等奏，阿睦尔撒纳落水淹死，彼时朕即降旨，以为阿睦尔撒纳断未淹毙，必系俄罗斯之人将伊收留，否则逃回，仍往哈萨克，决不出此两途。今看兆惠等所奏，俄罗斯果将逆贼收留，则又何必犹在彼处寻觅踪迹。朕已另降谕旨，令行文萨纳特衙门索取矣。兆惠等接到此旨，可即令顺德讷前赴俄罗斯之森图拉地方，向彼告称，哈萨克人报称，阿睦尔撒纳带领八人，逃往俄罗斯等语。可见尔等将阿睦尔撒纳私匿属实，想尔等亦不敢专主，必送往尔察罕汗处矣。惟是从前尔等谓阿睦尔撒纳落水身死之处，我等已奏闻大皇帝，大皇帝当即洞鉴，已降旨索取阿睦尔撒纳，向萨纳特衙门行文，想尔察罕汗必念两国素相和好，遵照原定不匿逃犯之条，将阿睦尔撒纳送来，我等从前谓尔俄罗斯亦系一大部落，断不相欺，不意尔等乃如此行事，若非大皇帝明鉴，几为尔等所欺矣，我等今亦不在此守候，钦遵大皇帝谕旨回兵，顺德讷将此晓谕后，即将兵丁及卡座撤回至大营，兆惠、富德亦不必在现今驻兵处久留，想此际额尔克沙喇、努三等亦渐次到来，即不然，陆续差往之人亦多，不必在彼等候，目今应拿者，惟巴图尔乌巴什、哈萨克锡喇、珲齐等数贼，况巴图尔乌巴什，既有投往哈萨克之信，兆惠等带兵迎其来路，成衮扎布等随后尾追，两路夹攻，则巴图尔乌巴什必就擒获，计擒获巴图尔乌巴什之时，亦

已届冬令，可即由彼撤兵，即或贼众不能尽获，间有一二脱逃者，亦俟来年再行办理，其撤兵或在济尔哈朗，或在额林哈毕尔噶过冬，著将军成衮扎布、兆惠及富德，即遵照朕从前所降谕旨，来京商议明年办理回子及伊犁等处余剩贼众等事，方为妥便，若此际俄罗斯已将阿睦尔撒纳送来，自无庸议，否则明岁亦不必擒拿，但将应办之叶尔羌、喀什噶尔回子之事，尽皆妥协料理后，再作商议，目今断不必计及阿睦尔撒纳，将此一并寄知兆惠、富德，并令晓谕哈萨克阿布赉，谓大皇帝旨谕，看来逆贼阿睦尔撒纳入俄罗斯属实，阿睦尔撒纳断不安然静处，必怀尔等哈萨克将伊擒拿之恨，欲行抢扰尔等，亦未可定，如尔等不及觉察，忽来抢取，必受其害，是皆因尔等投诚，为我臣仆，故为尔等计虑周到，晓谕尔等，尔等须留心防备，可将此谕旨乘伊来人之便，令其传谕阿布赉，如无便人，即缮写一信寄往可也。

（《清高宗实录》卷547　页958—960）

巴宁阿等于博罗齐入山搜剿遇伏阵亡

乾隆二十二年九月己酉（二十日 1757.11.1）谕军机大臣等，雅尔哈善奏，据三格报称，察哈尔总管巴宁阿等，于博罗齐地方，捉生询问，三十里外有贼人十户，入山搜剿，遇伏阵亡等语。总管巴宁阿，三等侍卫努呼德、阿拉善，二等台吉达瓦车琳，奋勇剿贼，殁于王事，深可悯恻，著交部照例议恤。三格等闻信，即带兵接应，剿贼百余人，尚与恇怯不前者有间，但所报擒获珲齐属人供称，珲齐、额琳沁达瓦，往伊犁合阿巴噶斯、哈丹游牧，见河岸有二大营，恐系大兵及哈萨克兵，因逃回此地，三格即遣人到彼查看，皆厄鲁特踪迹，移去已十余日等语。伊犁之营既系厄鲁特，则珲齐等何以逃回，三格闻信，自应亲身前往，何以仅遣人查看，至属疏懈，著雅尔哈善传谕三格等，仍作速追剿珲齐等贼，为巴宁阿等复仇。

（《清高宗实录》卷547　页960）

沙喇斯玛呼斯等复叛并抢掠台站

乾隆二十二年九月丁巳（二十八日 1757.11.9）谕军机大臣等，成衮扎布等招降之沙喇斯、玛呼斯等复叛，抢掠台站，虽经满福、阿里衮次第领兵接续，但二旬有余，未见军营奏报，深为廑念，因思逆贼阿睦尔撒纳已逃入俄罗斯，即哈萨克未有回音，俱无庸守候，惟厄鲁特逋贼，既同往伊犁，而降人又复叛去，则成衮扎布等军营兵力，稍觉单弱可虞，兆惠等若领兵会合，擒剿贼众，军威自振，即一时不能尽剿，酌定过冬处所，暂行撤回驻扎，于明年再行进剿亦可，著兆惠、富德将现在情形，作速奏闻。

（《清高宗实录》卷547　页968）

阿睦尔撒纳溺死之事属子虚

乾隆二十二年十月辛酉（二日 1757.11.13）谕曰，阿睦尔撒纳渡河溺死之事，悉属子虚，昨已有旨宣谕中外矣。在逆贼之由哈萨克败逃，或竟投入俄罗斯，或又逃窜他处，议论纷然，此时原无实据，如果投入俄罗斯，则俄罗斯乃我朝与国，从前定议，彼此不许容留逃人，逆贼阿睦尔撒纳乃叛逆之渠魁，罪大恶极，尤非他逃人可比，何可置之不问。以情理论之，在俄罗斯素守旧约，自应即为缚献，今理藩院行文向索，果能遵旨送出，固属甚善，若文移往返，稍有稽迟，亦惟乘机酌理，物来顺应，朕于此事，不设丝毫成见，非以阿睦尔撒纳一犯，又欲用兵于俄罗斯，为穷兵黩武之举也，但军国重务，诸王大臣，皆为朕倚任之人，自宜咸使与闻，如有所见，亦可据实直陈，以备采择，乃大学士史贻直，则有弃伊犁之说，此时叛贼未获，与伊犁何涉，而陈世倌折奏，所称粮饷马力将帅三语，亦不过纸上陈言，即以粮饷言之，乃绿营中所谓兵行粮随之陋习耳，试问迩年来，两路进剿，曾有转运之劳乎？国家一切经费，赏赉赈恤之需，曾有以军兴而稍为减省者乎？是于朕办理此事之始末，尚未领会，因令庄亲王等十六人，公同酌议，乃其所议，亦俱未中肯綮，无一良谋定见可以为朕分忧者。朕于准噶尔一事，初虽机有可乘，因虑任事无人，是以迟迟不得已而后办理，及伊犁既已平定，朕意原不过就其四部，分封四汗，以示羁縻而已，前所撰太学碑文及封四汗之诏具在，此诸王大臣所共知共见者，至阿睦尔撒纳叛逃，及噶勒藏多尔济等之乘乱复反，事出意外、因缘辗转，以至今日，揆之事机，实有不能中止之势。而卫拉特之众，诛剿者诛剿，病亡者病亡，即蠲而畀之一人，且无可授之者，此或者上天将以全部卫拉特，赐我国家耳。即如副都统阿敏道，领兵前往叶尔羌、喀什噶尔地方，竟为两和卓木诱杀，此岂有不行诛讨之理，而内外诸臣，未必不以阿敏道之死，既已加恩优恤，何必因一人而用兵，又滋劳费，此言朕固知之，殊不思诸臣设身处地，如使已为阿敏道冥冥之中，其能甘心乎？且国家有何不足，有何不得已，而朕竟忍心于死事之臣，而不为之复仇也。昔樊哙请以十万众，横行匈奴，季布以为可斩，此在汉时则然，而非所论于我大清，堂堂天朝，乃甘以唾面自乾，为自全之善策，何为者哉，集思广益，固期于事有济，若徒筑舍道旁，不若姑置之，待朕之自为应机决策耳。可将此通行传谕知之。

（《清高宗实录》卷548　页973—974）

上受哈萨克使臣亨集噶尔等朝

乾隆二十二年十月甲子（五日 1757.11.16）上御太和殿，受哈萨克使臣亨集噶尔等、琉球国使臣马宣哲等朝。

（《清高宗实录》卷548　页976）

赐哈萨克阿布赉等敕书

乾隆二十二年十月甲子（五日 1757.11.16）赐哈萨克阿布赉等敕书曰，哈萨克汗阿布赉、阿布勒比斯，尔等遣使亨集噶尔、塔纳锡、阿塔海、乌穆尔泰、都楞、阿兰扎、拜克奈等，于热河朝觐，朕加恩筵宴，拟从行在遣回，而亨集噶尔等，恳请来京，是以令其随驾入都，重申宴赉，念阿布赉等远在外藩，若照内地扎萨克授以爵秩，恐尔等有拘职守，仍依尔旧俗，各安游牧，庶无扰累。若尔等遣使入觐，朕不靳恩赏，至尔来使奏称，塔尔巴哈台原系尔等旧游牧，恳恩赏给等语。此地新经平定，尚属荒闲，朕本无所惜，但尔等甫效

归诚，未有功绩，若即行赐给，于国家体制未合，尔心亦必不安，尔等果将逆贼阿睦尔撒纳擒送前来，自当加恩赏给，尔使臣来时，正值大兵络绎前进，是以由西路行走，今当冬季撤兵之期，恐长途防获稍疏，赏赐尔等物件，致有遗失，兹特派散秩大臣和硕齐，巴图鲁侍卫富锡勒、穆伦保，带领索伦蒙古兵丁，护送尔使，由额尔齐斯、塔尔巴哈台至古尔班察尔，其赐尔阿布赉、阿布勒比斯衣物若干，使臣到日，尔等祗受，又赏来使七人衣物若干，及使臣随仆等市买物件，共赏银千两，俱谕尔等知之，嗣后勉抒诚悃，自必优加恩泽，永享无穷之福。特谕。

（《清高宗实录》卷548　页976—977）

乌鲁木齐地方可以耕种

乾隆二十二年十月丙寅（七日 1757.11.18）又谕曰，兆惠等奏称，乌鲁木齐地方可以耕种，又与吐鲁番相近，若哈萨克往来交易，亦属甚便，今陕甘马匹仍须多备，请于明年哈萨克马匹到日，前往交易等语。著黄廷桂于绿旗兵内，多选善于耕种之人，发往乌鲁木齐，明春即令试种地亩，量力授田，愈多愈善，即遵谕速行，仍将选派官兵人数及督率员弁，指交地亩，陆续奏闻，其送至巴里坤预备交易之缎布，亦著即速起运。

（《清高宗实录》卷548　页982）

额尔克沙喇努三等报入哈萨克事宜

乾隆二十二年十月丙寅（七日 1757.11.18）定边右副将军兆惠等奏，据额尔克沙喇、努三等报称，七月初一日，入哈萨克游牧，遇头目多罗特拜，报知阿布赉于二十二日相见，阿布赉跪请圣安，我向阿布赉云，尔等归降，大皇帝深为嘉悦，如头目人等，欲邀恩赐封号，即开列部落姓名，报知转奏。阿布赉具言逆贼阿睦尔撒纳被围脱之事，告以将军大臣等，不获阿逆，断不撤兵，阿布赉请问将军等来书，带领官兵，协同搜捕之故。答云，尔处久未擒送，故欲遣我兵相助，又恐惊尔游牧，先行告知。阿布赉约于后日会议，至日，阿布赉告以现在实无阿睦尔撒纳，其请赐封号，约明日再议，次日，阿布赉遣人告病，十余日未相见，因向伊属人访问，有云阿布赉等，与阿睦尔撒纳约誓，不便擒献。八月初九日，往见阿布赉，备述利害，阿布赉指子弟为誓，因问逆党哈丹之宰桑乌勒木济，何以未见擒送，阿布赉云，闻在霍集伯尔根处，即遣人往取，自此十数日，与阿布赉相见，将鄂尔图玉斯、乌拉玉斯、齐奇玉斯三部落头目，开列名单。阿布赉又云，将军大人等曾告言，大皇帝仁恩，不改我等制度，更为感戴，因问及行期，告以必获阿睦尔撒纳，始可回报。阿布赉又云，闻阿睦尔撒纳有逃入俄罗斯之信，已遣人往探等语。又据额尔克沙喇等续报，阿布赉请于乌陇古地方，将马匹易换货物，告以道远，商贩不便，约于明年七月，在额林哈毕尔噶、乌鲁木齐等处交易等语。臣等伏思阿睦尔撒纳已逃入俄罗斯，额尔克沙喇等不必久住哈萨克，应请撤回。至乌鲁木齐现在酌议屯田，与哈萨克贸易甚为有益，臣兆惠拟于九月初十日起程，向博罗塔拉、布尔噶苏台，会合成衮扎布等，值哈萨克遣使，将乌勒木济送到，查系始终党助阿逆要犯，派员拿解送京。十四日，将哈萨克来使遣回，即起程前往。谕军机大臣等，兆惠奏称，伊等俟哈萨克来使起程，即领兵前会成衮扎布等语，想此时已合兵一处矣。但时值冬寒，未必即能进剿，或遵朕前旨，将兵撤回，至哈萨克曾有拿送巴图尔乌巴什之言，但从前哈萨克尚为所败，且成衮扎布捉生询问，俱云绰和尔、乌喇特、昂吉岱等贼，俱于八月初往投巴图尔乌巴什，贼势颇众，仍须发兵进剿，厄鲁特情形，青草未生，自不移动，应选兵一二千人，于明春前往，沿途剿贼，收其牲只，于珠勒都斯牧放，会合办理回部之兵，自然声势雄壮，但巴图尔乌巴什，闻已逃往沙喇伯勒，伊等过冬地方未定，应计所驻之地，于三月十五日以前，可到沙喇伯勒，即将起程日期行知黄廷桂，将马匹预为趱送。至各处兵丁，合计若干，剿巴图尔乌巴什等贼，需用若干，平贼后，约于何处会合，办理回部，官兵会合后，兵数颇多，有无余兵，应令驻候更代，俱著早为酌议，不必候来京定夺。伊等定议具奏后，成衮扎布带定边将军印来京，兆惠右副将军印交雅尔哈善管理，罗布藏多尔济、明瑞、色布腾巴勒殊尔，亦于将军大臣后，作为一起前来，福龄安亦随伊兄明瑞来京，旺布多尔济在军前数载，应暂为休息，著于阿济必济路回伊游牧。前谕富德带兵接应兆惠，今既撤兵，亦无庸前往，与成衮扎布等同来，至额尔克沙喇、努三等，在哈萨克索取阿睦尔撒纳，今阿逆已逃入俄罗斯，著富德行文撤回，额尔克沙喇此次颇属奋勉，亦归伊游牧休息，可传谕富德知之。

（《清高宗实录》卷548　页980—982）

阿尔台以外尚有隐匿之乌梁海

乾隆二十二年十月丙子（十七日 1757.11.28）又谕，据乌梁海人等告称，阿尔台以外，那林布鲁勒、阿巴兰克伊特等地方，尚有隐匿之乌梁海等，或阿睦尔撒纳、果勒卓辉等贼，藏匿于此，亦未可定。已谕护送哈萨克来使之和硕齐等，详细搜查，恐逸贼颇多，又加以阿睦尔撒纳在彼，兵不敷用，著传谕车布登扎布、纳木扎勒等，派唐喀禄带兵二百名，同侍卫二人，在彼处适中之地驻扎，候和硕齐信息，如有阿睦尔撒纳及大队贼人在彼，伊等即接应和硕齐，仍报知驻扎科布多大臣，添兵接应，其和硕齐有具奏事件，即送交唐喀禄转递，唐喀禄系获罪之人，今令其效力自赎，宜知奋勉，车布登扎布即妥协办理。

（《清高宗实录》卷549　页994）

阿布赉请将马赴乌鲁木齐交易

乾隆二十二年十一月癸巳（五日 1757.12.15）军机大臣议奏，前因兆惠等奏，阿布赉请将马赴乌鲁木齐交易，臣等议以途远，商贩难集，请官为经理，选熟谙交易之人，照商人例，不必显露官办形迹。今据该督奏称，乌鲁木齐交易运费浩繁，似吐鲁番为便，其明岁交易，止换马，若哈萨克带有驼牛羊，亦系军营需用，请一体收买，其应需缎，若由内府办解，丝色精良，而官办后仍必招商，将来恐成色略减，致烦言论，现在陕省采办各色缎，及巴里坤现存杂色梭布京庄布，均可敷用，哈密现存茶颇多，运用军营余驼酌量雇觅商驼，添备车辆，遴委道员、同知、副将，酌派备弁兵丁押送等语。查臣等原议，哈萨克交易在乌鲁木齐，因前与阿布赉定约，奉旨允准，似不便更易，致失信远人，虽费繁原可增价，至吐鲁番近接边陲，建有城堡，较乌鲁木齐地方空阔，可以随处开市者不同，恐哈萨克人等与回民熟习，转致滋扰，应仍照臣等原议，至收换马匹，骟马外有随带骒马，亦可量收，其他牲只，亦应一体收买，至疲瘦牲只，一切杂货虽不应交易，但念携带远来，或减价收留，亦以节制，其缎匹一项，陕省既可采买，应如所奏办理。至布茶尤哈萨克所必需，今哈密既存有茶，巴里坤亦有购备布，应雇商驼，或添车运送，不必挑用军营余驼，其遴委道员、同知、副将等员，并酌带将弁，挑派兵丁，应需盐菜口粮，及商民人等，愿随前往，购买零星物件，各听其便，俱应如所奏。再该督奏派兵一百名，系因吐鲁番现有屯兵，足资弹压，今既仍在乌鲁木齐交易，应否添派兵丁，亦听该督酌量办理，明岁系初次贸易，自当立定章程，不可迁就，而交易之际，又必示以公平，俾遐荒咸知天朝柔远之经，方为妥协，应交该督转饬道协各员，善为经理。谕曰，黄廷桂所奏，筹办来年哈萨克贸易事宜一折，已据军机大臣议奏，但贸易之事，不过因其输诚内向，俾得懋迁有无，稍资生计，而彼处为产马之区，亦可以补内地调拨缺额，并非藉此以示羁縻，亦非利其所有，而欲贱值以取之也。将来交易之际，不可过于繁苛，更不必过于迁就，但以两得其平为是。可传谕黄廷桂，令其善为经理，至奏内所称委派道厅等员，看来贸易之事，终不可全以官法行之，能办政务者，未必熟谙商贾，朕思道员中如范清洪，同知中如范清旷等，伊家原曾承办军需及一切贸易，应尚有旧时商伙，习练其事，或可于此二人中，酌调一人，赴甘承办，是否有益，并著妥议奏闻。

（《清高宗实录》卷550　页1017—1018）

阿睦尔撒纳逃入俄罗斯情形

“乾隆二十二年十一月乙巳（十七日 1757.12.27）谕军机大臣等，昨据车布登扎布奏称，令车木楚克扎布会同察达克，办理乌梁海博和勒、那木扎勒等语。此际应已前往，现在逆贼阿睦尔撒纳逃入俄罗斯，或俄罗斯令伊带领乌梁海逃人，复出滋事，亦未可定。可传谕车木楚克扎布，于途次留心察访，一闻阿逆之信，即带兵前往擒拿，并谕知察达克，奋勉协助，仍将现办乌梁海情形，及有无他处贼人踪迹，作速奏闻。”（《清高宗实录》卷551　页1030）“乾隆二十二年十一月乙巳（十七日 1757.12.27）又谕，昨谕和硕齐等，于护送哈萨克使臣之便，沿途或遇逆贼阿睦尔撒纳及大队贼众，伊等兵力无多，令唐喀禄带兵二百名，于中途等候，一得信息，即前往接应，今阿逆逃入俄罗斯，或俄罗斯令其带领乌梁海逃人，复出滋事，亦未可定，和硕齐于沿途察访，一有阿逆信息，即带兵往擒，仍速饬唐喀禄接应，若阿逆果如所料，正和硕齐立功之时，哈萨克使臣原可自回游牧，若愿协擒逆贼，即与同行，至唐喀禄系获罪之人，亦可藉以自赎，其务悉心访查，奋勉效力。”（《清高宗实录》卷551　页1030）

将军营原有马驼办给交回

乾隆二十二年十一月庚戌（二十二日 1758.1.1）（署定边左副将军车布登扎布）又奏，钦奉谕旨，将军营原有马驼办给交回，及例准倒毙各数查奏，臣谨将办给各队官兵，及交还骑回马驼数目,酌量准销倒毙分数具奏。得旨,军机大臣议奏。寻议,查该副将军所奏,乾隆二十年,撤回京营,黑龙江等兵丁行至额尔齐斯等处者,已蒙恩旨,照金川军需例,准其豁免十分之三。又另折所奏,杜尔伯特汗车凌等,应追马驼,业经展限,现奉恩旨豁免,均毋庸另议外,二十年大兵平定伊犁,直抵布鲁特边界,较额尔齐斯更远,应将所领马驼,豁免十分之五。二十一年进剿乌梁海,哈萨克官兵俱至伊什勒河,归途又趱拿青滚杂卜,该将军奏请全行豁免,但恐官兵恃有此例,将远行马驼不复爱惜,应较前往伊犁酌量加倍,豁免十分之八。其和托辉特官兵随青滚杂卜私回游牧,所领马驼,不准豁免,俱令照数赔补。又擒拿青滚杂卜官兵,并未远行,但时值冬寒,应将所领马驼豁免十分之三。又收取阿睦尔撒纳游牧,追剿包沁等官兵,亦未远行,应将所领马驼豁免十分之二。再本年撤回之京营、绥远城等官兵,交兵部行查。现在两路官兵,俟撤回时,行查办理。其喀尔喀等所领马驼内,除应豁免数目外,其余理应追缴,但伊等赔补牧放牲只,已议展限五年,俟交完后,再限三年,令其补交,至厄鲁特班珠尔等马驼,业经籍没,应毋庸议。其扎哈沁、乌梁海等,原领马一千七百匹有奇,驼二百只有奇,除豁免外,仍应追缴马九百匹有奇,驼九十只有奇,照例令其交出。其官兵应交马驼,造册咨送户部,喀尔喀等应交马驼,造册咨送理藩院,按限追缴。得旨,依议。扎哈沁、乌梁海人等,甚属安静,亦俱奋勉效力,应交马驼,著加恩宽免。

(《清高宗实录》卷551　页1033—1034)

撤兵过冬明春进兵及兵马数目事宜

乾隆二十二年十一月乙卯(二十七日 1758.1.6)定边将军成衮扎布等奏,臣等于十月二十八日、十一月初一日,节次奉到谕旨,令将撤兵过冬处所,明春进兵程期及兵马数目,公议具奏。查巴图尔乌巴什等贼会合一处,向沙喇伯勒逃去,自应速行追剿,至回人既敢戕害阿敏道,又闻布拉呢敦、霍集占等聚众拒守,其阿克苏、库车等处系进兵道路,叶尔羌、喀什噶尔等处乃其巢穴,俱宜陆续办理,计厄鲁特贼众约数千户,可得战兵五六千,伊等皆自知必死,如我兵力弱,恐致逃窜,至剿灭贼众后,即应于特穆尔图诺尔、那林等处,休息马力,进取回城,臣等公同详议,臣成衮扎布等及满福,所领兵共二千七百余名,臣兆惠及富德、瑚尔起、顺德讷、端济布,所领兵共三千四百余名,合计现兵六千余名,计可挑选四千名,军营马既多倒疲,济尔哈朗一带,久住草枯,惟乌鲁木齐至玛纳斯一带,水草俱佳,游牧过冬,仍派兵五百名,安设台站,查驻兵之地,至沙喇伯勒程期,约四五十日,若于来年正月下旬进兵,计三月十五日前后可到,余兵千余名,令爱隆阿带领至鲁克察克,整理预备。再派巴里坤绿旗兵一千,合二千余名,在鲁克察克预备。又现在吐鲁番屯田绿旗兵八百名,亦令带籽种,于来春在哈喇沙尔,或伊拉里克等处种地,令鲁克察克预备兵二千余名同往,又预备哈萨克贸易,派绿旗兵五百名,并令额敏和卓酌派回兵,遣往乌鲁木齐种地,俱先至鲁克察克,自巴里坤办给口粮籽种。至进剿官兵口粮及籽种器具,均须大员经理,臣等公议,派臣永贵前往,再臣等现议来年正月进兵,若

趱赴京师，复回军营，恐逾期限，谨酌拟领队大臣侍卫等，开列名单，恭候钦定。谕军机大臣等，成衮扎布等奏称，来年正月进兵，若趱赴京师，往还恐逾期限等语。著照所请，不必来京，但朕昨命车布登扎布，同兆惠明岁进兵，今阿逆已逃入俄罗斯，喀尔喀处索取阿逆，及办理地方事务，伊兄弟二人，不可不驻扎一人，成衮扎布年长，喀尔喀素所心腹，车布登扎布年力富强，著伊同兆惠进剿，成衮扎布仍著来京请训，再赴喀尔喀办理事务，成衮扎布奉到此旨，其将军印务交与兆惠，俟车布登扎布到日，以副将军印务交代，时值冬寒，成衮扎布不必速行，惟量力前进。明岁进兵，车布登扎布、富德、哈宁阿、罗布藏多尔济、明瑞、鄂博什、温布，俱著在哨探队内行走，其巴图鲁侍卫，酌量派出巴图济尔噶勒，送马到日，亦在哨探队内行走，果木尼勒图、富绍，酌派领队，其驻兵鲁克察克，预备回部，永贵一人不足，著雅尔哈善同顺德讷、爱隆阿，酌派巴图鲁侍卫二员前往，永贵既在鲁克察克办事，俟事竣，再赴陕西巡抚之任。其余大臣侍卫官员，分队安台，屯田牧马等事，俱照所奏行。前曾谕车布登扎布、雅尔哈善，带兵先行，兆惠、富德来京，驰驿回营，尚可追及，伊等奉到此旨，如已起程，亦不必中途复回。再额敏和卓现同阿里衮追剿沙喇斯等贼众，如已竣事，即回游牧休息，来年办理回部，著同富德在哨探队内行走。

（《清高宗实录》卷551　页1038—1039）

成衮扎布等进京恐误进兵之期

乾隆二十二年十一月乙卯（二十七日 1758.1.6）又谕曰，成衮扎布、兆惠等奏，来京恐误进兵之期，朕已允所请，富德奉到此旨，如尚未起程，即不必来京，至伊所奏，遣使赴哈萨克时，令其供备口粮驼马一事，哈萨克甫经归附，且素习贪吝，不可稍有派累，即遣使前往，携带物件，亦可换易口粮，今阿睦尔撒纳逃入俄罗斯，努三不必在哈萨克久住，著行文撤回。

（《清高宗实录》卷551　页1039）

途中遇阿睦尔撒纳及大队贼众

乾隆二十二年十二月壬戌（四日 1758.1.13）又谕，前命和硕齐，护送哈萨克使臣，途中遇阿睦尔撒纳及大队贼众，即行擒剿，并著唐喀禄带兵策应，现在伊等，若未与贼人相遇，于护送来使，归伊游牧后，即驻扎额尔齐斯附近，明岁西路之兵，于正月下旬，自乌鲁木齐起程，三月中旬，可至沙喇伯勒，若和硕齐、唐喀禄，往返道途，必至迟误，今即就近驻扎，即可办理逋逃贼众，亦得以休息马力，著驻扎科布多大臣，接济伊等行粮，俱速行传谕知之。

（《清高宗实录》卷552　页1050—1051）

闻阿布赉游牧移向巴颜鄂拉等

乾隆二十二年十二月壬戌（四日 1758.1.13）参赞大臣富德奏，臣准兆惠咨文，奉到谕旨，以阿睦尔撒纳逃入俄罗斯，顺德讷等不必在彼守候，即应遵旨撤回，因前往哈萨克之额尔克沙喇、努三等，尚未回营，暂令留驻，臣于十月二十五日，令鄂博什带兵二百名，前往额林哈毕尔噶,沿途搜剿玛哈沁,与将军会合。昨据往哈萨克贸易人等,带来额尔克沙喇等书札,闻阿布赉游牧移向巴颜鄂拉。又闻巴图尔乌巴什,出痘身死属实。再臣等闻乌梁海安济、格斯奎,与俄罗斯素有仇隙,派出署防御达色等,于本月二十四日至布克图尔玛,安济等十余户迎战,达色追射安济,遇石伤足,前锋卓丹即奋力前进,将安济生擒,其格斯奎亦被擒获,计剿杀乌梁海三百余户,奖赏蓝翎乌勒德克阵亡,三等侍卫喀勒扎布等带伤,又于库克郭勒地方,遇果勒卓辉之乌梁海等二十余人,放枪迎敌,我兵坠马者数人,有宁古塔披甲人英德讷,黑龙江打牲达呼尔达三保,奋勇救出,尽剿贼众。又在前队行走奋勉之三等侍卫毕拉尔海,吉林署协领扎库齐,索伦署协领金济噶尔、阿第木保,察哈尔署协领喇嘛扎布,蓝翎侍卫达桑阿等,俱出众效力。得旨,富德所奏,前队效力之毕拉尔海授为二等侍卫,扎库齐、金济噶尔、阿第木保俱授为协领,喇嘛扎布授为头等侍卫,达桑阿授为三等侍卫,擒获乌梁海安济,格斯奎之达色、卓丹俱授为蓝翎侍卫,剿杀乌梁海之英德讷、达三保俱授为三等侍卫,其余奋勉效力及阵亡得伤官兵,俟造册到日,该部照例议叙议恤。

(《清高宗实录》卷 552　页 1051—1052)

和硕齐等送哈使臣便截拿逃贼

乾隆二十二年十二月乙丑(七日 1758.1.16)谕军机大臣等,昨谕和硕齐、唐喀禄,于送哈萨克使臣之便,带兵驻扎额尔齐斯附近,截拿逃贼,以候阿睦尔撒纳信息。今据车布登扎布奏称,来年大兵前进,巴图尔乌巴什等贼若欲逃入俄罗斯,必经由塔尔巴哈台、爱呼斯等语。著传谕和硕齐等,于额尔齐斯等处,酌量留兵堵截,伊等即带兵至塔尔巴哈台、爱呼斯,察看贼人来路,安设卡座,勤为瞭望,如有逃贼,即行剿灭,不可致令偷越,仍将驻兵处所,酌定具奏。

(《清高宗实录》卷 552　页 1055)

命黄廷桂雅尔哈善查勘屯田处所

乾隆二十二年十二月丁卯(九日 1758.1.18)又谕(军机大臣等),昨命黄廷桂、雅尔哈善,查勘屯田处所,广为播种,勿致荒闲,添派兵丁,以资耕作,来年我兵进剿,自应立奏肤功,即使未尽翦除,必蓄积有余,始可次第办理。可传谕兆惠、富德等,留心经画,务使地无遗利。至哈萨克,约于来年贸易,所到马匹,亦须多为购买,马蕃粮足,共乐饱腾,于军务甚有裨益,此二事宜与黄廷桂、雅尔哈善等,同心商办,再努三从哈萨克初回,自悉彼处情形,军营现亦无事,著来京以备询问。

(《清高宗实录》卷 552　页 1057)

察哈尔护军鄂罗斯拜骑马逃走

乾隆二十二年十二月甲戌(十六日 1758.1.25)谕军机大臣等,据富德奏称,察哈尔护军鄂罗斯拜,于十月二十五日夜,骑牵马匹逃走等语。鄂罗斯拜派往军前效力,反向哈萨克逃去,情甚可恶,但伊虽哈萨克种类,来投之后,即作为护军,给与产业,豢养二十余年，家属俱在察哈尔，有何被迫情事，只身逃往哈萨克耶，向来兵丁迷路，则该管官罪重，若逃走则罪轻，或该管官员希图避罪，以逃走详报，亦未可定，除将伊家属，交该总管暂行严加监禁外，著富德将鄂罗斯拜或系迷路，或实系逃走，查明具奏。此时伊或潜回察哈尔，著该旗亦严行缉捕。

（《清高宗实录》卷553　页1063）

黄廷桂疏奏筹办哈萨克贸易事宜

乾隆二十三年(1758)二月甲午。大学士管陕甘总督黄廷桂疏奏，筹办哈萨克贸易事宜。黄廷桂奏言：伏查，哈萨克于本年七月，在乌鲁木齐等处交易。臣一切预为筹办，其缎布等项，俱经运赴巴里坤收贮。今侍卫努三于二月二十九日抵肃，臣详悉询问。据称，哈萨克各部，人皆散处，凡有调遣会集之事，俱各随所愿，贸易人数多寡，不能预定。内地茶叶，非其所好，不必备往。即粧蟒缎匹等件，亦宜酌量配搭，不可过多。惟各色羢褐、毡毯、印花布等物，是其所需，购运亦易。伊地妇女，皆以白布缠头，似宜多备等语。臣查，乌鲁木齐道途遥远，不便临时备办，羢褐等件系西安、兰州等处出产。臣拟分饬各藩司，将此数项，酌量购办，先期运赴巴里坤收贮。倘哈萨克人数无多，布褐皆官兵常用之物，即于彼处散给，扣饷归款。再努三于三十日起程赴京。

（《平定准噶尔方略》正编，卷五十一）

屯田积谷市哈萨克健马再进兵

乾隆二十三年正月庚寅(三日 1758.2.10)又谕曰，兆惠等奏称，正月内马匹送到，即追剿巴图尔乌巴什等，再往叶尔羌、喀什噶尔擒拿布拉呢敦、霍集占，倘办不随意，不能即入回部，则且屯田积谷，市哈萨克健马，俟次年整兵再进。等语。兆惠等所见亦是，但不可有意迟疑，惟当相机以应，如上年进兵时，即计及办理回部，其后竟成空言，今谓贼人在沙喇伯勒，恐又复他往，或向内来，俱未可定，若伊等果在沙喇伯勒坐食，势必贫人盗窃其富家，不堪为命，互相杀害，断无安静之理，我兵乘机取之甚易。兆惠所奏，未免预留地步，即非有心观望，而怯懦固其本怀，以为事若无成，伊已先为奏及，不知临时果有阻滞，即俟次年办理，又有何碍，况车布登扎布陛辞日，朕已谕今年尽力赶办，如赶办不及，即明岁办理亦可，且办理回部，现谕添派绿旗兵八千名，兆惠惟带原议四千兵，前往沙喇伯勒，其办理回部，已命雅尔哈善、额敏和卓前往，观今日兆惠所奏，显系以兵少为虑，欲留雅尔哈善所带之索伦兵一千，用壮声势耳，可于绿旗兵八千内，派出一千，合原议之四千兵，前往沙喇伯勒，其索伦兵一千，仍令雅尔哈善带往。

（《清高宗实录》卷554　页4—5）

谕论平定准噶尔之事

乾隆二十三年正月丙午(十九日 1758.2.26)又谕，准噶尔一事，自用兵以来，伊犁既已荡定，而哈萨克汗阿布赉等，亦输诚内向，实皆仰荷上苍之默佑，列祖之鸿庥。独因叛贼阿睦尔撒纳逋逃未获，以致劳我师旅，于今三年，盖此贼一日未能成擒，则西事一日不能就绪，不得不极力追捕，以为边圉久远之计，非朕之好为穷兵黩武。从前所降谕旨甚明，去岁闻阿睦尔撒纳窜入俄罗斯境内，俄罗斯向为和好之部，定议彼此不许容留逃人，况阿睦尔撒纳罪大恶极，尤非他逃人可比，当令理藩院行文俄罗斯萨纳特衙门问索。今据办理俄罗斯边界事务喀尔喀亲王桑寨多尔济等奏称，俄罗斯毕尔噶底尔，差图勒玛齐、毕什拉等前来，并移文内称，阿睦尔撒纳逃至伊境，渡河被溺，随经救出拘禁，旋因患痘身死，今将尸献出等语。若惟恐不能取信于天朝，而亟亟以献尸为确据者，夫以阿睦尔撒纳之贪残狡诈，贻害生灵，负恩悖叛，天良灭绝，即暂逃于显戮，必难逭于冥诛，断无久延视息之理。其身死谅无可疑，至俄罗斯之收留叛贼，始未尝不欲抚而用之，及其已死，无可希冀，然后献出，亦系其实在情节，且彼既以谨守旧约，克全信义为词，自不当逆料其诈，拒而不受，更行深责也。况国家之所期必获者，不过一阿睦尔撒纳耳，今其人已死，其尸已得，准噶尔全局，自可以告厥成功。朕惟以大公之心，为顺应之举，断不肯恃我国威，诛求过当，万一所献不实，意图欺罔，则其曲自在俄罗斯，彼若妄生事端，则朕可以上告天地，而下对臣民，再兴师问罪，亦未为迟，即无知苟安之徒，亦无从议朕为好武矣。始议向俄罗斯索取阿睦尔撒纳时，众人之意，未必不窃议又生边衅，是总不知驾驭外藩之道，示之以谦则愈骄，怵之以威则自畏，此二言，若子孙世世能守，实大清国亿万年无疆之庥也。即如汉唐宋明，和亲称侄，岁币屡增，是亦逊让之极矣，而于边患宁稍救耶。即如俄罗斯，既已收留叛贼，若不严行索取，彼必不将尸献出，设从史贻直、陈世倌所议，且将迁就隐忍，竟若叛贼一入俄罗斯，遂无可如何者，所谓唾面自乾之为，朕甚耻之。朕于军国重务，惟有乘机度势，因物顺理，不但初无搆衅于俄罗斯之心，即此用兵三年，虽未如康熙、雍正年间之久，而朕已虑众人之劳，时切于怀，特因叛贼未获，万难中止，初非朕之本意也。向使前后在事诸臣，果能迅合机宜，则叛贼自不至逃窜，亦当早为弋获，何至辗转愆期，此用人不当，实朕之愧。然统计连年军兴征调，皆出自公帑，不但未加赋闾阎，而赈恤有加于往岁，此亦天下臣民所共知者，今逆尸已获，伊犁全部悉入版图，徐谋耕牧，缵承皇祖皇考未竟之绪，而自古未通中国之哈萨克，亦皆称臣纳贡，其于我皇清疆宇式廓，万年久安之道，为有益，为无益，朕亦不更置论。至叶尔羌、喀什噶尔等回部，原可计日平定，不必更烦动众。所有阿睦尔撒纳身尸俟解到之日，验明戮示，以彰国宪。先将此通行晓谕知之。

（《清高宗实录》卷 555　页 16—17）

遵旨将哈萨克使臣送至边界

乾隆二十三年正月戊申（二十一日 1758.2.28）谕军机大臣等，阿桂等奏称，和硕齐、唐喀禄遵旨将哈萨克使臣送至边界，即前往额尔齐斯之和尼迈拉呼、布崆郭勒地方，堵截逋逃贼众等语。著传谕和硕齐、唐喀禄，伊等口粮充足，前至驻扎地方，不可徒为坐守，须向各处巡查，如有隐匿逃窜之贼，即奋勉擒剿，勿致兔脱。

（《清高宗实录》卷 555　页 18）

兆惠等疏奏进剿贼众情形

乾隆二十三年(1758)三月辛丑。定边将军兆惠等疏奏，进剿贼众情形。兆惠等奏言:臣等于二月初九日起程。二十一日，臣富德至喀喇乌苏，捉生询问。据供，哈丹鄂拓克之人，与阿巴噶斯人等，逃至博罗塔拉。今年正月，土尔扈特舍楞等，忽来抢掠，闻舍楞将入俄罗斯等语。二十二日，至库尔喀喇乌苏，捉生询问。据供，厄鲁特鄂拓克人等，去年俱聚于沙喇擘勒。十二月间，哈萨克遣兵二千，将巴尔达穆特、绰和尔抢掠，其昂吉岱、哈萨克锡喇等，筑垒固守，因诱哈萨克。云玛哈沁等欲以妻子易换马匹，哈萨克存留百人，后为伊等诱杀，俱各分散。闻舍楞将入俄罗斯，布库察罕向固勒奇前来，复为昂吉岱所掠。再舍楞有千余户，过固勒奇向齐尔来时，击败哈萨克三百人，夺马数百匹，曾在博罗塔拉之博勒车尔格讷居住。布库察罕有二百余户，曾在赛里木淖尔居住。昂吉岱、哈萨克锡喇、鄂哲特、卓托鲁克、喀喇沁、阿巴噶斯、多果鲁特、特穆尔齐、塔本集赛喇嘛等，共千余户，自和济格尔渡伊犁河。曾言，向固尔扎、济尔哈朗等处居住。哈丹鄂拓克之敦多克带百余户迁来，曾在齐格特衣布拉克地方，此时不知所向等语。臣富德伏思，贼众分为四支，彼此相近，若先剿一处，必致闻风惊窜，因拥兵以待。臣兆惠等轻骑前来，于本日公议。从前臣等虑众贼会合一处，以抗我兵。我皇上先几洞鉴，谓乌合之众，不能久聚，万里之外，诚如目睹。臣等拟分兵进剿，如行围之法，约期回合，尽与歼除。现在合台站兵丁，计有四千余名。臣策布登扎布、富德，与罗卜藏多尔济、鄂博什、温布领兵一千二百名，向博罗塔拉，剿捕舍楞，再向赛里木淖尔，剿捕布库察罕，由固勒奇至伊犁会合。又派兵六百名，看守驮载接续台站。臣兆惠、巴禄领兵一千二百余名，由博罗布尔噶苏，向伊犁剿捕昂吉岱等。又派兵四百名，看守驮载三百名，接续台站。再闻博罗布尔噶苏岭内，鄂伯勒齐尔、尼勒喀，有布鲁古特之浑齐二百余户居住。臣兆惠于所领兵内，派出四百名，令瑚尔起、巴图济尔噶尔等，前往尼勒喀剿捕。臣兆惠、巴禄同由屯、图伦楚领兵八百，至鄂伯勒齐尔会合，同入伊犁。额驸色布腾巴尔珠尔、公明瑞去年追剿昂吉岱、阿巴噶斯游牧，未获成功，今恳请效力，亦同前往。其哈丹余众，仅百余户，齐格特衣布拉克相距亦近，令公敏珠尔多尔济、侍卫达礼善前往剿捕捉。其各队兵丁，俱于伊犁会合，再行进剿回部。至贼人供内，有舍楞将入俄罗斯之语。臣策布登扎布等疾行进剿，前经奉旨，令和硕齐、唐喀禄等堵截。臣等亦行文科卜多大臣，速为知会，惟期奋勉效力，一举荡平。

(《平定准噶尔方略》正编，卷五十二)

兆惠等疏奏昂吉岱等贼众情形

乾隆二十三年(1758)三月癸丑。定边将军兆惠等疏奏，昂吉岱等贼众情形。兆惠等奏言:昨据珲齐等供称，昂吉岱等贼众，向伊犁前来。臣等于三月初三日，至额尔克巴图尔布拉克，提生询问。据供，昂吉岱自去年从阿圭雅斯，逃至沙喇擘勒。哈萨克锡喇、鄂哲特等，以昂吉岱系噶尔丹策零近族，议立为大台吉，库察罕、舍楞等不从。舍楞欲入俄罗斯,布库察罕拒守伊逊萨们之源。昂吉岱遣特古斯孟克、鄂哲特来攻,为布库察罕所败。十二月初,哈萨克哈布哈之子图古占领兵二千,至沙喇擘勒,掠取绰和尔,及两巴尔达穆特、昂吉岱等,于察林之桥渡,连兵拒战。哈萨克阿布拉该尔之子额尔类,又领兵千人来攻。今年正月,昂吉岱等遂移向伊犁。布库察罕掠取昂吉岱马匹,鄂折特往追被擒,随行释放,因共攻昂吉岱。闻昂吉岱、特古斯孟克俱只身逃出,未知被获与否。鄂哲特于二月中,迁移北去,或往察罕乌苏阌勒奇,或合布库察罕,俱不得知。现在鄂哲特有千余户等语。臣等即寻踪往追,并行文策布登扎布。若贼众向阌勒奇,即行堵剿。又哈丹余众在齐格特衣布拉克,前遣敏珠尔多尔济等往剿。据称,二月二十七日,追至额卜推河,截其后队三十余户,全行剿杀。探知哈丹、阿巴噶斯余众,尚有七十余户,逃向绰和尔等营垒。随至其地,山险林密,仅容单骑,两山埋伏,枪炮不能前进等语。臣等即饬令奋力攻击,若不能即取,当严守隘口,不可致令逃脱,并发给一月口粮。又奉到谕旨,令臣等酌量派给雅尔哈善索伦兵丁。雅尔哈善调取索伦兵五百名,咨文亦到。臣等现带之兵,仅敷调遣,且已至伊犁。若将兵丁从额林哈毕尔噶,发往鲁克察克,恐路遥力乏。查现办解送人口,至巴里坤,亦须派兵,拟俟剿贼事竣,将索伦兵五百名,由朱尔都斯押解人口,送交雅尔哈善,将索伦兵留用,派绿旗兵丁,押解人口,转赴巴里坤。

(《平定准噶尔方略》正编,卷五十二)

鄂对等交与额敏和卓令其招降旧属

乾隆二十三年正月己酉(二十二日 1758.3.1)又谕曰,成衮扎布奏称,前年投来军营之库车伯克鄂对,乌什伯克色提巴勒氏、噶岱默特等,请交与额敏和卓,令其招降旧属。再将军大臣等,前往沙喇伯勒,经过那林、特穆尔图诺尔等处,宜晓示布鲁特人等,令将霍集占等擒献等语。成衮扎布所见,甚合机宜。现在雅尔哈善等办理回部,著将奏折录寄阅看,并传谕兆惠,若旧伯克鄂对等尚在军营,即送至额敏和卓处,令其招降旧部。再布鲁特原与回人相善,恐不知办理缘由,或协助霍集占等,兆惠经过其地,须晓示伊等,以准噶尔俱已平定,伊犁等处现在驻兵屯田,哈萨克全部归降,今因霍集占等背叛,兴师问罪,恐尔等妄生畏惧,其各安居游牧,若霍集占穷蹙来投,即行缚送,大皇帝当格外施恩,亦传谕雅尔哈善知之。

(《清高宗实录》卷555 页19—20)

业克明安德济特带阿逆后妻入俄罗斯

乾隆二十三年正月辛亥(二十四日 1758.3.3)谕军机大臣等,顺德纳、努三等奏,业克明安德济特,以阿睦尔撒纳之嫂为妻,闻阿逆败逃,即带阿逆后妻,自森博罗特入俄罗斯。又哈萨克齐奇玉斯之阿布拉该尔,久送伊子于俄罗斯为质,阿布赉亦近俄罗斯疆界过冬等语。伊等询访之处,自属确实,但现在俄罗斯之毕尔噶底尔报称,阿逆出痘身死,将其尸送验,则阿逆已伏冥诛,俄罗斯亦克全和好,德济特即窜匿其地,亦无能为,自可置之不论。至哈萨克之人,本畏俄罗斯,即如伊等,前曾向噶尔丹策零纳贡,因我师平定

准噶尔，即率属归降，则其与俄罗斯交好，自属事势宜然，且哈萨克若抒诚入贡，自当赏赐，以示绥怀，即不来亦无足重轻，伊之畏俄罗斯与否，更无庸介意，著传谕顺德讷等知之。

（《清高宗实录》卷555　页21）

带兵追逐逃亡贼众事宜

乾隆二十三年正月辛亥（二十四日 1758.3.3）又谕曰，顺德讷奏，据哈萨克多罗特拜、巴图尔等告称，闻巴图尔乌巴什出痘身死，哈萨克锡喇之众，俱为玛哈沁，惟舍楞由车陈哈喇逃往沙喇伯勒，哈萨克之齐奇玉斯努尔赉汗兄弟，已两路带兵追逐等语。从前朕即谓沙喇伯勒贼众，人心涣散，力亦甚穷，我兵一到，即可殄灭。今顺德讷所奏情形，果不出所料。再据奏称，哈萨克阿布勒比斯言，伊带兵前至伊犁萨，捉生询问，知舍楞等虽有万余户，现俱乏食，但不行殄灭，我等游牧终不得安，即不能尽剿，亦必追至叶尔羌、喀什噶尔、布鲁特等处，方可结局，于是公同商议，齐奇玉斯之额呼里苏尔统等，带兵万余，至吹地方，鄂尔图玉斯之萨尔图根巴图尔等，带兵二千，由阿克陶乌克陶起程，约至克呼布拉克，与哈巴木拜会合，抢掠舍楞等。俟春季雪消始回，将所余厄鲁特在何处栖止，知会大兵等语。兆惠等现在军营，于贼众情形何以全无信息，今看伊等穷蹙已极，势必互相盗窃戕害，是大兵未到，哈萨克早已俘获无遗，而兆惠等尚以沙喇伯勒贼众繁多，颇有畏难之意，可谓不谙事机矣。又舍楞等，或逃向特穆尔图诺尔及特克斯等处，若距军行辽远，即酌遣偏师，前往搜捕，以靖地方。其哈萨萨克厄鲁特交界处，恐厄鲁特殄灭后，地多闲旷，哈萨克不免侵越，虽游牧无人，在我亦难尽守，然必先明疆界，或哈萨克等，向将军大臣恳求转奏，朕亦可施恩赏给，方与体制允协，但不当听其遽行侵越，或轻易给与，亦谕兆惠知之。

（《清高宗实录》卷555　页22—23）

努三奏请派伊于哨探队效力

乾隆二十三年正月辛亥（二十四日 1758.3.3）又谕，据努三奏，今年办理厄鲁特回部，恳请派伊于哨探队效力等语。现在进兵官员，分派已定，努三系乌拉齐性习，所奏事件，文义繁琐，览之多不可解，是以谕令来京，面询哈萨克情形，如有伊可效力之处，再行差遣。其奏留军营之厄鲁特通事察罕库本、班第二人，亦令带来，伊等俱系巴雅尔、扎哈沁属人，业将伊游牧人等剿杀，恐留彼闻知，不免疑惧，伊等随军效力，并无罪过，朕当酌量加恩，若有妻子，并交黄廷桂查出，解送来京。

（《清高宗实录》卷555　页21—22）

准噶尔大功告竣具表奏贺

乾隆二十三年正月壬子（二十五日 1758.3.4）谕，今日王大臣等，以俄罗斯献出阿睦尔撒纳逆尸，准噶尔大功告竣，具表奏贺，试问王大臣等此奏，果皆实以为然耶，抑或尚有以叛贼之死，为未可深信者耶，在诸臣之或信或不信，本亦不足深论，然朕之宵旰忧勤，将以为边圉久远之计，而庸懦无识者流，或未免退有后言，此则不可不明切申谕耳。

即如阿睦尔撒纳逃叛之初，朕方手敕诸将，锐意追擒，而盈廷之议，颇有以伊犁既已平定，不必穷追为言者。及其窜入俄罗斯，则更束手相视，付之无可如何，若惟恐朕之饬索过严，以致又启边衅。无论俄罗斯一部，向属和好，彼此不许容留逃人，以理言之，固当向索。而叛贼之奸诡狡诈，既入俄罗斯，岂能郁郁久居，又必将为其所用，以为哈萨克一带之患。从前屡降谕旨，所谓叛贼一日不能成擒，则西陲一日不能宁谧者，正谓此也。是以上年谕理藩院行文俄罗斯，有阿睦尔撒纳在彼，若能永远拘禁，即不送出亦可之语。然俄罗斯既以收留叛贼，必且抚而用之，又岂肯永远拘禁耶。索之而不献，则其曲在俄罗斯，兴师问罪，固属事不容已，然使竟不向索，则彼亦何肯将尸献出，可见驾驭外藩之道，威德宜于并用，堂堂天朝，岂有迁就隐忍、苟且自安之理。至昨据努三奏称，德济特携阿睦尔撒纳之后妻，投入俄罗斯境，此则无关紧要，留之俄罗斯，不过彼处多一豢养之人耳，若亦严行饬索，必令缚送，是未免诛求过当，即朕亦难辞好武之名矣。朕于此事，乘时酌理，惟求协乎事机之至当，从未设一成见。统计用兵以来，即未多糜帑项，亦未劳我民力，今逆尸已得，伊犁久定，哈萨克又输诚内向，西陲绥靖，上缵皇祖皇考未竟之鸿谟，稍可免众人之浮议，朕之愿足矣，安可言贺。且现在尚有叶尔羌等回部，未经平定，及哈萨克锡喇等一二逆贼，逃窜未获，虽易于经理之事，计日可以奏绩，然朕之日夜筹画，政不以事将就绪而稍懈也，因王大臣之奏，爰以苦衷示之。

（《清高宗实录》卷555　页23—24）

添派绿旗兵进剿回部

乾隆二十三年正月癸丑（二十六日 1758.3.5）又谕，据兆惠奏称，奉到添派绿旗兵进剿回部之旨，俟巴里坤口粮马匹送到，即往剿沙喇伯勒贼众，再收取叶尔羌、喀什噶尔等语。昨兆惠以沙喇伯勒聚贼万户，似有畏难之意，故令其专办厄鲁特，计此时尚未奉到谕旨，然必知贼众尚易办理，故如此陈奏，则从前之畏难，益可见矣。去岁将军成衮扎布等，办理无绪，朕已分别示惩，兆惠等虽有微劳，但巴雅尔乃偶值军锋，哈萨克亦久欲归顺，究未能追及阿睦尔撒纳，是伊等本无可自矜，将来殄灭沙喇伯勒贼众后，能趱赴回部，更协事机，若谓进兵既有分地，不当分雅尔哈善等之功，则又属推诿故习，果能争先奋勉，何患无成。今命雅尔哈善为将军，其随印办事官员，兆惠等即于军营内，酌派数人发往。

（《清高宗实录》卷555　页27）

哈萨克前来贸易事宜

乾隆二十三年正月癸丑（二十六日 1758.3.5）又谕曰，兆惠等奏称，今秋哈萨克前来贸易，顺德讷熟习哈萨克等情形，请令在乌鲁木齐驻扎，办理贸易事务等语。顺德讷已派令进剿回部，其哈萨克贸易事务，著派努三办理，努三可仍遵前旨来京，朕面询彼处情形，再行遣往，谅秋季贸易之事，自不致迟误，可传谕兆惠、雅尔哈善、努三等知之。

（《清高宗实录》卷555　页27—28）

宣谕布鲁特部落

乾隆二十三年正月丙辰(二十九日 1758.3.8)以平定准噶尔及哈萨克归降,宣谕布鲁特部落。谕曰,准噶尔自噶尔丹策零身故以来,互相杀害,群生不得宁居,朕为天下共主,罔有内外,一体抚绥,何忍坐视其乱,用是特遣大兵,平定伊犁,擒获达瓦齐,安集众厄鲁特部落,俾得其所。乃准噶尔人等,听逆贼阿睦尔撒纳之言,反复逃叛,为大兵击败,阿睦尔撒纳逃入哈萨克,我兵深入追袭,哈萨克阿布赉拒战大败,仅以身免,始悔为逆贼所误,于上年遣使归诚,欲擒献阿睦尔撒纳,逆贼知觉,复逃入俄罗斯。今已出痘身死,俄罗斯遣人送尸请验,在准噶尔人等罪恶深重,不得已始行剿灭,以靖边陲。尔布鲁特本不与准噶尔相涉,但旧为邻国,今准噶尔全部平定,则尔土地,即与朕疆界毗连,尔等若如哈萨克慕化来归,朕将令照旧安居,不易服色,不授官爵,不责贡赋,惟遣使来请朕安,即加恩赏赉,其或尔等以外藩习俗,与中国异宜,不欲投诚降服,亦惟尔便,但能约束所部,永守边界,不生事端,朕亦不加兵骚扰,倘尔等不安常分,或越界游牧,肆行盗窃,则系自启衅端,斯时问罪兴师,尔悔将何及。朕仁爱为心,不惜开示利害,尚其熟思审处,谕军机大臣等,前据成衮扎布奏称,此次进剿沙喇伯勒,再往办回部,或经由布鲁特,应谕令擒献霍集占等语。昨已命兆惠、雅尔哈善等,照成衮扎布所见传谕,今更缮发敕书,谕以平定准噶尔及哈萨克归降等事,令其守分安居,兆惠等酌量颁给。此次进兵,伊等如不必经过布鲁特,即另行取道亦可,何以总未奏及,岂谓陈奏后,即当办理攻取耶。布鲁特以外,部落尚多,岂有尽行攻取之理,然伊等若惊疑生事,又何可置之不问,惟先期晓示,庶可潜消祸本。再去年珲齐等叛逃,正值兆惠前赴伊犁之时,迁道相避,贼始得脱。此次进剿,不可复蹈故辙。

(《清高宗实录》卷555　页29—30)

定边将军兆惠等疏奏贼众逃窜情形

乾隆二十三年(1758)四月庚申。定边将军兆惠等疏奏贼众逃窜情形。兆惠等奏言:查布库察罕、哈萨克锡喇等贼,在和落霍澌之客伊地方会齐,向伊犁下游逃窜。策布登扎布领兵,过阕勒奇岭尾追。臣等领兵,在博罗布尔噶苏一带策应。后闻策布登扎布之兵,在和落霍澌击败贼从,臣等即昼夜前追,沿途遇有逸贼,尽行歼戮。三月初九日,至车齐罕河。准策布登扎布知会,云兵至博罗呼济尔,数次捉生询问,或称贼人投往哈萨克,或称投往俄罗斯,或称自库库托木逃去,所供不一。我兵自宜穷追务获。但现兵虽有四百,而马匹疲乏,日有落后之人。仍需拣选马力有余,可多行数日之兵三四百名,前来接济。余兵令在伊犁等处,牧放马匹,将来进剿回部,亦可得力等语。臣兆惠、巴禄同领队大臣色布腾巴尔珠尔、明瑞、图伦楚、巴图济尔噶尔,选兵三百余名,昼夜兼行,接应策布登扎布之兵。再贼人踪迹四散,恐于山僻藏匿。现据侍卫老格等,在车齐罕河等处,剿贼百余人,收取人口二百余,及马驼军器等物。仍派副都统由屯、瑚尔起在后,收齐陆续到来之兵,分往搜剿。其疲乏马匹,于和落霍澌等处牧放,以备进剿回部之用。

又臣将擒获珲齐、阿南达哈什哈等属人五十名，带往军前效力，所有家口，派索伦兵五十名，同珲齐等家口，俱送至吐鲁番，俟雅尔哈善将索伦兵留用，另派绿旗兵，送至巴里坤。其布库察罕之从兄阿都齐，亦派索伦兵，送至吐鲁番，照前转解到京。

（《平定准噶尔方略》正编，卷五十三）

兆惠等疏奏哈萨克锡喇等信息

乾隆二十三年（1758）四月戊辰。定边将军兆惠等疏奏，哈萨克锡喇等信息。兆惠等奏言：臣等于三月十四日，过阿勒坦额默勒，至明布拉克会合。询问两路俘获人口，俱称，哈萨克锡喇、鄂哲特等，拣选马驼，渡伊犁河。或云在山僻藏匿，或云逃入回部。十五日，侍卫占颇图等报称，哈萨克游骑五十余人前来。臣等唤来询问，称系阿布勒该尔汗之子额尔类之人。额尔类领兵五千名，于伊犁遇哈萨克锡喇，所携余众将及百户，尽行掠取。哈萨克锡喇惟带一人逃走，追之不及。臣等告以去年阿布赉等归降，承受大皇帝恩泽，尔额尔类应照霍集伯尔根等之例来见。随令侍卫纳兰图等，同伊等游骑前往，俟额尔类回复，再行具奏。

（《平定准噶尔方略》正编，卷五十四）

议哈萨克入觐事宜

乾隆二十三年（1758）四月己卯。议哈萨克入觐事宜。军机大臣奏言：据努三奏称，前与哈萨克阿布赉、阿布勒比斯定约，在乌鲁木齐贸易。其阿布赉等子弟及所属人等，来京入觐事宜，应请豫为筹议。奉旨，交臣等议奏。伏思哈萨克贸易一事，努三恭承皇上训谕，敬谨遵行。至阿布赉等子弟及属人等，有愿瞻仰天颜者，行至乌鲁木齐时，努三即查明人数，派员照管，仍骑伊等本马至巴里坤，将所携什物存留，轻装就道。再阿布勒比斯，曾言擒获厄鲁特台吉、宰桑等，即行呈送等语。若果擒获解送，俟至乌鲁木齐时，如愿入觐，亦派员照管至京，如愿回游牧，即接收解犯转送，酌量来人职衔大小，及获犯多寡，以赏赐，于贸易缎匹内支给，以昭圣朝柔远之至意。其临期一应事宜，努三酌量办理。

（《平定准噶尔方略》正编，卷五十四）

陕省库贮缎匹解赴乌鲁木齐贸易

乾隆二十三年二月癸未（二十七日 1758.4.4）谕军机大臣等，据清馥奏，陕省库贮存剩缎匹，解赴乌鲁木齐贸易，准黄廷桂咨称，内有水湿缎一百七十匹，窄小丝松缎九百八十五匹，未便接收转运，仍令委员带回，另换补运等语。此项缎匹，非解员不能小心照管，即收贮时库员不能防护，抑或办买不能如式，著该督查明确实，系何人办理不善所致，即令其赔补，如根查无著，除将各缎变价外，，所有不敷原价之项，即著办理不善之督抚等分赔，亦无不可，其变价时，只可照时价估计，尤不可科派铺户，致滋扰累，至现在所少缎匹，及嗣后与哈萨克交易所需缎匹，陕省素非出产，恐一时难以购办，黄廷桂可酌量数目，先期开单奏明，或于内府库贮拨解，或于各织造处置办运送，自可照数应用，不必于该省竭蹷措办也。

（《清高宗实录》卷 557　页 57—58）

顺德讷等自哈萨克边界撤兵

乾隆二十三年二月甲申（二十八日 1758.4.5）谕军机大臣等，顺德讷等自哈萨克边界撤兵，途中搜查逸贼，尽行剿杀，复将哈萨克锡喇之党摩罗、达什扎布等生擒，实属可嘉，著加恩将顺德讷交部议叙，赏给世职，努三授护军统领，额尔克沙喇封为贝子。共奋勉效力之侍卫等，按本身等级，以次升授，防御授为佐领，佐领授为副总管，遇缺即补，委署防御、骁骑校、护军校，俱令实授。虚衔孔雀翎授三等侍卫，虚衔蓝翎准其实授蓝翎侍卫，余著造册送部议叙，其阵亡人等，系虚衔孔雀翎、蓝翎，俱照三等侍卫、蓝翎侍卫职衔。委署防御、骁骑校、护军校，俱照所属职衔，送部议恤。永著为例，再厄鲁特察罕库本、班第二人，著顺德讷查明，若未经授职，俱授为三等侍卫，已经授职，亦以次递升，顺德讷仍遵前旨，到巴里坤后稍为休息，再随雅尔哈善奋勉前进。

（《清高宗实录》卷 557　页 61）

交易缎布等项经运赴巴里坤收贮

乾隆二十三年三月甲午（八日 1758.4.15）大学士管陕甘总督黄廷桂奏，哈萨克本年七月，应在乌鲁木齐等处交易缎布等项，经运赴巴里坤收贮。努三赴京，于前月过肃，询称交易人数不能预定，内地茶叶，不必备往，妆蟒缎匹等件亦不必过多，惟各色绒褐、毡毯、白布、印花布等件，宜多购备，已饬陕甘各藩司，办运巴里坤。交易有余，即散给彼处官兵，扣饷归款。报闻。

（《清高宗实录》卷 558　页 72）

贼众情形若何作速奏闻

乾隆二十三年三月己亥（十三日 1758.4.20）谕军机大臣等，去年命和硕齐等，护送哈萨克使臣，于归途之便，在额尔齐斯相近之辉迈拉呼、布崆郭勒等处驻兵，凡从沙喇伯勒窜逸及逃往俄罗斯贼众，相机堵剿，今兆惠等进剿，贼众必闻风奔溃，或向俄罗斯，或往额尔齐斯、阿尔台窜逸，俱未可定。兆惠等一闻信息，当遣发轻骑，知会和硕齐等，令其协同堵剿，但不可因额尔齐斯等处，已有和硕齐等堵截，遂将应行防范路径，转多疏忽，致贼众得以脱逃，至伊等进兵月余，此时现到何处，曾过伊犁否，贼众情形若何，作速奏闻。

（《清高宗实录》卷 558　页 74）

兆惠等疏奏招服布鲁特部落

乾隆二十三年（1758）五月甲寅。定边将军兆惠等疏奏，招服布鲁特部落。兆惠等奏言：臣等领兵至善塔斯岭，令巴图济尔噶朗、瑚尔起带兵探哨。四月三十日，佐领委署参领布尼，马甲委署防御巴岱，马甲对音布、巴图等，见百余骑，随至特穆尔图诺尔之岸，收其马群。伊等放枪救护。我兵射杀三人,伤一人。当令厄鲁特齐里克齐,声言大兵至此。忽众骑中一人告称,我等是布鲁特,闻大兵在和落霍澌等处,剿灭厄鲁特,今因马群被收,一时不识,情愿投顺等语。齐里克齐等,招其头目图鲁启拜、鄂库,并所属六十余人。臣等询问图鲁启拜。据称,图鲁启拜系萨伊克鄂拓克之比。比者,即厄鲁特宰桑,回人伯克之谓。与比舍尔伯克,分管五百余户。又萨喇巴哈什鄂拓克,亦有五百余户,系玛木特呼里、拜鄂库分管,旧在右部安集延游牧。去岁闻大兵平定准噶尔,招服哈萨克,我等亦欲投降。近闻吗哈沁等传说,大兵将到,是以前来。我布鲁特人等,早有归顺之心,因为准噶尔所隔,如不见信,请将我等,或我子弟,留以为质。差人前往,则各鄂拓克必相继归诚,并派属人协助大兵。我布鲁特右部十鄂拓克,左部五鄂拓克。我等居右,今迁于哈尔哈里固勒米、图古斯塔老。其左部呼车、萨老、贺泰三鄂拓克,共千余户,距右部有十五日之程。俱可令其头目来见。其余左部二鄂拓克,在安集延。右部八鄂拓克,与喀什噶尔相近,到彼在行招服等语。臣等晓示图鲁启拜,云:我大兵所致,顺者抚恤,逆者诛灭,准噶尔、哈萨克即其验也。尔等果诚心效顺,大皇帝必加恩抚恤。今大兵征讨回部,士马粮饷甚足,不须协助资给。但选派熟悉道路及招服各部落之人,随军效力。至厄鲁特等,尽已歼灭。惟布库察罕、哈萨克锡喇等逃脱。如在尔境,自当擒献。据称,并无投入之人。臣等又晓云示云,大兵启行时,计当经由尔地,大皇帝洞鉴情形,已有恩旨前来。随恭捧敕书,译读宣示。图鲁启拜等叩头,告称,大皇帝仁恩如此,我布鲁特妇人孺子,无不欢感。遂复行礼拜。臣等察其情形属实,即告以派员恭赍谕旨,同往晓示。图鲁启拜等以马送臣等为贽。次日,臣等设宴相待,令观骑射,给以缎匹烟草等物,俱各欢悦。即派留任侍卫乌尔登、原任侍卫托伦泰、达什达瓦属人伯勒克,原系布鲁特人,同图鲁启拜等,前往招抚各鄂拓克,于五月初四日起程。留其子弟为质。

(《平定准噶尔方略》正编,卷五十六)

探知布库察罕勾结哈萨克锡喇信

乾隆二十三年四月丁巳(二日 1758.5.8)谕军机大臣等,车布登扎布、富德等,探知布库察罕,往合哈萨克锡喇之信,分兵追捕,奋力剿贼,斩获颇多,皆车布登扎布勇往所致,甚属可嘉,著将从前所赐伊父额驸策凌超勇之号,即赏与车布登扎布。副都统职衔温布著补授副都统,公品级扎萨克三都布多尔济若已赏翎,即赏缎四匹,若未赏翎,著赏翎,仍赏缎二匹,扎萨克达什授为公品级,其余效力之侍卫官员兵丁人等,即酌量赏翎,及造册送部议叙,伊等既会兵一处,仍候续报捷音,以膺懋赏。又据兆惠等奏称,哈萨克锡喇、布库察罕等,被车布登扎布穷追,或逃入俄罗斯,已行知和硕齐、唐喀禄等堵截,所见甚是。可传谕和硕齐等严行堵截,并传谕成衮扎布,朕原拟自科布多,派兵数百名前往策应,恐未能趱赴,但亦不防预备,成衮扎布仍酌量现有兵马若干,交阿桂等预备策应。此次剿贼,兆惠、车布登扎布等,既协力尾追,而哈萨克之兵,若又对面迎敌,前后夹攻,贼可全获,至堵剿舍楞,虽有和硕齐等,若发兵一队尾追,亦夹攻之道,可传谕兆惠,

而派兵数百名，仍令车布登扎布、富德带领前往，相机办理。

（《清高宗实录》卷560　页94）

兆惠等节次奏报追贼事宜

乾隆二十三年四月乙亥（二十日 1758.5.26）谕军机大臣等，朕阅兆惠等节次奏报于追贼一事，今无端绪，惟图苟且结局，哈萨克锡喇、玛里格尔巴朗、布库察罕、鄂哲特、乌尔古勒济勒、鄂勒哲依等，皆叛贼渠魁，俱已兔脱，焉能竣事，即如布库察罕，富德曾受其欺，今并未奋往追擒，半途即返。去年富德颇为效力，迩来似不如前，至哈萨克锡喇只身逋逃，据俘获生口所供，伊同布库察罕等，与哈萨克约誓，或逃入彼处等语。兆惠等自应穷追向索，乃并无一言奏及。去年追阿睦尔撒纳时，我兵直抵哈萨克边界，今亦当提兵压境，令其速行擒送，若稍有支吾，即进兵搜捕，方合事机，不可以贼众业已溃散，遂欲往办回部，即现在起程前往，亦遵旨复回，务俾渠魁全获，此次车布登扎布、富德等，尚稍能效力，兆惠、巴禄有何劳绩。前年兆惠领队进剿，躯命所关，始知奋勉，今统率多人，即生推诿，往往避难就易，即如所奏，贼踪已向伊犁，伊等皆约于伊犁会合者，何以未曾相遇，若谓窜伏潜逃，则军营自有卡隘，焉能偷越。兆惠等务将何人追逐，何人堵截，明白回奏。又所奏，巴图济尔噶勒擒获噶勒杂特宰桑特克勒德克，甚属可嘉，兆惠等进剿时，若早遣其效力，应已多擒数贼，不致漏网，巴图济尔噶勒及各队效力官兵，俱著交部分别议叙。再图伦楚尾追布图库，未及而回，若云应当议罪，则兆惠等亦未能奋勇追贼，独无罪乎？可传谕兆惠等加意奋勉，俟现在情形，回奏到日，再将图伦楚等，一并交部察议。

（《清高宗实录》卷560　页110—111）

兆惠等据由屯呈报领兵至伊犁

乾隆二十三年四月丁丑（二十二日 1758.5.28）谕军机大臣等，兆惠等据由屯呈报，领兵至伊犁，疾追乌尔古勒济勒等，已派玛瑺策应由屯，大兵亦相继进发等语。兆惠等自进兵以来，虽数次击败贼众，而渠魁如哈萨克锡喇等，未能擒获，且今日奏报中，并未言及。又有奏贺阿睦尔撒纳身死一折，阿睦尔撒纳之死，诸人俱可庆贺，惟兆惠、富德疏脱逆贼，未曾擒获，尚宜愧耻，乃亦腼颜奏贺，岂谓逆贼既伏冥诛，大事已竣。而哈萨克锡喇等贼，俱可置之不论乎？此时贼众若向特克斯等处，即宜迅速追剿，若已逃入哈萨克，亦应勒兵索取，仍分兵至博罗塔拉，擒拿舍楞等，务期弋获。至所奏喀喇乌苏之呼鲁苏台台站，被贼抢夺，兆惠等领兵进剿，自应令巴禄照管台站，两将军，两参赞，闲居一处何为，而巴禄更属无事，伊等岂欲效去年西路所行乎？奉到此旨后，若达礼善等尚未追剿哈丹鄂拓克、善披领集赛等余贼，即派巴禄领兵二三百名，前往搜捕。又所奏瑚尔起等，收取伊克胡喇勒得木齐巴苏泰，由屯收取杜勒巴集赛等户口，皆系畏威乞降，解至巴里坤时，仍送肃州办理。

（《清高宗实录》卷561　页114—115）

官兵已抵哈喇沙尔皆思奋勉效力

乾隆二十三年五月庚寅（五日 1758.6.10）谕军机大臣等，雅尔哈善等奏称，官兵已抵哈喇沙尔，皆思奋勉效力等语。览之殊为欣慰。从前曾议两路进兵，夹攻回部，今兆惠等虽进剿厄鲁特贼众，尚未将渠魁擒获，则办理回部，专倚雅尔哈善，额敏和卓等，务宜和衷商榷，早奏肤功。至此次声罪致讨，惟在布拉呢敦、霍集占及附和为恶之数人，与回众无涉，雅尔哈善等应宣示回众，若将首恶擒献，非但无罪，且必加恩，则伊等自生内变。又从前议于特穆尔图诺尔等隘口，防范逆酋等潜逸，即哈萨克锡喇等由此路投入回部，亦可邀擒，俱宜早为布置。至沙喇斯、玛呼斯贼众，大概逃入回部或哈萨克、布鲁特等处，若谓竟自分散，恐非实信，雅尔哈善等，亦当乘便搜捕，庶逸贼尽殄，台路可清，并传谕兆惠等知之。

（《清高宗实录》卷 562　页 127）

哈萨克阿布赉遣使来告情况

乾隆二十三年五月壬辰（七日 1758.6.12）谕军机大臣等，据和硕齐、唐喀禄等奏称，哈萨克阿布赉遣使来告，伊等派兵往博罗塔拉，与舍楞、布库察罕相攻，俘获特古斯哈什哈等百余户，哈萨克兵马亦多伤损，舍楞等尚有千余户，未知去向等语。看来布库察罕为舍楞所迫，逃向伊犁，又为我兵击败，舍楞仍在博罗塔拉附近藏匿。从前朕谓舍楞必不竟入俄罗斯，谕兆惠等派兵搜捕，与和硕齐等所奏适相符合。则兆惠等，向来并未疾速追擒，第欲以投入俄罗斯结局，昭然可见。可传谕兆惠等，此时兆惠即往回部，尚有车布登扎布等在伊犁，先行追剿舍楞等贼众，兆惠奉到此旨，亦即回兵策应，又有和硕齐等堵截，贼势自必穷蹙，且近与哈萨克交兵，未必往投，即往投必被其俘送，断难漏网，但不可徒恃哈萨克之协助，而懈我军心耳。又阿布赉来信云，伊等派兵于三月起程，五月中旬，可抵洪郭尔鄂隆等语。并谕兆惠等知之。

（《清高宗实录》卷 562　页 128）

兆惠等疏奏招服布鲁特部落情形

乾隆二十三年（1758）七月壬辰。定边将军兆惠等疏奏，招服布鲁特部落情形。兆惠等奏言：臣等前抵布鲁特境，收服萨伊克、萨喇巴哈什两鄂拓克头目图鲁起拜等，遣侍卫乌尔登、托伦泰等，同往招抚各部落。六月初四日，据乌尔登等报称，五月十二日，至图鲁起拜之游牧地，名珠木罕。次日传齐所属，宣读恩旨。适塔拉斯头目迈他克之子额什博托，亦在此地，一同跪听，俱以手加额，叩首告称，我等久欲为大皇帝臣仆，被准噶尔阻隔，今始得如愿，不胜欣悦。询额什博托，云，塔拉斯有四千余户，系玛木特呼里比总管，哈喇博托迈塔克阿克拜分领，由此处行走，五六日可至。托伦泰于十四日起程，前往招抚。乌尔登于十八日，至图固斯塔老，与萨喇巴哈什头目车里克齐相见。次日宣旨，俱欢悦叩拜如前。车里克齐等，献牛羊百头，愿谒见将军，赴京入觐。于六月初三、初四等日，行至军营。臣等恭述皇上恩谕抚纳，并示以哈萨克归诚情事，若有厄鲁特甫逃，在尔境内者,即当缚献。众皆合掌叩首。云,强如厄鲁特,俱已剿灭,如哈萨克,俱已降附,我等微小部落,不归诚圣主,更将何往。臣等又告以进剿回部之兵,由吐鲁番一路,想已事竣。但布鲁特在叶尔羌、喀什噶尔之右,倘逆酋穷迫来投,或经由尔境,应协力擒送,以承恩赏。车里克齐等敬诺。复云,我等旧游牧地,求给赏为业。臣等晓示云,尔等曾被厄鲁特驱逐,借安集延等处游牧。即现在耕种之纳里特、珠木罕、塔拉斯等处,从前尚为厄鲁特所据。今大兵平定准噶尔,格根喀尔奇喇、特穆尔图淖尔等处,仍须安设卡伦。伊犁有大兵驻防,若尔等游牧狭隘,惟抒诚恳请,恭候大皇帝天恩指赏,不可私行迁徙。车里克齐等,敬诺如初。又询以入觐人数。据称,我玛木特呼里比,年九十余,身体过胖,坐时腹垂至地,不能乘马。惟车里克齐、图鲁起、尼沙三人赴京等语。初六日,臣等设宴,令观骑射,众皆惊羡。初九日,派三侍卫达桑阿,照看车里克齐等赴京。其托伦泰招抚之塔拉斯,俟回报,续具奏闻。

(《平定准噶尔方略》正编,卷五十八)

兆惠疏奏右翼布鲁特归诚

乾隆二十三年(1758)七月癸卯。定边将军兆惠疏奏,右翼布鲁特归诚。兆惠奏言:准富德咨称,侍卫乌尔登招降布鲁特,玛木特呼里比遣其弟舍尔伯克等入觐,计六月十八日,可至军营。乌尔登因托伦泰未到,令布鲁特人往迎,俟降人一到,即令托伦泰伴送。十九日,乌尔登率舍尔伯克,及其族弟呼岱巴尔氏来营。查玛木特呼里比遣弟入觐,甚属恭顺,应即派乌尔登伴送赴京。又所招布鲁特人,内有克勒德拜者,为众所服,因未出痘,不敢入京,向臣等求给印文,招抚各处布鲁特,臣酌量给发。又有贸易回人阿卜达喇玛、阿卜都喇伊木,愿往招降安集延等处回众。臣即允其给文,约于来春至伊犁相会。又运送粮饷之健锐营前锋托克托拜等,于五月二十三日,在昌吉斯被哈萨克三百余骑抢掠。续遇其头目额尔类,询知官兵什物,即行查出交还。并称前奉将军发给印文,此行原为查拿哈萨克锡喇等语,其情形甚为恭顺。再二月间,侍卫额尔登额,因马踢伤胫,不能行走,请送至巴里坤调理。

(《平定准噶尔方略》正编,卷五十八)

途遇哈萨克解送叛贼布库察罕和硕齐

乾隆二十三年(1758)七月丙午。参赞大臣巴禄疏奏,途遇哈萨克解送叛贼布库察罕和硕齐。巴禄奏言:臣于六月二十一日,从古尔班察尔河起程,巡查台站,途遇哈萨克阿布赉遣来贸易之哈鼐巴图尔等。据称,闻得布库察罕投入哈萨克。六月初,有拜布喇克巴图尔等,将布库察罕交与大国来使。又闻哈萨克锡喇逃往沙喇擘勒,舍楞投入俄罗斯等语。臣即送哈奈(鼐)巴图尔于策布登扎布处。二十六日,奖赏蓝翎德伦保解送布库察罕和硕齐前来。据称,同纳旺等于五月二十九日,至哈萨克达勒达克之拜济格特。据拜布喇克巴图尔告称,布库察罕同妻子属人来投,今奉将军等索取,即同伊妻交出。又据霍集伯尔根属人兆巴萨尔等,将在逃原任散秩大臣和硕齐交出。又前次得伤之察哈尔跟役孟克、索伦披甲萨尼图,俱行交送。我等起程前来,纳旺雅库等仍往阿布赉处,查询哈萨克锡喇信息。其布库察罕之子,年方七岁,已分给远地,俟续行查送等语。又接策布登扎布知会,将布库察罕解送军营,再由乌里雅苏台送京。并询据和硕齐供词,另单恭呈御览。

(《平定准噶尔方略》正编,卷五十九)

命侍卫永德协办哈萨克贸易事务

乾隆二十三年六月戊午(四日 1758.7.8)命侍卫永德,驰驿前往乌鲁木齐,协办哈萨克贸易事务。

(《清高宗实录》卷 564 页 149)

雅尔哈善所奏库车情形

乾隆二十三年六月丁巳(三日 1758.7.7)又谕曰,雅尔哈善所奏库车情形,著传谕兆惠,此时若能直取叶尔羌等城,擒获逆酋,自可赎疏脱哈萨克锡喇之罪,但务宜探听雅尔哈善等信息,如信息未通,亦不必冒昧前进,即带兵转回,查拿哈萨克锡喇等,至前据哈萨克人等所言,哈萨克锡喇只身逃走,及伊母渡河溺死,殊不足信,或借此浮言,懈我军心,因而潜行招引,亦未可定。兆惠回至伊犁,当加意察访,如果哈萨克有招引情事,即带兵压境,严行索取,自可弋获,仍将进兵情形,作速奏闻。

(《清高宗实录》卷 564 页 149)

命努三办理哈萨克贸易事宜

乾隆二十三年六月己未(五日 1758.7.9)又谕,前命努三办理哈萨克贸易事宜,曾面谕以不可多给价直,现在进剿回部,恐本年未能竣事,来岁需马更多,可传谕努三,俟哈萨克以马贸易时,不妨多为购办,即价直稍昂亦可,至所易马匹、牧放需人,绿旗兵虽不可用,若巴里坤有察哈尔兵,当酌量拣派,暂令牧放马匹。仍著一面奏闻,一面咨明巴里坤大臣办理,现在拟派察哈尔兵一千名,星速前往,其加意牧放,以利军行,昨命永德协办贸易事务,努三俟其到时,更宜留心指示,俾得学习行走。

(《清高宗实录》卷 564 页 149—150)

哈萨克贸易马匹商办牧放事宜

乾隆二十三年六月庚申(六日 1758.7.10)谕军机大臣等,黄廷桂奏,哈萨克贸易马匹,商办牧放事宜一折,自属慎重防护之意。现在已派察哈尔兵一千名,前往照料牧放,可免匪人潜窃之虑矣。至折内所称,大兵指日成功,亦无需马之处等语。于现在情形,尚未稔悉,办理回部一事,此时雅尔哈善正在领兵进剿,如果能奏功,固属甚善,设或一时未即就绪,则明岁派添兵马,亦必于此时预为擘画,即口粮一项,亦应酌备一二万兵之用,庶不致临事周章。该督虽不可因此预存张皇之见,而熟筹妥备,又不可不留心经理,若于哈萨克贸易马匹时,设法多为购换,以资储蓄,更属周至,总在该督酌量从容妥办耳。将此传谕知之。

（《清高宗实录》卷564　页150）

招抚布鲁特情形

乾隆二十三年（1758）八月辛巳。参赞大臣富德疏奏，招抚布鲁特情形。富德奏言：臣与巴图济尔噶尔、玛瑺、额尔登额等，领兵七百名，于七月初六日，至布鲁特之塔拉斯。其头目迈塔克哲野木，又喀喇博托之弟、喀喇们都子阿萨木，及分管三百余户之纳苏卜呼里，俱来求见，言及侍卫托伦泰招抚情事。臣询以西哈萨克相距程期。据云，边界相错，有十数日、数日不等。西哈萨克之特柳克、图里拜等，年来与塔什罕回人相攻，不知胜负若何？请遣人为大兵前导。臣派三等侍卫蒙固勒岱、吉林署参领赫申等，前往西哈萨克，查拿哈萨克锡喇。若特柳克等情愿归诚，遣使入觐，即照例伴送至京。又询迈塔克等，云，从前图鲁起等告称，塔拉斯有三鄂拓克，今惟科索楚、启台两处。其萨娄鄂拓克之阿克拜，何以未来？据称，阿克拜及伊侄车里黑、叶里黑等三人，分管五千户。又爱达尔伯克管百余户，相距颇远。且与回人额哲伯特相攻，故前此未导侍卫前往。今阿克拜过夏之地，去此只四五日程期等语。臣即令迈塔克遣人前导，派察哈尔蓝翎侍卫伊达木扎卜、戴奖赏蓝翎之索伦领催林保等前往。十二日，伊达木扎卜等回营。告称，阿克拜等所居，名巴伦古特，闻有恩旨招抚，俱欢悦归诚。阿克拜年老，遣其子伯勒克。爱达尔伯克有疾，遣其弟诺奇等来见，请与迈塔克子弟同行入觐。臣令其随营，于十三日起程，前往西哈萨克边境。计蒙固勒岱等八月初可回。其哈萨克锡喇，有无潜匿？及西哈萨克果否归诚？或伊等请来年入觐。则阿克拜等使人，令且回游牧。臣于八月内，可抵伊犁等处。

（《平定准噶尔方略》正编，卷六十）

和尔郭斯之捷情形

乾隆二十三年七月乙酉（一日 1758.8.4）又谕曰，车布登扎布，前奏和尔郭斯之捷，已加恩赐以伊父超勇之号，今询问擒获之鄂哲特等，知贼众先将游牧移踞高冈，伏兵邀击我师，车布登扎布等奋勇冲突，贼不能支。侍卫玛琥等亦奏称，我兵甚少，副将军身先士卒，所向无前等语。朕闻之实为嘉悦。著加恩赏系金黄带，以示旌异，至车布登扎布败贼之前，已得舍楞逃窜信息，彼时未即追剿，或因不能兼顾，亦事势使然，此时布库察罕逃入哈萨克，料伊部自必缚献，惟哈萨克锡喇往投西哈萨克之特柳克，富德兵少，穷追稍觉可虞。昨已谕车布登扎布策应，自必奋勇前往，然亦须酌量马力，倘有不足，即与富德，撤兵暂回伊犁，俟来年再举亦可，在他人迟延观望，朕每降旨催督，车布登扎布天性勇往，是以谕令酌量，现在领兵所至，情形如何，可即速奏闻。

（《清高宗实录》卷566　页172）

分兵擒剿厄鲁特余孽

乾隆二十三年七月壬辰（八日 1758.8.11）又谕，据兆惠等奏称，伊等分兵擒剿厄鲁特余孽，伊自造哈至和尔岱、海喇巴特搜捕，向哈什伯勒齐尔与富德会合等语。此等地方，不但无哈萨克锡喇等贼，亦未必有玛哈沁，惟造哈、和尔岱等处，与回部相近，即由此往会雅尔哈善。至富德所奏，经由布鲁特塔拉斯游牧，抵西哈萨克边界，侦探哈萨克锡喇信息，搜捕吹、沙喇伯勒余贼等语。从前兆惠、富德虽有分兵之奏，而由何路回至伊犁，尚未奏及，朕即于富德，务由沙喇伯勒回转。又谕车布登扎布，领兵由此路策应，今览所奏，与前旨适相符合，富德其加意搜捕逸贼，若虑兵少，即由沙喇伯勒通信车布登扎布，速往会合，俱著传谕知之。

（《清高宗实录》卷566　页178）

与巴禄同追舍楞至古尔班察尔

乾隆二十三年七月壬寅（十八日1758.8.21）又谕，据车布登扎布等奏称，与巴禄同追舍楞至古尔班察尔，与阿桂合兵，知舍楞已入俄罗斯，随派副都统鄂博什等，前往索取，又前遣往哈萨克索取布库察罕之纳旺等，尚未回报，因与阿桂暂行驻候，巴禄仍巡查台站等语。所办尚合机宜。朕前屡谕车布登扎布，策应富德，计奉到此旨时，阿布赍已将布库察罕缚送，车布登扎布即同阿桂前往，与富德合兵，向阿布勒噶尔，索取哈萨克锡喇，如饰辞延缓，或适届撤兵之期，亦即相机酌办。顷已谕都统德尔素为参赞大臣，在科布多办事，阿桂不必回科布多，倘业经转回，即来京请训。至巴禄既仍旧巡查台站。从前达礼善、敏珠尔多尔济等，追剿阿巴噶斯、哈丹等游牧，日久未见奏报，巴禄著在额林哈毕尔噶等处，探听达礼善等所在，协力剿除余贼，毋徒以搜捕玛哈沁为事，并传谕知之。

（《清高宗实录》卷567　页188—189）

右翼布鲁特玛木特呼里比归诚

乾隆二十三年七月癸卯（十九日1758.8.22）定边将军兆惠疏报，右翼布鲁特玛木特呼里比归诚，遣其弟舍尔伯克等入觐。谕军机大臣等，据兆惠等奏称，侍卫乌勒登，招降布鲁特玛木特呼里比，遣其弟舍尔伯克入觐等语。乌勒登伴送入觐之布鲁特等，行至巴里坤肃州等处，俱著优加宴赉，以示慈惠，其贸易回人，愿往招降安集延等处回众，恐伊等如期来至伊犁，自当预为守候，庶不失信远人，车布登扎布、富德回兵时，即在彼驻扎办理，或酌派大员亦可。至托克托拜，遇哈萨克额尔类，将属人所掠官物，查出交还，具见诚恳，著赏额尔类缎四端，仍传旨嘉奖。并谕以据擒获人口所供，哈萨克锡喇在阿勒沁部落，如能传示缚献，必沛殊恩。前锋托克托拜行走黾勉，著授为蓝翎侍卫，其侍卫额勒登额受伤既重，即回京调理，俱各传谕知之。

（《清高宗实录》卷567　页189—190）

富德与兆惠分兵过吹等至西哈萨克界

乾隆二十三年七月丙午（二十二日1758.8.25）谕军机大臣等，富德奏称，与兆惠分兵过吹、塔拉斯至西哈萨克边界，索取哈萨克锡喇，如稍有推诿，即领兵入境查拿，或实

系逃往他处，亦即遍行搜捕等语。所办深合机宜。看来富德有承受朕恩之福。近据兆惠奏，粮运章京托克托拜，曾遇哈萨克额尔类，问及哈萨克锡喇逃往何处，而巴禄奏称，阿布赉使人哈奈巴图尔，谓哈萨克锡喇向沙喇伯特逃去，参互观之，哈萨克锡喇似不曾逃往特柳克处或藏匿幽僻，亦未可定。可传谕富德，伊能擒获哈萨克锡喇，则厄鲁特全部可告成功，其悉心奋勉，以膺懋赏。

（《清高宗实录》卷567　页193）

解送贼人必经由成衮扎布驻扎之地

乾隆二十三年七月丁未（二十三日1758.8.26）谕军机大臣等，据巴禄奏称，途遇哈萨克人等，解送叛贼布库察罕、和硕齐，已派兵送往车布登扎布处等语。可传谕成衮扎布，解送贼人，必经由成衮扎布驻扎之地，阅和硕齐供词，颇多狡辩，若车布登扎布误信其言，不与布库察罕一体锁拿，成衮扎布即严行拿解，勿致逃脱，若此时已至布延图，亦传谕扎隆阿等，遵照办理。

（《清高宗实录》卷567　页193—194）

向哈萨克索取布库察罕等解京

乾隆二十三年七月庚戌（二十六日1758.8.29）又谕（军机大臣等）曰，车布登扎布，向哈萨克索取布库察罕等解京，又请前赴兆惠军营，甚属奋勉，著加恩晋封亲王品级，遣往哈萨克之纳旺，著赏戴孔雀翎，并将伊现任职衔，查明具奏。又所奏探取兆惠信息，前已谕车布登扎布策应富德，如拿获哈萨克锡喇，固善，否则于应撤兵时，仍回伊犁。近因回部诸城望风乞降，是以朕意今岁不必撤兵，以期蒇事，车布登扎布回伊犁后，再前赴回部，较为便捷，所虑口粮不足，又须纡道乌鲁木齐，若稍可通融，或行文永贵等，先将口粮运赴库车接济，俱著筹酌办理。至阿桂所奏，暂于布崆郭勒等处，驻候信息，阿桂既与车布登扎布合兵，自宜同往策应富德，以为效力之路，何必分道却回。著传谕阿桂，如未至布延图，则仍追及车布登扎布同行，如已离布延图不远，即令官兵回营，阿桂作速来京请训，再赴西路。

（《清高宗实录》卷567　页195—196）

右部哈萨克图里拜及塔什罕回人图尔占归诚

乾隆二十三年（1758）九月庚寅。参赞大臣富德疏奏，右部哈萨克图里拜，及塔什罕回人图尔占归诚。富德奏言：臣等遣蒙固勒岱、赫善等，前往右部哈萨克，索取哈萨克锡喇。又闻塔什罕回众，与右部哈萨克相攻，令其晓示息兵，同来归附。臣就近进兵，距莽格特城两站驻候。七月二十四日，蒙固勒岱等报称，询知右部哈萨克头目图里拜、辉格勒德、萨萨克拜等，俱在塔什罕城，与回人争战。特柳克已经病故，伊子雅木巴拉克游牧，亦相去不远。随传唤到营，询知萨萨克拜等所在，亦率四十余人来迎。据称，右部哈萨克系阿比里斯汗为首，其塔什罕系莫勒多萨木什、沙达图尔占分管，惟图尔占与哈萨克争战。七月十三日，萨萨克拜引导，与阿比里斯等相会。问以哈萨克锡喇踪迹，俱称不知，须候图里拜来时商议。十五日，见图里拜。十六日，阿比里斯等集众来见。告称，我右部哈萨克，太欲归诚，因被准噶尔隔绝。今闻大兵平定准噶尔，我左部哈萨克阿布赉归诚，受大皇帝隆恩。又闻布鲁特相继归附，我等欣闻招抚，情愿入觐。因年老不能远行，议遣图里拜之子卓兰、辉格勒德之族弟博索尔满代往，谨进马三匹，并参赞大臣贽见马一匹等语。随于备带缎匹内，分别给赏。仍示云，尔等已经归诚，尚与回人争战，不如乘此解散。据图里拜告称，与塔什罕回人，向无嫌隙。因图尔占逐我所用伯克莫勒多萨木什，是以交恶，今情愿息兵。遂遣索伦领催图鲁逊、吉林领催留保、马甲额森特德赫布等二十一人前往。正值哈萨克、塔什罕之众拒河排列，争水放枪。于是高声宣谕，大国使臣特为息汝等争斗而来。因为陈说利害，唤出图尔占与图里拜相见。伊等亦情愿自此息兵，一同归顺大皇帝。其回人等仍旧供哈萨克赋役。至水道仍给与塔什罕。图尔占不胜感激，议定遣人入觐，遂带领哈萨克所遣之卓尔博索尔满、莫勒多萨木什所遣之默呢雅斯前来。其图尔占使人，尚未会到。看得右部哈萨克及塔什罕事务，俱系图里拜办理等语。二十九日，所遣使人，来至军营。臣详悉晓示，并将护送来京之官兵跟役，酌量派调。又蒙固勒岱等在莫勒多萨木什处，查出阿睦尔撒纳亲兄巴特玛车凌之子伊什扎卜，一并交蒙固勒岱等，沿途看守，于八月初四日起程赴京，所有图里拜等奏章，谨赍呈御览。

（《平定准噶尔方略》正编，卷六十一）

哈萨克额尔类抢掠昂吉岱等游牧

乾隆二十三年八月己未（六日 1758.9.7）又谕，据额驸色布腾巴勒珠尔奏对，去年哈萨克额尔类，抢掠昂吉岱等游牧，有鄂托图柳之子，为哈萨克锡喇所获，旋行释放，告以日后有急，即来相投等语。可传谕车布登扎布、富德等，当以此言告之额尔类云，哈萨克锡喇显系投入尔等游牧，但尔等所属颇多，一时不能觉察，即如尔等属人，误取我台站所运官物，尔即照数交还，奉旨奖赏，今若献出哈萨克锡喇，则益昭恭顺之忱，如此开导，亦擒拿贼首之一策，其筹酌行之。

（《清高宗实录》卷 568　页 204—205）

哈萨克锡喇传闻逃入西哈萨克

乾隆二十三年八月丁卯（十四日 1758.9.15）谕军机大臣等，哈萨克锡喇虽传闻逃入西哈萨克，此时或又潜回旧游牧藏匿，亦未可定。可传谕成衮扎布，现在搜剿盗窃西路那呼台站马匹之贼，如无哈萨克锡喇在内，即领兵至伊旧游牧，于所遇玛哈沁等，严密搜剿，再行撤回。并传谕福禄等，带领索伦兵，经过哈布塔克、拜达克等处，将盗窃马匹贼人及玛哈沁等，留心搜剿，只须派兵二三百名，遣侍卫等分路前往，亦不必过于留滞，致误前抵军营之期。

（《清高宗实录》卷 568　页 212）

永贵等赴库车办粮饷驼运事宜

乾隆二十三年八月己巳（十六日 1758.9.17）办理屯田侍郎永贵等奏，前赴库车粮饷驼运事宜，查阿里衮于六月中，从巴里坤运粮一千四百石，向乌鲁木齐进发，现知照约计库车需用之数，留于吐鲁番。再吐鲁番、辟展一带，询之回人云，可牧驼六七千只，其贮粮处所，有辟展旧堡，请苫盖仓廒，收贮屯田粮饷军械农器，令同知都司分管。再辟展地居巴里坤、哈密及两路军营之冲，距吐鲁番百余里，臣永贵、定长、清馥、纳世通内，酌留二人，驻扎办事。报闻。

（《清高宗实录》卷 569　页 214）

雅尔哈善等击败霍集占援兵

乾隆二十三年八月辛未（十八日 1758.9.19）又谕，从前雅尔哈善等，以六月十六日击败霍集占援兵，昨据兆惠所奏，俘获厄鲁特供词云，曾随霍集占战败，逃入后山，于七月二十四日至特呼克等语。看来伊等行走月余，特因辗转逃匿，若我兵直抵库车，必较为迅速，乃所奏但言搜捕哈萨克锡喇，尚未有速往回部之意，岂以前有往哈萨克索取叛贼亦可之谕，遂尔拘泥，抑或不愿前往，从中观望，若如此存心，避难就易，则更不可，且兆惠等，曾以厄善特贼党净尽，即策妄阿喇布坦复生，亦无可如何等语。见之章奏，而又借搜捕逸贼，留恋伊犁，自相刺谬，谅不至此，此时应接奉屡次谕旨，迅速启行矣。现因办理回部，调发健锐营兵一千名，索伦兵二千名，察哈尔兵一千名，军威甚壮，今年断不撤兵，且必于今冬竣事，盖大兵一撤，则回人又来夺据城堡，种植禾稼，惟相持不解，则贼人无从得食，而我官兵粮饷马匹，又由哈密源源接济，自可早奏肤功，兆惠其加意奋勉，毋蹈覆辙。

（《清高宗实录》卷 569　页 217）

车布登扎布前往西哈萨克策应富德

乾隆二十三年八月丁丑（二十四日 1758.9.25）谕军机大臣等，车布登扎布奏称，在古尔班察尔得旨，前往西哈萨克，策应富德，询厄鲁特向导云，从此地须行走三个月，若仍回伊犁，由沙喇伯勒前往较近，约计官兵口粮可至八月等语。前谕车布登扎布，策应富德，如哈萨克锡喇仍未弋获，即径往库车，倘粮饷不敷，可向乌鲁木齐支给，并令行文永贵，酌量办理。今据所奏，则军前口粮，现须接济，可传谕永贵等，即于乌鲁木齐贮备粮饷内，速行运送，并传谕车布登扎布知之。

（《清高宗实录》卷 569　页 219）

富德已至塔拉斯将抵西哈萨克界

乾隆二十三年八月辛巳（二十八日 1758.9.29）谕军机大臣等，富德已至塔拉斯，将抵西哈萨克边界，索取哈萨克锡喇，但哈萨克锡喇系额尔类旧属，去年在沙喇伯勒曾相通问，已屡谕向额尔类索取，著传谕车布登扎布、富德，仍遵前旨办理，至回抵伊犁时，若能由特穆尔图诺尔，直抵叶尔羌、喀什噶尔更善，否则径往阿克苏，与兆惠会合，协力擒获霍集占，以奏肤功。

（《清高宗实录》卷 569　页 223）

右部哈萨克图里拜等归诚

乾隆二十三年九月庚寅（七日 1758.10.8）参赞大臣富德疏报，右部哈萨克图里拜及塔什干回人图尔占等归诚。得旨，富德久在军营，奋勉效力，今又招抚西哈萨克，著加恩交部议叙，给与世职。蒙固勒岱、赫善等，俟带领来使入觐时，再加恩赏。所有从行官兵，著富德酌量加赏，有应行议叙者，即造册送部。

（《清高宗实录》卷 570　页 231）

西哈萨克归诚询无哈萨克锡喇信息

乾隆二十三年九月辛卯（八日 1758.10.9）谕军机大臣等，昨据富德奏报，西哈萨克部落归诚，询无哈萨克锡喇信息，前闻哈萨克之额尔类，曾与交通，已屡谕向彼索取，计此时富德、车布登扎布，俱陆续前往，如哈萨克锡喇实在额尔类处，万一迟延，不行缚献，即先示以进兵搜捕，若仍复支吾、不妨耀我军威，务期擒获，但信息稍有不实，仍宜酌量，不可轻举滋事。至伊等行粮，最关紧要，车布登扎布既经行文永贵，若业已运送，即与富德通融接济。再成衮扎布奏称，乌尔都里克台站牲只，被贼抢夺，其踪迹向阿勒坦额默勒前去等语。车布登扎布回兵时，当留心搜捕，毋致漏网。

（《清高宗实录》卷 570　页 232）

现富德收服右部哈萨克

乾隆二十三年九月壬辰（九日 1758.10.10）又谕，著传谕黄廷桂、阿里衮等，现富德收服右部哈萨克，遣送使人来京，至巴里坤、肃州时，著照布鲁特使人例，筵宴赏赉。

（《清高宗实录》卷 570　页 232）

现右部哈萨克降服

乾隆二十三年九月壬辰（九日 1758.10.10）又谕，迩年久未阅兵，现右部哈萨克降服，俟来使到时，朕亲大阅，示以军容，所有应行预备之处，著即办理。

（《清高宗实录》卷 570　页 232）

哈萨克贸易人等久应到来

乾隆二十三年九月癸巳（十日 1758.10.11）谕军机大臣等，现在时届季秋，哈萨克贸易人等，久应到来，迄今尚无信息，不便在彼守俟，著预备贸易人等各回原处，努三仍暂时驻扎，如哈萨克人等到来，而我预备贸易者，归程未远，亦可唤回，若为时既久，努三即令台站人等，于哈萨克经过时，以伊等行走迟滞，有渝定约，至商人不能守候，委曲晓示，即与永德同往库车，在兆惠军营行走。

（《清高宗实录》卷 570　页 234）

派往军营兵丁应给口粮未奉廷寄

乾隆二十三年九月甲午（十一日 1758.10.12）军机大臣等议覆，甘肃巡抚吴达善奏称，接永贵咨称，派往军营兵丁，应给口粮，未奉廷寄，且屯田兵不能护送。又据阿里衮称，巴里坤驼只无多，现哈密夹山一路较便，应听永贵筹办，请仍饬永贵，于辟展雇驼起运，俟阿里衮拨兵护送等语。查官兵原派往乌鲁木齐，照应哈萨克贸易，再赴库车，今贸易人等，尚无信息，应以进剿回部为要，请饬永贵，于辟展给粮，径往回部。谕，览吴达善所奏，伊与永贵、阿里衮互相推诿，情节显然，况从前令派出官兵，前往乌鲁木齐，系照彼时情形酌定，永贵等身在地方，自当就现在机宜，通融筹办，且如兵丁等行走两月余，即已到乌鲁木齐，再多行九站，至辟展裹带口粮，有何不可，以多行数日之故，纷纷文移往返，互相推诿，并不从公事筹画，而各为其身计，近来大臣办事，往往如此。永贵、阿里衮、吴达善俱著传旨严行申饬，永贵系承办之人，尤为非是，著将军机大臣所议，交永贵等遵照办理，前因永贵在军营有年，派书山往代，恐伊初到，不谙事体，永贵不必急于来京，俟办理军务竣事，再行请旨。

（《清高宗实录》卷 570　页 235）

派员探听富德信息

乾隆二十三年九月癸卯（二十日 1758.10.21）又谕（军机大臣等），据车布登扎布奏称，派员探听富德信息，知右哈萨克并无哈萨克锡喇，于九月初间可以回抵伊犁，又伊等从前遇哈萨克之额尔类查询情节，据额尔类等告称，哈萨克锡喇因系旧识，未免疏脱，现在并不敢藏匿，仍依其土俗，衔枪设誓等语。哈萨克锡喇若尚未弋获，或仍在附近幽僻地方藏匿，不过一贼匪耳，亦可能为，自可徐为访缉，惟办理回部最要，可传谕富德，此时谅已奉到节次谕旨，今阿克苏又已乞降，即速至彼处策应兆惠，以奏肤功。车布登扎布仍回游牧休息，所奏郡王罗布藏多尔济患病，前已降旨令回游牧，而伊感激思奋，恳请留军营效力，著加恩赏戴三眼翎，亦著仍回游牧，又护卫巴图鲁前往哈萨克，颇著劳绩，著赏缎四端，以示鼓励。

（《清高宗实录》卷 571　页 244）

哈萨克哈巴木拜遣伊子押送案犯前来

乾隆二十三年九月丙午（二十三日 1758.10.24）又谕曰，努三等奏称，哈萨克哈巴木拜，前遣伊子额特赫，押送布库察罕之子前来，若便中携带货物，即酌量交易，至所差纳旺，俟与阿布赉相见后，有大伙贸易人等信息，即行奏闻等语。从前朕谕伊等，若哈萨克既逾贸易之期，即将预备商货，量行发回，今思哈萨克人等，即今岁不至，明年亦必前来，若将货物带回巴里坤，来春复携往乌鲁木齐，转觉劳费。可传谕努三等，将货物不必发回，即存贮乌鲁木齐，交屯田大臣等派兵看守，预备来年交易。

（《清高宗实录》卷 571　页 245）

富德遇哈萨克之巴鲁克

乾隆二十三年九月辛亥(二十八日 1758.10.29)又谕(军机大臣等)曰,富德奏称,遇哈萨克之巴鲁克,询问伊等入觐之索勒屯巴图尔及贸易人等,曾否起程等语。哈萨克、布鲁特俱属外藩,伊等入觐,虽藉抒诚悃,亦为希冀赏赉,如果情词恳切,自应准其来京,候朕酌量加恩,若未经祈请,亦任伊等各安游牧,何必督令前来,可传谕兆惠、纳木扎勒、富德等,嗣后外藩入觐,听其自来,无烦催促。即如贸易一节,从前因预备军需起见,今办理回部,业将竣事,无须多办马匹,伊等即逾期未到,不妨将货物存贮,俟其来时,再行交易,亦不可加之催督,于驾驭外藩之道,方为允协。

(《清高宗实录》卷 571　页 252)

赐右部哈萨克来使筵宴

乾隆二十三年十月戊午(五日 1758.11.5)又谕,朕于本月二十五日启銮,由汤山至盘山,赐右部哈萨克来使筵宴,回至南苑驻跸,大阅八旗官兵,所有应行预备事宜,著各该衙门照例预备。

(《清高宗实录》卷 572　页 265)

嗣后与哈萨克贸易马匹事宜

乾隆二十三年十月壬戌(九日 1758.11.9)谕军机大臣等,据努三等奏称,哈萨克哈巴木拜,查送布库察罕之子,带马三百余匹,于九月十七日到乌鲁木齐贸易,其阿布赉等,俟伊等回抵游牧,再行遣人前来,请将贸易马匹,交与永贵、纳世通,以备调拨等语。此次所得骟马,可传谕努三等,与永贵商酌,或解送军营,或令新派官兵,乘骑前往,其儿骒马,留于屯田处所,加意牧放,将来孳生蕃息,使成好牧群,嗣后贸易马匹,即照此办理。

(《清高宗实录》卷 572　页 269)

赐宴右部哈萨克使臣卓兰等

乾隆二十三年十一月甲申(一日 1758.12.1)右部哈萨克使臣卓兰等来朝,赐宴。

(《清高宗实录》卷 574　页 292)

命右部哈萨克使臣卓兰等从观

乾隆二十三年十一月戊子(五日 1758.12.5)上大阅,命右部哈萨克使臣卓兰等及布鲁特诺起等,从观。

(《清高宗实录》卷 574　页 295)

赐右部哈萨克来使卓兰等宴

乾隆二十三年十一月戊戌(十五日 1758.12.15)上御山高水长幄次,赐右部哈萨克使臣卓兰等宴。

(《清高宗实录》卷 574　页 307)

赐右部哈萨克阿比里斯等敕书

乾隆二十三年十一月己亥（十六日 1758.12.16）赐右部哈萨克阿比里斯等敕书曰，皇帝敕谕右部哈萨克汗阿比里斯、汗巴巴等，尔等遣使卓兰、博索尔等，于行宫朝觐，朕加恩筵宴，复随驾入都，重申宴赉，念尔阿比里斯等，远在外藩，若照内地扎萨克，授以爵秩，恐尔等有拘职守，仍依尔旧俗，各安游牧，庶无扰累，尔等如遣使入觐，朕自加以恩赉，一切事体，已面谕来使卓兰等，回抵游牧时，想宜领悉，其赐尔阿比里斯衣物若干，使臣到日，尔其祇受，又赏来使等衣物若干，及使臣随仆等市易物件，共赏银千两。又闻尔汗巴巴当侍卫等入境对，不在游牧，故未遣使，亦加恩酌赏衣物若干，俱谕尔等知之，嗣后勉抒诚悃，永享无穷之福，特谕。

（《清高宗实录》卷575　页311）

兆惠等奏陈回疆平叛战事

乾隆二十三年十一月甲辰（二十一日 1758.12.21）参赞大臣阿克苏办事侍郎舒赫德奏，十月二十五日，将军兆惠遣三等侍卫伊萨穆，骁骑校扎布敦察，奖赏蓝翎马甲五十保、沙津察、乌克什勒图等五人，赍奏稿至阿克苏，交臣缮写具奏，并令臣带兵接济，臣询问伊等，缘将军被围，伊等黄夜突围而出，遇贼来追，奋力射退，始得至此。其五十保更晓事体，臣令其驰驿赴巴里坤，催趱兵马。再臣前接爱隆阿移文时，即差署把总苏由福，迎探信息。今取得回文云，十月二十日至托罕塔罕，有贼六七百人，突出接战，与署总兵定柱剿贼百余人，余贼败走，擒获带伤贼人询问。据供，系布拉呢敦、霍集占等，遣喀什噶尔伯克哈三爱的尔，会合多伦回众，谋抢巴尔楚克等处台站，托罕塔罕台站被抢，余尚未动。适接贝子玉素布来文，调绿旗兵五百，前往乌什防守，臣因令爱隆阿，将所带绿旗兵就近派往，其所调赛里木等处绿旗兵，留于阿克苏，以备进剿。至转运军粮，并解送弓箭等事，臣现在赶紧催办。定边将军兆惠等奏，臣等询问俘获贼人，知霍集占牲只及沙喇斯户口，俱在城南英峨奇盘山，谋收取以分贼势，又因纳木扎勒、三泰等将到，派副都统爱隆阿，署总兵定柱，带兵八百名，前往堵截喀什噶尔来援要路，并巡查台站，候纳木扎勒等到，派兵送至军营。臣等渡河，向叶尔羌城南进兵，十月十三日，有贼兵迎出，约四五千骑，步贼在后，并沟内排立，臣等领兵冲突贼阵，骑贼败走，步贼放枪拒敌，臣等正在奋击，贼又从两翼夹攻，因马力不能驰骤，回保大营，被贼截为数处，互相攻击，贼遂四面合围，我兵杀贼虽多，阵亡者亦百余人，总兵高天喜，原任前锋统领侍卫鄂实，原任副都统三格，侍卫特通额，俱殁于阵。现在骑贼数千人，步贼亦多，与我兵接战五昼夜，臣等固守大营，相机剿杀，口粮尚可支持一两月，臣等前因阿克苏、乌什既定，擒获渠魁，机不可失，遂不暇计兵多寡，马力如何，轻敌妄进，臣兆惠罪实难逭，然策应之兵，年内齐集，尚可合力攻剿。谕，据将军兆惠奏报，领兵抵叶尔羌城，逆回坚闭不出，当用精兵挑诱，击败贼人，其负伤而遁者甚多，恐由别路逃窜，旋渡河分兵堵截，霍集占悉其丑类，围我大兵，现已飞札舒赫德，令其带兵接济，此皆臣轻敌妄进，罪所难逭等语。办理回人一事，原以贼首霍集占等，向为厄鲁持拘囚阿布噶斯之地，自大兵平定伊犁，出诸陷穽之中，俾仍长其旧地，何啻起死肉骨。而狼子野心，不知感戴生成，辄敢负恩反噬，甚至戕害前此将军所遣之副都统阿敏道，并随从百人，若不兴师问罪，何以振军威而申天讨，此非朕之好大喜功，穷兵黩武也。迨我师已得库车，将军兆惠勒兵前进，风声所过，如阿克苏、乌什等城，皆相继倾心归化，其回部大头目霍集斯伯克等，复向官军投顺，愿效前驱，惟贼首霍集占，奔窜叶尔羌，是以将军兆惠率师乘机直入，彼时若令兆惠暂且留驻阿克苏城，俟后队到齐，然后并力进取，则自此发旨到日，已属不及，然此不过身处局外者，事后好为议论则可耳。揆诸用兵机宜，兆惠尚为有进无退之良将也，且我满洲官兵所向披靡，从来无敢抗敌，即如今夏兆惠、富德等，分兵略地，所领仅及千人，而左右哈萨克、东西布鲁特，各处回众，不烦攻剿，不待招降，早已争先纳款。其回部一路之阿克苏等城，闻官兵一到，亦无不势如瓦解，将谓乘胜长躯，直入叶尔羌、喀什噶尔，亦属甚易，则向来之轻视逆回，乃朕之误，又何忍以妄进轻敌为兆惠之责乎？此盖数年以来，平准噶尔，降左右哈萨克、东西布鲁特，实为极盛之会，而默默中有此佳兵之警，上天仁爱之意，朕实钦承感谢矣。然霍集占当屡经摧挫之余，本属计穷力蹙，特因回至巢穴，煽聚残众，苟且自延，而我兵昼夜驰驱，亦未免马力不足，以致一时困守待援，所幸先事绸缪，朕于六七月间，即次第派遣索伦、察哈尔、健锐营及陕甘之绿旗兵，前往策应，马匹粮石，亦已筹运在途，若无此续往之兵，则事诚危险，然其时初不知有兆惠今日之奏报也。可见上苍垂佑，默启朕衷，朕实感悚。有此部署接济，约计现在可以陆续俱抵叶尔羌矣。兆惠等得此兵力，其气倍增，从兹扫穴犁庭，凶渠就缚，庶几上申国宪，下慰忠魂，军务可告成事矣。至于身膺阃寄，奋勇直前，计不返顾，乃我满洲大臣从来敦朴旧俗，今将军兆惠统军深入贼巢，率众渡河，鏖战数次，志在灭此朝食，自不暇辗转以为身谋，忠诚勇敢，朕实深为嘉予，兆惠著由一等武毅伯加二字，晋封为武毅谋勇一等公，加赏红宝石帽顶，四团龙补服，以彰奖劳劝功之典。额敏和卓著赏给郡王品级，霍集斯伯克著晋封贝子，加贝勒品级，俱赏给宝石顶，四团龙补服。明瑞、温布、由屯及在事之大臣、侍卫等，俟兆惠到阿克苏城时，查明奏闻，加恩优叙，兵丁等著照初次出兵给与治装银两之例，按名赏给。其阵亡之高天喜、鄂实、三格、特通额四人，奋勇杀贼，尽瘁捐躯，深为悯恻。高天喜著照一品大臣例，赏给恤典。鄂实、三格各照伊原任前锋统领副都统，特通额照头等侍卫，从优议恤，其余阵亡带伤官兵，著将军等查明册报，一体分别赏恤，将此通行晓谕知之。

（《清高宗实录》卷575　页318—321）

哈萨克阿布赉遣人至乌鲁木齐

乾隆二十三年十二月癸酉（二十一日 1759.1.19）又谕，据定长奏，哈萨克阿布赉，遣伊属人至乌鲁木齐，恳求贸易，并与从前将军等，遣往哈萨克之宁古塔兵丁雅呼同来，即派原任道员成德前往经理，又将阿布赉呈将军大臣文书进呈，哈萨克既遣人前来，自应准其贸易，览阿布赉呈文，则后此仍有贸易之人，若果如所约，亦照此次办理，但呈文中，有雅呼等两次带领伊等贸易，恳将军大臣奖赏，以示鼓励等语。可传谕定长，伊贸易人等，若代雅呼恳求，即示以我等所办者，惟贸易事务，至保举效力之人，则不敢干预，尔等俟亲见将军时禀告，若雅呼佯为不知，即无庸向说，若亦私自恳请，即令其来京候旨，仍将伊等言语情形具奏。

（《清高宗实录》卷 577　页 358）

哈萨克阿布赉兄遣人入觐贡马

乾隆二十三年十二月甲戌（二十二日 1759.1.20）又谕，昨据定长奏称，哈萨克阿布赉之兄阿布勒巴木比特，遣其子俄罗斯苏勒统等三十余人，随喀喇沁台站章京纳旺，前来入觐贡马，由乌里雅苏台行走，已传谕纳旺，令其带领速行，于上元节前到京，如马力不及，亦不必勉强，仍传谕成衮扎布，哈萨克所贡马匹，若随同行走，未免迟滞，著先令使臣驰驿起程，将贡马暂留军营，从容牵送。

（《清高宗实录》卷 577　页 359）

哈萨克使臣等行至军营随示以车驾

乾隆二十三年十二月丁丑（二十五日 1759.1.23）谕军机大臣等，据成衮扎布等奏称，哈萨克使臣等行至军营，随示以车驾，今在京师，非尔等入觐之时，但业已前来，须候请旨到日遵行等语。近因定长等奏，哈萨克人等由乌里雅苏台前来，已传谕纳旺，令于上元节左右趱到，如不能，即从容行走亦可，若以非时相阻，则岂有令其空回，或令候至次年，抑或此时特为伊等临幸热河之理，若谓伊等未经出痘，则从前亨集噶尔等，尚且奏请来京，此次自当照办，所见殊属拘泥，著遵前旨晓示，或竟告以业经奏请，蒙恩念尔等远来，若不令瞻仰，未免有虚诚意，况从前使臣等，亦未经出痘，尚恳请来京，今时值隆冬，更自无妨，仍计正月十九日以前，能否抵京，酌量办理。

（《清高宗实录》卷 577　页 362）

哈萨克阿布赉遣十余人前来贸易

乾隆二十三年十二月庚辰（二十八日 1759.1.26）谕军机大臣等，据定长奏称，哈萨克阿布赉，遣布鲁特昆都浑等十余人，前来贸易，于十二月初四日，至乌鲁木齐，已行文舒景阿照例办理，又收至阿布赉寄努三之书，恳赏贸易人等口粮马匹，遣回游牧等语。哈萨克人等贸易，特为伊等图获利息，情愿前来，惟计物偿值，示以公平，并无另为办理之法，若预备归途行粮，此端断不可开，著传谕定长等，伊等贸易来人，知努三已离乌鲁木齐，或不言及此事，若仍以阿布赉书信为词，舒景阿即晓示云，我办理贸易大臣，因尔等逾期不来，久已回京，理应停止贸易，但商货尚存，念尔等远来，空劳往返，故酌量办理，贸易尚属通融，此外事体，更不敢干预，且贸易人等，非请安进贡可比，从前亦无给与口粮马匹之例，即将伊等遣回。

（《清高宗实录》卷 577　页 364）

阿布赉等使臣入觐

乾隆二十四年正月丙午(二十四日 1759.2.21)哈萨克阿木勒巴木比特、阿布赉等使臣入觐，是日卤簿全设，上御正大光明殿，召见赐茶。

(《清高宗实录》卷 579　页 387)

办理右部哈萨克使臣起程

乾隆二十四年正月丁未(二十五日 1759.2.22)又谕，据清馥奏称，办理右部哈萨克使臣起程，计驮载赐物衣装及护送官兵口粮，共需驼九十只；又支给官兵使臣等，每人马二匹，共需马一百三十余匹等语。所办又属错误。哈萨克、布鲁特人等，原有骑来马驼，至巴里坤存留牧养，始从台站更换赴京，归程之时，仍应换给伊等乘骑，若因其初次入觐酌量添备，亦应明白晓示，令入伊本境后，即为发回，何必尽从官办，伊等系极边藩部，唯利是图，若不定以章程，则自此来者日多，何以供给。从前准噶尔来使回巢，亦俱送至巴里坤，即更换原来牲只，并无官办之例，况此等请安之微末人等乎？清馥特闻知伊等到京后，朕加恩宴赉，即如此办理，殊属外任习气。可传谕清馥，晓示哈萨克人等，以官办原无成例，特因尔等初次入觐，酌量办给，嗣后只于巴里坤更换原来骑驮，此项官马驼至尔等境内时，即交护送官兵等带回，仍将如何添办饬交之处具奏，若此时业已办理起程，即著定长，照此晓示，并饬知护送之侍卫官员。

(《清高宗实录》卷 579　页 390)

赐布鲁特车里克齐等敕书

“乾隆二十四年正月丁未(二十五日 1759.2.22)赐布鲁特车里克齐等敕书曰，近据将军大臣等奏称，差往尔等游牧之侍卫布瞻泰，曾见尔策里木伯特及明伊勒哈等，知尔等游牧人少，且牧放牲只，又值冬寒雪大，不能发兵等语。朕洞悉情形，已降旨传谕，尔等以极边藩部，慕义归诚，特欲共享安乐，且将军大臣，此时应已成功，尔等派兵与否，无甚关系，但逆贼布拉呢敦、霍集占及附合之回人厄鲁特等，为大兵攻剿，有逃入尔等游牧者，务将著名首恶查拿缚送，即可见感恩效力之忱，朕必重加恩赏。又近差往右部哈萨克之章京纳旺等，带领使臣入觐，途遇尔布鲁特喀喇巴图等，差往哈萨克之巴尔瑚图告云，厄鲁特哈萨克锡喇挈眷二十余人，逃入尔布鲁特之萨雅克、萨喇巴噶什鄂拓克等语。哈萨克锡喇系负恩背叛之贼，不可宽宥者，今逃入尔等游牧，似属实情，尔等自应晓示该鄂拓克人等，将逃贼夫妇，即行拿送，其属人不妨存留，尔车里克齐等奉到谕旨，即酌量该鄂拓克，距尔等游牧远近，或亲往查拿，或令其擒送，并传示云，若复如前隐匿，则将军大臣等领兵亲往搜捕，该鄂拓克必致惊扰，惟速为擒送军营，将军等奏闻，定邀厚赏，再我大兵，昨进剿逆回，传闻尔布鲁特人等，曾抢掠喀什噶尔之英吉沙尔城，布拉呢敦转回救应，今尔游牧，并无发兵之说，则此举又系何人，大兵正在攻取贼城，此等布鲁特发兵抢掠，以分贼势，甚属可嘉，朕欲加恩奖励，尔等亦查明具奏，此等布鲁特皆尔同类，伊受朕恩，尔等亦与有荣施也，尔等其据实缮写奏章，交沿途所遇驻扎大臣，即为转奏，特

谕。”(《清高宗实录》卷579　页388—389)“乾隆二十四年正月丁未(二十五日1759.2.22)谕军机大臣等,敕谕布鲁特车里克齐之旨,著传谕清馥,即转交车里克齐,如有回奏,即由台站驰递,若伊等业自巴里坤起程,清馥处即由台站速行驰递,取其回奏转奏。”(《清高宗实录》卷579　页389)

赐王公及哈萨克使臣俄罗斯苏勒统等宴

乾隆二十四年正月辛亥(二十九日1759.2.26)上御山高水长幄次,赐王公大臣、蒙古王公及哈萨克使臣俄罗斯苏勒统等宴。

(《清高宗实录》卷579　页392)

赏哈萨克之俄罗斯苏勒统等银两

乾隆二十四年二月壬子(一日1759.2.27)命赏哈萨克之俄罗斯苏勒统等银两有差。

(《清高宗实录》卷580　页399)

托克三之南素巴什共设台站五处

乾隆二十四年二月壬子(一日1759.2.27)驻扎辟展副都统定长等奏,由托克三之南素巴什一带,共设台站五处,可通特伯勒固、内素巴什、库木什阿哈玛、乌什阿克坦,三处多水草,阿克布拉克一处,有驼只可食草,惟额尔吉齐无水,于山中掘泉可供,请将博尔图岭、阿咱罕布拉克、和斯特呼克、塔塔尔、察罕通、曲辉等台站,撤回改驻。再,宁古塔兵丁雅呼,系前从准噶尔脱出居住安西之人,今领哈萨克等贸易事竣,或遣往军营,或令进京。得旨,台站自应留心查办,雅呼著送京发回原旗。

(《清高宗实录》卷580　页396—397)

赐哈萨克阿布勒巴木比特等敕书

乾隆二十四年二月壬戌(十一日1759.3.9)赐哈萨克阿布勒巴木比特等敕书曰,哈萨克汗阿布勒巴木比特、阿布赉、阿布勒比斯等,昨据将军等具奏,尔等遣俄罗斯苏勒统等代请朕安,由乌里雅台伴送至京,朕嘉尔等诚悃,迭申宴赍,念尔阿布勒巴木比特等,远在外藩,若照内地扎萨克,授为爵秩,恐尔等有拘职守,前阿布赉等遣使入觐时,已传谕及此,尔阿布勒巴木比特亦各依旧俗,安居游牧,庶无扰累,尔等如遣使输忱,朕不靳恩赏,其赐尔阿布勒巴木比特等缎匹、器物、茶叶若干,使臣归日,尔等其各祗受。又赐来使等衣物银两若干及使臣随仆等缎匹银两,俱谕尔等知之。又昨准俄罗斯部落来文,有尔等哈萨克旧系伊属之语,朕命所司传谕云,前大兵进剿厄鲁特,抵哈萨克边界,伊等慕化投诚,我大国之体,自当抚纳,非若汝外邦,动以威力相加,与之约誓,责其贡赋,亦未尝禁其服属他国也,嗣后尔等即与俄罗斯往来,亦所不校,其勉输诚悃,永享无穷之福。特谕。

(《清高宗实录》卷580　页405)

哈萨克请安使臣归途仍令纳旺照管

乾隆二十四年二月壬戌(十一日 1759.3.9)又谕曰,哈萨克请安使臣归途,仍令纳旺照管,据伊等奏称,沿途贸易及买蒙古人口,请旨遵行。朕谕以贸易之事,系尔等私情,不便传谕,至蒙古等皆朕臣仆,与尔等一体,而喀尔喀尤服属年久,自不肯售卖人口,或新附之杜尔伯特、扎哈沁等部落,有此举动,只得听其自便,亦不能预为期约。再伊等禀告军机大臣,欲将留于军营休息之人,一休赏赐,恐此次伴送,伊等又复言及,亦当明白晓示,以此等人并未入觐,例不应赏,念其久住客邸,推广仁恩,每人赏缎一端,再此等哈萨克来使等,所携赏物颇多,驼只不足,必请添补,当告以向无官办之例,或自行雇觅,我等仰体皇仁,代为传集,尚属可行,即以伊等赏项办理,若再三恳求,亦止此次酌量办给,后不为例,其驼只仍交纳旺带回,断不可曲顺其情,致伊等习以为常,无所限制。

(《清高宗实录》卷580　页404—405)

兆惠等两队会合整兵再进

乾隆二十四年二月己巳(十八日 1759.3.16)又谕曰,将军兆惠、富德等两队会合,整兵再进,逆贼霍集占等,将来若计穷逃匿,想未必投往哈萨克、布鲁特,或从伊犁向北,往投俄罗斯,已谕兆惠等,筹备堵截,但回部通伊犁路多,著传谕将军成衮扎布等,将布延图、乌里雅苏台兵丁,酌派一千名,给与口粮,以车布登扎布为副将军,福禄、车布楚克扎布为参赞,于青草萌生后,越阿尔台西行,巡查额尔齐斯、塔尔巴哈台、巴尔噶什诺尔等处,搜捕玛哈沁,凡通俄罗斯路径,俱派兵瞭望堵截,逆贼自无所逃,车布登扎布其加意奋勉,若能擒获渠魁,于超勇之名,更增光宠,若派兵不足,或派扎哈沁扎木禅兵丁一二百名,照例赏给,整装前往亦可。

(《清高宗实录》卷581　页415—416)

兆惠等现在合兵自应整顿前进

乾隆二十四年二月己巳(十八日 1759.3.16)又谕曰,将军兆惠等现在合兵,自应整顿前进,今马匹口粮,俱陆续运送,此时宜催督各城堡,及时耕种,以资接济,至贼人不耕则无食,如耕则未熟之前,我兵即前往蹂躏,自必困惫就擒,惟是霍集占等,知我必整兵再进,恐被擒获,预筹逃匿之地,亦势所必然,计叶尔羌、喀什噶尔,附近皆哈萨克、布鲁特人等游牧,素有衅隙,必畏其缚献,不敢逃往。伊等曾久住伊犁等处,或向北投入俄罗斯,兆惠、富德等,应留心防范堵截,预为办理。昨巴禄奏称,接永贵咨调马兵二三百名,救援和阗,伊以策应将军等为要,俟到军营后再议等语。是时伊惟闻富德与贼交战,尚未知两队会合,想此时当相机分兵耳。但永贵奏称,齐凌札布等呈报贼攻甚急,自应作速往援,且和阗地广粮多,又当贼人向东南逃走之路,我兵会合,则人数众多,且叶尔羌距彼亦近,即著巴禄领兵数百,前往策应,庶地方可保,亦可减阿克苏之粮饷,著兆惠等酌议具奏。再富德曾有从巴勒珲岭前取喀什噶尔之奏,昨派出西安满兵二千,达什达瓦兵五百,由额林哈毕尔噶赶送马匹,富德如欲于巴勒珲岭进兵,即酌带满洲、索伦兵迎回，与西安满兵等会合，亦属妥便，伊等相机办理，不必拘泥朕旨，俱著传谕知之。

（《清高宗实录》卷581　页415）

披览地图见和阗去叶尔羌颇近

乾隆二十四年二月庚午（十九日 1759.3.17）谕军机大臣等，朕因披览地图，见和阗去叶尔羌颇近，阿克苏则甚远，前舒赫德进兵时，即闻贼人侵犯之信，且永贵又将齐凌扎布请兵情事，行文巴禄，则将军大臣等，自当会议发兵应援，盖霍集占虽经屡败，而力尚能攻取和阗，我兵虽不能即取叶尔羌等城，而往救和阗则甚易，看来和阗之得失，惟视我与贼到彼之先后，倘为贼所据，则我侍卫官兵及伯克鄂对等，岂不可惜，且各城伯克所积资粮，皆为贼用，再行攻取更属烦费。昨已谕巴禄领兵数百，前往驻扎，惟速行为要，再观地图所列，喀什噶尔西北一带，皆布鲁特、哈萨克等游牧，乌什城亦颇坚固，谅逆酋等必不自投罗网，或从间道越伯特勒、库车里里克、毕特里克，英阿喇特等岭，窜入俄罗斯，若于此等可通伊犁之路，俱驻兵堵截，自易成擒，亦粘签于图，寄示兆惠等，其悉心筹办，勿使兔脱。

（《清高宗实录》卷581　页417—418）

命车布登扎布领兵堵截逆回

乾隆二十四年三月庚子（二十日 1759.4.10）又谕，昨命车布登扎布领兵堵截逆回，及搜查玛哈沁等，所过之塔尔巴哈台等处，与哈萨克边界甚近，伊等甫经归顺，见大兵压境，妄生疑惧，亦未可定，今哈萨克入觐人等，尚在归途，著成衮扎布候前次起程之哈萨克使臣，及此次出痘新愈之俄罗斯苏勒统等，抵乌里雅苏台时，告以西路大兵进剿回部，恐逆贼等穷迫，投往俄罗斯，经由尔等游牧，因于北路派兵堵截，若贼首入尔境内，大兵直入追捕，断不惊扰游牧，尔等有能擒献者，将军大臣奏捷叙功，大皇帝必加恩赏，今尔等回抵游牧，可将此情节告之阿布勒巴木比特、阿布赉等，通行宣示，可传谕知之。

（《清高宗实录》卷583　页456）

今年哈萨克贸易人等恐来者较多

乾隆二十四年三月戊申（二十八日 1759.4.24）又谕，今年哈萨克贸易人等，恐来者较多，定长不习蒙古语言，仍须谙练之员办理，现在军营领队人多，著传谕努三、永德等，即回乌鲁木齐，承办哈萨克贸易事务，多购马匹，以给军用，归途之便，即可查看屯田地亩，遇有玛哈沁贼众，亦著领绿旗兵搜剿。

（《清高宗实录》卷583　页464）

筹议进剿所需兵马过多

乾隆二十四年四月辛酉（十一日 1759.5.7）又谕，前因兆惠等筹议进剿，所需兵马过多，因思数年来，进剿准噶尔、哈萨克，皆系大举，即如初次西路进剿，仅用兵一万六千，马五万，驼七千余，彼时从巴里坤至伊犁，沿途皆厄鲁特游牧，反覆无定，今全部荡平，惟逆回窜伏巢穴，较之准噶尔难易何如，兆惠等俱亲历行阵，岂不知此，朕意有劲旅五千，即可横行无敌，就令不足则以万人当之，何至尚虞力弱耶。伊等身当重任，闻朕令将派出兵数减省，万一不能集事，必有后言，然事势本不可需，亦何必固执成见，且自阿克苏至叶尔羌，不过如巴里坤至乌鲁木齐千余里之遥，而霍集占摧败数次，尚有何力量，此皆伊等所宜筹及者，可传谕兆惠、富德等，惟就现在兵力，应机速进。

（《清高宗实录》卷584　页480）

办送富德马匹秉公挑选先行起程

乾隆二十四年五月丙戌（七日 1759.6.1）谕军机大臣等，昨据兆惠等，将办送富德马匹，秉公挑选，先行起程，但此次所办马匹，若交与永德等往送，则人数无多，不敷照管，且永德已谕令随努三回乌鲁木齐，办理哈萨克贸易事务，此时业经前来亦未可定，内地办解马匹，系达勒当阿、哈达哈等护送，应将伊等分为两队，往和阗者，著达勒当阿、傅景等带领，即在富德军营行走，增添兵丁，更于进剿有益，兆惠如亦须增兵，则先派西安满洲兵五百名，达什达瓦厄鲁特兵丁二百名，前往和阗。其余官兵，著哈达哈、伊柱、官长保等带领，在兆惠军营行走，俱著传谕知之。

（《清高宗实录》卷586　页504）

舒景阿闻马骡被窃即同游击金梁往追

乾隆二十四年六月己巳（二十日 1759.7.14）又谕曰，定长等奏，舒景阿闻马骡被窃，即同游击金梁往追，定长等亦派兵协拿，又令主事富奎前往等语。舒景阿管辖屯田兵丁，不能搜剿玛哈沁，致马匹牲只被窃，则现在送往军营之牛羊，由额林哈毕尔噶行走，若致盗窃惊失，所关匪细，努三、永德现在乌鲁木齐，办哈萨克贸易事务，著交与伊等查拿。仍传谕舒景阿，马匹牲只被窃，伊即有应得之罪，乃并不具奏，但呈报定长等，竟若职不当奏事者，显系推卸。今哈萨克贸易尚须时日，努三等皆身经战阵之人，乌鲁木齐兵力，即不能尽剿逸贼，而护送军需牛羊不致疏失，方为无忝职守，其加意勉之。

（《清高宗实录》卷589　页544—545）

乌鲁木齐所牧马骡被贼驱入博克达山

乾隆二十四年六月己巳（二十日 1759.7.14）谕军机大臣等，定长等奏，据舒景阿报称，乌鲁木齐所牧马骡被贼驱入博克达山，随派官兵追至穆垒之源，贼弃其什物，直向萨尔海逃去等语。前主事富奎，擒获玛哈沁，供内有绰罗斯台吉乌勒木济，带三十七户，在玛纳斯山藏匿，经定长等奏至，朕即谕车布登扎布，沿途留心搜捕，此次窃马贼人，或即藏匿玛纳斯山者，亦未可定，且平定伊犁时，厄鲁特等多投入哈萨克，今值我兵撤回，伊等乘虚盗取马匹，复回故地，正自不少，可传谕车布登扎布等，将玛纳斯山藏匿萨尔海败逃及哈萨克转回之玛哈沁等，严行搜捕。

（《清高宗实录》卷589　页544）

兆惠奏喀什噶尔来降回人信息

乾隆二十四年闰六月甲辰(二十六日 1759.8.18)又谕,据兆惠奏,喀什噶尔来降回人信息,知布拉呢敦兄弟俱已逃遁,沙喇斯、玛呼斯、厄鲁特等,或乘乱掠取回人牲只逃走,亦未可定等语。前据定长奏,乌鲁木齐牧群被贼盗窃,寻踪追至察拉垓,俱各散走。朕即谕车布登扎布,加意搜捕,今回部贼酋,既经逃遁,则党众散走者必多,可传谕车布登扎布,或于特穆尔图诺等处,或于伊犁附近择水草之地,派出官兵,于贼人逃往哈萨克、俄罗斯等要路,设卡堵截,仍遍搜山林幽僻之地,倘逆贼等即在其中,岂非一好机会,车布登扎布,其悉心筹酌办理。

(《清高宗实录》卷 591　页 575—576)

防范霍集占等逃入俄罗斯

乾隆二十四年七月庚戌(二日 1759.8.24)又谕曰,成衮扎布以筹画车布登扎布行粮具奏,今体察回部情形,车布登扎布不须往特穆尔图诺尔,但于伊犁附近,择水草之地驻牧,防范霍集占等逃入俄罗斯、哈萨克之路,并搜捕玛哈沁,其官兵粮饷,行文定长等支给。

(《清高宗实录》卷 592　页 582)

堵截逆回逃走要路

乾隆二十四年七月甲子(十六日 1759.9.17)又谕曰,车布登扎布奏称,奉旨堵截逆回逃走要路,询之向导人等,俱云特穆尔图诺尔天气甚寒,七月后即有大雪,请先探兆惠信息,听候调遣等语。前谕车布登扎布等堵截逆贼,盖防其由哈萨克投入俄罗斯也。今兆惠等既抚定叶尔羌等城,霍集占兄弟向西逃走,则特穆尔图诺尔及伊犁等处,俱无庸防范,著即领兵由阿尔台回喀尔喀游牧,并传谕沿途驻扎大臣等知之。

(《清高宗实录》卷 593　页 593)

哈萨克之哈喇巴喇克等言及贸易事

乾隆二十四年七月甲子(十六日 1759.9.17)谕军机大臣等,据车布登扎布奏称,领兵至博罗呼济尔,遇哈萨克之哈喇巴喇克等,言及贸易一事。据称,上年哈巴木拜之子额得格等,至乌鲁木齐交易,回抵游牧云,马一匹,仅得缎一端,众人闻知,俱不愿前往。今将军等既准贸易,须致书与阿布赉相商,仍恳量为增给等语。哈萨克乃微小部落,贪利无厌,若如所请,增给货物,日后辗转干求,何所底止,此则断不可行,况上年贸易马匹,原为进剿逆回,今诸城尽附,逆贼计日可擒,何必多购马匹,置之无用,著传谕努三等,若哈萨克人等仍来贸易,或嫌工料纰薄,妄求增给,即行晓示云,缎匹皆商人货物,民间通用,难以内库赏赉之物相衡,尔等如不愿交易,亦听其使,岂能曲从所请,转致累我商民,现在伊等曾否前来,及作何办理,即著奏闻。

(《清高宗实录》卷 593　页 593)

抚定叶尔羌奏请起程而追贼更关紧要

乾隆二十四年七月乙亥(二十七日 1759.9.18)谕军机大臣等,兆惠奏称,前因抚定叶尔羌,奏请起程,而追贼更关紧要,且布鲁特人等,陆续投见者甚多,请暂留英吉沙尔,令额敏和卓先往叶尔羌等语。办理甚合机宜,此时富德、阿里衮、巴禄、明瑞等,应已追及逆贼,其接济口粮,招徕降众仍须兆惠督率办理,投见之布鲁特等,有应加鼓励者,即传旨赏赉,或须通使,即酌派侍卫等前往,如愿入觐,亦照从前哈萨克、布鲁特之例,伴送来京,庶巴达克山、安集延等处,风闻向化。又所奏安集延人等,愿协力擒贼,更为可喜,一得各路捷音,即速奏闻。

(《清高宗实录》卷 593　页 604)

哈萨克贸易之人陆续至乌鲁木齐

乾隆二十四年八月己卯(二日 1759.9.22)又谕,据满泰奏称,车布登扎布派向导等,领哈萨克贸易之人,陆续至乌鲁木齐,其头目哈斯伯克等禀云,此次贸易,必须倍得利息,若如上年则不可,而哈萨克之乌穆尔等又云,伊等系阿布赉所遣,不比哈斯伯克,但上年所得缎匹,甚为纰薄,此次传给以精好者等语。从前车布登扎布途遇哈萨克人等,即云缎匹不佳,求另定价值。朕已训示努三等矣。今览所奏伊等情词,足见其贪得无厌,若从所请,何所底止,且换易马匹,特以备征战之用,今回部计日荡平,亦何必多此糜费,著传谕满泰等,若贸易人等,仍执前说,即谕云,大皇帝恩赏尔等缎匹,皆出自内府,与商民常用者不同,况以外藩所无之物,许尔等贸易,已属特恩,尔等马匹,即不行贸易,仍可带回,若商人货物,则有往返运送之劳,倘利息有亏,亦难强其再至,此次交易与否,听尔所愿,以此明白晓示,看其情形若何,一面办理,即行奏闻,努三此时尚未转回,范时绶现在前往,著会同办理。

(《清高宗实录》卷 594　页 613—614)

哈萨克人以等缎匹纰薄欲以交易官缎

乾隆二十四年八月辛巳(四日 1759.9.24)谕军机大臣等,昨据满泰奏,哈萨克贸易人等,有所等缎匹纰薄之语,在伊等贪生无厌,欲以交易官缎,与前发赏给阿布赉等缎匹相较,固属妄得冀幸,自当示以节制,但从前议将陕甘缎匹式样,转发江浙织造趱办,或承办之员,因节省工料,以致成色太减,亦所不免,即如各省办解内府缎匹,尚不能一律精好,况于应付边地之用,此亦当留心察核,以杜朘削之弊,且不使过于纰薄,致有累远人,著传谕杨应琚、努三等,即查明贸易缎匹,约有几种,各取一端,送京核验。

(《清高宗实录》卷 594　页 614—615)

哈萨克贸易人等有马数千匹

乾隆二十四年八月壬午(五日 1759.9.25)又谕,近据定长、范时绶等奏报,哈萨克贸易人等,有马数千匹,来乌鲁木齐贸易等语。现在富德等,三队合兵,穷追逆贼,倘未

即就擒，则接济马匹，最关紧要，著传谕定长、范时绶，将所易哈萨克马匹，随其所得若干，即送往军营。

(《清高宗实录》卷594　页615)

厄鲁特喀尔察海巴桑等今情愿投归

乾隆二十四年八月丙戌(九日1759.9.29)又谕曰，满泰奏，随哈萨克贸易前来之厄鲁特喀尔察海、巴桑、藏布班珠尔三人，称系三年前被掳，今情愿投归等语。伊等俱系三年前被掳，并未抗拒大兵，尚应收留，但哈萨克亦皆向化，嗣后若从前被掳人等，私自投回，伊等即时追取，应仍行查给，或无人问及，即不妨留养，亦不必安插辟展等处，可押送至京，现在喀尔察海等，即遵照办理。

(《清高宗实录》卷594　页618—619)

哈萨克之贸易人等所到马匹量给价值

乾隆二十四年八月丙戌(九日1759.9.29)又谕曰，满泰奏称，哈萨克之哈斯伯克等四队贸易人等，所到马匹，量给价值，共得一千余匹，交易既竣，照例派兵送至罗克伦，遣回游牧等语。所办尚属妥协。但伊等从前以缎匹平常，争论价值，今岂竟无一语，著将交易时情词，因便奏闻。

(《清高宗实录》卷594　页618)

莫尼扎布请在额尔齐斯之源游牧

乾隆二十四年八月丙申(十九日1759.10.9)谕军机大臣等，成衮扎布奏，据莫尼扎布告称，察达克等因现在科布多等处，貂鼠无多，请移往阿尔台，在额尔齐斯之源游牧等语。察达克所属乌梁海，年来效力行走，且额尔齐斯现亦空旷，即从伊所请亦可，但该处原系杜尔伯特游牧，今车凌乌巴什等，在乌兰固木居住，前曾降旨，伊等若愿归旧地，亦听其便。可传谕成衮扎布，晓示车凌乌巴什等云，察达克等请往额尔齐斯等处游牧，奏奉谕旨，以额尔齐斯原系尔等旧地，今察达克所指之处，若与游牧无碍，即从其所请，或尔等愿归旧地，现在哈萨克俱降，伊犁贼众尽灭，全无足惧，即可迁移，尔等现在游牧之地，亦可赏给察达克等，但哈萨克新附，不比尔等归诚日久，须严饬所部，安静无事，若骚扰哈萨克边界，则伊等具奏时，朕难于训谕，至尔等既遵约束，而哈萨克反来扰害，则拿获即行正法，亦为理直言顺，尔等或安土重迁，即无庸置议。此额尔齐斯之地，与其为哈萨克、俄罗斯窃据，不若使乌梁海人等迁移，亦将此旨宣示察达克等，令其各安生业，毋得滋事，所有办事情形，仍著妥议具奏。

(《清高宗实录》卷595　页624—625)

富德等追抵巴达克山遣使谕令缚献

乾隆二十四年八月辛丑(二十四日1759.10.14)又谕曰，富德等追贼抵巴达克山，遣使谕令缚献，万一未能即获，则年来进兵，马匹最为紧要，昨谕将乌鲁木齐所易哈萨克马千余匹，送往军营，著再行传谕，将此项马匹，即由库车送赴富德军营。

（《清高宗实录》卷595　页628）

霍集占等逃入巴达克山业经遣使索取

乾隆二十四年八月壬寅（二十五日 1759.10.15）谕军机大臣等，昨富德等，以霍集占等逃入巴达克山，业经遣使，索取具奏。但贼踪已近，不行速追，殊与机宜未合，伊等招降贼众万余，即马匹甚乏，拣选数百，断无不得之理，而贼众止三四百人，经过甫二日，穷追自必成擒，或以巴达克山为外藩，不便惊扰，但果秋毫无犯，伊等亦何辞以拒。从前阿睦尔撒纳投入哈萨克，策楞等，初尚不敢遣使，而后来长驱直入，阿布赉即畏惧乞降，皆富德所深悉者，乃劳瘁多时，所稍一迟疑，渠魁即失，殊为可惜。至所奏收获回人厄鲁特万余口，亦须办理妥协，此等贼党，与叶尔羌、喀什噶尔回人，俱有仇怨，将安插于何地，即令在他处安插，不过徒糜养赡，况渠魁未获，兆惠又即来京，富德若不加意防范，万一与霍集占相通，更滋事端。今思乌沙克等人众，随逆贼世居伊犁，必相依恋，断不可信，且沙喇斯、玛呼斯人等，又系暂留，日后办理时，伊等必至疑惧，此外实系从阿克苏、沙雅尔、库车等处，迫胁同行者，自可遣回本处安插。可传谕富德，详加查询，委霍集斯等，先将伊等家口，安插旧地，计乌沙克等男丁，应亦无多，看其情形，稍有变动，即相机办理，非不欲加以仁爱，乃事机所迫，不得已也。若二贼业已就擒，即不必如此办理。

（《清高宗实录》卷595　页629）

搜捕玛哈沁讷克衣等尽行拿获

乾隆二十四年九月壬子（五日 1759.10.25）又谕曰，努三等奏，搜捕玛哈沁讷克衣等，尽行拿获，即将贼首和通哈喇、阿岳正法，讷克衣、和通、车凌、喇嘛春丕勒扎木苏送至乌鲁木齐，严加看守，俟余党尽剿，将讷克衣正法，余犯解京等语。努三此次办理，甚合机宜，著加恩交部议叙。随行官兵人等，俱著查明送部议叙，努三从前专办哈萨克贸易事务，其乌鲁木齐屯田，即著兼管，前谕擒获讷克衣解京，今照所请，即在彼正法，其喇嘛春丕勒扎木苏，仍行解送。

（《清高宗实录》卷596　页640）

阿克苏送来回人等行至赛里木遇贼

乾隆二十四年九月乙卯（八日 1759.10.28）谕军机大臣等，据德舒奏称，由阿克苏送来回人等，行至赛里木，遇玛哈沁二十余人，把总徐天成及兵丁二人被害，掠去回妇一人，马十四匹，驼四只，外委把总一员得伤，又兵丁一名、回人一名不知踪迹，今选派库车绿旗回人兵丁，前往追捕等语。此等玛哈沁贼人，肆行抢掠，殊可痛恨，伊等或藏匿穆素尔岭等处，亦未可定，必须搜剿净尽，德舒既未谙戎行，而绿旗回部兵众，亦复何济。著传谕努三，选派兵丁百名，给以哈萨克马二百匹，前往库车搜捕。倘德舒尚未获贼，即宜趱行。昨努三请将收服之玛哈沁等，安插乌鲁木齐等处屯田，俾招其党众之藏匿者，朕已命侍卫巴朗，前往办理，看来此等贼人不可豢养，努三即将奋勉向导人等，酌给钱粮，如著有劳绩，或编入京师旗分亦可，其余人众，努三既许以不死，俱解赴京城备赏，现在可用之人，暂行带往，招抚事竣后，再行酌量办理。

（《清高宗实录》卷596　页643）

乌鲁木齐所易哈萨克马一千余匹

乾隆二十四年九月庚午（二十三日 1759.11.12）又谕曰，定长等奏，乌鲁木齐所易哈萨克马一千余匹，于八月二十四日，由昂吉尔图诺尔起程，从伊拉里克送至库车，转送富德等语。此项马匹，原备来年进兵之用，今富德在巴达克山交界，若经行解送，未能妥协，著传谕定长等，将马匹加意牧放，不必远寻富德，即从库车送往叶尔羌备用。再定长奏，德文调兵一百名，至库车防范玛哈沁，咋据德文奏报，朕以纳世通领兵四百，已足敷用，业已传谕申饬，仍著定长将派往之兵，差人追回。

（《清高宗实录》卷597　页658）

努三久在军营效力即起程回京

乾隆二十四年九月癸酉（二十六日 1759.11.15）谕军机大臣等，努三久在军营效力，俟办理玛哈沁事竣，即起程回京，哈萨克贸易事务，交永德办理，永德办事二年，颇称谙练，著派乾清门侍卫萨穆坦，侍卫倭升额，驰驿前往乌鲁木齐，随永德学习行走。

（《清高宗实录》卷597　页661）

追剿霍集占布拉呢敦情形

乾隆二十四年九月丁丑（三十日 1759.11.19）谕曰，将军兆惠、富德等，先后奏报大兵追剿逆贼霍集占、布拉呢敦，抵巴达克山界，其部长素勒坦沙告称，遵将军大人谕，邀击二贼，现已枪毙霍集占，生擒布拉呢敦，所差侍卫萨穆坦俱经目睹。但回部信奉经典，从无自擒族类，转送与人之例，若竟呈献天朝，恐别部落必来滋事，是以求免等语。已传谕兆惠、富德等，令即克期勒兵向索，且晓譬顺逆，以该部落既知归诚内属，理应献贼自效。即以回部旧俗，不自相戕为词，则已不应有生擒枪毙之举，况虑他日诸部之滋事，较此时天朝大兵之压境，其利害尤为明白易晓，如果该部落即日遵谕献出，则肤功自可告竣，而庸懦无识之徒，或以诸城悉定，各部款降，似此茕茕逋贼，何必更事穷追，致滋劳费，殊不知用兵回部，原非朕之本意。当伊犁平定，准噶尔悉入版图，而东西布鲁特、左右哈萨克等，无不倾心向化，何有于花门杂种，而必欲为穷兵黩武之事，实以逆贼兄弟，负恩反噬，不得不明正其罪，以彰挞伐。今叶尔羌、喀什噶尔均就抚绥，设官定赋，其于回部大局，固已全定，独逆贼兄弟，尚未悬首藁街，此皆从前雅尔哈善玩寇偾事，于攻围库车时，使已投罗网之逆孽，复得远飏，蹉跎辗转，以至今日，实为此事罪魁。自兆惠、富德统兵以来，扫其巢穴，分路进剿，屡获全胜，独惜富德等，兵至叶什勒库勒诺尔，其时逆贼疲备已甚，即谓我军马力稍乏，但乘势精选数百骑，紧蹑其后，即可直抵巴达克山，协同捕获，何至该部落得以藉口，此亦因富德等俘获众多，其气不无稍懈，而明瑞在京时，朕曾谕以临阵须当慎重，遂致误会，未免少为徘徊耳。然此时大军方驻彼地，不过贾其余勇,即可集事,又何所增其劳费,若意在苟且迁就,遽欲贡谀称贺,谓可息事宁人,则朕断断不为也。如前此阿睦尔撒纳已伏冥诛,并遣大臣验实,因逆尸究未献出,朕即不肯告庙受贺,以为自欺欺人之计,此内外诸臣所共知者。况堂堂大清,兵力全盛,而回部之赋税,屯田之收获,以及沿途贸易,城仓积贮,储胥充裕,不独内地毫无飞挽馈运之劳,而陕甘两省蠲赈之恩,有加无已,闾阎初不知有军兴征发,岂汉唐宋明诸代,疲中国之财力,而不能得地尺寸者可比。今统计用兵,不越五年,而西陲万余里,城无不下,众无不降,此实仰荷上苍福佑,得以奏兹伟绩,而人事之因时顺应,尤不可不善以承之也。我满洲风尚,素称淳朴勇往,而承平日久,八旗子弟多耽安逸,偶遇军旅之事,转致不能娴习,朕于此举,正欲训诲督率之,俾习勤劳而谙韬略,而诸臣中,或犹有狃于小利近功不知事机之缓急者,古者无事之时,不废训戎讲武,今以法无可逭之逆酋,当功有必成之事会,且可藉以练我杀敌致果之将材,又何所顾虑,而竟为浮论所惑,急图完局,贻笑方来也。不然,则佳兵之诫,朕念之熟矣,岂尚存好大喜功之见,以耀兵威而勤远略耶。著将此宣谕中外知之。

(《清高宗实录》卷 597　页 665—667)

巴达克山素勒坦沙献霍集占首级

乾隆二十四年十月庚子(二十三日 1759.12.12)是日,定边右副将军富德等奏到,巴达克山素勒坦沙,献逆贼霍集占首级,全部纳款捷音。谕将军富德等奏报,巴达克山素勒坦沙,奉檄拘禁逆贼霍集占等于柴扎布,嗣因霍集占欲与珲都斯等部落,暗行攻袭,当将霍集占、布拉呢敦剿杀,呈献霍集占首级,并看守逆尸人等,随经验看明确,驰送京师等语。前此大兵平定准噶尔,各部悉入版图,而东西布鲁特、左右哈萨克,无不倾心向化,独逆酋霍集占兄弟,辜恩反噬,不得不兴师问罪,虽叶尔羌、喀什噶尔等城以次抚降,设官定赋,将就蒇事,而凶渠一日不获,则军务一日不竣,是以旁午军书,焦劳筹画,并非好为穷兵黩武之举。自将军兆惠、富德等,励众选兵,先后追剿,屡获全胜,贼势愈蹙,安集延与巴达克山诸部,共知感仰恩威,归诚恐后,今既捧檄自效,逆酋授首,从此边陲宁谧,各部落永庆安全,露布远闻,此皆仰荷上苍福佑,宗社鸿庥,俾朕得缵皇祖皇考未竟之丕绪,惟益励持盈保泰之心,夙夜倍切冰兢,此意当与中外臣民共之,兹当殊勋克奏,茂典应修,郊庙告功,益申昭报,时当长至,朕方躬祀圜丘,其敕所司,敬举受厘宣捷之忱,载诸祝册,用申悃款。惟盛京三陵,礼应亲谒即谢,但以序届冬寒,恐勤属车之众,特遣亲王前往恭代。东陵、西陵,即拟亲赴展谒,而计程往返,适届慈宁万寿庆辰,敬以明年献岁,诹日亲诣行礼,然终不足以抒积悃,拟告祭太庙之日,朕亲行展事。至方泽、社稷,照例遣亲王恭代。冬至次日,朕恭诣皇太后宫行礼,亦于表文内,增撰武成庆语,其御殿颁诏诸议,一并举行,既以循令节而迓崇禧,即以慰慈怀而布溥惠,其余一切典礼,各该衙门察例举行。将军等凯旋至京时,朕当亲临郊劳,念我大臣官弁等,敌忾奏功,勋施懋著,酬庸论赏,应备恩荣,将军兆惠已晋公阶,并迭赐章服,其加赏宗室公品级鞍辔,以示宠异。将军富德著晋封侯爵，并赏戴双眼翎。兆惠、富德著再加授一子为三等侍卫，参赞公明瑞、公阿里衮并赏戴双眼翎，舒赫德及在事大臣官员，均交部从优议叙，兵丁之在行阵者，赏给两月钱粮，其叶尔羌等城兵丁，并赏钱粮一月，爰著策励之令典，益昭绥远之鸿猷，将此通谕知之。

（《清高宗实录》卷599　页699—701）

御制开惑论宣示中外

乾隆二十四年十月辛丑（二十四日1759.12.13）以西师成功始末，御制《开惑论》，宣示中外，谕曰：巴达克山素勒坦沙等归诚，逆贼霍集占授首，于办理回部，固告成功，而平定准噶尔全局，亦于此大定。昨已降旨宣谕中外，王大臣等，躬逢国家景运昌隆，殊勋捷奏，当与朕同心感庆，敬迓天庥。而朕于颁师奏凯时，回念前事，转深祗惧，非仅为履满思谦之虚语也。准噶尔一部，久外生成，自我皇祖皇考时，屡兴挞伐，未既厥绪，前杜尔伯特车凌、车凌乌巴什等，方款关内附，在庸庸无识之徒，生际升平日久，方皆狃于便安，谓可拒而不纳。殊不思堂堂天朝，抚驭方夏，如达瓦齐之蠢然一物，缚致京师，以降王豢养数载，亦朝臣所共见者，岂有俨然视如敌国，至不敢受其降人之理。然彼时朕以任事乏人，尚未即决策兴师也。厥后阿睦尔撒纳等各部来降者，叩关踵接，实繁有徒，于义固有难辞，而处之偏隅，又足为喀尔喀贻患，势不得不经理游牧，返之故地，且上苍锡祚垂禧，予以经画边陲之事，俾朕继述我祖宗未竟之志事，而朕敢惑于浮议，不勉思敬以承之乎？今统计用兵，不越五载，内地初不知有征发之劳，而关门以西，万有余里，悉入版图，如左右哈萨克、东西布鲁特及回部各城，以次抚定。现在巴达克山诸部落，皆知献俘自效，捧檄前驱，以亘古不通中国之地，悉为我大清臣仆，稽之往牒，实为未有之盛事，即朕始愿，亦不敢望其遂能至此也。人情可与乐成，难与虑始，在久安长治之余，亦势所必有，然忧盛危明，正当动色交儆，此番遐方绥靖，我将军参赞，以及一介执戈之士，无不得娴行阵，于国气人才，深有裨益，然非朕力为振作，信赏必罚，以淬励之，其谁不畏难苟安，而坐希无事之福乎？今即饮至告功，而日有万几，宵旰畴咨，又何能自释敬事之怀，有一日之可逸者。即前此军务方殷，运筹乙夜，曾不废令节燕飨之文，忧愁二字，朕惟于望雨悯农用之于军务，亦未至于忧愁困苦，如众人之所畏者，兹虽大告武成，亦惟永怀图易思艰，以为昭受凝承之本，又岂可恣意求逸耶。然如去冬兆惠深入回地，猝尔被遮，设非朕先时各路派兵，运粮在道，何由集事神速，便若转圜，此一节朕不自谓洞烛先几，而深荷天地祖宗眷祐，默牖朕衷，实惬于怀，于此益信天人感应之符，捷如影响，而钦承景命，我君臣当益交勉之。军营在事诸臣，昨已加恩优叙，至同朕办理军务者，惟大学士傅恒，与朕一心，日夜不懈，前因伊犁平定，赐加双公，曾涕泣固辞，今伊子福灵安，尚非披坚执锐之岁，而即能奋勇行阵，屡著勤劳，实惬朕望，著赏给福灵安头等侍卫、以著酬庸之典。大学士来保年近八十，行走不懈，及诸军机大臣官员，日夜随侍候报，钞录一切，均著勤劳，大学士傅恒、来保及军机大臣，并军机处行走官员，著交部一并议叙，仍将此旨通行晓谕知之。御制《开惑论》曰:夫人情有所弗概于怀者,则不能无惑。况西师之役,决机于午夜之密勿,驰檄于绝域之阻阂,语言泮不相同,风俗夐然各别,是安能人人而告之,以祛其疑。故事以问明,理以答晰。因仿四子讲德之遗意,作《开惑论》,其辞曰:有春秋硕儒者,是古卑今,循规蹈矩,喜宽衣博带,如鲁诸生,厌突梯脂韦,若楚公子。闻信天主人,欲有所缔构挞伐,虽不敢面折其非,而每退有后语也。既而定伊犁,俘名王,成旧志,辟新疆,兵不血刃,而归马于华山之阳。乃造于臻成大夫之席曰:唉,有是哉,有是哉,走怀杞人之忧有日矣。夫守在四夷,其德莫恢,住兵不祥,其理莫赅。今所见者迥异乎所闻,则是秦皇不必筑长城,而汉武不必悔轮台也。曷以启予蒙乎?大夫曰:子不闻长卿之言乎?非常者固常人之所疑也。无何阿逆叛,群凶应,如蜩如螗,曰枭曰獍,断驿掳牧,奋臂以逞,一二只行野宿者,或致戕其身命。于是硕儒复过大夫之间曰:如何如何,果不出吾所讶,宜亟罢是役,祸庶少辑。大夫曰:子姑俟之。于时师重进,渠远跳,顺者抚,逆者剿,先是喀尔喀有青滚杂卜者,狡佥回之騂也。以收杜尔伯特四部时,曾贾其牛羊,用赐新抚,乃藉以煽惑众喀尔喀,且欲私通阿逆之丑虏,阿逆既窜,罪人斯得,喀尔喀众,以休以息。然彼时将帅之臣,追阿逆于哈萨克,为其所卖。同时准噶尔宰桑之在役者,皆习为盗而惯军诈者也,见而轻之。既罢役,则相率为乱,欲复其旧制,而耻为我臣。是和起被欺于辟展,兆惠战出于济尔哈朗之所因也。硕儒曰:吁,是盖祸结兵连,吾不知何日之息肩矣。尔其重整四甄,夹攻两路,阿逆复自哈萨克窜归,适遇我师,又仓皇而遁去。盖自是哈萨克亦面内归化,欲助我以擒阿逆。而阿逆乃只身入俄罗斯境,穷极伏冥诛之故也。豺狼不可以犬豕畜,鸱鸮不可以鸡鸭育,是反覆喜乱之徒,再存之再不知感,且残贼为奸焉,是惟薙刈灰灭之而已,更不可以仁义化迁。乃欲姑息了事者,又以为不杀降人。夫不杀降人可,留降人之马,而与之足力,以受其愚,则大不可。满福之遇难,以及助二回酋与我抗衡,皆此沙喇斯、玛呼斯二鄂拓之所搆祸也。至库车之稽[illegible];,实偾辕于逍遥。更将申律,旗鼓一新,遂长驱直入,而功垂成于崇朝。黑水之守,主客众寡之势,虽愚者亦知其漂摇,以三千余人,敌数万众,而搜穴得米,掘井得泉,贼铳著木,取铅丸数无万,反以击贼,无不中贼之酋豪。于是两军相合,贼乃遁逃,及穷追异域,驻旅驰檄,献馘称臣,遂成耆定之功高。臻成大夫乃进春秋硕儒而诏之曰:两大部落不为不强,周二万余里不为不广,五年成功不为不速,前歌后舞不为不祥。子徒见始事之秋,选愞畏葸者之腾口,是所谓人然亦然,人否亦否者也。且师旅征伐之于国,犹雷霆霜雪之于天,非霜雪则万汇烦嚣之气不汤涤,非雷霆则四时湮郁之气不鬯宣。非师旅征伐,则梗我王化者,无以詟伏惩创,不敢抗干。是以诘戎扬烈,益当廑于重熙累洽之年也。子独不见达瓦齐之懵懵乎?设云事慎首祸,礼不纳叛,是俨然以外夷弑君者为敌国,岂不粤我君哉。硕儒曰:岂谓是哉,阳舒阴惨,生民大情,离忧合欢,品物同性,绝者不可复属,死者不可复生,损兵折将,无补功成。大夫曰:吁,子所谓执迷而不悟者矣,成大事者,不顾小谋,图大全者,宁辞小害。示应于近者,远有可察,托验于显者,微或可

概，且子亦知损兵折将之由乎？彼或内怯于心，外受人诒，决机不审，迟疑埴，而自贻伊悔，岂主人之罪哉。若夫虎臣罴士，折冲宣力，马超囊足，姚期摄帻，渴赏捐躯，实不乏人，而一闻如是者，午夜为之酸心，举案为之忘食。虽刻木结蒲，无以加兹，而且赏延后昆，太常纪绩。如子所云，则汉祖唐宗，拨乱草创之初，宁无一人结缨死绥者哉，《礼记》听磬声则思，又何以云乎？故非沉几不足以图功，非果断不足以定业。彼其狼狈相顾，潜包祸谋者，以螳螂之斧，御隆车之辙，不自竿量，何异苇苕之鹪鸠，是以王师屡入，霆奋席卷，如举炎火而焫飞蓬，覆汤泉而沃白雪，子何不度以全局，待以岁月，而为是无稽之说哉。硕儒曰：若仆者，乃隙中观斗，井里窥天，以今日应机底绩论之，何妨再迟数年，愧矣服矣，豁然悚然。大夫曰：未也，子姑听之，夫食椹怀音，非纳叛臣，奖蹙优遇，欲集其勋，密敕周防，先示戚亲，操刀必割，所戒逡巡。子云：应机亦非至论，三隙可乘，未兴大军，加征增算，何曾于民，凡有水旱，无不恤赈。运输给价，防其蚀侵，甘肃岁赋，预免庚辰。两部永靖，并及其邻，哈萨布露，枭瞷文身，无不内属，慕义归仁，鸿庸爰建，千古未闻。若子者所谓菽麦未辨，安足以知我信天主人哉。信天主人，乃召大夫硕儒而告之曰：若二子者，所谓楚既失之，齐亦未为得也。夫顺天者昌，逆天者亡，故粤宛犹不逆时气，而奉若者岂可恃力而夸张，且屡危而屡夷，愈变而愈康，钲鼓一动，遂定二方，凿空二万余里，蒇事五载已央，使畏难而中辍，未必不致祸而受殃，浮议者方且谓老成之言臧也，在易师之上六曰，大君有命，复之上六曰，迷复有青，今得以利用御寇，由颐有庆，是不亦大幸乎？夫获此幸者，宜思何以获此幸于昊苍，方将矜矜惴惴，凛凛皇皇，陨越是惧，奚暇计之二子之短长也哉。

（《清高宗实录》卷599　页702—707）

平定回部御制碑文

乾隆二十四年十一月辛亥（五日1759.12.23）御制平定回部告成太学碑文曰：建非常之功者，以举非常之事，举非常之事者，以藉非常之人，然亦有不藉非常之人，而举非常之事，终建非常之功者，则赖昊苍笃贶，神运斡旋，事若祸而移福，机似逆而转顺，顺天者昌，逆天者亡，故犁准夷之庭，扫回部之穴，五年之间，两勋并集。始迟疑犹未敢信，终劼劬以底有成，荷天之龙在兹，畏天之鉴益在兹，爰叙其事如左。达瓦齐之就俘也，伊犁已大定矣，无何而阿睦尔撒纳叛，彼其志，本欲藉我力以成己事，时也人心未定，佐饔者尝，一蜮肆狂，万狙应响，蜂屯蚁杂，不可爬梳，畏难者群谓不出所料，准夷终不可取，并有欲弃巴里坤为退守谋，然予计其众志不齐，将有归正倒戈者，于是督策将帅之臣，整师亟进，既而伊犁诸台吉宰桑，果悔过勤王，思讨逆贼以自赎，此天恩助顺者一也。二酋大小和卓木者，以回部望族，久为准噶尔所拘于阿巴噶斯鄂拓者也，我师既定伊犁，乃释其囚，以兵送大和卓木布拉呢敦归叶尔羌，俾统其旧属，而令小和卓木霍集占居于伊犁，抚其在伊犁回众。乃小和卓木，助阿逆攻勤王之台吉宰桑等，阿逆赖以苟延，及我师再入，阿逆遂逃入哈萨克，而霍集占亦即收其余众，窜归旧穴，此天恩助顺者二也。准夷之事，前纪略见梗概，兹不复纪，纪兴师讨回之由，则以我将军兆惠在伊犁时，曾遣副都统阿敏道，往回议事，小和卓木乃以计诱阿敏道而拘之，及我师抵库车问罪，彼携阿敏道以来援，至中途害之及从行者百人。彼犹逞其狂勃，抗我师颜，且敢冒死入库车城，乃雅尔哈善略无纪律，致彼出入自由，然我满洲索伦众兵士，无不念国家之恩，效疆场之力，故能以少胜众，逆渠惧而兔脱，此天恩助顺者三也。知偾辕之无济，抡干材之可任，时将军兆惠以搜剿准夷余党至布鲁特部落，已款服其众，因命旋师定回部，于是克库车，存沙雅尔，定阿克苏，略乌什，收和阗，师之所至，降者望风，直至叶尔羌城下，而我军人马，周行万有余里，亦犹强弩之末矣。二酋以其逸待之力，统数万人，与我三千余人战，我师之过河者才四百余，犹能斩将搴旗，退而筑堡黑水，固守以待，此天恩助顺者四也。万里之外，抱水救火，其曷能济。乃予以去年六月，即降旨派兵拨马，欲以更易久在行间者耳，故兵马率早在途，一趱进而各争前恐后，人人有敌忾之愤，此天恩助顺者五也。副将军富德及参赞舒赫德辈，率师进援，以速行戈壁中，马力复疲，值狂回据险坐俟，颇有难进之势，夫援军不能进，则固守以待者危矣。而参赞阿里衮，驱后队之马适至，夜捣贼营，我师内外夹攻，彼不知我军凡有几万，握炭流汤之徒，自相蹂躏，顾命不暇，于是解黑水之围，鹿骇獐惊，遁而保窟，我之两军合队全旅，以回阿克苏，此天恩助顺者六也。既而彼料我必再入，泰山之压难当，乃于我师未进之先，携其部落，载其重器，跳而远去，而叶尔羌、喀什噶尔二城之旧伯克等，遂献城以降，参赞明瑞，一邀之于霍斯库鲁克，副将军富德，再陷之于阿勒楚尔，于是离心者面内，前途者反旆，二酋惟挈其妻孥及旧仆仅三百人，入巴达克山境，此天恩助顺者七也。人迹不通之地，语言不同之国，既已雀殴，宁不狼顾，其授我与否，固未可定也，然一闻将军之檄，莫不援旗请奋，整旅前遮，遂得凶渠函首，露布遥传，此天恩助顺者八也。夷考西师之役，非予夙愿之图，何则，实以国家幅员不为不广，属国不为不多，惟廑守成之志，无希开创之名，兼以承平日久，人习于逸，既无非常之人，安能举非常之事，而建非常之功哉。然而辗转辐凑，每以难而获易，视若失而反得，故自缔始以逮定功，虽予自问，亦将有所不解其故，而不敢期其必然者，故曰非人力也，天也。夫天如是显佑国家者，以祖宗之敬天爱民，蒙眷顾者深也，则我后世子孙，其何以心上苍之心，志列祖之志，勉继绳于有永，保丕基于无穷乎？系以铭曰：二酋背德，始乱为贼。是兴王师，报怨以直。伊犁既平，蕞尔奚屑。徐议耕辟，徐议戍设。以噢以咻，伊予本怀。岂其弗戢，图彼藐回。彼回不量，怒臂当车。戕我王臣，助彼狂狙。始攻库车，偾辕败事。用人弗当，至今为愧。悖逆罪重，我武宜扬。易将整师，直压彼疆。阿苏乌什，玉陇和阗。传檄以定，肉袒羊牵。二酋孽深，知不可活。狼狈相顾，固守其穴。桓桓我师，周行万里。马不进焉，强弩末矣。以四百人，战万余虏。退犹能守，黑水筑堡。间信达都，为之伤悼。所幸后军，早行在道。督敕速援，人同怒心。曾不两月，贼境逼临。贼境逼临，彼复徼隙。马继以进，贼营夜斫。出其不意，贼乃大惊。谓自天降，孰敢锋撄。大鞣大腈，如虎搏兔。案角陇种，谁敢回顾。黑水围解，合军暂旋。整旅三

路，期并进焉。贼侦军威，信不可支。挈其妻孥，遁投所依。所依亦回，岂不自谋。岂伊庇猿，而受林忧。利厥辎重，无遗尽掠。遣其都丸，遂来献馘。讵惟献馘，并以称臣。捧赍表章，将诣都门。奏凯班师，前歌后舞。尸逐染锷，温禺衅鼓。露布至都，正逮初阳。慈宁称庆，亚岁迎祥。郊庙告成，诸典并举。皇皇太学，丰碑再树。丰碑再树，敢予喜功。用不得已，天眷屡蒙。始之以武，终之以文。戡乱惟义，抚众惟仁。布惠施恩，寰宇共喜。古不羁縻，今为臣子。疆辟二万，兵出五年。据实书事，永矢乾乾。勒石大成殿阼阶前。御制平定回部勒铭叶尔羌碑文曰：粤稽回始，肇自天方。又名默克，一曰天堂。大食见元，回鹘见唐。是皆仿佛，所传弗详。惟我皇清，抚有华夏。血气之伦，均归陶冶。准夷昔强，冥顽弗下。恃厥险远，实梗化者。猰貐其众，豺狼其群。以回为羊，役以耕耘。利其善贾，三倍市欣。拘二酋长，处伊犁滨。四大回城，输租献赋。腾格是供，卫拉是惧。茧丝奚堪，沟壑已遽。有面内心，其何能诉。准夷既平，群回见天。谓自今始，饱食晏眠。遣厥酋归，抚尔土田。生死肉骨，讵疑变迁。讵疑变迁，德竟怨报。助我叛疆，戕我使轺。是用兴师，声罪致讨。乃敢抗颜，蜩螗欢譟。既侮厥外，宜安厥内。而何狂狙，心焉昏瞶。杀人为戏，夺妻为秽。大失众心，无不怨背。三道并发，四甄齐攻。酋知弗支，自掳一空。廿日之前，駾走无踪。尔虽无踪，我追应穷。滔滔洸洸，连战皆克。旦夕苟延，遂入异域。异域畏怀，举旗助力。腐鼠莫逋，遂来献馘。二酋既歼，诸回永靖。设官定赋，去其苛政。昔之诸回，晓战夜侦。今恬以嬉，各保性命。昔之诸回，为准夷臣。今语邻封，曰天王民。曰天王民，谁汝苦辛。艺尔稷黍，孳尔子孙。在昔己巳，爰平金川。兹定回部，亦己卯年。岁符理纪，瑞迭祥骈。持盈保泰，惟懋慎旃。勒石叶尔羌城。御制平定回部勒铭叶什勒库勒诺尔碑文曰：机有视若失而反得，智者之所懃而愚者之所惑也，事有初若劳而终逸，壮者之所劭，而懦者之所怯也。若夫定全回，歼二酋，战无不克，攻无不取，皆二将军及诸参赞以及行间众将士之力也。然予亦有所深慰于其间者，则以五年劼劬宵旰，运筹狎至，实未敢偷安于顷刻也。幸我武保定，庶因答乾贶慰先志，且以免浮议之指斥也。叶什勒库勒诺尔者，我副将军富德等穷追二酋，至巴达克山之界，获其降者万人，二酋仅以身免，而遣使索俘，遂得献馘振旅，以成茂勳也。其地倚山临水，单骑可容，而我突将无前，四甄并发，如入无人之域也。贼众首尾不能相顾，竖我回纛以招之，降者铺崖以来，霍集占持刃止之，或且反戈倒戟也，是以二酋见事不成，拔身远跳，駾突而喙息也。先是鏖之于霍斯库鲁克，袭之于阿勒楚尔，无不以少胜众，批亢捣坚，桓桓之士，真如驱虎豹而逐狸兔，缠头硕鼻者流，皆惃惃踉踉，见即辟易也。是以先声异域，骇其跳荡，遮逆助顺，用攫重辎而献凶级也。我兵未深入巴达克山境者，则以讨逆之师，不蹂无罪之地，姑遣使焉，彼或晓逆顺，亦将擒献，是以将帅之臣，审机度时，我武少辑也。卒蒇事而告成功，则亦未为计之失也。回部始末，已见于勒铭叶尔羌之碑，辞不复缀也。特纪耆定之在兹，是以志岁月而刻石也。勒石诺尔上。

（《清高宗实录》卷600　页719—723）

以平定回部颁诏中外

乾隆二十四年十一月辛亥(五日 1759.12.23)以平定回部,颁诏中外,诏曰:朕寅绍丕基,统御方夏,勤求莫释,怀保时殷,总期九域之胥安,罔有一隅之失所,若乃武功耆定,遐裔敉宁,歼厥渠魁,靖数载未诛之寇,疆以戎索,开万古未辟之区,斯声教益溥于要荒,将惠恺愈覃于海宇,殊勋既奏,庆典宜宣。逆酋大和卓木布拉呢敦、小和卓木霍集占者,本属回部渠酋,向为准夷拘縶,我师平定伊犁时,特出诸禁系,俾长乃穴巢,讵期曾不逾时,转行反噬,是以不得已而申讨。初非更有事于穷兵,自昨岁以来,既创其赴援之师,兼克其拒守之邑,而事机未副,俘馘尚稽,爰易将以进兵,俾犁庭而扫穴,所过皆壶浆恐后,弩矢前驱,属当征骑稍疲,以孤军而坚守重围者数月,已而援兵继入,以偏师而转战重地者经旬,士马尽全,声威倍振,整阵再进,望风使靡,于是穷鱼惟冀游魂,奔鹿不遑择音,弃众遽走,空部远逃,其地若叶尔羌、喀什噶尔诸域,咸入版图,悉供租税,两酋既失负隅之固,仅余漏网之生。该将军等,复选锋穷追,驰檄遍谕,别部巴达克山等回众,皆仰我威德,效彼悃忱,会霍集占既殒于重伤,布拉呢敦旋毙于众怒,遂诣和门而献馘,乃奏露布以班师,从此罪人斯得,真莫逃覆载之间,绝徼永清,益以助灵长之运,是皆上天佑顺,列祖垂休,用集大勋,式昭伟烈,计道里则塞垣以外,更扩二万有余,论时日则军兴以来,不越五年之内,历稽往牒,实旷古所未闻,自抚藐躬,益寸衷之增惕,时当长至,亲事圜丘,敬增祝册之文,兼备肆类之典,并遣亲王祇告方泽、社稷暨盛京三陵,其东陵、西陵,谨以来春,亲行展吉,告祭太庙之日,朕先亲诣将事,冬至之次日,敬诣皇太后宫,行庆贺礼,其将军大臣及官弁等,敌忾奏功,勤劳懋著,各封赏有差,凯旋至京,朕亲行郊劳,以昭宠惠,边圉永宁,巩皇图而益固,德威愈溥,介纯嘏以弥增,用沛覃恩,聿光盛典,所有应行事宜,开列于后:一、五岳四渎等祀,应遣官致祭,著照例举行。一、历代帝王陵寝,应遣官致祭,著照例举行。一、先师孔子阙里,应遣官致祭,著照例举行。一、历代帝王陵寝,该督抚查看修葺,动项报销。一、凡岳镇海渎庙宇有倾圮者,该地方官查明估计修葺,以昭诚敬。一、自用兵以来,军书旁午,所有官兵经过地方,办差官员,俱属急公奋勉,著该督抚查明咨部议叙。一、军兴以来,前后所调马步兵丁,借支银两,例应于饷银内分扣还项者,著加恩豁免。一、伤病回营兵丁,不能充伍者,该管将弁,查明本家如有子弟至戚,可以教练差操,即令顶食名粮,免致失所。一、台站官员,已有旨查明议叙,其兵部司员,接办军报,奋勉无误,亦著交部议叙。一、在京文武各官,俱加一级,其任内有降级处分,即以抵销。一、在京满洲、蒙古、汉军马步兵丁,俱加恩赏一月钱粮。一、在京城巡捕三营兵丁,著加恩赏一月钱粮。一、各衙门承办军需官员,量予议叙。一、各省驿站,军兴俱属勤劳效力,著各省督抚加意抚恤。一、满洲兵丁披甲,随征效力,被伤不能披甲,及年老有疾退闲者,俱著加赏赉。一、在外蒙古台吉以下官员,有罚俸处分,及现议罚俸案件,概行宽免。一、凡流徒人犯,在流徒处所身故,其妻子愿回本籍,该地方官报明该部,准其各回原籍。一、现在军流以下人犯,概予减等发落。一、国子监贡生、监生及各官学教习,免坐监期一

月。一、各处养济院，所有鳏寡孤独及残疾无告之人，有司留心养赡，毋致失所。于戏，荷鸿庥之宠锡，永固四塞之清宁，广大福以覃施，弥洽万方之欢庆，布告天下，咸使闻知。

（《清高宗实录》卷599　页717—719）

回疆大功告成无庸再送马匹

乾隆二十四年十一月丙辰（十日1759.12.28）谕军机大臣等，昨因大功告成，无庸再送马匹，命安泰回京，今思来年乌鲁木齐等处增兵屯田，又有哈萨克贸易，恐永德、永瑞二人，办事不能周到，安泰系内廷人员，尚可任使，著不必来京，即前往乌鲁木齐，总理屯田贸易事务。

（《清高宗实录》卷600　页727—728）

扎布堪等两旗人在珠特和硕等处过冬

乾隆二十四年十二月己卯（三日1760.1.20）谕军机大臣等，成衮扎布等奏，据察达克呈称，扎布堪、恰克图两旗五佐领人等，在珠特和硕、布固乌苏等处过冬，于十一月十二日，有哈萨克二百余人，前来抢掠，章京默勒特呼克，骁骑校图玛达克等十人被害，察达克随带兵往探，请即行策应防范，暂停入觐等语。哈萨克性同禽兽，伺间抢掠，亦事之所有，察达克若能追剿固善，但此等哈萨克，不知系何部落，若阿布赉所属，似不应有此，或系俄罗斯、乌梁海之间，所居哈萨克，被俄罗斯煽诱，亦未可知，总之本非大事，惟交察达克等，加意探听防范，堵截擒剿，即须办理，亦待来年，成衮扎布仍著来京，莫尼扎布谙悉乌梁海情形，著前往查勘，一得确信，作速具奏，俱著传谕知之。

（《清高宗实录》卷602　页752）

车凌乌巴什领兵追袭抢掠乌梁海贼人

乾隆二十四年十二月丙戌（十日1760.1.27）谕军机大臣等，成衮扎布奏，杜尔伯特车凌乌巴什，领兵三百五十名，追袭抢掠乌梁海贼人，伊即传知额尔克沙喇等，整兵暂驻，俟虚衔蓝翎塞音、台吉都噶尔等，探得确信，即行进剿等语。初闻哈萨克抢掠乌梁海之报，即谕莫尼扎布，前往查勘，今车凌乌巴什闻信，即领兵追袭，殊属可嘉，俟查办确实，再加恩奖赏，此时成衮扎布若业已起程，仍入京与宴，或尚在束装，即留彼办理亦可。所得信息，作速奏闻。

（《清高宗实录》卷602　页759）

至吹阿勒和硕遇内大臣察达克等

乾隆二十四年十二月庚寅（十四日1760.1.31）谕军机大臣等，成衮扎布等奏，据驻纳密尔沙扎海卡座之原任蓝翎侍卫布三泰报称，伊至吹、阿勒和硕，遇内大臣察达克等，曾询问带伤之哈萨克人，告称抢掠乌梁海系阿布赉宰桑噶里布，有众五百人，由吹、阿贝喀布齐勒路前来，仍于来路转回，请仍照前奏，领喀尔喀兵一千，合杜尔伯特、乌梁海之众，前往勘明，就近追剿等语。阿布赉系久经归附之人，岂敢妄动，但伊不能约束所部，以致乘间抢掠,亦未可定,自当痛加惩创,此时亦不必遽往,且俟察达克、车凌乌巴什、莫尼扎布等查奏,于来年办理。所有粮饷马匹,则须密为预备,成衮扎布仍驻扎军营,令车布登扎布来京,筵宴毕,即同富德等,领索伦兵五百名,派扎哈沁、杜尔伯特等千余名,余于喀尔喀拣选,约兵二千,俟草青时,乘哈萨克不备,相机进剿,一切密查妥办,即察达克等,亦不必先使与闻,惟期一举蒇事,以饬边防而昭国法,俱著传谕知之。

(《清高宗实录》卷602　页762)

哈萨克抢掠乌梁海

乾隆二十四年十二月辛卯(十五日 1760.2.1)谕军机大臣等,成衮扎布等奏,哈萨克抢掠乌梁海,系阿布赉属人,看来必非阿布赉本意,乃所属托名滋事,但哈萨克人等,素性喜于侥幸,一面在乌鲁木齐贸易,一面在他处抢掠,亦事之所有,若不加防范,则存贮货物,亦有可虞、固不必先事张皇,亦当预为防范,著传谕舒赫德等,回部俱有城郭,驻兵亦多,即如阿克苏,现在无事,著将所留索伦兵调往乌鲁木齐,如有不敷,即于叶尔羌等城抽派约三百名,前往巡查弹压,至办理贸易之安泰等,如遇哈萨克贸易,留心侦探察看,若来人少,而马匹牲只多,自无可疑,否则未可全信,当相度情形,密为防范,伊等即忽然窃发,我已有备无患。但不可以风影之疑,自露形迹,使远人惶惑,安泰等于哈萨克情形,谅所素悉,一切加意缜密,庶可杜侥幸之端,亦不启猜疑之衅,方为妥协。

(《清高宗实录》卷602　页763)

察达克等所属被掠必奋思报复

乾隆二十四年十二月壬辰(十六日 1760.2.2)谕军机大臣等,成衮扎布奏,据察达克等报称,哈萨克抢掠之时,因分散游牧,一时难聚,是以追袭稍迟,且未奉谕旨,不敢遽进等语。察达克等所属被掠,自必奋思报复,其候旨始进,亦系遵守法度。但哈萨克所属颇多,谅非阿布赉游牧所为,察达克等若能整兵前往,捉生询问,亦可得确实信息。惟进兵之时不必以奉旨为言,盖哈萨克等既经内附,若小有盗窃,即云奉旨发兵,则伊等未免惊惧,现在大兵未进,亦未免妄生轻玩,且阿布赉等或遣使奏闻,自可觇其虚实,此时察达克若已前往,即令莫尼扎布同行,亦不必使哈萨克知之。

(《清高宗实录》卷603　页766—767)

哈萨克所掠乌梁海内脱出十余人

乾隆二十四年十二月癸巳(十七日 1760.2.3)谕军机大臣等,昨据成衮扎布奏,哈萨克所掠乌梁海内,脱出十余人,请令额尔克沙喇,与莫尼扎布前往询问,并加抚恤等语。乌梁海被掠一事,可疑处颇多,必须查询明白,方等办理之法,朕意或俄罗斯等欲阻阿布赉之内附,托名抢掠,或哈萨克以从前曾附俄罗斯,被其诘责,故以抢掠示信,或阿布赉不能约束所部,致其妄动,或哈萨克锡喇尚存,煽诱生事,大概不出此四端,著传谕成衮扎布,即交额尔克沙喇等详悉访问,作速奏闻,仍与察达克等,密商办理。

(《清高宗实录》卷603　页768)

哈萨克阿布赉属人赴乌鲁木齐贸易

乾隆二十四年十二月乙未（十九日 1760.2.5）谕军机大臣等，永德奏，哈萨克阿布赉属人带马五百匹，赴乌鲁木齐贸易，阅其情词，颇为恭顺，看来抢掠乌梁海者，非阿布赉属人，朕昨以可疑之四端指示，若有一于此，则冒昧进兵，反堕其术中，故必询问明白，非谓大功告成，遂可苟且姑息也。额尔克沙喇等，可告知察达克，此时且不必直入哈萨克界，俟促生询问得等实具奏，朕再酌量办理。

（《清高宗实录》卷 603　页 770）

乌鲁木齐屯田等请赏给关防

乾隆二十五年正月庚戌（四日 1760.2.20）谕军机大臣等，安泰等奏，现在乌鲁木齐等处屯田，与哈萨克交易，请赏给关防及派员办事等语。著照所请，赏给关防，仍著陕甘两省，拣选满洲道员一人，同知、通判、州县四员，县丞杂职八员，发往乌鲁木齐，道员总办收支各屯粮饷、同知等官，分办各屯粮饷地方事务，其凉州等处驻防，有熟习满汉文字之领催前锋，著拣选十名，令其协办事务，伊等若行走勤慎，即照台站委署笔帖式之例办理，效力出众者，行文各该处，以应升之缺，开例补用。

（《清高宗实录》卷 604　页 781）

巴里坤绿旗兵可否调往乌鲁木齐

乾隆二十五年正月庚申（十四日 1760.3.1）又谕曰，安泰奏称，奉到巴里坤绿旗兵，可否调往乌鲁木齐谕旨，现在乌鲁木齐粮石颇属饶裕，内地所办农器，多在巴里坤，所有兵丁九百名，与其在彼守候，即可调来乌鲁木齐屯田等语。乌鲁木齐增兵开垦，既有益屯田，而哈萨克贸易往来，昨尚谕派索伦兵数百名，驻扎防范，今增调此项兵丁，更足以壮声威，即照所奏办理。

（《清高宗实录》卷 604　页 788）

乌鲁木齐只有绿旗兵屯田

乾隆二十五年正月壬戌（十六日 1760.3.3）又谕曰，安泰等奏称，乌鲁木齐只有绿旗兵屯田，其防范哈萨克等，仍须索伦、察哈尔兵，请于叶尔羌等处，调取一百名听用等语。朕昨已传谕舒赫德等，酌于回城所驻索伦兵内，抽调三百名，前往乌鲁木齐，安泰所请兵数，为数尚少，著传谕伊等，仍遵前旨办理。

（《清高宗实录》卷 605　页 789—790）

莫尼扎布于恰克图得俄罗斯文书

乾隆二十五年正月丙寅（二十日 1760.3.7）谕军机大臣等，成衮扎布奏，莫尼扎布报称，于恰克图得俄罗斯文书，有哈萨克统众三万，分三路侵犯卡座之语。看来此必系俄罗斯虚辞设间，若其事果属确实，伊部落又岂肯通信，然亦不可不预为准备，著车布登扎布驰驿至乌里雅苏台，领兵赴布延图防范，若宜前进，亦即相机办理，成衮扎布仍驻扎乌里雅苏台，接济粮饷，此行有兵二千名方妥，除派调索伦兵一千名外，成衮扎布即将杜尔伯特、扎哈沁、乌梁海兵丁拣选数百名，不足者以喀尔喀兵充补，其马匹牲只口粮，皆筹酌办理。

（《清高宗实录》卷605　页790）

巴达克山等部落归降遣使入觐

乾隆二十五年正月丁卯（二十一日 1760.3.8）又谕，巴达克山等部落归降，遣使入觐，朕加恩宴赉，不日遣回游牧，应派员护送，其护送巴达克山使人，仍著额勒登额、索勒屯和卓前往，再添派明仁、巴朗同行，护送霍罕使人，著伍岱、阿布赉三、摩罗莫尔瓒前往，添派索诺木车凌，诺尔占同行，俟使人等各抵本界，明仁、额勒登额、巴朗、索勒屯和卓为一队，赍敕书赐物，前往痕都斯坦，索诺木车凌、伍岱、诺尔占、阿布赉三、摩罗莫尔瓒为一队，赍敕书赐物，前往布哈尔，颁给各该头目，令其祇受。

（《清高宗实录》卷605　页791—792）

纳旺熟悉哈萨克情形著前往宣谕

乾隆二十五年正月丁卯（二十一日 1760.3.8）又谕曰，纳旺熟悉哈萨克情形，著前往宣谕阿布赉云，我驻扎乌里雅苏台将军等，据报有统众抢掠乌梁海者，自称哈萨克部落，或称系阿布赉亲身统领，将军等奏请兴师问罪，奉大皇帝谕旨，阿布赉受朕深恩，焉敢妄为，其中恐有别情应行查询明确。又据查获俄罗斯管乌斯得衣尼卡头目，寄管雅萨什诺衣头目书札，内称哈萨克统众三万，渡伊尔得衣什河，将至乌斯得衣尼，可将雅萨什诺衣之人，引避附近俄罗斯边界等语。其事深属可疑。阿布赉恭顺有加，其属人来乌鲁木齐贸易者相继，自必不应出此，或系俄罗斯诡词设间，俾我加兵哈萨克，以快其意，又虑查讯得实，故捏造此书，使我不疑，情形显然，但哈萨克游牧，从来散处，或彼此妄行抢掠，不令阿布赉知悉，亦未可定，阿布赉惟应据实陈奏，自当斟酌办理，此旨即著纳旺详悉传谕，仍赐阿布赉缎四端。

（《清高宗实录》卷605　页791）

哈萨克阿布赉属人正月初来贸易

乾隆二十五年正月乙亥（二十九日 1760.3.16）谕军机大臣等，据安泰等奏，哈萨克阿布赉属人，于正月初来乌鲁木齐贸易，并献马三匹等语。哈萨克于去冬今春，往来不绝，其情词益为恭顺，则抢掠乌梁海一事，断非出自阿布赉可知。著传谕纳旺，即与同行厄鲁特侍卫等，速赴乌鲁木齐，酌派兵丁数名，前往哈萨克，与阿布赉相见时，不得致令惊疑，可备述前后情节，俾伊即据实查明，委系何处人等抢掠，一得确信，速行奏闻。

（《清高宗实录》卷605　页796）

甘肃各镇备战马匹及兵丁营马事宜

乾隆二十五年二月庚辰（五日 1760.3.21）谕军机大臣等，阎相师奏，甘肃各镇备战马匹及兵丁营马，因陆续拨解军营，率多缺乏，购觅维艰，请将哈萨克马匹，买补足额等语。西陲大功告竣，内地营马，将来无须调拨，而伊犁、辟展一带，现议驻兵屯田，皆需马匹，是以经画市易，务令有余，其甘肃各营额缺，原可徐为补足，不必汲汲于此，今阎相师所奏，或因哈萨克屡来贸易，遂为筹补营马起见，抑或该督抚等，催令各营补额，未为官兵熟计，不知内地马匹，原以储备调拨，今新疆既不需接济，与其收槽充数，又不若立厂孳生，若急于购补，马价昂贵，兵丁必多赔累，即足额后，终年饲秣，徒耗刍豆，何如即水草以善牧养，于公私均有裨益，著传谕杨应琚、吴达善，据现在情形，妥议速奏，并传谕阎相师知之。

（《清高宗实录》卷606　页804）

伊犁屯田派兵四五千名等

乾隆二十五年二月癸未（八日 1760. 3. 24）谕军机大臣等，阿桂等奏称；伊犁屯田，原议今岁派兵五百名、回人三百户前往，今与杨应琚相见，始知将军等酌议，派兵四五千名、回人一千户，但阿克苏回人业经预备，而库尔勒等处所派尚未办理，仍俟杨应琚到叶尔羌时，与舒赫德定议等语。伊犁向为准夷腹地，加意经画，故稿事颇修，今归我版图，若不驻兵屯田，则相近之哈萨克、布鲁特等，乘机游牧，又烦驱逐，大臣等自当办理妥协，不可苟且塞责，以图早归。看来驻兵屯田，惟当渐次扩充，今岁且照原议派兵五百名、回人三百户，或并此俱行停止，来年再为举行，则我兵既得休息，而回人生计亦稍宽裕，又可量为添派，以渐增多，此事朕惟责之舒赫德，伊不过于用兵时退缩，至于办事心细，朕所深知，若果尽心，自能办理，今虽命新柱前往协办，究未熟悉，舒赫德惟视若己事，办理妥协，方准其更换，此时应作何办理，伊前奏多派兵丁回人及河船粮运，经朕训饬，何以尚未覆奏，俱著传谕知之。

（《清高宗实录》卷606　页807）

哈萨克贸易事宜令伊勒图协办

乾隆二十五年二月癸未（八日 1760. 3. 24）又谕曰，安泰奏称，永德现在遵旨回京，其哈萨克贸易事宜，请令副都统伊勒图协办等语。此奏无庸置议。屯田贸易，皆属公事，伊等驻扎一处，自应会同办理，若谓未经请旨，即不当办事，乃推诿拘泥之陋习，假令彼地有玛哈沁等生发，则与屯田贸易，俱无干涉，遂可置之不问乎？抑必待请旨而后办乎？安泰、伊勒图，著传旨训饬，昨谕伊勒图前往阿克苏，永瑞仍驻乌鲁木齐，即遵前旨行，嗣后屯田贸易事宜，俱著会同办理。

（《清高宗实录》卷606　页807—808）

询问被掠脱出之乌梁海等

乾隆二十五年二月辛卯（十六日 1760. 4. 1）谕军机大臣等，成衮扎布等奏称，额尔克沙喇、莫尼扎布等，询问被掠脱出之乌梁海等，称系哈萨克之巴鲁克巴图鲁统众抢掠，未知果否确实，即同察达克、图布慎筹，领兵抵哈萨克边界，捉生询问等语。抢掠乌梁海一事，须查询确实，不可经举妄动，即如俄罗斯讹传哈萨克统众三万前来，至今毫无影响，固情节可疑，而乌梁海等，又称系巴鲁克巴图鲁，则又是哈萨克，而非俄罗斯矣。朕前谕谓或系俄罗斯，或系哈萨克，不出所指四端，要于务得实信，今览额尔克沙喇等报文，内称与朕所指俄罗斯，情节相近等语。若稍有附会，或拘泥办理，必至歧误，著传谕额尔克沙喇等知之，昨谕莫尼扎布，于查确后，前来奏对，仍著察达克同来，朕既可悉彼处情形，而伊等亦得承训示，易于办理。

（《清高宗实录》卷607　页812—813）

哈萨克之巴鲁克巴图鲁抢掠乌梁海

乾隆二十五年二月甲午（十九日 1760.4.4）又谕曰，成衮扎布奏，据探信侍卫阿扎喇禀称，扎木禅、多岳特询问贸易人等，知哈萨克之巴鲁克巴图鲁，抢掠乌梁海，又有哈巴木拜属人，亦称巴鲁克巴图鲁，遇逃走之乌梁海等，掠其马匹牲只等语。是抢掠乌梁海，系哈萨克之人无疑，已传谕纳旺，令其见阿布赉时，责令拿送巴鲁克巴图鲁，即阿布赉不能擒获，亦即在哈萨克确访其游牧处所，作速奏闻，若带领新派之索伦兵一千名，直入擒拿，自可弋获，著传谕成衮扎布等，候旨遵行。

（《清高宗实录》卷607　页815）

额尔齐斯解冻之前速往哈萨克边界

乾隆二十五年二月丙申（二十一日 1760.4.6）谕军机大臣等，昨据额尔克沙喇、莫尼扎布，议于额尔齐斯解冻之前，速往哈萨克边界，捉生询问。又据贸易人等告称，抢掠乌梁海，系巴鲁克巴图鲁等语。已谕成衮扎布，俟索伦兵至日，令车布登扎布带领前往办理，但巴鲁克巴图鲁不过小丑，妄行蠢动，所调官兵，不必急行，富德亦无庸同往，著车布登扎布于七月初旬，以副将军统兵，玛瑺、车木楚克扎布为参赞大臣，相机擒剿，此时仍俟额尔克沙喇等，侦探确实，不可拘泥办理。

（《清高宗实录》卷607　页816）

伊犁河以南海努克地方宜办屯田

乾隆二十五年三月丁未（二日 1760.4.17）谕军机大臣等，阿桂奏称，伊犁河以南有地名海努克，与固勒扎相隔一日程途，水土沃衍，请于此处先行屯种，相其形势，分立村庄等语。所办甚是，俱依议行。果能实心奋勉，次第办理，则屯田一事，当录伊经始之功也。至村庄居住回人，需兵防护，非寻常屯田处所可比，必固其堡寨，勤其瞭望，庶藏匿之玛哈沁及哈萨克等，不敢滋事。至所奏起程以前，派回人修理穆素尔岭道路，及将来安设台站，行知舒赫德酌办等语。从前准噶尔与回人往来，俱由穆素尔岭一路，今既屯田伊犁，自应时加修理，其酌派回人及安设台站，俱传谕舒赫德知之。

（《清高宗实录》卷608　页824）

赐哈萨克阿布勒巴木比特阿布赉等敕书

乾隆二十五年三月丁未（二日 1760.4.17）赐哈萨克阿布勒巴木比特、阿布赉、阿布勒比斯哈巴木拜等，敕书曰，去岁尔等哈萨克之人，抢掠乌梁海，我将军大臣等，即欲兴师问罪，朕因尔阿布赉等归诚已久，须询问确实，续因尔等贸易之人告称，抢掠乌梁海系尔处之巴鲁克巴图鲁，则与尔等无涉，但尔等受朕深恩，若力能擒献巴鲁克巴图鲁，更见悃诚，特遣侍卫纳旺传谕，尚在中途，尔等已遣使贡马，并求入觐，或尔等知乌梁海被掠之事，悚惧祈请，以昭恭顺，朕益鉴尔等诚意，尔等但遵旨，将抢掠乌梁海等所获，察出送还，即巴鲁克巴图鲁亦尚可加恩曲宥，嗣后惟约束所部，以安生业，至尔等所奏，遵旨与布鲁特和好，而去年贸易人等，为所掠夺等语。但尔等外蕃使人来京，朕皆面谕以和辑邻部，将来布鲁特入觐，必更加训谕，务使守法安生，不致互相戕贼，尔等来使，已命侍卫等护送来京，至日自加恩赏，今以降敕，赐缎各四端，尔等其祇受敬悉。

（《清高宗实录》卷608　页826—827）

哈萨克阿布勒巴木比特等至乌鲁木齐

乾隆二十五年三月丁未（二日 1760.4.17）又谕曰，安泰等奏称，哈萨克阿布勒巴木比特、阿布赉等，遣呼图拜、阿塔赉等，至乌鲁木齐，恭进马匹，并求入觐，谨将奏章封进等语。看来哈萨克等恭顺有加，著降敕奖谕，俟纳旺抵乌鲁木齐，安泰即令其同往，仍传谕来使云，已代尔等奏请入觐，恩旨派侍卫萨木坦护送来京，沿途行走，亦不必过急，一日约百里以外，并传谕黑龙江将军绰勒多，前所派索伦兵一千，若尚未派出，即行停止，或业已整装，亦令其在设处候旨，并传谕成衮扎布等知之。

（《清高宗实录》卷608　页826）

伊犁屯田兵丁回人等已起程

乾隆二十五年三月甲子（十九日 1760.5.4）又谕曰，阿桂奏称，现在办理屯田兵丁回人等，于二月二十五日起程，伊柱亦陆续行走，至阿克苏督办农具，又凑出马匹之伊什罕颇拉特，乌什办事之叶尔羌噶匝纳齐萨里等，各赏给缎匹等语。阿桂此次奋勉办理，甚属可嘉，回人颇拉特等，亦俱能急公趋事，著加恩分别加赏缎匹，以示鼓励。至所奏，闻哈萨克有抢掠乌梁海之事，伊等若来伊犁，请体察情形，加意防范等语。哈萨克阿布赉等，现在恭顺有加，其滋事特一巴鲁克巴图鲁，已命纳旺前往，传谕索取，若哈萨克等前来伊犁，当佯为不知，密加防范，不必使回人等知之，恐伊等性多疑畏，于事无益，至巡查塔尔巴哈台，亦以屯田余力，酌量办理，不必过于急遽。

（《清高宗实录》卷609　页841—842）

锡伯营孳生马厂

"孳生：乾隆二十五年（1760），办事大臣阿桂奏设孳生马厂，交锡伯、索伦、察哈尔、厄鲁特四营经营牧放，扣限取孳，不准报销倒毙。二十七年，准陕甘总督咨开，上驷院太仆寺所管游牧马群，每三年均齐一次，不论骡马、马驹，每三匹取孳生马驹一匹，等因，照此章程办理。三十年将军明瑞奏准，将锡伯营牧放孳生马匹全行撤出，分交上三旗厄鲁特牧放取孳。……"（《新疆识略》卷十，2 页）"乾隆三十一年（1766）奏准，伊犁此次换获哈萨克牲畜内，有儿骒马匹搭配交与锡伯牧放。以本年五月起限，届满三年，收取孳生。……三十年奏准，伊犁锡伯牧放孳生马五百九十九匹，二年之间，陆续到毙，除赔补外，尚缺马一百七十六匹。自系牧养失宜，应将所存之马，暂行撤出，俟其学习孳生之道，再行令其牧放。所有此项孳生马匹，移交上三旗厄鲁特官兵牧放。”（《钦定大清会典事例·兵部马政》卷六四三至六五〇）

扎木禅现患病且未曾出痘不能远行

乾隆二十五年三月甲子（十九日 1760.5.4）又谕，据莽古赉奏，扎木禅呈称，伊现患病，且未曾出痘，不能远行，议令暂回游牧调养等语。前此降旨，令扎木禅、察达克来京，特以抢掠乌梁海贼众，或系俄罗斯假借哈萨克之名，伊二人俱身在彼处之人，故令来京询明缘由，以便办理，今已勘明实系哈萨克，并与俄罗斯无涉，前疑已释，毋庸照前办理，扎木禅著不必来京，即察达克亦不必前来，惟莫尼扎布来往乌梁海，自必深悉情形，即著伊一人来京，可传谕成衮扎布，并谕令额尔克沙喇、莫尼扎布，即遵此旨行。

（《清高宗实录》卷 609　页 841）

阿克苏至伊犁台站马匹不足

乾隆二十五年三月甲子（十九日 1760.5.4）谕军机大臣等，舒赫德奏称，由阿克苏至伊犁，台站马匹不足，请将库车所有之马千余匹，选择备用等语。驻兵屯田，关系紧要，台站马匹，必须充足，今乌鲁木齐所易哈萨克马匹甚多，著即酌量调用，仍宜善为牧放，不可因哈萨克贸易马匹源源接济，遂可任其倒毙损伤，著加意妥协办理。

（《清高宗实录》卷 609　页 841）

哈萨克等已迁移塔尔巴哈台

乾隆二十五年三月己巳（二十四日 1760.5.9）又谕曰，成衮扎布奏，据萨拉布拉克边卡，送到从哈萨克脱出之厄鲁特和屯博勒等告称，现在哈萨克等游牧，已迁移塔尔巴哈台。又闻伊等因巴鲁克巴图鲁，抢掠乌梁海一事，恐大兵查拿致累，议令将人丁牲只送还，倘仍不从，即当擒献等语。哈萨克迁移游牧之信，其果否虽难遽定，但伊等部落人众，素无约束，或有数户人口，潜来居住，亦未可知，著传谕阿桂，酌派官兵数人，往探虚实，伊等果有踪迹，即晓譬利害，谕以此地为天朝平定，将来办理驻兵，尔等从前在准噶尔时，尚不敢越界，此时岂可私行游牧，立行驱逐出界，并传谕纳旺，见阿布赉时，务即索取抢掠乌梁海之人，或探知塔尔巴哈台有哈萨克等，亦即以己意，晓示阿布赉，令其移回，俱著相机办理。

（《清高宗实录》卷 609　页 846）

准车布登扎布领兵三百前往布延图

乾隆二十五年三月庚午（二十五日 1760.5.10）又谕曰，成衮扎布奏，准车布登扎布等咨，现在领兵三百，前往布延图，应需预备口粮，所有从前奏派喀尔喀兵一千名向塔尔巴哈台，驻哈萨克边界之处，应行请旨办理等语。前经安泰，以哈萨克入觐贡马情形具奏，是阿布赉等恭顺有加，已将所调索伦兵一千名停止，近日脱出之厄鲁特等，又有哈萨克人等，欲擒献巴鲁克巴图鲁之语，则喀尔喀、扎哈沁之兵，俱可不用，车布登扎布前往布延图之处，亦可一并停止，朕于军行进止，惟相度机宜，必不肯徒劳师旅，倘哈萨克将来竟不擒献巴鲁克巴图鲁，其势必须用兵，俟临时再降谕旨。

（《清高宗实录》卷609　页847）

巴里坤现存马一千二三百匹

乾隆二十五年三月庚午（二十五日 1760.5.10）又谕，据杨应琚奏，巴里坤现存马一千二三百匹，而甘肃各营马匹，每年例应出厂，巴里坤一带水草丰裕，请于安西等五处，提镇标营，摘拨三千匹，赴巴里坤牧放，即于此内拨出一千五百匹，解赴阿克苏，其伊犁屯田需马九百匹，竟由巴里坤解往乌鲁木齐预备，其余俱存巴里坤牧放备拨等语。所办自属可行，但不知内地马匹，是否足敷调拨，若已经照数拨往，则缺额竟不必急于筹补，甘肃绿旗额马，视他省较多，原为边防起见，今西陲平定，则各营马匹，不过供应差操足矣，况巴里坤水草既佳，同一牧放，而于马有益，且省饲秣之费，岂不甚便。又如各营额缺有必须购补者，即于哈萨克马匹内，酌量抽拨亦可，不必于内地采买，致费周章，或秋冬之际，有必须收槽马匹，临时预为奏闻。至该督前奏伊犁等处，设官屯田事宜，已据军机大臣议奏行知矣。总之新疆自应次第经理，不可懈弛，亦无庸急遽，惟各就本地情形，因利乘便，随时酌办，以规久远之计，若又大费内地财力，以为设官屯田之用，殊属无谓，且军务现已全竣，而收买驼骡，纷纷滋扰，愚民转致猜疑，亦岂休息镇静之道，并传谕舒赫德等知之。

（《清高宗实录》卷609　页848）

哈萨克贸易缎匹事宜

乾隆二十五年四月丙子（二日 1760.5.16）又谕，据托庸等奏称，所办哈萨克贸易缎匹，若将大缎锦缎减办十之二三，其价值即可抵办，现添寻常绸缎四千匹之数等语。著传谕各该织造等，其大缎锦缎等，内库所储，尽堪拨用，至寻常绸缎一项，乃贸易所必需，织造时，工料虽可照常办理，不必过于精好，所有每匹尺寸，务须如式宽足，俾制衣材料，不致短少，庶于贸易，更为有益。

（《清高宗实录》卷610　页854）

伊犁屯田一时移驻数千回众事有难行

乾隆二十五年四月丁丑（三日 1760.5.17）谕军机大臣等，舒赫德前奏伊犁屯田，仍以一时移驻数千回众，事有难行，曾经降旨训饬，嗣于会议屯田折内，遂不参一语，其意特以阿桂奋然请行，此事即与伊无与，将来办理未善，当惟阿桂是问，复经饬谕。今据覆奏，愿竭力图效，著传谕舒赫德，伊非不能办事之人，惟宜实心尽力，若与阿桂和衷共济，伊之出力，仍当在阿桂之上，其或意存沮抑，亦不能逃朕洞鉴也。至所奏乌鲁木齐牧放哈萨克马匹,于来年送往屯田备用后,仍多为市易,送至阿克苏等语。所见甚是。马匹就近拨往,较之巴里坤办解为便,朕以屯田一事,委之舒赫德,其加意勉之。

(《清高宗实录》卷610　页855)

玛哈沁都楞托布启等俱情愿归附

乾隆二十五年四月癸未(九日1760.5.23)定边左副将军成衮扎布等奏,额尔克沙喇等报称,二月间在哈萨克附近之那林布鲁勒等处,收得乌梁海原任总管阿喇善逃散之属人苏克色格什等,宰桑果勒卓辉逃散之属人楚鲁木等,又玛哈沁都楞、乌拉岱、托布启等,俱情愿归附等语。臣等查此等降人,向有收纳之例,请将楚鲁木、都楞等二十一户,交内大臣察达克兼管,乌拉岱、托布启等二十二户,苏克色格什等四户,交散秩大臣图布慎兼管。得旨,如所请行。

(《清高宗实录》卷610　页858)

阿桂奏领兵过穆素尔岭前抵特克斯

乾隆二十五年四月辛卯(十七日1760.5.31)谕军机大臣等,阿桂奏称,领兵过穆素尔岭,前抵特克斯,伊分兵二百五十名,往阿勒坦和硕之阿圭雅斯等处,搜捕玛哈沁,余兵护送回众,往海努克屯田等语。阿桂前奏,领兵往塔尔巴哈台,堵截玛哈沁等,彼时因乌梁海被掠一事,未知确实,故由北路派兵,令车布登扎布带领在塔尔巴哈台堵截,今已稔知哈萨克巴鲁克巴图鲁所为,遣使往索,停止进兵,阿桂亦可俟来年有暇,再往巡查,并传谕舒赫德知之。再舒赫德奏称,除阿桂带往兵丁外,因丰讷亨送马伊犁,又派满洲、索伦、察哈尔兵三百名,合之前数,共兵九百名等语。从前阿桂议奏,兵数仅五百名,今年屯田收获,若不能给千人之食,亦须预为筹画,并传谕阿桂,现驻兵丁,准之屯田现收谷石,敷用与否,如有不敷,即将余兵,发回阿克苏等处度岁亦可,且接济口食之牛羊,并须乘时送往,庶不致冒寒行走,徒多疲敝,舒赫德等,当会商办理。

(《清高宗实录》卷611　页864—865)

阿桂领兵往阿圭雅斯一路

乾隆二十五年四月辛卯(十七日1760.5.31)又谕曰,阿桂奏,领兵往阿圭雅斯一路,此时安泰若即前来,尚可会合,但行文未能即达,不便守候,应令伊在伊犁附近地方搜捕后,即由博罗布尔噶苏,直抵伊犁等语。前谕伊等会兵,特欲其两路合围,同至伊犁,并非谓伊等,但一合兵,便可了事也,安泰此时已抵博罗布尔噶苏,亦未可定,伊等宜互相探听,随便会合,惟以搜捕尽净为要,至办理玛哈沁,与前此情形不同,现在逃往哈萨克之厄鲁特等,多以困苦来投,或藏匿山谷,以丐余生,亦不必尽行剿杀,当酌量招抚,其台吉宰桑之可疑者,解送来京,余人分别安插,预为晓示,则降者必多,否则伊等妄生疑惧,或以死守,或逃往他处,乘间滋扰台站,俱未可定,若有哈萨克锡喇等要犯,加意防护,勿致疏脱,并传谕安泰知之。

(《清高宗实录》卷611　页865)

询问乌梁海总管扎巴罕事宜

乾隆二十五年四月癸巳（十九日 1760.6.2）谕军机大臣等，成衮扎布奏称，询问乌梁海总管扎巴罕，从前内大臣察达克等，传令迁移游牧，伊仍行恋住，致被哈萨克抢掠，又不能约束属人鄂勒哲依图，致令逃走，章京布特勒图，于官兵拿获之哈萨克布什伯克等，交令看守，乃因睡疏脱，俱罪无可辞，布特勒图，请旨即行正法，看守兵丁硕达等，鞭责穿箭，扎巴罕亦应正法，但年甫十七，伊属人貌玩成习，情有可原，应请革去总管，另行拣选承袭等语。布特勒图等，疏脱贼犯，自应从重治罪，但念系愚蠢之乌梁海，著从宽免其正法，兵丁等斥革示惩，亦免其鞭责穿箭，扎巴罕不能管辖属人，疏脱贼犯，自应斥革，姑念伊年幼无知，从宽免其革职，仍留总管，著察达克、图布慎等，有与伊游牧相近者，派员协同办事，仍以朕悯念伊等，施恩曲宥之处，晓示知之。

（《清高宗实录》卷 611　页 866）

乌鲁木齐市易哈萨克马

乾隆二十五年五月乙卯（十二日 1760.6.24）又谕（军机大臣等），乌鲁木齐市易哈萨克马一百三十余匹，现议暂于巴里坤牧放，俟秋季得马既多，再遣侍卫等，前往分群驻牧，此项马匹，若候解到之日，始派员设立牧场，未免迟误，著传谕永瑞等，就哈萨克贸易情形，计至秋季得马若干，先行具奏，以便早派员前往。

（《清高宗实录》卷 612　页 886）

阿布赉来使额呼斯瑚勒等瞻觐行礼

乾隆二十五年五月己巳（二十六日 1760.7.8）上御正大光明殿，哈萨克阿布勒巴木比特来使瑚图拜、阿塔赉，阿布赉来使额呼斯瑚勒，阿布勒比斯来使伯克奈，布鲁特哈木巴巴来使玉森等，瞻觐行礼。

（《清高宗实录》卷 613　页 894）

赐敕阿布赉阿布勒比斯等

乾隆二十五年五月庚午（二十七日 1760.7.9）上幸同乐园，赐哈萨克阿布勒巴木比特、阿布赉、阿布勒比斯、哈木巴巴使臣等宴，赐敕曰，哈萨克阿布勒巴木比特、阿布赉、阿布勒比斯、哈木巴巴等，尔等遣请朕安之瑚图拜、阿塔赉等，由驻扎乌鲁木齐大臣护送来京，朕召见奏对后，加恩宴赉，赐尔等蟒锦、缎匹、绸绫、器物若干，其各祗受。又赐来使等顶翎、冠服、朝珠、银缎、器物各有差，仍俾护归游牧。据尔等使人奏称，厄鲁特之地，现俱闲旷，今阿布勒比斯属人唐古塔尔，现在巴尔鲁克、纳喇巴图。在特穆尔绰尔郭、哈尔克呼部落属人额森克勒德卓罗木巴特，在塔尔巴哈台。图鲁木拜属人扎喇勒噶布，在阿勒坦额默勒、哈喇塔拉库克乌苏居住。又恳朕加恩，将来准哈萨克人等，至伊犁游牧等语。塔尔巴哈台等处，向属准噶尔游牧，朕以大兵平定，尔哈萨克及布鲁特、塔什干、安集延、巴达克山，俱输诚内附，尔哈萨克游牧，颇属宽广，理宜守其旧界，不可妄思逾越，尔等若谓为朕臣仆，便可越境游牧，则布鲁特等亦皆朕臣仆，各以游牧为请，岂有大兵平定之地，而分给众人之理。现在伊犁等处，内地官兵，陆续移往屯驻，故尔阿布赉，前曾恳请于塔尔巴哈台等处游牧，朕未允行，今岂得遽行专擅。且从前准噶尔恃强争夺，尔等尚不敢近其边界，朕平定伊犁，始得各安生业，尚可不知足耶。至伊犁将军大臣等，于此等边地，不时遣兵巡察，若见尔等属人栖止，或行驱逐，或竟行俘获，则反致失其生业，非朕抚恤尔等之初心也。尔等内附有年，诸凡恭顺，或尔所属无知之人，私往游牧，即当明白晓谕，令其移回故地，方足以昭诚悃。又来使等所奏，布鲁特等抢掠尔部情节，其意盖欲请兵报复，朕为天下共主，外藩诸部，一视同仁，倘不遵法纪，致干罪戾者，必遣兵往讨，若彼此小有争斗盗窃，自当准情酌理，务得其平，岂可偏听一面之词，遽兴师旅。昨巴达克山素勒坦沙曾擒斩逆回自效，因请兵往剿邻部，朕未尝允行，尔等应亦闻知，且朕若发兵助尔等，而布鲁特复来请兵，亦将与之否乎？夫盗窃之事，边界时有，能彼此教戒属人，勿贪小利而伤和好，斯为安生之善策耳。将来布鲁特有使至，朕亦以此谕之。再从前尔等部落贸易之人，有谓内地商人，货物不佳，价复昂贵，未行交易者，夫乌鲁木齐贸易之举，特念尔部难得内地之物，故招募商贩，远行交易，期有益尔等日用耳，或商货不能精好全备，谕令善为购办，尚属可行，若价值则在交易之人，因物计算，贵贱随时，未便官为减损，其或彼此不愿，亦难以相强也。至去年尔部巴鲁克巴图鲁等，抢掠乌梁海，尔霍集伯尔根之侄托科洛被获，询系随母往探亲戚，非同来抢掠之人，因令使人等领回，即交与伊叔，仍以格外加恩之意晓示。至巴鲁克巴图鲁，罪应致讨，北路将军大臣，即欲发兵，朕以尔等恭顺有年，不欲以一人而惊扰全部，因遣侍卫纳旺，赍敕往谕，尔等应使巴鲁克巴图鲁服罪，将从前掠获，逐一查还，尚可曲为矜宥，此时自必遵旨办理，俾纳旺复命矣。尔等果能怀仁向化，惟约束所部，各守疆域，以安生理，庶可仰承朕恩，常享无穷之福。

（《清高宗实录》卷 613　页 895—897）

使臣瑚图拜等奏陈哈萨克情况

乾隆二十五年五月辛未（二十八日 1760.7.10）谕军机大臣等，哈萨克使人瑚图拜、阿塔赉等奏称，厄鲁特之地，现俱闲旷，我哈萨克人等，有在塔尔巴哈台、库克乌苏、绰尔浑、巴尔鲁克、阿勒坦额默勒等处驻牧者，我等皆天朝臣仆，恳恩准至伊犁游牧等语。从前阿布赉，请于塔尔巴哈台等处游牧，曾经降旨晓谕，今据来使所奏，则伊等已渐次阑入，自当驱逐，现在颁给敕谕，不允所请，著传谕阿桂等，暂停搜捕玛哈沁，以巡察边界为由，领兵四五百名，前往塔尔巴哈台等处，遇有哈萨克人等，在彼驻牧者，即明切晓示云，此天朝平定之地，尔头目等，从前奏请游牧，大皇帝并未允行，何得擅行栖止，因念尔等即经归附，姑宽治罪，可即速遵谕迁徙，伊等如果及时移出则已，或有意推诿迟延，即应慑以军威，但不得遽行纵兵俘获，阿桂一切可相机妥协办理，此行兵数不宜太少，倘不敷用，即合之安泰所领兵，又得四五百名，可以号称二千，其如何与安泰寄信会兵，并约计

休息马匹二十日，一同起程之处，俱著酌议奏闻。

（《清高宗实录》卷613　页897—898）

阿桂领兵搜捕玛哈沁

乾隆二十五年六月丙子（四日 1760.7.15）谕军机大臣等，阿桂奏称，领兵搜捕玛哈沁，至阿圭雅斯等处，据侍卫翘苏勒等，于呼尔岱见有贼踪，收获男妇二十六名口，又至都木丹济尔哈朗，侍卫硕通等搜剿树林贼众，收获马匹，旋有藏匿贼匪，前来争夺，奖赏蓝翎铁柱等，沿途共杀贼三十余名，得马三百五十余匹，察哈尔署参领车凌旺布，及兵丁三名阵亡，又得伤兵丁四名等语。此次搜捕玛哈沁官兵，甚属奋勉，侍卫硕通，前曾赐卓哩克图巴图鲁号，著再赏银一百两。翘苏勒著赐锡勒哈达克巴图鲁号，仍赏银一百两。健锐营奖赏孔雀翎护军校达什欣巴图鲁沙尔瑚善，著授为三等侍卫。侍卫上行走奖赏蓝翎前锋护军铁柱，著授为蓝翎侍卫，仍赏给孔雀翎。索伦署参领骁骑校乌尔库勒图，察哈尔护军署章京扎布，俱赏给孔雀翎。健锐营前锋护军诺海，察哈尔护军车凌多尔济，索伦署领催玛塔木保、三世保，厄鲁特兵丁和通，俱著奖赏蓝翎。阵亡得伤官兵，俱著造册送部，议叙议恤。再乌什之噶匝纳齐伯克默特，阿克苏之都管伯克题尼，阿珲阿布都噶普尔，照看回人屯田，著加恩赏给阿布都噶普尔缎二端，伯克默特孔雀翎，都管题尼蓝翎，至阿桂等即经捉生询问，仍领兵与安泰同往阿勒坦特布什、阿呼喇哈尔海，搜捕抢掠布鲁特马匹贼人，及在库车抢掠台站，戕害德舒之贼人色布腾、霍济格尔等，著给发孔雀翎五枝，蓝翎十枝，以备奖赏，仍暂停搜捕玛哈沁，即巡查塔尔巴哈台，驱逐哈萨克人等。又据奏，此行未设台站，俟事竣奏报等语。未免闻信迟缓，可传谕舒赫德，著丰纳亨选派干员，领兵二三十名，前往阿桂处通信，所有办理情形，阿桂即令赍回奏闻。

（《清高宗实录》卷614　页903—904）

伊犁等处屯驻事宜

乾隆二十五年六月丁丑（五日 1760.7.16）又谕，伊犁等处屯驻事宜，所有屯田收获粮石，及回子所交税粮，约足供屯兵若干之用，已降旨舒赫德，令其详查具奏矣。至甘省经费，有较从前未用兵时，不惟不加多，且更加减省者，从前黄廷桂以绿营兵内，借支银两至数十万，一时难于扣还，因奏请凡遇兵丁缺额，不复挑补，以其名粮抵还帑项，已经数年，昨岁据杨应琚奏称，业有成效，将来扣清之后，其兵丁缺额，自不必再补，是此项名粮，较未用兵之前，已多减省。且甘省各营缺额马匹，若由内地购补拴喂，其费自多，今各营额马，除本省足敷应用外，其余既可不必汲汲买补，而屯田所用马匹，现又取给于哈萨克贸易，其价值较之甘省购办，已属悬殊，兼就水草牧放，更非内地拴喂，需用刍豆可比，是马匹一项，较前又可大省，合此数者，前后通计，则军兴数年，所费虽繁，而将来该省经费，日就减省，在疆土既经增扩，而财用仍可不致虚糜。著传谕杨应琚等，令其将此数项减省之处，通盘筹算，所用银两，较未用兵以前，约余若干，或现在办理伊始，所省尚少，将来行之既久，自必渐次增多，此时亦可预行核计，详悉具奏。

（《清高宗实录》卷614　页905—906）

各地设立牧厂事宜

乾隆二十五年六月辛巳（九日1760.7.20）又谕，据五吉等奏，将定长送马一百二十余匹，交齐大勇等牧放，俟秋季乌鲁木齐送马数多，再请旨设立牧厂等语。从前定长奏送此项马匹时，经军机大臣议，以马匹甚少，暂归巴里坤旧有马厂内牧养，俟秋季马多，另议添设，今乌鲁木齐既移驻大员，则秋季所得哈萨克马匹，亦不必送至巴里坤，即于本处酌量设厂，现有安泰带回之索伦、察哈尔兵，可令牧放，其已送巴里坤马匹，即于台站预备应用，并传谕永瑞等知之。

（《清高宗实录》卷614　页910）

军务告竣辟展等处宜屯田种植

乾隆二十五年六月辛巳（九日1760.7.20）又谕，从前用兵回部，自哈密、巴里坤以外，如辟展、哈喇沙尔等处，俱驻扎办事大臣官兵等，今军务告竣，自当酌量移驻，辟展水草与屯田种植，俱属平常，现在乌鲁木齐与哈萨克贸易，彼处系通伊犁大道，若调辟展办事之副都统定长往乌鲁木齐，同安泰承办屯牧贸易等事，应有裨益，若辟展，则不过与冲繁台站相等，酌派官兵管理足矣。至哈喇沙尔，地亦狭小，不必驻扎办事大臣，惟近有安插之多伦回人，亦需照管，应于舒山、和其衷二人内，酌派一人驻扎，一人前往阿克苏，协同舒赫德办事，则乌鲁木齐、伊犁、阿克苏三处，势如犄角，而哈密、巴里坤已成内地，布置联络，声息相通，著传谕舒赫德等，详悉筹议具奏。再吴达善奏称，甘省留养之厄鲁特共一百七十余名，请送往热河安插等语。殊不知此等厄鲁特，与达什达瓦之人不同，若分派乌鲁木齐、阿克苏、叶尔羌、伊犁等处安插，令其牧放马匹，尚可得力。已谕吴达善，仍行养赡，舒赫德亦酌量如何分派各城安插，一面定议具奏，即行文甘肃调取，至差遣厄鲁特等，或有厌恶任情，诸事刻薄，不加体恤者，或有虑其逃走，优柔笼络，致令骄纵者，皆未合理，惟在诚心教导，赏罚严明，不为姑息，亦不事操切，伊等亦人耳，自必共知劝惩，奋勉行走，并著加意办理。

（《清高宗实录》卷614　页909—910）

纳旺等疏奏传谕哈萨克情形

乾隆二十五年（1760）八月乙未。乾清门侍卫纳旺等疏奏，传谕哈萨克情形。纳旺等奏言：臣等于五月二十七日，恭奉传谕哈萨克阿布赉敕书，至阿布赉所居之哈勒察克图传谕。阿布赉敬聆谕旨。告称，我等诚心归附，岂敢纠众抢掠乌梁海，实系巴鲁克巴图鲁所为。今蒙大皇帝明鉴，即传集众议，将所掠乌梁海等送还游牧，但恐数有缺少。臣等语之云，尔等若不隐匿，何至缺少，即牲只不无费去，亦应令抢掠之人赔补。其巴鲁克巴图鲁，应如何措置？阿布赉告称，至彼游牧，一同酌议。臣等语之云，我等应将此情节，遣人先行具奏，尔等可派人送至交界。阿布赉称，我意欲遣我族弟，同送至乌鲁木齐，在彼听候，并预备贡马九匹。如蒙恩准入觐，即行趋赴，或不许，亦遵旨转回。随派族弟都勒特克勒苏尔统等起程。其巴鲁克巴图鲁作何办理，及查出乌梁海人口牲只，酌量交还，再行具奏。

（《平定准噶尔方略》续编，卷五）

阿尔台乌梁海去年复遭哈萨克抢掠

乾隆二十五年六月丁酉（二十五日 1760.8.5）又谕曰，成衮扎布奏，阿尔台之乌梁海内大臣察达克等，二年以来，未将所定贡赋，全行交纳，应不准折赏缎匹等语。伊等归服以来，颇知实心效力，朕宽其贡赋，加以赏赉，始稍有起色，而去年复遭哈萨克抢掠，著仍赏给缎布，此次出自特恩，后不为例，著晓示伊等知之。

（《清高宗实录》卷 615　页 922）

回疆平定各部回人来贸易者必多

乾隆二十五年六月壬寅（三十日 1760.8.10）谕军机大臣等，回疆平定，各部回人，前来叶尔羌贸易者必多，自可照海明前奏，巴勒提部人，遣人求通贸易之例，准其通商，并可谕及伊等，回疆今就平定，所有哈萨克、布鲁特、巴达克山等部人，均为大皇帝臣仆，尔部如欲遣头目入觐，以展归化之诚，必代奏闻，将此传谕新柱等，遵照办理。

（《清高宗实录》卷 615　页 924）

闻特楞古特人等抢掠乌梁海

乾隆二十五年七月辛酉（十九日 1760.8.29）谕军机大臣等，成衮扎布等奏称，布延图卡座虚衔蓝翎伯吉呈报，闻特楞古特人等，抢掠乌梁海，内大臣察达克等，已领兵迎敌，随派福禄，领兵二百名防卡等语。哈萨克、特楞古特、乌梁海等，互相盗窃，事所时有，未必有大队前来，若果有之，亦非察达克等所能御，但喀尔喀等，每易于传说惊疑，著传谕成衮扎布，惟宜密为办理，仍通饬各卡座，严加防范，并派员巡查，不可疏懈。

（《清高宗实录》卷 617　页 942）

议伊犁增派驻防屯田各事宜

乾隆二十五年（1760）九月辛未。议伊犁增派驻防屯田各事宜。参赞大臣阿桂等奏言：臣等钦奉谕旨，筹办伊犁耕牧城守次弟，谨列款具奏，一、请增派回人屯田。查伊犁收获，可敷屯田回人一千户之食。本年现有屯田回人三百名，近经舒赫德增派五百名，已照例整装，于来年春初起程。仍有应派回人二百名，请俟伊犁麦熟后遣发。一、请增派官兵驻防屯田。查伊犁收获，通来年增派回人五百名计之，可敷官兵二千五百人之食。现有驻防满洲、索伦、察哈尔兵八百余名，应增兵六百余名。屯田绿旗兵一百名，应增九百名。以上增兵一千五百名，应陆续遣发。一、增派官兵，请随时酌量定数。查屯田回人一千，计其收获，则壬午年即敷官兵三千人之食。加以绿旗兵一千，则所收又倍，应酌量定额，以多驻马兵，于边防有益。如驻兵五千，则马三步二，驻兵四千，则减步兵一千。一、请次第建置城邑。查伊犁要地，河北则固勒扎，河南则海努克，其地土肥饶之处，则察罕乌苏。应于海努克筑城，以回人三百名屯田。用兵数百名，驻防西通哈萨克、布鲁特，及回地诸路察罕乌苏筑城，以绿旗兵一千名屯田。并驻防伊犁河北一路，固勒扎须筑大城，凡驻扎大臣公署仓库咸在以为总汇。其马兵于草青时分路巡查，霜降各回汛地。拟于壬午年夏季，派绿旗兵一千名办理，令回人协助，一年内竣事。一、预备屯田兵丁马驼。现议增派绿旗屯田兵一千，必需马匹。查乌鲁木齐所易哈萨克马六百匹，尚不敷用。应将陆续市易之马，令安泰等办理千余匹，及查明哈密、巴里坤有无马匹应用。其行装驼只，查乌鲁木齐尚有七百，应拣选五百解送，即于伊犁牧放，从容往来转运。奏入。得旨，军机大臣议奏。寻议：伊犁屯田，原属次第办理。除现在回人三百名外，舒赫德又派回人五百名，于来春起程。其续派之二百名，仍令酌量，若能一起前往甚善，如不能，则竟于秋收后发往，庶回人不致竭蹶，而伊犁粮石，亦可节省。至本年所收粮石，既足官兵一千人之食，则来年增垦，可以类推。应如阿桂所奏，此项官兵，于春秋二季，分起调往。其官兵额数，酌以四五千名为率，但必随时出派，始不烦内地之力，应俟来年秋收后，再行酌定。其驻防年限，照从前成议更换。又所奏建置城邑，实为边防永固，不独地当卫要，亦宜相其形势物产。查固勒扎，地居旷野，薪炭无资。应于乌哈尔里克、察罕乌苏、哈什、空格斯、伯勒齐尔等木植多处，或近山产煤之地，筑城驻兵，仍令阿桂等再行勘定。其海努克、察罕乌苏两城，俱应如所奏办理。但另派绿旗兵一千筑城，未免张大其事，且多浮费。应令屯田绿旗兵，于农隙次第兴筑，不必定以年限。又所奏屯田马驼，查所易哈萨克马匹，现议陆续解送。其驼只一项，乌鲁木齐有驼七百只，即可选出五百，俾运送一千人屯田器具。至兵丁粮饷，春初照初次遣兵例，从阿克苏办给米面羊只，麦熟后，则但给以程途口粮。并请嗣后添驻官兵，总于乌鲁木齐、阿克苏调拨。

（《平定准噶尔方略》续编，卷六）

俄罗斯缘为分疆界而来

乾隆二十五年七月己巳（二十七日 1760.9.6）谕，据成衮扎布等奏称，总管扎喇纳克等，遣人传唤俄罗斯博勒和纳克，并未前来，据自俄罗斯放回五人，至阿勒坦诺尔禀称，俄罗斯非与天朝搆兵，缘为分疆界而来，水之南流者为天朝之界，北流者为俄罗斯之界，克木克木齐和宁岭兵一千名，喀屯河兵五百名，额尔齐斯兵一千名，阿勒坦诺尔兵一千名，共遣四路兵来分疆界，乌伊喀喇齐潦设一标记，阿锡勒班设一标记，阿勒坦诺尔设一标记，共设立三处标记而返，随遣副都统莫尼扎布，速行前往询明扎喇纳克等，令于被获五人内，择通晓事体者一二名，带至询问等语。看来彼处并无大事，俄罗斯人等，特因数年来，知大兵剿灭准噶尔，平定回部，收服哈萨克、布鲁特，各部落甚为惶恐，故佯遣人巡察阿勒坦诺尔等处地方，明系试探内地消息，是以朕前降旨，不必以此为事，纷纷预备，但伊等既在克木克木齐等处驻兵，乌伊喀喇等处设立标记，若任伊等侵占疆界，亦殊不可，然此事今岁亦不必办理，来年令阿桂，酌派副都统一员，带兵数百名，至额尔齐斯

地方，京中派一二大臣，会同车布登扎布、车木楚克扎布，拣派扎哈沁杜尔伯特兵一千名，度阿尔台，前往额尔齐斯地方，两路会哨巡察阿勒坦诺尔等处，果有设立标记，即行拆毁，如有屯驻人等，即行驱逐，俟伊等办理完毕，奏到日再行降旨，至来年何时可以进兵，约于何地会哨之处，著阿桂、车布登扎布等详筹咨商，一面办理，一面奏闻。

(《清高宗实录》卷617　页947—948)

追捕戕害德舒贼人色布腾等

乾隆二十五年八月己卯(八日 1760.9.16)谕军机大臣等，阿桂奏称，追捕戕害德舒贼人色布腾、和济格尔等，至塔尔巴哈台，贼已经过戈壁，亦未见哈萨克游牧踪迹等语。此等余孽，逋逃求活，前往古尔班察尔，想投向俄罗斯，朕昨谕阿桂，来年领兵巡察额尔齐斯等处，当侦探此等贼人藏匿之处，以大兵掩袭，不可惊散，或投入俄罗斯，即以不匿逃人之例晓示，并云入境追擒，于尔等毫无损害，若能擒献，即可回兵，著传谕知之。

(《清高宗实录》卷618　页954)

从前投来厄鲁特等有遣往呼伦贝尔者

乾隆二十五年八月丙戌(十五日 1760.9.23)又谕曰，成衮扎布等奏，从哈萨克来投之厄鲁特鄂勒推，系杜尔伯特刚多尔济所属，情愿领回，乌梁海塔尔巴等，询之察达克等，非其所属，亦愿收领，或照伊等所请，或另行办理得语。从前投来厄鲁特等，有遣往呼伦贝尔者，因无可归并安插之处，是以如此办理，今鄂勒推等，现有人收领，又何必另行筹画，徒费资粮，著传谕成衮扎布，即照刚多尔济、察达克所请，将鄂勒推、塔尔巴等领回安插，嗣后有似此者，俱酌照办理。

(《清高宗实录》卷618　页959)

哈萨克来投之厄鲁特人派员送京

乾隆二十五年八月壬辰(二十一日 1760.9.29)谕军机大臣等，安泰奏称，自哈萨克来投之厄鲁特多罗克等十八名口，派员送京等语。准噶尔全部荡平，哈萨克布鲁特等，俱经归附，从前逃往伊等部落之厄鲁特等，苦其役使，必有陆续来投者，或情节实有可疑，及原系台吉宰桑等，尚可酌量送京，若本无关系之人，而每次劳费驿站，甚属无谓，著传谕驻扎伊犁、乌鲁木齐大臣等，嗣后本非台吉宰桑及带有家口，而情节实无可疑者，即随便酌量安插，或令其牧放马匹，供备差遣，俱可得力，不必概行送京。

(《清高宗实录》卷619　页961)

安西等三营孳生马选一千余匹解巴里坤

乾隆二十五年九月戊申(七日 1760.10.15)谕军机大臣等，吴达善奏称，遵照军机大臣议奏，于安西等三营孳生马内，拣选一千四百匹，解送巴里坤牧放等语。此项马匹，特令军营分群孳息，以图久远获效，著传谕巴里坤、乌鲁木齐、伊犁之该管大臣等，务派妥协官兵加意牧放，不致盗窃伤损，方为有益。现在从哈萨克逃出之厄鲁特等，若闻牧群蕃息，必来盗窃，今地方虽云宁静，须仍如用兵时，严设卡座，加意防范，倘日久疏懈，致马匹被盗，或大有伤损，定将承办之大员官兵，以军律从事。

（《清高宗实录》卷620　页973）

固勒扎卡座盘获哈萨克逃来厄鲁特

乾隆二十五年九月癸丑（十二日1760.10.20）又谕曰，阿桂奏称，固勒扎卡座，盘获由哈萨克逃来之厄鲁特男妇十名口，又洪郭尔鄂博投入厄鲁特三名，俱解送阿克苏，交舒赫德办理等语。此等厄鲁特人，苦哈萨克役使，陆续投来者必多，与其徒烦解送，不若即留伊犁等处，令其牧放牲只效力，此次投来人等，既送往阿克苏，著传谕舒赫德，将阿克苏所有之厄鲁特，通行体察，其顽梗叵测者，仍留原处，若携有妻子，无可疑情节，来年即发往伊犁，交阿桂等，酌于屯田牧马差遣，仍善为抚绥约束。

（《清高宗实录》卷620　页976）

赐食扈从大臣及哈萨克使臣等

乾隆二十五年九月癸亥（二十二日1760.10.30）赐扈从王公大臣、蒙古王公台吉及哈萨克使臣等食。

（《清高宗实录》卷621　页982）

哈萨克汗阿布赉使臣等即命随围与观

乾隆二十五年九月癸亥（二十二日1760.10.30）哈萨克汗阿布赉使臣都勒特克呼等入觐，即命随围与观。

（《清高宗实录》卷621　页982）

传谕哈萨克情形

乾隆二十五年（1760）十一月癸卯。乾清门侍卫纳旺等疏奏，传谕哈萨克情形。纳旺等奏言：臣等于六月十二日，同哈萨克阿布赉前往巴鲁克游牧处所，沿途遇被掠之乌梁海男妇等，俱查出付还，但未交明牲只什物。随询问乌梁海等，据所告数目，向阿布赉索取，伊愿竭力查给。臣等遵旨，令其将巴鲁克呈献阿布勒比斯及众人，亦劝其送出。阿布赉因传到巴鲁克。语之云，今将汝送往京师请罪，自邀宽典，不必畏惧。巴鲁克向众叩头云，我一身何关轻重，但惟赖尔众人救援，尔等既有遣人恳求谕允，再行解送，我亦无怨。阿布赉复再三向臣等恳求。臣等又访闻呼克扎尔拉、萨尔珠玛特二鄂拓克，俱系巴鲁克姻戚。阿布赉恐遽行解送，则伊等生怨。是以阿布赉议遣伊弟卓勒巴喇斯，进表陈情。其乌梁海等，约来年全行送出。臣等因带领查出之乌梁海一百四十八名口，马五十六匹，及牛、驼、军装等物，同使人卓勒巴喇斯苏尔统等二十四人，跟役五人，于八月十九日，自通鲁克起程。十月十二日至察罕郭勒，从阿尔台索勒毕岭，过乌梁海游牧。会同内大臣察达克，交收人口、牲只、什物。仍领使人由乌里雅苏台，办令来京。

（《平定准噶尔方略》续编，卷七）

安泰疏奏塔什罕回人贸易事宜

乾隆二十五年(1760)十一月丙午。乌鲁木齐办事御前侍卫副都统安泰疏奏，塔什罕回人贸易。安泰奏言：十月初五日，哈萨克商人四十余名，内有塔什罕回人二名，带马五百匹前来。臣等钦遵谕旨，照原定价值，无论骟骒马匹，俱准其易换货物。并谕塔什罕回人，令其传知该部落，与哈萨克一体贸易。以伊等此次初来，赏给饮食，送出卡伦。

（《平定准噶尔方略》续编，卷七）

赐食扈从蒙古王公台吉哈萨克使臣等

乾隆二十五年九月丙寅（二十五日 1760.11.2）赐扈从蒙古王公台吉、哈萨克使臣等食。

（《清高宗实录》卷621　页982）

伊犁耕牧城守各事宜

乾隆二十五年九月辛未（三十日 1760.11.7）参赞大臣阿桂等奏，伊犁耕牧城守各事宜：一、增派回人屯田。查伊犁收获，可敷屯田回人一千户之食，本年现有屯田回人三百名，近经舒赫德增派五百名，已照例整装，于来年春起程，仍有应派回人二百名，请俟伊犁麦熟后遣发。一、增派官兵驻防屯田。查伊犁收获，通来年增派回人五百名计之，可敷官兵二千五百人之食，现有驻防满洲、索伦、察哈尔兵八百余名，应增兵六百余名，屯田绿旗兵一百名，应增九百名，以上增兵一千五百名，应陆续遣发。一、增派官兵，请随时酌量定数。查屯田回人一千，计其收获，则壬午年即敷官兵三千人之食，加以绿旗兵一千，则所收又倍，应酌量定额，以多驻马兵，于边防有益，如驻兵五千，则马三步二，驻兵四千，则减步兵一千。一、次第建置城邑。查伊犁要地，河北则固勒扎，河南则海努克，其地土肥饶之处，则察罕乌苏应于海努克筑城，以回人三百名屯田，用兵数百名驻防，西通哈萨克、布鲁特及回地诸路，察罕乌苏筑城，以绿旗兵一千名屯田，并驻防伊犁河北一路，固勒扎须筑大城，凡驻扎大臣公署仓库咸在，以为总汇。其马兵，于草青时，分路巡查，霜降后，各回汛地，拟于壬午年夏季，派绿旗兵一千名办理，令回人协助，一年内竣事。一、预备屯田兵马驼。现议增派绿旗屯田兵一千，必须马匹，查乌鲁木齐所易哈萨克马六百匹，尚不敷用，应将陆续市易之马，令安泰等，办理千余匹，及查明哈密、巴里坤，有无马匹应用，其行装驼只，查乌鲁木齐尚有七百，应拣选五百解送，即于伊犁牧放，从容往来转运。得旨，军机大臣议奏。寻议，伊犁屯田，原属次第办理，除现在回人三百名外，舒赫德又派回人五百名，于来春起程，其续派之二百名，仍令酌量，若能一起前往甚善，如不能，则竟于秋收后发往，庶回人不致竭蹶，而伊犁粮石，亦可节省。至本年所收粮石，即足官兵一千人之食，则来年增垦，可以类推，应如阿桂所奏，此项官兵，于春秋二季，分起调往，其官兵额数，酌以四五千名为率，但必随时出派，始不烦内地之力，应俟来年秋收后，再行酌定，其驻防年限，照从前成议更换。又所奏，建置城邑，实为边防长久，不独地当冲要，亦宜相其形势物产，查固勒扎地居旷野，薪炭无资，应于乌哈尔里克、察罕乌苏、哈什、崆吉斯、伯勒齐尔等木植多处，或近山产煤之地筑城驻兵，仍令阿桂等，再行勘定，其海努克、察罕乌苏二城，俱应如所奏办理。但另派绿旗兵一千筑城，未免张大其事，且多浮费，应令屯田绿旗兵，于农隙次第兴筑，不必定以年限。又所奏，屯田马驼，查所易哈萨克马匹，现议陆续解送，乌鲁木齐有驼七百只，即可选出五百，俾运送一千人屯田器具，至兵丁粮饷，春初照初次遣兵例，从阿克苏办给米面羊只，麦熟后则但给以程途口粮，并请嗣后添驻官兵，总于乌鲁木齐、阿克苏调拨。从之。

（《清高宗实录》卷621　页986）

明岁遣绿旗兵丁前往伊犁屯田

乾隆二十五年十月癸未（十二日 1760.11.19）谕军机大臣等，据阿桂等奏称，明岁遣绿旗兵丁，前往伊犁屯田，应调派大员管辖，乌鲁木齐有达启、金梁同管屯田，请将金梁分派伊犁等语。乌鲁木齐虽亦有屯田事务，但事已就绪，不比伊犁初次办理，且金梁素系兼管哈萨克贸易事，哈萨克现闻伊犁屯田，必驱牲只前往，可传谕安泰，明岁遣兵丁往伊犁时，即令金梁管领，并传谕阿桂知之。

（《清高宗实录》卷622　页997）

驱逐闯入边境游牧之哈萨克等

乾隆二十五年（1760）十二月壬申。参赞大臣阿桂等疏奏，驱逐闯入边境游牧之哈萨克等。阿桂等奏言：臣近派察哈尔营总乌巴什等，领兵于各路搜查玛哈沁。十月二十日回营，告称，在阿勒坦额默勒，见有哈萨克三十余人。又伊犁河下游和洛霍澌，见哈萨克十六人，俱谕以伊犁现有驻扎大臣，令其前来投见。臣等即传集侍卫官员，公同询问。据头目赫德勒、奎屯等俱称，上年在勒卜什过冬，今游牧千余户，甫经移来等语。臣阿桂谕以勒卜什等处，乃天朝大兵平定之地，岂可越境游牧，即著移回。赫德勒等以天寒雪盛，求于来春迁移。臣等谕以尔等私行游牧，即应治罪，姑念业为大皇帝臣仆，且一时无知误入，今给尔印文，回报该头目，限十日迁移，倘仍复迟延，即发兵驱逐。随遣令起程，一面派兵二百名，令副都统伊柱带领前往驱逐。臣阿桂前遣侍卫硕通领兵五十名，搜捕玛哈沁，即令其会合接应。

（《平定准噶尔方略》续编，卷八）

赏擒获玛哈沁官兵

乾隆二十五年（1760）十二月丙申。命议叙参赞大臣阿桂等，及升赏擒获玛哈沁官兵。参赞大臣阿桂奏言：从前察卜沁台站马匹，被玛哈沁盗窃。副都统丰讷亨领兵一百名，追至朱尔都斯，因风雪迷踪转回。臣仍令丰讷亨再往搜捕。十一月二十一日，据回报，十月初四日，至阿尔萨拉图，见有马迹，即令厄鲁特蓝翎侍卫赛卜腾、署参领伊屯、索伦署防御额特讷等，寻踪追逐。丰讷亨等向哈尔巴珲河，令巴图鲁侍卫翘苏尔堵截，遇数贼，为塞卜腾等击败，随尾追至夜。贼弃马登山，翘苏尔、塞卜腾、伊屯、额特讷攻围，射杀贼四人，擒贼一人，丰讷亨遂过察尔图岭。十五日，翘苏尔同蓝翎队长德尔塞，行至乌纳哈特岭，遇贼二十余人，擒获五人，询系偷窃台站马匹之吗哈沁。丰讷亨等随往接应翘苏尔，余贼固守山险，复攻溃，擒获数贼。供称，有吗哈沁在哈尔扎卜藏匿。二十三日，行至哲尔图，捉生询问，知贼在图尔根河，随舍马步行追入。蓝翎队长特英额、索伦兵哈济噶尔、斗济勒图等，遇贼击败，穷追两昼夜，沿途斩获贼人。于特勒克等处，不见贼踪。十一月十一日，翘苏尔等攻夺贼人马群，询问贼人特固斯孟克，在伊克特勒克河源藏匿，往阿圭雅斯打牲，日内即回，因分三路往迎。十二日，翘苏尔等遇特固斯孟克奔逃，协力擒获，计擒剿吗哈沁男妇七十余人，获马五十余匹。臣阿桂等研讯特固斯孟克，供系绰罗斯台吉昂吉岱之异母兄，从哈萨克逃回，偷窃台站马匹是实等语。臣等查该犯屡拒官兵，罪不可逭，即同擒获之得木齐巴朗等正法。其所获马匹，补给台站。

（《平定准噶尔方略》续编，卷八）

议伊犁编设厄鲁特佐领等事宜

乾隆二十五年(1760)十二月丙申。议伊犁编设厄鲁特佐领等事宜。参赞大臣阿桂等奏言：现在伊犁所有厄鲁特，及来年自阿克苏、肃州送到之厄鲁特等，共百余名。将来藏匿哈萨克布鲁特人等，闻安插之信，必陆续来投，若无管束章程，非经久之策。请嗣后来投之厄鲁特等，满百人，则编为一佐领，拣选佐领一员，骁骑校一员，领催四名管束。查伊犁厄鲁特二等侍卫硕通、乌鲁木，蓝翎侍卫塞卜腾，俱可委用。至更换侍卫之时，将在京及察哈尔居住之厄鲁特侍卫等，拣选派出，令其新旧参用，三年一换。其兵丁等著有劳绩者，照绿旗兵给与钱粮。新经来投之人，但给口粮候补。跟役家口等，酌给籽种牛羊，使之耕作孳息，庶伊等皆有常业。

（《平定准噶尔方略》续编，卷八）

哈萨克等地投来厄鲁特先调阿克苏

乾隆二十五年十月丙申(二十五日 1760.12.2)谕军机大臣等，阿桂奏称，凡由哈萨克、布鲁特陆续投来之厄鲁特，应先行遣往阿克苏，以供役使，俟一二年后，再调赴伊犁等语。所见甚是，可即照此办理。至由哈萨克等处投来之厄鲁特，将来日渐加多，伊等前来贸易，或相识认，恳求赏还，当直告以此等厄鲁特人，因苦尔拘束，始行逃出，况尔等已为大皇帝臣仆，事同一体，不便给回，亦不必向伊等稍为隐饰，著传谕舒赫德、阿桂、安泰、定长等知之。

（《清高宗实录》卷623　页1003）

阿桂等疏奏哈萨克贸易情形

乾隆二十六年(1761)正月戊申。参赞大臣阿桂等疏奏，哈萨克贸易情形。阿桂等奏言：十一月二十五日，据洪郭罗鄂博卡伦委员报称，有哈萨克八十余人，带马五百余匹，前来贸易。臣等传该头目阿里等进见，询系哈木巴巴遣伊子呼都雅尔同来。臣等令都司陈圣谟等，作为商人，以缎布交易毕，于二十九日遣回。

（《平定准噶尔方略》续编，卷九）

咨文安泰等送补巴里坤马匹空额

清乾隆朝满文寄信档。乾隆二十六年(1761)正月十九日,大学士、领侍卫内大臣、忠勇公等奉上谕,字寄参赞大臣、都统、工部侍郎阿桂及御前侍卫、副都统,礼部侍郎等咨文安泰等送补巴里坤马匹空额。谕曰:"据五吉等奏称,自巴里坤牧放马匹内,挑选二千匹解送阿克苏。至买补此项空额时,彼处马价甚昂,十五两左右仅能购得一匹瘦马。故请从商人及蒙古等乘骑内酌量采买。等语。巴里坤地方市马颇少,且价又昂贵。现伊犁、乌鲁木齐等处易得哈萨克马匹甚多,巴里坤如需马匹,尚可解来备用。将此寄信五吉,著巴里坤停止买补马匹,并咨文安泰等,嗣后马匹渐多,宜当解送内地时,令其解往巴里坤备用。如若有余,将骟马解送口内,以充军营台站马匹所用,则更为妥协。巴里坤地方唯酌量采买牛羊可也。钦此。"

(档号:03-129-1-012)

将来归之厄鲁特等入官马匹折给价银

清乾隆朝满文寄信档。乾隆二十六年(1761)正月十九日,大学士、领侍卫内大臣、忠勇公等奉上谕,字寄御前侍卫、副都统安泰等将来归之厄鲁特等入官马匹折给价银。谕曰:"据安泰等奏称,自哈萨克来归之厄鲁特阿玉什、鄂沁等男妇十三口所乘马匹四十三匹,除挑拣十匹老瘦马匹变价置办伊等袄帽等物外,其余三十三匹俱入官牧马群备用。等语。伊等皆系不堪哈萨克地方之苦而来归之人,虽将伊等瘦马赏其置办衣物,其编入官牧之三十三匹马,亦应赏给价银。著传谕安泰等,每匹马折给价银二两赏赐。钦此。"

(档号:03-129-1-013)

哈萨克奏请在塔尔巴哈台游牧

乾隆二十五年十二月丙戌(十六日 1761.1.21)又谕曰,阿桂奏,据哈萨克等告称,伊等使人拜克奈,回至游牧,曾言大皇帝加恩,将爱呼斯等处赏给我等游牧等语。从前哈萨克使人入觐,奏请在塔尔巴哈台游牧,朕即面谕不允,又载入敕书。此特哈萨克等,希图侥幸,造言生事,现在纳旺等,带领哈萨克使人将至京师,朕仍以阿桂所奏哈萨克等造言生事之处,再行申谕,并敕驻扎大臣严行驱逐,著传谕知之。

(《清高宗实录》卷627　页1040)

伊柱查勘哈萨克游牧之处从速奏报

清乾隆朝满文寄信档。乾隆二十六年(1761)正月二十五日,大学士、领侍卫内大臣、忠勇公等奉上谕,字寄参赞大臣、都统、工部侍郎阿桂等令伊柱将查勘哈萨克游牧之处从速奏报。谕曰:"去岁阿桂等奏称,据闻勒布什、额敏、斋尔等处有哈萨克游牧,遂缮托特文书,檄令伊等迁移。又派伊柱率兵三百,于十一月十三日,自伊犁起程,前往勒布什、额敏、斋尔、特木尔、绰尔和、哈尔巴哈、巴雅尔等处,查勘哈萨克等是否迁徙。若

仍未迁移，则令强行驱逐。等语。兹计其日，已逾二个月矣，谅阿桂等已知伊柱所办之情，乃未及奏闻。著传谕阿桂等，询问伊柱抵达勒布什、额敏、斋尔、特木尔、绰尔和等处，查勘彼处哈萨克游牧是否迁移，伊柱如何料理之处，著速奏闻。钦此。”

（档号:03－129－1－014）

哈萨克人等闻安插之信必来投

乾隆二十五年十二月丙申（二十六日 1761.1.31）参赞大臣阿桂等奏，现在伊犁所有厄鲁特，及来年自阿克苏、肃州送到之厄鲁特等，共百余名，将来藏匿哈萨克、布鲁特人等，闻安插之信，必陆续来投，请嗣后来投满百人，则编为一佐领，拣选佐领一员，骁骑校一员，领催四名管束。更换日期，将在京及察哈尔居住之厄鲁特侍卫等，拣选派出，新旧参用，三年一换，兵丁著有劳绩者，给与钱粮，新经来投之人，给口粮候补，跟役家口等，酌给籽种牛羊，下军机大臣议行。

（《清高宗实录》卷 627　页 1047）

查核屯田马匹倒毙情由

清乾隆朝满文寄信档。乾隆二十六年（1761）二月初九日，大学士、领侍卫内大臣、忠勇公等奉上谕，字寄兵部侍郎定长等查核屯田马匹倒毙情况。谕曰：“据定长奏称，去岁昌吉、罗克伦等处屯田兵丁三千五百名，以每二人给马一匹计，领取哈萨克马匹一千七百余匹。哈萨克马匹不习耕作，滥用过甚，乃致伤损倒毙七百余匹。此项缺额，仍由陆续购得之哈萨克马匹内充补，复以每三人给马二匹。俟巴里坤解送牛驴至日，仍将马匹拨回牧群。等语。哈萨克马匹除屯田外，别无差遣，即令不服耕作，一年之内，亦不致倒毙如许，恐有不肖兵丁私宰充粮情弊，亦未可料。此等之情理应查核，定长等并未查覆，甚属疏忽。除马匹缺额照伊所奏充补外，其倒毙马匹，著饬交定长查核，倘有别项情节，即从重治罪。嗣后，凡屯田马匹，仍著定长等不时留心查办，毋致类似损伤。钦此。”

（档号:03－129－1－022）

赐宴外藩蒙古王公台吉等来客

乾隆二十六年正月丙午（六日 1761.2.10）上御紫光阁，赐外藩蒙古王公台吉等，及回部郡王霍集斯等，叶尔羌诸回城入觐伯克萨里等，哈萨克汗阿布赉来使苏勒统卓勒巴喇斯等宴。

（《清高宗实录》卷 628　页 3）

有哈萨克八十余人带马前来贸易

乾隆二十六年正月戊申（八日 1761.2.12）参赞大臣阿桂等奏，十一月二十五日，据洪郭尔鄂博守卡委员报称，有哈萨克八十余人，带马五百余匹前来贸易，臣等传该头目阿里等进见，询系哈木巴巴遣伊子呼都雅尔同来，臣等令都司陈圣谟等作为商人，以缎布交易毕,于二十九日遣回。报闻。

(《清高宗实录》卷628　页5)

查报阿克苏等地马匹是否足用

清乾隆朝满文寄信档。乾隆二十六年(1761)二月十三日,大学士、领侍卫内大臣、忠勇公等奉上谕,字寄参赞大臣工部尚书、都统舒赫德驻乌鲁木齐办事之兵部侍郎及副都统等查报阿克苏等地马匹是否足用。谕曰:“据定长等奏,将乌鲁木齐地方现有三千余哈萨克马匹内,酌留千余备用外,其余交与永德解送伊犁。伊自伊犁返回时,令由珠勒都斯一路,沿途搜查有何疑点,回至乌鲁木齐。等语。解送伊犁二千余马匹,数量不小,关系甚为重要。派永德护送前往,颇为妥当。伊将此项马匹送至伊犁交与阿桂后,由珠勒都斯一路返回,并沿途搜查山谷而行,亦甚妥协,即照所奏施行。现伊犁购得马匹颇多,足敷需用。阿克苏、叶尔奇木、喀什噶尔等处,皆有驻军,若马匹足用,方有裨益。著寄信舒赫德等,查明阿克苏、叶尔奇木、喀什噶尔等处,现有马匹是否足用。若仍需用,将所需数目一面具奏,一面咨行定长等,由解往伊犁之马匹内调取备用。舒赫德等所需此项马匹,自乌鲁木齐解送时,定长等选派妥员精兵,由驿路解送则已,永德不必亲往。将此亦寄信定长、永德等遵照办理。钦此。”

(档号:03－129－1－025)

奖赏遵檄迁移出境之哈萨克人等

清乾隆朝满文寄信档。乾隆二十六年(1761)二月十三日,大学士、领侍卫内大臣、忠勇公等奉上谕,字寄参赞大臣、都统、工部侍郎阿桂等奖赏遵檄迁移出境之哈萨克人等。谕曰:“据阿桂奏,副都统伊柱报称,领兵驱逐哈萨克人等,所有布木察罕乌苏、勒布西等处游牧之哈萨克等俱已遵檄迁移。现派侍卫官员查勘额密勒斋尔、塔尔巴哈台等处有无哈萨克游牧,若有,则亲往驱逐;若已迁移,则即返回。等语。哈萨克等遵檄即行迁移,尚属恭顺,宜酌加赏赉,以示抚恤。著寄信阿桂等,令伊柱等将遵檄即行迁移之哈萨克等部落名目,查询存记。伊等若有来贸易者,即行晓示云:尔等遵檄即行迁移甚是,此恭顺情形业经陈奏。今奉大皇帝恩旨嘉奖,并加赏赉。嗣后,尔等惟谨守本境,不可逾越,遵檄而行,毋得稍有违犯。等语。仍酌量赏赉遣回。钦此。”

(档号:03－129－1－024)

敕谕哈萨克阿布赉阿布勒巴木比特

乾隆二十六年正月乙卯(十五日1761.2.19)敕谕哈萨克阿布赉、阿布勒巴木比特,尔等使人卓勒巴喇斯等与侍卫纳旺俱安善前来,朕即召见,加恩宴赉,锡宴时,赐尔阿布赉、阿布勒巴木比特蟒锦、缎匹、器什、芽茶各若干,交使人赍回,其各祗受,并赐来使翎顶、冠服、缎匹、器什、银两有差。至尔等所奏,朕已鉴悉,从前巴鲁克巴图尔,抢掠乌梁海等,驻扎乌里雅苏台将军,欲发兵问罪,朕念尔等素称恭顺,不允所请,特命侍卫纳旺前往,谕令拿送罪人,查还所掠,尔阿布赉即同纳旺亲行查办,送还乌梁海人口牲只什

物，又遣使入觐，代巴鲁克巴图尔请宽。朕为天下共主，凡外藩归附人等，果能自知其罪，改过迁善，亦姑予矜全，惟怙终不悛，始加征讨。今巴鲁克巴图尔，既惶惧祈求，而尔等又专使奏恳朕恩，尚属恭顺。巴鲁克巴图尔著免其拿送治罪，嗣后尔等惟加意约束所部，各守封疆，善图生计，勿谓此次有请即允，遂妄图侥幸，越境盗窃，斯时将军大臣等，奏请发兵，朕亦不能姑息从事，必致扰尔游牧，于尔复有何益，尔等当以朕意，遍谕所属，俾知遵守。再尔等使人拜克奈等转回，谬言爱呼斯地方，已蒙大皇帝赏给哈萨克游牧，经伊犁大臣查询具奏，从前使人奏请在塔尔巴哈台游牧，朕即谕以不应越境，且载在敕书，而尔等属人，仍造言生事若此，是侥幸之心，尚未止息，已谕伊犁大臣等，有哈萨克越境游牧者，即行驱逐。今卓勒巴喇斯等所奏，又有南界绰尔郭，西界沙喇伯勒，中抵勒布西等语。凡此数处，皆厄鲁特故地，而尔使谓哈萨克俱有游牧，隐跃其辞，希图窥伺，更属侥幸。试思我国家以大兵平定之地，岂可任尔等侵踞，况尔等前为厄鲁特所扰，虽现在游牧之处，亦远徙避去，仍不能免于抢掠，今干戈宁静，共乐升平，尔等游牧，并非狭小，乃妄行陈奏，朕必不允，是徒有贪得见小之名，倘妄生窥伺，或转至失其所有，甚无谓也。至尔等所奏，哈萨克全部已为臣仆，愿世世子孙，永效悃诚，乞赐玺书为券等语。朕嘉悦览之，尔等果能遵朕所颁敕谕，约束部众，各安生业，自必永绥福禄，垂于万年矣。又尔阿布赉使人奏云，尔所属有三人为乌梁海所获，乞查出发回，所奏未为合理，即如巴鲁克巴图尔，系获罪之人，理应拿送，尚加恩宽免，此三人既为乌梁海所豢养，何必琐琐校计，如必欲查还，可将巴鲁克巴图尔拿送前来，朕再降谕旨。适已命尔使传谕，因附及之，尔等其各宜领悉。

（《清高宗实录》卷628　页9—11）

巴里坤牧放马已选二千解送阿克苏

乾隆二十六年正月戊午（十八日 1761.2.22）谕军机大臣等，据五吉等奏称，巴里坤牧放之马，已拣选二千匹，解送阿克苏，至买补缺额，则现在价值颇昂，请于蒙古及商贩等马匹内，酌量购办等语。巴里坤马价既昂，而乌鲁木齐、伊犁所易哈萨克马匹甚多，著传谕五吉，将巴里坤缺额马匹，停其购办，仍咨行安泰、阿桂等，将来该处马匹渐多，即送往巴里坤，再多则送至内地，以补营伍台站之缺额，均为有益，嗣后巴里坤，惟购办牛羊，以裕驻防屯田之需。

（《清高宗实录》卷629　页12）

哈萨克来投之厄鲁特骑驮马事宜

乾隆二十六年正月戊午（十八日 1761.2.22）又谕（军机大臣等）曰，安泰等奏，自哈萨克来投之厄鲁特阿玉什、鄂奇勒等家口，骑驮马四十余匹，除量行变价，为伊等制备衣服外，余俱编入牧群等语。伊等既苦哈萨克役使远道来投，所有编入牧群马匹，仍著给与价值，以示体恤。

（《清高宗实录》卷629　页12）

哈萨克使人入觐转回

乾隆二十六年正月庚申(二十日1761.2.24)又谕(军机大臣等),哈萨克使人入觐转回,应派员护送,纳旺、三济扎布、对齐,往返已及一载,不必再令前往,著乾清门侍卫乌尔图纳逊带领使人,行至乌里雅苏台,交成衮扎布等,另派妥员送伊等过乌梁海游牧,抵其本境,即行转回。

(《清高宗实录》卷629　页13)

昌吉等处屯兵每二人给马一匹

乾隆二十六年二月己卯(九日1761.3.15)又谕(军机大臣等)曰,定长等奏,去年昌吉、罗克伦等处屯田兵三千五百名,每二人给马一匹,因哈萨克马匹不习耕作,倒毙将半,复以三人给马二匹为额,俟巴里坤解送牛驴至日,仍将马匹拨回牧群等语。哈萨克马匹,除屯田外,无他差遣,就令骤难服习,亦何至倒毙如许,恐有私宰情弊,定长等并未查核,甚属疏忽。除马匹额数照所奏补给外,前次倒毙马匹,仍行查核,倘有别项情节,即从重治罪,嗣后仍宜加意办理,毋致伤损。

(《清高宗实录》卷630　页27)

伊柱报领兵驱逐哈萨克人等事宜

乾隆二十六年二月癸未(十三日1761.3.19)谕军机大臣等,据阿桂奏,副都统伊柱报称,领兵驱逐哈萨克人等,所有附近布木、察罕乌苏、勒布西等处,游牧之哈萨克等,俱已遵檄迁移,现派侍卫官员查勘额密勒、斋尔、塔尔巴哈台等处,有无哈萨克游牧,相机办理等语。哈萨克等遵檄即行迁移,尚属恭顺,宜酌加赏赉,以示抚恤。著传谕阿桂等,将遵檄迁移之哈萨克等部落名目,查询存记,伊等有来伊犁贸易者,即行晓示云,尔等恭顺情形,业经陈奏,奉大皇帝恩旨嘉奖,并加赏赉,嗣后惟谨守本境,不可逾越,仍酌量赏给遣回。

(《清高宗实录》卷630　页30—31)

将伊犁屯田牲畜就近采买

清乾隆朝满文寄信档。乾隆二十六年(1761)三月二十七日,大学士、领侍卫内大臣、忠勇公等奉上谕,字寄陕甘总督杨应琚及布政使、礼部侍郎、兵部侍郎、参赞大臣、都统、工部侍郎等将伊犁屯田牲畜就近采买。谕曰:"据阿桂奏称,内地购办牛驴,较之伊犁、乌鲁木齐贸易所得哈萨克马价,一牛可值马四匹,一驴可值马二匹。现乌鲁木齐易得马匹既多,且耕作原属可用,请将内地、哈密、巴里坤购办牛驴之处停止。等语。从前自肃州、哈密、巴里坤购办牛驴解送伊犁,盖因伊犁地处偏远,牲畜难觅。自肃州等地购办,尚能得到耕畜,故准伊等采买,以作耕田之用。今乌鲁木齐易得马匹既多,且较内地采买价低,与其高价购办牛驴辗转解送,实不如就近自乌鲁木齐购办马匹解送。将此俱传谕杨应琚、永宁、五吉等,已购办解送之牲畜,则仍解送。嗣后,自内地、哈密、巴里坤购办牛驴之事，著俱停止。凡伊犁屯田所需牲畜，即由乌鲁木齐易得之哈萨克马匹内调用。将此亦传谕定长、阿桂知之。钦此。”

（档号:03－129－1－053）

将阿克苏所需马匹改由伊犁等地办解

清乾隆朝满文寄信档。乾隆二十六年(1761)三月二十八日，大学士、领侍卫内大臣、忠勇公等奉上谕，字寄参赞大臣、都统、工部侍郎阿桂及兵部侍郎、礼部侍郎等将阿克苏所需马匹改由伊犁等地办解。谕曰:“据阿桂等奏，现伊犁、乌鲁木齐，贸易哈萨克马匹渐多。准舒赫德咨取马二千匹，若自巴里坤解送，路途遥远，戈壁浩瀚，累苦解送马畜官兵。现伊犁马匹内，除屯田足用外，尚余马一千余匹。阿克苏所需马二千匹，可选马一千匹，俟返青时节，派官兵先解送阿克苏;另一千匹，从乌鲁木齐易得马匹内挑选，自珠勒都斯解送。再，伊犁所换哈萨克骒马，一二年间即成大群，其多余马匹尚需解送内地，故请将巴里坤、乌鲁木齐解送伊犁之孳生马匹，俱停解送，仍在巴里坤、乌鲁木齐牧养。等语。阿桂筹办马匹，甚属妥协。著照阿桂所奏，阿克苏所需马二千匹，不必自巴里坤解送，由伊犁解办一千匹外，著寄信定长等，于乌鲁木齐马匹内，再拨一千匹解送。现伊犁所换骒马既然渐多，著寄信定长、五吉等，巴里坤、乌鲁木齐地方孳生马匹，亦停解送，各留原处妥善牧放孳生。再，阿桂自赴伊犁后，诸事办理妥协，且合时宜，果然尽心效力。朕见此甚为嘉许。著加恩授为内大臣，嗣后宜益加奋勉。”

（档号:03－129－1－054）

将巴里坤应解阿克苏马匹俱停办解

清乾隆朝满文寄信档。乾隆二十六年(1761)三月三十日，大学士、领侍卫内大臣、忠勇公等奉上谕，字寄礼部侍郎五吉等将巴里坤应解阿克苏马匹俱停办解。谕曰:“据五吉等奏，解送阿克苏之二千匹马，已派总兵存泰，于三月十三日自巴里坤起解。旋接阿桂等奏稿，遂行令存泰暂停解送，择水草好地牧放。应送伊犁之孳生马匹亦暂停办解。等语。前据阿桂等奏，现伊犁、乌鲁木齐，易得哈萨克马匹甚多，舒赫德所需二千匹马，不必自巴里坤办解，由伊犁、乌鲁木齐各拨一千解送阿克苏。伊犁所换哈萨克骒马，一二年间即可成大群，应由巴里坤、乌鲁木齐解送伊犁之孳生马匹，俱请停止解送。等语。为此，朕已降旨，阿桂所办甚善，即依所奏办理。今五吉等奏称，接阿桂奏稿后，业已行令存泰等停止将马匹解送阿克苏，且应解伊犁之孳生马匹尚未起解，亦令暂停解送候旨。著寄信五吉等，此二项马匹俱照阿桂所奏，停止解送，饬交各管官员，择水草好地妥善牧放，以备取孳。”

（档号:03－129－1－056）

将来归之厄鲁特等安置

清乾隆朝满文寄信档。乾隆二十六年(1761)五月初一日，大学士、领侍卫内大臣、忠勇公等奉上谕，字寄定边左副将军、扎萨克和硕亲王成衮扎布等将来归之厄鲁特等安置。谕曰:“据成衮扎布奏称,厄鲁特双霍尔、巴布克为哈萨克掳去,因不堪奴役,自哈萨克逃出,欲投奔札哈沁地方亲戚罗布占、颜扎布,行至乌陇古地方,为哈萨克使臣擒获,旋寻机脱逃,为扎木禅所收容。扎木禅将伊等安置在其亲戚罗布占等所在地方之处呈请前来。故此,将双霍尔、巴布克交与参领唐古特解送。等语。哈萨克等现俱归附,与喀尔喀同为朕之臣仆。双霍尔等为哈萨克掳去,不堪虐待,欲奔札哈沁地方投其亲戚,理应收容安置。唯哈萨克不时派使臣等朝觐,因而将伊等安置在偏远难寻地方,甚为妥协。哈萨克不比准噶尔,准噶尔未亡时,此等来归者尽行收容,自不待言。而哈萨克等现已归附,其属下人等逃归,一经发觉奏请索要,如若不还,则似不加恩典;如若归还,伊等又不堪苦奴役才来归。现将伊等给还,实在可悯。前曾办理自哈萨克西路来归之厄鲁特一事,朕亦有谕旨。著传谕成衮扎布等,将此晓谕扎木禅等知之。”

(档号:03-129-1-076)

内地购办牛驴事宜

乾隆二十六年三月丙寅(二十七日 1761.5.1)谕军机大臣等,阿桂奏称,内地购办牛驴,较之哈萨克马价,一牛可值马四匹,一驴可值马二匹,现在伊犁、乌鲁木齐贸易马匹既多,且耕作原属可用,请将内地购办牛驴之处停止等语。从前伊犁经画伊始,故从内地办送牲只,今贸易马匹甚多,自当酌量办理。著传谕杨应琚、永宁、五吉等,除现在购办牲只仍即解送外,嗣后陕甘、哈密、巴里坤等处,不必购办伊犁牲只。

(《清高宗实录》卷633　页68—69)

伊犁乌鲁木齐贸易哈萨克马匹渐多

乾隆二十六年三月丁卯(二十八日 1761.5.2)谕曰,阿桂奏称,伊犁、乌鲁木齐贸易哈萨克马匹渐多,准舒赫德咨取马二千匹,与其从巴里坤解送,不如在伊犁所得马匹内,除屯田足用外,挑选一千匹,送往阿克苏,其余从乌鲁木齐办送,至伊犁所换哈萨克骒马,一二年间即成大群,请将巴里坤等处马匹,仍于本地牧放等语。阿桂筹办马匹,甚属妥协,俱著照所奏办理,仍加恩授为内大臣,嗣后宜益加奋勉,以副优眷。

(《清高宗实录》卷633　页69)

晓谕哈萨克等可随即剿捕玛哈沁

清乾隆朝满文寄信档。乾隆二十六年(1761)五月二十一日,大学士、领侍卫内大臣、忠勇公等奉上谕,字寄御前侍卫、刑部侍郎安泰及定边左副将军、扎萨克和硕亲王等晓谕哈萨克等可随即剿捕玛哈沁。谕曰:“安泰等奏,据前来贸易之哈萨克头目布鲁特忒禀称,去年伊等部落二十人行围,至萨勒巴尔地方,遇玛哈沁百余人被害。现前到乌鲁木齐贸易三次,内有一次人,归途亦曾被害。伊等欲率众追捕,阿布赉云,尔等且慢,此等玛哈沁恐系内地逃人,当顺便请示。遂告以内地并无逃人,若确系玛哈沁,尔等一面即宜剿捕,一面就近禀报驻扎大臣等,务必生擒以献。等语。安泰等所言甚是。今准噶尔虽已荡平,然他处逃来之玛哈沁,四处藏匿,伺机行窃,亦在所难免。哈萨克等现俱内附，同为臣仆，既遇玛哈沁，理当剿捕。阿布赉顾忌内地逃人，未敢妄杀，随即请示，甚属恭顺。著将此寄信安泰等，哈萨克贸易人等，若再提及此事，则明白晓示，内地并无逃人，伊等皆系自他处逃来之玛哈沁，尔等归附大皇帝，甚为恭顺。嗣后，再遇此等玛哈沁，尔等可随即剿捕，有生擒者，就近解送驻扎大臣处质审。再，哈萨克头目布鲁忒云，此事曾告知乌里雅苏台官员布达勒。果真告知布达勒，将军成衮扎布等理应具奏。至此，成衮扎布等未经具奏，抑或告知布达勒之言不实；或以告之，成衮扎布等未当一事具奏。著将此一并寄信成衮扎布质询，令其乘便奏闻。”

（档号：03－129－1－089）

将回妇重犯解往伊犁赏给回子厄鲁特等为妻

清乾隆朝满文寄信档。乾隆二十六年（1761）五月二十九日，大学士、领侍卫内大臣、忠勇公等奉上谕，字寄参赞大臣、工部尚书、都统舒赫德及左都御史、侍郎、叶尔羌、喀什噶尔、乌什、阿克苏、库车等处办事大臣等回妇重犯解往伊犁赏给回子厄鲁特等为妻。谕曰：“据阿桂奏称，应解伊犁之回妇案犯五十一名，仅解三十名，且年老狐寡者占其大半，并呈亡者甚多。此乃各城回子等私自调换，假词谎报之处，昭然无遗。故此，行文舒赫德等，请其派人详查所有应解伊犁之回子案犯妇孺内，凡年老无用者，概停遣送；其余之人，毋致再行调换。现在伊犁地方，自哈萨克来归之厄鲁特等多无妻室。嗣后，各城若有妇孺案犯，俱解往伊犁，酌量赏给回子厄鲁特等。等语。赏给伊犁伯克等叛贼妻子及迈拉木尼雅斯等家人，虽不免年老孤寡者，但不肖回子等或因沾亲，或因役使，且暗中调换，捏词谎报者，亦在所难免，理应查办。唯此事，海明等先前办理不妥，才至此等弊端。今如此办理一年有余，若再行追究，其涉事者亦未必招实，而回子等必生疑惧，反于事无益。故此，不必再行追究；况此亦因贼人迈拉木等叛乱，将伊妻子家人等籍没赏给他人耳。嗣后，谅亦断无此类事宜，偶有重犯者，臣等自会随时留心办理可也。著传谕舒赫德、永贵等，现应发遣伊犁之回子案犯妇孺内，除业经遣送者外，其尚未起程者，令其详查之后再行遣送，切勿再致偷换对换。此事既为海明办理有误，著传谕严行申饬。再，由哈萨克来投伊犁之厄鲁特等俱行安插彼处，其中多无妻室者，将此传谕叶尔奇木、喀什噶尔、乌什、阿克苏、库车等处办事大臣等，嗣后，各城若有重犯，著将应行发遣之回子妇孺，酌量将年少可役使者，俱发遣伊犁，赏给厄鲁特等为妻。寻常人犯，仍照例办理。将此传谕阿桂知之。”

（档号：03－129－1－098）

晓谕哈萨克人等可即行剿杀玛哈沁等

清乾隆朝满文寄信档。乾隆二十六年（1761）六月初七日，大学士、领侍卫内大臣、忠勇公等奉上谕，字寄参赞大臣、内大臣、都统、侍郎阿桂及御前侍卫、副都统等晓谕哈萨克人等可即行剿杀玛哈沁等。谕曰：“成衮扎布等奏，据护送哈萨克都勒特赫勒、索勒通等人之骁骑校包达勒等返回禀告，伊等护送都勒特赫勒等到其游牧边境，见上年在特穆尔绰尔郭等地过冬之哈萨克等，居远移游牧，殊属恭顺。归途遇哈萨克人布露特告称，伊等鄂托克二十人上年打牲，至和博克地方被贼戕害，或玛哈沁、或何人所为，无从可知。故此，阿布勒比斯派伊前往乌鲁木齐大臣等处禀报。此外，别无其他消息。等语。近经乌鲁木齐大臣等奏，哈萨克人布露特前来贸易告称，伊等鄂托克二十余人上年打牲，至萨勒巴尔地方，被玛哈沁戕害，本欲追捕，又恐系内地逃人所为，顺便再行探听等语前来。朕当即降旨，哈萨克如此探听咨访，甚为恭顺。倘其前来贸易人等再提及此事，即告以内地并无逃人，明系玛哈沁，一但遭遇，任由剿捕。著将此顺便传谕伊犁、乌鲁木齐办事大臣等，嗣后，哈萨克等再来贸易，即明白晓谕，上年戕害尔部人等，显系玛哈沁。我内地人等言语服饰与玛哈沁迥异，尔等仔细观察，即可辨别。即便是内地逃人，均派兵缉拿；尔等既然内附，亦俱为臣仆，果能捉拿，乃尔等之功。大皇帝闻报，谅必表彰尔等，断不会指责。嗣后，尔等再遇玛哈沁等，可即行剿杀，收缴其牲只财物，凡生擒者，可以俘虏论处。倘系内地逃人，亦任由缉拿。若能生擒解来则更好，倘若拒捕剿杀也可。唯现在我西北二路所运物品甚多，往来商贾亦多，尔等谅必遇见，断不可动其毫发。著将此亦传谕成衮扎布，俟哈萨克使臣前来后，亦照此宣谕。”

（档号:03－129－1－102）

派兵搜剿玛哈沁等并派员护送哈萨克使臣

清乾隆朝满文寄信档。乾隆二十六年(1761)六月十五日，大学士、领侍卫内大臣、忠勇公等奉上谕，字寄定边左副将军、扎萨克和硕亲王成衮扎布及参赞大臣、内大臣、都统、工部侍郎等派兵搜剿玛哈沁等并派员护送哈萨克使臣。谕曰:“成衮扎布等奏，据护送哈萨克使人之喀尔喀兵丁朋楚克返回告称，我等将使人卓勒巴喇斯等人送至哈萨克游牧边界，交与哈巴木拜后返回。五月十二日，行至萨哩山阴之铿格尔乌里雅苏图地方遇贼匪五十余人，交战中副都统达锡敦都布、兵丁巴图中枪阵亡，我只身逃出。等语。前据阿桂奏，派伊柱等前往搜捕玛哈沁，于四月初八日，在巴柴地方遇一伙玛哈沁，拿获十余人。据供同行之色布腾等兵败之后，意欲逃入俄罗斯，今又移向阿勒坦特布什地方。为此，伊柱即领兵前往剿捕等语前来。今朋楚克等所遇之贼，恐系此伙玛哈沁等，自俄罗斯返回，又往伊犁游荡，途遇朋楚克等，行以抢劫，亦未可定。若系此伙玛哈沁等，则情甚可恶，理应剿办。今成衮扎布既请派遣车木楚克扎布领兵三百，于七月初起程前往搜剿，则准其所请。著将此亦传谕阿桂等并转饬伊柱，令其加意搜剿。此间，伊柱抵达何处，拿获玛哈沁之情若何，著即奏闻。一经拿获，即将朋楚克等被劫之情，详加查询。现额尔克沙喇等正护送牲只物品前往伊犁，将此情宜应驰递知照，使之留心防范，何以不行文知照？或系移咨未奏。著将此驰谕成衮扎布等，若将朋楚克等被劫之情尚未知会额尔克沙喇等，则令其飞文咨照，使之途中妥为防范。再，朋楚克等告称，因驼只疲瘦，向哈萨克换取肥者，并未给与等语。哈萨克等系微小部落之人，原欲沾我余润，转向彼希图便益？今朋楚克等欲以疲瘦驼只换其肥者，委属见小。哈萨克使人仍往来不绝,其护送人员务必差遣明理体面之人,方才妥协。嗣后,护送哈萨克使人等,当择能知大体者派往。再,将乾清门行走之察哈尔侍卫等,派出二、三员前往彼处为宜。著军机大臣等查办具奏。”

(档号:03－129－1－107)

护送牲只途中加意防范玛哈沁等

清乾隆朝满文寄信档。干隆二十六年(1761)六月十六日,大学士、领侍卫内大臣、忠勇公等奉上谕,字寄贝子品级公、扎哈沁公额尔克沙喇等在护送牲只途中加意防范玛哈沁等。谕曰:“成衮扎布等奏,据护送哈萨克使人之喀尔喀兵丁朋楚克返回告称,我等将使人卓勒巴喇斯等人送至哈萨克游牧边界,交与哈巴木拜后返回。五月十二日,行至萨哩山阴之克铿格尔乌里雅苏图地方遇贼匪五十余人,交战中副都统达锡敦都布、兵丁巴图中枪阵亡,我只身逃出,等语。现额尔克沙喇等正护送牲只物品前往伊犁,将此情宜应咨照伊等,然成衮扎布等并未奏明是否业经咨照。额尔克沙喇虽系带兵而行,遇有如许玛哈沁,谅不致疏虞,但得闻信息,可留意顺便查拿,岂不善哉?著传谕额尔克沙喇、扎木禅等,令其将是否闻知朋楚克等被劫消息,途中有否遭遇玛哈沁等之处,即行据实奏闻;并著伊等护送牲只途中加意防范,乘便查拿此伙玛哈沁等。额尔克沙喇、扎木禅皆系蒙古人等,恐其不识清文,著将此谕旨译成蒙文送发。”

(档号:03－129－1－108)

派车木楚克扎布等率兵剿捕玛哈沁

清乾隆朝满文寄信档。乾隆二十六年(1761)六月十六日,大学士、领侍卫内大臣、忠勇公等奉上谕,字寄定边左副将军、扎萨克和硕亲王成衮扎布等派车木楚克扎布等率兵剿捕玛哈沁。谕曰:“成衮扎布等奏,因护送哈萨克使人之喀尔喀兵丁朋楚克等于萨哩山地方,遭遇五十余玛哈沁被劫之故,调遣喀尔喀、杜尔伯特、乌梁海兵丁三百名,交与郡王车木楚克礼布、参赞大臣莽古赉等率领,于七月初起程,前往搜剿。等语。车木楚克扎布乃经历之人,令其带兵前往,甚善。唯莽古赉,未曾经历此等事宜之处,朕则深知。此次前往,若将其以内地派遣之臣,并又兼参赞大臣之职承办诸事,转致误事。著将此寄信成衮扎布,令其传谕车木楚克扎布等,剿捕玛哈沁一事,朕俱寄于车木楚克扎布,凡事皆以车木楚克扎布办理,毋令莽古赉插手。凡有奏事,著车木楚克扎布之名列于其前。再,朋楚克等遭遇玛哈沁被劫一事,成衮扎布处是否业经咨会额尔克沙喇,其折内未经奏及,故径直传谕额尔克沙喇等。将此谕旨送发成衮扎布,成衮扎布奉旨后,即派妥信之人,趱行驰送额尔克沙喇等,伊等若有奏折,则交赉送谕旨者带回。”

(档号:03－129－1－109)

拿获玛哈沁色布腾后即刻派人解京

清乾隆朝满文寄信档。乾隆二十六年(1761)六月十七日,大学士、领侍卫内大臣、忠勇公等奉上谕,字寄参赞大臣、内大臣、都统、侍郎阿桂等拿获玛哈沁色布腾后即刻派人解京。谕曰:"阿桂奏称,伊柱领兵前往剿捕玛哈沁色布腾等,五月初,本应有信息到来,时至今日未得音信。伊柱起程时,奴才曾饬此等玛哈沁等甚为可恶,务必穷追拿获,此时必奋往搜剿。唯伊等前往时,仅带一月口粮,应速为接济。现已派侍卫鄂铎等,领兵七十名,前往接济口粮羊只。等语。阿桂甚为精明奋勉,自派遣以来,诸事料理俱为妥协。在剿捕玛哈沁色布腾一事,曾饬伊柱,玛哈沁等甚为可恶,务必穷追拿获,此意深属可嘉。今又念伊柱等所携口粮不足,派侍卫鄂铎等,领兵七十名,前往接济口粮羊只,此举更为尽心办事,诚属褒奖不已。伊柱既穷追而去,此时谅必擒获色布腾矣。著将此传谕阿桂,若已拿获色布腾等,即派妥员严加看护解送到京;色布腾阵亡则已,否即负创,亦必派干练之员将其解京。顷成衮扎布等奏,据护送哈萨克使人之喀尔喀兵丁朋楚克等返回告称,伊等于萨哩山地方,遭遇五十余玛哈沁被劫等语前来。其抢劫者究系色布腾一伙,抑或另有一伙玛哈沁等,著阿桂将色布腾擒获后,详讯奏闻。再,阿桂经理诸事妥协,朕甚欣悦,亲制诗章书于扇面以赐。嗣后,凡事宜益加奋勉。"

(档号:03－129－1－110)

派诚信体面之人护送哈萨克使人返回

清乾隆朝满文寄信档。乾隆二十六年(1761)六月十八日,大学士、领侍卫内大臣、忠勇公等奉上谕,字寄定边左副将军、扎萨克和硕亲王成衮扎布等派诚信体面之人护送哈萨克使人返回。谕曰:"据成衮扎布等奏,护送哈萨克使人之兵丁多尔济,途中遭遇玛哈沁抢掠时脱逃而返,其所告与朋楚克所报不符。经审供称,朋楚克所谓与哈萨克交换马驼不给,转致冲突等辞,俱系捏造。等语。护送哈萨克使人,宜应挑选明理体面之人前往,随行兵丁,亦当择其强干晓事之人,方才妥协。何以交与吉善,差遣此等鄙琐见小之人,乃成衮扎布等,识见不到之处。嗣后,哈萨克使人返回时,除派乾清门侍卫护送径抵哈萨克边界外,成衮扎布处,亦挑选诚信体面之官兵,令其随同侍卫等,将哈萨克使人护送至边界。"

(档号:03－129－1－111)

贸易哈萨克头目禀报事宜

乾隆二十六年五月己未(二十一日 1761.6.23)谕军机大臣等,安泰奏,据贸易哈萨克头目禀称,上年伊等部落二十人行围,遇玛哈沁百余人被害,又乌鲁木齐贸易三次,内有一次来人,归途亦曾被害,伊等欲率众追捕,阿布赉云,此等恐系内地逃人,当顺便请示,随告以内地并无逃人,尔等所遇,即宜剿捕等语。阿布赉情词甚属恭顺,嗣后伊等若再及此事,仍行明白晓示,令其随遇即行剿捕,若擒获时,即解送驻扎大臣处质审。再伊等头目云,曾告知乌里雅苏台官员布达勒,但成衮扎布未经具奏,并传谕令其附便奏闻。

(《清高宗实录》卷637　页114)

骁骑校博达勒等护送哈萨克使人

乾隆二十六年六月甲戌(七日 1761.7.8)谕军机大臣等,成衮扎布奏,骁骑校博达勒等护送哈萨克使人，行抵边境，见上年在特穆尔绰尔郭等处过冬之哈萨克等，俱远移游牧，殊属恭顺，归途遇哈萨克等告称，前有二十人打牲，至和博克等处，被贼戕害等语。近经乌鲁木齐大臣等奏，哈萨克贸易人等告称，伊等二十余人被害，恐系内地逃人所为，朕即降旨，将来贸易人等，若再行言及，即告以内地并无逃人，明系厄鲁特玛哈沁，其言语衣服，与内地大不相同，嗣后尔等若再与相遇，即行剿杀，果系内地逃人，亦即擒拿，但不得惊动往来商旅。可将此遍行传谕知之。

（《清高宗实录》卷638　页125）

剿捕贼犯玛哈沁色布腾等

清乾隆朝满文寄信档。乾隆二十六年（1761）七月初八日，大学士、领侍卫内大臣、忠勇公等奉上谕，字寄参赞大臣、内大臣、都统、工部尚书阿桂及喀尔喀郡王，定边左副将军、扎萨克和硕亲王，乌鲁木齐办事大臣等剿捕贼犯玛哈沁色布腾。谕曰："阿桂奏称，伊柱领兵追捕玛哈沁色布腾等，行至和博克萨哩、铿格勒克地方，因马乏暂回。此等玛哈沁，虽有投入俄罗斯之势，而其以为官兵暂时不会查拿，或于额尔齐斯附近山僻藏匿，亦未可定。奴才拟于七月初起程，亲率兵马前往搜捕，并沿哈萨克边界巡查立碑。等语。阿桂领兵前往，甚善。此等玛哈沁，虽非要犯，但情甚可恶。前将护送哈萨克使人之喀尔喀兵丁朋楚克等抢掠者，即此等党类，务将伊等拿获才是。阿桂疏称亲自领兵前往，即准其所请。唯此等玛哈沁出入无定，必由两路夹攻，方不致逃脱。成衮扎布既奏派车木楚克扎布，领兵三百往捕玛哈沁等，可即知会车木楚克扎布，令其领兵驰赴额尔齐斯等处，与阿桂会合，剿捕贼犯色布腾等。如若生擒，即遵前降谕旨解京；除非阵亡，否则即便受伤，亦务必派遣干员将其生解来京。再，伊柱此次虽未追上色布腾等，但仍请不归，自愿往剿，亦属可嘉。著将此传谕阿桂，令其捕获玛哈沁色布腾等后，即将伊柱遣回。此间，即便色布腾等已入俄罗斯境内，未及追上返回时，俟伊勒图抵达后，仍令伊柱回京。贼犯色布腾，甚属可恶，理应拿获正法。唯其业已远遁，能否追及尚未可定。若不能追获，伊等无罪，如若拿获，乃其功也，阿桂等知此，尤当奋勉。著将发给车木楚克扎布之咨文寄送成衮扎布等，令其从速转递。再，据活口巴勒图供称，上年曾在和博克萨哩地方抢掠哈萨克二十人，系色布腾等所为等语。从前哈萨克亦经禀告。著将此传谕将军成衮扎布及乌鲁木齐办事大臣等，此间，若有哈萨克商人使者前来，即明白晓谕，上年抢掠者皆系厄鲁特玛哈沁色布腾等。嗣后，若再遇此类玛哈沁，可即剿杀，切勿踌躇，致贼得逞。"

（档号:03－129－2－003）

择地安置土尔扈特及俄罗斯若遣人索取需据理驳斥

"乾隆三十六年（1761）七月十一日。领侍卫内大臣、尚书、忠勇公，署理总统伊犁等处将军印务都统衔。乾隆三十六年七月十一日奉上谕：由舒赫德等处，将和硕特台吉蒙衮之弟海尔图携来之村俗一百余户，与和硕特部众，欲同住于额琳哈毕尔噶之固尔班、济尔噶朗等处等情，具奏前来矣。朕顷已降旨：'若额琳哈毕尔噶，接近我之驿站，且又临商贾往来之大道，倘使额鲁特等，久居此处，则于事不利。'惟新归之额鲁特等，力皆疲惫，既然不便远徙，则使蒙衮等居于额琳哈毕尔噶附近地方，今岁暂且越冬，尚且可以，倘若居之，而未能久歇，又往他处迁徙，恐怕伊等之力尚且不能，即来年过冬，亦是可以。若使伊等久居此地，断然不可。将此，既已相继降旨训示，舒赫德除遵照办理外，又奏报曰：'土尔扈特抛弃俄罗斯地方，俄罗斯无不追之，但因路途遥远，且又间隔哈萨克，少遣兵丁，则无济于事；多派兵丁，则耗费力量，故俄罗斯或是仍遣人索取？或照例由其萨纳特衙门照会索取？俱难预料'等语。舒赫德所虑者虽是，但前舍楞、劳章札布等额鲁特逃往俄罗斯，我等向俄罗斯索取时，俄罗斯如果与之，则尚可将此辈交与俄罗斯。但我前曾多次向俄罗斯索取，而俄罗斯并未给之，今此等额鲁特，向我乞入，俄罗斯奚可任意向我索取耶？即使索取，断不与之。谅俄罗斯亦必知之，俄罗斯尚无索取之款文。若俄罗斯复来求索，即断然驳斥曰：'我等驻边将军、大臣，料理此事皆无点滴权力，故不敢管之，此辈额鲁特，均为希图蒙受大皇帝之恩泽，愿作村俗，诚心来归，并非从俄罗斯行取者，'亦非用计骗来者。尔等如若追捕伊等，理当于尔境内追捕之，伊等业已来我境内，乞求归顺大皇帝，尔等不可肆意追捕。尔等若不听我之言，必将捕擒尔等。'对此，亦已交付理藩院咨行晓谕矣。将咨行俄罗斯之书，抄寄舒赫德一份观之。又据色布腾巴尔珠尔处奏称：'除此次来朝觐之渥巴锡等台吉、头目外，伊等之中，尚有该来朝觐之人亦未可知'云。今前来朝觐者，乃是正统台吉和大头目。此外，考虑俱系其属下小头目，既非重要之人，尚不须遣来朝觐。将此，寄信于舒赫德，清楚查之。嗣后，于接踵而来之人中，倘有尚应前来朝觐者，将其遣来朝觐，亦是可也。如若无有，即停止之。钦此。遵旨寄信前来。将此书信加封，夹于其奏事匣子内，日限六百里加急。从伊犁行经乌鲁木齐、巴里坤，自沿边而来之路访询之。何处相逢，即令递送之处，已著交主事额克图矣。"

（中国第一历史档案馆藏《土尔扈特档》）

哈萨克使人卓勒巴喇斯已回游牧

乾隆二十六年六月壬午（十五日 1761.7.16）谕军机大臣等，成衮扎布奏，据护送哈萨克使人之喀尔喀兵朋楚克告称，哈萨克使人卓勒巴喇斯已回游牧，我等归途，于五月十二日，在萨里山阴之铿格尔乌里雅苏图，遇五十余贼，枪伤官兵梅楞达什敦多布，巴图致毙，惟我人脱出等语。昨阿桂奏，伊柱于四月初八日，在巴柴拿获玛哈沁数口，据供，同行之色布腾，被大兵击败，欲入俄罗斯，今又移向阿勒坦特布什，伊柱即领兵往剿，或此次贼人即色布腾党类，亦未可定，成衮扎布已派兵三百，令车木楚克扎布等前往搜捕，并著传谕阿桂，转饬伊柱，加意奋勉，一经拿获，即将朋楚克所告情节，详加查询。再朋楚克等告称，因驼只疲瘦，向哈萨克换取肥者，并未给与等语。伊等系微小部落，原欲沾我余润，转向彼希图便益，甚属见小，嗣后护送哈萨克使人等，当择能知大体者派往，再于乾清门行走之察哈尔侍卫等，派出二三员，令其照看，著军机大臣即查办具奏。

（《清高宗实录》卷638　页132—133）

额尔克沙喇等解送伊犁牲只在途

乾隆二十六年六月癸未（十六日1761.7.17）谕军机大臣等，成衮扎布等奏，护送哈萨克使人官兵等，归途遇玛哈沁五十余人，被其戕害等语。现在额尔克沙喇等解送伊犁牲只在途，伊等领兵行走，谅不致疏虞，但得闻信息，顺便查拿，安知不就擒获，成衮扎布曾知会与否，未经奏及。著传谕额尔克沙喇、扎木禅等，此次玛哈沁伤损官兵信息，伊等曾否闻知，牲只在途，仍须加意防范，遇有玛哈沁等，即查拿讯究，据实奏闻。

（《清高宗实录》卷639　页134）

伊柱领兵往捕玛哈沁色布腾等

乾隆二十六年六月甲申（十七日1761.7.18）谕军机大臣等，阿桂奏，伊柱领兵往捕玛哈沁色布腾等，至五月初，尚未得信息，伊柱起程时，曾饬以穷追务获，此时必奋往搜剿，所带一月口粮，应速为接济，已派侍卫鄂铎等领兵七十名前往等语。阿桂此次办事，奋勉妥协，深属可嘉，计伊柱此时，已擒获色布腾等矣，若临阵剿杀贼首则已，否即负创，亦必派员解京。又抢掠护送哈萨克使人官兵等，或即系色布腾一起，擒获时，著详讯具奏。朕因嘉悦阿桂，亲制诗章，书箑以赐，嗣后宜益加奋勉。

（《清高宗实录》卷639　页135）

哈萨克使人被玛哈沁抢掠

乾隆二十六年六月乙酉（十八日1761.7.19）谕军机大臣等，成衮扎布等奏，据派送哈萨克使人，被玛哈沁抢掠，脱出之兵丁多尔济，所告与朋楚克不符，其哈萨克不肯易换马驼情节，俱系捏造等语。派送外藩使人，即兵丁亦当择其强干晓事者，似此鄙琐见小之人，滥行充数，乃成衮扎布等识见不到之处，已谕此后特派乾清门侍卫等直送至边界，成衮扎布处派官兵随往，亦宜加意遴选，毋得仍前滥派。

（《清高宗实录》卷639　页135）

将车木楚克扎布等往剿玛哈沁之处作速奏闻

清乾隆朝满文寄信档。乾隆二十六年（1761）七月二十日，大学士、领侍卫内大臣、忠勇公等奉上谕，字寄定边左副将军、扎萨克和硕亲王成衮扎布等将车木楚克扎布等往剿玛哈沁之处作速奏闻。谕曰："成衮扎布等奏，护送哈萨克使人之骁骑校纳尔赛等，返回行至铿格尔地方，遇贼百余人，其为首者名叫色布腾，将伊等掠至萨哩山放回。纳尔塞等恳请追随王车木楚克扎布前往复仇，故发给伊等五个月资斧，令其追赶车木楚克扎布等，并知会车木楚克扎布、额尔克沙喇及乌鲁木齐、伊犁驻防大臣等。等语。前据阿桂奏请，亲领兵马，前往额尔齐斯等处，搜捕玛哈沁色布腾等。朕即降旨，其抢劫朋楚克者，谅必色布腾等是也。唯此等玛哈沁漂泊无定，务必两面夹击，方不致脱逃。车木楚克扎布既已领兵往剿，著飞咨车木楚克扎布等，令其驰赴额尔齐斯等处，会同阿桂，捉拿色布腾等。此旨已寄成衮扎布转达。今据纳尔塞等告称，抢劫护送使人者，果系色布腾等，情甚可恶，理应严拿正法。纳尔塞等既知贼巢处所，即准其所请，令追赶车木楚克扎布等，引导剿捕。再，令车木楚克扎布等驰赴额尔齐斯，会同阿桂剿贼之谕旨，于七月初八日才经发出，昨据成衮扎布等奏称，车木楚克扎布等，于七月初三日领兵起程等语。此谕旨到达之前，车木楚克扎布等早已起程，在此期间，业经擒获贼犯，亦未可定。著传谕成衮扎布，将接到之前旨，何时派人传谕车木楚克扎布等，其送旨之人等是否返回，车木楚克扎布等现至何处，是否拿获玛哈沁色布腾，如何措置之处，探听实信，作速奏闻。此间，仍不时差人，探访车木楚克扎布等之消息。"

（档号:03－129－2－007）

晓谕驻防大臣扎萨克等严禁与哈萨克私行贸易

清乾隆朝满文寄信档。乾隆二十六年（1761）七月二十四日，大学士、领侍卫内大臣、忠勇公等奉上谕，字寄定边左副将军、扎萨克和硕亲王成衮扎布等、参赞大臣、内大臣、尚书、都统等晓谕驻防大臣扎萨克等严禁与哈萨克私行贸易。谕曰："阿桂奏，现在为使喀尔喀、乌梁海等游牧越过阿尔泰，将卡伦自乌拉克沁伯勒齐尔拓展至乌鲁木齐。东面哈萨克由塔尔巴哈台至新设卡伦等地，其路径直。伊等若由北路贸易，商贩众多，倘任其贸易，则伊犁、乌鲁木齐两地，难于得马。应与哈萨克预先禁约贸易。等语。阿桂所奏甚是。现在伊犁、乌鲁木齐驻军屯田所需马匹，皆赖与哈萨克贸易所得。若不加禁约哈萨克由北路贸易，伊等势必图近，由北路贸易，伊犁、乌鲁木齐两地定难得马。而日久债负争斗之衅，皆从此起。著传谕成衮扎布等，令其通谕各驻防大臣、扎萨克、卡伦侍卫、台吉等，严禁私向哈萨克贸易。哈萨克等如若赶马前来交易，卡伦人等，告以本处游牧颇饶，不必贸易，遣令转回。著该大臣、扎萨克等，仍须不时巡查，倘有不肖之徒，私行贸易者，一经查出，即从重治罪，并将卡伦侍卫、台吉等一并参奏治罪。著亦传谕阿桂知之。"

（档号:03－129－2－014）

将追捕玛哈沁色布腾等之处从速奏闻

清乾隆朝满文寄信档。乾隆二十六年（1761）八月初四日，大学士、领侍卫内大臣、忠勇公等奉上谕，字寄参赞大臣、内大臣、尚书、都统阿桂等将追捕玛哈沁色布腾等之处从速奏闻。谕曰："阿桂等奏，询问从哈萨克来投之厄鲁特吉兰等，据其供称，伊等皆系辉特人，为色布腾等所擒，至铿格尔克后被抛弃。色布腾等现已涉过额尔齐斯河，已入俄罗斯等语。此等之人并非案犯，故安插于此处厄鲁特。等语。阿桂等所奏殊未明晰。顷据阿桂奏称，伊柱等未曾追及色布腾，马乏而返，伊亲领官兵，于七月初旬，前往额尔齐斯等地搜捕。此时曾否起程，或已起程，或未曾追上返回等情，何以未见奏及？今观来投之厄鲁特吉兰等人所称，色布腾等现已渡过额尔齐斯河，欲入俄罗斯境内，阿桂谅已起程追赶。唯阿桂等若已起程，应将现至何处，贼情如何之处即行奏闻。即便尚未起程，闻厄鲁特吉兰等所称，亦应一面将何时起程之处奏闻，一面赶紧起程前往，至今尚未奏及。阿桂自出任以来，所办诸事俱甚妥协，唯此事办理不明。著传谕阿桂等，此虽非大过，但嗣后诸事，务必明白办理。令其将伊等何时起程、现至何处、贼情如何之处从速奏闻。”

（档号:03－129－2－019）

伊柱率兵追剿玛哈沁色布腾等

乾隆二十六年七月甲辰（八日 1761.8.7）谕军机大臣等，阿桂奏称，伊柱领兵追剿玛哈沁色布腾等，行至和博克萨里、铿格呼克，因马乏暂回，此等玛哈沁虽有投入俄罗斯之势，或于额尔齐斯附近山僻藏匿，亦未可定，拟于七月亲往搜捕，即巡查哈萨克边界等语。玛哈沁等虽非要犯，但情甚可恶，昨将护送哈萨克使人之喀尔喀兵丁朋楚克等抢掠，即此等党类。阿桂虽领兵前往，但伊等出入无定，必两路夹攻，方不致逃脱，成衮扎布已派车木楚克扎布前往，可即知会，令其速至额尔齐斯，与阿桂会合，穷追务获。再据捉生询问，供称色布腾等上年曾抢掠哈萨克二十人等语。从前哈萨克亦经禀告，并著成衮扎布等，以前项情节，晓示哈萨克等知之。

（《清高宗实录》卷 640　页 148—149）

护送哈萨克使人遇玛哈沁百余人

乾隆二十六年七月丙辰（二十日 1761.8.19）又谕（军机大臣等）曰，成衮扎布等奏称，护送哈萨克使人卓勒巴喇斯等之骁骑校纳尔赛等，回至铿格尔，遇玛哈沁百余人，为首者名色布腾，将伊等掠至萨里山得脱等语。昨据阿桂奏，领兵往额尔齐斯搜剿色布腾，朕即谓从前抢掠朋楚克者，皆其党类，曾谕车木楚克扎布领兵会同阿桂，两路夹攻，今又抢掠纳尔赛等，情甚可恶。今纳尔赛等既知玛哈沁等藏匿处所，愿为向导，著传谕成衮扎布等，将从前所谕车木楚克扎布之旨，于何时发往，伊等现至何处，不时探听，一得实信，作速奏闻。

（《清高宗实录》卷 641　页 157）

现在喀尔喀乌梁海等展拓游牧

乾隆二十六年七月庚申（二十四日 1761.8.23）又谕（军机大臣等）曰，阿桂奏，现在喀尔喀、乌梁海等展拓游牧，若哈萨克等由塔尔巴哈台至新设卡座，甚为径直，倘与本路商贩等贸易，则伊犁、乌鲁木齐等处难于得马，应预为禁约等语。所奏甚是。外藩贸易一事，原应官为经理，若听其与北路商贩往来，则新疆难得马匹，而伊等债负争斗之衅，皆从此起。可传谕成衮扎布，行文各驻扎大臣、扎萨克及卡座侍卫、台吉等，严禁私向哈萨克贸易，即哈萨克等以牲只前来，卡上人等当告以本处游牧颇饶，不必贸易，遣令转回。该大臣等仍不时巡察，如有不肖之徒私行贸易者，一经察出即从重治罪，并将侍卫、台吉等参奏。亦传谕阿桂知之。

（《清高宗实录》卷 641　页 160）

议驻防屯田兵丁事宜

乾隆二十六年(1761)九月乙丑。议驻防屯田兵丁事宜。参赞大臣阿桂奏言:塔尔巴噶台地居厄鲁特西北,与俄罗斯、哈萨克相近,自应驻兵屯田。查臣等前议,来年在玛纳斯等处,安设林堡。此次换班兵丁将届,伊犁所有籽种口粮亦足,拟于癸未年二月初,从伊犁派领队大臣一员,马兵五百名,屯田兵三百名,前往驻扎。自辉迈拉呼至都图岭,设卡伦二十一所。并迁移都尔伯特扎哈沁等部落,以壮声援。每年仍派兵巡查一次。至现在伊犁所获粮石,除支用外,约余万石,可符军机处原议驻兵五千。请俟换班兵丁全到,再行酌量派拨。

(《平定准噶尔方略》续编,卷十三)

询问从哈萨克来投之厄鲁特等

乾隆二十六年八月庚午(四日 1761.9.2)又谕曰,阿桂奏称,询问从哈萨克来投之厄鲁特等,据供,伊等系辉特属人,为色布腾所擒,中途抛弃,今色布腾已入俄罗斯等语。所奏殊未明晰。昨据阿桂奏,伊柱未曾追及色布腾,伊亲领官兵,于七月初旬,前往额尔齐斯等处搜捕,此时曾否起程,何以未见奏及,今色布腾等已入俄罗斯,谅阿桂等必速往追索。著传谕阿桂,嗣后办理一切事件,务宜明白具奏,不可稍有含混,仍将现在办理情形,作速奏闻。

(《清高宗实录》卷 642　页 172—173)

阿桂著伊犁事务交代明瑞即行返京

清乾隆朝满文寄信档。乾隆二十六年(1761)九月初六日,大学士、领侍卫内大臣、忠勇公等奉上谕,字寄参赞大臣、内大臣、工部尚书、都统阿桂将伊犁事务交代明瑞即行返京。谕曰:“顷据阿桂议奏,塔尔巴哈台等处驻兵事宜,足见尽心筹办。唯迁移杜尔伯特、扎哈沁游牧一事,不便允行。前经巴兰泰奏,请将杜尔伯特迁移其旧地额尔齐斯地方游牧,然将伊等迁往额尔齐斯地方,并未定居,即又内迁,未免纷扰。今前来随围之杜尔伯特人等,俱言现居乌兰固木之地甚好,生计较前富足。可见伊等俱不愿迁移,此为巴兰泰误奏所致。至扎哈沁人等,现在拓展卡伦,其游牧之地较前宽广,又将伊等迁往塔尔巴哈台,反之与其不利,亦必非所愿。此地闲置,若不驻兵,虽恐有哈萨克人等越界游牧。但前伊等越界之人,一经发兵驱逐,即行移回,则是尚知畏惧;即便暂不驻兵,每年派兵巡查一次,有越界游牧者,即行驱逐,稍有违抗,即收其所有,以示惩戒,谅亦无虞。塔尔巴哈巴等处及额尔齐斯与哈萨克交界,若将杜尔伯特、扎哈沁游牧迁往该处,伊等彼此再生偷盗,又多一事。再,塔尔巴哈台等处,虽宜驻兵,为时尚早。朕意伊犁现驻官兵,在外年久,宜派新兵更换,暂作屯田孳生牲畜之事。俟再次换班时,伊犁积粮丰足,牲畜繁滋,实力强盛,届时于塔尔巴哈台等处驻兵,始为有益。将此著交军机大臣等另行议奏外,阿桂在军前日久,今派明瑞率领换班兵丁至伊犁更换阿桂,驻扎数年。明瑞抵达后,阿桂即将应办各事,逐项交代,遂即回京。此间,明瑞料理诸事,俱照阿桂所

办章程办理。阿桂来京请旨，详酬此事，休息数年，再往代明瑞。此时，塔尔巴哈台正可驻兵，办理驻兵屯田事宜，更为得心应手。此事始终，皆阿桂之劳绩也。著将此传谕阿桂遵行外，伊既于七月二十二日起程，追捕色布腾，谅此业已擒获。著一并传谕阿桂，令其将追捕色布腾之处，即行奏闻。”

（档号:03－129－2－034）

将乌里雅苏台裁撤兵丁等事详议具奏

清乾隆朝满文寄信档。乾隆二十六年（1761）九月初六日，大学士、领侍卫内大臣、忠勇公等奉上谕，字寄定边左副将军、扎萨克和硕亲王成衮扎布等将乌里雅苏台裁撤兵丁等事详议具奏。谕曰：“今厄鲁特回部俱已荡平，乌里雅苏台事务，较前甚简。虽有供应哈萨克来使及照管积贮粮饷等事务，若有大臣等驻扎办理，亦只须酌留官兵，不必多为驻扎。至卡伦侍卫等前因无事已裁撤一半，今伊犁、乌鲁木齐各有驻兵，其卡伦侍卫等若无须再设，亦应撤回，以省浮费。现该处所贮粮石虽甚充裕，但若不预筹措，用完之后，势必又从内地解运，故宜筹措垦田接济之策。乌里雅苏台虽不便屯田，而科布多向属可耕之地。从前准噶尔时，因贼盗颇多，兵丁俱驻乌里雅苏台；今准噶尔既平，地方安谧太平，若令成衮扎布仍驻扎乌里雅苏台，另派参赞大臣在科布多屯田，数年后，将乌里雅苏台官兵亦陆续移驻科布多，则所收粮石，足以支放乌里雅苏台、科布多两处官兵口粮。且将来塔尔巴哈台、额尔齐斯等处驻兵后，便成犄角之势，可互为接济。著传谕成衮扎布等，将乌里雅苏台现有粮石若干，足敷官兵若干人之食，裁兵之后足敷若干年；若将现有粮石减半支给官兵，另一半折价支给，又可省出若干之处查奏处，另将乌里雅苏台现有兵丁若干，如何酌留撤回，卡伦侍卫是否裁撤，科布多如何屯田及乌里雅苏台兵丁如何陆续移驻，扩展喀尔喀游牧等事，详议具奏。再，车木楚克扎布等领兵追剿色布腾一事，有何消息，著成衮扎布等即行奏闻。”

（档号:03－129－2－033）

乌里雅苏台事务较前甚简

乾隆二十六年九月辛丑（六日 1761.10.3）又谕（军机大臣等）曰，厄鲁特、回部荡平，乌里雅苏台事务较前甚简，虽有供应哈萨克来使及照管积贮粮饷，只须酌留官兵，不必多为驻扎，至卡座侍卫，前已减半，今伊犁、乌鲁木齐各驻官兵，亦应将此等侍卫撤回，以省浮费，现在该处所贮粮石虽多，但不预筹接济，必又烦内地之力，乌里雅苏台虽不便屯田，而科布多向属可耕之地，若令成衮扎布仍驻扎乌里雅苏台，另派参赞大臣在科布多屯田，数年后将官兵移驻，将来塔尔巴哈台、额尔齐斯等处驻兵，便成犄角之势。著传谕成衮扎布等，将乌里雅苏台现在粮石若干，足敷官兵若干人之食，或裁兵或折价，又可省出若干，可否全撤卡座侍卫，及科布多驻兵屯田之处，详议具奏。

（《清高宗实录》卷644　页204）

议奏塔尔巴哈台等处驻兵事宜

乾隆二十六年九月辛丑(六日 1761.10.3)谕军机大臣等,昨据阿桂议奏塔尔巴哈台等处驻兵事宜,具见实心筹办,惟迁移杜尔伯特、扎哈沁游牧一事,不便允行。前经巴兰泰奏,将杜尔伯特部落迁于旧游牧之额尔齐斯,续又内移,未免纷扰。今随围之该部落人等,俱言现居乌兰固木之地甚好,生计较前富足,可见伊等安土重迁,巴兰泰所奏殊属未协。至扎哈沁,现在展拓卡座,游牧宽广,又将伊等迁于塔尔巴哈台,必非所愿,虽此地竟置之闲旷,恐有哈萨克等越界游牧,但前此越界之人,一经发兵驱逐即已移回,则是尚知畏惧,即暂不驻兵,每年巡查一次,有越界者照前驱逐,稍有违玩即收其所有,以示惩戒,谅可无虞。朕意塔尔巴哈台虽终须驻兵,此时不必太速,伊犁官兵在外日久,俟新兵更换后,耕牧渐有积蓄,再行议及,始为有益,著军机大臣议奏。阿桂在军前日久,今派明瑞领换班官兵至伊犁,与阿桂交代,其伊犁事务俱照阿桂所定章程办理,阿桂来京休息数年,再往代明瑞,此时塔尔巴哈台正可驻兵屯田,是此事始终皆阿桂之劳绩矣。伊既于七月起程,追捕色布腾,并传谕阿桂,将现在情形,作速奏闻。

(《清高宗实录》卷 644　页 203—204)

色布腾带领三十余户前来投诚

又谕曰,舒明等奏,明噶特宰桑恩克图属人色布腾,带领三十余户前来投诚等语。色布腾等,著暂归于扎哈沁游牧居住,如恩克图亲身来投,亦照此办理,并将恩克图解送来京。从前鄂勒哲依奏称,恩克图与阿逆同谋,抢掠乌喇特、和硕特游牧,今伊属人色布腾等内附,而恩克图未见前来,未知隐匿何处,既系附和阿逆之人,断不得任其潜逃。著传谕达勒当阿等,俟凯旋时,中途查出,拿解来京,并传谕众鄂拓克等协同搜捕,再明噶特、舍楞及额琳沁之孙策伯克扎布等,至今并未拿获,亦著达勒当阿等留心查拿,其或逃入哈萨克境内,此等人非阿逆可比,毋庸带兵向索,可即遣人晓谕,令其献出,其明噶特属人,著交与沙克都尔曼济管辖,舍楞、策伯克扎布属人,著交与鄂勒哲依、哈萨克锡喇、尼玛等管辖。

(《清高宗实录》卷 516　页 524—525)

塔城与俄罗斯哈萨克相近应驻兵屯田

乾隆二十六年九月乙丑(三十日 1761.10.27)军机大臣等议覆,参赞大臣阿桂奏称,塔尔巴哈台与俄罗斯、哈萨克相近,应驻兵屯田,请从伊犁派领队大臣一员,马兵及屯田兵一千名前往驻扎,自辉迈拉呼至都图岭,设卡二十一所,酌派官员侍卫等带兵分驻,查现在侍卫止余六员,请再派十五员,并迁移杜尔伯特、扎哈沁部落,以壮声势。再伊犁存粮,现余万石,请俟此次换班兵到齐,再行派拨等语。除塔尔巴哈台驻防,业奉旨俟伊犁积蓄充裕再办,其迁移杜尔伯特等部落,亦有旨停止外,所有调取侍卫之处,既暂停驻兵,毋庸多派,拟拣选四员交明瑞等带往。至现在伊犁等处驻防换班兵,查前据阿桂奏,请伊犁驻马兵三千名,经臣等议准,今塔尔巴哈台暂停驻兵,亦毋庸多设,应设兵二千五百名，又叶尔羌马兵五百名内，酌留三百名，裁二百名，喀什噶尔马兵四百名内，亦留三百名，裁一百名，其英吉沙尔、阿克苏各驻兵二百名，乌鲁木齐驻兵五百名，仍照旧额，合计兵四千名。今届换班，应派京师满洲兵二千，黑龙江满洲索伦兵一千，察哈尔、厄鲁特兵一千前往更换，此等兵仅系防守，应照征战兵减半赏给，满洲兵二千，人给马二匹，二人合给驼一只。得旨，叶尔羌事务甚简，有马兵二百名即已足用，著将酌留之三百名内，再拨一百名驻伊犁，其察哈尔、厄鲁特等兵，著富德、巴图济尔噶勒驰驿前往拣选。再此次换班兵丁，行走甚缓，沿途宜加意牧养马驼，从前征战兵丁，马驼倒毙过多，尚须赔补，若伊等不知爱惜，则是自取罪戾。著明瑞及领队大臣，将此通行传谕官兵等知之。

（《清高宗实录》卷645　页223—224）

哈萨克等又越境来塔城布库什河游牧

乾隆二十六年十月己巳（四日 1761.10.31）参赞大臣阿桂奏，喀尔喀梅楞达什敦多布等追玛哈沁被掠，遇哈萨克游牧之彰固斯得释，复派兵协助，尚属恭顺，应量加奖赏，但据达什敦多布等称，哈萨克等又越境来塔尔巴哈台之布库什河游牧，请俟玛哈沁剿竣，领兵驱逐，仍收牲只示惩。报闻。

（《清高宗实录》卷646　页230）

驱逐越境游牧之哈萨克情形

乾隆二十六年（1761）十一月辛亥。参赞大臣阿桂等疏奏，驱逐越境游牧之哈萨克情形。阿桂等奏言：臣等闻自哈萨克脱出之厄鲁特等告称，哈萨克等又在塔尔巴噶台以内游牧，因领兵速往。八月二十六日，有哈萨克等，在卡伦外，探知臣阿桂在营，随即投见。询系霍济伯尔根属人，因严行申饬，令传头目来见。次日，见游牧之哈萨克等，抛弃什物，连夜奔逃。据厄鲁特等告称，伊等畏惧兵威。臣虑其过于惊扰，随迫令转回，加以抚慰。有彰固斯巴图尔等三十余人，先来服罪，余人俱陆续前来。臣复分途查勘，越境之哈萨克等，约二千余户，已全行逐出。但伊等散处游牧，惟贪小利，虽据称不敢再来，亦未可深信。臣等仍不时巡查，计驻兵设卡之后，自当敛迹。

（《平定准噶尔方略》续编，卷十四）

妥协办理与哈萨克贸易事务

清乾隆朝满文寄信档。乾隆二十六年（1761）十一月十九日，大学士、领侍卫内大臣、忠勇公等奉上谕，字寄驻乌鲁木齐办事副都统旌额理等妥协办理与哈萨克贸易事务。谕曰："安泰等驻乌鲁木齐二年，办理与哈萨克贸易，每年与哈萨克交易马匹数次，本年自五月奏报与哈萨克贸易马匹之事后，至今未有奏报。想必哈萨克人等未来？著寄信询问。哈萨克人等见小贪利，与其贸易，若过于优惠，虽其解马而来，则难乎为继；或过示减省，则伊等疑阻。此全在于大臣等悉心筹酌。今旌额理等接办安泰等事宜时，若不体察哈萨克之情，唯与安泰等所定价位更为减省，使致哈萨克人等无利可求，以阻贸易，反不能以我无用之物换取其有用之马，此断不可也。但亦不可因朕之此旨，不知节制，过于优渥，以致难以为继。著将此传谕旌额理等，令其尽心筹酌，妥协办理。是以比照安泰定价即可。”

（档号:03-129-2-058）

留心提防哈萨克人等偷盗马牲

清乾隆朝满文寄信档。乾隆二十六年（1761）十二月初十二日，大学士、领侍卫内大臣、忠勇公等奉上谕，字寄参赞大臣、内大臣、工部尚书、都统阿桂及副都统等留心提防哈萨克人等偷盗马牲。谕曰：“从前哈萨克人等常来伊犁、乌鲁木齐贸易。今年秋冬从未前来，或因我驱逐其过境游牧之人，伊等畏惧，不敢前来；或别有缘故，亦未可知。唯哈萨克等曾于巴尔喀什湖封冻及戈壁降雪后，倏而前来偷盗抢掠。今其虽不敢大队人马前来，但零星来盗马畜之事，亦应提防。著将此传谕阿桂、旌额理等，令其暗中留意，妥善提防。在此期间，哈萨克人等若来贸易，则不必请旨，仍照前例办理；若未来贸易，即行奏闻。”

（档号:03-129-2-065）

安泰驻乌鲁木齐二年每年办哈萨克贸易

乾隆二十六年十一月壬子（十八日 1761.12.13）谕军机大臣等，安泰驻乌鲁木齐二年，每年办理哈萨克贸易数次，本年自五月贸易后，迄今未来。哈萨克等见小贪利，若概从优渥，则难乎为继，或过示减省，则远人疑阻，惟在大臣等悉心筹酌，调剂得宜。今旌额理等接办时，宜加意体察，固不可刻核以阻归顺之忱，亦不可虚糜以启觊觎之渐。总之内地货物有余，而边境马匹最要，化无用为有用，莫善于此，但不可因朕此旨，遂不知节制。著传谕旌额理等，悉心妥协办理。

（《清高宗实录》卷649　页260—261）

予赉敕哈萨克迷途被害之十员议恤如例

乾隆二十六年十二月癸未（十九日 1762.1.13）予赉敕哈萨克迷途被害之把总秦子云等十员议恤如例。

（《清高宗实录》卷651　页292）

哈萨克阿布勒巴木比特等遣使入觐

乾隆二十七年正月辛丑（七日 1762.1.31）谕军机大臣等，成衮扎布等奏，哈萨克阿布勒巴木比特等遣使入觐，正月初可至军营等语。著派乾清门侍卫等驰驿前往，遇见使人等，即带赴南巡行在，仍先期奏闻。

（《清高宗实录》卷652　页302）

赏赐哈萨克哈喇图鲁什等

清乾隆朝满文寄信档。乾隆二十七年（1762）二月十八日，大学士、领侍卫内大臣、忠勇公等奉上谕，字寄参赞大臣、内大臣、工部尚书、都统阿桂等赏赐哈萨克哈喇图鲁什等。谕曰："阿桂等奏称，此次哈萨克阿布丹索旺鄂托克之哈喇图鲁什，遣伊弟占都斯、子额色奈曼前来贸易，乘便送来厄鲁特男妇大小四十四口。为此，给哈喇图鲁什赏缎一匹、绸子一匹、布二匹；占都斯、额色奈曼二人因献贡马，较之他人略多赏赉。等语。哈喇图鲁什乘伊子弟前来贸易之便，将伊处厄鲁特等送来，固见诚悃，亦不无希冀赏赉。阿桂等虽已酌量赏赐布帛，著从彼处所贮布帛内，再各加赏一倍。伊等既返，遇便颁给，仍以朕旨宣示。著传谕阿桂等遵行办理。"

（档号：03－129－3－022）

将拿获之哈萨克越境者遣回

清乾隆朝满文寄信档。乾隆二十七年（1762）二月十八日，大学士、领侍卫内大臣、忠勇公等奉上谕，字寄参赞大臣、内大臣、尚书、都统阿桂等将拿获之哈萨克越境者遣回。谕曰："阿桂奏称，上年驱逐哈萨克之兵返回后，仍有潜来过冬者。经与丰安、伊勒图、丰讷亨商议，派伊勒图、丰讷亨带领三百满洲、索伦、察哈尔、厄鲁特兵丁，由库克托木岭踏雪前往，将潜来巴柴、勒布什之哈萨克等，捕获三四人，收其马群，解送伊犁查询；另从所获人等内，择其人尚明白者释放，令其传谕哈萨克人等。等语。阿桂等所办甚为妥协。哈萨克性喜侥幸，伺我兵撤回，乘间驻牧，皆事所必有，理应示惩。姑念伊等业经归附，因其愚昧无知，此次宜再行宽免。此间，想必伊勒图等业已办理妥当。著传谕阿桂等，伊勒图、丰讷亨若办理妥协，将哈萨克人等擒至伊犁，则不必解京治罪。即谕云：大皇帝屡经降旨，谓哈萨克不当越境游牧，我等复三次驱逐，尔等理应敬谨遵行，各驻其境，但仍不悛改，擅自越界驻牧，实属非是。是故，出兵驱逐，拿获数人，请旨解京治罪。奉大皇帝之旨，谓我等奏请究办甚是。但念哈萨克归附未久，性复愚蒙，不忍即行治罪，仍加恩姑从宽免。嗣后，如不知畏惧，仍有擅入游牧者，即照我等所奏办理。此系大皇帝格外施恩，尔等返回后，自应晓谕众哈萨克等，感戴大皇帝之恩，驻牧于各自境内。若复越境游牧，由必照所奏重惩不贷。传谕后，酌给口粮遣回。著阿桂等如何办理之处，即行奏闻。"

（档号：03－129－3－023）

将如何处置越界哈萨克人等之处即行奏闻

清乾隆朝满文寄信档。乾隆二十七年（1762）二月二十二日，大学士、领侍卫内大臣、忠勇公等奉上谕，字寄参赞大臣、内大臣、尚书、都统阿桂等将如何处置越界哈萨克人等之处即行奏闻。谕曰："顷据阿桂等奏，已派丰讷亨、伊勒图等领兵越库克托木岭，前往勒布什等处，驱逐抓捕游牧之哈萨克一事，朕曾降旨，此等哈萨克归附不久，如有被获者，亦不必解京治罪。此次再行宽免，著明白晓谕。唯丰讷亨等早已领兵前往，现在谅已办理妥当。著将此传谕质询阿桂等，令其将是否抓获哈萨克人等，抓获后又如何处置之处，即行奏闻。"

（档号：03－129－3－027）

挑选哈萨克马匹送京

清乾隆朝满文寄信档。乾隆二十七年(1762)三月初七日,大学士、领侍卫内大臣、忠勇公等奉上谕,字寄参赞大臣、内大臣、工部尚书、都统阿桂及驻乌鲁木齐办事副都统等挑选哈萨克马匹送京。谕曰:"著寄信阿桂、旌额理等。现在伊等两处陆续贸易之哈萨克马匹甚多,其中围猎骏马虽然不易获得,但寻常路途所用乘骑,亦可挑出数匹。著阿桂、旌额理接奉此旨,即从所易马匹内,择朕堪骑用,疾步骠壮者数匹,派干练侍卫官员,择水草丰美之地牧放,徐行解送京城。"

(档号:03-129-3-032)

赐江南浙江地方官哈萨克使臣等宴

乾隆二十七年二月丁丑(十三日 1762.3.8)赐扈从王公大臣、江南浙江地方官员及回部郡王霍集斯、哈萨克使臣策伯克等宴。

(《清高宗实录》卷654　页325)

哈萨克使臣策伯克等入觐上召见

乾隆二十七年二月丁丑(十三日 1762.3.8)哈萨克使臣策伯克等入觐,上召见,赐冠服有差。

(《清高宗实录》卷654　页325)

赐浙江地方官哈萨克使臣等食

乾隆二十七年二月己卯(十五日 1762.3.10)赐扈从王公大臣、江南浙江地方官员及回部郡王霍集斯、哈萨克使臣策伯克等食。

(《清高宗实录》卷654　页326)

哈萨克兵返回后仍有潜来过冬者

乾隆二十七年二月壬午(十八日 1762.3.13)又谕(军机大臣等)曰,阿桂奏称,上年驱逐哈萨克兵回后,仍有潜来过冬者,因遣伊勒图、丰讷亨带兵三百余名,由库克托木岭,将潜来巴柴勒布西之哈萨克捕获三四人,收其马群,解送伊犁查讯,择其人尚明白者释放,令回传谕等语。所办甚为妥协。哈萨克性喜徼幸,伺我兵撤回,乘间驻牧,皆事所必有,姑念伊等业经归附,此次再行宽免。著传谕阿桂,将哈萨克人等擒至伊犁,即谕云,大皇帝屡经降旨,谓哈萨克不当越境游牧,我等复三次驱逐,仍不悛改,因拿获数人,请旨解京治罪,奉大皇帝旨,谓我等奏请究办甚是,但念哈萨克归附未久,性复愚蒙,不忍即行治罪,仍加恩姑从宽免,嗣后如不知畏惧,有擅入游牧者,即照我等所奏办理,此大皇帝格外施恩,不可再得。传谕后,量给口粮遣回,仍将续办情形具奏。

(《清高宗实录》卷655　页328—329)

哈萨克哈喇图鲁什遣子弟来贸易

乾隆二十七年二月壬午(十八日 1762.3.13)又谕(军机大臣等)曰,阿桂奏,哈萨克阿布丹素旺鄂拓克之哈喇图鲁什，遣伊子弟前来贸易，送出厄鲁特男妇大小四十四名口，已酌量奖赏布帛等语。哈喇图鲁什闻伊犁安插厄鲁特，即将所收男妇送出，固见诚悃，亦不无希冀赏赉，著加恩照前赏之数，各增一分，遇便颁给，仍以朕旨宣示。

（《清高宗实录》卷655　页328）

赐罕和卓博罗特苏勒统等敕书

乾隆二十七年二月甲申（二十日 1762.3.15）赐哈萨克阿布勒巴木比特、阿布勒比斯、沙呢雅斯苏勒统、罕和卓、博罗特苏勒统敕书曰，尔等遣策伯克等入觐，朕适巡幸南服，特遣侍卫护送尔使人等至行在，加恩宴赉，今遣令起程，所赐尔阿布勒巴木比特等缎匹、绸绫、器什及使人冠服、器什、银两各有差。从前尔等所告抢掠哈萨克之玛哈沁，查明首恶系色布腾等，我兵追入俄罗斯，该部落尽行缚献，讯出伤我官兵情事，俱已正法。至伊犁驻兵，凡塔尔巴哈台、巴尔楚克等处，与尔等游牧相近，既为朕臣仆，当听将军大臣等约束，不可越境游牧，致遭驱逐。又去年送尔等使人之喀尔喀梅楞达什敦多布，遇玛哈沁被掠至尔沙呢雅斯苏勒统所属章呼斯巴图尔、巴雅木拜之地，即派沙尔噶勒岱等护送转回，具见尔沙呢雅斯苏勒统恭顺之忱，朕甚嘉悦，故于常赐外赏赉有加，章呼斯巴图尔等亦俱赏赐。沙尔噶勒岱此次亲来，又加赏银两，其各祇受，尔等惟约来所部，永矢悃忱，以受无穷之泽。

（《清高宗实录》卷655　页329—330）

将抓捕之哈萨克人畜送还

清乾隆朝满文寄信档。乾隆二十七年（1762）三月十五日，大学士、领侍卫内大臣、忠勇公等奉上谕，字寄参赞大臣、内大臣、工部尚书、都统阿桂及驻乌鲁木齐办事副都统等将抓捕之哈萨克人畜送还。谕曰：“旌额理等呈奏，哈萨克贸易人等所赍阿布勒巴木比特托忒字奏章，大意谓我兵收伊属人牲只，有来恳求给还者，复被殴击。等语。览阿布勒巴木比特所奏，并非阿桂派伊勒图等带回其人畜，乃为去岁阿桂等驱逐伊等游牧时，或系越境者，带其人畜而来。事属既往，伊等尚以为言。此次伊勒图、丰讷亨等复行捕拿伊等之人，收其牲只，自必更加畏惧。故此，阿桂前折到后，朕即降旨，再行宽免。哈萨克人违禁越界游牧，理应严惩，唯伊等皆甚愚蒙，且归附不久，若从严惩处，将其人员送还，并留其牲只，朕心亦不忍，而伊等亦必当事奏呈。著加恩再行宽免一次，明白宣谕。若伊等仍行不悔，即予严惩，伊等亦无怨矣。著寄信阿桂等，令其仍遵前旨，伊勒图、丰讷亨等，收捕哈萨克人畜，不必治罪，仍旧遣还。另派丰安带侍卫二名，将所获之人及牲只，送交阿布勒巴木比特。并宣谕云：尔等哈萨克人等，违禁越境游牧，我驻伊犁办事大臣等，奏请大皇帝从重治罪，以示惩警，大皇帝以尔等新附之人，降旨宽宥，此次所有拿获人畜，悉令赏还。嗣后，令其约束境内游牧人等，安居本界，如仍妄行逾越，朕亦断无永行加恩之例，即照大臣等所奏办理。阿桂等接奉此旨，著将此事如何办理，伊勒图等到后如何之处，即行奏闻。并著传谕旌额理等，哈萨克人复来贸易，即晓谕伊等，先前尔等所称扣留其人畜，且殴打一事，纯属乌有。时因不知其缘由而言之，尔等起程后，奉接伊犁大臣等来文，方知其缘由。今大皇帝再行施恩，尔等宜应感戴皇仁，安居本界，毋得越境滋事。”

（档号:03－129－3－039）

杨应琚送到人户指给地亩开垦

乾隆二十七年二月庚寅（二十六日 1762.3.21）乌鲁木齐办事副都统旌额理等奏，陕甘总督杨应琚送到人户，指给地亩开垦，应需马力现在市易哈萨克马，约有三等，请将骨格小者，户给一匹，折银八两，同前奏明赏给盖房银，折交米面一石，分年完纳。其兵五百名原议照巴里坤造房例，每名日给米八合，面四两外，加盐菜银三分，但所给米面尚觉不敷，请将盐菜银两之半折给米面，有益兵食，亦可稍节帑项。得旨，如所请行。

（《清高宗实录》卷 655　页 334）

颁给阿布勒巴木比特之敕谕另缮一分颁给阿布赉

清乾隆朝满文寄信档。乾隆二十七年（1762）三月二十六日，大学士、领侍卫内大臣、忠勇公等奉上谕，字寄大学士来保及署总管事务、刑部尚书、都统等颁给阿布勒巴木比特之敕谕另缮一分颁给阿布赉。谕曰：“顷寄信来保等，将颁给哈萨克阿布勒巴木比特之敕谕，送至京城誊黄后，寄送阿桂等，今又拟赍送阿布赉一分。著来保等，除颁给阿布勒巴木比特之敕谕仍行誊黄外，照此再录一分，将阿布勒巴木比特之名改为阿布赉，俱寄送阿桂。再，将前旨原命派丰安赍送敕谕，故在敕谕内，俱写丰安之名。今既令丰安不必前往，改由丰讷亨前往，著在二分敕谕内，俱改为副都统丰讷亨。”

（档号:03－129－3－046）

改派丰讷亨前往哈萨克赍送谕旨

清乾隆朝满文寄信档。乾隆二十七年（1762）三月二十六日，大学士、领侍卫内大臣、忠勇公等奉上谕，寄参赞大臣、内大臣、工部尚书、都统阿桂等改派丰讷亨前往哈萨克赍送谕旨。谕曰：“阿桂等奏称，伊勒图、丰讷亨前往驱逐越界游牧之哈萨克等，拿获和莽伯凯等五人，收其马二千余匹前来伊犁。将为首之和莽伯凯二人暂留候旨外，其余三人释回，并令赍书晓示阿布赉等。等语。阿桂等办理，甚属妥协，著加恩赏给小荷包四个。此次伊勒图、丰讷亨亦属效力，著各赏小荷包二个，将拿获之和莽伯凯等，理应治罪示警。唯哈萨克等性本愚蒙，且归附日浅，尚不知内地法度，故朕已降旨，拿获伊等之后，不必解京，即行释回。将拿获之其人畜，并颁给阿布勒巴木比特之敕谕，一并交丰安带侍卫二名，送交哈萨克。著寄信阿桂，将所获之和莽伯凯，即遵前旨，释回游牧，所收马匹牲只，亦俱送还。再，丰讷亨此次办理驱逐哈萨克之事，深知伊等性情，即著传旨晓谕之原派丰安不必前往，由丰讷亨前往。前降敕谕，仅颁给阿布勒巴木比特，今亦照原旨另缮一分，晓谕阿布赉。此次赍送敕谕，著令丰讷亨带侍卫二名前往，若现遇阿布勒巴木比特，即将颁其之谕旨送交外，则将颁给阿布赉之敕谕，则令其转交；若现遇阿布

赍,亦将颁给阿布勒巴木比特之敕谕,令其转交后返回。”

(档号:03－129－3－045)

阿布勒巴木比特托忒字奏章

乾隆二十七年三月丁未(十四日 1762.4.7)又谕(军机大臣等)曰,旌额理呈奏,哈萨克贸易人等所赍阿布勒巴木比特托忒字奏章,大意谓我兵收伊属人牲只,有恳求给还者,复被殴击等语。近据阿桂奏,遣伊勒图等驱逐越境之哈萨克,此时未必即回,想仍系去年所办,事属既往,伊等尚以为言,此次复行驱逐,自必更加畏惧。著传谕阿桂,遵前旨将伊勒图等收来属人牲只,派丰安带侍卫二员管押,送交阿布勒巴木比特,即宣谕云,因尔等哈萨克违禁越境游牧,伊犁大臣等奏闻大皇帝,请从重治罪,以示惩警。大皇帝以尔等新附之人,降旨宽宥,此次所有拿获牲畜,悉令赏还,嗣后须约束游牧人等,安居本界,如仍妄行逾越,即照大臣等所奏办理。并著传谕旌额理,贸易人等复来,亦告以收取游牧之事,大皇帝业经洞鉴,复行加恩,尔等宜感戴皇仁,毋得越境滋事。

(《清高宗实录》卷656　页346—347)

鄂对勿改初心奋勉效力

清乾隆朝满文寄信档。乾隆二十七年(1762)四月初七日,大学士、领侍卫内大臣、忠勇公等奉上谕,字寄驻叶尔羌办事都统新柱及参赞大臣、吐鲁番郡王等鄂对勿改初心奋勉效力。谕曰:“据新柱、额敏和卓奏称,叶尔羌、和阗应纳粗粮,若以二分折交钱文,八分折交绸布,运往伊犁换取哈萨克马匹,甚为有益。众伯克首领等,皆因多缴纳布匹极为便利而俱乐从之。等语。此项粮石酌量需用缴足之后,余者折交布匹备用,甚属妥协,自应如此办理。唯回子等性素贪小,借机多占,乃属常事。此等折交钱布,留心查办才是。据闻鄂对、阿什默特二人,鄂对尚可信,并无苛刻属下之事,而阿什默特,则偶有其事。此恐为额敏和卓在彼办事,鄂对有所顾畏耳。今派玉素布前往更换额敏和卓,玉素布虽系旧属奴仆,而人敦厚,鄂对等安能视同额敏和卓而有所顾忌?倘其无所顾忌,妄自多取,不但扰累所属回子等,于公事亦无益。著额敏和卓接奉此谕,或许此间等候办理巴达克山事宜,并以己意从容开导鄂对云,尔近几年,征收属下人等贡赋,并无苛刻,甚属妥协。唯王玉素布前来替换,我暂归一二年,再来换班。在此期间,尔当勿改初心,勤勉效力,妥善而行。鄂对知晓之后,若初心不改,不但属下免遭扰累,于公亦有裨益。额敏和卓除照此以己意晓谕外,玉素布抵达后,亦宜将诸项办理章程交待明白,俾得留心办理。并谕新柱知之。”

(档号:03－129－3－052)

回疆新铸钱文已多不必添人采铜

清乾隆朝满文寄信档。乾隆二十七年(1762)四月初八日,大学士、领侍卫内大臣、忠勇公等奉上谕,字寄驻喀什噶尔办事之礼部尚书永贵等回疆新铸钱文已多不必添人采铜。谕曰:“永贵等奏,前派前锋校哈萨、阿奇木伯克阿布勒吉斯率回子等三十名,前往硕尔布拉克等处，试采铜样。今仍令哈萨、阿布勒吉斯等，率回子等五十，携带干粮前往，采炼三、四个月。又，是否需要添人，并将所炼铜斤如何办理之处，另行酌情详酬具奏。等语。顷达桑阿奏称，采铜回子不足，请添人增加开采。朕谕以恐累回子，不必添人。今永贵所奏与达桑阿相同，亦请多采铜斤。现回疆新铸钱文尚多，多采铜斤尚无需用。著寄信永贵，不必添人采办。”

（档号：03－129－3－053）

驱逐越界游牧之哈萨克牧民

乾隆二十七年三月己未（二十六日 1762.4.19）谕军机大臣等，阿桂等奏称，伊勒图、丰讷亨驱逐越界游牧之哈萨克，拿获和莽伯凯等五人，收其马二千余匹，前来伊犁，将为首二人暂留候旨，其三人释回，令赍书晓示阿布赉等语。阿桂办理甚属妥协，著赏给荷包二对，伊勒图、丰讷亨著各赏荷包一对。拿获之和莽伯凯等，理应治罪示警，但伊等性本愚蒙，归附日浅，不深知内地法度，昨已降旨不必解京，即释回部落，其马匹亦著给回。丰讷亨此次驱逐哈萨克，熟悉伊等情形，即著传旨晓谕，其原派之丰安不必前往。

（《清高宗实录》卷657　页356）

哈萨克使臣等四月到京即令迎驾

清乾隆朝满文寄信档。乾隆二十七年（1762）四月十九日，大学士、领侍卫内大臣、忠勇公等奉上谕，字寄大学士等来保著哈萨克使臣等四月到京即令迎驾。谕曰：“阿桂处将哈萨克使臣等，拟于四月底五月初起程赴京，恰逢朕回京之日。今朕拟于五月初四日抵京，若该使臣等于四月底抵京，应令伊等列于在京大臣等之后迎驾。现由行在发文护送伊等之侍卫等，令其于四月底五月初，将使臣等护送到京。著寄信来保等，哈萨克使臣等，若于四月底到京，即令九十七与原护送侍卫等一并照料伊等，并于我大臣等之后列席迎驾。此次迎驾，著照迎驾仪制，多聚集官员，以示壮观。若伊等四月内不能到京即罢。”

（档号：03－129－3－059）

赏赐来归之厄鲁特等

清乾隆朝满文寄信档。乾隆二十七年（1762）四月二十四日，大学士、领侍卫内大臣、忠勇公等奉上谕，字寄参赞大臣、内大臣、工部尚书、都统阿桂等赏赐来归之厄鲁特等。谕曰：“阿桂等奏，自哈萨克布鲁特来投之厄鲁特等，安插伊犁，此内可以自给者，居其大半；其未携牲只贫乏人等，现有三百余口。等语。此等厄鲁特，慕朕恩典，前来伊犁。今令其屯田，牧放官场孳生牲畜，伊等安分效力，甚属可嘉。但甫经安插，一切俱须料理，应酌量稍为资给，俟地亩成熟，牲只孳息，始可接济。著加恩将生计稍可者，每人各赏银一两；未携牲只贫乏者，大口每人各赏布二匹，小口每人各赏银一两。再，此折内未提及之厄鲁特人等，仍以每人各赏银一两。其各头目等，著阿桂等酌量分别赏缎三匹或一二匹。此次系朕特恩，著阿桂等，明白晓示。令其嗣后尽心耕田，牧养牲只，以裕生计。著将此寄信阿桂等，遵照办理。”

（档号:03－129－3－064）

叶尔羌和阗所积谷石甚多

乾隆二十七年四月庚午（七日 1762.4.30）谕军机大臣等，新柱、额敏和卓奏称，叶尔羌、和阗所积谷石甚多，如酌量有余之数，以二分折交钱文，采买牲只，八分折交绸布，运至伊犁，换易哈萨克马匹，即于公事有益，而该城伯克等亦俱乐从等语。折交谷石，既属公私两便，自应如此办理，但回城伯克每多巧取，若指称公事，科敛其下，尚属有限，此等折交钱布，所及者广，最宜留心查办。即如鄂对、阿什默特二人，鄂对尚可信无巧取之事，然此特因额敏和卓在彼，有所顾畏耳，今以玉素布往代，虽同属旧时臣仆，而资望少减，恐鄂对不无玩忽。额敏和卓于鄂对宜从容开导云，尔当勿改初心，我暂归一二年再来驻扎，仍可相见如故，庶伊知所谨凛，将来与玉素布交代时，亦宜告知，俾得留心办理。凡遇回部伯克等，俱当详悉训戒，务期正己率属，以挽颓风。

（《清高宗实录》卷658　页364—365）

叶尔羌所铸新钱共十万三千腾格

乾隆二十七年四月庚午（七日 1762.4.30）叶尔羌办事都统新柱等奏，叶尔羌所铸新钱，共十万三千腾格有奇，除易普尔钱外，尚存四万余腾格，普尔渐次短少，虽将新钱如数相易，亦未即流通，适值阿桂咨商，以布准粮，解送伊犁，与哈萨克交易。查叶尔羌布价甚贱，计四万余腾格即可买四五万匹，每匹折银一两，利已加倍，不独省内地运解，钱亦流通，众伯克无不欣感。报闻。

（《清高宗实录》卷658　页365）

哈萨克使臣等六月初起程先赴热河恭候觐见

清乾隆朝满文寄信档。乾隆二十七年（1762）闰五月初一日，大学士、领侍卫内大臣、忠勇公等奉上谕，字寄定边左副将军、扎萨克和硕亲王成衮扎布等著哈萨克使臣等六月初起程先赴热河恭候觐见。谕曰：“成衮扎布等奏，将奉旨令哈萨克使臣等，于七月十五日前后可至热河之处，晓谕其使臣等，并照指定日期起程。等语。成衮扎布等，所办甚善。著哈萨克使臣等，于六月初起程，先至热河等候。俟朕抵达，随领伊等巡幸围场。再，哈萨克等，现皆已臣服，俱系朕之奴仆。其余哈萨克游牧位于西部，距伊犁、乌鲁木齐相近，故令其可到伊犁、乌鲁木齐贸易。阿布赉游牧古尔班齐尔相近，由北路贸易更为近便。伊等若图近便来乌里雅苏台贸易，亦无不可，即听自便。若恐引起纷争或有盗窃等事，唯派干练人员管束，自然安静，尚不必阻止，著传谕成衮扎布等遵行。”

（档号:03－129－4－023）

于乌里雅苏台地方与哈萨克贸易

清乾隆朝满文寄信档。乾隆二十七年（1762）闰五月初九日，大学士、领侍卫内大臣、忠勇公等奉上谕,字寄定边左副将军、扎萨克和硕亲王成衮扎布及参赞大臣、内大臣、都统、工部尚书阿桂等著于乌里雅苏台地方与哈萨克贸易。谕曰:"成衮扎布等奏,科布多副都统扎拉丰阿报称,哈萨克阿布赉使臣塔玛、头等台吉导拉特和勒等二十三人,跟役七人,带阿布赉所贡马匹九匹,所带马匹四百,抵达乌陇古依(ulongguyi)地方等因。已派台吉米吉特等,禁止贸易,护送入觐。等语。除哈萨克来使,著派出为首者数人,前往热河之处,已另行降旨外,伊等所带马匹四百余,自备骑用,何须如许,想必乘便贸易。唯从前阿桂奏请禁止哈萨克人由北路贸易马匹,盖虑伊等贪程途近便,一旦任其贸易,伊等性善图利,必将马匹俱在北路贸易,而不肯远去伊犁,故而禁止沿路私行贸易耳。如若禁止到乌里雅苏台地方贸易,唯成衮扎布、阿桂,皆为朕之奴仆,而伊犁、乌里雅苏台,皆为朕之属域,若只准伊犁贸易,不准乌里雅苏台贸易,反以哈萨克转觉琐屑。于是稍增我缎匹之价,减其马价,使其在北路贸易较之伊犁无利可图,则伊等自必转向伊犁。即便伊等仍贪近便,情愿减价,前来乌里雅苏台贸易,则购其马匹,或在喀尔喀地方使用,或送京城,或由彼解送伊犁等地均可。况且,乌里雅苏台库存缎匹甚多,尚有雍正年间收贮者,与其徒为朽腐,不如以此易马为宜,亦无不可。著将伊犁、乌鲁木齐两地哈萨克马价,抄寄成衮扎布等,不必禁止该处贸易,以增乌里雅苏台地方缎价,减其马价办理。成衮扎布接奉此旨,若将禁止贸易之事尚未晓谕哈萨克人等,甚善,即遵旨奉行。若业经禁止贸易,则晓谕伊等云,我等前曾具奏,不准尔等在此贸易,奉大皇帝谕旨,尔等既已将马匹牲只带至乌里雅苏台,伊犁、乌里雅苏台,皆为朕之属域,哈萨克人愿在何处贸易,听其自便。哈萨克人如谓我乌里雅苏台缎匹价值较伊犁有加,亦谕以我域内各处有异,因而商人货价亦不一。伊犁之缎匹系由内地解往,而我喀尔喀之缎匹,皆经蒙古地方解运,物价皆较伊犁有加。再,乌里雅苏台地方贸易,亦系官办,沿途卡伦驿站人等,断不可与哈萨克等私行交易。著成衮扎布等严行传谕各处卡伦驿站,嗣后,凡有与哈萨克私行交易者,严加参处,决不姑贷。将此亦传谕阿桂知之。"

(档号:03-129-4-013)

阿塔海等并非阿布赉所遣使臣

清乾隆朝满文寄信档。乾隆二十七年(1762)闰五月初九日,大学士、领侍卫内大臣、忠勇公等奉上谕,字寄参赞大臣、内大臣、都统、工部尚书阿桂等阿塔海等并非阿布赉所遣使臣。谕曰:"成衮扎布等奏,哈萨克阿布赉所遣使臣塔玛、头等台吉导拉特和勒及侍卫古布齐萨林比特等,进贡马匹,俟伊等抵达乌里雅苏台时,即派侍卫护送入京。等语。前阿塔海等来京,朕曾谕以,伊等岂为阿布赉所遣,并令阿桂等探明虚实。阿布赉果若遣派阿塔海等,今日又何必复派塔玛等,可见,阿塔海等并非阿布赉所遣,塔玛等乃系阿布赉所遣之使臣。著将此寄信阿桂等知之。"

(档号:03-129-4-014)

哈萨克使臣塔玛等可来热河入觐

清乾隆朝满文寄信档。乾隆二十七年(1762)闰五月初九日,大学士、领侍卫内大臣、忠勇公等奉上谕,字寄定边左副将军、扎萨克和硕亲王成衮扎布等著哈萨克使臣塔玛等可来热河入觐。谕曰:“成衮扎布等奏,哈萨克阿布赉所遣使臣塔玛、头等台吉导拉特和勒等二十三人,跟役七人,至乌里雅苏台时,先将其为首之人等酌派数人,由驿赴京。等语。朕本年七月巡幸木兰,于十五日前后,可至热河行宫。今若令伊等来京,时值炎热,且朕又已起驾,未免徒劳,不若由彼遣赴热河为妥。著寄信成衮扎布,令其晓谕哈萨克使人塔玛等云,我等前曾具奏,令尔等由驿赴京,奉旨现当夏令,京城过热,恐尔等不宜,而边外凉爽,尔等颇为适宜。朕于七月赴热河,前往木兰行围,尔等徐行至彼朝见。派侍卫妥为照料,从容行走,可于七月十五日前后,令至热河入觐。若伊等已到乌里雅苏后,不欲久待,情愿来京,即令赴京,不必勉强。”

(档号:03－129－4－012)

派人前往哈萨克探明是否遣使

清乾隆朝满文寄信档。乾隆二十七年(1762)五月初十日,大学士、领侍卫内大臣、忠勇公等奉上谕,字寄参赞大臣、内大臣、尚书、都统阿桂等派人前往哈萨克探明是否遣使。谕曰:“前据阿桂奏,将阿布赉具奏表章译出阅看,除遵旨世世安居数语,实系阿布赉之词,其余俱系阿塔海之事,笔迹亦不一色。等语。今阅阿塔海赍到之奏章,除奏请朕安外,俱系阿塔海自行捏造。自请赏给顶戴,求索人口牲只等事,并非阿布赉所奏之词。如因此即不赏赐,令其回去,恐阿布赉及众哈萨克等不知此情,妄生疑惧,是以姑为不知,照常筵宴赏赐阿塔海等。为探明阿布赉此次遣使之虚实,应派侍卫与阿塔海一同前往,将赐阿布赉之敕书及所赐赏物品,觌面交付。惟恐阿塔海惧怕阿布赉知其诈伪,于途中,将遣去之侍卫戕害,伪称途遇玛哈沁,侍卫等俱被戕害,所赏对象,俱被抢劫,如此则又滋一事端,且又无可查考。因将赐阿布赉之敕书及所赏物品,仍交阿塔海等带回。著传谕阿桂,俟阿塔海等到达伊犁时,仍照已往办理。俟伊离去数日后,再假托一事,派人前往哈萨克,将此等情由及恩赏物件,晓谕阿布赉知之。此之遣派,即遣阿坦保、谟星阿二人,再派熟悉彼处情形一人统领,仍添派厄鲁特侍卫一名,一同到哈萨克。遣派阿坦保等,乃因伊等曾与阿塔海同来同往,一切事宜俱所深悉。此次前往哈萨克晓谕阿布赉,阿布赉如若质问阿塔海,则阿塔海即欲捏造妄言,有阿坦保等人在场为证,足可穷诘其妄。若遣他人前往,非惟不知往来之事,即阿塔海在阿布赉前狡赖,亦无凭穷诘。再,此次如系阿布赉所遣之使尚可,因前次策伯克等来时,并无阿布赉所遣之人,此次遣使,尚属当然。如系萨尼雅斯所遣之人,前日曾与策伯克等一同前来,伊等尚未返回,何以又复遣使?可见该使系由伊等所遣之事,大有可疑。著将此传谕阿桂知之。再,阿坦保、谟星阿,俱系年满应当撤回人员,俟伊等前往哈萨克返回时,著阿桂即遣伊等来京,诸凡事宜,询问伊等,即可得知。”

(档号:03－129－4－004)

阿桂办竣阿塔海一事后再行回京

清乾隆朝满文寄信档。乾隆二十七年(1762)五月十一日,大学士、领侍卫内大臣、忠勇公等奉上谕,字寄参赞大臣、内大臣、工部尚书、都统阿桂等办竣阿塔海一事后再行回京。谕曰:“阿塔海等起身之日,经朕召见,阿塔海再三奏称,去年来投之厄鲁特等所带马匹本系伊之物,为厄鲁特等所掠,恳恩赏还。朕当时谕以前自哈萨克投诚之厄鲁特十四名,携带马匹五十余匹到伊犁。据驻伊犁大臣等,询得内有一妇,系汝之妻,即准汝所请,赏还于汝。至伊等所带马匹,因系厄鲁特之物,仍分与厄鲁特人等。今汝奏称此马系汝之物,但究系汝与厄鲁特谁人之物,真伪无凭稽查。汝既再行谆恳,朕即传谕伊犁驻防大臣等,转询去岁来投之厄鲁特等,如果系汝马匹,即当赏还,如确系厄鲁特马匹,则不能与汝。著传谕阿桂,俟阿塔海到伊犁时,即行晓谕伊等,奉到朕谕阿塔海之旨,询问厄鲁特等,实系厄鲁特之马,不能与汝。伊等若仍固执前言,亦不过于来投之厄鲁特内派出数人,预行指示,与阿塔海质对,即可绝其妄念,自然不复恳请。再,明瑞此时带兵行走,不能迅速,阿塔海系驰驿,到伊犁必于明瑞之先。即或明瑞先到伊犁,此事尚系阿桂所办,阿桂亦可暂留,俟阿塔海到后,与明瑞一同办竣此事,再行回京。”

(档号:03－129－4－005)

由哈萨克等来投之厄鲁特等安插伊犁

乾隆二十七年四月癸未(二十日 1762.5.13)谕军机大臣等,阿桂等奏称,由哈萨克布鲁特来投之厄鲁特等,安插伊犁,此内携有牲只,可以自给者居其大半,其余多属贫乏等语。来投之厄鲁特等,求安生业,居住伊犁,于耕牧之事颇知奋勉,但甫经安插,一切俱须料理,应酌量稍为资给,俟地亩成熟,牲只孳息,始可接济。著加恩将生计稍可者,各赏银一两,贫乏者,大口赏布二匹,小口布一匹,仍赏银一两,其各处收集之厄鲁特等,亦著一体给赏,各头目等,酌赏缎匹。此次系朕特恩,著阿桂等明白晓示,令嗣后益加鼓励,以裕生计。

(《清高宗实录》卷659　页375)

哈萨克陪臣阿塔海等入觐

乾隆二十七年五月乙未(二日 1762.5.25)上至涿州,哈萨克陪臣阿塔海等入觐,于涿州城南跪迎圣驾,赐冠服有差。

(《清高宗实录》卷660　页385)

赐哈萨克陪臣阿塔海等茶果

乾隆二十七年五月己亥(六日 1762.5.29)上幸同乐园,赐哈萨克陪臣阿塔海等茶果。

(《清高宗实录》卷660　页386)

收到叶尔羌布匹及酌停喀什噶尔办送事宜

乾隆二十七年(1762)六月己巳。参赞大臣阿桂等疏奏,收到叶尔羌布匹,及酌停喀什噶尔办送事宜。阿桂等奏言：叶尔羌送折交腾格布五千匹，喀什噶尔送布二千匹，均以正赋所余，接济回人生计。请嗣后哈萨克、布鲁特贸易，及屯田兵丁所需，俱于此项动支，以省内地运送之费。又查叶尔羌布每匹二丈，计值银四钱一二分。其喀什噶尔布价值略同，而尺寸较短，质薄色浅，询系从回人采买，非官为监造者。查伊犁存贮布匹，及叶尔羌所送甚多，喀什噶尔既系采买，又较逊于叶尔羌所出，请停其办送。

（《平定准噶尔方略》续编，卷十八）

将阿布赉具奏表章译出阅看

乾隆二十七年五月癸卯（十日 1762.6.2）谕军机大臣等，前据阿桂奏，将阿布赉具奏表章译出阅看，表内除遵旨世世安居数语实系阿布赉之词，其余俱系阿塔海之事，笔迹亦不一色等语。今阅阿塔海赍到阿布赉表章，除奏请朕安外，俱系阿塔海捏造，自请赏给顶戴及求索人口牲只等事，如因此即不赏赐，令其回去，恐阿布赉及各哈萨克等不知此情，委启疑惧，是以姑为不知，照例筵宴赏赐，本欲派侍卫与阿塔海一同前往，将赐阿布赉之敕书及所赏物件，觌面交付，但恐阿塔海恐阿布赉知其诈伪，竟于途次，或将遣去之侍卫戕害，伪称途遇玛哈沁，侍卫等俱被戕害，所赏物件俱被劫夺，则又滋一事端，且无可考查，因将赐阿布赉之敕书及赏赉物件，仍付阿塔海等带回。著传谕阿桂，俟阿塔海到伊犁时，仍照前看待，俟伊去后，假托一事，遣阿坦保、谟星阿二人，再派熟习彼处情形一人统领，仍再添派厄鲁特侍卫一人，一同到哈萨克，将此等情由及恩赏物件，晓谕阿布赉知之。阿坦保等与阿塔海同来同往，一切俱所深悉，前往哈萨克晓谕阿布赉，阿布赉如质问阿塔海，则阿塔海即欲捏造妄言，有阿坦保等为证，足可穷诘其妄，若遣他人前往，非惟不知往来之事，即阿塔海在阿布赉前狡赖，亦无凭穷诘。再此次如系阿布赉所遣之使尚可，前次策伯克等来时，并无阿布赉所遣之人，此次遣使，尚属当然，如系萨尼雅斯所遣，则伊前遣使臣与策伯克同来，俱尚未回，何以又复遣使，则大有可疑，并著传谕阿桂知之。再阿坦保、谟星阿均系年满应撤回人员，俟伊等前往哈萨克回时，阿桂即遣伊等来京，伊等到时，诸凡询问伊等，即可知矣。

（《清高宗实录》卷 660　页 389—390）

前年来投之厄鲁特等物为厄鲁特人所掠

乾隆二十七年五月癸卯（十日 1762.6.2）又谕（军机大臣等）曰：阿塔海起身之日，经朕召见，阿塔海奏称，前年投降之厄鲁特等，带来马匹，系伊之物，为厄鲁特所掠，恳恩赏还。朕谕以前自哈萨克投降之厄鲁特十四名，据驻扎伊犁大臣，询得内有一妇，系汝之妻，即赏还于汝，至伊等带来之马，因系厄鲁特之物，仍分与厄鲁特，今汝奏称系汝之物，真伪无凭稽查，汝既谆恳，朕即传谕驻扎伊犁大臣，转询前岁投诚厄鲁特等，如果系汝之物，即当赏还，如系厄鲁特之马，则不能与汝。著传谕阿桂，俟阿塔海到伊犁时，即行晓谕伊等，奉到朕谕阿塔海之旨，询问厄鲁特等，实系厄鲁特之马，不能与汝，伊等若仍固执前言，亦不过于投诚之厄鲁特内，派数人预行指示，与阿塔海质对，即可绝其妄念，自然不复恳请。再明瑞此时带兵行走，不能迅速，阿塔海系驰驿，到伊犁必在明瑞之先，即明瑞先到，此事尚系阿桂所办，阿桂亦可暂留，俟阿塔海到后，与明瑞一同办竣此事，再行回京。

（《清高宗实录》卷660　页390）

将哈萨克使臣何时抵达热河之处即报军机大臣等

清乾隆朝满文寄信档。乾隆二十七年（1762）六月十四日，大学士、领侍卫内大臣、忠勇公等奉上谕，字寄察哈尔八旗都统、兼管军台并护送哈萨克使臣入觐之副护军参领七十六将哈萨克使臣何时抵达热河之处即报军机大臣。谕曰："顷据成衮扎布等奏，哈萨克使臣导拉特和勒等至乌里雅苏台，并传谕晓谕伊等，于七月十五日后送至热河。导拉特和勒等，请待天气稍凉后，再行起程。故此，将伊等暂行安置，为预计七月十五日后抵达热河，再令起程。等语。今距巡幸木兰之期已近，谅必成衮扎布等，已令护送使臣等起程。著传谕护送该使臣等前来之副护军参领七十六等，令其接奉此旨，将伊等带领使臣等已至何处，何时可抵热河之处，即报军机大臣等。并传谕巴尔品，令其将使臣前往热河之所经无台站地方，预备马匹，以便使臣等抵达后补换。"

（档号：03－129－4－028）

赍送阿布赉等敕书事宜

乾隆二十七年五月庚申（二十七日 1762.6.19）谕军机大臣等，据阿桂奏称，哈萨克人等负性愚昧，赐阿布赉、阿布勒巴木比特敕书，若遣大臣赍送，恐哈萨克等妄生疑虑，只须派明白侍卫二三员，即将赏去马匹一同送往等语。所见甚是。著照所请行，但敕旨已经书写，发交阿桂，阿桂如尚待此折，未曾发去甚善。前曾传谕阿桂，哈萨克使人到伊犁时，仍照前看待，俟阿塔海去后，假托一事，派阿坦保、谟星阿二人，再令一熟悉彼处情形之人统领，仍添派厄鲁特侍卫一员，前往哈萨克。今敕书既未送往，即可作为一事，并传谕阿桂，将敕书丰讷亨之名削去，派何人与阿坦保等同往，即填写何人之名。至阿布勒巴木比特游牧，相距甚远，所赐敕书，即交阿布赉，令其差人转送。如敕书内字画难改，著阿桂即仿照另书分发，或竟不必发给敕书，可将敕书内词指，详悉告知派出之人及阿坦保等，令其熟记，俟到哈萨克时，口谕阿布赉知之。至阿布勒巴木比特，亦令阿布赉传谕知之。

（《清高宗实录》卷661　页401—402）

阿布赉遣使臣塔玛等前来

乾隆二十七年闰五月辛未（九日 1762.6.30）又谕（军机大臣等），据成衮扎布等奏称，哈萨克阿布赉所遣使臣塔玛，头等台吉导拉特和呼等二十三人，跟役七人，至乌里雅苏台时，先酌派数人由驿赴京等语。朕本年巡幸木兰，七月十五日前后可至热河，若令伊等来京，未免徒劳，不若由彼遣赴热河为妥。著传谕成衮扎布，晓谕哈萨克使臣塔玛等云，前曾具奏，令尔等由驿赴京，奉旨现当夏令，京师过热，恐尔等不宜，朕于七月至热河，往木兰行围，尔等徐行至彼朝见，派侍卫妥为照料，从容行走，可于七月前后，令至热河入觐，如伊等已到乌里雅苏台，不欲久待，情愿来京，亦不必勉强。

（《清高宗实录》卷662　页409—410）

哈萨克阿布赉遣使贡马九匹

乾隆二十七年闰五月辛未（九日1762.6.30）谕军机大臣等，成衮扎布奏，准科布多副都统扎拉丰阿报称，哈萨克阿布赉遣使贡马九匹，所带马匹四百余，已派台吉等禁止贸易，护送入觐等语。哈萨克来使著派出为首者数人，缓行前往热河候旨，伊等所带马匹颇多，自必乘便贸易，从前阿桂请禁哈萨克北路贸易，盖虑伊等贪程途近便，遂不肯远至伊犁，但伊犁、乌里雅苏台皆属内地，如过示区别，亦于体制未协，惟应禁止私市，概从官办，而稍增物值，减其马价，伊等无利可图，自必专向伊犁，即令其仍贪近便，情愿减价，则乌里雅苏台官库缎匹等物，尚有雍正年间收贮者，与其徒为朽腐，即以易马，或就近牧放，或酌量拨解，亦无不可。成衮扎布接奉此旨，若业经禁止贸易，即以朕旨传谕，准其一体开市，伊等若谓物价较伊犁有加，亦谕以蒙古地方，价值情形难与伊犁一例。至卡座台站人等私行交易，断宜严禁，有犯必惩。并传谕阿桂知之。

（《清高宗实录》卷662　页409）

奉到办理哈萨克贸易谕旨

乾隆二十七年六月壬辰（一日1762.7.21）谕军机大臣等，成衮扎布等奏，奉到办理哈萨克贸易谕旨，随酌量晓示该使人，据称，因道远多带马匹，并非专来贸易，若有愿售者，亦可变价等语。哈萨克全部均为臣仆，其在西边游牧者，与伊犁、乌鲁木齐相近，自应在彼贸易。至阿布赉游牧，与古尔班察尔相近，在北路行走为便，伊等情愿来乌里雅苏台贸易，亦无不可。至盗贼争斗等事，惟派委干员，照料约束，自然安静，其贸易之处，可不必停止。

（《清高宗实录》卷664　页424）

明瑞等派员带领乌默尔移居伊犁

清乾隆朝满文寄信档。乾隆二十七年（1762）八月二十四日，大学士、领侍卫内大臣、忠勇公等奉上谕，字寄都统、户部侍郎、公明瑞等派员带领乌默尔移居伊犁。谕曰："适才阿布赉所遣之人乌默尔进呈阿布赉奏章。据阿布赉奏称，乌默尔情愿移居伊犁，阿布赉亦情愿将乌默尔献上大皇帝。等语。遂询之乌默尔，情愿携眷迁居伊犁，因命伊在乾清门行走，已敕谕阿布赉矣。乌默尔又奏称，伊约于来年三月，自哈萨克起程。请伊犁大臣等，派通晓哈萨克言语之员一二名，前往阿布赉处，带领迁移等语。著传谕明瑞，拣选通晓哈萨克言语之厄鲁特数人，按期前往哈萨克，接回乌默尔。据乌默尔所奏，伊自幼在伊犁生长，心恋旧居，此忧，事之所有。伊又称，伊姊已为阿布赉之妻。若果如此，伊何必不随其姊而居，而要移居伊犁？此或伊等私计，乌默尔居伊犁后，设有哈萨克越境前来塔尔巴哈台等地游牧之事，伊犁大臣等如若派兵驱逐，乌默尔在彼处，得先通信息，亦未可定。但此特悬揣之事，岂能有如等事宜。如谓伊果能漏泄信息，则从自哈萨克逃出，住在伊犁之厄鲁特人等甚多，岂能一一防范，此不过如此悬揣耳。明瑞知此，唯留意体查，不可稍著形迹。”

（档号:03－129－4－050）

哈萨克汗阿布赉遣陪臣等入觐

乾隆二十七年七月甲戌（十四日1762.9.1）哈萨克汗阿布赉遣陪臣苏勒统、都勒特克呼等入觐。

（《清高宗实录》卷666　页452）

将自哈萨克来投之巴桑归入厄鲁特安置并授职衔

清乾隆朝满文寄信档。乾隆二十七年（1762）九月初四日，大学士、领侍卫内大臣、忠勇公等奉上谕，字寄参赞大臣、内大臣、工部尚书、都统阿桂等将自哈萨克来投之巴桑归入厄鲁特安置并授职衔。谕曰：“阿桂等奏，本年七月，自哈萨克来投之厄鲁特五品顶戴花翎巴桑告称，伊系塔尔巴哈沁之人，被哈萨克抢掠，曾在阿布勒比斯处，因充使来京，蒙恩赏赐顶戴花翎。今愿为大皇帝臣仆，将在哈萨克所有之牲只弃置，与妻室来投等语。请将巴桑归入厄鲁特等安置，仍照原品给职差遣。等语。厄鲁特巴桑弃其所有家产牲只，诚悃来投伊犁，情属可悯。著传谕阿桂等，以伊所弃牲只之额，赏银五十两、缎二端，于彼处现有缎匹内支给。巴桑既经充使来京，赏给五品顶戴花翎，著将伊归入彼处厄鲁特佐领下，照原品补授厄鲁特佐领、骁骑校职衔。”

（档号:03－129－4－055）

答书训饬哈萨克贪利之举

清乾隆朝满文寄信档。乾隆二十七年（1762）九月十三日，大学士、领侍卫内大臣、忠勇公等奉上谕，字寄参赞大臣、内大臣、尚书、都统阿桂等答书训饬哈萨克贪利之举。谕曰：“阿桂等将遣往哈萨克之侍卫翘苏勒等，返回禀述阿布赉言词，并抄录阿布赉之书呈奏。哈萨克自内附以来，颇知恭顺，朕屡次加恩。但伊等俱系外番人等，贪利性成，罔知大义，宜恩威并示。今年哈萨克越境至塔尔巴哈台游牧，该处大臣等，将拿获其人口牲只，经朕降旨俱已赏还。此为因伊等哈萨克愚昧无知，故格外施恩。但伊等仍不知感愧，转以未经全数给还，再行作书索讨；此为伊等罔知大义，唯利是图之举。阿桂等答书训饬，拒绝给还，甚是。但措词尚不严厉，稍有柔弱。给伊等答书，须峻词严饬，方知畏惧，倘稍形怯懦，反致启其骄纵。著传谕阿桂等，若哈萨克再差人来，当即致书，谕以尔等自归降后，大皇帝嘉尔等恭顺，迭沛恩施。今年潜入塔尔巴哈台游牧，霍莽及牲只，俱经擒获，大皇帝格外施恩矜恤尔等无知，悉令赏还。尔等理宜感戴厚恩，严行管束属下人等。今乃不知厌足，妄自致书索讨，殊属非是。若将原书奏闻，大皇帝知悉尔等贪利昧义，必加惩责，是以未经具奏。大皇帝若知尔等此举后，不再降旨格外施恩。嗣后，尔等若复越境游牧，即照我内地之例办理。凡越界者，除将越界之人治罪外，所带牲只悉数收缴，赏给兵丁。此前未经如此办理，乃奉大皇帝恩旨阻止；若未奉恩旨，我等务即照例严惩。尔等虽悔无及矣。以尔阿布赉平素恭顺，特致书提撕。嗣后，尔当严加管束属下人等，不得越境游牧。倘若接到此书，仍不知改悔，复又越境游牧，或又以此妄自而为，我等必行入奏。大皇帝天威不测，倘若不降恩旨，我与参赞大臣等即刻率兵前往，除将拿获之越境者治罪并收缴牲只外，必行问罪尔等首领，届时尔等游牧尚能怙然乎？当以如此词气责之。"

（档号:03－129－4－063）

将乌梁海等抢掠哈萨克牲只一事查明具奏

清乾隆朝满文寄信档。乾隆二十七年(1762)九月十三日，大学士、领侍卫内大臣、忠勇公等奉上谕，字寄定边左副将军、扎萨克和硕亲王成衮扎布及扎萨克郡王等将乌梁海等抢掠哈萨克牲只一事查明具奏。谕曰："阿桂等奏，哈萨克奈曼鄂托克哈萨克多罗特拜禀称，闻得乌梁海等，今春过额尔齐斯，抢掠哈萨克克勒鄂托克马匹三百余匹，随追至渡口，仅取回百余匹等语。遂谕以多罗特拜，此事既与尔等无涉，且传闻未实，俟本人控告，再行查办外，我等亦移咨乌里雅苏台将军查核。等语。著传谕成衮扎布等，转交乌梁海总管察达克、车色、图布慎等，将有无此等情节，即行查明。无事则罢，如实有其事，则甚属乖谬。从前哈萨克之巴鲁克巴图尔，抢掠乌梁海等，朕特命纳旺前往哈萨克索取，阿布赉始伏罪乞恩，将所掠人口牲只查还，交纳旺带回。今察达克等，自当约束属下人等，俾不滋生事端，乃反窃取哈萨克马匹，殊非体制。哈萨克、乌梁海皆系朕之奴仆，安能如此相互抢掠。著成衮扎布、车木楚克扎布，严饬下属，务将此事虚实，查实奏闻。"

（档号:03－129－4－065）

赐扈从王公大臣及蒙古台吉哈萨克陪臣等食

乾隆二十七年八月丁酉(七日 1762.9.24)赐扈从王公大臣及蒙古王公台吉、哈萨克陪臣等食。

（《清高宗实录》卷668　页468）

赐食扈从王公大臣及哈萨克使臣等

乾隆二十七年八月壬寅(十二日 1762.9.29)赐扈从王公大臣及蒙古王公台吉、哈萨克使臣等食。

（《清高宗实录》卷668　页470）

皇帝敕谕哈萨克阿布赉

乾隆二十七年八月壬寅(十二日 1762.9.29)赐哈萨克阿布赉敕书曰，皇帝敕谕哈萨克阿布赉，尔遣使都勒特克呼苏勒统前来进呈奏章，恳请赐以玺书，愿世世子孙恪守藩服，若非老成明达，乐善循理，何以及此，果能常存此心，朕必迭沛恩施，永远无斁，尔所以矢恭顺之忱者，要在约束所部，守分安生，但尔属人等往往恃大国宽容，越境游牧，我驻扎伊犁大臣等慎固封疆，自必严行驱逐二朕虽欲加恩，亦不能废法曲贷，试思尔哈萨克等若非潜来塔尔巴哈台等处，我大臣等何尝有领兵逐捕之事，尔当传谕全部，俾知朕意。今命尔来使等随驾木兰观围，加恩赏赉，赐尔阿布赉蟒锦及各色缎匹、绸绫、器什、芽茶，使人归日，尔其祗受，又赐尔使人品级项带、孔雀翎、衣物、器什、银两各有差。尔所奏使人乌默尔，旧居伊犁，今愿安插该处，往来行走，已如所请，加恩授乌黔尔为乾清门侍卫，准其暂归挈眷，因将来迁移户口，别赏乌默尔及伊弟等路费银两，并谕尔知之。特谕。

（《清高宗实录》卷668　页470—471）

严行训饬哈萨克遣使勿再索取其来归之侍卫

清乾隆朝满文寄信档。乾隆二十七年（1762）九月十三日，大学士、领侍卫内大臣、忠勇公等奉上谕，字寄参赞大臣、内大臣、尚书、都统阿桂及侍郎、公等严行训饬哈萨克遣使勿再索取其来归之侍卫。谕曰："著传谕阿桂、明瑞。伊等奏称，据侍卫翘苏勒返回禀述阿布赉言词，勿将章奇什遣往他处，我将为此事遣使前往等语。此乃何言，章奇什已系归附受恩之人，伊等岂能索取。阿桂致书阿布赉，理应严词拒绝，乃云若要索取，须奏请大皇帝，太觉姑息。伊等见此，岂能畏惧，势必抵赖不休。著传谕明瑞，阿布赉如若差人前来索取什物或问及章奇什时，即行斥责云，厄鲁特、哈萨克，俱为臣服大皇帝之奴仆，非但章奇什来归，其他人等来投，亦俱行收留，汝等何得恣意索取天朝之人。且汝等书云，哈萨克、厄鲁特孰嘉孰否。尔等哈萨克，从前俱向厄鲁特纳赋，久为伊等奴仆。自归附大皇帝后，因念尔等系极边外番之人，是以加恩较厄鲁特为优；至厄鲁特等，安静则养，叛逆则惩。尔等哈萨克，因性素无知，即有违犯，亦俱加宽宥，断不可因此而骄妄生事端。从前，尔等越界游牧被获人等及牲只，经大皇帝施恩，悉令赏还。此因初犯，且系寻常之物，尚可放行，是以遵旨赏还尔等。倘若罔知道义，恣意妄行，大皇帝非但不宽宥，即使尔等屡行奏请大皇帝体恤尔等如同禽兽之人，而饬令宽宥，我等亦必再三奏请，断不予以宽宥。再，厄鲁特、哈萨克，俱为大皇帝之奴仆，章奇什既已来归，大皇帝施恩授为侍卫，尔等恣意指望索取，殊属荒谬。当以此严词训饬遣回。再，朕留此折未发。著饬明瑞，彼处亦不必存档，该折底稿，亦著销毁。"

（档号：03－129－4－064）

赐蒙古王公哈萨克使臣等宴至丙午皆如之

乾隆二十七年八月癸卯（十三日 1762.9.30）赐扈从王公大臣及蒙古王公台吉、哈萨克使臣等宴，至丙午皆如之。

（《清高宗实录》卷668　页471）

命赏哈萨克乌默尔等银两

乾隆二十七年八月丁未（十七日 1762.10.4）命赏哈萨克乌默尔等银两。

（《清高宗实录》卷669　页474）

哈萨克入觐使人呈阿布赉奏章

乾隆二十七年八月甲寅（二十四日1762.10.11）又谕（军机大臣等），昨哈萨克入觐使人有乌默尔者，进呈阿布赉奏章，谓乌默尔情愿移居伊犁，伊代为陈请等语。随询之乌默尔，情愿挈眷前来，因命伊在乾清门行走，已敕谕阿布赉矣。乌默尔又奏称，伊约于来年三月，自哈萨克起程，请伊犁大臣等派员往彼带领。著传谕明瑞，拣选通哈萨克言语之厄鲁特数人，按期前往。再据乌默尔奏，伊自幼在伊犁生长，心恋旧居，此犹事之所有，至云伊姊已为阿布赉妻，若果如此，何必移居，或伊等私计，乌默尔居伊犁后，哈萨克等设有越境游牧之事，伊犁大臣派兵驱逐，伊得先通信息，亦未可定，但此特悬揣之事，如谓伊果能漏泄信息，则从哈萨克脱出之厄鲁特甚多，又岂能一一防范耶。明瑞知此，惟留意体察，不可稍著形迹。

（《清高宗实录》卷669　页477—478）

将哈萨克马匹交易之所移往罗克伦河地方甚属妥协

清乾隆朝满文寄信档。乾隆二十七年（1762）十月十三日，大学士、领侍卫内大臣、忠勇公等奉上谕，字寄驻乌鲁木齐办事副都统旌额理等将哈萨克马匹交易之所移往罗克伦河地方甚属妥协。谕曰："旌额理等奏称，将哈萨克此次带来贸易之马一千三百余匹，仍在乌鲁木齐城外交易，且不谈人员比以往多有增加，恐有不肖之徒难免私下交易。今乌鲁木齐又逢旱灾，水草欠佳，故令移往罗克伦河岸一带水草丰美之地交易。等语。伊等所办甚是。现哈萨克等不时带马前来贸易，而乌鲁木齐携眷屯田之人及前来贸易之人，较之以往甚为增多，因此不肖之徒，深知哈萨克马匹价廉，有利可图，便有私下交易之处，在所难免。为防其私下交易，先行筹划，尚属重要。旌额理等将哈萨克此次带来马匹，移至罗克伦屯河岸水草丰美之地交易，甚属妥协。著传谕旌额理等，嗣后，即照此办理。若商民等再向彼处前往，则将交易之地，可再行外移。"

（档号：03－129－5－008）

将俄罗斯乌梁海抢掠哈萨克马匹一事晓谕其使臣等

清乾隆朝满文寄信档。乾隆二十七年（1762）十月十六日，大学士、领侍卫内大臣、忠勇公等奉上谕，字寄领侍卫内大臣、公明瑞等将俄罗斯乌梁海抢掠哈萨克马匹一事晓谕其使臣等。谕曰："成衮扎布等奏称，前阿桂等所奏乌梁海人等过额尔齐斯河，抢掠哈萨克克勒鄂托克马匹一折到达后，即刻派遣蓝翎侍卫明成、协理台吉沙克都尔扎布等，前往访察。今据明成等呈报，同乌梁海内大臣察达克，至阿勒坦诺尔总管扎喇纳克处，详悉访察，俱称乌梁海等并无抢掠哈萨克马匹一事。扎喇纳克禀称，前经哈萨克抢掠我乌梁海等牲只什物，皇上派遣纳旺将我总管扎布喀被掠什物，俱行索还；唯俄罗斯乌梁海等什物，并未给还。今年春夏，俄罗斯乌梁海宰桑库克新、章京哈哈雅克之额呼勒德依，抢掠哈萨克牧群二次，自俄罗斯宰桑纳木吉之弟雅尔哈什处得知此事。等语。看成衮扎布等所奏，抢掠哈萨克克勒鄂托克人等马匹者，确系俄罗斯乌梁海，并非我乌梁海人等所为。著传谕明瑞等,哈萨克使臣等抵达后,即谕以前经尔处禀报我乌梁海人等,抢掠克勒鄂托克马匹一事后,即刻移行乌里雅苏台将军大臣等查访。今我将军大臣等已查明,抢掠尔等马匹者,并非我乌梁海人等,乃俄罗斯乌梁海库克新、哈哈雅克之额呼勒德依等。人名即已查明,尔等应向俄罗斯索还。云云。”

(档号:03-129-5-012)

捉拿抢掠哈萨克马匹之库克新等

清乾隆朝满文寄信档。乾隆二十七年(1762)十月二十日,大学士、领侍卫内大臣、忠勇公等奉上谕,字寄定边左副将军、扎萨克和硕亲王成衮扎布等著内大臣察达克等捉拿抢掠哈萨克马匹之库克新等。谕曰:“成衮扎布等奏,抢掠哈萨克马匹之乌梁海库克新,系平定准噶尔后,逃入俄罗斯者。据内大臣察达克云,办理伊等颇易。但我与俄罗斯睦邻多年,不知如何办理此等逃入人等,故未敢擅便。等语。库克新等,假我乌梁海之名,抢掠哈萨克马匹,情甚可恶。且伊等前曾归附,后又随果勒卓辉等,逃入俄罗斯,理应问罪。今察达克等既愿出力办理,甚属妥协,何必复生疑虑。著传谕成衮扎布等,察达克等如若办理库克新一事,即听自便。除擒获库克新等为首人等,解送乌里雅苏台军营外,其余俱给察达克等管辖纳赋,并将所有俘获之物,即交察达克等,分赏效力人众。事竣后,朕仍加以赏赉,但须慎选干练之人员前往办理,方才妥协。将此晓示察达克等知之。”

(档号:03-129-5-015)

厄鲁特巴桑弃其所有产业挈眷来投

乾隆二十七年九月癸亥(四日 1762.10.20)又谕(军机大臣等)曰,阿桂等奏,本年七月,自哈萨克来投之厄鲁特巴桑告称,伊系塔尔巴哈沁之人,被哈萨克抢掠,曾在阿布勒比斯处,因充使来京,蒙恩赏五品顶戴、孔雀翎,今愿为天朝臣仆,将在哈萨克所有之牲只弃置,与妻室来投等语。厄鲁特巴桑弃其所有产业,挈眷来投,诚悃可嘉,著赏银五十两,缎二端,巴桑既经恩赏品级顶翎,著归入厄鲁特佐领下,照原品给与职衔。

(《清高宗实录》卷670 页486)

叶尔羌等送交布匹正赋有余

乾隆二十七年九月己巳(十日 1762.10.26)参赞大臣阿桂等奏,叶尔羌、喀什噶尔送交布匹,正赋有余,请嗣后哈萨克、布鲁特贸易及屯田兵所需,俱于此项动支。又喀什噶尔布质薄色浅,系从回人采买,请停办送。报闻。

(《清高宗实录》卷670 页491)

阿布赉恳遣回章奇什

乾隆二十七年九月辛未(十二日 1762.10.28)又谕(军机大臣等)曰,阿桂奏,阿布赉恳遣回章奇什等语。章奇什归附受恩,伊等岂能索取,阿桂致书,乃云为之奏请,太觉姑息。著传谕明瑞，阿布赉遣使来问及章奇什时，当云厄鲁特、哈萨克均系天朝臣仆，章奇什归附后，大皇帝用为侍卫，汝等何得索取。且汝书云，厄鲁特、哈萨克孰嘉孰否，厄鲁特臣服已久，悉遵国法，尔哈萨克系极边化外，是以大皇帝加恩，较厄鲁特为优，即有违犯，亦加宽宥，若恃恩而骄，妄生事端，纵大皇帝怜悯曲宥，我等亦必执法请惩。

（《清高宗实录》卷670　页493）

哈萨克自内附以来颇知恭顺

乾隆二十七年九月辛未（十二日1762.10.28）谕军机大臣等，阿桂将遣往哈萨克之侍卫翘苏勒等，禀述阿布赉言词，并钞录阿布赉书呈奏，哈萨克自内附以来，颇知恭顺，朕屡次加恩，但伊等贪利性成，罔知大义，宜恩威并示。今年哈萨克越境游牧，塔尔巴哈台大臣拿获其人口牲只，经朕降旨赏还，原因伊等无知误犯，故格外施恩，乃不知感愧，转以未经全数给还，作书索讨，阿桂答书训饬，甚是，但措词尚有未当，伊等须峻词严饬，方知畏惧，倘稍形怯懦，反致启其骄纵。著传谕阿桂，若哈萨克再差人来，当即致书，谕以尔等自归降后，大皇帝嘉尔等恭顺，迭沛恩施，今年潜至塔尔巴哈台游牧，人众牲只俱经擒获，大皇帝矜恤尔等无知，悉令赏还，尔等理宜感戴厚恩，自知愧悔，乃不知厌足，妄自致书索讨，若将原书奏闻，大皇帝知尔等贪利昧义，必加惩责，是以未经具奏，若照例办理，凡越境滋事者，将人犯治罪外，牲只等物悉收取赏给兵丁，前因奉大皇帝恩旨，未经如此办理，嗣后若复越境游牧，务即照例严惩，虽悔无及矣，以尔阿布赉平素恭顺，特致书提撕，倘仍不改，我等必行入奏，尔时大皇帝天威不测，兴师问罪，尔等游牧尚能怙然乎？当以如此词气责之。

（《清高宗实录》卷670　页492—493）

体访乌默尔情形

乾隆二十七年（1762）十一月辛酉。内大臣尚书都统阿桂等疏奏，体访乌默尔情形。阿桂等奏言：臣等遵旨，体访哈萨克使人乌默尔，因何愿来伊犁居住缘由。随令侍卫硕通访问与乌默尔相识之厄鲁特等。据称，乌默尔系厄鲁特人，伊父在噶尔丹策零时，曾唆使厄鲁特等骚扰哈萨克，与其部众有怨。阿布赉因系伊妻弟，恐被伤害，特遣为使等语。臣等看阿布赉所奏，与体访情形相符，其请人往迎，亦系求为托庇之意。但哈萨克人等多疑，若以为乌默尔复居伊犁，恐效前此所为，途间或加以侵掠，亦有关系。臣等议于来年三月内，酌遣数人至边界，是守候乌默尔，令其带回伊犁，并乘阿布赉遣信之便，先行札知。

（《平定准噶尔方略》续编，卷十九）

阿桂明瑞等领兵驱逐越境之哈萨克以示惩处

清乾隆朝满文寄信档。乾隆二十七年（1762）十一月初三日，大学士、领侍卫内大臣、忠勇公等奉上谕，字寄内大臣、工部尚书、都统阿桂及总管伊犁等处地方将军、公明瑞等领兵驱逐越境之哈萨克以示惩处。谕曰："阿桂、明瑞奏称，哈萨克人等，性本愚顽，不可理喻。今春将拿获伊等头目及所有牲只给回，伊等转谓大皇帝矜怜我等，不行治罪，复来塔尔巴哈台山阴之哈喇巴哈等处游牧。依哈萨克等本性，似应示以武威，方能收敛。明春，奴才明瑞拟同领队大臣二员，分为三路，每路各领兵三四百人，前往驱逐。将其越界属人牲只，尽多收缴，释放二三人，令致书阿布赉外，其余牲只悉数扣留，竟不给还。等语。哈萨克等如此贪得无厌，仍行越境游牧，若不重创，难以示惩。阿桂、明瑞筹划周密得当，即照所奏办理。唯彼处伊勒图、鄂津、伍弥泰，俱未为谙练军务，仅明瑞一人，势必难以兼顾。现伊犁既设将军，理应补设参赞大臣。著将爱隆阿、伊勒图授为伊犁参赞大臣，伍岱为领队大臣；并令爱隆阿、伍岱，即刻自京驰驿前往。伊勒图自喀什噶尔前往伊犁外，著传谕明瑞，俟爱隆阿、伍岱抵达后，已届领兵驱逐之期，明瑞与爱隆阿等，分路前往，并酌派伊勒图、鄂津、伍弥泰等，随行学习。此次重惩之后，哈萨克所属，或畏惧至一二年间不来贸易，或纠众为匪，以图报复，俱未可定。现既定重创哈萨克等，明瑞等亦应尽数收缴伊等牲只，尚属得宜。至塔尔巴哈台等处，虽未便即驻满洲、绿营兵丁，似应酌派厄鲁特兵丁驻扎，以防哈萨克等越境游牧。此次驱逐哈萨克后，作何移驻厄鲁特兵丁之处，著明瑞等会同妥议具奏。”

（档号：03－129－5－021）

驱逐越境游牧之哈萨克等

清乾隆朝满文寄信档。乾隆二十七年（1762）十一月初八日，大学士、领侍卫内大臣、忠勇公等奉上谕，字寄总管伊犁等处地方将军、领侍卫内大臣、都统、公明瑞等驱逐越境游牧之哈萨克等。谕曰：“明瑞等奏称，蓝翎侍卫阿克栋阿等，将哈萨克使臣阿塔海送至边界后返回禀称，爱呼斯地方，有哈萨克苏旺鄂托克之温布德衣等游牧居住，经阿克栋阿等驱逐，伊等始行移徙出界，并将阿塔海交与伊等。等语。看来，哈萨克等贪得无厌，唯图眼前小利，若不惩创，断不知畏惧。前经降旨，将越境之哈萨克予以剿办。著传谕明瑞等，伊等若仍越境游牧，当即遵照前旨，将伊等马畜悉数掠取，若拿获其头目等，即行具奏。此内即使有阿布赉，亦不妨擒拿，俾知畏惧。嗣后，方能不敢越界游牧。”

（档号：03－129－5－023）

哈萨克奈曼鄂拓克多罗特拜等禀

乾隆二十七年九月甲申（二十五日 1762.11.10）谕军机大臣等，成衮扎布等奏，准阿桂咨，哈萨克奈曼鄂拓克多罗特拜等禀称，闻得乌梁海等，今春过额尔齐斯，驱哈萨克克呼鄂拓克之马三百余匹，随追至渡口，仅取回百余匹，因斥以此事既与尔等无涉，且传闻未实，如果有之，俟本人控告，再行查办等语。著传谕成衮扎布、车木楚克扎布等，转交乌梁海总管察达克、图布慎等，将有无此等情节，即行查明，如实有其事，则甚属乖谬。从前哈萨克巴鲁克巴图尔抢掠乌梁海等，朕特命纳旺往谕，阿布赉始伏罪乞恩，将所掠人口牲只查还，今察达克等自当约束属人，俾不滋生事端，乃反窃取哈萨克马匹，致伊等得以有词，殊非体制。成衮扎布等即严行查禁具奏。

（《清高宗实录》卷671　页499）

暂缓领兵驱逐越界游牧之哈萨克等

清乾隆朝满文寄信档。乾隆二十七年（1762）十一月十八日，大学士、领侍卫内大臣、忠勇公等奉上谕，字寄总管伊犁等处将军、领侍卫内大臣、都统、公明瑞等暂缓领兵驱逐越界游牧之哈萨克等。谕曰："前明瑞等奏，哈萨克等复来塔尔巴哈台一带游牧，请于来春领兵前往驱逐，收其人口牲只。等语。朕业经降旨允行，伊等贪得无厌，即照明瑞等所奏，将其牲只悉数收缴，将其头目亦拿解前来，此内即使有阿布赉，亦不妨擒拿。但近据旌额理等奏，西部哈萨克努尔赉遣使入觐，又有乌尔根齐城哈雅布汗、奇齐玉斯别部之巴图鲁汗，亦遣使前来。可见，伊等因闻从前哈萨克遣使，得沾恩赉，故亦相率仿效。念其远来归附，到京之后，自必照例赏赉。唯在京赏赉伊等遣臣之时，来年春又收其越入塔尔巴哈台等处游牧人等，哈萨克本性愚顽无知，恐生疑惧，以为骗夺其牲只。此等越界游牧人等，固应严惩，但亦不必操之过急。即迟至明冬，或至后年春皆可，等一二年，亦无不可，且彼时亦能多收其马畜。将此著传谕明瑞等，来年春，暂停率兵前往收取越界游牧之哈萨克人等牲只。至明冬或后年春，再行办理，亦不算迟延。其间，若有偷越游牧者，仍照前次晓示逐回。"

（档号：03－129－5－033）

扎拉丰阿前往会同察达克探明哈萨克踪迹

清乾隆朝满文寄信档。乾隆二十七年（1762）十一月二十九日，大学士、领侍卫内大臣、忠勇公等奉上谕，字寄定边左副将军、扎萨克和硕亲王成衮扎布、驻科布多办理屯田事务副都统等著扎拉丰阿前往会同察达克探明哈萨克踪迹。谕曰："成衮扎布等奏，据散秩大臣图布慎之子伊苏特禀称，伊在额尔齐斯河玛尼图渡口，见有兵马旗纛踪迹。此处向系哈萨克行走之路，恐因伊等牧群，被乌梁海等所窃取，或如巴鲁克之计图谋报复，亦未可定。除已知会西端游牧扎萨克、各处卡伦及车楞乌布什等，加意防范外，俟察达克等探明此事后，再另行措置具奏。等语。成衮扎布等所奏甚是。现察达克等既需探明此事，著传谕成衮扎布等，当信息明确，再定办理库克新一事。前扎拉丰阿，奏请领兵前往策应察达克，朕未准行。察达克等既自愿出力办理库克新一事，扎拉丰阿如若领兵前往，转致张扬，故而未准。今既有此事，扎拉丰阿可前往与察达克一同探明信息，倘有策应之处，亦可相资为用，壮其声势。再，成衮扎布等奏，自伊犁撤回之索伦兵丁，至乌里雅苏台正值寒冬，现驻扎布堪地方过冬。此等兵丁现既在彼处越冬，著传谕成衮扎布，若有调用伊等之处，不过办给马匹，便可成一劲旅，亦属便易，事竣之后，再行遣回亦可。现不过如此筹划而已，是否调用伊等，俟探明此事后，成衮扎布等即行奏闻。"

（档号：03－129－5－036）

拨给乌鲁木齐屯田牛只

乾隆二十七年(1762)十二月乙巳。伊犁将军明瑞等疏奏,拨给乌鲁木齐屯田牛只。明瑞等奏言:十一月十二日,准旌额理等咨称,乌鲁木齐屯田,多以哈萨克马匹耕作,虽比牛较驶,而性不相宜,每致劳伤倒毙,不若用牛之便,今本处仅有牛六百余只。因阿桂归途之便相商,据云,伊犁有牛二千余只,似可通融办理等语。臣明瑞等,查伊犁现有牛三千三十余只,除归入孳生牧群及老弱病废外,其余一千九百余只,计以一千只屯田,尚余九百余只,于该处屯田有益。请俟来春雪消时,派员加意牧放解送,无误农时。

(《平定准噶尔方略》续编,卷十九)

阿桂等前奏乌梁海抢哈萨克事宜

乾隆二十七年十月乙巳(十六日 1762.12.1)又谕(军机大臣等)曰,成衮扎布奏称,阿桂等前奏乌梁海抢掠哈萨克马匹,奉旨查询,即派侍卫明成同乌梁海内大臣察达克,至阿勒坦诺尔总管扎喇纳克处,详悉访察,俱称,哈萨克前经抢掠我等牲只什物,俱蒙恩索还,其所掠俄罗斯乌梁海宰桑库克新等之物,并未给还,是以伊等报复,曾抢哈萨克牧群二次等语。看来情形已自明晰,著传谕明瑞,遇哈萨克人等,即以所访缘由,明白晓示,若哈萨克欲给还牧群,当向俄罗斯索取,与内附之乌梁海等无涉。

(《清高宗实录》卷 673　页 519)

库克新系平定准噶尔后逃入俄罗斯者

乾隆二十七年十月己酉(二十日 1762.12.5)又谕(军机大臣等)曰,成衮扎布奏,抢掠哈萨克马匹之乌梁海库克新,系平定准噶尔后逃入俄罗斯者,据内大臣察达克云,办理伊等颇易,但恐与俄罗斯起衅,未敢擅便等语。库克新等假我乌梁海之名,抢掠哈萨克马匹,情甚可恶,且伊等前曾归附,后又随果勒卓辉等逃入俄罗斯,理应问罪,今察达克等既愿办理,甚属妥协,何必复生疑虑。著传谕成衮扎布,如察达克等果欲前往,除擒获为首人等送来军营,其余俱给与伊等管辖,所有俘获即交伊分赏效力人众,事竣后,朕仍加以赏赉,但须慎选干练之人前往办理,即将此晓示察达克等知之。

(《清高宗实录》卷 673　页 523)

将哈萨克抢掠乌梁海一事酌情办理不必领兵剿办

清乾隆朝满文寄信档。乾隆二十七年(1762)十二月十三日,大学士、领侍卫内大臣、忠勇公等奉上谕,字寄定边左副将军、扎萨克和硕亲王成衮扎布等将哈萨克抢掠乌梁海一事酌情办理不必领兵剿办。谕曰:"成衮扎布等奏,乌梁海萨玛喇特等,在额尔齐斯地方打围,遇哈萨克十余人,肆行抢掠。哈萨克等所居之地,距我乌梁海等不远,此风断不可长。或交哈萨克大头目办理,或领兵前往剿办之处,具奏请旨。等语。额尔齐斯等处,为哈萨克、乌梁海二处适中之区,彼处小人图利窃掠,亦属常事。今成衮扎布等若派人巡哨，将应行擒捕者擒捕，应行禁止者禁止，即可了事，将军大臣等不必领兵剿办。今哈萨克使臣将到，俟伊等抵达后提及此事时，再晓示伊等妥为约束下属，不得肆行抢掠我乌梁海人等。伊等如若不提，亦即作罢。再，前成衮扎布等奏，于额尔齐斯河之玛尼图地方，看见兵马旗纛踪迹，俟察达克等确查后，再办理库克新等一事。等语。今既已无事，理应办理库克新等一事。著传谕成衮扎布等，库克新等一事，著照前旨办理。"

(档号:03-129-5-042)

体访哈萨克使人乌默尔

乾隆二十七年十一月辛酉(三日 1762.12.17)参赞大臣阿桂等奏，遵旨体访哈萨克使人乌默尔因何愿来伊犁居住缘由，随令侍卫硕通，访问与乌默尔相识之厄鲁特等，据称，乌默尔系厄鲁特人，伊父在噶尔丹策零时，曾唆使厄鲁特等骚扰哈萨克，与其部众有怨，阿布赉因系伊妻弟，恐被伤害，特遣为使等语。因查阿布赉所奏，与体访情形相符，其请人往迎，亦系求为护庇之意，但哈萨克人等多疑，恐因乌默尔复居伊犁，于途次加以侵掠，议于来年三月内，遣人守候乌默尔带回伊犁，并乘阿布赉遣信之便，先行札知。报闻。

(《清高宗实录》卷674　页534—535)

哈萨克仍越境游牧理应加以惩创

乾隆二十七年十一月辛酉(三日 1762.12.17)又谕曰，阿桂、明瑞奏称，哈萨克人等，性本顽愚，不可以理谕，今春将拿获伊等头目及所有牲只给回，伊等转谓大皇帝矜怜我等，不行治罪，复来塔尔巴哈台山阴之哈喇巴哈等处游牧，似应示以兵威，来春拟同领队大臣二员，分为三路，领兵前往驱逐，多收其属人牲只，释放二三人，令致书阿布赉，其牲只竟不给还，以示惩创等语。哈萨克等贪得无厌，仍行越境游牧，理应加以惩创，但自明瑞外，领队之伊勒图、鄂津、伍弥泰等，俱未为谙练军务，今授爱隆阿、伊勒图为参赞大臣，伍岱为领队大臣，计伊等前抵伊犁，已届领兵驱逐之期，明瑞与爱隆阿、伍岱分路前往，酌派伊勒图、鄂津、伍弥泰随行学习。此次重惩越境人等，哈萨克所属或生畏惧，贸易者少，或纠众为匪以图报复，俱未可定，然亦不得因此自生顾虑，遂尔姑息从事。至塔尔巴哈台等处，虽未便即驻满洲绿营兵丁，似应将厄鲁特兵，酌令驻扎防守。著传谕明瑞等，将来驱逐哈萨克后，作何移驻厄鲁特兵丁之处，会同妥议具奏。

(《清高宗实录》卷674　页534)

哈萨克若仍越境游牧将其牲只没收

乾隆二十七年十一月乙丑(七日 1762.12.21)谕军机大臣等，据明瑞奏，蓝翎侍卫阿克栋阿等禀称，护送哈萨克使臣阿塔海至爱呼斯地方，见有哈萨克苏旺鄂拓克之温布德衣等游牧居住，当经阿克栋阿等驱逐，始行移徙出界等语。看来哈萨克贪得无厌，惟图眼前小利，须痛加惩创，前经降旨将伊等剿办，可传谕明瑞，此刻伊若仍前越境游牧，即当遵照前旨，将伊等牲只掠取，若拿获头目，即行具奏，此内即使有阿布赉，亦不妨擒拿，俾知儆惧。

（《清高宗实录》卷674　页536）

如若用兵巴达克山等处即调拨伊犁兵丁前往

清乾隆朝满文寄信档。乾隆二十七年（1762）十二月二十五日，大学士、领侍卫内大臣、忠勇公等奉上谕，字寄总管伊犁等处地方将军、领侍卫内大臣、都统、公明瑞明瑞，礼部尚书、理藩院尚书新柱，参赞大臣、吐鲁番郡王等如若用兵巴达克山等处即调拨伊犁兵丁前往。谕曰："新柱等奏，巴达克山之素勒坦沙，领兵抢掠博罗尔游牧，围困城池。博罗尔沙瑚沙默特情急求救，已遣使将素勒坦沙严行斥责。素勒坦沙若停兵与博罗尔重归于好则已；若仍不肯止息，即当领兵剿办。并将额敏和卓留于叶尔羌办事。等语。巴达克山、博罗尔，俱已归顺之回子，素勒坦沙不知守分，托言欲报旧仇而抢掠博罗尔，博罗尔情急求救，若置之不问，其何以服以众心。新柱等既已遣使将素勒坦沙严行斥责，若伊遵令止息亦罢，如若不从，自当进剿。唯在彼处守城兵丁现已不多，新柱将率领何处兵丁前往？此或以威慑巴达克山素勒坦沙之词语。但新柱向来未练戎行，额敏和卓曾练戎行，亦颇悉回子等性情，诚若有事，新柱与额敏和卓同往即为上策。叶尔羌已有鄂对，何必又留额敏和卓办事？即至巴达克山，若必须用兵，回疆兵力不足，草率出击，以薄兵进剿，反招人藐视。爱隆阿、伍岱曾经历练戎行，前已遣往伊犁。伊犁等处现有满洲、索伦、察哈尔、厄鲁特兵丁，从中选出满洲、蒙古、索伦兵丁千余名，厄鲁特兵丁数百名，拨给马匹，由爱隆阿、伍岱率领，越穆素尔岭，从容抵达叶尔羌，彼处粮足马壮，统有三千精兵，则何事不成。现在浩罕之额尔德尼伯克，亦有占据额德格讷布鲁特安集比游牧之事，当剿办额尔德尼伯克，亦宜事先预备。现剿办巴达克山之素勒坦沙、浩罕之额尔德尼伯克之事，著新柱、额敏和卓，相机行止督办军务；爱隆阿、伍岱，则领队进剿。将此事交新柱、额敏和卓、爱隆阿、伍岱四人，和衷商榷，妥协办理。并密谕明瑞、新柱、永贵等，果需用兵，其应备办起程等项，令伊等商酌办理。至驱逐哈萨克游牧一事，暂缓办理；留守伊犁兵丁，足以应付约束回子、屯田坐卡，不必另行调兵。著即传谕明瑞、新柱、额敏和卓、永贵、爱隆阿、伍岱等，此不过筹划耳，伊等若畏惧从命或将人给还，亦就不必如此办理。"

（档号：03-129-5-047）

叶尔羌等处若需用兵丁即派爱隆阿等带领前往

清乾隆朝满文寄信档。乾隆二十七年（1762）十二月二十五日，大学士、领侍卫内大臣、忠勇公等奉上谕，字寄总管伊犁等处将军、领侍卫内大臣、公明瑞等著叶尔羌等处若需用兵丁即派爱隆阿等带领前往。谕曰："据阿桂、明瑞奏称，哈萨克等生性贪得无厌，明年剿办之后，伊等虽有畏惧，然大军撤回，恐又复来游牧。故请明年驱逐哈萨克时，将其所收取牲只内不堪用者，作为口粮，由爱隆阿、伍岱二人内，酌留一人，带领兵丁

四百巡哨。若口粮无以为继，七月底，再抽调留城兵丁前往接替。等语。哈萨克等贪得无厌，频频越境游牧，理应重加剿办。但因其使臣现已来京，昨已降旨，令明瑞等且暂缓办理，此间，恐叶尔羌、喀什噶尔等处，需用伊犁兵丁。著传谕明瑞等，此间，暂且不必剿办哈萨克等，即照前旨遵行。叶尔羌等处，若需用兵丁，即照所需，派爱隆阿、伍岱带领前往。”

（档号:03 - 129 - 5 - 046）

哈萨克复来塔尔巴哈台一带游牧

乾隆二十七年十一月丙子（十八日 1763.1.1）又谕（军机大臣等），昨明瑞等奏称，哈萨克复来塔尔巴哈台一带游牧，请于来春前往驱逐，收其人口牲只，业经降旨允行，但近据旌额理等奏，左部哈萨克努尔赉遣使入觐，又有乌尔根齐城哈雅布、奇齐玉斯别部之巴图尔，亦遣使前来，伊等因见右部哈萨克入觐，得沾恩赏，故相率仿效，念其远来归附，自必照例宴赉，是来春正值伊等内向之时，忽闻收其游牧，恐外藩愚顽，转生疑惧，即迟至明年冬后年春再行驱逐，亦无不可。著传谕明瑞等，将收取牲只之处暂停办理，仍照前次晓示逐回。

（《清高宗实录》卷 675　页 547）

将爱乌罕使臣等交侍卫等送至叶尔羌

清乾隆朝满文寄信档。乾隆二十八年（1763）正月初三日，大学士、领侍卫内大臣、忠勇公等奉上谕，字寄总管伊犁等处地方将军、领侍卫内大臣、都统、公明瑞等将爱乌罕使臣等交侍卫等送至叶尔羌。谕曰：“今爱乌罕使臣抵达后，虽跪呈奏章，却不肯叩头，恳请仍以伊等之礼朝觐。军机大臣等责称，尔汗遣汝何为，莫非不是前来朝觐？大皇帝乃天下一统之君，不但尔爱乌罕，凡俄罗斯、西洋人以及从前准噶尔人等来朝，无不行以叩拜之礼。君即如天，尔等难道亦不拜天乎？等语。反复晓示，和卓方转行叩拜之礼，但终究勉强。爱乌罕位于边鄙，固不知内地之礼，但新柱等以其初次遣使，奉为异物，姑息放纵；且来京途中，又未差遣妥善之人照料，却派龄保一流无用之辈，竟不知体统，唯求无事，哄骗沿途总督、巡抚设宴款待，礼遇有加，却不知昭示本朝之威，致令更加骄横至极。至于爱乌罕，原欲遣使，今观其使臣等举止，足见爱乌罕并非明理之部落，尚不必加恩遣使，只将伊等使臣等，交与护送入觐回子等侍卫，送至叶尔羌则已。著将此传谕永贵、新柱等知之。再，纵览爱乌罕所遣使臣等举止，便知爱哈默特沙并非安分守已之辈。久而久之，恐巴达克山人等或与安集延等处之人，伺机纠集骚扰我回疆地方，俱未可定。今伊犁并无事宜，虽有哈萨克等越境游牧之情形，亦不过驱逐即退，兵撤复至，并无大碍。伊犁兵马强壮，并在塔尔巴哈台等处驻兵之后，自更无虞，尚不必准备。现回疆既有此事，亦宜当准备。著俱传谕新柱、额敏和卓、永贵、明瑞等，暂缓办理哈萨克事宜，要以全力应付回疆地方，一旦用兵，即遵陆续所降谕旨而行。”

（档号:03 - 130 - 1 - 004）

察达克等曾请自行办理乌梁海库克新

乾隆二十七年十一月丁亥(二十九日 1763.1.12)谕军机大臣等,成衮扎布等奏,乌梁海散秩大臣图布慎之子伊苏特,在额尔齐斯河渡口见有兵马旗纛踪迹,此处向系哈萨克行走之路,恐因伊等牧群被乌梁海窃取,或如巴鲁克之计图报复,亦未可定,自当加意防范等语。察达克等曾请自行办理乌梁海库克新,今既有此等踪迹,当候信息明确,酌量行止。昨扎拉丰阿奏请领兵策应察达克等,已谕令不必前往,此次非专办库克新可比,著扎拉丰阿同察达克等前往,于侦探策应之处,自可相资为用。再成衮扎布奏,伊犁撤回索伦兵,现在扎布堪过冬,著传谕成衮扎布,有调用伊等之处,不过办给马匹,亦属便易,但此事究系传闻,仍俟查询明确,即行具奏。

(《清高宗实录》卷 675　页 551)

蒙霍津等人履历清单

恩克所遗骁骑校缺,拟正之正红旗哈萨科佐领下领催蒙霍津,食钱粮十五年。出征二次,于阿固雅斯、库库乌苏等处当向导,抓拿活口一名。进京引见,得赏银二十两,绸缎两匹。出征乌什,打仗二十七次,杀贼五名,保荐卓异一次、头等八次、二等四次,得头等功牌三枚、二等功牌三枚。巡查哈萨克、布鲁特边界四次,跟随领队大臣那旺赴哈萨克阿布赉游牧一次,赴乌鲁木齐送马一次。补放骁骑校拟陪二次。现年四十四岁,额鲁特,步箭平,马箭可。拟陪蒙霍津之镶蓝旗巴延察衮佐领下领催扎布,食钱粮十五年。出征二次,于哈萨克、塔什干、布鲁特、叶尔羌、和阗、阿勒楚尔、伊什勒库勒、巴达克山等处打仗十次,杀贼三名,缴获枪一支,得赏银六十四两。出征乌什,打仗二十七次,杀贼五名,保荐卓异一次、头等三次、二等七次,得头等功牌一枚、二等功牌五枚。现年四十七岁,额鲁特,步箭平,马箭可。

(《军机处满文录副奏折》2504—16)

萨玛喇特等在额尔齐斯地方打围

乾隆二十七年十二月辛丑(十三日 1763.1.26)又谕(军机大臣等),据成衮扎布奏称,乌梁海萨玛喇特等在额尔齐斯地方打围,遇有哈萨克十数人,肆行抢掠,请旨交哈萨克大头目办理,或带兵前往剿办等语。额尔齐斯等处为乌梁海、哈萨克二处适中之区,彼处小人图利窃掠,亦属常事,成衮扎布等若派人巡哨,遇应行擒捕者擒捕,应行禁止者禁止,即可了事,又何必将军大臣等带兵剿办,今哈萨克使臣将到,俟其到时,提及此事,便可晓示伊等,妥为约束,不得似前抢掠。

(《清高宗实录》卷 676　页 565—566)

乌鲁木齐屯田多以哈萨克马耕

乾隆二十七十二月乙巳(十七日 1763.1.30)伊犁将军明瑞等奏,据旌额理等咨称,乌鲁木齐屯田多以哈萨克马耕,性不相宜,不如用牛之便,因本处仅有牛六百余只,闻伊

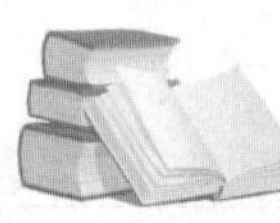

犁牛甚多,商量通融办理等语。查伊犁现有牛三千三十余只,除归入孳生牧群外,余一千九百余只,计以一千只屯田,余九百余只,俟开岁春融,派员牧养,解送乌鲁木齐。报闻。

(《清高宗实录》卷677　页570)

哈萨克人等越境游牧事宜

乾隆二十七年十二月癸丑(二十五日1763.2.7)又谕(军机大臣等),据阿桂、明瑞奏称,哈萨克人等越境游牧,明春剿办后,仍须严加防范,请于爱隆阿、伍岱二人内,酌留一人,带兵巡哨等语。哈萨克等贪得无厌,理应重加剿办,但因其使臣现已来京,昨已降旨,令明瑞且暂缓办理,此际叶尔羌、喀什噶尔等处,恐尚需用伊犁兵丁,即可派爱隆阿、伍岱带领前往。

(《清高宗实录》卷677　页574)

爱乌罕使人和卓密尔哈等入觐

乾隆二十七年十二月丁巳(二十九日1763.2.11)爱乌罕使人和卓密尔哈,巴达克山使人阿布都尔阿木咱,霍罕使人巴巴什克,西哈萨克乌尔根齐部使人塞德克勒,奇齐玉斯部使人乌克巴什颇拉特,回部喀什噶尔诸城三品阿奇木伯克阿克伯克等入觐,于午门前恭迎圣驾。

(《清高宗实录》卷677　页576)

赐外藩蒙古王公台吉爱乌罕使人等宴

乾隆二十八年正月甲子(六日1763.2.18)上御紫光阁,赐外藩蒙古王公台吉,及回部郡王霍集斯等,并爱乌罕使人和卓密尔哈,巴达克山使人阿布都尔阿木咱,霍罕使人巴巴什克,哈萨克乌尔根齐部使人塞德克勒,奇齐玉斯部使人乌克巴什颇拉特,回部喀什噶尔诸城三品阿奇木伯克阿克伯克等宴。

(《清高宗实录》卷678　页585)

赐诸王并文武大臣蒙古王公台吉等宴

乾隆二十八年正月丁卯(九日1763.2.21)上大阅于畅春园之西厂,御大西门大幄次,赐诸王并文武大臣,蒙古王公台吉等宴,回部郡王霍集斯等,爱乌罕使人和卓密尔哈,巴达克山使人阿布都尔阿木咱,霍罕使人巴巴什克,哈萨克乌尔根齐部使人塞德克勒,奇齐玉斯部使人乌克巴什颇拉特,回部喀什噶尔诸城三品阿奇木伯克阿克伯克等,并令与宴,宴毕,上大阅,命各回部使臣等从观。

(《清高宗实录》卷678　页586)

又赐哈萨克阿布勒毕斯等敕书

乾隆二十八年正月己巳(十一日1763.2.23)又赐哈萨克阿布勒毕斯等敕书曰,汝等所遣使入觐,朕加恩宴赉,赐汝等缎匹、器什,又赏给策伯克索勒屯,萨呢雅斯索勒屯,图库索勒屯，哈木巴巴索勒屯等，缎匹、器什，又赏来使翎顶、缎匹、器什、银两各有差。汝受朕厚恩，宜约束属人，安居游牧，毋得越境，若恃恩贪利，复潜往塔尔巴哈台等处迁移，则驻扎伊犁将军大臣等，必申明约束，驱逐出界，伤汝牲畜，朕不能为汝庇也，当谨遵节制以副恩养。特谕。

（《清高宗实录》卷678　页591）

又赐右部哈萨克奇齐玉斯巴图尔等敕书

乾隆二十八年正月己巳（十一日 1763.2.23）又赐右部哈萨克奇齐玉斯巴图尔等敕书曰，汝等仰慕皇风，输诚表贡，遣使入觐，经驻扎乌鲁木齐大臣等奏到，朕心嘉悦，已令护送到都，加恩宴赉，赐汝缎匹、绸绫、器什，并赏来使等翎顶、器什、银两各有差。汝远在遐荒，未通朝命，闻巴达克山、霍罕各部落，各部布鲁特，及邻近之鄂尔图玉斯哈萨克阿布赉等，俱已归附，祗受殊恩，汝向风景化，愿为臣仆，进贡马匹，具见悃诚，念汝游牧之地甚远，初通贡使，赏赉特优，汝受天朝大恩，应谨守法度，约束属人，和睦邻封，以期永膺休眷。特谕。

（《清高宗实录》卷678　页590）

又赐右部哈萨克奇齐玉斯努尔里等敕书

乾隆二十八年正月己巳（十一日 1763.2.23）又赐右部哈萨克奇齐玉斯努尔里等敕书曰，汝等仰慕皇风，输诚表贡，遣使入觐，经驻扎乌鲁木齐大臣等奏到，朕心嘉悦，已令护送到都，加恩宴赉，赐汝等缎匹、绸绫、器什，并赏来使等翎顶、器什、银两各有差。汝远在遐荒，未通朝命，闻巴达克山、霍罕各部落，各部布鲁特，及邻近之鄂尔图玉斯哈萨克阿布赉等，俱已归附，祗受殊恩，汝向风景化，愿为臣仆，进贡马匹，具见悃诚，念汝游牧之地甚远，初通贡使，赏赉特优，汝受天朝大恩，应谨守法度，约束属人，和睦邻封，以期永膺休眷。特谕。

（《清高宗实录》卷678　页590）

又赐右部哈萨克乌尔根齐哈扎布敕书

乾隆二十八年正月己巳（十一日 1763.2.23）又赐右部哈萨克乌尔根齐哈扎布敕书曰，汝仰慕皇风，输诚表贡，遣使入觐，经驻扎乌鲁木齐大臣等奏到，朕心嘉悦，已令护送到都，加恩宴赉，赐汝缎匹、绸绫、器什，并赏来使等翎顶、器什、银两各有差。汝远在遐荒，未通朝命，闻巴达克山、霍罕各部落，各部布鲁特，及邻近之鄂尔图玉斯哈萨克阿布赉等，俱已归附，祗受殊恩，汝向风景化，愿为臣仆，进贡马匹，具见悃诚，念汝游牧之地甚远，初通贡使，赏赉特优，汝受天朝大恩，应谨守法度，约束属人，和睦邻封，以期永膺休眷。特谕。

（《清高宗实录》卷678　页590—591）

将现有牛马交厄鲁特孳生牧养

清乾隆朝满文寄信档。乾隆二十八年（1763）二月二十九日，大学士、领侍卫内大臣、忠勇公等奉上谕，字寄总管伊犁等处将军、领侍卫内大臣、都统、公明瑞等将现有牛马交厄鲁特孳生牧养。谕曰："据明瑞等奏称，前乌鲁木齐领取耕牛五百只内，不知曾否将库尔喀喇乌苏等三屯合计在内，故札商阿思哈。今据阿思哈咨复，若解送耕牛百余，亦属有益。当即选百二十只送往。现在伊犁尚有牛八百余只，并与贸易之哈萨克马匹搭配使用，并无贻误之处。等语。明瑞等将牛只通融办理，用于屯田，甚属妥协。伊犁乃蒙古地方，必须设立牧场，孳生牲只，方为久远之计。著传谕明瑞等，将伊犁现有牛马除所用之外，其余俱交厄鲁特加意牧放孳生，不可因现有牲只无多，难以孳生而不以为事。现在牲只虽少，但就已有牲只加意孳生牧养，日后自可成群，孳生繁庶。其携眷移驻之索伦、察哈尔官兵到彼之后，亦将此项牲只交付伊等，令其同厄鲁特等牧放，则孳生益多。不但一切地方敷用，亦合蒙古生计。著传谕明瑞等，妥为遵行。"

（档号:03－130－1－028）

议伊犁挈眷索伦察哈尔兵丁事宜

乾隆二十八年(1763)三月丁丑。议伊犁挈眷索伦察哈尔兵丁事宜。伊犁将军明瑞等奏言:钦奉谕旨，派出索伦、察哈尔兵丁，挈眷移驻伊犁。所有给与产业预备牲只口粮等项，谨分列五条，会奏请旨。一、索伦、察哈尔兵二千名，挈眷移驻伊犁，除带来马驼，准其存留外，仍应给与孳生牲只。请按现在牛羊数目，每户派给羊二十五只，二三户合给牛一只。每羊十只，岁交孳生羊三只;牛十只，交孳生牛二只，其采买办送，候定议遵行。一、兵丁至伊犁后，应支盐菜银两，一年届满，即行停给。惟支旧额钱粮，兼赏给籽种，令其开垦地亩，收获之前，仍准给与口粮。一、伊犁现有迁移察哈尔、厄鲁特兵，共一千八百名，应分为二昂吉。旧有厄鲁特兵千余名，应作一昂吉，各设总管、副总管、佐领、骁骑校等官。每佐领下，领催四名，所辖以二百人为率，其实授官员不敷，以领催委署。一、察哈尔、厄鲁特既编设昂吉，补授官员，一切办理案件，应赏给关防钤记，以昭信守。一、厄鲁特兵千余名，食饷者仅一百二十名。伊等有前随将军等进兵效力者，有自布鲁特、哈萨克来投者。请再增食饷兵八十名，合之察哈尔兵丁，共为二千名，以符饷额。奏入。得旨，军机大臣议奏。寻议:查办给索伦、察哈尔等牛羊，以裕生计，其孳生定额，应如所奏办理。除伊犁现存羊只外，已议令巴尔品于牧群办送四万只。又成衮扎布奏，现有牛五百八十只，及喀尔喀折抵应交马匹，计牛四千只，来年可抵伊犁。其盐菜银两，一年内应准支给，收获以前口粮，大口日给八合三勺，小口减半。至所议编设昂吉，补授官员，俱按照该处情形。其索伦兵一千名，与察哈尔事同一体，均请如所奏办理，仍给与总管昂吉关防，佐领钤记，拟定字样，交礼部铸给。再厄鲁特等兵丁，食饷者少，亦应增加，以示鼓励。

（《平定准噶尔方略》续编，卷二十一）

乌鲁木齐岁易哈萨克马事宜

乾隆二十八年正月戊寅(二十日 1763.3.4)乌鲁木齐办事副都统旌额理等奏，乌鲁木齐岁易哈萨克马，数不过三千余匹，本年九月至十二月，已得四千二百匹，积久增多，除拨补新疆额缺及肃州等处标营倒毙马外，拟予乌鲁木齐常留马一千匹应差，七百匹备阿克苏调，余于来年四月牧放巴里坤，供安西提标及肃州等处拨补。得旨，军机大臣议奏。寻议，现奉谕旨，令索伦、察哈尔余丁及凉州、庄浪驻防兵丁，续赴伊犁，须增牧群，先请将孳生马送往，骟马暂留乌鲁木齐备拨，如应留马外仍有余，即续送伊犁，此后与哈萨克交易，以孳生马为要，俟新疆足额，再拨补内地。从之。

（《清高宗实录》卷679　页596—597）

乌梁海库克新等投入俄罗斯

乾隆二十八年正月癸未（二十五日 1763.3.9）定边左副将军成衮扎布奏，据杜尔伯特亲王车凌乌巴什、乌梁海内大臣察达克、副管旗章京莫尼扎布等呈称，闻乌梁海库克新等投入俄罗斯，又掠哈萨克马，即领兵往击，将宰桑库克新等擒戮，收取余众七十四户，臣等酌将招抚人户给察达克等分辖。得旨，车凌乌巴什等俱著赏给缎匹，其著有劳绩之官员兵丁等，著照追捕色布腾之例，分别赏给缎匹银两。

（《清高宗实录》卷679　页600）

将哈萨克章台里克不必押送京城

清乾隆朝满文寄信档。乾隆二十八年（1763）三月十五日，大学士、领侍卫内大臣、忠勇公等奉上谕，字寄定边左副将军、扎萨克和硕亲王成衮扎布等将哈萨克章台里克不必押送京城。谕曰："据成衮扎布等奏，伊等所遣公多尔济车登、荫生伊勒噶纳等，行抵乌登郭勒，传唤哈萨克巴尔鲁克巴图鲁，查询戕掠乌梁海一事，查出杀害乌梁海人等、偷窃牲畜者，系伊属哈萨克章台里克跟役所为。章台里克恳言，伊之生死悉听主恩。巴尔鲁克巴图鲁亦为之请命，并遣其子巴德、章台里克之弟拜玛尔咱，与章台里克一同来进马匹。俟其到后，再将章台里克交伊勒噶纳押解赴京。等语。戕害乌梁海人等及偷窃牲畜之事，既系章台里克属下所为，理应将章台里克治罪。但巴尔鲁克巴图鲁接到多尔济车登传唤之令，即刻前来，并将章台里克交出，又遣人与章台里克同来进献马匹，为之乞命，甚属恭顺。即便将章台里克等解送京城，亦必念及伊等恭顺，宜宽宥其罪。且伊等俱未出痘，现当盛暑，长途来京，恐生疾病。著不必解送京城，俱令遣回。至章台里克跟役行凶杀人，若不示惩，伊等不知畏惧。著照蒙古之例，令章台里克按杀一人罚马五匹计，共罚马十五匹，给被害三人家属。成衮扎布奉到此旨，即刻派人往迎多尔济车登、伊勒噶纳，并晓谕章台里克等，照数罚取马匹，即行遣回；伊等所进马匹，亦令一并带回。再，多尔济车登办理此事，甚属奋勉，著加恩赏缎四匹，以示奖励。其所赏缎匹，由成衮扎布等自乌里雅苏台库内支取。"

（档号:03－130－1－035）

哈萨克九人杀害乌梁海三人案

乾隆二十八年二月辛卯（三日 1763.3.17）谕军机大臣等，成衮扎布等奏，巡查额尔齐斯等处公多尔济车登等呈报，据乌梁海告称，有哈萨克九人前来，杀害乌梁海三人，掠去羊马什物，随究出贼匪游牧，前往追捕，因恐多尔济车登等兵力不足，令其酌量行止，若追捕不及，即行转回等语。哈萨克边境人等乘间抢掠乌梁海，情节可恶，自应擒治，以示惩创，且已知贼匪名目，何难办理，乃成衮扎布虑兵力不足，遣人往阻，伊身为将军，派员巡查边境，宜饬令擒拿贼匪，而转于具报之事，戒其勿行，似此意存怯懦，甚属错谬。莽古赉、雅朗阿俱已参赞协同办事之人，自应规劝，亦复随同附和，所司何事。俱著传谕申饬。

（《清高宗实录》卷680　页606）

乌鲁木齐屯田牛马事宜

乾隆二十八年二月壬寅（十四日 1763.3.28）乌鲁木齐办事副都统旌额理奏，乌鲁木齐屯田牛马，每年准销倒毙分数，照巴里坤作二分销算，查屯田非马力所习，且例不支食料豆，伤损者多，自一二分至五七分不等，请嗣后马准销二分半，牛一分半，若数太多，仍著赔补。至屯田，牛为优，现存牛一千余，再将哈萨克等所带牛补额，马可渐减。报闻。

（《清高宗实录》卷680　页617）

来京之章台里克仍送回乌里雅苏台

清乾隆朝满文寄信档。乾隆二十八年（1763）三月二十八日，大学士、领侍卫内大臣、忠勇公等奉上谕，字寄定边左副将军、扎萨克和硕亲王成衮扎布、侍卫行走荫生伊勒噶纳等著将已解来京之章台里克仍送回乌里雅苏台。谕曰："成衮扎布等奏，在侍卫上行走荫生伊勒噶纳押解章台里克，于三月十七日到达乌里雅苏台，是日即令起程，由驿赴京。等语。前据成衮扎布等奏，因哈萨克章台里克跟役杀害乌梁海人等、偷窃其牲畜之故，多尔济车登抵达后，巴尔鲁克巴图鲁当即查出章台里克，并派巴尔鲁克巴图鲁之子巴德、章台里克之弟拜玛尔咱，与章台里克一同带伊等所贡马匹前来。俟其到乌里雅苏台后，再交伊勒噶纳送京，等语。此奏到后，朕即谕以，巴尔鲁克巴图鲁接到传唤之令，即派人与章台里克一同前来，又为章台里克请命，甚属恭顺。虽解来京城，亦必予宽免；著不必解送京城，俱令遣回。成衮扎布谅未奉到此旨，仍将章台里克，交伊勒噶纳解送来京。著寄书迎头驰送伊勒噶纳，令其于何处接旨，即于何处将章台里克带回乌里雅苏台，仍遵前旨办理。并传谕成衮扎布知之。"

（档号:03－130－1－043）

伊犁屯田之厄鲁特等来年照常办给籽种

清乾隆朝满文寄信档。乾隆二十八年（1763）三月三十日，大学士、领侍卫内大臣、忠勇公等奉上谕，字寄总管伊犁等处将军、领侍卫内大臣、公明瑞等伊犁屯田之厄鲁特等来年照常办给籽种。谕曰："明瑞等奏，伊犁屯田之厄鲁特，本年已酌量拨给籽种二百三十石。现核计来年收获所需口粮若干，若所余足敷籽种之用，则停其官为办给。等语。伊犁之厄鲁特等甫经来投安插，此间，又自哈萨克陆续来归者，伊等生计尚不富裕，若停给籽种，于其生计无益。著传谕明瑞等，来年播种时，照常官为给发。”

（档号：03－130－1－044）

前乌鲁木齐领取耕牛五百只

乾隆二十八年二月丁巳（二十九日 1763.4.12）谕军机大臣等，据明瑞等奏称，前乌鲁木齐领取耕牛五百只内，不知曾合计库尔喀喇乌苏等三屯否，因札商阿思哈，旋据阿思哈咨覆，若解送牛百余，亦属有益，当即选百二十只送往，现在伊犁尚有牛八百余只，并搀哈萨克所换马匹均配使用，并无贻误之处等语。明瑞等将牛只通融办理，用于屯田，颇合机宜，伊犁乃蒙古地方，必须设立牧场，孳生牲只，方为久远之计。著传谕明瑞等，将伊犁现有牛马，除所用外，余俱著交厄鲁特，加意牧放孳生，不可因现在牲只无多，遂致玩愒，果能加意孳生牧养，日久自可繁庶，其携眷移驻索伦、察哈尔兵到彼，亦将此项牲只，令同厄鲁特等牧放，则孳生益多，不但一切地方敷用，亦合蒙古生计。

（《清高宗实录》卷681　页629）

公多尔济车登等行抵乌登郭勒

乾隆二十八年三月辛未（十四日 1763.4.26）又谕（军机大臣等），据成衮扎布奏，公多尔济车登等行抵乌登郭勒，查询戕掠乌梁海事，哈萨克巴尔鲁克巴图鲁交出章台里克，为之请命，因遣其子弟同来进马，俟其来时，即令伊勒噶纳押解赴京等语。章台里克之奴戕杀乌梁海，偷窃牧厂，本应将章台里克治罪，但巴尔鲁克巴图鲁一奉查询，即将罪人交出，章台里克亦悚惧自投，自称不能约束下人，生杀皆大皇帝天恩，愿诣天朝听罪，巴尔鲁克巴图鲁又为乞命，颇属恭顺，宜宥其罪，且伊等均未出痘，现当盛暑，长途来京，恐生疾病，著不必解送。至其跟役行凶，若不示惩，伊等不知畏惧，著照蒙古例，令章台里克，按杀一人罚马五匹之例，共罚马十五匹，给被杀三人家属领去。成衮扎布奉到此旨，即晓谕遣回，其所进马并令带去。再多尔济车登于此事甚觉奋勉，著加恩赏缎四匹，以示奖励。

（《清高宗实录》卷682　页639）

索伦察哈尔兵挈眷移驻伊犁事宜

乾隆二十八年三月丁丑（二十日 1763.5.2）军机大臣等议准，伊犁将军明瑞等奏，索伦、察哈尔兵挈眷移驻伊犁事宜：一、除所带马驼准存留外，应给孳生牲只，请按现在牛羊数目，每户派给羊二十五只，二三户合给牛一只，羊十只岁交孳生羊三只，牛十只交孳生牛二只，除伊犁现存羊只外，已议令巴尔品于牧群办送四万只。又成衮扎布奏，现有牛五百八十只，喀尔喀折抵应交马匹计牛四千只。一、盐菜银，一年内准支，开垦赏籽种，收获前准给口粮，大口日入八合三勺，小口半之。一、伊犁新迁察哈尔、厄鲁特兵一千八百名，应分为二昂吉，旧有厄鲁特兵千余名，应作为一昂吉，各设总管、副总管、佐领、骁骑校等官，每佐领下领催四名，所辖以二百人为率，实授官不敷，以领催署，总管、佐领应给关防钤记。一、厄鲁特兵千余名，食饷仅一百二十名，伊等有前随将军等效力者，有自布鲁特、哈萨克来投者，请增食饷兵八十名。从之。

（《清高宗实录》卷683　页643）

知会明瑞奏折内写错舅父一字

清乾隆朝满文寄信档。乾隆二十八年（1763）五月初四日，大学士、领侍卫内大臣、忠勇公等奉上谕，字寄总管伊犁等处地方将军、领侍卫内大臣、都统、公明瑞等知会奏折内写错舅父一字。谕曰："明瑞等所奏，将自哈萨克来投之厄鲁特台吉巴朗，或安插京城，或在伊舅父车凌乌巴什游牧居住一折内，将舅父 nakcu 写成 akcu，朕即以朱笔代其加了一点；接下又写作 akcu，朕转疑或系新编词语。但查新编词语内，并无 akcu 一词，可见系伊误写耳。著传谕明瑞等知之。"

（档号：03－130－2－002）

将来投之厄鲁特台吉巴郎送往其舅父游牧居住

清乾隆朝满文寄信档。乾隆二十八年（1763）五月初四日，大学士、领侍卫内大臣、忠勇公等奉上谕，字寄总管伊犁等处将军、领侍卫内大臣、都统、公明瑞及定边左副将军、扎萨克和硕亲王，护送自哈萨克来投之厄鲁特台吉巴朗来京之侍卫永平等著将来投之厄鲁特台吉巴郎送往其舅父游牧居住。谕曰："明瑞等奏，哈萨克来投之厄鲁特台吉巴朗，已交侍卫永平送京。或安插京城，或在伊舅父车凌乌巴什游牧居住之处，恭候圣裁。等语。巴朗既系车凌乌巴什之甥，即送车凌乌巴什游牧居住，不必送京。著传谕侍卫永平，令其奉接此旨，明白晓谕巴郎云：今奉大皇帝圣旨，现值夏令，汝未曾出痘，若送京城，于汝无益；现送汝到尔舅父车凌乌巴什游牧居住，并将汝之家人牲只财物，亦命伊犁将军、大臣等，由彼径送车凌乌巴什游牧。等语。故此，将巴朗由乌鲁木齐送往车凌乌巴什游牧。永平若已经过乌鲁木齐，则由巴里坤阿济巴吉一路前往亦可。将此传谕明瑞，将巴朗家人牲只财物，送至车凌乌巴什游牧；并传谕将军成衮扎布等，行文知会车凌乌巴什。"

（档号：03－130－2－001）

各回城所需马匹俱奏请自伊犁等处调拨

清乾隆朝满文寄信档。乾隆二十八年（1763）五月十一日，大学士、领侍卫内大臣、忠勇公等奉上谕，字寄礼部尚书、都统永贵等著各回城所需马匹俱奏请自伊犁等处调拨。谕曰："永贵等奏，购马二百七十九匹，需银二千七百六十三两有余，平均而计，每匹用银九两九钱有余。等语。现伊犁、乌鲁木齐所购哈萨克马匹甚多，伊等各处如需马匹，当奏请自伊犁、乌鲁木齐调拨。回疆马匹颇难购买，若俱官为购买，回子等必难采购；且彼处马匹价值昂贵，较伊犁、乌鲁木齐价值倍增。著传谕永贵等，嗣后，回疆各城如需马匹，俱行奏请由伊犁、乌鲁木齐调取，停止于彼处购买马匹，以便回子等采购。"

（档号：03－130－2－004）

哈萨克来投厄鲁特台吉巴朗

乾隆二十八年五月己未（三日 1763.6.13）谕军机大臣等，明瑞等奏，哈萨克来投之厄鲁特台吉巴朗，交侍卫永平送京，或安插京城，或在伊毋舅车凌乌巴什游牧居住等语。巴朗既系车凌乌巴什之甥，即著在彼处游牧居住，不必送京。

（《清高宗实录》卷686　页676）

瓦勒达等人履历清单

特讷所遗佐领缺，拟正之正白旗乌达哩佐领下骁骑校瓦勒达，食俸饷二十四年。巡查哈萨克边界一次，补放佐领拟陪一次。现年三十九岁，锡伯，马步箭平等。拟陪瓦勒达之镶白旗纳延泰佐领下骁骑校绰霍栾，食俸饷二十七年。出演围一次，得赏银六两。到察林河地方迎接土尔扈特一次。现年四十六岁，锡伯，马步箭平等。拟补佐领递出骁骑校缺，拟正之正黄旗特古斯佐领下骁骑校乌尔古勒济，食钱粮二十八年。出围一次，得赏银八两。补放骁骑校拟陪一次。现年四十二岁，锡伯，马步箭平等。拟陪乌尔古勒济之正蓝旗阿裕西佐领下领催济泰，食钱粮二十六年。出围二次，得赏银八两。随副都统职衔伊常阿迎接土尔扈特一次。现年五十八岁，锡伯，马步箭平等。

（译自《军机处满文月折档》）

伊犁乌鲁木齐来贸易哈萨克马匹甚多

乾隆二十八年五月丙寅（十日 1763.6.20）谕军机大臣等，永贵等奏称，喀什噶尔购马二百七十九匹，用银二千七百六十三两有奇，计每匹银十两以内等语。伊犁、乌鲁木齐贸易哈萨克马匹甚多，嗣后各回城有需马之处，俱著奏请调拨，停其购买马匹。

（《清高宗实录》卷686　页683）

派人前往吹、塔拉斯等地巡查

清乾隆朝满文寄信档。乾隆二十八年（1763）七月初九日，大学士、领侍卫内大臣、忠勇公等奉上谕，字寄总管伊犁等处将军、领侍卫内大臣、都统、公明瑞等派人前往吹、塔拉斯等地巡查。谕曰："据永贵等奏报，居住吹地方之乌瓦克部落之阿哈拉齐雅纳什拜，率伊子爱图干等前来喀什噶尔，恭请圣安，进献伯乐克马匹，已赏给绫缎遣回。等语。吹、塔拉斯、沙喇伯勒，俱在伊犁以西边端，此吹地方，未知即附近塔拉斯之吹否？若果即其地，原系厄鲁特游牧。我师平定准噶尔后，虽驻兵伊犁，但伊犁地方辽阔，或有西哈萨克、布鲁特，潜来厄鲁特境内游牧，亦未可定。前阿桂、明瑞等，虽加意巡查伊犁以北之塔尔巴哈台等地，屡次驱逐越界游牧之哈萨克，但其西部吹、阿勒和硕等地，尚未前往。现住伊犁之厄鲁特人等内，既有熟悉边界地理之人，著传谕明瑞酌派人员，带熟谙地理之厄鲁特等，前往伊犁以西之吹、塔拉斯、阿勒和硕、沙喇伯勒等处巡查。若哈萨克、布鲁特等，仍有越境游牧者，即晓示伊等头目，将其驱逐，不可令伊等阑入内地。"

（档号:03－130－2－060）

将绿营兵丁所获之厄鲁特妇女等给价赎出送往伊犁

清乾隆朝满文寄信档。乾隆二十八年（1763）七月二十日，大学士、领侍卫内大臣、忠勇公等奉上谕，字寄陕甘总督杨应琚、各回城驻扎大臣、总管伊犁等处将军、领侍卫内大臣、公明瑞等将绿营兵丁所获之厄鲁特妇女等给价赎出送往伊犁。谕曰："据明瑞等奏称，从哈萨克来投伊犁之厄鲁特内，现有无妻室壮丁六百余人，而已有家室之厄鲁特，察哈尔等内，成年女子甚少，请将内地绿营兵丁俘获及购买之妇女赎出，乘便送来；回地所有此类厄鲁特妇女等，可否亦一体查送。等语。伊犁之厄鲁特等，现已编设昂吉佐领，如许壮丁若多鳏居，亦非长久之道。著照明瑞等所奏传谕杨应琚，若内地绿营兵丁从前俘获及置买之厄鲁特妇女等，除已经婚配者外，其内外但供役使者，挑选年方少壮之人，酌量给价赎出，乘便送往伊犁，给配厄鲁特为妻。就给配为事而言，厄鲁特汉民并无应否之分，无非给价听凭自愿耳。不情愿者，切勿勒迫。再，从前回部地方厄鲁特妇女颇多，阿桂等虽经行文各城，给价赎取，并未视为要务，终无结果。著将此传谕回城各驻扎大臣等，交付各处伯克头目等，将尚未婚配之厄鲁特妇女，详悉查明，酌量给价赎出，乘便送往伊犁。并传谕明瑞等知之。"

（档号:03－130－2－070）

申饬图勒炳阿写错清语锁子甲一词

清乾隆朝满文寄信档。乾隆二十八年（1763）七月二十九日，大学士、领侍卫内大臣、忠勇公等奉上谕，字寄驻乌什办事之副都统图勒炳阿等著申饬伊等写错清语锁子甲一词。谕曰："据图勒炳阿、素诚奏称，布鲁特七十九人带领马匹牲畜，前来乌什贸易。其中哈萨克伊讷克依等三人，欲买厄鲁特男女及锁子甲、鸟枪等物，伊等业经训诫遣回。等语。伊等训诫尚是。唯"asu uksin 锁子甲"一词，尽人皆知，伊等却称作 so dzi uksin，成何词语。此皆伊等清语欠佳所致。著传谕申饬图勒炳阿、素诚。"

（档号:03－130－2－077）

将偷入游牧之哈萨克等驱逐出境

清乾隆朝满文寄信档。乾隆二十八年（1763）七月二十九日，大学士、领侍卫内大臣、忠勇公等奉上谕，字寄总管伊犁等处将军、领侍卫内大臣、都统、公明瑞等将偷入游牧之哈萨克等驱逐出境。谕曰："据图勒炳阿、素诚奏称，布鲁特七十九人，带领马匹羊只，前来乌什贸易。内有哈萨克伊讷克依、辉玉达尔、库楚克三人告称，伊等原在哈萨克西拉苏地方游牧，现已迁至楚穆讷尔地方游牧。等语。看来哈萨克伊讷克依等，同布鲁特等一同前来乌什贸易，其进入特穆尔图诺尔等地游牧，亦未可料。前朕已降谕明瑞等，酌量派人带领厄鲁特内熟悉地理之人，前往伊犁以西吹、塔拉斯、阿勒和硕、沙喇伯勒等处巡查。若有哈萨克、布鲁特等，偷越该等地方游牧，即将伊等逐回。明瑞除派人巡查吹、塔拉斯、阿勒和硕等处外，亦应一体巡查特穆尔图诺尔地方。此等地方，若有布鲁特、哈萨克偷入游牧，务必饬明伊等头目，将其逐回。再，此次前来乌什贸易之伊讷克依等哈萨克三人声称,原在西拉苏游牧,今已迁至楚穆讷尔地方游牧。此楚穆讷尔地方,是否在哈萨克界内,或系布鲁特、厄鲁特地方,其位于何方,靠近何处?现明瑞等既已派人前往特穆尔图诺尔、吹、塔拉斯等处巡查,著其将此等情形,讯明熟谙地理之厄鲁特等后,具行奏闻。若系厄鲁特之地,亦将伊等驱逐。”

(档号:03－130－2－079)

巡查塔尔巴噶台起程日期

乾隆二十八年(1763)八月庚寅。伊犁将军明瑞等疏奏,巡查塔尔巴噶台起程日期。明瑞等奏言:前奏塔尔巴噶台驻兵一事,先行驱逐越境之哈萨克,因就便勘定驻扎地方,及安设卡伦处所。续奉谕旨,暂停办理,惟于来年秋季,领兵巡查,榜示晓谕。本年三月,因有移驻凉州、庄浪兵丁一事,改议俟驻防事竣,约于后年迁移驻扎。伏思,塔尔巴噶台驻兵,虽暂缓其期,仍须先为办理。来年建造城房工程,及安插挈眷兵丁,恐无闲暇。此时正值秋高马肥,臣明瑞、臣爱隆阿于七月十七日,带满洲、蒙古兵丁五百名,令领队大臣鄂津等随往学习,将从前阿桂所定塔尔巴噶台驻兵设卡伦之处,详加勘验。即有越境之哈萨克等,亦可量为驱逐。其沙喇擘勒、特穆尔图淖尔等处,来春令伊勒图前往巡查。现在酌将印务交伊勒图护理。

(《平定准噶尔方略》续编,卷二十二)

伊勒图疏奏添办布匹事宜

乾隆二十八年(1763)八月甲子。伊犁副都统伊勒图疏奏,添办布匹事宜。伊勒图奏言:准新柱等咨,伊犁挈眷之满洲、索伦、察哈尔等人口甚多,布匹棉花,俱口用所必需,请将叶尔羌折粮钱文,采买棉花三万余斤解送等语。查现在驻扎伊犁满洲绿旗官兵,各有原来衣被,三年内尚可不须添补。其索伦、察哈尔兵丁,多用皮衣,是伊犁现在须棉无几。而与哈萨克贸易,及修补兵丁衣服,所用布匹甚多。请将回城折粮钱文暂买棉花数千斤,其余尽买布匹,尤为适用。将来必须棉花之时,又可酌量通融办理。

(《平定准噶尔方略》续编,卷二十二)

严禁哈萨克前往回地交易马匹

清乾隆朝满文寄信档。乾隆二十八年(1763)八月初九日,大学士、领侍卫内大臣、忠勇公等奉上谕,字寄礼部尚书、都统永贵等严禁哈萨克前往回地交易马匹。谕曰:“据永贵等奏称,哈萨克阿布赉遣派拜和托、哈兹伯克前来献马;其自带交易之马九十二匹,已准令贸易,现已遣回。等语。哈萨克等,前在伊犁、乌鲁木齐等处往来贸易马匹,并未至达回地贸易。哈萨克等前往喀什噶尔等地,必由回子、布鲁特等部落经过,沿途不免有贼盗。哈萨克等在伊犁、乌鲁木齐等处贸易,上等马匹,仅估价银三四两;次等者,仅估价银二三两。今若令其至回地贸易,回子、哈萨克等,皆系贪利小人,回子等购买哈萨克马匹时,必高于伊犁、乌鲁木齐之价银,以图重利;而哈萨克等为多贪价银,不时前来贸易,必致伊犁、乌鲁木齐等处贸易大减;并在回子地方往来日久,亦恐滋生事端。但阿布赉归服已久，甚为恭顺，此次既已准其贸易，亦即作罢。著传谕永贵等，嗣后，哈萨克等复带马匹前来回地贸易，务必严禁回子私市，其所有带来马匹，俱由官买，价值较之伊犁、乌鲁木齐等处，价银更减，不可稍令获利；伊等若欲带回，亦听其便。仍晓谕前来之哈萨克等，尔等向来皆往伊犁、乌鲁木齐贸易，不来回地，况此处亦无须多购马匹，其各项牲只，自有巴达克山、安集延、布鲁特等，俱不时带马前来贸易，尚不需要尔等马匹。嗣后，尔等仍可到伊犁、乌鲁木齐等处贸易，此处于尔无利焉。等语。哈萨克等若知无利可图，自然不再前往。著俱传谕伊犁、乌鲁木齐及各回城驻扎大臣等知之。”

（档号:03－130－2－083）

吹、塔拉斯沙喇伯勒在伊犁以西

乾隆二十八年七月癸亥（八日 1763.8.16）谕军机大臣等，据永贵等奏称，住居吹地乌瓦克部落之阿哈拉克齐雅纳什拜，年近七十，率伊子爱图干等告称，向未经行回地，因向慕天朝威德，幸及此身尚存，特来瞻仰，并呈献马匹，已赏缎遣回等语。吹、塔拉斯、沙喇伯勒俱在伊犁以西，此吹地未知即附近塔拉斯之吹否，若果即其地，原系厄鲁特游牧，我师平定准夷后，驻兵伊犁，恐地方辽阔，或有右哈萨克布鲁特潜来厄鲁特境内游牧，亦未可定，前阿桂、明瑞等于塔尔巴哈台等处，虽加意巡查，其吹、阿勒和硕尚未前往。著传谕明瑞等，酌派人员，率同熟谙地理之厄鲁特，前往吹、塔拉斯、阿勒和硕、沙喇伯勒等处巡查，若哈萨克布鲁特等仍有越境游牧者，即晓示该头目，速行驱逐，不可令伊等阑入内地。

（《清高宗实录》卷690　页732）

暂不出兵剿办哈萨克

清乾隆朝满文寄信档。乾隆二十八年（1763）八月二十二日，大学士、领侍卫内大臣、忠勇公等奉上谕，字寄定边左副将军、扎萨克和硕亲王成衮扎布等暂不出兵剿办哈萨克。谕曰：“据成衮扎布等奏，奉旨迁往伊犁之侍卫鄂默尔带领家口前来，于哈萨克边界受阻，鄂默尔兄弟只身脱出，前往科布多卡伦地方。扎拉丰阿即派遣旗下章京车木伯勒，前往打探鄂默尔家人消息，令将鄂默尔等送往成衮扎布处。现成衮扎布已派笔帖式阿林保，护送鄂默尔等入觐。观哈萨克边界地方人等如此妄为，久而久之，恐其更为猖獗。宜派兵一二千人，兴师问罪，以绝后患。等语。扎拉丰阿接报后，即行派人前往哈萨克边界查核阻止鄂默尔等通过之事，其训谕之词，均属妥当。今成衮扎布既已将鄂默尔护送前来，扎拉丰阿业经派出车木伯勒，尚不必即行出兵剿办。俟鄂默尔等到此询明其情，扎拉丰阿所遣之人返回禀报详情后，再酌情而定。著将此传谕成衮扎布等，暂不必派兵前往，其需否剿办，候旨办理。”

（档号:03－130－2－092）

哈萨克投来伊犁厄鲁特壮丁

乾隆二十八年七月甲戌(十九日 1763.8.27)又谕(军机大臣等)曰,明瑞等奏称,从哈萨克投来伊犁之厄鲁特壮丁六百余名,并无妻室,现在察哈尔、厄鲁特等妇女甚少,若将内地绿旗兵等俘获售买,及回地所有妇女等赎出,顺便送往伊犁,可以酌量给配等语。伊犁厄鲁特等已编设昂吉佐领,若壮丁多系鳏居,非长久之道,著传谕杨应琚,除内地绿旗兵等所得厄鲁特妇女,已经匹配外,其但供役使者,如年方少壮,酌量择取,给价赎出,送往伊犁。至回部厄鲁特,妇女颇多,从前阿桂等虽行文各城,给价赎取,并未视为要务,并著传谕驻扎大臣与该伯克等会商,加意办理。

(《清高宗实录》卷 691　页 743—744)

布鲁特人等带马匹羊只来乌什贸易

乾隆二十八年七月癸未(二十八日 1763.9.5)谕军机大臣等,据图勒炳阿等奏称,布鲁特人等带有马匹羊只前来乌什贸易,内有哈萨克三人告称,原在西喇苏游牧,今移于楚穆讷尔等语。看来哈萨克等同布鲁特来乌什贸易,恐伊等至特穆尔图诺尔游牧,昨谕明瑞等,派员前往伊犁以西吹、塔拉斯等处巡查,若有哈萨克、布鲁特等偷越游牧,即行驱逐,今特穆尔图诺尔亦应一体巡查。至此次贸易哈萨克等所移之地,是否厄鲁特界内,亦著查询具奏。

(《清高宗实录》卷 691　页 750—751)

将入觐之俄罗斯等赏银遣回

清乾隆朝满文寄信档。乾隆二十八年(1763)九月初九日,大学士、领侍卫内大臣、忠勇公等奉上谕,字寄定边左副将军、扎萨克和硕亲王等将入觐之俄罗斯等赏银遣回。谕曰:"成衮扎布等奏,扎拉丰阿前派扎齐鲁克齐车木伯勒,往查哈萨克阻滞鄂默尔家口过境一事。今伊返回禀告,伊遇见俄罗斯等,声称所谓劫持鄂默尔家口一事,纯属谎言。俄罗斯已将鄂默尔家眷,另行派人送往伊犁,并带阿布赉等所献马匹及另三百马匹前来,为进京入觐,正向科布多而来。俄罗斯不遵交令,妄图侥幸,伊等抵达乌里雅苏台后,应否令其入觐,或将遣回及将所献马匹一并遣回之处,具奏请旨。等语。俄罗斯不听阿布赉指令,将鄂默尔家口,另行派人送往伊犁,并径自向乌里雅苏台前来,以期入觐之处,心怀侥幸,事已昭然。著传谕成衮扎布等,俟俄罗斯抵达乌里雅苏台后,即晓谕云,昨鄂默尔到此并未言及阿布赉派尔等入觐之事。今鄂默尔等已瞻觐圣主返回,圣主亦已起驾回銮,无法再行送尔等到京入觐。唯鄂默尔到此曾奏及由尔等将其家口送往伊犁,为此皇上加恩,赏银三十两。云云。著成衮扎布等支领该处银两,赏给俄罗斯等,并将其遣回。再,俄罗斯所带三百马匹,谅必为贸易耳。若伊等请求贸易,成衮扎布等即行晓谕,我喀尔喀地方不比伊犁、乌鲁木齐。伊犁、乌鲁木齐,乃新拓之地,马匹不足,尔等若将马匹带往彼处贸易,尚可获利。喀尔喀本原产马之区,无需尔等马匹。伊等如若再三恳请,可准其贸易。现伊犁、乌鲁木齐,哈萨克上等马匹价银三四两,次等者二三两，寻常马匹，亦在二两上下，以缎布物品交易。此次若令在乌里雅苏台贸易，不可高于伊犁、乌鲁木齐地方价银，均以官为交易，断不准商人加价私市；即便官员私购，亦当禁止。再，将阿布赉所献马匹，既已带来，亦不必退回。著成衮扎布等，照例折价赏赐，将马匹留在彼处牧放，俟上膘之时，乘便送京。"

（档号：03－130－2－100）

前奏塔尔巴哈台驻兵事宜

乾隆二十八年八月庚寅（六日 1763.9.12）伊犁将军明瑞等奏，前奏塔尔巴哈台驻兵，先行驱逐越境之哈萨克，因就便勘定驻扎地方及设卡处所，暂停办理，惟于来年秋季，领兵巡查，榜示晓谕，本年三月，因有移驻凉州、庄浪兵一事，改议俟驻防事竣，约于后年迁移驻扎。伏思塔尔巴哈台驻兵，虽暂缓其期，仍须先为办理，来年建造城房工程及安插挈眷兵，恐无闲暇，此时正值秋高马肥，臣明瑞、臣爱隆阿，于七月十七日，带满洲、蒙古兵五百名，令领队大臣鄂津等随往学习，将从前阿桂所定塔尔巴哈台驻兵设卡之处，详加勘验，即有越境之哈萨克等，亦可量为驱逐，其沙喇伯勒、特穆尔图诺尔等处，来春令伊勒图前往巡查，现在酌将印务交伊勒图护理。报闻。

（《清高宗实录》卷 692　页 756—757）

哈萨克阿布赉遣使献马

乾隆二十八年八月壬辰（八日 1763.9.14）谕军机大臣等，永贵等奏称，哈萨克阿布赉遣使献马，其自带马九十余匹，已准令贸易等语。哈萨克前在伊犁、乌鲁木齐往来，并未至回地贸易，且伊等至喀什噶尔，必由布鲁特等部落经过，沿途颇有贼盗，苟非贪图重利，焉肯前往。现在伊犁等处贸易，上等马匹仅估价银三四两，而回地则加倍有余，往来日久，不但伊犁等处贸易大减，亦恐滋生事端。但阿布赉素称恭顺，此次既经准其贸易，嗣后伊等再来，必禁绝回人私市，但从官买，较之伊犁等处，价值更减，不可稍令获利，伊即欲带回，亦听其便，仍晓示来人，以尔等从前并未来回地贸易，况回地亦无须多购马匹，其各项牲只，自有巴达克山、安集延、布鲁特等处商贩，尔等不必前来，如此，则贸易不得便宜，伊等自不肯远赴。并将此传谕伊犁、乌鲁木齐驻扎将军大臣等知之。

（《清高宗实录》卷 692　页 758—759）

巡查哈萨克越境游牧并乌默尔等移驻伊犁情形

乾隆二十八年（1763）十月乙酉。伊犁办事副都统伊勒图疏奏，巡查哈萨克越境游牧，并乌默尔等移驻伊犁情形。伊勒图奏言：臣接奉谕旨，令往特穆尔图淖尔等处，巡查哈萨克游牧。并查询楚穆讷尔地名，在于何境。臣即询之前在特穆尔图淖尔等处游牧之厄鲁特。据称，哈萨克游牧之前，地名西喇乌苏，哈萨克呼为西喇苏。其楚穆讷尔，系一泉名，源在吹之左，近索和罗克、哈喇巴勒塔地方。又闻此等处，常有哈萨克乘间游牧，来去无定，顷明瑞等业已遵旨往查，诚如皇上洞鉴。臣愚以为，嗣后应出其不意，两路前往巡查。南路自特穆尔图淖尔之南，由巴尔珲岭，至塔拉斯、吹地方。北路沿伊犁河，由古尔班阿里玛图，至沙喇擘勒地方，方能周遍。再哈萨克乌默尔之弟瓜特、色楞伯特二人，去岁入觐，蒙恩赏给五品顶翎，并准其移驻伊犁。现在携带眷属牲只，来至卡伦，理应遵照所指之处居住。乃妄称与厄鲁特同居不便，欲于卡伦外和洛霍澌库陇癸等处居住。又称无粮难以度日，恳求给与，种种虚词，惟图侥幸。臣等详细晓谕，令于章什左近居住。瓜特等又云，去岁将军成衮扎布，曾传谕旨，乌默尔移驻伊犁后，令于八月十五日至围场朝见等语。但详阅成衮扎布移文，并未提及，其妄何知。臣等留心察看，俟乌默尔到时，再与明瑞等定议，如何给与游牧，办理具奏。

（《平定准噶尔方略》续编，卷二十三）

准哈萨克阿布赉遣使入京觐见

清乾隆朝满文寄信档。乾隆二十八年（1763）十月初五日，大学士、领侍卫内大臣、忠勇公等奉上谕，字寄定边左副将军、扎萨克和硕亲王成衮扎布著准哈萨克阿布赉遣使入京觐见。谕曰："据成衮扎布等奏，哈萨克之俄罗斯等，至乌里雅苏台，闻知不令入觐，即欲将阿布赉所进马匹带回。因遣侍卫明成等，护送出卡。等语。前因成衮扎布等奏，哈萨克之俄罗斯另行派人，将鄂默尔家口送往伊犁，为进京入觐，前来乌里雅苏台。朕即谕以俄罗斯不听阿布赉指令，径自前来入觐，其心怀侥幸，事属显然。俟俄罗斯到后，将其遣回。阿布赉等所献马匹，留彼牧放，照例折价赏赐。今俄罗斯等到后，闻知不令入觐，即欲将马匹带回，可见伊等原为图利而来。成衮扎布等未留伊等马匹，并派人送出卡伦，所办甚是。著传谕成衮扎布等，嗣后，若系阿布赉特遣前来请安进献马匹者，令其来京入觐。若有此等图利取巧者，即行遣回。"

（档号:03－130－3－002）

将哈萨克逃来之厄鲁特送往伊犁安插

清乾隆朝满文寄信档。乾隆二十八年（1763）十月初五日，大学士、领侍卫内大臣、忠勇公等奉上谕，字寄定边左副将军、扎萨克和硕亲王成衮扎布等将哈萨克逃来之厄鲁特送往伊犁安插。谕曰："成衮扎布等奏，从哈萨克逃来之厄鲁特沙鼐、布库、玛木特等，拟晓谕杜尔伯特、乌梁海等，伊等若愿留住者，即令附入安插；不情愿者，即送往呼伦贝尔等处安置。等语。现在伊犁编设厄鲁特佐领，将此等之人，宜应送往伊犁，于彼处所设之厄鲁特佐领内安插。著传谕成衮扎布，将沙鼐等送往伊犁安插。嗣后，再有此等厄鲁特，俱送伊犁，于厄鲁特昂吉佐领内安插。但此等之人不必专行送往，遇有解送马匹牲只之便，一体办理。"

（档号:03－130－3－003）

伊犁挈眷之满洲等八旗人口甚多

乾隆二十八年九月甲子（十日 1763.10.16）伊犁副都统伊勒图奏，准新柱等咨，伊犁挈眷之满洲、索伦、察哈尔等人口甚多，布匹棉花俱日用必需，请将叶尔羌折粮钱文，采买棉花三万余斤解送等语。查现在驻扎伊犁满洲、绿旗官兵，各有原来衣被，三年内

尚可不须添补，其索伦、察哈尔兵，多用皮衣，是伊犁现在须棉无几，而与哈萨克贸易及修补兵丁衣服，所用布匹甚多，请将回城折粮钱文，暂买棉花数千斤，其余尽买布匹，尤为适用，将来必须棉花之时，又可酌量通融办理。报闻。

（《清高宗实录》卷694　页780）

选派盛京锡伯官兵驻防伊犁地方

乾隆二十八年(1763)十月二十二日。奴才明瑞、爱隆阿谨奏:为请旨事。前奴才等奏巡毕哈萨克边界，返至爱古斯，由此详勘阿勒坦额墨尔等地设卡之处，返回伊犁后，再将屯田、筑城、设卡等事，熟议具奏请旨。奴才爱隆阿轻骑先回伊犁，速遗伊勒图往查吹、沙喇伯勒等地情由。十月十六日，奴才明瑞返至伊犁，现接印办事外，查去年春奴才明瑞率伊犁等处换防兵起程前，仰请敕谕后，恭奉上谕:塔尔巴哈台驻兵事宜，亦著留心。钦此。钦遵。此次奴才抵塔尔巴哈台，已将筑城、设卡之处，尽奴才所知，留心勘察。原议塔尔巴哈台山之南，雅尔河之东固尔班、喀喇乌苏接壤之地，宽阔平坦，水源充足，四周牧场亦好，尤得盖营房所需木料。据原先在此游牧之厄鲁特牧民等称，该处土地肥沃，小麦收成虽稍次于伊犁，然谷黍收成均胜于伊犁等语。奴才等察该地迤东迤西地方，均不如此地，故于此处立桩，以为筑城标记。此外，又查马兵驻防之处，哈萨克人等尽管亦知晓感恩戴德，然惧威犹甚。若兵威不能慑服彼等，则哈萨克等反致狂妄无忌。估计坐卡、游牧等差所需兵丁在内，应额定马兵一千五百名，屯田绿营兵五百名。因初行办理，有屯田、筑城、驻兵之事。而塔尔巴哈台驻兵后，哈萨克商贾以其路近，必将络绎前来，应办事宜繁多，驻一贤能参赞大臣办理，方有裨益。至管带兵丁、届时设卡，若无经历之领队大臣，则殊属不妥。是以，请驻参赞大臣、领队大臣各一员。再，原议自辉迈喇虎穿经布鲁乃达巴罕、哈拉玛达巴罕，由库哩叶图、布库尔图、爱古斯、鄂鸾都亚、昭莫多、勒布什、比西罕、察罕乌苏、哲克德、比里克图、库库乌苏、阿勒坦额墨尔至图克哩克、奎屯、春稽、特穆尔哩克、乌尔古准、都图达巴罕，环设二十一卡伦之地。经勘察各卡相距远近不等，或七、八十里，或一百五、六十里。此等卡伦直去伊犁、雅尔河二处，近者二三百里，远者竟达千里。由伊犁、雅尔河二处派兵坐卡，均有所难，且询据准噶尔时曾在此坐卡之厄鲁特等答称:先前，此等地方所设卡伦之处，数卡之间，又驻一大队兵防范。然而，与哈萨克等彼此劫掠、偷盗之事时常发生，后将阿布赉及哈萨克酋长之子弟擒至伊犁，虏掠之事稍有减少，但偷盗案件终未断绝等语。今每卡仅驻兵二十五名，则稍不放心。因此等卡伦俱离哈萨克边界甚近，哈萨克之天性，只图眼前小利，不顾日后生死，见我卡伦兵寡，又远离大军，无力援助，瞬息之间，必出偷盗牲畜之事。如此，偷盗案件将不胜处置。奴才等愚见，将坐卡之兵五百余名与其分散各处，不如停止环设卡伦之议，使兵力相顾，联络声威，根据地方情形，应合时机，于近处驻兵内派兵巡哨，庶有裨益。驻兵时，令屯田兵驻雅尔城，马兵轮留城内二、三百名，看护经商之哈萨克，并承应特穆尔牧场等差，其余兵即交领队大臣统领，扎营游牧。游牧之时，须逐水草不时迁移，牲畜方可膘壮。相应分两队。轮流徐徐围绕塔尔巴哈台南北两边喀拉果特、爱唐苏、绰里、鄂布克特，哈尔巴哈、巴雅尔等好水草地方，狩猎巡查。如此绕行一次，无非需用二十余日。若令伊等裹带两月口粮，逐水草游牧，则马匹牲畜非但不致疲劳，且大有裨益。入冬后，此诸地之间，有积雪甚厚之处，往返领粮，颇为不便。降雪后，令其返回，于近城地方过冬。又查塔尔巴哈台一带诸岭之中，若干岭雪后被封，一旦被封，断不能越过。故降雪后，除被封之岭外，于可行岭道，择其要冲，酌情拓地，设置卡伦，则哈萨克等再无法通行。再，雅尔驻兵，需由伊犁相助，且彼此通信行文，亦需设驿站。若照常设驿站之例，仅驻兵十来名，则不能相顾，往返经商哈萨克又易起偷盗马匹等牲畜之邪念。相应自雅尔至额敏河岸，巴尔鲁克、沁达兰等三处，各驻兵三十名，以为三大卡伦。雅尔、伊犁二处行文，即令该三卡兼递。其所需兵共九十名，于塔尔巴哈台马兵内派出。俟塔尔巴哈台驻兵就绪后，博尔塔拉即处伊犁、塔尔巴哈之间。该处有冬夏两季好牧场，且土地肥沃，于游牧兵丁及孳生牲畜，殊有裨益，相应将察哈尔二昂吉兵丁之家眷，即行移住博尔塔拉。由博尔塔拉通北之库库托木、沁达兰二岭中，沁达兰设有一卡，驻兵三十名，毋庸议外，库库托木岭本系峻险之地，近几年无人行走，加之水冲，纵然夏季行走，亦甚苦累。该岭两端各设一卡，俟降雪封岭后，再行撤回，则颇为坚固，毫无所虞，且处伊犁、雅尔两城之间，军威亦更加联属。此二卡应驻之兵，就近于察哈尔兵内派出。今议定将携眷移驻之索伦兵，安置于霍尔果斯，相应于博罗呼济尔岭、阿勒坦额墨尔，图固尔里克及伊犁河岸等四处，设置卡伦。伊犁河南特穆尔哩克岭距伊犁城甚远，仍于现设卡伦之吉林哲克德西边与戈壁交界处、克特曼岭二处，设卡二座。塔勒奇岭、顾波图二处现设有卡伦二座，均与博尔塔拉相连，应照旧设之。此八处设卡所需之兵，亦就近于伊犁满洲、索伦兵内轮班派出。再，通往特穆尔图淖尔之道，均于格根、哈尔奇喇、特克斯色沁等地终止，其形势之地应设卡伦。今议定厄鲁特等夏季游牧之夸诺海、阿勒班锡伯尔等地，离应设卡伦地方尚近，请即于厄鲁特兵内派出，于格根色沁、都图岭二处设置卡伦。特克斯色沁，沙图阿满地方现有两驿，扩为卡伦，不另设卡伦。如此，则哈萨克等再不敢潜入塔尔巴哈台一带游牧。唯自勒布什南至哈喇塔勒，西至巴勒喀什湖南岸等地尚空，该处亦系过冬之好地，若设置卡伦，则此等地方，皆远离伊犁、塔尔巴哈台，难以安设，亦不能联络声势。总之，新来伊犁驻防之兵，学习行走，演习围猎，事关重大，相应每年派兵一队，于哈萨克等潜入之际，九月底起程，且牧且猎，徐徐巡至勒布什。勒布什迤西地方，大雪降后，仍徐徐而行，经哈喇塔勒、博罗呼济尔等通道返回。哈萨克等仍图侥幸，欲待兵还，跟踪而入，因勒布什地方降雪后，哈萨克境内积雪更厚，因其牲畜难以久留，自然往觅其牧场内原过冬之地。既已远去，则难以冒雪远行，复来潜入，且巴勒喀什湖结冰，冰上赶牲畜而过，必有损失。间或仍有冰上过来寻死者，则身入死地，易于拿获治罪。于此，我兵得到练习，且此一路水草好，徐徐而行，马匹牲畜无所疲劳。唯探得近几年来，哈萨克地方雪大，倍于以往，牲畜损失甚众是实。哈萨克等无法潜入塔尔

巴哈台至哈喇塔勒之间游牧，想必渐至沙喇伯勒、吹、塔拉斯等地。此等地方，暂无派拨之牧群、兵丁，仍照原先所议，伊犁兵乘得暇操练之便，每年不定时令巡查一次。至塔尔巴哈台应驻之兵一千五百名，即于伊犁现有换防索伦兵六百名、满洲兵千余名内，选一千五百名派驻。塔尔巴哈台驻强兵后，伊犁地方不能与以往相比。且有携眷兵丁，无所不敷。除派驻塔尔巴哈台兵一千五百名外，其余兵值换防时，不必另派兵换防，悉行撤回，以省靡费。塔尔巴哈台驻兵后，当年七月，此一千五百名兵又该换班，若即于伊犁携眷满洲、索伦、察哈尔兵内派出换防，则凉州、庄浪之满洲兵，皆镌眷来驻。初从戎行，其步射、枪法尚可，而马背技艺，一时不能谙练。即使苦练，亦需数年之暇；且至丙戌年，三千兵方能到齐。至察哈尔兵，本选无能情愿来居者移之，迁至伊犁后，方始操练，亦不能即成强兵。若由此项兵内派遣驻防塔尔巴哈台，非但不能耀武扬威，且哈萨克等络驿往来，察觉其不精锐，反致骄横不恭，于事实无益也。至布特哈索伦兵，来年方能到齐。若后年春即遣驻塔尔巴哈台，则其家眷尚未定居，亦有不便之处。请仍派换防兵，再换一班。此次换班时，仍于京师满洲前锋、护军、健锐营前锋及黑龙江兵内拣选兼派，似于事有利。再，奴才等闻得，盛京驻兵共有一刀六七千名，其中有锡伯兵四五千名，伊等未甚弃旧习。狩猎为生，技艺尚可。近几年出兵时，未曾遣派伊等。奴才等以为，于此项锡伯兵内拣其优良者一同派来，亦可与黑龙江兵匹敌。该一班兵驻塔尔巴哈台三年后，至换班之年，伊犁携眷驻防满洲、察哈尔兵，均可操冻有成；索伦、厄鲁特等亦定居游牧。彼时，已不必另派换防之兵，即于此处兵内，照数选派换防，每年换班一次。其屯田绿营兵亦于换班时，即由乌鲁木齐兵内派换，停止由内地派遣，以免烦琐。再，雅尔地方筑城后，哈萨克等就近前去贸易者必众。因此，少量货物，准于雅尔城贸易外，其大批货物，仍派往伊犁贸易。所易马匹，供伊犁、塔尔巴哈台及回子各城备用外，其余均由乌鲁木齐、巴里坤送往内地，以备补充军营马匹。奴才等又愚见，塔尔巴哈台驻兵就绪后，乌鲁木齐便成腹地，哈萨克等又不得入居塔尔巴哈台附近，赴乌鲁木齐贸易则路途遥远，亦不再绕道前往。乌鲁木齐若无向哈萨克贸易之事，则只剩屯田、练兵之事，不论总兵、提督，有一员则足矣。况粮饷事宜，又有道员一员办理，似不必派驻钦差大臣。至巴里坤地方，地处科绰歪迤东，嗣后较乌鲁木齐更无紧要事宜，该处钦差大臣，似亦无用。此二处停驻钦差大臣，节省其养廉银及发给属下睹协理人员之俸饷，用于任何较紧要之处，均得裨益。乌鲁木齐现驻有绿营兵四千名，而巴里坤仅有兵千余名，若将乌鲁木齐总兵调至巴里坤，巴里坤提督移驻乌鲁木齐，统兵屯田，则于地方亦有裨益，更有助于声威。如此，则乌鲁木齐无处另用马兵，相应将彼处换防之满洲、索伦兵共三百名，年满之后，亦全行撤回，不必复行换防，以免麋费钱粮。彼处察哈尔、厄鲁特内，有愿居不动者，仍留于牧场使役外，其不愿留居者，亦遣至伊犁，并入各该昂吉。三屯之设，本为联络声势，供给往来官兵之口粮，仍留之不动。此三屯，或仍派大臣等管理，或令乌鲁木齐提督兼管，派绿营官员监耕，作何办理，俟皇上钦定训示亦后，钦遵办理。再，前经尚书阿桂奏塔尔巴哈台驻兵后，自乌里雅苏台至乌鲁木齐之间所设卡伦，即处其间，相应撤回卡伦侍卫等，交喀尔喀台吉、官员等驻守等情，甚有道理。唯此一带卡伦，与其设而接济乌鲁木齐，不如将喀尔喀卡伦移置乌里雅苏台与塔尔巴哈台之间。如此，则乌里雅苏台、塔尔巴哈台二处呼吸相通，西北边疆军威，益加联属。此一带地方情形，奴才等不甚清楚，可否交乌里雅苏台将军办理，亦恭候敕谕。原为厄鲁特地方环设卡伦所请侍卫十一名，请仍旧赏派，分驻伊犁、塔尔巴哈台，用于届时巡哨等差。奴才等现议塔尔巴哈台驻防兵额较原议之额稍多，输送籽种、军粮亦较费力。然事关紧要，从明年起即多方办理。虽略费气力，亦不致有误。此折内地名虽多，然尚书阿桂前为设卡事，业已绘图恭呈御览。且大内藏图更为清楚详细，无庸另行绘图恭呈御览外，奴才等愚见如此，唯此乃关系边界永久照办之重要事宜。尚书阿桂系钦命承办之人，去年在伊犁时，奴才等亦曾共同粗议，伏乞皇上敕交军机大臣等会同阿桂议奏，恭候钦定。为此谨奏，伏乞皇上圣鉴。请旨。乾隆二十八年十一月十六日奉朱批：著军机大臣等议奏。钦此。

（译自《军机处满文录副奏折》）

将哈萨克逃妇可酌情加恩赏还

清乾隆朝满文寄信档。乾隆二十八年(1763)十月二十四日，大学士、领侍卫内大臣、忠勇公等奉上谕，字寄总管伊犁等处地方将军明瑞等将哈萨克逃妇可酌情加恩赏还。谕曰："据明瑞等奏，哈萨克阿布勒比斯来见伊等返回后，派厄鲁特台吉策伯克前来禀恳，将随厄鲁特图伦蒙克逃来之阿布勒比斯之妻达呼赏回。若将此妇赏还，不仅有失新附厄鲁特人等之心，且所有来逃妇人之哈萨克，势必照此恳请。如若拒绝给还，伊复遣使入京，反难驳回，是以暂将策伯克抚慰遣回。俟到伊犁后，阿布勒比斯若再行遣人恳请，拟予驳回了结。等语。明瑞等所见尚是。唯此妇不知是否已来伊犁，著明瑞等返回查明。如实到伊犁，阿布勒比斯再遣人恳恩时，即可酌情措置。朕加恩赏回，亦无不可。著传谕明瑞等知之。"

（档号:03－130－3－010）

嗣后哈萨克索要逃人俱照明瑞所办驳回

清乾隆朝满文寄信档。乾隆二十八年(1763)十月三十日，大学士、领侍卫内大臣、忠勇公等奉上谕，字寄定边左副将军、扎萨克和硕亲王成衮扎布、总管伊犁等处地方将军、公明瑞等嗣后哈萨克索要逃人俱照明瑞所办驳回。谕曰："据明瑞等奏，伊等巡查塔尔巴哈台等处时，哈萨克阿布勒比斯等前来禀称，庚辰，伊等使臣至乌里雅苏台，索要途中拿获之厄鲁特逃人，时将军即行给还，并声称嗣后双方逃人俱行给还等因。今哈萨克数百逃人，前往伊犁，应如何办理。明瑞等将阿布勒比斯斥责，谕以大皇帝已将准噶尔业已平定，派兵驻扎伊犁，哈萨克等部所获之厄鲁特等，理应收取。大皇帝念尔等亦系臣仆，恐致惊惧，未经办理。今尔等所获之厄鲁特等来投伊犁，乃归故土，何谓尔等之逃人乎？此等所言，殊属非理。请将此降旨乌里雅苏台将军等，若有彼此交出逃人之词，亦不必拘执。嗣后，俱照伊犁一体办理。等语。明瑞所办，甚为得体。从前杜勒特和勒索勒通等，至乌里雅苏台索要其所获逃人时，成衮扎布虽未有嗣后双方逃人俱行给还之言，但曾将厄鲁特逃人给回，阿布勒比斯等遂欲援以为例。著传谕成衮扎布等，嗣后，哈萨克再行前来索取厄鲁特逃人，俱照明瑞等所办驳回。并传谕明瑞等知之。”

（档号：03－130－3－011）

嗣后自将哈萨克逃入我境内之厄鲁特不可给还

清乾隆朝满文寄信档。乾隆二十八年（1763）十一月初一日，大学士、领侍卫内大臣、忠勇公等奉上谕，字寄定边左副将军、扎萨克和硕亲王成衮扎布，总管伊犁等地处将军、公明瑞等嗣后自将哈萨克逃入我境内之厄鲁特不可给还。谕曰：“昨据明瑞等奏称，哈萨克阿布勒比斯前来晋见，援引从前将军成衮扎布所称交还逃人之词，询问逃入伊犁之厄鲁特等作何处置。伊即将阿布勒比斯严行驳饬，并请将此降旨乌里雅苏台将军等，若有交出逃人之词，嗣后悉照伊犁一体办理。等语。此奏到后，朕即谕以，成衮扎布于哈萨克使臣虽未有双方逃人俱行给还之言，但曾将厄鲁特逃人给回，阿布勒比斯援以为例。著传谕成衮扎布等，嗣后，哈萨克再来索人，俱照明瑞所办驳回。但从前成衮扎布等，将杜勒特和勒索要之厄鲁特人等给还，因系伊等半路追获者，理应给还。因为从哈萨克逃出之厄鲁特，虽非哈萨克人，但从哈萨克地方逃出，并在半路追获，且未入我境内，是以给伊等领回；若业经逃入我境内之厄鲁特等，则不必给还。哈萨克等如何恳请，亦断然不可给与。著将此传谕成衮扎布、明瑞等，嗣后，俱一体办理。仍将从前成衮扎布原折抄录一分，寄与明瑞知之。”

（档号：03－130－3－012）

御制准噶尔全部纪略

乾隆二十八年九月壬午（二十八日 1763.11.3）军机大臣等，遵旨将准噶尔家谱进呈，《御制准噶尔全部纪略》文曰：自古无不志外夷，而实者少，舛者多，非以其方域所限，言语不通耶，得什一于千百，加以鱼鲁亥豕，其堪信者鲜矣。兹者平定准部，止封达瓦齐子一人，居之京都，且城伊犁，驻将军镇守，事耕牧焉。念彼原一大部落，不可无纪，故就亲询实事书之，亦以便方略纂叙也。准噶尔四卫拉特者，绰罗斯部、杜尔伯特部、和硕特部、土尔扈特部是，其辉特一部，本附庸于杜尔伯特，后土尔扈特窜归俄罗斯，故别辉特为一部，仍称四卫拉特云。卫拉特，《明史》称为瓦剌，其音颇近，史所载脱欢太师，盖其始祖，元亡，而其强臣分为三，其渠曰马哈木者，即脱欢之父也，脱欢者，蒙古准语同为釜，今准人语釜为海苏，而蒙古语则仍旧，盖准人自避其祖讳，此亦一证也。自脱欢逮孛汗，其世次不可考，孛汗背正妻，与他妇野合而生子，曰乌林台巴鞥太师，其母弃之泽中，孛汗收养之，遂统部落。又十一世而传至赛音诺颜哈喇忽剌，是为策妄阿拉布坦之曾祖，子曰巴图鲁浑台吉，有子十二人，五曰僧格，策妄之父，六曰噶尔丹博硕克图，其余无事无足称，长曰策臣，次曰巴图鲁，策臣与巴图鲁杀其弟僧格，噶尔丹博硕克图始自藏中回旧部，反俗为汗，于康熙年间犯塞，战败走死。先是噶尔丹博硕克图，既杀兄僧格之次子索诺木阿拉布坦，僧格旧臣七人与策妄阿拉布坦同远逃，准语所谓多伦努库尔者是，多伦者汉语为七，努库尔者汉语为友，盖其患难相共，所谓世臣，并赦其子孙七死云。及噶尔丹为我兵败，策妄始还和博克萨里，收其父旧属及噶尔丹余众，复成部落，并缚噶尔丹子献阙下，遂自据汗位。子噶尔丹策零，噶尔丹策零子策妄多尔济那木扎勒，其庶兄喇嘛达尔扎执尔篡之，达瓦齐复因阿睦尔撒纳之计，篡夺其位，达瓦齐者，巴图鲁浑台吉之第七子布木之子，大策零敦多布之孙，于策妄为再从侄孙，其小策零敦多布，则策妄之祖巴图鲁浑台吉之弟默尔根代青之曾孙，其去策妄世派盖已远矣。先是康熙年间，噶尔丹博硕克图拘系和硕特车臣汗，收所属人众，并入准噶尔鄂拓克。其时有和硕特之拉藏汗者，居唐古忒地，即顾实汗之裔也，子二人，一名丹衷，一名索尔扎，丹衷由唐古忒仍回至厄鲁特，娶策妄阿拉布坦之女博托洛克为妻，后策妄阿拉布坦知其学习哈拉尔查达术，以两釜夹丹衷身烙死，遂令大策零敦多布领兵六千袭西藏，擒杀拉藏，并掳伊子索尔扎。我圣祖仁皇帝敕谕策妄阿拉布坦，不得绎骚唐古忒地，并发大兵进剿，于是大策零敦多布携索尔扎逃回厄鲁特，藏地复平。迨雍正年间，策妄阿拉布坦死，子噶尔丹策零欲与唐古忒和好，给索尔扎户十资养，并以博托洛克与韦征和硕齐为妻，其在丹衷处所生子班珠尔，给户五资养，彼时博托洛克，复有孕未产，适韦征和硕齐后，乃生一子，是曰阿睦尔撒纳，故阿睦尔撒纳虽为辉特台吉，实与班珠尔皆丹衷之子。噶尔丹策零死，策妄多尔济那木扎勒恐索尔扎之子纳哈查逃往唐古忒，将伊禁锢，至达瓦齐篡立，始将纳哈查释放。又和硕特罗布藏车凌者，娶策妄阿拉布坦之女达什色布腾为妻，噶尔丹策零时，因罗布藏车凌率领伊属万户欲往土尔扈特，遂遣兵擒获罗布藏车凌，囚之，以其妻给韦征和硕齐，二子交乌鲁特鄂拓克宰桑乌巴什安置。至青海居住之罗布藏丹津，于策妄阿拉布坦时，逃至准噶尔，策妄阿拉布坦死后，罗布藏车凌、罗布藏丹津二人谋杀噶尔丹策零，嗣因罗布藏丹津被拘，罗布藏车凌恐亦被囚，遂欲逃往土尔扈特，故雍正年间，我世宗宪皇帝索罗布藏丹津，噶尔丹策零称已缚送，至中途，闻进兵而止者，非诈也，盖彼业经拘系之囚，故不靳固，而且欲以为奇货也。噶尔丹策零于丑年死，策妄多尔济那木扎勒年幼，其姊鄂兰巴雅尔同母出也，每以善言相劝，禁其淫乱，策妄多尔济那木扎勒年既长，遂不受其禁制，并听谗言，谓其姊欲效俄罗斯自立为扣肯汗，遂将鄂兰巴雅尔拘系，并杀戮多宰桑，其后屠狗盗妻之事，无所不为，益无忌惮，鄂兰巴雅尔之夫萨音伯勒克遂同噶尔丹策零庶子喇嘛达尔扎攻执策妄多尔济那木扎勒，喇嘛达尔扎遂篡汗位。有噶尔丹策零幼子策旺达什者，阿睦尔撒纳、班珠尔欲诱出策旺达什立为汗，后被喇嘛达尔扎知觉，遂杀策旺达什。阿睦尔撒纳、班珠尔二人怂恿达瓦齐云，喇嘛达尔扎既将与尔同仇之达什达瓦杀戮，恐祸将及尔，于是达瓦齐、阿睦尔撒纳、班珠尔三人同逃哈萨克。至申年，达瓦齐、阿睦尔撒纳、班珠尔复回旧游牧处，阿睦尔撒纳遂杀其兄沙克都尔，据其众，复与伊犁喇嘛等合谋，杀害喇嘛达尔扎，立达瓦齐为汗，其次即阿睦尔撒纳

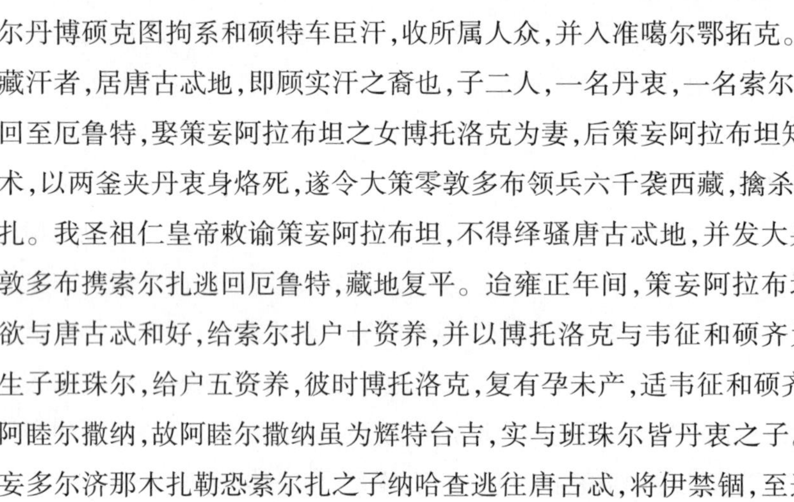

用事，二人仍属亲厚。有达什达瓦侄讷默库济尔噶勒者，欲与达瓦齐分领准噶尔，猝率兵一万至伊犁，与达瓦齐战，达瓦齐败至旧游牧额密勒处，与阿睦尔撒纳会，因阿睦尔撒纳计，诱执讷默库济尔噶勒，诛之，准噶尔众仍立达瓦齐为汗。达瓦齐听伊犁众宰桑言，与阿睦尔撒纳生隙，阿睦尔撒纳本垂涎汗位，既失望，遂与班珠尔、纳哈查及杜尔伯特讷默库等，会同哈萨克，将额密勒一带住牧者，肆行掳掠，且耕种额尔齐斯，为自固计。达瓦齐凡三遣兵剿阿睦尔撒纳，皆不克，其后自领兵三万，至阿睦尔撒纳游牧之额尔齐斯蹙之，阿睦尔撒纳势不敌，始投诚来归，此准噶尔始终搆乱所由也。至准噶尔鄂拓克、昂吉之名各异者，鄂拓克为其汗之部属，昂吉为各台吉之户下。旧鄂拓克凡十有二，乌鲁特有四宰桑，人五千户，为一鄂拓克，喀喇沁有一宰桑，人五千户，为一鄂拓克，额尔克腾有一宰桑，人五千户，为一鄂拓克，克里野特有二宰桑，人六千户，为一鄂拓克，卓托鲁克有一宰桑，人三千户，为一鄂拓克，布库斯有一宰桑，人三千户，为一鄂拓克，阿巴噶斯、哈丹各有一宰桑，共人四千户，为一鄂拓克，鄂毕特有一宰桑，人三千户，为一鄂拓克，鄂罗岱有二宰桑，人三千户，为一鄂拓克，多果鲁特有一宰桑，人四千户，为一鄂拓克，霍勒博斯有一宰桑，人三千户，为一鄂拓克，绰和尔有一宰桑，人三千户，为一鄂拓克。其后复立鄂拓克十有二，巴尔达穆特有三宰桑，人四千户，为一鄂拓克，库图齐讷尔有五宰桑，人四千户，为一鄂拓克，噶勒杂特有三宰桑，人四千户，为一鄂拓克，沙喇斯有二宰桑，人三千户，为一鄂拓克，玛呼斯有一宰桑，人五千户，为一鄂拓克，布库努特有一宰桑，人二千户，图古特有一宰桑，人五百户，为一鄂拓克，乌喇特有一宰桑，人三千户，为一鄂拓克，阿勒闼沁有一宰桑，人五百户，为一鄂拓克，扎哈沁有三宰桑，人二千户，包沁有三宰桑，人一千户，为一鄂拓克，奇尔吉斯有四宰桑，人四千户，为一鄂拓克，特楞古特有四宰桑，人四千户，鄂尔楚克有一宰桑，人五百户，乌尔罕济兰有一宰桑，人八百户，为一鄂拓克，明噶特有二宰桑，人三千户，为一鄂拓克。鄂拓克之外，复有五集赛，阿克巴集赛有二宰桑，人四千户，赉玛里木集赛、杜勒巴集赛、推素隆集赛、伊克胡拉尔集赛，各有一宰桑，人各一千户。其后复立集赛四，温都逊集赛、善披领集赛各有一宰桑，人各一千户，桑堆集赛、品陈集赛各有一宰桑，人各三百户。此九集赛办理喇嘛一切事务，喇嘛有六千余。准噶尔共六十二宰桑，二十四鄂拓克，一切供赋，俱其汗公物，其外复取乌梁海及叶尔羌、喀什噶尔、阿克苏、和阗四城回人租。其二十一昂吉为各台吉所有，而统属于准噶尔之汗，昂吉者，准语分支之谓也，绰罗斯部之达瓦齐一昂吉，达什达瓦一昂吉，多尔济丹巴一昂吉，噶勒藏多尔济一昂吉，讷默库济尔噶勒一昂吉，鄂齐尔乌巴什一昂吉，杜尔伯特之车凌一昂吉，达什一昂吉，伯什阿噶什一昂吉，和硕特之沙克都尔曼济一昂吉，辉特之塔尔巴哈沁萨音伯勒克一昂吉，和通额默根一昂吉，多罗特舍楞一昂吉，敦多克一昂吉，业克明安巴雅尔一昂吉，车凌班珠尔一昂吉，巴图尔额默根一昂吉，察罕图克阿睦尔撒纳一昂吉，博洛果特台吉诺海奇齐克一昂吉，土尔扈特台吉巴图尔乌巴什一昂吉，吞图布一昂吉，共二十一。向于西师诗称二十一昂吉，为其汗公属者，盖考之而未详，兹始详询，缕细如右，然各台吉虽分领其昂吉，凡出师执役，无不听其汗之令，则初所译者，亦未为大差也。统计其汗之二十四鄂拓克，九集赛，及各台吉之二十一昂吉，得二十余万户，六十余万口，成一部落者百十余年。语云，十人成之而不足，一人败之而有余。吾于纪准噶尔之事，益见其不爽，贾生所谓仁义不施，而攻守之势异，虽夷狄之有君，岂能外是道哉。

（《清高宗实录》卷695　页791—796）

在特讷格尔伐木备造房屋

乾隆二十八年九月癸未（二十九日1763.11.4）乌鲁木齐办事副都统侍郎旌额理等奏，臣于上年一月，奏派兵二百名，在特讷格尔伐木，备造房屋一千二百间，本年七月告竣，合计六堡所造兵房四千八百间，仅敷兵二千四百余名居住，其陆续挈眷兵约六百名，仍需造房一千二百间，查罗克伦以西，地名呼图毕，田亩广阔，河水充裕，木植亦多，约可驻兵二千名，相其形势，东至宁边城七十一里，西至玛纳斯一百三十五里，为哈萨克往来要路，臣等酌于本年冬季，砍伐木植，计足工料，运至造房处所，将罗克伦换班兵六百名移于呼图毕屯田，所需农具籽种口粮，亦请于冬间运往，俟房屋工成，即趱筑城垣，庶屯田兵三千名声势联络，且多留地亩，备给招募民人，不致兵民参杂，似属有益。得旨，如所请行。

（《清高宗实录》卷695　页796—797）

往特穆尔图诺尔巡查哈萨克游牧

乾隆二十八年十月乙酉（二日1763.11.6）伊犁办事副都统伊勒图奏，臣往特穆尔图诺尔等处巡查哈萨克游牧，并查询楚穆讷尔地名在何境，询之前在特穆尔图诺尔等处游牧之厄鲁特，据称，哈萨克游牧之前，地名西喇乌苏，哈萨克呼为西喇苏，其楚穆讷尔系一泉名，源在吹之左，近索和罗克、哈喇巴勒塔地方，又闻此处常有哈萨克乘间游牧，来去无定。顷明瑞等业已遵旨往查，嗣后应出其不意，两路前往巡查，南路自特穆尔图诺尔之南，由巴勒珲岭至塔拉斯、吹地方，北路沿伊犁河，由古尔班阿里玛图至沙喇伯勒地方，方能周遍。再哈萨克乌默尔之弟瓜特、色楞伯特二人去岁入觐，蒙恩赏五品项翎，并准移驻伊犁，现在携眷来卡，应遵照所指之处居住，乃妄称与厄鲁特同居不便，欲与卡外和尔郭斯、库陇癸等处居住，又称无粮难度，恳求给与，种种虚词，惟图侥幸。臣等详细晓谕，令于章什左近居住。瓜特等又云，去岁将军成衮扎布曾传谕旨，乌默尔移驻伊犁后，令于八月十五日至围场朝见等语。详阅成衮扎布移文，并未提及，其妄可知，臣等留心察看，俟乌默尔到时，再与明瑞等定议如何给与游牧，办理具奏。报闻。

（《清高宗实录》卷696　页801）

素诚等加意熟习清语

清乾隆朝满文寄信档。乾隆二十八年（1763）十一月初八日，大学士、领侍卫内大臣、忠勇公等奉上谕，字寄驻乌什办事副都统素诚、驻伊犁各城办事之将军、大臣等著加意熟习清语。谕曰："素诚接奉前旨覆奏，哈萨克前来叶尔羌等处贸易一折内，清语不通，朕已改正发还。素诚系满洲奴仆，又在回疆办事，理宜勤学清语，乃折内竟有不成话者，皆由素不熟习所致。此成何体统，殊属非是。著严加申饬素诚。再，各城驻扎之员，俱系满洲大臣，平常办事应用清语，不可助长汉人之习。若不勤用清语，渐成汉人风俗，致失满洲体制，必为回子、哈萨克、布鲁特诸部所笑，此断乎不可也。此等之事，朕从前屡经降旨训导。现在伊犁地方，满洲、索伦、察哈尔、厄鲁特、回子等错处，尤当以清语为要，使之娴熟。著传谕明瑞及各城驻扎大臣等，加意习之。”

（档号:03－130－3－013）

安插从哈萨克逃出之厄鲁特人

乾隆二十八年十月戊子（五日 1763.11.9）谕军机大臣等，成衮扎布奏称，从哈萨克逃出之厄鲁特沙鼐、布库、玛木特等，酌拟晓谕杜尔伯特乌梁海等，附入安插等语。现在伊犁编设厄鲁特佐领，著传谕成衮扎布等，即将沙鼐等解送伊犁安插，嗣后再有此等，遇解送马匹牲只之便，一体办理，不必专行送往。

（《清高宗实录》卷696　页802）

哈萨克之俄罗斯等至乌里雅苏台

乾隆二十八年十月戊子（五日 1763.11.9）又谕（军机大臣等），据成衮扎布等奏称，哈萨克之俄罗斯等至乌里雅苏台，闻知不令入觐，即欲将所进马匹带回，因遣侍卫明成等护送出卡等语。俄罗斯前欲入觐，原以希图赏赉，不令入觐，辄欲将马匹带回，明系图利取巧，成衮扎布不留伊等马匹，遣送出卡，所办甚是。嗣后若系阿布赉特遣前来请安进马者，令其来京入觐，似此图利取巧者，照此办理。

（《清高宗实录》卷696802）

将哈萨克微末头目所遣来使即行遣回

清乾隆朝满文寄信档。乾隆二十八年（1763）十一月二十日，大学士、领侍卫内大臣、忠勇公等奉上谕，字寄定边左副将军、扎萨克和硕亲王成衮扎布等将哈萨克微末头目所遣来使即行遣回。谕曰：“据成衮扎布等奏，哈萨克哈喇巴鲁克遣人请安，并进献马匹。哈萨克地方，此等微末头目甚多，不便令其任意行走，理应晓谕遣回。现派伊尔哈纳，令伊等暂驻卡伦台站，候旨遵行。等语。哈萨克汗阿布勒玛木比特、阿布赉俱有大头目，内附以来，甚为恭顺，伊等如果遣使请安，自应办理护送。而此等微末头目，职位甚卑，何得亦遣人请安。成衮扎布等，派人令伊等暂驻卡伦台站，候旨遵行，所办甚是。著传谕成衮扎布，即作伊等意见，晓示哈喇巴鲁克来使云：尔等之哈喇巴鲁克，不过一微末头目，与阿布勒玛木比特、阿布赉实不可比，不可遣人前来向大皇帝请安。伊若亲身前来，尚可令之入觐。今遣人请安，尔等职位甚卑，不敢遽令入觐。至尔等头目遣尔等前来之处，已顺便奏闻。云云。即行遣回。哈喇巴鲁克所遣之人，既由阿布赉处领取文凭前来，著成衮扎布应将此情，晓谕阿布勒玛木比特、阿布赉等知之。”

（档号:03－130－3－017）

将哈萨克哈喇巴鲁克来使晓谕遣回

清乾隆朝满文寄信档。乾隆二十八年(1763)十一月二十四日,大学士、领侍卫内大臣、忠勇公等奉上谕,字寄定边左副将军、扎萨克和硕亲王成衮扎布等将哈萨克哈喇巴鲁克来使晓谕遣回。谕曰:“成衮扎布等奏称,据办理科布多屯田事务参赞大臣扎拉丰阿咨称,经派笔帖式阿林保询问得,哈萨克哈喇巴鲁克来使七人、跟役十一人,前来献马九匹;并献出从前哈喇巴鲁克带去之厄鲁特六户,令其迁往伊犁。等语。昨据成衮扎布等奏,哈萨克哈喇巴鲁克遣使前来请安献马。哈萨克地方,此等微末头目甚多,不便令其任意行走,宜晓谕遣回。等语。朕即降旨,哈萨克汗阿布勒玛木比特、阿布赉等,俱系大头目,伊等遣使请安,自应办理护送。而此等微末头目,职位甚卑,何得亦遣人请安。成衮扎布等。派人令暂驻卡伦,候旨遵行,所办甚是。令成衮扎布作伊等意见,将此晓示来使遣回。今扎拉丰阿既经派人询问,将来使送至乌里雅苏台,著成衮扎布等,即遵前旨,晓示哈喇巴鲁克来使,将其遣回。伊等所献马匹,亦令带回。若马匹乏弱,难以带回,即作成衮扎布意见,照贸易马匹折价给与,将马匹留下。再,询问扎萨克等,尔等不可前往觐见,尔等所带之厄鲁特等,或留在此处,或带回与伊等家口一并送往伊犁。若伊等情愿留下,即照收赎之例,折给价银,将厄鲁特阿喇勒等留下,乘便送往伊犁,并将其妻子等,亦告称来使,由彼送往伊犁。伊等若愿带回,则听自便。再,成衮扎布附奏之托忒文书,翻译阅看,并非阿布赉奏疏,乃哈喇巴鲁克奏文。著寄回成衮扎布等,晓谕哈萨克来使云:尔等带来之书,并非阿布赉之奏疏,乃哈喇巴鲁克之奏文,哈喇巴鲁克系小头目,不应奏事。交与伊等带回。”

(档号:03－130－3－020)

将哈萨克遣使于正月二十五日前送到京城

清乾隆朝满文寄信档。乾隆二十八年(1763)十一月二十四日,大学士、领侍卫内大臣、忠勇公等奉上谕,字寄护送哈萨克使臣之三等侍卫拉布东阿、驻乌鲁木齐、哈密办事大臣等将哈萨克遣使于正月二十五日前送到京城。谕曰:“明瑞等奏,将哈萨克阿布勒比斯等遣使策伯克等七人及跟役五名,已派三等侍卫拉布东阿护送来京。等语。著传谕拉布东阿,伊等带领遣使等,于来年正月十五日前抵达,则甚好,如若不能,于十九日赶到,亦可。实在不可,于二十五日以前到京。如若正月之内不能抵达,即陈明具奏。唯计期赶来,不可令来使过于疲劳。将此寄信乌鲁木齐、哈密大臣办事大臣等,如来使马匹疲乏,酌量更换,俾得行走迅速,早抵京城。”

(档号:03－130－3－018)

将勒索哈萨克马匹之侍卫等革职枷号示警

清乾隆朝满文寄信档。乾隆二十八年(1763)十一月二十四日,大学士、领侍卫内大臣、忠勇公等奉上谕,字寄定边左副将军、扎萨克和硕亲王成衮扎布等将勒索哈萨克马匹之侍卫等革职枷号示警。谕曰:“成衮扎布等奏称,三等侍卫穆森泰护送哈萨克

时，向哈萨克勒买马匹，私许物件，并未给与。又蒙古密济特勒索哈萨克马匹，许给倭缎，亦未交付。除将伊等原索马匹收回，交前来之哈萨克额德格等，转给原主外，请将穆森泰交部严加议处，密济特枷号三个月、鞭八十。等语。前经降旨，哈萨克带来马匹，官定价值，不许私相贸易。乃侍卫穆森泰，竟敢私换马匹，所许之物，又不给与，甚属不堪。即穆森泰所称给过哈萨克羊只，并银三十两，亦未可信。伊果若给过银物，哈萨克等又何以索取辔口等项。且哈萨克素非必定食羊，伊等以马为宴，岂有不以马匹为食，反以马二匹换羊二只之理。由此可见，穆森泰所言俱系捏造，其贪婪图利，昭然无遗。成衮扎布等，理应将此细加诘问，仅请交部议处，不仅与罪不符，且何足示警。穆森泰著革去侍卫，即在该处枷责，以昭迴戒。并传谕成衮扎布等，俟哈萨克等到时，即谕以我处之人，因私换尔等马匹，未给所许之物，我等具奏后，大皇帝将其枷责示警。尔等若因我天朝法律森严，肆意捏词陷害，以图其利，断呼不可。尔等亦系皇上臣仆，亦必从重治罪，断不宽恕。云云。将其遣回，再，将穆森泰作何办理之处，具奏请旨。其蒙古密济特，即照成衮扎布所奏，于闹市枷号三个月、鞭八十，以昭迴戒。伊等勒索之马匹，成衮扎布等既已收回，即交前来之哈萨克额德格等，带回转交原主。著传谕成衮扎布等遵行。”

（档号:03－130－3－019）

逃来阿布勒比斯之妻达呼事宜

乾隆二十八年十月丙午（二十三日 1763.11.27）又谕（军机大臣等），据明瑞奏称，哈萨克阿布勒比斯遣厄鲁特台吉策伯克禀恳，将随厄鲁特图伦蒙克逃来阿布勒比斯之妻达呼赏回等语。此妇不识现到伊犁否，著明瑞等查明，如实到伊犁，阿布勒比斯再遣人恳恩时，朕加恩赏回，亦无不可。著传谕明瑞等知之。

（《清高宗实录》卷697　页810）

议雅尔地方筑城驻兵调锡伯兵等事宜

乾隆二十八年（1763）十二月乙巳。议雅尔地方筑城驻兵事宜。伊犁将军明瑞等奏言：臣于去年面奉谕旨，令筹办塔尔巴噶台驻兵之事。臣到彼留心详看，于塔尔巴噶台山阳，雅尔河以东之古尔班喀喇乌苏地方，立木为筑城记号。伏查卡伦马厂，共需马兵一千五百名，屯田绿旗兵五百名。原议周围安放卡伦二十一处，每处派兵二十五名，约共需兵五百余名。此项卡伦与哈萨克交界甚近，而去伊犁、雅尔河二处，近者二三百里，远者千里，派兵往守，有鞭长莫及之势，恐不足以资防范。臣等愚见，与其将兵五百名分于各处，莫若停止周围所放卡伦，以集兵力，而令屯田兵丁，俱驻扎雅尔城。再留马兵三百名，在城照管贸易。所余之兵，即交领队大臣，裹带口粮，于周围地方，从容巡查，方为有益。至雅尔城既经驻兵，与伊犁往返文移，必须设立台站。请自额敏河沿，至巴尔楚克、沁达兰三处，每处驻兵三十名，设大卡伦三座。其库克托木岭等处卡伦，或酌量安设，或照旧展放，所需兵丁，俱于相近地方，轮班派出。如此，则塔尔巴噶台周围声势相接，而哈萨克慑我军威，自不敢潜来游牧。至所需之兵，若从伊犁挈眷兵内派往，恐伊等于军务，未能习练。若从打牲索伦兵内派往，则须明年方能全到，游牧未定，亦有不便。应请派京兵、黑龙江兵，或盛京锡伯兵，前来驻防，方为妥协。此项兵驻扎三年，至换班之时，即可就近选派，停止内地发往。再现今乌鲁木齐驻兵，较多于巴里坤，请将乌鲁木齐、巴里坤办事大臣撤回，其巴里坤提督移驻乌鲁木齐，乌鲁木齐总兵移驻巴里坤。至从前所放卡伦侍卫十一员，仍旧遣回，分在伊犁、塔尔巴噶台驻扎，以备差遣，尤于地方有益。奏入。得旨，军机大臣议奏。寻议：塔尔巴噶台与伊犁相接，若不筑城驻兵，设放卡伦，巡查游牧，则西北两路，声势不能联属。今明瑞等相度形势，详定具奏。臣等按图细阅，其筑城及设放卡伦之处，俱合机宜，应如所奏办理。至雅尔地方，明年筑城，则塔尔巴噶台后年即需驻兵。其时挈眷移驻伊犁之满洲、索伦、察哈尔兵，尚未全到，若自京城黑龙江等处，再行派往，未免繁琐。应将筑城事务，改于三十年办起，俟三十一年移驻伊犁之兵，各已到齐，再照原议酌选精壮，令其驻防塔尔巴噶台。如谓移驻伊犁之兵不足，自应将内地兵丁，酌量派往。查热河有达什达瓦部厄鲁特兵六百名，应派出五百名；喀喇和屯有满洲、蒙古兵二千名，应派出一千名；又盛京有锡伯兵四五千名，应派出一千名，俱于明春挈眷遣往伊犁。再塔尔巴噶台驻兵之后，哈萨克不至乌鲁木齐贸易。明瑞等所请撤回大臣，改驻提督总兵，及分派侍卫之处，度量事势，俱属可行，应令与杨应琚等公同酌办。

（《平定准噶尔方略》续编，卷二十三）

巡查塔尔巴哈台等处

乾隆二十八年十月癸丑（三十日 1763.12.4）谕军机大臣等，明瑞等奏称，巡查塔尔巴哈台等处，哈萨克汗阿布勒比斯来索逃往伊犁之厄鲁特，且言从前曾有给回之例，臣等将阿布勒比斯斥责，谕以准噶尔业已平定，哈萨克等所获之厄鲁特理应收取，但念尔等亦系臣仆，未经办理，今投至伊犁，乃其故土，如何称系逃人，并求降旨乌里雅苏台将军，一体办理等语。明瑞所办，甚为得体。从前虽无彼此不留逃人之言，但成衮扎布曾将自哈萨克逃出之厄鲁特给回，阿布勒比斯遂欲援以为例。著传谕成衮扎布等，嗣后遇此等事，俱照明瑞等所办驳之。

（《清高宗实录》卷 697　页 812）

哈萨克索取逃入伊犁厄鲁特事宜

乾隆二十八年十一月甲寅（一日 1763.12.5）谕军机大臣等，昨明瑞奏，哈萨克阿布勒比斯等索取逃入伊犁之厄鲁特，将阿布勒比斯严行驳饬，所办甚是，已降旨成衮扎布，嗣后悉照明瑞所办，毋许给回，但成衮扎布等原奏，因哈萨克脱逃之厄鲁特，伊等自行半路追获，且并未入我境内，是以给伊领回，若业经逃入内地，即哈萨克再四来告，亦断然不可给与。著再传谕成衮扎布、明瑞等，遵照分别办理，仍将成衮扎布原奏寄明瑞等知之。

（《清高宗实录》卷 698　页 814）

哈萨克人再来贸易即行明白晓谕遣回

清乾隆朝满文寄信档。乾隆二十八年(1763)十二月十一日,大学士、领侍卫内大臣、忠勇公等奉上谕,字寄定边左副将军、扎萨克和硕亲王成衮扎布等哈萨克人再来贸易即行明白晓谕遣回。谕曰:"成衮扎布等奏称,哈萨克侍卫巴勒图比尔等二十五人,带马牛一百五十,羊只千余,赶至额尔齐斯地方。经察达克之子乌尔图那逊前往盘问,乃阿布赉遣来呈请察达克贸易者,遂告之不准贸易,便带牲畜返回。嗣后,将此等擅入边界人等务必逐回之处,咨令各卡伦及察达克、图布慎等遵行外,俟哈萨克等到京之际,请降旨饬谕,以示禁绝。等语。哈萨克等贪鄙性成,其属下人等,若时常越界前来贸易,则难免盗窃争斗之事。成衮扎布即行逐回,所办甚是。著传谕成衮扎布等,嗣后,哈萨克人等若再来贸易,应交察达克、图布慎等,谕以我将军大臣等并非禁止尔等贸易,盖因我之贸易,俱在伊犁、乌鲁木齐,尔等若欲贸易,理应前往伊犁、乌鲁木齐,尚可购得内地之物。此处未设贸易,亦无内地货物。尔等所携之物,不过马匹皮张等项,我乌梁海等俱有孳生牧厂,尔等所带马畜,亦无需用之处。况且此处未设督管贸易官员,尔等擅自贸易,万一发生盗窃争斗之事,于尔无益。谕毕遣回。并将此交军机大臣等,于哈萨克人到京时,亦照此晓谕。"

(档号:03-130-3-022)

哈萨克前来叶尔羌贸易事宜

乾隆二十八年十一月辛酉(八日 1763.12.12)谕军机大臣等,素诚覆奏,哈萨克前来叶尔羌贸易一折内,清语不通,素诚系满洲奴仆,又在回疆办事,理宜勤学清语,折内竟有不成话者,皆由素不熟习所致,著严加申饬。再各城驻扎办事之员,俱系满洲大臣,一切文移应用清语,若清语不熟,致失满洲体制,必为回子、哈萨克诸部所笑,朕从前屡经降旨训导,现在伊犁地方,满洲、索伦、察哈尔、厄鲁特、回子错处,尤当以清语为要。著寄信明瑞及驻扎各城大臣,黾勉肄习。

(《清高宗实录》卷698　页817)

索取厄鲁特逃人鄂勒锥图

乾隆二十八年十一月己巳(十六日 1763.12.20)谕军机大臣等,明瑞等奏称,纳旺前往阿布勒比斯游牧,索取厄鲁特逃人鄂勒锥图,详细谕以利害,其属人绰特拜畏惧,将鄂勒锥图献出,随即带回,臣等传集众厄鲁特,数其逃窜之罪,立行正法,其失察之领队大臣伍岱等,请交部察议等语。纳旺奋勉可嘉,著赏缎二匹,伍岱等系初次失察,著加恩免其交部。

(《清高宗实录》卷699　页821)

选派盛京锡伯兵驻防伊犁之军机大臣等议奏

乾隆二十八年(1763)十二月二十二日。大学士领侍卫内大臣忠勇公臣傅恒等谨奏:为遵旨议奏事。乾隆二十八年十一月十六日,明瑞等奏塔尔巴哈台等处驻兵、屯田、筑城、设卡等由一折,奉朱批:著军机大臣等议奏。钦此。钦遵。该臣等议得,据明瑞等奏称,……等语。查塔尔巴哈台地方,非但与伊犁毗连,且通达阿尔泰、科布多等地。虽于伊犁驻兵,而塔尔巴哈台不驻,则西北两路声势不能呼应。惟于塔尔巴哈台驻兵,周围环设卡伦,则西北两路方能彼此呼应,伊犁军威将更加强盛。塔尔巴哈台驻兵,事关紧要,前曾敕谕阿桂等议奏,而明瑞起程时,又谕留心办理塔尔巴哈台驻兵事宜。今明瑞等行抵塔尔巴哈台等地,勘察筑城、驻兵、设卡之处,定拟具奏。臣等与舆图核对,明瑞等所请筑城、设卡、驻兵之地及派遣参赞大臣、领队大臣,编派兵丁游牧、届时巡查等诸项事宜,俱合地方情形,均依明瑞等所奏处,塔尔巴哈台地方初次驻兵,派驻强兵于事方有裨益,相应亦照明瑞所奏,雅尔城驻屯田禄营兵五百名,塔尔巴哈台驻马兵一千五百名。唯雅尔地方来年筑城,后年即需塔尔巴哈台驻兵,其遣去驻防兵,若由现在换防之满洲、索伦兵内派出,则彼等于当年七月期满该换。若由携眷移驻之索伦、察哈尔兵内派出,则彼等来年方到,尚未定居,不便即行派驻。至凉州、庄浪兵初到不久,未曾操练,亦难派驻。若由京城、黑龙江再次派遣换防兵,则殊属烦琐。该臣等以为,与其复派换防兵不如派出携眷驻防兵。塔尔巴哈台驻兵一事,虽属重要,亦非当务之急,多等一年,从后年开始办理,至三十一再派兵驻塔尔巴哈台,则所派满洲、索伦、察哈尔携眷兵丁,彼时均能到齐定居,得以操练,一切事项似乎无误。请交付明瑞等,将雅尔地方筑城一事,从后年开始办理,三十一年再派兵驻塔尔巴哈台。其派去驻防之兵,即由携眷移驻之满洲、索伦、察哈尔兵内,选派精锐者驻防。换防满洲、索伦兵期满后,悉行撤回。塔尔巴哈台驻兵后,于南北两侧分兵驻守,设卡、巡查等差颇为繁多,俟换防兵撤回后,伊犁所有携眷移驻之兵近六千名,恐不敷分驻各处;且伊犁、塔尔巴哈台周围地方极为辽阔,多选派数千名携眷兵移驻似于一切均有裨益。查现驻避暑山庄达什达瓦厄鲁特官兵情愿移驻伊犁,相应由其六百名兵内派出五百名,并由官员内,选其情愿者携眷移驻。若官员不敷管带,驻京厄鲁特内,既有申请愿驻伊犁者,相应亦酌派出。再避暑山庄、喀喇河屯等地,现有满洲、蒙古三千名内,亦选一千名,并酌派官员,携眷移驻伊犁。又查得,盛京锡伯兵有四五千名,明瑞等既称其技艺尚可,狩猎又如索伦,相应由盛京锡伯兵内,拣其精壮能牧者一千名,酌派官员,携眷遣往。至彼等筹办起程时,其满洲、蒙古兵由内地行走,一切应支之项均照凉州、庄浪官兵发给之例办理。锡伯、厄鲁特兵,由塞外行走,一切应支之项,均照索伦、察哈尔官兵得给之例办理。将此饬交各该处,从明年春起从容筹办,起程前往。避暑山庄派出一千名满洲、蒙古兵缺,由京城满洲、蒙古旗内如数派出。俟彼等起程后,即往避暑山庄驻防。如奉旨准行,则将凉州,庄浪、索伦、察哈尔兵筹办起程事项,照抄原案,咨行各该处照办。又查明瑞等所奏塔尔巴哈台驻兵后,哈萨克等不至乌鲁木齐贸易,撤回乌鲁木齐、巴里坤钦差大臣,巴里坤提督移驻乌鲁木齐,乌鲁木齐总兵移驻巴里坤,管束屯田绿营兵;换防满洲、索伦兵,期满撤回,三屯交

提督兼管；裁撤自乌里雅苏台至乌鲁木齐所设卡伦，于乌里雅苏台至塔尔巴哈台之间设置卡伦以及十一名侍卫照旧遣派等事，俱合机宜，堪以施行。故均依明瑞等所奏。该办之时，令明瑞等会同杨应琚、成衮扎布等商办。又查明瑞所奏将乌鲁木齐、察哈尔、厄鲁特内愿居伊裂者归伊犁昂吉一事：乌鲁木齐、巴里坤、喀喇乌苏地方，共有携眷驻防之察哈尔兵二百名，新旧厄鲁特一百二十六名，今议乌鲁木齐、库尔喀喇乌苏等处，请交提督兼管，不必将伊等留乌鲁木齐、库尔喀喇乌苏，均移驻雅尔城，逐好水草游牧。如此，则新筑雅尔城既有屯田绿营兵五百名、换防马兵三百名，又添此项察哈尔、厄鲁特兵驻防，军威必将大振。又据明瑞等奏称，前阿桂欲将杜尔伯特、扎哈沁之牧场，移至哈尔巴哈等处，惟此等地方接近哈萨克，难绝偷盗事端，请移至斋尔周围安置等语。查得，杜尔伯特，扎哈沁牧场，已在额尔齐斯附近，若彼等奏请愿意迁回原游牧之地，则理应将彼等安置于额尔齐斯等处。惟彼等在阿尔泰等地居住多年，已从本地习俗，并未请求迁回其原游牧之地，尚不必勒令迁移。若谓塔尔巴哈台驻兵后，斋尔等地空虚，则伊犁、雅尔等地驻兵安置妥当后，渐渐移兵驻防，久而久之，自然繁荣，不必将杜尔伯特、扎哈沁之众移至哈尔巴哈等处，或斋尔等处。所有明瑞等筑城、驻兵、设卡、游牧之处，于图中贴签，一并恭呈御览，可否之处，恭候奉旨遵行。为此谨奏。请旨。乾隆二十八年十二月二十三日奏，奉旨：雅尔地方修筑新城驻兵时，应专派大臣镇守。伊犁将军、大臣不多，既应巴里坤提督移驻乌鲁木齐，撤回乌鲁木齐诸大臣，则乌鲁木齐睹大臣著移驻雅尔统兵。巴里坤驻有总兵，俟雅尔驻兵后，著巴里坤大臣即行撤回。至派出避暑山庄兵时，桦榆沟驻兵二百名，全数派往，于避暑山庄、喀喇河屯驻兵内拣派八百名。由京城派去一千名兵抵达后，桦榆沟不必再驻兵，彼处有房屋即行拆除。将一千名兵分于避暑山庄、喀喇河屯满洲、蒙古、厄鲁特等空出房屋居住。余依议。钦此。

（译自《军机处满文议复档》）

哈萨克哈喇巴鲁克遣人请安

乾隆二十八年十一月癸酉（二十日 1763.12.24）又谕（军机大臣等），据成衮扎布等奏称，哈萨克哈喇巴鲁克遣人请安，并进献马匹，哈萨克属下微末头目甚多，不便令其任意行走，理应晓谕遣回，现派伊尔哈纳，令伊等暂驻卡座台站，候旨遵行等语。成衮扎布所办甚是，哈萨克阿布勒巴木比特、阿布赉等遣使来请朕安，自应办理护送，若此等微末头目，但可亲身入觐，何得亦称遣使。著传谕成衮扎布，即作伊等意见，晓示哈喇巴鲁克来使云，尔等职位甚卑，不敢遽令入觐，至尔头目遣尔等前来之处，业已顺便奏闻，仍即行遣回。再哈喇巴鲁克所遣之人，原向阿布赉领取文凭，应将此情由一并传谕阿布勒巴木比特、阿布赉等知之。

（《清高宗实录》卷 699　页 824）

将哈萨克所献厄鲁特等乘便送往伊犁

清乾隆朝满文寄信档。乾隆二十八年（1763）十二月二十七日，大学士、领侍卫内大臣、忠勇公等奉上谕，字寄署理定边左副将军印务、参赞大臣、副都统扎拉丰阿等将哈萨克所献厄鲁特等乘便送往伊犁。谕曰："扎拉丰阿等奏称，哈萨克额德格禀称，愿将哈萨克哈喇巴鲁克所献厄鲁特阿喇尔等六户，留在卡伦，俟来年秋季，将伊等家口护送至伊犁。俟阿喇尔等至乌里雅苏台后，应否另行派人送往伊犁，或明年再行送往之处，具奏请旨。等语。阿喇尔等不过哈喇巴鲁克所献之厄鲁特，并非紧要之人，且伊等家口亦来年秋季解送伊犁，非属急遽之事，不必专人护送。著传谕扎拉丰阿等，阿喇尔等至乌里雅苏台后，暂留彼处，遇有方便之时，顺便送往。"

（档号:03－130－3－024）

哈萨克十八人前来献马

乾隆二十八年十一月丁丑（二十四日1763.12.28）又谕（军机大臣等）曰，成衮扎布等奏称，据扎拉丰阿咨称，有哈萨克十八人前来献马，随令笔帖式阿林保，询得来使七名，跟役十一名，贡马九匹，并献出从前令哈喇巴鲁克带去厄鲁特六户等语。昨成衮扎布等将哈萨克哈喇巴鲁克遣使前来具奏，即降旨晓谕遣回，今扎拉丰阿既将来使送至乌里雅苏台，著成衮扎布等仍遵前旨，晓谕遣回，所进马匹及六户厄鲁特，令其带回，若情愿存留，即作成衮扎布意见，照贸易马匹及收赎厄鲁特之例，折价给与。再阿布赉给哈喇巴鲁克之托忒字文凭，翻译阅看，乃哈喇巴鲁克奏文，哈喇巴鲁克系小头目，不应奏事，应交成衮扎布等一并晓示来使知之。

（《清高宗实录》卷699　页826）

穆森泰向哈萨克勒买马匹事件

乾隆二十八年十一月丁丑（二十四日1763.12.28）又谕（军机大臣等）曰，成衮扎布等奏称，三等侍卫穆森泰向哈萨克勒买马匹，私许物件，并未给与，又蒙古密济特勒索哈萨克马匹，许给倭缎，亦未交付，除将伊等原索马匹，交前来之哈萨克额德格等转给本人外，穆森泰请交部严加议处，密济特请枷责等语。前经降旨，哈萨克带来马匹，官定价值，不许私相贸易，乃侍卫穆森泰辄敢私换马匹，所许之物，又不给与，甚属不堪，即穆森泰所称给过羊只，并银三十两，亦未可信，伊如果给过银物，哈萨克等何以又索取辔头等项，且哈萨克岂有以马二匹换羊二只之理，显系穆森泰婪索败检，捏造虚言，冀图掩饰，成衮扎布等不行细加诘问，仅请交部议处，何足示警。穆森泰著革去侍卫，即于该处枷责，以昭炯戒，并传谕成衮扎布等，俟哈萨克到时，即谕以我处官员因私换尔等马匹，具奏治罪，倘尔等捏词陷害，亦必从重办理，断不宽恕，仍即将穆森泰勒索马匹给还。其蒙古密济特，著照所请枷责。

（《清高宗实录》卷699　页826）

哈萨克等由北路送献厄鲁特即较之伊犁减等赏赐

清乾隆朝满文寄信档。乾隆二十九年（1764）正月初八日，大学士、领侍卫内大臣、忠勇公等奉上谕，字寄署理定边左副将军印务、参赞大臣、副都统扎拉丰阿等著哈萨克等由北路送献厄鲁特即较之伊犁减等赏赐。谕曰："扎拉丰阿等奏称，哈萨克哈喇巴鲁克所献之厄鲁特阿喇尔等，前因七十六报称，共计二十七口，是以奏请每口折银十两赏赐，遂派舒灵阿等，携带缎匹银两，前往赏赐。今七十六等又报，阿喇尔等家口内，有乳婴在内幼童共十名。从前未经详查，一概赏银，殊属不合。等语。前扎拉丰阿等，未曾核实哈萨克哈喇巴鲁克所献之厄鲁特等大小人口，各赏银十两，亦即可也。哈萨克人性甚贪婪，将此等厄鲁特送至伊犁，伊犁大臣等所赏缎布等物，尚不如赏银十两。今喀尔喀地方，若使哈萨克等多为得利，伊等将厄鲁特等，俱由北路送交，再由喀尔喀地方转送伊犁，反滋烦扰。嗣后，哈萨克等再由北路送来厄鲁特，其赏赐之物务必减于伊犁。著将此面谕成衮扎布，并传谕扎拉丰阿等知之。"

（档号:03－130－4－001）

哈萨克巴勒图比尔等携牛马来

乾隆二十八年十二月癸巳（十一日 1764.1.13）谕军机大臣等，成衮扎布等奏称，哈萨克巴勒图比尔等，因阿布赉令向乌梁海内大臣察达克讲和，并称系贸易商人，携带牛马来至额尔齐斯地方，已经察达克之子乌尔图那逊盘诘逐回，应请俟哈萨克人到京时降旨饬谕，毋得擅入边境等语。哈萨克人贪鄙性成，其属下人众听其来往，难免盗窃争斗之事，成衮扎布等即行驱逐，办理甚妥。著传谕成衮扎布等，嗣后再有贸易人来，应交察达克、图布慎，谕以内地商人俱在伊犁、乌鲁木齐，尔等若欲贸易，自可前往，且此间并无管理贸易之员，万一滋生事端，亦于尔等无益，是以将军等禁止贸易。谕毕遣回，并将此交军机大臣，于哈萨克人到京时，亦照此明白晓谕之。

（《清高宗实录》卷700　页833）

拉布冬阿等著二队哈萨克遣使同入京城

清乾隆朝满文寄信档。乾隆二十九年（1764）正月十五日，大学士、领侍卫内大臣、忠勇公等奉上谕，传谕带领哈萨克使臣前来之三等侍卫拉布冬阿等及带领哈萨克使臣前来之副护军参领巴扬阿等遣使同入京城。谕曰："旌额理等奏称，派副护军参领巴扬阿等，护送哈萨克阿布勒拜木比特所遣使臣及哈萨克赏戴顶翎之喀吉哈喇、散毕泰等十人，于正月初六日，自乌鲁木齐起程赴京。等语。顷西哈萨克阿布勒比斯所遣使臣七人，由侍卫拉布冬阿等带领兼程而来，将至京城。伊等到后必赐筵宴，尚应齐集为宜。著将此俱传谕护送哈萨克使臣之拉布冬阿、巴扬阿等，此间，拉布冬阿不必匆遽赶行，徐行以候巴扬阿；巴扬阿等带领哈萨克使臣等可略疾行，二队会合后，同来京城。"

（档号:03－130－4－008）

明瑞等筹办塔尔巴哈台驻兵之事

乾隆二十八年十二月乙巳（二十三日 1764.1.25）伊犁将军明瑞等奏，臣等筹办塔尔巴哈台驻兵之事，于古尔班派喀喇乌苏地方，立木为筑城记号，原议周围安二十一卡，每卡派兵二十五名，但此卡座与哈萨克交界甚近，而去伊犁、雅尔河二处，近者二三百里，远者千里，有鞭长莫及之势，请停止周围安卡之议，惟令屯田兵俱驻扎雅尔城，再留马兵三百名，在城照管贸易，余兵即交领队大臣，裹带口粮，于周围地方从容巡查，方为有益。至雅尔城既经驻兵，与伊犁往返文移，必设台站，请自额敏河沿至巴尔楚克、沁达兰三处，每处驻兵三十名，设大卡三座，其库克托木岭等处卡座，或酌设或照旧，兵俱于近地轮班派出，则塔尔巴哈台周围声势相接，而哈萨克惧我军威，自不敢潜来游牧。至所需兵，请派京兵、黑龙江兵或盛京兵前来驻防，驻扎三年，至换班时，即可就近选派，停止内地发往。再现今乌鲁木齐驻兵较多于巴里坤，请将乌鲁木齐巴里坤办事大臣撤回，其巴里坤提督移驻乌鲁木齐，乌鲁木齐总兵移驻巴里坤。至从前所放卡座侍卫十一员，仍旧遣回，分伊犁、塔尔巴哈台驻扎。得旨，军机大臣议奏。寻议奏，塔尔巴哈台与伊犁相接，若不筑城驻兵，设卡巡查游牧，则西北两路声势不能联属，今明瑞等相度形势，绘图具奏，其筑城及设卡处俱合机宜，应如所奏办理。至雅尔地方，明年筑城，则塔尔巴哈台后年即需驻兵，其时挈眷移驻伊犁之满洲、索伦、察哈尔兵尚未全到，若自京城黑龙江等处再行派往，未免繁琐，应将筑城事务改于三十年办起，俟三十一年移驻伊犁之兵到齐，再照原议酌选精壮，令驻塔尔巴哈台，如移驻伊犁之兵不足，自应将内地兵酌量派往。查热河有达什达瓦部厄鲁特兵六百名，应派出五百名，喀喇河屯有满洲蒙古兵二千名，应派出一千名，又盛京有锡伯兵四五千名，应派出一千名，俱于明春挈眷遣往伊犁。再塔尔巴哈台驻兵后，哈萨克不至乌鲁木齐贸易，明瑞等所请撤回大臣，改驻提督总兵及分派侍卫之处，事势俱属可行，应令与杨应琚等公同酌办。得旨，雅尔地方筑城驻兵，应专派大臣镇守，伊犁所有将军大臣甚少，既令巴里坤提督移驻乌鲁木齐，即将乌鲁木齐大臣移驻雅尔，巴里坤既改驻总兵，则巴里坤大臣可以全行撤去。至出派热河兵时，所有桦榆沟驻兵二百名尽行派往，再予喀喇河屯兵内拣派八百名。余依议行。

（《清高宗实录》卷 701　页 840—841）

哈萨克阿布勒比斯等遣使七人来

乾隆二十八年十二月丙午（二十四日 1764.1.26）谕军机大臣等，明瑞等奏称，哈萨克阿布勒比斯等遣使策伯克等七人，随役五名，已派三等侍卫拉布栋阿等伴送来京等语。著传谕拉布栋阿，带领来使能于明年正月十五日以内到京甚好，迟则十九日亦可，若二十五日以内不能到来，即具折奏闻，亦不可令来使中途过于劳苦。将此并寄知驻扎乌鲁木齐、哈密大臣等，如来使马匹疲乏，酌量更换，俾得行走迅速，早抵京师。

（《清高宗实录》卷 701　页 841）

移驻伊犁锡伯官兵安置事宜

“乾隆二十九年（1764）二月二十五日。奴才明瑞、爱隆阿谨奏：为请旨事。……自避暑山庄移驻之满洲兵一千名、达什达瓦厄鲁特兵五百名，盛京锡伯兵一千名，均自今年春起，从容筹办起程。俟伊等抵达后，满洲兵所需口粮、住房，厄鲁特蒙古兵种田收获前所需口粮及立业牲畜，均应事先筹办。奴才谨将应办具奏请旨事宜四项，开列于后，

具奏请旨。伏乞皇上圣鉴训示施行。一、……二、盛京锡伯兵、达什达瓦厄鲁特兵，共一千五百名，亦应照本处索伦、察哈尔、厄鲁特兵之例，游牧屯田，牧放孳生官羊，俾其立业。故伊抵达伊犁后，依照军机处议准本处携眷移驻索伦、察哈尔办理之例，得给伊等在原籍应领钱粮及野外应得盐菜银，按口得给口粮，一年后停发盐菜银，仅食钱粮。俟耕田收获后，亦停得给口粮。锡伯等过冬若需房舍窝棚，亦照索伦、达斡尔之例，令其自行修建。本地现有孳生羊及今将携眷移驻察哈尔兵自乌里雅苏台赶来之羊，共计十万六千一百余只，其中已交索伦、察哈尔、厄鲁特官兵牧放者外，剩四万余只，仅够今将抵达之第二队五百兵索伦、达斡尔兵及一千员名察哈尔官兵牧放。虽经通融办理，略有剩余，亦备得给陆续从哈萨克回来无力谋生之厄鲁特等，毫无剩余。新移驻锡伯、厄鲁特兵得给孳生羊数，照本处索伦、察哈尔、厄鲁特兵每户得给二十五只之例，估计共需四万只。查得，去年奴才等将乌里雅苏台应送喀尔喀四部应偿马匹抵交之羊一万八千只，去繁节用，免其送来，以本处向前来贸易之哈萨克购买及口粮羊内选出之羊通融办理缘由，一面具奏，一面咨行成衮扎布等。今新增派一千五百名锡伯、厄鲁特兵所需四万只羊，在本处一时不能筹备。此项兵前来时，行经乌里雅苏台，仰乞皇上敕谕成衮扎布等，连同原免送之羊共筹备孳生羊三万只，于锡伯、厄鲁特兵行经时交付赶来，其仍不敷之羊一万只，由奴才等尽量向前来贸易之哈萨克陆续购买及口粮羊内酌选孳生羊，逐渐筹办一万只，以充四万之数。本年成衮扎布等将三万只羊送来之前，奴才等若能筹得一万多只，则将多得之数速咨成衮扎布等，以便从三万只羊内照数减去。三、……四、舍图肯等所奏定夺办理盛京锡伯兵丁内拣选一千名，携眷移驻伊犁时管带官员及应得盐菜银、整装银等项事宜一折，经军机处议准咨文内开，今舍图肯等奏彼处锡伯佐领仅有二员，皆年逾六旬。拣选防御十员、骁骑校十员管带。盖因该地官员少，难以分派，通融办理耳。惟此项一千名锡伯兵抵达伊犁后，若无协领、佐领等大员，则难以管束，相应由伊犁满洲、索伦大员内，拣选为人明晰，善于管束者二员，分翼管束。并由现前去之锡伯防御内，委任佐领几员，分别管束之处，皆交明瑞等酌情议定具奏，等因具奏。奉旨准行，咨文到奴才处。查得，前奴才明瑞等奏携眷移驻伊犁之一千名索伦兵编为一昂吉，一千八百名察哈尔兵编为二昂吉，本处一千余名厄鲁特兵编为一昂吉，每昂吉设总管、副总管各一员；又每昂吉下编设六牛录，每牛录设佐领一员、骁骑校一员、领催四员，以专责成，等因奏准在案。今由盛京携眷移驻之一千名锡伯兵抵达后，亦应按照索伦、察哈尔、厄鲁特兵之例，编设昂吉、牛录，补放官员，以专责成。奴才愚见，俟一千名锡伯兵抵达后，亦设为一昂吉，下编六牛录。其中四牛录各为领催、披甲一百六十七人，二牛录各为领催、披甲一百六十六人。所需总管、副总管各一员，即照军机处议准，由本地戍守或携眷移驻之满洲、索伦大员内，不论满洲、索伦，酌选为人明晰、善于管束者二人，授为总管、副总管，以专责成。所需佐领六员、骁骑校六员，即于现来之防御十员、骁骑校十员内拣选补放。防御内若有堪以补放副总管者，则副总管一缺，即由防御内拣选补放。其余官员为额外之缺仍食原俸当差，俟出缺后，即行注销。所需领催共二十四员，俟此项兵抵达后，查由原籍前来之领催数目，不足则另行选补，多余则照本处定额拣选。其余领催及所有前锋、均照办理察哈尔之列，俟出缺后，即行注销，所遗之缺，仅选披甲。可否之处，伏乞皇上圣鉴训示施行。……以上奴才等商议之四项事宜，奏请皇上睿鉴。俟奉旨之时，钦遵办理。嗣后应办事项，奴才等陆续办理，另奏请旨。为此谨奏。请旨。（朱批）：著军机大臣等议奏。"（译自宫中满文《朱批奏折》）"乾隆二十九年三月二十七日。大学士领侍卫内大臣忠勇公臣傅恒等谨奏：为遵旨议奏事。窃乾隆二十九年三月二十日，明瑞等奏移驻之避暑山庄满洲、厄鲁特兵及盛京锡伯兵抵达后，所需粮石、房舍、立业牲畜等四项，皆应预先筹办一折，奉朱批：著军机大臣等议奏。钦此。钦遵。该臣等议得，据明瑞等奏，……等语。查得，此项锡伯、厄鲁特兵抵达伊犁后，皆照伊犁厄鲁特、察哈尔兵之例，俾其游牧，每户应一体得给立业羊只。惟伊犁所有羊只得给索伦、察哈尔兵后，无所剩余，且数万羊只，一时难买。今明瑞等奏除去年由乌里雅苏台停送一万八千只羊外，请饬交成衮扎布等再筹办一万二千只，共三万只，迨此项兵路过乌里雅苏台时，交给伊等带来等语。此乃近便济事者也。将此拟交成衮扎布等除原先停送羊只外，再筹备一万二千只，共三万只，迨锡伯、厄鲁特兵行抵乌里雅苏台后，均分交伊等，以便赶去，并今伊等沿途妥善牧放，带至伊犁。仍饬管带大员等务必爱惜羊只，妥善牧放，送至伊犁交给将军等。再据明瑞等奏，此间若在伊犁购买哈萨克等陆续赶来之羊，多于一万，则咨行成衮扎布等，由其送来三万只羊内，照数扣减等语。伊犁地方多备孳生羊只，则于诸事有益，相应饬交明瑞等即使多得羊只，亦不必咨行成衮扎布等扣减，即留伊犁，以备孳生之用，成衮扎布仍送羊三万只。……查得，去年三月，明瑞等奏按驻伊犁兵数额编设三昂吉，每昂吉下分六牛录，授官管束一折议准在案。今盛京一千名锡伯兵抵达伊犁后，与该处厄鲁特、察哈尔兵无异，应一体编设昂吉、牛录，授官管束。将此依照明瑞等所奏，一千名锡伯兵作为一昂吉，下编六牛录，领催、披甲平分至各牛录。所需总管、副总管各一员，无论满洲、索伦，于大员内拣选二员，补放总管、副总管，以专责成。其佐领、骁骑校各六员，于现来防御十员、骁骑校十员内，拣选补放。防御内若有堪以补放副总管者，即行选放。其余官员，仍食原俸当差，俟出缺后，即行注销。所需领催二十四员，查由原籍迁来之领催数目，不足则另行补放，多余则照数留用。其余领催及所有前锋，俟出缺后注销。所遗之缺，选补披甲。又查得，原先所编昂吉、牛录，皆已颁发关防。现新移驻一千名锡伯兵亦将编设一昂吉、六牛录，相应饬交明瑞等，拟定应颁发锡伯昂吉总管，佐领之关防字样，行文该部铸造颁发。是否之处，恭候训示施行。为此谨奏。请旨。乾隆二十九年三月二十七日奏，奉旨：依议。钦此。"（译自《军机处满文议复档》）

议安插伊犁挈眷兵丁事宜

乾隆二十九年（1764）三月戊寅。议安插伊犁挈眷兵丁事宜。军机大臣奏言：将军明瑞等，将热河移驻伊犁满洲兵需用房屋钱粮，盛京锡伯，及厄鲁特兵应给牲只，及锡伯兵编设佐领各事宜具奏。臣等遵旨定议：乌哈尔里克旧修绥定城房屋，不敷居住。现在伊犁河修城起屋，热河满洲兵应即于此城驻扎。现在屯田兵一千二百名，今年更换，请酌留六百名，一同修城，则十月内可竣。其热河及凉州、庄浪满洲兵，一处居住，尤便约束，应俱如所奏。惟是热河兵到期尚遥，仅可从容成造，不必催促，务令坚固。至所奏满兵行粮，前经尚书舒赫德等定议奏准，其到后每年应得钱粮及分地耕种，撙节粮饷之处，交明瑞等酌量办理。又盛京锡伯兵及厄鲁特兵，应同索伦、察哈尔一体游牧。锡伯兵若需房屋，亦令自行修造。又官给孳生羊只，索伦、察哈尔应给之项，已奏明酌给外，将来厄鲁特、锡伯兵，照例每兵给羊二十五只，约计需四万余只。请将上年停止解送喀尔喀四部落之羊一万八千只，交成衮扎布再办一万二千只，于兵丁等至乌里雅苏台时交给带往。仍于哈萨克贸易内，酌买一万只，存留伊犁备用。其锡伯兵丁，应照索伦、察哈尔、厄鲁特之例，建立昂吉，编设佐领。约计一千名，作一昂吉，六佐领，领催披甲分派各佐领下。另于索伦、满洲大员内选派总管、副总管各一人管束，其佐领、骁骑校各六名，即于现往之防御、骁骑校二十名内选放，如防御内有可任副总管者，亦即令充补。其余官员，仍食原俸当差，俟缺出选补。领催二十四名，亦于现往之领催内挑选，余俱照察哈尔办理。所有昂吉、佐领，应给关防图记，请令明瑞等拟定字样行文该部铸给。

（《平定准噶尔方略》续编，卷二十四）

移驻伊犁锡伯官兵自行修建房舍

"乾隆二十九年(1764)三月初九日。奴才明瑞、爱隆阿谨奏：为奏闻事。窃本年三月初七日，接准军机处字寄，奉上谕：顷据明瑞等奏于雅尔地方筑城，塔尔巴哈台等处驻兵一折，军机大臣议奏伊犁、塔尔巴哈台等处地方辽阔，多选派几千携眷兵，则于诸事有益。拟选避暑山庄满洲、蒙古兵一千名，达什达瓦厄鲁特兵五百名，盛京锡伯兵一千名，并令达什达瓦厄鲁特、锡伯兵由塞外行赴伊犁，满洲、蒙古兵由内地前往，先赴凉州、庄浪，暂且歇息。凉州，庄浪移驻伊犁之第二队与末队兵起程时，各兼带五百户前去等语。此项兵今将陆续筹办起程，惟伊等携眷前往后，伊犁、雅尔地方未必建有许多房舍，厄鲁特兵习惯游牧，不妨暂住帐房，至满洲、蒙古、锡伯兵陆续抵达，均需住房，相应预先修建才是。再雅尔、塔尔巴哈台地方派兵二千余名驻防时，或于此项兵内遣驻，或于伊犁现有兵内遣驻。凡设驻兵，均应修建房舍，以备居住。若于伊犁兵内遣派，则其空出房舍，可供现移驻之兵居住。若不遣伊犁兵，则伊等抵达后，居于何处？前虽经咨行，若指交不明，明瑞等岂能虑及于此？将此，著寄信明瑞等，如何办理之处定议具奏外，此间按所派兵丁数额如何修备房舍之处，即定夺办理。钦此。遵旨寄信前来。钦遵查得，顷由军机处将奴才明瑞等所奏塔尔巴哈台等处驻兵，屯田、筑城、设卡等项，议复咨行前来。奴才等当即详议具奏：原议盛京锡伯兵，均视其会游牧者选派。达什达瓦厄鲁特兵，向以游牧为生。为便于其牧养牲畜，请令此处索伦、察哈尔、厄鲁特兵一体驻牧。锡伯兵如过冬需要房舍窝棚，亦同索伦、达斡尔，令其自行搭盖。由避暑山庄移驻之一千名满洲官兵所需房屋二千余间，为便于修建，于现在伊犁河岸修筑之城内增建。修建时，将五、六月份换班撤回之绿营兵六百名，暂留数月，与筑城之兵一起，力争于十月前建完，以备住用等因。将此，奉旨之日，钦遵施行。又查，前奴才等奏请雅尔、塔尔巴哈台额驻马兵一千五百名，屯田绿营兵五百名。其屯田兵驻雅尔城，马兵轮班以二三百名驻于城内，照管贸易之哈萨克，并应付特穆尔牧场等差事。其余兵于塔尔巴哈台山阴阳两面扎营，俾其游牧，冬天降雪后，于雅尔城附近好水草处过冬等语。军机处遵旨议准。奴才等原议屯田兵驻于城内，马兵扎营驻牧，乃因初次驻兵，暂不便派遣携眷兵；而将绿营兵定为五百名者，盖量其耕获之粮，足以供给一千五百名扎营马兵及大臣、官员所需而计之。若派遣携眷兵，则每年五百兵所耕之粮不敷食用，再增屯田兵之数，又颇为烦琐。然从伊犁起程时，亦不得许多驮运牲畜。若特派兵筑城，则无暇耕田，其所需给养亦从伊犁、乌鲁木齐运至，多费气力。是故拟仍照尚书阿桂原议，绿营兵乘农闲之际，量其容居，修筑城池，二年内告成。此皆系斟酌本地情形而议者，故奴才等愚见，后年遣往塔尔巴哈台驻防之马兵一千五百名，即从现驻伊犁及日后前来之满洲、索伦、锡伯、察哈尔、厄鲁特五部携眷官兵内照数拣选派驻，每年轮换一次，循环往复。如此，则换防官兵往返行走、驻塔尔巴哈台期间设卡放哨，游驻放牧等处，满洲、察哈尔、锡伯等与索伦、厄鲁特等一起应差，皆得以学习，且不劳累家眷，一兵即得一兵之力，于初创地方声势甚有裨益。过若干年后，奴才等察其情形，当可以派驻携眷兵时，再具奏请旨，渐次办理。奴才等又议，塔尔巴哈台驻兵事宜，关系紧要，应办事项甚多，若件件奏闻请旨，则颇为烦琐，恐有重复。查初派屯田筑城之兵所需籽种、收获前食粮、屯田筑城器具及驮运牧畜等诸项，俱应依据伊犁、乌鲁木齐二处之力，预先筹办。如定明年将乌鲁木齐大臣及屯田兵即移至雅尔，则未便无他项作威照管之兵。依奴才等之见仍由伊犁、乌鲁木齐现有换防兵内派遣，以便撤回。将此，奴才等虽可致信精格里等，彼此商议，然终究不能透彻，且双方不熟悉情形，亦恐有不周。凡事应权衡利弊。故经奴才等商议，本年四月系无事之际，相应巡视回子所耕之田，于登努勒泰查看新来察哈尔兵牧场后，由彼前往乌鲁木齐、伊犁间之库尔喀喇乌苏，精格里亦按期前来库尔喀喇乌苏。奴才等会面，将有关塔尔巴哈台驻兵事宜之一切应商应办之处，皆共同详议拟定，具奏请旨等因。并于三月初二日，业已致信精格里商量。俟精格里等回信，如彼此意合，则奴才等一面会奏，一面起程前驻。所有奴才等奉敕拟办缘由，理合先行奏陈大概，伏乞圣鉴。乾隆二十九年四月初二日奉朱批：著军机大：臣议奏。钦此。”（译自《军机处满文月折档》）“乾隆二十九年四月十一日。大学士领侍卫内大臣忠勇公臣傅恒等谨奏：顷据明瑞等奏称，携眷移驻伊犁之热河厄鲁特兵抵达后，与此处索伦、察哈尔、厄鲁特等一体游牧；锡伯如过冬需要房舍窝棚，亦同索伦等，令其自行搭盖；由热河移驻之满洲兵所需房屋，在伊犁河岸之城内增建等由，前由本处具奏请旨。除恭侯奉旨办理外，后年移驻塔尔巴哈台之马兵一千五百

名，即于现驻伊犁及日后前来之满洲、索伦、锡伯、察哈尔，厄鲁特官兵内选派驻防，一年换防一次，过若干年后，可以派驻携眷兵丁时，渐次办理。塔尔巴哈台驻兵事宜，关系紧要，应办事项甚多。致信精格里，于本年四月抵伊犁，乌鲁木齐间之库尔喀喇乌苏，会同详议拟定具奏一折。奉朱批：著军机大臣议奏。钦此。钦遵。查得，去年据明瑞等奏称，雅尔、塔尔巴哈台地方额拨马兵一千五百名，屯田绿营兵五百名，后年移驻时，若于携眷移驻满洲、察哈尔、索伦兵内派驻，则因尚未定居，不便迁移，或因不能抵达而不及迁移。现由伊犁换防满洲兵内派驻，俟期满后，再由京城派满洲兵换防一班等语。经该臣等议奏，与其派换防兵，不如多派携眷兵几千名移驻。拟于热河满洲兵内遣一千名，厄鲁特兵内遣五百名，盛京锡伯兵内遣一千名，携眷移驻。塔尔巴哈台驻兵事宜，并非亟应办理之事，多等一年，先后派遣之满洲、索伦、察哈尔等兵陆续抵达，定居习惯后，三十一年再行派驻，每年轮换一次可也，等因奏准在案。旋奉上谕：此项兵丁抵达伊犁后，伊犁、雅尔地方未必建有许多房舍，理应预先修建才是。再雅尔、塔尔巴哈台驻兵时，或于此项兵内遣驻，或于伊犁现有兵内遣驻？将此，著寄信明瑞等，将如何办理之处定议具奏。钦此。遵旨寄信明瑞等亦在案。所有给满洲兵修建房屋，安置厄鲁特、锡伯兵及预备立业牲畜等项具奏后，业经该臣等遵旨议奏，咨行明瑞等，相应无庸另议，饬交明瑞等即照臣等所议办理。又查得，塔尔巴哈台驻兵时，所以派拨马兵一千五百名，乃备设卡放哨、游牧巡查等差事。原未定派驻携眷兵，而定在雅尔地方筑城时，令五百名绿营兵乘农闲之际，量其容居，修筑城池。即使适才奉旨垂问者，亦系将伊等住房应预先筹办且派驻塔尔巴哈台之兵过冬时，或建房居住，或安营驻扎之处询问明瑞等，而并未降旨从今即携眷移驻。今明瑞等不明垂问之旨，以为雅尔地方从今即派携眷兵，乃如此具奏矣。塔尔巴哈台暂不必移驻携眷马兵，相应将此饬交明瑞等，仍照原议，派马兵到雅尔、塔尔巴哈台，每年轮换一次，承应设卡、放哨、巡查等差事，入冬，在雅尔城附近安营驻扎。再臣等奏请塔尔巴哈台驻兵后，将巴里坤提督移至乌鲁木齐，乌鲁木齐总兵移至巴里坤，裁撤乌鲁木齐、巴里坤钦差大臣等因一折，奉旨：雅尔地方新修城池驻兵，应特派大臣等镇守。伊犁所有将军、大臣等不多，既可将巴里坤提督移至乌鲁木齐，裁撤乌鲁木齐大臣，则令乌鲁木齐大臣移至雅尔，统兵镇守。钦此。钦遵。业已咨行。今明瑞等既已致信精格里：塔尔巴哈台驻兵事宜，关系紧要，应办事项甚多，俱应依照伊犁，乌鲁木齐两处之力，预先筹办。将此，虽可致信精格里等，彼此商办，然终究不能透彻周详。本年四月亦系无事之际，预约抵伊犁、乌鲁木齐间之库尔喀喇乌苏，明瑞、精格里会面，将有关塔尔巴哈台驻兵事宜之诸项，共同详议拟定等语。据此，俟伊等会同、议奏后，再另行议奏。是否有当，训示遵行。为此谨奏。请旨。乾隆二十九年四月十一日奏，奉旨：依议。钦此。”（译自《军机处满文议复档》）

哈萨克使人亨集噶尔等十二人入觐

乾隆二十九年三月癸亥（十二日 1764.4.12）是日，哈萨克阿布勒巴木比特使人亨集噶尔等十二人入觐,跪迎圣驾于午门外,上温语慰劳,赐冠服银币有差。

(《清高宗实录》卷706　页891)

保定筵宴哈萨克来使呼岱巴尔氏

乾隆二十九年三月戊辰(十七日1764.4.17)谕军机大臣等,昨据方观承奏明,保定筵宴哈萨克来使呼岱巴尔氏等一折。虽系按照往例办理,但此等来使乃寻常每岁所有,非伊等部内初次入觐特遣苏勒统及大头目等可比,所有经过地方,只须留心照料,给与日用口食足矣,无庸特设筵宴,致滋烦费,其嗣后遇有必须加恩优待,示以观瞻之处,则另候朕特旨遵行。著于各该督抚奏事之便,传谕知之。

(《清高宗实录》卷707　页894)

移驻伊犁各八旗需用房屋钱粮等事宜

乾隆二十九年三月戊寅(二十七日1764.4.27)军机大臣等奏,将军明瑞等将热河移驻伊犁满洲兵需用房屋钱粮,盛京锡伯及厄鲁特兵应给牲只,锡伯兵编设佐领各事宜具奏。臣等遵旨定议,乌哈尔里克旧修绥定城房屋不敷居住,现在伊犁河修城起屋,热河满洲兵应即于此驻扎,屯田兵一千二百名今年更换,请酌留六百名一同修城,则十月内可竣,其热河及凉州、庄浪满洲兵一处居住,尤便约束,应俱如所奏,惟是热河兵到期尚遥,尽可从容成造,不必催促,务令坚固。至所奏满兵行粮,前经尚书舒赫德等定议奏准,其到后每年应得钱粮及分地耕种,撙节粮饷之处,交明瑞等酌量办理。又盛京锡伯兵及厄鲁特兵,应同索伦、察哈尔一体游牧,锡伯兵若需房屋,亦令自行修造。又官给孳生羊只,索伦、察哈尔应给之项已奏明酌给外,将来厄鲁特、锡伯兵照例每兵给羊二十五只,约计需四万余只,请将上年停止解送喀尔喀四部落之羊一万八千只,交成衮扎布再办一万二千只,于兵丁等至乌里雅苏台时,交给带往,仍于哈萨克贸易内酌买一万只,留伊犁备用。其锡伯兵应照索伦、察哈尔、厄鲁特之例,立昂吉,编佐领,约计千名作一昂吉、六佐领,领催、披甲分派各佐领下,另于索伦满洲大员内,选派总管、副总管各一人管束,其佐领、骁骑校各六名,即于现往之防御、骁骑校二十名内选放,如防御内有可任副总管者,亦即令充补,其余官员仍食原俸当差,俟缺出选补,领催二十四名亦于现往之领催内挑选,余俱照察哈尔办理,所有昂吉、佐领应给关防图记,请令明瑞等拟定字样,行文该部铸给。从之。

(《清高宗实录》卷707　页901—902)

议雅尔驻兵事宜

乾隆二十九年(1764)五月甲戌。议雅尔驻兵事宜。军机大臣奏言:据伊犁将军明瑞等,将雅尔驻兵各事宜,列为六条具奏。臣等遵旨议覆:一、派出屯田绿旗兵五百名,请添派一百名。除乌鲁木齐派兵四百名外,其二百名,由三屯兵内抽拨。此项兵丁,应于冬、春之交,派大臣侍卫等带领,由斋尔择雪少之路前往,勤力耕作,以余暇筑城,务于两年内竣事。其应给之车辆、牛马、口粮、籽种、器具,应自乌鲁木齐或伊犁备办者,如数预备。又伊犁之索伦兵六百名,乌鲁木齐之一百名,应于明年十月换班,令回游牧。但

冬令雪大，须待春草生时，方能行走。请即以此七百名兵丁防护屯田，乌鲁木齐兵同绿旗兵前往，伊犁兵于麦收以前，由斋尔前往，与乌鲁木齐兵合队行走。将来新派一千五百名兵到时，再行撤回。一、乌鲁木齐、库尔喀喇乌苏之察哈尔、厄鲁特三百余户，原议移驻雅尔。但绿旗兵行时，正值雪后，孳生羊只，难以牧放，未便一同行走。请量留干练官一二员，俟春草生时，缓行前往。至乌鲁木齐尚有满洲兵二百名，应令与索伦兵同行，既可学习技艺，且益壮声威。如有由伊犁解往牲只，即可交伊带送，合并原队，俟于应撤之时一同撤回。一、雅尔既经筑城驻兵，哈萨克自必远避。但此等愚昧外藩，惟知自便，便应酌派满洲、索伦兵九百名，分东、北两路顺便巡察，有越境游牧者严行驱逐，若有潜至乌梁海种地之(与)华额尔齐斯等处游牧，或有换易粮米乘隙抢夺等情，另请咨行乌里雅苏台将军成衮扎布，禁止驱逐。一、兵丁沿途及到后口粮，现在虽有牛马车辆，足敷装载，但牲只专供屯田之用，若远行重载，难免疲瘦。请于伊犁通融办交羊一千二百只，派兵解送，合之乌鲁木齐存剩羊三千余只，分给各项兵丁，则可稍省，载运口粮牛马皆有余力，于屯田有益。一、雅尔筑城以后，哈萨克商人必就近贸易。此例一开，则所用缎匹银两既须从伊犁运送，而所换马匹牲只，又须送往伊犁，殊为烦琐。请饬谕哈萨克商人，俱向伊犁贸易。其有携带牲只数少者，如雅尔有须补额之处，亦仍令其交易。但伊等路费既省，其马匹等作价应较伊犁少减。一、驻防兵丁，原议用察哈尔。今已添派锡伯，请令明瑞等酌量派拨，不必拘定。未到之前，波罗塔拉接放之一卡伦，则另于伊犁派出马兵暂驻。额敏河沿等之三大卡伦，则即以满洲、索伦兵暂驻，递送伊犁、雅尔两处文移。又所请侍卫十一员，未到之前，亦请暂行委派。其所奏乌鲁木齐旧印，带往雅尔钤用之处，似于体制未合，请令明瑞等拟定字样，交部另行铸给。

（《平定准噶尔方略》续编，卷二十五）

派人将前往布鲁特游牧索取罪犯之员带回

清乾隆朝满文寄信档。乾隆二十九年(1764)五月初四日，大学士、领侍卫内大臣、忠勇公，协办大学士、领侍卫内大臣、武毅谋勇公奉上谕，字寄参赞大臣、都统、工部侍郎纳世通等派人将前往布鲁特游牧索取罪犯之员带回。谕曰："纳世通等奏，冲巴噶什布鲁特阿瓦勒比禀称，去年，伊犁派出之顶戴花翎官员及随行七人，至塔拉斯地方，恰遇克特满都伯之布鲁特盗窃哈萨克牲只，因时当昏夜，分辨不清，误将八人杀害等因。遂令噶岱默特派亥廉达尔询问萨尔巴噶什比齐里克齐，亦声称有所耳闻。是以，又派素勒坦和卓、阿瓦勒、额森等，前往玛木特呼里、尼沙游牧，索取戕害官兵人犯。等语。伊犁所遣官员一名及兵丁七名，俱为布鲁特等戕害，明瑞等岂有不奏之理。现在明瑞等并未具奏，看来此事尚不可信。纳世通等派遣素勒坦和卓等，向玛木特呼里索取人犯，殊属鲁莽。但既已派往，此际谅已到达，或许事已明了。如伊等仍未返回，即派人前去，将此事虚妄之处，详悉晓示，并将素勒坦和卓等带回。著传谕纳世通等，遵行办理。"

（档号：03－130－5－011）

察哈尔兵丁等牧放孳生羊只取孳数目

乾隆二十九年(1764)五月十八日。奴才明瑞、爱隆阿谨奏:为奏闻事。查得,除旧有冬季取孳之羊一万七千余只外,去年五月,由乌里雅苏台送来孳生羊三万只,易获哈萨克母羊二百只,共计孳生羊三万零二百只。其中交给察哈尔羊二万一千只、额鲁特羊九千二百只,牧放孳生。自去年五月交给牧放至今年五月,已满一年,故照例以每羊十只取孳三只核计,察哈尔、额鲁特牧放孳生羊三万零二百只,应交孳羊共计九千零六十只,均照数收讫,连同旧存口食羊,仍交察哈尔、额鲁特牧放,毋使倒毙,以备搭放官兵口粮。查点本羊,其数目亦均齐全,并无短缺。令领队大臣观音保勉励察哈尔、额鲁特等,尽心妥善牧放。为此谨具奏闻。乾隆二十九年六月十一日奉朱批:知道了。钦此。

(《军机处满文录副奏折》2090—3)

传闻伊犁官兵八人被害

乾隆二十九年五月乙卯(四日 1764.6.3)伊犁将军明瑞等奏,四月初十日,据纳世通等咨称,闻冲噶巴什布鲁特等,传闻伊犁官兵八人被害等语。查官兵果被戕害,自当领兵进剿,但现在并无此事,惟去年伊勒图巡查边界回营,行至吹地方,曾派三等侍卫品图库领兵十名前行,遇布鲁特数人,欲戕察哈尔兵,品图库等往擒,布鲁特见有顶翎,即下马叩首,告称,实系误认为哈萨克人,恳求免罪,彼时因察哈尔兵并未伤损,遂释放遣回,臣以此事尚无甚关系,是以未经具奏。报闻。

(《清高宗实录》卷 710　页 931)

明瑞等奏雅尔驻兵事宜

乾隆二十九年五月甲戌(二十三日 1764.6.22)军机大臣等议准,伊犁将军明瑞等奏雅尔驻兵事宜:一、派出屯田绿旗兵五百名,请添派一百名,除乌鲁木齐派兵四百名外,其二百由库尔喀喇乌苏三屯兵内抽拨,此项兵应于冬春之交,派大臣侍卫等带领,由斋尔择雪少之路前往,勤力耕作,以余暇筑城,务于两年竣事,其应给之车辆、牛马、口粮、籽种、器具,应自乌鲁木齐或伊犁备办者,如数预备。又伊犁之索伦兵六百名,乌鲁木齐之一百名,应于明年十月换班,令回游牧,但冬令雪大,须待春草生时,方能行走,请即以此七百名兵防护屯田兵前往,将来伊犁新派一千五百名兵到时,再行撤回。一、乌鲁木齐、库尔喀喇乌苏之察哈尔、厄鲁特三百余户,原议移驻雅尔,但绿旗兵行时,正值雪后,孳生羊只难以牧放,未便一同行走,请量留干练官一二员,俟春草生时,缓行前往。至乌鲁木齐,尚有满洲兵二百名,应令与索伦兵同行,如有由伊犁解往牲只,即可交伊带送,合并原队,俟应撤之时,一同撤回。一、雅尔既经筑城驻兵,哈萨克自必远避,但外藩惟知自便,应酌派满洲索伦兵九百名,分东北两路巡察,有越境游牧者,严行驱逐。若有潜至乌梁海种地之华额尔齐斯等处游牧,或有换易粮米,乘隙抢夺等情,另请咨行乌里雅苏台将军成衮扎布,禁止驱逐。一、兵丁沿途及到后口粮,现在虽有牛马车辆足敷装载,但牲只专供屯田之用,若远行重载,难免疲瘦,请于伊犁通融办交羊一千二百只,派兵解送，合之乌鲁木齐存剩羊三千余只，分给各项兵，则可稍省载运口粮，牛马皆有余力，于屯田有益。一、雅尔筑城以后，哈萨克商人必就近贸易，此例一开，则所用缎匹银两，既须从伊犁运送，而所换马匹牲只，又须送往伊犁，殊为烦琐，请饬谕哈萨克商人，俱向伊犁贸易，其有携带牲只数少者，如雅尔有须补额之处，亦仍令其交易，但伊等路费既省，其马匹等作价，应较伊犁少减。一、塔尔巴哈台驻兵，原议用察哈尔，今已添派锡伯，请令明瑞等酌量派拨，不必拘定，未到之前，博罗塔拉接放之卡，则另于伊犁派出马兵暂驻，额敏河沿等之三大卡，即以满洲索伦兵暂住，递送伊犁、雅尔两处文移。又所请侍卫十一员，未到之前，应令暂行委派。所奏乌鲁木齐旧印带往雅尔钤用之处，于体制未合，亦应令明瑞等拟定字样，交部另行铸给。从之。

（《清高宗实录》卷711　页939—940）

来投额鲁特人等安置在察哈尔和额鲁特营

乾隆三十二年（1767）七月十五日。奴才阿桂、伊勒图谨奏：为奏闻事。自本年四月至六月末，夏季自哈萨克、布鲁特来投额鲁特男四口，由楚呼楚送来自哈萨克来投额鲁特男二十三口，妇二十七口，男孩四口，女孩六口，共计男女大小十四口，陆续送来，均拨入额鲁特、察哈尔营安置。为此谨具奏闻。乾隆三十二年闰七月十日奉朱批：知道了。钦此。

（《军机处满文录副奏折》2235—11）

来投额鲁特人等分别拨入察哈尔额鲁特营安置

乾隆二十九年（1764）七月十八日。奴才明瑞、爱隆阿谨奏：为汇奏事。自本年四月至六月末，夏季自哈萨克、布鲁特来投额鲁特男、妇、婴孩大小共八十九口。奴才等当伊等到来后，照例拨入察哈尔、额鲁特营昂吉安置。此外，查看与伊等一同来投之一名哈拉哈尔邦回子岳勒博勒托，其言语习俗与回子相同，故将岳勒博勒托交给阿奇木伯克公茂萨，并入本地屯田回子内安置。为此一并谨具奏闻。乾隆二十九年八月十二日奉朱批：知道了。钦此。

（《军机处满文录副奏折》2100—4）

引见官员

“乾隆二十九年（1764）八月辛巳。军机大臣等议复，伊犁驻防官员缺出应引见者，奉旨以道路遥远，加恩准其驰驿，其何项官员应赴京引见及如何分班前来之处，令臣等议奏。臣等酌议：伊犁驻防凉庄及热河满洲、蒙古官员，并锡伯官员缺出，均应照索伦、察哈尔、厄鲁特之例，骁骑校将应补之人，开单奏放。其佐领以上等官，多拣数员请旨，恭候钦点补放。若令其引见，则不论年限，于差遣之便，赴京未引见前，即令办理，所指任内事务，再防御步军校，亦与佐领一体办理。从之。”（《清高宗实录》卷716　页7）

“乾隆三十三年（1768）七月庚寅。军机大臣等议复，前任伊犁将军阿桂奏称：定例五年军政卓异者咨部引见，年老有疾者革职。查伊犁为极边要地，各员中年老有疾者，即应奏请革职，不必待军政之年。卓异者，俟有应升之缺，开载卓异字样具奏，不必咨部引见。再各省城守尉、协领有六年引见之例。伊犁满营，较内地尤为紧要。请后嗣年满之城守尉、协领等，不必咨部引见，能否称职，出具考语具奏。如果著有劳绩者，再遵例引见。其锡伯、察哈尔总管等，亦请一体办理，应如所请。从之。"（《清高宗实录》卷814页9—10）"乾隆三十六年（1771）九月二十七日。奴才舒赫德、巴图济尔噶勒谨奏：为奏闻事。查得，伊犁满洲、锡伯、索伦、察哈尔等营，自三十二年四月起，至本年七月止，陆续出缺，奏请补放理应引见之佐领以上官员内，除乘差便送部引见者外，其余尚未引见者二十八员，差便无多，倘再不遣往引见，嗣后出缺，又有补放之员，越积越多，越难遣往。理应视其补放时间之先后，并不误各营差务，编次陆续遣往引见。故奴才等将两人编为一队，相隔出具考语遣往引见外，其中换防塔尔巴哈台、回城出差官员，俟其期满返回，再补行遣往引见。为此谨具奏闻。乾隆三十六年十月二十日奉朱批：知道了。钦此。"（《军机处满文录副奏折》2424—44）"乾隆三十八年（1773）十一月初十日。奴才伊勒图等谨奏：查得，先前将军舒赫德奏，查伊犁满洲、锡伯、索伦、察哈尔、厄鲁特等营尚未引见之协领、佐领等员共有四十余人，本年看护渥巴锡游牧迁往珠勒都斯、巡查哈萨克边界，均需官员。若将伊等陆续派往引见，则于此等官差不敷委派。故本年暂停派遣引见，俟办妥渥巴锡游牧迁移珠勒都斯事宜后，自明年起，再将伊等编排班次，陆续派往补行引见。兹护送渥巴锡游牧迁往珠勒都斯之官兵均已返回，现尚无别项官差。故奴才查各营尚未引见之官员，以不误各营差务，派遣数员，陆续出具考语，送部补行引见。谨具奏闻。乾隆三十八年十二月初四日奉朱批：知道了。钦此。"（《军机处满文录副奏折》2557—19）"嘉庆九年（1804）二月二十日。奴才松筠谨奏：为奏闻事。伊犁察哈尔营总管乌尔图纳苏图，自嘉庆三年正月补放总管以来，至本年正月已满六年。查得，满洲二营协领，锡伯、索伦、察哈尔营总管等内，任满六年，诚系格外效力，为人尚可，堪次钦选任用者，出具考语，奏送引见。惟能胜任，不堪钦选任用者，毋庸送往引见。俟任满十二年后，出具考语，送往引见。兹察哈尔营总管乌尔图纳苏图已满六年，奴才留意查看，人虽勇敢谨慎，当差勤奋，无非胜任而已，尚不堪钦选任用。是故，请将乌尔图纳苏图暂停送京引见，仍行留任，俟满十二年后，再出具考语，送京引见。为此谨具奏闻。嘉庆九年三月十七日奉朱批：知道了。钦此。"（《军机处满文录副奏折》3666—2）

头队解送羊只察哈尔兵抵达并酌情分发孳生羊

乾隆二十九年（1764）八月初七日。奴才明瑞、爱隆阿谨奏：为奏闻事。查得，察哈尔总管达克塔纳率领移驻伊犁头队五百名兵，驱赶由牧厂调解之四万只羊，于去年四月，由原游牧地起程，八月至乌里雅苏台卡伦内侧库布库尔赫勒、齐齐克泊等处越冬。今年三月起程前来，六月十一日抵达伊犁，于是，视其路途之近便、水草之丰盛，令各队羊只均停留在赛里木湖地方，委派领队大臣观音保查看，遂据禀称，查达克塔纳率领头队五百名察哈尔兵解来四万只孳生羊，短缺七千六百五十六只。现有三万二千三百四十四只羊内，母羊二万四千七百七十五只、种羊一千四百七十八只、羯绵羊六千九百零一只。又去年十一月至今年六月，在沿途所生羔羊六千八百五十二只。共查收大小羊三万九千一百九十六只羊。母羊内残疾生癞而不堪孳生者二百七十一只，羔羊内生癞者七十二只。等因前来。查得，此次解来四万只羊皆系按携眷移驻第二队五百名索伦及两队一千名察哈尔兵户数发给放牧之业畜，今到来之羊短缺七千六百余只，且又搀合六千余只羯绵羊，在沿途所生羔羊仅有六千八百余只，其中疲瘦残疾者亦多。此次官员等办理不善。将其羊只倒毙、母羊短缺、搀有羯绵羊情由，容臣等查明另行具奏。此外，查现解到之羊，扣除羔羊、生癞母羊、多余种羊及搀合羯绵羊后，其堪以孳生之羊二万五千五百二十五只。故分交一千五百户索伦、察哈尔牧放之羊仍缺一万三千五百只。若不按原定数额，每户各给羊二十五只，而酌减分发，则于兵丁生计无益。若即从乌里雅苏台等处调解，亦过于繁琐。是故，奴才等酌情变通办理。前经奏准，采买孳生羊一万只，以备分发锡伯、达什达瓦额鲁特兵。现已采买母羊及额鲁特所交孳生口食羔羊内选出母羊，并酌配种羊，共得孳生羊八千一百零六只，连同今解来堪以孳生之羊二万五千五百二十五只，共计孳生羊三万三千六百三十一只，仍短缺五千余只。然而，经奴才等通融办理，除发足第二队五百户索伦官兵孳生羊一万三千零二十五只、先到第二队五百户察哈尔兵及总管等十四名官员孳生羊一万三千五百只外，其余七千一百零六只羊不敷分发解送羊之头队五百名察哈尔兵，惟暂按每户各给十四只核计，共发给七千只，尚余一百零六只孳生羊难以均分，故另厂牧放，俟陆续向前来贸易哈萨克换获羊只后，再合与剩余羊只，按原奏定数额每户补足二十五只。俟陆续买补伊等所缺羊数后，再将备给明年到来锡伯、额鲁特兵之一万羊只，奴才等尽量与前来贸易哈萨克易换，并由各营所交孳生口食羊内选取，以足其额。现达克塔纳等解来羊只内有搀合羯羊六千零九十一只、配与母羊后所剩种羊三百五十四只、生癞不堪孳生母羊二百七十一只，共六千七百一十六只。以备作为口食羊搭放官兵、给配陆续由哈萨克易获母羊。此外，查其六千八百五十二只羔羊，均系去年十一月至今年六月陆续孳生者，尚不堪用。故照原先所办之例暂行另场牧放，俟届堪用之时，再选出母羊，给配种羊取孳，其余公羊作为口食羊，以备搭放官兵口粮。为此谨具奏闻。乾隆二十九年八月三十日奉朱批：知道了。钦此。

（《军机处满文月折档》145—2）

移驻伊犁锡伯军民在途食羊

乾隆二十九年（1764）八月初七日。查得，此次解来四万只羊皆系按携眷移驻第二队五百名索伦及两队一千名察哈尔兵户数发给放牧之业畜，今到来之羊短缺七千六百余只，且又搀合六千余只羯绵羊，在沿途所生羔羊仅有六千八百余只，其中疲瘦残疾者亦多。此次官员等办理不善。将其羊只倒毙、母羊短缺、搀有羯绵羊情由，容臣等查明另行具奏。此外，查现解到之羊，扣除羔羊、生癞母羊、多余种羊及搀合羯绵羊后，其堪以孳生之羊二万五千五百二十五只。故分交一千五百户索伦、察哈尔牧放之羊仍缺一万三千五百只。若不按原定数额，每户各给羊二十五只，而酌减分发，则于兵丁生计无益。若即从乌里雅苏台等处调解，亦过于繁琐。是故，奴才等酌情变通办理。前经奏准，采买孳生羊一万只，以备分发锡伯、达什达瓦厄鲁特兵。现已采买母羊及厄鲁特所交孳生口食羔羊内选出母羊，并酌配种羊，共得孳生羊八千一百零六只，连同今解来堪以孳生之羊二万五千五百二十五只，共计孳生羊三万三千六百三十一只，仍短缺五千余只。然而，经奴才等通融办理，除发足第二队五百户索伦官兵孳生羊一万三千零二十五只、先到第二队五百户察哈尔兵及总管等十四名官员孳生羊一万三千五百只外，其余七千一百零六只羊不敷分发解送羊之头队五百名察哈尔兵，惟暂按每户各给十只核计，共发给七千只，尚余一百零六只孳生羊难以均分，故另厂牧放，俟陆续向前来贸易哈萨克换获羊只后，再合与剩余羊只，按原奏定数额每户补足二十五只。俟陆续买补伊等所缺羊数后，再将备给明年到来锡伯、厄鲁特兵之一万羊只，奴才等尽量与前来贸易哈萨克易换，并由各营所交孳生口食羊内选取，以足其额。现达克塔纳等解来羊只内有搀合羯羊六千零九十一只、配与母羊后所剩种羊三百五十四只、生癞不堪孳生母羊二百七十一只，共六千七百一十六只。以备作为口食羊搭放官兵、给配陆续由哈萨克易获母羊。此外，查其六千八百五十二只羔羊，均系去年十一月至今年六月陆续孳生者，尚不堪用。故照原先所办之例暂行另场牧放，俟届堪用之时，再选出母羊，给配种羊取孳，其余公羊作为口食羊，以备搭放官兵口粮。为此谨具奏闻。乾隆二十九年八月三十日奉朱批：知道了。钦此。

（《军机处满文月折档》145—2）

将云木扎布等人分别补放察哈尔营副总管等

“乾隆二十九年（1764）八月初七日。奴才明瑞、爱隆阿谨奏：为请旨事。本年二月，奴才等奏称，第二队五百名索伦兵、一千名察哈尔兵，约于四、五月间皆抵达，届时正值水草丰盛之际，由护送兵丁之官员内，应留者留之，其余未选用官员趁水草丰盛尽早遣回，似乎有益。补放官员时，若照例开列多人请旨补放，则列名之人不便遣回，致使多人等候，至奉旨之时，无论如何将耽搁两个月。若错过水草丰盛之时，伊等返回路途遥远，难以行走，且等候期间，徒费伊犁地方食粮、盐菜银。奴才等愚见，俟此项兵抵达后，由管带前来之官员内，详加拣选留放总管、副总管、佐领之人，然伊等并非从永久驻守伊犁人员内拣放，相应每缺只选一人，免呈拟陪人员之名，特保奏放。拟选之员即于所选任内办事，其余未选用之员，趁好时令即刻返回。俟安顿后，遇有各昂吉出缺，依照定例每缺多选几人，奏请钦定补放。等语。奉旨准行在案。继而，于四月十五日，为安置携眷移驻之一千名察哈尔内先到第二队五百察哈尔兵及头队五百名兵之家眷事具折奏称，携眷移驻之一千户布特哈索伦兵内，一半为索伦、一半为达斡尔，故将先期到达之五百名索伦兵，经奴才等具奏，即编设三个牛录，拣放一半官员。此项一千名察哈尔皆系同一蒙古兵，并无差别。现到五百名察哈尔兵亦照索伦兵之例先编三个牛录，拣放官员，则续来解送羊只之五百名兵内有善于管束、曾经效力者，难免埋没遗漏。解送羊之五百名兵即将抵达，相应俟其抵达后奴才等再合并拣放官员、编设牛录，具奏请旨。护送兵丁之无用官员，此间歇息养马，俟解送羊只之五百名兵抵达后，将两队无用官员一同遣回。等因奏入，亦在案。今解送羊只之头队察哈尔兵抵达，理应编设牛录，拣放官员管束。又查得，前经奴才等具奏，将携眷察哈尔编设牛录、拣放官员时，应放总管、副总管、佐领由领兵前来之总管以下官员内拣放，骁骑校由新来委官内拣放。委官内若有堪以拣放佐领者，亦间隔录用。将领催授以委官当差时，赏戴金顶。等因。奉旨准行。今新来察哈尔昂吉需放总管一员，顷经奴才等恭请圣恩，将齐勒克特依授以总管管束右翼昂吉。六个牛录应设领催二十四名，奴才等拣选为人尚可、曾经效力者补放管束。此外，需放副总管一员、佐领六员、骁骑校六员，依照先前奏准之例，由两队送兵前来之佐领、骁骑校、委官内，拣选此次前来时妥善办事、并无过错者补放。经逐加考验，拣选得送兵佐领云木扎布，有功绩，为人尚可，管束有方，奴才等伏乞圣恩，将佐领云木扎布补放副总管，管束新来察哈尔昂吉兵丁；理事主事丹津、云骑尉巴苏泰、骁骑校阿拉布坦、萨恰等四人，均能办事，若授以佐领，令其管兵，似乎有益。是故，将送兵官员内拟放副总管、佐领者履历缮具清单，具奏请旨。若蒙皇上允准，则俟补放副总管、佐领之云木扎布等五人任职二三年后返回时，依照原奏之例，奏陈其效力情形。此外，仍需选放佐领二员、骁骑校六员，于两队委官内，逐加考验，拣选得沿途领兵有方、格外效力、果能管束者，巴雅尔等八人，并将巴雅尔、霍通拜格二人列名于前，乌巴西、达西、嘎鲁第、呼尔塔哈、拜格、哈萨科等六人列名于后，其履历一并依次缮具清单，恭呈御览。仰乞皇上睿鉴，从中补放佐领二员、骁骑校六员。是否妥当，恭候奉旨，钦遵办理。其拟选之人，照原定之例，于所选任内办事。为此谨奏。请旨。乾隆二十九年八月三十日奉朱批：另有旨。钦此。”（《军机处满文月折档》145—2）“乾隆二十九年八月三十日上谕：明瑞等具奏，管束新来察哈尔昂吉兵丁之副总管、佐领、骁骑校，请将云木扎布等人补放，并缮具其履历。云木扎布等人均有功绩，著予施恩，照明瑞等奏请，将佐领云木扎布补放副总管，理事主事丹津、云骑尉巴苏泰、骁骑校阿拉布坦、萨恰、六品顶戴巴雅尔、军功蓝翎霍通拜格补放佐领，委护军校乌巴西、达西、六品顶戴嘎鲁第、呼尔塔哈、委护军校拜格、哈萨科补放骁骑校。钦此。”（《军机处满文上谕档》1108—3）

交给察哈尔兵丁等牧放孳生羊只展限取孳

乾隆二十九年（1764）八月初七日。由此次达克塔纳等解送羊只内，扣除搀合公绵羊、多余公山羊及生癞母羊，将堪以孳生之二万五千余只羊，虽交一千五百名索伦、察哈尔兵牧放，然此项羊只多为残疾，至今仍不断倒毙。若俟上膘后，再分给兵丁，则仍需补充倒毙之缺，极为不便。是故，奴才等除交给兵丁牧放孳生外，查取孳之处，先前分给羊只时，奴才等不论其繁殖季节与否，均自分给之日起，期满一年后，即令交纳孳羊。今分给伊等之孳生羊内，尚有染疾者，而由本地向哈萨克易获口食羊内选取孳生羊之日期，亦前后不一,彼时又非繁殖季节。适才交给先期到来五百名索伦兵孳生之羊,限定每年正月取孳。故请皇恩,将此次交给索伦、察哈尔牧放孳生羊只展限四个月,自明年正月起计限,至后年正月交纳孳羊。可否之处,出自皇恩。若蒙皇上允准奴才等所请,头队五百名察哈尔兵解送羊只中途倒毙众多,途经乌里雅苏台时,由其所领盐菜银、口粮、茶叶内,每兵换取五六两银,补充倒毙之缺,情属可悯,而现给伊等羊只又未足数,将陆续采办得给,请将明年正月以后补给羊只划一办理,亦均视为明年正月交给者,收取孳羊。为此谨奏。请旨。乾隆二十九年八月三十日奉朱批:著照所奏施行,钦此。

(《军机处满文录副奏折》2101—28)

来投额鲁特人编入察哈尔额鲁特营安置

乾隆二十九年(1764)八月十七日。总管达克达纳率队前来时,在途相遇携来自哈萨克来投额鲁特男丁二口、妇女一口,又那旺此次缉拿哈萨克托克托果勒时收容来投额鲁特妇女一口、在途相遇携来来投男丁三口、妇女一口。共计男丁五口、妇女三口,已拨入察哈尔、额鲁特牛录安置。为此谨具奏闻。乾隆二十九年九月十一日奉朱批:知道了。钦此。

(《军机处满文录副奏折》2104—9)

将解往伊犁之羊只一半留乌里雅苏台应用

清乾隆朝满文寄信档。乾隆二十九年(1764)八月二十九日,大学士、领侍卫内大臣、忠勇公,协办大学士、领侍卫内大臣、武毅谋勇公奉上谕,字寄定边左副将军、扎萨克和硕亲王成衮扎布,总管伊犁等处地方将军、领侍卫内大臣、公明瑞等将解往伊犁之羊只一半留乌里雅苏台应用。谕曰:"成衮扎布等奏,应解送伊犁之三万羊只,令厄鲁特五百兵丁,解送一万五千只,所余一万五千只,交锡伯兵丁领往。再,乌里雅苏台需用羊只处颇多,据台吉罗布藏齐旺等,愿进羊三千只,可否收受,或另行采买之处,具奏请旨。等语。现伊犁驻扎官兵,虽所需羊只颇多,而哈萨克、布鲁特等,不时带羊前来贸易,所市羊只,尚可敷用。乌里雅苏台原定应解之羊三万只,不必全送,只须办羊一万五千只,交厄鲁特等解往即可。锡伯兵丁不谙牧养,若交伊等解送,途中必致损伤。现乌里雅苏台既需用羊只,将其余羊只即留乌里雅苏台应用。罗布藏齐旺所进羊只,不必收受。著将此传谕成衮扎布等外,并传谕明瑞等知之。"

(档号:03-130-5-037)

拟将齐旺多尔济补放察哈尔骁骑校

"乾隆二十九年(1764)九月二十二日。奴才绰克托、讷苏肯、李景高谨奏:为请旨事。去年正月,奴才等令掌管乌鲁木齐额鲁特事务、为哈萨克贸易充当通事之察哈尔镶蓝旗护军齐旺多尔济,随同旧班遣返原游牧地时,齐旺多尔济下跪呈请,情愿趁年轻,再奋勉效力数年。奴才等遂奏请皇恩,暂给齐旺多尔济赏骁骑校衔,仍食原钱粮,办理此处察哈尔兵丁安置及哈萨克贸易事务。嗣后,诚能仍前效力奋勉,俟遣返原旗时,奴才等再将其奋勉之处，奏闻请恩，俟该旗骁骑校缺出，即行补放。等因奏入，奉旨：著施恩给齐旺多尔济赏骁骑校衔，顶戴蓝翎，仍留乌鲁木齐效力。钦此。钦遵在案。奴才等查得，齐旺多尔济抵乌鲁木齐以来，凡哈萨克贸易及察哈尔、额鲁特事务，皆勤勉办理。去年仰蒙皇上恩赏骁骑校衔，顶戴蓝翎，齐旺多尔济感激皇恩，益加发奋勤勉。兹已近两年，理应即行遣返：惟齐旺多尔济闻知奴才等在塔尔巴哈台筑城移兵驻防之信，即行下跪呈请，齐旺多尔济我于二十三年出征，去年各队察哈尔兵换班返回，我呈请再驻数年效力奋勉。大臣等奏请授予骁骑校衔，仰蒙圣主格外之恩，赏给我骁骑校衔，又赏戴蓝翎。现虽年满理应撤回，惟齐旺多尔济我仰承皇上隆恩，至优至渥，大臣等将移塔尔巴哈台，正是我齐旺多尔济效力奋勉之时，相应请将我带往塔尔巴哈台，再多驻数年，尽力奋勉于哈萨克贸易事务。等语。奴才等窃思，兹于塔尔巴哈台初次驻兵，与哈萨克等贸易及察哈尔、额鲁特兵移驻时，倘有经历之人，于事益加有利。齐旺多尔济掌管察哈尔、额鲁特事务，业经熟悉，且与哈萨克对话、讲价亦极谙练，哈萨克等皆信其言。兹齐旺多尔济感激皇恩，呈请情愿前往塔尔巴哈台，再驻数年效力奋勉，其心极诚。故奴才等请照其请，带往塔尔巴哈台，再留数年，掌管察哈尔、额鲁特事务，并办理哈萨克贸易。俟驻数年后，再乘便遣返原旗。又查得，齐旺多尔济自二十三年出征，直行至巴达克山，在呼尔曼、阿勒楚尔等地打仗数次，尽力奋勉，随定长至乌鲁木齐，每年与哈萨克贸易，亦竭尽效力。自去年仰蒙皇上恩赏骁骑校衔、顶戴蓝翎以来，齐旺多尔济感激皇上隆恩，办理哈萨克贸易及察哈尔、额鲁特事务益加发奋尽力，毫无迟误。兹又请求前往塔尔巴哈台多驻数年效力，相应请将齐旺多尔济即行坐补该旗骁骑校。可否之处，伏乞皇上明鉴，恩自圣裁。为此谨奏。请旨。乾隆二十九年十月十二日奉朱批：另有旨。钦此。”（《军机处满文录副奏折》2109—32）“乾隆二十九年十月十二日。上谕：据绰克托等奏，赏赐骁骑校衔、顶戴蓝翎之齐旺多尔济，在乌鲁木齐管理哈萨克贸易及察哈尔、额鲁特事务，竭尽奋勉，兹又呈请前往塔尔巴哈台多驻数年效力，相应请旨将齐旺多尔济即行坐补该旗骁骑校缺。等语。将此，著即照绰克托所奏，俟该旗骁骑校缺出，即由齐旺多尔济坐补。钦此。”（《军机处满文上谕档》32—4）

乌苏察哈尔额鲁特移驻塔尔巴哈台后整饬其牛录

乾隆二十九年(1764)九月二十一日。奴才明瑞等谨奏：为请旨事。承准军机处字寄，奉上谕：据旌额理等奏称，现驻乌鲁木齐之额鲁特兵，有家眷者每月给银四钱五分，单身者每月给银三钱，自拨给孳生羊只以来，生计安堵，请照原先所奏停发其月食银两。等语。此项额鲁特兵皆系闲散余丁所充，现在伊犁之此项闲散余丁，并未给与钱粮，旌额理等请裁甚是。但额鲁特披甲等，在乌鲁木齐者月给银九钱，在伊犁者照察哈尔披甲之例月给银一两。现将乌鲁木齐、库尔喀喇乌苏额鲁特兵移驻雅尔城，应照伊犁兵丁之例支给钱粮。再，所有支给伊等钱粮亦庶乎略少。著传谕明瑞等，俟伊等抵达雅尔城后，加恩照伊犁额鲁特兵之例每月给银一两。并将乌鲁木齐牛录，亦照伊犁额鲁特之例，额定其牛录人口及食钱粮披甲数目，以便均齐。钦此。遵旨寄信前来。查得，伊犁额鲁特昂吉编设六牛录，每牛录各有额鲁特披甲、闲散余丁二百名，共计一千二百名。每牛录有食钱粮披甲三十三、三十四名不等，六牛录食钱粮披甲共二百名。无钱粮之闲散余丁一千名，除官交牧放之四项孳生牲畜外，别无官给之项，均拨给籽种，自耕地亩为生。其中食钱粮者少，且陆续来投者不断，故前经圣主明鉴降谕：驻避暑山庄五百名额鲁特兵移驻伊犁，其中食钱粮者多，闲散余丁少，而伊犁额鲁特内闲散余丁多，食钱粮者少，视之不均，如同二样办理。惟达什达瓦额鲁特等皆荷蒙朕恩，向食钱粮，到达伊犁后，因彼处额鲁特闲散余丁多于达什达瓦额鲁特闲散余丁，遇有披甲出缺，若按额均取，则于伊等生计无益。今委派阿桂署理明瑞之缺，著寄谕明瑞，俟阿桂抵达彼处后，会同查明各该闲散余丁数目，为使其均匀起见，除伊犁现有二百名食钱粮额鲁特兵外，酌量增加食钱粮者之处，商定具奏。钦此。钦遵在案。将此，奴才明瑞、爱隆阿俟阿桂抵达后，再议定如何均匀办理之处另行具奏请旨。此外，查乌鲁木齐、库尔喀喇乌苏现有额鲁特共一百四十七名，其中食钱粮披甲三十五名。比照伊犁现有额鲁特牛录食钱粮披甲数目核计，虽数额不少，然俟阿桂抵达后，仍遵旨议增伊犁额鲁特牛录钱粮数额，而乌鲁木齐、库尔喀喇乌苏额鲁特即将移驻雅尔城，请将其食钱粮披甲数额，除现有三十五名食钱粮披甲外，再增加十五名，共为五十名，以便整齐。伊等所食钱粮数目，旌额理等前曾具奏，照察哈尔领催、披甲之例支给，相应依照原奏，按伊犁之例，额鲁特领催每月各给银二两、披甲每月各给银一两。又查得，在乌鲁木齐、库尔喀喇乌苏额鲁特内，除食正项钱粮者外，扣除因生计安堵而停发四钱五分、三钱饷银者，仍有未满一年之食饷银四钱五分，三两者二十二名。其陆续来投者，亦如此支给钱粮。今增加其钱粮数额，并驻兵塔尔巴哈台后，因距哈萨克相近，来投者必将增多。若仍如此支给钱粮，则极为繁琐糜费，亦有别于伊犁额鲁特。是故，经奴才等共相商，今拟议增加十五份钱粮，现食饷银之二十二名额鲁特，在未满一年之前，仍照旧支给饷银，俟一年期满后，再补入五十名食钱粮者份额，增加十五份钱粮。除此，嗣后由哈萨克陆续来投额鲁特等，均停发饷银。在乌鲁木齐、库尔喀喇乌苏两处之察哈尔、额鲁特等，每人各给四十只孳生羊牧放，较伊犁额鲁特羊只数目稍多，相应除每户额留三十只羊外，其多余羊只仍交伊等牧放，当有自哈萨克来投额鲁特时，即将此项多余羊只分给其有家眷者各三十只、单身丁各十五只牧放孳生，俟每年所收孳生羊羔食用有余时，再酌情增给。再，乌鲁木齐、库尔喀喇乌苏两处之二百名察哈尔、一百余名额鲁特等，前曾分驻乌鲁木齐、库尔喀喇乌苏两处时，经旌额理等奏准，今驻乌鲁木齐之察哈尔兵一百五十名编为一牛录，拣放佐领、骁骑校各一员、领催四名管束；额鲁特一百零九名，编为一牛录，由额鲁特内拣放佐领、骁骑校各一员、领催四名管束。分驻库尔喀喇乌苏之察哈尔五十名、额鲁特十七名，合编为半个牛录，由察哈尔内拣放骁骑校一员、领催一名，由额鲁特内拣放领催一名管束。今将两处察哈尔、额鲁特均移驻塔尔巴哈台一处，理应合并其牛录。故于原设两个牛录、一个

半个牛录内，裁撤半个牛录，以二百名察哈尔兵编为一牛录，一百四十七名额鲁特亦暂编为一牛录。于是，察哈尔牛录多出骁骑校一员、领催一名，额鲁特牛录多出领催一名，令伊等以原品当差，以为注销之缺。此外，又查得，俟塔尔巴哈台驻兵后，由哈萨克来投额鲁特必将增多，在塔尔巴哈台额鲁特过多时，难以管束。是故，除将与塔尔巴哈台额鲁特确有近亲关系者编入彼处额鲁特牛录外，其余额鲁特乘便送到伊犁，编入伊犁额鲁特牛录。如此办理，是否妥当，恭候钦定降旨，钦遵施行。若蒙圣主允准奴才等所请，则遇有驻塔尔巴哈台察哈尔牛录披甲出缺，由额鲁特内选取，分别编入察哈尔、额鲁特牛录。倘有察哈尔闲散余丁，仍间隔选取。俟察哈尔、额鲁特二牛录领催、披甲之缺均齐后，再行整饬之处，皆照奴才等原先奏准之例办理。为此谨奏。请旨。乾隆二十九年十月十七日奉朱批：著军机大臣议奏。钦此。

（《军机处满文录副奏折》2110—28）

解送伊犁羊三万只

乾隆二十九年八月丁未（二十八日 1764.9.23）谕军机大臣等，成衮扎布等奏称，解送伊犁羊三万只，应令派往厄鲁特及锡伯兵丁分领前往，其乌里雅苏台需用羊只处颇多，据台吉罗布藏齐旺，愿进羊三千只，可否收受，或另行采买等语。伊犁驻扎官兵虽需羊颇多，而哈萨克、布鲁特等，不时前来贸易，所市羊只，尚可敷用。著传谕成衮扎布等，只须办羊一万五千只，交厄鲁特等解送，锡伯兵丁不谙牧养，其余羊即留乌里雅苏台应用，罗布藏齐旺所进，亦不必收受。并谕明瑞等知之。

（《清高宗实录》卷717　页999—1000）

不必向浩罕等部派遣间谍以免张皇生事

清乾隆朝满文寄信档。乾隆二十九年（1764）九月二十七日，大学士、领侍卫内大臣、忠勇公，协办大学士、领侍卫内大臣、武毅谋勇公奉上谕，字寄总管伊犁等处地方将军、领侍卫内大臣、公明瑞等不必向浩罕等部派遣间谍以免张皇生事。谕曰："明瑞等奏，自哈萨克来投之厄鲁特等禀称，浩罕额尔德尼伯克与哈萨克台吉阿布赉等，遣使往来，乃为我伊犁驻兵后，伊等以白帽子部落联手图强等因。哈萨克、浩罕毗邻我界，伊等沆瀣一气，日久必为边界之患，宜派人暗中离间，令其彼此猜疑。至喀什噶尔，地近浩罕、布鲁特，已行文纳世通等，侦探消息，即行知会。等语。昨据纳世通等，以额尔德尼伯克往侵和济雅特丕色勒，闻知内地大兵来信，撤回游牧，收取其附近之厄鲁特，伊等业已派遣可信回子往探信息之处具奏后，朕即谕以额尔德尼伯克撤兵返回，不过闻我处置阿布都喇伊木之事，深为恐惧，仓促守御耳，断无窥伺喀什噶尔之意。因阿布都喇伊木一事，朕业经敕谕额尔德尼伯克。伊奉敕后，知我不予加兵，自必心安，不再妄行防范。此事姑且置之。今明瑞等所奏额尔德尼伯克、阿布赉等，相互遣使，欲联手图强之词，亦不可信以为实。额尔德尼伯克与阿布赉等，遣使往来，不过因阿布都喇伊木之事，恐我大兵征讨耳，此间朕之敕谕到后，其疑虑自然可消。况阿布赉等亦不可能与额尔德尼伯克和睦相处，伊尚不能约束所部，何敢与额尔德尼伯克合谋，觊觎我土，籍令相合，又谁为主而谁为仆哉。且伊犁驻兵甚多，又复何虑。著传谕明瑞等，不必遣人离间，只以无事处之。若作为专事办理，反启内地厄鲁特、回子等必生疑惧，于事无益。无论伊等合谋与否，惟加意练兵，屯田积谷，以强我兵力。将所降额尔德尼伯克敕谕及寄谕纳世通之谕旨，俱抄寄明瑞等阅看。此后如另有所闻，仍即具奏，毋因此旨，遂一切置之不奏也。"

（档号：03－130－5－041）

将派遣何人赍送敕书等情具奏

清乾隆朝满文寄信档。乾隆二十九年（1764）九月二十七日，大学士、领侍卫内大臣、忠勇公，协办大学士、领侍卫内大臣、武毅谋勇公奉上谕，字寄驻喀什噶尔办事参赞大臣、都统、侍郎纳世通等将派遣何人赍送敕书等情具奏。谕曰："据明瑞等奏，因厄鲁特来告，哈萨克阿布赉与浩罕通使，欲为联手图强，伊等遂令派人暗中离间，并已行文纳世通，俟侦获消息，即行知会。等语。额尔德尼伯克、阿布赉等，遣使往来，不过闻得处置阿布都喇伊木之事，深为恐惧，张皇防备耳，断不敢合力图谋我伊犁、喀什噶尔等处，不必作为专事办理。除将此传谕明瑞等外，著纳世通接到明瑞行文，不必遽行办理，仍遵前旨而行。再，前已降旨，令纳世通派人将朕之敕谕赍送额尔德尼伯克，现在谅必已经遣人送往。惟所遣之人，务必贤能可信，若似托穆齐图之辈，怯懦无能，返回之后，隐瞒实情虚报，反而于事无益。著传谕纳世通等，令其将派遣何人赍送敕书、现在返回与否，其情若何之处，即行奏闻。"

（档号：03－130－5－042）

派舒常前往浩罕赍送敕谕等情

清乾隆朝满文寄信档。乾隆二十九年（1764）九月二十九日，大学士、领侍卫内大臣、忠勇公，协办大学士、领侍卫内大臣、武毅谋勇公奉上谕，字寄驻喀什噶尔办事参赞大臣、都统、侍郎纳世通等著派舒常前往浩罕赍送敕谕等情。谕曰："纳世通等奏，伊等遣往浩罕侦探之人返回所告，与从前逃来之厄鲁特及前来贸易之浩罕回子萨达克等所言相似。俟接奉降与额尔德尼之敕谕时，即派员外郎四十七、蓝翎侍卫官长保等赍往。等语。此事伊等初奏时，朕即鉴及，屡次降旨，已谕甚明。今伊等所遣侦探之人访得，额尔德尼伯克，不过惧于阿布都喇伊木之事，以求防范自守，何敢有集兵来犯喀什噶尔，窥伺我土之意。伊若有此之意，在阿布都喇伊木相邀时，未曾会面，亦未回信。纳世通等何以疑惧若此，迷惘不清耶？赍送敕谕，应派明白可信、尚知满洲礼节之人。四十七，久在汉人地方任职，并未习熟军营蒙古习俗，亦托穆齐图之流，岂能办事。官长保性最怯懦，前进剿厄鲁特时，曾经获咎。若遣伊同往，恐只会叩首，必为人所耻笑。舒常、鄂兰，现俱在彼，何为不遣耶？著速传谕纳世通等，额尔德尼伯克，断不敢来犯喀什噶尔，惟谨遵朕旨，静以镇之。如四十七等，业经起程则已，无非为人所轻耳。若尚未起程，则派舒

常前往。再,昨据明瑞等奏,额尔德尼伯克与哈萨克阿布赉通和遣使之处,业经知会纳世通。等语。纳世通等见到此书,必会更张张皇失措。著将伊等一并严行申饬,毋得妄有疑惧,为回子等所耻笑。"

(档号:03 - 130 - 5 - 049)

驱逐越界哈萨克等情形

乾隆二十九年(1764)十月甲午。伊犁将军明瑞等疏奏驱逐越界哈萨克等情形。明瑞等奏言:前因伊犁以北,塔尔巴噶台等处,有越界游牧之哈萨克等,旋经该头目阿布勒比斯约束迁移。臣等又派员查逐,虽寒冬雪盛,不能无潜来度岁之人。但来年正月,乌鲁木齐大臣移驻雅尔,自可沿路巡查。至伊犁西南沙喇擘勒、吹、塔拉斯、特穆尔图淖尔等处,今年七月,闻有潜住之哈萨克等。因办理挈眷官兵,无暇前往,惟于前来贸易人等,严加申饬。九月初,沙喇擘勒一路,有来投厄鲁特等五十余口。告称,闻贸易人等,有大兵即来驱逐之信哈萨克等,昼夜迁移,我等始得脱出。观此,则哈萨克等畏我兵威,不敢稍抗,但出入无常,亦非体制。臣等愚见,今冬虽不必派兵。而来岁北边驻兵后,其西边一带,或每年巡查一次,或大示惩创,务令绝迹。臣等再行相机办理。

(《平定准噶尔方略》续编,卷二十七)

察哈尔总管达克塔纳领兵解送羊只

乾隆二十九年九月庚申(十一日 1764.10.6)伊犁将军明瑞等奏,此次察哈尔总管达克塔纳领兵五百解送羊只,中途马甲朋苏克等俱迷踪未回,臣等正在察询,忽朋苏克与厄鲁特男妇五人同来,告称,因马乏落后,入哈萨克托克托郭勒等所居,被其拘留,复乘间与厄鲁特等商谋脱出。臣等派兵一百名,往拿所供之哈萨克等,并收其牧群,旋据全行拿获,又查出察哈尔车布腾,因马乏病卧,有哈萨克哈藏哈布,起意欲买车布腾役使,以银付同行之彦扎布,彦扎布贪利允从,次日遂以病故报知该管官。查彦扎布贪利无耻,应请传集哈萨克人等,将伊正法示众,车布腾重责枷号,满日发往叶尔羌给官兵为奴,哈藏哈布重责释放,托克托郭勒起意拘留官兵,应请正法示众,收其马匹入官,其余人马匹仍给还原主,朋苏克因病被拘,旋行脱出,仍令照旧差操,其该管官达克塔纳等,请交部分别严加议处。得旨,所办甚是,如所请行。

(《清高宗实录》卷718　页1008—1009)

原任杭州织造赫达色解到贸易绸缎

乾隆二十九年九月辛未(二十二日 1764.10.17)谕军机大臣等,杨应琚奏,原任杭州织造赫达色,解到贸易绸缎,内有霉黦二百余匹,请发回著落经手承办人员赔补,并嗣后各织造起发时,俱令委员验同包裹一折。所奏甚是。哈萨克久经内属,贸易缎匹,虽物料稍次,亦不敢过为争执,但国家嘉惠远人,所给之物,自必令其可以适用,断无一任承办人员便宜减省,致所入不偿所出之理,况前此传谕不啻再三,该织造自当遵照办理,何得潦草塞责,以致霉黦二百余匹之多,此项即著解员带回,令原办人员按数赔补。嗣后各织造所办绸缎，一面移明督抚，令派出解员，公同点验封解，其到甘时，该督杨应琚，系总汇之处，务须详悉查检，如验有质地浇薄，丈尺短少，以及霉黰等弊，该督即严行驳回，著落承办人员赔补，并将公同点验之员交部议处，如验系中途水渍擦损，即著落解员赔补还项，以专责成。可将此传谕各该督抚、织造等知之。

（《清高宗实录》卷719　页1016）

得霍罕哈萨克勾通信息

乾隆二十九年九月丙子（二十七日 1764.10.22）又谕（军机大臣等）曰，明瑞等以所得霍罕、哈萨克勾通信息，知会纳世通，朕前谕纳世通之旨，已录寄明瑞矣，此时纳世通得明瑞知会，不必张皇办理。再前所降额尔德尼伯克敕谕，命纳世通派员赍往，但所遣必须干练之员，若似托穆齐图之怯懦，隐匿实情，则于事无益。著传谕纳世通，将派何人赍敕前往，及回报情形若何，即行具奏。

（《清高宗实录》卷719　页1020—1021）

霍罕与哈萨克阿布赉等遣使往来

乾隆二十九年九月丙子（二十七日 1764.10.22）谕军机大臣等，明瑞等奏，自哈萨克来投之厄鲁特等禀称，霍罕额尔德尼伯克与哈萨克阿布赉等遣使往来，恐有勾通情事，似应潜遣间谍，令其彼此相猜，至喀什噶尔地近霍罕布鲁特，已行文纳世通等侦探信息，即行知会等语。昨据纳世通等，以额尔德尼伯克往攻和济雅特丕色勒，闻有大兵来信，撤回游牧，已遣回人往探具奏。朕即谓伊等不过闻阿布都喇伊木叛情发觉，仓卒守御耳，断无窥伺喀什噶尔之意，业经敕谕额尔德尼伯克，伊奉敕后，自必心安。明瑞等所闻，亦不可信以为实，哈萨克阿布赉等尚不能约束所部，何敢与霍罕合谋，藉令相合，又谁为主而谁为仆哉，且伊犁驻兵甚多，亦复何虑。著传谕明瑞等，不必潜遣间谍，只以无事处之，稍有张皇，反启内地厄鲁特回人等疑惧，此时无论伊合谋与否，惟加意练兵积谷为要。可将节次谕旨，录寄明瑞等阅看，此后或别有见闻，仍即具奏，毋因此旨，遂一切置之不问也。

（《清高宗实录》卷719　页1020）

遣往霍罕侦探回人报告

乾隆二十九年九月戊寅（二十九日 1764.10.24）谕军机大臣等，纳世通等奏称，据遣往霍罕侦探回人所告，与从前来投之厄鲁特及霍罕贸易回人之言相似，专候奉到敕谕，即派员外郎四十七、蓝翎侍卫官长保等赍往等语。此事伊等初奏时，朕即鉴及额尔德尼伯克不过仓皇自守，何敢有窥伺之意，屡降谕旨甚明，纳世通等何过于疑惧若此。至赍送敕谕，必择明白信实，尚知自爱之人，四十七久历外任，并未习熟蒙古风俗，亦托穆齐图之流，岂能办事，官长保性最怯懦，前进剿厄鲁特时，曾经获咎，遣伊同往，徒为外藩所轻，舒常、鄂兰现俱在彼，何为不遣耶。著速传谕纳世通等，额尔德尼伯克断不敢来窥伺，惟谨遵朕旨，静以镇之，如四十七等业经起程则已，若尚未，则派舒常前往。昨明瑞等奏，额尔德尼伯克与阿布赉通和遣使，已知会纳世通等语。想纳世通等一闻此信，必至于张皇失措，并著传旨申饬，毋得仍前疑惧。

（《清高宗实录》卷719　页1022—1023）

察哈尔等移驻塔尔巴哈台后整饬其牛录

乾隆二十九年（1764）十月二十八日。大学士·领侍卫内大臣·忠勇公·臣傅恒等谨奏：为遵旨议奏事。乾隆二十九年十月十七日，明瑞奏整饬乌鲁木齐、库尔喀喇乌苏察哈尔、额鲁特牛录等情一折，奉朱批：著军机大臣议奏。钦此。钦遵。臣等议得，据明瑞奏称……（见正件明瑞折）等语。查得，伊犁现有额鲁特共一千二百名，编为六个牛录，食钱粮之披甲缺仅有二百名，甚少。由避暑山庄移驻之额鲁特内，食钱粮之披甲缺共有五百名，闲散余丁少。俟伊等抵达伊犁后，遇有披甲出缺，若平均选取，则于其生计无益。是故，圣主特以施恩，命阿桂抵达伊犁后，会同明瑞查明各该闲散余丁数目，拟议酌增食钱粮者之处。业已降谕。顷谕令乌鲁木齐察哈尔、额鲁特移驻雅尔城，其食钱粮者数目，亦应照伊犁之例办理。惟乌鲁木齐大臣等明年即率修城屯田兵丁前往雅尔城，亦带去乌鲁木齐、库尔喀喇乌苏察哈尔、额鲁特。若俟阿桂到伊犁定办增加食钱粮额鲁特披甲事宜后，再始办理，则将不及。故明瑞、绰克托等先行议奏整饬乌鲁木齐、库尔喀喇乌苏察哈尔、额鲁特牛录事宜。查在乌鲁木齐、库尔喀喇乌苏驻防察哈尔，乌鲁木齐一百五十名察哈尔、一百零九名额鲁特各编为一牛录、库尔喀喇乌苏五十名察哈尔、十七名额鲁特合编为半个牛录。今明瑞等奏称，将乌鲁木齐、库尔喀喇乌苏察哈尔、额鲁特各编一牛录，裁撤其半个牛录，于一百四十七名额鲁特内，现有食钱粮披甲三十五名，再增加食钱粮披甲缺十五名，共为披甲缺五十名，所食钱粮数目，照伊犁之例，领催每月各给银二两，披甲每月各给银一两。在乌鲁木齐、库尔喀喇乌苏现有食饷银未满一年之额鲁特二十名，俟一年期满后，再补入此五十名食钱粮者份额。所裁半个牛录之骁骑校一员、领催二名，令其原品当差，以为注销之缺。再，驻塔尔巴哈台察哈尔牛录披甲出缺，由额鲁特内选取，分别编入察哈尔、额鲁特牛录。倘有察哈尔闲散余丁，仍间隔选取，俟察哈尔、额鲁特二牛录领催、披甲之缺均齐后，再整饬办理。等语。所奏皆可准行，相应即照明瑞等所奏施行。又据奏称，在乌鲁木齐、库尔喀喇乌苏之察哈尔、额鲁特等，每人各给四十只孳生羊牧放，较伊犁额鲁特羊只数目多，酌情略减，额定三十只，将其匀出羊只发给由哈萨克投来有家眷额鲁特各三十只、单身额鲁特各十五只，停发饷银。等语。查得，在发给伊犁额鲁特业畜时，每户各给羊二十五只，每二三户合给牛一只。今按各给伊等三十只羊核计，不仅与伊犁额鲁特所得牲畜相差无几，而且匀出羊只分给陆续来投额鲁特等，又可免除发放饷银之烦冗，相应亦照明瑞等所奏施行。又据奏称：由哈萨克来投额鲁特，除将与塔尔巴哈台额鲁特确有近亲关系者，编入彼处额鲁特牛录，其余额鲁特送到伊犁，编入额鲁特牛录。等语。俟塔尔巴哈台驻兵后，陆续投来额鲁特增多，在彼处额鲁特过多时，难以管束。若送往伊犁，则易于管束。明瑞所奏特系权衡利弊,酌情办理,请依其所奏。当否之处,俟奉旨后,令明瑞、绰克托钦遵办理。为此谨奏。请旨。乾隆二十九年十月二十八日奏,奉旨:著依议。钦此。

(《军机处满文议复档》872—2)

伊犁将军明瑞等疏奏移驻官兵事宜

乾隆二十九年(1764)十一月庚午。伊犁将军明瑞等疏奏,移驻官兵事宜。明瑞等奏言:臣等会议雅尔驻兵一事,经军机大臣议覆准行。今为期已近,臣绰克托等先派索伦官兵巡查,驱逐哈萨克等。续领官兵,带运粮饷、籽种、器具起程。所有应行事宜,谨开列具奏。一、乌鲁木齐籽种,不敷备带。臣等议将伊犁存贮之项协济,仍令参将吴士胜等,于瑚图毕等处拨运。其军器火药,亦拣选带往。一、城工农务,所需器具,乌鲁木齐存贮之项,尚足敷用。仍于绿旗兵内,挑选匠作,购办物料,以备临时添补。一、挽运车辆,共需八百有余。每车马一匹,俱于牧群拨用,仍量带余马,以备疲乏。一、库贮缎匹,除酌量存留乌鲁木齐,以备哈萨克贸易外,余皆带往,可省陆续运送之费。一、前议雅尔驻兵,哈萨克有前来贸易者,量收牲只,以备屯田,其大队商贩仍令前往伊犁。但恐哈萨克等贪图就近,不复前往伊犁,其价值应行酌减。再预备赏给之缎布茶叶,均请照伊犁之例办理。

(《平定准噶尔方略》续编,卷二十七)

伊犁北塔尔巴哈台等处有越界哈萨克

乾隆二十九年十月甲午(十六日 1764.11.9)伊犁将军明瑞等奏,前因伊犁以北,塔尔巴哈台等处,有越界游牧之哈萨克等,旋经该头目阿布勒比斯约束迁移,臣等又派员查逐,虽寒冬雪盛,不能无潜来度岁之人,但来年正月,乌鲁木齐大臣移驻雅尔,自可沿途巡查。至伊犁西南沙喇伯勒、吹、塔拉斯、特穆尔图诺尔等处,今年七月,闻有潜往之哈萨克等,因办理挈眷官兵,无暇前往,惟于前来贸易人等,严加申饬。九月初,沙喇伯勒一路,有来投厄鲁特等五十余口,告称,闻贸易人等有大兵即来驱逐之信,哈萨克等昼夜迁移,我等始得脱出。观此,则哈萨克等畏我兵威,不敢稍抗,但出入无常,亦非体制,今冬虽不必派兵,而来岁北边驻兵后,其西边一带,或每年巡查一次,或大示惩创,务令绝迹,臣等再行相机办理。报闻。

(《清高宗实录》卷721　页1035)

移驻伊犁锡伯分交各领队大臣管辖

乾隆二十九年(1764)十一月十二日。奴才明瑞、爱隆阿谨奏:为请旨事。顷钦定伊犁领队大臣六员,其中乌岱、讷苏肯二人派驻雅尔,伊尔图、关音木保、鄂津、勒克四人驻伊犁。查伊犁驻防满洲、索伦兵皆已习惯,便于管束,相直无庸议外,俟锡伯、达什达瓦厄鲁特兵抵达后,将索伦、锡伯、察哈尔、厄鲁特四项游牧兵,为利于官私牲畜,择水草丰盛之地,分别安置。其中达什达瓦厄鲁特兵虽有其编制,然毕竟系厄鲁特人。其余各昂吉兵,或系由原籍凑合贫穷、无能、游荡等人遣派者,或系自哈萨克、布鲁特逃出者,因而在制定游牧事宜之规章、查看官私牲畜、替彼等谋划生计、操练技艺时，虽由奴才等指教，然因牧场众多而分别安置，难以周全。若不特交领队大臣不时亲临查办，则创编昂吉牛录有所不周。一日稍涉颓败，虽日后矫正，亦不易整治。是以，奴才等会同磋商，伊犁有领队大臣四员，相应权衡利弊，将索伦、锡伯二昂吉、察哈尔二昂吉、厄鲁特二昂吉四项兵各交一领队大臣管理。将巡查交与各昂吉牧养之所有孳生、备用牲畜等事，亦即交各该领队大臣等以专责成。至取孳、销算等项，仍交驼马处办理。为便于办事，奴才等与领队大臣等同驻一城，所有应办事项，仍协助指教办理。奴才明瑞、爱隆阿如有空暇，又不时身临牧场巡查，则事从简便，且于兵丁之操练、官设孳生牲畜皆有裨益。如此分管之后，四千二百名携眷满洲兵虽无领队大臣管束，然来年城工告竣，大臣衙门及各办事公署修成后，奴才等即移驻新修满洲兵之城，将伊等就近管束训练及办理诸事皆为方便，相应此项四千二百名满洲兵不必另交领队大臣兼管，即由奴才明瑞、爱隆阿承管。是否有当，恭候训示施行外，倘蒙皇上允准奴才所请，则将何昂吉交何领队大臣管束之处，当即斟酌拟定，另行奏闻。为此谨奏。请旨。（朱批）：好。知道了。

（译自官中满文《朱批奏折》）

移驻伊犁锡伯军民拟安置游牧

乾隆二十九年（1764）十一月十二日。奴才明瑞、爱隆阿谨奏：为请旨事。顷钦定伊犁领队大臣六员，其中乌岱、讷苏肯二人派驻雅尔，伊尔图、关音保、鄂津、勒克四人驻伊犁。查伊犁驻防满洲、索伦兵皆已习惯，便于管束，相应无庸议外，俟锡伯、达什达瓦厄鲁特兵抵达后，将索伦、锡伯、察哈尔、厄鲁特四项游牧兵，为利于官私牲畜，择水草丰盛之地，分别安置。其中达什达瓦厄鲁特兵虽有其编制，然毕竟系厄鲁特人。其余各昂吉兵，或系由原籍凑合贫穷、无能、游荡等人遣派者，或系自哈萨克、布鲁特逃出者，因而在制定游牧事宜之规章、查看官私牲畜、替彼等谋划生计、操练技艺时，虽由奴才等指教，然因牧厂众多而分别安置，难以周全。若不特交领队大臣不时亲临查办，则创编昂吉牛录有所不周。一日稍涉颓败，虽日后矫正，亦不易整治。是以，奴才等会同磋商，伊犁有领队大臣四员，相应权衡利弊，将索伦、锡伯二昂吉、察哈尔二昂吉、厄鲁特二昂吉四项兵各交一领队大臣管理。将巡查交与各昂吉牧养之所有孳生、备用牲畜等事，亦即交各该领队大臣等以专责成。至取孳、销算等项，仍交驼马处办理。为便于办事，奴才等与领队大臣等同驻一城，所有应办事项，仍协助指教办理。奴才明瑞、爱隆阿如有空暇，又不时身临牧厂巡查，则事从简便，且于兵丁之操练、官设孳生牲畜皆有裨益。如此分管之后，四千二百名携眷满洲兵虽无领队大臣管束，然来年城工告竣，大臣衙门及各办事公署修成后，奴才等即移驻新修满洲兵之城，将伊等就近管束训练及办理诸事皆为方便，相应此项四千二百名满洲兵不必另交领队大臣兼管，即由奴才明瑞、爱隆阿承管。是否有当，恭候训示施行外，倘蒙皇上允准奴才所请，则将何昂吉交何领队大臣管束之处，当即斟酌拟定，另行奏闻。为此谨奏。请旨。乾隆二十九年十二月初五日奉朱批：

好。知道了。钦此。

（《军机处满文录副奏折》2117—38）

察哈尔等营分交各领队大臣管辖

乾隆二十九年(1764)十一月十二日。奴才明瑞、爱隆阿谨奏：为请旨事。顷钦定伊犁领队大臣六员，其中乌岱、讷苏肯二人派驻雅尔，伊尔图、关音保、鄂津、勒克四人驻伊犁。查伊犁驻防满洲、索伦兵皆已习惯，便于管束，相应毋庸议外，俟锡伯、达什达瓦额鲁特兵抵达后，将索伦、锡伯、察哈尔、额鲁特四项游牧兵，为利于官私牲畜，择水草丰盛之地，分别安置。其中达什达瓦额鲁特兵虽有其编制，然毕竟系额鲁特人。其余各昂吉兵，或系由原籍凑合贫穷、无能、游荡等人遣派者，或系自哈萨克、布鲁特逃出者，因而在制定游牧事宜之规章、查看官私牲畜、替彼等谋划生计、操练技艺时，虽由奴才等指教，然因牧厂众多而分别安置，难以周全。若不特交领队大臣不时亲临查办，则创编昂吉牛录有所不周。一日稍涉颓败，虽日后矫正，亦不易整治。是以，奴才等会同磋商，伊犁有领队大臣四员，相应权衡利弊，将索伦、锡伯二昂吉、察哈尔二昂吉、额鲁特二昂吉四项兵各交一领队大臣管理。将巡查交与各昂吉牧养之所有孳生、备用牲畜等事，亦即交各该领队大臣等以专责成。至取孳、销算等项，仍交驼马处办理。为便于办事，奴才等与领队大臣等同驻一城，所有应办事项，仍协助指教办理。奴才明瑞、爱隆阿如有空暇，又不时身临牧厂巡查，则事从简便，且于兵丁之操练、官设孳生牲畜皆有裨益。如此分管之后，四千二百名携眷满洲兵虽无领队大臣管束，然来年城工告竣，大臣衙门及各办事公署修成后，奴才等即移驻新修满洲兵之城，将伊等就近管束训练及办理诸事皆为方便，相应此项四千二百名满洲兵不必另交领队大臣兼管，即由奴才明瑞、爱隆阿承管。是否有当，恭候训示施行外，倘蒙皇上允准奴才所请，则将何昂吉交何领队大臣管束之处，当即斟酌拟定，另行奏闻。为此谨奏。请旨。乾隆二十九年十二月初五日奉朱批：好。知道了。钦此。

（《军机处满文录副奏折》2117—38）

均齐察哈尔等昂吉牧放孳生牲畜取孳期限

乾隆二十九年(1764)十一月十二日。奴才明瑞、爱隆阿谨奏：为请旨均齐孳生牲畜取孳期限事。查得，发交携眷移驻伊犁之索伦、察哈尔兵丁及陆续由哈萨克、布鲁特处来投额鲁特等牧放孳生羊内，有由各地调拨者，亦有陆续从哈萨克贸易换获者；其各地解送之羊，沿途生有羔羊，当即另行牧放，待至堪入孳生牧厂时挑选增入者亦有之；又于每年收取孳生羊及原牧放口食羊内，挑取母羊作为孳生羊者亦有之；发交羊只时，因移驻兵丁、来投额鲁特等抵达日期前后不一，且有时所需数额相当，有时原调拨羊只到达后缺额，故另行通融补给羊只者有之；或将补给现有兵丁之羊，因新来兵丁不便等候，故而移交给新来者有之；又额鲁特内原多单身之人，只有交每人十二、十三只羊，后因娶妻，即照原定各拨给二十五只之数，另行补足羊只，故而一人交孳月限不一者亦有之。

譬如，因总管达克塔纳等所送羊只缺额，给右翼昂吉察哈尔兵丁仅发交羊各十四只，余者拟陆续补足。现今陆续从哈萨克贸易换获羊三千余只。此间，归入察哈尔、额鲁特昂吉之新投穷寒无依之额鲁特甚众，而察哈尔、额鲁特昂吉备用羊只均已发交完结，不便等待，故从此项新买羊只内，酌情拨给伊等牧放孳生。数年来，奴才等办理孳生牲畜，惟图不误兵丁生计而多取孳生，以免从各地调拨之纷烦，就地酌情通融办理。由于头绪较多，取孳期限不能整齐，非但索伦、察哈尔、额鲁特等不能分析核算，且官取孳生亦甚繁杂。久而久之，难免滋生弊端。嗣后，来投之额鲁特毫无定数，为拨给伊等羊只起见，仍由前来贸易之哈萨克处换取母羊，以资分发；又由每年各昂吉所交孳生羊只内，除搭放官兵所需口食羊只外，亦仍通融挑选孳生羊只增入牧厂取孳。如此以来，头绪更加繁多。奴才等愚见，拟将各昂吉每年所交孳生羊只月限均齐划一，一昂吉一年内理应二三限取孳之羊，按其多寡均齐，不致减少官取孳生，将前者挪后，后者移前，并为同一月限。嗣后，将增交该昂吉牧厂之羊，即并入该昂吉取孳月限，一昂吉之羊每年皆于同一月限内取孳，则官用口食羊只不致有误，且取孳月限均齐划一，便于办理，而索伦、察哈尔、额鲁特等核算交纳时，亦明白简便，以期永久杜绝弊端。再，孳生马牛内，因有陆续增入者，故取孳月限亦不相同，理应一体均齐办理。嗣后所有易获马牛羊只，亦应一并制定章程，以便取孳。是故，将现有孳生马牛羊只如何均齐划一扣限取孳之处，为易于皇上明鉴，另缮汉字清单，恭呈御览。谨奏请旨。恭候圣主睿鉴，命下之日，钦遵办理。为此谨奏。请旨。乾隆二十九十二月初五日奉朱批：著依议。钦此。

（《军机处满文录副奏折》2117—43）

纂修大清一统志西域图志等事宜

乾隆二十九年十一月戊申（一日 1764.11.23）军机大臣等议覆，御史曹学闵奏称，从前纂修《大清一统志》，于乾隆八年告成，久已颁行海内，近年来，平定准噶尔及回部，拓地二万余里，实为振古未有之丰功，前命廷臣纂修《西域图志》，并命钦天监臣前往测量各部经纬地度，增入舆图，惟《一统志》尚未议及增修，请敕儒臣查照体例，将西域新疆敬谨增入，再查《一统志》自成书以后，迄今又二十余年，各省府厅州县，添设裁并，多有不同，亦应查照新定之制，逐一刊改等语。查《一统志》自直隶各省而外，外藩属国五十有七，朝贡之国三十有一，凡版图所隶，无不载入，我皇上戡定西域，收准夷之疆索，辑回部之版章，特命将军大臣分部驻守，一切制度章程，与内地省分无异，该御史所奏，将西域新疆增入《一统志》，以昭圣朝一统无外之盛，自属可行。至臣等奉敕所纂之《西域图志》，分野、疆域、风俗、山川等类，无不备具，请即将《一统志》所应载者，按类择取，增入志末，以成全书。再《一统志》甘肃部内之安西、靖逆二厅，即今《西域图志》之安西府，朝贡诸国内之叶尔钦，即今《西域图志》之叶尔羌，他如哈密、吐鲁番二处，两书互见，将来增纂时，应于各该处发明申说。其从前已经载入处，俱请无庸删裁，以致更换全书，但《西域图志》须俟现在所纂之《同文志》告竣后，再行增改，而《方略》一书，善后事宜各条,志内亦有应行采用者,统俟《方略》全编告成时,再行办理。至各省府厅州县,或奉旨更定,或经地方大吏陈奏,添设裁并,在所时有,而《一统志》于康熙年间开馆纂辑,乾隆八年始行告竣,至今甫及二十余载,若此时轻议重修,统行刊改,一二年后,地方情形不同,即有添并,又当随时刊改,未免过于烦琐,该御史所请刊改之处,应无庸议。谕曰,御史曹学闵奏,西域新疆请增入《一统志》,并志成后,各省添设裁并府厅州县,详悉续修刊改一折,军机大臣议覆,俟《方略》及《西域图志》各书告成后,再行编辑。第念《一统志》自纂修竣事以来,迄今又二十余载,不独郡邑增汰,沿革随时,理宜一一汇订,且其中纪载体例,征引详略,亦多未协。其尤甚者,顺天人物门内,竟将国朝诸王载入,于事理更属纰缪,诸王事迹,自载《八旗通志》,原不得与隶籍京圻者同日而道,况八旗大臣等功纪太常者,则应见昭忠、贤良诸祠,其在直省宣猷著绩者,又有各省名宦可入,今乃援亲藩以淆地籍,实为拟不于伦,义甚无谓。若其他考稽失实与凡挂漏冗复者,谅均在所不免,亟应重加纂辑,以成全书。但前此修志之初,必待移取各省通志而后从事,以致旷日持久,艰于集事。此时特就已成之书,酌加厘核,即新疆幅员辽阔,而一切事实,又有《西域图志》及《同文志》诸书为之蓝本,馆臣采撮排撰,实为事半功倍,可即令方略馆按照各条,厘订纂辑,一俟纂出稿本,悉照《续文献通考》例,随缮随进,候朕裁定,所有一切应行规条,著军机大臣详议具奏。寻奏,查顺天府所载诸王及八旗大臣等事迹,均载《八旗通志》,自无庸再行编入,其有功业显著者,另于各省名宦内编纂。至添设裁并之府厅州县,所有山川、田赋、人物各门,悉照现在添并各处逐一分载。至西域新疆,拓地二万余里,除新设安西一府及哈密、巴里坤、乌鲁木齐设有道、府、州、县、提督、总兵等官,应即附入甘肃省内,其伊犁、叶尔羌、和阗等处现有总管将军及办事大臣驻扎者,亦与内地无殊,应将西域新疆另纂在甘肃之后。至哈萨克、布鲁特、巴达克山、爱乌罕等部,俱照外藩属国之例编辑。统俟《平定准噶尔方略》及《西域图志》、《同文志》等书告成后,查照《一统志》凡例,详悉考订厘正,缮写进呈。从之。

(《清高宗实录》卷722　页1044—1046)

请将罗克伦屯兵移驻瑚图毕

乾隆二十九年十一月癸丑(六日1764.11.28)塔尔巴哈台参赞大臣绰克托等奏,上年九月,臣旌额理等请将罗克伦屯田兵移驻瑚图毕,先盖营房一千二百间,即趱筑城垣,随派参将吴士胜,于十一月,砍伐芦苇木植,挽运口粮籽种,本年三月兴工,盖造营房,臣等续奏,请将吴士胜派往塔尔巴哈台办理城工,又派出原任主事伏魔保协办瑚图毕城工,至九月二十九日,瑚图毕城垣、门楼、仓库及哈萨克贸易馆舍、公署、营房俱已告竣。得旨,吴士胜、伏魔保俱著交部议叙。寻钦定瑚图毕城名曰景化城,门东曰熙景,西曰宝成,南曰阜薰,北曰溥信。

(《清高宗实录》卷722　页1047—1048)

索伦察哈尔各昂吉牧放孳生羊马牛数目

现在索伦、察哈尔、额鲁特各昂吉并回户等牧放孳生羊共十万三千三百二十二只，定例自起限月份扣满一年，每羊十只每年取孳三只。谨查，索伦昂吉现在牧放孳生羊共二万六千只，俱应于每年正月取孳。右翼察哈尔昂吉现在牧放孳生羊共二万一千零二十九只，俱应于本年正月取孳，该昂吉额羊未足，尚需续补。回户现在牧放孳生羊共六千五百只，俱应于本年十月取孳。以上索伦、右翼察哈尔并回户牧放孳生羊只项款虽殊，其取孳月份各昂吉各同一限，毋庸另行均齐。左翼察哈尔昂吉现在牧放孳生羊共二万五千八百五十七只内，二十八年五月间，发交牧放孳生羊二万一千只，例应于每年五月取孳；二十九年正月间，发交牧放孳生羊四千三百四十七只，例应于每年正月取孳。以上羊只，除本年应取孳生业经照例收取外，请自明岁为始，将二限取孳之羊前后均齐，并为一限，俱于四月取孳。再，本年冬季有陆续来投之额鲁特归入该昂吉佐领编管，所有应给额鲁特羊只，因该昂吉备用余羊不敷支给，将陆续由哈萨克贸易换获孳生羊内移拨五百一十只，以资给散。查此项羊只为数无多，且俱系发交新近来投之穷寒无依额鲁特领收，应请自明岁四月起限统人前项羊只，亦俱于四月取孳。额鲁特昂吉现在牧放孳生羊共二万三千九百三十六只内，二十六年十一月间发交牧放孳生羊一万零六百一十只，并二十七年九月间发交牧放孳生羊一千五百只，共羊一万二千一百一十只，俱自十月起限，例应于每年十月取孳。二十八年五月间发交牧放孳生羊九千二百只，自五月起限，例应于每年五月取孳。以上羊只，除本年应取孳生业经照例收取外，请自明岁为始，将二限取孳之羊前后均齐，并为一限，俱于六月取孳。再，本年冬季陆续来投之额鲁特众多，所有应给羊只，该昂吉备用余羊不敷支给，将节次由哈萨克贸易孳生羊内前后移拨二千六百二十六只，以资给散。查此项羊只俱系陆续换获，数目零星，且节次发给前后不一新近来投之额鲁特领牧，又值冬月草枯之际，应请自明岁六月起限，统人前项羊只，俱于六月份取孳。伏查，各昂吉现在领牧孳生羊只内应行均齐者，既经均齐，一昂吉之羊各依一限取孳，明白简便易于稽核，既有裨益孳生，且可防杜敝窦。但年年贸易日渐增多，而每年收取所孳之羊，除搭放口食外，如有堪人孳生者，亦应陆续挑选增入孳生，以滋蕃畜，若不画一定限，将来仍致纷烦。请嗣后各昂吉如有陆续孳生羊只，于该昂吉取孳月份以后两月内发交者，均归当年取孳月份起限；两月以后发交者，均归次年取孳月份起限扣限取孳。再，现请均齐各昂吉孳生羊只内，谨各就情形酌量均匀，将取孳月份移挪前后。今移前者共羊三万三千一百一十只，移后者共羊一万六千六百八十三只。现在索伦、察哈尔、额鲁特各昂吉牧放孳生马共二千一百五十匹，定例自起限月份扣满三年一次均齐，每马三匹，每三年取孳一匹。谨查，索伦昂吉现在牧放孳生马一千匹，此项马匹系二十八年九月内由乌鲁木齐解到，该索伦头起官兵于二十九年正月间前抵伊犁，始行发交牧放，应请自二十九年正月起限扣限取孳。左翼察哈尔昂吉现在牧放孳生马共四百四十四匹内，二十八年七月间发交牧放孳生马一百二十四匹，例应于二十八年七月起限取孳;二十八年八月间发交牧放孳生马四十三匹,例应于二十八年八月起跟取孳;二十八年九月间发交牧放孳生马八十二匹,例应于二十八年九月起限取孳;二十八年十月间发交牧放孳生马十七匹,例应于二十八年十月起限取孳;二十八年十一月间发交牧放孳生马二匹,例应于二十八年十一月起限取孳;二十八年十二月间发交牧放孳生马五匹,例应于二十八年十二月起限取孳。以上六项马共二百七十三匹,若各照发交月份取孳,数目零星,未免纷繁牵混难以稽核,应请前后均齐并为一限,俱自二十八年八月起限扣限取孳。又,二十九年正月间发交牧放孳生马二十九匹,例应于二十九年正月起限取孳,二十九年二月间发交牧放孳生马三匹,例应于二十九年二月[起]限取孳;二十九年三月间发交牧放孳生马二匹,例应于二十九年三月起限取孳;二十九年六月间发交牧放孳生马二十五匹,例应于二十九年六月起限取孳;二十九年七月间发交牧放孳生马六十九匹,例应于二十九年七月起限取孳;二十九年八月间发交牧放孳生马四十三匹,例应于二十九年八月起限取孳。以上六项马共一百七十一匹,亦应请前后均齐并为一限,俱自二十九年八月起限扣限取孳。右翼察哈尔昂吉现在牧放孳生马共七十八匹内,二十九年八月间发交牧放孳生马五十八匹,例应于二十九年八月起限取孳;二十九年九月间发交牧放孳生马十二匹,例应于二十九年九月起限取孳;二十九年十月间发交牧放孳生马八匹,例应于二十九年十间起限取孳。以上三项马共七十八匹,应请前后均齐并为一限,俱自二十九年九月起限扣限取孳。额鲁特昂吉现在牧放孳生马共六百二十八匹内,二十六年十一月间发交牧放孳生马九十匹,例应于二十六年十一月起限取孳;二十七年正月间发交牧放孳生马六十二匹,例应于二十七年正月起限取孳;二十七年二月间发交牧放孳生马二十九匹,例应于二十七年二月起限取孳;二十七年八月间发交牧放孳生马二十匹,例应于二十七年八月起限取孳;二十七年十一月间发交牧放孳生马十六匹,例应于二十七年十一月起限取孳;二十七年十二月间发交牧放孳生马四匹,例应于二十七年十二月起限取孳。以上六项马共二百二十一匹内,九十匹虽系二十六年十一月发交牧放,但此项马匹系前任参赞大臣阿桂由塔尔巴哈台收获哈萨克遗失之马,原收之时率多马驹,非及时孳生马可比,且正值雪大草枯之际,发交牧放以来,所有马驹未届孳生之齿,时有倒毙者。今请将六限取孳马匹前后均齐并为一限,俱自二十七年四月起限扣限取孳。又,于二十八年正月间发交牧放孳生马三十九匹,例应于二十八年正月起限取孳;二十八年二月间发交牧放孳生马三百五十二匹,例应于二十八年二月起限取孳;二十八年五月间发交牧放孳生马四匹,例应于二十八年五月起限取孳;二十八年六月间发交牧放孳生马十二匹,例应于二十八年六月起限取孳。以上四项马共四百零七匹,亦应请前后均齐并为一限,俱自二十八年四月起限取孳。伏查,各昂吉现在领牧孳生马匹内应行均齐者,既经均齐,嗣后贸易换获陆续增添与孳生牛羊情形约略相同,亦应画一定限,以杜纷烦。请嗣后各昂吉如有续增马匹,于该昂吉取孳月份以后四个月内发交者,均归当年取孳月份起限;五个月以后发交者,均归次年取孳月份起限扣

限取孳。再,现请均齐各昂吉孳生马匹内,谨各就情形酌量均匀,将取孳月份移挪前后。今移前者共马一百七十匹,移后者共马一千八百八十二匹。现在索伦、察哈尔、额鲁特各昂吉并回户牧放孳生牛共三千八百一十八只,定例自起限月份扣满四年,一次均齐,每牛十只,每年核取孳牛二只,四年共应取孳八只。谨查,索伦昂吉现在牧放孳生牛五百五十只,系二十九年六月间发交牧放,应于二十九年六月起限取孳。右翼察哈尔昂吉在牧放孳生牛五百五十只,亦系二十九年六月间发交牧放,应于二十九年六月起限取孳。回子牧放孳生牛一千四百四十只内,二十七年十月间发交牧放孳生牛四百四十只,曾经奴才明瑞等奏准,系过四年将例应收取之孳牛连原牛共作为孳牛一千只,仍交回户牧放屯田,不准报销倒毙。所有该屯田回子一千二百五十户,例应每年应补给三分倒毙之牲畜,即将嗣后每年孳生之牛犊抵补其牛只,亦不另取孳生。又于二十九年六月间发交牧放孳生牛一千只,曾经奴才明瑞等奏准,仍照各昂吉牧放孳生牛只之例取孳外,所有今岁移驻屯田回子一千八百六十四户,每年例应补给三分倒毙之牲畜永远停止。以上索伦、右翼察哈尔并回户牧放孳生牛只,除回户不取孳生之牛四百四十只外,其余孳生牛共二千一百只,俱系二十九年六月起限一限取孳,毋庸另行均齐。左翼察哈尔昂吉现在牧放孳生牛共五百九十九只内,于二十八年七月间发交牧放孳生牛七只,例应于二十八年七月起限取孳;二十八年八月间发交牧放孳生牛十七只,例应于二十八年八月起限取孳。以上二项共牛二十四只,应请移前均齐并为一限,俱自二十八年六月起限扣限取孳。二十九年五月间发交牧放孳生牛四只,例应于二十九年五月起限取孳;二十九年六月间发交牧放孳生牛五百五十只,例应于二十九年六月起限取孳;二十九年七月间发交牧放孳生牛二十一只,例应于二十九年七月起限取孳。以上三项共牛五百七十五只,应请前后均齐并为一限,俱自二十九年六月起限扣限取孳。额鲁特昂吉现在牧放孳生牛共六百七十九只,于二十八年三月间发交牧放孳生牛八只,例应于二十八年三月起限取孳;二十九年六月间发交牧放孳生牛五百五十只,例应于二十九年六月起限取孳。以上二项共牛五百五十八只内,牛八只虽系上年发交牧放,但为数零星,应请前后均齐并为一限,俱自二十九年四月起限扣限取孳。二十六年十一月间发交牧放孳生牛二十二只,二十七年闰五月间发交牧放孳生牛九十九只,以上二项牛共一百二十一只,曾经前任参赞大臣阿桂奏准,自二十七年春季起限,未定月份,今请于二十七年四月起限扣限取孳,与该昂吉前项牛只同月,以图取孳明简。伏查,各昂吉现在领牧牛只内应行均齐者既经均齐,嗣后贸易换获陆续增添与孳生羊马情形约相同,亦应画一定限,请嗣后各昂吉如有续增孳生牛只,照依马匹一例,于该昂吉取孳月份以后四个月内发交者,均归当年取孳月份起限;五个月以后发交者,均归次年取孳月份起限扣限取孳。再查,以上各昂吉现牧牛只外,尚有由乌里雅苏台解到散给各昂吉余剩牛四百三十一只,系备给明岁续到锡伯兵丁并达什达瓦额鲁特之项,现交索伦代牧。此项牛只俟二项官兵到日散给之时,清查索伦代牧数月内有无多寡孳生牛犊,另行起限办理。现请均齐各昂吉孳生牛只内,谨各就情形酌量均匀,将取孳月份移挪前后。今移前者共牛五百九十五只,移后者共牛一百三十三只。

(《军机处满文月折档》163—2)

将布鲁特与哈萨克是否媾和等情密访具奏

清乾隆朝满文寄信档。乾隆二十九年(1764)十二月初六日,大学士、领侍卫内大臣、忠勇公,协办大学士、领侍卫内大臣、武毅谋勇公奉上谕,字寄参赞大臣、都统、工部侍郎纳世通等著将布鲁特与哈萨克是否媾和等情密访具奏。谕曰:"明瑞等奏,哈萨克阿布勒比斯,遣策伯克台吉等所呈之托忒字文书内称,布鲁特掠伊属八十口后,又将上千余口人,布鲁特百余人亦为伊等所获。今因布鲁特派人与阿布勒比斯、阿布赉约会,商议和好事宜。现在阿布勒比斯、阿布赉俱行前往彼处等因。唯阿布勒比斯所言,既不可全信,亦不可不信。伊等原与额尔德尼伯克沾亲,或借口和解,阴相沟通,亦未可知。现已咨行纳世通等,密查布鲁特等,果否确有其事,再为相机办理。等语。哈萨克、布鲁特,相互抢掠,乃素有之事,尚无太大干系。唯额尔德尼伯克从前不曾出迎我遣使,且与阿布都喇伊木互通信使,乃非安分之人。伊与阿布赉、阿布勒比斯等媾和滋事,亦未可定。明瑞等既已咨会纳世通等,著传谕纳世通,令其加意探访。阿布赉等若已前赴额尔德尼伯克处,则将伊等如何和解,又商议何事之处,详加密访,即行奏闻。此事唯纳世通等知悉,不可随意泄露。再,此间四十七等谅已返回,著纳世通等,将伊等至浩罕颁降敕谕时,额尔德尼情形若何,是感激抑或惊恐,其属下情形若何,有何议论等处,详加询问后,一并速行奏闻。并传谕柏琨,令其抵达后,留心打探此事。"

(档号:03－130－6－010)

将哈萨克与布鲁特等是否媾和之处探明具奏

清乾隆朝满文寄信档。乾隆二十九年(1764)十二月初六日,大学士、领侍卫内大臣、忠勇公,协办大学士、领侍卫内大臣、武毅谋勇公奉上谕,字寄总管伊犁等处地方将军明瑞等著将哈萨克与布鲁特等是否媾和之处探明具奏。谕曰:"明瑞等奏,哈萨克阿布勒比斯,遣策伯克台吉等带来托忒字文书内称,布鲁特掠伊所属八十口后,又掠千余口人;布鲁特百余人,亦为哈萨克所获。今布鲁特遣人与阿布赉、阿布勒比斯约会,商议和好事宜。现在阿布赉、阿布勒比斯,俱行前往彼处等因。唯阿布勒比斯等所言,既不可信以为真,亦不可视同虚无。伊等原与额尔德尼相好,或藉口和解,阴相沟通,亦未可定。现已咨行纳世通等,密查布鲁特等,果否实有其事,再为相机办理。等语。额尔德尼伯克,素非一安静之人,近因阿布都喇伊木与伊等私通信息事发,将阿布都喇伊木等治罪。因恐额尔德尼闻信后,妄生疑惧,特颁敕谕,令纳世通派遣可信之人赍送。今据纳世通等奏,所遣四十七等报称,伊等至彼,额尔德尼出城恭迎敕谕。俟四十七等返回,再行详细询问后,另行具奏。等语。四十七等,皆非成事可信之人,伊等虽抵达额尔德尼地方颁给敕谕,然将额尔德尼奉到敕谕后,或惊恐,或感恩,再其属下情形若何之处,

俱未呈报。俟四十七等返回后，由纳世通等询明具奏时，再相机办理。今布鲁特、哈萨克讲和之说，或许额尔德尼约请阿布勒比斯等，亦为可定。哈萨克习好夸张，伊等夸大其词，亦事之所有。此间，伊等如若声称，阿布勒比斯等并未前赴布鲁特，尚不必以此为事；如若阿布勒比斯等，皆已前往布鲁特，则系为额尔德尼所引诱。额尔德尼既非安分之人，不可不加办理，若果有勾通情形，即当乘其不备，先将额尔德尼办理。但此不过揣测而已。明瑞等既已咨会纳世通，著亦传谕纳世通等留心访探。此间，将此事只有明瑞、爱隆阿二人知悉留意则已，不必张扬。一旦泄露，恐移住伊犁之人闻讯肆意宣扬，于事无益。总之，将此等事宜，尚未探实，不必信以为真，无非留意，暗中防范。现在派一精明可信之人，潜往探信，尚属紧要。著传谕明瑞、爱隆阿，加意探访，一旦获有阿布勒比斯等人消息，即行奏闻。”

（档号:03－130－6－009）

纳世通等将布鲁特与哈萨克是否媾和等情密访具奏

清乾隆朝满文寄信档。乾隆二十九年(1764)十二月十四日，大学士、领侍卫内大臣、忠勇公，协办大学士、领侍卫内大臣、武毅谋勇公奉上谕，字寄参赞大臣、都统、工部侍郎纳世通等著将布鲁特与哈萨克是否媾和等情密访具奏。谕曰：“纳世通等奏，据明瑞等咨称，阿布勒比斯派人呈书内称，巴噶什、巴雅尔斯坦等三百人，掠走卫孙鄂托克八十口人，后又掳走千余口人。现布鲁特派人前往阿布勒比斯等处，声称或和解或交战。果否确有其事，俟查实后，再为相机办理等因。经查，内附之布鲁特部落名册内，未载有巴噶什、巴雅尔斯坦部落。据闻，在与塔什干交界地方，有称为巴噶什之布鲁特，伊等之人从未来过喀什噶尔；至巴雅尔斯坦之布鲁特，则闻所未闻。此等人内若有抢掠事件，凡来诉讼者，则婉言回绝遣回；如若听讼断案，恐生烦乱。等语。顷据明瑞等奏到此事，朕即降旨，布鲁特、哈萨克彼此媾和之说，或许额尔德尼约请阿布勒比斯等，亦未可知。如若阿布勒比斯等，俱赴布鲁特，则系额尔德尼引诱阿布勒比斯等人，宜先办理额尔德尼，其事自了结。但此事亦不过揣测，未必有此等事宜。今经纳世通查明，该等地方并非喀什噶尔所属。著传谕明瑞等，除哈萨克来伊犁后，将此等情形晓谕外，布鲁特、哈萨克相互抢掠，乃常有之事，尚无大碍，若有前来诉讼者，则以婉言遣回才是。但据阿布勒比斯等呈书内称，布鲁特掠走哈萨克众多人口。且阿布赉、阿布勒比斯等，前往与布鲁特会盟，恐其落入额尔德尼圈套，亦未可料。此事关系重大，是以谕令纳世通等加意探访。阿布赉等，前往布鲁特能否和解之处，著传谕纳世通加意访探，一旦获得实信，速行奏闻。”

（档号:03－130－6－011）

会议雅尔驻兵事宜

乾隆二十九年十一月庚午（二十三日 1764.12.15）伊犁将军明瑞等奏，臣等会议雅尔驻兵一事，经军机大臣议覆准行，今为期已近，臣绰克托等先派索伦官兵巡查，驱逐哈萨克等，续领官兵，带运粮饷、籽种、器具起程，所有应行事宜，谨开列具奏：一、乌鲁木齐籽种，不敷备带，臣等议将伊犁存贮之项协济，仍令参将吴士胜等于瑚图毕等处拨运，其军器火药，亦拣选带往。一、城工农务，所须器具，乌鲁木齐存贮之项，尚足敷用，仍于绿旗兵内，挑选匠作，购办物料，以备临时添补。一、挽运车辆，共需八百有余，每车马一匹，俱于牧群拨用，仍量带余马，以备疲乏。一、库贮缎匹，除酌量存留乌鲁木齐，以备哈萨克贸易外，余皆带往，可省陆续运送之费。一、前议雅尔驻兵，哈萨克前来贸易者，量收牲只，以备屯田，其大队商贩，仍令前往伊犁，但恐哈萨克等贪图就近，不复前往伊犁，其价值应行酌减。再预备赏给之缎布茶叶，均请照伊犁之例。报闻。

（《清高宗实录》卷723　页1058）

和阗所征赋金不必折收布匹

清乾隆朝满文寄信档。乾隆二十九年（1764）十二月十七日，大学士、领侍卫内大臣、忠勇公，协办大学士、领侍卫内大臣、武毅谋勇公奉上谕，字寄总管伊犁等处地方将军明瑞、参赞大臣等和阗所征赋金不必折收布匹。谕曰："绰克托等奏，哈萨克额尔类等遣爱托和卓等前来，恳请入觐请安，进贡马匹，并告称请将布鲁特等，三次抢掠其游牧之处代为转奏。遂诘问爱托和卓云：此系尔等一面之词，未足深信，俟遣人前往布鲁特查询，如若抢掠之情属实，此有上万大军，加以惩办，何难之有？若系尔等为彰恭顺捏词编造，岂有不加严办之理？穷诘之下，伊等词穷，禀明布鲁特并未抢掠其游牧，乃掠塔什干是也。此等卑鄙小人，若如其所愿入京，似非体制，仅酌赏绸缎遣回。等语。绰克托等所办用心，甚善。由此看来，前日明瑞等所奏，阿布勒比斯遣人声称巴噶什、巴雅尔斯坦等，掠走卫孙鄂托克八十口，后又掠走千余人，并布鲁特约会阿布勒比斯等，或议和或交战之词，俱不可信。明瑞等当际若亦似此究诘，伊或吐露实情，亦为可定。乃仅以一奏了事，殊属颟顸。著传谕乌鲁木齐、伊犁驻扎大臣等，嗣后，哈萨克等部若有遣大伯克入觐请安者，当予办理入京；若捏词遣派若干卑微小人，无非贪图赏赐耳，若送其进京，必生烦难，著俱照绰克托所行办理。唯诸臣办事常因彼此意见不合而存二心，明瑞若因绰克托如此陈奏，即与之意见不合，一切会商事件，辄存形，则是伊自负造就之恩矣。著并传谕明瑞知之，并黾勉从事。"

（档号：03－130－6－015）

哈萨克阿布勒比斯遣使来呈

乾隆二十九年十二月壬午（五日1764.12.27）又谕（军机大臣等）曰，明瑞等奏，哈萨克阿布勒比斯遣厄鲁特策伯克呈称，布鲁特掠伊所属八十余名口，布鲁特百余人亦为哈萨克所获，今布鲁特遣人与阿布赉、阿布勒比斯约会，须面同理说，今阿布赉等俱往边界，但阿布勒比斯原与额尔德尼相好，或藉口和解，阴相勾通，亦未可定，已行文纳世通等，密查布鲁特等果否实有其事，再为相机办理等语。额尔德尼伯克素非安静之人，近因阿布都喇伊木通信事发，妄生疑惧，业经办给敕谕，续据纳世通奏，所遣侍卫四十七等

报称，额尔德尼伯克情形，尚属恭顺，又谕将往返情节，确查具奏。今布鲁特、哈萨克讲和之说，或出于哈萨克等夸张其词，此时宜加意侦探，若果有勾通形迹，必系额尔德尼伯克潜为煽诱，即当乘其不备，先将额尔德尼办理，然此特留心防范之举，不可辄自张皇，恐伊犁兵民等传说惊疑，于事无益，并传谕纳世通等，遵照办理。四十七应亦转回，著将额尔德尼及所属事形，作速奏闻。柏琨亦著一体加意侦探防范。

（《清高宗实录》卷224　页1065—1066）

将来归之厄鲁特策伯克安插伊犁

清乾隆朝满文寄信档。乾隆二十九年（1764）十二月二十七日，大学士、领侍卫内大臣、忠勇公，协办大学士、领侍卫内大臣、武毅谋勇公奉上谕，字寄总管伊犁等处地方将军明瑞等将来归之厄鲁特策伯克安插伊犁。谕曰："明瑞等奏称，哈萨克阿布勒比斯遣使臣，带塔尔巴哈沁鄂托克厄鲁特台吉策伯克，以献皇帝。策伯克及其母女妻子等，俱系生身，恐入京出痘，恳请安插伊犁。伊等将策伯克安置于其厄鲁特原游牧地方之处，已复书阿布勒比斯。策伯克并非大台吉，安插伊犁亦无何妨。俟来年，随阿布勒比斯使臣到京后，将其或安插伊犁，或相机送往乌里雅苏台安插之处，恭候圣旨裁定。等语。明瑞等所见尚未深合机宜，策伯克既诚心来投，即应来京安插；而其不来京城，反请安插伊犁，殊不合体制，明瑞等理应晓示策伯克云：厄鲁特、哈萨克，俱为大皇帝臣仆，居于哈萨克与在伊犁并无区别。今尔若欲安插京城，我等自当代为具奏，尔并不前往，未便代奏等语。明瑞等业经以其所请，已复书阿布勒比斯，亦即作罢。策伯克虽系台吉骨肉，不应安插伊犁，然伊不过塔尔巴哈沁鄂托克之小台吉，安插伊犁，亦无不可。若将其安插伊犁，阿布勒比斯闻知，亦无防范我之心矣。今若将其送往乌里雅苏台安插，阿布勒比斯、策伯克等，反致猜疑。著传谕明瑞，将策伯克不必安插于乌里雅苏台，即在伊犁安插可也。策伯克不过一微末台吉，尚非绰罗斯可比，且在伊犁亦无台吉、奴仆之分。俟策伯克家口到时，一切支给官项及设官之处，俱与伊犁之厄鲁特一例办理，并不以台吉分例相待，则久之自与伊犁之厄鲁特等一体。"

（档号：03-130-6-018）

移驻雅尔官兵起程日期

乾隆三十年（1765）正月癸亥。伊犁将军明瑞等疏奏，移驻雅尔官兵起程日期。明瑞等奏言：臣等前奏塔尔巴噶台驻兵，所有运送什物，及存留乌鲁木齐之项，业经派定。十月二十二日，派索伦、厄鲁特官兵前行。十二月初八日，据报，由奎屯前往，至巴尔楚克、西喇呼鲁苏一路，看得地土平旷，积雪亦厚，可以车辆挽运。又至斋尔山西、沁达兰岭东、哈卜塔克、扎克鄂博路，看得伊犁、乌鲁木齐两处官兵，行走俱便，可以合队。臣绰克托于来年正月初六日，先领满洲、索伦兵起程。臣讷苏悬于初八日，领满洲、绿旗兵护送粮饷、农器等物起程。臣明瑞等于初三日，领索伦兵六百名起程，在中途合队。臣绰克托总统前行，沿途若有越界游牧之哈萨克，即行驱逐。再原议雅尔驻扎官兵，则勒卜什、招摩多等处，仍须巡察。臣明瑞派散秩大臣硕通及侍卫官员，领满洲、索伦、察哈尔、厄鲁特等官兵五百余名，以臣爱隆阿统领，于初一日起程，越阿勒坦额默勒，巡察勒卜什、招摩多一带，前赴雅尔。与臣绰克托合队，查勘原立界址，与作城工。官兵全到后，臣爱隆阿即回伊犁。再臣爱隆阿至雅尔时，即从前勘定之额敏河沿，巴尔楚克、沁达兰三处，安设大卡伦。其沁达兰与博罗塔拉相接之卡伦一处，亦俱酌量安设。俟副都统舒泰至雅尔时，臣讷苏恳遵旨回京。奏入。

（《平定准噶尔方略》续编，卷二十八）

随查投诚布鲁特各部落册籍等

乾隆二十九年十二月己丑（十二日 1765.1.3）又谕（军机大臣等）曰，纳世通奏，准明瑞咨，巴噶什、巴雅尔斯坦之布鲁特抢掠哈萨克人口一事，随查投诚布鲁特各部落册籍，并无来咨名目，恐系传闻等语。昨因明瑞奏，已传谕纳世通，令其加意侦探，虽据称布鲁特等名目未确，但阿布勒比斯呈文，亦有布鲁特抢掠之语，未必非额尔德尼诈称办理边界抢掠事，而暗与哈萨克交通，此则颇有关系。著仍遵前旨，密访确情，不得颟顸了事。又四十七等至玛尔噶朗，查出绿旗兵刘伟，系从前随兆惠在叶尔羌，为额尔德尼属人所获，屡次脱出，俱被伊卡盘获看守等语。玛尔噶朗之人，久经内附，遇内地官兵，理应送回，何敢拘禁看守，著传谕纳世通，于额尔德尼遣使之便，传谕申饬，嗣后再有此等情事，即行重究，刘伟仍准回原营。

（《清高宗实录》卷 724　页 1073—1074）

哈萨克额尔类等遣爱托和卓入觐贡马

乾隆二十九年十二月甲午（十七日 1765.1.8）谕军机大臣等，据绰克托奏称，哈萨克额尔类等遣爱托和卓入觐贡马，并告称布鲁特等三次抢掠游牧，随诘问爱托和卓云，尔等一面情词，未足深信，俟遣人赴布鲁特查询，若果实情，自当明正其罪，若系尔等捏饰，亦当以诬告论，爱托和卓等辞屈，即云所掠系塔什干游牧，此等遇诈之徒，若准其入觐，似非体制，谨酌赏绸缎，酬其马值，送出卡等语。所办甚是。看来明瑞等所奏，阿布勒比斯遣人来告之语，俱不可信，明瑞等若似此穷诘，伊或吐露实情，亦未可定，乃仅以一奏了事，殊属颟顸。著传谕伊犁乌鲁木齐将军大臣等，嗣后哈萨克等，有恳请入觐者，或系苏勒统等大头目，及有奏请要事，仍准其伴送前来，若仅微末回人，希冀赏赉，俱照绰克托所办，饬谕遣回。至大臣等办事，理宜和衷共济，若明瑞因绰克托如此陈奏，即与之意见不合，一切会商事件，辄存形迹，则是伊自负造就之恩矣。并著传谕知之。

（《清高宗实录》卷 725　页 1077）

哈萨克阿布勒比斯遣属人等来见

乾隆二十九年十二月甲辰（二十七日 1765.1.18）伊犁将军明瑞等奏，十一月二十五日，哈萨克阿布勒比斯遣属人察噶赖等四名，带领厄鲁特塔尔巴噶沁鄂拓克台吉策伯克来见，译出托忒字文书云，策伯克于阿布勒比斯父在时，曾为养子，欲来归附，今将伊

身及其幼子，先行送来，其家口俟来年春融续送，但伊母女妻子，俱未出痘，祈于伊犁就近安插，臣等询问策伯克所告相同，察噶赖又云，阿布勒比斯欲遣使入觐，一时不得其人，且畏哈密道远，可否准由乌里雅苏台行走，臣等覆书，准其代奏。查策伯克从前曾蒙恩赏二品顶孔雀翎，但系阿布勒比斯亲信之人，今忽送来伊犁安插，闻策伯克有一女，于今秋同厄鲁特巴朗来投，或哈萨克等疑其内向，因欲脱回，又闻哈萨克等，惧我驻兵塔尔巴哈台，或令策伯克于伊犁安插，可以潜通信息，俱未可定，但看其人尚朴实，亦非大台吉，似可准其安插，伊家口至伊犁时，策伯克仍来京朝觐，臣等暂将伊父子交总管硕通照看，或将伊安插伊犁，或乘伊入觐归途之便，于乌里雅苏台安插之处，伏候训示。谕军机大臣等，明瑞奏称，哈萨克阿布勒比斯，遣人带领厄鲁特台吉策伯克父子来投，请安插伊犁，明瑞等覆书，俟奏闻请旨，如蒙俞允，俟与使人同至京师，或在伊犁，或在乌里雅苏台安插之处，未敢悬定等语。所见尚未甚合机宜，策伯克既诚心来投，岂宜自定安插之地，应晓示云，厄鲁特、哈萨克俱大皇帝臣仆，尔在哈萨克，与在伊犁并无分别，尔欲安插京师，自当代为具奏，今并不前往，未便代奏等语。即赏赉遣回亦可。今既已允其所请，虽厄鲁特旧台吉，不应安插伊犁，然伊不过塔尔巴噶沁之小台吉，尚非绰罗斯可比，即准其安插，亦无不可，若迁移于乌里雅苏台，则显示防范形迹，转起伊等猜疑，且伊犁似策伯克之台吉亦多，来春伊家口到时，一切支给官项，俱与伊犁之厄鲁特一例办理，并不以台吉分例相待，则久之自与众厄鲁特等一体。著传谕明瑞等，遵照办理。

（《清高宗实录》卷725　页1086—1087）

派兵应援乌什情形

乾隆三十年（1765）闰二月丁巳。伊犁将军明瑞疏奏，派兵应援乌什情形。明瑞奏言：二月二十一日未时，准德福将乌什回人作乱，卞塔海领兵往援，知会到臣。查叶尔羌、喀什噶尔、阿克苏等处满洲、索伦兵丁，分管台站，势难一时调集。臣酌量先派精兵五百名，令副都统观音保，即刻起程，由穆素尔岭前行，扬言臣率领大兵随到。若乌什业经平定，即将官兵撤回，臣亦即整齐官兵，相机进止。如一时不能竣事，拟将库贮办理伊犁等处事务大臣之印取出，委派大员办事。臣带将军印，领兵前往乌什。伊犁地方紧要，现在爱隆阿巡查哈萨克边界，未能即回，鄂津亦难独办。惟乌鲁木齐有伍弥泰、五福、李景高三员。臣酌调伍弥泰办理伊犁事务，俟爱隆阿到时，再令接管。

（《平定准噶尔方略》续编，卷二十八）

进剿乌什起程日期

乾隆三十年（1765）闰二月己巳。伊犁将军明瑞疏奏，进剿乌什起程日期。明瑞奏言：臣前遣观音保领兵五百名，先往乌什应援。二月二十五日，闻乌什大臣官兵被害，又闻卞塔海未能即获贼首，臣自应领兵前往。除爱隆阿巡查边界，领兵一千二百名，观音保领兵五百名外，臣随派满洲、索伦、察哈尔兵一千一百余名，阿奇木伯克公木萨愿领回兵二百名，闰二月初四日渡河，初五日起程，由穆素尔岭前往。又派素尼尔图，往迎爱隆阿，如尚未起程，不必使哈萨克等闻知，惟密告知绰克托，即回伊犁驻扎。臣伏思，逆回等闻官兵渐至，或逃入布鲁特等处，自应早为堵截，一面行文德福与纳世通会商，如兵不能分，俟与观音保会商办理。

（《平定准噶尔方略》续编，卷二十八）

官兵移驻雅尔事宜

乾隆三十年正月癸亥（十七日 1765.2.6）伊犁将军明瑞等奏，官兵移驻雅尔，绰克托先领满洲、索伦兵起程，讷苏肯领满洲、绿旗兵护送粮饷农器等项，臣等领索伦兵六百名起程，于中途合队，绰克托总统前行，沿途驱逐越界游牧之哈萨克，并派散秩大臣硕通及侍卫官员，领满洲、索伦、察哈尔、厄鲁特等官兵五百余名，令爱隆阿统领，越阿勒坦额默勒，巡察勒布什、招摩多一带，俟至雅尔时，将前勘定之额敏河沿、巴尔楚克、沁达兰三处，安设大卡座，其沁达兰与博罗搭拉相接卡座，亦酌量安设。报闻。

（《清高宗实录》卷 727　页 9）

乌鲁木齐屯田所缺马匹停止采买

清乾隆朝满文寄信档。乾隆三十年（1765）二月二十二日，大学士、领侍卫内大臣、忠勇公，协办大学士、领侍卫内大臣、果毅公奉上谕，字寄总管伊犁等处地方将军、驻乌鲁木齐办事大臣等彼处屯田所缺马匹停止采买。谕曰："伍弥泰等奏称，明年乌鲁木齐屯田，尚需马六百九十二匹，行文伊犁请给，明瑞等以伊犁马牛不足，俟贸易有余，再行拨送等语，咨复前来。除自巴里坤现有马匹内，选用三百五十四匹外，其余之三百四十匹，拟以每马折价银八两，派员赴乌鲁木齐、辟展购买。等语。所办殊属错谬。乌鲁木齐等处，数年来积贮颇丰，倘屯田马匹稍有缺额，即先将现在马匹，供用屯田，其不敷者，无妨少缓，俟得马赶种，也无不可。且哈萨克贸易马匹，价银仅二三两，今若以银八两购马一匹，则一匹马价即用三四匹之价银。今并无急需之项，尚不必以如此高价购买。再，其本地尚有马七百余匹，又由巴里坤调取三百五十匹，不足之数，仅三百余匹，数目不甚多。况且，明瑞既已行文，俟贸易有余再行拨送，稍为等候，亦无妨。再，适据明瑞奏报，又贸易马牛六百余。此间伊犁地方，已往乌鲁木齐拨送马匹，亦未可定。著将此寄信伍弥泰等，彼处短缺马匹，想必尚未购买，如业经给价，开始采买，其已购马匹，即令留用；若尚未购买，则停止采买，等候伊犁地方拨送。著将此，亦寄谕明瑞等知之。"

（档号：03－131－1－009）

现又查出察哈尔及回人呈献

乾隆三十年二月庚辰（四日 1765.2.23）又谕（军机大臣等）曰，明瑞等奏称，塔尔巴哈台边界居住之哈萨克多罗特拜、库图什，颇能抒诚效力，现又查出察哈尔及回人呈献，似应加以赏赉等语。多罗特拜著加恩赏给四品顶，孔雀翎，库图什赏给六品顶，蓝翎，以示鼓励。

（《清高宗实录》卷 728　页 18）

绰克托疏奏驻兵雅尔日期

乾隆三十年(1765)三月戊戌。参赞大臣绰克托疏奏，驻兵雅尔日期。绰克托奏言：臣于本年正月初六日，带领满洲索伦兵，前往雅尔。讷苏恳于初八日，护送粮饷农器及贸易绸缎，前后起程，日行三四十里，以纾马力。二月初六日，遇哈萨克十余人，带马百余匹，前来贸易。臣令其到塔尔巴噶台时，再行商办。续又有阿布勒比斯所属二十余人，带马百余匹，羊二百余只前来，亦一体晓示。十五日，至尼玛图住宿，看其水草甚好，即休息马匹驻扎。讷苏恳亦于十七日前来。五岱至乌鲁木齐安顿家口，并于十九日至尼玛图。前与将军明瑞约定，派出索伦兵六百名，在巴尔楚克山之西合队，随遣人哨探，适与索伦哨探兵相遇，即令其回报，因沿途雪深数尺，定于闰三月初起程，派绿旗兵二百名，除雪开路，沿途所遇哈萨克等，俱属恭顺。十八日至额敏河，马皆浮渡。又缚木为筏，以渡行李什物。二十六日，行抵雅尔。合计行走五十余日，马匹尚无伤损，且不误耕种之期。臣选择膏腴之地，兴工开垦，量筑城堡，安设卡伦，俟副都统舒泰至雅尔时，再令讷苏恳回京。

(《平定准噶尔方略》续编，卷二十九)

申饬纳世通等办解乌什官兵口粮不当

清乾隆朝满文寄信档。乾隆三十年(1765)三月初四日，大学士、领侍卫内大臣、忠勇公，协办大学士、领侍卫内大臣、果毅公奉上谕，字寄参赞大臣纳世通等申饬办解乌什官兵口粮不当。谕曰："据德福奏，照纳世通调取，已解送六十石口粮，随后又办理一万二千斤口粮面送往接济。又以五人得羊一只，折抵三日口粮计，由阿克苏现有口粮羊内选取分送，令予搭放。等语。乌什城乃回子城中一小城，该地方回子等猝然叛乱，戕害我大臣官兵，对此若不惩办，断然不可。然与内地民人聚众闹事无异，俱擒拿治罪则已，并非为大事。但看伊等陆续所奏，声称剿灭回子、成功云云，实当一大事办理，有此理乎？实属不晓事理。即给官兵解送口粮，亦应酌情办理，多则多办给些，少则通融拨给，亦未尝不可。必以每日每人分给米面多少、几人分羊一只、折抵若干日口粮、按日按人核计者，似同讹取一般。兵丁不可有此心，大臣等岂有引导骄矜之理乎？若果如此，从前征战准噶尔、哈萨克、回子、巴达克山等部时，官兵何其多，口粮又如何供给？如若似此，可行乎？由此看得，德福仍未改在外任职之恶习，殊属不堪入目。纳世通此事所办，不甚妥当。伊将观音保所领兵丁未用以攻取乌什，反派堵截逆贼逃路，又行文阻止明瑞前来，既属不当。观音保系副都统，听其调遣，尚属可也；明瑞系总管伊犁等处地方将军，谅其不会依纳世通所咨行，纳世通又岂能阻止之？伊如此而行，究竟如何考虑？自以为何人？伊等若如此办事，不仅不能爽利蒇事，反犯下大罪。著传谕纳世通、德福，俱严行申饬之。"

(档号:03-131-1-048)

晓谕哈萨克人嗣后不得在额尔齐斯等处游牧

清乾隆朝满文寄信档。乾隆三十年(1765)三月初十日,大学士、领侍卫内大臣、忠勇公,协办大学士、领侍卫内大臣、果毅公奉上谕,字寄总管伊犁等处地方将军明瑞等著晓谕哈萨克人嗣后不得在额尔齐斯等处游牧。谕曰:"据成衮扎布等奏称,莫尼扎布报称,至额尔齐斯、都尔伯勒济等处驱逐哈萨克人等,哈萨克哈尔纠巴图鲁将伊甥厄鲁特沙喇额木根妻子九口、巴尔哈巴图鲁将厄鲁特波罗勒岱妻子六口、沙尔拜将厄鲁特巴朗等献纳,已将献纳之厄鲁特等送察达克、吐伯新(tubsin)之旗与亲人团聚。等情。哈萨克等献纳厄鲁特,例应赏赉。若照例赏赉,伊等不知惩戒,将渐次阑入,臣等惟当示威驱逐。若应赏赉,请传谕伊犁将军等赏给。等语。哈萨克等无知,贪得无厌,现于额尔齐斯等处游牧,方且严行驱逐,若由乌里雅苏台赏赉,伊等将益启侥幸之心,成衮扎布等所见甚是。著寄谕明瑞晓示哈萨克来人云:汝哈尔纠巴图鲁等,向我乌梁海办事大臣,献纳厄鲁特人沙喇额木根等,乌里雅苏台将军大臣等,已移咨前来,汝哈萨克等往日献纳厄鲁特人口时,大皇帝均加恩赏赉。但此等事,往日均于我处办理,乌里雅苏台将军大臣等不与闻。今尔等如此献纳厄鲁特人口,已有谕旨,令此处奖赏尔等。但嗣后不可在额尔齐斯等处游牧。再若游牧,乌里雅苏台将军大臣等,必行驱逐,于尔无益。等语晓示后,著将赏项交哈萨克来人带回。并寄谕成衮扎布等知之。"

(档号:03-131-1-055)

将驱逐哈萨克人之莫尼扎布等酌情赏赉

清乾隆朝满文寄信档。乾隆三十年(1765)三月初十日,大学士、领侍卫内大臣、忠勇公,协办大学士、领侍卫内大臣、果毅公奉上谕,字寄定边左副将军成衮扎布将驱逐哈萨克人之莫尼扎布等酌情赏赉。谕曰:"据成衮扎布等奏称,莫尼扎布至额尔齐斯、都尔伯勒济等处,驱逐内阑之哈萨克哈尔纠巴图鲁等人至远处。又闻乌梁海总管硕保旗下阿柴之家奴浩尔禅、都伯类逃往哈萨克,莫尼扎布交付哈萨克擒拿,未能拿获,故遣伊子车伯克扎布等往拿。车伯克扎布径往哈萨克额勒格勒德家中,拿获两逃犯。等语。莫尼扎布至额尔齐斯等处,将哈萨克驱逐至远处,且又闻乌梁海人逃脱,即遣伊子往拿,所办甚好,实属奋勉。伊子车伯克扎布遵循交付,即将逃犯拿解而回,亦甚是可嘉,俱应施恩赏赉。著寄谕成衮扎布等,该莫尼扎布及其子车伯克扎布,均酌情赏赉,并将朕施恩之处晓谕伊等。"

(档号:03-131-1-056)

将哈萨克等所交额鲁特及来投额鲁特分别拨入额鲁特察哈尔营安置

乾隆三十年(1765)三月十二日。此次奴才巡边之时,哈萨克台吉沙尼雅斯、兄长哈巴木拜、崇爱等遣人进献伯勒克马三匹,前来拜见之奈曼、卫逊、查帕拉什等鄂托克之哈萨克阿塔海、鄂罗木拜、胡拉木拜、沙拉等进献伯勒克马四匹,奴才将此收纳,并回赏伊等八庹尚好闪缎半匹、蟒缎一匹、八庹金线缎半匹、片金缎四匹。又因哈萨克巴拉克

拜、翁古尔、胡拉木拜、博浑、沙拉、托霍沙坦、老妇默黑等自愿将其所有额鲁特男、妇、婴孩十八口、喇嘛一人献给皇上，并将额鲁特等所有牲畜一并交来。奴才赏给伊等八庹素花缎半匹、片金缎一匹、小莽缎一匹、白绸一匹、衣里绸五匹，以示奖励。除所收七匹伯勒克马拨入官厂牧放备用外。哈萨克等所交额鲁特男十口、喇嘛一人、妇四口、男孩三口、女孩一口，共十九口。其中喇嘛一人安置于兴教寺，所余男、妇、婴孩十八口，及沿途陆续收留之由哈萨克来投额鲁特男三十七口、妇四十三口、男孩四口、女孩二口，共男、妇、婴孩一百零四口，分别归入额鲁特、察哈尔昂吉安置。为此谨具奏闻。乾隆三十年四月初二日奉朱批：知道了。钦此。

（《军机处满文录副奏折》2134—5）

乌鲁木齐屯田尚需马六百余

乾隆三十年二月戊戌（二十二日 1765.3.13）谕军机大臣等，伍弥泰等奏称，乌鲁木齐屯田，尚需马六百九十二匹，行文伊犁请给，经明瑞等以伊犁现亦需用，俟贸易有余再行拨送，拟派员购买，每匹估给价银八两等语。办理殊属错谬。乌鲁木齐等处，数年来积贮颇丰，倘屯田马匹稍有缺额，即先将现在马匹供用，其不敷者，亦无妨少缓，且哈萨克贸易马匹才值银二三两，今以银八两购马一匹，顿增三四倍矣。著传谕伍弥泰，所购马匹如业经给价则已，否则毋庸购买。并传谕明瑞等知之。

（《清高宗实录》卷 729　页 28—29）

申饬德福奏买羊只以备乌什之用事属不当

清乾隆朝满文寄信档。乾隆三十年（1765）三月十六日，大学士、领侍卫内大臣、忠勇公，协办大学士、领侍卫内大臣、果毅公奉上谕，字寄布政使德福申饬奏买羊只以备乌什之用事属不当。谕曰："据德福奏称，阿克苏现有羊只，除以口粮羊只拨解乌什官兵外，仍然不足，现拟向阿克苏经商回子酌情购取以备。等语。适德福奏到，拨解纳世通等口粮羊只一事后，朕即降旨申饬，所办甚不晓事理。即给官兵解送口粮，亦应酌情办理，多则多办给些，少则通融拨给，亦未尝不可。必以每日每人分给米面多少、几人分羊一只、折抵若干日口粮、按日按人核计者，似同讹取一般。兵丁不可有此心，大臣等反开此例，有此理乎？若果如此，从前征战准噶尔、哈萨克、回子、巴达克山等部时，官兵何其多，口粮又如何供给？况彼处兵丁平时不给口粮乎？无非与出差数日无异。今德福又称口粮不足，陆续采买以备，牵混办理，尤属不堪入目。乌什城系一小地方，该城回子突然作乱，虽应惩办，但非属大事，德福竟当大事，为供给官兵口粮，屡次张扬办理，此系何理？且此事有何重要，竟由六百里驰奏，该死！甚是不明事体。著传谕德福，严行申饬之。"

（档号：03－131－1－064）

明瑞等将雅尔驻军后与哈萨克贸易之事议定具奏

清乾隆朝满文寄信档。乾隆三十年（1765）三月二十五日，大学士、领侍卫内大臣、忠勇公,协办大学士、领侍卫内大臣、果毅公奉上谕,字寄总管伊犁等处地方将军明瑞等将雅尔驻军后与哈萨克贸易之事议定具奏。谕曰:“前议雅尔驻扎官兵后,哈萨克等有小商贩前来,准其贸易,至大商,则令赴伊犁。乃因雅尔地方,距哈萨克甚近,伊等若就近在雅尔贸易,伊犁贸易则减少。但哈萨克等,俱系昏庸之辈,一处准其贸易,一处又不准贸易,如同禁止伊等贸易,以致不来,亦难预料。于事无甚裨益。今雅尔既然派驻官兵、则马匹牲只在所必需。今惟增我物价,减其马匹牲只价值,以雅尔距尔近,距我远,运送多费,故而此处价高为词,听其自愿。伊等若愿以低价于伊犁贸易,则准其赴伊犁;若图近便,愿将其马匹低价卖我,亦可与其贸易。俟马匹多后,解送伊犁亦易。如此,不惟我雅尔官兵,得马便利,伊犁之贸易,亦无妨碍。著将此寄谕爱隆阿、绰克托,将雅尔地方与哈萨克贸易如何有益之处,会同明瑞定议具奏。”

(档号:03-131-1-078)

莫尼扎布之子缉获逃犯著予赏赉

清乾隆朝满文寄信档。乾隆三十年(1765)三月二十六日,大学士、领侍卫内大臣、忠勇公,协办大学士、领侍卫内大臣、果毅公奉上谕,字寄定边左副将军成衮扎布等莫尼扎布之子缉获逃犯著予赏赉。谕曰:“据成衮扎布等奏称,莫尼扎布之子车伯克扎布、乌梁海骁骑校杜棱等,当差奋勉,将逃犯浩尔沁等,即行拿获解来。是否可照从前赏赐之例,赏赉绸缎布疋等物。等语。先成衮扎布等奏到莫尼扎布驱逐哈萨克,并派其子车伯克扎布,拿获乌梁海逃犯浩尔沁等事后,朕即降旨,莫尼扎布将哈萨克等驱逐远处,又派其子车伯克扎布,将脱逃之两乌梁海当即拿获,甚属可嘉,著交付成衮扎布等,酌情奖赏莫尼扎布,及其子车伯克扎布等。著将此寄谕成衮扎布等,即照朕前降谕旨,酌情赏赉,以示鼓励。”

(档号:03-131-1-079)

爱隆阿疏奏巡查边界情形

乾隆三十年(1765)四月丁未。参赞大臣爱隆阿疏奏巡查边界情形。爱隆阿奏言:臣于正月初一日,领兵自伊犁起程,过阿勒坦额默勒,驱逐越界游牧之哈萨克等。查自哈喇哲克德,至勒卜什毕什罕、招摩多,俱间有偷越游牧者。臣派出侍卫官兵,严行驱逐,哈萨克等俱惊惧迁移。臣领兵尾随出境。闰二月二十六日,行至雅尔,绰克托、五岱、讷苏恳亦俱相会,将前次标识之屯田筑城处所,逐一指给。又派卡伦兵九十名,于二十七日起程,照原奏安设。臣于三月初十日,回至伊犁。

(《平定准噶尔方略》续编,卷三十)

遣观音保领兵先往乌什应援

乾隆三十年闰二月己巳(二十四日 1765.4.13)明瑞又奏,前遣观音保领兵先往乌什应援,二月二十五,闻乌什大臣被害,卞塔海未能即获贼首,臣应领兵前往,除爱隆阿巡边所领兵一千二百名,观音保赴援兵五百名外,臣派满洲、索伦、察哈尔共兵一千一百余名,与阿奇木伯克公茂萨领回兵二百名,于闰二月初五起程,又派素尼尔图往迎爱隆阿,如未起程,不必令哈萨克等闻知,惟密告绰克托即回伊犁驻扎。又现在官兵渐集,恐逆回闻风逃入布鲁特等处,已行文德福,与纳世通会商堵截,如兵不能分,俟观音保到日商办。报闻。

(《清高宗实录》卷731　页50—51)

将哈萨克送来额鲁特人编入察哈尔额鲁特营安置

乾隆三十年(1765)四月十八日。随同卓齐等护送策伯克家眷牲畜之哈萨克额曾克勒迪、额勒沙喇,将其所有巴什泰、托里二户额鲁特大小共九口,及额鲁特人等之些许牲畜,呈请一并进献皇上。奴才等加以夸奖,每人赏妆缎一匹外,将额鲁特巴什泰、托里等拨入察哈尔、额鲁特昂吉安置。为此谨具奏闻。乾隆三十年五月初九日奉朱批:知道了。钦此。

(《军机处满文录副奏折》2139—37.2)

陆续来投额鲁特人分别拨入察哈尔额鲁特营安置

乾隆三十(1765)年四月十八日。奴才爱隆阿、伍弥泰谨奏:为奏闻事。自本年正月至三月底,春季由哈萨克陆续来投额鲁特男、妇、婴孩四十四口,再前来贸易之哈萨克等自愿交出额鲁特男、妇、婴孩八口,奴才爱隆阿前往巡边途中相继投到奴才营下之额鲁特男、妇一百零三口,又由喀什噶尔送来自布鲁特来投额鲁特男丁六口,从阿克苏迁至伊犁之回子内有额鲁特血统男三口,由绰克托处交卡伦送来自哈萨克来投额鲁特内,在伊犁有亲戚自愿前来居往之额鲁特男、妇十六口,以上共有额鲁特男、妇,婴孩大小一百八十口,伊等抵达后,均照例拨入察哈尔、额鲁特昂吉安置。此外,又投入奴才爱隆阿营下之额鲁特二名,一名罗卜藏沙拉布、一名塔布齐萨木布,原均系喇嘛,现仍请求当喇嘛。故奴才等将伊等交给堪布喇嘛罗卜藏阿拉木巴济木巴,与本地喇嘛共同居住。为此谨具奏闻。乾隆三十年五月初八日奉朱批:知道了。钦此。

(《军机处满文录副奏折》2139—23)

驱逐哈萨克越界游牧人

乾隆三十年三月乙酉(十日 1765.4.29)谕军机大臣等,据成衮扎布等奏称,莫尼扎布至额尔齐斯、都尔伯勒济等处,驱逐哈萨克游牧人等,哈萨克哈尔纠巴图鲁将伊甥厄鲁特沙喇额木根妻子九口,巴尔哈巴图鲁将厄鲁特波罗勒岱妻子六口,沙尔拜将厄鲁特巴朗等献纳,例应赏赉,但伊等渐次阑入内地,臣等惟当示威驱逐,应赏之项,请传谕伊犁将军等赏给等语。哈萨克等无知,现于额尔齐斯等处游牧,方且严行驱逐,若由乌里雅苏台赏赉,伊等将益启侥幸之心,成衮扎布等所见甚是。著传谕明瑞,晓示哈萨克来人云,汝哈尔纠巴图鲁等献纳厄鲁特人口,乌里雅苏台将军大臣等已移咨前来,汝哈萨克等往日献纳厄鲁特人口时,大皇帝均加恩,令于此处赏赉,乌里雅苏台将军大臣等不与闻,今已有谕旨,令此处奖赏尔等,嗣后不可在额尔济斯等处游牧,如游牧时,乌里雅苏台将军大臣等必行驱逐,于尔无益。晓示后,将赏项交哈萨克来人带回,并传谕成衮扎布等知之。

(《清高宗实录》卷732　页60)

哈萨克等小商贩前来雅尔贸易

乾隆三十年三月辛丑(二十六日1765.5.15)又谕(军机大臣等),前议雅尔驻兵,哈萨克等有小商贩前来,准其贸易,至大商则令前赴伊犁,特恐伊等因雅尔贸易近便,遂不复前往伊犁,但哈萨克等若以同一商贩而区分大小,未免妄生揣度,且雅尔既驻官兵,则马匹牲只在所必需,惟减其价值,以运送多费为词,听其情愿与否,即将来马匹牲只较多,亦可陆续解送伊犁。著传谕绰克托、爱隆阿等,将雅尔贸易情形会同明瑞定议具奏。

(《清高宗实录》卷733　页73)

哈萨克使臣鄂托尔齐等入觐

乾隆三十年四月辛未(二十六日1765.6.14)哈萨克使臣鄂托尔齐等入觐,上御勤政殿召见,随幸同乐园赐食。

(《清高宗实录》卷735　页94)

塔尔巴哈台领队大臣派人接济锡伯军民

“乾隆三十年(1765)六月十六日。奴才讷苏肯、乌代谨奏:为奏闻事。窃本年五月二十九日,奴才等查察哈尔,厄鲁特牧场孳生羊只岳具奏事项内,曾奏请二十八年所收孳生羊羔,至本年俱已长成,除将堪以孳生者选入孳生数额外,余羊三千四百二十一只,前易取公羊九百四十八只及原孳生羊只内选出之年老不怀胎之羊三百只,共四千六百六十九只。将其中四千六百二十六只得给兵丁作为一个半月口粮,余羊四十三只,仍交察哈尔、厄鲁特等妥善牧放,以备拨用等因。六月初六日,据伊犁参赞大臣爱隆阿咨称:顷据管带携眷锡伯兵前来之协领阿穆呼郎、噶尔赛报弥,我等所带一千名锡伯兵及其家口,自乌里雅苏台带四个月口粮、一个月茶叶前来时,桃汛上涨,数河俱溢,水深流急,不能行走,连日宿住,等水稍退。并穿绕科齐斯山而行,多受困数日。兵丁所剩口粮,只足余月之食。今我等兵丁均将经过霍博克赛里、察罕鄂博、额敏、巴尔鲁克、博罗塔拉等路,请借给我等一个月口粮,派人接济等因呈报前来。查伊为河水所堵,宛转而行,口粮稍缺,报请派人接济一个月口粮,理应酌情筹办接济。为节省驮运牲畜起见,约筹米四百石,迎至蹲尔塔拉等地接济外,请由雅尔地方前易取之哈萨克羊及作为口粮之孳生羊只内酌拨二千只,亦派人迎送,得给伊等作为口粮,调食而来等因前来。奴才窃惟,此项兵均带妻孥而行,途中又被河水阻挡,多误数日,才将口粮稍缺情由呈报伊犁参赞大臣爱隆阿。前奴才等奏请此处现有羊只得给官兵作为口粮,然办理何事,理应视其紧要,权衡利弊。故奴才一面派索伦委参领蒙武哩前往迎接锡伯兵丁,一面派二等侍卫舒敏,令由应作为口粮之四千六百六十九只之羊内,挑选两千只,徐赶往迎,遇到锡伯兵后,即交与管带协领阿穆呼郎、噶尔赛,分给兵丁作为口粮。俟侍卫舒敏将羊只解送返回后,再将得给羊只情形另行奏闻。余羊二千六百六十九只，不足折给此处满洲、索伦、绿营官兵每人一个半月口粮。故奴才等以满洲、索伦官兵每人一个月、绿营官兵每人半个月口粮计，共折给羊二千四百三十只。尚余二百三十九只，请仍交察哈尔、厄鲁特等妥善牧放，以备拨用。将此亦咨行杨应琚。为此谨具奏闻。乾隆三十年七月初九日奉朱批：知道了。钦此。"（译自《军机处满文月折档》）"乾隆三十年七月十七日。再，顷接准爱隆阿为接济携眷移驻伊犁锡伯兵口粮、羊只事咨文后，奴才等当即一面派索伦章京蒙武哩前往迎接，一面派二等侍卫舒敏由应作为口粮羊内挑选二千只，前往接济锡伯兵丁缘由，业已奏闻。旋于六月十二、十五日，索伦章京蒙武哩于珠鲁呼珠、察罕霍吉尔等处迎接锡伯兵，引导而来；侍卫舒敏于六月二十四、二十六日，行至阿勒坦额墨、沙喇乌苏等处，与两队锡伯兵相遇，将二千只羊照数交给管带协领阿穆呼郎、噶尔赛。得给兵丁之处，各自呈报奴才外，舒敏、蒙武哩业于七月初三日回本营。接济羊只情形，亦咨行爱隆阿等。为此谨具奏闻。乾隆三十年八月十一日奉朱批：知道了。钦此。"（译自《军机处满文月折档》）

察哈尔等牧放孳生羊只分给锡伯等兵食用

乾隆三十年（1765）六月十六日。奴才讷苏肯、伍岱谨奏：为奏闻事。本年五月二十九日，奴才等查奏察哈尔、额鲁特等牧放孳生羊只案内称，二十八年收取孳生羊羔，本年均已长成，挑选其堪以孳生羊只列入孳生数目外，其余三千四百二十一只二分羊，连同适才贸易换获九百四十八只公羊、由原孳生羊内选出超龄不育三百只公母羊，共计羊四千六百六十九只二分，凡本地所有侍卫官员人等，每人作为一个半月口粮，拟拨给四千六百二十六只羊。其余四十三只二分羊，仍交付察哈尔、额鲁特等妥善牧放，以备使用。等因具奏。兹于六月初六日，据伊犁参赞大臣爱隆阿咨文内称，顷据管带携眷锡伯兵前来之协领阿穆呼郎、噶尔赛等呈称，我等所带一千名兵及其家眷，自乌里雅苏台领取四个月口粮、一个月茶叶前来时，桃汛上涨，数河俱溢，水深流急，无法行进，连日住宿，等水稍退，并绕行科齐斯山，多受困数日。现我队兵丁之口粮，只足月余之食。今我队兵丁皆由霍布克赛尔、察罕鄂博、额敏、巴尔鲁克、博罗塔拉等路而行，相应请借给我等一个月口粮，派人前来接济。等因，呈报前来。查得，伊等被河水阻滞，绕道而行，口粮稍缺，呈请派人接济一个月口粮，理应酌情筹办接济。为节省驮运牲畜起见，备办四百余石米，迎送到博罗塔拉等地接济外，请由雅尔地方贸易换获哈萨克羊及作为口粮之孳生羊内，酌情动拨二千只，亦派人迎送，分给伊等作为口粮，调剂食用而来。等因前来。奴才窃思，此项兵丁皆携眷而行，且途次又被河水阻滞，多误数日，方将口粮稍缺情由呈报伊犁参赞大臣爱隆阿。适才经奴才等奏请，将此处现有羊只分给官兵作为口粮，然凡事理合视轻重缓急变通办理。是故，奴才一面委派索伦委参领蒙武里按锡伯兵丁行进之路前往迎接外，一面委派二等侍卫舒敏，由作为口粮之四千六百六十九只二分羊内，挑选二千只，徐徐驱赶迎往，遇到锡伯兵丁后，即行明白交付管带协领阿穆呼郎、噶尔赛等,分给兵丁作为口粮。俟侍卫舒敏解送羊只返回后,再另行奏闻分给羊只情形。此外,其余二千六百六十九只二分羊,不敷折给此处满洲、索伦、绿营官兵每人各一个月半口粮,相应奴才等按其足数,折给满洲、索伦官兵每人各一个月口粮、绿营官兵每人各半个月口粮,共分给二千四百三十只羊,尚余二百三十九只二分羊,仍交给察哈尔、额鲁特等妥善牧放,以备使用。将此,亦咨行杨应琚。为此谨具奏闻。乾隆三十年七月初九日奉朱批:知道了。钦此。

(《军机处满文录副奏折》2148—11)

陆续来投额鲁特人众分别拨往察哈尔额鲁特营安置

乾隆三十年(1765)六月二十六日。奴才爱隆阿、伊勒图谨奏:为奏闻事。自本年四月至六月底,夏季陆续由哈萨克来投额鲁特男、妇、婴孩八口,并前来贸易之哈萨克等所交额鲁特男、妇、婴孩十三口,又由雅尔交卡伦送来由哈萨克来投额鲁特内,在伊犁有亲戚自愿前来居住之额鲁特男、妇、婴孩四十一口,以上共有额鲁特男、妇、婴孩大小六十二口,伊等抵达后,均照例拨入察哈尔、额鲁特昂吉安置。为此谨具奏闻。乾隆三十年七月十六日奉朱批:知道了。钦此。

(《军机处满文录副奏折》2149—26)

赐哈萨克阿布赉之敕书

乾隆三十年五月庚寅(十六日 1765.7.3)赐哈萨克阿布赉敕书曰,昨尔所遣恭请朕安之鄂托尔齐等,来京瞻觐朕颜,览汝表文,并据鄂托尔齐口奏,布鲁特带兵入尔哈萨克游牧,戕害多人,掠去牲只无数,仰乞睿鉴等语。前据驻扎伊犁大臣奏称,巡察塔尔巴哈台等处,路过尔哈萨克之鄂罗木拜等,禀称,阿布勒比斯纠合多人,带兵二千余名,将布鲁特人畜抢掠无数,彼此讲和完结。哈萨克、布鲁特俱系仰慕皇风,为朕藩服,朕一视同仁,毫无轩轾,今汝奏称布鲁特侵扰尔哈萨克,然汝之阿布勒比斯带兵二千余名,虏掠布鲁特而回,为我大臣所遇,布鲁特若以尔等入彼游牧虏掠人畜入告,朕将以谁为直耶。看来尔二部彼此抢掠,习以为常,尔等两处游牧系属比邻,理宜彼此和睦,守分安居,互相劫掳,最为恶习,两俱无益。布鲁特掳掠汝等一事,汝使人来后,尔等哈萨克亦将布鲁特抢掠报复,业已讲和完结,嗣后尔等当感激朕恩,恪遵训谕,改革抢掠之习,循分安居,戒除贪图小利之心,则长受朕恩,各享升平之福矣,勉之。此事布鲁特并未入奏,伊即入奏,亦照此旨晓谕,无论何人,朕不偏袒也。外特赐阿布赉蟒缎、文绮若干,尔其祗受朕之恩赐,并赏来使鄂托尔齐三品顶翎,额呼克拜、吐鲁根、摩呼赉、雅尔监博浑五品顶戴,萨噶尔哲尔格齐、萨坦、巴朗、阿达伯克六品顶戴,及前次赏给三品顶翎之玛穆特,五品顶翎之和通额里叶伯克、和屯鄂罗满、图满等十七人,服饰、器用、银两有差。再尔奏请人参等药,俱如所请赏给,尔一并祗领。

(《清高宗实录》卷 737　页 111—112)

成衮扎布将安设卡伦外拓内移两难之情绘图详奏

清乾隆朝满文寄信档。乾隆三十年(1765)七月二十七日,大学士、领侍卫内大臣、忠勇公等奉上谕,字寄定边左副将军成衮扎布将安设卡伦外拓内移两难之情绘图详奏。谕曰:"据成衮扎布等奏称,派公品级敏珠尔多尔济等往查由雅尔拓展之卡伦。据伊等返回告称:经勘查,自杜尔伯特所属之萨克里始,许多农田置于卡伦之外,若欲将现在卡伦拓展外设,则唐努山不便设卡伦,而又置于乌梁海牧场中间;若欲内设,杜尔伯特牧场将被冲没,失却放牧之所,且亦无安设卡伦之处。无奈设于原指定地方。等语。是次安设卡伦之地,原即考虑王车凌乌巴什等生计而议定者,今仍照伊等所定暂设。奴才等于来年春季会同各方查看地方后,其如何办理,适时再定。等语。安设卡伦无非数名官兵,即设于乌梁海、杜尔伯特牧场内,所需地方有限,应无为难之处。安设卡伦之后,卡伦外之农田亦仍可耕种,何以丧失生计。况我安设卡伦,乃为连接雅尔,杜绝哈萨克入内放牧,我二处兵营可通音讯耳。今哈萨克甚是恭顺,我卡伦外耕田,俱无妨碍。今成衮扎布等奏,若将卡伦由现设地方拓展外设,则恰在乌梁海等牧场中间,而若内设,杜尔伯特牧场将被冲没。此或拘泥于卡伦外不能种田耳,甚不明晰。著寄谕成衮扎布等,将安设卡伦何以不能设于牧场内、卡伦外农田何因不能耕种之处详查,绘图奏览。朕意为该设卡伦,则设卡伦,伊等该耕种,则耕种,无须另行设法办理。"

(档号:03-131-2-081)

移驻伊犁锡伯官兵途中倒毙牲畜情形

"乾隆三十年(1765)八月初七日。奴才爱隆阿、伊勒图、伊尔图等谨奏:为请旨事。窃七月二十二日,携眷移驻伊犁之一千名锡伯兵陆续到达伊犁。奴才等亲临查得,兵齐丁多,老幼甚寡,男女老少衣服被褥俱全。所带兵器尚为齐全,途中虽有损坏者,但为数不多,均可修补。又借此之便,令其兵丁演习马、步箭,其中谙练者众。不谙练者稍加训练,均可成为强兵。兹因伊等到来时,已过种田之季,故将伊等仍交护送来前之协领阿穆呼郎、噶尔赛等束管,暂住乌哈里克空城。奴才等不时亲临该城,训练士兵。至于将伊编设牛录、补放官员、如何筹办得给孳生牲畜牧放及指给世居之地、来年令其耕种等事,奴才等前与明瑞、阿桂等咨文议定,迨乌什事宜了解彼等返回后,奴才等顾其永久之利会同商办。是故,俟明瑞、阿桂等返回后,查得,奴才等逐项详议查办,另行具奏。查得,此项兵由原起程处前来时,共拨给马二千匹、牛三千零三十六头。伊等行至乌里雅苏台过冬时,因长途跋涉,牛甚疲瘦竟不能活,又遭瘟疫,共倒毙二千六百余头,仅存四百余头。马虽有二千零九十匹,但疲瘦生癞者有三百余匹,其余马匹内能得力者亦少,锡伯兵之力难以抵达伊犁。故经成衮扎布奏准借给官马五百匹、驼五百峰,并令此项借给马驼至伊犁后照数交还知照奴才等在案。现除伊等前来途中倒毙之牲畜外,抵达伊犁之马二千零一十六匹、驼一百八十峰、牛四百六十九头,其中马一千五百一十六匹,牛四百六十九头皆系伊等应领立业之牲畜,仍留给伊等妥善牧养。由乌里雅苏台借给之马五百匹，非其分内应得牲畜，乃系借给接济者，理应照数收回归入官场。惟此一千名兵现有仅马一千五百余匹，当差操练勉强足用，而来年耕田不敷。总而言之，伊等所需牲畜不敷用时，亦需由官场拨给折价扣银。今将伊等自乌里雅苏台所借应还之马五百匹索性停收，仍交给伊等妥善牧养，以备当差，操练及来年耕田之用。至于应扣马价银，照以前由哈萨克易取发给各部携眷兵丁之马价，每匹折银四两五钱，应折扣银共二千二百五十两。此项银两由伊等每月应领钱粮内扣取。查原借之驼五百峰，现存一百八十六峰。其中因乌里雅苏台至伊犁期间负重远行，腰背磨破、消瘦残疾者甚多。除将此项驼收入官场，严饬牧场官兵妥善牧养外，沿途倒毙之驼三百一十四峰，理应折价，令其赔偿。惟查得，去年首队携眷索伦兵前来时，由乌里雅苏台所借之驼二百五十峰，其中共倒毙一百五十九峰；第二队达斡尔兵由乌里雅苏台所借之驼二百五十峰，其中又倒毙二十四峰。此皆系应赔之项，故经奴才等具奏请旨，蒙皇上优厚之恩，豁免一半，其余一半，过一年后，限期陆续赔偿在案。今此项一千名锡伯兵由乌里雅苏台所借驼内共倒毙三百一十四峰，作何办理，伏乞皇上训示施行。为此谨奏。请旨。乾隆三十年八月二十九日奉朱批：另有旨。钦此。”（译自《军机处满文月折档》）“乾隆三十年八月二十九日。上谕：爱隆阿等奏由乌里雅苏台借给携眷移驻伊犁一千名锡伯兵之马五百匹、驼五百峰内，免收其马匹，以备来年耕田等事之用，每马折银四两，由其钱粮内扣取；其倒毙之驼三百一十四峰，可否依照去年携眷索伦兵偿还骆驼之例，豁免一半，请旨一折。将此著照爱隆阿等奏，除免收由乌里雅苏台借给锡伯兵马匹折价扣取外，应赔倒毙之驼，施恩照去年携眷索伦兵偿还骆驼之例，豁免一半。其余一半，过一年后，定期偿还。钦此。”（译自《军机处满文上谕档》）

将乌梁海所盗马匹还给哈萨克

清乾隆朝满文寄信档。乾隆三十年(1765)九月十九日，大学士、领侍卫内大臣、忠勇公等奉上谕，字寄驻雅尔办事副都统讷苏肯著将乌梁海所盗马匹还给哈萨克。谕曰：“据讷苏肯等奏称，乌梁海男丁萨音伯尔克等四人，盗取哈萨克马二十七匹，被乌里雅苏图卡伦章京拿获解来。伊等审明即行拟罪，恐原籍另有偷盗事件及命案，故将萨音伯尔克等交付成衮扎布处派来续设卡伦之协理台吉固木布，解送成衮扎布处审办，其所盗马匹放入官牧。等语。讷苏肯等将萨音伯尔克等解送成衮扎布处甚是。哈萨克等归顺以来，甚是恭顺，且伊等商人不时前来，将该马匹收留官牧后，哈萨克等不知情，反误以为我窝藏马匹。数匹马又何稀罕，理应给还伊等。著寄谕讷苏肯等，将萨音伯尔克等所盗二十七匹马仍就给还。并告知哈萨克等：该马匹系尔等属人不慎被乌梁海等盗取之马匹，本不应交还尔等，但尔等归顺大圣主教化以来，甚是恭顺，故方查出还回尔等。今因查获方能归还，若未查获，尔等岂不白白丢失。嗣后尔等好生留意，若因是次侥幸而一再谎报丢失马匹，向我请恩，则断然不可。等语晓谕后，还回马匹。”

（档号:03－131－3－028）

陆续来投额鲁特分别拨给察哈尔额鲁特营安置

乾隆三十年(1765)十月初一日。奴才爱隆阿、伊勒图、乌勒登谨奏:为奏闻事。自本年七月至九月底,秋季陆续由哈萨克、布鲁特来投额鲁特男、妇二十三口,前来贸易之哈萨克等送交额鲁特男、妇、婴孩四口,又奴才乌勒登从乌里雅苏台带来之由哈萨克逃出额鲁特男三口,沿途收留投进军营之额鲁特男三口,又由雅尔交卡伦送来由哈萨克来投额鲁特内,在伊犁有亲戚自愿前来居住之额鲁特男、妇、婴孩七十一口。以上额鲁特男、妇、婴孩共一百零四口,伊等抵达后,均拨入察哈尔、额鲁特昂吉安置。为此谨具奏闻。乾隆三十年十月十四日奉朱批:知道了。钦此。

(《军机处满文录副奏折》2163—6)

嗣后禁止哈萨克前往回地贸易

清乾隆朝满文寄信档。乾隆三十年(1765)十一月初二日,大学士、领侍卫内大臣、忠勇公等奉上谕,字寄总管伊犁等处地方将军明瑞等著嗣后禁止哈萨克前往回地贸易。谕曰:"据柏琨奏称,阿布勒比斯闻乌什事竣,特差哈萨克泌德睦尔同齐里克齐之弟海林达尔,前至喀什噶尔进献马匹。又告称阿布勒比斯、齐里克齐相互和睦,阿布勒比斯娶齐里克齐侄女为妻。等语。前永贵等奏到哈萨克阿布赉差人进马,其携来贸易马匹,准令贸易后遣回。等语,朕即降旨曰:哈萨克前往喀什噶尔等地方贸易,必途经回子、布鲁特地方,不免有偷盗之事。且哈萨克等在伊犁、乌鲁木齐贸易时,马价极贱,今若令在回地贸易,则回子、哈萨克俱系图利小人,回子购买哈萨克马匹必图侥幸,而哈萨克又图高价不时前来,我伊犁、乌鲁木齐贸易必将受阻。嗣后,哈萨克等若带马至回地贸易,应严禁回众私买,俱须官为经理,较伊犁、乌鲁木齐多减价值购买,不可稍令侥幸。仍晓谕伊等,尔等哈萨克马匹于回地并无用处,嗣后仍应去伊犁、乌鲁木齐贸易,来此无益。云云。今阿布勒比斯与齐里克齐和好,差人进献马匹,由此看得,哈萨克等进而试探,嗣后又带马匹至回地贸易,亦难预料。今我于伊犁、乌鲁木齐俱与哈萨克贸易马匹,于雅尔地方现亦与之贸易,再于回地与伊等贸易,尤为不可。将此著寄谕柏琨,嗣后,哈萨克等若带马匹前来贸易,即遵朕前旨办理,断不可令伊等惟图侥幸常来回地,而阻滞我伊犁、乌鲁木齐等处之贸易。再哈萨克等派人禀告请安、进献马匹等事,有伊犁将军,理应遣使去伊犁将军处,不应派人去喀什噶尔等大臣处。阿布勒比斯为乌什一事来进马匹,柏琨本应驳回。将此一并寄谕柏琨,嗣后哈萨克等再若遣人来禀请安、进献马匹事,即晓谕伊等曰:现在回疆诸务,俱归伊犁将军统辖,尔等有事俱应去伊犁将军处,此处断难接办。晓谕后即令返回。将此一并寄谕永贵等,通谕各回城驻扎大臣外,并谕伊犁将军等知之。"

(档号:03－131－3－039)

差领队大臣富虎前往办理巡界事

清乾隆朝满文寄信档。乾隆三十年(1765)十一月二十日,大学士、领侍卫内大臣、忠勇公等奉上谕,字寄总管伊犁等处地方将军明瑞等著差领队大臣富虎前往办理巡界等事。谕曰:"顷据爱隆阿等奏称,由伊犁携眷兵丁内,选四百人,派伊勒图率领往查阿勒坦额墨尔直至勒布什地方。等语。巡查地方驱逐越界放牧之哈萨克等,尚需派遣老成练达之人,于事有益。伊勒图历事不多,且不通清语,跟随将军大臣等充数而已。令伊率兵前去,索伦、厄鲁特等甚难心服,反被伊等讥笑,且哈萨克等见之,必误以为系汉人也,又有何益?此或因爱隆阿署理将军印务,手下无人派伊前往耳。今派富虎为领队大臣前往。富虎才技优长,且曾军前效力,堪任此等差遣。富虎抵达伊犁后,凡巡查地方率兵事宜派伊即可。将此寄谕明瑞等知之。"

(档号:03-131-3-046)

将伍岱擒获越境哈萨克一事彻查具奏

清乾隆朝满文寄信档。乾隆三十年(1765)十二月初五日,大学士、领侍卫内大臣、忠勇公等奉上谕,字寄总管伊犁等处地方将军明瑞等著将伍岱擒获越境哈萨克一事彻查具奏。谕曰:"据明瑞等奏称,前伍岱率兵驱逐哈萨克时,闻哈萨克霍集伯尔根带兵千名,越境居住,谓此少许兵丁,有何畏惧,伍岱遂率兵,将霍集伯尔根等获擒,罚其牲只,复将众哈萨克牲只一并收取。此之所办虽是,但哈萨克等甚是恭顺,若霍集伯尔根果真恃强带兵越境居住,不得仅恐吓驱赶完事,宜送伊犁审明具奏请旨。若非恃强内徙,仅系微末哈萨克等假借其名妄言,则与其无关,理应将肆意妄言之人及率先越境游牧者擒拿治罪,将其余愚昧之人远驱可也。今伍岱将众哈萨克牲只一并收取,恐招哈萨克等怨恨。已行文安泰等将所收牲只,好生牧放,将妄言之哈萨克查明。等语。前据安泰等奏称,伍岱率五十兵丁,前去驱赶内徙放牧之哈萨克等,闻霍集伯尔根恃强率兵千名,越境来放牧,伍岱遂将霍集伯尔根等擒拿,收取其牲只。霍集伯尔根等甚是恐惧,叩首请命,痛加训饬遣回。朕以伍岱办理妥协可嘉,已交部议叙,并赏去大缎。今览伊等所奏,似觉伍岱多事。近来办事之人,过于姑息者多,过于勇往者尚少,然亦有以区区劳绩,张大其词者。如霍集伯尔根果系恃强内徙,必备兵居住,断不会束手就擒,支吾其辞。若果有此等情形,伍岱乘其不备前往擒获,收取牲只,甚合机宜,理应如此办理。若霍集伯尔根仅率一千户人阑入散居,伍岱直往其居住之地擒拿,其亦不过阑入游牧,非有他意,伍岱轻易擒获,亦无不可,若伍岱并未亲自前往,将伊诱骗唤来擒获,则是邀功妄奏,其罪难免。此事务必彻底查明,始可定其功罪。前朕降旨令阿桂前赴雅尔更换安泰来京,谅安泰此时尚未起程。著寄谕阿桂、安泰,将此事彻底查明,据实奏闻。俟此事查明后,安泰再遵朕前降旨由伊犁来京。将此并谕明瑞知之。"

(档号:03-131-3-054)

阿布勒比斯闻乌什事竣前来进马

乾隆三十年十一月壬申(一日 1765.12.12)谕军机大臣等,据柏琨奏,阿布勒比斯闻乌什事竣,差哈萨克沁德睦尔,同齐里克齐之弟海林达尔,前至喀什噶尔进献马匹。

前因哈萨克阿布赉差人进马，所带余马在喀什噶尔等处贸易，曾传谕永贵，哈萨克等在乌鲁木齐贸易时，马价极贱，若在回疆贸易，于乌鲁木齐马价有碍，嗣后哈萨克带马至回地，严禁回众私买，须官为经理，较伊犁、乌鲁木齐多减价值，丝毫不令多得，仍晓谕伊等赴伊犁、乌鲁木齐贸易。今阿布勒比斯等差人进献马匹，若复在回地贸易，柏琨即遵朕前旨办理，并晓谕伊等，现在回疆诸务，俱系伊犁将军统辖，此处断难接办。将此传谕柏琨及各回城驻扎大臣，并伊犁将军知之。

（《清高宗实录》卷748　页227）

陆续来投额鲁特分别拨往察哈尔额鲁特营安置

乾隆三十年(1765)十二月十二日。奴才明瑞、阿桂、爱隆阿、乌勒登谨奏：为汇奏闻事。自本年十月至十二月底，冬季陆续由哈萨克来投额鲁特男女大小共三十三口，奴才等于伊等抵达后，照例拨入察哈尔、额鲁特昂吉安置。为此谨具奏闻。乾隆三十一年正月初七日奉朱批：知道了。钦此。

（《军机处满文录副奏折》2175—11）

严禁官兵等私与哈萨克贸易

清乾隆朝满文寄信档。乾隆三十年(1765)十二月二十五日，大学士、领侍卫内大臣、忠勇公等奉上谕，字寄驻雅尔办事、内大臣、都统阿桂等著严禁官兵等私与哈萨克贸易。谕曰："据安泰奏称，官兵所缺马匹，官为定价向哈萨克买给，于所领盐菜银坐扣。等语。所奏尚属可行。惟官兵所缺马匹，如此官为办理可也，若官兵属下人等私自廉价交易马匹，则断然不可。顷据成衮扎布等奏称，索果克等卡伦之人与哈萨克贸易马匹等物。此奏到后，朕降旨交军机大臣等会议，以我方若任官兵私与哈萨克贸易马匹等物，恐易滋盗窃之事，且私买价贱，官购价昂，亦为哈萨克所笑，特令严禁，一经拿获，从重治罪。应交庆福、雅郎阿详查。等因。俱行文成衮扎布、明瑞、阿桂等。著寄谕阿桂等，现在彼处官兵所缺马匹，即照安泰所奏，官为定价，向哈萨克买给，于所领盐菜银坐扣。若官兵属下人等以官为交易，尚坐扣伊等盐菜银为借口，私行贸易，断然不可。仍照所奏，严禁严查，一旦查获，加倍从重治罪。"

（档号:03－131－3－060）

严禁与哈萨克私换马匹

清乾隆朝满文寄信档。乾隆三十年(1765)十二月二十六日，大学士、领侍卫内大臣、忠勇公等奉上谕，字寄定边左副将军成衮扎布等著严禁与哈萨克私换马匹。谕曰："据成衮扎布等奏称，查办喀尔喀等向哈萨克交易马匹一案，伊子敏珠尔多尔济、扎哈沁公扎木禅，俱曾和哈萨克私换马匹，请将敏珠尔多尔济、扎木禅，及卡伦台吉以及曾任向导之人，均解至科布多，交常福质审。等语。成衮扎布此奏固属秉公。但哈萨克等前来贸易，因路途遥远，以其疲乏马匹，沿途更换，亦常有之事。已往毋庸究办，但嗣后应严行禁止。著寄谕成衮扎布等，将敏珠尔多尔济、扎木禅等俱免解科布多质审，仍晓谕卡座台吉及仆从等，严禁与哈萨克等私换马匹。如有仍前私换马匹者，参奏从重治罪，亦戒众人。”

（档号:03 - 131 - 3 - 061）

哈萨克霍集伯尔根带兵越境居住

乾隆三十年十二月乙巳（四日 1766.1.14）又谕（军机大臣等）曰，明瑞等奏称，哈萨克霍集伯尔根带兵千名，越境居住，伍岱带兵将霍集伯尔根等擒获，罚其牲只，复将众哈萨克牲只一并收取等语。前据安泰奏，霍集伯尔根等恃强内徙，伍岱将伊擒获，收取马匹，霍集伯尔根等恐惧请命，痛加训饬遣回。朕以伍岱办理妥协可嘉，已交部议叙，并赏给大缎。今览明瑞等奏，似觉伍岱多事，近来办事之人，过于姑息者多，过于勇往者常少，然亦有以区区劳绩张大其词者。如霍集伯尔根果系恃强内徙，伍岱乘其不备，前往擒获，收取牲只，甚合机宜，即阑入游牧，非有他意，伍岱将伊擒获，亦无不可，若赚之内徙，擒拿以为己功，则是邀功妄奏，此事务必彻底查明，始可定其功罪。前令阿桂前赴雅尔，更换安泰来京，谅安泰此时尚未起程，著传谕阿桂、安泰，将此事彻底查明，据实奏闻后，安泰再由伊犁来京。并著传谕明瑞等知之。

（《清高宗实录》卷 750　页 254）

奏定察哈尔等营官兵到雅尔换防章程

乾隆三十一年（1766）正月十五日。奴才明瑞、爱隆阿、乌勒登谨奏：为请旨事。奴才等业已具奏，本年派兵赴雅尔换防，因各营兵丁方从乌什军营撤回，马匹皆乏，若冬季妥善牧养，迨至春草返青，方能存活，其中残缺者尚需充补，请于春草萌生时，再派此项兵更换雅尔驻兵。等因在案。此项兵既青草长出后整装前往，相应将按换防例得给之项，酌情议减，具奏请旨。查得，由内地派往塞外各地换防满洲、蒙古等项官兵，在外连同跟役应得给盐菜银及行粮，并由原起程处，官员得给赏俸，兵丁得给整装银、帐房、锅及跟役皮袄等物。本年从伊犁派往雅尔换防官兵，皆由此处各营携眷兵内派出，理应教诲伊等处处节俭穿用等项，且伊犁至雅尔相距不远，驻防一年后，即行更换，不可与内地派驻兵相比。据此，不能墨守内地之例，理合酌减发给。奴才等会同议得，此项派驻各营官兵，除免发所有应得整装项外，仅将在野外及跟役应得盐菜银、行粮一份及食钱粮额鲁特自身应得盐菜银、行粮一份，皆照该营新定之例得给。其本身迄今尚未停食盐菜银之官兵，只补给跟役之份额；不食钱粮之额鲁特，依照月差，得给钱粮。该部新定之例，未列出额鲁特官员应得盐菜银、行粮数额。今已咨部查核，俟送到后，再遵照办理。又查得，此次派驻之兵，皆由诸营各牛录内摊派，每牛录未便均派官员，于起程时，理应另行编设甲喇。请以一百兵为一甲喇，满洲、锡伯兵每一甲喇派佐领以下实职官二员；索伦、察哈尔营官员少，每一甲喇派实职官员一员；额鲁特营内左翼有多余官员，每一甲喇亦派实职官二员；每一甲喇由实职官员内委任参领一员，俾其统兵；有一名实职官员之甲喇，由领催内委任骁骑校一员，协助带兵；除每甲喇委派官员外，届时由总管以下、佐领以上官员内酌派二三员委以营长，统管诸事。此次委任之官，仍按各该原职得给盐菜银、行粮，不必增发委职之份。当派遣时，额鲁特侍卫内若有情愿前往者，亦请酌遣。是否有当，俟命下之日，钦遵办理。再，伊犁各营军马，去年耗于乌什战事外，春季三个月、冬季三个月巡查哈萨克边界两次，皆遇风雪，损伤许多，且在城内兵丁承应之差使亦颇多。伊犁等地九月积雪，异常深厚，平地四尺有余。是以，在各营牧群中，找到雪薄之地得以躲避者幸存，弱而未及躲避者为雪所困，损失甚重。其中，惟察哈尔营驻地尚好，驻防满营、额鲁特营次之，锡伯、索伦、携眷满洲兵马匹大半倒毙。奴才等自十月底回城以来，将被雪所困牧群扒雪迁移，终不能至好地，皆甚疲瘦，察其情形，不易生存。今仍不时降雪。再，索伦人等疾病尚未停止，其他营之人或多或少亦有染病者。是故，应派往雅尔之换防兵一千五百名，俟青草长出后，奴才等再通融办理，或多分队伍相继派往，或稍减数额派往之处，届时与阿桂酌情商办，另行奏闻。为此，一并谨具奏闻。乾隆三十一年二月初九日奉朱批：著军机大臣等议奏。钦此。

（《军机处满文录副奏折》2178—16）

奏派锡伯等官兵到雅尔换防

“乾隆三十一年（1766）正月十五日。奴才明瑞、爱隆阿、乌勒登谨奏：为请旨事。奴才等业已具奏，本年派兵赴雅尔换防，因各部兵丁方从乌什军营撤回，马匹皆乏，若冬季妥善牧养，迨至春草返青，方能存活，其中残缺者尚需充补，请于春草萌生时，再派此项兵更换雅尔驻兵，等因在案。此项兵既青草长出后整装前往，相应按换防例得给之项，酌情议减，具奏请旨。查得，由内地派往塞外各地换防满洲、蒙古等项官兵，在外连同跟役应得给盐菜及行粮，并由原起程处，官员得给赏俸，兵丁得给整装银、帐房、锅及跟役皮袄等物。本年从伊犁派往雅尔换防官兵，皆由此处各部携眷兵内派出，理应教诲伊等处处节俭穿用等项，且伊犁至雅尔相距不远，驻防一年后，即行更换，不可与内地派驻兵丁相比。据此，不能墨守内地之例，理合减发。奴才等会同议得，此项派驻各部官兵，除免发所有应得整装项外，仅将在外连同跟役应得盐菜银，行粮一份及食钱粮厄鲁特自身应得盐菜银、行粮一份，皆照该部新定之例得给。其中，本身迄今仍食盐菜银官兵，只补给跟役之份；不食钱粮之厄鲁特，依照月差，得给钱粮。该部新定之例，未列出厄鲁特官员应得盐菜银、行粮数额。今已咨部查核，俟送到后，再遵照办理。又查得，此次派驻之兵，皆由诸部各牛录内抽派，每牛录未便均派官员，于起程时，理应另行编制。请以一百兵为一甲喇，满洲、锡伯兵每一甲喇派佐领以下实职官二员；索伦、察哈尔昂吉官员少，每一甲喇派实职官员一员；厄鲁特昂吉中，左翼有多余官员，每一甲喇亦派实职官二员；每一甲喇由实职官员内委任参领一员，俾其统兵；有一实职官员之甲喇，由领催内委任骁骑校一员，协助带兵，除每甲喇委派官员外，届时由管以下、佐领以上官员内酌派二、三员委以营长，总统诸事。此等委官，仍按各该原职得给盐菜银、行粮，不必增发委职之份。当派遣时，厄鲁特侍卫内若有情愿前往者，亦请酌遣。是否有当，俟命下之日，钦遵办理。再，伊犁各部军马，去年耗于乌什战事外，春季三个月、冬季三个月巡查哈萨克边界两次，皆遇风雪，损伤许多，且在城兵丁差使倍增。伊犁等地九月积雪，异常深厚，平地四有余。是以，在各部牧群中，找到雪薄之地得以躲避者幸存，弱而未及躲避者为雪所困，损失甚重。其中，惟察哈尔昂吉驻地尚好，驻防满营、厄鲁特昂吉次之，锡伯，索伦、携眷满洲兵马匹大半倒毙。奴才等自十月底回城以来，将被雪所困牧群扒雪迁移，终不能至好地，皆甚疲瘦，察其情形，不易生存。今仍不时降雪。再，索伦人等疾病尚未停止，他部之人或多或少亦有染病者。是故，应派往雅尔换防兵一千五百名；俟青草长出后，奴才等再通融办理，或多分队伍，相继派往，或稍减数额派往之处，届时与阿桂酌情商办，另行奏闻。为此，一并谨具奏闻。乾隆三十一年二月初九日奉朱批：著军机大臣等议奏。钦此。”（译自《军机处满文月折档》）“乾隆三十一年二月二十七日。大学士领侍卫内大臣忠勇公臣傅恒等谨奏：为遵旨议奏事。窃乾隆三十一年二月初九日，将军明瑞等奏由伊犁派往雅尔换防兵丁应得之项，按内地派驻兵丁例减发等情一折，奉朱批：著军机大臣等议奏。钦此。钦遵。该臣等议得，据明瑞等奏称，……等语。查得，原先派满洲、索伦、察哈尔兵驻防伊犁等地时，因路途遥远，一切整装事项繁多，故由原起程处，官员借给俸银，兵丁赏给整装银，并皆得给野外应得盐菜银及行粮。今明瑞等奏，本年伊犁派往雅尔之兵一千五百名，皆由伊犁各部携眷兵内派出，路途不远，不可与内地所派之兵相比，请将官兵应得一切整装之项，悉停发给，连同跟役只发野外应得盐菜银及行粮一份等语。所想尚是，请即照明瑞等所奏办理。……又查所奏派遣此项兵时另行编制，按各昂吉官员之多少派出官员，委官管束等情，均照当地情形办理。是故，请即照明瑞等所奏，每一百兵为一甲喇；满洲、锡伯兵每甲喇派佐领以下实职官二员；索伦、察哈尔昂吉每甲喇派实职官一员；左翼厄鲁特昂吉每甲喇派实职官二员；每一甲喇由实职官员内委任参领一员，俾其统兵，有一实职官员之甲喇，由领催内委任骁骑校一员，协助带兵；由协领以下、佐领以上官员内派出二、三员委任营长，总统诸事。查，原先此等委官，皆按各该委职补发盐菜银及行粮。此次委官，明瑞等奏请免其补发，仍按各该原职发给盐菜银及行粮。是故，亦请照伊等所奏办理。……雅尔驻兵，无非巡查地方，驱逐哈萨克耳。今哈萨克极为恭顺，且雅尔现已驻兵。或稍延期，视马匹成活，派伊等更换，或稍减其数派往，皆无不可。故请交明瑞、阿桂等相互商定，一面筹办派遣，一面奏闻。是否有当，伏乞训示施行。为此谨奏。请旨。乾隆三十一年二月二十七日奏，奉旨：依议。钦此。”（译自《军机处满文议复档》）“乾隆三十一年四月初十日。奴才明瑞、乌勒登谨奏：为奏闻事。顷奴才等奏，本年伊犁派往雅尔换防官兵，悉停照内地之例得给一切整装之项，只发给盐菜银及行粮，并按照兵额酌派官员，俟青草长出后，通融办理，或多编数队陆续派遣，或稍减数额派遣，届时与阿桂商办等因。军机大臣等奉旨议准咨开，雅尔驻兵无非巡查地方，驱逐哈萨克耳。今哈萨克等极为恭顺，且雅尔现已驻兵。或稍延期，视马匹成活，派遣伊等更换，或稍减数额派往，皆无不可。故请交明瑞、阿桂等相互商定，一面筹办派遣，一面奏闻，等因前来。查得，此间奴才等与阿桂相互咨文商定，雅尔地处边界，凡坐卡、往返护送贸易哈萨克等事如间有经历之兵，则于一切事宜皆有裨益。故查问现驻雅尔本年应撤旧队索伦兵内情愿居住者，留二百名。除此二百兵外，由伊犁派兵一千二百名，则距原定数额仅差一百名，足以差遣，遂定伊犁派兵一千二百名。是故，奴才由伊犁各部兵内，满洲兵派六百名；锡伯兵方到，索伦兵去岁遭瘟疫，此两项兵内不能多派，锡伯兵派出一百名，索伦兵派出五十名；左右翼察哈尔两昂吉内每昂吉各派出一百名；左翼厄鲁特昂吉内派出一百名；右翼厄鲁特昂吉内派出一百五十名。通共一千二百名。所需官员，照原奏派出。由佐领以下实职官员内，选其能管束者委任参领十二员。无骁骑校之甲喇由领催，空翎内委任骁骑校，所需营长二员内，满洲协领阿津先前从军，尚能管束，即以阿津委任营长，统辖六百名满洲兵。其余锡伯、索伦、察哈尔、厄鲁特六百名兵所需营长一员，查得察哈尔、厄鲁特官员难以统辖此四项兵，索伦、锡伯昂吉官员皆系新任，不得堪以委任营长之人。管束该四项兵、牧养马匹牲畜之事，攸关紧要，务有经历者，方得稗益。查巴图鲁三等侍卫沙尔呼善，曾经从军，堪以管带伊等，遂令其统帅。又协助沙尔呼善、阿津管束起见，以佐领委参领满洲雅尔呼、厄鲁特赛讷墨库兼任副营长。如此，本处侍卫虽少一人，但有多余厄鲁特侍卫，不致妨碍差使。沙尔呼善所遗之缺，不必奏请另补。当派遣此项一千二百兵时，理合由伊犁委派领队大臣员统辖护送。本处领队大臣等现正教各该昂吉兵丁种田、牧场承办事宜繁多之际，均不能脱身。惟索伦昂吉有奴才乌勒登兼管，该领队大臣俄津尚得闲暇，且俄津经历乌什战事，曾在塔尔巴哈台办事。熟悉统兵之道，俟交接后，钦遵上谕，令其返回。查兵丁需带兵器，在雅尔有将撤满洲、索伦兵应留鸟枪，箭枝。故由伊犁所派之兵一千二百名内，令满洲兵每人各带箭二十枝，凡会使鸟枪之兵皆带鸟枪，锡伯、索伦兵原无鸟枪，每人各带箭二十枝，察哈尔兵二百名内，一百四十四人各带箭二十枝，其余五十六名会使鸟枪兵兼带鸟枪、长枪；厄鲁特兵二百五十名皆带鸟枪、长枪。凡携带鸟枪之兵，每枝鸟枪各带火药十锨及铅弹，以备使用。又查得，前据额依泰等奏准咨称，去年雅尔收获之粮，只能供济彼处九百名满洲、索伦官兵换班前所需行粮及侍卫、官员及六百名绿营兵本年秋收前所需口粮。伊犁派出换防兵麦收前所需行粮，请照去年由伊犁派出索伦换防兵之例，裹带遣来，等因在案。去年由乌鲁木齐、伊犁派往雅尔官兵秋收前所需行粮，皆得给官牛，爬犁装运。今由伊犁派出一千二百名换防兵，量雅尔现有军粮，不可拖延过久，遂于四月初五日始，起程前往。该官兵于本年六月底麦收前应得三个月行粮，因官私驮运牲畜所获无多，奴才等酌情调办，官兵人均得给羊四只，其余皆得给米面。官员之米面，皆令自力驮运。兵丁之米面，视其驮运之力，弱者每人裹带大半四十五斤，其余小半三十斤，交给营长等，用官驼驮运，当接济兵丁时，再行分发。到达后，将前往驮粮之驼，皆收归官场，乘便送回伊犁。为易得水草好地、行走方便起见，将此项兵一千二百名共编五队。六百名锡伯、索伦、察哈尔、厄鲁特兵编为三队，察哈尔兵由其牧场起程，锡伯、索伦、厄鲁特兵于四月初五、六等日起程，由沙尔呼善管带先行。六百名满洲兵编为二队，于初七、八等日起程，由阿津管带后行。领队大臣俄津统率前后两队。并饬交伊犁务必爱惜豢养牲畜，毋致倒毙，而后遣往，将此，业已咨文阿桂等。为此谨具奏闻，乾隆三十一年五月初三日奉朱批：知道了。钦此。”（译自《军机处满文月折档》）

官员所缺马匹向哈萨克购买

乾隆三十年十二月乙丑（二十四日 1766.2.3）谕军机大臣等，据安泰等奏称，官员所缺马匹，官为定价向哈萨克买给，于所领盐菜银坐扣等语。所奏尚属可行，此项马匹若任官兵私与哈萨克贸易，恐滋盗窃之事，且私买价贱，官购价昂，亦为哈萨克所笑。著传谕阿桂等，现在彼处官兵所缺马匹，即照安泰所奏办理，若有私相贸易者，查明从重治罪。

（《清高宗实录》卷751　页267）

喀尔喀等向哈萨克私换马匹案

乾隆三十年十二月丙寅（二十五日 1766.2.4）谕军机大臣等，成衮扎布奏，查办喀尔喀等向哈萨克私换马匹一案，伊子敏珠尔多尔济，扎哈沁公扎木禅，俱曾向哈萨克私换马匹，请交常复质审等语。所奏固属秉公，但从前哈萨克前来贸易，以其疲乏马匹，沿途更换，亦常有之事，已往无庸究办，惟应严行禁止。著传谕成衮扎布等，将敏珠尔多尔济、扎木禅等俱行宽免，仍严行晓谕卡座，台吉及仆从等如有仍前私换马匹者，参奏从重治罪。

（《清高宗实录》卷751　页267）

制定察哈尔等营官兵到雅尔换防章程事宜

乾隆三十一年（1766）二月二十七日。大学士、领侍卫内大、臣忠勇公、臣傅恒等谨奏：为遵旨议奏事。窃乾隆三十一年二月初九日，将军明瑞等奏由伊犁派往雅尔换防兵丁应得之项，按内地派驻兵丁例减发等情一折，奉朱批：著军机大臣等议奏。钦此。钦遵。该臣等议得，据明瑞等奏称，……（见正件明瑞折）等语。查得，原先派满洲、索伦、察哈尔兵驻防伊犁等地时，因路途遥远，一切整装事项繁多，故由原起程处，官员借给俸银，兵丁赏给整装银，并皆得给野外应得盐菜银及行粮。今明瑞等奏，本年伊犁派往雅尔之兵一千五百名，皆由伊犁各营携眷兵内派出，路途不远，不可与内地所派之兵相比，请将官兵应得一切整装之项，悉停发给，连同跟役只发野外应得盐菜银及行粮一份等语。所想尚是，请即照明瑞等所奏办理。又据奏称，食钱粮额鲁特等，照该部新定之例，仅支给其自身盐菜银及行粮一份，而额鲁特官员应得盐菜银及行粮数目，在新定条例内并未列出，俟咨查回文后，再遵照办理。其本身迄今尚未停食钱粮之官兵，只补给跟役之份额；不食钱粮之额鲁特，依照月差，支给钱粮。等语。经臣等查看户部新定条例载，满洲、索伦、察哈尔换防官员，按各自官职之大小，确定其盐菜银及跟役数额外，满洲、索伦、察哈尔换防兵，每人每月支给一两五钱盐菜银，每二人合带一名跟役，每月支给五钱

中国新疆历史文化古籍文献资料译编

盐菜银。惟因额鲁特兵按旧例无跟役，故仅支给其自身盐菜银。等语。伏思，伊犁、雅尔地方皆已成为内地，且满洲、索伦、察哈尔、额鲁特俱系同样之兵，今若各地之兵，均得给跟役份额，而仅额鲁特兵不给，则额鲁特等以为不一视同仁。然而，将伊等派往雅尔后，均一同当差。之所以支给其盐菜银，亦系伊等被派往承应差使之故。因此，又何必区分满洲、索伦、察哈尔、额鲁特，并计其有无钱粮。况且按每二人合给一份跟役之额计，每人每月方得二钱五分银，其数目亦非甚多。故此，请饬令明瑞等，不必区别有钱粮、无钱粮及尚未停食盐菜银之额鲁特，皆照各地兵丁之例支给盐菜银、行粮及跟役之份额。额鲁特兵既然如此办理，相应将额鲁特官员应得盐菜银、行粮，亦不必等候由部裁定办理，即照察哈尔官员之例办理。又据奏称，此项兵起程时，另行编设甲喇，按各营官员之多寡派遣官员，授以委官，以便管束等情。经查，此均照当地情形办理。是故，请即照明瑞等所奏，每一百兵为一甲喇，满洲、锡伯兵每甲喇派佐领以下实职官二员，索伦、察哈尔营每甲喇派实职官一员，左翼额鲁特营每甲喇派实职官二员；每一甲喇由实职官员内委任参领一员，俾其统兵；有一名实职官员之甲喇，由领催内委任骁骑校一员，协助带兵；由协领以下、佐领以上官员内派出二三员委任营长，总统诸事。查得，原先此等委官，皆按各该委任之职，补发盐菜银及行粮。此次委任之官，明瑞等奏请免发其应补之项，仍按各该原职发给盐菜银及行粮。是故亦请照伊等所奏办理。额鲁特侍卫等情愿前往换防，亦系伊等感激皇恩奋勉效力之意，理应许准前往，故请按其所愿派往换防。此项兵丁之派驻，前明瑞等曾奏，于本年返青后派驻。今据明瑞等奏称，伊犁兵丁之马匹，因出征乌什及承应各种官差，损伤许多，而且去年降雪极厚，为雪所困，又损失甚重。加之索伦人等疾病尚未停止，其他营之人亦时有染病。等语。经查得，雅尔驻兵，无非巡查地方，驱逐哈萨克耳。今哈萨克极为恭顺，且雅尔现已驻兵。或稍延期，视马匹成活，派伊等更换，或稍减其数派往，皆无不可。故请交明瑞、阿桂等相互商定，一面筹办派遣，一面奏闻。是否有当，伏乞训示施行。为此谨奏。请旨。乾隆三十一年二月二十七日奏，奉旨：依议。钦此。

（《军机处满文议复档》877—1）

嗣后派通蒙古语经历练之员往查卡伦

清乾隆朝满文寄信档。乾隆三十一年（1766）三月二十一日，大学士、领侍卫内大臣、忠勇公等奉上谕，字寄定边左副将军成衮扎布著嗣后派通蒙古语经历练之员往查卡伦。谕曰：“据常福奏称，伊亲自往查新展卡座，库克扎拉克鄂拓克之博里颜等前来诉称：我马群丢失马八匹，我等追踪进入昭莫托克卡伦内，四处寻找未获，后自卡伦附近河中查获一马皮及腿。遂传卡伦侍卫阿克敦查问，据阿克敦供称：卡伦口粮已断多日，兵丁有杀马而食者。等语。常福此奏甚属含糊，哈萨克博里颜向伊诉告丢失马匹时，即应诘问，务得确证，岂可以伊等所言为据？今我卡伦之人断粮，杀自己马匹而食有何不可？果若当即查明属实，即应将我卡伦之人治罪；如非属实，则应严词驳回，不可任其诬赖。

伊如此含糊办理,在哈萨克等看来,似乎我方偏袒我方之人,任其妄为,令伊等牲畜受损;或畏惧哈萨克等,未敢诘问。此俱因常福未曾经事,不谙哈萨克之秉性所致。此事不得不查明。著寄谕成衮扎布复行查明。若我卡伦之人肆行杀食哈萨克马匹属实,则应治罪示戒,并通谕各卡伦嗣后好生查禁。再,由科布多新展各卡座,特为防止哈萨克入内放牧,以绝偷盗而设。巡查此等蒙古地方,须派通蒙古语、能办事、有历练之人,遇事方能妥善处置,不会为外藩人所讪笑。常福跟随将军大臣等办事,或差往平常地方尚可,此等要差派伊前往,遇入内放牧之哈萨克等,伊不通蒙古语,形同汉人,不仅难以说服外藩之人,反被哈萨克等讪笑。著寄谕成衮扎布,嗣后此等要务,必须派遣通满蒙古语、经历练之人,如常福者,切勿差遣。”

(档号:03-131-4-020)

明瑞等著即赴雅尔彻查哈萨克马畜被抢案

清乾隆朝满文寄信档。乾隆三十一年(1766)三月二十二日,大学士、领侍卫内大臣、忠勇公等奉上谕,字寄总管伊犁等处地方将军明瑞等著即赴雅尔彻查哈萨克马畜被抢案。谕曰:“据常福奏称,伊往查新展卡座,由额尔齐斯河回,库克扎拉克带领众鄂拓克之巴尔哈克巴图鲁巴咱尔呼勒等十余人,来见诉称:伊等哈萨克去岁偶遇大雪,向内移住,有驻扎雅尔之巴图鲁大臣,在伊各马群内,抢掠好马千余匹、羊千余只,并将头人霍集伯尔根,捆绑丢于草内近七日。等语。常福未曾经事,人亦怯懦,偶遇哈萨克,未免畏惧。至哈萨克等所告,亦未必可信。伍岱亦系不可深信之人,从前伊具奏,有哈萨克五百余户,来宰桑诺尔游牧,驱之不去,遂带兵拿获霍集伯尔根,留营三日,严行训饬后放回,向先行入内游牧之们特克等人,罚取马三百九十二匹;又哈萨克等受惊,急行遗下疲瘦颠走马三百二十五匹,一并归入官牧厂。等语。此奏到时,朕曾降旨交安泰查办。今览哈萨克巴咱尔呼勒禀言,向内游牧之哈萨克并未抗拒,而伍岱即将霍集伯尔根擒执,取其羊马数目,虽与伍岱所奏不符,然伍岱擒拿霍集伯尔根、取其羊只则属实。哈萨克等越卡向内牧放,查出时只须遣回,或抗拒不去,即将伊为首之人擒执训饬,若仍不听从,则拿获治罪,亦所应得。断不可藉端骚扰,取其牲只,为其所轻。伍岱前奏全不可信,或伊冒昧邀功,或属下抢掠牲畜,俱未可定。著寄谕明瑞,即赴雅尔会同阿桂,将此事彻底确究。伍岱如有诬奏及纵其属下抢掠哈萨克马匹情弊,即将伍岱参奏治罪。此事审明后,著行文晓示哈萨克阿布赉知之。”

(档号:03-131-4-021)

向哈萨克宣谕查办伊等投诉各情事

清乾隆朝满文寄信档。乾隆三十一年(1766)四月初三日,大学士、领侍卫内大臣、忠勇公等奉上谕,字寄总管伊犁等处地方将军明瑞等著向哈萨克宣谕查办伊等投诉各情事。谕曰:“据阿桂、安泰等奏称,伊等遵旨讯明伍岱监禁哈萨克霍集伯尔根,收其马匹牲只一事,缘伍岱领兵前往驱逐内徙之哈萨克等,因蓝翎库图西(k'utusi)称,霍集伯

尔根拥兵千余，断难驱逐，故将霍集伯尔根唤至监禁，派人率其子詹都拉驱逐哈萨克，凡恭顺听命者，任其迁移，其抗拒者，取其马匹牲只，概行逐去。霍集伯尔根始知惶恐，吁请释放，随即遣去。所办无甚过分。等语。我方于雅尔驻兵，于塔尔巴哈台一带设卡，原以驱逐内徙之哈萨克，逐之不去，自应从重惩治。若恭顺听命，即行迁移，反擒其人，收其马匹牲只，则属过矣。伍岱监禁霍集伯尔根，收其马匹牲只，亦不免图功过当之嫌，朕曾交付阿桂、安泰等详查。后常福奏伊前往巡查卡伦，途遇哈萨克巴喇哈克等，诉称我巴图鲁大臣挑取其马匹牲只，又将霍集伯根捆绑，弃于草中七日。等语，朕即降旨，著明瑞前去雅尔，会同阿桂彻底确究。今览阿桂等所查缘由，伍岱监禁霍集伯尔根，威吓抗拒者，收其马匹牲只尚是，所办并不为过。再加重惩办，多收其马匹牲只，亦俱在理。顷朕既命明瑞前往雅尔，将此著寄谕明瑞，令伊仍然前去雅尔，将现查出各情权当伊之所查，宣谕哈萨克等曰：我雅尔参赞大臣将驱逐尔等内徙之人，监禁霍集伯尔根，使其畏惧遣回等情具奏。后尔等巴喇哈克等遇我乌里雅苏台参赞大臣，其所告之言，与我雅尔参赞大臣奏言不符，我大圣主恐尔等外藩之人遭我雅尔参赞大臣恣扰蒙冤，特遣我来此详查。今据查得，乃因尔等库图西来告霍集伯尔根拥兵千余，难以驱逐，且们特克等人又抗拒不迁，我大臣方将霍集伯尔根监禁，并收们特克等马匹牲只。不仅无委屈伊等可言，尚属侥幸矣。此显系尔巴喇哈克等设言谎报我乌里雅苏台参赞大臣。照我大国之例，此等肆意捏言谎报者，固应拿解治罪，尔等系外藩之人，今大圣主不加追究，均予宽免。嗣后，尔等应于尔界之内安居，以图永享大圣主之恩，切不可再入我卡伦内游牧。倘不悔改，仍有内徙游牧者，一旦被获，断不会如此宽免，必从重惩办。云云。并移咨哈萨克阿布赉等。再安泰另折内奏，伍岱原往设卡伦时，兵丁各携带二十日盘缠，因途次盘缠不足，遂由所收哈萨克马匹羊只内，拨赏兵丁，以为接济，伍岱返回曾经禀告。而安泰并未具奏，故请将伊交部议罪，伍岱免议叙，交部查议。等语。安泰此奏过矣。伍岱尚无罪过，与伊何干？况且兵丁仅携去二十日盘缠，当差四十日，盘缠不足设法接济，乃理所应当。安泰若认为不当，应如何接济才是？或眼见兵丁活活饿死乎？此皆安泰用心太过，转致非也。著安泰、伍岱俱免议处。伍岱，仍照朕旨，交部议叙。”

（档号:03－131－5－001）

派出察哈尔等营官兵到雅尔换防

乾隆三十一年(1766)四月初十日。奴才明瑞、乌勒登谨奏：为奏闻事。顷奴才等奏，本年伊犁派往雅尔换防官兵，悉停照内地之例得给一切整装之项，只发给盐菜银及行粮，并按照兵额酌派官员，俟青草长出后，通融办理，或多编数队陆续派遣，或稍减数额派遣，届时与阿桂商办等因。军机大臣等奉旨议准咨开，雅尔驻兵无非巡查地方，驱逐哈萨克耳。今哈萨克等极为恭顺，且雅尔现已驻兵。或稍延期，视马匹成活，派遣伊等更换，或稍减数额派往，皆无不可。故请交明瑞、阿桂等相互商定，一面筹办派遣，一面奏闻。等因前来。查得，此间奴才等与阿桂相互咨文商定，雅尔地处边界，凡坐卡、往返护送贸易哈萨克等事如问有经历之兵，则于一切事宜皆有裨益。故查问现驻雅尔本年应撤旧队索伦内情愿居住者，留二百名。除此二百兵外，由伊犁派兵一千二百名，则距原定数额仅差一百名，足以差遣，遂定伊犁派兵一千二百名。是故，奴才由伊犁各营兵内，满洲兵派六百名；锡伯兵方到，索伦兵去岁遭瘟疫，此两项兵内不能多派，锡伯兵派出一百名，索伦兵派出五十名；左右翼察哈尔两昂吉各派出一百名；左翼额鲁特昂吉内派出一百名，右翼额鲁特昂吉内派出一百五十名，通共一千二百名。所需官员，照原奏派出。由佐领以下实职官员内，选其能管束者委任参领十二员。无骁骑校之甲喇由领催、空翎内委任骁骑校。所需营长二员。满洲协领阿津先前从军，尚能管束，即以阿津委任营长，统辖六百名满洲兵。其余锡伯、索伦、察哈尔、额鲁特六百名兵所需营长一员，查得察哈尔、额鲁特官员难以统辖此四项兵，索伦、锡伯营官员皆系新任，不得堪以委任营长之人。管束该四项兵、牧养马匹牲畜之事，攸关紧要，务有经历者，方得稗益。查巴图鲁三等侍卫沙尔呼善，曾经从军，堪以管带伊等，遂令其统帅。又为协助沙尔呼善、阿津管束起见，以佐领委任参领之满洲雅尔呼、额鲁特赛讷墨库兼任副营长。如此，本处侍卫虽少一人，但有多余额鲁特侍卫，不致妨碍差使。沙尔呼善所递之缺，不必奏请另补。当派遣此项一千二百兵时，理合由伊犁委派领队大臣一员统辖护送。本处领队大臣等现正教习各该营兵丁种田、牧厂承办事宜繁多之际，均不能脱身。惟索伦营有奴才乌勒登兼管，该领队大臣鄂津尚得闲暇，且鄂津经历乌什战事，曾在塔尔巴哈台办事，熟悉统兵之道，俟交接后，钦遵上谕，令其返回。查兵丁需带兵器，在雅尔有将撤满洲、索伦兵应留鸟枪、箭枝。故由伊犁所派之兵一千二百名内，令满洲兵每人各带箭二十枝，凡会使鸟枪之兵皆带鸟枪；锡伯、索伦兵原无鸟枪，每人各带箭二十枝；察哈尔兵二百名内，一百四十四人各带箭二十枝，其余五十六名会使鸟枪兵兼带鸟枪、长枪；额鲁特兵二百五十名皆带鸟枪、长枪。凡携带鸟枪之兵，每杆鸟枪各带火药十锹及铅弹，以备使用。又查得，前据额依泰等奏准咨称，去年雅尔收获之粮，只能供济彼处九百名满洲、索伦官兵换班前所需行粮及侍卫、官员及六百名绿营兵本年秋收前所需口粮。伊犁派出换防兵麦收前所需行粮，请照去年由伊犁派出索伦换防兵之例，裹带遣来。等因在案。去年由乌鲁木齐、伊犁派往雅尔官兵秋收前所需行粮，皆得给官牛、爬犁装运。今由伊犁派出一千二百名换防兵，量雅尔现有军粮，不可拖延过久，遂于四月初五日始，起程前往。该官兵于本年六月底麦收前应得三个月行粮，因官私驮运牲畜所获无多，奴才等酌情调办，官兵人均得给羊四只，其余皆得给米面。官员之米面，皆令自力驮运。兵丁之米面，视其驮运之力，弱者每人裹带大半四十五斤，其余小半三十斤，交给营长等，用官驼驮运，当接济兵丁时，再行分发。到达后，将驮粮前往之驼，皆收归官场，乘便送回伊犁。为易得水草好地、行走方便起见，将此项一千二百名兵共编五队。六百名锡伯、索伦、察哈尔、额鲁特兵编为三队，察哈尔兵由其牧厂起程，锡伯、索伦、额鲁特兵于四月初五、六等日起程，由沙尔呼善管带先行。六百名满洲兵编为二队，于初七、八等日

起程,由阿津管带后行。领队大臣鄂津统率前后两队。并饬令伊等务必爱惜豢养牲畜,毋致倒毙,而后遣往。将此,业已咨文阿桂等。为此谨具奏闻。乾隆三十一年五月初三日奉朱批:知道了。钦此。

(《军机处满文录副奏折》2186—15)

哈萨克若系内附著安插科布多一带

清乾隆朝满文寄信档。乾隆三十一年(1766)四月十八日,大学士、领侍卫内大臣、忠勇公等奉上谕,字寄定边左副将军成衮扎布等哈萨克若系内附著安插科布多一带。谕曰:“据成衮扎布等奏称,我方于霍尼迈拉呼等处已设卡座,哈萨克前来就近游牧,不免有斗殴盗窃等事,或交付雅尔大臣严加约束,或派彼处王、公、扎萨克带兵百人,驻扎霍尼迈拉呼等地方,承办严禁内徙游牧事宜,请旨。等语。是日雅尔大臣奏到,有哈萨克塔塔拜等十一人率妻子牲只恳请内附,仍有数几鄂拓克哈萨克,随其之后欲来内附一事,朕谕以,哈萨克等若愿如厄鲁特等内附,来伊犁等地居住,即安插雅尔地方,由厄鲁特或哈萨克官员内,派人管辖,日久人众后,编设佐领、昂吉,即与我方之人无异,已降旨发送前去。今霍尼迈拉呼等卡伦周边地方之哈萨克,果有不得游牧处所,或惧被劫掠来附者,即令安插科布多一带,不必支给粮饷,暂不委派差役,派妥员管辖,亦无不可。著寄谕成衮扎布等。北路若有内附之哈萨克,亦照此例办理,尚不必专此派员驻兵。哈萨克若非内附,恃强占据我卡伦附近地方,即应驱逐,不可姑息。”

(档号:03-131-5-004)

将内附之哈萨克安置于雅尔等处

清乾隆朝满文寄信档。乾隆三十一年(1766)四月十八日,大学士、领侍卫内大臣、忠勇公等奉上谕,字寄总管伊犁等处地方将军明瑞等著将内附之哈萨克安置于雅尔等处。谕曰:“据阿桂奏称,有哈萨克塔塔拜等十一人,率妻子牲只恳请内附,现令暂居雅尔候旨。哈萨克等言,有力单而马匹牲只富裕之一二鄂拓克人,恐被强者抢掳,亦愿随后内附。若果有此等人,即行收留,不给粮饷,暂不委派差役,令其在珠勒都斯空地居住,以厄鲁特官员、哈萨克章齐西(jangkisi)等为其官员头领。可否之处,具奏请旨。等语。伊犁、雅尔等处虽有驻兵,但土地辽阔,人烟愈多愈善。哈萨克果若不得游牧地方,或畏惧劫掠,有愿内附居住伊犁、雅尔等处者,即行收留,派员管辖,日久即与我方人一样编设佐领,实属好事。但收留后,即令居住附近地方,易资弹压。珠勒都斯路距雅尔、伊犁甚远,且地方空旷,不必令其居住,即就近安插,伊等又能如何?即哈萨克性情无定,私自逃回亦无关紧要。著寄谕阿桂等,将现在内附之塔塔拜等即安插彼处,不必支给粮饷,暂不委派差役,弹压居住外。嗣后有来归者,亦俱收留,于雅尔周围准其择地居住,即照伊等所奏,于厄鲁特或哈萨克内酌派官员管辖,俟日久人众再编设佐领昂吉均可。著将此寄谕明瑞等知之。”

(档号:03-131-5-003)

常复往查北路新展卡座

乾隆三十一年三月庚寅(二十一日 1766.4.29)又谕,据常复奏,往查新展卡座,由额尔齐斯河回,据库克扎拉克带领众鄂拓克人等诉称,哈萨克去岁偶遇大雪向内移住,有驻扎雅尔之巴图鲁大臣,在伊各马群内抢掳好马千余匹,羊千余只等语。常复未曾经事,人亦怯懦,偶遇哈萨克,未免畏惧,其诉称亦未可信。伍岱亦系不可深信之人,从前伊具奏,有哈萨克五百余户来宰桑诺尔游牧,驱之不去,遂带兵拿获霍集伯尔根,留营三日,严行训饬,始遣去,罚取马三百九十二匹,又哈萨克急行,遗下马三百二十五匹,一并归入官牧厂,奏到时,曾交安泰查办。今览哈萨克巴咱尔呼勒禀言,向内游牧,并未抗拒,而伍岱即将霍集伯尔根擒执,取其羊马,数虽不符,事则属实。哈萨克等越卡向内牧放,查出时只须遣回,或抗拒否去,即将伊为首之人擒执训饬,若仍不听从,则拿获治罪,亦所应得,但断不可借端骚扰,为其所轻,况伍岱前奏竟不可信,或伊冒昧邀功,或属下抢掳牲畜,俱未可定。著传谕明瑞即赴雅尔,会同阿桂将此事彻底确究,伍岱如有诬奏及纵其属下抢掳之处,即行参处,审明后,著行文晓示哈萨克阿布赉知之。

(《清高宗实录》卷 757　页 337—338)

回城应办事件务须商酌办理不得推诿

清乾隆朝满文寄信档。乾隆三十一年(1766)五月初六日,大学士、领侍卫内大臣、忠勇公等奉上谕,字寄总管伊犁等处地方将军明瑞等著回城应办事件务须商酌办理不得推诿。谕曰:"据额尔景额奏称,本年叶尔羌应撤满洲官兵,需马一百九十余匹,现在叶尔羌备差官马止有二百四匹,实难全数办给,因咨商永贵,将伊犁马匹通融办理,永贵以马匹无多,不能通融咨覆。请将马价支借官兵,雇商人回空马直达肃州。等语。额尔景额等所奏之处,已降旨准行外。惟伊犁回城,尽入我版图,回城事务与伊犁事务,并无区别,叶尔羌需用马匹,伊犁理合通融办理。即去年有乌什之事,兼遇大雪,伊犁马多伤弊,然现有陆续所买哈萨克马匹,即不能多,百十匹亦不能办耶?永贵等为办理马匹与明瑞商榷,明瑞等竟以不能通融咨覆,显因事隶回城,心存推诿。公事如此,无甚裨益。将此著寄谕明瑞、永贵、额尔景额等,嗣后伊犁或回城,凡有应办之事件,互相商酌,务期有济,慎勿心存畛域,互相推诿。"

(档号:03-131-5-010)

明瑞等著照前旨赴雅尔向哈萨克宣谕查办伊等投诉事

清乾隆朝满文寄信档。乾隆三十一年(1766)五月初八日,大学士、领侍卫内大臣、忠勇公等奉上谕,字寄总管伊犁等处地方将军明瑞等著照前旨赴雅尔向哈萨克宣谕查办伊等投诉事。谕曰:"据明瑞奏称,伊奉命前往雅尔,会同阿桂,查办伍岱监禁霍集伯尔根、收其马匹一事。顷阿桂、安泰已将事查明办妥,具奏请旨,若准伊等所奏,伊则不需前往,与阿桂咨商后,行文晓谕阿布赉即可。等语。顷阿桂、安泰查明此事,奏称伍岱并无图功冤屈霍集伯尔根等之情。此奏到后,朕即降旨,著明瑞仍前去雅尔,将现在查得情形，权当伊之所查，宣谕哈萨克等曰：驱逐尔等内徙之人，监禁霍集伯尔根，使其畏惧遣回等情，我雅尔参赞大臣业经具奏，后因与尔巴喇哈克等遇我乌里雅苏台参赞大臣所告之言不同，我大圣主恐尔等外藩之人，遭我雅尔参赞大臣恣扰蒙冤，特遣我来此详查。今据查得，乃因尔等库图西来告，霍集伯尔根拥兵千余，难以驱逐，且们特克等人抗拒不迁，我大臣等方将霍集伯尔根监禁，并收们特克等马匹牲只，不仅无委屈伊等可言，尚属侥幸矣。嗣后尔等应于尔界之内安居，以图永享大圣主之恩，倘不悔改，仍有内徙游牧者，一旦拿获，断不会如此宽免，必从重惩办。云云。并令知会哈萨克阿布赉等。降旨发送前去。今明瑞因未奉接此旨。是以如此奏请前来。著复行传谕明瑞，仍照朕前降旨，前往雅尔，将此事权当伊之查办宣谕哈萨克等，并移咨阿布赉。”

（档号：03－131－5－011）

哈萨克不应内徙

乾隆三十一年四月壬寅（三日 1766. 5. 11）又谕（军机大臣等），据阿桂、安泰等奏称，伊等讯明伍岱监禁哈萨克霍集伯尔根，收其马匹牲只一事，缘伍岱领兵前往驱逐内徙之哈萨克等，闻霍集伯尔根拥兵千余，虑其负固，因将霍集伯尔根唤至监禁，随遣兵驱逐，凡恭顺听命者，任其迁移，其抗拒者，取其马匹牲只，概行逐去，霍集伯尔根始知惶恐，吁请释放，随即遣去等语。雅尔、塔尔巴哈台等处，设卡驻兵，原以驱逐内徙之哈萨克，逐之不去，自应从重惩治，五岱所办，并不为过。著明瑞前赴雅尔，将现今查办情由，及哈萨克不应内徙，如违定行重惩之处，一一明白晓谕，并移咨阿布赉知之。

（《清高宗实录》卷 758　页 349）

哈萨克塔塔拜等十一人请内附

乾隆三十一年四月丙辰（十七日 1766. 5. 25）谕军机大臣等，据阿桂等奏称，有哈萨克塔塔拜等十一人恳请内附，现令暂居雅尔，又有一二鄂拓克人户亦愿内附，可否令其在珠勒都斯空地居住等语。伊犁等处土地辽阔，人烟愈多愈善，哈萨克如不得游牧地方，或畏惧劫掠，情愿内附者，即行收留，派员弹压，日久人众即可编设佐领昂吉，但收留后即令居附近地方，易资弹压，不必令其往珠勒都斯居住，即哈萨克性情无定，或私自逃遁，亦无关紧要。将此传谕阿桂等，将现在内附之塔塔拜等，即在雅尔居住，不必支给粮饷，委派差役，嗣后有来归者，悉令于雅尔地方安插，由厄鲁特哈萨克内，酌派官员弹压。并谕明瑞等知之。

（《清高宗实录》卷 759　页 356）

霍尼迈拉呼等处已设卡座

乾隆三十一年四月丙辰（十七日 1766. 5. 25）又谕（军机大臣等），据成衮扎布等奏称，霍尼迈拉呼等处已设卡座，哈萨克前来就近游牧，不免有斗殴盗窃等事，请派雅尔大臣，或派彼处王公扎萨克带兵驻扎该处，严禁游牧等语。现据雅尔大臣阿桂奏称，有哈萨克塔塔拜等恳请内附，朕谕令安插雅尔地方，或由厄鲁特，或由哈萨克内，派员管辖。

今霍尼迈拉呼等卡与哈萨克相近,如哈萨克果系不得游牧处所,或惧人劫掠,投诚内附者,即令于科布多地方居住,不必支给钱粮,委派差役,派令妥员弹压,若非投诚内附,恃强占据,即应驱逐,不可姑息。将此传谕成衮扎布知之。

(《清高宗实录》卷759　页356)

嗣后巡查边界务派经事之人前往

清乾隆朝满文寄信档。乾隆三十一年(1766)五月三十日,大学士、领侍卫内大臣、忠勇公等奉上谕,字寄定边左副将军成衮扎布等著嗣后巡查边界务派经事之人前往。谕曰:"据阿桂等奏称,常福所奏,哈萨克等称阿布达尔莫多卡伦附近河中之马匹,系伊等丢失马匹一事,前伊勒图往查卡伦,会见常福时,曾谓曰:此事理应查明,若确系哈萨克之马匹,则应治罪卡伦之人,若非是实,亦应严词申明驳回。常福回称:彼时哈萨克等并未索取,便返回,是以未予重视。等语。前常福为此事具奏到后,朕即降旨:所奏甚属含糊。哈萨克声称丢失马匹时,伊理应当即诘问,令出示凭证。岂可任由伊等以马皮、马蹄妄赖乎?如此含糊办理,似乎纵容损害其牲只一般,否则,谅必畏惧哈萨克,未敢诘问。此俱常福未曾经事,不谙哈萨克秉性所致,著伊务必查明。今看阿桂所奏,当时伊勒图会见常福,已告之应查明此事,而常福不以为事;且伊奏折内,又未陈明伊勒图所言之情,实属无用之辈,果不出朕之洞鉴。此事恐令哈萨克等讪笑,或彼时伊于哈萨克前显有惧色,俱难预料。除传谕申饬常福外。亦寄谕成衮扎布,嗣后此等巡查边界要务,毋庸拘泥于京城遣派之人,车木楚克扎布等俱系朕之奴才,伊等皆为经事历练之人,其内任派一人,断不致令哈萨克讪笑。或派达桑阿亦可。似常福等无用之辈,不得差派此等要务。"

(档号:03－131－5－015)

派达桑阿会同伊勒图办理卡伦事务

清乾隆朝满文寄信档。乾隆三十一年(1766)六月初一日,大学士、领侍卫内大臣、忠勇公等奉上谕,字寄定边左副将军成衮扎布等著派达桑阿会同伊勒图办理卡伦事务。谕曰:"成衮扎布等奏报玉柱前往霍尼迈拉呼等处地方,会同雅尔大臣等议定喀尔喀边卡事宜一折内,常福又将伊往查卡伦时,遇哈萨克等,伊等告称霍集伯尔根被监禁等事,再次渎奏。前因常福往查卡伦,遇哈萨克后,闻之诉告,并未严词诘问,含糊响应,朕曾降旨申饬。昨据阿桂奏称,伊勒图往查卡伦,遇见常福曾谓曰:哈萨克等所诉丢失马匹一事,理应诘问,而常福并不以为事。今常福如此再四渎奏,乃恐伊勒图奏及已之不妥,寻求余地而已。由此看得,常福更是不堪入目。即有此等之言,伊在前何以未奏?著传谕严行申饬常福。再,玉柱不曾经事,随同将军、大臣等办事尚可,差派此等地方,自与常福一样无用,虽派之前往,于事无甚裨益。著仍派达桑阿,前往霍尼迈拉呼等地方,会同伊勒图商榷办理边卡事务。再,成衮扎布折内奏及会商卡伦事务,仅提喀尔喀边卡,昨阿桂折内,亦仅提雅尔卡伦,可见彼此心存畛域。我大臣等办理事务,常常如此。喀

尔喀卡伦、雅尔卡伦,事属一体,同为朕事,有何区别。著达桑阿、伊勒图抵达彼处后,不可心存畛域,务宜和衷共济,妥协办理。将此著寄谕成衮扎布、阿桂谨遵办理。”

(档号:03-131-5-016)

卖给察哈尔兵丁马匹

乾隆三十一年(1766)六月初六日。奴才乌勒登谨奏:为奏闻事。查得,先前将军明瑞等奏称,携眷移驻伊犁之满洲、索伦、察哈尔兵丁抵达后,由原起程处乘骑前来马匹,必定疲惫而短缺,亦无处买补。嗣后,请由每年易获哈萨克马匹内,拨补其短缺马匹。所有价银,皆按头等马匹之平价,每马交价银四两五钱。等语。具奏请旨。奉朱批:好。著依议。钦此。钦遵在案。今据管带察哈尔领队大臣勒克呈称,查得,近几年以来,察哈尔两昂吉兵丁凡遇远近差使,出征乌什、塔尔巴哈台换防等事务,均自备马匹乘骑,并不拨给官马。因有私马,亦未曾请买官马。是故,原存马匹虽有倒毙,现仍敷用,然无暇调剂喂养,又时值收获季节,打场运粮需马颇多,若不及早备办,则因马匹役使过度,难免倒毙甚多。在特穆尔牧厂既有自哈萨克贸易换获马匹,相应请照原先奏定之例,准我等察哈尔两昂吉二千名官兵每昂吉各买三百匹马,每马所需价银四两五钱,本昂吉业已陆续备齐,即可如数交库。等语。查得,领队大臣勒克呈称,近几年以来,察哈尔马匹役使过度,现令买马匹,以免倒毙甚多。此系于该昂吉大有裨益之事,而亦可增加官项费用。故照该领队大臣所呈,由现牧放之易获哈萨克马匹内,拨给每昂吉马三百匹,并照原先奏定之例,按每马交价银四两五钱计,应交价银共二千七百两,业已如数交库。为此谨具奏闻。乾隆三十一年六月二十七日奉朱批:知道了。钦此。

(《军机处满文录副奏折》2191—50)

叶尔羌应撤满洲官兵需用马事宜

乾隆三十一年五月癸酉(五日1766.6.11)又谕(军机大臣等),据额尔景额等奏称,本年叶尔羌应撤满洲官兵,需马一百九十余匹,现在叶尔羌备差官马止有二百四匹,实难全数办给,因咨商永贵,将伊犁马匹通融办理,据永贵以马匹无多,不能通融咨覆,请将马价支借官兵,雇商人回空马,直达肃州等语。伊犁回部,尽入版图,两处事务,并无区别,叶尔羌需用马匹,伊犁理合通融办理,即去年有乌什之事,兼遇大雪,马多伤毙,然现有陆续所买哈萨克之马,即不能多,岂百十匹亦不能办耶,乃明瑞竟以不能通融咨覆永贵,显因事隶回疆,心存推诿,公事如此,其何以济。将此传谕明瑞、永贵、额尔景额等,嗣后伊犁回疆,凡有因办事件,互相商酌,务期有济,慎勿心存畛域,互相推诿也。

(《清高宗实录》卷760　页364—365)

巴雅尔等人履历

补放副总管拟正之右翼察哈尔昂吉佐领巴雅尔,食俸饷十六年。出征一次,于哈喇乌苏、霍尔果斯、鄂垒扎拉图、乌鲁木齐、特讷格尔、玛哈齐、哈喇乌苏、锡伯图、乌兰乌苏、库车、雅哈托霍奈、叶尔羌、阿勒楚尔、伊什勒库勒、玛尔济奈、济尔噶朗、布鲁齐等地打仗五十八次，杀贼十二名，受长枪伤十三处，夺获鸟枪三杆、长枪一杆、鞍马一匹，现得头等功牌六枚、二等功牌三枚、三等功牌五枚。因从伊犁送马牛到乌鲁木齐，经议叙，加一级，得赏银八十三两、荷包一对。现年四十四岁，巴尔虎蒙古，马步箭平等。人勤，办事谙练，管理本牛录牲畜好。补放副总管拟陪之左翼察哈尔昂吉佐领巴达郎贵，食俸饷二十六年。出征二次，于固勒札、空吉斯、霍尔果斯、鄂垒札拉图、乌鲁木齐、特讷格尔、玛纳斯、乌什等地打仗四十五次，杀贼十名，夺获鞍马一匹、鸟枪一杆、长枪一杆，现得头等功牌三枚，咨部保荐卓异一次、头等二次、二等二次。前后三次委以参领管理额林哈毕尔噶三路兵驿，出围一次，巡边两次，得赏银十四两。现年四十二岁，巴尔虎蒙古，马步箭平等。人能干，办事谙练，管理本牛录孳生牲畜平常。补放五名佐领拟正之员有：左翼察哈尔昂吉第二佐领下骁骑校库库萨哈勒，食俸饷九年。出征一次，于沙喇伯勒、和阗、阿勒楚尔、伊什勒库勒、玛尔济奈等地打仗八次，杀贼二名，得二枚头等功牌抵给银四十两。巡边一次，得赏银七十三两、绸缎四尺、荷包二对。补放佐领拟陪一次。现年四十三岁，新额鲁特，马步箭平等。人可，管理本牛录孳生牲畜极好。左翼察哈尔昂吉第四佐领下骁骑校达纳，食俸饷二十七年。出征三次，于乌什等地打仗八次，现得头等功牌一枚、二等功牌一枚，咨部保荐二等四次，得赏银十三两。补放佐领拟陪一次。现年四十六岁，巴尔虎蒙古，马步箭平等。人勤，管理本牛录孳生牲畜好。左翼察哈尔昂吉第六佐领下蓝翎巴图，食俸饷十年。出征二次，于亨格尔图兰、齐伦图兰、叶尔羌、库车、乌什等地打仗三十六次，杀贼三名，擒活口一名，咨部保荐卓异二次、头等九次、二等六次、三等一次，得赏银二十五两。补放佐领拟陪一次。现年五十岁，新额鲁特，马步箭平等。人奋勉。因于叶尔羌等处奋勉效力，钦放蓝翎侍卫。右翼察哈尔昂吉第二佐领下骁骑校贝贺，食俸饷九年。出征二次，前往招抚六昂吉布鲁特、塔什干哈萨克。于特穆尔图淖尔、呼尔曼、和阗、叶尔羌、阿勒楚尔、伊什勒库勒、玛尔济奈、努尔噶布、乌什等地打仗四十四次，擒活口二名，杀贼十一名，腰部受箭伤一处。出使叶尔羌城一次。保荐卓异一次，得六枚头等功牌、一枚三等功牌抵给银一百两。又得赏银二十四两，绸缎五匹，荷包二对。出征乌什，保荐卓异三次、头等十次、二等五次。现年四十二岁，新额鲁特，马步箭平等。人可，管理本牛录孳生牲畜好。右翼察哈尔昂吉第五佐领下骁骑校乌巴西，食俸饷十四年。出征二次，于额林哈毕尔噶、库车、叶尔羌、哈喇乌苏、伊什勒库勒、玛尔济奈、阿勒楚尔、乌什等地打仗四十二次，杀贼十三名，夺获鸟枪一杆、长枪一杆、鞍马一匹，得赏银六两、荷包一对，保荐卓异一次，得头等功牌五枚、二等功牌二枚、三等功牌四枚。出征乌什，保荐头等三次、二等一次。现年三十一岁，旧额鲁特，步箭平，马箭可。人勤，管理本牛录孳生牲畜好。补放五名佐领拟陪之员有：左翼察哈尔昂吉第五佐领下骁骑校散扎布，食俸饷三十八年。出征二次，于杨吉尔察克、鄂垒扎拉图、乌鲁木齐、特讷格尔等地打仗二十八次，杀贼六名，生擒贼四名，夺获鸟枪一杆、网甲一副、马七匹、骆驼二峰，受伤十三处。现得头等功牌一枚、二等功牌一枚。出围一次，得

赏银六十两。现年五十二岁,察哈尔蒙古,马步箭平等。管理本牛录孳生牲畜劣。左翼察哈尔昂吉第一佐领下骁骑校济木巴喇西,食俸饷三十八年。出征三次,于托霍罗乌兰、玛纳斯、鄂垒扎拉图、乌鲁木齐、特讷格尔、阿敦齐鲁、安济海、博罗锡伯等地打仗三十三次,杀贼一名。现得头等功牌一枚、二等功牌一枚、三等功牌三枚。出围一次,得赏银七十七两。现年五十八岁,察哈尔蒙古,马步箭平等。人平常,管理本牛录孳生牲畜平常。左翼察哈尔昂吉第三佐领下骁骑校杜噶尔札布,食俸饷三十三年。出征一次,于固勒扎、鄂垒扎拉图、乌鲁木齐、特讷格尔、霍博克、沙拉达兰、阿勒楚尔、伊什勒库勒、玛尔济奈、安济海、博罗锡伯等地打仗三十三次,杀贼十名、擒活口一名,现得二等功牌二枚。往乌什军营送马一次,得赏银五十二两、荷包一对。出围一次。现年五十二岁,察哈尔蒙古,步箭平,马箭劣。人平常,管理本牛录孳生牲畜好。左翼察哈尔昂吉第六佐领下骁骑校贡格拉西,食俸饷三十八年。出征三次,于霍通呼尔噶、科布多、乌和克等地打仗十三次,杀贼一名,现得头等功牌一枚。出围一次,得赏银十八两、弓一张、箭十枝。现年五十六岁,察哈尔蒙古,步箭平,马箭劣。人平常,管理本牛录孳生牲畜平常。右翼察哈尔昂吉第四佐领下骁骑校哈萨科,食俸饷十九年。出征一次,前往招抚六昂吉布鲁特、塔什干哈萨克,于特穆尔图淖尔、呼尔曼、和阗、叶尔羌、阿勒楚尔、伊什勒库勒、玛尔济奈、努尔噶布等地打仗十四次,杀贼六名,得五枚头等功牌抵给银一百两、赏银四两。现年四十九岁,新额鲁特,马步箭平等。人勤,管理本牛录孳生牲畜颇好。补放四名骁骑校列前之员有:左翼察哈尔昂吉第三佐领下戴金顶领催哈拉萨哈勒,食钱粮九年。出征二次,于沙拉伯勒、和阗、阿勒楚尔、伊什勒库勒、玛尔济奈、叶尔羌、乌什等地打仗三十三次,杀贼十三名,受箭伤二处,轻伤一处,得一枚头等功牌、一枚二等功牌抵给银三十五两,咨部保荐卓异六次、头等九次、二等七次、三等一次,得赏银四十四两。现年四十七岁,新额鲁特,马步箭平等。人可,管理本牛录孳生牲畜好。左翼察哈尔昂吉第一佐领下戴金顶领催乌巴西,食钱粮三十四年。出征二次,于阿保之哈布吉勒布拉罕、察罕托辉、鄂拉阿里克泰、伊犁、斋桑诺尔、固尔班苏玛勒、唐纳等地打仗十九次,杀贼五名,现得头等功牌二枚、二等功牌一枚。出围四次,得赏银八十四两。现年四十七岁,旧额鲁特,步箭平,马箭可。人奋勉,管理本牛录孳生牲畜好。左翼察哈尔昂吉第五佐领下戴金顶领催扎木颜,食钱粮十四年。出征二次,于伊犁、古尔图、喀喇乌苏、沙拉达兰、固尔班呼苏图、叶尔羌、阿勒楚尔、玛尔济奈、伊什勒库勒、乌什等地打仗十七次,杀贼十名,夺获撒袋、弓、长枪各一,现得二等功牌一枚,咨部保荐卓异三次、头等十五次、二等四次。巡查边界一次,得赏银十九两、荷包一对。现年三十三岁,察哈尔蒙古,步箭可,马箭平。人明白,管理本牛录孳生牲畜好。右翼察哈尔昂吉第四佐领下军功蓝翎领催托布[illegible],食钱粮九年。出征二次。于特穆尔图淖尔、叶尔羌、呼尔曼、和阗、阿勒楚尔、伊什勒库勒、玛尔济奈、努尔噶布、乌什等地打仗四十二次,出使巴达克山一次,生擒贼二名,杀贼九名,受鸟枪伤一处,夺获鸟枪一杆、长枪一杆、鞍马一匹,保荐卓异二次,得六枚头等功牌、二枚三等功牌抵给银一百四十两、绸缎六匹、荷包五个。出征乌什，咨部保荐卓异四次、头等九次、二等四次。现年三十九岁，新额鲁特，马步箭平等。人可，管理本牛录孳生牲畜很好。补放四名骁骑校列后之员有：右翼察哈尔昂吉第六佐领下领催雅木丕勒，食钱粮十八年。出征一次，于鄂垒扎拉图、乌鲁木齐、特讷格尔、塔尔巴哈台、阿勒坦额默勒、叶尔羌、霍尔果斯、吹、沙喇奔等地打仗二十九次，杀贼十五名，夺获鸟枪二杆、长枪二杆、鞍马二匹，得头等功牌四枚、二等功牌八枚、三等功牌四枚、赏银二十二两。现年三十五岁，喀尔喀蒙古，马步箭平等。人奋勉，管理本牛录孳生牲畜好。左翼察哈尔昂吉第三佐领下戴金顶领催喜陈，食钱粮九年。出征一次，于叶尔羌、特穆尔图淖尔等地打仗，坚守通古斯鲁克碉堡三个月，杀贼二人。巡查边界四次。得赏银八十五两。现年三十一岁，新额鲁特，马步箭平等。人能干，管理本牛录孳生牲畜好。左翼察哈尔昂吉六品顶戴委笔帖式云木楚木，食钱粮十三年。出征一次，在原游牧地印房任协办笔帖式九年，护送携眷兵丁到伊犁，经奏准在本昂吉领队大臣处任委笔帖式三年，巡查边界一次。出征乌什打仗三十三次，左肩被鸟枪穿透，杀贼三名，咨部保荐卓异一次、头等七次、二等四次、三等一次，得赏皮袄一件。现申请编入察哈尔昂吉牛录永久居住。现年二十九岁，巴尔虎蒙古，马步箭平等。人奋勉。左翼察哈尔昂吉第二佐领下戴金顶领催塔彬泰，食钱粮二十年。出征二次，于乌什打仗十八次，杀贼一名，现得头等功牌一枚，咨部保荐头等七次、二等九次、三等二次、出围一次，得赏银十六两。现年三十五岁，察哈尔蒙古，步箭可，马箭平。人能干，管理本牛录孳生牲畜好。

（《军机处满文录副奏折》2190—40）

乌什系回疆腹地请设立牧厂

乾隆三十一年五月戊子（二十日 1766. 6. 26）谕，各回城需马甚多，乌什系回疆腹地，土地辽阔，水草丰美，宜照伊犁设立牧厂数处，孳生马匹，以备接济喀什噶尔、叶尔羌等处调用，将此传谕永贵等，现与哈萨克交易马匹，著多换驹骒，于乌什地方，择水草佳处，多置牧厂，加意畜养，以广孳生。

（《清高宗实录》卷 761　页 371）

锡伯部孳生马

乾隆三十一年（1766）七月初十日。奴才明瑞谨奏：为仰祈圣鉴事。顷准办理军机事务大臣博恒等字寄，奉上谕：回子各城，用马匹牲畜之处甚多，乌什系回子诸城之中心，且地方辽阔，得好水草，亦应同伊犁设立若干牧群，孳生牧放马匹牲畜，接济喀什噶尔、叶尔羌等地，以备调用。将此，著寄信永贵等，现与哈萨克易马时，多易儿马、骒马，于乌什寻觅水草佳美之处，多设数群，妥善牧放孳生取孳。如何易马、设立牧群之处，著永贵即与明瑞彼此咨商，权衡利弊，定议具奏。钦此。遵旨寄信前来。继而，永贵等亦奉此谕，与奴才咨商内称，乌什附近虽有牧场，惟乌什之兵皆系满洲、绿营二项，绿营兵丁不可以放牧相托，若只托于满洲兵，则能牧者不可多得。据此，由伊犁送孳马到乌什

时，请留其赶来之察哈尔、索伦，俾其带领满洲兵牧放等因前来。查得，今于伊犁游牧、屯居之锡伯、索伦、察哈尔、厄鲁特兵共有六昂吉六千名，近几年以来陆续筹得孳生马共止二千八二百余匹。于挤奶养口稍资补济起见，先交给索伦兵四百余匹，右翼察哈尔兵七百余匹，右翼厄鲁特兵六百七十余匹，俾其牧放孳生。锡伯兵因系后到，在此期间仅得孳生马五十余匹交给牧放。左翼厄鲁特兵，尚未得给。已交伊等孳生之群，未便抽出送至乌什。然而，理应陆续由哈萨克易取，酌情解送。惟哈萨克等来者无常，且虽将彼等以言哄诱，但每次来所带骒马不甚多。……（朱批）：知道了。

（译自宫中满文《朱批奏折》）

察哈尔等兵牧放孳生羊只取孳数

“乾隆三十一年(1766)七月十四日。奴才阿桂、乌岱谨奏：为奏闻事。窃查，每年查孳生牧厂羊只一次，按原有大羊数目核计，每羊十只取孳三只。二十九年孳生羊羔四千二百七十五只九分，去年讷苏肯等仍交察哈尔、额鲁特等妥善牧放，俟明年期满后，再分别挑取，或拨入孳生羊数，或搭放官兵口食。于二十八年孳生羊羔内挑取六百只，易获哈萨克羊内挑取三百三十八只，一并拨入孳生羊数取孳，等因具奏在案。今又一年期满，奴才等查三十年孳生大羊一万四千八百九十一只，按每羊十只取孳三只核计，例应收取孳羊四千四百七十七只三分。是以，委派侍卫沙尔呼善等前往牧厂，照数查收。所收孳羊仍交察哈尔、额鲁特等牧放，至明羊再照例挑取孳生之羊，并搭放官兵口食。此外，于二十九年孳生羊羔内，照原先所议挑取堪作孳生羝、母羊三百只，拨入原有孳生大羊之额，明年孳取，其余羊三千九百七十五只九分，留备搭放官兵口食。是故，奴才等将原有孳生羊、本年收取孳羊、去年收取孳羊内挑取堪作孳生羊及留备搭放官兵口食羊数目，缮具汉字清单，一并恭呈御览。为此谨具奏闻。乾隆三十一年八月初九日奉朱批：知道了。钦此。”（《军机处满文录副奏折》2196—5）“原有孳生羝、母大羊一万四千八百九十一只，又于二十九年羊羔内，挑取堪作孳生羊三百只，二共现存孳生大羊一万五千一百九十一只。二十九年羊羔四千二百七十五只九分内，除挑入孳生羊三百只，余羊三千九百七十五只九分，留备搭放官兵口食。三十年羊羔四千四百六十七只三分，俟下年长足挑取孳生。”（《军机处满文录副奏折》2196—5）“乾隆三十一年九月初七日。奴才明瑞、阿桂谨奏：为奏闻事。窃查，自乾隆二十八年七月至十二月，交左翼察哈尔昂吉牧放孳生马二百七十三匹。前年，奴才明瑞等将此项二百七十三匹马统一期限，均从二十八年八月始，按限取孳。等因具奏，奉旨准行。在案。此项马匹，于乾隆二十八年八月起限，至本年八月止，三年期满，例应取孳。据该昂吉领队大臣勒克呈称，自左翼察哈尔昂吉接收牧放于二十八年八月起限例应取孳之马二百七十三匹以来，共倒毙儿骒本马二十六匹，除由陆续孳生马内补足原额外，今实余儿马驹五十四匹，骒马驹三十七匹，共收获儿马驹九十一匹。等语前来。查得，据上驷院、太仆寺孳生牧厂条例内载，每三年均齐一次，不分儿骒马驹，每马三匹取孳一匹。等语。现收获儿骒马驹九十一匹，按每马三匹取孳一匹核计，与定额相符，故毋庸议。原牧放儿骒马二百七十三匹，现收获儿骒马驹九十一匹，共计三百六十四匹内，挑取可割骟调习之儿马驹四十七匹，拨入备用牧厂，饬令牧厂官员妥善调习牧放，俟堪骟之时，即行割骟，以备使用。其余大小儿骒马驹四十四匹，拨入原孳生牧厂牧放孳生。是故，将原牧厂孳生马及现收获孳生马数目，一并另缮汉字清单，咨送兵部，以便汇总奏销。为此谨具奏闻。乾隆三十一年九月二十九日奉朱批：知道了。钦此。”（《军机处满文录副奏折》2201—23）

来投厄鲁特照哈萨克来投者一体办理

乾隆三十一年六月庚申（二十二日 1766.7.28）谕军机大臣等，据绰克托奏，萨雅克部落有布鲁特瑚图什噶尔扎属下之厄鲁特库本等，盗马来投，即遣人往问瑚图什等，据瑚图什称，情愿将厄鲁特呈献，但恳将所窃马匹赐还，请赏瑚图什绸匹，并将库本等骑来马匹发还等语。绰克托所办非是。厄鲁特来投，止须拨发伊犁，何必遣人去问布鲁特等，若布鲁特来问，但云天朝体统，来者即纳，现已安置伊犁，给伊生理，便足了此事矣。盖此系厄鲁特自愿来投，并非布鲁特甘愿献出，何得滥行赏赉。至厄鲁特骑来之马，令布鲁特带回，尤属乖谬，现在伊犁、雅尔，由哈萨克来投者甚多，其带来物件马匹，并未给回，哈萨克、布鲁特事属一体，岂可参差办理，殊属不晓事体。著申饬，嗣后有来投之厄鲁特，俱照哈萨克来投者，一体办理。

（《清高宗实录》卷 763　页 385）

哈萨克索要物品案涉事台吉已解雅尔

清乾隆朝满文寄信档。乾隆三十一年（1766）十月初三日，大学士、领侍卫内大臣、忠勇公等奉上谕，字寄定边左副将军成衮扎布等哈萨克索要物品案涉事台吉已解雅尔。谕曰：“据乌勒登奏称，伊勒图会同达桑阿办理卡伦事务返回时，有哈萨克人客僧诉称，霍尼迈拉虎喀尔喀卡伦台吉贡额，向伊等索取马匹、牛羊、熏牛皮后，议定相应兑付倭缎、绸缎、布匹等物。伊等返回后，至今尚未兑付。据此伊勒图当即斥责遣回。但我卡伦之人，不可不予查办，遂咨请将军成衮扎布等查办。等语。顷据成衮扎布奏称，达桑阿为此事给伊移咨后，为对质审办，即饬交侍卫上行走之内廷值事吐勒噶图，将霍尼迈拉虎卡伦台吉贡额赶送雅尔。等语。因贡额尚未送至雅尔，乌勒登等方如此具奏。著寄谕成衮扎布等知之。”

（档号：03－131－5－041）

来投额鲁特人等分别安置于察哈尔额鲁特营

乾隆三十一年（1766）十月十三日。奴才明瑞、阿桂谨奏：为奏闻事。自本年七月至九月末，秋季自哈萨克、布鲁特来投额鲁特男十六口、妇二口、男孩一口，由喀什噶尔奏准送来之自布鲁特来投额鲁特男二口，由雅尔交卡伦送来之自哈萨克来投额鲁特男一百零五口、妇五十口、男孩十口、女孩四口，以上共计额鲁特男女大小一百九十口，陆续送来，皆拨入察哈尔、额鲁特昂吉安置。再，由雅尔送来之副将吴世盛抓获额鲁特跟

役巴郎，亦照旧例拨入额鲁特昂吉安置，暂不发给官羊，另行记档，令其效力，俟有功绩时，再充作兵丁。为此谨具奏闻。乾隆三十一年十一月初八日奉朱批：知道了。钦此。

（《军机处满文录副奏折》2206—23）

凡与哈萨克所生事端著俱秉公办理

清乾隆朝满文寄信档。乾隆三十一年（1766）十月十四日，大学士、领侍卫内大臣、忠勇公等奉上谕，字寄定边左副将军成衮扎布等凡与哈萨克所生事端著俱秉公办理。谕曰："据乌勒登等奏称，乌里雅苏台将头等台吉贡额送到后，哈萨克人客僧，恰来贸易，遂将去冬贡额向哈萨克人客僧索取马匹牲只之事，传人质审，贡额拒不供认，客僧亦词穷未供出确证。除将哈萨克人客僧教训遣回外，将贡额仍交内廷值事吐勒噶图送回。等语。贡额索取哈萨克客僧马匹牲只一案，既经乌勒登等对质审明，亦即作罢。但实情究系如何？我乌里雅苏台将军、大臣袒护喀尔喀人等，雅尔大臣袒护我卡伦之人，均属事所不免。即乌里雅苏台、雅尔将军大臣等，虽平时不甚和睦，但面对哈萨克，亦必定袒护我方之人。哈萨克系新归附部落，凡事理应秉公办理，令伊等心服，不可心存偏护。否则久而久之，我方之人必会妄行欺压哈萨克，何以令外藩诚心归顺。今虽无此等之事，理应事先筹谋。著将此通谕乌里雅苏台、科布多、雅尔地方之将军、大臣等，嗣后，哈萨克等与我卡伦之人生有争端，著秉公办理，切不可存袒护我方之人之心。"

（档号：03－131－5－044）

浩罕派人朝觐一事听其自便

清乾隆朝满文寄信档。乾隆三十一年（1766）十二月初七日，大学士、领侍卫内大臣、忠勇公等奉上谕，字寄驻喀什噶尔办事参赞大臣绰克托浩罕派人朝觐一事听其自便。谕曰："据绰克托等奏称，浩罕额尔德尼伯克，于本年五月派毕济默特呈称，遣人朝觐圣主，然至今无人前来。若十一月初十日之前到，则由驿站赶送；初十日以后到，则照例从容护送前去；倘若来年四、五月雪融化后，仍无消息，则致书严词斥责。等语，将信底稿一并奏至。近日哈萨克阿布赉、阿布勒比斯等派布鲁特呈书伊犁、雅尔大臣内称，虽与布鲁特等和好，因额尔德尼伯克尚未言归于好，我等已派牧场兵丁攻取。由此看得，额尔德尼伯克此间因与阿布赉等对战，遣人之事，尚难预定。即便无此等事宜，伊不过一外藩之人，不可与喀什噶尔、叶尔羌等处伯克等相提并论。伊若派人则送来，若不来，亦不必强迫。况且失信一词，用与额尔德尼等，亦不甚恰当。将此著寄谕绰克托等，此间额尔德尼伯克派人前来，即照伊等所奏送来，若无来人，亦即作罢，无须严词寄书催之。"

（档号：03－131－5－059）

伊犁马匹解到后即补额缺并将给价若干奏闻

清乾隆朝满文寄信档。乾隆三十二年（1767）八月十九日，大学士、领侍卫内大臣、忠勇公等奉上谕，字寄陕西甘肃总督吴达善俟伊犁马匹解到后即补额缺并将给价若干奏闻。谕曰:“据阿桂奏称,今伊犁换获哈萨克马匹稍多,乌鲁木齐、巴里坤、哈密等处营马每年既须添补,请照军机处原议,在官牧场拣选膘好马二千匹,派拨官兵,分起运送乌鲁木齐添补营马外,其余马匹送往巴里坤、哈密添补彼处营台马匹,如尚有余剩,再转送内地应用。其如何定价交纳之处,请交吴达善酌量办理。等语。乌鲁木齐、巴里坤、哈密等处每年应补营台缺额马匹,从各处采买远道赶回,不无竭蹶。今阿桂奏请于换获哈萨克马匹内,拣选二千膘好马匹,送往乌鲁木齐等处添补营台应用,所办甚好。著寄信吴达善,俟伊犁马匹解到后,即行添补营台马匹,其如何交价并较内地买马价值节省若干之外,著一并奏闻。”

(档号:03-132-2-015)

来投额鲁特人等分别安置在察哈尔额鲁特营

乾隆三十二年(1767)正月初十日。奴才阿桂谨奏:为奏闻事。自去年十月至十二月末,冬季自哈萨克、布鲁特来投额鲁特男四口、妇二口,又由雅尔交卡伦送来之自哈萨克来投额鲁特男四十七口、妇二十六口、男孩二口,共计男女大小八十一口。陆续送来,均照例拨入察哈尔、额鲁特昂吉安置。为此谨具奏闻。乾隆三十二年二月六日奉朱批:知道了。钦此。

(《军机处满文录副奏折》2215—32)

著照所奏驱逐入内之哈萨克

清乾隆朝满文寄信档。乾隆三十二年(1767)正月十八日,大学士、领侍卫内大臣、忠勇公等奉上谕,字寄塔尔巴哈台参赞大臣乌勒登等著照所奏驱逐入内之哈萨克。谕曰:“据乌勒登奏称,哈萨克等因其游牧地方雪大又降雨,地面冻冰,无处放牧,越入我阿布达尔摩多、博霍锡卡伦游牧,是以,派巴图鲁侍卫沙尔呼善率兵五十,前往驱逐。哈萨克等支吾拖延,不肯即去,伍岱现率兵一百余人前去,哈萨克等如果恭顺移去,则照常驱逐,若复藉端支吾,即将头目人等擒拿,囚于楚瑚楚,具奏请旨办理。等语。哈萨克等越入卡伦游牧,被驱逐时支吾迁延,伍岱既已率兵前去,著寄谕伍岱,此间,伊抵达彼处,其入内之哈萨克等业已驱逐,自毋庸另行办理;若哈萨克等托故支吾不肯即去,则擒拿其头目人等候旨办理。俟伊等将如何办理之处奏到时,朕另行降旨。将此并谕乌勒登知之。”

(档号:03-132-1-004)

阿桂赴雅尔酌办越入卡内游牧之哈萨克

清乾隆朝满文寄信档。乾隆三十二年(1767)正月十八日,大学士、领侍卫内大臣、忠勇公等奉上谕,字寄内大臣、都统阿桂著赴雅尔酌办越入卡内游牧之哈萨克。谕曰:“著寄谕阿桂。据乌勒登奏称,哈萨克因避雪越入卡内游牧,伍岱带兵前往驱逐。想已移咨阿桂矣。今已传谕乌勒登等:哈萨克等如果恭顺移去,自毋庸另行办理,若复藉端支吾,著照所请,将头目人等擒拿,具奏候旨。哈萨克等因伊处所雪大,爱惜牲畜,越入

我卡内放牧,今伍岱领兵前去驱逐,如果恭顺移去,自毋庸另行办理;若复藉端支吾,则将其人及牲畜擒拿拘留,其酌量施恩赏回之处,候朕再降谕旨。惟哈萨克等从前屡经越卡游牧,或驱之即去,或托故迁延而擒拿伊等头目人等。今年伊等又越入我卡伦,由此看得,嗣后,仍有此等情形,亦难预料。今若不酌定章程,亦无所遵循。著阿桂接此旨后,即赴雅尔酌办此事。惟若候乌勒登等奏到时再前往,将拖延多日,阿桂今即前往雅尔,恰正适时。伍岱驱逐哈萨克等,设因仍托故迁延,不肯即去,将其头目人等拿解至楚瑚楚,俟奏到后,朕仍降谕阿桂酌办。阿桂即晓谕哈萨克等曰:尔等系归顺大清臣仆,理应输纳贡赋,因大皇帝垂念外夷路远,免其进献,尔等若以牲畜遇雪,欲觅妥善地方,进我卡内游牧,亦当禀明我处大臣,呈纳贡赋,方为允当。且今安集延、布鲁特等处部落来至回城,均令纳税,尔等同样均系大国之臣仆,既藉卡内游牧,即宜一体纳贡。嗣后,将哈萨克马匹牲畜如何抽取作贡及雪融后即行遣回之处,即当阿桂之意晓谕哈萨克等,议定具奏。”

（档号:03－132－1－005）

今年苏杭解到缎匹较前货料平常

乾隆三十一年十二月壬戌(二十六日 1767.1.26)又谕,据明瑞等奏,从前各织造办解大缎,丝色鲜明,质厚体重,是以哈萨克等俱乐于交易,今年苏州、杭州解到缎匹,较前货料平常,即如摹本大缎一项,乾隆三十年以前解到者,每匹重四十二三两不等,三十一年解到者,每匹仅重三十五六两,请敕交各该织造,将新送缎匹减价,以便办理等语。此项缎匹为新疆贸易所需,前此曾经传谕各该织造,令其慎选物料,加意造办,并令陕督杨应琚,于缎匹解到时,逐一点验,如有浇薄不堪等弊,即严行驳回,著经手人员赔补。今据明瑞等奏,该织造办理此次缎匹,照上年所运,每匹轻至六七两不等,而价值则仍照前次十三两之数,明系草率浮冒,以致物料减恶,何以惠远人而通贸易。现在此项缎匹,著交与明瑞等,减价发售,其所减之价,即著落各承办之织造,照数赔补,并将该织造交与内务府大臣议处。再此项缎匹于何时解至甘肃,该督因何不遵旨点验,辄将浇薄不堪之缎匹解送伊犁,并著吴达善明白回奏。

（《清高宗实录》卷775　页511—512）

越界哈萨克已移出卡伦阿桂等即返回伊犁

清乾隆朝满文寄信档。乾隆三十二年(1767)二月十四日,大学士、领侍卫内大臣、忠勇公等奉上谕,字寄内大臣、都统阿桂等著哈萨克已移出卡伦即行返回伊犁。谕曰:“顷乌勒登奏到,哈萨克因避雪越入卡内游牧,伍岱带兵前往驱逐一折后,朕即降旨阿桂:哈萨克等被驱逐时,如果恭顺移去,自毋庸另行办理;若藉端支吾,则将其人擒拿,乘便将哈萨克嗣后再若越境游牧,伊等牲只如何抽取作贡等处,妥议办理。令阿桂即赴雅尔候旨。今据乌勒登等奏称,伍岱领兵抵达哈尔巴哈、巴雅尔等地方后,哈萨克等惊惶,遂即带人畜连夜撤出我卡伦。且伍岱近卡驻扎之际,哈萨克头领塔纳西等三人前来告称,伊等不敢越入卡伦,已远离卡伦游牧。并献马匹伯乐克,陈明缘由。等语。哈萨克等既于驱逐时恭顺移去,今则毋庸另行办理。谅伍岱将此情亦报阿桂矣。阿桂此间在途闻悉伍岱所报,已返回伊犁,则甚善;若尚未返回,俟奉朕旨后,著即返回伊犁。将此并谕乌勒登等知之。”

(档号:03－132－1－013)

哈萨克因避雪越入卡内游牧

乾隆三十二年正月癸未(十八日 1767.2.16)谕军机大臣等,据乌勒登奏称,哈萨克因避雪越入卡内游牧,伍岱带兵前往驱逐等语,想已移咨阿桂矣。哈萨克等因伊处所雪大,爱惜牲畜,越入卡内,今被驱逐,如果恭顺移去,自毋庸另行办理,若复藉端支吾,著照所请,即将头目人等擒拿具奏,并将牲畜拘留,其酌量施恩赏回之处,候朕再降谕旨。惟哈萨克等屡经越卡游牧,或驱之即去,或托故迁延,若不酌定章程,恐伊等性情狡猾,故为尝试,卡座人员,亦无所遵循,可传谕阿桂,即速前往雅尔酌办,仍晓谕哈萨克等,尔等系归顺大国臣仆,理应输纳贡赋,因大皇帝垂念外夷路远,免其进献,尔等若以牲畜遇雪,欲觅妥善地方,进我卡内游牧,亦当禀明我处大臣,呈纳贡赋,方为允当,且今安集延、布鲁特等处部落,来至回城,均令纳税,尔等既藉卡内地方游牧,即宜一体纳贡。嗣后将哈萨克马匹牲畜,如何抽取作贡,及雪融后即行遣回之处,阿桂即向哈萨克等详悉定议具奏。

(《清高宗实录》卷777　页529—530)

伊犁贸易之哈萨克近甚稀少

乾隆三十二年正月己丑(二十四日 1767.2.22)谕军机大臣等,据阿桂奏称,伊犁贸易之哈萨克,近甚稀少,询据哈萨克贝克等禀称,伊等牲畜,均予游牧处,经喀什噶尔之回子易去,恐于伊犁等处需用牲畜有碍,且彼此来往贸易,日久必致滋生事端,已移咨绰克托严行禁止,并欲令哈萨克将伊货物扣留,其回子拿解伊犁治罪等语。阿桂所办过当。回子系朕臣仆,即与内地民人相等,今民人各处贸易,获利丰盈,生计饶裕,岂不甚善,回子向哈萨克交易,均属伊等有益之事,如喀什噶尔等处牲畜既多,伊犁、乌鲁木齐尽可通融应用,岂有因贸易之故,遽将货物扣给哈萨克之理,且喀什噶尔与哈萨克相离较远,尚有商贩往来,则伊犁之厄鲁特、伯德尔格回子等,若就近前往交易,亦甚有裨益,而官用牲只,得之亦易。总之伊犁回子,俱隶版图,大臣办事,务持大体,不可存畛域之见,阿桂但期于伊犁有益,并未筹画及此,前虽有禁止伊等彼此贸易之旨,特以回疆新定,不可令哈萨克纷纷往回地行走,故只准在伊犁贸易,今回子等前往哈萨克,又非哈萨克拦入回地可比,此等事体,亦当因时制宜,不可拘泥成案。著传谕永贵、旌额理、绰克托等,惟将新疆回子往哈萨克游牧贸易,如何不致滋生事端,并公私均有裨益之处,酌立章程,会同阿桂,详悉妥议具奏。

(《清高宗实录》卷777　页532)

阿桂等将回子与哈萨克贸易一事酌议章程具奏

清乾隆朝满文寄信档。乾隆三十二年(1767)二月二十五日,大学士、领侍卫内大臣、忠勇公等奉上谕,寄内大臣、都统阿桂,驻叶尔羌、喀什噶尔办事大臣等将回子与哈萨克贸易一事酌议章程具奏。谕曰:"据阿桂等奏称,伊犁贸易之哈萨克,近甚稀少,询据哈萨克贝克等禀称,有喀什噶尔贸易回子等前来伊等牧场易去牲只。等语。伊犁众部所需马匹牲只俱依赖与哈萨克之贸易,若准回子等私自入哈萨克牧场贸易,又准哈萨克前来布鲁特边界贸易,日久必致滋生事端,于伊犁等处需用牲只有碍。除咨行绰克托等严行禁止外,但有前去哈萨克贸易之回子等,则令哈萨克无论何人,即将货物扣留,将人拿解伊犁治罪之处,亦咨行绰克托、永贵等。等语。阿桂所办过当。此一事,若恐有碍伊犁马匹牲只,而禁止回子等赴哈萨克牧场贸易尚可;若仅因回子等去哈萨克牧场贸易,即令哈萨克拿解回子,将其物品均扣归哈萨克,则断然不可。此虽未咨行哈萨克等,只为恐吓回子等,但仅此一句,即不合礼仪,且回子等闻此亦不诚服。因回子等系朕臣仆,即与内地民人相等。今民人各处贸易,获利丰盈,生计饶裕,岂不甚善。回子等与哈萨克贸易,均属于伊等生计有益之事,如喀什噶尔等处回子牲畜既多,我等通融办理,伊犁、乌鲁木齐尽可调用,亦未尝不可。今岂有因伊等贸易之故,遽将货物扣给哈萨克之理?且喀什噶尔与哈萨克相离较远,尚有商贩往来,则伊犁之厄鲁特、伯德尔格回子等,就近前往交易,亦甚有裨益,且官用牲只,得之亦易。若恐交易必生事端,哈萨克可来我处贸易,我方之人去其牧场贸易,又有何不妥?总之,伊犁回子俱隶版图,有何区别?大臣办事,务持大体,不可存畛域之见,阿桂但期于伊犁有益,并未筹划及此。前虽有禁止回子、哈萨克等彼此贸易之旨,特以回疆新定,不可令哈萨克纷纷往回地行走,故只准在伊犁贸易。今回子等前往哈萨克牧场贸易,又非哈萨克拦入回地可比,此等事体亦当因时制宜,不可拘泥成案。惟回子等往哈萨克游牧贸易,如何不致滋生事端,并公私均有裨益之处,宜从详筹办。将此著寄谕永贵,旌额理、绰克托等,将回子往哈萨克游牧贸易,如何不致滋生事端,酌立章程之处,会同阿桂详悉妥议具奏。"

(档号:03－132－1－018)

回子伙同哈萨克等贩货贸易自应饬禁

清乾隆朝满文寄信档。乾隆三十二年(1767)二月二十九日,大学士、领侍卫内大臣、忠勇公等奉上谕,字寄乌什参赞大臣永贵等回子伙同哈萨克等贩货贸易自应饬禁。谕曰:"据永贵奏称,浩罕、安集延、塔什干、纳木干商人并喀什噶尔回子、哈萨克等,混合驱赶数千马匹牛羊,来乌什地方贸易。派人前往究问,其有诓诱勾通情弊。若回子等伙同哈萨克等贸易,于伊犁市易有碍,已饬交官兵、阿奇木伯克等,将牲只贱价售卖,其喀什噶尔回子、布鲁特等分别遣回原城,将哈萨克等遣送伊犁,乘便送回。伊等所称赴喀什噶尔商人与哈萨克并无诓诱勾通之情,理当查办,并将嗣后不准回众去哈萨克边界,哈萨克不准来回地交易之处,仍行知喀什噶尔大臣等。等语。伊犁驻防大军一切需用牲只，全赖哈萨克贸易，回子等串通哈萨克、布鲁特等谋利，将别部落牲只贩至回城交易，必于伊犁市易有碍无益，自应饬禁。惟来乌什贸易之人，既称伊等百余人内，一半人贩往喀什噶尔地方，永贵即应前往喀什噶尔亲自查办。今永贵既未亲往，但已行文绰克托等，亦未为不可。著寄谕永贵，嗣后如有此等事件，伊等至何城贸易，即当亲往查办，断不可任听奸回与哈萨克、布鲁特等合伙牟利，以致有碍伊犁、雅尔市易。”

（档号:03－132－1－023）

禁止回人等前往哈萨克地方贸易

清乾隆朝满文寄信档。乾隆三十二年(1767)三月初四日，大学士、领侍卫内大臣、忠勇公等奉上谕，字寄参赞大臣、尚书、都统阿桂等著禁止回人等前往哈萨克地方贸易。谕曰：“据绰克托等奏称，接准阿桂为严禁回子等前往哈萨克地方贸易之咨文，当经严行饬禁。惟喀什噶尔回众习于商贩，不谙牧养，若将浩罕、安集延、布鲁特各处牲畜全行禁止，于伊等无益。但安集延、布鲁特、喀什噶尔回子潜入哈萨克暗中交易马匹，贩往喀什噶尔出售，于伊犁市易甚无裨益。哈萨克等若谨遵阿桂所奏办理，扣留前往伊处贸易之回子货物，将人拿解伊犁严办，则奴才处亦详加访查，但有拿获之布鲁特、回子、哈萨克等，一并严惩，以儆效尤。等语。前阿桂奏到，严禁各城回子与哈萨克贸易，若有赴哈萨克地方贸易者，即令将货物扣留，将人拿送伊犁治罪。等语，朕即以所办过当，回子等系朕臣仆，即与内地民人相等，回子等贩运哈萨克马匹，亦于伊等生计有益，凡事因时制宜，不可拘泥成案，令传谕永贵、旌额理、绰克托，会同阿桂商议，以回子在哈萨克贸易，不致滋生事端，于公私两利之处，酌立章程。降旨发送前去。今绰克托等宣谕喀什噶尔所属各布鲁特比，嗣后毋许容留哈萨克、塔什干人贸易，布鲁特等亦不得拦入哈萨克、塔什干界内，尚合机宜。但若将现今贸易之哈萨克人货，即行分别拿送伊犁治罪，将前去哈萨克地方贸易之布鲁特、回子之马匹货物，准哈萨克等自行扣留，则断然不可。缘回众、布鲁特、哈萨克俱为朕臣仆，而商贩事所常有。惟回子地方与哈萨克贸易，恐于伊犁、雅尔等地贸易有碍，则应将前来回地贸易之哈萨克马匹货物贱价售卖，而将我方货物高价售卖，伊等无利可图，来回地贸易者，将自行减少。再，回人生计全赖贸易，若将其贸易尽行停止，则关系伊等生计，若其生计富裕，亦于我有益。著将此寄谕阿桂、永贵、旌额理、绰克托等，令伊等谨遵朕前旨会商，嗣后禁止回子、布鲁特前往哈萨克地方贸易外，其在安集延等处交易者，以如何不致滋事、诸方有益酌筹，议定章程具奏。”

（档号:03－132－1－025）

阿桂等著将越界游牧征收税课等项宣谕哈萨克

清乾隆朝满文寄信档。乾隆三十二年(1767)三月十五日，大学士、领侍卫内大臣、忠勇公等奉上谕，字寄总管伊犁等处地方将军、内大臣、都统阿桂等著将越界游牧征收税课等项宣谕哈萨克。谕曰：“据乌勒登奏称，协领巴尼协助哈尔巴哈卡伦章京三达，将乘夜越卡游牧之哈萨克等，每部一人，总拿解八人，无头领，均系为首牧丁，现在圈禁

看守。除移咨阿桂外，三达等往搜与哈萨克头领、哈萨克额僧克勒迪同入之哈萨克，俟查驱来报后，另行具奏。等语。哈萨克等归附有年，甚属恭顺。惟偷越卡伦游牧，虽逐之即迁，然迫于无处游牧，仍将不时前来。若严惩将所获牲畜全行拘留，伊等均系愚昧之人，朕心殊觉不忍；若准伊等随意在我地方住牧，又与例不符。是以，朕特降旨阿桂，令酌情议定少纳赋税住牧。顷据阿桂议奏，此等内徙游牧者，每牲百只抽一，以充贡赋，雪落之后，将我卡座内徙，暂令哈萨克等住牧。等语。朕令军机大臣等交明瑞等公同商议，俱照阿桂所奏行。此拿获之八名牧丁，亦毋庸治罪，理应照今所议办理。著寄谕阿桂等，此间，伊或亲往雅尔，或将此等哈萨克解至伊犁，即以伊之意晓谕哈萨克等：不可越入我卡内游牧之处，早已宣示尔等，尔等越卡之人，我等屡经驱逐，虽逐之即移，然见我方之人返回，又偷入卡内，本该将尔等从重治罪，将所获牲畜全行拘留。我等今副圣主抚恤外藩之至意，于秋冬雪落后，将卡座内徙，准尔等暂于塔尔巴哈台山阴住牧，春季将卡座移回原处时，仍令尔等移回卡座外。此特怜恤尔等无处住牧而通权办理者。但我内地之例，凡住境内之回子、厄鲁特等，无不交纳贡赋，即浩罕、安集延、布鲁特等入我境内贸易，亦俱征税。今尔等入我境内住牧，若不交纳贡赋，与例不符。今拟尔等内徙游牧者，每牲百只抽一。此项贡赋，每年由我拓展卡伦官兵，向尔等为首之人收取，尔等若惜此牲只，而不顾损失大量牲只，不来我境内游牧，则随尔等之便，我等并不勉强，亦不收税；若有内徙游牧者，我等即照此抽税。尔等若内徙游牧，我方收取贡赋支吾不肯交纳，则将尔等马匹牲只全部拘留，并将人擒拿从重治罪。彼时，尔等毋得后悔。而后缮书，交其为首之人带回。再，所获之八名哈萨克，虽不应治罪，究系议前越界，仍应酌量惩治，著阿桂等酌情惩办遣回，并将此传谕乌勒登等知之。”

（档号:03－132－1－028）

复查回子驱来喀什噶尔贸易牲只实数具奏

清乾隆朝满文寄信档。乾隆三十二年(1767)三月二十日，大学士、领侍卫内大臣、忠勇公等奉上谕，字寄总管伊犁等处地方将军、内大臣、都统阿桂等著复查回子驱来喀什噶尔贸易牲只实数具奏。谕曰：“阿桂、绰克托等，各自查奏喀什噶尔回子等私与哈萨克贸易之事，朕已交军机大臣等议奏。但阿桂折内称，回子等驱近三万马匹牛羊赴喀什噶尔，而绰克托折内称，安集延贸易之回子携来马八十一匹、牛一百二十五头、羊三千五百余只，两人所奏牲只数目，相差甚多。即回子等驱赶牲只，由伊犁来喀什噶尔途中，陆续与布鲁特交易，亦断难卖十分之九。据此看得，不是阿桂所称牲只数目过多，即绰克托所称过少。著寄谕阿桂、绰克托等，令将驱至伊犁之牲只几多，驱往喀什噶尔牲只几多之处，分别查明具奏。”

（档号:03－132－1－032）

将所获越界游牧之哈萨克释放交回

清乾隆朝满文寄信档。乾隆三十二年(1767)三月二十日，大学士、领侍卫内大臣、忠勇公等奉上谕，字寄总管伊犁等处地方将军、内大臣、都统阿桂等著将所获越界游牧之哈萨克释放交回。谕曰："据乌勒登奏称，哈萨克喀载玛岱鄂托克之头领额僧克勒迪等，会同卡伦章京三达等，将越界之哈萨克驱出。今额僧克勒迪前来，恳请放回先被我拿获之伊等八人。现将额僧克勒迪等暂留楚瑚楚，宜如何处置之处，已移咨阿桂。等语。额僧克勒迪会同我卡伦章京驱走内徙游牧之哈萨克等，今来乌勒登处，恳请释放被我拿获之人，额僧克勒迪亦系哈萨克之一头人。著寄谕乌勒登，该额僧克勒迪，无须留楚瑚楚等候，应明白晓谕伊曰：尔哈萨克等不时有内徙游牧者，于尔等甚无裨益，我将军拟酌量于尔等有益办理。今送尔前往伊犁见我将军，详细明示尔等。等语。并派人送往伊犁。俟额僧克勒迪抵达伊犁后，阿桂即将朕所降向哈萨克收取贡赋之旨传谕之，并将被我拿获之八人，还交伊等。著并谕阿桂知之。"

（档号:03－132－1－033）

霍罕等驱马匹牛羊来乌什贸易

乾隆三十二年二月壬戌（二十八日 1767.3.27）谕军机大臣等，据永贵奏称，霍罕、安集延、塔什干、纳木干商人，并喀什噶尔、哈萨克等，驱马匹牛羊，来乌什地方贸易，派人前往究问，虽无诓诱勾通情弊，但与伊犁市易有碍，已饬交阿木伯克等，将牲只贱价售买，其回众及哈萨克等，均分别遣回，仍行知喀什噶尔大臣，将嗣后回众、哈萨克彼此往来交易之处，严行饬禁等语。伊犁驻防大兵，一切需用牲畜，全赖哈萨克贸易，回众等串通谋利，将各部落牲只，贩至回城交易，自应饬禁，但来乌什之人，既称伊等百余人，一半贩往喀什噶尔地方，永贵即应前往查办，今既未亲往，但已行文绰克托等，亦未为不可。著传谕永贵，嗣后如有此等事件，伊等至何城贸易，即当亲往查办，断不可任听奸回与哈萨克等合伙谋利，以致有碍伊犁官用也。

（《清高宗实录》卷 779　页 570—571）

禁回子等往哈萨克地方贸易

乾隆三十二年三月戊辰（四日 1767.4.2）又谕（军机大臣等），据绰克托等奏，准阿桂咨称，禁回子等往哈萨克地方贸易，当经严行饬禁，但喀什噶尔回众习于商贩，不谙牧养，若将霍罕、安集延各处牲畜全行禁止，实于生计有损等语。前据阿桂奏，各城回子往哈萨克贸易，请将伊等货物扣留，并拿送伊犁治罪，朕以所办过当，已谕令酌议章程。今绰克托等所奏，惟晓谕喀什噶尔等回众，嗣后毋许容留哈萨克等贸易，伊等亦不得阑入哈萨克界内，尚合机宜，回众皆朕臣仆，商贩事所常有，若将各处贸易尽行停止，既于生计有碍，而伊犁、雅尔等处，亦无所裨益。著传谕阿桂、永贵、旌额里、绰克托等，除禁止回众往哈萨克地方贸易外，其在霍罕、安集延等处交易者，仍遵前旨，将如何不致滋事，并公私有益之处，酌议具奏。

（《清高宗实录》卷 780　页 582）

回子与哈萨克贸易之价不可高于伊犁

清乾隆朝满文寄信档。乾隆三十二年(1767)四月初六日，大学士、领侍卫内大臣、忠勇公等奉上谕，字寄参赞大臣绰克托等著回子与哈萨克贸易之价不可高于伊犁。谕曰："据绰克托奏称，接奉禁止回子等赴哈萨克地方贸易且予治罪者，未免过当之旨，喀什噶尔回子闻知，甚是欣喜。现已派人令将前接阿桂文后，遣送布鲁特部札文之人追回。等语。据绰克托此奏看得，接奉朕毋庸禁止回子等前去哈萨克地方贸易一旨，甚是得意。大臣等分驻各地，理应斟酌各自地方情形，实心办理。此事阿桂前办理过当，移文伊等，有不妥之处，伊等不敢苟同，则应陈明实情具奏。伊等奏后，朕或许依理另行办理。既不情愿，仍附声缮拟严禁之书派人送去，诚非实心办事之道。惟朕如此降旨，乃因回子等即为臣仆，若严禁与哈萨克之贸易，于伊等生计无益；且喀什噶尔等处地方，不时来伊犁索取马匹，经贸易获取马匹后，亦可省伊犁解送之劳，故而权变措置。然伊等因有此旨，准回子、哈萨克贸易恢复如旧，以致有碍伊犁、雅尔贸易，亦断然不可。总之，于回子等不可太过严禁，亦不可有碍伊犁贸易。绰克托等熟知伊犁、雅尔交易牲只之价，伊处若控制交易之价不高于伊犁、雅尔之价，则伊犁、雅尔贸易自无妨碍，回子等生计亦可无忧。将此著寄谕绰克托等，嗣后，回子等与哈萨克贸易，毋庸禁止，惟以伊犁、雅尔市价为准办理，切不可高于伊犁、雅尔之价贸易。将此一并寄谕阿桂、永贵、旌额理知之。"

（档号:03－132－1－038）

已将越卡游牧之哈萨克等拿获

乾隆三十二年三月己卯(十五日 1767.4.13)谕军机大臣等，据乌勒登奏称，协领巴尼等，已将越卡游牧之哈萨克等拿获八名，均系牧丁，现在圈禁看守，并令三达等前往搜查驱逐等语。哈萨克归附有年，甚属恭顺，但以游牧遇雪，屡次越界，若竟将所获牲畜全行拘留，朕心殊觉不忍。近据阿桂遵旨议奏，秋冬雪落后，请将塔尔巴哈台卡座稍为内徙，暂令哈萨克等住牧，每牲百只抽一，交卡上官员收取，以充贡赋，春季仍行遣回，已交明瑞等共同议准，此次即应照所议办理。可传谕阿桂，伊或亲往雅尔，或将拿获之牧丁人等解至伊犁，明白晓谕，并令将文书带回，交伊头目遵照办理。至所获牧丁八名，究系议前越界，仍应酌量惩治遣往。并将此传谕乌勒登等知之。

（《清高宗实录》卷780　页591）

瑚图灵阿等访得俄罗斯遣员前来即速奏闻

清乾隆朝满文寄信档。乾隆三十二年(1767)四月十三日，大学士、领侍卫内大臣、忠勇公等奉上谕，字寄驻库伦办事、理藩院额外侍郎、喀喇沁固山贝子瑚图灵阿等访得俄罗斯遣员前来即速奏闻。谕曰："据瑚图灵阿奏称，经问据俄罗斯来投之玛克西姆告称：俄罗斯现正调哈萨克、土尔扈特阿玉奇汗等兵以备，由萨纳特衙门派大员会谈特古斯肯一事，若不能了结，即将用兵。玛克西姆现已派人送往理藩院。等语。据此看得，俄罗斯期望重开贸易，故意编造此言放风试探，亦难预料。所言调兵以备，断无此事。俄罗斯等因我暂停贸易，为复请开市派人前来，事尚可能。除派人迎解玛克西姆另行究问外，著将此寄谕瑚图灵阿等，俄罗斯果若派人来谈特古斯肯一事，定会事先获信。令瑚图灵阿等此间好生探访，若有前来信息，即速奏闻。朕另派大臣赴恰克图，会同瑚图灵阿等办理此事。”

（档号:03－132－1－040）

车伯克等人履历

讷默库所遗佐领员缺，拟正之察哈尔营镶红旗索诺木车林佐领下骁骑校车伯克，食俸饷二十一年。塔尔巴哈台换防一次，巡查哈萨克边界一次，册封哈萨克王江和卓出差一次，出哈什围八次。补放佐领拟陪一次。现年三十五岁，额鲁特，马步箭平等。拟陪车伯克之察哈尔营镶黄旗车木伯勒佐领下骁骑校乌济喇勒，食俸饷十九年。巡查哈萨克、布鲁特边界四次。拿获锡伯盗马贼等，得赏马二匹。册封哈萨克王江和卓出差一次，出哈什围三次。现年三十二岁，额鲁特，马步箭平等。拟补佐领递出骁骑校员缺，拟正之察哈尔营镶红旗讷默库佐领下委官绰依津扎布，食钱粮二十一年。巡查哈萨克边界三次，巡查布鲁特边界一次。缉拿哈萨克盗马贼道汗等一次，出哈什围三次。补放骁骑校拟陪一次。现年三十四岁，额鲁特，马步箭平等。拟陪绰依津扎布之察哈尔营正蓝旗扣肯佐领下年满委笔帖式德勒格尔图鲁，食钱粮二十三年。巡查哈萨克、布鲁特边界四次。拿获哈萨克盗马贼等，得赏马二匹。出哈什围三次，委笔帖式年满后保举一等报部。现年四十一岁，额鲁特，马步箭平等。乌尔固呼所遗骁骑校员缺，拟正之察哈尔营镶蓝旗东罗布佐领下委官阿玉尔，食钱粮十五年。巡查哈萨克、布鲁特边界四次，出哈什围九次。补放骁骑校拟陪一次。现年三十一岁，察哈尔，马步箭平等。拟陪阿玉尔之察哈尔营正白旗德勒格勒布佐领下委官巴彦，食钱粮二十年。巡查哈萨克、布鲁特边界三次，册封哈萨克王江和卓出差一次，出哈什围二次。现年三十五岁，察哈尔，马步箭平等。察木海所遗骁骑校员缺，拟正之惠宁城镶红旗赫升额佐领下年满委笔帖式希禅，食钱粮二十一年。出哈什围三次，出差三次，委笔帖式年满后保举为一等报部。补放骁骑校拟陪一次。现年三十九岁，满洲，费穆氏，马步箭平等。拟陪希禅之惠宁城镶白旗海隆阿佐领下前锋护军校丰鲁，食钱粮十一年。巡查哈萨克、布鲁特边界二次，出哈什围九次。现年五十二岁，蒙古，巴力特氏，马步箭平等。

（《军机处满文录副奏折》3759—1）

车登等人履历清单

克西库所出骁骑校缺，拟正之正红旗阿塔木拜佐领下领催车登，食钱粮十九年。巡查哈萨克、布鲁特边界九次，缉拿额鲁特逃人阿布达舒库尔一次。补放骁骑校拟陪二次。现年三十一岁，察哈尔，马步箭平。拟陪车登之镶白旗罗布藏佐领下领催空蓝翎达木巴，食钱粮二十三年。巡查哈萨克、布鲁特边界八次，赴阿布赉游牧打探来投土尔扈

特消息二次。现年三十九岁，察哈尔，马步箭平。

（《军机处满文录副奏折》3053—22）

车林等人履历清单

德礼克扎布所遗佐领缺，拟正之察哈尔营正白旗鄂博依佐领下骁骑校车林，食俸饷二十六年。巡查哈萨克、布鲁特边界六次，出差五次，哈什行围十一次。补放佐领拟陪一次。现年四十三岁，旧额鲁特，马步箭平等。拟陪车林之察哈尔营镶黄旗车木伯勒佐领下骁骑校特古斯，食俸饷二十六年。塔尔巴哈台换防一次，巡查哈萨克、布鲁特边界四次，到热河护送贡马一次，出差三次，哈什行围六次。现年四十三岁，旧额鲁特，马步箭平等。车木伯勒所遗佐领缺，拟正之察哈尔营镶黄旗巴勒扎布佐领下骁骑校阿达雅，食俸饷三十一年。巡查哈萨克、布鲁特边界三次，进京护送贡马三次，出差七次，哈什行围十次。补放佐领拟陪一次。现年四十六岁，旧额鲁特，马步箭平等。拟陪阿达雅之察哈尔营镶白旗哈达佐领下骁骑校鄂齐尔，食俸饷二十二年。巡查哈萨克、布鲁特边界四次，出差二次，哈什行围十二次。现年三十二岁，察哈尔，马步箭平等。拟补佐领所遗骁骑校缺，拟正之察哈尔营正蓝旗扣肯佐领下委官萨音特古斯，食钱粮二十四年。巡查哈萨克、布鲁特边界三次，缉拿盗马哈萨克贼等二次，出差二次。现年三十六岁，察哈尔，马步箭平等。拟陪萨音特古斯之察哈尔营正白旗巴尔哈勒岱佐领下委官都噶尔，食钱粮三十七年。巡查哈萨克、布鲁特边界二次，哈什行围三次。现年五十一岁，喀尔喀，马步箭平等。拟补佐领所遗骁骑校缺，拟正之察哈尔营正蓝旗普尔普佐领下委官乌勒木济，食钱粮二十六年。塔尔巴哈台换防一次，巡查哈萨克、布鲁特边界四次，缉拿盗马哈萨克贼等三次，哈什行围六次。补放骁骑校拟陪一次。现年四十二岁，旧额鲁特，马步箭平等。拟陪乌勒木济之察哈尔营镶黄旗巴勒扎布佐领下委官佳泰，食钱粮二十七年。巡查哈萨克、布鲁特边界六次，缉拿盗马哈萨克贼等一次，哈什行围十五次。现年四十四岁，旧额鲁特，马步箭平等。

（《军机处满文录副奏折》3985—13）

将致哈萨克脱逃之失守官兵查明参办

清乾隆朝满文寄信档。乾隆三十二年（1767）四月二十六日，大学士、领侍卫内大臣、忠勇公等奉上谕，字寄总管伊犁等处地方将军、内大臣、都统阿桂等前获哈萨克脱逃著将失守官兵查明参办。谕曰："据乌勒登等奏称，拘押之越入卡伦哈萨克八人内，有三人脱逃，除将失守渎职官兵，查明另行具奏外，俟额僧克勒迪由伊犁返回告之，将脱逃之哈萨克三人，由牧场拿解到后，与现拘禁之哈萨克五人，一并办理。等语。前据乌勒登等奏称：额僧克勒迪会同我卡伦章京，驱逐越界之哈萨克后，恳乞施恩，放回被擒之哈萨克八人。现将此等之人暂留于楚瑚楚，其如何办理之处，已移咨阿桂。此奏到后，朕即降旨：额僧克勒迪等无须留楚瑚楚等候，即送阿桂处，将朕所降入我界内游牧之哈萨克均需交纳贡赋之谕旨，晓谕伊等，而后将被我拿获之哈萨克八人，交还额僧克勒迪。

该哈萨克等俱甚卑贱，今虽脱逃，有何妨碍？不必将此作为一事，告知额僧克勒迪查拿，我官兵如此疏失，致使脱逃，反被哈萨克等讥笑。将此饬交阿桂，作为伊意晓谕额僧克勒迪：近日拘禁之哈萨克八人内，有三人脱逃，其均属卑贱之辈，即便不逃，亦将给回，乃非大事，即交尔带回。并将朕先降谕旨，复行晓谕，将其余哈萨克，交伊带回。惟看守官兵，不慎致使哈萨克脱逃，甚属疏忽，不可不加治罪。著阿桂查明，将官员指名参奏治罪，兵丁从重惩处。并谕乌勒登知之。”

（档号：03－132－1－046）

札付哈萨克汗之书毋庸避讳写作哈萨克王

清乾隆朝满文寄信档。乾隆三十二年（1767）五月初七日，大学士、领侍卫内大臣、忠勇公等奉上谕，字寄总管伊犁等处地方将军、内大臣、都统阿桂著札付哈萨克汗之书毋庸避讳写作哈萨克王。谕曰：“阿桂所奏知会阿布勒比斯收取哈萨克贡赋之文稿内，写有移咨哈萨克王阿布勒比斯一语。先前颁发阿布赉、阿布勒比斯等敕谕，曾写为哈萨克汗阿布赉、阿布勒比斯，后亦曾写作哈萨克之阿布赉、阿布勒比斯，并未写过王者。今阿桂等知会伊等书以王者，系伊犁、雅尔地方原本如此称谓，或译文内避讳汗字耶？倘原本如此缮写则已，若仅是次如此称呼，则错矣。专此避讳汗字，即属伊之多虑。我喀尔喀亦有土谢图汗、扎萨克图汗等称号，均照写，不曾避讳写成王，朕系统摄天下之汗，伊等不过一部落小汗，何须避讳？此或系平常即如此写，或底稿缮写有误，著寄信阿桂等查明，乘便具奏外。嗣后，札付哈萨克等，仍照常例办理，毋庸回避。”

（档号：03－132－1－049

查明回子赴哈萨克贸易解至各处之马匹数目

清乾隆朝满文寄信档。乾隆三十二年（1767）五月十六日，大学士、领侍卫内大臣、忠勇公等奉上谕，字寄总管伊犁等处地方将军、参赞大臣永贵等著查明回子赴哈萨克贸易解至各处之马匹数目。谕曰：“阿桂接奉伊犁奏到，回子与哈萨克贸易解往喀什噶尔之牲畜数目，与喀什噶尔所奏送至彼处之数目，相互不符，此或系阿桂多写，或系绰克托等少写，著分别查奏之旨后复奏，此等回子由哈萨克牧场驱赶牲畜返回时，并未取道伊犁设卡地方，查无实证。等语，将哈萨克等前后所报牲畜数目及永贵、绰克托等移文所写解至乌什、喀什噶尔之牲畜数目，查奏前来。以阿桂此奏看得，伊等又相互推诿。此系何等要事。伊犁、乌什、喀什噶尔等地方实送数目，若分别清查，其或系哈萨克等原来多报，或系绰克托等少写，何以不明？此皆因伊等各分畛域，心存推诿所致。我大臣等历来如此，是为何因？将此著寄谕永贵，令将该回子等与哈萨克贸易所得牲畜，解去喀什噶尔多少？解送乌什多少？在途售出多少？有无解往他处，或回子等原来多报，或绰克托等少写之处，逐项查明，据实奏闻。并传谕阿桂、绰克托等知之。”

（档号：03－132－1－056）

严缉杀害官兵在逃之厄鲁特玛哈沁

清乾隆朝满文寄信档。乾隆三十二年(1767)六月十六日,大学士、领侍卫内大臣、忠勇公等奉上谕,字寄总管伊犁等处地方将军、内大臣、都统阿桂及驻雅尔参赞大臣、都统等著严缉杀害官兵在逃之厄鲁特玛哈沁。谕曰:“据吴达善奏称,居于西格根山之厄鲁特玛哈沁爱希达克,留下木牌称欲投诚,驻木垒守备端柱,率兵丁两人及相识玛哈沁之民人牛田成,前往招抚,端柱及两兵丁均被玛哈沁杀害,牛田成逃回,审问后又搜查山中,厄鲁特玛哈沁携妻子脱逃,至今尚未拿获。等语。该厄鲁特玛哈沁系有妻子之人,能逃往何处?无非躲于山内僻处,若严加查拿,何难擒获,绿旗兵均属无能,是以未获。将此著吴达善复行严饬,遍行搜缉外。惟此玛哈沁系厄鲁特人,避路逃至伊犁、雅尔地方,反谎称由哈萨克逃出来投,亦难预料。著将该玛哈沁之年貌、家口数目抄寄阿桂、乌勒登等,令其留意查缉。”

(档号:03-132-1-064)

申饬绰克托等办理回子与哈萨克贸易未善

清乾隆朝满文寄信档。乾隆三十二年(1767)六月二十七日,大学士、领侍卫内大臣、忠勇公等奉上谕,字寄参赞大臣永贵申饬绰克托等办理回子与哈萨克贸易未善。谕曰:“据绰克托、柏琨奏称,接奉回子等与哈萨克交通贸易毋庸禁止之降旨,传唤噶岱默特、托喀等商定贸易事宜,噶岱默特等声称:若准回子等前去哈萨克地方贸易,将越过远外布鲁特诸部,回解贸易所得牲畜不无损失,而回民愚昧图利,肆意抬价,难以及时管理,请照旧禁止贸易。复传众伯克头目等聚商,均同噶岱默特所请。等语。朕降旨令毋禁止回子与哈萨克贸易,乃念回众生计恐有妨碍,而特施恩典,并非强迫回子等与哈萨克贸易。回子等与哈萨克贸易,本于我伊犁、雅尔贸易无甚裨益,若回众不情愿,则甚好,岂有反令贸易之理?今绰克托等不信噶岱默特等人所言,复又召集众伯克、头目等规劝办理,甚属不通事理。如此易事,伊等竟处置不当,谬误至此,若遇大事,岂能办妥?绰克托、柏琨另行降旨申饬外。著寄谕永贵知之,嗣后喀什噶尔有事,不可依赖绰克托、柏琨,伊应自行留意办理。”

(档号:03-132-1-068)

严禁回子与哈萨克贸易

清乾隆朝满文寄信档。乾隆三十二年(1767)六月二十七日,大学士、领侍卫内大臣、忠勇公等奉上谕,字寄参赞大臣绰克托等著严禁回子与哈萨克贸易。谕曰:“据绰克托、柏琨等奏称,接奉回子等与哈萨克交通贸易毋庸禁止之降旨,传唤噶岱默特、托喀等商定贸易事宜,噶岱默特等声称:若准回子等前去哈萨克地方贸易,将越过远外布鲁特诸部,回解贸易所得牲畜不无损失,而回民愚昧图利,肆意抬价,难以及时管理,请照旧禁止贸易。复传众伯克头目等聚商,均同噶岱默特所请。等语。绰克托等如此办理,甚是不通事理。此一事,前因阿桂所咨回子等若去哈萨克贸易,则将伊等携去之物由哈萨克扣留,殊属过分,朕曾降旨申饬。续绰克托等又奏,回子等得闻朕旨甚是欣喜,且念禁止回子等与哈萨克贸易,或于伊等生计有碍,是以降旨令毋严行禁止。此特念回子等归诚,为裨益其生计而特施之恩,并非强迫伊等而行。今我伊犁、雅尔所需马匹均有赖于与哈萨克之贸易,回子等若不情愿,自是好事,岂有强迫之理?绰克托等交付噶岱默特等办理,伊等不情愿则已,又何以不信,必复召集众伯克、头目等商办?好似朕降旨强迫回子等与哈萨克贸易,此乃伊等肆行强迫回子耳,朕旨内有必令回子与哈萨克贸易之言乎?凡事当求其利,伊等如此办理,若言有裨回子,回子并不情愿,若言有裨伊犁、雅尔之贸易,又甚是影响伊犁、雅尔之贸易,有何益处?绰克托、柏琨两该杀的,何以糊涂至此,著寄谕申饬绰克托、柏琨。此事阿桂、永贵等会奏到后,朕已交军机大臣等议定,嗣后回子等仍令照旧与布鲁特、安集延等处贸易,严禁与哈萨克贸易。著将此传谕绰克托等照此办理。"

(档号:03-132-1-069)

移驻伊犁锡伯军民编设牛录

"乾隆三十二年(1767)六月二十七日。奴才阿桂谨奏:为议奏事。顷接准军机处遵旨议准咨开,移驻伊犁之索伦、锡伯、察哈尔,按新厄鲁特之例,编设牛录,故不论旗份,曾以近二百户为一牛录,每部各设六牛录。今生齿日繁,一切差使等项而又烦冗,如仍旧责成六牛录官员管理,实属不足。再两翼厄鲁特中,右翼人众,且陆续来归之厄鲁特,较前亦多。将此只责成六牛录官员管束,则亦不足。明瑞朝觐时奏厄鲁特足够增添二牛录,奉旨准行。因而,除照办外,锡伯、索伦、察哈尔等三部,亦同厄鲁特部,请增添二牛录,俱整编为八牛录,以为八旗。右翼厄鲁特增添两牛录,以左翼为上三旗,右翼为下五旗。又锡伯、索伦、察哈尔、厄鲁特牛录,既已各为八旗,其旗纛颜色,亦应按旗授之。将此饬交阿桂受旗纛时,或即应按旗授领,或另有分辨之项与否,议定具奏,咨部得给。等因奏入,奉旨:依议。钦此。钦遵。咨文奴才阿桂前来。是故,将理应添设之佐领、骁骑校,已由奴才拣选另折具奏外,各部增添牛录,分编旗份,整饬新旧兵丁,按旗份铸造关防钤记,确定旗纛式样等项,因各部情形不同,逐项开列,恭呈御览,伏乞皇上圣鉴训示。一、锡伯、索伦兵各一千名,分编八旗,每旗各设一牛录,每牛录各为兵一百二十五名。除原有佐领各六员、骁骑校各六员外,各增设佐领二员、骁骑校二员,并从披甲内各选领催八员,每牛录各为领催四名,披甲一百二十一名。一、左右两翼察哈尔兵共一千八百名,拨归安置之厄鲁特闲散二百名,分编两翼,每翼各为兵九百名、厄鲁特闲散一百名。除原有佐领各六员、骁骑校各六员外,再增设佐领各二员、骁骑校各二员。增添二牛录后,亦应增设领催,除原有领催外,从披甲内再选领催十六名,每牛录各为领催四名,披甲一百一十二三名,厄鲁特闲散一十二三名。将其左翼原有六牛录、新增二牛录作为左翼四旗,右翼原有六牛录、新增二牛录作为右翼四旗。一、左翼厄鲁特兵五百名、闲散二百六十九名,每牛录各为兵八十三四名,闲散四十四五名,现有佐领六员、骁骑校六员。将伊等依照所奏作为上三旗，每旗各设二牛录。此外，右翼厄鲁特佐领六员、骁骑校六员、兵四百二十名、闲散一千三百名，每旗各为领催、披甲七十名，闲散二百一十六七名。若依照原奏，以每二百名编设一牛录计，则现有披甲、闲散之数目，亦够增添四牛录。惟增添牛录后，需由皇上格外加恩拨给其官兵俸饷，理应渐次办理。故此，现新增二牛录，亦照原有牛录之兵额每牛录各为领催四名、披甲六十六名。其余一千一百六十名闲散，平均分摊，每牛录各为一百四十五名，作为下五旗。其中正红、镶白、镶红三旗，每旗各设二牛录；正黄、镶蓝二旗，每旗暂且各设一牛录。嗣后，从布鲁特、哈萨克来归者增多时，再具奏请旨办理。一、锡伯、索伦、察哈尔、厄鲁特均编八旗，整饬牛录，并将厄鲁特分上三旗、下五旗管束，其原有左右两翼总管关防，锡伯、索伦、察哈尔总管关防及锡伯、索伦、察哈尔、厄鲁特佐领钤记所铸字样，均已不合。应照现今整饬之例，标明旗色，改铸颁发。是故，拟定应改铸颁发之总管关防、佐领钤记字样，缮单恭呈御览。倘蒙谕准，则缴该部铸送得给。俟接新关防、钤记后，将旧关防、钤记交回该部销毁。一、应发给锡伯、索伦、察哈尔、厄鲁特官兵之旗纛，若得给同一式样者，则行军时，系何项兵，从稍远处不能辨别。再，满洲兵虽有自凉州、庄浪原带旗纛，然皆已破旧，大小长短不齐。热河满洲兵一千名，由原起程处未带旗纛。今为锡伯、索伦、察哈尔、厄鲁特制给旗纛，相应恭请圣恩，制做一份，赏给满洲兵，伊等自凉州、庄浪所带旗纛留用于行围操练。是以，为易于辨明起见，分别拟定各营旗纛式样颜色、有无火焰，绘图恭呈御览。可否之处，俟奉上谕后，钦遵饬交该部制造。为此谨奏。请旨。乾隆三十二年七月二十日奉朱批：著原议诸大臣议奏。钦此。”（《军机处满文录副奏折》2232—43）“乾隆三十二年（1767）闰七月初二日。查得，前明瑞来京具奏伊犁索伦、锡伯、察哈尔、厄鲁特增添牛录等情后，臣等具奏，明瑞朝觐时奏厄鲁特昂吉是够增添二牛录，奉旨准行。因而除照办外，索伦、锡伯、察哈尔等昂吉，亦同厄鲁特，请每昂吉增添二牛录，俱整饬为八牛录，以为八旗。右翼厄鲁特昂吉增添二牛录，以左翼为上三旗，右翼为下五旗。又锡伯、索伦二昂吉、察哈尔二昂吉、厄鲁特二昂吉内，何昂吉授何种旗纛，请饬交阿桂，或即应按旗授领，或另有分辨之项与否，议定具奏，咨部得给。等因奏准咨行去后。今阿桂查明，将各部增添牛录，分编旗份，整饬新旧兵丁，关防、钤记，标明旗份颜色，确定旗纛式样等项，均按各营之情形及旗色之易辨，斟酌办理。故亦照其所奏，将锡伯、索伦各一千名兵，编设八旗，每旗各为一牛录，每牛录各为兵一百二十五名。除原有佐领各六员、骁骑校各六员外，各添设佐领二员、骁骑校二员，由披甲内各选领催八名，每牛录各为领催四名，披甲一百二十一名。左右两翼察哈尔兵一千名，拨归安置之厄鲁特闲散二百名，分编两翼，每翼各为兵九百名、厄鲁特闲散一百名。除原有佐领各六员、骁骑校各六员外，再增设佐领各二员、骁骑校各二员。除原有领催外，从披甲内挑选领催十六名，每牛录各为领催四员、披甲一百一十二三名，厄鲁特闲散一十二三名。将其左翼原有六牛录、新增二牛录作为左翼四旗；右翼原有六牛录、新增二牛录作为右翼四旗。左翼厄鲁特现有兵五百名、闲散二百六十九名，每牛录各为兵八十三四名，闲散四十四五名，佐领六员，骁骑校六员。将伊等作为上三旗，每旗各设二牛录。右翼厄鲁特佐领六员、骁骑校六员、兵四百二十名、闲散一千三百名，每旗各为领催、披甲七十名，闲散二百一十六七名。现新增二牛录之兵额，每牛录各为领催四名、披甲六十六名。其余一千一百六十名闲散，平均分摊，每牛录各为一百四十五名。其中正红、镶白、镶红三旗，每旗各设二牛录；正蓝、镶蓝二旗，每旗暂且各设一牛录。嗣后，从布鲁特、哈萨克来归者增多时，再行具奏增添。再，厄鲁特左右两翼总管关防，锡伯、索伦、察哈尔总管关防及佐领钤记字样，亦照阿桂奏单，饬交该部铸造得给，旧有关防、钤记送缴销毁。各部八旗旗纛，饬交该部照阿桂绘图奏单制做外，亦给满洲兵制做赏给一份，留伊等自凉州、庄浪所带旗纛用于行围操练。可否之处，俟奉旨之日，遵照施行。为此谨奏。请旨。乾隆三十二年闰七月初二日奏，奉旨：依议。钦此。"（《军机处满文议复档》882—1）"乾隆三十二年(1767)闰七月戊申军机大臣等议复，伊犁将军阿桂等奏称：伊犁地方辽阔，陆续添派驻防满洲、锡伯、索伦、察哈尔、厄鲁特携眷官兵及屯田回民，将及二万户。屯田修城之绿营兵，效力赎罪，及发遣人犯亦有数千名。惠远、绥定二城商民渐多，此皆由各处凑集，良善者少，所有讼狱案牍、弹压地方等事，惟同知一员经理，而监狱亦系该同知管辖，未免过烦，恐有顾此失彼之患。查乌鲁木齐等处，俱已设立巡检。伊犁请照例于惠远城添设巡检一员，兼理典史事，管理监狱。绥定城添设巡检一员，兼理仓大使事，弹压商民。该巡检除管理监狱仓务外，如遇地方有不法情事，即行查拿，解送同知衙门审拟定罪。其应给钤记，拟定惠远城巡检图记、绥定城巡检图记字样，行文咨部铸给。伊犁乃新定边疆，事务殷繁，所有添设巡检二员，请由陕甘二省相当官员内拣选贤能者拨往。俟三年期满时出具考语，照苗疆俸满之例升用。均应所请。从之。"（《清高宗实录》卷791页1—2）"营务成案：乾隆三十二年(1767)，将军阿桂奏定营务章程折内，所有锡伯、索伦、察哈尔、厄鲁特总管关防、佐领图记，改铸发给，其各营官兵应得纛帜，若一色制给，不能分析何项兵丁。再满洲兵，由凉州、壮浪原处带来纛帜，俱已损坏，大小宽长不一，热河满洲兵丁移驻之初，并未带有纛帜，亦请造一份赏给。因将分别营部纛帜式样、旗色绘图，恭呈御览，得旨允行。"（《新疆识略》卷七，14页）

察哈尔等营增添牛录并颁发旗纛

乾隆三十二年(1767)六月二十七日。奴才阿桂谨奏：为议奏事。顷接准军机处遵旨议准咨开，移驻伊犁之索伦、锡伯、察哈尔，按新额鲁特之例，编设牛录，故不论旗份，曾以近二百户为一牛录，每部各设六牛录。今生齿日繁，一切差使等项而又烦冗，如仍旧责成六牛录官员管理，实属不足。再两翼额鲁特中，右翼人众，且陆续来归之额鲁特，较前亦多。将此只责成六牛录官员管束，则亦不足。明瑞朝觐时奏额鲁特足够增添二牛录，奉旨准行。因而，除照办外，锡伯、索伦、察哈尔等三部，亦同额鲁特部，请增添二牛录，俱整编为八牛录，以为八旗。右翼额鲁特增添两牛录，以左翼为上三旗，右翼为下五旗。又锡伯、索伦、察哈尔、额鲁特牛录，既已各为八旗，其旗纛颜色，亦应按旗授之。将此饬交阿桂授旗纛时，或即应按旗授领，或另有分辨之项与否，议定具奏，咨部得给。等因奏入，奉旨：依议。钦此。钦遵。咨文奴才阿桂前来。是故，将理应添设之佐领、骁骑校，已由奴才拣选另折具奏外，各部增添牛录，分编旗份，整饬新旧兵丁，按旗份铸造关防钤记，确定旗纛式样等项，因各部情形不同，逐项开列，恭呈御览，伏乞皇上圣鉴训示。一、锡伯、索伦兵各一千名，分编八旗，每旗各设一牛录，每牛录各为兵一百二十五名。除原有佐领各六员、骁骑校各六员外，各增设佐领二员、骁骑校二员，并从披甲内各选领催八员，每牛录各为领催四名，披甲一百二十一名。一、左右两翼察哈尔兵共一千八百名、拨归安置之额鲁特闲散二百名，分编两翼，每翼各为兵九百名、额鲁特闲散一百名。除原有佐领各六员、骁骑校各六员外，再增设佐领各二员、骁骑校各二员。增添二牛录后，亦应增设领催，除原有领催外，从披甲内再选领催十六名，每牛录各为领催四名，披甲一百一十二三名，额鲁特闲散一十二三名。将其左翼原有六牛录、新增二牛录作为左翼四旗，右翼原有六牛录、新增二牛录作为右翼四旗。一、左翼额鲁特兵五百名、闲散二百六十九名，每牛录各为兵八十三四名，闲散四十四五名，现有佐领六员、骁骑校六员。将伊等依照所奏作为上三旗，每旗各设二牛录。此外，右翼额鲁特佐领六员、骁骑校六员、兵四百二十名、闲散一千三百名，每旗各为领催、披甲七十名，闲散二百一十六七名。若依照原奏，以每二百名编设一牛录计，则现有披甲、闲散之数目，亦够增添四牛录。惟增添牛录后，需由皇上格外加恩拨给其官兵俸饷，理应渐次办理。故此，现新增二牛录，亦照原有牛录之兵额，每牛录各为领催四名、披甲六十六名。其余一千一百六十名闲散，平均分摊，每牛录各为一百四十五名，作为下五旗。其中正红、镶白、镶红三旗，每旗各设二牛录；正黄、镶蓝二旗，每旗暂且各设一牛录。嗣后，从布鲁特、哈萨克来归者增多时，再具奏请旨办理。一、锡伯、索伦、察哈尔、额鲁特均编八旗，整饬牛录，并将额鲁特分上三旗、下五旗管束，其原有左右两翼总管关防，锡伯、索伦、察哈尔总管关防及锡伯、索伦、察哈尔、额鲁特佐领钤记所铸字样，均已不合。应照现今整办之例，标明旗色，改铸颁发。是故，拟定应改铸颁发之总管关防、佐领钤记字样，缮单恭呈御览。倘蒙谕准，则缴该部铸送得给。俟接新关防、钤记后，将旧关防、钤记交回该部销毁。一、应发给锡伯、索伦、察哈尔、额鲁特官兵之旗纛，若得给同一式样者，则行军时，系何项兵，从稍远处不能辨别。再，满洲兵虽有自凉州、庄浪原带旗纛，然皆已破旧，大小长短不齐。热河满洲兵一千名，由原起程处未带旗纛。今为锡伯、索伦、察哈尔、额鲁特制给旗纛，相应恭请圣恩，制做一份，赏给满洲兵，伊等自凉州、庄浪所带旗纛留用于行围操练。是以，为易于辨明起见，分别拟定各营旗纛式样颜色、有无火焰，绘图恭呈御览。可否之处，俟奉上谕后，钦遵饬交该部制造。为此谨奏。请旨。乾隆三十二年七月二十日奉朱批：著原议诸大臣议奏。钦此。

（《军机处满文录副奏折》2232—43）

拟将哈拉萨哈勒等人补放察哈尔营佐领

“乾隆三十二年(1767)六月二十七日。奴才阿桂谨奏:为请旨补放官员事。窃查,今已议定,将察哈尔官兵编为八旗,除两翼原有十二牛录外,增设四牛录。此增设之佐领四缺,又因在雅尔地方看守哈萨克脱逃一案被革职之佐领济木巴喇西一缺,共佐领五缺,均应拣选补放。查得,本年四月,期满遣回之察哈尔佐领丹津等佐领六缺,拣选补放时,除两翼十二名骁骑校内年岁逾过、不堪中用者外,仅将九员开列具奏,皇上从中拣选开列在前之六员补放佐领。今补放佐领五员时,原先开列之骁骑校嘎鲁岱、哈拉萨哈勒、乌巴西等三员,均可补放外,其余均为补放骁骑校尚未满一月之人,不可即行补放佐领,且又无其他堪用之员。经查,二十九年护送察哈尔携眷兵丁时,将患病之察哈尔兵丁留给哈萨克使役后,而谎报死亡,因此革职之佐领额勒济图、护军校·云骑尉齐旺扎布等二员,出征乌什效力,并请求情愿留下当差。故奴才等具奏,请将伊等降级免职,照留在军营效力官员之例,暂不开缺,准食原俸,俟遣回时,出具考语,咨部办理。等因。奉旨准行。今额勒济图、齐旺扎布,在满洲营马厂,教习看护水草、牧养马匹之道,尚属奋勉。故现需补放之佐领五缺,将骁骑校嘎鲁岱、哈拉萨哈勒、乌巴西三人指放外,所余佐领二缺,恭请皇上施恩,即令额勒济图、齐旺扎布办理佐领事务,其原籍之缺照旧不开,在此仍支给现食盐菜银,再留二年效力后,俟遣回时,出具考语,送部引见。是故,谨将其履历另缮清单,恭呈御览。此外,补放骁骑校时,尚能选得堪用之人。其增设之骁骑校四缺及补放佐领递出骁骑校三缺,于应升人员内,视其所建功绩及善于管束之情,以护军诸木果玉图、领催古木扎布、恩克、毕里克图、罗布桑、布林特古斯、巴彦察衮等拟正,前锋克西呼、护军扎木苏、领催齐巴克、贡色木巴勒、根敦、护军布尔哲依、领催巴雅斯呼朗等拟陪。谨将其履历另缮清单,恭呈御览,伏候钦定骁骑校七员。为此谨奏。请旨。乾隆三十二年七月二十日奉朱批:另有旨。钦此。”(《军机处满文录副奏折》2233—2)“乾隆三十二年七月二十日。上谕:据阿桂奏,将察哈尔官兵编为八旗,除两翼原有十二佐领外,增设四佐领,又革职之佐领济木巴喇西一缺,共佐领五缺。原先开列之剩余骁骑校嘎鲁岱、哈拉萨哈勒、乌巴西拟补三名佐领外,其余佐领二缺,请准革职之佐领额勒济图、护军校·云骑尉齐旺扎布二人管理佐领事务。再,增设骁骑校四缺及补放佐领递出骁骑校三缺,共骁骑校七缺,经拣选以护军诸木果玉图、领催古木扎布、恩克、毕里克图、罗布桑、布林特古斯、巴彦察衮等拟正,前锋克西呼、护军扎木苏、布尔哲依、领催齐巴克、贡色木巴勒、根敦、巴雅斯呼朗等拟陪,请旨补放一折。将此,著照阿桂所奏,佐领五缺,将骁骑校嘎鲁岱、哈拉萨哈勒、乌巴西补放,额勒济图、齐旺扎布管理佐领事务。骁骑校七缺,以拟正之诸木果玉图、古木扎布、恩克、毕里克图、罗布桑、布林特古斯、巴彦察衮补放。钦此。”(《军机处满文上谕档》35—1)

察哈尔等营增添牛录并颁发旗纛事宜

乾隆三十二年(1767)闰七月初二日。大学士·领侍卫内大臣·忠勇公·臣傅恒

等谨奏：为遵旨议奏事。乾隆三十二年七月二十日，阿桂将索伦、锡伯、察哈尔各部增添牛录，分编旗份，整饬新旧兵丁，按旗份铸造关防、钤记及确定旗纛式样等项事宜，逐项开列具奏一折，奉朱批：著原议诸大臣议奏。钦此。钦遵。臣等议得，据阿桂奏称……（见正折阿桂折，此处从略）等语。查得，前明瑞来京具奏伊犁索伦、锡伯、察哈尔、额鲁特增添牛录等情后，臣等具奏，明瑞朝觐时奏额鲁特昂吉足够增添二牛录，奉旨准行。因而除照办外，索伦、锡伯、察哈尔等昂吉，亦同额鲁特，请每昂吉增添二牛录，俱整饬为八牛录，以为八旗。右翼厄鲁昂吉增添二牛录，以左翼为上三旗，右翼为下五旗。又锡伯、索伦二昂吉、察哈尔二昂吉、额鲁特二昂吉内，何昂吉授何种旗纛，请饬交阿桂，或即应按旗授领，或另有分辨之项与否，议定具奏，咨部得给。等因奏准咨行去后。今阿桂查明，将各部增添牛录，分编旗份，整饬新旧兵丁，关防、钤记标明旗份颜色，确定旗纛式样等项，均按各营之情形及旗色之易辨，斟酌办理。故亦照其所奏，将锡伯、索伦各一千名兵，编设八旗，每旗各为一牛录，每牛录各为兵一百二十五名。除原有佐领各六员、骁骑校各六员外，各添设佐领二员、骁骑校二员，由披甲内各选领催八名，每牛录各为领催四名，披甲一百二十一名。左右两翼察哈尔兵一千名，拨归安置之额鲁特闲散二百名，分编两翼，每翼各为兵九百名、额鲁特闲散一百名。除原有佐领各六员、骁骑校各六员外，再增设佐领各二员、骁骑校各二员。除原有领催外，从披甲内挑选领催十六名，每牛录各为领催四员、披甲一百一十二三名，额鲁特闲散一十二三名。将其左翼原有六牛录、新增二牛录作为左翼四旗；右翼原有六牛录、新增二牛录作为右翼四旗。左翼额鲁特现有兵五百名、闲散二百六十九名，每牛录各为兵八十三四名，闲散四十四五名，佐领六员，骁骑校六员。将伊等作为上三旗，每旗各设二牛录。右翼额鲁特佐领六员、骁骑校六员、兵四百二十名、闲散一千三百名，每旗各为领催、披甲七十名，闲散二百一十六七名。现新增二牛录之兵额，每牛录各为领催四名、披甲六十六名。其余一千一百六十名闲散，平均分摊，每牛录各为一百四十五名。其中正红、镶白、镶红三旗，每旗各设二牛录；正蓝、镶蓝二旗，每旗暂且各设一牛录。嗣后，从布鲁特、哈萨克来归者增多时，再行具奏增添。再，额鲁特左右两翼总管关防，锡伯、索伦、察哈尔总管关防及佐领钤记字样，亦照阿桂奏单，饬交该部铸造得给，旧有关防、钤记送缴销毁。各部八旗旗纛，饬交该部照阿桂绘图奏单制做外，亦给满洲兵制做赏给一份，留伊等自凉州、庄浪所带旗纛用于行围操练。可否之处，俟奉旨之日，遵照施行。为此谨奏。请旨。乾隆三十二年闰七月初二日奏，奉旨：依议。钦此。

（《军机处满文议复档》882—1）

将拿获之疑为俄罗斯者即送京城

清乾隆朝满文寄信档。乾隆三十二年（1767）闰七月初三日，大学士、领侍卫内大臣、忠勇公等奉上谕，字寄定边左副将军成衮扎布著将拿获之疑为俄罗斯者即送京城。谕曰：“成衮扎布等奏，准玉柱咨，管理霍尼迈拉虎等处卡伦之侍卫齐里克特依等，擒获俄罗斯一名，其身上一囊内装有完整元宝五、白布三。等情。但此间科布多所属卡伦，并无与俄罗斯交易及银两被窃之事，此或系雅尔地方赏给哈萨克，或系交易马匹之银两，伊等不能区分哈萨克、俄罗斯之语，而误当成俄罗斯矣。乌里雅苏台、科布多无通俄罗斯语之人，因距雅尔地方较近，故移咨玉柱，令解送雅尔参赞大臣审明，由彼将释放或如何办理之处，定夺办理。等语。成衮扎布等如此办理，实属推诿。俄罗斯与哈萨克相貌截然不同，何难辨析？即不能分辨其语，亦应送来京城，反远送雅尔大臣定夺办理，有此理乎？著将此寄信成衮扎布等，令其速咨玉柱，将拿获之人即解乌里雅苏台，派可信之人送京。嗣后再获此等之人，不论其是否为俄罗斯或有无情由，即或来投之人，俱令解来，切不可言送回之语。”

（档号:03－132－2－001）

回部在准噶尔时本不与哈萨克交通贸易

乾隆三十二年六月甲寅（二十二日 1767.7.17）军机大臣等议奏，伊犁将军阿桂等奏称，回部向在准噶尔时，本不与哈萨克交通贸易，惟与布鲁特、安集延互易马畜，嗣因伊犁、雅尔驻扎大兵，距内地较远，马匹解往需时，是以令向哈萨克互易马匹，且念回众归诚，生计不无拮据，因准其一律贸易。今询之伊等，即不与哈萨克通商，惟向布鲁特、安集延贸易，马匹亦不致缺短，于生计亦无妨碍。请嗣后各分处所，回众于布鲁特、安集延、霍罕等部贸易，伊犁、雅尔与哈萨克贸易，两得其便，并先行晓谕布鲁特、安集延于贸易时，酌派头目约束，勿令滋事，回民前往，给与执照，若不往原定处所，辄敢越境谋利者，将牲畜一半入官示罚。应如所请。从之。

（《清高宗实录》卷787　页677—678）

察哈尔等兵牧放孳生羊只取孳数目

“乾隆三十二年（1767）七月二十日。奴才乌勒登、富珊谨奏：为奏闻事。查得，去年阿桂等查看孳生牧厂羊只后奏称，三十年孳生大羊共有一万四千八百九十一只，按每羊十只取孳三只核计，例应收取孳羊四千四百六十七只三分。是以，委派侍卫沙尔呼善前往牧厂，照数查收。所收孳羊仍交察哈尔、额鲁特等牧放，至明年再照例挑取孳生之羊，并搭放口食羊。此外，于二十九年孳生羊羔内，照原先所议挑取堪作孳生羝、母大羊三百只，拨入原有孳生大羊之额，明年取孳。等因具奏。奉朱批：知道了。钦此。钦遵在案。又，去年八月，奴才等于易获哈萨克羊内，挑取堪作孳生羝、母羊八百零九只，拨入原有孳生大羊内。等因业经具奏。自去年查牧厂以来，现又满一年，例应取孳。查得，去年八月拨入孳生之羊八百零九只，系查取孳生两个月以后挑入之羊，照例今年不取孳生外，三十一年例应取孳大羊一万五千一百九十一只，按每羊十只取孳三只核计，理合收取孳羊四千五百五十七只三分。是以，委派侍卫伯宁等往查牧厂，将三十一年应取孳生羊羔，如数收取，并仍交察哈尔、额鲁特等牧放，以备来年搭放官兵口食。奴才等谨将原有孳生羊及本年收获孳生羊数目，缮具汉字清单，一并恭呈御览。为此谨具奏

闻。乾隆三十二年闰七月十八日奉朱批：知道了。钦此。”（《军机处满文录副奏折》2235—36）“乾隆三十一年份，共有孳生大羊一万六千只内，除三十一年八月初十日挑入孳生羊八百零九只，系查取孳生两个月以后挑入之羊，照例今年不取孳生外，其余孳生大羊一万五千一百九十一只，按每羊十只取孳三只合计，共取孳生羊羔四千五百五十七只三分。”（《军机处满文录副奏折》2235—36）

左右两翼察哈尔兵牧放孳生马牛取孳数目

“乾隆三十二年（1767）八月二十一日。奴才阿桂谨奏。为奏闻事。查得，据察哈尔领队大臣勒克呈称，本营左翼牧放孳生牛只内，至本年六月，四年期满，例应取孳牛二十四只，以每牛十只取孳二只核计，现收获牡、乳牛十九只。又牧放孳生马匹内，至本年八月，三年期满，例应取孳马一百七十一匹，以每马三匹取孳一匹核计，现收获儿骒马驹五十七匹。再，右翼牧放孳生马匹内，至本年九月，三年期满，例应取孳马二百十一匹，以每马三匹取孳一匹核计，现收获儿骒马驹七十匹。等因，分别转呈前来。查得，今经核算察哈尔左右两翼收获儿骒马驹数目，皆与定额相符，故于现收获儿骒马驹内，堪入孳生牧厂、备用牧厂者，分别办理。此外，先前交给右翼察哈尔营另行牧放之哈萨克托克托郭尔入官马驹十八匹，亦应分别办理。是故，谨将原有孳生马牛及现收获孳生马牛拨入官厂孳生、备用数目，另缮汉字清单，恭呈御览。乾隆三十二年九月十四日奉朱批：知道了。钦此。”（《军机处满文录副奏折》2243—15）“左翼察哈尔牧放孳生牛只内，于乾隆二十八年六月起限，至本年六月内，四年期满，例应取孳牛二十四只，以每年每牛十只取孳二只核计，四年共收获牡、乳牛十九只内，已届五岁乳牛一只，增入孳生厂牧放，俟期满照例取孳外，五岁牡牛四只，拨入官厂新收项下备用，其余未届口齿四岁牡牛三只、乳牛二只，三岁牡牛二只、乳牛三只，二岁牡牛二只、乳牛二只，仍交该营另厂牧放，俟届期分别办理。又牧放孳生马匹内，于乾隆二十九年八月起限，至本年八月，三年期满，例应取孳马共一百七十一匹内，陆续倒毙马十一匹，照例由孳生马驹内补足原额外，以每马三匹取孳一匹核计，共收获儿骒马驹五十七匹内，骒马驹二十七匹，儿马驹三十匹，应将骒马驹增入该营孳生厂牧放，俟届期照例取孳外，儿马驹拨入大厂，俟堪骟之时，即行割骟调习，牧放备用。右翼察哈尔牧放孳生马匹内，于乾隆二十九年九月起限，至本年九月，三年期满，例应取孳马二百一十一匹内，陆续倒毙马十九匹，照例由孳生马驹内补足原额外，以每马三匹取孳一匹核计，共收获儿骒马驹七十四匹内，骒马驹三十六匹，儿马驹三十四匹，应将骒马驹增入该营孳生厂牧放，俟届期照例取孳外，儿马驹拨入大厂，俟堪骟之时，即行割骟调习，牧放备用。又乾隆二十九年十一月内，收哈萨克托克托郭尔入官另厂牧放马驹十八匹内，已届口齿骒马九匹、儿马九匹，亦应将骒马增入该营孳生厂牧放，于本年九月起限，照例取孳外，儿马九匹拨入大厂，割骟调习，牧放备用。”（《军机处满文录副奏折》2243—15）

留京办事王大臣著哈萨克使臣到京与舒赫德一同会见宴请

清乾隆朝满文寄信档。乾隆三十二年(1767)八月二十八日,大学士、领侍卫内大臣、忠勇公等奉上谕,字寄留京办事王大臣著哈萨克使臣到京与舒赫德一同会见宴请。谕曰:“哈萨克阿布赉之使臣杜勒特克呼等,已抵木兰围场入觐,今送往京城住三四日,而后遣回。将此著寄谕留京办事王大臣等,俟杜勒特克呼等到后往见伊等时,令舒赫德一同会见。舒赫德有此等阅历,又通蒙古语,将此亦寄谕舒赫德知之。著王大臣等会同宴请伊等一次。”

(档号:03-132-2-019)

将阿布赉二次来使就地遣回

清乾隆朝满文寄信档。乾隆三十二年(1767)九月二十三日,大学士、领侍卫内大臣、忠勇公等奉上谕,字寄署理定边左副将军车布登扎布著将阿布赉二次来使就地遣回。谕曰:“据成衮扎布等奏称,阿布赉哈布齐克游牧之哈萨克公鄂罗斯,遣侍卫拜图果勒等十二人,取道乌里雅苏台,请安上表进献马匹,伊等抵达乌里雅苏台之前,既然车布登扎布可以到任,即照例办理,另行具奏。等语。顷哈萨克阿布赉派遣公品级之杜勒特克呼等,取道伊犁,前来上表请安,朕准杜勒特克呼等至木兰入觐,并施恩设宴,赏阿布赉、杜勒特克呼等蟒缎、绸缎、绸子、衣物等物,又遣往京城由王、大臣等设宴款待遣回。杜勒特克呼等刚启程返回,阿布赉又由乌里雅苏台路遣使前来,显系谋取赏物,以图侥幸,若每次照伊等所请准以入京,嗣后形成习惯,不时派人前来,则甚麻烦。将此著寄信车布登扎布等,俟阿布赉所派使臣鄂罗斯等抵达后,即以车布登扎布之意晓谕伊等:阿布赉前派使臣杜勒特克呼取道伊犁来向圣主请安,圣主设宴款待,并赏蟒缎、绸缎、绸子等各样物品遣回,杜勒特克呼等方回,尔等又到,我等不能再送尔等前去,且路途遥远,尔等亦甚劳累,阿布赉既派尔等前来奏书,可将奏书交我等代为转奏,我等不敢擅自扣压。等语。依其所带贡马,酌情赏赐遣回,将其奏书奏来。倘若伊等抵达后,车布登扎布已送伊等启程前来,则仍准前来。”

(档号:03-132-2-034)

将与哈萨克贸易用余马匹解送内地

清乾隆朝满文寄信档。乾隆三十二年(1767)九月二十四日,大学士、领侍卫内大臣、忠勇公等奉上谕,字寄驻雅尔办事、参赞大臣乌勒登著将与哈萨克贸易用余马匹解送内地。谕曰:“据乌勒登奏称,易得哈萨克马一千四百三十二匹,所用剩余之一千九十五匹马,已送牧厂牧放。等语。由此看得,今雅尔地方易得马匹甚多,与其俱留彼处放牧,不如酌量留足,将剩余马匹照前军机处大臣所议伊犁换得马匹陆续送往内地之例办理,尚有裨益。著寄信乌勒登,令将雅尔现有马匹酌情留足,其余照伊犁送马例,送往乌鲁木齐、巴里坤等处转解内地以用。此项马匹并非急需之项,今正值冬令草枯之际,尚不必过急,俟来年青草长出后,沿水草茂盛地方缓缓解送,则不致有损毙之情。此陆

续易得马匹若有剩余，则前奏向哈萨克易得一千一百余匹马，与现牧马匹数目互不相符，将此一并交付乌勒登，令将彼处马群现有马匹多少、已用多少、剩余马匹多少之处，查明乘便奏闻。”

（档号:03－132－2－037）

禁止各处与俄罗斯贸易

清乾隆朝满文寄信档。乾隆三十二年(1767)九月二十四日，大学士、领侍卫内大臣、忠勇公等奉上谕，字寄驻雅尔办事、参赞大臣乌勒登著禁止各处与俄罗斯贸易。谕曰:“乌勒登处将哈萨克阿布赉之弟索勒通班毕特之子伊曼克等前来贸易，以元狐皮、狐皮、水獭、熏牛皮等交易用过银两，及所购物品数目，开单具奏前来。此元狐皮等物皆产自俄罗斯地方，或系哈萨克等前去俄罗斯地方贸易带回者。我恰克图地方今与俄罗斯停止贸易，哈萨克等由俄罗斯贸易带来之物，我方购买尚可；若俄罗斯携物与我交易，任何地方，皆断然不可。著将此寄信乌勒登，嗣后哈萨克等由俄罗斯贸易物品携来出售，则可照常购买，现伊等所定之价尚可，贸易时即以此价为准，不可再加价。若俄罗斯等欲来贸易，则断不准行。著乌勒登宣谕俄罗斯等曰:原我与尔等俄罗斯于恰克图互通贸易，因尔等违约肆意抬高税收，经我大部咨文尔萨纳特衙门，停止双方贸易，我圣主凡事皆宣谕各处，此等停止贸易之事，已经宣谕我属各处，尔等携来之物，我等不能交易。等语，而后令其返回。俄罗斯携来之物如何廉价，亦不得交易。”

（档号:03－132－2－038）

哈萨克二次来使毋庸送京

清乾隆朝满文寄信档。乾隆三十二年(1767)十月初三日，大学士、领侍卫内大臣、忠勇公等奉上谕，字寄署理定边左副将军印务、喀尔喀超勇亲王品级车布登扎布著哈萨克二次来使毋庸送京。谕曰:“据乌勒登等奏称，将哈布齐克部哈萨克公鄂尔苏所遣侍卫拜图果勒等十二人，交付霍尼迈拉虎卡伦侍卫齐里克特，转送至乌里雅苏台。等语。前成衮扎布等奏，哈萨克公鄂罗斯之侍卫拜图果勒等十二人抵达乌里雅苏台后，照例办理送京。此奏到后，朕即降旨:阿布赉又取道乌里雅苏台，派遣使臣，显系谋取赏物，以图侥幸，若每次照伊等所请准行，嗣后伊等必不时派人前来，著以车布登扎布之意晓谕伊等:阿布赉刚派使臣取道伊犁前来恭请圣安，大圣主宴请杜勒特克呼等，并赏什物遣回，尔等十二人又到此，我等不便频仍送京，尔等奏书可交我代为转奏，我等断不扣压。晓谕后，依其贡马酌量赏赉遣回。今复行传谕车布登扎布，俟使臣抵达乌里雅苏台后，仍照朕旨办理，毋庸送来。”

（档号:03－132－2－043）

各卡座不得私自容留越境游牧之哈萨克

清乾隆朝满文寄信档。乾隆三十二年(1767)十月初四日，大学士、领侍卫内大臣、忠勇公等奉上谕，字寄参赞大臣、都统乌勒登著饬各卡座不得私自容留越境游牧之哈萨克。谕曰:"据乌勒登奏称,卡座撤回后,哈萨克若有陆续前来游牧者,宜将系何鄂托克、首领为谁及人数牲群询问记档,俟哈萨克游牧安置后汇奏,并饬令各卡座侍卫官员等各据卡伦,稽查前来游牧之哈萨克,若有未记名潜行游牧者,即行远逐,不得容留。等语。乌勒登如此办理甚是。但我卡座侍卫官员人等众多,良莠不一,恐不肖之徒,潜受哈萨克牲只,私行容留,果尔,不惟失天朝体统,亦为哈萨克所讥笑。且一经发觉,伊等罪亦匪轻,理应严饬。将此著寄谕乌勒登,晓谕各卡座侍卫官员等:凡与外藩办理连界事务时,理应感戴圣恩,示以天朝之尊行事,不可无耻卑下。尔等当遵饬谕,若有未记名潜行前来游牧之哈萨克,则即行驱逐,不得姑息;若潜受牲只,私行容留,一经查出奏闻圣上,必治重罪;果能遵照交付体面办理,我等具奏,必蒙施恩。等语。来年伊等前去拓展卡伦、收取贡赋时,当好生稽查,若有卑贱蹈此辙者,即据实参奏,朕必从重治罪,若各知感戴朕恩,体面行事,亦当据实保奏,朕将施恩。"

(档号:03-132-2-044)

现今伊犁换获哈萨克马匹稍多

乾隆三十二年八月庚辰(十九日 1767.10.11)谕军机大臣等,据阿桂奏称,现今伊犁换获哈萨克马匹稍多,乌鲁木齐、巴里坤、哈密等处营马,每年必须添补,请照军机处原议,在官牧厂拣选膘好马二千匹,派拨官兵,分起运送乌鲁木齐添补营马外,其余马匹送往巴里坤、哈密,添补彼处营台马匹,如尚有余剩,再转送内地应用,其如何定价交纳之处,请交吴达善酌量办理等语。乌鲁木齐、巴里坤、哈密等处,每年应补营台缺额马匹,从各处购买,长途赶回,不无周章,今阿桂奏请于换获哈萨克马匹,拣选二千膘好马匹,送往乌鲁木齐等处,添补营台应用,所办好,著寄信吴达善,俟伊犁送到马匹时,即添补营台马匹,其如何交价,并较内地买马价值,节省若干之处,一并奏闻。寻奏,查伊犁换马价本,头等每匹价银四两八钱,二等三两六钱,三等二两五钱,折中核算,每匹约三两六钱有奇,加以沿途解送杂费等项,连价本约银四两一钱有奇,较买马一匹定价八两之例,每匹可省限三两八钱以外,其此项添补营台扣留马价,存贮司库拨用。得旨,军机大臣议奏。

(《清高宗实录》卷793　页720)

哈萨克使臣公品级七人入觐

乾隆三十二年八月辛巳(二十日 1767.10.12)哈萨克使臣公品级都勒特克呼等七人入觐,上于和门宣见,赐櫜鞬裘服,并令随围从观。

(《清高宗实录》卷793　页720)

将有人借阿布赉名遣使事晓谕阿布赉使臣

清乾隆朝满文寄信档。乾隆三十二年(1767)十月十八日,大学士、领侍卫内大臣、忠勇公等奉上谕,字寄总管伊犁等处地方将军、内大臣、都统阿桂等将有人借阿布赉名遣使事晓谕阿布赉使臣。谕曰:"前乌里雅苏台将军大臣等奏报,哈萨克阿布赉派公鄂罗斯之十二人，取道乌里雅苏台前来。等语。此奏到后，朕即降旨：顷阿布赉派杜勒特克呼等取道伊犁前来请安上表，朕准杜勒特克呼等至木兰入觐，并施恩设宴，赏阿布赉、杜勒特克呼等蟒缎、绸缎、绸子、衣物等物，又遣往京城由王、大臣等设宴款待遣回。杜勒特克呼等刚启程返回，阿布赉又由乌里雅苏台路遣使前来，显系谋取赏物，以图侥幸，若每次照伊等所请准以入京，嗣后形成习惯，必致不时派人前来，将此寄信成衮扎布等，以伊之名义晓谕哈萨克鄂罗斯等，酌情赏赉遣回。今据成衮扎布等奏称，自乌里雅苏台路前来之哈萨克使臣鄂罗斯等并非阿布赉所遣使臣，而系索勒通所遣者。伊等借阿布赉之名，谎称系阿布赉所遣，经查实后，酌情赏赉鄂罗斯等，给予盘缠遣回。并已咨会雅尔大臣等。等语。据此看得，哈萨克等甚是无耻，为侥幸得获赏物，即指借阿布赉之名遣使。嗣后，索勒通等属人为得赏物假借阿布赉之名派遣使臣，不得送京。即系阿布赉遣使，亦不得频频送来，虽偶尔遣使，亦应取道伊犁，乌里雅苏台一路理应禁行。著将此寄谕成衮扎布等知之外。哈萨克等如此无耻，惟图侥幸，肆意借阿布赉之名遣使之处，若不明白晓谕哈萨克等，则伊等不知悔改，将此著寄信阿桂等，俟阿布赉使臣杜勒特克呼等抵达伊犁后，令其将此当面晓谕，并将此等无耻假冒行径，明白行文晓谕阿布赉。”

（档号：03－132－2－051）

哈萨克遣使不得频仍送京

清乾隆朝满文寄信档。乾隆三十二年（1767）十月十九日，大学士、领侍卫内大臣、忠勇公等奉上谕，字寄署理定边左副将军印务、喀尔喀超勇亲王品级成衮扎布著哈萨克遣使不得频仍送京。谕曰：“据成衮扎布奏称，是次取道乌里雅苏台前来之哈萨克公鄂罗斯使臣，并非阿布赉所遣之人，系索勒通所派者，指称阿布赉遣使，经查实后，酌情给予盘缠遣回。等语。据此看得，哈萨克等甚属无耻，惟图侥幸获赏，假借阿布赉之名，似此之人不得送京。即系阿布赉之使，亦不得频频送来，虽偶尔遣使，亦应取道伊犁，乌里雅苏台一路理应禁行。将此著寄信成衮扎布等，即照此办理。”

（档号：03－132－2－052）

伊犁派员护送哈萨克使臣入觐

乾隆三十二年八月己丑（二十八日 1767.10.20）敕谕哈萨克汗阿布赉曰，伊犁将军大臣派员护送尔使臣至木兰入觐，将尔所呈之书具奏，霍罕额尔德尼伯克，于去岁杀尔弟依斯干达尔汗，又杀其四子，掳其妻子以去，尔等前往攻战，击杀多人，额尔德尼败北，入毕什克特城内不出，尔欲攻取城池，又无大炮，仰恳大皇帝发兵二万，并乞大炮等语。所奏甚属过当。尔哈萨克、霍罕等，皆系归服朕之臣仆，额尔德尼在朕前并无过犯，岂有助一臣仆攻一臣仆之理，如因尔请兵攻额尔德尼，朕即行赏给，倘伊亦因攻击尔等请兵，朕又将何以处之，此事断不可行。且数年尔等渐近内地游牧，经我将军大臣等具奏，欲行治罪，朕加恩曲为宽免，兹复降旨，卡座以内空闲地方，准尔等穷民游牧，此特因尔等均属恭顺之藩夷，俾各得休养安生，尔宜与同藩和好，以图永沐朕恩，如一味仇杀，彼此报复，又何所抵，此两败俱伤之事也。适额尔德尼亦遣使恭请朕安，到时朕亦如此训示。朕为天下共主，所有归服藩夷臣仆，俱一体眷顾，并无左袒，尔所遣来使都勒特克呼等，朕施恩令其瞻仰，随围与宴，赏赉有加，又特赐尔蟒缎等物，交尔使臣赍回，尔惟恪共臣职，和睦同藩，勿替朕加惠至意。特谕。

（《清高宗实录》卷793　页725—726）

赐扈从王公及哈萨克使臣等食

乾隆三十二年八月己丑（二十八日 1767.10.20）赐扈从王公大臣、蒙古王公台吉及哈萨克使臣公品级都勒特克呼等食。

（《清高宗实录》卷793　页725）

巴尔品与哈萨克接壤办事

乾隆三十二年九月壬辰（一日 1767.10.23）又谕曰，巴尔品著以参赞大臣前往雅尔，更换乌勒登来京，巴尔品与哈萨克接壤办事，著施恩赏戴花翎，不必来京请训，即由彼处驰驿前往。

（《清高宗实录》卷794　页729）

询问阿布勒比斯之子卓勒齐愿否来京入觐

清乾隆朝满文寄信档。乾隆三十二年（1767）十一月初一日，大学士、领侍卫内大臣、忠勇公等奉上谕，字寄总管伊犁等处地方将军、内大臣、都统阿桂著询问阿布勒比斯之子卓勒齐愿否来京入觐。谕曰："据乌勒登奏称，哈萨克阿布勒比斯派伊子卓勒齐等二十五人，前来进贡呈书请安。看伊呈文，言语甚是恭顺，惟所提之事，因需交涉，故令卓勒齐等前往伊犁呈书将军，将伊等牲畜暂留于此，即令卓勒齐等启程，由卡伦前赴伊犁。其如何复文阿布勒比斯之处，亦咨商阿桂一体回复。等语。哈萨克阿布勒比斯派伊子卓勒齐等前来进贡呈书请安一事，其言卓勒齐拜见将军后即回，与送伊使入京相同之语，令人费解。但乌勒登既将卓勒齐等送往伊犁，著寄谕阿桂，俟卓勒齐抵达伊犁后，令其即晓谕卓勒齐曰：尔系阿布勒比斯之子，不可与他人相比，尔若欲入京觐见请安，即可送尔前往，尔入觐后，圣上必念尔父异于他人，而多加施恩；尔若因未奉父命不敢擅自前往，可返回与尔父相商定夺；尔若不亲自前往，另行派人，则断然不可。尔既来见我，入觐圣上岂可反差奴仆不亲自前往？如此晓谕后，伊若情愿前来，即送伊前来；若不情愿则罢，不必强迫。再卓勒齐若提及前由哈萨克来投之厄鲁特等带来马匹一事，阿桂即谓卓勒齐曰：厄鲁特原来并非尔属之人，我大军灭厄鲁特后，今于伊犁重辟牧场，故厄鲁特等自行携带牲畜来投者甚多，伊等携带之牲畜，我等并不收缴，令其各自携带驻牧。此等厄鲁特携带之牲畜，均系自己之畜，尔等声称系尔等之马匹，有何凭证？我等岂可听凭尔等之言，即向厄鲁特索要归还于尔耶？等语，予以驳回。"

（档号：03－132－2－057）

选马二千匹送乌鲁木齐巴里坤等处

乾隆三十二年九月己酉(十八日 1767.11.9)军机大臣等奏，伊犁换获哈萨克马匹，近年为数渐多，经将军阿桂奏准，于牧厂内拣选二千匹，运送乌鲁木齐、巴里坤、哈密等处，添补营台缺马，如尚有余剩，再转送内地甘肃各标营等因。惟是伊犁贸易马匹，每年逐渐增多，而内地倒缺应补者，正不止于甘肃一省，查与甘肃邻境之陕西及山西、河南、山东、直隶等省各标营马，例报倒毙十分之三，除直隶一省暂停购买，赴张家口牧厂领补外，余陕西等省，遇有缺额之马，俱给价在各口买补。今伊犁既有此项余马，与其给价购买，不若通融拨补，请嗣后将伊犁贸易马匹，除将盈余解送甘省内地外，即由近及远，递次充补陕西、山西、河南、山东等省缺额。但查伊犁至陕西等省，道路遥远，若竟将原马长途解送，马力未免疲乏，臣等酌议，如伊犁马匹解至甘省，除拨补本省缺额外，所余之马亦全数存留，而于甘省附近陕西营分，就近照数拨往，至由陕西及山西、河南，由山西、河南及山东，相承换替，亦均照此例办理。从之。

(《清高宗实录》卷795　页736—737)

官牧厂旧管新收开除实在四项牲畜数目

“乾隆三十二年(1767)十一月十一日原奏内共存：旧管，马二千二百二十三匹。新收，自三十二年十一月十六日起，至三十三年三月初四日止，陆续贸易换获哈萨克马三百二十九匹；三十二年十二月二十五日收过冬哈萨克交差马一千四十匹。以上共马三千五百九十二匹。开除，换伊犁回子布匹拨给马九十一匹，新设乌鲁木齐三处军台用马四十五匹，补给田工马五十九匹，官兵领买马五百七十六匹，陆续倒毙过马二十九匹。以上共开除马八百匹，下存马二千七百九十二匹内，骟马一千二十六匹、儿马一千一十一匹、骒马七百五十五匹。此内，现今拨运乌鲁木齐马二千匹内，骟马一千匹、儿马四百匹、骒马六百匹，残废变价马三十二匹。实在，现存马七百六十匹，仍交侍卫舒敏牧放以备应用。再厂内牧放贸易换获骒马内，本年产获马驹七十六匹，仍令跟随骒马牧放，俟长足时撤出应用。”(《军机处满文录副奏折》2266—29)“孳生马三百匹，跟随骒马牧放马驹七十匹，今年产获马驹九十匹。孳生牛三百二十只，跟随乳牛牧放三岁、两岁牛犊一百五十五只，陆续产获两岁、一岁牛犊一百八十八只。孳生大羊一万六千只，按照孳生之例，每羊十只每年取孳生羊羔三只，三十二年分应取孳生羊羔四千八百只，照数查取，仍交察哈尔、额鲁特牧放，以备明年搭放官兵口食。又三十二年十一月交厂随母羊牧放羊羔二百六十二只。”(《军机处满文录副奏折》2266—29)

往收哈萨克贡马官兵严禁私行交易

清乾隆朝满文寄信档。乾隆三十二年(1767)十一月二十三日，大学士、领侍卫内大臣、忠勇公等奉上谕，字寄参赞大臣、都统乌勒登等著饬往收哈萨克贡马官兵严禁私行交易等事。谕曰：“据乌勒登等奏，过冬内徙游牧之额色木克勒迪、哈喇齐勒鄂托克之哈萨克等进贡马匹，现派侍卫观德等往收，并饬严禁属下兵丁私行交易，不得滋事。

等语。前据乌勒登奏到卡座撤回后，哈萨克若有陆续前来游牧者，查明其鄂托克及其头领、人数牲群，俟伊等游牧安置之后，严饬卡座侍卫官员等，不得私行容留游牧。等语，朕即降旨谕以我卡座侍卫官员等良莠不一，恐不肖之徒，潜受哈萨克牲只，私行容留：果尔，令其查出奏闻，从重治罪。今乌勒登既派侍卫观德往收内移放牧之哈萨克额色木克勒迪等鄂托克进贡马匹，著将此复行传谕伊等，此去收取马畜，若各知感戴朕恩，体面行事，乌勒登等据实上奏后，朕酌情施恩；倘若不顾脸面，有私与哈萨克交易，或潜受哈萨克马匹等弊，亦甚易查出，俟伊等返回后，其带回之物是否为哈萨克之物，即可查明。果有此等无耻行径，著乌勒登等务必严查，据实参奏，从重治罪，断不可姑息从事。乌勒登知此，俟巴尔品到后，详细交代之。”

（档号:03－132－2－063）

哈萨克有前来游牧者

乾隆三十二年十月癸亥（三日 1767.11.23）谕，据乌勒登奏称，撤回卡座后，哈萨克有前来游牧者，将人数牲群，询明记档，令各卡座官员等，就地稽查，如有潜行游牧者，即速逐去，不令容留等语。乌勒登此奏亦因卡座官员众多，良莠不一，恐不肖之徒，潜受哈萨克牲只，私行容留，果尔，不惟失天朝体统，且一经发觉，伊等罪亦匪轻。著传谕乌勒登，晓谕各卡座官员等，凡与外藩连界之处，不得私受牲畜，姑息容留，并令加意详查，有蹈此辙者，即据实参奏，从重治罪，如无此情弊，亦据实保奏，候朕加恩。

（《清高宗实录》卷 796　页 747）

哈萨克等进贡马匹派侍卫往收

乾隆三十二年十月壬午（二十二日 1767.12.12）谕，据乌勒登奏称，哈萨克等进贡马匹，现派侍卫观德等往收，并严禁兵丁私索滋事等语。前据乌勒登奏称，撤回卡座后，哈萨克前来游牧者，将人数牲群，询明记档，严饬卡座官员等，不得私行容留，朕已降旨，令其严查奏闻。今乌勒登复有此奏，著再行晓谕，若有不肖作弊之人，务必据实参奏，断不可姑息从事。

（《清高宗实录》卷 797　页 759—760）

达瓦等人履历清单

色伯克扎布所遗佐领缺，拟正之察哈尔营正白旗鄂博依佐领下骁骑校达瓦，食俸饷四十二年。塔尔巴哈台换防一次，巡查哈萨克、布鲁特边界三次。因拿获盗马哈萨克贼等，得赏银二两。到乌鲁木齐送马一次。补放佐领拟陪一次。现年五十七岁，旧额鲁特，马步箭平等。拟陪达瓦之察哈尔营镶白旗德礼克扎布佐领下骁骑校纳存，食俸饷三十年。巡查哈萨克、布鲁特边界三次。因拿获盗马哈萨克贼等，得赏马一匹。到乌鲁木齐送马一次，出差一次，哈什行围十六次。现年四十六岁，旧额鲁特，马步箭平等。拟补佐领所遗骁骑校缺，拟正之察哈尔营镶白旗德礼克扎布佐领下委官霍通，食钱粮二十二年。巡查哈萨克、布鲁特边界六次，缉拿盗马哈萨克贼等一次，哈什行围五次。补放骁骑校拟陪一次。现年三十八岁，旧额鲁特，马步箭平等。拟陪霍通之察哈尔营正蓝旗玛西巴图佐领下委官巴尔哈勒岱，食钱粮二十二年。巡查哈萨克、布鲁特边界八次。因拿获盗马哈萨克贼等，得赏马一匹。出差一次，哈什行围十五次。现年三十九岁，旧额鲁特，马步箭平等。纳存所遗骁骑校缺，拟正之察哈尔营正红旗图布新佐领下空蓝翎巴图巴拜，食钱粮三十年。巡查哈萨克、布鲁特边界三次，出差一次，哈什行围五次。补放骁骑校拟陪一次。现年四十四岁，察哈尔，马步箭平等。拟陪巴图巴拜之察哈尔营镶红旗车伯克佐领下空蓝翎车凌，食钱粮二十二年。巡查哈萨克边界二次，出差一次，哈什行围十四次。现年三十八岁，旧额鲁特，马步箭平等。

（《军机处满文录副奏折》3912—32）

每年巡查哈萨克等边界及照料夷使

乾隆三十二年十二月丁卯（七日 1768. 1. 26）谕，据阿桂奏，伊犁地处荒徼，每年巡查哈萨克等边界及照料夷使，须得戴翎人员，始壮观瞻，外藩且易听命，除现在总管协领戴翎外，请以满营委前锋翼长二员、委前锋章京四员俱戴花翎，委前锋校三十二员、骁骑校内择技艺出众者八员，均戴蓝翎等语。伊犁系新定疆宇，官员内戴翎者多，外藩视之，自觉壮观，著即照所请行。

（《清高宗实录》卷 800　页 791）

将贸易换获皮张交察哈尔骁骑校送往京城

乾隆三十三年（1768）二月十六日。查得，乌勒登于去年八月贸易换获哈萨克等携来白狐皮七张、花狐皮二十八张、水獭皮二十五张，暂存于库，乘便解送京城。等因具奏。兹乘顶戴军功花翎五品官齐旺多尔济年满返回之便，奴才等谨将白狐皮、花狐皮、水獭皮包装，交付齐旺尔济送往京城。为此谨具奏闻。乾隆三十三年三月十一日奉朱批：知道了。钦此。

（《军机处满文录副奏折》2261—11）

著派员查办哈萨克抢掠马匹事

清乾隆朝满文寄信档。乾隆三十三年（1768）三月二十日，大学士、领侍卫内大臣、忠勇公等奉上谕，字寄定边左副将军、扎萨克和硕亲王、察哈尔总管纳旺著派员查办哈萨克抢掠马匹事。谕曰："成衮扎布等奏称，据卡伦侍卫吐勒噶图等来报，卡伦章京车登多尔拜等，送文至霍尼迈拉虎、库兰阿吉尔噶等卡伦之间，有哈萨克人两次前来抢掠，掠走马十四匹、帐篷一、马鞍二，吐勒噶图等率卡伦之人去哈萨克牧群查得马三匹，向哈萨克索取其余马匹、枪支、马鞍时，哈萨克等声称去唤为首之人，而后有众多之人持枪、矛前来，支吾搪塞。宜派扎隆阿率兵三百前去收其牧群，此事若由雅尔大臣将伊等之罪宣谕哈萨克等，于事有益。伊率兵一二百人暂驻科布多，俟事明后，再行返回，可否之处，具奏请旨。等语。据成衮扎布等此奏看得，哈萨克等何敢来掠我方之人马匹等物？或乃我方之人不加防范，致被盗或被抢马匹跑入哈萨克牧群，吐勒噶图等去后，以自哈萨克牧群查出三匹马，便频频向哈萨克等索要，哈萨克等被迫无奈便持枪、矛前来，而伊等又畏惧返回，亦难预料。倘若此事属实，即应以不令哈萨克等嚣张查办，但亦不可令我马丢失即推赖哈萨克之风渐长，宜当秉公办理。此并非大事，成衮扎布尚无须亲赴科布多，令扎隆阿借往查卡伦之便前去即可。但扎隆阿不甚明晰哈萨克之秉性，总管纳旺曾经理哈萨克事务，熟知其秉性，哈萨克等亦熟悉纳旺，派纳旺前去于事有益。著将成衮扎布奏折抄寄纳旺，令其阅后自游牧驰驿赶赴乌里雅苏台面见将军成衮扎布，问明事由，由彼赴科布多，会同扎隆阿，酌量率兵赶赴卡伦查明此事，若系我卡伦之人肆意诬赖哈萨克等，吐勒噶图等有贸然行事各情，则不可枉屈哈萨克等，著扎隆阿、纳旺当哈萨克之面质询办理，晓谕哈萨克等，斥责我方之人。如此方与我大国风范相符，且哈萨克等亦可心服。若哈萨克等抢掠属实，其亦无非系愚昧之辈偷盗之举，虽不可令其嚣张，但亦不必作为大事办理。著扎隆阿、纳旺详查其情，若哈萨克等惧而恭顺请求，则酌情收其牲畜，以示惩戒，并行文晓谕其为首之人完结；倘若哈萨克等惧而躲避，暂难如此了结，纳旺会见其为首之人明白办理，亦属妥当。其抢掠马匹之人，探明系阿布赉或阿布勒比斯之人后，径往查找会同办理。著扎隆阿、纳旺知此，惟秉公酌情办理。将此亦寄谕成衮扎布，令其即照朕旨，派扎隆阿、纳旺前去，伊毋庸前往科布多。”

（档号:03－132－4－013）

图古苏等人履历清单

阿达纳所遗佐领缺，拟正之镶蓝旗德成额佐领下骁骑校图古苏，食俸饷三十七年。金川出征一次，得赏银九两、绸二匹、荷包一对。出演围二次。现年五十六岁，锡伯，马步箭平等。拟陪图古苏之正白旗乌达哩佐领下骁骑校纳尔泰，食俸饷三十九年。金川出征一次。现年五十岁，锡伯，马步箭平等。拟补佐领递出骁骑校缺，拟正之正白旗乌达哩佐领下额外骁骑校扎勒巴，食俸饷三十七年。雅尔换防一次。现年五十五岁，锡伯，马步箭平等。拟陪扎勒巴之镶红旗马齐克图佐领下额外骁骑校巴哩木达，食俸饷三十三年。出演围二次，得赏银十二两，巡查哈萨克边界一次。现年五十岁，锡伯，步箭平等，马箭劣。

（译自《军机处满文月折档》）

奏报查看官牧厂孳生牧群情形

乾隆三十三年(1768)四月初八日。奴才巴尔品谨奏：为奏闻查看牧群等务情形事。伏思，奴才巴尔品生情愚懦，屡屡自蹈罪愆，皆蒙圣主爱怜施恩，加以宽免。又蒙格外施恩，补授奴才为参赞大臣，委以边陲要务。奴才巴尔品行抵楚呼楚后，会同领队大臣富珊，逐项查看仓廪存储粮谷钱粮、绸缎等物，数皆相符。查看自伊犁前来换防官兵，凡应种地亩均已耕种，仰仗皇上洪福，本年春季雨水调顺，所种地亩现皆长发。惟官牧厂、察哈尔、额鲁特等孳生牧群，奴才亦应查看。且奴才巴尔品先前并未在西路行走，故于本处山川地方情形，一无所知，领队大臣副都统富珊，在伊犁、楚呼楚等地年久，人明白，熟悉地方，遂将富瑚留于城中，奴才于三月二十五日自楚呼楚城起程，往查由伊犁续设之卡伦。四月初二日，行抵牧放官牧群之巴尔鲁克等地，查看牧群所有二千七百九十二匹马，仅儿马一千余匹。究其缘由，原先哈萨克携来贸易之马，其骟马、儿马数目多于骒马，且拨入牧群，为买补兵丁马匹缺额、拨给屯田处所应用得力起见，又多留骟马，于是长年累积，儿马数目较为多矣。是故，由现有马匹内，酌情挑取二千匹，解送乌鲁木齐之处、另折具奏外，经查看牧群，其马匹内，流鼻涕、眼瞎、残疾者有三十二匹。此项马匹，与其留在牧群听任倒毙，不如拨出，交付游击马彪、通判景芳等，视其所值，每匹马变价一两二钱，卖给愿买者，将所得价银，交付该通判，归入钱粮项下应用。其余马七百六十匹，本年孳生马驹七十六匹，均交付管理牧群二等侍卫舒敏，妥为牧放，以备应用。又查孳生牧群，去年八月，经乌勒登等奏准，交付察哈尔官兵挤奶孳生之儿马、骒马三百匹，跟随骒马之马驹七十匹。此项马匹，俟三年后，请照例取孳。自三十年十月至三十二年八月止，相继具奏交付察哈尔兵丁挤奶孳生之公牛、乳牛三百二十只，跟随母牛之二岁牛犊一百五十五只。此项牛只，俟四年后取孳。等因奏准。自孳生以来，至本年四月止，产获母牛九十只、二岁牛犊一百八十八只。查现有牛马数目，与原拨数目相符外，孳生马驹、二岁牛犊，依照取孳之例核计，数皆稍有富余，将此记录在案，俟应取孳之时，收取另行具奏。去年羊群共有孳生大羊一万六千只，照例每羊十只每年取孳三只计，应查取孳生羊羔四千八百只。将此，照数查取，仍交察哈尔、额鲁特等牧放，以备明年搭放官兵口食外，官牧厂之马匹、孳生牧厂之牲畜，均经详加查看，妥为办理。贸易换获三、四岁儿马，届时交付会骟之蒙古等阉割。将此，饬交侍卫舒敏。所有现在拨运乌鲁木齐马匹、孳生牛马、收取三十二年孳生羊羔等项数目，另缮汉字清单，一并恭呈御览。为此谨具奏闻。乾隆三十三年四月二十九日奉朱批：知道了。钦此。

（《军机处满文录副奏折》2266—29）

秉公办理官马丢失一案

清乾隆朝满文寄信档。乾隆三十三年（1768）四月十二日，大学士、领侍卫内大臣、忠勇公等奉上谕，字寄定边左副将军、扎萨克和硕亲王成衮扎布等纳旺丢失马匹一案著同哈萨克秉公办理。谕曰："据成衮扎布奏称，差往卡伦之侍卫七十一等，传唤哈萨克等前来询问：尔等何以抢掠大圣主之官马、枪矛、马鞍等物？据哈萨克等称：此非抢掠也。尔等之人盗走我马匹，我等追踪前去，将马匹查获，拿获尔方五人，本欲将该五人解交尔等管理卡伦之人，因伊等甚是惊恐，行礼叩请赔给马匹、枪矛、马鞍等物，我等不知送来者系大圣主之官物，现愿奉还。侍卫七十五等据此呈报：若以伊等与哈萨克等对质，恐被哈萨克等反诘，为哈萨克等耻笑，是以未令对质，仅取回丢失马匹等，仍返回霍尼迈拉虎候命。等情。成衮扎布奏请，俟纳旺抵达后，会同扎隆阿，将涉案之人全部带至哈萨克地方，遵照前旨办理。等语。如此办理，实属不当。若哈萨克所言属实，则我卡伦之人甚是无耻，不但盗取哈萨克马匹，又向哈萨克等下跪叩请，情甚可恶，宜应当哈萨克之面审明，将我方之人重惩，外藩方能诚服。此等无耻之徒，即予法办，尚属可也。倘若哈萨克等抵赖是实，则不得令伊等嚣张，理当审明治罪。哈萨克等如此相告，侍卫七十一、丰升额、吐勒噶图即应以此五人与哈萨克等，对质审讯，反恐被哈萨克等反诘耻笑，而未对质，竟糊涂收回马匹，返回霍尼迈拉虎候命，实属不当，不堪入目。况且，此等马匹等物，俱为卡伦人之物，七十一等竟称系大圣主之官物，尤属谬误。此等马匹等物，若俱称为大圣主之官物，则哈萨克等莫非非朕臣属？甚是糊涂不堪！著将七十一、丰升额、吐勒噶图均革去侍卫，拜唐阿，留彼效力。再将军大臣等办理此事，断不可姑息徇情，务须秉公办理。今哈萨克等如此相告，将军大臣等未责以卡伦之人、侍卫等，可见存有偏袒我方之人之心，将军大臣稍存偏袒之意，则下属官员袒护更甚，又如何令外藩诚服？此间，积福想必业已抵达，令其即同纳旺前去，将此事妥善办理。积福系初到之人，与伊无掣肘之患。将此著传谕积福、纳旺，令查明实情，以使哈萨克等诚服，不可稍存偏袒我方人之意，惟善者可偏袒耳，如此无耻下贱之辈，岂能姑息？若将此并传谕成衮扎布知之。"

（档号:03－132－4－019）

哈萨克贸易马匹拨补内地额缺各事宜

乾隆三十三年三月甲午(六日1768.4.22)谕军机大臣等，吴达善奏，将哈萨克贸易马匹，拨补内地额缺各事宜一折，经军机大臣议驳数条，甚是，已依议准行矣。此项马匹，系缓程递送内地补额，迥非办解军需马匹可比，该督乃称由肃州解送，每马四匹用兵一名，是解马三四千匹，即须千人拉拽，试思出口买马，俱系成群赶回，岂有牵拉行走之理，况口外生马，素不食料，该督于途次多支草束之外，又欲加给料豆，虚糜更属无谓，此必绿营狃于内地买马，于中可得余利，不乐办此事，故为多费之状，该督如此办理，可谓一味模棱，太不认真矣。吴达善著传旨申饬。

（《清高宗实录》卷806　页894）

向阿布赉索取阵亡侍卫孟古勒之弟来京

清乾隆朝满文寄信档。乾隆三十三年(1768)五月初二日，大学士、领侍卫内大臣、忠勇公等奉上谕，字寄察哈尔总管纳旺向阿布赉索取阵亡侍卫孟古勒之弟来京。谕曰："厄鲁特侍卫孟古勒感戴朕恩，是次出兵奋勉阵亡，伊弟讷默库又早已病故，其兄弟二人均无子嗣。据闻，孟古勒仍有一弟，今在哈萨克阿布赉处，纳旺现既赴卡伦办理哈萨克盗马案件，将此著寄谕纳旺，令伊若见到阿布赉，即告知曰：厄鲁特辉特台吉孟古勒、讷默库兄弟投诚大圣主后，大圣主施恩取为侍卫，于御前行走，讷默库早已病故，孟古勒前派出差，奋勉身亡。我大国之例，于奋勉效力之人子弟，均施恩赏给官职，惟孟古勒、讷默库兄弟二人均无子嗣，据闻，孟古勒仍有一弟，现在尔处，尔若将其献给大圣主，不但可承圣恩，大圣主必嘉许施恩赏赐于尔，大圣主如此施恩外藩臣仆，谅尔闻此，亦会欣然献出。等语。如此相告后，若孟古赖之弟即在阿布赉附近地方，纳旺则携之返回，若不在阿布赉附近，相隔甚远，纳旺则明白晓谕阿布赉，令其乘便送往雅尔或伊犁转送京城，到后朕将赏赐阿布赉。”

（档号：03-132-4-025）

伊犁旗民逃犯之惩治方法

“乾隆三十三年（1768）五月十一日。奴才阿桂谨奏：为请旨事。查得，乾隆二十八年十一月十七日奉上谕：另户满洲、蒙古内，倘有脱逃者，据例记载，在一个月内自行来归者，交付该旗管束；被抓获者，视其脱逃次数，治以鞭笞或枷枵之罪，交付该旗管束。身为满洲、蒙古奴仆，而至于遁逃者，必系平素行为卑劣，迫于债务所致。彼等食有钱粮，尚且遁逃，俟无钱粮，尚能安生乎？即便交付管旗大臣等，又焉能管理彼等，仍然遁逃矣。与其令彼等复逃，毋如施恩给食钱粮，发遣伊犁当差。著将此敕交八旗，自乾隆十八年定例以来，另户满洲、蒙古内，脱逃后月内自行来归及被抓获者，概行查明，携眷遣往伊犁，作为步甲当差，给食钱粮。如此给食钱粮，仍不改悔，又复遁逃者，诚属其本性卑劣、死不改悔之徒，理当派人查缉，缉获后，不必照出征者正法，即从满洲、蒙古档册内除名，听其游荡。著以此为例。钦此。又于乾隆三十一年九月十四日奉上谕：明瑞等奏，凉州满洲镶白旗佛灵佐领下闲散富良，由原籍再次出逃，闻知凉州兵移驻伊犁，自行来归，随其兄长抵达伊犁，若将富良照例发配黑龙江，必致往里发配，即为步甲，又属侥幸，毋如将富良枷号两月，鞭笞一百，交付该员严加管束，委以苦差。等语。明瑞所奏尚是，著照明瑞等所奏，即行处置富良。惟伊犁系新近驻兵之地，不可与内地相比，务须严明法纪，众人方可有所畏惧，不复有任意遁逃之事。将此交付明瑞等，嗣后移驻伊犁兵丁内倘有脱逃者，俟至拿获，即行正法，不必发遣。著以此为例。钦此。钦遵。均皆在案。奴才伏思，新疆设驻防兵之地，严明法纪者，系属皇上为惩戒不肖之徒，成全满洲、蒙古八旗奴仆颜面，渐除陋习之至意。其中由京城发遣食半分步甲钱粮之满洲、蒙古人等内，倘至伊犁复行遁逃，诚系本性卑劣、死不改悔之徒，俟至拿获，虽应即从旗档内除名，听其游荡，然伊犁毗连哈萨克、布鲁特边界，若无专人管束，逃往哈萨克、布鲁特，亦难逆料。倘有如此而行者，究于众仆脸上无光。关系大国之道，且从他处移驻伊犁八旗满洲、蒙古内，若有脱逃者，俟至缉获即行正法，则又拟罪不一。奴才愚见，嗣后凡由京城因脱逃而发遣者，及移驻人等内，在原籍曾经遁逃，至伊犁后再次脱逃，即属二次，虽自行来归，亦由旗档内除名，发配烟瘴之地；被抓获者，具奏正法。在原籍并未出逃，伊犁驻防满洲、蒙古、锡伯内，系首次遁逃自行来归者，枷号三月严惩；被抓获者，由旗档内除名，发配烟瘴之地。若系二次出逃，虽自行来归，亦由旗档内除名，发配烟瘴之地；被抓获者，则遵旨正法。如此则可令不肖之徒引以为戒，法纪亦可划一，且便于遵行。可否之处，伏乞明鉴。俟有旨下，钦遵施行。为此谨具。请旨。乾隆三十三年六月初五日奉朱批：著军机大臣、该部议奏。钦此。”（《军机处满文录副奏折》2270—2）“乾隆二十九年（1764）四月，盛京锡伯兵移驻塔尔巴哈台，《清实录》四月庚子，盛京将军舍图肯等奏，据兵部移咨内开，军机大臣议准，盛京锡伯兵内挑选一千名，挈眷发往塔尔巴哈台驻防，遵照索伦、察哈尔之例办理，但前次派往伊犁索伦、察哈尔兵，每兵百名有佐领、骁骑校各一员，五百名有协领一员管辖，此次所拨锡伯兵应于伊犁满洲大员内拣派协领二员分翼管理，由于现在防御内派数员作为佐领分管。又查，从前索伦、察哈尔等兵移驻伊犁时，俱派总管、协领等大员送往，今锡伯官兵即拣派协领二员、防御十员、骁骑校十员送至该处，得旨知道了。如有私行逃走者，著严行查拿，具奏。若未经奏闻由他处发觉，惟尔等是问。"（《奉天通志·大事》卷三十三，52—53页）

拟定驻防各营脱逃兵丁处置条例

乾隆三十三年（1768）五月十一日。奴才阿桂谨奏：为请旨事。查得，乾隆二十八年十一月十七日奉上谕：另户满洲、蒙古内，倘有脱逃者，据例记载，在一个月内自行来归者，交付该旗管束；被抓获者，视其脱逃次数，治以鞭笞或枷号之罪，交付该旗管束。身为满洲、蒙古奴仆，而至于遁逃者，必系平素行为卑劣，迫于债务所致。彼等食有钱粮，尚且遁逃，俟无钱粮，尚能安生乎？即便交付管旗大臣等，又焉能管理彼等，仍然遁逃矣。与其令彼等复逃，毋如施恩给食钱粮，发遣伊犁当差。著将此敕交八旗，自乾隆十八年定例以来，另户满洲、蒙古内，脱逃后月内自行来归及被抓获者，概行查明，携眷遣往伊犁，作为步甲当差，给食钱粮。如此给食钱粮，仍不改悔，又复遁逃者，诚属其本性卑劣死不改悔之徒，理当派人查缉，在缉获后，不必照出征者正法，即从满洲、蒙古档册内除名，听其游荡。著以此为例。钦此。又于乾隆三十一年九月十四日奉上谕：明瑞等奏，凉州满洲镶白旗佛灵佐领下闲散富良，由原籍再次出逃，闻知凉州兵移驻伊犁，自行来归，随其兄长抵达伊犁，若将富良照例发配黑龙江，必致往里发配，即为步甲，又属侥幸，毋如将富良枷号两月，鞭笞一百，交付该员严加管束，委以苦差。等语。明瑞所奏尚是，著照明瑞等所奏，即行处置富良。惟伊犁系新近驻兵之地，不可与内地相比，务须严明法纪，众人方可有所畏惧，不复有任意遁逃之事。将此交付明瑞等，嗣后移驻伊犁兵丁内倘有脱逃者，俟至拿获，即行正法，不必发遣。著以此为例。钦此。钦遵。均皆在案。奴才伏思，新疆设驻防兵之地，严明法纪者，系属皇上为惩戒不肖之徒，成全满洲、蒙古八旗奴仆颜面，渐除陋习之至意。其中由京城发遣食半分步甲钱粮之满洲、蒙古人等内，倘至伊犁复行遁逃，诚系本性卑劣，死不改悔之徒，俟至拿获，虽应即从旗档内除名，听其游荡，然伊犁毗连哈萨克、布鲁特边界，若无专人管束，逃往哈萨克、布鲁特，亦难逆料。倘有如此而行者，究于众仆脸上无光。关系大国之道，且从他处移驻伊犁八旗满洲、蒙古内，若有脱逃者，俟至缉获即行正法，则又拟罪不一。奴才愚见，嗣后凡由京城因脱逃而发遣者，及移驻人等内，在原籍曾经遁逃，至伊犁后再次脱逃，即属二次，虽自行来归，亦由旗档内除名，发配烟瘴之地；被抓获者，具奏正法。在原籍并未出逃，伊犁驻防满洲、蒙古、锡伯内，系首次遁逃自行来归者，枷号三月严惩；被抓获者，由旗档内除名，发配烟瘴之地。若系二次出逃，虽自行来归，亦由旗档内除名，发配烟瘴之

地；被抓获者，则遵旨正法。如此则可令不肖之徒引以为戒，法纪亦可划一，且便于遵行。可否之处，伏乞明鉴。俟有旨下，钦遵施行。为此谨具。请旨。乾隆三十三年六月初五日奉朱批：著军机大臣、该部议奏。钦此。

（《军机处满文录副奏折》2270—2）

锡伯部孳生马被收回

乾隆三十三年（1768）六月初四日。奴才阿桂、伊勒图谨奏：为仰祈圣鉴事。窃查，伊犁锡伯、索伦、察哈尔、厄鲁特等所以分给孳生马、牛、羊，俾其牧放，特为游牧人等得以食奶、酸奶，便利生计起见。惟其中向习豢养孳生牲畜者，方受益于此孳生牲畜。今查锡伯牧放之孳生马匹，前后所交孳生马五百九十九匹内，二年之间陆续倒毙之缺，除已补偿者外，今仍缺本马一百七十六匹。究其原因，伊等在原籍早弃豢养孳生牲畜之道，且每年前往楚呼楚换防以及驻此处卡伦、当差，耕种私田，又牧放私畜、孳生官马、牛，实于照管稍为艰难，若将此二项牲畜仍留于彼等牧放孳生，则于官孳无益，更使彼等难免补偿之苦。即使学之，亦不能于数年之内即能学好。牛只一项，犹易于牧放孳生。除将彼等孳生牛只，仍留于彼等牧放外，将现有孳生马匹暂时抽出，交他部牧放。嗣锡伯等稍学孳生之道，再得给孳生官马。如此，因无补偿之苦，于其生计亦有裨益。伊等倒毙之本马一百七十六匹及牧放二年之间应照例取孳马八十七匹，理应一并交彼等赔偿。惟伊等甫抵伊犁，牲畜倒毙于大雪，耕田损失于蝗虫，故至今尚未适应。请将倒毙之本马，照数交彼等赔偿，应例取些许孳马，悉数免之。可否之处，出自皇上之恩。皇上倘允奴才等所请，则上三旗厄鲁特官兵，今并未使彼等牧放孳生马匹。据此，请移交彼等牧放孳生，并自交付之起，照例计限取孳。又查得，将锡伯等应赔骒马，若使彼等自行采买，一时亦不多得，将此，请于前来贸易之哈萨克等所带骒马内，官为购买，陆续弥补，所需价银，由彼等之钱粮内扣还。为此谨奏，伏乞圣鉴。乾隆三十三年六月二十七日奉朱批：另有旨。钦此。

（译自《军机处满文月折档》）

将盗哈萨克马匹官兵解至卡伦惩办

清乾隆朝满文寄信档。乾隆三十三年（1768）六月初七日，大学士、领侍卫内大臣、忠勇公等奉上谕，字寄定边左副将军、扎萨克和硕亲王成衮扎布等著将盗哈萨克马匹官兵解至卡伦惩办。谕曰："据积福、纳旺奏称，伊等至卡伦后，经详审哈萨克盗马一案，查得，哈萨克并未抢掠我方之人马匹，而系我卡伦之人偷盗哈萨克牧群后，肆意捏报也。将盗马章京、兵丁拟罪具奏前来。积福、纳旺遵照朕旨前去卡伦地方审明缘由，当哈萨克面惩办我卡伦之人，并明白晓谕哈萨克等，所办甚好。前成衮扎布等奏，哈萨克人等抢走我卡伦马匹、枪支、马鞍等物，吐勒噶图等前去索取时，哈萨克等持枪矛支吾推诿，宜派扎隆阿率兵三百前去，将哈萨克牧群收回，由雅尔大臣将伊等之罪宣谕哈萨克等。此奏到后，朕即降旨：哈萨克等何以敢来抢掠我牧群？或系我方之人丢失马匹肆意诬赖哈萨克等，亦未可料，理当秉公办理。令派纳旺乘驿前去科布多，会同扎隆阿查办，不得枉屈哈萨克。其后成衮扎布等奏，伊所派侍卫七十一等抵达卡伦向哈萨克索要马匹等物时，哈萨克等告称：我方之人盗走伊等马匹，伊等追上拿获盗马之人，我方之人甚为恐惧，下跪乞求，许以给还马匹等物。七十一等本欲对质，又恐被哈萨克等反诘耻笑而未质审返回。等语。朕又降旨：此事如若属实，则我方之人实属无耻。七十一等本应与哈萨克等对质，竟恐被哈萨克等耻笑而返回，甚是不堪入目。七十一、丰升额、吐勒噶图等均著革去侍卫，拜唐阿，留彼效力行走。想必积福已到，伊无掣肘之患，令积福、纳旺会同前往查明实情，妥善办理，以使哈萨克诚服。今积福、纳旺查明，实系我卡伦喀尔喀章京兵丁无耻偷盗哈萨克马匹，果不出朕之洞鉴也。此事本为扎隆阿听信吐勒噶图等之言，糊涂上报，而成衮扎布亦未详核，惟偏袒我方之人草率办理。哈萨克等系外藩之人，凡事当质审明白秉公办理，方能令其诚服，亦知畏惧。其谓我方之人但经质询，恐示之以耻，此系何言？不肖之徒何处无有，我方自将无耻之人查出，当伊等之面处置，乃符大国风范耳，有何被人耻笑之处？盗取他人牲只、诬赖他人之举，方为人所耻耳。成衮扎布遇事常常如此姑息措置，不知为何？此事若非朕早洞鉴，必令哈萨克等耻笑矣。此事之初扎隆阿办理不堪入目，著将扎隆阿交成衮扎布查参。朕如此妥善办理，成衮扎布羞愧否？再，我卡伦章京兵丁盗取哈萨克之物，甚是无耻，该章京额棱、车登、托尔拜及兵丁车木楚克既由积福、纳旺当哈萨克面正法，其兵丁沙克沙巴持、哈吉勒岱、阿喇布坦亦系勾结盗马之人，理应一并正法。将此并传谕纳旺，此旨到时，哈萨克等若仍在卡伦，则令积福等晓谕哈萨克等曰：我等将此事奏报大圣主，大圣主降旨：此三人亦系勾结盗马之人，断不可宽恕，令当尔等之面正法。随即于伊等面前正法。若哈萨克等业已离去，则令伊等亲自监视正法，而后遇便晓谕哈萨克等。七十一、丰升额、吐勒噶图虽已革去侍卫、拜唐阿，仍不抵其罪，著将七十一等均于卡伦地方枷号，以示惩警。固噜扎布系卡伦总管，对伊属下章京兵丁之无耻行径，并未详查，反听信伊等之言办理，亦属不堪入目，著将固噜扎布革去台吉，于卡伦枷号。协理台吉扎木楚，偷盗之人虽非伊属卡伦之人，但亦一同前去会见哈萨克，罪不可免，著将扎木楚交部从严议处。将此并谕成衮扎布知之。”

（档号：03－132－4－027）

锡伯部孳生马被停止牧放

乾隆三十三年（1768）六月二十七日。上谕：阿桂等奏伊犁锡伯部牧放之孳生官马五百九十九匹，二年之内陆续倒毙，除已赔偿者外，仍缺本马一百七十六匹。伊等早弃豢养孳生牲畜之道，且每年于楚呼楚换防、坐卡、当差，耕种私田，又牧放私畜、孳生官马，委实艰难，与官孳无益，请暂且抽出，交上三旗厄鲁特官兵牧放孳生，现已倒毙本马一百七十六匹，令锡伯等赔偿，于前来贸易之哈萨克等所带骡马内，官买弥补，由彼等之钱粮内扣还。二年之间应例取孳马八十七匹，应否豁免，请旨一折。锡伯等迁至伊犁，仍未适应。官差繁多，且早弃孳生牧放牲畜之道。此项马匹，仍使彼等牧放，则与孳无益，且彼等难免补偿之苦，于其生计颇为不利。据此，将此项马匹，著照阿桂等所奏，由锡伯等抽出，交上三旗厄鲁特等牧放孳生。锡伯等二年之间应取孽数，著施恩宽免，只将倒毙之马照数彼等赔偿。钦此。

（译自《军机处满文上谕档》）

嗣后哈萨克携俄之物前来贸易概令带回

清乾隆朝满文寄信档。乾隆三十三年（1768）七月初四日，大学士、领侍卫内大臣、忠勇公等奉上谕，字寄参赞大臣、副都统衔巴尔品等著嗣后哈萨克携俄之物前来贸易概令带回。谕曰："据巴尔品等奏称，借哈萨克等赶来马畜贸易之便，哈萨克托泰、塔什罕回子拜巴巴等携带粗多罗呢二十四块，熏牛皮九十四张前来贸易，已官为购买，卖给愿意买取之官兵。等语。去岁，乌尔登奏到哈萨克阿布赉之弟索勒通、巴木毕特之子伊莽等前来贸易，带有亢狐皮、花脸狐皮、水獭皮等物，已官为购买。等语，朕即降旨：此等物件，皆俄罗斯所产，哈萨克等或由俄罗斯贸易贩来者。今我恰克图地方与俄罗斯已停止贸易，若系哈萨克等自俄罗斯贸易贩来之物，我方购买，尚属可也，若系俄罗斯携物前来贸易，则概行禁止。嗣后哈萨克等由俄罗斯贩物前来贸易，仍准购买，现定之价足矣，不可再加价。哈萨克与俄罗斯贸易，我等不便阻止，但我方既与俄罗斯停止贸易，若任凭哈萨克携俄罗斯之物前来贸易，哈萨克等为图利多得俄罗斯之物，必会多带马匹与俄罗斯贸易，反将与我贸易之马匹给与俄罗斯，双方均无裨益。将此著寄信巴尔品，嗣后哈萨克等以牲只贸易则仍照例贸易外，若携来俄罗斯之物贸易，则以价甚低，不可较前加价为辞而禁止贸易。惟不得贩卖此等之物之处尚未晓示哈萨克等，期间，哈萨克等不知其情有少带货物前来者，亦仍准贸易，并晓谕哈萨克等：嗣后，止准带马匹牲只前来贸易，不得携来俄罗斯货物，是次尔等既已带来，我等如此办理，但我等晓示之后，尔等仍携带俄罗斯之物前来，我等则断不准贸易，必令带回。如此晓示后，哈萨克等仍有携来俄罗斯之物者，则令其带回，并严禁官兵私行贸易，一旦查获，即从重治罪。将此并寄谕伊勒图遵行。"

（档号：03－132－4－033）

成衮扎布将协理台吉固噜扎布死亡之情查明具奏

清乾隆朝满文寄信档。乾隆三十三年（1768）七月初四日，大学士、领侍卫内大臣、忠勇公等奉上谕，字寄定边左副将军、扎萨克和硕亲王成衮扎布将协理台吉固噜扎布死亡之情查明具奏。谕曰："据积福奏称，伊为办理盗窃哈萨克马匹之卡伦人等之事，返回抵达清吉斯泰卡伦后，卡伦侍卫克穆额等呈报：协理台吉固噜扎布会同章京乌尔展等，解送由哈萨克逃来之厄鲁特特克，固噜扎布先于乌尔展等起程，投额尔齐斯河而死。等语。积福此奏，甚是含糊不清。伊之折称固噜扎布投河而死，而成衮扎布前折称固噜扎布溺水身亡，两相截然不同。著将此寄谕成衮扎布，该固噜札布或失误溺水身亡，或因卡伦人等偷盗哈萨克马匹一案畏罪投河而死？究系如何而死，令其查明具奏。”

（档号：03－132－4－032）

哈萨克阿布赉等秋时遣子入觐派员护送来京

清乾隆朝满文寄信档。乾隆三十三年（1768）七月二十六日，大学士、领侍卫内大臣、忠勇公等奉上谕，字寄总管伊犁等处地方将军、理藩院尚书伊勒图著哈萨克阿布赉等秋时遣子入觐派员护送来京。谕曰：“据伊勒图奏称，哈萨克阿布勒比斯遣人呈称：伊子卓勒齐本年春间未及派遣，俟秋季遣往入觐。伊处复文以卓勒齐秋间到此后，即行办理遣往。将书交其使臣布鲁特等带回。等语。顷阿布赉曾奏请遣伊子来京入觐，今阿布勒比斯亦呈请秋间遣伊子卓勒齐前来，若令一同遣来甚善。惟伊等来京，若于年终与众回部伯克一同入宴，更觉妥协。将此著寄谕伊勒图，俟阿布赉、阿布勒比斯秋间送其子抵达伊犁后，派员伴送，于十二月二十日后抵京。”

（档号：03－132－4－038）

将杀害我守备之玛哈沁严缉正法

清乾隆朝满文寄信档。乾隆三十三年（1768）七月二十六日，大学士、领侍卫内大臣、忠勇公等奉上谕，字寄总管伊犁等处地方将军、理藩院尚书伊勒图著将杀害我守备之玛哈沁严缉正法。谕曰：“据伊勒图奏称，自哈萨克逃出来投之玛哈沁额希特克夫妻，由霍尔果斯卡伦派人解至，交付其人之际，额希特克弃妻脱逃，情甚可疑，经审伊妻供称：该额希特克，即系杀死守备团柱之艾希达克，并究出与额希特克一同杀死跟随团柱前去之汉人之厄鲁特团托齐。此间严加缉查，俟拿获额希特克后，再审明拟罪，附供进呈候旨。等语。伊勒图此奏稍显拘泥。伊犁系新定地方，不可与内地相比，凡刑名案件，理应以能警示众人而果断了结，不可拘泥于条例。额希特克初来投诚，继而逃脱，情属可恶，理应正法。且团托齐亦曾杀死一汉民，若拿获审明属实，即应正法示惩，又何需取供拟罪，奏闻候旨？将此著寄谕伊勒图，令将团托齐即行正法；并派人严加查拿额希特克，一经查获审实，令其一面正法，一面奏闻。”

（档号：03－132－4－040）

哈萨克等贩马之便带有薰牛皮诸物

乾隆三十三年七月丁亥（二日 1768.8.13）谕军机大臣等，巴尔品奏，哈萨克等贩马之便，带有薰牛皮诸物，令愿买兵弁分买等语。此等物件皆俄罗斯所产，哈萨克与俄罗斯贸易，原属不禁，而内地与俄罗斯贸易，业经停止，自未便任其转贩，但不准转贩之处，尚未晓示，哈萨克等不知，是以带来。此次准其分买，嗣后哈萨克等，只准贩马，不准携带俄罗斯物件，如违，从重治罪。著传谕巴尔品，晓示哈萨克等知之。

（《清高宗实录》卷 814　页 995）

不得插手爱乌罕巴达克山之争端

清乾隆朝满文寄信档。乾隆三十三年（1768）八月十五日，大学士、领侍卫内大臣、忠勇公等奉上谕，字寄乌什参赞大臣、尚书、都统永贵及吐鲁番郡王、总管伊犁等处地方将军等著不得插手爱乌罕巴达克山之争端。谕曰："永贵等奏称，据由巴达克山贸易返回之回子等告称：本年爱乌罕之阿哈拉克齐·沙瓦里率兵会同珲都斯伯克瑚巴特，包围巴达克山努苏尔塔巴特城（nusurtabat hoton），素勒坦沙等退往达旺，爱乌罕、珲都斯兵丁收复塔勒噶等处地方，归为瑚巴特；帕苏巴特（pasubat）、努苏尔塔巴特等城，系米尔咱·纳雅苏乌拉之父米尔咱苏来曼之旧牧场，故给予米尔咱·纳雅苏乌拉。再，布拉尼敦之子原在爱乌罕，此次亦随爱乌罕兵前来。等情。巴达克山游牧地方系我属地，断不可为他人所得。宜自叶尔羌、喀什噶尔伯克内派一二人持书前去爱乌罕，陈明利害，说服爱乌罕之爱哈摩特沙，收回巴达克山游牧；爱哈摩特沙如若不从，即进兵平定巴达克山，毋致嚣张，共需备兵八千。等语。巴达克山之素勒坦沙等向素狡诈，时常掠夺他人牧场，今被他人抢占游牧，亦乃伊等之内常事，我方惟予安抚而已，断无插手之例。况且，巴达克山前虽遣使臣属，不过遣人请安酌量赏赐而已，断不可与叶尔羌、喀什噶尔各城回子相比。即如哈萨克，浩罕均为臣属，其遣使请安，无非赏赐遣回而已，不曾插手其相互争斗之事，其阿布赉、额尔德尼相互劫掠之事，朕尚传谕将军、大臣等不可插手。今素勒坦沙，爱乌罕相互劫掠，事属类同。米尔咱·纳雅苏乌拉若占据素勒坦沙游牧，派人告知我方，则永贵等即告知伊等曰：巴达克山游牧地方，原为尔父伯克所辖，后尔兄素勒坦沙抢占，杀死尔亲兄弟四人，尔等从前之事，我方俱知，尔今复仇收回游牧，与无故强占他人牧场不同，我方并不责备尔。先前我方曾屡次训戒素勒坦沙，伊并不听从，方致如此。尔嗣后惟当安分而生，断不可效仿素勒坦沙，尔若遣使请安，我等可代尔转奏。等语，缮书交来人送回。此间，若爱乌罕撤兵，素勒坦沙复败米尔咱·纳雅苏乌拉，夺回游牧，派人来告知我方，则永贵即谕素勒坦沙曰：先前我方屡次行文教训，尔不听从，仍行劫掠他人牧场，故遭恶报，被爱乌罕所败，尔牧场被尔弟米尔咱·纳雅苏乌拉占据，今方收复，嗣后毋再侥幸行事，惟照我方训谕安分为生。等语，札文交来人带回。素勒坦沙此间若牧场尽失，自行来投，则我方虽不需派兵代伊办理，亦不可不予理会。著永贵等即将其留在叶尔羌看护，酌情派人致书米尔咱·纳雅苏乌拉，谕以素勒坦沙系投诚大汗之人，尔无故夺其牧场，岂有此理？理应退还，若不交还，不听从我等饬令，我方断不坐视。等语责问之，若米尔咱·纳雅苏乌拉照我饬令退还，则毋庸再议；其若不退还，必会陈明巴达克山原归伊父统辖，后被素勒坦沙抢占等情呈文前来，彼时再据其所言，诘问素勒坦沙，并将素勒坦沙如何回答之处具奏再定。总之，办理此等人之事务、惟酌情安抚，断不可插手其相互劫掠之事。伊等惟图侥幸，劫掠他人，以求其利，失地后又来求于我，我等岂有为伊等办理之理？将此令永贵等务以为要，谨记于心。永贵等所奏派人前去爱乌罕，爱乌罕若不顺从，则派兵前去，概属不必。至布拉尼敦之子果若在此，我叶尔羌、喀什噶尔等各城回子荷蒙圣恩已历数载，生活富裕，建立家业，断不会以布拉尼敦之子系伊等旧和卓之子而另生异心，况且，布拉尼敦之子亦不敢前来，即便与爱乌罕兵丁同来,亦精疲力竭,我方没法剿灭可也,有何难处?著永贵等以不惊动属下人等悄然办理,惟晓谕鄂对,将布拉尼敦之子是否确在之处探明奏闻。将此著寄谕永贵等照办外,并谕伊勒图知之。”

(档号:03-132-4-045)

增拨察哈尔额鲁特官兵孳生牛羊

乾隆三十三年(1768)八月十六日。奴才巴尔品、福珊谨奏:为奏闻事。查得,先前陆续交给察哈尔、额鲁特等孳生大羊共一万六千只。自本年三月初九日起,至八月初九日止,相继易获哈萨克羊一万七千八百八十只内,扣除搭放官兵口食、官用及官兵购买羊共一万二千四百十三只外,余羊五千四百六十七只,为数尚多,相应从中挑取母羊一千八百只,公羊二百只,共计二千只,连同原先交察哈尔、额鲁特等孳生羊一万六千只,通共一万八千只,分别察哈尔、额鲁特等有家眷、单身者,均匀分给,牧放孳生,仍照原定期限开始取孳。不能与母羊分离之羊羔三百只,仍随母羊牧放,俟其堪用时,抽出使用。再,先前交察哈尔等孳生牛三百二十只,今陆续易获哈萨克牛三百三十一只内,扣除折给伊犁回布及官用牛共五十二只外,余牛二百七十九只,从中挑取乳牛七十二只,公牛八只,共为四百只,交给察哈尔等孳生,亦照原定期限开始取孳。不能与乳牛分离之牛犊七十二只,仍随乳牛牧放,俟其堪用时,抽出使用。其余牛三千四百六十七只,交侍卫讷赫木保妥善牧放,以备使用。为此谨具奏闻。乾隆三十三年九月初八日奉朱批:知道了。钦此。

(《军机处满文录副奏折》2279—19)

哈萨克阿布勒比斯来呈文

乾隆三十三年七月辛亥(二十六日 1768.9.6)又谕(军机大臣等)曰,伊勒图奏,哈萨克阿布勒比斯呈称,本年秋间,遣伊子卓勒齐入觐等语。昨阿布赉奏请遣伊子来京,今阿布勒比斯亦呈请秋间遣伊子卓勒齐前来,若令一同于年终到京,与众回部伯克入宴,更觉妥协。著传谕伊勒图,俟卓勒齐等到伊犁时,令其一同起程,派员伴送,赶于十二月中旬后抵京。

(《清高宗实录》卷815 页1042)

严斥哈萨克来文骄蹇并严加约束我方官兵

清乾隆朝满文寄信档。乾隆三十三年(1768)九月二十六日,大学士、领侍卫内大臣、忠勇公等奉上谕,字寄总管伊犁等处地方将军、领侍卫内大臣、尚书伊勒图等严斥哈萨克来文骄蹇并严加约束我方官兵。谕曰:“据巴尔品等奏称,近日哈萨克阿布勒比斯来文,殊欠明晰,俱写无凭证之言,且文中又有交付字样,若不加以申饬,恐渐至猖狂,业将所呈文件,分别申饬。等语。巴尔品所见甚是。阿布勒比斯果形骄蹇,即非承受朕恩之人,自应明白晓示,严行申饬。但既经严饬哈萨克等,若不约束我方官兵,反被哈萨克等耻笑。如近日喀尔喀卡座人等盗取哈萨克马匹一事,设非经朕洞鉴,严行查拿,哈萨

克等不几至被诬乎？著将此寄谕巴尔品，加意约束我方官兵，如有盗窃等事，一面奏闻，一面从重治罪，不可姑息。并寄谕伊勒图，亦明白札付阿布勒比斯。”

（档号：03－132－4－062）

伊勒图等接到代拟札付抄送哈萨克阿布勒比斯

清乾隆朝满文寄信档。乾隆三十三年（1768）九月二十八日，大学士、领侍卫内大臣、忠勇公等奉上谕，字寄总管伊犁等处地方将军、领侍卫内大臣、尚书伊勒图等著接到代拟札付抄送哈萨克阿布勒比斯。谕曰：“顷据巴尔品奏称，因哈萨克阿布勒比斯来文殊欠明晰，俱写无凭证之言，且咨文有交付字样，为遏其骄蹇，已严行申饬。等语到后，朕即降旨：巴尔品所见极是。阿布勒比斯果形骄蹇，即非承受朕恩之人，自应明白晓示，严行申饬，著将此传谕伊勒图，令其亦明白札付阿布勒比斯。但此文务须申明朕抚恤外藩，即不偏袒属人，亦不令伊等骄蹇之情，伊方不致肆意妄为也。著由此代伊勒图缮拟札付，寄送伊勒图，令其接到后，照抄札送阿布勒比斯。将此札付亦抄寄巴尔品知之。”

（档号：03－132－4－067）

伊犁将军伊勒图致哈萨克阿布勒比斯之札付

清乾隆朝满文寄信档。乾隆三十三年（1768）九月二十九日，总管伊犁等处地方将军、领侍卫内大臣、理藩院尚书伊勒图札付哈萨克阿布勒比斯：“顷尔呈我楚瑚楚参赞大臣之文，殊欠明晰，不明之处甚多，尔哈萨克等被掠驼马衣物等项，俱属诬赖，并无凭据，且尔文内又有交付字样各情，楚瑚楚参赞大臣等已咨报于我。尔如此即错矣，尔若照此而行，则不能永承大圣主之恩也。尔哈萨克等投诚以来，大圣主念尔等系外藩之人，予以抚恤，凡事严律我方之人，宽待尔等，尔理当感戴大圣主抚恤外藩之意，凡事恭顺，严律属下。但尔不感戴圣恩，反听信属下之言，以无凭证之事相诬赖，此系何理？尔果诚举以确据，可以替尔办理，然无凭之事，岂能仅依尔之来文办理乎？即如我喀尔喀卡伦之人掠尔哈萨克马匹一事，先是我乌里雅苏台将军大臣等，据属下所报以尔哈萨克等掠我卡伦之人马匹、枪支、马鞍等语具奏后，大圣主即行洞鉴，谓哈萨克等岂敢掠夺官牧，恐卡伦之人诬陷哈萨克，亦难预料，特差大臣积福、纳旺前往卡伦地方秉公详查，查出确系喀尔喀章京兵丁掠夺尔哈萨克马匹，其奏到后，大圣主即行申饬乌里雅苏台大臣，治罪卡伦侍卫等，将掠夺马匹之人俱行正法。尔哈萨克等稍有冤屈，均蒙大圣主洞鉴明办，断无令尔外藩蒙冤之事。若似此等无凭之事，非但我大臣等断不予以办理。即使我大臣等被尔所欺代为转奏，大圣主亦必明鉴，照惩办我卡伦人之例，治罪尔方之人，断不致为尔等所欺。即先前尔等游牧内徙，随水草而牧时，惟驱逐尔方之人，未加治罪，此乃大圣主念尔等系新投诚之臣仆悯恤施恩耳，今若如此骄蹇，凡此不知足者，大圣主断无永加宽宥之例。再天朝与外藩相互行文，均有定制，不得逾越。我将军大臣等给尔等行文可写交付字样，尔等给我之文，岂能写交付二字？此数载以来，尔哈萨克、布鲁特、回子等部未有敢如此缮写者，今尔忽然用此字样，乃因大圣主仁慈悯怜而肆逞骄蹇。

大圣主悯恤尔等,乃平素尔等甚为恭顺之故,倘若如此骄蹇,即不能承受圣恩,与尔等实无裨益,将此尔知之为善。因尔平时尚属恭顺,是次之情,我等并未奏报大圣主,仅明示于尔。嗣后,尔当严加约束属下,安分而居,再以无凭之言诬赖,肆逞骄蹇,则断然不可,若我果有冤屈尔哈萨克之处,亦决不偏袒,必将秉公办理。阿布勒比斯尔知此,惟当恭顺诚切,以期永沐圣主重恩。为此寄信。"

(档号:03-132-4-067)

那旺前往伊犁更换勒克

乾隆三十三年八月丙子(二十一日 1768.10.1)又谕曰,那旺此次往哈萨克,办事妥协,著加恩补授副都统,前往伊犁更换勒克。

(《清高宗实录》卷817　页1074)

将查获私行交易牲只折半赏给噶岱默特

清乾隆朝满文寄信档。乾隆三十三年(1768)十月初八日,大学士、领侍卫内大臣、忠勇公等奉上谕,字寄驻喀什噶尔办事、都统安泰等著将查获私行交易牲只折半赏给噶岱默特。谕曰:"据安泰等奏称,喀什噶尔回子伯克和卓等与哈萨克暗中交易之三百羊只,居于喀什噶尔之安集延回子讷塔尔等暗中交易之六十匹马,经噶岱默特查出呈送,该项牲只均已罚没充公。等语。此等暗中交易所得牲畜,虽无人诉求,噶岱默特查出,理应将一半赏给之。著将此寄谕安泰,令将查获之回子暗中交易之牲畜,一半充公,另一半施恩赏给噶岱默特。"

(档号:03-132-4-073)

近日哈萨克阿布勒比斯来文

乾隆三十三年九月辛亥(二十六日 1768.11.5)谕军机大臣等,巴尔品奏,近日哈萨克阿布勒比斯来文,殊欠明晰,且有交付字样,业将所呈文件,分别申饬等语。所办甚是。阿布勒比斯果形骄蹇,即非承受朕恩之人,自应明白晓示,严行申饬,但兵弁等亦须严加约束,如近日喀尔喀卡座人等,盗取哈萨克马匹一事,设非经朕洞鉴,严行查办,哈萨克等不几至被诬乎?著传谕巴尔品,加意弹压兵弁,如有盗窃等事,一面奏闻,一面从重治罪,不可姑息。

(《清高宗实录》卷819　页1116)

将厄鲁特盗取之哈萨克马匹还回

清乾隆朝满文寄信档。乾隆三十三年(1768)十一月初六日,大学士、领侍卫内大臣、忠勇公等奉上谕,字寄总管伊犁等处地方将军伊勒图著将厄鲁特盗取之哈萨克马匹还回。谕曰:"据伊勒图奏称,由哈萨克来投安置于察哈尔部之厄鲁特阿咱纳,逃入哈萨克,盗马七十四匹返回,被擒,除将阿咱纳盗回马匹入官外,拟将阿咱纳枷号两月严惩。等语。著准奏,即将阿咱纳枷号严惩示戒。但所盗马匹如若入官,则甚显小气,理当还回哈萨克等，以示大国威仪。著将此寄谕伊勒图，令将此项马匹即行交还哈萨克，并晓谕哈萨克曰：我厄鲁特阿咱纳逃入尔地方，盗取尔人七十四匹马，我方已将其拿获严惩示众，尔方人之马匹照例还回。请尔等查点还给尔方之人。嗣后，我方之人再若窜入尔牧场盗取牲畜，尔等拿获后，即交还我方，我等必将从重治罪，示以惩戒，尔等牲畜俱照旧还给尔等。如此不但我方可示尊严，且哈萨克等再有此等之事，我方从严办理，哈萨克亦可心服。”

（档号:03－132－4－076）

敕谕哈萨克阿布赉汗旨

乾隆三十三年九月甲寅（二十九日 1768.11.8）敕谕哈萨克阿布赉曰，前以厄鲁特台吉蒙固勒捐躯行阵，闻伊弟绰诺寄居尔处，因那旺查办边卡之便，向尔询问，尔即将绰诺送出，并派人同那旺至京，朕甚嘉之，经朕加恩将绰诺承袭伊兄之职，赏戴翎顶，并恩准留京，绰诺系尔养子，尔如思念，越数年可命绰诺暂归省视，今加恩赏尔蟒缎、妆缎各一，锦缎八，丝缎五，丝、缎各二，尔接奉朕旨，益当恭顺诚切，以期永沐朕恩。特谕。

（《清高宗实录》卷 819　页 1121）

遣返察哈尔骁骑校齐旺多尔济

乾隆三十三年（1768）二月十六日。奴才巴尔品、富珊谨奏：为奏闻齐旺多尔济起程返回情形事。查得，乾隆三十二年十月，雅尔参赞大臣安泰等奏称，在该地与哈萨克贸易使用通事并讲价时，察哈尔骁骑校齐旺多尔济，人尚明白，熟谙贸易事务，且哈萨克等又信其言。齐旺多尔济自二十三年出征以来，行军至巴达克山，在呼尔曼、阿勒楚尔等地打战数次，尽其所能，奋勉效力。奴才等请将齐旺多尔济再留二三年，承应贸易差使。倘对齐旺多尔济稍示鼓励，于贸易事务益加有利。惟查得，察哈尔旗并无其应升五品官职，倘有佐领缺出，即由护军校、骁骑校补授佐领。兹齐旺多尔济虽系正额骁骑校，即行补授佐领，亦过侥幸。奴才等谨请圣主施恩，鼓励齐旺多尔济，暂赏五品，并将御赐蓝翎改按五品赏戴军功花翎，嗣后诚能较前益加奋勉，俟遣返齐旺多尔济时，将其奋勉情形，谨具奏闻，请旨。俟该旗佐领缺出，即行坐补外，送往京城该旗，补行引见，再由彼遣返原籍。等因奏入，奉旨：著照所奏施行。钦此。钦遵在案。去年乌勒登等奏称，齐旺多尔济自出征以来，现已九年，理应遣返。惟遣返齐旺多尔济后，仍有通晓哈萨克语、知道话语轻重而可靠之人，方于事有利。奴才等看得，伊犁左翼额鲁特昂吉自避暑山庄迁至蓝翎伊斯玛赖、右翼额鲁特昂吉五品顶戴花翎库布齐，因皆通晓哈萨克语，故在贸易地方协助齐旺多尔济，观之均能虔心奋勉。奴才等请将伊斯玛赖、库布齐留在雅尔，充当通事，在贸易地方行走。俟随齐旺多尔济行走一二月之后，再遣返齐旺多尔济。等因奏入，奉旨：著照所奏施行。钦此。钦遵亦在案。现理应遣返齐旺多尔济，相应奴才等看得，齐旺多尔济人明白，于各种差使均极奋勉，与哈萨克贸易充当通事，皆体面而行。是以，奴才等奏陈其奋勉情形，将齐旺多尔济送往京城该旗，带领补行引见，俟其所属察哈尔旗佐领缺出，即行坐补之外，均遵先前具奏后所奉之旨，查照办理。将此，亦咨行管带镶蓝蒙古旗、察哈尔八旗都统等外，遣返齐旺多尔济时，由此至哈密，自备马匹，哈密往东所需各项，照例办理拨给之处，均已咨行哈密大臣、陕甘总督等。为此谨具奏闻。乾隆三十三年三月十一日奉朱批：知道了。钦此。

（《军机处满文录副奏折》2261—11）

哈萨克阿布勒比斯之子入京请安接待切勿过优

清乾隆朝满文寄信档。乾隆三十三年（1768）十二月十七日，大学士、领侍卫内大臣、忠勇公等奉上谕，字寄直隶总督、山西巡抚、陕西巡抚、陕甘总督等哈萨克阿布勒比斯之子入京请安接待切勿过优。谕曰："哈萨克阿布勒比斯遣子卓勒齐来京请安，卓勒齐年齿尚幼，既系初次前来，著交付直隶、山西、陕西、甘肃大臣等，令卓勒齐经过地方，如同幼童般给予照料，赐给食饭、肉、饼，酌情赏看戏曲。此乃因卓勒齐系外藩头目之子而以示体恤，地方官员不知，视为大事，准备过当，示以队列，致令警慑，则甚非所宜，亦令伊等狂妄。此情若不预先明示，恐地方官员不知轻重，反致过于张扬。著将此传谕所有经过各省大臣等，明白饬谕属下官员等。"

（档号：03－132－4－083）

哈萨克阿布勒比斯遣子请安

乾隆三十三年十二月辛未（十七日 1769.1.24）谕曰，哈萨克阿布勒比斯遣子卓勒齐来京请朕安，卓勒齐年齿尚幼，远来瞻觐，殊堪轸念，第恐地方官员，不知轻重，过示军威，致令惊慑，甚非所宜。著传谕直隶陕甘大员等，所有经过处所，务加意照料，以示朕体恤外藩至意。

（《清高宗实录》卷825　页1203）

永贵好生办理伊犁事务

清乾隆朝满文寄信档。乾隆三十四年（1769）二月初九日，大学士、领侍卫内大臣、忠勇公等奉上谕，字寄署伊犁将军印务、尚书、都统永贵著好生办理伊犁事务。谕曰："今览永贵所奏已令哈萨克斡里苏勒坦从伊犁起程一折，将朕前令哈萨克卓勒齐等赶上元节之际前来之谕旨，俱写入其中。永贵竟如此小气。具奏此事时，不过写入巴尔品所行之文即足矣。写入与此事无涉之谕旨者，甚为小气胡诌。永贵虽勤于事，但常似此于无用之处用心，于正事毫无益处。而办送斡里苏勒坦时，亦惟拣派属下要人数名即可，却派遣二十八人，殊属糊涂，甚是不明事理。永贵现办伊犁将军事务，此等小事尚且不能办妥，若遇要紧大事，亦仍如此，岂不误事？著寄谕永贵申饬之，令伊以后留心妥办。再，为令斡里苏勒坦等自哈密乘驿来京，已另降谕哈密诸大臣、侍卫伊达哩外，并寄谕永贵知之。"

（档号：03－133－1－004）

各部落使臣布鲁特等十三人至京

乾隆三十四年正月甲午(十日 1769.2.16)右部哈萨克阿布勒比斯子卓勒齐,及各部落使臣布鲁特等十三人至京,上御乾清宫,卓勒齐等行礼,命坐赐茶,并各赐冠服有差。

(《清高宗实录》卷 826　页 10)

赐阿布勒比斯子及年班回部伯克等食

乾隆三十四年正月丙申(十二日 1769.2.18)上御同乐园,赐阿布勒比斯子卓勒齐及年班回部伯克阿瓜斯伯克等食。

(《清高宗实录》卷 826　页 12)

哈萨克鄂推固勒之子暂不给还阿布赉

清乾隆朝满文寄信档。乾隆三十四年(1769)三月十一日,大学士、领侍卫内大臣、忠勇公等奉上谕,字寄署伊犁将军印务、尚书、都统永贵著哈萨克鄂推固勒之子暂不给还阿布赉。谕曰:"据永贵奏,阿布赉之子斡里苏勒坦自伊犁起程来时告称,伊经过拜济格特奈曼鄂拓克时,据云鄂推固勒之子额呼里已逃往伊犁,恳求给还。斡里苏勒坦返还时,似应将额呼里交伊带回等语。永贵此办又错。厄鲁特、哈萨克皆朕之臣仆,既然来投,则皆安置。不应以斡里苏勒坦经过时所告一言,即行给还。永贵奏言似应给还者,甚为柔懦。将此著寄谕永贵,斡里苏勒坦返回经过伊犁时,即晓谕斡里苏勒坦曰:尔前所言额呼里之事,尔起程后查得,今在伊犁有此一人,业已安置。以前业已安置之人,未有给还之例。若云厄鲁特等为大皇帝之臣仆,则哈萨克亦为大皇帝之臣仆,地域虽异,但皆为一样之臣仆,并无区别,不可即行给还尔等。若其父鄂推固勒诚想伊子,亲自来请完聚骨肉,则我等上奏大皇帝,赏赐与伊,亦未可定。惟以经过时所说之一言,不仅不能给还,且亦于理不合。等语。永贵驻边疆料理诸事,理应果断。似此等事,不能妥善料理者,甚为柔懦。若将外藩事务如此办理,则外藩人等不谙道理,徒令骄妄而已。伊等岂晓四书耶?于事何益?永贵知此,以后办事必果断迅速,不可援用四书办理。"

(档号:03－133－1－006)

永贵将颁降阿布赉谕旨抄送之

清乾隆朝满文寄信档。乾隆三十四年(1769)四月初三日,大学士、领侍卫内大臣、忠勇公等奉上谕,字寄署总管伊犁等处地方将军印务、尚书永贵将颁降阿布赉谕旨抄送之。谕曰:"昨阿布赉之子瓦里素勒坦口奏伊犁将军从其哈萨克取马,百马抽一及伊等哈萨克人来伊犁居住俱不给还二事,朕据理驳回,并缮入颁降阿布赉谕旨内。著将此抄一份,寄信伊犁将军知之。"

(档号:03－133－1－012)

巴达郎贵巴扎尔履历

佟阿岱所出总管缺,拟正之左翼副都统巴达郎贵,食俸二十九年。出征二次。首次，于固尔扎、空吉斯、霍尔果斯、鄂桑扎拉图、乌鲁木齐、特讷格尔、玛纳斯等处，打仗四十次，杀贼八名，夺获鞍马一匹、鸟枪一杆、长枪一杆、赏得头等功牌二枚、银八两。又出征乌什，打仗五次，杀贼二名，保荐卓异一次、头等一次、二等二次，得头等功牌一枚。三次委以参领，管理南北额林哈毕尔噶三道军驿。巡查哈萨克边界二次，行围一次，得赏银六两。四十五岁，巴尔虎蒙古，马步箭平。拟陪巴达郎贵之右翼副都统巴扎尔，食俸十七年。出征一次，于哈喇乌苏、霍尔果斯、鄂桑扎拉图、乌鲁木齐、特讷格尔、玛哈齐、哈喇乌苏、锡伯图、乌兰乌苏、库车、雅哈托霍奈、叶尔羌、阿勒楚尔、伊什勒库勒、玛尔济奈、济尔噶朗、布鲁齐等处，打仗五十八次，杀贼十二名，受长枪伤十三处，夺获鸟枪三杆、长枪一杆、鞍马一匹，得头等功牌六枚、二等功牌三枚、三等功牌五枚。因从伊犁往乌鲁木齐解送马牛，经议叙，加一级。得赏银八十三两、荷包一对。四十七岁，巴尔虎蒙古，马步箭平。

（《军机处满文录副奏折》2312—8）

巴达郎贵等人履历

拟补佐领之骁骑校巴达郎贵，食俸饷二十五年。出征一次，于固勒扎、空吉斯、霍尔果斯、鄂垒扎拉图、乌鲁木齐、特讷格尔、玛纳斯、阿勒楚尔等七（八）处打仗，杀贼九名，现收到一等功牌四枚，未收到二等功牌一枚、三等功牌一枚，共得六枚，得赏银十四两。现年三十九岁，巴尔虎蒙古，马步箭平等。骁骑校库库萨哈勒，食俸饷七年。出征一次，于沙喇伯勒、和阗、阿勒楚尔、伊什勒库勒、玛尔济奈等五处打仗，杀贼二名，得赏银六十两、缎四匹、荷包二对，以一等功牌二枚抵赏银四十两，共得赏银一百两。现年四十一岁，新额鲁特，马步箭平等。骁骑校达纳，食俸饷二十五年。出征二次，出围一次，得一等功牌一枚、二等功牌一枚、赏银十三两。现年四十四岁，巴尔虎蒙古，马步箭平等。蓝翎巴图，食俸饷八年。出征一次，于塔尔巴哈台、达尔达木图、玛纳斯、乌鲁木齐、吉木萨、叶尔羌、莽哈霍尔多等七处打仗，杀贼一名，拿获活口一名。于乌鲁木齐地方充当与哈萨克贸易通事，得赏银二十五两。现年四十八岁，新额鲁特，马步箭平等。补放骁骑校之以领催任委官散扎布，食钱粮三十五年。出征二次，出围一次，于鄂垒扎拉图、安济海、乌鲁木齐、特讷格尔等四处打仗，杀贼六名，生擒贼四名，受伤十三处，现得二等功牌一枚，未到一等功牌三枚，共得功牌四枚，赏银六十两。现年五十岁，察哈尔蒙古，马步箭平等。

（《军机处满文录副奏折》2101—33）

申饬巴尔品未能严办盗马之哈萨克事

清乾隆朝满文寄信档。乾隆三十四年（1769）四月初五日，大学士、领侍卫内大臣、忠勇公等奉上谕，字寄驻雅尔办事参赞大臣、都统衔巴尔品等申饬未能严办盗马之哈萨克事。谕曰："据巴尔品等奏，哈萨克鄂罗木拜等十几贼入卡伦伤人盗马，将其执解前来审讯毕。其拒捕伙贼哈萨克鄂罗木拜等，分别拟以枷号三个月、两个月后重杖；其尚未拿获之哈萨克，行文阿布勒比斯严加治罪。乘便咨行阿布勒比斯通谕众哈萨克等。所咨文稿一并具奏。等语。巴尔品等所办全属错矣。驻边境办事，办理两边盗案，严之再严，方可无事，肃清地方。而哈萨克等又系糊涂无知者，遇事即严办示众，方知儆畏。去岁扎纳伯克等盗哈萨克等马匹，今朕降旨审明，将扎纳伯克等四人正法，将该官员皆分别治罪，此乃为令伊等知儆畏，以后不敢妄为贼盗耳。今哈萨克鄂罗木拜等敢逾入我卡伦盗马，而又拒捕，追伤巡察马群人，较前扎纳伯克等盗哈萨克马匹之罪更重。巴尔品等办理此案，审明后，应将为首致伤巡察马群人之哈萨克即行正法，以示儆戒。巴尔品等并未如此果决办理，奏请枷号两个月、三个月重杖，殊属非是。由是哈萨克无所儆畏，从此得意傲慢，以致盗案不断矣。该死的，为何如此无用？可恼！由此观之，巴尔品旧习复发。著传谕巴尔品、扎隆阿，严行申饬之。办此案时，理应遵朕旨严办。惟巴尔品等既将无涉之六名哈萨克释放，留下盗马之哈萨克，且遣回时，饬谕伊等晓谕其余哈萨克矣，则不必再更改。该死的巴尔品，自己沽名而未杀贼，朕反而交伊等杀之耶？晓谕阿布勒比斯之文，由此修改发去。著巴尔品等收到后，即照此译写托特文，发给阿布勒比斯。再，赏赐蓝翎顶子哈萨克塔纳希阻止哈萨克等分马，于去求者照数与之，且陈情禀报，实属可嘉，理应鼓励，著即照巴尔品等所奏赏赐。巴尔品等以后办理诸事，务必果断尽心办理。倘再似此而行，朕必将伊等从重治罪。”

（档号:03－133－1－013）

严禁内地犯人逃往外藩

清乾隆朝满文寄信档。乾隆三十四年(1769)四月初五日，大学士、领侍卫内大臣、忠勇公等奉上谕，字寄西北两路将军、参赞大臣、驻回子各城办事参赞大臣等严禁内地犯人逃往外藩。谕曰：“据巴尔品等奏，由乌鲁木齐脱逃之发配为奴犯人鲁二喜、朱达、梁思、苁珠等四人，于努克特依(nuktei)山内擒获。经审与乌鲁木齐咨送之年貌、案情相符，故遵前降谕旨，将鲁二喜、朱达、梁思、苁珠等，俱皆正法。俱已行文乌鲁木齐等处。等语。此尚属遵旨办理矣。惟此等逃人皆为内地人，并不投奔内地，反而外逃，颇为可疑。由此以观，犯人到处逃逸，亦难免逃往哈萨克、布鲁特等外藩。将此著寄谕西北两路，回子各城将军、大臣等，严饬各属卡伦官兵，不时会哨，严查出入，跟踪探迹，善加巡察，断不可怠忽而致犯人逃往外藩。著通行晓谕，一体遵行。”

（档号:03－133－1－014）

厄鲁特哈萨克凡投降者理宜安插

乾隆三十四年三月甲午(十一日1769.4.17)又谕(军机大臣等)曰，永贵奏，据阿布赉之子斡里苏勒统禀称，由伊犁起程，经过拜济格特奈曼鄂拓克地方，鄂推古勒之子额呼里逃往伊犁，恳请发回，似应于斡里苏勒统回巢时，将额呼里交与带回等语。永贵所奏，甚属错谬。厄鲁特、哈萨克俱朕之臣仆，凡投降之人，理宜安插，岂有因斡里苏勒统一言，即将额呼里发回之理。著传谕永贵，斡里苏勒统由伊犁经过时，即晓谕云，尔等从前所言额呼里之事，查此人现在伊犁，业经安插，似此安插之人，向无发回之例，况厄鲁特系大皇帝臣仆，哈萨克亦系大皇帝臣仆，原无区别，若因鄂推古勒思念其子，欲令骨肉团聚，亦当亲身恳求奏请，或大皇帝加恩赏回，亦未可定，今途次顺便言及，于理殊为不合。如此晓谕，方是控制外夷之道。永贵办理边务，宜加果断，若如所奏，一味柔懦，反开伊等骄蹇之渐，伊等宁通晓文义耶，永贵嗣后于一切事务，勿得拘泥。

（《清高宗实录》卷 830　页 73—74）

左部哈萨克阿布赉子等至京

乾隆三十四年三月丁未（二十四日 1769.4.30）左部哈萨克阿布赉子斡里苏勒统，及陪臣雅拉尔噶布比等十五人至京，上御正大光明殿，斡里苏勒统等行礼，命坐赐茶，并各赐冠服有差。

（《清高宗实录》卷 831　页 82）

赐阿布赉子斡里苏勒统及陪臣等宴

乾隆三十四年三月戊申（二十五日 1769.5.1）上御山高水长大幄次，赐阿布赉子斡里苏勒统及陪臣等宴，并赐斡里苏勒统等银币有差。

（《清高宗实录》卷 831　页 82）

赐王公大臣及阿布赉子等食

乾隆三十四年三月己酉（二十六日 1769.5.2）上幸山高水长，赐王公大臣，及回部郡王霍集斯、阿布赉子斡里苏勒统等食。

（《清高宗实录》卷 831　页 83）

查看察哈尔额鲁特等牧放孳生牲畜事宜

乾隆三十六年（1769）五月十三日。奴才安泰、永庆谨奏：为奏闻查看牧厂情形事。查得，先前奏称，特穆尔牧群现有马一千六百一十匹，其中挑取理应拨运乌鲁木齐马五百匹、乌里雅苏台马六百六十五匹外，尚余马四百四十五匹，其哈萨克等过冬交差马内，开除掉膘、羸疲之马二百七十五匹，另编牧群牧放，俟至返青，得以饱食后，奴才等将亲临查实，开除其倒毙马匹不计外，将无法救活者作价，已救活者归入特穆尔牧群牧放。等因奏入，钦准在案。兹奴才安泰亲临查看，除管理游牧侍卫德勒格楞贵陆续来报倒毙马九十匹外，其不能救活残疾马四十一匹，照先前变价之例作价，价银归入新收项下以备应用。此外，其已救活长膘马一百四十四匹，归入特穆尔牧群，妥加牧放。兹特穆尔牧群实有马共五百八十九匹、牛七十六只、羊一千三百一十九只，经与档册核对，其数目相符。交付察哈尔等孳生马三百匹，查核去年八月取孳整饬之数目，与档册相符。交付察哈尔等孳生牛四百只，查核前年取孳整饬之数目，与档册相符。交付察哈尔、额鲁特等孳生羊共二万只，每年整饬一次，每羊十只取孳三只，本年应取羊羔六千只，奴才已如数收取，仍跟随母羊牧放，以备明年搭放官兵口食。三十五年六月交额鲁特等牧放孳生牛七十只，俟至取孳之时，再整饬办理，另行具奏外，查看游牧察哈尔、额鲁特、哈萨克等生活状况，极为熙昌，备勉马畜，较前大为殷实。额鲁特、哈萨克等皆感戴皇恩，于官牧厂套马、烙印等差，均竭尽奋勉，虔心而行。故此，奴才将携带茶、烟、小刀、火镰、荷包、布匹等物，均匀分赏，以示鼓励。所有奴才查看牧群及现已回城情形，一并谨具奏闻。乾隆三十六年六月初五日奉朱批：知道了。钦此。

（《军机处满文录副奏折》2414—12）

拟将巴彦察衮等人补放察哈尔营佐领

"乾隆三十四年(1769)六月二十八日。奴才永贵谨奏：为请旨事。窃查，察哈尔营佐领齐旺扎布、额勒济图，于二十九年，因送往伊犁之察哈尔孳生羊只倒毙甚多，又未能查明因病留在途中之察哈尔披甲彭苏克等被哈萨克掠去事宜，经明瑞参奏革职。伊等出征乌什效力，并请求情愿留下当差。故经奴才永贵、明瑞等相商，准其留下，仍食原俸，俟遣回时，出具考语，送部办理。等因具奏，奉旨准行。嗣后，因伊犁需人，经奴才永贵奏准，将伊等遣往伊犁。齐旺扎布、额勒济图到伊犁后，在满洲营马厂，教习看护水草、牧养马匹之道，尚属奋勉。三十二年六月，阿桂具奏，请令伊等管理察哈尔佐领事务，不开原籍之缺，在此仍支给现食盐菜银，再留二年效力后，俟遣回时，出具考语，送部补行引见。等因。奉旨：著准管理佐领事务。钦此。齐旺扎布、额勒济图自管理佐领事务起，至本年六月止，二年期满。在此二年期间，该二员办理各该牛录孳生牲畜及兵丁生计事宜，甚属效力，理应出具考语，送部补行引见。其所出之缺，奴才照例于该营应升官员内，逐加考验，视其为人尚可及善于管束之情，以骁骑校巴彦察衮、云木楚木拟正，骁骑校塔彬泰、呼毕图拟陪。谨将其履历另缮清单，恭呈御览，伏乞皇上从中补放佐领二员，嗣后乘便送京补行引见。此外，补放佐领递出骁骑校缺，亦于该营应升官员内，视其为人尚可及善于管束之情，拣选得领催巴雅斯呼朗、委笔帖式纳旺拟正，领催尼玛、扎木苏拟陪。谨将其履历另缮清单，恭呈御览，伏乞皇上从中补放骁骑校二员。俟奉旨后，将遣回之齐旺扎布、额勒济图等，出具考语，送部带领引见。为此谨奏。请旨。乾隆三十四年七月二十二日奉朱批：另有旨。钦此。"（《军机处满文录副奏折》2322—12）

"乾隆三十四年七月二十二日。上谕：据永贵奏，在伊犁效力之察哈尔营佐领齐旺扎布、额勒济图，均已年满，应出具考语，送部引见。伊等所出佐领二缺，例应于该营应升官员内，逐加考验，以骁骑校巴彦察衮、云木楚木拟正，塔彬泰、呼毕图拟陪；其递出骁骑校二缺，以该营领催巴雅期呼朗、委笔帖式纳旺拟正，领催尼玛、扎木苏拟陪，谨请补放。等语。将此，著照永贵所奏，将齐旺扎布、额勒济图送部带领引见，以拟正之骁骑校巴彦察衮、云木楚木补放佐领，乘便送京补行引见；以拟正之领催巴雅斯呼朗、委笔帖式纳旺补放骁骑校。钦此。"（《军机处满文上谕档》36—3）

巴尔品缘情革去副都统衔

清乾隆朝满文寄信档。乾隆三十四年(1769)七月十三日，大学士、领侍卫内大臣、忠勇公等奉上谕，字寄署理总管伊犁等处地方将军、尚书永贵，驻雅尔办事、革职效力赎罪巴尔品缘情革去副都统衔。谕曰："据巴尔品等奏，从前拿获盗马哈萨克鄂罗木拜等八人，枷号监禁。于六月初十日，弃枷将房后墙掏孔以出，逾越外墙，从西门登城台阶栅栏门跳入登城，从西北隅顺绳滑下脱逃，故将看守官兵揭参，交部从重治罪。等语。此事甚堪骇异。巴尔品办事时常如此，此案更为不堪入目。将拿获锁禁之贼，理应交付官兵严加看守。今八哈萨克同时皆挣脱枷号逃逸，巴尔品实属该死，真不是人！何以如此无用至极呢？巴尔品著革去副都统衔，拔去顶戴花翎。倘令伊等返回，反致侥幸，著仍留雅尔，照舒赫德例罚养廉银五分之四，只给一份，令其赎罪效力。仍派优良官兵，力图缉获逃贼。非拿不可！扎隆阿到雅尔还不久，著加恩留副都统衔，罚养廉银二年。至于派出看守此等盗贼之官兵，巴尔品等奏将其官员只革官职，并将委护军校、兵丁斥革，发往伊犁服苦役。等语。此奏更不成事体。若将伊等只遣回伊犁，则伊等反而回家安居，何知惩戒耶？况且佐领达瓦乃昏庸厄鲁特。凡遇查拿盗贼，兼派索伦、厄鲁特尚可，今看守枷号之盗贼，不但不应派厄鲁特，且即派索伦亦不可。著将杨桑阿、常授，并十五名兵丁及城上值班官兵，一并皆执解来京，交部审讯，从重治罪。至厄鲁特佐领达瓦，著加恩宽免。再，巴尔品等为查拿此盗贼，派官兵将贼鄂托里之侄玛尔噶拜、额森克勒底、杜尔伯特之妻孥及其鄂托克之阿哈拉克齐纳喇巴图、哈尔门图、巴尔哈纳之通事额色木喇特等拿解看守。伊等皆系在游牧之人，与伊等无涉。如果逃犯诚在其地，即可向伊等索要，或派官兵往拿，何必留在此处看守？此旨到达后，著巴尔品等即晓谕玛尔噶拜、纳喇巴图曰：奉大皇帝谕旨，现在锁禁于此之八哈萨克脱逃，皆由我处官兵疏怠所致，与尔等在游牧者无涉，我等均受斥责。今施恩释放尔等返还，尔等诚能感戴大皇帝之恩，将脱逃之八哈萨克执之解来，则甚善。尔等倘不执之解来，隐匿不献，由我处访拿后，则必遣官兵，将尔等一并拿解，从重治罪。等语，而后遣之还。至巴尔品现无顶戴，哈萨克等看之不好，此乃巴尔品咎由自取。著巴尔品将因八哈萨克脱逃之罪拔去花翎之处，明白晓谕纳喇巴图等及前来之哈萨克。亦寄信永贵知之。"

（档号：03－133－2－007）

乌里雅苏台所缺马匹由雅尔采买

清乾隆朝满文寄信档。乾隆三十四年（1769）七月十六日，大学士、领侍卫内大臣、忠勇公等奉上谕，字寄定边左副将军、喀尔喀扎萨克和硕亲王成衮扎布及驻雅尔办事大臣等乌里雅苏台所缺马匹由雅尔采买。谕曰："据成衮扎布等奏，买补乌里雅苏台缺马二千一百余匹，交付值班盟长、扎萨克和硕亲王齐巴克雅喇木丕勒等，以每马定价六两采买，令于今年内送到。等语。蒙古地方以价银六两买马一匹，则价不甚少，而伊等盟长等采买时，仍思不足。今在雅尔地方易换哈萨克马匹，好者银不出四两，中等者二两左右即可易得。且雅尔地方距离乌里雅苏台又近，倘将乌里雅苏台之缺马，皆行文雅尔易取哈萨克马，则路顺且多得好马，两得其益。将此著寄信成衮扎布，现今伊等所买马

匹，倘已全买则罢，若已得数百或一半，余者尚未采买，则即将尚未采买马匹数目，行文雅尔参赞大臣，以贸易之哈萨克马匹填补。嗣后，每年所缺马匹之数务必补足，皆照此行文雅尔参赞大臣换取，永著为例。将此亦著寄谕雅尔大臣等知之。”

（档号：03－133－2－009）

永贵将我回子被哈萨克执拿出境等情查明具奏

清乾隆朝满文寄信档。乾隆三十四年（1769）七月二十四日，大学士、领侍卫内大臣、忠勇公等奉上谕，字寄署理总管伊犁等处地方将军、尚书永贵将我回子被哈萨克执拿出境等情查明具奏。谕曰：“据成衮扎布等奏，霍尼迈拉虎卡伦侍卫等擒二俄罗斯、一回子后审问之，据回子艾塔木巴特告称：我系喀什噶尔地方回子，耕种伊犁官田约十年。今岁垦田时，前来贸易之库克雅尔达鄂拓克叫喀喇之哈萨克将我捉拿，蒙眼带往其家。我徒步逃出，于额尔齐斯以东地方遇行猎俄罗斯人两名，将我拿获，令骑伊等之一匹马带行，时遇卡伦人等，将我等捉拿。等情，等语。具奏前来。俟成衮扎布等处将擒获之俄罗斯、回子解到后，由此问明另办外。惟伊犁耕田回子俱系官人，被哈萨克捉拿以去，永贵处竟未查出，岂有此理？况且彼处皆设卡伦，行商哈萨克出进时，皆应查明。今贸易哈萨克执我耕田回子以去，而卡伦人等并未查出，伊等皆为做甚么者？再昨据永贵奏称，侍卫七十办理回子事务甚善，保举一等侍卫。此耕田回子，即系伊管辖之人，哈萨克执之以去，而伊并不知，又何保题呢？由此观之，永贵办事殊属懒散。将此著寄信永贵，将耕田回子艾塔木巴特何时被哈萨克捉拿，永贵因何未查出具奏，哈萨克人捉拿回子艾塔木巴特后，由何卡伦出走，办理回子事务之官员呈报与否之处查明据实回奏。”

（档号：03－133－2－014）

永贵派人前往祭奠哈萨克阿布勒班毕特

清乾隆朝满文寄信档。乾隆三十四年（1769）七月二十六日，大学士、领侍卫内大臣、忠勇公等奉上谕，字寄署理总管伊犁等处将军、尚书永贵著派人前往祭奠哈萨克阿布勒班毕特。谕曰：“据巴尔品等奏，阿布勒比斯遣赏戴花翎之布鲁特来呈告，伊父阿布勒班毕特已故。伊所呈回子文书送已永贵。等语。阿布勒班毕特、阿布勒比斯父子来投已数年，恭顺尽职。今阿布勒班毕特已故之事，其子阿布勒比斯遣人呈文来报，理应施恩。阿布勒比斯乃现任哈萨克汗，因此施恩宜照内扎萨克亲王身故之例，派人致祭。但由京城派人去，路途遥远，且大不过亦派散秩大臣、副都统品级大臣等。伊犁现有许多领队大臣，即派鄂津率侍卫一名、部章京一员，由彼就近前往阿布勒比斯牧所祭奠。将此著寄信永贵，遣鄂津前往时，所带祭品。较内扎萨克亲王等例酌情增添，二岁牛三头、羊三十只、烧酒九大瓶、纸一万张。除所需纸张自伊犁带去外，其二岁牛、羊、烧酒，从伊犁库支银，鄂津携带到阿布勒比斯牧所后，照数付银，以资备办二岁牛、羊、烧酒。祭奠时，仍行我礼仪吊丧。但鄂津照我礼仪吊丧时，若不明白晓谕，则哈萨克等不知，以为惧怕伊等，亦未可定。著鄂津到达后，将此作为伊之心思，祭奠前即趁与阿布勒比斯等闲谈时，预先晓谕曰：如此祭奠，皆为我大圣皇帝特颁之重恩，钦差大臣等凡祭奠汗王等皆如此而行。祭吊阿布勒班毕特者，乃特遵大皇帝之旨意而行，尔等亦应于我面前叩谢皇帝之恩。等语。令伊等知之。并饬鄂津，顺便留心观看阿布勒比斯等牧所形势，好生记之，返回具奏。”

（档号：03－133－2－015）

枷号偷窃马匹之哈萨克八人

乾隆三十四年七月癸巳（十三日 1769.8.14）谕军机大臣等，巴尔品奏，枷号偷窃马匹之哈萨克八人，同时越城脱逃，此事甚堪骇异，已降旨将伊革职，效力缉拿，其看守官员，城上值班兵丁，解京治罪矣。凡遇查拿盗贼，兼派索伦厄鲁特等，犹或可行，若令看守枷号之犯，断乎不可，今巴尔品所派看守之厄鲁特佐领达瓦，素系糊涂之人，著加恩宽免。至巴尔品缉拿此案，将盗犯鄂托里之侄玛尔噶拜、额森克勒底，杜尔伯特之妻孥及其鄂拓克之阿哈拉克齐纳喇巴图、哈尔们图，通事额色木喇特等，悉行拿至看守，伊等俱在游牧之人，与伊等无涉，如果逃犯在彼处，即向伊等索取，或派兵往拿，俱无不可，何必留此数人。巴尔品等奉到此旨，即向玛尔噶拜等宣示大皇帝谕旨，现在哈萨克脱逃，俱由官方疏忽，与汝等无涉，命将汝等释放，仍回游牧，汝等感戴大皇帝之恩，各缉拿逃犯解来，如隐匿不报，一经查获，一并将汝等治罪。至巴尔品现无顶戴，亦将因此事褫革之处，明白宣示伊等可也。并传谕永贵知之。

（《清高宗实录》卷838　页198）

拿获偷窃马匹之哈萨克鄂罗木拜等

乾隆三十四年七月癸巳（十三日 1769.8.14）谕曰，巴尔品奏，从前拿获偷窃马匹之哈萨克鄂罗木拜等八人，枷号监禁，于六月初十日，越城脱逃等语。此等哈萨克，拿获监禁，特使沿边居住之人知所警戒，自应派兵看守，严加防范，乃巴尔品并不派兵看守，以致脱逃，殊属疏忽。巴尔品著革去副都统衔，拔去花翎，仍留雅尔效力，承办之满洲章京著革职，与城上值班官兵一并解京治罪。

（《清高宗实录》卷838　页198）

现被看守之哈萨克人暂不给还

清乾隆朝满文寄信档。乾隆三十四年（1769）八月十六日，大学士、领侍卫内大臣、忠勇公等奉上谕，字寄驻雅办事大臣巴尔品等著现被看守之哈萨克人暂不给还。谕曰：“据巴尔品等奏，为索要脱逃之八名哈萨克，所派委营总图衣希等到哈萨克地方向阿布勒比斯索要时，阿布勒比斯只给还名叫图伯特之一人，其余七人皆未给还。遣其子卓勒齐等与图衣希等一同来称，为其七贼，伊拟亲来塔尔巴哈台之库图勒岭会见大臣另谈。故巴尔品等斥责卓勒齐等后，将图伯特未收留，仍交卓勒齐等带回。据图衣希等又告称，阿布勒比斯欲给还，而帐房内之众哈萨克不听阿布勒比斯之言，妄加争论，故阿布勒

比斯才未给。等语。昨据巴尔品奏，盗马哈萨克鄂罗木拜等八贼脱逃，派官兵拿获贼鄂托里之侄儿玛尔噶拜、额森克勒底、图伯特之妻、幼子及伊等鄂托克之阿哈拉克齐纳喇巴图等解来看守。等语，朕曾降旨曰：此等人皆在游牧，与伊等无涉，明白晓谕后，皆遣之还。今看巴尔品此奏情形，哈萨克不甚懂道理，此被看守之人，不应即行给还。将此著急行寄谕巴尔品等，伊等若接前旨后业已给还则罢；倘尚未给还，则即照常看守之，暂勿给还哈萨克。俟阿布勒比斯处查送八贼前来后，再给还之。”

（档号：03－133－2－020）

永贵等派谙练之员带兵巡察乌什等处地方

清乾隆朝满文寄信档。乾隆三十四年（1769）八月十六日，大学士、领侍卫内大臣、忠勇公等奉上谕，字寄署理总管伊犁等处地方将军、尚书永贵及驻乌什办事都统等派谙练之员带兵巡察乌什等处地方。谕曰：“据舒赫德奏，自安集延等处来乌什、喀什噶尔贸易人等，必定穿行布鲁特游牧。布鲁特等性格贪婪，抢夺劫取，习以为常。查现今伊犁每年派兵，由大臣等带领越哈萨克界地至牧马处。布鲁特游牧自乌什、喀什噶尔界至特穆尔图淖尔，距离乌什、喀什噶尔不过有十余二十来站。每年既有此巡察兵，则以后有布鲁特贸易者抢夺牲畜等物案，能在乌什完结者，即由乌什完结，倘有用兵威慑之处，则将应向行劫游牧索要物件之数咨行伊犁，将巡察伊犁界之兵调至特穆尔图淖尔料理外；若距离喀什噶尔近，则会同驻喀什噶尔之大臣等办理；距离乌什近，会同驻乌什之大臣等办理。等语。布鲁特人甚为小气，时常抢夺安集延商贾之物件，不法已极，应用兵威慑，著将此照舒赫德等所奏施行。惟带领此类地方巡察兵时，必遣如乌岱、纳旺谙练事务之人，于事有裨；若遣更事未深、将事不当事者，则不仅充数，反为布鲁特轻视。将此著寄信永贵，其应派带兵者，务必慎加拣派。将此亦寄信舒赫德等知之。”

（档号：03－133－2－019）

乌里雅苏台现在马匹缺额

乾隆三十四年七月丙申（十六日 1769.8.17）又谕（军机大臣等），乌里雅苏台现在马匹缺额，著传谕成衮扎布咨行雅尔参赞大臣，令换取哈萨克马匹填补，嗣后著为例。并传谕雅尔大臣知之。

（《清高宗实录》卷 839　页 205）

办理外藩事务宜符合地方风土人情

清乾隆朝满文寄信档。乾隆三十四年（1769）八月十八日，大学士、领侍卫内大臣、忠勇公等奉上谕，字寄驻雅尔办事大臣巴尔品等著办理外藩事务宜符合地方风土人情。谕曰：“昨巴尔品等奏为索取所逃八哈萨克札付阿布勒比斯之子卓勒齐等之言内，有阿布勒比斯来时即有千万人亦可，我亲带数人会见尔父等言。哈萨克等皆系无知糊涂者，索取伊等之逃人时，以厉言晓谕亦合理。夫惟此事，不过以厉言索取人而已，亦不致言以哈萨克即有千万人，伊亲带数人前去之语。巴尔品以此言晓谕，复用四书妆作知道。

诸凡大臣等办理外藩事务，应按各地形势、人情办理，不可只拘泥四书。今哈萨克等，皆居住于极边甚远之地，与伊等不可讲忠信孝悌之道。且即系厄鲁特、回子等，亦不必以文理晓谕伊等。将此遇便寄谕巴尔品，嗣后办理诸事，惟按地方形势、人情办理，不可一味拘泥四书也。”

（档号:03－133－2－022）

舒赫德会同永贵等办理索要脱逃之哈萨克事

清乾隆朝满文寄信档。乾隆三十四年(1769)八月二十二日，大学士、领侍卫内大臣、忠勇公等奉上谕，字寄驻乌什办事参赞大臣、都统衔舒赫德会同永贵等办理索要脱逃之哈萨克事。谕曰:“据永贵奏，哈萨克阿布勒比斯遣哈萨克侍卫阿克塔木拜尔底呈称，从雅尔所逃盗马之鄂罗木拜等八哈萨克内，只有图伯特一人是实，余者均不知何往。又请将巴尔品等为查拿此贼由哈萨克执解看守之贼鄂托里等之妻子赏回，以期伊等查送逃人。等情。永贵即照阿布勒比斯所请，准将鄂托里等之妻子尽行释放遣回。遂以尔等获贼几名即送来几名。等语晓谕之，一面咨行阿布勒比斯，一面将此等贼之妻子皆交付阿克塔木拜尔底带回之处行文巴尔品。等语。巴尔品初办此事时，倘若明白办理，将贼等正法，亦不至于此。巴尔品并未爽快妥善办理，拖拉枷号看守之。而看守又不严紧，以致越城逃走。派官兵往哈萨克游牧查拿贼鄂托里等妻子，解至雅尔看守，饬令哈萨克阿布勒比斯将贼鄂罗木拜等务必查拿解来。此奏到后，朕即降训旨曰:伊等所办竟无头绪。除将巴尔品等革职、摘去顶戴花翎外，鄂托里等之妻子皆系在游牧之人，与伊等无干。著施恩放回，只向哈萨克索取所逃八贼罢了。继由巴尔品等处奏，阿布勒比斯只送来图伯特一贼，其余七贼尚未送来。阿布勒比斯尚有给还之意，但居其帐房之众哈萨克等，不听阿布勒比斯之言，妄行争论，故阿布勒比斯才未给。等语。朕又急速降旨教诲巴尔品曰:观此情景，哈萨克等不甚懂道理，被看守之此等人，不应即行给还。俟阿布勒比斯处将八贼尽数查送后，再行给还。今看永贵此奏，益加不堪入目，甚为柔懦。巴尔品前办此事，虽不爽快，但晓谕哈萨克等时尚有严厉之辞。永贵此次札付阿布勒比斯、晓谕阿克塔木拜尔底之语，甚为柔懦，重复再四，且竟照阿布勒比斯所请，将鄂托里等之妻子尽数给还，竟惧怕哈萨克。办理边务之大臣等料理外藩事务时，务宜持以大义，计以收服伊心快速办理。如永贵办事之柔懦，又如何能使外藩人心服耶?此事永贵、巴尔品二人，断不能明白办理，遣舒赫德赶紧同永贵前往雅尔办此事。著将巴尔品为此事之原奏、陆续所奏之折子及朕降谕旨、永贵此次折子，皆抄寄舒赫德阅看。舒赫德接奉此旨后，即赶紧起程越穆素尔岭赴伊犁，会同永贵前往雅尔，带巴尔品赴塔尔巴哈台，同哈萨克阿布勒比斯会盟，彻底查明此事，秉公办理。再，现于永贵奏折内称，哈萨克阿克塔木拜尔底言辞内，又有参赞大臣牧厂之语。经交军机大臣等查阅巴尔品原奏折内称，原被盗者为巴尔品之马三匹、兵丁之马二十余匹。等语。此言倘若属实，则兵丁之马尚属官马，那还可以;倘不属实，皆为巴尔品之马，而冒充兵丁之马，则断然不

可,即于界地滋事矣。不但应从重治罪,而且将巴尔品即应于彼正法。著将此著寄信舒赫德知之,令伊秉公查明具奏,不可丝毫偏袒。倘若舒赫德庇护巴尔品,不据实具奏,稍有隐瞒之情,则朕必将伊一并从重治罪。将此由六百里加紧驰递。"

(档号:03－133－2－025)

永贵会同舒赫德办理哈萨克逃人事件

清乾隆朝满文寄信档。乾隆三十四年(1769)八月二十二日,大学士、领侍卫内大臣、忠勇公等奉上谕,字寄署理总管伊犁等处地方将军永贵著会同舒赫德办理哈萨克逃人事件。谕曰:"昨据巴尔品等奏,以锁禁八哈萨克逃走之故,遣派官兵将贼鄂托里之侄儿玛尔噶拜、额森克勒底、图伯特之妻子等执解前来。此奏到后,朕即以此非平常懈怠可比,摘去巴尔品顶戴花翎、降旨教诲外,并降旨曰:拿获解来之玛尔噶拜等哈萨克皆在游牧,我执之看守之八哈萨克逃走,与伊等何干,著将伊等皆释放。昨据巴尔品奏,遣人索取所逃哈萨克等时,阿布勒比斯只给还图伯特一人,其七人均未给还。且看阿布勒比斯尚有给还之状,众哈萨克等不听阿布勒比斯之言,妄行争论,故阿布勒比斯才未给。等语。故此朕复又紧急降旨谕巴尔品曰:观此情景,哈萨克等不甚懂道理,将前执解看守之玛尔噶拜、额森克勒底等人,不应即行给还。今据永贵奏,因阿布勒比斯遣人来求,伊欲将执解来之哈萨克鄂托里之妻子等皆给还。等语。由此以观,永贵柔懦,竟惧怕哈萨克。巴尔品前办虽属糊涂,其后仍有爽快办理之情。永贵现今所奏,益加不堪入目。著严加申饬之。若是这样。伊又岂能妥善办理此事耶?著寄信永贵,今之此事,伊亦不能办,朕今遣舒赫德彻底查办此事。此间永贵若明白妥善办完此事,则将如何办理之处作速奏闻。倘尚未办,则暂停办理,索性等候舒赫德共同办理。仍先行文晓谕阿布勒比斯曰:为办此事,今将奉命特派大臣与尔会盟办理。钦差大臣到后,由我处派人送信。届时尔务必准时赴约来塔尔巴哈台,我等共同办理。等语,将此旨由六百里加紧递送。"

(档号:03－133－2－023)

妥善查办哈萨克盗马事

清乾隆朝满文寄信档。乾隆三十四年(1769)八月二十六日,大学士、领侍卫内大臣、忠勇公等奉上谕,字寄驻乌什办事参赞大臣、都统衔舒赫德著妥善查办哈萨克盗马事。谕曰:"昨曾降旨曰:哈萨克鄂罗木拜等盗马一案,永贵、巴尔品二人不能办理,著将巴尔品、永贵所奏折子及朕所颁谕旨皆抄寄舒赫德阅看毕,即赴伊犁,会同永贵前往雅尔,带巴尔品赴塔尔巴哈台,同哈萨克会盟,彻底查明此案,妥善办理。惟哈萨克等禀性糊涂,且亦好诳赖。永贵奏折内称,据哈萨克阿克塔木拜尔底告称,因我方人从伊等哈萨克驱马四十匹,故伊等哈萨克追赶夺回。逾两日,我方人赶马二十二匹,弃于伊等哈萨克地方。翌日,我方七十人往伊等哈萨克取马一千匹,伊等哈萨克人追赶,始给马九百匹带回。等情。此等之言,虽系哈萨克一面之词,殊不可信,但不可不彻底查明边境盗案。巴尔品果放纵属下人赴哈萨克游牧滋事，则应将巴尔品即行治罪。惟哈萨克皆为无知之人，俟舒赫德查明事情后，若诚我方人作弊，则向阿布勒比斯言以今将我方人所以治罪，乃属下人等滋事，未加管束之故。若以盗马事而言，尔等哈萨克以为，现今盗取之马，并非大皇帝之官马，系参赞大臣马群之马，关系不大，亦未可定。然则尔等即想错矣。于边境应各约束属下人，严禁彼此为盗。不仅参赞大臣之马，即系兵丁之马，尔方亦不可偷盗矣。阿布勒比斯尔若感念大皇帝之恩，好生管束尔属下人等，严守本分，勿得滋事，则即永享大皇帝鸿恩矣。等语晓谕之。哈萨克等知我秉公办理，不但伊等心服，且从此可以靖边境地方。昨抄送之巴尔品、永贵之所有奏折，著舒赫德详阅，尽心办理。"

（档号：03－133－2－026）

将官兵赴哈萨克游牧访查逃人事查明办理

清乾隆朝满文寄信档。乾隆三十四年（1769）八月二十九日，大学士、领侍卫内大臣、忠勇公等奉上谕，字寄驻乌什办事参赞大臣、都统衔舒赫德及驻雅尔办事大臣将官兵赴哈萨克游牧访查逃人事查明办理。谕曰："据巴尔品等奏，为查拿前脱逃之哈萨克鄂罗木拜等八贼，派协领常德为首率官兵前往哈萨克游牧访查。等语。巴尔品等所办，益加不堪入目，轻举妄动。我官兵入哈萨克游牧，往何处查贼？若查获尚可，如其不获，则我官兵枉然虚行，岂不被哈萨克讥笑耶？巴尔品等所办，甚不成事体。况我官兵入哈萨克游牧，到处查拿盗贼，不但惊动哈萨克游牧人等，且为此数名逃人，亦不致如此办理。今夫内地各省查拿逃人时，当下未获者，不过咨行查拿而已，从无遣官兵到处捉拿之例。巴尔品等想必甚惧，方致如此妄为耳。除寄谕巴尔品外，将此一事，朕已降旨，交付舒赫德办理，巴尔品等不必办理，惟等候舒赫德到彼。将此著寄信舒赫德，伊亲临办理此一案时，务必彻底查明我方人作弊与否，秉公办理，不得丝毫庇护。著抄巴尔品等所奏此折，一并寄给舒赫德阅看。"

（档号：03－133－2－027）

舒赫德著查巴尔品办理逃人案有无情弊

清乾隆朝满文寄信档。乾隆三十四年（1769）八月三十日，大学士、领侍卫内大臣、忠勇公等奉上谕，字寄驻乌什办事参赞大臣、都统衔舒赫德著查巴尔品办理逃人案有无情弊。谕曰："昨巴尔品等奏到，为查拿脱逃哈萨克鄂罗木拜等贼，派官兵赴哈萨克游牧一折，朕当即降旨，斥责巴尔品等办理错误，令巴尔品等不必办理此事，由舒赫德到彼查明秉公办理。将巴尔品等奏折抄送舒赫德阅看。今愈想巴尔品等所办甚不成事体。哈萨克等倘从我处抢劫而去，抑或反叛，其不候旨即发兵往征均可。此八贼均系在巴尔品等处锁禁之人，系因疏懈逃逸，不过咨行阿布勒比斯查拿解来而已，断不致发兵往哈萨克游牧内查拿。是以朕又降旨，令巴尔品等将所派官兵从速带回，又将晓谕哈萨克阿布勒比斯之处降旨发给永贵。将此著寄信舒赫德，俟伊到达后，为此一案与阿布勒比斯

会盟时,阿布勒比斯若来甚善,即与阿布勒比斯会盟,将朕前降谕旨,明白晓谕之。惟今伊父阿布勒班毕特已故,阿布勒比斯倘不得前来,舒赫德亦不必等候,惟据永贵所奏哈萨克阿克塔木拜尔底告称,我方人驱哈萨克马匹前来,伊等之哈萨克追赶夺回,我方人又赶马弃于伊等之哈萨克地方,以讹赖伊等哈萨克,将马驱来。又所言参赞大臣牧厂之语。此言虽系哈萨克一面之言,尔等不能信,但边境地方查明此等事,甚为紧要。若巴尔品等确有此等情弊,则应将巴尔品等即行从重治罪。此事或许属下人等妄行,巴尔品等被骗,亦未可定。著舒赫德将此事原委、巴尔品等所办有无情弊,彻底查明,秉公办理,勿得纤毫偏护。又为此事永贵、巴尔品彼此不睦,是非属谁,著舒赫德明白办理。完后即回乌什。著将降与巴尔品、永贵之谕旨,皆抄寄舒赫德知之。"

(档号:03-133-2-029)

永贵派人赴阿布勒比斯游牧传宣谕旨

清乾隆朝满文寄信档。乾隆三十四年(1769)八月三十日,大学士、领侍卫内大臣、忠勇公等奉上谕,字寄署理总管伊等处将军、尚书、都统永贵派人赴阿布勒比斯游牧传宣谕旨。谕曰:"昨日巴尔品等奏报,派官兵前赴哈萨克游牧捉拿所逃哈萨克一事到后,朕即降旨申饬:巴尔品等所办不堪入目,甚不成事体。今越想巴尔品等所办非是。是以降旨,令巴尔品所遣官兵即行带回。惟此等事,理应降旨晓谕阿布勒比斯,故由此拟写晓谕阿布勒比斯之谕旨寄给永贵。由永贵处接旨译写后,派贤能之人前往阿布勒比斯游牧宣谕。又明白交付所遣之人,向阿布勒比斯降旨后,阿布勒比斯有何言语,其情如何,令其留心观察,返回禀报永贵转奏。著将此旨,亦寄信舒赫德、巴尔品等知之。"

(档号:03-133-2-028)

巴尔品等速将官兵从哈萨克牧场撤回

清乾隆朝满文寄信档。乾隆三十四年(1769)八月三十日,大学士、领侍卫内大臣、忠勇公等奉上谕,字寄驻雅尔办事大臣巴尔品等速将官兵从哈萨克牧场撤回。谕曰:"昨日,巴尔品等奏到为缉拿脱逃之哈萨克鄂罗木拜等八贼,派官兵往哈萨克牧场查拿一折,朕当即降训旨谕巴尔品等曰:所办不堪入目,不成事体。此事伊不必办理,等候舒赫德到后办理。今愈思之,巴尔品等所办派官兵往哈萨克牧场查拿逃贼者,殊属非事。今夫哈萨克等若从我处抢此等贼以去,或反叛,其不候旨即发兵往征均可。此八贼乃于巴尔品等处锁禁之人,巴尔品因疏懈致其逃逸,不过咨行查拿解来而已,断不致派官兵往哈萨克牧场捉拿。即于我内地因人命盗案而逃犯人,亦不过令属下官员等查拿而已,亦无派兵到处查拿之例。将此著驰谕巴尔品等,奉到此旨后,即差人将伊等所派官兵从速带回。惟此旨到彼前,伊等所派官兵前去已有多日,倘已拿获数人,则即将拿获之人解来;其未拿获者,则不必查拿,即行返还。降谕阿布勒比斯撤回官兵之谕旨,业已发给永贵。将此著寄信巴尔品等即遵旨办理。"

(档号:03-133-2-030)

乾隆帝敕谕阿布勒比斯

清乾隆朝满文寄信档。乾隆三十四年(1769)八月三十日,乾隆帝敕谕阿布勒比斯。谕曰:“奉天承运皇帝敕谕哈萨克阿布勒比斯知悉。顷据驻雅尔办事大臣巴尔品等奏,彼处被锁禁之盗马哈萨克八名,因苟且懈怠,使之脱逃,故行文阿布勒比斯索取之。阿布勒比斯遂即将执获之叫图伯特一贼送来,其余七贼,呈报未获。等语。巴尔品等惧怕懈怠之罪,惟图从速得人,不顾一切,遣官兵赴哈萨克牧场查拿,殊属非是。阿布勒比斯倘不遵大臣等交咐,抢走此数人,则即阿布勒比斯不知朕恩,妄行闹事矣,理应发兵征伐。今此八贼逃逸者,皆因巴尔品等看守不谨慎,苟且怠忽,使之逃逸,罪在巴尔品等,与哈萨克等无干。况且阿布勒比斯、阿布赉等自慕朕仁化来投以来,凡事毫不违悖,照所委恭敬遵行。将此数贼,不过行文阿布勒比斯以取之,谅阿布勒比斯必感激朕恩,拿获即送来,断不致发兵查拿。即于内扎萨克王、公之属下人内若有为盗逃逸者,不过遍行其属下官员查拿,与牧所人等无干,且所属王、公等亦毫无罪过。今巴尔品等竟不谙道理,不顾牧场人等惊惶,派官兵往查拿者,殊属非是。故降旨谕巴尔品等将伊等所派官兵即行带回。阿布勒比斯汝知此,惟遍行尔属下人等查拿,拿获即解送雅尔。再,巴尔品、永贵等此事所办未善,故颁旨特遣大臣与汝会盟办理此事。此特为巴尔品等不能办此一事,恐其中另有异情,令查明将伊等治罪也。但阿布勒比斯汝父病故,朕已施恩专差大臣前往祭奠。阿布勒比斯若为办汝父之事,已去阿布勒班毕特牧场,则此一事亦非阿布勒比斯汝必亲来办理之要事,汝可即去办理汝父丧事,不必来会盟,惟交付汝等之属下头目,查获逃贼解来。俟钦差大臣明白办完此一案后,再咨汝知悉可也。”

(档号:03-133-2-028)

派副营总推锡等往哈萨克索取盗犯

乾隆三十四年八月乙丑(十六日 1769.9.15)又谕(军机大臣等)曰,巴尔品等奏,派出副营总推锡等往哈萨克索取盗犯,阿布勒比斯止给土伯特一人,余七人并未交出,遣伊子卓勒齐前来禀称,阿布勒比斯尚有给发之意,因属人不从等语。巴尔品前将逃犯之家属人等看守,朕降旨令其释回,今哈萨克光景,甚不知理。著传谕巴尔品,若此项看守之人未经释放,仍著看守,俟阿布勒比斯将逃犯全数解到,再行释回。

(《清高宗实录》卷841　页230)

阿布勒比斯遣其头目等前来

乾隆三十四年八月辛未(二十二日 1769.9.21)谕军机大臣等,永贵奏,阿布勒比斯遣头目阿克塔木拜尔底前来,恳请将雅尔看守之逃犯家属等释回,伊等即踪缉逃犯解送,永贵即准其所请,随将逃犯家属交彼带回等语。此案盗犯拿获之初,即行正法,何至有脱逃之事,及脱逃后,巴尔品又办理不善,是以降旨,将伊褫革,并释放看守之人,嗣因哈萨克不将逸犯全解,复降旨令将看守之人不必释回。今永贵所奏办理之处,实有畏惧哈萨克之意,此案永贵、巴尔品不能办矣。著舒赫德速赴伊犁,会同永贵至雅尔,将巴尔品带往塔尔巴哈台，与阿布勒比斯面见，务须秉公彻底查究，如系巴尔品在边境滋事，即将伊在彼正法，舒赫德等稍存瞻徇，必从重治罪。

（《清高宗实录》卷841　页233）

内地人由哈萨克驱马四十余匹

乾隆三十四年八月乙亥（二十六日1769.9.25）又谕（军机大臣等），哈萨克盗犯一案，已令舒赫德查办矣。据永贵折内称，阿克塔木拜尔底禀称，因内地人由哈萨克驱马四十余匹，哈萨克等追赶夺回，逾二日，内地人驱马二十余匹，弃在哈萨克地方，第二日，又有七十余人往哈萨克驱马千余匹，经追赶始给回九百余匹等语。此虽系一面之词，然边境盗案，不可不彻底查究，巴尔品如果纵放下人滋事，即将伊治罪，并晓谕阿布勒比斯，以后约束属人，严禁盗窃，伊等知我秉公办理，自必畏服。所发巴尔品、永贵折，舒赫德详阅妥办。将此传谕知之。

（《清高宗实录》卷841　页237）

巴尔品办理哈萨克逃犯不成事体

乾隆三十四年八月戊寅（二十九日1769.9.28）又谕（军机大臣等）曰，巴尔品办理哈萨克逃犯，甚不成事体，是以降旨，令永贵明白晓谕阿布勒比斯，舒赫德办此案时，如阿布勒比斯前来，即将朕谕旨明白晓谕，如不得前来，亦不必等待。据永贵折内奏称，阿克塔木拜尔底禀称，内地人抢夺讹赖，又有参赞大臣牧厂之语，舒赫德应将此事原委，巴尔品有无情弊，彻底确查，秉公办理，所有降与巴尔品永贵之旨，著钞寄舒赫德知之。

（《清高宗实录》卷841　页242）

巴尔品派兵前赴哈萨克查拿逃犯

乾隆三十四年八月戊寅（二十九日1769.9.28）又谕（军机大臣等）曰，巴尔品派兵前赴哈萨克查拿逃犯，办理殊属错谬，著速行传谕巴尔品等，将所派之兵即行撤回，此旨到时，官兵去已多日，若将逃犯缉获，即行解来，未缉获者，不必查拿。

（《清高宗实录》卷841　页241—242）

巴尔品派兵往哈萨克查拿逃犯事宜

乾隆三十四年八月戊寅（二十九日1769.9.28）又谕（军机大臣等）曰，巴尔品派兵往哈萨克查拿逃犯一事，已降旨申饬矣。但阿布勒比斯，亦宜有以谕之，著将谕旨饬寄永贵，即以托忒字译出，遣能事之人前往宣谕，看其言动如何，遣人回时，即行奏闻。并传谕舒赫德、巴尔品知之。

（《清高宗实录》卷841　页242）

常德带兵往拿哈萨克逃犯

乾隆三十四年八月戊寅（二十九日1769.9.28）又谕（军机大臣等）曰，巴尔品奏，现派协领常德，带兵往拿哈萨克逃犯等语。所办甚谬。内地查拿逸犯，不过咨行缉捕，从无派兵之理,我官兵如能获犯尚可,如其不获,反为哈萨克所笑。巴尔品著严行申饬外,此事伊不必办理,著传谕舒赫德,务将内地人有无滋弊之处,秉公查究,不可瞻徇隐饰。

(《清高宗实录》卷841　页241)

查鄂津往祭哈萨克汗为何用马二百多匹事

清乾隆朝满文寄信档。乾隆三十四年(1769)十月初七日,大学士、领侍卫内大臣、忠勇公等奉上谕,字寄署理总管伊犁等处地方将军、尚书永贵及驻回子各城大臣等查鄂津往祭哈萨克汗为何用马二百多匹事。谕曰:"据永贵奏,接奉派鄂津往祭哈萨克阿布勒班毕特之谕旨,交与鄂津阅看毕,派侍卫、官兵随行,从官马群内拨马二百三十匹乘之去。等语。派鄂津往哈萨克,特为祭奠阿布勒班毕特,系平常差使,酌带数几官兵,不过三四十人即足矣,何需马二百三十匹耶?如此,则即带约二百人去矣。倘云惧怕哈萨克对伊如何,则哈萨克部落人多,不惟一二百人,即带五百兵去亦无用。将此著寄信永贵、鄂津问之,将因何用这许多马匹,查明具奏。再,鄂津系副都统,亦有奏事之责。伊接奉差遣之旨后,于何日起行之处,理应自已具奏。即使不自已具奏,亦应与永贵列名具奏。今鄂津并未具奏,而永贵折内亦未列伊名,鄂津竟似领队侍卫,惟听将军指麾,岂有此理?况且前曾明白降旨:奏事时,将军、参赞大臣、副都统等皆列名。应一人具奏者,亦令各列其名具奏。今永贵惟于赏赐荔枝谢恩折及请安折内列副都统等之名。于接奉差遣鄂津往哈萨克谕旨之复奏折内,反而不列鄂津之名。永贵办理诸事,乖谬无常,甚为糊涂。且鄂津亦太不知事理,著俱传旨申饬。并寄信伊犁、回子城将军大臣等,嗣后奏事,各处副都统俱著列名具奏。"

(档号:03-133-3-005)

彻查偷盗哈萨克马匹事

清乾隆朝满文寄信档。乾隆三十四年(1769)十月初七日,大学士、领侍卫内大臣、忠勇公等奉上谕,字寄驻乌什办事参赞大臣、都统衔舒赫德及署理总管伊犁等处地方将军彻查偷盗哈萨克马匹事。谕曰:"据永贵奏,前哈萨克等偷盗雅尔马群一案,经访查,闻有议论:巴尔品牧群人去偷哈萨克等之马匹者属实。牧群人等禀报时,隐瞒被哈萨克枪击之霍托拉等二人之名。等情。遂传讯霍托拉、杭安,据供称:起初与巴尔品牧群人鞥可等数人合伙,同去偷盗哈萨克马匹,被哈萨克等追逐相战,有人受伤,因惧怕参赞大臣知后治罪,经共商议,索性赶参赞大臣马群弃于哈萨克牧场,以讹赖哈萨克,假词谎报。等情。随即传讯伊等同伙内数人问之,亦皆供称去盗哈萨克马匹,设计讹赖者属实。等语。这又奇怪了。折子内皆已批过。看永贵所奏之情形,牧马人等不但偷盗哈萨克等马匹,且共同设计,又讹赖哈萨克,岂有此理。永贵仍有偏护我方人之意。哈萨克等亦系朕之臣仆,如此办理,不惟伊等不服,且日后伊等亦必得知,全非秉公办事之道,理应审明,将首犯即行正法,哈萨克等才能心服。永贵知此等情由,应早就奏闻。(朱笔:反被哈萨克讥笑耳。)为何今才奏来?由此观之,永贵见朕专差舒赫德查办之谕

旨,惧怕舒赫德查出具奏,捷足先奏,甚为不堪入目,胡乱行事。著严加申饬之。再,巴尔品等初办时,即为属下人所骗。哈萨克人等亦来数次矣,伊等岂不陈此等情由耶?巴尔品等应即以哈萨克之言究问牧马人等。巴尔品未预先办明,偏护牧马人,讹赖哈萨克等,显然欺诳朕矣。将此著寄信舒赫德,伊办此事时,务必彻底查明,牧马人等若去盗哈萨克马匹、讹赖哈萨克者属实,则即明白晓谕哈萨克等,将首犯当哈萨克人前法办示众。办理时阿布勒比斯若来则甚善,即晓谕办理;倘阿布勒比斯为其父事以去,则舒赫德即酌情明白晓谕伊所遣之阿克塔木拜尔底等后办理,不必等候阿布勒比斯来。将永贵奏片,一并抄寄舒赫德。”

（档号:03－133－3－003）

哈萨克所借驼只暂免索还

清乾隆朝满文寄信档。乾隆三十四年(1769)十月初七日,大学士、领侍卫内大臣、忠勇公等奉上谕,字寄定边左副将军、扎萨克和硕亲王成衮扎布等哈萨克所借驼只暂免索还。谕曰:“据成衮扎布等奏,前哈萨克阿布赉使人鄂多尔齐、鄂罗卓等返回哈萨克时,由乌里雅苏台借驼两次共十九只,并未交回塔尔巴哈台。为使此项驼只从速送来塔尔巴哈台,或行文阿布赉,或专差人索取,抑或遇便以厉言晓谕索取之处,请旨。等语。哈萨克阿布赉恭顺遵行,业已数载。借此项驼只后并未交回者,皆系哈萨克使人见小,侥幸行事,事属显然,理应催取。但十几驼只不甚多,今若行文向阿布赉索要,不过数驼,看之反似小气。与其如此,索性行文将此项驼只免于索取。嗣后,哈萨克人等至此返还时,伊等若请经由乌里雅苏台返回,则军机大臣等即晓谕伊等曰:尔等之人前经乌里雅苏台返回时,所借驼只未曾交回,甚为小气、不体面、要赖,故不从乌里雅苏台遣尔等还。尔等熟习西路,将尔等从西路送返。等情。其皆由西路送回之处,已降旨谕军机大臣等记录在案。如此,哈萨克借驼之事自息矣。将此著寄谕成衮扎布等知之。”

（档号:03－133－3－004）

永贵查明俄国拿送之人是否伊犁种田回子

清乾隆朝满文寄信档。乾隆三十四年(1769)十月初九日,大学士、领侍卫内大臣、忠勇公等奉上谕,字寄署理总管伊犁等处地方将军、尚书永贵查明俄国拿送之人是否彼处种田回子。谕曰:“前成衮扎布等将与俄罗斯一齐拿获之伊犁种田回子艾塔木巴特押解到京,当即传谕永贵,伊犁种田回子被哈萨克掠去,为何未查出具奏。继之永贵复奏,逃逸之伊犁回子内并无叫艾塔木巴特之人。遂又饬交军机大臣等查明具奏。今军机大臣等奏,经再详问回子艾塔木巴特,伊在伊犁种田数年,伊妻子、亲戚皆在伊犁。管伊等种田之玉资伯克仍在伊犁。等情,逐一指名陈报。由此以观,回子艾塔木巴特从伊犁种田处被哈萨克掠去者确实。永贵前查甚么!伊所管之人被哈萨克掠去,竟一无所知。且别处拿获交伊查核,仍未能查出,果然无用至极。著将军机大臣等查奏之事,寄信永贵问之,回子艾塔木巴特到底是否伊犁种田回子。若是伊犁种田回子,则将伊前为何未查出之处一并查明回奏。”

（档号:03－133－3－008）

申饬永贵于复查事件上塞责弄巧事

清乾隆朝满文寄信档。乾隆三十四年（1769）十一月初一日，大学士、领侍卫内大臣、忠勇公等奉上谕，字寄署理总管伊犁等处地方将军、礼部尚书永贵申饬于复查事件上塞责弄巧事。谕曰：“据永贵奏，今年所逃八回子内，除已获之图勒达默特、阿瓜斯默特、尼雅孜胡里等人，其余五人与艾特默特之名不符。伊等妻子之数倘若相同，则艾特默特即于此五人之内，亦未可定。俟艾特默特到达伊犁后，复召该伯克等来相认，查明缘由后再奏。等语。艾特默特原系伊犁种田回子，被哈萨克捉拿以去，永贵并不知情，故才降旨询问。而永贵又不详查，奏称艾塔木巴特恐在所逃八回子之内，亦未可定。含混具奏，殊属弄巧。永贵昏庸，竟敢于朕前用巧，岂能得逞。著寄信永贵严加申饬之。”

（档号:03－133－3－013）

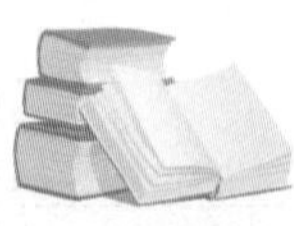

鄂津往哈萨克奠祭阿布勒巴木比特

乾隆三十四年十月乙卯（七日 1769.11.4）又谕（军机大臣等），据永贵奏称，鄂津前往哈萨克奠祭阿布勒巴木比特，办给官马二百余匹等语。鄂津前往祭奠，不过寻常差使，何至需马若干，殊属不合。再鄂津系副都统，亦有奏事之责，起程时并不缮折奏闻，而于永贵折内，亦未列名，竟似领队侍卫，但听将军指麾，太不晓事，鄂津著传旨申饬。并传谕各回城大臣，嗣后凡遇奏事，副都统俱著列名。

（《清高宗实录》卷 844　页 284）

哈萨克阿布赉恭顺有年

乾隆三十四年十月乙卯（七日 1769.11.4）又谕（军机大臣等），据成衮扎布奏称，哈萨克阿布赉使人鄂多尔齐、鄂罗卓等，道经乌里雅苏台，所借驼只，未曾交回，请行文索取等语。哈萨克阿布赉恭顺有年，此项驼只，明系使人见小，但为数无多，不必催缴，嗣后伊等回时，著从西路行走，不准经由乌里雅苏台，则借驼之事自息矣。著传谕成衮扎布知之。

（《清高宗实录》卷 844　页 283—284）

审理哈萨克盗马一案务必秉公办理

清乾隆朝满文寄信档。乾隆三十四年（1769）十一月初七日，大学士、领侍卫内大臣、忠勇公等奉上谕，字寄署理总管伊犁等处地方将军、礼部尚书舒赫德，驻乌什办事参赞大臣、都统衔永贵等审理哈萨克盗马一案务必秉公办理。谕曰：“据永贵、舒赫德奏，巴尔品牧群人等往盗哈萨克马匹时，被哈萨克追逐相战受伤，故共同商议驱巴尔品之马群，弃于哈萨克游牧讹赖等事，皆已审出无疑。但哈萨克之喀喇什等何以招认盗我马匹，此情巴尔品等究竟知否之处，皆应查问切实，故带应质讯之人于十月十六日起程前往塔尔巴哈台。等语，看舒赫德等查审之情，巴尔品属下牧厂人等去盗哈萨克马匹后受伤，将巴尔品马群弃于哈萨克以为讹赖。此事初巴尔品或不知情，尚有之事。其后哈萨克人数次前来，伊等岂不陈报此等缘由耶？巴尔品应即按哈萨克之言，究问游牧人等。巴尔品并未公正办明，偏袒牧群人等，责以哈萨克人，显系欺诳。诚若如此，巴尔品之罪将不轻矣。今舒赫德等称：此之情由巴尔品等究竟知否之处，皆应查问切实，乃为巴尔品预留地步。为伊开脱之计，此断然不可。将此著寄信舒赫德，伊等到达塔尔巴哈台质审此案时，务必秉公办理。若稍有庇护隐瞒，一旦被查出后，朕必将伊等一并治罪。”

（档号：03－133－3－014）

秉公办理哈萨克盗马一案

清乾隆朝满文寄信档。乾隆三十四年（1769）十一月初七日，大学士、领侍卫内大臣、忠勇公等奉上谕，字寄署理总管伊犁等处地方将军、礼部尚书舒赫德，驻乌什办事参赞大臣、都统衔永贵等秉公办理哈萨克盗马一案。谕曰：“据永贵、舒赫德奏称，据赍敕赴阿布勒比斯处之侍卫赛音毕里克图、委前锋参领呼图克等告称：会见哈萨克阿布勒比斯，阿布勒比斯倾心向化，举止恭顺。又厄鲁特伊斯玛里向被禁哈萨克谓曰：尔等三四日间即死矣。等语，阿布勒比斯接奉朕颁谕旨后举止恭顺，倾心向化，甚为可嘉。由此观之，凡办事，但以公正处之，则人心自服。今此一案，朕特差人降旨，命必明白查办，故阿布勒比斯才心悦诚服，将所逃八名哈萨克，交付伊子卓勒齐解来。此即秉公办事之明效也。哈萨克等纵然愚昧无知，亦有良心矣。舒赫德等知此，俟阿布勒比斯处送八逃人到后，务必彻底审明，秉公办理。哈萨克等若未盗我马，则不治伊等以死罪。但前伊等从禁所私逃，亦属有罪，宜酌情责惩示众遣回。惟厄鲁特伊斯玛里妄造言语通报哈萨克等，情甚可恶，审明后若属实，则将伊斯玛里即行正法。将此著寄信舒赫德等妥善办理。”

（档号：03－133－3－016）

申饬永贵遣人往祭哈萨克汗事办理不妥

清乾隆朝满文寄信档。乾隆三十四年（1769）十一月二十三日，大学士、领侍卫内大臣、忠勇公等奉上谕，字寄署理总管伊犁等处地方将军、尚书永贵申饬遣人往祭哈萨克汗事办理不妥。谕曰：“据鄂津奏，伊去哈萨克时，曾将无须多带官兵之处禀报永贵。永贵言曰：人少则哈萨克等观之未免单薄，故共带兵九十一名前往。其中满洲兵止有二十一名，买官马三十匹拨给，并未带马二百三十匹等语。前永贵所奏派侍卫、官兵跟随鄂津前往，拨给马二百三十匹一事到后，朕即降旨问永贵、鄂津曰：祭奠阿布勒班毕特系平常差使，带三、四十人足矣。以用马二百三十匹观之，即带近二百人前去矣。倘惟恐哈萨克对伊如何，则哈萨克人多矣，不惟一二百人，即带兵五百亦无用。此乃为随行人过多，而非惜用马匹也。诚有应用之处，不惟数百匹马，即用马数千数万匹，朕岂惜耶？今鄂津奏折内称，去时伊曾禀报无须多带兵，而永贵不肯，故带兵九十一名以去。由此观之,永贵反不及鄂津,真是无用之辈。将此亦批于永贵折子内矣,著仍寄信永贵申饬之。并寄谕鄂津知之。”

(档号:03-133-3-018)

查讯雅尔牧场盗马案件

乾隆三十四年十一月乙酉(七日1769.12.4)又谕,据永贵、舒赫德等所奏,查讯雅尔牧场盗马一折,此案牧场人等往盗哈萨克马匹,受伤后,反将雅尔牧群驱往图赖,情殊可恶,巴尔品审讯时,其初或不知情,迨哈萨克人等前来,岂不据实声明,自应彻底根究,乃竟模糊了事,显系偏袒。著传谕舒赫德,务将巴尔品是否知情,讯问明确,不得预留地步,为伊开脱之计,倘稍有回护,必将一并治罪。

(《清高宗实录》卷846 页332)

将偷盗哈萨克马匹案内所涉官员严惩治罪

清乾隆朝满文寄信档。乾隆三十四年(1769)十二月初八日,大学士、领侍卫内大臣、忠勇公等奉上谕,字寄参赞大臣舒赫德等将偷盗哈萨克马匹案内所涉官员严惩治罪。谕曰:“据永贵、舒赫德等奏称,审明牧场之兵偷盗哈萨克马匹反诬哈萨克一案,巴尔品始终被人欺骗,随意审办,理应正法。拟将巴尔品解往伊犁候旨。扎隆阿虽到塔尔巴哈台不久,但此一案自始至终伊皆经历,且随声附和巴尔品,请将扎隆阿交部严加治罪。其起意偷盗哈萨克马匹之贼厄鲁特鞥克、起谋驱马弃于哈萨克地方讹赖之察哈尔委领催罗布藏车凌已正法;跟随罗布藏车凌之杭安等人,分别重惩发配;所逃哈萨克图伯特,已照卓勒齐所请交其带去,由阿布勒比斯处治罪。等语。舒赫德等审明此案实情,将起意偷盗哈萨克马匹之厄鲁特鞥克、起谋讹赖哈萨克之察哈尔罗布藏车凌,即于哈萨克地方正法示众,所办甚是。但哈萨克图伯特乃于雅尔拘禁私逃之人,究有逃逸之罪。舒赫德应将图伯特私逃之罪向众哈萨克明白晓谕,责惩示儆后,再交卓勒齐等带去。今卓勒齐虽呈请带回禀报其父阿布勒比斯后治罪,但伊等返回后治罪与否之处,我等何以得知?舒赫德照卓勒齐所请允准带回者,未免姑息。舒赫德办事常常如此,其旧习又(复发)矣。著寄谕舒赫德,严行申饬之。再,巴尔品若有意欺骗,则应正法,今审明此案,巴尔品尚不承认有意行骗,乃为下人所欺,颟顸了事是实,故是个蠢材。巴尔品著宽免正法,于伊犁地方永行枷号,以为各地办事大臣之戒。扎隆阿始终逢迎巴尔品,殊属糊涂,不堪入目。扎隆阿著交部严加治罪。永贵查出此案实情后,应一面参劾巴尔品,一面彻底查办,先是姑息观望,不即具奏,且今审讯巴尔品等时,又重提寄信与巴尔品等无关紧要之事,以图逃罪,殊属巧饰,不堪入目。著将永贵交部严加(查议)。”

(档号:03-133-3-025)

查审雅尔牧场盗马案

乾隆三十四年十一月辛卯(十二日1769.12.9)谕军机大臣等,据永贵、舒赫德奏称,查审雅尔牧场盗马一案,哈萨克图伯特在禁脱逃,侍卫赛音毕里克图,遵旨前往晓谕

阿布勒比斯，愿将图伯特解送前来等语。阿布勒比斯恪遵谕旨，恭顺可嘉，可见凡事但以公正处之，人心自服，哈萨克赋性愚顽，因朕明白晓示，即将逃犯送出，此即秉公办事之明效也。著传谕舒赫德等，图伯特解到时，务宜详悉审讯，如实无盗马情事，伊在禁私逃，亦属有罪，责惩示众，仍著遣回。

（《清高宗实录》卷846　页335）

塔彬泰等人履历

哈拉萨哈勒升任副总管递出佐领缺，拟正之镶黄旗云木楚木佐领下骁骑校塔彬泰，食俸饷二十四年。出征二次，于乌什等处，打仗十八次，杀贼一名。得一等功牌三枚、二等功牌三枚，出围一次，赏银十六两。补放佐领拟陪二次。现年三十八岁，察哈尔，马步箭平。拟陪塔彬泰之正红旗哈萨科佐领下骁骑校呼毕图，食俸饷三十九年。出征四次，平定准噶尔时，得一等功牌一枚、赏银十五两。出征乌什，打仗十二次，得一等功牌一枚。补放佐领拟陪一次。现年五十八岁，察哈尔，马步箭平。补放佐领递出骁骑校缺，拟正之镶白旗罗布桑佐领下领催齐巴克，食钱粮二十三年。出征一次，于鄂垒扎拉图等处，打仗四十二次，杀贼八名，得一等功牌二枚、二等功牌二枚、赏银五十四两。巡查哈萨克边界一次，补放骁骑校拟陪二次。现年四十一岁，察哈尔，马步箭平。拟陪齐巴克之正白旗库库萨哈勒佐领下空翎领催额色尔格布，食钱粮八年。出征乌什一次，打仗二十七次，杀贼四名，保荐卓异二次，得一等功牌四枚、二等功牌一枚、三等功牌一枚。巡查哈萨克边界三次，查拿哈萨克托克托果勒一次，赴乌鲁木齐送马二次。现年四十八岁，察哈尔，马步箭平。

（《军机处满文录副奏折》2338—6）

塔彬泰等人履历清单

扎木颜所遗总管缺，拟正之右翼副总管塔彬泰，食俸饷三十八年。出征二次，于乌什等处打仗十八次，杀贼一名，得一等功牌三枚、二等功牌三枚、赏银十六两。塔尔巴哈台换防二次，巡查哈萨克、布鲁特边界三次。现年五十五岁，察哈尔，马步箭平。拟陪塔彬泰之左翼副总管果木布，食俸饷二十四年。出征乌什一次，打仗二十七次，杀贼四名，夺获腰刀一把，左肩受枪伤一处，保荐为卓异一次，得一等功牌二枚、二等功牌三枚、三等功牌一枚、赏银三十两。赴乌鲁木齐送马二次，巡查哈萨克边界二次，现年四十二岁，察哈尔，马步箭平。拟补总管递出副总管缺，拟正之正蓝旗佐领达西纳木扎勒，食饷二十五年。巡查哈萨克、布鲁特边界八次。赴阿布赉游牧探听来投土尔扈特信息一次，随领队大臣那旺吊唁阿布勒毕斯一次。现年三十九岁，额鲁特。拟陪达西纳木扎勒之镶红旗佐领娄干，食俸饷二十五年。出征乌什一次，打仗六次，杀贼二名，夺获鸟枪一杆，保荐为卓异一次，得一等功牌一枚。巡查哈萨克边界二次。现年五十一岁，察哈尔，马步箭平。

（《军机处满文录副奏折》3109—7）

审明雅尔牧场盗马一案

乾隆三十四年十二月丙辰(八日 1770.1.4)谕,据永贵、舒赫德等奏称,审明雅尔牧场盗马一案,请将巴尔品等分别治罪,并令卓勒齐将图伯特带回哈萨克办理等语。图伯特虽未经盗马,从前在禁脱逃,究属有罪,应行责惩,乃仅交卓勒齐带回办理,未免姑息,舒赫德著严行申饬。巴尔品于此案颟顸了事,甚属不堪,著发往伊犁,枷号示众。扎隆阿扶同巴尔品草率完案,著交部严加议处。永贵查出实情,不即具奏,亦系瞻徇,著交部议处。寻议,扎隆阿应照例革职,永贵应照例降三级调用。得旨,扎隆阿著革去副都统职衔,仍留塔尔巴哈台,自备资斧,效力赎罪,永贵著降三级调用。

(《清高宗实录》卷 848　页 360)

派伊犁及回城大员原令在边疆学习

乾隆三十五年正月癸卯(二十五日 1770.2.20)谕,向来派往伊犁及各回城办事大员,原令伊等在边疆学习,以便回京另行简用,伊等果能于地方情形,随事尽心办理,朕必加恩特擢,即如温福、弘晌,皆因办理妥协,补授将军巡抚,今见各城大臣,未晓此意,毫无敬事之志,竟若获罪发往,凡事苟且塞责,即如补获为贼之哈萨克等,原以儆戒边徼人众,期于地方肃清,承办大臣理应留心办理,督饬属员严行防范,毋令兔脱,近日拿获哈萨克、布鲁特等,有在监逃逸者,有解送中途飏去者,此皆平日不敬职事,因循成习,疏玩已极,不但不足示警,且被外夷讪笑。著通行晓谕西北两路军营及驻扎回城大臣等,嗣后各宜痛改前非,敬事称职,副朕委任造就之意。

(《清高宗实录》卷 851　页 396—397)

安泰将骁骑校玛什等由彼惩处报部完结

清乾隆朝满文寄信档。乾隆三十五年(1770)四月十八日,大学士、领侍卫内大臣、忠勇公等奉上谕,字寄驻塔尔巴哈台办事、都统衔安泰将骁骑校玛什等由彼惩处报部完结。谕曰:“据安泰奏,驻俄栋果勒卡伦之骁骑校玛什、驻朱尔呼珠(jurhuju)卡伦于侍卫上行走之亲军安达尔善逐出潜入卡伦之哈萨克而未禀报,请将玛什、安达尔善交部议罪。等语。玛什乃骁骑校,属兵额,并非食俸禄之官,安达尔善系亲军,若逐出哈萨克而未报,则由安泰处酌情惩办便可,不致交部议罪。将此著寄信安泰,将玛什、安达尔善由伊处革去官衔,酌情惩处报部完结,不必交部。”

(档号:03-133-4-015)

西安移驻官员补缺之事准如所请

清乾隆朝满文寄信档。乾隆三十五年(1770)闰五月初九日,大学士、领侍卫内大臣、忠勇公等奉上谕,字寄总管伊犁等处地方将军、领侍卫内大臣、兵部尚书伊勒图西安移驻官员补缺之事准如所请。谕曰:“据伊勒图奏,迁移西安兵一事定后,永贵、增海惟奏来驻防官员缺出,照从前来驻防官员例拣选,而并未奏明两城官员合并拣选之事。今两城相距甚近，祈请骁骑校以上官员缺出，将两城应升者合并拣选。又伊犁官员戴翎者，乃向布鲁特、哈萨克展示军威军容，务令其形象出群者戴翎。新来驻防之西安官兵，马步箭皆为平常，除挑选年壮可信者委以护军校外，其余数名护军校员缺，应带翎之骁骑校二缺暂留，诚能娴熟，再令戴翎。此事亦已向官兵训谕矣。等语。伊勒图所奏此两件事皆是，即照伊所奏办理。伊勒图到伊犁办事，俱能调配妥当，为何到云南军营，诸事并不能出主意，逢迎阿桂，为撤军向领队大臣、侍卫等取结耶？再，从老官屯撤军时，应率兵多驻数日，从容整兵撤回，又因何同阿桂拼命急忙返（回，被贼轻视，何意）？著寄信询问伊勒图，令伊明白回奏。"

（档号:03－133－4－027）

永贵署伊犁将军未实心任事

乾隆三十五年五月癸未（七日 1770.5.31）又谕曰，永贵自署理伊犁将军以来，并未实心任事，所办哈萨克马匹一案，伊明知巴尔品被人朦蔽，乃隐忍不奏，经朕降旨询问，始行奏闻。又凉州壮浪兵丁应赔倒马银两，将并无干涉之热河官兵俸饷一并扣存，亦未据声明具奏，是以令伊来京，自应即予革职，但永贵平日尚属谨慎，不至竟当废弃。永贵著加恩补授都察院左都御史，革职留任，效力行走，不准戴用翎顶。

（《清高宗实录》卷 858　页 491）

申饬卓勒齐请免纳冬季牲畜一事办理错误

清乾隆朝满文寄信档。乾隆三十五年（1770）七月初三日，大学士、领侍卫内大臣、忠勇公等奉上谕，字寄总管伊犁等处地方将军伊勒图申饬卓勒齐请免纳冬季牲畜一事办理错误。谕曰："伊勒图奏，卓勒齐禀请免其过冬牲畜之赋时，伊以蠲免正赋非伊所承办者，务须大皇帝加恩方可。等语晓谕之。伊勒图以此等之语晓谕卓勒齐者，殊属错谬。塔尔巴哈台卡伦内撤，令哈萨克等过冬者，特轸念伊等牲畜多，冬季地方窄，不够牧放，有益伊等起见。百畜内取其一者，数并不多，未有甚么苦累伊等之处。此皆朕特加之恩，伊等理应遵照施行。卓勒齐等不知足，请求免赋，伊勒图理应坚意回绝。而今卓勒齐报请以求侥幸，并不坚意回绝，仍云与塔尔巴哈台参赞大臣商议，又称并非伊所承办者，务须大皇帝加恩方可。这甚么话！果然如此，则哈萨克等奏请朕恩，朕照伊等所请加恩与否？倘照所请加恩，则伊等必不知足，互相仿效，以致一味照此请求；若不准行，则哈萨克等必怨大皇帝不加恩。伊勒图何不知此，如此晓谕卓勒齐耶？殊属非是。著寄信伊勒图申饬之。"

（档号:03－133－4－037）

嗣后哈萨克携来货物皆由官方变卖

清乾隆朝满文寄信档。乾隆三十五年（1770）七月初四日，大学士、领侍卫内大臣、忠勇公等奉上谕，字寄总管伊犁等处地方将军伊勒图嗣后哈萨克携来货物皆由官方变卖。谕曰："据伊勒图等奏，前卓勒齐禀称，原先伊等带来少许物件，经禀请永贵后，准留三人于商街变卖。此次携来之物，仍请留数人于商街变卖。等语，伊遂饬卓勒齐曰：仅此次准照所请变卖，嗣后此类事勿再来请，即使请求，亦断不准行。等语。伊勒图所办是。从前永贵准照彼等所请留人任意于商街变卖者非是。将此著寄谕伊勒图，嗣后，哈萨克等若携货物来，则皆由官方办理变卖，若请留彼等之人任意于商街变卖，则断不准行。”

（档号:03－133－4－038）

增拨察哈尔孳生牛只等情

乾隆三十五年(1770)七月初九日。奴才安泰、都尔嘉谨奏：为奏闻事。查得，自三十年十月设孳生牛厂起，经陆续奏准，交给察哈尔等牧放孳生牛共四百只。去年届期取孳均齐之处，业已具奏。本年四月，奴才安泰前往游牧查看察哈尔等生计，仰赖圣主鸿恩，因有孳生牲畜，生计较前见好。若增加伊等孳生牛，因人少牲畜多，难于牧放。今特穆尔牧厂大小牛二百零六只，连同本年陆续易获哈萨克牛六十四只，共计牛二百七十只。其中堪以孳生者，按每乳牛九只配以种牛一只核计，共选出牛七十只，于本年六月初一日交给额鲁特等牧放。嗣后，再有堪以孳生之牛，选出增拨外，俟届期限，照例取孳均齐。为此谨具奏闻。乾隆三十五年八月初一日奉朱批：知道了。钦此。

（《军机处满文录副奏折》2382—15）

扎木苏等人履历清单

呼毕图递出骁骑校缺，拟正之正白旗达纳佐领下领催扎木苏，食钱粮二十二年。出征一次，于鄂垒扎拉图等处，打仗三十五次，杀贼五名，得一等功牌一枚、二等功牌一枚、三等功牌二枚。巡查边界一次。现年四十五岁，巴尔虎，马步箭平等。拟陪扎木苏之正白旗库库萨哈勒佐领下领催额色尔格布，食钱粮九年。出征乌什，打仗二十七次，杀贼四名，保举为卓异二次、一等九次、二等二次，得一等功牌四枚、二等功牌一枚、三等功牌一枚。巡查哈萨克边界三次，往拿哈萨克托克托果勒一次，到乌鲁木齐送马二次。补放骁骑校拟陪一次。现年四十八岁，察哈尔，马步箭平等。

（《军机处满文录副奏折》2388—36）

察哈尔营官兵等牧放孳生羊只取孳数目情况

“乾隆三十五年(1770)十月二十九日。奴才伊勒图等谨奏：为奏闻事。查得，各营牧放孳生羊只，每年至理应取孳之月份，即将收取孳生数目咨行报部外，至年终汇奏一次。等因奏准在案。自本年正月起，至十月止，各营应交孳羊，照依各该营取孳期限，按额定之数查收，本羊俱全，并不短缺，当即业曾报部。将所收孳羊搭放此处官兵口食之处，归入本年奏销册内，另行报部外，所有一年收过孳生羊只数目，另缮汉字清单，恭呈御览。为此谨具奏闻。乾隆三十五年十一月二十三日奉朱批：知道了。钦此。”（《军机处满文录副奏折》2391—32）“右翼察哈尔原牧孳生羊二万六千只，应于本年正月取孳，照例以每羊十只取孳三只核计，共收孳羊七千八百只。左翼察哈尔原牧孳生羊二万八千二百八十七只，应于本年四月取孳，照例以每羊十只取孳三只核计，共收孳羊八千四百八十八只。下五旗额鲁特原牧放孳生羊四万六千三百五十二只，应于本年六月取孳，照例以每羊十只取孳三只核计，共收孳羊一万三千九百零六只。上三旗额鲁特原牧孳生羊二万二千四百九十只，应于本年九月取孳，照例以每羊十只取孳三只核计，共收孳羊六千七百四十七只。回子原牧孳生羊六千五百只，应于本年十月取孳，照例以每羊十只取孳三只核计，共收孳羊一千九百五十只。以上共孳生羊十二万九千六百二十九只，收获羊羔三万八千八百九十只。"（《军机处满文录副奏折》2391—32）"乾隆三十五年十二月初三日。奴才安泰、都尔嘉谨奏：为奏闻事。查得，乾隆三十二年八月，乌勒登等奏称：由此处易获哈萨克马匹内，照依每骒马二百七十匹搭配儿马三十匹核计，共选马三百匹，交给察哈尔等牧放孳生。察哈尔人少，孳生牲畜过多，难于看管，相应不超过三百匹，照伊犁之例，自设置牧厂之月份起，每三年查收一次，等语。奉旨准行在案。自三十二年八月初一日起，至本年八月初一日止，业已三年期满，理合取孳。遂令管理游牧侍卫德勒格楞贵照伊犁取孳之例加以均齐后，旋据德勒格楞贵呈称：遵奉札谕，照例以每年每马三匹取孳一匹核计，共收马驹一百匹，等因前来。经奴才等核算，皆与定额相符。将所收马驹仍随骒马牧放，俟届齿龄后，抽出备用外，将此皆已咨行户部、陕甘总督奏销。为此谨具奏闻。乾隆三十五年十二月二十五日奉朱批：知道了。钦此。"（《军机处满文录副奏折》2396—35）

塔尔巴哈台各卡离哈萨克游牧不远

乾隆三十五年十一月丙午（四日 1770.12.20）军机大臣等议覆，塔尔巴哈台参赞大臣安泰奏称，塔尔巴哈台各卡，离哈萨克游牧不远，充马甲者多由哈萨克逃出之玛哈沁厄鲁特，伊等既无产业，又多与由哈萨克逃出玛哈沁之妇女私合，及偷哈萨克马匹等事。请嗣后将逃出无夫之妇，配给巴尔鲁克无妻之夫，余拨送伊犁，酌量配给，其由哈萨克逃出之厄鲁特，无庸驻扎塔尔巴哈台，致易生事。应如所请。从之。

（《清高宗实录》卷 872　页 697）

伊犁地方陆续有厄鲁特投诚者

乾隆三十五年十二月甲申（十二日 1771.1.27）谕，据伊勒图奏称，伊犁地方，陆续由哈萨克布鲁特前来投诚之厄鲁特，日渐繁多，请于正蓝、镶蓝二旗各添设一佐领等语。伊犁编设旗分佐领驻兵，原视伊犁厄鲁特内闲散之众寡，分别管理，今伊犁厄鲁特闲散既多，著照伊勒图所奏办理。

（《清高宗实录》卷 874　页 722）

伊勒图派人往塔尔巴哈台更换都尔嘉

清乾隆朝满文寄信档。乾隆三十六年（1771）二月十三日，大学士、领侍卫内大臣、忠勇公等奉上谕，字寄总管伊犁等处地方将军、领侍卫内大臣、尚书伊勒图派人往塔尔巴哈台更换都尔嘉。谕曰："据安泰奏，据玛呢图罕图拉哈（manitu gantulaha）卡座侍卫俊成下卡伦厄鲁特茂海寄书奴才称:去岁都尔嘉查偷盗孟库马匹案未报一事时,俊成已自认漏报,并无异情。而都都尔嘉即令俊成等回城,犹如押解盗贼,又云从严办理。等情。此事究其缘由,惟俊成自视为侍卫,见都尔嘉未曾下马,又不肯代伊买牛只,而积怨成仇,怀恨在心,事属非是。都尔嘉已自承认。再擅行下令曰:嗣后哈萨克等若有来投者,不准来城。都尔嘉自至塔尔巴哈台以来,竟不安分,一味向侍卫、官员等施威,任意争闹。等语。都尔嘉身为领队大臣,管领侍卫、官员时,应秉公办理。今都尔嘉以侍卫俊成遇伊未曾下马,又不肯代伊买牛只,即怀仇妄行,詈骂诬陷俊成。哈萨克有欲前来者,又肆意禁止,下令不准前来,殊属非是。由此观之,都尔嘉并不安分。倘仍留于彼处,安泰、都尔嘉从此不睦,日久于事无益。将此著寄信伊勒图,于伊犁副都统内选出一员,差往塔尔巴哈台,将都尔嘉换回伊犁。仍令伊勒图,都尔嘉返回伊犁后,务必留心体察。伊若安分则已,倘仍有如前妄为,著伊勒图即陈缘由,从重参奏,断不可徇情示软。”

（档号:03－133－5－008）

昂阿哩等人履历清单

一、卓尔吉所出佐领缺,拟正之正蓝旗玛拉佐领下骁骑校昂阿哩,食俸饷三十六年。出围十一次,塔尔巴哈台换防一次,补放佐领拟陪一次。现年五十三岁,锡伯,马步箭平等。二、玛齐克图所出佐领缺,拟正之正黄旗图古苏佐领下骁骑校哈玛尔泰,食俸饷三十一年。随副都统哲库讷兵队金川出征一次。出围三次,得赏银二两。巡查哈萨克边界一次。现年五十一岁,锡伯,马步箭平等。三、拟陪昂阿哩之镶蓝旗扎勒巴佐领下骁骑校巴哩木达,食俸饷三十六年。出演围二次,得赏银十二两。巡查哈萨克、布鲁特边界二次,塔尔巴哈台出差一次。现年五十三岁,锡伯,马步箭平等。四、拟陪哈玛尔泰之镶红旗玛齐克图佐领下骁骑校布棱贵,食俸饷四十三年。出征二次。随领队大臣伯寿兵队阿尔泰路出征一次。随副都统哲库讷兵队金川出征一次,得赏银二两。出围三次,得赏银二十七两。塔尔巴哈台换防一次,巡查哈萨克边界一次。现年五十九岁,锡伯,马步箭平等。五、拟补佐领递出骁骑校缺,拟正之正白旗乌达哩佐领下领催瓦勒达,食钱粮二十二年。巡查哈萨克边界一次,补放骁骑校拟陪一次。现年三十七岁,锡伯,马步箭平等。六、拟补佐领递出骁骑校缺,拟正之镶白旗纳延泰佐领下领催阿裕西,食钱粮二十八年。出围二次,得赏银八两,补放骁骑校拟陪一次。现年四十九岁,锡伯,马步箭平等。七、拟陪瓦勒达之镶白旗纳延泰佐领下领催诺尔泰,食钱粮二十三岁。出围二次,得赏银八两。现年四十岁,锡伯,马步箭平等。八、拟陪阿裕亚之镶红旗玛齐克图佐领下领催绰霍栾,食钱粮二十六年。出围二次,得赏银八两。现年四十五岁,锡伯,马步箭平等。

（译自《军机处满文月折档》）

安泰嗣后办事不得任意尚气

清乾隆朝满文寄信档。乾隆三十六年（1771）二月二十二日，大学士、领侍卫内大臣、忠勇公等奉上谕，字寄驻塔尔巴哈台办事参赞大臣、都统衔安泰嗣后办事不得任意尚气。谕曰："昨因安泰参奏都尔嘉以侍卫俊成不肯代伊买牛只而怀仇，又将贸易哈萨克等禁止进城之故，恐从此伊等彼此不睦，于事无益，朕即降旨令伊勒图，从伊犁副都统内选出一员，差往塔尔巴哈台，将都尔嘉换回伊犁矣。但据闻众言安泰平日性暴，不能容人。等情。办事驭人，固宜从严，但若不顾一切，任意尚气，则于事无益，属下人等亦不服。安泰若不知悛，任意尚气，遇事必至贻误。著传旨申饬，以后再过分任性，断乎不可，尽力悛改。"

（档号：03－133－5－013）

厄鲁特茂海等偷马案

乾隆三十六年二月甲申（十三日 1771.3.28）又谕，据安泰奏，玛呢图卡座侍卫俊成，于所属厄鲁特茂海等偷马一案，已自认漏报，而领队大臣都尔嘉，以俊成途遇未曾下马，又不肯代买牛只，竟诬俊成为知情容隐，意欲严办，并有擅禁哈萨克前来之事，即平素亦屡向侍卫等逞势妄为，甚不安分等语。都尔嘉身为领队大臣，管领侍卫，理亦秉公，今于俊成挟嫌诬陷，哈萨克有欲前来者，又擅行出示禁止，看来竟不安分，如仍留在彼，与安泰不协，日久于事无益。著寄信伊勒图，于伊犁副都统内派一员赴塔尔巴哈台，将都尔嘉换回伊犁，仍令伊勒图留心体察，倘仍有如前所为，即据实严参，不可瞻徇。

（《清高宗实录》卷878　页763—764）

都尔嘉与侍卫俊成挟嫌起衅

乾隆三十六年二月癸巳（二十二日 1771.4.6）谕军机大臣等，昨因安泰参奏，都尔嘉与侍卫俊成挟嫌起衅，又将贸易之哈萨克禁止进城，恐伊等彼此不协，于事无益，已降旨令伊勒图将都尔嘉换回伊犁矣。但闻安泰平日亦未免性暴，办事驭人，固宜从严，若任意尚气，不但于事无益，且所属亦多不服，安泰若不知悛，遇事必至贻误，著传旨申饬，嗣后如轻易任性，必当惩处，断不姑容。

（《清高宗实录》卷879　页772）

伊勒图奏传闻土尔扈特东返及俄使交涉

乾隆三十六年（1771）五月初二日。奴才伊勒图谨奏，为仰祈睿鉴训谕事，近据科布多参赞大臣奏称：俄罗斯铿格尔图拉使者额勒费前来奉告：'前杜尔本·卫拉特准噶尔游牧动乱之际，额鲁特等相继投奔我俄罗斯，俱已安置在我游牧之地矣。于去年十二月，此等额鲁特由我处反叛而出，故将此致书晓谕天皇大国卡伦之诺颜等，传告各自所管之卡伦人等，用心访查，我等希图双方悉仰仗天皇之福，永远太平度日，故遣我等致书前来相告。'复问俄罗斯通事伊万，叛逃为首者俱是谁人？共计多少人？答曰：据闻，逃离我俄罗斯者约有四万人,但实数不详,亦不知为首者名字,言其中亦有鄂木布、郭勒卓辉属众和旧土尔扈特之一族人。此辈背叛我等时,掠我鄂鲁木布尔、塔奇俄罗斯间驻有六七人之两个驿站,即叛逃。据闻盖寻旧杜尔本·卫拉特游牧而去,究去何方,我等不知。自我铿格尔图拉处,亦向哈萨克阿布赉致书等因相告。将俄罗斯原呈之书,已送至乌里雅苏台等因,知照塔尔巴哈台。安泰除向奴才咨文外,又寄信商议,若伊等突然投诚而来,应否接纳。据俄罗斯所说,此等之人于十二月即叛逃而出,今已数月矣,至今竟未有信息,看来,虚实尚不可定。因此,奴才向此地知情之额鲁特等询问大概,言土尔扈特原为一大部落,曾居俄罗斯与额斯特克间之额济勒、才登二处。土尔扈特汗阿玉奇幼子曾名为敦多鄂木布,此鄂木布者,不知是否即敦多鄂木布。郭勒卓辉者,原为阿尔泰乌梁海额鲁特,后在额鲁特叛乱之际,亦投奔土尔扈特等语。奴才又试问此辈情形和历程,曰:原投奔俄罗斯之额鲁特舍楞有四千余人;郭勒卓辉之人不甚多;鄂木布者,系为真正土尔扈特之诺颜,其属下有数万人。此辈倘若投奔伊犁、塔尔巴哈台等处行走,踞有哈萨克,务必溯额尔齐斯河而行,约走三月余之路程,方能抵达塔尔巴哈台所属之地等语相告。此种之人,从俄罗斯反叛逃出,所说之言,皆为俄罗斯使者口内所告之言。原文已由科布多送往乌里雅苏台,不知书中如何书写。窃思,此间,乌里雅苏台将军将接到俄罗斯之书,业已启奏,此等情由虽不可以为真,适才询问由哈萨克脱出之额鲁特,亦言有闻听土尔扈特已由俄罗斯叛逃而出之语。倘若此辈实由俄罗斯叛逃而出,在哈萨克等地不能定居,必求圣主恩典,乞来塔尔巴哈台、伊犁之地。此间虽无信息,不得不预先筹计之。惟近来我等与俄罗斯通商,此辈果真来投,我等即接收安置,则俄罗斯不能不频繁索取;若不接纳而返,现也抵达耳。遣之,此辈既已叛出,再不能复去。因无栖身之地,于哈萨克附近地方滋生事端,亦无不可能,理应预先请圣主训谕,相机办理,应有依靠。故谨具请旨,祈请圣主睿鉴训示。再,据俄罗斯使者所告,伊等所闻有四万余人,其所言者,虽有怀疑,若其人少,亦不易来我等之地;倘实由俄罗斯叛逃而出,能前来我等之地,盖亦不会太少,再少亦有数千耳。查,今伊犁之额鲁特,俱已编设旗、牛录居之。现此辈若来求入,与此地额鲁特同居,断然不可,即在伊犁附近地方,另行安置。若人数甚多,则其地不可容,且此辈均属为首之人,若于边境附近安置,日久之后,于事无益。以奴才之愚意,若此等人乞求来归,圣主收容安置,则视其人数之多寡,若人数不甚多,酌情办理,如果较多,则巧妙安排之。将其台吉头人等,遣往京师朝觐圣明,即留居于京师,其属众或安置在我察哈尔地方,或安置在(朱批:躲开尔地就好吗?)内扎萨克蒙古地方,考虑似乎于事有益。此间,想由乌里雅苏台处,将伊等情形及咨文,俱已启奏圣主睿鉴,已降训谕于奴才。奉旨,若抵来之,奴才除谨遵而行外,此辈若于训旨抵达之前即乞求来投,奴才则唤来其头人,以言抚慰,暂留卡伦之外候旨,将其情况,另行具奏。此辈既从俄罗斯叛逃前来,盖亦只是希冀我等收容安置,尚无它事。若俄罗斯随踪而来,则即不可接纳安置,惟谨防我等之地,不干预伊等而为之。将此除照行安泰外,此

间，若有前来哈萨克者，再从头询问实情。为此谨奏乞请训旨，伏祈睿鉴训示。乾隆三十六年五月初二日奉朱批：业已降旨，钦此。

（中国第一历史档案馆藏满文《月折档》）

谕伊勒图等对土尔扈特来归需妥加安置勿虑俄罗斯索取

"乾隆三十六年(1771)五月初二日。领侍卫内大臣、尚书、忠勇公，总统伊犁等处将军，参赞大臣、都统衔，驻塔尔巴哈台办事大臣、都统衔，署理定边左副将军事务、亲王衔郡王，署理参赞大臣、护军统领、副都统等。乾隆三十六年五月初二日奉旨：据伊勒图奏称：'从俄罗斯逃出之额鲁特，若诚心来投，我等即接收安置，则俄罗斯不能不追索，若不接收予以遣返，则此辈已逃出俄罗斯无栖身之地，必在哈萨克附近游牧，滋生事端。著将伊等之大头目遣往京师居住，余者则居于察哈尔地方或内扎萨克蒙古等地。'伊勒图此念非也，所谓额鲁特来投，我若接收，则俄罗斯不能不追索，此系何言？前舍楞、劳章札布、鄂木布、郭勒卓辉等人，皆为顺降于我复又逃往俄罗斯之人，我等多次催告索取，然俄罗斯竟未给我而收留之，即违背原定不收逃犯之章，且此等额鲁特向我乞归后，伊等岂可肆意索取乎？我等以任何恶语回复均得理也，为怕俄罗斯追索时有难，即不收容乎？另外，此等从俄罗斯逃出之额鲁特乞来后，其中若无略重要为首者，则系二十一昂吉之众，不需当一事牵扯办理，即在今居伊犁之额鲁特等混居之，若系乌梁海则归入乌梁海人居之，并无不可之处。若有舍楞、劳章札布、鄂木布、郭勒卓辉等较大之头目，即照朕近日所降之旨，命其为首之较大台吉来避暑山庄，朝见朕躬，承蒙朕恩，尚与伊等开导晓谕之，严命其属下众头目，好生约束部众，率往额尔齐斯等处居住。若有罗布藏索诺之子，其系绰罗斯后裔，则不得将其属众分离而居，且亦不得将伊留居京师，与其部众另外居之。如若不然，不仅与我大国声誉有关，且外藩之众闻得，也会耻笑哉。伊等知此，若罗布藏索诺之子果真前来，则照朕之前旨，将罗布藏索诺之子，以及其属下大台吉、头目等，著送避暑山庄，朝见朕躬，其下属众，则照安置杜尔伯特之例，居住一处，以待朕旨。总之，此辈额鲁特，断然不可居于我察哈尔内扎萨克地方。前命车凌、车凌乌巴什等，居于喀尔喀游牧附近乌兰固木等处时，成衮扎布等尚且任意惊扰之。若让此辈居于察哈尔内扎萨克之地，伊等彼此不仅不能无事，况此等之地又无许多闲散之处，能将其容放居住乎？伊勒图所奏将额鲁特等台吉、为首之人留居京师，其部下着居于察哈尔内扎萨克之地者，系极不懂事，伊想躲避了事矣，全然不合机宜。车布登扎布等，为此事奏报前来后，朕意就此一事，伊勒图不能独办，并派舒赫德，又如何安置等处，均降训谕矣。想来舒赫德此间亦已抵达彼处，其身到后，将此等事，伊勒图即与舒赫德共同商议，著遵朕旨，相机办理。再有，除抄缮伊勒图奏折及谕旨一并寄与舒赫德外，塔尔巴哈台、科布多、乌里雅苏台等处将军、大臣，均命咨行知会之。此旨日限六百里驰递。钦此。遵旨寄信前来。将此咨舒赫德者，连朱批加封，从乌什至伊犁道访寻递给。寄伊勒图者，装伊之奏事匣内，一并递往伊犁予之。寄安泰者，送至塔尔巴哈台予之。寄吉福者，送至科布多予之。寄车布登扎布者，送达乌里雅苏台予之。均外随封套夹板，日限六百里驰递。已著交兵部员外郎文成。”

（中国第一历史档案馆藏《土尔扈特档》）

谕伊勒图等对来归者需妥善安置

“乾隆三十六年(1771)五月十四日。领侍卫内大臣、尚书、忠勇公，总统伊犁等处将军，参赞大臣都统衔，驻塔尔巴哈台办事参赞大臣、都统衔，署理定边左副将军印务、亲王衔郡王，参赞大臣、署理护军统领、副都统等。乾隆三十六年五月十四日奉上谕：据伊勒图奏报：‘自哈萨克商贾处得悉，土尔扈特额鲁特，因畏惧随从俄罗斯征讨控噶尔，故此逃出。恰遇哈尔浑鄂托克之地哈萨克，便沿额尔齐斯河上游，前往伊辛之克孜尔、雅尔地方奔去。’此事倘属实情，前车布登扎布等所奏，额鲁特等随俄罗斯攻打控噶尔时，战败控噶尔之说，则系俄罗斯肆意臆造之谣言者。谕伊勒图等，伊等既然如此乞来，办理此事，并非有难，尚不需怀疑伊等矣。只从内部小心提防办理。倘若泄露防备伊等之意，则使伊等更加疑惧，于事不利也。将此寄信舒赫德，伊等来后，即安抚晓谕曰：‘驻边大臣将尔等自俄罗斯逃出事启奏后，大皇帝即已降旨，尔等此次前来，专系蒙受恩泽，欲念安生，特派我前来等候。尔等抵达之后，指给良地以居，传获生业。将尔等之中略大台吉头目等，著交于我，好生关照，带至避暑山庄，朝见大皇帝之圣明。前我逃去俄罗斯之人，俄罗斯竟未送还于我，尔等此来，俄罗斯即使再来追索尔等，我等亦不予之。’舒赫德除一面亲率其略大台吉头目等，前来避暑山庄，一面火速奏闻外，将其部众拨地关照而居，勿使伊等略有怀疑。将此亦寄信伊勒图、安泰、车布登扎布、吉福等知悉。钦此。遵旨寄信前来。将此连同朱批加封，装于伊勒图奏事匣内，除日限六百里驰驿递送舒赫德、伊勒图外，复书三份，分别加封，外随封套夹板，均日限六百里，驰驿递送车布登扎布、安泰、吉福等。”

（中国第一历史档案馆藏《土尔扈特档》）

谕伊勒图等对舍楞等来归需相机行事

“乾隆三十六年(1771)五月二十四日。领侍卫内大臣、尚书、忠勇公，总统伊犁等处将军，参赞大臣、都统衔，驻塔尔巴哈台参赞大臣、都统衔，署理定边左副将军印务、亲王衔郡王，参赞大臣、署理护军统领、副都统等。乾隆三十六年五月二十四日奉旨：据安泰等奏称：哈萨克多罗特拜之子玛尔罕，特奉父命前来报信曰：‘从俄罗斯逃出之额鲁特舍楞，留其户口，率兵万人，向沙尔乌苏、阿克雅尔地方前来之时，掠夺哈萨克羊只二千。据说，阿睦尔撒纳与舍楞同在一处，阿布赉已领兵二万，前往迎战。令此地哈萨克亦前来军旅。’适才，伊勒图等奏称：据哈萨克商贾告称，土尔扈特额鲁特巧遇哈萨克，并未如何，只取二人为向导，沿额尔齐斯河往上，前去克孜尔。今安泰等奏曰：舍楞率兵前来沙尔乌苏、阿克雅尔地方者，此系多罗特拜遣子前来所告之言，尚似属实，惟有关阿睦尔撒纳之言荒唐。阿睦尔撒纳早已死去，我等之人已验看其尸，此系哈萨克原先畏惧阿睦尔撒纳，或舍楞，或哈萨克锡拉等人，借以阿睦尔撒纳之名，恫吓众人者也。伊勒图只从言舍楞此来，掠哈萨克羊二千只来看，岂还有向我来投之心耶？伊乃过去杀害我人而逃者，伊并非不知其罪，伊尚来乎？若舍楞真向我来投，哈萨克系早已归附我之人，舍楞稔知此情，伊又有敢掠哈萨克之理乎？伊既已如此行动，我等不可不小心防备。总之，伊等前来之情形如何，尚未可知。若舍楞向我等恳请归顺者属实，伊即便掠夺哈萨克，我等只当不知，我暗中防范，尚不需派兵援助哈萨克。仍遵朕前所降之旨办理；若舍楞非向我等乞来者，伊既已掠夺哈萨克，则有夺我伊犁之情哉，此若不着实攻打之，绝然不可。今阿布赉已率兵二万，前往迎击，舍楞若携眷长途跋涉，阿布赉则可以逸待劳。适才朕降旨差纳旺、绰尔本，前去哈萨克阿布赉处探讯，此间至今未奏报伊等任何消息。伊勒图等，火速递信纳旺、绰尔本等，伊等二人至哈萨克后，即明白告曰：今舍楞已夺尔等之羊，尔等亦理当报复，尽量掠夺舍楞，尔等掠夺舍楞后，一切俘获，我大国将军、大臣等，一点不取，俱赏尔等。哈萨克如何言语，即如何行动。再有，将舍楞来之情形如何，必须查清，速报将军大臣，限六百里，火速驰驿奏闻。但因纳旺、绰尔本前往之时，所带人少，伊等只以探悉真情为重，对此，只有观其事态，小心而行，方善。将此晓谕伊勒图、舒赫德，只宜相机，当心访查、防范之处，即从内部谨慎防之。应着实攻打之处，即爽快办理之，断不可胡乱声张而泄露之。此谕亦寄车布登扎布、吉福等知之。另，安泰理当将此事限六百里驰驿奏报，以常事奏报者，则非也。自此以后，凡所获一切消息，除限六百里驰驿奏报外，若获实讯，即应限六百里加急驰奏，无不可者。此旨应六百里加急驰驿咨之。钦此。遵旨寄信前来。朱批：修改之旨已咨伊勒图、舒赫德，另誊缮一份加封，除已装安泰报匣咨之外，给车布登扎布、吉福、舒精阿誊缮三份，分别加封，著交兵部外随封套夹板，日限六百里，并火速驰驿咨各该处。已交兵部。”

（中国第一历史档案馆藏《土尔扈特档》）

谕伊勒图等另派桂林等协助办理土尔扈特事务

乾隆三十六年（1771）五月二十四日。领侍卫内大臣、尚书、忠勇公，总统伊犁等处将军，参赞大臣、都统衔，驻塔尔巴哈台参赞大臣、都统衔，署理定边左副将军印务、亲王衔郡王，参赞大臣、署理护军统领、副都统等。乾隆三十六年五月二十四奉上谕：据安泰处奏称：哈萨克多罗特拜遣子玛尔罕送信曰，从俄罗斯逃出之额鲁特舍楞等向伊犁方向归来等语。此辈实以推诚归顺，则应招抚安辑。其台吉、宰桑来京朝觐，需领队大臣、侍卫等带队官。今在伊犁、塔尔巴哈台等地理事之领队大臣、侍卫极少，奎林、奇晨泰、乌尼济尔噶尔、齐里克奇、德赫布、三保等，俱系经事干练之辈，指派伊等，于事有益。著奎林、奇晨泰、齐里克奇、三保即由驿站遣往伊犁。塔尔巴哈台只有安泰、永清二人，彼处亦为要隘，乌尼济尔噶尔、德赫布则驰驿前往塔尔巴哈台。伊等均系御前侍卫、乾清门值班，又历经兵事，伊等去后，有益一切。将此晓谕伊勒图、舒赫德、安泰等，伊等抵达彼处，应予安置遣派。钦此。遵旨寄信前来。

（中国第一历史档案馆藏《土尔扈特档》）

谕伊勒图等若土尔扈特来归属实需妥善安抚

“隆三十六年(1771)六月初八日。领侍卫内大臣、尚书、忠勇公,总统伊犁等处将军,参赞大臣、都统衔,驻塔尔巴哈台办事参赞大臣、都统衔等。乾隆三十六年六月初八日奉上谕:据安泰奏报:‘哈萨克阿布赉、阿布尔比斯等,遣肯泽哈拉、卜鲁特等来告:自俄罗斯逃出之土尔扈特渥巴锡、索诺、舍楞等,抢夺哈萨克牲畜二三千头,羊只数万。阿布赉率兵与土尔扈特交战。阿布赉之言,若将军大臣派兵,即早日差来为佳等语。另外,将卜鲁特喇嘛绰尔济密告之言,书文一并奏报矣。’卜鲁特告称:‘土尔扈特部众,向塔尔巴哈台行去,欲投诚大皇帝。因西方哈萨克抢夺伊等马匹牲畜,且有战事,故伊等又返去沙喇伯勒。近日阿布赉所告之言,均系激怒将军大臣者也。’观其所说之言,土尔扈特之众,恳请来降者,尚且属实。何以言之,伊犁这一边陲之地,若为荒地,则土尔扈特之人,怀有占其旧牧场之念,难以预料,然今伊犁之地,已驻重兵,修筑城池,伊等明知有将军大臣驻守,岂有弃牧携眷前来者?此尚无甚可疑之处。阿布赉遣肯泽哈拉等,乞请早日发兵,安泰理应驳斥伊等:‘我大圣皇帝,凡天下外藩之众,倘若诚心投降,皆同样施恩抚爱。譬如,尔等哈萨克,因恭顺归附之故,数年屡施重恩。今土尔扈特部众弃牧携眷,远涉前来者,特为承蒙大皇帝恩泽之意。尔等截击伊等者,则乃为非也。今若此等额鲁特归顺我朝后,将尔等这般行为,尚且理当治罪于尔。现在此等额鲁特,尚未抵达我界,且伊等又劫掠尔等畜群羊只,我等不究则已,岂有反遣兵丁征伐伊等之理乎?尔等阿布赉所求告之言,专为我大国派兵征讨土尔扈特后,尔等想从中渔利,此乃断然不可’等语。既然安泰未如此反驳,亦就算了。今安泰已将此捎信于伊勒图、舒赫德等,并已将肯泽哈拉等遣往伊犁,此辈抵达之后,谅舒赫德等,必如此驳斥之。若果这般驳斥,甚佳。假使亦未能想及于此,未有照此而言,则哈萨克阿布赉再次遣人前来请求发兵之后,舒赫德等即可依此驳斥之。再有,近日已派纳旺、绰尔本去哈萨克,探听信息,纳旺等会见阿布赉后,倘阿布赉又以这般言语欺哄纳旺,而纳旺应允发兵,亦未可知。如纳旺等未允之,甚善。若有应允,即报与舒赫德。舒赫德等,定将此事书于文内,将斥责纳旺等,允许发兵为非之处,使阿布赉等知晓。朕之此谕,一经抵达,想舍楞等人亦已获得实信,舍楞等归顺之情,若为属实,安抚伊等之心,殊为重要。舒赫德即明白晓谕伊等曰:‘先将尔等归来信息,得之启奏时,大皇帝旨曰:‘舍楞等乃为我大国里犯罪之人,我若以武力将伊等治罪,尚可显我英勇,然而,今并未遣兵,伊深知前罪,而随渥巴锡、索诺等,携眷前来,承蒙朕恩。处治伊等非谓英雄,故不但不治罪,朕尚使伊等前来朝见,重重施恩,就其部下而言,亦不问罪,予以施恩’。朱批:俄罗斯等不信黄教,若土尔扈特欲赴藏熬茶,尚需请求彼国。我大国则其不然,若言欲赴藏熬茶,报告部院,即可准行。伊等在俄罗斯之际,因被俄罗斯人奴役迫害,使其忍无可忍,故此乞求前来。我大国绝不会折磨伊等,定将其妥善料理,使各自获得生路。比如,车凌乌巴什等,归顺数年,蒙受大皇帝之恩泽,安逸度生,尔等无不知者。仍照朕之前旨,着伊等家属、部众,暂

指一处居之，率领舍楞等头人，前来朝觐之。倘有哈萨克锡喇，亦一并率来，率伊等前来时，若朕躬能于九月十五日从木兰返抵避暑山庄，甚善，即赶行之。倘若不能，舒赫德即晓谕伊等曰：'理应率尔等前去避暑山庄朝见大皇帝之圣明，但现径直前往，时间已过。九月以后，大皇帝早由避暑山庄返回京城矣，尚有其它大事处理，无暇接见尔等，且京师之地，亦甚炎热，尔等皆为生身，不可遣之。反正来年大皇帝御临避暑山庄之际，再带尔等前去朝见。朱批：佳。大皇帝并专派大臣接迎尔等，予以施恩'等语。总之，九月十五日，能否抵达，舒赫德要将行程推算无误。除将此著舒赫德决定料理外，惟额鲁特之品德，原即不可信任，我等若不从内部防范，粗心大意，亦乃断然不可。于此，舒赫德立即观察舍楞动态，相机办理，不得轻浮草率。其间，如何得获彼处之情，并将所获之情，火速奏闻，此项，安泰亦应知之。此谕日限六百里，加急递送。钦此。遵旨寄信前来。除将此缮写一份送予安泰外，连同朱批，递送伊勒图等，均日限六百里加急递送，著交兵部主事额尔克图。"

（中国第一历史档案馆藏《土尔扈特档》）

伊勒图等奏报土尔扈特东返情形

"乾隆三十六年（1771）六月十六日。奴才伊勒图、舒赫德等谨奏，为仰祈睿鉴事，据今年五月二十二日参赞大臣安泰奏书内称：阿布赉、阿布尔比斯遣来之哈萨克肯泽哈拉、卜鲁特等前来告称：土尔扈特之人，从俄罗斯脱出，杀我部众，抢掠马匹二三千，羊数万只。阿布赉攻战土尔扈特，歼灭擒获四百余人。询问得知，其为首者，有土尔扈特汗渥巴锡、索诺、舍楞三头人。男女共有八九万户。先曾向此而来，后又返回巴尔喀什湖之西北，往沙尔伯勒而去。阿布赉率兵马数万，靠近土尔扈特防守之。阿布尔比斯亦领兵一千，往彼而去。奴才等将阿布赉之言：'将军大臣若欲出兵，早日为佳，否则，如同二和卓木，远遁之后，需费大力。土尔扈特头人渥巴锡、索诺，全系土尔扈特阿玉奇汗之孙，舍楞乃是前投奔俄罗斯之舍楞。'同遣哈萨克肯泽哈拉、卜鲁特等至伊犁等处观察，哈萨克所告土尔扈特头人渥巴锡、索诺，俱为阿玉奇汗之孙者，尚与额鲁特总管硕通所说罗卜藏索诺无嗣之语相吻合。土尔扈特一藩部，原与我无任何事端，以奴才舒赫德所记，雍正年间，尚有遣使之处，今不堪俄罗斯奴役，投奔前来者，实有其事，奴才等获此辈抵来之信，朱批：是也，尽力奉旨，见机而行。朕唯，伊等投诚者九份，怀疑者一份耳。除钦遵圣主训旨办理外，阿布赉、阿布尔比斯所派之哈萨克肯泽哈拉、卜鲁特等，于五月末方能抵达伊犁。伊等抵达后，若乞求发兵，奴才等则向伊等晓谕：我大国之兵，不可轻举妄动，有罪者讨伐之，无罪者，绝不惩讨。再者，若有投诚大皇帝者，务必收容，亦无遣返之理。此皆尔等知晓者。此等由俄罗斯脱出之土尔扈特或投诚而来，或为何事前来者，俱不得知，岂可轻易出兵讨伐耶？又，尔等哈萨克，自归顺大皇帝，殊为恭顺，此等额鲁特不知为何而来？途经尔等游牧，因尔等未精心设防，恐遭其害。但将一得息，即告阿布赉、阿布尔比斯，谨防游牧，准备阻截。特派副都统纳旺、绰尔本，想尔等亦已闻得。

今尔等阿布赍、阿布尔比斯,得悉额鲁特由俄罗斯脱出,即率兵前去堵截者,犹为是也。正合我等之意。如今,此等额鲁特若诚心前来归顺大皇帝,其必先差人,若不派人而入我界,则有肆意侵扰之情,我大军亦阻截,将其全歼,断不轻易放过。今据尔等所告,额鲁特在向巴尔喀什湖附近,沙喇伯勒寻来。由此观之,又有可能途经尔等游牧之处。额鲁特已将尔等游牧害弄,尔等岂有坐观其他游牧遭害乎?卓尔奇既已备兵,尔等仍速速返去,卓尔奇立即列兵,或前去堵截,或背后尾随,则裨益于尔等众哈萨克,以上语遣返之。再,言此脱出之额鲁特向沙喇伯勒而来,故自奴才处至沙喇伯勒之路所设卡伦之众,严加交付,用心防探。俟阿布赍、阿布尔比斯派哈萨克肯泽哈拉、卜鲁特等抵来后,奴才询问明白,将其所带之书译出,详细观看,酌情办理。除另具疏奏外,奴才将我等之愚见,谨举折奏,伏乞圣主明鉴。乾隆三十六年六月十六日奉朱批:知道了,钦此。”

(中国第一历史档案馆藏满文《月折档》)

伊勒图向策伯克多尔济属众询问土尔扈特情形

乾隆三十六年(1771)六月十八日。奴才伊勒图、舒赫德谨奏,为奏闻事,适才奴才等以为从俄罗斯脱出之额鲁特等,经吹、塔拉斯,沿沙喇伯勒路前来,故派三等侍卫普济保为首前去设卡伦探听消息,继而又委派索伦佐领鄂弥达、蓝翎长巴图鲁达彬查、额鲁特侍卫额奇克森、门都伯勒克等,前去查踪探信。五月二十七日,侍卫普济保等来报:二十六日前往彼处探讯时,于察林河边相遇,土尔扈特台吉策伯克多尔济率近百人前来,其马力疲惫不堪,看来其情恭顺,已令宿于察林河岸。询之,云其后面之人相继前来者不远,舍楞亲自行于尾部等语。再,策伯克多尔济之言:尚要派人前来向将军大臣等请安。嗣后,于二十八日,侍卫普济保等率来土尔扈特台吉策伯克多尔济所差之格隆讷木库巴尔珠尔、宰桑集布赞等。奴才等见面观其行动殊为恭顺,询其来由,格隆讷木库巴尔珠尔等告称:我土尔扈特虽比邻俄罗斯,但伊等宗教习俗均异,早有欲归服大圣皇帝之盛意。若要脱出,恐俄罗斯追击,因畏其威力,暂且未脱出。后因俄罗斯与控噶尔争战,初次由我土尔扈特派兵二万,征讨获胜。再次,于去岁春又调一万五千兵丁前往,再获胜利,至秋而返,俄罗斯兵尚未返回,则我乘俄罗斯尚未撤兵即脱出之等语。奴才等又询问讷木库巴尔珠尔等:尔等共计多少人?均如何前来?告曰:我等此次脱出时,众诺颜、台吉等议定,我土尔扈特全部之众,杜尔伯特、和硕特及投奔我土尔扈特等鄂托克,共约有六七万户之人全部脱出;我土尔扈特和杜尔伯特近万户人,俱宿于额济勒河彼岸,因未能渡河而留之。于是我诺颜、台吉等,各自率其属下,或一二千,三四五千,或数百而脱出。我诺颜策伯克多尔济兄弟三人,率其属下约近五千户,先行起身;后面起程者,伊等行走之情,此间我等亦竟未得信息。又询问讷木库巴尔珠尔等:尔等此来之际,俄罗斯追赶与否?途经哈萨克游牧时,与哈萨克有无争战?告曰:因我等首先起程,俄罗斯追赶与否,我等不知。我诺颜于沙拉乌苏与哈萨克阿布赍亦略有争战等语。奴才等又询问讷木库巴尔珠尔等,尔等阿玉奇汗去世后,都曾有哪几位汗?以及今来之人中，汗、台吉均为何人？告曰：原我土尔扈特汗阿玉奇去世后，其子车凌敦多克曾由俄罗斯命伊为汗，但尚未为汗即已去世。嗣后将阿玉奇汗之子衮扎布之子敦罗卜旺布为汗。敦罗卜旺布去世后，又将阿玉奇之子沙克都尔札布之子敦罗布喇什为汗。敦罗布喇什去世后，即在此次投来者敦罗布喇什之子渥巴锡和敦罗卜旺布之孙策伯克多尔济二人之内，择一人为汗，然至今未定。今我等脱出诺颜之内，策伯克多尔济之弟，一名曰奇哩布，一名曰阿克萨哈勒。渥巴锡则是独自一人。又布泽尔曼台吉，亦系沙克都尔札布之子。还有阿玉奇汗之远支博木布尔、默们图、旺丹、额墨根等台吉。再，绰罗斯额鲁特之台吉散达克，其有三子，名曰胡尔哈奇、肯泽、肯泽贝克，其属众有十余户。散达克之父叫何名，我等不知，其祖父名曰楚库尔，均系策妄阿拉布坦之宗族等语。于是奴才等询问：从前策妄阿拉布坦一子名曰罗布藏索诺，曾乞入土尔扈特，今其有无后代？告曰：我等竟不知罗布藏索诺，亦未闻过。今前来之土尔扈特头人等为舍楞、乌梁海、劳章札布、德尔德什、沙拉扣肯、诺尔布策凌等六人，其属众近二千。还有塔尔巴哈沁鄂托克之叶林、舍凌二人，其属下仅有二十余户。鄂木布途中病故。郭勒卓辉未投入土尔扈特之前就已去世。除此之外，有早已投奔我土尔扈特之额鲁特、和硕特鄂托克之台吉雅兰丕勒父子二人，浑其拜、恭格兄弟二人，德布增兄弟三人，巴雅尔拉瑚父子二人，诺海一人，伊等属下约有近万户。我等起行之后，因和陆续来者相距甚远，故对前来人数，何人能来，何人不能来等处，竟未闻得消息；且我等均系小人物，对此等情由不甚知晓；我等所闻之，此亦不可为是。策伯克多尔济和我等同时前来之喇嘛罗卜藏丹增，知情甚详等语。奴才等询问侍卫普济保，此辈力量和行走之情，告曰：策伯克多尔济所率之近百人，马驼混骑，驼上亦有双人骑者，马驼膘瘦，多露疲惫不堪之貌，我等迎见之后，其众均甚欢欣等语。奴才等除赏给前来之格隆纳木库巴尔珠尔等食羊、口粮、留宿歇息之外，观其所告之言，乃诚心归服者。此辈人多，且在途中又甚疲惫，陆续间隔行走相距甚远。要全部到达，需要时日。策伯克多尔济所遣之格隆讷木库巴尔珠尔等，对其陆续到达人数，和谁能到来，谁不能到来，均为叵测等语，俱系属实。故将抵达者管照安置，并分辨各部之众，令查数字。由卡伦塘报之时，奴才等即派锡伯部总管伊昌阿、额鲁特散秩大臣硕通，酌情收留安置其抵达之众，并已派查办户数等事。但因人多，俱属何部、何鄂托克，重要台吉、头目均为谁，属下共有多少等处，于查办之时，恐伊昌阿等不能始终，奴才等商议，派遣阿思哈、萨拉善，与伊昌阿等一同查办。将投诚者全部抵达查清，伊等台吉、略大头目共几人，该当派遣谁朝觐圣明，谁留游牧关照等处查清，分别指地居之等处，奴才等除另议请旨外，台吉策伯克多尔济到来会见之后，再向伊详细询问，先将此人火速遣之。谨此奏闻，伏乞圣主明鉴。乾隆三十六年六月十八日奉朱批：好事。已降旨，钦此。

（中国第一历史档案馆藏满文《月折档》）

谕伊勒图等关于迎抚土尔扈特分别安置事

"乾隆三十六年(1771)六月十八日。领侍卫内大臣、尚书、忠勇公,总统伊犁等处将军、领侍卫内大臣、尚书,参赞大臣、都统衔,钦差领侍卫内大臣、都统、固伦额附、科尔沁亲王,钦差内大臣、副都统。乾隆三十六年六月十八日奉上谕:据伊勒图、舒赫德奏称:'土尔扈特台吉策伯克多尔济,遣格隆讷木库巴尔珠尔、宰桑集布赞等前来请安,以及所询其情之言'等语。视此情形,伊等来降者属实,尚无可疑之例。今此辈既然远道而来,故迎接、安抚伊等,料理食宿等项,殊为重要,朕近日业已陆续降下训旨。只是此辈内渥巴锡为土尔扈特阿玉奇汗之后裔;杜尔伯特等人,原并无罪于我,伊等在俄罗斯,因彼此习俗不同,不能定居,故恳请前来。伊等到达之前,理应派人接迎、明白告知伊等。想此期间,纳旺、绰尔本已从哈萨克返回伊犁。此次差派时,若派此二人和硕通,则裨益于事。舒赫德详细告知伊等,抵达彼处,迎接陆续前来之台吉后,即向伊等晓谕:先我将军大臣,获尔来归之意,经奏明大皇帝,大皇帝旨曰:'此辈俱系习居准噶尔地方者,且与俄罗斯风俗有别,故伊等不能定居于俄罗斯。闻我施恩于额鲁特,投诚者尚且属实,伊等如此携眷,远道辛苦,乞求前来者,殊为可悯,理应妥善安抚办理。遣大头目等,于京师朝见朕躬,但伊等皆为生身,且京城地方炎热,若将其往京城,则于伊等身体无益。避暑山庄地方凉爽,来彼则与其有利。九月十五日内若其能至避暑山庄,则率领前来,如果不能,即令其候至来年,朕躬早日起驾避暑山庄,再率伊等前来朝见之。朕必同车凌、车凌乌巴什等一样,予以重重施恩。另外,观策伯克多尔济所遣之格隆讷木库巴尔珠尔,格隆即喇嘛也。此辈与俄罗斯不同,俄罗斯不尊崇黄教,不照额鲁特所信奉黄教而行。我大国之例,凡来降诸藩之人,定不改变其原俗,伊等若欲赴藏熬茶,亦无不按其心愿而行者。今西藏俱入我之版图,达赖喇嘛、班禅额尔德尼均居彼处,兴信黄教之地,莫过于此也'等语。并将差派固伦额驸、御亲王色布腾巴尔珠尔,率领数名侍卫、官员,已前来伊犁迎接伊等之事,明白告之。再,据讷木库巴尔珠尔告称:舍楞之身,置于队后。视此,舍楞虽知己罪,不敢前来,但土尔扈特等各部落,皆由俄罗斯逃出,伊之属下能有几人,因其不能独居彼处,无奈前来,又惧怕罪责,故意留后行走,视我情况,若施恩收容伊等,则来之;如不收容,考虑从彼处易于逃脱。朕唯,仍是我等预先迎接,会见伊等为善。将此传谕舒赫德,密告纳旺、绰尔本、硕通,伊等前去接迎会见渥巴锡之后,舍楞若有信息,即直接前去会面,晓谕伊曰:我驻伊犁将军大臣,闻尔前来之讯,奏闻大皇帝。大皇帝谕曰:舍楞、劳章札布,虽系获罪之人,我等若以武力将伊等擒拿治罪,可逞英雄。然其自身乞来,并非我以武力捉拿者,若将伊等治罪,不谓英雄也,也被诸部之众鄙视耻笑。朕为总统天下之主,凡乞恩前来者,无不收容施恩。舍楞系穷极乞来之人,朕绝不究其前罪,亦必同渥巴锡等一体施恩,指地安生。再,若此辈一齐前来,我等尚需略加考虑,将伊等分散而居。今此辈各自行走,既然陆续而来,我等办理之际,并不需费力。此辈之中若有杜尔伯特、乌梁海之人,除即安置于杜尔伯特、乌梁海之外,土尔

扈特、绰罗斯等人，理应另行指地安置之。在此指地安置时，若放牧伊犁之哈沁、沙喇伯勒等地，则与西界较近，易于伊等逃窜。乌鲁木齐附近之地，又近临我巴里坤驿道，均不得安置伊等。朕唯，若将伊等安置于塔尔巴哈台以东，科布多以西，额尔齐斯、博罗塔拉、额敏、斋尔等地，方善。朕前虽已降旨，著色布腾巴尔珠尔、舒赫德等为首进兵，命伊勒图驻守伊犁，办理联络等务。特因伊勒图军旅上无经验，故安排伊等时，伊勒图为将军，因驻伊犁年久，毕竟谙练地理，而色布腾巴尔珠尔、舒赫德等，因自身有务，不得略有依靠。另，巴图济尔噶朗，亦略熟习彼处地理，伊勒图只有尽心效力，赞助色布腾巴尔珠尔、舒赫德等，并与巴图济尔噶朗相商之，何人安置何地，以及如何办理安抚伊等之处，只虑于事裨益，决定办理，即可奏闻之。另外，此辈忠心投诚，且又跋涉前来，伊等精疲力竭、口粮不接等情，难以逆料。故朕亦已降旨，应赏银者，即略加赏赐之，该接济牲畜马匹者，则略接济之。著舒赫德、色布腾巴尔珠尔等观其情景，如果忠心乞恩，需应接济，即酌情料理接济，使其各自获得活路，承蒙朕恩。在料理接济此辈时，所需银两，亦应预先筹办，朕已降旨令吴达善、文绶等，由安西、巴里坤、乌鲁木齐等地，备办白银二十万两。舒赫德等若彼处有需用之处，则由就近征调之。朕所以筹办者，乃专为知晓额鲁特等，与俄罗斯习俗不同，不能久居彼地，而收容施恩。今观其来投情况，已筋疲力竭，俱有理由，无可置疑，因之，各地皆已遣差训谕。虽然如此，但额鲁特等秉性狡猾，不可深信，此辈故作力疲者前来，乘我不备之际，肆意妄为之，故亦应暗中防范。将此传谕舒赫德等知之，虽于安置伊等之时，不可使之略有觉察、怀疑，但亦须加意防查。此谕日限六百里驰驿递送。钦此。遵旨寄信前来。将此著交兵部，连同朱批，夹于伊勒图、舒赫德之奏事夹板上，除日限六百里加急驰递外，遣送额驸色布腾巴尔珠尔、巴图济尔噶朗者，外加封套夹板，日限六百里递送，此谕兵部。”

（中国第一历史档案馆藏《土尔扈特档》）

来归土尔扈特需指地安置并附安抚渥巴锡谕旨

乾隆三十六年六月二十一日。领侍卫内大臣、尚书、忠勇公，总统伊犁等处将军、领侍卫内大臣、尚书，钦差领侍卫内大臣、都统、固伦额驸、科尔沁亲王，参赞大臣、都统衔等。乾隆三十六年(1771)六月二十日奉上谕：今前来归顺之额鲁特，因俱携带眷属，长途跋涉，故指地安置伊等者，甚为重要。近日朕于安置此辈时，业已降旨，令居塔尔巴哈台以东，科布多以西、额尔齐斯、博尔塔拉、额敏等地。若待此辈全部到齐，再行安置，则几万户人口，无处栖身，相挤一处，不得歇息，于事无益。将此传谕舒赫德等，望其陆续到来，即指地居之，以安抚伊等之心。应继续赏赐者，亦即酌情陆续赏之。使其歇息、获得生活之所。如此办理之时，伊等方能安心，于我等之事，亦有裨益。另外，如何指地居住、安抚料理等处，即刻奏闻之。再有，理应将前来之人，降敕书、嘉奖、晓谕安抚之。今将拟就之安抚谕旨，以满洲文、托忒文书之，用玺之后，立即差遣。之后，舒赫德等，除简派官员，迎接、晓谕、关照额鲁特之外，近日舒赫德等，将台吉策伯克多尔济，遣格隆讷木库巴尔珠尔、集布赞等，前往伊犁请安，以及待询问之后，均陆续返归之事奏报后，念此期间，又有来之者，舒赫德等亦理应照其前来，而奏闻之。将此寄信于舒赫德等，询问此间何人前来，其情若何，怎样言语等处，望见来者即火速询问奏闻之。钦此。遵旨寄信前来。将此除连同朱批遣送伊犁将军等，日限六百里加急驰递外，抄缮一份，日限六百里，驰递固伦额驸色布腾巴尔珠尔。奉天承运皇帝制曰：土尔扈特台吉渥巴锡、策伯克多尔济、舍楞及众头目，尔等数万之众，不崇异教，虔念佛法，荷蒙朕恩，乞求前来，朕已洞鉴我驻伊犁将军大臣之奏。今尔等不崇异教，虔念佛法而来者，甚是可嘉，故朕于尔等之众，明鉴施仁。再，渥巴锡、策伯克多尔济，均系旧土尔扈特，前居俄罗斯之际，尔汗敦罗布喇什，于乾隆二十一年，欲遣使赴藏熬茶，行做善事，则告与俄罗斯，转请奏朕施恩，朕即仁慈明鉴施恩，遣其使者吹札布等，赴藏诵经布施。今尔等诚心，不忘佛经，既来归降于朕，朕即明鉴施恩于尔等。嗣后，若尔等欲派使赴藏叩拜熬茶、布施，朕即施恩，照尔之愿准行。另外，尔舍楞者，乃为前向我军攻战而窜逃俄罗斯之人，今尔既念佛法，欲蒙朕恩，前来乞降，朕绝不究其前罪，将尔宽宥，施恩于尔。以前征讨尔时，若被我军俘获，自然将尔治罪，今尔既然亲自前来，不仅无罪，尚且将尔与渥巴锡、策伯克多尔济等，同样施恩。另，尔等逃出俄罗斯，于前来之际，途经哈萨克游牧地，略微抢取其行粮，此也非重要之事，但从今以后，尔等不可与哈萨克滋生事端，以求取和安，不仅于哈萨克于尔等内部，亦切勿行做盗劫之事。只有相互关照，扶老携幼，屡蒙朕恩，遵照朕旨而行，外无事端，内无贼盗，著其黾勉安居。再，既然尔等长途跋涉而来，于安置尔等之时，命指其良好牧地居之等处，朕已降旨于伊犁将军大臣等。此间，尔等惟有好生安居，待尔等来朝之际，定行赏衔，重重施恩，著尔承受之。特谕。

（中国第一历史档案馆藏《土尔扈特档》）

伊昌阿等呈报渥巴锡舍楞抵伊犁河畔及会见情形

乾隆三十六年(1771)六月二十五日。总管伊昌阿、硕通呈献将军、参赞大臣，为报闻事：伊昌阿等先将查看策伯克多尔济游牧地等处报闻后，于初四日子时，即起程前往沙喇伯勒，经过戈壁、宿沙拉布拉克，但行至戈壁中途观之，因见伊犁河附近地方，尘烟大起，便派索伦侍卫达布奇尔图，率领锡伯兵丁二人，额鲁特兵丁二人，前往观察，回来报称：舍楞已率其部下宿于伊犁河岸。询之，告曰：渥巴锡亦于明日抵达。于是我等于初五日晨，急驰前往舍楞住地观之，因渥巴锡等已率其属众抵达，故舍楞将其属下往里迁移，仅伊一人恭候，我等靠近观之，舍楞已立而待，于是我等下马，舍楞便进前跪道：请大皇帝之万安和请将军、大臣等之安，向我等行了抱见之礼。伊曰：渥巴锡刚到，未及立蒙古包，我等暂且席地相谈，于是我等即在伊恭候之处，席地相谈。舍楞言：‘先前阿睦尔撒纳进京之际，班将军派人令我仍住在沙喇伯勒，我并未进入京城。嗣后封伊等王公，返来作乱之时，我亦无一同行动。我思独在此地生活有难，便率我之属下欲往乌里雅苏台。抵达塔尔巴哈台后，领兵五百行于大臣队伍内之达什达瓦人声称：我等之众均

被汝等杀之，故众人冲动，我无奈何，一时愚昧，便造罪而行。从此前往俄罗斯，投靠土尔扈特鄂托克，此已数年。今约土尔扈特鄂托克人，一同前来赎罪，全仗大皇帝之恩’等语相告时，我等遵照将军大臣所教，告舍楞曰：土尔扈特部众投诚归顺，尔亦亲同劳章札布前来之事，自俄罗斯得信之时，我等将军、大臣即已具奏，奉大圣主之旨：尔等先前逃入俄罗斯之故，尚且索取治罪。今尔等于俄罗斯无法栖身，因亲自乞来，故不究前逃之罪，不但不治尔等之罪，尚且于尔等施恩，同杜尔伯特人等一样，指给良牧，尔之人即归尔统辖，安逸而居之事，早已降旨等因。由硕通剀切晓谕之时，舍楞再次慌忙跪下曰：大皇帝至高之恩。并合掌叩首，其情甚是可信，毫无置疑。对此我等便对舍楞曰：‘见尔等行动迟缓之貌，想口粮断缺甚多，尔等理应拟派可信之台吉、头人约束属下居之。尔等早日亲自入城，会见将军大臣，恳求居于良地，速求承蒙大皇帝之恩，我等亦派人关照尔等游牧’等语。舍楞言：‘我等暂且居于沙喇伯勒水草丰美之地，以候将军大臣之指教，只因布鲁特等多次抢掠骚扰我等之人，故不能久居，便疾行至此。将军大臣既已为我等前来而派二位大臣，则我去渥巴锡处，共同商议之后，再派人来请大臣’等语。我等暂于渥巴锡附近住宿。继而，渥巴锡派人来告，言已得暇，故我二人率领随从十余人，前往渥巴锡住地观看。北面一座蒙古包，前面支起凉棚，渥巴锡坐在正中，巴木巴尔坐于一旁。我等到近前下马之后，渥巴锡、巴木巴尔同时离座而立，我等走进凉棚，伊等即跪下请大圣主万安，继而便问将军大臣之安。我等走至跟前行抱见之礼，按其额鲁特之例坐于西边。于是我等重新把将军大臣所差之处晓谕后，渥巴锡告曰：我特地承蒙大圣皇帝之恩，欲谋生计而乞入之，沿途与哈萨克争战，我等人畜多被尅扣取之，恰好至此。若将军大臣早指良牧而居，则我之属下方得蒙受恩泽，得以生活，今已疲惫不堪等因，与巴木巴尔一起再三述说。对此，我等言之，观尔等前后到达之情，确是疲惫贫困至极，大皇帝所居甚远，此地一切事宜，均由将军、参赞大臣承担办理，尔等若不将此等情由亲往乞告于将军、参赞大臣，我等岂有将尔等何项难处提出呈文，并将所报酌情办理之理乎？况且适才我将军、参赞大臣，尚与我等咨文前来，初三日与策伯克多尔济会面，暂且留下，俟尔等抵达商办指定良牧居之，办理完毕，将自愿前往京师朝觐大皇帝圣明之台吉头人，均遣返其游牧收拾启程，若尔等能及早前往，则对尔等之众越有裨益。以上语开导时，渥巴锡等点头称是，云我等立即共同商议，递信于二位大臣。照伊等之例，备办肉食衣物递来时，我等之言：我等返回住所，将尔等到来之处，先书文呈报。今既然我等俱已同样为大皇帝之村俗，吃喝之日常在等语推托而止。对此，渥巴锡又对我等曰：我等后面落队者，十余日均有抵达此地，我等前来之时，被哈萨克、布鲁特狠命抢掠。若我等派人前去接迎，畜力又不及，此间，若将军大臣不施恩，不予伊等致书，则后面落队者致使全部遭劫。望大臣等将此情由先替我等提出，亦可报与将军大臣，我等前去见面之后，再恳求之。言毕，我等即出来返回住所。继之，酉时舍楞亲临我等住地时，我等商议仍是按照何等礼节问题。其曰：如果二位大臣出来，我等商议择吉日前往。当时渥巴锡言:我等起程之时,择吉日往此而来,沿途已遭如此穷困,今我等之众均至这般境地,又择什么吉日?我等今日即刻起程前往,此去之时,巴木巴尔、舍楞、我等三人同往。惟我等马匹牲畜均已瘦弱,难以爽利行走,尔来告与大臣等,如果能与我等拨来几匹马,则能速行等语相告时,我等已备有马匹接济,商议拨给渥巴锡十五匹,舍楞兄弟十三匹,巴木巴尔八匹,肯泽二匹,和硕特鄂托克有名之台吉根敦诺尔布五匹,于初六日起程。惟护送此辈前往时,定派顶戴大些品级官员为首,方可允协。审慎思之,察林河津事多,虽需总理之人,我等已留在当地清查伊等户口并关照之,若有一切事务,我等即可亲自承担办理,尚暂且不需锡金太。因此,我等商议,由伊犁河岸往彼行走之时,伊昌阿我等亲率索伦侍卫达布奇尔图暂且护送,渡察林河后,交与锡金太,尽量由彼处现有官员内,酌情挑选二三人,一同关照护送。今虽只告渥巴锡、巴木巴尔、舍楞、劳章札布、肯泽、沙拉扣肯等人前去,但尚不详知。除此之外,有何人前往之处,舍楞之言:明日书清单递来。于递来之时,除另行速报外,现将所询伊等之情,和前往者名单大体举荐,先期呈闻。乾隆三十六年六月二十五日奉朱批:此辈业已善理,已降旨。钦此。

(中国第一历史档案馆藏满文《月折档》)

料理土尔扈特来归之事有功者特加恩赐

乾隆三十六年(1771)六月二十五日。领侍卫内大臣、尚书、忠勇公,署理总统伊犁将军印务、都统衔。乾隆三十六年六月二十五日奉上谕:据舒赫德等奏称:渥巴锡、舍楞等人抵达后,阅伊等所携之托忒文书,译文其大意:诚心来投。途中穷迫,乞求接济等语。另外,向与其前来之哈萨克之卜鲁特、肯泽哈拉等询问,并著其告知阿布赉等,不可有肆意劫掠额鲁特之行为,明白交付后遣返之。又据伊昌阿、硕通等奏称:会见台吉渥巴锡、舍楞,对其明白告之,并且询问等语。近日,驻防各地大臣,将自俄罗斯逃出之额鲁特讯息奏来后,朕对此等额鲁特,特因其在俄罗斯无法居住,欲蒙朕恩,乞求前来,尚似无可怀疑。此辈来后,与其指地居住、接济盘缠等项,以及著名台吉和略大头目,前来朝见,余者均行关照安置等一切诸事,皆次第降下训旨,舒赫德如此办理者,俱符朕旨,殊为可嘉,施恩赏赐送去大荷包一对,小荷包两对。朕早已鉴明,伊勒图无能力料理此事,故从乌什调舒赫德至伊犁,令著其署理将军,此等之事全仗舒赫德办理。舒赫德除尽心努力遵照朕旨妥善料理之外,今渥巴锡、舍楞等台吉,均携家眷、人口、属众,纷纷前来,此辈精疲力竭,困迫已极,将伊等指地居住、周济盘缠等项,以安抚其心,殊属重要,故朕对此辈接济料理时,尚不需考虑节俭,由舒赫德酌情接济赏给。乌鲁木齐等处,既有现成粮食,为考虑接济此辈之口粮近便,尚可暂居乌鲁木齐附近之地。久居之后,此辈毕竟系外藩之众,贪图便宜,肆意胡行,难以逆料。仍遵朕旨,于科布多以西,塔尔巴哈台以东,额尔齐斯、斋尔、额敏、博罗塔拉等地居住为宜等等,已陆续降旨矣。此间,舒赫德亦接朕旨,及时遵旨理之。但安置此辈时,暂于乌鲁木齐越冬尚可,只是彼处久居,决然不可。另外,观察阿布赉,人奸狡猾,伊担忧此额鲁特前来,我将其收容后,对伊无益，即肆意造谣。并遣卜鲁特、肯泽哈拉等，声言求我遣兵，专系激我之意，此断不可相信，而且不需当一事办理。如今看来，此事侥幸，朕早已鉴明之，故差舒赫德至伊犁，否则，伊勒图不能料理此事，俱导致四分五裂，此大有关联之处。舒赫德明白告知肯泽哈拉等，此额鲁特均系同样归降大皇帝之村俗，不得任意劫掠，赏其盘缠等物返遣之者，甚是，皆合机宜。但其中卜鲁特一人，殊为可怜，理当施恩仁恤，然若明显施恩于卜鲁特，则阿布赉等闻之后，必致其有歹意，反与卜鲁特无益。卜鲁特等经常往返于伊犁，伊此次返回，倘不能居住哈萨克而前来承蒙大皇帝之恩，即秘密告知，或命伊居住伊犁，或送京师，务必与其重重施恩。此间，著舒赫德只是暗中关怀卜鲁特，勿使其有一点察觉。另外，与额鲁特同来之喇嘛罗卜藏丹增，为图侥幸来投，尚无需另行牵扯办理，舒赫德只酌情考虑就近安置即可。再，伊昌阿、硕通二人，会见渥巴锡、舍楞之询话、开导、安抚料理者，尚系善举，皆为可嘉，故于伊昌阿、硕通施恩赏赐副都统职衔，并每人赏缎四匹，即由舒赫德处赏给之。钦此。遵旨寄信前来。将此连同朱批，夹伊等之奏事夹板内，同装荷包之匣，一并日限六百里，驰驿递送。

（中国第一历史档案馆藏《土尔扈特档》）

接济土尔扈特口粮牲只及安置牧地等事宜

“乾隆三十六年(1771)七月初一日。领侍卫内大臣、尚书、忠勇公，署理总统伊犁等处将军印务、都统衔等。乾隆三十六年七月初一日奉旨：今由伊勒图、舒赫德处，将渥巴锡、舍楞、劳章札布、巴木巴尔等十二人送至伊犁后，殊表恭顺，愉悦异常。已遴选料理廪给伊等口粮、安置伊等人员，并前来朝觐等处，俱已具奏前来。览其所奏，办理十分妥帖，此皆舒赫德之主意也。若非遣伊，断然不能如此。惟舒赫德平素办理似此顺善之事，颇有魄力。而稍遇困难，一有差错，则乃躲避之。今番所办之土尔扈特事宜者，因系顺事，故皆允合机宜，殊甚可嘉，顷朕亦已加恩，命其署理将军、赏其荷包矣。舒赫德只宜好生访查探询，更加黾勉，妥善料理。纵览伊等屡次奏折，其来归之额鲁特，途中多受辛苦，而今困窘已极，于其接济口粮者，亦只因伊等万分辛苦，如此来投，特为秉承朕恩，冀图安生之故然。所以对伊等接济之际，理应从足以妥善接济考虑，不得仍有饿殍者。在办此接济事宜时，多赏米石，则于伊等有利。将此遣谕舒赫德，除考虑不使伊等受饥而办理外，并以善言抚慰，明白晓示：‘此次尔等来人众多，皆为禀承皇恩，欲得活路而来者也。我等今遵大皇帝旨意，绝不使尔等困窘。只因在我伊犁驻兵不甚年久，谷物收成尚不丰厚，新界之地贸易稀少，且马匹牲只亦未繁衍，现在我等遵循大皇帝之谕，考虑当前不使尔等受饥，予以接济。从此，指定良好牧地安置尔等，尔等必获皇恩而安生也。’再，此次相继来归之人中，因拖拉而落后者甚多。此等之人我若不予全部收容，既不符伊等谋生而来之意，且又任其流浪，落为玛哈沁(盗贼)，则亦于事不利也。舒赫德将此知之，著交伊昌阿等，须将陆续到来之人，全行收容，妥善安置，使各得其所。再有，此辈居住之际，朕顷已接连降旨：‘不得居于我之伊犁、乌鲁木齐等地，若于额尔齐斯、博罗塔拉、斋尔等处居之，则善。舒赫德务与色布腾巴尔珠尔、巴图济尔噶朗等，共同磋商办理’。今舒赫德欲使伊等居于斋尔、额尔齐斯者，尚可以，而欲在额琳哈毕尔噶安置者，不可施行。夫额琳哈毕尔噶者，乃临大路也，为我商贾来往行走之地。若使伊等栖居，恐额鲁特素来小器，不可见财，倘或有抢劫等事发生，不成一事；而与我驿站之道亦有关联，殊属不利也。舒赫德仍遵朕适才降旨，使伊等住于博罗塔拉、额尔齐斯、斋尔等处。此等地方，既距我伊犁、乌鲁木齐较远，且与站道无妨。朕加恩赏给伊等银两后，伊等随与哈萨克、喀尔喀等部换取牛羊，亦甚近便，且裨益于事也。将此，知会舒赫德，安置伊等后，即将朕施恩之处，晓谕伊等，酌情赏给马羊牲畜，不得有所吝啬。再，渥巴锡、策伯克多尔济，皆系阿玉奇汗之嫡系，其祖先曾相继为汗。适才朕已降旨：‘伊等前来朝觐后，朕皆封其为汗，命各自管辖部众，谁亦不可兼摄谁之部属’。故于安置伊等之时，舒赫德仍遵朕顷颁之旨，使其分别指地而居，各自管辖所属村俗，考虑伊等游牧地相处较远，以后互不相干而为之。再，此次来归之部众中，小队之额鲁特，有兼摄于今来之台吉等，若使此辈仍兼并而居，久后小队之众，皆为其之村俗。故拟令暂居伊犁者，舒赫德所奏，殊属是也。伊等均为小队之众，既然人数不多，即依其所奏，暂居伊犁过冬，以后另行安置之。其绰罗斯台吉散达克父子六人，方有村俗十一户，岂能予之小头目？既然亦系无关紧要之人，尚且不必另行料理。令伊等仍如小队额鲁特暂住伊犁过冬，以后再行安置之。惟因伊等皆为新归附之人，在安置我伊犁地方之时，理应妥善照顾而居，不使横生事端方妥。舒赫德应着派干练官员，将伊等分别安置，好生照顾。另舒赫德现已简选来觐之人，虽然尚未使之启程，念其一经齐备，即令启行之。使伊等趁朕母万寿诞辰之前，若能抵达避暑山庄，则为甚佳！如若不能，赶来木兰围场，观朕打围，亦是善哉！奈伊等均为长途跋涉之人，故难以疾速驰履，亦未可知，因朕躬自木兰行围回銮，于避暑山庄居住数日后，既然亦可宴赉伊等，尚且不可使伊等疾行辛劳之。沿途除令伊等量力而行外，并将伊等何日已从伊犁启程，终究何日能抵达之处，著舒赫德即火速奏闻之。钦此。遵旨寄信前来。”

（中国第一历史档案馆藏《土尔扈特档》）

谕安泰等若俄罗斯遣人索取舍楞等应严词驳斥

“乾隆三十六年（1771）七月十四日。领侍卫内大臣、尚书、忠勇公，署理总统伊犁等处将军事务、都统衔，驻塔尔巴哈台办事参赞大臣、都统衔。乾隆三十六年七月十四日奉上谕：由安泰处，将派赴探听俄罗斯信息之侍卫德勒格楞贵、哈萨克千户长巴木博特等前来卡伦所报之言，因与卡伦侍卫俊昌及哈萨克人暗地报告之辞，互不相符，故着派侍卫伊昌阿等，前抵爱古斯，瞭望兵息之处，具奏前来矣。就安泰等此奏看来，对暗告‘俄罗斯等欲从爱古斯，前往阿木坦额门’之言，表现出恐惧之状，舍楞、劳章札布等，俱系以前归顺于我，蒙受朕恩之人，因俄罗斯窝藏，我方多次索取，并未给与，今岂敢又向我索取耶？即便俄罗斯等前来我境询问，安泰等即曰：‘舍楞、劳章扎布等，素皆属我大

国，蒙受大皇帝恩泽之人。前将其逃往尔俄罗斯者，由我处多次索取，尔等竟未与之；今复来归顺于我大皇帝，岂有给与尔等之理？况且，我等俱为驻边办事之员，亦不管辖此类事务。尔等如若欲取舍楞等，尔等有萨纳特衙门，向我理藩院行文可也。尔等今著追赶舍楞等，越我境内，此乃属我驻边办事人员之事，我等绝不允许，当即捉拿。'断然驳斥，有何不可？将此之处，朕早已明鉴，各地均降谕旨遣之矣。因安泰尚未接到，故方如此启奏之。将此寄谕安泰，俄罗斯倘来卡伦，提及舍楞之事，除即遵照朕之前所降之旨，直截果断驳斥之外，安泰对此事露出恐惧之状者，实属不晓事也。况且，据哈萨克巴木巴特告称，俄罗斯曾言：'舍楞等如果投入大国，我等不可遣兵征战'等语。由此便可知俄罗斯无取之意然。又有何惧之处？再据安泰等称：'顷由伊犁所遣之土尔扈特部众，应于塔尔巴哈台接济口粮者，计有十万口。'兹览舒赫德等奏折，此次归顺之额鲁特，总共才有十万口人，然此十万口额鲁特，尚且分住于额琳哈毕尔噶、固尔班、济尔噶朗等处，并非尽遣塔尔巴哈台一带地方，著安泰接济口粮者也。此岂有非安泰预先发急而言者乎？再著传谕，严训安泰。将此亦寄信于舒赫德知之。钦此。遵旨寄信前来。"

（中国第一历史档案馆藏《土尔扈特档》）

筹办口粮及暂将土尔扈特安置于斋尔越冬等

"乾隆三十六年(1771)七月二十二日。领侍卫内大臣、尚书、忠勇公咨文，寄署理总统伊犁等处将军印务、都统衔，驻乌什办事参赞大臣、领侍卫内大臣、尚书。乾隆三十六年七月二十二日奉旨：据伊勒图奏称：'于安置新归附额鲁特等之时，为考虑接济口粮之便，拟令其暂住斋尔过冬，明年再行遣往，其染病者、不能行走者，暂且留于伊犁调养'等语。伊勒图此料理者，甚是。此等投诚前来之额鲁特，由于长途跋涉，全已精疲力尽，万分窘迫，故于接济口粮之时，考虑就近方便而筹办者，极为重要。今伊勒图之处，为使额鲁特等免遭伤亡，即先不分别指地遣往，暂住斋尔越冬，待明年春季再行前往所考虑者，即允协机宜。且将其中染病不能行走者，不派跟随伊等之队，查明系属何部、何台吉之人，暂留伊犁调养者，甚善，其所办者亦符合朕仁慈抚远之心也。对此，新归之众，定倍感恩欢忭。适才，朕为此辈接济口粮，于吐鲁番等地，尽量购得羊只之处，业已降旨，著派文绶速办矣。今观额鲁特之情，实为穷困已极，速予接济者，益发重要。此间，倘由附近哈萨克、布鲁特等能贸易羊只，则即尽量易取，以便先行救济此辈。视从商都达布逊诺尔、达里刚爱等畜群中办得之产畜，及在吐鲁番等处买办之羊只，陆续解至时，再行分给伊等。现将伊勒图于额鲁特接济口粮之处，除寄舒赫德知会外，顷因安泰奏称：'分居塔尔巴哈台之额鲁特，若无十万，或许亦有五万，因彼处粮石不多，且系边陲之地，又无调办之处'等语。故朕即降训旨：'塔尔巴哈台内额鲁特，未必达数万之数耶？安泰定要坚执原奏之辞，仍谓之以十万、五万人口数计办者，亦属万分恐惧，过于拘泥也。'今就伊勒图所奏来看，遣居塔尔巴哈台之额鲁特，尚不到其十分之一，而安泰则却先忧虑筹办粮石有难者，并非办事之道也。由此可见，安泰在塔尔巴哈台办事之际，庶事断不能独自妥善为之。乃遵朕敕命舒赫德关照办理之谕，舒赫德返回伊犁办事之时，对安泰所办之一切事宜，亦定要留心匡正办理之，切不得有丝毫推诿之心。现命舒赫德署理伊犁将军印务，伊勒图为参赞大臣、遣往乌什。办事务者，特为各自能力相称，裨益于事而虑者也。譬如：伊勒图办理此事虽好，然而，于收容安置额鲁特俱得生计，直至长治久安，凡事均能妥善办理者，伊勒图断不及舒赫德，舒赫德署理将军印务于办理额鲁特事宜之时，甚为有益。伊勒图既然甚合乌什参赞大臣，舒赫德仍遵朕旨，即刻返回伊犁，将应办之事宜，好生尽心妥善料理之。伊勒图即刻前往乌什，将该办之事务，亦必须努力殚心竭力办理之。再有，前因朕安抚来归伊犁之众事务繁多，需要人员，故将奎林、齐里克奇、三保等，用于关照投诚之众而降旨矣。又降谕于额驸色布腾巴尔珠尔，将其所率之侍卫章京，留其一半，余者遣赴伊犁，以备小差役之。色布腾巴尔珠尔已将其所率接续队伍之翼长鄂毕达、喀巴侍卫章京等，遣往伊犁矣。因伊勒图对此等之事均不知晓，方如此乞奏之。将此，寄信于舒赫德、伊勒图知之。钦此。遵旨寄信前来。将此日限六百里加急，寄于舒赫德者，自伊犁向乌鲁木齐、巴里坤、哈密前来之路，访查递给，寄伊勒图者，于伊犁递给，若已前赴乌什，则由去路追赶递给等情，已著交兵部主事鄂尔科图矣。”

（中国第一历史档案馆藏《土尔扈特档》）

斥责安泰其办理接济土尔扈特事宜不得力

“乾隆三十六年(1771)七月二十四日。领侍卫内大臣、尚书、忠勇公，驻塔尔巴哈台办事参赞大臣、都统衔。乾隆三十六年七月二十四日奉上谕：据安泰奏称：‘接伊勒图关于接济土尔扈特等口粮之咨文，于哈萨克互市之一万九千多只羊只内，除去应发给官兵之羊六千多只外，余者拟赶往斋尔之绰诺达巴干备之。又将土尔扈特部众，共以十万口计定，若每口拟发粮一升，每十口合分羊一只，则粮食困难，只足两月，羊只尚且不及。待伊等到来时，着接济粮食羊只一次，以后将如何接济之处，业已咨行伊勒图’等语。安泰如此办理，殊属固执，全然无用之材。适才，土尔扈特部众，脱出俄罗斯，携带妻室子女，艰辛投来者，特为承蒙朕恩，拯救其命，欲求安生。今其情景，甚是窘困，衣食全无，我等不火速拯救接济，以致冻馁而死，则不但不符伊等谋求生存来归之忱，而且亦不合朕之安抚众生之仁意。安泰接到伊勒图接济口粮之咨，即理应火速尽量办理接济，今必留羊六千余只者，是何意耶？我官兵之肉羊，虽应发放，但暂且稍加通融办理，少发几千羊只，待哈萨克之易市羊只，或大量赶至互市后，再与伊等补发，有何不可？对此，如能多变通数千羊只，即可多救活土尔扈特数人之命。安泰竟不知当务之急，如此办理者，实无是处。又据安泰所奏：‘土尔扈特每十人合得一只羊’。如果十人合给一只羊，作一日之餐，食时尚足，若十人拨给羊一只，作一月之口粮，则又何处足耶？再有，将安泰所换之不可役用之千余匹马、牛，有与土尔扈特等接济之事，若言向哈萨克互市，不如即将此项马、牛，作为土尔扈特人之口粮，有何不可？只拘泥于伊勒图原照行之羊，定然纠缠向我察哈尔、额鲁特易羊者，越发拘泥可笑矣。安泰何故糊涂至极哉！又前伊勒图将安泰于接济土尔扈特口粮时，安泰奏称：'土尔扈特人将近十万口，至少有五万口，彼处口粮、羊只不足'，之后，朕尚曾一并降训谕于安泰、伊勒图：'安泰虽属拘泥办理，但塔尔巴哈台有粮石，伊勒图系深知者，伊等果然将朕事同己事办理，断然不会彼此不信'。旋接舒赫德奏折曰：'将土尔扈特部众，分别安置于额琳哈毕尔噶、固尔班、济尔噶朗、和博克萨里、斋尔等地'。然而竟全交付安泰接济口粮，亦并无那些户口人数。且顷据伊勒图折内亦称：'若塔尔巴哈台口粮有不足之处，考虑从乌鲁木齐接济方便，故令伊等暂住于斋尔'等语。由此观之，伊勒图尚未言仅塔尔巴哈台接济伊等口粮之处，亦考虑就近能多接济而办理之。将舒赫德、伊勒图此奏之稿，安泰均已接到，其无有不知之处，然其仍如此奏者，只似是伊勒图设计牵连伊作难，此系何理？譬如：伊勒图果真不亲自急办，既知安泰不才，而又推诿于伊，则安泰不仅可以据实情申奏，而且，亦不能脱出朕之洞察也。朕不质问伊勒图，独问罪安泰乎？如今，伊勒图并未推诿安泰，从伊之处亦已筹办，且安泰仍不相信，将粮食只足两月，羊只不敷，接济一次，将如何办理之处，咨与伊勒图，要把柄照行者，其固执越发至极矣。安泰全然无用，寄信安泰，严加训斥。将此谕旨，着由安泰，递往舒赫德。钦此。遵旨寄信前来。将此著交兵部日限六百里驰递。"

（中国第一历史档案馆藏《土尔扈特档》）

土尔扈特台吉策伯克多尔济遣使请安

乾隆三十六年六月丁亥（十八日 1771.7.29）又谕（军机大臣等），据伊勒图、舒赫德等奏称，土尔扈特台吉策伯克多尔济遣格隆、讷木库巴勒珠尔、寨桑集布赞等请安，并将其投来情形具奏。看伊等力穷远来，投诚属实，一切迎抚安插，所关甚要，此内渥巴锡，系土尔扈特阿玉奇汗之嗣，原系无罪之人，因与俄罗斯之俗不同，是以来投，应遣人往迎，想此际纳旺等已由哈萨克回至伊犁，再添派硕通同往，于事有益。舒赫德等接见台吉时，即行晓示，前我将军大臣等闻尔等投诚之信，奏闻大皇帝，大皇帝降旨，尔等俱系久居准噶尔之人，与俄罗斯之俗不同，不能安居，闻厄鲁特等受朕重恩，带领妻子远来投顺，甚属可悯，理宜急加抚绥安插，遣大头人来京入觐，但念尔等均未出痘，京城暑热，甚不相宜，避暑山庄凉爽，如九月中旬可以到彼，即带领前来，否则俟朕明年临幸时，再来入觐，朕务与车凌、车凌乌巴什一例施恩。再策伯克多尔济所遣格隆，即系喇嘛，我天朝定例，凡投诚之各部夷人，不易其习，尔等欲往西藏熬茶，亦无不准，现今西藏俱隶我版图，达赖喇嘛、班禅额尔德尼，黄教中无有逾此者，今特派御前大臣亲王固伦额驸色布腾巴勒珠尔，领侍卫官员多人，前赴伊犁迎接尔等。再舍楞畏惧前罪，故在后队起程观望，纳旺等迎见渥巴锡等时，闻舍楞信息，即寻往见面，晓示云，大皇帝降旨，舍楞等虽系获戾之人，若系擒获，自当治罪，今自行投诚，倘将伊等究治，非惟不足扬威，抑且贻笑于各部落，朕为天下共主，凡投诚之人，无不施恩，况舍楞等力穷投诚，朕断不究其前罪，务与渥巴锡等一体加恩。再伊等陆续前来，办理安插较易，此内除杜尔伯特、乌梁海人等令驻扎该处外，其土尔扈特、绰罗斯等，理宜指地令居，若指与伊犁之沙喇伯勒等处，附近西边，易于逃窜，乌鲁木齐一带，又距哈密、巴里坤卡路甚近，朕意令居住塔尔巴哈台东，科布多西之额尔齐斯、博罗塔拉、额密勒、斋尔等处方妥，朕前虽降旨，令色布腾巴勒珠尔、舒赫德等统领进兵，因伊勒图未经战阵，令在伊犁坐办，今安插此等，伊勒图系将军，在伊犁多年，不可稍为推诿。再巴图济尔噶勒，亦熟悉该处情形，彼此筹酌，何项人等指令何处居住，作何安插，即速奏闻。再伊等投诚，未免穷迫，应赏银两及接济马匹牲畜，著传谕舒赫德，即酌量接济，但彼等生性诡诈，不可深信，恐伪作力穷，乘我无备，亦当预防，舒赫德等办理安插时，须密为留意。此旨由六百里加紧发往。

（《清高宗实录》卷887　页882—883）

色布腾巴尔珠尔奏土尔扈特归来情形

“乾隆三十六年（1771）八月十二日。奴才色布腾巴尔珠尔谨奏，为奏闻事：窃查，奴才等将前土尔扈特台吉渥巴锡等自俄罗斯脱出之情由及其各自率出之户口数等情，询明之后，欲另行奏闻等因业已具奏。此间，于率领渥巴锡等行走之际，用心查询观之，土尔扈特等，先于准噶尔四卫拉特之内，渥巴锡等祖先，原俱游牧于额尔齐斯、塔尔巴哈台、额敏、斋尔等地，往外直至伊什尔诺尔住牧，后来又迁往斋、额济勒地方住牧，进入俄罗斯境内，抢占莽古特、图尔克门、色尔齐斯等三个部落，后来此辈均相继叛逃而出。自渥巴锡始祖贝果鄂尔勒克至阿玉奇，伊等悉自立为汗，阿玉奇之子散札布因率领一万余户投奔准噶尔，故伊等内讧。从阿玉奇之子车凌敦多克起，直至敦罗卜旺布、敦罗布喇什止，悉为俄罗斯所属，由俄罗斯将其封汗。俄罗斯每年给土尔扈特汗十万两银时，一枚狮头银钱，按银百两折给，八名札尔固齐则不予银两。由俄罗斯将策伯克多尔济放为札尔固齐之首，八名札尔固齐，每人方得银万两，亦同伊等汗之例折给狮头银钱。渥巴锡之父敦罗布喇什在世时，由俄罗斯旌表渥巴锡为鄂罗齐。其父去世之后，俄罗斯未及封渥巴锡为汗之际，因策伯克多尔济争位，故俄罗斯将策伯克多尔济放为八个札尔固齐之首，袭渥巴锡理事，凡策伯克多尔济同八个札尔固齐办事后，均告知渥巴锡。伊等台吉、札尔固齐属下村俗人众，俱称渥巴锡为鄂罗齐。为此，伊等二人彼此起隙，相互不睦。再，渥巴锡之父敦罗布喇什在世之时，所遣之使吹札布、喇嘛济木巴格隆，返回土尔扈特之时，曾奉大皇帝之旨：今哈萨克、准噶尔之众，悉为朕之村俗，尔土尔扈特汗或遣使前来与朕请安，或派使赴藏礼佛，不必走俄罗斯之路，即可经哈萨克、准噶尔路行走，钦此。谨记。告知渥巴锡之父敦罗布喇什，敦罗布喇什去世之后，土尔扈特之札尔固齐，伊等不得任意设放，若放札尔固齐，必闻于俄罗斯汗。俄罗斯尚未封渥巴锡汗之际，渥巴锡、策伯克多尔济、巴木巴尔、根敦诺尔布、雅兰丕勒、罗卜藏丹增等，八九年前，共同商议，始有投诚大国之意。舍楞先由准噶尔脱出，于塔奇鄂罗斯之地越冬，翌年投奔土尔扈特时，雅兰丕勒率三千余兵丁，迎头堵截，擒拿舍楞及其跟役一人，一并著交俄罗

斯，带领舍楞之属下送往敦罗布喇什时，敦罗布喇什言之：舍楞我等之骨肉，何故擒拿献给俄罗斯耶？当即由俄罗斯领出，将其村俗和劳章札布、沙喇扣肯等村俗，俱交还伊等，将从准噶尔同往者，敦罗布喇什俱予以收容。前年俄罗斯与控噶尔争战，派土尔扈特兵丁，战于前队。战胜之后，凡所获之俘虏，均不予土尔扈特，全被俄罗斯拿去。去年又派土尔扈特之兵去征战时，仍由渥巴锡、策伯克多尔济、舍楞、默门图乌巴什、额默根乌巴什等率兵，向控噶尔作战，又获大胜，将所获之俘虏，渥巴锡等全部收下，未予俄罗斯而返回之。我等闻得大国富强，且此处有黄教，大圣皇帝甚为仁慈，广兴黄教，凭其现有之能力，脱出俄罗斯，恳请投往大圣皇帝，以便奉行我等之黄教，永享安宁生活。于是渥巴锡、策伯克多尔济、巴木巴尔、根敦诺尔布、雅兰丕勒等，同心商定脱出之。又有舍楞者，系于大国犯罪由准噶尔逃走之人，舍楞曾怀疑恐欲脱出之信息被谁泄露，并怕递信俄罗斯。嗣后，渥巴锡等唤来舍楞商议曰：‘我等习俗与俄罗斯不一，恐其后嗣入俄罗斯之习俗，败坏黄教，故情愿归顺大国’等语。舍楞曰：‘我早欲脱出，今至大国后，我只有效力大圣皇帝，今约齐我子弟亦一同脱出’等语。商定之后，去年渥巴锡于额济勒度夏，秋天渡河前往控噶尔，等候额默根乌巴什、默门图乌巴什。于十二月初二日从额济勒起兵，率领全部游牧，扬言去抢掠哈萨克，约定日期，渥巴锡等共同一心。渥巴锡之叔彦德克和杜尔伯特台吉策伯克乌巴什、和硕特台吉扎木扬等之村俗，以及渥巴锡等村俗仍有万余户，因居于额济勒河彼岸，未能渡河，故均留于彼处。伊之叔父彦德克，因将渥巴锡之子作为后嗣，今将渥巴锡之子和伊之婶母一并领来。土尔扈特等脱出俄罗斯前来之际，俄罗斯率兵二千余，同哈萨克一道追击伊等时，据俘获哈萨克俘虏之言，俄罗斯所率之二千兵丁，因车毁马乏，俱已返回。渥巴锡等自额济勒前来之时，舍楞言欲从伊辛诺尔、库库斯、喀喇塔拉、额尔克布奇经塔尔巴哈台往此前来。而渥巴锡、策伯克多尔济之向导仲堆、杜尔格奇之言：若由彼处前往，恐遭哈萨克掠夺，故渥巴锡、策伯克多尔济等，均由巴尔喀什湖之沙漠行走，因此，舍楞亦同伊等一齐绕道行于巴尔喀什湖之沙漠。由于水土不服，我土尔扈特之人，将牲畜及一切用具，全部抛弃荒野。后靠近哈萨克游牧地时，哈萨克努尔阿里、艾奇伯克、阿布赉等，率兵二万余前来堵截，渥巴锡、策伯克多尔济、舍楞、默门图乌巴什、额默根乌巴什等率兵万余，相互抵抗。当时策伯克多尔济、雅兰丕勒、喇嘛罗卜藏丹增率五千余兵丁，前去追赶游牧，护送先抵伊犁。渥巴锡、舍楞等身边亦有五千余兵丁，阿布赉等欲行抢掠之时，渥巴锡、舍楞率领数人，亲临阵前，会见阿布赉等曰：我等悉为投诚大圣皇帝之人，汝等亦业已为大圣皇帝之村俗，并已将汝等均封为汗、王、公、大官矣，我等俱为大圣皇帝之村俗，汝等欲何为？汝等立即捆绑我等带走，我等俱在汝等游牧内，逃向何处？否则，将我等放过。当时，阿布赉等即领兵而归。但哈萨克仍间或率兵抢掠我之游牧，哈萨克大约掠去我等之人近三千户，布鲁特亦掠去近三千余户。询问渥巴锡等领至伊犁之户口，告曰：渥巴锡我等全部前来伊犁，舒将军处即将我等应当前来朝觐之人选定，并率领起程，那时我等属下尚未到齐，故不得知渥巴锡纷纷带来伊犁之户口数。此间,由将军处查清具奏之。奴才除将查询土尔扈特等脱出俄罗斯之大略缘由谨具奏闻外,并向渥巴锡、策伯克多尔济、舍楞一一询明,将土尔扈特家谱绘制一份,一并恭谨奏览,伏乞圣主睿鉴。为此谨奏。乾隆三十六年八月十二日奉朱批:真是如此,一善事也,无可置疑,知道了,钦此。"

(中国第一历史档案馆藏满文《月折档》)

自哈萨克换获不堪孳生羊畜

乾隆三十六年七月丙寅(二十八日 1771.9.6)又谕(军机大臣等),据伊勒图奏,自哈萨克换获不堪孳生羊畜,散给土尔扈特人等,作为路粮等语。土尔扈特远来投诚,固宜加意抚恤,已自商都达布逊诺尔、达里刚爱牧厂办理牲畜十万,又令文绶于巴里坤等处,尽数购买羊只,所备已为不少。著舒赫德酌计,除现在已购之成数外,尚需办给若干,一面奏闻,一面知会吴达善、文绶照办,俾数有撙节,不致糜费。并寄吴达善、文绶知之。

(《清高宗实录》卷 889　页 923)

谕舒赫德再次开导哈萨克阿布赉勿肆意掠夺土尔扈特

"乾隆三十六年(1771)九月十三日。领侍卫内大臣、尚书、忠勇公,署理总统伊犁等处将军事务、都统衔。乾隆三十六年九月十三日奉上谕:前朕曾将土尔扈特等人,自俄罗斯逃出向伊犁来投之际,哈萨克人任意劫掠之行径,舒赫德作为己意向哈萨克阿布赉等人告诫:如此抢掠者,殊属非也。嗣后对来投者,断不得截掠,明白开导之等情,业已陆续降旨矣。今观渥巴锡等人,特为屡蒙朕恩,情愿为我村俗而前来投顺,惟伊等携其妻室、子女、部众前来之时,已入我境,而哈萨克人却拦截伊等,任意掠夺其人口、财物等项矣。缘于嗣后倘再有接踵来投者,哈萨克人希图侥幸,仍然截掠伊等,均难逆料。定要再三明白开导,则更加裨益于事,将此仍作舒赫德之意,伺机明白训示阿布赉等人曰:'适才,渥巴锡等人,向伊犁来投之时,尔等理当好生关照使其通过,既明知伊等来降大皇帝,而仍图侥幸,拦截伊等,任意掠夺者,符何理耶?我若将此等之处奏闻大皇帝,则大皇帝绝不允之,定将尔等治罪,惟因此事已过,我也不再深究,倘日后仍有接踵前来投诚者,尔等务必善使通过之,复又希图侥幸,拦劫而行,则绝不允许。适才,渥巴锡等人来投时,俄罗斯人曾尾随追赶,尔等并未拿获渥巴锡等人与之俄罗斯,因而已被俄罗斯怪罪矣。倘若仍不从我之教诲,则我奏闻大皇帝后,尔等能否承当,尔等揣摸耳'等语。如此,哈萨克人则知惧怕,对日后前来者,不敢再起拦劫之心,多为裨益于事。将此知照舒赫德,用心照办之。钦此。遵旨寄信前来。"

(中国第一历史档案馆藏《土尔扈特档》)

哈玛尔泰等人简历

玛拉所遗副总管缺,拟正之镶红旗佐领哈玛尔泰,食俸饷三十一年。金川出征一次,得赏银二两。出演围二次,得赏银十两。巡查哈萨克边界出差一次。现年五十一岁，锡伯，马步箭平等。拟陪哈玛尔泰之镶白旗佐领纳音泰，食俸饷三十年。金川出征一次，出演围二次，巡查布鲁特边界出差二次。现年五十一岁，锡伯，马步箭平等。

（译自《军机处满文月折档》）

谕车布登扎布将舍楞拟安置在科布多阿尔泰附近

乾隆三十六年(1771)十月初四日。领侍卫内大臣、尚书、忠勇公，定边左副将军、超勇巴图鲁亲王衔郡王。乾隆三十六年十月初三日奉上谕：前由车布登扎布奏称：为进京祝寿皇太后万寿诞辰等因奏入，得旨：好，知道了。今伊已晋升为将军，边塞无甚大事，印授暂且交副参赞大臣代署之。伊可进京祝寿。可是，朕已在伊之奏本上批曰：今有安置舍楞一事，伊暂且勿动，还有密旨要接外，将土尔扈特归顺之始末，应向车布登扎布清楚说明之。先是旧土尔扈特台吉策伯克多尔济到达伊犁，自称为阿玉奇汗之后裔，伊犁将军则依照伊之所述，绘制其家谱以奏闻。之后，渥巴锡等到达伊犁又云：策伯克多尔济之祖先虽为汗，与其叔父相争而称汗者。渥巴锡之祖沙克都尔札布系阿玉奇汗之嫡系长子，且渥巴锡之父敦罗布喇什又承袭汗位等因相告，故伊犁将军遍询所有归顺者，重新绘制家谱具奏。故朕欲封渥巴锡为汗，封策伯克多尔济为亲王。起初朕以为，策伯克多尔济先他部前来伊犁，并自称汗之后裔，有统辖各部之意。今位处渥巴锡之下，是否心悦，但在山庄朝觐之后，朕即依前定序次封号，而策伯克多尔济并无不足欲之情，观其伊系一粗鲁之人，可是忠厚。之后，朕又对其子弟施恩旌表，并委任侍卫等官职，策伯克多尔济殊甚感激，未有贪心不足之表情。惟渥巴锡初授封为汗，位尊各部之上，虽无不足欲之情，之后召集各部指定盟主之时，渥巴锡则表彰自己，说今日归顺之众，悉伊率领而来，且舍楞系有咎于皇帝之人，不得已随伊等前来投诚。有何能与伊等同而观。嗣后赐宴伊等，并指日遣返之际，授封贝子品级之和硕特台吉雅兰丕勒再三恳求，愿弃封号和在游牧之子孙，随章嘉呼图克图为喇嘛。继而舍楞又奏言：渥巴锡虽为一无能之辈，但其属下众心未定，倘若滋生异端，胡作非为，恐牵连于伊等，且伊原为有咎之人，今蒙皇帝宏恩，再不敢存二心，恳求与伊之新土尔扈特之沙喇扣肯、德勒德什等，移往科布多、阿尔泰之间，以耕牧为生。前又有纳旺等从哈萨克返回具折奏称：阿布赉曾捉获渥巴锡属下头目人等，诱询得知：渥巴锡原先之议专为侵占伊犁而来等因。起初朕未全信，今观其贪心不足之情，足证雅兰丕勒、舍楞等所述言语，和恳求脱离渥巴锡远徙而居，全是赤诚之心。可知阿布赉之密告无误。渥巴锡此人同噶尔丹策零一样，企图独占伊犁，将各部归为己之村俗，其狡计叵测。故接连传谕舒赫德，不可让伊等安置一起。在伊等还未返回之前，将其游牧分散安置之。舍楞等所言忠良，且分散安置有别，将舍楞等游牧立即向科布多、阿尔泰附近移动，以便找适当地点越冬。并与车布登扎布商议，在科布多、阿尔泰等处，选择水草丰美，亦耕亦牧之地并奏闻之。等因亦降旨舒赫德，吉福今从科布多抵京，伊熟悉科布多、阿尔泰地形，故命吉福立即赶往渥巴锡处，晓谕朕旨，并先一步赶至舍楞等游牧，率其部落，靠近阿尔泰附近，选择可以越冬之处越冬。来年则带领舍楞等移往科布多、阿尔泰。今虽悯念伊等，又允准所求。惟舍楞亦是有狡计之人，其言不可全信，亦应预为提防为要。车布登扎布为乌里雅苏台将军，而科布多、阿尔泰均属伊管辖。故安置舍楞游牧，设防等卡伦事宜繁多，伊若进京祝寿，又谁署理之，事关紧要，将此传谕车布登扎布，可免进京祝福皇太后万寿延年，仍留任内，将上述一切精细办理之。钦此。遵旨寄信前来。将此日限六百里驰送。

（中国第一历史档案馆藏《土尔扈特档》）

察哈尔营人等捐给土尔扈特牲畜折给银两

乾隆三十六年(1771)十月十二日。奴才舒赫德、巴图济尔噶勒谨奏：为钦遵上谕事。窃于十月初六日，接准九月十六日上谕：购买察哈尔、额鲁特羊只，按哈萨克牲畜价银稍减核计，一千马牛给银一千两，一千骆驼给银二千两，此价甚低，如此办理，于察哈尔、额鲁特生计极为不利，著舒赫德仍照购买哈萨克牲畜之例给价，不必减价，察哈尔、额鲁特多获价银，生计果能改善，朕亦甚为喜悦矣。即便稍费银两，亦无关碍。钦此。钦遵。皇上虑及察哈尔、额鲁特生计，其捐献牲畜，谕令照贸易哈萨克牲畜之例给价，实属仁爱之隆恩。顷奴才等照原奏，伊犁额鲁特等捐献之马二千匹、牛一千只给银三千两，羊二万只给银四千两，今钦奉上谕照哈萨克牲畜贸易之例，增加价银，二千匹马、一千只牛再给银三千两，二万只羊再给银二千两。此数与贸易哈萨克牲畜价银相同，故奴才等动用皇上之赏银，宣谕拨给外，察哈尔及塔尔巴哈台额鲁特等所捐牲畜，前已具奏，由商都达布逊诺尔等官厂马羊内，按其捐献之数，调拨抵给。奴才等所奏，若奉旨准行，俟此项马羊送到后，按数得给。若亦给伊等价银，奴才等照额鲁特给价之例，赏给银两。为此谨具奏闻。乾隆三十六年十一月初五日奉朱批：知道了。钦此。

（《军机处满文录副奏折》3439—14）

将盗窃哈萨克马匹事严加查办

清乾隆朝满文寄信档。乾隆三十六年(1771)十月十二日，大学士、尚书、忠勇公等奉上谕，字寄总管伊犁等处地方将军、都统衔舒赫德等将盗窃哈萨克马匹事严加查办具奏。谕曰："据安泰奏，准哈萨克卓勒齐报称，图尔图勒鄂托克哈萨克铁利布等丢失马三十余匹，又丢失二十余匹。又哈萨克章克希丢失马八十余匹，拜尼沿路拦截，又见百余马匹踪迹。观之，皆由马尼图察托辉卡伦交接处而入，请代为查之。等情，即派官兵严加往查。等语。看哈萨克人等丢失许多马，谁偷伊等之马？以朕之意，尚系新来投之土尔扈特人等图利盗窃以去，亦未可定。此习断不可兴，务必严行查获，还给哈萨克才好。朕昨以哈萨克、土尔扈特人等互行抢窃，务必明白晓谕伊等，严加禁止，节次降旨发去。今哈萨克等既丢失许多马匹，若不严行查办，从此伊等之内偷盗案件，将不能禁止矣，于事大为无益。将此著寄谕安泰，究竟谁盗窃哈萨克马匹以去，务必严加查出，查获即还给哈萨克人等。仍将此间查获与否具奏以闻。将此亦寄谕舒赫德等知之。"

（档号:03－133－5－093）

御制土尔扈特全部归顺记

乾隆三十六年九月乙巳(八日 1771.10.15)土尔扈特台吉渥巴锡等以归顺入觐,上御行幄受朝,赏顶戴冠服有差。《御制土尔扈特全部归顺记》曰:始逆命而终徕服,谓之归降。弗加征而自臣属,谓之归顺。若今之土尔扈特,携全部,舍异域,投诚向化,跋涉万里而来,是归顺,非归降也。西域既定,兴屯种于伊犁,薄赋税于回部,若哈萨克,若布鲁特,俾为外圉而羁縻之,若安集延,若巴达克山,益称远徼而概置之,知足不辱,知止不殆,朕意亦如是而已矣,岂其尽天所覆,至于海隅,必欲悉主悉臣,为我仆属哉,而兹土尔扈特之归顺,则实天与人归,有不期然而然者,故不可以不记。土尔扈特者,准噶尔四卫拉特之一,其详已见于《准噶尔全部纪略》之文,溯厥始,率亦荒略弗可考,后因其汗阿玉奇与策妄不睦,窜归俄罗斯,俄罗斯居之额济勒之地。康熙年间,我皇祖圣祖仁皇帝尝欲悉其领要,令侍读图丽琛等假道俄罗斯以往,而俄罗斯故为纡绕其程,凡行三年又数月,始反命。今之汗渥巴锡者,即阿玉奇之曾孙也,以俄罗斯征调师旅不息,近且征其子入质,而俄罗斯又属别教,非黄教,故与合族台吉密谋,挈全部投中国兴黄教之地以息肩焉。自去岁十一月启行,由额济勒历哈萨克,绕巴勒喀什诺尔戈壁,于今岁六月杪,始至伊犁之沙拉伯勒界,凡八阅月,历万有余里。先是朕闻有土尔扈特来归之信,虑伊犁将军伊勒图一人不能经理得宜,时舒赫德以参赞居乌什办回部事,因命就近前往,而畏事者乃以新来中有舍楞其人,曾以计诱害我副都统唐喀禄,因以窜投俄罗斯者,恐其有诡计,议论沸起,古云受降如受敌,朕亦不能不为之少惑而略为备焉,然熟计舍楞一人岂能耸动渥巴锡等全部,且俄罗斯亦大国也,彼既背弃而来,又扰我大国边界,进退无据,彼将焉往,是则归顺之事十之九,诡计之伏十之一耳,既而果然。而舒赫德至伊犁,一切安汛设侦筹储密备之事,无不悉妥,故新投之人,一至如归,且抡其应入觐者由驿而来,朕即命随围观猎,且于山庄燕赉,如都尔伯特策凌等之例焉。夫此山庄,乃我皇祖所建以柔远人之地,而宴赉车凌等之后,遂平定西域,兹不数年间,又于无意中不因招致而有土尔扈特全部归顺之事,自斯凡属蒙古之族,无不为我大清国之臣,神御咫尺,有不以操先券阅后成惬志而愉快者乎?予小子所以仰答祖恩,益凛天宠,惴惴焉,孜孜焉,惟恐意或满而力或弛,念兹在兹,遑敢自诩为诚所感与德所致哉。或又以为不宜受俄罗斯叛臣,虑启边衅,盖舍楞即我之叛臣,归俄罗斯者,何尝不一再索取,而俄罗斯讫未与我也,今既来归,即以此语折俄罗斯,彼亦将无辞以对。且数万乏食之人既至近界,驱之使去,彼不劫掠畜牧,将何以生,虽有坚壁清野之说,不知伊犁甫新筑城,而诸色人皆赖耕牧为活,是壁亦不易坚,而野亦不可清也。夫明知人以向化而来,而我以畏事而止,且反致寇,甚无谓也,其众涉远历久,力甚疲矣,视其之死而惜费弗救,仁人君子所不忍为,况体天御世之大君乎?发帑出畜,力为优恤,则已命司事之臣,兹不赘记,记事之缘起如右。

(《清高宗实录》卷 892　页 963—967)

舒赫德等将官买哈萨克马匹甚少缘由查明具奏

清乾隆朝满文寄信档。乾隆三十六年(1771)十月二十二日,大学士、尚书、忠勇公等奉上谕,字寄总管伊犁等处地方将军舒赫德等将官买哈萨克马匹甚少缘由查明具奏。谕曰:"据舒赫德等奏,与哈萨克贸易时,伊等带来马四百余匹,共易换马九十一匹,其余分给官兵采买。等语。现许多兵驻于伊犁,用马之处甚多,得马愈多,于事更有裨益。此次哈萨克人等赶来马四百余匹,为何止易换马九十余匹耶?若云分给官兵采买,则应满足官买者后,若有余额,才令伊等采买,而不应官买得少,反多留给官兵采买。即令官兵采买少许,亦应陈明奏定份额,令伊等少买。舒赫德到彼不久,此或向来如此办理?或哈萨克人等所带马匹不可用者甚多,止有九十余匹马可用?或官马甚多,不必多买?将此著寄谕舒赫德等查明,遇便奏闻。"

(档号:03-133-5-095)

将盗窃哈萨克马匹之厄鲁特主犯即行正法示警

清乾隆朝满文寄信档。乾隆三十六年(1771)十一月初七日,大学士、尚书、忠勇公等奉上谕,字寄总管伊犁等处地方将军、驻塔尔巴哈台办事参赞大臣、都统衔舒赫德等将盗窃哈萨克马匹之厄鲁特主犯即行正法示警。谕曰:"据安泰等奏,盗窃哈萨克马匹之厄鲁特杰等,业已擒获鞫审,查出之马匹,已给哈萨克铁利布等带去。请将其主谋正法,胁从发遣;驻卡伦失查之云骑尉品级章京丰保罚俸一年,骁骑校永保罚俸二年。等语。厄鲁特杰等胆敢各自纠人盗窃哈萨克马数百匹,情甚可恶,非平常盗马可比,理应从严办理。况且哈萨克等不时带马来与我贸易,任令盗窃又可乎?厄鲁特等贪利,经常偷马。倘止正法其主谋者,余者发往内地,不仅不能为众人之戒,且久而久之,哈萨克等畏惧,以致不敢带马匹来与我贸易,于事诸多不利。况且将伊等解往内地,徒生麻烦,而途次万一逃逸,又成一事。但伊等俱行正法,其人较多,尚不如照其厄鲁特律例打断其腿致残。惟刑断腿,或有行弊腿断,接骨痊愈后,照常妄行偷盗者,此皆有之,断乎不可,必致永残不能行窃才好。其主谋二人,交付安泰,即于彼地当众厄鲁特面正法,以示儆戒外,其胁从五名,皆解往伊犁交舒赫德,照厄鲁特律打断腿,永世致残,否则割懒筋亦可。不过留命数年而已。将此著寄谕舒赫德、安泰遵照办理。"

(档号:03-133-5-096)

增派察哈尔等营官兵赴塔尔巴哈台换防

乾隆三十六年(1771)十一月二十四日。奴才舒赫德、巴图济尔噶勒谨奏:为请旨事。窃查,伊犁派往塔尔巴哈台换防满洲、锡伯、索伦、察哈尔、额鲁特兵一千三百名,新旧相兼,两年一换。奴才伏思,塔尔巴哈台地方挨近哈萨克边界,今在附近地方又安置土尔扈特人等。塔尔巴哈台迤东,夏季至辉迈喇虎,冬季至玛琨图勒干,皆与科布多所属喀尔喀卡伦相接;迤西,沿哈萨克边界至伊犁共设卡伦十二座。地方之防范,官差之承应,用人甚众。现有兵一千三百名,除用于官差外,城内所剩无多,再增兵二百名驻防，方有裨益。今伊犁各营兵一万余名，除派驻塔尔巴哈台及各回城外，又派驻卡伦、牧厂，每年巡边，及各项官差，用兵甚多，亦难抽得多余兵丁。查得，在回城换防兵九百名内，五百名驻喀什噶尔。今回地太平，喀什噶尔官差所用兵丁亦足。奴才等愚见，裁减喀什噶尔换防兵一百名，再由伊犁各营兵内通融派出一百名，增驻塔尔巴哈台，则于事有裨。惟今即行派往，徒致声张。请明春派兵六百五十名更换旧兵时，乘便增兵二百名，共派兵八百五十名。又查得，各回城换防兵九百名内，本年应换旧班兵三百名，经奴才舒赫德查奏伊犁官差繁多，不得更换兵丁，请暂留驻，明年更换等情，奉旨准行。明春先派塔尔巴哈台换防兵丁，俟彼处撤换兵丁返回伊犁后，再派兵更换回城旧班兵三百名。此次仅派二百兵更换，以裁减派往喀什噶尔兵丁一百名。如此办理，是否有当，伏乞皇上训示施行。为此谨奏。请旨。乾隆三十六年十二月十五日奉朱批：知道了。钦此。

（《军机处满文录副奏折》2431—35）

增派锡伯等官兵赴塔尔巴哈台换防

“乾隆三十六年（1771）十一月二十四日。奴才舒赫德、巴图济尔噶勒谨奏：为请旨事。窃查，伊犁派往塔尔巴哈台换防满洲、锡伯、索伦、察哈尔、厄鲁特兵一千三百名，新旧相兼，两年一换。奴才伏思，塔尔巴哈台地近哈萨克边界，今在附近地方又安置土尔扈特人等。塔尔巴哈台迤东，夏季至辉迈喇虎，冬季至玛尼图勒干，皆与科布多所属喀尔喀卡伦相接；迤西，沿哈萨克界至伊犁共设卡伦十二座。地方之防范，官差之承应，用人甚众。现有兵一千三百名，除用于官差外，城内所剩无多，再增兵二百名驻防，方有裨益。今伊犁各营兵一万余名，除派驻塔尔巴哈台及各回城外，又派驻卡伦、牧场，每年巡边，及各项官差，用兵甚多，亦难抽得多余兵丁。查得，在回城换防兵九百名内，五百名驻喀什噶尔。今回地太平，喀什噶尔官差所用兵丁亦足。奴才等愚见，裁减喀什噶尔换防兵一百名，再由伊犁各营兵内通融派出一百名，增驻塔尔巴哈台，则于事有裨。惟今即行派往，徒致声张。请明春派兵六百五十名更换旧兵时，乘便增兵二百名，共派兵八百五十名。又查得，各回城换防兵九百名内，本年应换旧班兵三百名，经奴才舒赫德查奏伊犁官差繁多，不得更换兵丁，请暂留驻，明年更换等情，奉旨准行。明春先派塔尔巴哈台换防兵丁，俟彼处撤换兵丁返回伊犁后，再派兵更换回城旧班兵三百名。此次仅派二百兵更换，以裁减派往喀什噶尔兵丁一百名。如此办理，是否有当，伏乞皇上训示施行。为此谨奏。请旨。乾隆三十六年十二月十五日奉朱批：知道了。钦此。”（译自《军机处满文月折档》）“乾隆三十八年（1773）二月初九日。奴才舒赫德谨奏：为奏闻事。窃查，自伊犁各营派往南路各回城换防兵共八百名，派往塔尔巴哈台换防兵一千五百名。其中，满洲、锡伯官兵皆二年一换，每年按新旧班兵，于青草长出时派换一半；索伦、察哈尔、厄鲁特官兵皆有孳生牲畜，且自力务农为生，故期满一年即行更换。各回城除不派厄鲁特兵外，若察哈尔、索伦官兵一年一换，则路途遥远，水草不好，于其马匹无益，故各回城仅派满洲、锡伯官兵等处，叠经奴才等奏定。本年青草长出时，理当应换班。故于各回城仅派满洲、锡伯官兵，塔尔巴哈台兼派满洲、锡伯、索伦、察哈尔、厄鲁特官兵。是以，奴才等按各营官兵数目之多寡，派出官九员、兵四百零二名，以更换各回城应换旧班一半官兵。……为此谨具奏闻。乾隆三十八年三月初一日奉朱批：知道了。钦此。”（《军机处满文录副奏折》2510—7）

土尔扈特人前来贸易不得途经哈萨克

清乾隆朝满文寄信档。乾隆三十七年（1772）正月初十日，大学士、尚书、忠勇公等奉上谕，字寄总管伊犁等处地方将军、户部尚书舒赫德、驻塔尔巴哈台办事、参赞大臣等土尔扈特人前来贸易不得途经哈萨克。谕曰：“据伊勒图等奏，前来巴尔鲁克游牧地方贸易之土尔扈特人等，皆由扎依尔路遣返。此等俱系新来归之人，令沿卡座而行，若在巴尔鲁克游牧、塔尔巴哈台行商，则于事无益。嗣后，应令一人为首管束，催之返还，已咨行舒赫德、管游牧大臣等。等语。土尔扈特等俱系新来归之人，若令在哈萨克游牧附近行走，一旦有滋事盗窃马畜之事，确实于事无益。伊勒图等欲禁止于巴尔鲁克游牧处贸易，不准在哈萨克附近行走，均令由卡座内扎依尔路遣返。所见甚是，理应如此办理。不惟不令土尔扈特等与哈萨克贸易，即于伊等游牧附近行走亦不可。将此著寄谕舒赫德、伊勒图等，土尔扈特等嗣后有贸易者，令各管游牧大臣等查明人数，从伊等之人内选贤能者一名为首，一面禀报将军、大臣等，一面发给执照，遣之去伊犁或塔尔巴哈台贸易，均令由我卡座驿站内路行走。若于驿站卡座以外经过哈萨克附近或零散行走，则断然不可。”

（档号：03－133－6－002）

将偷盗哈萨克马匹之土尔扈特人正法示惩

清乾隆朝满文寄信档。乾隆三十七年（1772）正月二十五日，大学士、尚书、忠勇公等奉上谕，字寄总管伊犁等处地方将军、户部尚书舒赫德，驻塔尔巴哈台办事、参赞大臣等将偷盗哈萨克马匹之土尔扈特人正法示惩。谕曰：“舒赫德等奏，据齐里克齐报称，策伯克多尔济之弟奇里布因其属下人索诺木、车伯齐、噶绷达尔扎、沙喇巴偷窃哈萨克马匹，执之来献。策伯克多尔济等之游牧距离塔尔巴哈台近，已饬交齐里克齐解往塔尔巴哈台审办。等语。土尔扈特人等系新来归之人，理应感激朕恩，安静而生，竟敢偷窃哈萨克牧群，情甚可恶。此辈向不知法度，今虽初犯，但若不严办，久而久之，必致傲慢，妄行滋事，以后如何管束伊等耶？将此著寄信伊勒图等，俟齐里克齐处押解索诺木等偷窃哈萨克马匹人到后，严加审讯，即当哈萨克面正法，以示众人为戒。仍开谕哈萨克人等曰：土尔扈特属下人等盗窃尔等马匹，已经我处即行查拿，当尔等面正法矣。所偷之尔等马匹内，有沿途倒毙、丢失、宰食者，故现只剩马二十八匹，加之受损马十匹，本应一并驱赶来还给尔等，但土尔扈特人等此次来归，极为困迫，诸凡衣食用项，皆为大皇帝恩赏，亦无力偿还给尔等。伊等困迫之情，原来亦为尔哈萨克人等所稔知。今仅将现有马

匹还给尔等。嗣后，土尔扈特人等倘又有似此盗窃行径，则我必将盗窃之人正法，将马尽数追出，以还给尔等。等语，而后将现有马匹给还原主，遣之回。再，策伯克多尔济之弟奇里布知其属下人偷马，即执之献我照看大臣等，殊属可嘉，理应奖赏，故舒赫德奏请赏缎两个半匹。朕传谕批以再赏缎二匹。将此舒赫德知之，俟策伯克多尔济到库尔喀喇乌苏后，由伊处即晓谕策伯克多尔济曰：尔等之人如此妄行盗窃，尔弟当即执献者，甚为恭顺，故蒙大皇帝称赞，特降恩赏赐缎匹。惟尔属下人等敢如此无视法度，肆意而行，情甚可恶。尔等虽执之来献，但亦不可宽宥，倘不从重办理，不仅与我大国例制不合，且以后管束尔属下人等，亦将难矣。是以将伊等解往塔尔巴哈台，当哈萨克面正法。其窃取之马匹，理应尽数给还哈萨克。但念尔等均系新近来归，诸物俱为大皇帝赏赐，无力偿还，故仅将现有者给还之，其沿途受损马匹未给还。如此通融办理仅限此次，以后再有此等事，必将向尔等追取偿还。尔等惟好生管束尔属下人等，以期永享大皇帝之恩。等语，晓谕之。晓谕齐里克齐、萨喇善，抵达伊等游牧后，亦一体晓谕奇里布知之。”

（档号：03－133－6－007）

报又有三万余土尔扈特人已抵哈萨克欲来归

“乾隆三十七年（1772）正月二十六日。领侍卫内大臣、尚书、忠勇公，总统伊犁等处将军、户部尚书等，驻塔尔巴哈台办事参赞大臣、领侍卫内大臣、尚书等。乾隆三十七年正月二十六日奉上谕：据伊勒图等奏，遣往哈萨克征收赋税之侍卫岱林等返回告曰：‘有三万余户土尔扈特投诚前来，阿布赉指给乌鲁克图、克奇克图等地越冬，伊等彼此未起争斗’等语，具奏前来。土尔扈特等，此前来者，甚善，此辈自额济勒而来，沿途并来争战，平安到来，想来，伊等力量尚佳，不像渥巴锡等，甚为窘困。将此寄信于舒赫德等。此辈抵达之后，观其情形，似应接济，有诺尔布等赶送现成之牛羊，即由此项牲畜内，酌情赏给使其居之。对迎接、关照、安置伊等诸事，彼处大臣、官员等，于近日办理渥巴锡来降之事，既然均已熟悉，将一切应办事宜，俱由舒赫德等，酌情派员料理之。待伊等住定之后，将其应遣来朝觐之台吉，考虑即同今年应来之巴木巴尔等人一起，于六月二十日前来避暑山庄朝觐朕颜。沿途缓行之。另，阿布赉、阿布尔比斯，得悉土尔扈特归顺天朝而来，并未抢掠伊等，且又指地越冬者，甚是恭顺，理应鼓励施恩。舒赫德等命讷旺及一侍卫，前往阿布赉、阿布尔比斯处，传降旨意：‘尔昆仲得悉，土尔扈特等人归附大皇帝，并未兴师，且指地越冬者，殊善，此方为感戴朕恩，久蒙恩泽之道。在此我等大臣奏入后，朕甚嘉奖善待于尔。今特遣使与尔等恩赏绸缎，尔等须应好好关照伊等，早日遣往伊犁’等语，明白书文，并酌情赏阿布赉、阿布尔比斯绸缎数匹。若土尔扈特等，距离彼处不远，讷旺等即可前往之。将渥巴渥等承蒙朕恩之处，晓谕伊等，并向其问安，俟到达伊犁后，将军大臣等，即将主之恩施与伊等。再，此伙归顺者，俱悉土尔扈特之人，朕唯，渥巴锡对此稔知，此间，渥巴锡等既已抵达游牧，舒赫德等即向渥巴锡等明白询问，将此等前来之台吉均为何人，共有户口多少之处，奏闻之，将此亦寄信与伊勒图知之。钦此。遵旨寄信前来。将此连同朱批加封,日限六百里,除咨行舒赫德外,另缮一份,亦日限六百里咨递伊勒图。”

(中国第一历史档案馆藏《土尔扈特档》)

严惩土尔扈特盗马者并晓谕归来之土尔扈特安置计划

“乾隆三十七年(1772)正月二十七日。领侍卫内大臣、尚书、忠勇公,总统伊犁等处将军、户部尚书等,驻塔尔巴哈台办事参赞大臣、领侍卫内大臣、尚书。乾隆三十七年正月二十七日奉旨:近日舒赫德等将策伯克多尔济之村俗,盗窃哈萨克马匹一事具奏之后,朕已降旨,将盗马者审问清楚,著赴哈萨克处正法。今于俄罗斯额济勒地方,土尔扈特等台吉,复率数万户人来降,此辈俱系无法度者,今人益发增多,我等若不严办盗窃之事,伊等不知畏惧,定然胡思乱想,肆意盗窃,掠夺而行,日久之后,如何收容管教伊等耶?将此寄信舒赫德等,自此以后新归顺之土尔扈特等,如有盗窃哈萨克马匹牲畜之事,清查出后,除一面捉拿于哈萨克处正法,一面奏闻外,倘有剥我驿站人衣服、掠夺马匹牲只者,亦捉拿之,一面启奏,一面正法。若不如此严办,伊等断然不知畏惧。再,顷据伊勒图奏称:留于额济勒之土尔扈特,已投入哈萨克之地越冬一事,朕已降谕舒赫德等,待伊等来到后,派出应朝觐之台吉等,同今岁当觐见之巴木巴尔等一起,自六月二十日起,将抵达避暑山庄日期,计算而遣派之。今询问雅兰丕勒,告曰:‘此辈之户口册,乃存渥巴锡处,伊虽不深知,约有一万三四千户人,伊所知其大台吉,则有渥巴锡亲叔彦德克,策伯克多尔济之叔阿萨尔虎、弟玛锡。杜尔伯特台吉特恩德克、秦德恩,和硕特台吉特克、札木章等七人’等语。此等台吉人数既然不多,俟此辈来到后,伊等均可与巴木巴尔同来朝见,沿途不必疾行,著计划六月底抵达避暑山庄而遣之。视雅兰丕勒所告,渥巴锡之叔彦德克,系一较大台吉,此辈封衔之时,彦德克或应封郡王,或应封贝勒,其余者,则着舒赫德等,按其所率村俗之多寡,酌情将应得品级等处,具奏请旨。再,视此辈归来之情,不下数万人口,于伊等指地安置之际,仍照前渥巴锡等之例,间隔而居,方善。其中将渥巴锡之叔彦德克,策伯克多尔济之叔阿萨尔虎、弟玛锡等,更应远隔,如合并一处,断然不可。至于如何接迎、关照、安置,待来到后,视其情况,酌情赏赉等处,朕昨已降旨舒赫德等。舒赫德等即应将诸事遵旨妥善办理之。将此亦寄信伊勒图知之。钦此。遵旨寄信前来。将此连同朱批加封,装伊之报事匣内,除日限五百里寄与舒赫德外,另缮一份,亦已日限五百里寄与伊勒图矣。”

(中国第一历史档案馆藏《土尔扈特档》)

留居额济勒未归之土尔扈特情况

“乾隆三十七年(1772)正月二十七日。领侍卫内大臣、尚书、忠勇公、臣福隆安等谨奏,遵旨询问雅兰丕勒,此次除尔等归顺之土尔扈特台吉等外,于俄罗斯额济勒地方留下者尚有多少户人口?大台吉有谁?告曰:‘我等留额济勒之人,渥巴锡俱有单册,谁有几户人口,我虽不能记清,略知各台吉约有一万三四千户。若是大台吉,据我所知,

有渥巴锡之亲叔彦德克，策伯克多尔济之叔阿萨尔虎，策伯克多尔济之弟玛锡，杜尔伯特台吉特恩德克乌巴什、秦德恩，恭格之亲叔特克，我之近族和硕特台吉札木章，我之旁系在我等投诚前来时，伊等均在额济勒有所留人'等语。昨日在伊勒图奏折内有，今前来之土尔扈特等，派人至阿布赉处告称：我兄之子渥巴锡已投顺大皇帝。由此而观，此于阿布赉所派之人，即渥巴锡之亲叔彦德克是也。为此将所询之处，谨具奏闻。乾隆三十七年正月二十七日奏入，奉旨：知道了，钦此。”

（中国第一历史档案馆藏《土尔扈特档》）

土尔扈特人来塔城贸易事宜

乾隆三十七年正月丙午（十日 1772.2.13）又谕（军机大臣等），据伊勒图等奏，巴尔鲁克游牧地方，贸易之土尔扈特人等沿卡座行走，来塔尔巴哈台贸易，于事无益等语。土尔扈特等俱系新附之人，令在哈萨克游牧附近行走，倘生事偷窃马匹牲畜，诚为无益，伊勒图等欲停止巴尔鲁克游牧处贸易，不令在哈萨克附近卡座行走，所见甚是。著传谕舒赫德、伊勒图等，土尔扈特等嗣后贸易，令各管游牧大臣，查明人数，择众中贤能者，令一人为首，一面呈报将军、大臣，一面给与执照，或拨往伊犁，或塔尔巴哈台贸易，均令在台站内行走，台站以外附近哈萨克处，不可令其行走。

（《清高宗实录》卷900　页11—12）

卖给锡伯兵丁等马匹情形

乾隆三十七年（1772）二月二十六日。奴才舒赫德、巴图吉尔噶勒谨奏：为奏闻事。窃奴才等去年查各营、部兵丁之马匹，察哈尔、厄鲁特两部马匹皆足，各项官差尚能无误；满洲、索伦、锡伯三部兵丁之马匹缺少。其中满洲兵差使繁多，故当经奴才等具奏，两城满营由官场卖给马一千匹。此间，为补充锡伯、索伦两部兵丁之马匹，将由哈萨克易取之儿马、骒马合卖给一些，但远不应需。今锡伯部仅有马二百匹左右，索伦部仅有马四百匹左右。今塔尔巴哈台兵换班、秋天派换回城兵时，皆需马匹，即使不换班，马匹一项亦关系至要，平常即应筹备。查得，官场马匹内，扣除照例补充本年伊犁屯田绿营兵、回子等倒毙牲畜及照数拨给乌鲁木齐所需马匹，仍剩马二千六百余匹。其中，二千匹留官备急，六百匹仍通融办理，且各该部皆有为补充马匹而存现成银两。是以，奴才等为方便军备起见，由官场拨马六百匹，卖给索伦、锡伯两部各三百匹，照原先奏定之例，以每马交银四两五钱计，共应交银二千七百两，业已交库以备公为此谨具奏闻。乾隆三十七年三月十七日奉朱批：知道了。钦此。

（《军机处满文月折档》乾隆三十七年二月二十六日条）

舒赫德等奏察看策伯克多尔济游牧地情况

乾隆三十七年（1772）二月二十九日。奴才舒赫德、巴图济尔噶朗谨奏，为奏闻事：据二月初五日管照策伯克多尔济之奇里克奇、萨喇善和以前奴才等为查看策伯克多尔济返回游牧后一切行动而遣往之委，参领翼长锡金太等报称：据闻于正月二十三日由乾清门侍卫伊达里、萨拉善一同率领策伯克多尔济抵达和博克萨里，锡金太前去接迎，引至游牧。次日伊达里等领策伯克多尔济看望游牧之情时，锡金太令伊之宰桑、村俗，在道旁会见策伯克多尔济。伊之官牧、私牧畜群悉赶至路旁而看。又亲临各个游牧尽行查看。悉安分守己，勤奋于生计。其羊只虽少，其他牲畜无疲惫瘦乏之情，策伯克多尔济闻知圣主施恩伊之属下，又目睹游牧人众安分守己，生计日益更甦之情，殊为欣慰，说自我土尔扈特率族归服之后圣主施恩，月月发放口粮，赏赐孳生牲畜，又陆续赏给皮袄、服装、棉布、茶叶，连针线之类亦赏赐无遗。且又指定水草丰美之牧地。拨给农具籽种，鼓励种田，使游牧比往日大有景气，竟不见困穷之人，悉安居乐业，实为大皇帝至仁之恩所致。我等不得报答万一，惟时刻祝愿，合掌膜拜之外，策伯克多尔济我此次朝觐大皇帝之圣明，蒙殊恩授封亲王并赏赐甚重，赏给白银甚多，策伯克多尔济我在京师拜佛念经，为我游牧之平安，向呼图克图喇嘛进献银以来，一路平安无事，今至游牧一看，我之家属及所有村俗内，出痘者甚微，病故者无几。我等得以安居乐业、生计景气者，悉蒙圣主，诸佛之洪福也。再之圣主赏赐我之白银内，仍结余二千余两。除留我需用之外，还余一千两白银，此银分赏给所有村俗，使村俗亦分享吊丰之宏恩。惟只分给白银，不如变买孳生牲畜分给，实乃永享皇恩之良策。我台吉、村俗等，无用途之骆驼为数不少，与牛羊兑换，繁殖牲畜，与事大有裨益。万望协助我等办理等语恳求不止。臣等向策伯克多尔济说，尔诚心恳求与各台吉、村俗同享大皇帝之宏恩，甚为可嘉。我等向伊犁、塔尔巴哈台将军大臣转报缘由，查清何处牲畜繁多，再告知尔等并协助办理。再之策伯克多尔济之弟奇哩布，因查缉哈萨克盗马贼徒，将军处奖励赏给二个半匹绸缎，又称赞伊之守法，已具奏大皇帝等因告知伊之后，奇哩布甚是欣慰，叩首接纳赏赐之物。并将所查缉之贼徒，被盗马匹一并送至塔尔巴哈台，其中已缺之十二匹马，奇哩布将自己之马充其缺数，交佐领胡图克送至塔尔巴哈台之故，萨喇善我亦称赞一番，又赏给大小荷包、火镰等物。伊近数日来凡事恭顺勤奋，甚为感激等由呈报前来。以奴才观之，策伯克多尔济自到库尔喀喇乌苏之后，其情殊为恭顺，并无他事。今至游牧，其感激圣主宏恩之言语和恳求用给伊赏赐之银变买牲畜，分给村俗等情，悉出诚心，有分享圣主恩泽之福分。理应允准其请求，酌情办理为是。查和博克萨里地方，离塔尔巴哈台甚近，彼处又有额鲁特，察哈尔繁殖之牛羊，伊等既愿意贸易，可让策伯克多尔济派出干练之宰桑，由我官员率领去额鲁特、察哈尔游牧贸易。伊勒图处亦可派出官员管照，使之公平合理互市。倘若塔尔巴哈台之额鲁特、察哈尔等游牧牲畜不多，不便于伊等之贸易，则奴才等再传示伊犁之额鲁特、察哈尔挑出牛羊互市。为此谨具奏闻。乾隆三十七年二月二十九日奉朱批：甚好，知道了。钦此。

（中国第一历史档案馆藏满文《月折档》）

将归来之三万余土尔扈特人安置事宜

“乾隆三十七年（1772）三月二十日。领侍卫内大臣、尚书、忠勇公、总统伊犁等处

将军、参赞大臣、内大臣、副都统。乾隆三十七年三月二十日奉上谕：舒赫德等已将阿思哈等向渥巴锡晓谕留住额济勒之土尔扈特台吉等来归之时，渥巴锡除指望外，殊为高兴，其笑异常，而属下宰桑、村俗等，亦有狂欢之状。以及将渥巴锡所告伊等之户口数造册，一并具奏矣。顷据伊勒图等奏称：'留居额济勒之土尔扈特等台吉前来投诚，于哈萨克之地越冬'等语后，朕业已连续降旨，俟伊等来到指地安置时，仍照安置渥巴锡等之例，分散安置方善。渥巴锡之叔彦德克、策伯克多尔济之叔阿萨尔虎、弟玛锡等，更应远隔。今见渥巴锡等此欢忭之情，故不必固执前例。何以言之，渥巴锡此异常欢喜者，特为其骨肉能团聚一处，又重获其村俗也，今如全不得相居一处，而远隔之，则使其满怀热望，突泼冷水，必然致使肆意生疑，反而于事无益，故仍迎合伊之欢乐之心办理为是。就其户口数略多，伊又能奈何耶？虽欲逃奔，也无去处。将此咨知舒赫德，在哈萨克越冬之土尔扈特来到之后，不可拘泥朕之前旨，若系渥巴锡正式世仆村俗，则无它言，理应拨归与伊，若于台吉之中，实有其亲叔或近亲，也无不可同居一起，如果一般远族，非亲骨肉，则又不须固执聚居一处，另外居住均可。策伯克多尔济之村俗，和硕特之台吉等，亦均应如此料理。额鲁特则与伊等无关，除归入伊犁额鲁特牛录之昂吉外，杜尔伯特台吉等，则遵照朕之近旨，或合并策凌乌巴什而居，或移居科布多附近、额尔齐斯等地，另行酌情指定牧地，奏请予以安置。总之，办事之时，只是在于合乎机宜、有益于事，不可拘泥谕旨。将此咨知舒赫德，令其合于机宜，有益于事而行。钦此。遵旨寄信前来。将此著交兵部，于本日舒赫德奏事匣内一起，日限五百里驰递。"

（中国第一历史档案馆藏《土尔扈特档》）

伊勒图等奏有关三万余土尔扈特人来归系谣言

"乾隆三十七年(1772)四月十一日。奴才伊勒图、塔尼布谨奏，为奏闻事：适才纳旺会见阿布尔比斯，尚未获得留居额济勒之土尔扈特实讯，仍照前言所述，将前往寻找阿布赉之处呈报，奴才于十八日业已启奏之。今有布鲁特来告：我探听留居土尔扈特之讯，抵达阿尔哈特、布尔哈特等地会见阿布尔比斯，询问留居额济勒之土尔扈特等脱出前来之事时，阿布尔比斯言：'去年八九月间，系来往之哈萨克如此任意胡言，至今并未闻得实信，我想系谣言耳。若为事实，俄罗斯察罕汗必致书于我，前脱出之土尔扈特一事，俄罗斯察罕汗，曾致书于我，令堵截土尔扈特，并将擒获之大头人解送与伊。今此事若以为实，亦定致书于我。自去秋以来，俄罗斯之商贾，竟未前来'。故我于俄罗斯曰：'汝等商贾彼此贸易与否？'若中断贸易，则我方所派议决之人将临近返来，其返来后，即得实讯。汝前来者甚好，今闻得居于库库乌苏、哈拉塔拉、勒布什等地哈萨克等，均纷纷内徙。因为去年脱出之土尔扈特渥巴锡、舍楞等投奔伊犁之际，哈萨克抢掠伊等，今伊等欲招集人马前来报仇，抢掠哈萨克等因具奏大皇帝。奉大皇帝谕旨：'随尔等之便。钦此。故居边界之哈萨克等，纷纷内徙。我想此未必实言，我哈萨克乃系大皇帝之旧村俗奴仆，岂有反被新投诚之村俗抢掠之例？汝且于彼处附近居之，此事究竟真假'

等语询问时，我曰：‘此均为谎言，是我哈萨克任意臆造者也。投诚之舍楞，被安置在阿尔泰那边乌拉台地方，与杜尔伯特同居之，渥巴锡居于额琳哈毕尔噶地方，和硕特今遣往裕勒都斯居之，附近只有策伯克多尔济之少量人，居住于和博克萨里地方。驻塔尔巴哈台之将军等，今俱增设卡伦矣。故偷盗之事，越发比前大减。去年土尔扈特盗我哈萨克塔拉斯之马三十匹，捉获二名土尔扈特进城欲斩，于我前来之时，已被囚禁，所盗之马，连倒毙者，全部偿还，一匹亦不缺’等语相告。阿布尔比斯殊为欣慰，曰：‘此事我从就不相信，认为是谎言，我哈萨克此是何习，只是这般造谣’等语。我居住四五日，阿布尔比斯遣往俄罗斯之人业已返回，口传不久贸易前来之信，尚有俄罗斯察罕汗所致文书一封，和俄罗斯致驻俄罗斯边界之森博罗特地方之头人占达拉尔文书一封，共带来两封文书。阿布尔比斯派我前去寻找认识俄罗斯文字之回子和卓时，途中相逢伊犁遣往之纳旺大臣，纳旺大臣问我何往？我曰：‘俄罗斯带给阿布尔比斯书信两封，去寻找认识俄罗斯文字之回子和卓’等语，并出示俄罗斯文书给纳旺阅之，纳旺大臣曰：‘尔为向导，引我去阿布尔比斯家。’我将纳旺大臣引去阿布尔比斯家，同时亦唤来回子和卓，宣读察罕汗之书。书曰：‘对尔阿布尔比斯久施仁爱，去年脱出之土尔扈特内，有六十户图罗伯肯回子，有少数诺盖人和几名俄罗斯人，尔等于游牧内查清送还于我。我必重重施恩于尔等。’宣读致占达拉尔文书，书曰：‘我等相互和睦，将土尔扈特脱逃时带走之图罗伯肯、诺盖和几名俄罗斯查清送归于我，察罕汗必重奖赏于尔’等语，此书阿布尔比斯已保存矣。纳旺大臣会见阿布尔比斯，因未探得土尔扈特实信，故于三月初八日启程，前去寻找阿布赉。呈报伊犁、塔尔巴哈台将军、参赞大臣之书，著交付两名兵丁，是日，与我一起启行前来。途中因两兵丁之马匹瘦乏，我从哈萨克求得两匹马，命其骑马先行，我寻塔尔巴哈台山，从哈玛尔山岭而来等晤相告。故将布鲁特询查之处，除先行奏闻外，纳旺会见阿布赉，呈报前来信息之后，另行奏闻。再，布鲁特动身之前，曾前来拜会奴才，奴才曾晓谕布鲁特，将盗窃哈萨克马匹之土尔扈特业已缉拿，马匹如数偿还，盗马者要依法处决等情告知阿布尔比斯，哈萨克任意造谣时，布鲁特至阿布尔比斯处所告之言，尚且俱佳，故奴才赏与布鲁特绸缎一匹，除又给食羊并款待而遣返之外，亦业已照行舒赫德等，谨此奏闻。乾隆三十七年四月十一日奉朱批：已降旨，钦此。”

（中国第一历史档案馆藏满文《月折档》）

察哈尔额鲁特等所交孳羊只明年停止发给满洲官兵作口食羊

乾隆三十七年(1772)六月十一日。奴才舒赫德、巴图济尔噶勒谨奏：为仰乞睿鉴事。查伊犁察哈尔、额鲁特每年所交孳羊，作为满洲官兵口粮搭放一事。先前分给察哈尔、额鲁特孳生羊只，次年即将所收孳羊每只折粮十五斤，自四月至九月间，搭入官兵应领六个月口粮中分发，历年均如此办理。此项口食羊均为上年所生，不满周年，即于次年四月始逐月搭放，因其体小膘瘦，官兵领到后，竟以一二钱银卖给商民，再买粮石用。其卖获银两不够买十五斤粮石，于官兵极为不利。奴才等伏思，现渥巴锡等为其部众生计，携带骆驼、银两到伊犁贸易。额鲁特等贸易羊只无济于事，将此项羊羔掺入由哈萨克贸易换获官羊中，略低于官羊七钱银之价，定其价银四五钱左右，与土尔扈特贸易换银，均可得利。经委派官员试行贸易，土尔扈特等尚多愿意交换。遂将四、五、六三个月应发一万三千余只口食羊，均陆续贸易给土尔扈特等。其余七月至九月应发之口食羊，亦请照此贸易。再，此项贸易所得银两，理应分给官兵购买口粮。查得，顷经奴才等奏准，拟动支为平稳粮价官买储存之小麦六千石，以平时价售出。是故，为有利起见，即由此项现成小麦内，照例以每羊折白面十五斤核计，逐月发给官兵外，用卖羊所得银两交付麦价。再，此项羊只若仍逐年收取，分发官兵，则因不满周年，羊只尚未长成，毕竟无益。况且仓存粮石有余，而现今与哈萨克换获羊只又多，完全可以通融办理。奴才等愚见，将明年一年所收孳羊暂停发放，均发放仓存粮石及易获哈萨克羊只。自后年始，照例逐年发放所收孳羊。间隔一年后，此项羊只均已长成大羊，于官兵实有裨益。为此谨奏。伏乞皇上睿鉴。乾隆三十七年七月初三日奉朱批：很好。知道了。钦此。

（《军机处满文录副奏折》2459—45）

由哈萨克来投额鲁特分别编入察哈尔额鲁特营

乾隆三十七年（1772）七月初七日。奴才舒赫德等谨奏：为奏闻事。自本年四月起，至六月底止，夏季从卡伦送来由哈萨克来投额鲁特男丁十四名、妇女四名；塔尔巴哈台送来由哈萨克来投额鲁特男丁十名、妇女九名、女孩一名，又哈萨克血统男丁五名、妇女三名、女孩三名，哈拉哈勒邦血统男丁一名；那旺从哈萨克返回时携来由哈萨克来投额鲁特男丁一口，共计五十一口。视其陆续送来，即交察哈尔、额鲁特营安插外，又接收前来贸易哈萨克额勒齐拜所献额鲁特男女各一名，赏给哈萨克额勒齐拜丝绸半匹，一并谨具奏闻。乾隆三十七年七月二十八日奉朱批：知道了。钦此。

（《军机处满文录副奏折》2462—42）

将哈萨克来归之厄鲁特差员送京

清乾隆朝满文寄信档。乾隆三十七年（1772）七月十二日，大学士、尚书、忠勇公等奉上谕，字寄总管伊犁等处地方将军、领侍卫内大臣、尚书舒赫德等将哈萨克来归之厄鲁特差员送京。谕曰："伊勒图等奏，哈萨克来归之厄鲁特男子达瓦经详问，将其供词业经奏闻。该达瓦，视其所愿送往伊犁之处，已咨行舒赫德讫。等语。看伊勒图等所奏达瓦之言，还稍知哈萨克、俄罗斯之事。今既已送往伊犁，则将此寄谕舒赫德，将哈萨克来归之厄鲁特达瓦，差贤能官员，好生照管，送来京城。（毋令畏惧）。"

（档号：03－133－6－039）

谕舒赫德适当周济渥巴锡属下

"乾隆三十七年（1772）八月初五日。领侍卫内大臣、尚书、忠勇公，总统伊犁等处将军、领侍卫内大臣、尚书等。乾隆三十七年八月初五日，奉上谕：伊勒图等，将渥巴锡用托忒文呈报曰：'伊等之人，贫困饥饿，未能及时耕作，故以沙拉乌苏之彼边，喀喇乌苏地方，暂为驻牧’等语。因沙拉乌苏这边距额伯勒卡伦近，且察哈尔额鲁特等亦移居于此，故不可杂居一处。为此，将劝导渥巴锡等情，具奏前来。伊勒图此奏，尚且是也。惟渥巴锡欲由此又由彼迁徙者，特因其属下人多，现已穷极，竟无办法，因不晓如何是好，方如此任意乞求呈报告，我等虽不允其妄动，然而，过于逼迫，不予接济拯救，盗贼表面不动，实则早已行动。伊等从俄罗斯逃来，又掠来俄罗斯之人，尚无再逃奔俄罗斯之事，或者逃奔哈萨克地方，任意抢掠。我等已获之人，若至绝境，让哈萨克等视之不佳，而且，以后我等亦难看管哈萨克。况且，渥巴锡属下甚多，朕不忍心睹之。渥巴锡系一无能，致使众人贫穷而亡。为此，自伊等归顺以来，朕曾多次施恩接济，至足矣。再勉强赈济一年，倘来年富裕，伊等耕种田地，便无须拯救。我等在伊犁周围之地种获之粮，接济此辈。今事既已如此，无奈，方如此通融办理。尚不可吝惜过多花费，我等如此细心办理，若伊等仍旧安分守己度日，其尚可怜。倘或有一二起贼事，我等提捕，立即正法示众，伊等亦畏惧之。惟渥巴锡既无能，且又贪得无厌，若以为朕之恩赐，理所当然，而自身竟不上进，只管我等周济，何时为止耶？只不过难办在今明两年而已，岂有只管接济之例？除此必须以朕之法制外，应使其知晓所施恩泽，并诱导其知自身上进，于事方为有益。阿思哈不中用，不能料理此事，伊勒图既距彼处近，伊即时时前往渥巴锡游牧观其情况，应赈济之时，酌情赈济之。即同内地赈济，一定不使伊等错失生计，只谋能速救伊等而料理之。将此均传谕舒赫德、伊勒图，伊等共同协商，只图于事有利而努力办理。顷由舒赫德等奏称：‘渥巴锡属下已精疲力竭，待达里刚爱等畜群之羊到达后，以产畜拨给属众’等语。朕曰：善。告知渥巴锡，并将其举动如何？如实折奏。另行降旨等情，已批示遣往。舒赫德、伊勒图，将此事共同协商议定，奏报前来后，再行降旨。钦此。遵旨寄信前来。”

（中国第一历史档案馆藏《土尔扈特档》）

查明博罗特是否阿布勒比斯之兄

清乾隆朝满文寄信档。乾隆三十七年(1772)九月十七日，大学士、尚书、忠勇公等奉上谕，字寄总管伊犁等处地方将军、领侍卫内大臣、尚书舒赫德等著查明博罗特是否阿布勒比斯之兄事。谕曰：“昨舒赫德等奏到博罗特、阿布勒比斯遣人来呈递回文一折子内，写有博罗特汗。阿布勒比斯即为阿布勒巴木巴特之子，为何以博罗特为汗呢。将此著顺便寄谕舒赫德等，查明该博罗特是否阿布勒巴木巴特之子、阿布勒比斯之兄。查毕顺便奏闻。”

（档号:03－133－6－050）

将哈萨克来投之达瓦送回安置毋令脱逃

清乾隆朝满文寄信档。乾隆三十七年(1772)十月二十四日，大学士、尚书、忠勇公等奉上谕，字寄总管伊犁等处地方将军、领侍卫内大臣、户部尚书舒赫德等将哈萨克来投之达瓦送回安置毋令脱逃。谕曰：“舒赫德处解送由哈萨克来投之达瓦到后，朕经交军机大臣等讯问奏称：据供，去岁渥巴锡等来此时，有前往额济勒贸易之崆喀尔八名，渥巴锡等分别带来，途中一名崆喀尔逃脱，往投阿布赍。阿布赍以其为同族骨肉，拨给干粮、马匹。并告该崆喀尔曰：尔返回后，请尔汗安。我等向系同族骨肉，因分居两地，音信不通。今渥巴锡等归附大皇帝，无人阻止我等，嗣后可互通音信问好。言毕遣之回。等语。又问达瓦：另七名崆喀尔在何地？告称：其七名崆喀尔不知随土尔扈特而去，或死于叛乱。又告称，阿布赍将抢掠土尔扈特情节，已差人通知俄罗斯。等语。此七名崆喀尔既由渥巴锡等分别带来，其死于叛乱或在谁游牧之处，渥巴锡、巴木巴尔等人必知之。将此著寄谕舒赫德等，令勿作为正事，遇便密谕渥巴锡等各游牧，查明起初谁带此等前来，其中谁在谁不在。若有现存者，则挑取明白者一二名，差人送京。再，阿布赍向存二心，为取悦于俄罗斯，差人致书等事，势所必有。惟此达瓦十岁即随阿布赍以居，恐阿布赍特差伊来打听我消息，亦未可定。阿布赍此等情由我皆问出，阿布赍知之，必妄生疑猜，关系甚巨。由此赏赐达瓦，仍遣之回。伊到彼后，除即与其兄库布特完聚外，应勿令达瓦知觉，暗中细加留心，勿使逃逸，亦勿令伊与阿布赍通消息。舒赫德等知此，密饬总管硕通善加留心，断不可使伊逃逸通消息。”

（档号：03－133－6－055）

察哈尔等营挑取空蓝翎驻卡应差

乾隆三十七年（1772）十一月十四日。奴才舒赫德、巴图济尔噶勒谨奏：为请旨事。查得，伊犁周围道路关隘，每年自二月至九月，此八个月，于二十七处设置卡伦；自十月至正月，此四个月，降雪封路，裁撤卡伦十座，其余十七处，仍设卡伦。驻守此等卡伦，除由京城派来额定侍卫十二员外，经前任将军、大臣等具奏，于伊犁索伦、达斡尔内，视其效力奋勉、知晓驻卡事宜者，陆续拣选九名，给戴六品空蓝翎，轮驻卡伦。驻卡之人，按卡伦侍卫支给盐菜银、口粮。休班之人，仍食原钱粮。其中遇有出缺，另行选人，奏补当差。又此等侍卫驻卡，仍不敷用，其贸易哈萨克等途经各卡，仅有一名侍卫，看护不周，故由发遣伊犁效力人员及各营官员内，酌情选派，与卡伦侍卫一同驻卡。自去岁土尔扈特投诚以来，由各营选官数员，派往游牧备差，且管束来年移来伊犁之渥巴锡贫困人等，亦需官员。故此，轮流承应卡伦差使之人将锐减，经致不敷调遣，应按情理办理。奴才等伏思，伊犁锡伯、察哈尔、额鲁特内，仍有奋勉效力、知晓卡伦事宜之人，从中照索伦营空蓝翎之例选人，给戴顶翎，轮流承应卡伦差使，甚有裨益。请选锡伯营四名，察哈尔营、额鲁特营各六名，给戴六品空蓝翎，轮流承应卡伦差使。于驻卡时，按卡伦侍卫支给盐菜银、口粮；俟休班后，食原钱粮。将此，亦照索伦侍卫之例办理。果能驻卡应差奋勉，则请选用于应升之缺。若懒惰涣散，则摘除顶翎，严加惩处，免食钱粮，另行选人，奏补其缺，是否妥当，仰乞皇上睿鉴，俟奉旨后，钦遵施行。为此谨奏，请旨。乾隆三十七年十二月初三日奉朱批：好，知道了。钦此。

（《军机处满文录副奏折》2481—30）

卡伦官兵授顶戴

乾隆三十七年(1772)十一月十四日。奴才舒赫德、巴图济尔噶勒谨奏:为请旨事。查得,伊犁周围道路关隘,每年自二月至九月,此八个月,于二十七处设置卡伦;自十月至正月,此四个月,降雪封路,裁撤卡伦十座,其余十七处,仍设卡伦。驻守此等卡伦,除由京城派来额定侍卫十二员外,经前任将军、大臣等具奏,于伊犁索伦、达斡尔内,视其效力奋勉、知晓驻卡事宜者,陆续拣选九名,给戴六品空蓝翎,轮驻卡伦。驻卡之人,按卡伦侍卫支给盐菜银、口粮。休班之人,仍食原钱粮。其中遇有出缺,另行选人,奏补当差。又此等侍卫驻卡,仍不敷用,其贸易哈萨克等途经各卡,仅有一名侍卫,看护不周,故由发遣伊犁效力人员及各营官员内,酌情选派,与卡伦侍卫一同驻卡。自去岁土尔扈特投诚以来,由各营选官数员,派往游牧备差,且管束来年移来伊犁之渥巴锡贫困人等,亦需官员。故此,轮流承应卡伦差使之人将锐减,经致不敷调遣,应按情理办理。奴才等伏思,伊犁锡伯、察哈尔、厄鲁特内,仍有奋勉效力、知晓卡伦事宜之人,从中照索伦营空蓝翎之例选人,给戴顶翎,轮流承应卡伦差使,甚有裨益。请选锡伯营四名,察哈尔营、厄鲁特营各六名,给戴六品空蓝翎,轮流承应卡伦差使。于驻卡时,按卡伦侍卫支给盐菜银、口粮;俟休班后,食原钱粮。将此,亦照索伦侍卫之例办理。果能驻卡应差奋勉,则请选用于应升之缺。若懒惰涣散,则摘除顶翎,严加惩处,免食钱粮,另行选人,奏补其缺。是否妥当,仰乞皇上睿鉴。俟奉旨后,钦遵施行。为此谨奏。请旨。乾隆三十七年十二月初三日奉朱批:好。知道了。钦此。

(《军机处满文录副奏折》2481—30)

由哈萨克投来达瓦

乾隆三十七年十月丙戌(二十五日 1772.11.19)谕军机大臣等,由哈萨克投来之达瓦,解送到京时,饬军机大臣讯问,据供,去岁渥巴锡等来时,有往额济勒贸易之崆喀尔八名,渥巴锡分带前来,沿途逃脱一名,投往阿布赉,阿布赉给与盘费马匹,并告云,我与尔汗原同骨肉,因在两处居住,音信不通,今渥巴锡等已归大皇帝,无有阻我之人,嗣后互相送信通好等语。又据达瓦供,阿布赉将抢掠土尔扈特情节,遣人通知俄罗斯等语。著传谕舒赫德等密询渥巴锡等,查出原带来之崆喀尔七名,挑取一二明白人送京。再阿布赉原有意见好于俄罗斯,遣人致书等事,势所必有,但此达瓦十岁即随阿布赉居住,恐阿布赉特遣伊来探信,亦未可定,今将阿布赉此等情由俱已问出,阿布赉知之,必妄生疑猜,于事大有关系,达瓦已赏赉遣回,到时令与伊兄库布特同住,密饬总管硕通留心防范,毋令兔脱,亦不可令与阿布赉通信。

(《清高宗实录》卷919　页325)

将哈萨克阿布赉之子卓尔齐送至京城

清乾隆朝满文寄信档。乾隆三十七年(1772)十二月十二日,大学士、尚书、忠勇公等奉上谕,字寄总管伊犁等处地方将军、领侍卫内大臣、尚书舒赫德等,驻乌鲁木齐、辟

展、哈密、巴里坤办事大臣等,陕甘、山西、直隶督抚等将哈萨克阿布赉之子卓尔齐送至京城。谕曰:“据伊勒图奏,哈萨克阿布赉之子卓尔齐、台吉萨尼雅孜之子哈咱木、博罗特汗之使阿克太里克欲来瞻觐,已至塔尔巴哈台。伊处以上元节赶到计,派出骁骑校福德照料趱行送至伊犁。等语。卓尔齐等现在来已稍迟矣,上元节未必能到。若不能到,正月十九日到,亦不甚迟。伊勒图既将伊等趱赶送往伊犁,则舒赫德处亦务必遣人赶紧送往京师。将此著寄谕舒赫德等,交付照料卓尔齐等前来之官员等,将伊等妥善照管而行,若能赶在上元节到甚善,不能则于正月十九日赶到亦可。然应看卓尔齐等行走之情形,伊等若能兼程而不甚劳累,则即加紧赶到。倘伊等力难兼程,则不可使伊等太劳累,索性徐行,二月到来。舒赫德等知此,明白交付所差之人遵行外,由此饬交军机大臣等亦迎寄该照料前来之人。再,此次前来之卓尔齐系阿布赉之子,而哈咱木、阿克太里克又系初次来,应于沿途妥善料理,以示我天朝威仪。著将此寄信遍谕所经过之乌鲁木齐、辟展、哈密、巴里坤、陕西、甘肃、山西、直隶省大臣等。一体妥善办理。”

(档号:03-133-6-069)

哈萨克阿布勒比斯之子等欲瞻

乾隆三十七年十二月壬申(十二日 1773.1.4)谕军机大臣等,据伊勒图奏称,哈萨克阿布勒比斯之子卓勒齐、台吉萨尼雅斯之子哈咱木、博罗特汗来使阿克太里克,欲瞻仰朕颜,已至塔尔巴哈台地方,伊计算于上元时节赶到,派令骁骑校福德照料趱行,送至伊犁等语。此次前来之卓勒齐,系阿布勒比斯之子,哈咱木、阿克太里克又系初次前来之人,沿途自应妥协料理,令其瞻仰天朝威仪。著通谕经过之乌鲁木齐、辟展、哈密、巴里坤、陕西、甘肃、山西、直隶各大臣等,一体妥协办理。

(《清高宗实录》卷922　页377)

转谕哈萨克布鲁特彼此言归和好

清乾隆朝满文寄信档。乾隆三十八年(1773)正月二十一日,大学士、尚书、忠勇公等奉上谕,字寄总管伊犁等处地方将军、领侍卫内大臣、尚书舒赫德,前往照管哈萨克使臣卓勒齐之总管明成等著转谕哈萨克布鲁特彼此言归和好。谕曰:“据福隆安转奏,卓勒齐来此时,其父阿布勒比斯告伊言,来京城后,见福隆安时报请曰,现布鲁特不时抢掠彼等之哈萨克,奏请大皇帝,如何施恩代伊办理。等语。昨据舒赫德处奏:成国前往巡查特穆尔图淖尔等地后返回,伊身行抵哈喇哲克得地方后,报告哈萨克阿布勒比斯之属下人、布鲁特明希拉哈等之属下人彼此为使臣议和,欲停止抢掠,往赎所掠人物,遇成国所遣之人,晓谕伊等言,嗣后彼此和好,停止抢掠,其彼此所掠之人物,付价返还。言毕遣之还。等语。由此观之,哈萨克、布鲁特等经常彼此抢掠,是皆常事,并非布鲁特只掠哈萨克。哈萨克若能严加管束属下人等,不容纳布鲁特人,不妄掠物件,则布鲁特亦必安生。再,先是青海之番子等与郭罗克人等,亦彼此不时抢掠。至是,朕敕设卡伦,故彼此抢掠之事甚为少矣。哈萨克若于与布鲁特交界地亦设卡伦防守,则为善事。将此著寄信总管明成等,令伊明白晓谕卓勒齐曰:昨将尔亲报额驸福隆安之言,额驸福隆安已代尔具奏大皇帝,而伊犁领队大臣成国往查特穆尔图等地时,于哈喇哲克得地方,见由尔父阿布勒比斯处所遣与布鲁特明希拉哈、齐喇克齐议和之使臣,以及明希拉哈等遣往尔父处议和之使臣,伊犁将军俱以具奏,奉大皇帝圣旨:哈萨克、布鲁特彼此抢掠,乃伊等之常事,并非布鲁特只掠哈萨克等。今既伊父阿布勒比斯已与布鲁特之明希拉哈、齐喇克齐议和,则以后伊等若能妥善收管属下人,不容留布鲁特人,不抢掠物件,其布鲁特亦必不容留伊等之人,不抢掠物件。再因青海番子与郭罗克番子等交界,前亦彼此抢掠。后因令青海番子等设卡伦防守,故今郭罗克等抢掠青海番子之事便乌有矣。著将此明白晓谕卓勒齐,伊返还时,告诉伊父阿布勒比斯,嗣后,惟与布鲁特等彼此和好,严加管束属下人等,毋得妄行滋事,若于应设卡伦之处设卡伦防守,则彼此抢掠之事自然停止,自此可永享朕恩。仍将卓勒齐说甚,形象如何之处,禀报军机大臣等处。将此亦寄信舒赫德知之。”

(档号:03－134－1－006)

舒赫德奏查询随土尔扈特东返之控噶尔人情形

“乾隆三十八年(1773)正月二十五日。奴才舒赫德谨奏,为谨遵上谕事,乾隆三十七年十一月十九日接到领侍卫内大臣、尚书、忠勇公,臣福隆安咨文。乾隆三十七年十月二十四日降旨内开:舒赫德等送来从哈萨克投来之达瓦,抵达后,朕著交付军机大臣等讯问,伊供词内称:‘去岁渥巴锡等归服之时,分别带来去额济勒贸易之八名控噶尔人,途中控噶尔俱脱逃而出,投往阿布赉,阿布赉对其一名曰:我等原系同一血统,并给与马匹、糗粮。汝返回之后,向汝之汗代为问安。我等原系同一血统,因分居两地,互不通讯息矣。今渥巴锡等归服大皇帝,故无人阻止我等。今后相互通讯息问候罢了等语告知,即将其遣返。’又询问达瓦,其余七名控噶尔在何处?答曰:‘或是跟随土尔扈特而去?或是死于叛乱之中?我不知晓。’另外,将阿布赉抢劫土尔扈特、和派人去俄罗斯等处,俱已奏闻。此七名控噶尔,既系渥巴锡等分别带来,或死于叛乱之中,或在何人游牧之处,渥巴锡、巴木巴尔等人必知之。将此寄信舒赫德等,勿只理事,顺便至渥巴锡等各游牧,详细查明,此辈均原系何人?其中有何人?哪一个已亡等项,明白查出,倘若如今尚在,选其中一二懂事者,著差人送往京城。钦此钦遵。现在,土尔扈特、和硕特等游牧内有无控噶尔之人,密咨各自管照游牧之大臣、侍卫,乘言谈之便,明白询问,若有,则一面疏报,一面着派人员护送伊犁。今管照渥巴锡游牧之阿思哈,乘闲谈之便,询问渥巴锡,告曰:‘我等来前之年,出兵控噶尔返回之际,我之宰桑巴尔唐,带一名叫阿尔济之控噶尔人。次年,我们依次前来之时,亦将阿尔济带来,至莫尼泰河,哈萨克阿布赉率兵向我等攻战,阿尔济自战场乞投阿布赉。又,居住在控噶尔、俄罗斯间之色尔齐斯一部落之人,并非所属控噶尔,色尔齐斯会制做铁网、甲胄之五人,是年,来我游牧做手工,次年一并带来。正值战争,此五人亦乘隙逃入哈萨克。现在,游牧内竟无控噶尔之人，亦无前来互市之八名控噶尔分别留下之事。往年曾投入我部和被俘之旧控噶尔，生于额济勒甚多。我等向此投来之时，因居地较远，人们愿留下者，留之。居住我游牧者，一同往此前来之时，途中相继逃散，或是死亡'等语相告。策伯克多尔济、默们图游牧之管照侍卫萨拉善、巴尔品等，亦乘言谈之便，询问策伯克多尔济、默们图等，均来报称：竟无控噶尔之人，其他游牧有无之处，亦不得知。和硕特游牧，尚未报来，待来报后，另行启奏。今管照巴木巴尔游牧之雅朗阿、德福等来报：我等谨遵所嘱，乘其言谈之便，询问巴木巴尔，告曰：我等在额济勒之时，我游牧内曾有五六名控噶尔人，悉归我之村俗。今有一名叫巴彦者，以前曾随从我弟旺丹。我等投诚大皇帝，途中被哈萨克、布鲁特等抢掠者甚多，不知有无控噶尔人。后来巴彦又被布鲁特俘去，乘机逃出，现随我次子达木拜札勒桑来至游牧。另，贝子克布特因，因年岁甚小，故询问其宰桑巴图尔，告曰：随我等而来者，有一名曰阿三之控噶尔人，抵达伊犁之后，我将阿三赠予驻固尔札之顶戴花翎回子伯克买忙勒木。除此之外，再无控噶尔血统之人等语相告。因此，著派人员将巴彦护送伊犁等因具报前来。奴才著将阿奇木伯克鄂罗木杂布、噶杂纳奇伯克买忙勒木跟前之控噶尔阿三，查清送来。旋将雅朗阿等送至之巴彦询问，答曰：我原系控噶尔所属盲噶特血统人，我与兄弟、妻、子一同前来额济勒互市，居住在土尔扈特台吉旺丹游牧，不知住了几年，我十七岁时，来土尔扈特游牧，今已三十七岁。据说，我等原住之地，离控噶尔城有二三宿程，地名已忘。彼时，因我年幼，并未去过控噶尔城，去年土尔扈特等归顺大皇帝时，途中我自己和妻、子均被布鲁特俘去，以后，我自己寻隙逃出，来至伊犁，仍居住在巴木巴尔游牧内。又询问鄂罗木杂布等查清后带来之阿三，答曰：我原居控噶尔所属克勒木地方，离控噶尔汗所居地方有七日之程，克勒木内有一汗，我等之人俱称其为萨赖墨特·喀拉汗，诸事均遵控噶尔汗之命而行，克勒木附近共有十几座城池，俱归克勒木之汗管辖。每城一二万人不等，彼边有一条大河，名曰绰尔，控噶尔汗住在河之对岸。尚有一些城池，因我未到过，故名称、数目皆不知。我等控噶尔男女服饰，悉同安集延，亦造房而居，习俗近似回子。有闲居者，有行商者，塔兰奇人等，悉耕农田，每塔兰奇每年交纳二三十拜沙尔粮食，拜沙尔即此地回子等使用的比升略大容器。若有用兵之处，由各家直接出人，被派之人，由汗供给糗粮和银两，均骑自己之马，若战死即白亡，若深入敌阵受伤而返回者，称之为英雄，重赏银两。法规上，杀人者被汗闻知，则将罪人吊死。若有小事，均向所属之伯克等，诉讼办理。我在控噶尔时，曾为买卖人，我和兄索音一起前往额济勒行商，曾在彼处居住三年，因俄罗斯、控噶尔双方争战之故，土尔扈特人未将我等遣返。控噶尔人向俄罗斯攻战三载，虽互有胜负，但控噶尔人败数居多，胜时为少。嗣后，土尔扈特等投诚大皇帝时，夺取我等马匹和羊只，杀死我兄，台吉克布腾之宰桑阿尔斯朗之子巴图尔将我带来，抵达伊犁曰：这里我无粮养你。尔等一个村俗，寻求去罢。故此，我即留在固尔札地方行商，住在回子家里。原先去额济勒地方互市之控噶尔人甚多，土尔扈特来到这里时，伊等纷纷逃去。此地再有无其他控噶尔人前来,我不得知。另外,我等控噶尔彼边又有一名曰阿拉布之部落,亦与回子一个血统,均为淡黑颜面。奴才观察,巴彦人系愚笨,来土尔扈特之时,年纪幼小,控噶尔地方之事,全已忘记。除将巴彦仍遣回巴木巴尔游牧居住之外,阿三人尚聪明,从控噶尔前来年数不长,因还略知彼处之事,故将阿三交与蓝翎校依灵阿,妥善照看。于正月十日,由伊犁起程,从驿道送赴京师。依灵阿原系备差派之人,故不返遣伊犁,归伊之兵营行走。谨此奏闻。乾隆三十八年正月二十五日奉朱批:知道了,钦此。"

(中国第一历史档案馆藏满文《月折档》)

哈萨克博罗特使臣等入觐

乾隆三十八年正月甲辰(十四日 1773.2.5)哈萨克博罗特使臣阿克太里克及阿布勒比斯子卓勒齐等入觐,上御正大光明殿,赐王公大臣、蒙古王公台吉及回部郡王等宴。

(《清高宗实录》卷 924　页 424)

留心打听土尔扈特等人情形如何

清乾隆朝满文寄信档。乾隆三十八年(1773)二月十三日,大学士、尚书、忠勇公等奉上谕,字寄总管伊犁等处地方将军、领侍卫内大臣、尚书舒赫德留心打听土尔扈特等人情形如何。谕曰:"土尔扈特、和硕特等人自俄罗斯来归以来,伊等之属下人等又被灾,损失甚多,且于此间伊等之台吉内病故者亦连续不断。此辈皆系外番糊涂之人,自额济勒来时,沿途为哈萨克、布鲁特所掠,饥寒交迫,人口受损。到伊犁地方后,又染瘟疫,台吉、民人等损失甚多。因此,不能未有怨望不该来。此辈皆系自愿来归,并非骗伊等招徕者,而且到后,朕施恩救济,赏赐衣食用品,指给好地驻牧、耕田,拨给孳生牲畜。是乃抚恤外番之恩,真是无微不至。今伊等之台吉、民人被病灾受损者,皆为伊等之定数,无可奈何,伊等亦不必怨我。然而伊等毕竟为糊涂之人,或有妄行埋怨者,亦不能乌有,但亦应不令知觉,暗中留意。将此著寄信舒赫德,其土尔扈特、和硕特等人,因伊等人如此受损,有无心存怨恨?伊等之情形如何?皆留心观察,惟不作为事,妥善防范。"

(档号:03-134-1-016)

卡座官兵严防巴勒当等逃往俄罗斯

清乾隆朝满文寄信档。乾隆三十八年(1773)闰三月初一日,大学士、尚书、忠勇公等奉上谕,字寄总管伊犁等处地方将军、领侍卫内大臣、尚书舒赫德,驻塔尔巴哈台办事参赞大臣、领侍卫内大臣、尚书伊勒图等著卡座官兵严防巴勒当等逃往俄罗斯。谕曰:"舒赫德处奏,据土尔扈特努鲁布告知格琫额,伊等之渥巴锡汗属下斋桑巴勒当等四人暗商率其属下人等,欲于今岁六七月间逃奔俄罗斯等情。经转呈详问毕,行文伊勒图,将巴勒当等四人缘由,就近密谕渥巴锡办理。等语。自土尔扈特人来归,朕细心施恩赡养,其中即因去岁甚为窘困,难免悔而背地里妄加议论。此辈不过窘迫无赖,即欲逃走,亦系少数人,亦未可知,岂能数千人同逃耶?此或努鲁布挟仇诬陷巴勒当等人,亦属难免。既然努鲁布所报如此,则不可不深究。舒赫德、阿勒精阿、朱蚌额不办,密寄伊勒图等办理，甚为妥协。渥巴锡若派巴勒当等往伊犁，或伊亲带之去，则质审一次，即可知真伪。查明此案亦不难，惟舒赫德折子内所云巴勒当等欲逃之事，沙喇玛克亦曾知之。沙喇玛克现在伊犁，舒赫德为何不问伊耶？将此著寄信舒赫德，亦问沙喇玛克。将此事舒赫德既已行文伊勒图，想伊勒图此间亦会渥巴锡，密报伊办理耳。将此著寄信伊勒图，此事究竟如何，即行奏闻。再，据努鲁布告称，巴勒当曾在巴尔鲁克游牧之哈萨克硕博家中商议，硕博有助给马匹之语。此事若确实，则硕博亦一坏东西，不可不办。由伊勒图处验实，若有硕博助给巴勒当马匹之语，则将硕博务必从重治罪，示众儆戒。仍密饬设于巴勒当等欲逃往俄罗斯之道路周围之卡座官兵，勿令知觉，暗中留心防范，断不可怠忽。"

（档号:03－134－1－032）

索伦营情形

乾隆三十八年(1773)闰三月二十日。奴才舒赫德谨奏:为请旨事。据索伦营领队大臣都尔嘉呈称:自卑职管带索伦营以来，留心查看伊等生计，伊等沿车济、齐齐罕、萨玛勒、奎屯等河而居，当种地时，放牧于河上游种地处所，俟入冬后，为避雪放牧于河下游地方，不仅接近卡伦，而且地方狭小。先前，因索伦、达斡尔牧放孳生马匹倒毙甚众，陆续通融办理补充，伊等生计仍为贫困。惟孳生牛只有利于伊等生计，去岁经将军具奏请旨，又添给孳生乳牛五百只。自此项孳生牛只交伊等牧放以来，繁殖颇丰，乳汁增加，与伊等生计尚有裨益。索伦等原牧放孳生马一千匹，陆续孳生马驹二百九十六匹，亦添给牧放孳生。又牧放私有牲畜，地方狭小，草场不佳，且去冬雪大，气候寒冷，牲畜倒毙甚众。本年正月应交孳生儿骡马驹数目不敷，经各自尽力办理，照数交纳。此项孳生马匹，若仍留给伊等牧放孳生，似于伊等生计、官厂孳生均无裨益。谨将此呈报将军裁定。等因前来。查得，索伦、达斡尔等现住霍尔果斯地方，原系扼守哈萨克来路而居，虽有草场，但牧放牲畜不宜过多，况且索伦等懒散成性，牧放孳生牲畜，远不如蒙古，孳生牲畜过多后，无益于伊等生计，故经前任将军等具奏，业已抽回交给伊等牧放之孳生羊只。今该领队大臣都尔嘉呈称，去岁经奴才奏准交给伊等之孳生乳牛，繁殖颇丰，且于伊等生计尚有裨益。惟孳生马匹不适应于伊等游牧地方，又索伦等人差使繁多，繁殖欠佳。若仍令伊等牧放，则不能妥善牧放，以致倒毙，不仅无利于官厂孳生，而且于伊等生计亦无裨益。等因。经奴才核查，均皆属实，应照其所呈办理，遂抽回此项孳生骡马，酌情分给察哈尔、厄鲁特牧放孳生。乳牛有利于伊等生计，嗣后多得乳牛后，再酌情添给索伦等牧放孳生。是否妥当，仰乞皇上睿鉴，俟奉旨后，钦遵施行。为此谨奏。请旨。乾隆三十八年四月十二日奉朱批:知道了。钦此。

（《军机处满文录副奏折》2519—9）

抽回索伦营牧放孳生马匹分给察哈尔额鲁特等

乾隆三十八年(1773)闰三月二十日。奴才舒赫德谨奏:为请旨事。据索伦营领队大臣都尔嘉呈称：自卑职管带索伦营以来，留心查看伊等生计，伊等沿车济、齐齐罕、萨玛勒、奎屯等河而居，当种地时，放牧于河上游种地处所，俟入冬后，为避雪放牧于河下游地方，不仅接近卡伦，而且地方狭小。先前，因索伦、达斡尔牧放孳生马匹倒毙甚众，陆续通融办理补充，伊等生计仍为贫困。惟孳生牛只有利于伊等生计，去岁经将军具奏请旨，又添给孳生乳牛五百只。自此项孳生牛只交伊等牧放以来，繁殖颇丰，乳汁增加，于伊等生计尚有裨益。索伦等原牧放孳生马一千匹，陆续孳生马驹二百九十六匹，亦添给牧放孳生。又牧放私有牲畜，地方狭小，草场不佳，且去冬雪大，气候寒冷，牲畜倒毙甚众。本年正月应交孳生儿骒马驹数目不敷，经各自尽力办理，照数交纳。此项孳生马匹，若仍留给伊等牧放孳生，似于伊等生计、官厂孳生均无裨益。谨将此呈报将军裁定。等因前来。查得，索伦、达斡尔等现住霍尔果斯地方，原系扼守哈萨克来路而居，虽有草场，但牧放牲畜不宜过多，况且索伦等懒散成性，牧放孳生牲畜，远不如蒙古，孳生牲畜过多后，无益于伊等生计，故经前任将军等具奏，业已抽回交给伊等牧放之孳生羊只。今该领队大臣都尔嘉呈称，去岁经奴才奏准交给伊等之孳生乳牛，繁殖颇丰，且于伊等生计尚有裨益。惟孳生马匹不适应于伊等游牧地方，又索伦等人差使繁多，繁殖欠佳。若仍令伊等牧放，则不能妥善牧放，以致倒毙，不仅无利于官厂孳生，而且于伊等生计亦无裨益。等因。经奴才核查，均皆属实，应照其所呈办理，遂抽回此项孳生骒马，酌情分给察哈尔、额鲁特牧放孳生。乳牛有利于伊等生计，嗣后多得乳牛后，再酌情添给索伦等牧放孳生。是否妥当，仰乞皇上睿鉴，俟奉旨后，钦遵施行。为此谨奏。请旨。乾隆三十八年四月十二日奉朱批：知道了。钦此。

（《军机处满文录副奏折》2519—9）

阿裕西等人履历清单

纳尔泰所遗佐领一缺，拟正之正蓝旗纳尔泰佐领下骁骑校阿裕西，食俸饷三十年。出围二次，得赏银八两。现年四十一岁，锡伯，马步箭平等。拟陪阿裕西之正白旗乌达哩佐领下骁骑校瓦勒达，食俸饷二十四年。巡查哈萨克边界一次。现年三十九岁，锡伯，马步箭平等。拟补佐领递出骁骑校缺，拟正之正红旗昂阿哩佐领下领催巴拉，食钱粮三十一年。出围三次，塔尔巴哈台、库尔喀拉乌苏出差二次，补放骁骑校拟陪一次。现年五十岁，锡伯，马步箭平等。拟陪巴拉之正黄旗特古斯佐领下领催乌尔古勒济，食钱粮二十八年。出围一次，得赏银八两。现年四十二岁，锡伯，马步箭平等。

（译自《军机处满文月折档》）

渥巴锡属下暗商逃奔俄罗斯

乾隆三十八年闰三月辛酉（二日 1773.4.23）又谕（军机大臣等）曰，舒赫德奏称，据土尔扈特努鲁布告知，渥巴锡属下宰桑巴勒党等四人，暗商率领所属，欲于本年六七月间，逃奔俄罗斯等情，当经密咨伊勒图，就近告知渥巴锡办理等语。巴勒党等，不过窘迫无赖，即欲逃走，断无率领数千人同逃之理，或系努鲁布挟仇陷害，亦未可知，舒赫德密

寄伊勒图查办，甚为妥协。惟折内称，巴勒党等逃走情节，沙尔玛克亦曾与闻，沙尔玛克现在伊犁，舒赫德何以不问。至努鲁布告称，巴勒党曾在巴尔鲁克游牧之哈萨克硕博家中商议，硕博有助给马匹之语，如果属实，硕博即应从重治罪，以示儆戒。仍密饬俄罗斯一带沿途卡座，严密防范，毋得稍有疏纵。

（《清高宗实录》卷930　页504—505）

将渥巴锡游牧移往珠勒都斯地方

清乾隆朝满文寄信档。乾隆三十八年(1773)四月二十四日，大学士、尚书、忠勇公等奉上谕，字寄总管伊犁等处地方将军、领侍卫内大臣、尚书舒赫德，驻塔尔巴哈台办事参赞大臣、领侍卫内大臣、尚书伊勒图将渥巴锡游牧移往珠勒都斯地方。谕曰："据舒赫德处奏，照渥巴锡恳请，今岁秋成后，即令伊等迁往珠勒都斯居住。移时如何办理起程，于珠勒都斯何地住几户，如何拨给行粮、耕田所需籽粒、犁杖，咨行安泰等掌理。等语。从前伊勒图处奏：渥巴锡游牧现有努鲁布禀告四斋桑欲逃之事，若将渥巴锡游牧移往珠勒都斯，则未免伊等疑惧，且今岁所种田地丰收后，即可安帖。又和硕特游牧被灾，此渥巴锡亦闻之，令伊等暂住二三年，视其生计情形，再行定夺。等语。朕已照伊所奏准行矣。今深思之，珠勒都斯究系内地，若将渥巴锡游牧移居于珠勒都斯，则于伊等生计，甚有裨益，且距离哈萨克、俄罗斯遥远，亦可杜绝不肖之徒逃避于哈萨克、俄罗斯妄行生事。从前将渥巴锡游牧移往珠勒都斯之事，伊勒图并未与渥巴锡相商，惟看一时情形，便奏称迁移无益。现览舒赫德所奏，实可为久远可靠之计，愈思愈善。况渥巴锡又感戴朕恩，屡恳情愿迁移。将此著寄信舒赫德，俟今岁秋成后，即将渥巴锡游牧移于珠勒都斯居住。迁移时所接济之行粮、籽粒等项，即从现存于哈密、辟展等地、为伊等事所赏之银两内动拨，以采买乌什等地回人等所种粮谷，运送喀喇沙尔，以备分给渥巴锡属下人等。至于种田所需犁杖，就近从辟展、哈密运往。再，迁移渥巴锡等之先，收获伊等今岁于塔尔巴哈台、斋尔等地所种粮谷后，除拨给口粮行粮外，其余粮谷、犁杖，若尽令带之去，则无许多牲畜，且又不免驮运纷烦。著即照舒赫德所奏留于塔尔巴哈台，或作为军粮，或接济策伯克多尔济之用。至从乌什等城采买粮谷事，除由舒赫德处即饬安泰等开始掌理外，现以绰克托为参赞大臣，将差往乌什更换安泰。伊既未起行，则将此等事先行晓谕绰克托，伊到乌什后，好生尽心妥善办理。至于渥巴锡属下贫乏不肖之徒，舒赫德现已移往伊犁许多，派员看管。此等人居住伊犁时，是否知法安居之处，遇便查察，据实奏闻。将此亦寄信伊勒图知之。"

（档号:03－134－1－048）

扎布等人履历清单

诺穆果玉图所遗骁骑校缺，拟正之镶蓝旗巴延察衮佐领下领催扎布，食钱粮十六年。出征二次，于哈萨克、塔什干、布鲁特、叶尔羌、和阗、阿勒楚尔、伊什勒库勒、巴达克山等处打仗十二次，杀贼三名，缴获枪一支，得赏银六十四两。出征乌什，打仗二十七次,杀贼五名,保荐卓异一次、头等三次、二等七次,得头等功牌一枚、二等功牌五枚。补放骁骑校拟陪一次。现年四十八岁,额鲁特,步箭平,马箭可。拟陪扎布之镶白旗罗布桑佐领下领催穆呼赖,食钱粮十七年。出征一次,于赛喇克、布鲁克等处打仗五次,杀贼二名,缴获枪一支。缉拿抢劫商人牲畜财物之布鲁特托霍拉克尼匝尔一次,巡查哈萨克、布鲁特边界四次,跟随总管巴扎尔赴张家口解送官驼一次,得赏银二两。现年四十二岁,额鲁特马步箭平。

(《军机处满文录副奏折》2522—31)

将瑚图礼革职以自力返回

清乾隆朝满文寄信档。乾隆三十八年(1773)五月十七日,大学士、尚书、忠勇公等奉上谕,字寄驻塔尔巴哈台办事参赞大臣、领侍卫内大臣、尚书伊勒图著将瑚图礼革职以自力返回。谕曰:"伊勒图处奏,厄鲁特佐领库顺追擒脱逃之土尔扈特,与之战时,伊亲与哈萨克等杀毙土尔扈特男人三名,生擒男妇九人,抢取马驼四十余匹,其余尚未拿获之土尔扈特,差侍卫群山等会同库顺,务必严行查拿。等语。伊勒图办得好,著即照此办理。瑚图礼乃一无用之东西,若留彼处,则不能办事,故朕降旨,令伊原品休致,自力返回。今办此一案,漫无章程,观之尤为无用,不堪入目。瑚图礼著即行革职,自力返回。将此寄信伊勒图遵办。"

(档号:03-134-1-055)

将达尔扎交付策伯克多尔济处置

清乾隆朝满文寄信档。乾隆三十八年(1773)五月二十二日,大学士、尚书、忠勇公等奉上谕,字寄总管伊犁等处地方将军、领侍卫内大臣、尚书舒赫德,驻塔尔巴哈台办事参赞大臣、领侍卫内大臣、尚书伊勒图等将达尔扎交付策伯克多尔济处置。谕曰:"据伊勒图处奏,将策伯克多尔济拿获之阿克萨哈勒下逃人拜勒珠尔等,即照策伯克多尔济所呈办理;送达尔扎往伊犁之处,业已准行。等语。拜勒珠尔等人皆系极穷之人,不安分守己,妄行逃逸时拿获之,应分别处置,以示儆戒。但将不该杀者解送伊犁时,难免沿途脱逃,而解送伊犁给厄鲁特等为奴时,又须赡养伊等,而且伊犁地方距离哈萨克近,由彼又逃逸,亦未可定。土尔扈特人既有剜眼断手足之刑,则将达尔扎不必解送伊犁,即交付策伯克多尔济,照伊等之例任凭处置。将此著寄信伊勒图遵办外,亦寄谕舒赫德知之。"

(档号:03-134-1-056)

将巴颜特固斯等移居乌梁海

清乾隆朝满文寄信档。乾隆三十八年(1773)五月二十五日,大学士、尚书、忠勇公等奉上谕,字寄总管伊犁等处地方将军、领侍卫内大臣、尚书舒赫德等著将巴颜特固斯等移居乌梁海。谕曰:"据车布登札布等处奏,先乌梁海散秩大臣伊素特呈请:由哈萨克来归伊之近族米斯之子巴颜特固斯、与土尔扈特同归伊之舅舅斋桑吹那木卡之孙巴

雅哈希哈之子阿尔萨朗，皆居于伊犁之厄鲁特地方。请将此与骨肉完聚，同居一处。等情。行文舒赫德查得，虽有阿尔萨朗之人，但非伊素特之亲。行文伊勒图查得，惟有巴颜特固斯之人，系伊素特之族弟，请与骨肉完聚。等语。舒赫德处虽云现有叫阿尔萨朗之人非伊素特之亲，但吹那木卡(若确实为厄鲁特内旧斋桑巴雅哈希哈之子，则应稍加恩，但不知其身出痘与否。著舒赫德查为人如何，一并奏来，惟恐伊知之替认，亦未可定，详查之。既云查巴颜特固斯确为伊素特之族，则施恩，照所奏移居乌梁海与骨肉完聚。将此著寄信车布登札布知之)。”

(档号:03-134-1-058)

查明侍卫邱文山等追捕逃人之情形

清乾隆朝满文寄信档。乾隆三十八年(1773)六月初三日，大学士、尚书、忠勇公等奉上谕，字寄驻塔尔巴哈台办事参赞大臣、领侍卫内大臣、尚书伊勒图著查明侍卫邱文山等追捕逃人之情形。谕曰:“据伊勒图处乞奏，留任之三等侍卫德勒格楞贵、厄鲁特骁骑校常喀追逃去之土尔扈特普尔普等至额敏河源，枪杀普尔普，拿获其余八人，又至斋桑诺尔，拿获逃走之土尔扈特羌噶尔等五人解来。请将德勒格楞贵开复三等侍卫，常喀给戴空衔蓝翎。等语。德勒格楞贵、常喀谨所委，奋力全获逃去之土尔扈特解来，洵属诚心奋勉，理应施恩。著将德勒格楞贵开复三等侍卫，常喀补授蓝翎。至于盗哈萨克马而逃走之土尔扈特普尔普等内尚未拿获之巴赖等九人，既由侍卫邱文山、营总巴扬希克等蹑迹至哈萨克游牧捉拿，则将此寄谕伊勒图、邱文山等，此间追至哈萨克查拿土尔扈特巴赖等时，伊等已拿获几人，如何奋力而行，著查明奏闻。”

(档号:03-134-1-060)

拟将布尔哲依等补放察哈尔营佐领

“乾隆三十八年(1773)六月十七日。奴才舒赫德等谨奏:为请旨事。窃查，察哈尔营佐领雅木丕勒，到塔尔巴哈台换防，驻守乌里雅苏台卡伦，因失查哈萨克入内游牧一事，经将军伊勒图参奏，降二级调用。其所出佐领缺，理应拣员奏放。奴才等照例于该营应升官员内，视其为人尚可及善于管束之情，拣选骁骑校布尔哲依拟正，骁骑校扎木苏拟陪。谨将其履历另缮清单，恭呈御览，伏候皇上从中补放佐领一员，嗣后乘暇送京补行引见。为此谨奏。请旨。乾隆三十八年七月十二日奉朱批:另有旨。钦此。”(《军机处满文录副奏折》2531—21)“乾隆三十八年七月十二日。上谕:据舒赫德奏察哈尔营佐领雅木丕勒所遗佐领缺，以骁骑校布尔哲依拟正，扎木苏拟陪，请旨补放一折。将此，著照舒赫德所奏，以拟正骁骑校布尔哲依补放佐领，并乘便送京带领引见。钦此。”(《军机处满文上谕档》39—1)

追擒脱逃之土尔扈特

乾隆三十八年五月乙亥(十七日 1773.7.6)又谕(军机大臣等)曰，伊勒图奏称，厄鲁特佐领库顺，追擒脱逃之土尔扈特，同哈萨克等杀毙土尔扈特三人，生擒男妇九人，抢夺马驼四十余匹,其余未经擒获者,派侍卫群山会同库顺严拿等语。伊勒图所办甚妥,瑚图礼在彼,不能办事,已将伊原品休致,令其自备资斧来京,今办理此案,漫无章程,不堪已极,瑚图礼著即行革职,令其自备资斧来京。著传谕伊勒图遵奉办理。

(《清高宗实录》卷935　页580—581)

舒赫德奏著渥巴锡游牧地迁往裕勒都斯事宜

乾隆三十八年(1773)七月十六日。奴才舒赫德谨奏,为奏闻事:适才奴才拟将渥巴锡游牧于秋季移入裕勒都斯时,分队行走,指派官兵护送。塔尔巴哈台领队大臣亲自送至托里驿站,伊犁派出领队大臣果兴阿接送至纳拉特岭,由喀喇沙尔大臣接领至伊等游牧,以及借给来年伊等种地所用一千五百头牛等事,均曾陆续谨奏。适才由阿思哈处已将渥巴锡之属下五个昂吉之人和恭坦等六个台吉之人,分编六队行走,于七月末八月初起程之处,业已呈文前来,查渥巴锡属下携户口行走之时,由其游牧至裕勒都斯越冬之处,亦需行走两月余,为此,计其启程日期,将应备办之项,即应决定办理之。奴才于通往伊犁哈萨克路上,设立卡伦、增加兵丁,以防潜逃之人。每队各派两名官员,二十名兵丁,前后照管,领队大臣果兴阿,酌带官兵,统辖各队。又于伊等所路经之额鲁特、回子游牧地附近,设置六个卡伦,每个卡伦各驻二名官员,兵丁二十,稽查伊等之人妄入额鲁特、回子之住地。将接济伊等之羊只、口粮,于伊等所走之路施给之处,俱已办定。将所派之官兵,准备停当,按其游牧之众启程之日,相继动身前往所指之地。各自应当承办、应当巡察者,除靠官方施行外,尚于裕勒都斯地方,与其种地派前去勘察越冬地方之额鲁特蓝翎长伊斯麻里,以及熟知此路之回子噶杂那奇伯克、买麻特克勒木,作向导行至裕勒都斯、喀喇沙尔之后,按其各队之人数,分别安置各自越冬之地。再,将其来年种地时所借之一千五百头牛,依照原奏之例,赶至纳拉特岭地方,交付领队官员,其徒步者中,若有疲惫或落后者,可骑此牛去游牧地方,照旧收回,著交驻喀喇沙尔之大臣牧之。以备来年种地时使用。谨此奏闻。伏乞圣主明鉴。乾隆三十八年七月十六日奉朱批:知道了,钦此。

(中国第一历史档案馆藏满文《月折档》)

查实在哈萨克家中之三汉人究系何人

清乾隆朝满文寄信档。乾隆三十八年(1773)七月十七日,大学士、尚书、忠勇公等奉上谕,字寄总管伊犁等处地方将军、领侍卫内大臣、尚书伊勒图著查实在哈萨克家中之三汉人究系何人。谕曰:"据舒赫德处奏,查据哈萨克阿吉拜报,在拜哈本巴萨喇家有汉人三名。从前追船到伊犁河未回为奴之张桂等五犯又无故逃逸,将为奴之达珠三等四人,迄今尚未查获,现在哈萨克之三汉人,即为伊等之中者,亦未可定。等语。张桂、达珠三等人,皆犯重罪发往伊犁为奴者。伊等应安静当差赎罪,反而无故逃往哈萨克,情甚可恶。将此著寄信伊勒图,查实现在哈萨克拜哈本巴萨喇家之三汉人,究系何人,若确系张桂、达珠三等人,则即由彼解到伊犁,审明正法,俾为奴之众犯人知所惩儆。"

(档号:03－134－1－073)

拿获逃军奇登云送交巴尔品处看守

乾隆三十八年六月庚寅(二日 1773.7.21)谕,据伊勒图奏,策伯克多尔济之人,拿获逃军奇登云,送交巴尔品处看守,该弁兵等漫不经心,又致脱逃,请将疏防之骁骑校西伍开革职重处,兵丁革退枷号,巴尔品交部议处等语。奇登云在逃,被策伯克多尔济之人拿获,送交巴尔品看守,又致脱逃,势必为土尔扈特等所笑,巴尔品惟知自是,于此等事全不经心,伊从前看守拿获盗马之哈萨克,疏防致逸,业经治罪,今并不知儆,又将他人送至之逃人,不行严加看守,以致脱逃,甚属无用。著将巴尔品摘去顶翎,仍著理管策伯克多尔济游牧事务,骁骑校西伍开革职不足蔽辜,著再枷号两个月,兵丁登古勒图、赫勒本彻、乌巴什、茂海,著照伊勒图所请,革退差使,枷号两个月,以示惩儆。

(《清高宗实录》卷936　页594)

多备办红布以便与哈萨克贸易

清乾隆朝满文寄信档。乾隆三十八年(1773)七月二十八日,大学士、尚书、忠勇公等奉上谕,字寄总管伊犁等处地方将军、领侍卫内大臣、尚书伊勒图著多备办红布以便与哈萨克贸易。谕曰:“据舒赫德处奏,昨接得哈萨克阿布勒比斯所呈之书,随即复文语之曰,向伊等贸易,皆视哈萨克所愿办理,并无强卖不卖之畜、强与哈萨克不取之物。等语。哈萨克人等禀性小气,不得余润,即妄行造谣,尚属事之所有。既经舒赫德处严查,言并无此等事,则甚好。然哈萨克人等前来贸易有年,而伊等禀性小气,侥幸图利,编造谣言,或我管理贸易之官弁等所办太过,均所难免。今夫哈萨克人等贸易马畜时,竟要红布者多,而我以为此项布少,即搀给别色布匹。由此观之,是即不与哈萨克欲要之物,强给伊不欲要之物矣。惟此红布,又何足为贵?若有哈萨克等愿要此项布者多,则以后将此红布,行文该地多备办送往,并无不可。将此著寄信伊勒图,嗣后,与哈萨克贸易时,将此红色布疋,索性行文该地多办送往,以备交易外,仍饬贸易官员等,必供给哈萨克等欲要之物,以免互相抑勒之事,秉公办理。”

(档号:03－134－1－076)

察哈尔额鲁特游牧仍往斋尔巴尔鲁克迁移

乾隆三十八年(1773)九月初九日。奴才庆桂、都尔嘉谨奏:为奏闻察哈尔额鲁特游牧仍行迁回原地情形事。查得,塔尔巴哈台游牧察哈尔、额鲁特等原住斋尔等地,自渥巴锡土尔扈特等安置于斋尔后,去岁经将军伊勒图具奏,将察哈尔、额鲁特游牧,夏季移往额敏以北西伯图一带地方种地,塔尔巴哈台山阴面居住,冬季移往巴尔鲁克山阳面居住过冬。奴才等伏思,前因土尔扈特等居住斋尔,方将察哈尔、额鲁特等移住此处。今渥巴锡游牧移往珠勒都斯,且钦命策伯克多尔济游牧亦不往此处迁移。斋尔、巴尔鲁克等地均已空间,相应将察哈尔、额鲁特等游牧,仍行迁往伊等原住之斋尔、巴尔鲁克等地,彼处水草优良,不惟有利于伊等牲畜,而且远离进来过冬之哈萨克,于事亦为有利。是故,奴才等饬令管理游牧之侍卫德勒格楞贵,晓谕察哈尔、额鲁特佐领等,将其游牧仍迁往原住之斋尔、巴尔鲁克等地。此外,将此业经行文将军伊勒图。为此谨具奏闻。乾隆三十八年十月初三日奉朱批:知道了。钦此。

(《军机处满文录副奏折》2545—5)

赏赐哈萨克博罗特等以缎匹

清乾隆朝满文寄信档。乾隆三十八年(1773)九月十一日,大学士、尚书、忠勇公等奉上谕,字寄总管伊犁等处地方将军、领侍卫内大臣、尚书伊勒图著赏赐哈萨克博罗特等以缎匹。谕曰:“伊勒图处奏,哈萨克博罗特、阿布勒比斯等特遣使臣送至土尔扈特阿喇克巴之母、妹、妹夫共计五口。等语。哈萨克博罗特等遣使臣库舒克拜送至阿喇克巴之母、妹等五人,甚属恭顺,已知感激朕恩,可嘉,应赏赐以示鼓励。将此著寄信伊勒图,由伊处酌情赏缎,遇便送给博罗特、阿布勒比斯。仍将朕嘉奖伊等,加恩赏缎之处,咨行晓谕。”

(档号:03-134-1-090)

接得哈萨克阿布勒比斯所呈之书

乾隆三十八年七月乙酉(二十八日 1773.9.14)谕军机大臣等,据舒赫德奏称,接得哈萨克阿布勒比斯所呈之书,向伊等贸易,俱系哈萨克所愿办理,并无强卖强与之事等语。哈萨克生性卑鄙,不得余润,即捏造言语,尚属事之所有,既经舒赫德严查,并无此事,甚妥,然哈萨克前来贸易有年,其性嗜利,专务居奇,或管理贸易之员,所办过当,均所不免。如哈萨克贸易马匹,多有要红布者,此必该处此项颜色布匹缺少,而管理贸易之员,往往与以别色布匹,是即强伊所不欲,办理未为妥协,红色布匹何足为贵,哈萨克既多有要者,嗣后何妨多为办运。著传谕伊勒图,此后向哈萨克贸易,不妨将红色布匹令其多为运往,以备贸易,仍饬贸易官员,务令将伊所欲者给与,以免彼此抑勒之弊。

(《清高宗实录》卷939　页687—688)

伊犁所余羊只拨给乌鲁木齐官兵

清乾隆朝满文寄信档。乾隆三十八年(1773)十月初九日,大学士、尚书、忠勇公等奉上谕,字寄总管伊犁等处地方将军、领侍卫内大臣、尚书伊勒图等著将伊犁所余羊只拨给乌鲁木齐官兵。谕曰:“伊勒图处奏,伊犁现有易换之羊只,拨给伊犁官兵羊只作为每月口粮后,尚余羊两万只,或令乌鲁木齐、巴里坤官兵酌情定价售买,或与口粮一并拨给之处,已寄信与索诺木策凌等相商。等语。昨因乌鲁木齐所收粮谷不敷拨给官兵,故朕即降旨曰:伊犁现有与哈萨克易换之牛羊,可以作为口粮接济。其如何带来估价接济之处,索诺木策凌与伊勒图商定办理。今伊勒图处尚未接奉朕此谕旨时,即以伊犁所余羊只拨给乌鲁木齐官兵为口粮,所办甚是,正合朕甫降之旨。以此观之,可知伊勒图留心办理伊犁诸事,朕深嘉之。将此著寄信伊勒图,即照伊所奏为之。并寄谕索诺木策凌知之。”

(档号:03-134-1-103)

默们图仍居原游牧不得迁移

清乾隆朝满文寄信档。乾隆三十八年(1773)十月初九日，大学士、尚书、忠勇公等奉上谕，字寄总管伊犁等处地方将军、领侍卫内大臣、尚书伊勒图著饬贝勒默们图仍居原游牧不得迁移。谕曰："伊勒图处奏，称贝勒默们图不愿居住井库色木西克(jing kusemsik)地方，呈请将其游牧移至渥巴锡从前所居斋尔地方居住。等情。将此驳回并晓谕之。等语。此驳回者是。默们图游牧人少，且在井库色木西克地方，安居服习，不必迁至斋尔地方，况且斋尔地方距离俄罗斯、哈萨克近，难免其属下人等肆行逃避滋事，仍居住原处耕田资生甚好。将此著寄信伊勒图，默们图倘仍呈请迁移游牧，则坚决驳回。"

(档号:03－134－1－105)

将来投哈萨克查干拜暂留伊犁

清乾隆朝满文寄信档。乾隆三十八年(1773)十月初十日，大学士、尚书、忠勇公奉上谕，字寄总管伊犁等处地方将军、领侍卫内大臣、尚书伊勒图等著将来投哈萨克查干拜暂留伊犁。谕曰："庆桂等处奏，哈萨克查干拜带伊妻巴雅尔来投，询之称无他故，遂照伊等所愿，送往伊犁居住。等语。庆桂所办稍有不妥。近几年虽办理自哈萨克来投者留居伊犁，但其中有异情者，亦应分别办理。看此次来投之查干拜，非其他来投者可比。因其父吉拉海达里不爱伊而反目来投，而又驱赶其父之马数匹前来。仅听查干拜之一面之词，便收伊送往伊犁居住，吉拉海达里虽为糊涂哈萨克，但岂不知父子之道耶？安可收留呢？今由庆桂处已送查干拜去伊犁，则准暂留住，由伊勒图处遇便行文伊所属之头目等，以转询吉拉海达里，伊若愿取其子，则即听其带走，倘以为伊子查干拜业已往投大皇帝而不欲取，则彼时再令其居住伊犁亦可。将此著寄信伊勒图遵办外，并寄谕庆桂知之。"

(档号:03－134－1－106)

察哈尔营官兵牧放之特穆尔牧厂制定奖惩章程

乾隆三十八年(1773)十月十九日。奴才伊勒图谨奏：为仰乞睿鉴事。奴才行抵伊犁后，据驼马处章京等申报：此次派往金川之额鲁特兵，官给马二千余匹，由官厂抽调拨给额鲁特等时，疲瘦者极多，仅选得一千余匹得给额鲁特兵。其不足马匹，由二城满洲营牧群调取一千余匹马，交给额鲁特等起程，等语。伏思，特穆尔牧厂马匹之牧放特为应急，关系重大。本年七月，官厂有马五千余匹，派往金川之额鲁特兵需马二千余匹，未能全数选得，或系察哈尔官兵牧放欠佳，使之疲瘦，或另有弊端，均难逆料，不可不稽查。是故，奴才委派三等侍卫老格、驼马处章京富明到牧厂逐一详查马匹。今老格查毕报称：经核查察哈尔等牧放官马，撤回派往金川之额鲁特兵所交马匹内，陆续倒毙二百二十九匹，其余马匹亦多致残或长疮，业将此项马匹交给察哈尔总管等，选择好草场另行妥为牧放。现官厂所有备用马匹，及新近从哈萨克易获马匹，共计五千余匹。其中，四、三份膘马一千八百匹，二份膘马九百零四匹，能够过冬之瘦马一百八十四匹，皆已烙官印外，尚余一千七百五十二匹马，均羸瘦长疮，亦有马驹。询据该营总管、副总管、牧厂章京等呈称，本营牧放牲畜，原择好草场牧放于哈布塔海等地。本年迁移渥巴锡所属土尔扈特人等时，因惧偷盗，将牧群移往图鲁克、绰努布拉克、察罕乌苏等处地方牧放。此等地方狭小，草场并不宽阔，且本营孳生牲畜亦牧放于此，遂致有羸瘦残疾者。再新近从哈萨克易获马匹，均经长途跋涉，暂不能使用，且各地所需马匹，均由牧厂陆续调拨，所剩马匹或劣或瘦。解送牧厂马匹及往返查看牧群时，察哈尔人等乘骑长疮、倒毙之马缺，察哈尔人等亦有赔补马驹者。今有一千七百余匹马羸瘦疾者属实。无论如何，此皆系我等官兵牧放不善所致，请将此项马匹全数挑出，我等情愿调换堪用马匹。现渥巴锡所属土尔扈特人等皆移住珠勒都斯地方，若将本营牧放官马仍移到哈布塔海等处地方牧放，来年春季均可膘壮。等因呈请前来。观老格、富明甚是恐惧，遂准其所请更换。核查伊等所换之马，三份膘者一千一百零一匹，二分膘者六百五十一匹。是故，将此项马匹俱烙官印，拨入官厂，等因前来。查得，撤回派往金川之额鲁特兵所交马匹内，陆续倒毙二百二十九匹；现剩马匹内，羸瘦长疮者极多，相应将此项马匹饬交察哈尔官兵妥善牧放，俟来年春季，容奴才查明倒毙马数报部外，惟官厂马匹特为应急而牧放，该官兵理应重视，妥善牧放，使之膘壮，以备急用。如今马匹数目虽不短缺，然马匹多致残疾羸瘦，均系该放牧官员等平素不以为事所致。今该营总管、官员等知其自身之过，各自尽力将残疾马驹照数更换。奴才将该总管、副总管、牧厂章京等均加斥责训示，记大过一次，牧放马匹兵丁概行从重治罪，以儆效尤。并严饬嗣后务选好草场牧放官马，俟至来年四五月，卑职仍亲往查看，倘若又有羸瘦残疾者，必将从重办理等语。再，领队大臣那旺身为管理牧厂之领队大臣，且又住于游牧，如若留心牧厂马匹，不时查看，严饬官兵妥善牧放，亦不至于此。俄顷那旺往查边界进城见奴才时，奴才又严加训导，并告知再有如此情形，必加参劾。此外，惟今虽如此严查，倘不制定章程，必蹈达里冈爱、商都达布逊诺尔牧厂之陋习，于事极为无益。查得，去岁舒赫德奏称，伊犁二城满洲营马匹，每年查看一次，马多膘壮，倒毙者少，则给牧放官员记录二次，兵丁于挑选处记名；马多膘弱，倒毙者多，则令其赔补外，官员参奏，兵丁酌情惩治。等因。遂制定奖惩条例。官厂马匹益为重要，亦应照此制定章程。请准每年返青时节，将军亲往查看一次。将军若无闲暇，特派领队大臣一员前往查看一次。查看后，务必据实禀报，由将军核实奏闻。若马匹膘壮，倒毙者少，亦照满洲营之例，给该承办领队大臣、官员等记录，兵丁于挑选处记名。若马匹膘弱，倒毙者多，除令该领队大臣、总管、副总管及牧厂官兵赔偿外，仍将官员参奏议罪，兵丁从重惩治，以儆效尤。派往查看之员，若有隐匿徇私之处，一并参奏。如此办理，则各惧获罪，勤牧图赏，于事极有裨益。可否之处，俟奉谕旨，钦遵施行。为此谨奏，仰乞皇上睿鉴。乾隆三十八年十一月十三日奉朱批：另有旨。钦此。

（《军机处满文录副奏折》2552—16）

赏拿获逃人之邱文山等以缎匹

清乾隆朝满文寄信档。乾隆三十八年(1773)十月二十二日,大学士、尚书、忠勇公等奉上谕,字寄驻塔尔巴哈台办事参赞大臣、侍郎、副都统庆桂等著赏拿获逃人之邱文山等以缎匹。谕曰:"庆桂等处奏,三等侍卫邱文山、委营总巴彦克希克行至哈萨克毕萨喇游牧后,查拿所逃汉犯人张达解来,取口供后解送伊勒图。等语。邱文山、巴彦克希克至哈萨克地方后,查获汉逃人张达解来者可嘉。著寄信庆桂等,恩赏邱文山、巴彦克希克以缎匹,以示鼓励。"

(档号:03-134-1-110)

土尔扈特哈萨克不必互换各自之人

清乾隆朝满文寄信档。乾隆三十八年(1773)十月二十八日,大学士、尚书、忠勇公等奉上谕,字寄总管伊犁等处地方将军、领侍卫内大臣、尚书伊勒图著饬土尔扈特哈萨克不必互换各自之人。谕曰:"伊勒图处奏,阿布赉索要叫额森巴图鲁之哈萨克是否在渥巴锡游牧,除查毕另定外,阿布赉请将哈萨克之土尔扈特与在土尔扈特之哈萨克互相赎换等情,于理不合,欲具文训饬,遇便令带去。等语。此事不必如此办理。如从前土尔扈特等自额济勒来归时,已被哈萨克掠去之人甚多,此皆伊等进入卡座以前之事,我不必管。而今查土尔扈特游牧,并无哈萨克人,即有之,则相查赎换,往返交织,亦属纷烦。哈萨克等生性贪得无厌,借此又难免别生事端,且土尔扈特来归时,甚为贫穷,经朕加殊恩养赡,为其生计,巧为筹办,迄今稍有起色。今若将在哈萨克之土尔扈特等换取给与伊等,则伊等不能养赡,反于伊等无益,不办者甚是。将此著寄信伊勒图,若阿布赉再提及此事,即以土尔扈特、哈萨克,皆同系大皇帝之臣仆,今在土尔扈特游牧未有哈萨克,即有之,住何地均可。住伊犁或住哈萨克皆同,有何分别?不必屡行互相换办等语,决意驳回,明白晓谕。至于阿布赉所称遣其子在御前行走之语,阿布赉虽有虔诚感激朕恩之忱,但不可行,理应驳回。如由哈萨克来京,路途穹远,行走辛苦,而伊子尚未出痘,住内地大为不便,仍隔数年,从伊诸子内遣一子来瞻仰圣明请安,则为甚好。著将此事,俟阿布赉之子阿迪勒素勒坦到来时,伊若奏请,则当面降旨教诲外,将此著寄信伊勒图,亦照此晓谕伊知之。"

(档号:03-134-1-112)

将哈萨克阿布赉要人事告知渥巴锡

清乾隆朝满文寄信档。乾隆三十八年(1773)十月三十日,大学士、尚书、忠勇公等奉上谕,字寄总管伊犁等处地方将军、驻喀喇沙尔办事副都统达色等著将哈萨克阿布赉要人事告知渥巴锡。谕曰:"伊勒图处奏,哈萨克阿布赉索要叫额森巴图鲁之哈萨克,现在土尔扈特渥巴锡游牧,请将查还等情,而伊等所云互相赎换在哈萨克之土尔扈特、在土尔扈特之哈萨克等之言,于理不合,欲具文训饬,遇便令带去。等语。时朕以此事不必如此办理等因,降旨训示伊勒图等外,而今思之,此事应明白晓谕渥巴锡等。渥巴锡等自额济勒来时，皆甚穷极，哈萨克掠去伊等之土尔扈特人甚多，至于土尔扈特带伊等之哈萨克人来者，今由伊勒图处查之乌有，即有之，亦甚有限。倘以土尔扈特人更换哈萨克，不过一换一而已，哈萨克等断不多给。倘若多取人，则哈萨克等必向土尔扈特添取价值，或致贪取物件、马畜等种种之烦。然而自渥巴锡等来归以来，朕加恩眷养伊等，为伊等之生计筹计，迄今才有起色。现哈萨克换其土尔扈特等时，断不多给，即多给，渥巴锡等赡养现有游牧人等时，即甚拮据，而现在伊犁等地仍由官养其穷人，岂又有赡养多余无用人之份耶？夫此一事，于伊等竟无益处，是以降旨停止办理。将此著寄信达色降旨明白晓谕渥巴锡等。并寄信伊勒图、庆桂，交与照管策伯克多尔济、默们图、巴木巴尔等游牧之侍卫等，各自明白晓谕之。”

（档号:03－134－1－113）

仍派察哈尔等营官兵赴塔尔巴哈台换防等情

乾隆三十八年(1773)十一月初一日。奴才伊勒图谨奏:为请旨事。窃查，去年十二月，舒赫德具奏:额定看护土尔扈特、和硕特等游牧官兵数目，由伊犁遣派。塔尔巴哈台、各回城换防及卡伦、驿站等差需人甚多，俟移驻乌鲁木齐之满洲兵尽数到齐后，酌派乌鲁木齐官兵轮换。当驻守巴里坤官兵移驻已毕，再将如何遣派轮换之处，另行拟定议奏。等因。奉旨准行。在案。今驻守乌鲁木齐之两队满洲兵已全数移至，驻守巴里坤之两队满洲兵亦已移驻，理应计算塔尔巴哈台、各回城之换防、驻守驿站、办理事务及看护土尔扈特、和硕特游牧所需兵丁数额，并依据伊犁、乌鲁木齐、巴里坤共有兵丁数目，将何方兵丁派往何处轮换事宜，拟定一章程。查得，塔尔巴哈台换防兵一千五百名，各回城换防兵八百名，又各回城之驻守驿站、协办印房等处事务兵六十余名，看护渥巴锡、策伯克多尔济、巴木巴尔、莫门图、和硕特游牧需兵一百三十余名，共需兵近二千五百名。伊犁、乌鲁木齐、巴里坤之满洲兵内，扣除步甲、养育兵等杂人，伊犁满洲、锡伯、索伦、察哈尔、额鲁特兵共一万六百余名，乌鲁木齐、巴里坤满洲马甲，又连同伊犁移驻乌鲁木齐之一千户额鲁特，共有兵五千四百余名。伊犁兵数比乌鲁木齐、巴里坤兵数多一半，理应按其数额摊派。再，于此次派遣时，应派兵之各处地方，若每处皆由伊犁、乌鲁木齐、巴里坤三处兵内混合派遣，则其数额不齐，亦甚繁杂，理合整齐划一以便各该地方派遣。查得，塔尔巴哈台地方与哈萨克、俄罗斯交界，一切设卡巡边、征收哈萨克赋税、看护贸易哈萨克等官差甚为重要，务必派遣有经历之兵方为妥善。且守护土尔扈特、和硕特部众游牧，亦派遣略知伊等习俗并有经历之人方有裨益。伊犁兵移驻业已数年，曾经赴塔尔巴哈台换防之人甚多，而曾看护土尔扈特之人亦多。故戍守塔尔巴哈台之一千五百名兵，看护土尔扈特、和硕特众游牧之一百三十余名兵，仍由伊犁派遣轮换。乌鲁木齐、巴里坤之兵悉为新近移驻者，未经历此等事宜。南疆各回城之换防兵，亦均闲驻，无紧要差务。故戍守南疆各回城之八百名兵及驻守驿站、协办事务所需六十余名兵，即由乌鲁木齐、巴里坤派遣轮换。如此办理，不仅由各该地方派遣简便，且乌鲁木

齐、巴里坤新驻之兵亦可得以学习野外行军之道。若奉旨准行，明年塔尔巴哈台应换之兵，仍照旧由伊犁遣派；各回城之换防官兵，不必由乌鲁木齐、巴里坤派兵全部撤换。为分批撤换起见，明年应换之一半换防官兵，由乌鲁木齐、巴里坤按其各地兵数摊派换班；后年应换之另一半兵及驻守驿站等项兵，亦照此换班。为此谨奏。请旨。乾隆三十八年十一月二十三日奉朱批：知道了。钦此。

（《军机处满文录副奏折》2554—21）

乌鲁木齐各屯所种之粮分放事宜

乾隆三十八年九月丙子（二十日 1773.11.4）又谕（军机大臣等）曰，索诺木策凌奏称，乌鲁木齐各屯所种之粮，分放各项，所余米石，不敷明年一年放给，请暂拨帑项，购买米五万石，以备支放外，并请由内地派绿营兵二千前往耕田一折。朕随询舒赫德，据称伊犁、乌什、巴里坤等处所种之粮，每年收成有二十分、十八九分不等，惟乌鲁木齐仅收成十分及十一二分，此向来办理乌鲁木齐屯田之积习，适经过乌鲁木齐时，亦曾向索诺木策凌等言及等语。看来乌鲁木齐每年所收粮食分数，与伊犁等处悬殊，实由起初办理屯田不善之故，该处屯田与伊犁等处，自应一律耕种，一例收成，今索诺木策凌等既称不敷明年支放，姑如所奏，暂为购备。再伊犁现有与哈萨克易换牛羊之事，亦可以此作为口粮接济，著索诺木策凌与伊勒图相商，应如何运至乌鲁木齐，折变接济，一面酌办，一面奏闻。至驻防兵丁，日渐增添，如每年不敷，买谷备放，亦非久远之道，若由内地添派绿营兵前往耕田，则陕甘兵现调四川军营，据勒尔谨奏，尚且不足，又岂能再派二千往乌鲁木齐种地。总兵俞金鳌在伊犁办理屯田事务甚妥，今已补授提督前往乌鲁木齐，伊至乌鲁木齐，屯田事务即其专责，亦应如前在伊犁时，带领乌鲁木齐弁兵，妥为悉心指示，令其耕种。仍谕知索诺木策凌等，俟俞金鳌至乌鲁木齐时，公同商议，酌调伊犁精通耕田事务官二三员，训示乌鲁木齐官兵，学习耕种，如是二三年间，谅必自得准则，彼时应行如何办理，再为酌定。并谕令伊勒图知之。

（《清高宗实录》卷943　页760）

满洲锡伯察哈尔等营官员送京引见

乾隆三十八年（1773）十一月初十日。奴才伊勒图等谨奏：查得，先前将军舒赫德奏，查伊犁满洲、锡伯、索伦、察哈尔、额鲁特等营尚未引见之协领、佐领等员共有四十余人，本年看护渥巴锡游牧迁往珠勒都斯、巡查哈萨克边界，均需官员。若将伊等陆续派往引见，则于此等官差不敷委派。故本年暂停派遣，俟办妥渥巴锡游牧迁移珠勒都斯事宜后，自明年起，再将伊等编排班次，陆续派往补行引见。兹护送渥巴锡游牧迁往珠勒都斯之官兵均已返回，现尚无别项官差。故奴才查各营尚未引见之官员，以不误各营差务，派遣数员，陆续出具考语，送部补行引见。谨具奏闻。乾隆三十八年十二月初四日奉朱批：知道了。钦此。

（《军机处满文录副奏折》2557—19）

哈萨克阿布赉遣伊子等来瞻仰天颜

乾隆三十八年十月甲午(九日 1773.11.22)谕军机大臣等,据庆桂奏称,哈萨克阿布赉遣伊子阿底勒苏勒坦,带推库占等头人八名,及来使那斯伯克等十人,同来瞻仰天颜,已于九月十四日由塔尔巴哈台起程,派侍卫德克进布沿台妥为护送等语。阿布赉遣伊子来朝,实为恪恭,伊等前至伊犁,著伊勒图即派妥员护送,务于年内至京,如阿底勒苏勒坦年幼不能赶到,于正月到京亦可。

(《清高宗实录》卷944 页788)

停止从伊犁等处送骒儿马至乌鲁木齐

清乾隆朝满文寄信档。乾隆三十八年(1773)十一月二十三日,大学士、尚书、忠勇公等奉上谕,字寄总管伊犁等处地方将军、领侍卫内大臣、尚书伊勒图等著停止从伊犁等处送骒儿马至乌鲁木齐。谕曰:"索诺木策凌等处奏,现发放乌鲁木齐官兵明年口粮时,加之从伊犁拨给之羊只,业已足够,不必以骒儿马为口粮,请停止带至乌鲁木齐。等语。索诺木等所奏甚是。从前欲将在伊犁之马畜、牛羊送往乌鲁木齐,以备分与彼处官兵为口粮,是以降旨,亦因伊等以添派官兵驻扎乌鲁木齐,所种粮米不敷放给,请动支正项采买备用。等因急奏。朕以为与其急忙采买,不如将现在伊犁从哈萨克易得之羊牛等畜为口粮接济,故交伊勒图等办理。骒儿马皆为孳生之畜,不可以此为口粮。今准索诺木策凌等处奏称:放给明年官兵口粮时,将现有粮米以及从伊犁送来之羊牛一并兑给,虽缺粮三万四千余石,但加之价平时所购存者,分放各项后,尚有富余,其从伊犁、塔尔巴哈台应送至乌鲁木齐之骒儿马,停止送去。等语。著即照索诺木策凌等所奏,停止从伊犁、塔尔巴哈台赶送骒儿马。昨以俞金鳌熟谙耕田事,遣之往乌鲁木齐。俞金鳌到后,伊等惟同心鼓励官兵屯田,计算当地所耕粮米足够当地所用,好生尽心办理。将此亦寄与伊勒图、庆桂知之。"

(档号:03-134-1-119)

土尔扈特哈萨克不必繁琐互换人员

清乾隆朝满文寄信档。乾隆三十八年(1773)十一月二十八日,大学士、尚书、忠勇公等奉上谕,字寄总管伊犁等处地方将军、领侍卫内大臣、尚书伊勒图著饬土尔扈特哈萨克不必繁琐互换人员。谕曰:"伊勒图处奏,将在哈萨克地方之土尔扈特给还渥巴锡,以及阿布赉索要之人额森巴图鲁未有之处,遇便晓谕阿布赉。等语。并将文稿一并奏览。伊勒图如此办理为是。惟看咨文稿,稍软,应书厉言坚决驳回,互换之言非也。今夫在土尔扈特游牧内并无哈萨克,而于哈萨克游牧内土尔扈特甚多,倘云互换,则一个换几何耶?况且土尔扈特、哈萨克皆为朕之臣仆,住伊犁或住哈萨克皆同,有何分别?不必繁琐互换。修改致阿布赉之文后,发送伊勒图,即照此写毕交与阿布赉。"

(档号:03-134-1-122)

伊犁将军伊勒图札付哈萨克汗阿布赉之文

清乾隆朝满文寄信档。乾隆三十八年(1773)十一月二十八日,总管伊犁等处地方将军、领侍卫内大臣、兵部尚书伊勒图札付哈萨克汗阿布赉:“汗尔身体可好？牧场众人皆安乎？尔子阿迪勒苏勒坦及推库占等所派使臣等同来瞻仰天颜,于九月二十九日行抵伊犁。看得尔子阿迪勒苏勒坦,大有成材之状,我甚爱之。伊等乘骑马匹,因行程遥远,大半蹄跛,由我处斟酌伊等足以乘驮之数,另行换给马驼,又拨给途次食羊盘缠。尔子阿迪勒苏勒坦年岁甚小,且系生身,令择捷径,派官护送,于十月初四日,已由伊犁起程前往。阿迪勒苏勒坦呈上尔进呈大皇帝之奏书,已由我处奏恳大皇帝睿鉴。尔子抵达京城后,必蒙大皇帝悯恤施恩,尔等进贡大皇帝之马匹,均皆收纳,因马欠膘,由我处交付好生牧放,乘便解送入贡外。尔及尔子并推库占等八人呈予我伯尔克马十四匹,尔子阿迪勒苏勒坦呈予领队大臣每人伯尔克马各一匹,均皆收讫,回以锦缎一、倭缎二、中等缎四匹半、闪缎三、彭缎一、绸子十二作为伯尔克,交付阿迪勒苏勒坦等。再看得尔予我之呈文,尔等地方病患众多,向我请求数款药物,待我查询,尽此处所得,俟尔子阿迪勒苏勒坦瞻觐大皇帝返回时,将交付带回。再,尔等文内称:尔等齐奇克玉兹所属名额森巴图鲁者,渥巴锡来归时被抓走,欲以在尔处之渥巴锡属下名硕布霍特普尔普之宰桑之妻、一幼子互赎。另,在此之哈萨克男女、与在尔处之土尔扈特男女,请予互相赎换。等语。实属不当。土尔扈特等由额济勒返回时,曾与尔等哈萨克互战掳掠之情,我亦悉知。彼时,因事发于土尔扈特投诚大皇帝之前,我等未加追究,今渥巴锡等业已投诚大皇帝,尔等即已同为臣仆,理当黾勉,以永蒙大圣主之恩,相互安逸为生,毋致滋生事端。土尔扈特游牧查无哈萨克,即便有一二人,尔等地方土尔扈特众多,则以一赎换几人？且哈萨克、土尔扈特均属大皇帝臣仆,互欲赎换可乎？于理实属不合,此事断不可行。尔竟如此无理呈文,甚属不当。再,尔欲赎换之人额森巴图鲁,经我详查渥巴锡游牧,并无此人。将此晓谕尔知情外,嗣后,尔诸事应据理而行,牵呈此等无理之事,断然不可。为此札付。”

（档号:03－134－1－122）

请更换哈萨克之土尔扈特与土尔扈特之哈萨克

乾隆三十八年十月癸丑(二十八日 1773.12.11)谕军机大臣等,伊勒图奏称,阿布赉请将哈萨克之土尔扈特,与在土尔扈特之哈萨克,互相更换等语。此事无庸办理,土尔扈特自额济勒来投时,已被哈萨克掳掠多人,此在进卡以前之事,难以管理,今若彼此查换,亦属纷烦,而哈萨克贪得无厌,藉此又不免别生事端,且土尔扈特投诚时,势极穷蹙,经朕多方加恩,筹其生计,稍得其宜,如更换后,伊等不能养赡,转为不便。著传谕伊勒图,如阿布赉再提及此,即言土尔扈特、哈萨克同系大皇帝臣仆,不拘何地,俱可游牧,不必互相更换等语,明白晓谕。至阿布赉有遣伊子随侍当差之语,亦可不必,哈萨克至京,路甚窎远,伊子尚未出痘,未便在内地居住,仍于数年内遣一子前来朝觐为是,俟阿布赉之子阿底勒苏勒坦到京时，伊如奏请，面降谕旨外，著传谕伊勒图，亦照此晓谕知之。

（《清高宗实录》卷945　页808—809）

将砍杀哈萨克人之蓝翎齐祥保立斩

清乾隆朝满文寄信档。乾隆三十八年(1773)十二月十一日，大学士、尚书、忠勇公等奉上谕，字寄总管伊犁等处地方将军、领侍卫内大臣、尚书伊勒图等著将砍杀哈萨克人之蓝翎齐祥保立斩。谕曰："庆桂等处奏，锡伯图卡座蓝翎齐祥保取哈萨克人马二匹，并未给银，反而砍死哈萨克一人，经审明后，拟齐祥保立斩罪，请旨。等语。哈萨克人等不时前来贸易，卡座侍卫等应严加查办侵害哈萨克者，而齐祥保身为卡座侍卫，反取哈萨克马而不给银，又砍死哈萨克，甚为卑鄙，不法至极。若将似此者不严办，则不能示儆，且又为哈萨克人等讥笑。今由庆桂处拟齐祥保立斩罪，候旨即行正法，召哈萨克侍卫布鲁特去，传谕哈萨克等。办得尚是。著将齐祥保即行正法，以晓谕哈萨克等，余亦照庆桂所奏为之。至于卡座人等妄向哈萨克布鲁特扣取物件之事，早已降旨严禁。齐祥保去岁取哈萨克马匹，以此观之，此(此处空白缺字)之内事，将此庆桂为何不陈奏？著将伊勒图交部查议。将此仍交与伊勒图、庆桂，嗣后，必严加教诲卡座侍卫等，断不可向哈萨克布鲁特取些许物件，即互换马匹之事，亦力禁之。倘有违禁潜取物件、私换牲畜者，查出即行奏闻严办，以示儆戒。"

（档号:03－134－1－127）

俞金鳌管乌鲁木齐种田事

清乾隆朝满文寄信档。乾隆三十八年(1773)九月二十日，大学士、尚书、忠勇公等奉上谕，字寄驻乌鲁木齐办事都统索诺木策凌等著俞金鳌管乌鲁木齐种田事。谕曰："索诺木策凌等处奏请乌鲁木齐各屯所种粮米分放各项后，其所余米石，不敷明年一年发放接济新旧满洲、绿旗兵，请暂动支库银买米五万石，以备发放外，又请从内地遣绿旗兵二千前往种田一折，询据舒赫德奏言：伊犁、乌什、巴里坤等处所种之粮，每年收成有二十余分、十八九分不等，惟在乌鲁木齐收成十分，十一二分。此向来办理乌鲁木齐屯田之积习。方才路经乌鲁木齐时，将此亦曾向索诺木策凌等言及。等语。由此观之，乌鲁木齐每年收成分数较伊犁等处报少，实由起初办理屯田不善所致。一律耕种，其收成应如伊犁等处。今索诺木策凌等既称现所收者不敷明年各项支放，则即照伊所奏，暂买粮预备。再，现在伊犁已有与哈萨克易换之牛羊，将此作为干粮接济亦可。著索诺木策凌与伊勒图商议，其如何运至乌鲁木齐折变接济之处，一面厘定，一面奏闻。今驻兵渐增，倘因每年不敷而买粮预备，则亦非久远之道。若由内地增派兵屯田，据勒尔谨处奏：现调陕西、甘肃省兵往四川军营，尚且不足。等情。则如何能派二千兵往乌鲁木齐屯田乎？总兵俞金鳌曾在伊犁办理屯田事甚善，今补授伊为提督，已差往乌鲁木齐。伊到乌鲁木齐后，屯田事即为伊专责，亦应如前在伊犁等处时，董率乌鲁木齐官兵，尽心指教耕

种。仍寄谕索诺木策凌等,俟俞金鳌行抵乌鲁木齐后,公同商议,酌调在伊犁精通屯田事务官二三员,指教乌鲁木齐官兵耕种。如此办理一二年后,想自必受益也。彼时应行如何办理之处,再行酌定。将此亦寄信伊勒图知之。"

(档号:03-134-1-099)

为土尔扈特等支放口粮清单

谨将自上年八月以后支放过之土尔扈特人等口粮数目恭呈御览。一自上年八月起至今岁三月底止,支给因病留于伊犁豢养之土尔扈特及归并额鲁特营之辉特并准噶尔喇嘛人等,八个月口粮,每月口数减裁无定。共支放过口粮一万六千四百七十三石七斗零。——自上年八月起至今岁六月底止,酌赏陆续由哈萨克地方投出及留伊犁豢养痊愈送赴游牧土尔扈特人等,每名散给路粮壹斗,共支粮七百八十四石一斗九升零。——二月初五日钦奉恩旨,加赏四五两月口粮一千三百二十石三斗九升零。——五月初一日钦奉恩旨,赏给六月一个月口粮六百五十九石三斗零。——散给归入额鲁特部落辉特、准噶尔种地人等一千八百一十四户,每户给籽种三斗。共给籽种粮五百四十四石二斗。以上五次共支放过粮一万九千七百八十一石七斗零。

(中国第一历史档案馆藏满文《月折档》)

对躲差哈萨克每马加罚一匹

清乾隆朝满文寄信档。乾隆三十九年(1774)正月初二日,大学士、尚书、忠勇公等奉上谕,字寄总管伊犁等处地方将军,驻塔尔巴哈台办事参赞大臣庆桂等著对躲差哈萨克每马加罚一匹。谕曰:"庆桂处奏,派往征收哈萨克马匹之厄鲁特委巴克齐拉哈营之巴彦克希克,途遇游牧于喀喇乌苏地方之哈萨克杭兰等三鄂托克之玛勒塔巴尔等,询据称应征马匹已交与伊犁兵丁。等情。令纳旺证实,告称并未收到。前赴玛勒塔巴尔等游牧,按马数收马十三匹。等语。哈萨克等因冬间无处游牧,经再三请求,始准于卡座附近过冬,定为百马内征收一马。伊等应感激朕恩,如数爽快缴纳。乃并不缴马,而且谎报,显系躲差,卑鄙取巧。虽不便援内地例,一分罚十分,但亦应稍罚,以示儆戒。庆佳即苟且从事,轻慢懈怠。将此著寄信庆桂,嗣后,饬令前往征收哈萨克马匹之官员,于前往内地游牧之哈萨克内,倘有似此躲差侥幸行事者,即晓谕伊等曰:因尔哈萨克等冬间无处游牧,故蒙大皇帝加恩,令尔等在我卡座附近游牧,定为百匹内微缴一匹,尔等仍不知感激,如此侥幸躲差者,殊不合理。依我内地之例,凡有躲税者,被拿住后,罚赔十分,对尔等亦应如此处理。但念尔等为外夷,不谙内地律令。我等今仰体大皇帝抚恤尔等之意,对尔等每马加罚一匹,征收马二匹。等语。著将马匹,照数罚取,则哈萨克等方知儆惧。将此亦寄信伊勒图知之。"

(档号:03-134-2-001)

哈萨克汗阿布赉子等人于西华门外瞻觐

乾隆三十八年十二月甲辰(二十日 1774.1.31)哈萨克汗阿布赉子阿底勒苏勒坦等

十五人，回部英吉沙尔四品阿奇木伯克素勒坦和卓等十九人，杜尔伯特公双和尔等二人，于西华门外瞻觐。

（《清高宗实录》卷949　页861）

征收哈萨克马匹税事宜

乾隆三十九年正月丙辰（二日 1774.2.12）又谕，据庆桂奏，派往征收哈萨克马匹之厄鲁特巴彦克什克，途遇喀喇乌苏游牧玛勒塔巴尔等，据称应征马匹已交伊犁兵丁，及询之纳旺，又称并未收到，现在前赴游牧查收等语。前因哈萨克等冬间无处游牧，准于卡座附近过冬，定为百匹内征收一匹，乃伊等并未交纳，而捏称已给兵丁，实系躲差取巧，虽未便依内地例罚赔十倍，亦应稍示儆戒。著传谕庆桂，嗣后如有似此者，即谕以内地漏税之例，但念汝等外夷不晓律令，今仰体大皇帝抚绥之意，每马加罚一匹，即如数征收，则伊等方知儆惧。并传谕伊勒图知之。

（《清高宗实录》卷950　页874）

晓谕哈萨克布鲁特不得互相抢掠

清乾隆朝满文寄信档。乾隆三十九年（1774）二月十七日，大学士、尚书、忠勇公等奉上谕，字寄总管伊犁等处地方将军、领侍卫内大臣、尚书伊勒图等著晓谕哈萨克布鲁特不得互相抢掠。谕曰："伊勒图处奏，厄鲁特达瓦由哈萨克逃出，看其所告之言，哈萨克被布鲁特击败抢劫属实，与从前布鲁特图鲁拜所告纳旺之言相符。阿布赉、阿布勒比斯将遣人来求替伊等办理，亦未可定。倘差人来，则应支吾则支吾，应训饬则训饬。等语。伊勒图所奏为是。布鲁特、哈萨克等互相抢掠之事，竟不能休，并非只有布鲁特妄行抢掠，亦有哈萨克抢掠布鲁特之次。是以布鲁特才抢掠哈萨克等。我等断无干预之例。况我等在伊犁等处设将军、大臣，非为代伊等办事也。今哈萨克以布鲁特抢掠伊等而来求援，若我等遂为办理，则布鲁特又将以哈萨克抢掠伊等为辞，祈请代办，我等又需为布鲁特代办，何日得以休息。是以朕从前降旨训谕数次。今哈萨克既被布鲁特欺压，则将代伊等办理之事，寄信伊勒图，阿布赉、阿布勒比斯若差人来求代伊等办理，则即晓谕伊等曰：互相抢劫之事，非仅有布鲁特抢劫尔等，尔哈萨克亦行抢布鲁特，因此互相结仇，以致无所底止。即如喀什噶尔、乌什地方，皆距离布鲁特近，从前布鲁特亦不时抢劫喀什噶尔、乌什回人。皆为尔等所知者也。今大皇帝命大臣等驻扎喀什噶尔、乌什地方，严加管束回人，弗敢抢劫布鲁特等，故布鲁特等竟无抢掠回人之事。以此观之，若回人不抢掠布鲁特，则布鲁特即不抢掠回人。今若亦派大臣兵丁驻扎尔地方，约束尔所属人，则大臣、官员、兵丁等所需口粮、马匹等一切需用，皆出自尔等，又增尔等颇费，反于尔等生计无裨益。尔等诚如我大臣等严加管束尔所属人，勿使抢掠布鲁特，复设卡座严防，则布鲁特自不敢抢掠尔等。尔等哈萨克、布鲁特均系大皇帝臣仆，其不可妄行抢掠之处，前曾再四告诉尔等。尔等不听我言，仍与布鲁特等结仇，故才被伊等抢掠，我等岂可代尔等办理耶？今我若代尔等办理，布鲁特等亦来求，则我如何办理？我等亦断无偏徇一方之例。等语。谕毕遣之还。倘布鲁特来告状，则不过亦照此等之言驳回。将此亦寄令庆桂知之。”

（档号:03－134－2－006）

言哈萨克被布鲁特抢劫属实

乾隆三十九年二月庚子（十七日 1774.3.28）谕军机大臣等，伊勒图奏，据由哈萨克逃出之厄鲁特达瓦，言哈萨克被布鲁特抢劫属实，与从前图鲁拜所告纳旺之言相合，若阿布赉、阿布勒比斯遣人来求代办，臣仍严行训饬等语。伊勒图所奏甚是。哈萨克、布鲁特互相抢劫，竟不能休，断难干预，况伊犁等处将军大臣，非为代伊办事而设，今哈萨克被劫求援，若遽为办理，则布鲁特又将以哈萨克劫夺为辞，祈请代办，何日得以休息。著传谕伊勒图，若阿布赉、阿布勒比斯遣人前来，应即谕以汝等互相抢劫，非仅布鲁特之过，因此结仇，势将无所底止，即如从前布鲁特亦常抢掠喀什噶尔回人，今喀什噶尔、乌什设立大臣约束，不令抢掠布鲁特，是以布鲁特亦无抢劫回人之事，今汝等地方，若设立大臣，则官兵一切需用，皆出自汝等，于生计更无裨益，若果能弹压属人，复设卡严防，布鲁特自不敢妄行窥伺，汝等均系大皇帝臣仆，从前谆谆训饬，汝等当知遵奉，若纷纷告求代办，则我处亦断无袒护一面之理。倘布鲁特来时，亦即照此驳回。并寄令庆桂知之。

（《清高宗实录》卷953　页913—914）

新疆驻卡侍卫三年期满无过保列头等

乾隆三十九年二月甲辰（二十一日 1774.4.1）又谕曰，福森布等奏称，将喀什噶尔驻卡之三等侍卫明善保列头等，送京引见等语。出兵侍卫，设果能奋勉出力，不但保列头等，且有保列超等者，原因伊等在军营出力奋勇之故，若此等驻卡侍卫各守汛地，严行巡查，不与哈萨克、布鲁特等私行贸易，本其分所当然，不得与著有劳绩者并论，若准其保列头等，殊属逾分。嗣后凡新疆各处驻卡侍卫，三年期满，果能巡查严密，不与哈萨克、布鲁特等私行贸易，并无过犯者，准其保列二等，如照常行走者，著列为三等，其保列头等，带领引见之例著停止，此次所保之头等侍卫明善即著作为二等。

（《清高宗实录》卷953　页917）

将易获哈萨克牲畜交察哈尔等牧放孳生

乾隆三十九年（1774）五月初二日。奴才庆桂谨奏：为奏闻嗣后贸易换获哈萨克牛羊亦拣选牧放孳生事。查得，塔尔巴哈台系边陲，应大量孳生各项牲畜，以便应用，且察哈尔、额鲁特等皆会放牧孳生。若交给伊等牧放孳生，于其生计亦有裨益。顷奴才庆桂具奏，查特穆尔牧厂各项牲畜，近年来哈萨克携来贸易之牛羊，不甚理想。又拨补田工、驿站及给官兵搭放口食，所剩无多，并不可牧放孳生。是故，未经办理牛羊孳生事宜。惟骒马、儿马五百余匹内，选出三百匹堪以孳生者，交给察哈尔、额鲁特等牧放孳生。等因，于四月十九日奏闻。四月二十日，据伊犁将军伊勒图咨称，塔尔巴哈台察哈尔、额鲁特等，原先皆由官方发给牲畜孳生。土尔扈特来归后，圣主施恩，拨给伊等孳生牲畜时，因伊犁牲畜不敷，经参赞大臣安泰具奏，已将塔尔巴哈台所有牲畜及交给察哈尔、额鲁特等牧放孳生马牛、羊只，皆抽出分给土尔扈特等。现彼处察哈尔、额鲁特等并无孳生官畜。窃思，塔尔巴哈台地处边陲，需用牲畜之处甚多，而察哈尔、额鲁特等皆能放牧孳生。若仍旧分给伊等牲畜牧放孳生，于其生计有益，且能多繁殖牲畜，如有需用之处，亦可现成，于事大有裨益。奴才原在塔尔巴哈台时，本想办理此事，惟彼时从哈萨克贸易换获牲畜少，且又有接济土尔扈特事项，未及办理。今渥巴锡游牧已迁珠勒都斯，仅策伯克多尔济游牧尚在霍博克赛里，并无另外需用牲畜之处。故奴才咨文庆桂相商，拟从塔尔巴哈台陆续贸易换获哈萨克骒马、儿马、牛、羊内，选出堪以孳生者，相继分给该处察哈尔、额鲁特等牧放孳生。等因具奏，咨文前来。嗣后，在贸易换获哈萨克牛羊内，若有堪以孳生者，奴才尽量挑取，即照先前办理孳生马匹之例，相继分给察哈尔、额鲁特等牧放孳生外，亦咨文将军伊勒图。为此谨具奏闻。乾隆三十九年五月二十七日奉朱批：知道了。钦此。

（《军机处满文录副奏折》2584—2）

布鲁特求办哈萨克掳掠事不得受理

清乾隆朝满文寄信档。乾隆三十九年(1774)五月十五日，大学士、尚书、忠勇公等奉上谕，字寄总管伊犁等处地方将军、领侍卫内大臣、尚书伊勒图等著布鲁特求办哈萨克掳掠事不得受理。谕曰："伊勒图处奏称，据哈萨克推索克等报称，阿布赉、阿布勒比斯率众哈萨克至哈喇巴勒坦地方与布鲁特打仗，抢掳布鲁特妇幼牲畜一千，布鲁特阿提克等追至塔拉斯地方与阿布赉等打仗，布鲁特又被击败，阵亡一千余人，又有布鲁特一千人被哈萨克掳去，其中有许多头人。等语。以此观之，布鲁特等被哈萨克重创，布鲁特等必欲报复，或遣人来求代伊等办理，亦未可定。布鲁特、哈萨克互相抢掠，已属常事。布鲁特倘以哈萨克掳掠伊等而来请兵，或求代伊等办事，则断不可受理。因为布鲁特以哈萨克掳掠伊等而来求代伊等办理，我若即受之，则哈萨克又以布鲁特掳掠伊等而来求我代伊办理，我等又如何办理？何日得以休息？我驻扎伊犁许多官兵，岂为伊等设耶？此事断不可行，应即驳回。从前朕降旨训谕数次。将此著再寄信伊勒图等，布鲁特若不来求则已，伊倘欲向哈萨克复报复，或派人来求代伊等办理，则伊勒图即谕伊等云：尔等布鲁特、哈萨克互相掳掠，皆为常事。尔等以为哈萨克掳掠尔等，从前尔等亦掳掠哈萨克等矣。尔等互相结仇，我等可如何干预？我等今若代尔等办理，则哈萨克来求时，我等又如何办理？断无袒护一方之言之理。如此晓谕伊等，断然拒绝，遣之返还。将此亦寄信庆桂知之。"

（档号:03－134－2－016）

锡伯家丁逃亡

乾隆三十九年(1774)六月十七日。奴才伊勒图谨奏：为请旨事。窃据锡伯部披甲科尔布所买土尔扈特丁善济，于四月十三日逃走等因呈报前来，奴才当即咨令伊犁所属各营、部、卡伦、驿站及各地大臣等严加查拿去后，兹由塔木哈卡伦侍卫杨保处，于五月二十九日会哨时，见有三匹马出卡踪迹，当即率兵六名追赶。至沙塔斯达巴罕，拿获土尔扈特逃犯一名，将所乘之马一匹，牵走之马两匹一并解送到城。奴才饬交理事官员审讯，据供，伊名善济，现年四十七岁，系巴木巴尔之奴。去年春，巴木巴尔之子达木拜拉桑将伊带至伊犁，以银七两卖给锡伯披甲科尔布。善济每日种地，劳累不堪，于本年四月初十日，意欲逃往厄鲁特牧场躲避数日，遂步行潜逃，往厄鲁特游牧乞食。厄鲁特人等问伊时，伊诈称库图克图所属沙必纳尔，一无所有，游荡乞食。厄鲁特人等稍给伊酸马奶喝后，即行赶走。从此，善济昼则乞食于厄鲁特人家，夜则露宿于野外，从未定居一处。流浪一月有余，至上三旗厄鲁特游牧地方，夜间盗取青色鞍马一匹、青色骟马二匹。因地方不熟，盲目行走，至一达巴罕，被卡伦人员追捕送城等语。又问善济，你逃亡后已经四十余日，此间还另有为盗之事吗？再，盗马三匹出卡，必定想投俄罗斯、布鲁特、哈萨克，据实供来。经详加穷究，据供，伊逃出后，到处乞食，并无固定栖身之所。如果返回，又惧于治罪，后因盗获马匹，想投一游牧度日。不知路途，胡乱行走时，被卡伦兵拿获，实无逃往俄罗斯、布鲁特、哈萨克之念等语。坚供不移，等因呈报前来。奴才复审无异。查得，前经舒赫德定议具奏，此等领买土尔扈特等，若偷盗马匹等物出卡逃往哈萨克、布鲁特，则俟其就获即行绞杀；若偷盗马匹等物逃往游牧，则拿获后枷号三个月，期满鞭百，交给原买主严加管束；仍不守本分，又盗马匹等物而逃，则俟其就获亦即行绞杀等因，奉旨准行。土尔扈特善济系其台吉达木拜拉桑带至伊犁，以银卖给锡伯披甲科尔布为奴之人，只因种田劳累不堪，即出逃躲避，又敢偷盗他人之马三匹，逃出卡伦，情节恶劣。虽供无逃往俄罗斯、哈萨克、布鲁特之念，若不严办，不能引以为戒。请将善济照例拟定立地绞杀之罪，奉旨之日，即可施行。此外，该卡伦侍卫上行走内庭值事杨保，追获逃犯善济，照例记录一次之处，请容报部。其协同缉拿之兵丁，亦请酌情奖赏，以资鼓励。至善济所盗之马三匹，待查出原主交还。为此谨奏。请旨。乾隆三十九年七月十四日奉朱批：知道了。钦此。

（译自《军机处满文月折档》）

阿布赉阿布勒比斯率兵与布鲁特打仗

乾隆三十九年五月丁卯（十五日 1774.6.23）又谕（军机大臣等）曰，伊勒图奏，据哈萨克推索克禀称，阿布赉阿布勒比斯率领多人至哈拉巴勒丹，与布鲁特打仗，抢掠布鲁特男妇牲畜甚多，布鲁特阿提克等追至塔拉斯地方，又复败绩阵亡一千余人，又被掳去千余人，内有许多头人等语。布鲁特被哈萨克抢掠，必欲复仇，或遣人来求代伊办理，伊等彼此抢劫，已属常事，原难代为办理，朕从前屡降谕旨甚明。著再传谕伊勒图，若布鲁特遣人前来，即谕云，汝等互相抢掳，事属寻常，从前汝等抢掳哈萨克，我并未干预，今若代汝办理，倘哈萨克来求，又当如何，断无袒护一面之理。如此晓谕，即行遣回。并著传谕庆桂知之。

（《清高宗实录》卷958　页994）

将官马羊酌量拨给伊犁备用

清乾隆朝满文寄信档。乾隆三十九年(1774)七月初四日,大学士、尚书、忠勇公等奉上谕,字寄总管伊犁等处地方将军、领侍卫内大臣、尚书伊勒图等著将官马羊酌量拨给伊犁备用。谕曰:“庆桂处奏,接收将军伊勒图迫催哈萨克货物书信后,召布鲁特来晓谕毕,遣之往迫催。等语。而伊勒图处又奏:今岁哈萨克马畜若不至,则补办明年乌鲁木齐、巴里坤等地马畜时,即不能接济,故寄信庆桂往迫催。等请。伊勒图、庆桂所办差矣。取哈萨克马匹贸易于伊犁、塔尔巴哈台,特为哈萨克系外夷之人,不能得获我内地物件,行事利济伊等起见。因此,应使伊等永存感激朕恩之心才好。贸易事与我有益,不可使之丝毫知觉。哈萨克货物此间不至,因伊等与布鲁特有战事,故稍稀而已,伊等或许来也,何必迫催?因为,哈萨克等纵然糊涂,亦不能不知获利。一再迫催,犹如我急待用伊马,久而久之,伊等必挑剔我物件之好坏,以致伊等视其马为奇物而提价。若致提价,则即非事,且伊等有错觉,我天朝所用马依赖哈萨克。所关甚巨。况在我伊犁,现仍有马畜,而于察哈尔等地牧群又有马羊数十万,尽可足用,并无依赖哈萨克马畜之处。至于办理官马羊,徐徐赶送伊犁孳生牧放之事,交与军机大臣等详加定议具奏毕,另寄伊勒图等外,将此著寄信伊勒图、庆桂,哈萨克若带马畜来贸易,则准照例贸易;若不至,则听其便,不必迫催。”

(档号:03-134-2-031)

将哈萨克马由官买六分或八分

清乾隆朝满文寄信档。乾隆三十九年(1774)八月二十八日,大学士、尚书、忠勇公等奉上谕,字寄总管伊犁等处地方将军、领侍卫内大臣、尚书伊勒图,驻塔尔巴哈台办事参赞大臣等著将哈萨克马由官买六分或八分。谕曰:“伊勒图处奏称,于伊犁现有孳生马牛羊甚多,若将哈萨克等带来之马畜,陆续多选出交与乌鲁木齐、伊犁、塔尔巴哈台牧放孳生,则将足用,请停止送察哈尔马羊。等语。又据另折奏称:乌鲁木齐田禾多被蝗灾,除以所易哈萨克羊只接济外,欲将伊犁粮谷运至接济。又哈萨克等带来马二千六百八十余匹,易取马一千三百三十余匹。等语。伊勒图所奏极无章法,竟非办事之道。先是,由伊等处奏称:哈萨克之货物不至,接济乌鲁木齐等处时马畜不足,已转告布鲁特等去催哈萨克货物。等语。时因将我马畜不敷之事,不可令哈萨克等知觉,故朕才降旨,令将察哈尔牧群之马羊送往伊犁。此亦欲伊等彼处之马畜不敷,无奈如此通融办理之意。至是,伊勒图奏称:在伊犁马畜多,将从哈萨克地方带来之马畜,多选出分给乌鲁木齐等处牧放孳生,尽可以接济。等语。由此观之,起初即不必办理。今所谓除不必由察哈尔送往外,乌鲁木齐田禾被蝗灾,故将伊犁粮谷运至接济者,不可行。因为伊犁乃各部落居住之地,彼处储粮,亦甚紧要,不仅未有运伊犁粮往乌鲁木齐之例,而且路途遥远,运至亦难。即需伊犁接济,亦应从伊犁多余羊畜内通融办理。今夫此次来伊犁贸易之哈萨克等赶来马计共二千六百余匹,而伊勒图只买骟马四百余匹、骒儿马八百余匹,仍余一半。若谓令官兵买，则官不用马，将拣选后所余之马，令官兵买亦可。今正需买官马之际，留半令官兵买，可乎？倘云其一半马皆可用者，则今正值以干粮接济乌鲁木齐之时。厄鲁特、哈萨克等平时皆以马为干粮，而前征西北路之官兵亦有以马为干粮之处。若将此项马匹，由官多买其优者留用，可用者送往乌鲁木齐为干粮，亦为善事，有何不可。留半令官兵买者，伊勒图错办也。此事非订制度不可。著将此寄信伊勒图，嗣后，将哈萨克等带来之马匹，若官马畜多不急用，既然官兵亦需马匹，则由官买六分，令官兵买四分；倘官需似此马匹，则由官买八分，令官兵买二分。以此为例，亦寄信庆桂一体遵办。"

（档号:03－134－2－052）

来投厄鲁特等送往伊犁居住

清乾隆朝满文寄信档。乾隆三十九年(1774)九月十八日，大学士、尚书、忠勇公等奉上谕，字寄总管伊犁等处地方将军、领侍卫内大臣、尚书伊勒图、驻塔尔巴哈台办事参赞大臣庆桂等著将来投厄鲁特等送往伊犁居住。谕曰："庆桂处奏：晓谕哈萨克索勒通所遣使臣伊满等毕，遣之还，收办伊送来之厄鲁特、土尔扈特。等语。庆桂所办甚善。现哈萨克等虽为朕之臣民，伊等感激朕恩，遣使来请朕安瞻仰，但若系无汗王品级之人，如何遣呢？庆桂遣哈萨克索勒通所遣之伊满返还，收伊所送来之厄鲁特、土尔扈特等，酌情赏赐伊等予口粮、缎、布等物毕遣回者甚是。惟伊等送来之厄鲁特、土尔扈特，乃图沾朕恩，诚心来投之人，哈萨克等理应善待伊等，不应留伊等之人、马。因此，应由庆桂处严加训斥伊等，其所留之人尽数索回，所谓已不深究者，稍示心软。但庆桂既向哈萨克伊满如此慨然许诺，则此次尚可，下次若有似此者，则必尽数索回，办理不可稍示心软。再，此项厄鲁特、土尔扈特既皆诚心来归，则应将伊等送往伊犁，按各自队、部居住。俟查明土尔扈特等后，其属何台吉者，即派往何台吉游牧居住。将此著寄信庆桂遵行外，亦寄信伊勒图知之。"

（档号:03－134－2－061）

著准渥巴锡等取道喀尔喀路来避暑山庄

清乾隆朝满文寄信档。乾隆三十九年(1774)十月二十三日，大学士、尚书、忠勇公等奉上谕，字寄总管伊犁等处地方将军、领侍卫内大臣、尚书伊勒图等著准渥巴锡等取道喀尔喀路来避暑山庄。谕曰："伊勒图处奏，策伯克多尔济呈请若遇应朝觐班次，伊身不耐炎热，从喀尔喀路前来，甚为有益，情愿以自办前来。等情。由庆桂处复信商议，照所驳渥巴锡请由喀尔喀路前来之议驳回。等语。土尔扈特渥巴锡等人自来归以来，指给处所，各令游牧种田，又于渥巴锡游牧内建寺，永成内地臣民，非哈萨克等可比。我今令官为备办，送土尔扈特等至乌鲁木齐，取道内地前往朝觐，原因土尔扈特之生计尚未殷实，再有数年，伊等之生计富裕后，应如杜尔伯特等，准其自力行走。今渥巴锡等呈请自备资斧，由喀尔喀路前来避暑山庄，原因不耐炎热，又计利济伊等自身，事属可行，应照伊等所请行，不应驳回，原因我现准土尔扈特等与杜尔伯特、喀尔喀互相结婚姻矣。即令伊等由喀尔喀路至驿站后，从多伦诺尔路来避暑山庄，亦无不可，尚一味拘泥原奏定事，必令伊等皆会集于乌鲁木齐，由巴里坤路沿边而行，不必驳回。将此著寄信伊勒图、庆桂，遣渥巴锡、策伯克多尔济来避暑山庄朝觐时，伊等若呈请自备资斧，由喀尔喀路前来，则即晓谕渥巴锡等曰：由我处将尔等呈请从喀尔喀路而行事，奏闻大皇帝。奉大皇帝谕曰：渥巴锡、策伯克多尔济等呈请，原因伊等身子尚生，若行内地，则不耐炎热，怕出痘子。喀尔喀路略凉，由彼行利济伊等，著即照伊等所请行。但渥巴锡游牧在喀喇沙尔，若如策伯克多尔济由科布多、乌里雅苏台前来，则路绕远，其力所不能。令伊由巴里坤迤东喀尔喀扎萨克图汗、乌喇特、四子部落游牧、多伦诺尔前来避暑山庄，皆系口外，地方凉爽，于伊有益。令渥巴锡即由彼前来。遣伊等来朝时，于何时起程、何地会齐、并同赴避暑山庄之处，著伊勒图等酌准地方情形，定议具奏。”

（档号：03－134－2－068）

问郡王策凌是否认识来归厄鲁特舍棱

清乾隆朝满文寄信档。乾隆三十九年（1774）十一月二十六日，大学士、尚书、忠勇公等奉上谕，字寄銮仪使阿育什著问郡王策凌是否认识来归厄鲁特舍棱。谕曰：“据庆桂处奏，由哈萨克阿布赉处送厄鲁特台吉舍棱，土尔扈特敦多克车林等六人至、讯据台吉舍棱供称，伊为俄罗斯血缘，扣本淖叶特（keobun nooyet）部落台吉鄂木布之子，曾居于伊犁沙尔伯勒（ˇsarbel）地方。等语。该舍棱从前厄鲁特游牧乱时往投俄罗斯，男皇往征费耶托尔·费耶托尔齐后败北，向费耶托尔·费耶托尔齐投降，其后费耶托尔·费耶托尔齐为察罕汗兵所击败，被迫才来投，伊之妻子等仍在俄罗斯地方，非与渥巴锡、策凌等由额济勒（ejil）连户辛苦远行诚心来归可比，全不可信。若将伊等归隶各自游牧居住，则反致渥巴锡、策伯克多尔济用心照管伊等，于渥巴锡等无益。但已来归，不收亦不可，故朕令送伊等来京，安置于察哈尔或热河，著将此寄信阿育什，将朕如此办理之意晓谕土尔扈特郡王策凌，并告知伊认识现来投之舍棱与否？何等之人？如何进入俄罗斯？于俄罗斯地方任何职之处，明白陈报伊所知。将伊所告之事，阿育什即行奏闻。”

（档号：03－134－2－080）

不必向哈萨克索要来投人所留物件

清乾隆朝满文寄信档。乾隆三十九年（1774）十一月二十六日，大学士、尚书、忠勇公等奉上谕，字寄总管伊犁等处地方将军，驻塔尔巴哈台办事参赞大臣、侍郎、副都统庆桂等著不必向哈萨克索要来投人所留物件。谕曰：“据庆桂处奏，嗣后，哈萨克再送来投厄鲁特、土尔扈特等至，经问明后，哈萨克若收留伊等之人、马、物件等，则即遵旨，即向伊等尽数索取。等语。前为此事，朕谓庆桂心软，特指未尽取所留之人，并非言及取其物件。军机大臣等拟旨时，写将所留之人尽数索取，而又写不应留伊等之人、马、物件，是含糊不明。庆桂接奉此旨，亦并未详阅。原因哈萨克人等禀性贪婪，好占便宜。

伊等若送来投厄鲁特、土尔扈特等至我处，则即为感激朕恩之举，偏又究取伊等所留物件，则哈萨克等断不给还，且反关系我天朝大典，仍为伊等小觑。因此，不但不可取哈萨克等收留物件，即此次伊等所留之人亦不必取。伊等已送台吉等来，余者皆系属民，并非要紧之人，且取出后，尚需赡养伊等，索性停止索取，听伊等留之。况从前渥巴锡等来归时。哈萨克等将伊等之人、马畜、物件，早已留为己有，并未向伊等索要。今为少许数人、物件，又取之何用？将此著寄信庆桂，嗣后，哈萨克若将来投厄鲁特、土尔扈特等人送至，则其人照常收取，至所留物件，不必作为一桩事向伊等索要。将此亦寄信伊勒图知之。”

（档号:03－134－2－081）

将阿布赉解来舍棱等解京后安插

清乾隆朝满文寄信档。乾隆三十九年(1774)十一月二十六日，大学士、尚书、忠勇公等奉上谕，字寄总管伊犁等处地方将军，驻塔尔巴哈台办事参赞大臣、侍郎、副都统庆桂等著将阿布赉解来舍棱等解京后安插。谕曰:“据庆桂奏，哈萨克阿布赉送来由俄罗斯逃出投诚之厄鲁特舍棱、土尔扈特敦多克车林等六人，经详加询问，将安插于伊犁、巴尔鲁克、巴木巴尔游牧之处，业已行文将军伊勒图。等语。此等厄鲁特、土尔扈特均早已投诚俄罗斯，曾随伊等往战男皇费耶托尔·费耶托尔齐失败后，便投降费耶托尔·费耶托尔齐，后费耶托尔·费耶托尔齐又被察罕汗兵击败，被迫才来投，看得人不坚定，且伊等妻子仍留俄罗斯地方，非与渥巴锡等由额济勒(ejil)连户辛苦远行诚心来归可比，今若安插伊犁、巴尔鲁克、巴木巴尔游牧，全不可信。且反致渥巴锡、策伯克多尔济用心照管伊等，于伊等无益。但已来归，不收亦不可，将此寄信伊勒图、庆桂，将厄鲁特舍棱、土尔扈特敦多克林等，由伊勒图处派遣妥员，解送京城，送来后，或安插于察哈尔地方，或安插于热河地方之处，将另行定夺。著伊勒图处仍将朕如此办理之处，晓谕渥巴锡、策伯克多尔济等。再，台吉舍棱被解至阿布赉地方后，阿布赉之子斡里苏勒坦请示其父时，阿布赉称:来投诚大皇帝之人，不可收留，并携带在俄罗斯地方之土尔扈特敦多克车林解来献上，特因此辈均皆台吉身份，解送前来，厚望朕之恩赏矣。虽则理当予以奖赏，惟该舍棱、敦多克车林原由俄罗斯来归时，计有厄鲁特、土尔扈特九十四人，今阿布赉仅送来六人，并未全部查送前来，倘予施恩赏赐，甚是过矣。将此一并寄信庆桂，嗣后，阿布赉之人前来塔尔巴哈台，则以伊之意拟写札付阿布赉之文:尔处将台吉舍棱、土尔扈特敦多克车林等解送前来，经我具奏大皇帝后，已奉大皇帝圣旨:阿布赉处将来归我朝之土尔扈特等虽未全部送来，然将台吉舍棱等查送前来，实属感恩至诚，朕亦欣鉴之。等语。即行札付前去。”

（档号:03－134－2－082）

札商策伯克多尔济呈请入觐事宜

乾隆三十九年十月丙午(二十六日 1774.11.29)谕曰，伊勒图奏，据庆桂札商策伯克多尔济呈请，遇应朝贺班次，伊不耐炎热，情愿自备资斧，由喀尔喀一路前来，随经照所驳渥巴锡请由喀尔喀一路前来之议驳回等语。土尔巴扈特渥巴锡等投诚以来，指定处所，各令游牧耕种，俱成内地之人，非哈萨克可比，伊等来朝，令官为备办，送至乌鲁木齐，经由内地，原因其生计尚未富足，俟数年后生计充裕，自应与都尔伯特，一体令其自备资斧来朝，今渥巴锡等呈请由喀尔喀一路前来，原因不耐炎热，事属可行，且现令土尔扈特与都尔伯特、喀尔喀结姻，即令由喀尔喀多伦诺尔至避暑山庄，亦无不可。著传谕伊勒图、庆桂，晓谕渥巴锡、策伯克多尔济等，俱著照所请行，惟渥巴锡游牧在哈喇沙尔，若与策伯克多尔济由科布多、乌里雅苏台前来，道路遥远，著由巴里坤迤东喀尔喀、扎萨克图汗、乌喇特、四子部落、多伦诺尔前来。其遇朝贺，于何时起程，何处会齐，并同赴避暑山庄之处，著伊勒图等酌准地方情形，定议具奏。

（《清高宗实录》卷969　页1229）

来年遣布鲁特来木兰围场朝觐

清乾隆朝满文寄信档。乾隆三十九年（1774）十二月二十一日，大学士、尚书、忠勇公等奉上谕，字寄总管伊犁等处地方将军、领侍卫内大臣、尚书伊勒图等著来年遣布鲁特来木兰围场朝觐。谕曰："据庆桂等处奏，哈萨克侍卫布鲁特率其户口亲戚十九人来塔尔巴哈台，已遣伊往伊犁居住。或今岁遣布鲁特往朝觐，或来年遣往围场之处，已行文伊勒图。等语。布鲁特感激朕恩，率户口亲戚诚心来归，甚为可怜。将此著寄信伊勒图，指给布鲁特以好游牧以居，仍加恩赏缎二匹，并将朕加恩之处晓谕于伊。布鲁特至此不久，居住尚未服习，但现时又冷，尚不必今岁遣之来朝觐，来年同土尔扈特汗渥巴锡等来木兰围场朝觐。将此亦寄信庆桂知之。"

（档号:03－134－2－087）

伊勒图著议脱离俄罗斯来投人等如何安置

清乾隆朝满文寄信档。乾隆四十年（1775）二月十一日，大学士、尚书、忠勇公等奉上谕，字寄总管伊犁等处地方将军、领侍卫内大臣、尚书伊勒图著议脱离俄罗斯来投人等如何安置。谕曰："据伊勒图处奏称，钦遵谕旨，派三等侍卫达崇阿等送土尔扈特台吉敦多克车林、绰罗斯台吉舍楞等往京师。等语。昨据庆桂处奏：将哈萨克阿布赉送到由俄罗斯脱离来投之舍楞、土尔扈特敦多克车林等六人，送往伊犁巴尔鲁克之巴木巴尔游牧安插。等语。朕即传旨曰：此项厄鲁特、土尔扈特，俱系早已投顺俄罗斯之人，看来被人逼迫才来投，为人无定，且伊等之妻子仍在俄罗斯，非如渥巴锡诚心来归可比。今若安插于伊犁巴尔鲁克之巴木巴尔游牧，尔等不可深信，且反使渥巴锡、策伯克多尔济等用心照料伊等，于伊等亦无裨益。至将舍楞、敦多克车林等送至京师，或安插察哈尔或热河之处，另行定议。今看伊勒图所奏，由伊处咨舒通阿查得，敦多克车林系策凌德勒克之叔辈。舍楞系绰罗斯台吉，应送京师者。敦多克车林系策凌德勒克之叔父，即归隶策凌德勒克居住，并非不可。但敦多克车林距离策凌德勒克远与近；归隶伊居住，有无裨益；为日已久，敦多克车林有无又潜逃之情；策凌德勒克可信与否之处，尚不知晓，难以就定。将此著寄信伊勒图转交舒通阿，令伊详询策凌德勒克：敦多克车林距伊远与近；归伊居住，伊愿与否；既已居住，能杜绝伊再潜逃事件。伊若云距伊近，愿归伊居住，著舒通阿即一面具奏，一面呈禀将军，行文侍卫，将敦多克车林带回，安插于策凌德勒克游牧。倘距伊远，不愿留住，伊不能保，则不必即行另办，送至京师，令伊居住察哈尔或热河。将朕此旨，著由舒通阿处明白晓谕策凌德勒克。”

（档号:03－134－3－010）

庆桂著查驿行猎时专心学习技艺

清乾隆朝满文寄信档。乾隆四十年（1775）五月初一日，大学士、尚书、忠勇公等奉上谕，字寄驻塔尔巴哈台办事参赞大臣、侍郎、副都统庆桂著查驿行猎时专心学习技艺。谕曰：“庆桂处所奏游牧察哈尔、厄鲁特、哈萨克等耕种情形折内，有所种田亩已萌芽茂盛之语，错矣。有根枝秋雨后复出者称 arsumbi‘萌芽’，下种后才出者称 arganambi‘发芽’。即蒙古语亦说两种。庆桂因清语欠缺，故无意中写错。自遣庆桂赴塔尔巴哈台以来，办诸事并未错失，俱处理妥切，尚堪造就。伊为我满洲奴仆，年力硬壮，正学习之时。凡清、蒙古语及才技，俱应专心学习。即如伊所奏折内，有遇查驿之便行猎之语。此为甚是。若遇查驿之便行猎，则即得以学习也。勿令人耻笑。将此著寄信庆桂知之。”

（档号:03－134－3－031）

查明来归厄鲁特身份分别安置

清乾隆朝满文寄信档。乾隆四十年（1775）六月初六日，大学士、尚书、忠勇公等奉上谕，字寄总管伊犁等处地方将军、领侍卫内大臣、尚书伊勒图等著查明来归厄鲁特身份分别安置。谕曰：“庆桂等处奏称，自哈萨克逃归厄鲁特巴雅尔、赛木伯尔克、玉鲁斯等三人，系去岁同厄鲁特台吉舍楞、土尔扈特台吉敦多克车林等自俄罗斯逃归之九十四人之内者，应照舍楞等送京。送巴雅尔等至伊犁，请遇便送京。其嗣后陆续来归者，亦请俱照此办理。等语。从前舍楞、敦多克车林等自俄罗斯来归时，舍楞系绰罗斯台吉，敦多克车林为土尔扈特台吉，非渥巴锡等可比，将伊等不能安置于彼处，朕遂降旨，令送伊等来京。若系平常厄鲁特人奴仆，即归隶伊犁厄鲁特昂吉，不必周章送京。庆桂折内，虽未陈明来归巴雅尔等系台吉与奴仆，未必系台吉之骨肉。将此著寄信庆桂，查明巴雅尔等三人内，若有台吉骨肉，则送伊犁，遇便送京；倘系奴仆，则送伊犁，俱归隶厄鲁特昂吉。嗣后有似此陆续来归者，即照此办理。仍寄信伊勒图，一体遵行。”

（档号:03－134－3－050）

庆桂以后愈加勤勉学习办事

清乾隆朝满文寄信档。乾隆四十年（1775）六月二十七日，大学士、尚书、忠勇公等奉上谕，字寄驻塔尔巴哈台办事参赞大臣、侍郎、副都统庆桂著以后愈加勤勉学习办事。

谕曰："庆桂处奏称，准与阿布勒比斯之子玻普同来进马匹之巴布克告称，伊系侍卫布鲁特之侄儿，阿布勒比斯授伊为图尔图勒部落阿哈拉克齐，令转发参赞大臣、阿布勒比斯互呈交待事宜等情。察所告之言，巴布克并未与玻普等同入时相告，其出去之后，独自入告，不可信，穷究议驳。等语。庆桂所思甚是。巴布克为人奸诈，若不穷诘驳回，则伊返还后，必又谎告阿布勒比斯。庆桂自到塔尔巴哈台以来，诸事妥善办理，且凡处细心周到，多有长进。伊系大学士尹继善之子，非他人可比。如此能办事，朕又得一良臣，不胜喜悦。惟伊折子内称，询问前来之阿布勒比斯之子、众哈萨克人等，俱言不知巴布克所告之言等情。众既言不知，则应即带巴布克，当众究查其欺骗，伊返回后，更不敢妄行造谣。此即庆桂甫办事，稍不周到之处。伊若当即办明，愈加完善。将此著寄信庆桂，伊知此，嗣后愈加勤奋学习，以副朕栽培之心。"

（档号:03－134－3－059）

索伦营竟不得壮丁

"乾隆四十年(1775)七月初三日。奴才伊勒图谨奏：为仰祈睿鉴事。伊犁满洲、锡伯、厄鲁特营披甲出缺后，尚有人挑补。索伦、察哈尔营闲散余丁甚少，这几年挑补披甲之缺，竟不得壮丁。伊等驻守边陲，依靠钱粮赡养家口，故奴才等无奈从十几岁幼童中挑取身体稍高堪以披甲者。伏思，伊犁地处边陲，官差繁多，各营之兵务应挑取年轻力壮者，以备官差，方有裨益。故此，理合变通办理。惟索伦营兵一千户，闲散成丁少，若将他营闲散余丁调补索伦营，则其习俗不同，不便办理。察哈尔营由原游牧迁来时，即有厄鲁特混合移驻。且于二十九年，经将军明瑞奏准，亦将陆续从哈萨克、布鲁特来投厄鲁特，分归厄鲁特、察哈尔二营安置。而后，从哈萨克、布鲁特来投厄鲁特因其亲属皆在厄鲁特游牧，情愿与厄鲁特等一起居住，遂按其自愿，多编入厄鲁特营，致使察哈尔营闲散余丁少。为于事有益，今理应查出厄鲁特营内来投年限长久之闲散余丁移入察哈尔营。经奴才饬交查得，厄鲁特营下五旗即有闲散余丁千余人。厄鲁特营闲散余丁多，披甲之缺少，暂不能领得钱粮。若挑选百余户，不分户移入察哈尔营，厄鲁特为尽早领得钱粮而情愿移驻，且察哈尔营披甲出缺后亦有壮丁挑补。是故，奴才不使其一户父子兄弟分离，共拣选厄鲁特一百二十户移驻察哈尔营。为此谨奏。伏乞皇上睿鉴。乾隆四十年七月二十五日奉朱批：好。知道了。钦此。"(《军机处满文录副奏折》7638—4)"乾隆四十年(1775)，将军伊勒图奏言：伊犁满营及锡伯、厄鲁特，遇有甲缺挑选，尚属得人，惟索伦、察哈尔两营壮丁甚少，数年来遇有甲缺挑选之际，竟不得年壮之丁，念伊犁赖有钱粮养赡家口，挑选时不得不由幼丁内择其身材稍大者挑取。伏思，伊犁地处极边，官差繁多，各营兵丁，必须挑补年壮者，始有裨益，理宜调剂办理。但索伦营兵一千户，若因伊等身材壮大之余丁稀少，辄将别营之壮大余丁调补该营之缺，恐习俗异而势不可行。"(《新疆识略》卷五，17 页)"乾隆四十七年(1782)七月，将军伊勒图奏言：伊犁满营及锡伯、厄鲁特遇有甲缺挑选，尚属得人。惟索伦、察哈尔两营壮丁甚少，数年来遇

有甲缺挑选之际,竟不得年壮之丁。”(《西陲总统事略·营务》卷六,18 页)

将额鲁特营闲散兵丁移补察哈尔营兵额

乾隆四十年(1775)七月初三日。奴才伊勒图谨奏:为仰祈睿鉴事。伊犁满洲、锡伯、额鲁特营披甲出缺后,尚有人挑补。索伦、察哈尔营闲散余丁甚少,这几年挑补披甲之缺,竟不得壮丁。伊等驻守边陲,依靠钱粮赡养家口,故奴才等无奈从十几岁幼童中挑取身体稍高堪以披甲者。伏思,伊犁地处边陲,官差繁多,各营之兵务应挑取年轻力壮者,以备官差,方有裨益。故此,理合变通办理。惟索伦营兵一千户,闲散成丁少,若将他营闲散余丁调补索伦营,则其习俗不同,不便办理。察哈尔营由原游牧迁来时,即有额鲁特混合移驻。且于二十九年,经将军明瑞奏准,亦将陆续从哈萨克、布鲁特来投额鲁特分归额鲁特、察哈尔二营安置。而后,从哈萨克、布鲁特来投额鲁特因其亲属皆在额鲁特游牧,情愿与额鲁特等一起居住,遂按其自愿,多编入额鲁特营,致使察哈尔营闲散余丁少。为于事有益,今理应查出额鲁特营内来投年限长久之闲散余丁移入察哈尔营。经奴才饬交查得,额鲁特营下五旗即有闲散余丁千余人。额鲁特营闲散余丁多,披甲之缺少,暂不能领得钱粮。若挑选百余户,不分户移入察哈尔营,额鲁特为尽早领得钱粮而情愿移驻,且察哈尔营披甲出缺后亦有壮丁挑补。是故,奴才不使其一户父子兄弟分离,共拣选额鲁特一百二十户移驻察哈尔营。为此谨奏。伏乞皇上睿鉴。乾隆四十年七月二十五日奉朱批:好。知道了。钦此。

(《军机处满文录副奏折》7638—4)

将来归厄鲁特奴仆仍安置伊犁

清乾隆朝满文寄信档。乾隆四十年(1775)七月十三日,大学士、尚书、忠勇公等奉上谕,字寄总管伊犁等处地方将军、领侍卫内大臣、尚书伊勒图等著将来归厄鲁特奴仆仍安置伊犁。谕曰:“伊勒图处奏称:厄鲁特巴雅尔、赛木伯尔克、玉鲁斯等人自哈萨克逃归,由塔尔巴哈台送到,趁此送台吉布鲁特等之便,送至京城。等语。昨据庆桂处奏称:巴雅尔等三人,系去岁同厄鲁特台吉舍楞、土尔扈特台吉敦多克车林等自俄罗斯逃归之九十四人内者,令送伊犁后,请遇便送京。等语。朕即传旨谕伊勒图、庆桂曰:舍楞系绰罗斯台吉,敦多克车林为土尔扈特台吉,不能安置于彼处,故令送京。若系平常厄鲁特人奴仆,即归隶伊犁厄鲁特昂吉而已,不必周章送京。巴雅尔等三人内,若有台吉骨肉,则送伊犁,遇便送京;倘系奴仆,则送伊犁,归隶厄鲁特昂吉。嗣后有似此陆续来归者,即照此办理。伊勒图尚未接奉此旨,故将巴雅尔等又送京。既将巴雅尔等遇便送至,则亦听之。将此著再寄信伊勒图、庆桂,嗣后有似此来归者,仍遵朕从前所降谕旨,系台吉骨肉,著遇便送京,系奴仆,则归隶厄鲁特昂吉。”

(档号:03－134－3－064)

将拿获逃人奖惩之事应写于同一折内

清乾隆朝满文寄信档。乾隆四十年(1775)九月初七日,大学士、尚书、忠勇公等奉上谕，字寄塔尔巴哈台办事参赞大臣、侍郎、副都统庆桂著将拿获逃人奖惩之事应写于同一折内。谕曰："庆桂等处奏：惩打自伊犁解塔尔巴哈台时逃逸哈萨克男人托霍罗克，交那喇巴图解阿布勒比斯，并将不收托霍罗克等之处，行饬阿布勒比斯，赏给拿获托霍罗克之官兵以马匹、羊只、缎匹。等语。朕已于庆桂等折内批示：知道了矣。将事准照伊所奏为之外，朕初看此一折子时，止奏赏赐拿解之人等事，并未奏如何惩治使托霍罗克脱逃之官兵，想是遗漏。另折始奏办理使托霍罗克脱逃之官兵事。此案俱系托霍罗克一人之事，其奖惩之处，应写于同一折内，不应如此另奏。将此著寄信庆桂知之。"

（档号：03－134－3－080）

伊勒图妥办哈萨克借兵一事赏赐大小荷包

清乾隆朝满文寄信档。乾隆四十年（1775）九月十二日，大学士、尚书、忠勇公等奉上谕，字寄总管伊犁等处地方将军、领侍卫内大臣、尚书伊勒图著以妥办哈萨克借兵一事赏赐大小荷包。谕曰："伊勒图处奏，哈萨克阿布赉遣鄂托尔齐等来求兵一千名，称欲取塔什罕三万户进献皇上等情，并递其呈文、奏疏。时指出阿布赉设奸计试探，已复文驳回。等语。伊勒图所办甚是。阿布赉从前抢取塔什罕而不得，今又设奸计，指称献朕，欲求兵仗我威力占据，殊堪鄙贪，竟不知足。伊勒图坚意驳回，退给阿布赉所奏文书及所献马匹者，甚为得体。伊勒图如此办理，果真可嘉。赏给伊勒图大荷包一对、小荷包四个，业已发去，并将朕施恩嘉奖之处，著寄信知之。"

（档号：03－134－3－082）

扎木颜等人履历清单

云木楚木所出副总管缺，拟正之镶红旗佐领扎木颜，食俸饷二十一年。出征两次，于额林哈毕尔噶、叶尔羌、阿勒楚尔、伊什勒库勒、乌什等处打仗四十七次，杀贼十名，保荐为卓异三次，得一等功牌五枚、二等功牌五枚、三等功牌三枚、赏银十九两。塔尔巴哈台换防一次，巡查哈萨克边界一次。往乌鲁木齐送马一次，因妥善送到，加一级。因办理伊犁土尔扈特屯田事务效力，记录二次。现年四十二岁，察哈尔，马步箭平。拟陪扎木颜之镶黄旗佐领乌巴西，食俸饷二十二年。出征二次，于库车、沙雅尔、叶尔羌、阿勒楚尔、伊什勒库勒、乌什等处打仗四十次，杀贼十三名，夺获鸟枪一杆、长枪一杆、鞍马一匹，保荐为卓异一次，得一等功牌四枚、二等功牌四枚、三等功牌一枚、赏银六两。塔尔巴哈台换防一次，巡查哈萨克边界一次。因办理土尔扈特屯田事务效力，记录二次。现年四十岁，旧额鲁特，马步箭平。拟补副总管所递佐领缺，拟正之正黄旗托布[illegible]佐领下骁骑校雅木丕勒，食俸饷二十五年。出征一次，于鄂垒扎拉图、乌鲁木齐、特讷格尔、喀什噶尔、叶尔羌等处打仗二十九次，杀贼十五名，得一等功牌二枚、二等功牌二枚、三等功牌一枚、赏银三十七两。塔尔巴哈台换防一次，巡查哈萨克、布鲁特边界二次。因妥善牧放特穆尔牧厂马匹，记录一次。现年四十五岁，旧额鲁特，马步箭平。拟陪雅木丕勒之镶蓝旗嘎鲁第佐领下骁骑校扎布，食俸饷十八年。出征二次，于哈萨克、塔什干、布

鲁特、叶尔羌、和阗、阿勒楚尔、伊什勒库勒、巴达克山、乌什等处打仗三十九次，杀贼八名，保荐为卓异一次，得一等功牌一枚，二等功牌五枚。因办理土尔扈特屯田事务效力，记录一次。补放佐领拟陪一次。现年五十岁，旧额鲁特，马步箭平。

(《军机处满文录副奏折》2647—5)

将盗马人塔奔等解卡伦当众严惩

清乾隆朝满文寄信档。乾隆四十年(1775)闰十月十三日，大学士、尚书、忠勇公等奉上谕，字寄科布多办事参赞大臣、护军统领、副都统多敏、各处将军大臣等著将盗马人塔奔等解卡伦当众严惩。谕曰："多敏处奏称，请将偷盗哈萨克马匹之贼乌梁海塔奔、阿木尔、贝克等四人，查拿审明后，不分首从，解卡伦地方，传集哈萨克等，正法示众。将塔奔等锁禁，候旨遵行。等语。乌梁海塔奔等，敢为强盗，盗马数匹，应不分首从，即行正法，且又盗哈萨克马匹，尤宜传集哈萨克等，当众正法。多敏既已审讯得实，应即一面具奏，一面将塔奔等解卡伦，在哈萨克前，正法示众。若锁禁候旨，前后等候三十余日，此间万一脱逃，以致重犯得脱法网，且哈萨克等俱系游牧之人，伊等迁移后，不能将我天朝法纪晓谕于伊等。多敏并未将塔奔等即时办理，锁禁候旨者，殊不晓事。边疆大臣等，办事不应如此。将此著寄信多敏，将塔奔等即解卡伦，传集哈萨克等，正法示众，并通谕新疆各处将军，嗣后有此等事，俱一面具奏，一面办理，不可拘泥。"

(档号:03－134－3－101)

哈萨克内部争斗事不必干涉

清乾隆朝满文寄信档。乾隆四十年(1775)闰十月十五日，大学士、尚书、忠勇公等奉上谕，字寄总管伊犁等处地方将军、领侍卫内大臣、尚书伊勒图著将哈萨克内部争斗事不必干涉。谕曰："伊勒图处奏称，阿布勒比斯遣其子卓勒齐呈称：伊等哈萨克地方有一图尔固斯坦城，昔萨玛奇汗、阿布勒班毕特同分征正赋。有小城哈尔纳克，阿布勒班毕特独征正赋。现萨玛奇汗之子额塞默欲占哈尔纳克城，阿布赉亦欲取此地方。请奏大皇帝，派使臣前来等情。业经议驳，并咨饬阿布赉。等语。伊勒图所办甚妥。以此观之，阿布赉、阿布勒比斯彼此不睦。从前阿布赉巧言欲献塔什罕，阿布勒比斯闻之，才如此预先呈请，欲找寻立足之地。伊等彼此不睦，不过伊等内部互相抢杀而已，不敢来侵我界。此事于我有益，毫无妨碍。伊勒图以此系伊等内部事，因我不知，不能干涉，不得具奏大圣主等因议驳，并咨饬阿布勒比斯者，甚是。将此著寄信伊勒图，嗣后，哈萨克等有似此妄求之事，则均照此办理，不必干涉伊等之事。"

(档号:03－134－3－102)

严加查办盗窃哈萨克马匹之人

清乾隆朝满文寄信档。乾隆四十年(1775)十月二十六日，大学士、尚书、忠勇公等奉上谕，字寄定边左副将军等、科布多办事参赞大臣、护军统领、副都统多敏等著严加查办盗窃哈萨克马匹之人。谕曰："多敏处奏称：据管玛尼图、噶都拉噶等三卡伦蓝翎德钦等来报：于色特尔图布拉克地方，拿获哈萨克格楚勒、乌梁海绍波诺克等二人，讯据格楚勒告称：乌梁海等盗窃其马群等因，而绍波诺克不承认。等情。伊欲亲自乘驿前往查办，请由乌里雅苏台派参赞大臣一员前往科布多办事。等语。多敏所奏，竟不明白。绍波诺克等诚未盗哈萨克等马群以去，则起初因何应允找回尔等马群耶？若非伊所见哈萨克巴喇尔拜等驱赶乌梁海三人所盗哈萨克马二十一群，则又为谁之马耶？此等之处，多敏折内并未陈明。多敏著传旨申饬。多敏云伊亲身前往，乌梁海绍波诺克等盗窃哈萨克马群属实，则召集哈萨克，当众正法，以示迥戒等情。所言尚是。我乌梁海与哈萨克交界，其互相盗窃之事，若不严办，均听其便，则久而久之，必起战端，所关甚巨，理宜严办管理。但查办时，其主犯应即正法，俾众知儆戒。至其从犯，尚不致即行正法，即照内地律例，亦俱分别主从治罪。将此著寄信多敏，伊亲至卡伦，严行讯明，若乌梁海绍波诺克等确实盗窃哈萨克格楚勒等马群，则即召集近处哈萨克等，其主犯即行正法，从犯分别治罪。仍晓谕哈萨克头人等曰：我乌梁海盗窃尔马群，将其主犯，即行正法，从犯俱分别治罪。尔哈萨克等亦如此，俱系大皇帝属民。嗣后，尔哈萨克盗窃我乌梁海马群，则我亦照此办理，断不轻饶。等语。再多敏此往，路途不远，不过数日，即可完结，尚不必周章由乌里雅苏台派参赞大臣。彼处现有部章京等，其仓库即交部章京等守办。将此亦著寄信瑚图灵阿等知之。”

（档号：03－134－3－097）

将盗马人塔奔等解边卡即行正法

清乾隆朝满文寄信档。乾隆四十年（1775）闰十月二十九日，大学士、尚书、忠勇公等奉上谕，字寄驻科布多办事参赞大臣、护军统领、副都统多敏著将盗马人塔奔等解边卡即行正法。谕曰：“据多敏处奏：接奉谕旨，乌梁海等偷盗哈萨克马群属实，将为首之人即行正法，其为从者，分别治罪。遵将为首行盗之塔奔即行正法，其为从者阿木尔、巴图尔、贝克等发往烟瘴地方。等语。昨据多敏处查明，乌梁海塔奔、阿木尔、巴图尔、贝克等四人偷盗哈萨克马匹属实，不分首从，传集哈萨克等正法，将塔奔等监禁候旨。等因具奏。朕即降训旨：塔奔等敢为明火执械大盗，偷盗马匹如此之多，理应无分首从，即行正法，且又偷盗哈萨克马匹，尤宜即行正法，与哈萨克等观看。多敏既已审明属实，即应一面具奏，一面将塔奔等解边卡正法，以示哈萨克等。乃仍监禁候旨，殊不晓事。今多敏接奉分别首从办理喻旨，系前军机大臣等拟旨时写错。多敏尚未接到朕继发无分首从，即行正法谕旨，因为此事，另具折谢罪。朕在其折内批示：著交该部严查议奏矣。但此究非伊应得之罪，不必因此议奏。至多敏不将塔奔等即在哈萨克前正法，仍监禁候旨者，乃其应得之罪。多敏著交该部严查议奏，并将此著急行寄信多敏，接奉此旨后，将塔奔等即解边卡，在哈萨克前，无分首从，俱行正法。”

（档号：03－134－3－107）

乌梁海等偷盗哈萨克马匹属实

乾隆四十年闰十月癸酉（二十九日 1775. 12. 21）又谕，据多敏奏，接奉谕旨，乌梁海等偷盗哈萨克马匹属实，将为首之人，即行正法，其为从者，分别治罪，遵将为首之塔奔，即行正法，其为从之阿木尔、巴图尔、贝克等，发往烟瘴地方等语。前据多敏查明乌梁海塔奔、阿木尔、巴图尔、贝克等四人，偷盗哈萨克马匹属实，将该犯等暂行监禁候旨，俟奉谕旨后，不分首从，传集哈萨克，将塔奔等正法示众等因具奏，朕即降旨，塔奔等胆敢偷盗马匹如此之多，理应无分首从，即行正法，且偷盗哈萨克马匹，尤宜立寘重典，与哈萨克等观看。多敏既已审明属实，即应一面具奏，一面在边卡办理，乃仍监禁候旨，殊不晓事。今多敏尚未接到此旨，接奉初次分别首从办理谕旨，系从前军机大臣等换写错误者，因另折请罪，已批令该部严察议奏矣，但此究非伊应得之罪，不必因此察议。至多敏不将塔奔等即在哈萨克前正法，仍行监禁候旨，其罪乃在于此，多敏著交部严察议奏。

（《清高宗实录》卷 995　页 306）

伊犁竖立界牌情况

竖立界牌情况。乾隆廿年（1755）为征服准噶尔达瓦奇，清廷派遣大军到伊犁时，达瓦奇抵敌不过，率带伊之护军万余人，离伊犁西南 180 华里格登山背山扎营，以为护身。经大军星夜尾追，举旗喊叫劫营，达瓦奇之众，瓦解奔溃。达瓦奇只率两千余人，连夜渡过冰达坂，南奔入回疆，士兵途中逃跑，只乘百余人，乌什城之阿克木伯克与达瓦奇素有交情，即行去投容留。随即由大军将领发令讨索，即将达瓦奇交到军前，于是班师回京献俘时，帝临午门受俘，免其死罪。于是天山南北两路平定。将准噶尔乌孙国之地收入版图。自此伊犁大势稳定，开始防守边界事宜。彼时将锡伯官兵使之戍守南路喀什噶尔、北路塔尔巴哈台等处，又防守边卡与台站。锡伯营所驻守之卡驿九处：春吉、查林渡口、玛哈沁、托里、沙布尔托海、夏尔托洛海、哈尔莫敦、安大兰驿、郭尔本托海巡防站计九处卡驿站。索伦营有惠番、齐奇干、奎屯等十卡。察哈尔营有沁大兰、哈布塔海等廿一处卡站。额鲁特营有鄂如古朱儿、沙尔雅斯等三十二处卡站。此项边卡台站，皆在乾隆年间设在边界，防守边界是也。似此历年轮流防范边界，迨至同治三年起变乱，占据全乌鲁木齐疆土，于是驻防边卡驿站及戍守事宜尽行停止。于光绪八年，参赞大臣盛保由俄收复伊犁，划定边界时，朝廷派遣侍郎崇厚前来，交涉办理。因崇厚遇事劣弱，不能办事，即行撤回，故再派曾国藩之子曾纪泽前来办理时，在两国交界堆石，又作铜牌，刻成汉、满、俄三种文字，埋在石堆之下，作为永久之证。迨至光绪廿九年，因为原先所立石堆不明确，俄政府又派七河巡抚潘图作福，重新划定两国交界时，经伊犁将军派遣锡伯营总管富勒祜伦会同潘图作福勘察边界，设立界牌时，自那林郭勒起至霍尔果斯交界止，设立木制新界牌，书写汉、满、俄三种文字，将设置界牌情况，划图存在总管档房案卷内，以备将来查证，可惜副领队张德英专权之际，将多年之案卷，尽行焚毁弃存。至于光绪末年，因为木制界牌不能年久，非石做不可。两国商定，将界牌石在俄国琢造，旋因清廷与民国让国,大局未定之际,俄国乘机即将界牌石擅自立讫,中国势局稍定后才得知觉,即现在之界牌是也。在锡伯营边沿者,塔奇儿汗卡所立第十八界牌起至伊犁河岸,计有八座界牌石。此帝俄时,设立界牌之情况也。

(金保:《锡伯族迁移经过略志》,管兴才译)

惠宁城关帝庙碑

新疆地方经典历史资料。作者参考丰富的地方档案资料编写而成。文曰:"伊犁为新疆总会之地。惠远城东七十里为惠宁城,前将军明(瑞)公之所筑也。今年春,移西安八旗官兵来驻于此。于是置府库,立解舍,筑室万堵,列市百重,工作既兴,乃相度城北面南爽之地,建土关帝庙,逾年而庙成。图适自滇南还,拜瞻神宇,轮奂式崇,猗欤盛哉。惟神之忠义浩气,充塞于宇宙之间,如日月之经天,江河之行地,无乎往而不在也。我朝发祥以来,神聿昭显,应是于岁时报飨典礼綦隆,而天下郡口已州县,以及荒远徼外之民,亦无不立庙祀神。盖神之保,又我国家宁靖我边陲,非一朝一夕之故,百余年干兹矣。往者天兵西指,电击霆诛,准噶尔之众,不祟朝而耆定,规方二万余里,无不宾服向化。外则哈萨克、布鲁特各部落,皆延颈面内,愿为臣仆,唯恐后时。自古声教所不通,政令所不行,我皇上肤功迅奏,殊方重译,罔有不庭,此岂尽人力也哉:即以兹城之经始也,其地僻处荒徼,曩特为准夷回部往来游牧之场耳。今一旦焕然与之更始,建城郭,立制度,同文共轨,人物嬉恬,商贾辐辏,四郊内外,烟火相望,鸡犬相闻,一转移间,遂称极盛。斯固由圣人在上,祯福锡极,独能过化而存神,要其潜期启默,俾万里之外,军平民安堵,年谷顺成,无一物失所之患者,岂非神威布获有以襄此太平之盛烈也乎!图膺简命之重,受任阃外,亦唯愿与莅斯城者,朝夕黾勉,仰体皇上轸念新疆之至意,相与固根本,虑久远,以为八旗官兵休养生息之计。则庶乎神之降鉴有赫,而垂佑无疆,自兹以往,当益增式郭也,夫于是谨拜手稽首而为之记。领侍卫内大臣兵部尚书总统伊犁等处将军世袭云骑尉世管佐领伊勒图撰并书;驻扎惠宁城领队大臣护军统领世袭骑都尉伍岱监修;乾隆三十五年岁次庚寅五月吉日建立。"

(清·格琫额纂:《伊江汇览·惠宁城关帝庙碑》)

建兴教寺碑记

新疆地方经典历史资料。作者参考丰富的地方档案资料编写而成。文曰:"维皇清乾隆二十四年己卯冬,西域底定。次年春,桂膺简命,提半旅苹,陟越冰山,移镇伊犁地。彼时,山林余孽未靖,间出奇兵,轮番搜缉,使无休息,则擒诛其强暴,抚其驯良。新降之哈萨克、布鲁特诸外属,未改桀骜之习,拦入我界者,比比皆是。初则示以恩德,继则少加惩创,既拘者纵之,已掳者还之,不肯激生事端,尤不敢养痈贻患。念挽运虽艰,遵不靡内地脂膏之训旨,迁彼回民,尽力垦辟,以济兵食。即以其年之余积,计来岁增兵加屯之数,遂于辛巳春,奏调镇臣金梁带兵续至,广治田畴。后调副将国柱带兵专司兴筑其间,调剂运筹,身肩其事,而经历险阻,躬亲劳瘁。则又与副都统伊桂宗室丰纳恒共

之也。迄于今，边宇洵称宁谧，威武允矣奋扬，迁徙者乐业，归来者恐后，城郭相望，鸡犬相闻，禾黍盈仓廪，畜牧满山谷。桂方候代迁京矣，而中心惶惶，若有所失者，窃见自准噶尔灭后，此地之琉璃宝刹久成瓦砾之场。昔年之古耨真经，难寻灰烬之后，佛像少金身，僧众投异俗，一方众生，将何所恃。夫日月之明，非人力所能补助也。然当其食焉，靡不思有以救之护之，佛法在天壤，何啻日月之经天，可任其隳坠，而谓闻力有不胜耶！遂于乌哈里克新城东北五里许，背山临流，建梵宇一区。于招徕人户内，聚番僧三十二众，遍觅古佛，收辑残经，供奉住持于其中焉，名其寺曰兴教寺，冀此地圣教之兴，由此流传于无穷也。桂不敏，非有洪愿大力，而孜孜不已者，将为此众生耘诸善根。至于大辟禅门，宏宣妙谛，又不能无厚望于大护法者出也夫。是为记。总统驻扎伊犁满汉蒙古官兵并抚回民弹压哈萨克布鲁特诸部落诰封光禄大夫参赞大臣议政大臣内大臣工部尚书兼都统长白阿桂撰，护军统领宗室伊尔图同修，乾隆二十七年岁次壬午秋八月辛卯朔吉旦立。”

（清·格琫额纂:《伊江汇览·建兴教寺碑记》）

清代伊犁兵额

新疆地方经典历史资料。作者参考丰富的地方档案资料编写而成。文曰:“国家之有伊犁也，处诸部总汇之区，为西陲保障之地，内而重兵坐镇，外而回夷抒诚，兵威固雄，而节制中权，亦皆有定额焉。自二十九年乙酉以来，洎丙戌丁亥三载，热河、凉州、庄浪三处，满洲、蒙古官兵三起移驻伊犁，分为八旗，四十佐领，每旗协领一员，所属佐领、防御、骁骑校各五员。协领八员，佐领、防御、骁骑校各四十员，七品顶戴催总四十名，领催一百二十名，七品顶翎之委前锋三十二名，前锋二百八十八名，马甲二千八百名，满营办事档房委署笔帖式二名隶焉。炮手四十名，匠役八十名，步甲六百名，养育兵二百四十名，均驻于惠远城。三十五六两年，西安满洲蒙古官兵移驻伊犁，甫到之时，二月内，前署将军增（海）具奏，原来协领兼佐领三员内，裁汰协领一员，改为佐领，裁汰领催五十二名，炮手二十四名，增添养育兵九十六名。又于三十六年四月内，将军伊（勒图）具奏，裁汰马兵六十八名，增添协领二员，佐领二员，步兵一百二十名，又于三十七年三月内，将军舒（赫德）具奏，将现在尚未裁汰领催三十八名内，每佐领下仍留领催一名，计留领催十六名，将仍留应裁领催之缺，毋庸挑补养育兵，其余应裁汰领催二十二名，仍照原议裁汰。自三十五年六月起，陆续出缺裁汰领催二十二名，炮手四名，马兵六十八名，随时添补养育兵五十名，步兵一百二十名，尚未裁汰领催十四名，炮手二十名，未添补养育兵十四名。现在八旗凡协领四员，佐领、防御、骁骑校暨七品顶翎之委前锋校各十六名员，前锋一百四十四名，七品顶戴催总十六名，领催七十八名，马兵一千四百五十六名，炮手三十六名，匠役四十八名，步甲三百二十名，养育兵五十名，均驻于惠宁城。三十年丙戌，盛京锡伯兵移驻伊犁一千户，编为一个昂吉，设为六个佐领。三十二年七月内，将军阿（桂）具奏，均为八旗，每旗额设佐领、骁骑校各一员，领催四名，兵一百二十一名，仍设总管、副总管各一员，佐领、骁骑校各八员，七品顶戴领催三十二名，兵九百六十八名，额设挑补卡伦侍卫，分上行走空蓝翎六品顶戴四名隶焉，均于伊犁河南和济格尔巴克绰和罗等处驻屯。二十九年乙酉，黑龙江索伦、达虎尔兵移驻伊犁一千户，编为一个昂吉，设为六个佐领。三十二年七月内，将军阿（桂）具奏，分为八旗，每旗额设佐领、骁骑校各一员，领催四名，兵一百二十一名，仍设总管、副总管各一员，佐领、骁骑校各八员，七品顶戴领催三十二名，兵九百六十八名，额设挑补卡伦侍卫，分上行走空蓝翎六品顶戴九名隶焉，均驻于奎屯萨玛尔地方游牧，达虎尔之官兵，现在和尔果斯科河地方游牧。二十八、九两年，北口外察哈尔兵移驻伊犁一千八百户，编为一个昂吉，以八百户为左翼，一千户为右翼，嗣因两昂吉兵丁多寡不均，于右翼兵丁内拨入左翼兵一百名，右翼九百户暂作为六个佐领分管。三十二年七月内，将军阿（桂）奏准均为八旗，每旗额设佐领、骁骑校各二员，领催八名，兵二百七十名，仍设总管、副总管各二员，佐领、骁骑校各十六员，七品顶戴领催六十四名，额设挑补卡伦侍卫，分上行走空蓝翎六品顶戴六员隶焉。均于博罗塔拉、哈布塔海、赛里木诺尔一带地方游牧。三十年丙戌，达什达瓦厄鲁特兵自热河移驻伊犁五百户，编为左翼。将二十五年伊犁驻扎时，原有厄鲁特并陆续自哈萨克布鲁特投出厄鲁特编为右翼。三十二年七月内，将军阿（桂）具奏，将原议左翼一昂吉之厄鲁特，分为上三旗，仍设总管、副总管各一员，每旗佐领、骁骑校各二员，每佐领下领催四名，兵七十九名八十名不等。其右翼一昂吉之厄鲁特，又自哈萨克布鲁特处投出人等，分为下五旗，仍设总管、副总管各一员，正红、镶白、镶红三旗，每旗编为两个佐领，正蓝、镶蓝二旗，每旗暂编为一个佐领，每个佐领下领催四名，兵六十六名。三十五年十一月内，将军伊（勒图）具奏，下五旗安设厄鲁特内陆续自哈萨克等处投出厄鲁特，其多正红、镶白、镶红三旗，每旗俱系两个佐领，今投出人等甚多，将正蓝、镶蓝二旗，亦照正红、镶白、镶红三旗之例，添补佐领、骁骑校各一员，每佐领下添设领催四名，兵六十六名。三十七年七月内，将军舒（赫德）具奏，因牧放搭放驻扎乌鲁木齐官兵口粮，孳生羊只，将伊犁厄鲁特营下五旗，厄鲁特内派拨二百户，共一千户，添设总管、副总管各一员，佐领、骁骑校各四员，于三十七年拨移乌鲁木齐居住。又于是年八月内具奏，新投诚土尔扈特内，安插伊犁之沙毕那尔人等八百六十七户，归入厄鲁特营下五旗管辖，分为四佐领，又添设副总管一员，佐领、骁骑校各四员，领催十六名。续奉上谕：‘伊犁所有厄鲁特人等日渐殷繁，又有随土尔扈特投来人等，数百余人，伊等钱粮缺少，难免拮据，着加恩赏给钱粮五百文，以资养赡。’钦此钦遵。经将军舒（赫德）具奏，厄鲁特俱系倚靠牲畜度日，尚无需用银两之处，将五百文一两钱粮，分为一千分，每分给银五钱，均摊分给。着上三旗食一百九十六分，下五旗食二百三十八分，新投诚沙毕纳尔人等食七十九分拨，给移驻乌鲁木齐居住厄鲁特食二百二十分，均摊分给。凡总管二员，副总管三员，佐领、骁骑校各二十员，七品顶戴领催五十四名，沙毕那尔领催十六名，兵九百七十六名，额设挑补卡伦侍卫，分上行走空蓝翎六品顶戴六名隶焉。食半分五钱钱

粮兵七百八十名,其上三旗达什达瓦之厄鲁特在特克斯地方游牧,下五旗之厄鲁特在和诺海空吉斯地方游牧。满洲、锡伯、索伦、察哈尔四营兵丁内,派出一千一百五十名,厄鲁特兵内,派出五百五十名,前往塔尔巴哈台驻防。满洲、锡伯二营兵丁系二年更换一次,索伦、察哈尔、厄鲁特等营兵丁系一年更换一次。三十五年庚辰,绿营官兵屯田者,凡总兵、参将各一员,游击三员,都司四员,守备三员,千总八员,把总十七员,外委四十员,兵三千名,设立二十五屯,每屯额兵一百名,计兵二千五百名,其余兵五百名,系于水碾磨铅厂教耘土尔扈特以及仓厫牧厂各差拨用,五年而代。总而计之,满蒙、锡伯、索伦、察哈尔、厄鲁特、绿营六营之兵,凡万伍千有奇。在城守者,固常训练,而游牧者,亦属饱腾,即绿营之屯,锡伯之耕耘,莫非寓兵于农之意,而为边圉之屏藩也。”

(清·格琫额纂:《伊江汇览·兵额》)

清代伊犁差徭

新疆地方经典历史资料。作者参考丰富的地方档案资料编写而成。文曰:“伊犁之设有重镇,统率六营,幅员辽阔,差务殷繁,而任使之道,劳逸维均焉。如绿营兵弁之专务屯政耕作之外,亦不过仓储看守,供支应后而已。遇有工程或于回户农隙之时,遣犯为民之内,量为差派,酌给口粮,至于巡边台卡之事,则满营、锡伯、索伦、察哈尔、厄鲁特各营均拨之。三十八年十一月初一日,将军伊(勒图)具奏:‘查去年十二月间,经舒(赫德)曾定科,照土尔扈特、和硕特等籽牧官兵之数,由伊犁派往塔尔巴哈台回子各城,换防台卡等差,需人过多,乌鲁木齐设防满兵全到之时,即着彼处酌派前往,更换行走,俟巴里坤官兵驻定之后,如何更换学习行走,另行定议具奏,曾经谕允。今设防乌鲁木齐两起满兵,业已抵乌驻防,巴里坤两起满兵亦俱驻妥。应将伊犁、乌鲁木齐、巴里坤兵数预计何处之兵,派往何处更换,酌定一例办理。查塔尔巴哈台防换兵丁一千五百名,回子各城换防兵八百名,回城坐台印房等处帖写兵六十余名,渥巴锡、策伯克多尔吉、班巴尔、莫们图、和硕特等游牧照料兵一百三十余名,共需兵几近二千五百名。伊犁、乌鲁木齐、巴里坤满兵内,除步甲养育兵等,小甲不计外,伊犁满兵、锡伯、索伦、察哈尔、厄鲁特各兵丁等,共计一万六百有余。乌鲁木齐、巴里坤现有满营马兵,连伊犁移驻乌鲁木齐一千户,厄鲁特合计共五千四百有余。伊犁兵数较之乌鲁木齐、巴里坤兵数似多一半,理应照数派往之时,若令伊犁、乌鲁木齐、巴里坤等三处兵丁摊派前往,既不成部数,亦觉其繁。应将各处派拨兵数,筹划整顿,简便办理。塔尔巴哈台地方与哈萨克俄罗斯连界,一切放卡、巡边及催收哈萨克贡畜,及照料贸易哈萨克等项差使,俱属最要,必须走过兵丁方妥。即照料土尔扈特、和硕特各游牧,亦必略识伊等情性熟练之人。伊犁驻兵以来,已及数载,熟习塔尔巴哈台换防之兵丁及照料土尔扈特之人均多。请将塔尔巴哈台换防兵一千五百名,土尔扈特和硕特各游牧照料兵一百三十余名,仍于伊犁兵内派往换班。至移驻乌鲁木齐、巴里坤兵丁,全系新设,尚未经过行走。南路回子各城,换防兵丁不过闲驻而已,无关要差,所有南路回城换防兵八百名,及坐台帖写需兵六十名，即于乌鲁木齐、巴里坤兵内拨往更换。如此则各该处派拨兵丁，既觉捷便，而乌鲁木齐、巴里坤新设之兵，亦得学习口外出差之道矣。若蒙允准，明岁塔尔巴哈台应换之兵，仍照旧例伊犁派往，更其回子各城换防官兵，由乌鲁木齐换防官兵内，毋庸全数更换，合计明年应换一半，换防官兵在于乌鲁木齐、巴里坤兵内，酌计各处兵数，派往更换。后年应换一半兵丁，及坐台等项差使兵丁，亦照此更换。奉旨，知道了。钦此。'钦遵所有塔尔巴哈台换防应需惠远城满营协领一员，佐领一员，参领三员，骁骑校三员，兵四百名。惠远城满营参领二员，骁骑校三员，兵二百五十名。锡伯营营长一员，参领一员，兵一百名。索伦营佐领一员，骁骑校一员，兵一百名。察哈尔营佐领一员，骁骑校一员，兵二百五十名。厄鲁特营佐领二员，骁骑校二员，通使二名，兵四百名，共计官员通使二十五名，兵一千五百名。土尔扈特各游牧照料应需官兵数，渥巴锡游牧处，惠远城官一员，兵六名。惠宁城官一员，兵四名。索伦营官一员，兵五名。察哈尔营佐领一员，兵十名。厄鲁特营骁骑校一员，兵十五名。策伯克多尔吉游牧惠远城，兵二名。惠宁城官一员，兵三名。索伦营官一员，兵六名。察哈尔营兵八名。厄鲁特营佐领一员，兵十一名。惠远城官一员，兵三名。惠宁城官一员，兵二名。察哈尔营官一员，兵六名。厄鲁特营官一员，兵十四名。莫们图游牧处，惠远城官一员，兵三名。惠宁城兵二名。锡伯营兵三名。索伦营官一员，兵三名。察哈尔营官一员，兵五名。厄鲁特营兵四名。和硕特游牧处，惠远城兵二名。惠宁城兵一名。察哈尔营官一员，兵九名。厄鲁特营官二员，兵八名。共计官十五员，兵一百四十三名。喀尔沙尔通使察哈尔兵八名。历年各营部落应派巡查边界官兵，惠远城满营官二员，兵七十名。惠宁城满营官二员，兵四十名。锡伯营官一员，兵三十名。索伦营官一员，兵三十名。察哈尔营官二员，兵七十名。厄鲁特营官二员，兵七十名。通使一名。共计官十员，兵三百名，通使一名。台卡四处，每处需兵十二名，共需兵四十八名，三个月一次更换。八旗马厂每年派总管马厂协领一员，左右两翼派佐领二员，二旗一厂，每厂或防御或骁骑校各一员，每旗派兵十名，共兵八十名，一年一换。驼厂三月一换，每季派佐领一员，兵十六名。其余台卡远近各差，随时添减，派拨官兵并无定额，而附近之城门仓库以及委运支班则又皆随事随时量为轮拨焉。”

（清·格琫额纂：《伊江汇览·差徭》）

清代伊犁疆域

新疆地方经典历史资料。作者参考丰富的地方档案资料编写而成。文曰：“伊犁在甘肃省治西北五千五百里。乾隆二十七年，特授总统将军驻扎惠远。大城正东三百八十里至精河所属托和穆图台，为乌鲁木齐界；东北二百五十里至呢楚浑北山口，为精河界；正北五百五十里至巴尔鲁克，为塔尔巴哈台界；西北一百三十里至和尔果斯，为哈萨克界；正西四百里至匡俄尔鄂鸾，为哈萨克界；西南四百七十里至木尔图里克，西连布鲁特界，南连叶尔羌回界；正南六百六十里至木素尔岭，为乌什阿克苏回界；东南八百里至朱尔图斯，为喀拉沙拉回户界。凡东至乌鲁木齐、辟展、巴里坤、哈密；西至布鲁特、哈萨克等处游牧；南至阿克苏、乌什、库车、喀拉沙尔、叶尔羌、喀什噶尔、英吉沙尔、于阗；北至塔尔巴哈台；皆将军统辖之。幅员辽阔，诸部云屯，抚绥之而弹压之，屹然称重镇焉。”

（清·格琫额纂：《伊江汇览·疆域》）

清代伊犁贸易钱法

新疆地方经典历史资料。作者参考丰富的地方档案资料编写而成。文曰：“哈萨克之贸易也，每于夏秋之交，或自沁达兰，或自匡俄尔俄鸾卡伦，抵境之时，卡伦侍卫查其人众、牲畜之数，先行具报，沿卡送至伊犁，满营预派官兵接至芦草沟，带至西门外之贸易亭。营务处呈禀，将军派委侍卫、协领暨驼马处等官监视贸易，由绿营官员或废员内派出，扮作贸易之人，以厄鲁特通事为之相交易换，计值平论。如五彩蟒袍一件，四庹二色金缎一疋，每（件、疋）换马四匹，换羊三十二只。四庹倭缎一疋，四庹二色锦缎一疋，每匹换马三匹，换羊二十五只。八庹苏花缎、苏素缎、杨缎、彭缎，每疋换马二匹，换羊二十只。八庹闪缎，六庹彭缎，中片金，每疋换马二匹，换羊十六只。四庹妆缎，每疋换马二匹，换羊十二只。小花线缎一疋，换马一匹，换牛一只，换羊八只。串绸一疋，换马一匹，换牛一只，换羊七只。白绸一疋，换马一匹，换牛一只，换羊六只。绫子一疋，换马一匹，换牛一只，换羊五只。里紬一疋，换马一匹，换牛一只，换羊四只。回布一疋，换大羊一只，换小山羊二只。布六疋，换骟马一匹，换大牛一只。布四疋，换儿马一匹，换半大羊一只，悉有定额。其绸缎系调于内地，贮之官库，临换之际，绿营兵计数领用，其所换获之牛、马、驼、羊，概交驼马处入官。其间或有携来伊倭登缛、香、牛皮、哈拉明净等物，亦酌量易换之。每年贸易之后，各哈萨克内有欲见将军者，先行禀明，官为排班，传其进见，给以茶食糖饼，是为筵宴。其有以马匹送献者，将军视其所值赏给缎疋，仍派官兵送至芦草沟，按卡递送出境。当其贸易之日，昼夜巡查，禁止兵民不得私换，犯者重惩之。历年以来，岁以为常，曾无所扰，若春冬雪路阻，则来者稍迟矣。二十五年陆续移驻驻防官兵，以及商民续次携带之钱，流通使用。每银一两易钱七百。嗣因准部总汇之区，既有重兵驻守，兼多商贩，贸易零用钱文，较叶尔羌等处更为繁要。将军舒（赫德）曾为查办，因无产铜处所，且回疆采买滋费，是以中止。三十九年七月间，皇上轸念，垂询伊犁能否购铜，照回部之例铸造。今大学士舒赫德酌筹覆奏，据奏，以阿克苏等城余粮折铜，并乌什岁解叶尔羌之红铜，改解伊犁，积足开铸，具奏。奉旨：‘交将军伊（勒图）查，酌议具奏。’四十年一月内，将军伊（勒图）奏：‘以乌什改解乏铜，仅三千斤，若俟积聚数年再办，未免为日太久。咨商乌什等处，历年以余粮易铜，库车、沙雅尔派回户赴厂开挖，喀什噶尔、喀拉沙尔二处将余粮折铜，一年中共得铜六千四百三十七斤。若仿照西安宝陕局搭配铸造之例，搀搭黑铅、白铅、点锡连铜共计一万二千八百七十余斤，以一钱二分铸钱乙文，除耗可铸制钱一千五百六十有奇，较乌什纯用红铜铸造，既属节省，而铸出钱文,与内地制钱色样相同,永远市用流通。'三月十八日奉旨:军机大臣会同该部议奏。钦此。经会议:伊犁设炉鼓铸,原为搭放兵饷以流通市用。据奏仿照内地搀搭白铅点锡配铸,但白铅一项,必由西安远赴湖北搭买,转相解送,需用既多,脚费亦重。至库车沙雅尔派回户齐挖,免粮交铜,岁给衣履器具银两,拨给牛骡驮运,是此项铜斤,既非余粮折纳,未免徒滋烦费。我皇上加惠新疆,欲使钱法流通,有益军民,原不较量成本多寡,而该处幅员辽阔,生齿日繁,将来积有多铜,或须加炉鼓铸,若本过重,亦非永远经久之规。库车沙雅尔铜斤停其采办,其红铜既系回部余粮折纳,其黑铅又系伊犁遣犯开挖,均非动项采买,如以体质坚硬之红铜,配以柔软之黑铅铸造,微加点锡,轮廓向好,即可适用。因饬宝泉局监督照内地常行制钱,每文一钱二分,用红铜八分四厘,黑铅三分四厘八毫,点锡一厘二毫,督匠试铸,色样亦大略相等,并可不必调用白铅,致滋糜费,至岁需点锡,为数无多,即令西安代买入,宝伊局报销,亦属易办,且自西安遇便搭解,并无容开销运费。如此,是以本处出产之铜、铅供本处鼓铸之用,每年铸获钱九百二十余串,自后积渐充裕。再新疆开铸,与内地设炉鼓铸情形不同,如试办数年,钱文足资流通,或回地铜斤有不敷采办之时,不妨随时奏明,暂行停铸,俟铜斤充足再办。乾隆四十年四月初一日奏。奉旨:'依议,钱文清字,著用宝伊。钦此。'随于惠远城西门内隙地,开局鼓铸,从此白朱提亿,万年流通永远矣。"

(清·格琫额纂:《伊江汇览·贸易》)

清代伊犁牧厂

新疆地方经典历史资料。作者参考丰富的地方档案资料编写而成。文曰:"伊犁之设立牧厂也,始于二十九年,将军公明(瑞)奏明,以驼马处总司之。其名目有二:一曰备差,一曰孳生。备差之驼、马、牛、羊、驼则准以一分倒毙,马牛皆六厘倒毙,其羊则备口食之需,例不准以倒毙报销,皆酌交与察哈尔、厄鲁特牧放。其孳生之驼,五年为一均齐,每十只中取孳生者四只。马则三年为一均齐,每三匹内取孳生者一匹。牛则四年为一均齐,每十只中取四岁孳生犊二只。羊则一岁为一均齐。每十只中取孳生者三只,皆例不准倒毙者,亦酌交与锡伯营、索伦、察哈尔、厄鲁特、沙毕那尔、回子等牧放。其岁取孳生之未届四岁口齿牛犊,及马、羊则另厂饲牧之。至每岁换获哈萨克牛、羊、马、驼亦交与各部归于另厂牧放。随其择水草丰裕之处,迁移曾无定所,而稽查则岁有定额焉。计备差驼六百六十七只,交厄鲁特牧放;马五千零二十八匹,交察哈尔牧放者二千三百四十一匹,交厄鲁特牧放者二千六百八十七匹;牛一千八百九十六只,交察哈尔牧放者三百五十一只,交厄鲁特牧放者一千五百四十三只;口食羊四万三千零九十六只,交察哈尔牧放者二万四千六百九十九只,交厄鲁特牧放者一万六千四百九十只,交沙毕纳尔牧放者一千九百零七只;孳生驼二千零八十只。交厄鲁特牧放马一万九千二百七十九匹,交察哈尔牧放者八千一百零六匹,交厄鲁特牧放者一万一千一百七十三匹,牛九千七百九十二只,另牧未届四岁口齿牛犊一千零二十六只,交锡伯牧放者七百六十二只。另厂牧放未届四岁口齿牛犊三百零九只，交索伦牧放者一千三百四十五只，交察哈尔牧放者一千七百三十二只。另厂牧放未届四岁口齿牛犊五十只，另厂牧放未届四岁口齿牛犊一百三十七只，交厄鲁特牧放者二千七百九十三只。另厂牧放未届四岁口齿牛犊五百三十只，交沙毕那尔牧放者一百六十只，交回子牧放者三千只，抵补旧驻回户每年三分倒毙，亦不取孳。孳生羊一十四万七千一百九十五只，交察哈尔牧放者五万四千二百八十七只，交厄鲁特牧放者五万四千九百六十三只，交沙毕那尔牧放者三万一千四百四十五只，交回子牧放者六千五百只。另厂牧放者，获哈萨克骆驼二百七十只，交察哈尔牧放者五十四，交厄鲁特牧放者二百二十四。另厂牧放者，获哈萨克乳牛二十八只，交察哈尔牧放者十二只，交厄鲁特牧放者十六只。另厂牧放换获哈萨克大羊三万一千九百八十八只，小山羊二百二十六只，交察哈尔牧放大羊一万五千五百六十二只，交厄鲁特牧放者，大羊一万五千四百二十六只，小山羊二百二十六。此乙未良月造报之数也。茁壮善实，充沟圐谷，洵为取之以时，用之不竭矣。"

（清·格琫额纂：《伊江汇览·牧畜》）

清代伊犁外藩

新疆地方经典历史资料。作者参考丰富的地方档案资料编写而成。文曰："伊犁迤西之界，南为布鲁特，北为哈萨克。自己卯底定以来，曾无一矢相遗，一时翕然归附款贡，以时边陲宁谧，无不奉命称臣矣。考哈萨克即古大宛，渥注之地也，多产良马，人众强盛。其北连俄罗斯，东接布鲁特。所属有三玉子，大曰乌鲁克，中曰鄂尔卓特，小曰柯齐克，各有鄂拓克分隶之。壬午至今，间一二年或二三年，其汗阿布拉等，遣夷使以马入贡于境，时派员伴送入觐。仍每岁雪后以大员查役边界，如有拦入我境游牧者，于游马百匹中取一以为租，并贡献之马，择其良者以进，余悉入厂备用。夏秋之交，群来贸易，计彼之马匹、牛、羊易我之绸缎、布疋，岁以为常，无所滋扰。至布鲁特人虽寡于哈萨克，而疆壮过之，侵攘邻封，颇为桀骜。惟于我朝边土，则恪守藩服，而奉命维谨焉。三十六年辛卯仲夏，土尔扈特汗渥巴锡苦俄罗斯之扰，由额济尔来伊归顺，入境之日，凡旧新霍硕特、多罗特、绰罗斯、辉特六台吉五十五人，所属一万六千五百三十八户，七万一千八十五名口，罗邦投诚，各进献方物有差。孟冬之二十日，封渥巴锡为乌纳恩素珠克图卓毕克图汗，以策伯克多尔济为布彦图亲王。班巴尔、舍楞二人为郡王。以莫门图、公格二人为贝勒，公格卒，其子德勒克渥巴锡袭之。以汪丹、布彦楚克、额墨根渥巴锡、奇布坦、沙拉扣肯五人为贝子，汪丹病卒无子，停袭，额黑根渥巴锡卒后，其子公坦承袭之。以拜济呼为公，仍照蒙古三公之例，视其等秩，各给长史、护卫、典仪之官。其以次之头等台吉五，闲散头等台吉十二，二等台吉六，三等台吉三，四等台吉十六，闲散四等台吉二，凡封爵者五十七，而病卒无子者，袭者七人。当其率部来归也，人众十数余万，长途瘟疫困顿，兼以哈萨克布鲁特中道要遮，十损其六，甫到伊犁仅七万有奇，而孱羸之形，不堪瞩目。皇仁亟沛，特发内帑二十万，分贮伊犁、乌鲁木齐、哈密、辟展、安西、巴里坤六处；并由各处运送粮米一十三万八千余石，为之计口授食，兼给与孳生种地之马五千七百余匹，牛二千九百余只，羊二十二万一千一百零，他如皮衣、毳帐之属，亦皆优恤颁给之。复念其人数过多，难以聚处，将郡王舍楞，贝子沙拉扣肯暨台伊班等九员所属之四百二十一户，一千六百一十六口，穆驻于科布多青济尔游牧。其台吉叶璘等六员所属之一百四户，四百九十七口，归于厄鲁特营上三旗安插，又查出准噶尔二十九鄂托克之八百三十八口、五百七十口，亦安插于厄鲁特营。其喇嘛沙毕纳尔一千八十户，四千八百五十二口，应如何编为佐领，赏给钱粮，另住于厄鲁特营官兵档册。至阿尔台之乌里洋海所属之二十五户，九十一口，送赴乌里雅苏台吉归于乌里洋海安插。其绰罗斯台吉散达克十一户，四十四口，安插于张家口察哈尔营内。并以霍硕特台吉诺音格隆尊吉特之九户，十六口，送京。现在伊犁游牧于珠尔图斯，种地于喀拉沙尔者，惟汗渥巴锡、贝子公坦公拜济呼、暨扎克等台吉，博尔哈什哈闲散一等台吉，阿喇克巴博罗闲散四等台吉，叶婉七员，所属一万一千二百二十九口。又将渥巴锡属下极穷人等，移驻伊犁绥养种地者六千五百一十四口。移驻博罗塔拉绥养种地者八百二十七口。其公坦等属下穷人四百二十二口，亦移驻于塔尔巴哈台绥养种地。又在霍博克萨里游牧者，乃亲王策伯克多尔济及在吉奇里布等五员所属之五千二百五十五口。其在古尔班吉尔噶朗游牧者，乃郡王巴尔贝子其坦及台吉绰克托等六人所属之二千八百六十三口。其在古尔班精库色木克游牧者，乃贝勒谟们图暨其子台吉额尔德尼所属之一千三百五十九口。其在哈布齐海游牧者，乃贝勒德勒克渥巴锡贝子布彦楚克及台吉诺海等十一人所属之三千一百三十一口。此五处游牧之所，皆以种地自给。三十八年秋，汗渥巴锡所属人众始由寨尔移驻喀拉沙尔。冬日驻牧地方，距喀拉沙尔六七十里；夏日驻牧大珠尔图斯，距喀拉沙尔五百余里。其所属有克勒特、察塘、巴伦、扎布萨尔、沙毕纳尔等五昂吉，暨恭垣等六台吉属下大小宰桑一百七十余人，大小一万九百余口，有驼二千余只，马、牛一千有奇，羊四万零三十九，耕种小麦二万五千亩，大麦一万五千亩，糜谷三万二千亩。收获之粮除留籽种，以余粮支给种田之丁夫，一月每名二斗五升，每月大口给粮一斗六升六合六勺，小口八升三合三勺，通盘合计，伊等一年口食尚少两月之粮。经喀拉沙尔大臣具奏，以官粮借给，于伊等所种之粮，作为五年坐完官项。汗渥巴锡于三十九年十一月，身患弱症，于十二月初八薨逝。钦奉上谕，其汗爵令伊子策凌纳木扎尔承袭，恩赏银一千两治办丧事。其所生二子，长即策凌纳木扎尔，年五岁，乃前妻所生，继娶霍硕特台吉巴雅尔拉呼之女，年二十岁，名科库，生子日阿尔布坦多尔济，今二岁矣。抚子度日，其婶塔恩哈尔年三十余岁，相依焉。渥巴锡殁后，奉旨：以克勒特昂吉头等侍卫宰桑连什端多克，仪长宰桑万屯办理游牧之事，盖二人年皆七旬有余，众宰桑等平昔所听从也。本年喀拉沙尔大臣以去岁垦种地广人缺，力不能周，因而歉收，是以今岁减地九千亩。惟种小麦一万五千亩，大麦二千五十亩，糜谷二万三千亩，共种地六万三千亩，分拨六处。派委参将、守备各一员，千把十二员，兵二百名，教种土尔扈特三千五百名。是岁凯

都河水丰裕，收成颇足。其管理游牧之事，则二等侍卫观音保，协理其事者，护毕参领喜宁。侍卫观音保于三月间，率领游牧移赴大珠尔图斯过夏，参领喜宁留驻喀拉沙尔照料耕种。伊犁仍派官五员，兵四十名备办游牧事宜，一年而代。三十七年冬，因寨尔种地之渥巴锡属下人众，不善耕种，且不安分，经将军舒（赫德）具奏，将彼顽梗之人，移于伊犁就种，易于照料，原拨三千众，甫到之时，将军舒（赫德）奏明，以满营协领格（琫额）全鉴西津太司其事。于三十八年三月初五日，前诣芦草沟接收人众，至十一日而竣。然长途远来孱羸疲瘠，亟以口粮帐恤之。其屯址窝铺，虽已先事预办，而应用之农具牲畜，教种之旗员兵弁，亦皆先行咨调停妥，亦其来也。于接收点验之际，即其壮健者俾习耕种，老弱疲病者随时另为拨出，闲住屯侧，归于豢养，别委员以董之。凡收到克勒特部落人二百九十七户，八百九十五口，内豢养者一百七十二口，扎布萨尔部落人二百三十九户，七百七十四口，内豢养者六十二口；察唐部落人一百六十三户，五百六十三口，内豢养者一百四十六口，沙毕纳尔人三百六户，一千四十五口，豢养者五百三十一口，计一千零五户，三千二百七十七口，旗员豢养者九百一十一口。旗员因贫不能自给，顺行卖身者二百五十一口，实计二千一百一十五口，均分三屯，每屯挑出健壮者二百四十户，以三十户为一牌，每户种地十六亩，一屯种地三千八百四十亩，凡种地一万一千五百二十亩。头屯设于黄草湖，二屯设于惠远城之东北隅，三屯设于红山嘴，每屯教种满、汉兵各十五名，农具由内地调送，牲畜由官厂拨给。其有水械之器具则又系自为通融制办者，派满营防、佐各一员，专驻屯所划，则尽力亩。宵则稽其出入，仍于要隘之区，设卡安汛以备其避匿。是年，因初习播种，未谙农务，以四分小麦，六分青稞耕耘，计收获小麦四千五百一十六石，青稞一万零一十六石，荞麦一百二十石，三色共收粮一万四千六百五十二石。除每口月给粮三十斤，供其一年口食，及扣留来岁籽种之外，以其余者存贮，仍着为变价之，为制办衣履，视其穷乏者，量为贴补焉。三十九年，因拨出豢养之人，渐次复其元气，是以概行归于三屯。又于三屯内，调拨壮健者二百四十户，另于惠远城之北门外，增设一屯，是为四屯，以原任同知苏龄阿并满营佐领一员专管之，仍如旧办之法。是岁，四屯凡种地一万五千三百六十亩，收获小麦五千一百三十七石五斗，青稞一万二千八百三十七石五斗，谷子二千零八十八石，三色共收粮二万零六十三石九斗，存余之粮法一如初办。四十年，仍系四屯耕种地亩，虽照旧一万五千三百六十亩，而所收之粮，则较丰稔矣。盖人众已谙农力，各知务穑，而功令之下，员弁益加奋勉。是岁，头屯收粮五千零三十七石七斗五升，二屯收粮五千零四十六石，三屯收粮五千零三十七石，四屯收粮五千一百二十八石五斗五升，凡收获小麦五千三百五十三石，青稞一万二千九百九十三石八斗八升，谷子一千九百零二石四斗二升，三色共收粮二万零二百四十九石三斗，较之三十九年多收粮一百八十五石四斗。”

（清·格琫额纂：《伊江汇览·外藩》）

清代伊犁营伍

新疆地方经典历史资料。作者参考丰富的地方档案资料编写而成。文曰:“伊犁驻扎之兵,凡六营。其惠远城,系自热河庄浪移驻之满洲蒙古官兵,向设领队大臣,今惟将军领之。同城者三营八旗,为满营,其前锋、步军二营,亦于协领、佐领中兼司其事。计协领八,前锋翼长二,委章京四,俱戴花翎,骁骑校八,蓝翎。惠宁城,系自西安移驻之满洲蒙古官兵,以领队大臣领之。同城之三营,如惠远城之制,计协领四,前锋翼长暨安章京各二,均戴花翎,惟戴蓝翎之骁骑校,则系四员。至锡伯、索伦、察哈尔、厄鲁特四营屯牧各处,均归领队大臣领之。其锡伯、索伦之总管各二员,厄鲁特之总管二,副总管三,一体俱戴花翎。绿营则驻于绥定城,专司屯政,遇有升拔黜降之事,皆由镇员禀白将军驻核,仍于陕甘督臣咨辨。凡各营之升迁拔补,悉视品秩,仍按军政三载考绩,校其优劣衰壮而迁之。六营中,如满营、绿营、锡伯、索伦、察哈尔俱由内地移驻,其营制皆率由旧章。惟厄鲁特一营,有原由热河移驻者,亦有由哈萨克布鲁特处投出者,有投城之土尔扈特入营安插者,色目既殊,分牧不一。其原先分居部落有十六鄂拓克,二十一昂吉之名,嗣因庚辰年,分为八旗,设为二十四佐领管辖之,其旧设昂吉、鄂拓克名司,曾无言及者。今考厄鲁特酋噶尔丹之兄曰僧哥者,生子策妄阿喇布坦,年尚幼。而僧哥死,噶尔丹纳其嫂,生一女,渐长,与策妄不睦,策妄率百人远遁于伊犁。及噶尔丹谋逆,策妄以妹之仇潜入首告。噶尔丹死,策妄袭之,策妄先娶西边达赖汉之女,名弓格拉布坦,生子策凌,继娶土尔扈特台吉阿玉锡之女,名色特尔扎布,生二子一女,一名罗卜藏舒努,一名舒努大娃。策妄死,策凌杀其母妹大娃,而罗卜藏舒努惧奔于土尔扈特部落,遂成仇敌。初策凌父子之负隅梗化也,王师临边,叛归者众。雍正乙卯春,小司马傅公鼐、学士阿公克敦、都统罗公米奉诏晓以大义,许其臣服,岁通款贡。今皆隶为编卒,授以国朝之官,给以士卒之饷,水沃草丰附近游牧,勇锐之气,居然称营队矣。回户之分屯各处也,虽无营制之规,然自迁驻以来,耘地纳粮,岁以为常。其管辖之伯克,则特赏一等台吉王品阿奇木伯克,二品顶翎,四品伊什罕伯克各一员,五品之噶集那奇伯克及商伯克各二,六品之米拉布伯克六员,海子伯克、杜关伯克各一员,七品之明伯克六员,什虎尔伯克、帕其泄布伯克暨玉子伯克各一员,所统回户六千有奇,而颜齐回子三百二十三户,则养赡伯克者也。所居之宁远城并哈什阿展诸海,皆设回庄,即以哈密郡王伊暂为领队大臣以领之。工作贸贩,奉令惟谨,是以云屯之部落,率有统制之员,整肃规仪,兵农各安其业焉。”

(清·格琫额纂:《伊江汇览·营伍》)

齐臣等人履历清单

巴图所出佐领缺,拟正之镶红旗雅木丕勒佐领下骁骑校齐臣,食俸饷二十一年。出征一次,于叶尔羌城打仗三个月,杀贼二名,得赏银八十五两。塔尔巴哈台换防二次,巡查哈萨克、布鲁特边界四次。补放佐领拟陪二次。现年四十四岁,额鲁特。拟陪齐臣之

正黄旗托布[illegible]佐领下骁骑校沙里,领俸饷十七年。出征乌什一次,打仗二十七次,杀贼六名,擒活口一名,腰受枪伤一处,得一等功牌五枚、二等功牌二枚、三等功牌一枚、赏银五两。塔尔巴哈台换防二次,赴乌鲁木齐送马一次。补放佐领拟陪一次。现年五十二岁,额鲁特。拟补佐领递出骁骑校缺,拟正之正蓝旗蒙霍津佐领下领催图鲁呼,食钱粮二十一年。出征二次,于特穆尔图淖尔、塔什干、阿勒楚尔、伊什勒库勒、乌什等处,打仗三十四次,杀贼四名,擒活口一名。得一等功牌一枚、二等功牌一枚、赏银八十二两。巡查哈萨克、布鲁特边界五次。补放骁骑校拟陪二次,现年五十七岁,额鲁特。穆呼赉所遗骁骑校缺,拟正之正红旗阿塔木拜佐领下空蓝翎保达西,食钱粮二十一年。于伊犁、乌什等处,打仗三十三次,杀贼七名,擒活口二名,右肩受枪伤一处,夺获鸟枪一杆,长枪一杆、鞍马一匹,得一等功牌四枚、二等功牌三枚、三等功牌一枚。赴乌鲁木齐送马一次,得赏银三十两。现年四十一岁,额鲁特。拟陪图鲁呼之镶黄旗达西布林佐领下领催古木布,食钱粮二十二年。出征二次,于叶尔羌、阿勒楚尔、伊什勒库勒等处,打仗二十八次,杀贼三名,得一等功牌三枚、二等功牌三枚、三等功牌一枚。出木兰围一次,得赏银十四两。巡查哈萨克、布鲁特边界六次。现年四十二岁,察哈尔,马步箭平等。拟陪保达西之镶白旗罗布桑佐领下领催贡僧,食钱粮十三年。巡查哈萨克、布鲁特边界四次,赴济林吉克德地方探听来归土尔扈特信息一次,查拿额鲁特逃犯阿布达舒库尔一次。现年二十五岁,察哈尔,马步箭平等。

（《军机处满文录副奏折》2760—10）

庆桂著与将军伊勒图共同商议办事

清乾隆朝满文寄信档。乾隆四十一年(1776)正月二十七日,大学士、尚书、忠勇公等奉上谕,字寄总管伊犁等处地方将军、驻塔尔巴哈台参赞大臣、侍郎、副都统庆桂著与将军伊勒图共同商议办事。谕曰:“庆桂等处奏:哈萨克等性格小气,赏品级顶子者多,不顾等级、时运,呈请轮流来朝觐者多。此次前来之哈萨克土拉特克叻报请来朝觐,议驳之。咨饬阿布赉曰:嗣后,若有欲来朝觐者,则列入各属汗王之使臣内,或为伊等汗王之使臣,取伊等汗王之文,秋季来到伊犁塔尔巴哈台后,差往京城,否则尽行驳回。等情。并将文稿一并奏来。庆桂之所思虽是,但塔尔巴哈台地方虽与哈萨克交界,有事可以就近酌情办理,然毕竟伊犁将军所属,倘有紧急不能等候之事,则应一面办理,一面具奏,并报将军。此等事并非不能等候之事,且又系给哈萨克等制定则例行饬之事,更应与将军商议共办。庆桂若如此擅办,则伊勒图必想庆桂不令伊参与。如此互相怀疑,渐生嫌隙,于公事无大裨益。庆桂并未与将军伊勒图商办者非也。庆桂著寄信训饬,亦寄信伊勒图知之。嗣后,凡遇诸事,惟共同相商,行事利济于事。倘庆桂遇似此可等候之事即专擅具奏,遇事掣肘,则此即不知道理,不重视公事也,亦不能逃出朕之睿鉴。”

（档号:03－134－4－002）

扎木苏等人履历

哈萨科所出佐领缺，拟正之正红旗哈萨科佐领下骁骑校扎木苏，食俸饷二十六年。出征一次，于鄂垒扎拉图等处，打仗三十五次，杀贼五名，得一等功牌一枚、二等功牌一枚、三等功牌二枚。巡查哈萨克边界一次。得赏银二十六两。补放佐领拟陪一次。现年四十九岁，巴尔虎，马步箭平。拟陪扎木苏之镶蓝旗嘎鲁第佐领下骁骑校扎布，食俸饷十七年。出征二次，于哈萨克、塔什干、布鲁特、叶尔羌、和阗、阿勒楚尔、伊什勒库勒、巴达克山等处，打仗十次，杀贼三名，夺获枪一杆，得赏银六十四两。出征乌什，打仗二十七次，杀贼五名，保荐卓异一次、一等三次、二等七次，得一等功牌一枚、二等功牌五枚。现年四十九岁，新额鲁特。补放佐领递出骁骑校，拟正之镶白旗罗布桑佐领下领催班第，食钱粮二十八年。出征二次，于乌什等处，打仗二十八次，杀贼五名，头部受枪伤一处，保荐卓异一次、一等九次、二等一次，得一等功牌四枚、三等功牌一枚、赏银三十二两。现年四十七岁，察哈尔，马步箭平。拟陪班第之正蓝旗乌巴西佐领下领催沙里，食钱粮十三年。出征乌什，打仗二十八次，杀贼六名，擒活口一名，腰部受枪伤一处，保荐卓异五次、一等五次，得一等功牌五枚、二等功牌二枚、三等功牌一枚。塔尔巴哈台换防一次，赴乌鲁木齐送马一次。得赏银五两。现年四十八岁，旧额鲁特，马步箭平。

（《军机处满文录副奏折》2593—33）

将诚心来归之厄鲁特等收后安插

清乾隆朝满文寄信档。乾隆四十一年(1776)五月初五日，大学士、尚书、忠勇公等奉上谕，字寄总管伊犁等处地方将军、领侍卫内大臣、尚书伊勒图、塔尔巴哈台参赞大臣等著将诚心来归之厄鲁特等收后安插。谕曰："伊勒图处奏，准哈萨克阿布勒比斯遣使臣阿瓦斯来呈称：塔尔巴哈台官兵往收正赋时，厄鲁特普尔普加拿伯克窃取阿瓦斯家厄鲁特女人额吉、阿瓦斯之兄塞卡鲁拜之妾扣克锡及其二子逃走。等情。经查明，额吉等脱离者属实，并非拐来者。将额吉、扣克锡留此，其二子给阿瓦斯之处，已札付阿布勒比斯。等语。将脱离哈萨克之厄鲁特等，虽应收之，但现今形势较前稍异。我初定伊犁时，伊犁地方宽旷，多安置人，于地方有益，故将从各地来归之厄鲁特等，皆收后安插。今满洲、索伦、锡伯、察哈尔兵早已居住，且又聚集厄鲁特、回子、土尔扈特屯田兵、商民数万，地方已归热闹。倘将此等厄鲁特等随意收集，则我现居厄鲁特等游牧变窄，安插赡养伊等亦将生烦恼。不仅于事无益，而且额吉、扣克锡是否真来投，或普尔普等拐来，亦未可定。从今始若不定一制度，仍照前办理，以致无例可循。将此著即行寄信伊勒图、庆桂等，嗣后，厄鲁特等若于伊犁、塔尔巴哈台等地确实有伊等之骨肉而诚心来归者，则除收之安插完聚外，去巡察边界之官兵、去收马畜者私收厄鲁特等来，无论来投或拐来，著永禁收下带回。若偏护厄鲁特等，不思哈萨克等心服与否，则断然不可。"

（档号：03－134－4－022）

查看察哈尔额鲁特官牧厂官畜

乾隆四十一年(1776)五月十六日。奴才索诺木策凌谨奏:为奏闻事。查得,三十九年将军伊勒图查办察哈尔、额鲁特等牧放特穆尔牧厂马匹后,议定每年返青时,将军亲临查看一次;若将军无暇,即派领队大臣查看;特穆尔牧厂马匹若牧养得好、倒毙者少,则将承办领队大臣及官员等给予记录,兵丁记名诠选;若马匹欠膘分、倒毙者多,则责成该领队大臣、总管、副总管及牧厂官兵赔补外,仍将官员参奏议罪,兵丁从重惩处,以儆效尤。等因,奏准施行在案。本年理应查办察哈尔、额鲁特营牧放牲畜。惟因奴才索诺木策凌刚到伊犁,应查本处一切事务,详加了解,且现正值哈萨克等陆续前来贸易之际,暂且不能亲自前往,故委派领队大臣存泰、富景赴察哈尔、额鲁特营,一并亲自查看其特穆尔牧厂马匹及孳生驼、马、牛,务必照数核查禀报。此外,嗣后奴才遇有空闲亲临查看。为此谨具奏闻。乾隆四十一年六月十二日奉朱批:知道了。钦此。

(《军机处满文录副奏折》2686—10)

哈萨克等在伊犁等处有亲属者准安插

乾隆四十一年八月癸卯(四日 1776.9.16)(军机大臣等)又议覆,署伊犁将军索诺木策凌奏称,哈萨克、布鲁特,来投之厄鲁特等,如伊犁、塔尔巴哈台等处,实有伊等亲属者,准其安插,若因地方丰饶来投者,概不准收等语。查向例俱相沿收受,今骤然不收,伊等无处栖身,势将行窃,酌议仍令照旧收受安插,如有在该处肆窃行凶及诱携哈萨克、布鲁特子女等情,查明严办。得旨,依议速行。

(《清高宗实录》卷1014　页610)

著饬阿布赉派其子弟来朝瞻仰

清乾隆朝满文寄信档。乾隆四十一年(1776)十月十三日,大学士、领侍卫内大臣、尚书、忠勇公等奉上谕,字寄署理伊犁将军、乌鲁木齐都统索诺木策凌著饬阿布赉派其子弟来朝瞻仰。谕曰:“索诺木策凌处奏,哈萨克阿布赉遣三品顶戴孔雀翎哈萨克鄂托尔奇等十五人携托特文书至,以呈请瞻仰朕。又哈萨克阿訇称:经中有白帽等被满洲驱逐至墨克,哈萨克、布鲁特等人日后被满洲逐之远去等语。因怕此言,报请永久做属民不驱逐。等情。从阿布赉所遣鄂托尔奇等十五人内,酌情减选使臣四名、小厮二名,派往京城瞻仰朕。等语。去岁从阿布赉处遣鄂托尔奇等来瞻仰朕,行抵伊犁后,由伊勒图处令退回,未准赴京者甚是。阿布赉乃朕之属民,而伊又遣伊之属民来瞻仰朕,亦不合道理。伊诚欲瞻仰朕,或应遣伊之弟子,即伊亲来,俱皆应当,而今遣伊之属民,理应即令退回。想是伊等此间听闻平定楚秦儹拉等地之消息,惧我兵威,如此造言呈请,以示伊等之诚,意欲来京看形势,亦未可定。索诺木策凌若再令退回,则易被伊等怀疑,故减选鄂托尔奇等,遣之赴京者尚是。既令起程来此,则即遣伊等去京城。此辈为属民来投已有数年,并无驱逐伊等之次,而伊等诚若恭顺为善,则朕尚且加恩,何必反而逐之远去乎?今夫于叶尔羌、喀什噶尔等地,现皆住满回子等,若将伊等皆驱逐后,留此空地,又遣谁去居住耶？岂有空留之理耶？此辈到来后，其应晓谕者，交付军机大臣等明白晓谕外，将此寄信索诺木策凌，明白晓谕阿布赉曰：将伊此次所遣之使臣等，本应令退回，惟尔等妄听阿訇之谣言，料不定心中疑惧，故我具奏大皇帝后遣尔等去。然而仅此一次，再遣属民瞻仰大皇帝之明，断不准行，将逐使臣等回。将此大皇帝亦已降旨。即将去岁令鄂托尔奇等退回之事，将军伊勒图亦已奏闻大皇帝。嗣后，阿布赉等若遣伊之子弟，则我等照常奏闻大皇帝后遣之去。等语。晓谕毕，一面致书晓谕阿布赉、阿布勒比斯等。"

（档号：03－134－4－070）

阿布赉请赏之药由伊犁将军赏给

清乾隆朝满文寄信档。乾隆四十一年（1776）十月十四日，大学士、领侍卫内大臣、尚书、忠勇公等奉上谕，字寄总管伊犁等处地方将军、署理伊犁将军、乌鲁木齐都统索诺木策凌著将阿布赉请赏之药由伊犁将军赏给。谕曰："军机大臣等将索诺木策凌所奏阿布赉所呈托忒文书，译为清字进览。看得伊等之经内写有：白帽等被满洲驱逐至墨克之词。我哈萨克等死不离此地。等语。又写伊等之地病多，请赏药物。等语。昨由索诺木策凌奏来后，朕即降旨曰：哈萨克等为属民来投已有数年，并无驱逐伊等之次，而伊等诚若恭顺为善，则朕尚且加恩，何必反而逐之远去呢？若将伊等皆驱逐后，岂有将地方空留之理耶？遂令致书晓谕阿布赉等，使臣鄂托尔奇等到后，由军机大臣等明白晓谕之。亦信索诺木策凌。今将伊等所取之药，由索诺木策凌处除不给伊犁没有者外，赏给伊犁现有者，办得是。将此著寄信索诺木策凌，给伊等时，亦即说由伊犁将军处给者，不必作为朕特赏发去者。嗣后，此辈若再取药等物，则即照此办理。将此亦寄信伊勒图知之。"

（档号：03－134－4－071）

著问舍棱在俄罗斯有无阿睦尔撒纳之人

清乾隆朝满文寄信档。乾隆四十一年（1776）十一月初一日，大学士、领侍卫内大臣、尚书、忠勇公等奉上谕，字寄驻科布多办事参赞大臣、副都统明善著问舍棱在俄罗斯有无阿睦尔撒纳之人。谕曰："瑚图灵阿等处奏，问库兰阿吉尔罕卡伦拿获由哈萨克逃出之土尔扈特莫霍赖。莫霍赖原系舍棱之属民，曾于俄罗斯塔奇城附近另住。后俄罗斯等令伊等于萨尔普利城与旧居厄鲁特同住。此等厄鲁特内有名曰赛罕之为首诺颜，彼处厄鲁特等称之为察罕图克诺颜。莫霍赖同二千厄鲁特等逃出俄罗斯时，被哈萨克等所掠。又从哈萨克逃出时，于卡伦被拿获。等语。所谓察罕图克者，原为阿睦尔撒纳所管属下人等之绰号。阿睦尔撒纳死于俄罗斯地方，将其尸骸，俄罗斯等出示我人皆看之。阿睦尔撒纳之属下人等，亦皆被歼灭，而今在俄罗斯地方，怎么又有二千厄鲁特，号称察罕图克呢？况且阿睦尔撒纳事过年久，此间并无消息，今又突出察罕图克之言呢？舍棱久住俄罗斯，必定知此缘由，该莫霍赖又系舍棱之人。著寄信明善详问舍棱，现在

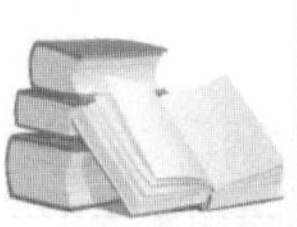

俄罗斯地方名曰察罕图克之厄鲁特，究竟何等厄鲁特，是否阿睦尔撒纳之人。由明善处问毕，遇便奏闻。莫霍赖既为舍棱之人，则即赏给舍棱可也。”

（档号:03－134－4－074）

伊勒图等将诰转送给阿布赉等

清乾隆朝满文寄信档。乾隆四十一年（1776）十二月十七日，大学士、领侍卫内大臣、尚书、忠勇公等奉上谕，字寄总管伊犁等处地方将军、领侍卫内大臣、尚书伊勒图、驻科布多办事参赞大臣、副都统等著将诰转送给阿布赉等。谕曰：“明善处奏于俄罗斯地方有名叫察汗图克之厄鲁特，是否阿睦尔撒纳之人，询据舍棱等告称：莫霍赖所告叫赛罕之人，并非察汗图克，即为克尔努特部之敦托克之弟，因莫霍赖不深知，因此妄供等事。阿睦尔撒纳死于俄罗斯地方后，其尸骸已出示给我等看。伊之属下人等，亦皆被歼杀，何以仍有数千叫察汗图克之厄鲁特呢？此事还是不必深究。惟阿布赉为人狡诈，竟图利而行。此间由俄罗斯陆续来归之厄鲁特等，经过哈萨克地方时，阿布赉等将伊等掠去者，亦为平常事。此等逃出之厄鲁特尚未到我地方时，为阿布赉等掠去，我等亦难管。昨由阿布赉所遣使臣鄂托尔奇之呈文内，有于伊等之经内云满洲驱逐白帽至墨克之语。朕当即降旨谕索诺木策凌曰：哈萨克等为我属民年久，并无驱逐伊等之次。伊等若恭顺为善，则尚且加恩，何以逐伊等远去呢？今夫于叶尔羌、喀什噶尔等地住满回子，若将伊等皆驱逐后，岂有将地方空留之理耶？著咨行阿布赉等。然阿布赉好怀疑，顷我灭金川番子等，我军威大震，畏恐亦收拾伊等，故意编造于伊等经内有驱逐伊等之词，托词试探。若不将此特降旨晓谕，则伊等仍疑惧，亦未可定。著将此拟诰，寄信伊勒图等，转送给阿布赉、阿布勒比斯。将此亦传谕明善知之。”

（档号:03－134－4－082）

乾隆帝谕哈萨克阿布赉等之上谕

清乾隆朝满文寄信档。乾隆四十一年（1776）十二月十七日，大学士、领侍卫内大臣、尚书、忠勇公等奉乾隆帝谕哈萨克阿布赉等之上谕。谕曰：“奉天承运皇帝谕哈萨克阿布赉、阿布勒比斯等。昨据署理伊犁将军索诺木策凌处奏称：于阿布赉之使臣鄂托尔奇所呈托特文内，有哈萨克阿訇称经内白帽等被满洲驱逐至墨克，哈萨克、布鲁特人等惧此言，祈永为属民，不遭驱逐之词。等语。奏到后，朕即降旨谕索诺木策凌曰：伊等来归年久，并无驱逐伊等之次。伊等诚若恭顺，则仍加恩，何以驱逐伊等呢？著晓谕阿布赉等。惟看阿布赉所呈之此言，以我大国适灭金川番子，恐一并收拾伊等，故假借经言而呈请。此盖阿布赉不知朕抚恤伊等之意，妄生疑惧。我天朝之道，凡于外藩，恭顺则爱育之，鸱张则征灭之。适间两金川番子负朕卹养数年之恩，恣意欺压邻藩人等，并兼伊等地方窥伺内地，故遭天讨，而并不知惊惧，仍敢与大军抵抗，才派将军、大臣等率大军，捣毁贼人巢穴，擒获渠魁正法。今尔等哈萨克、布鲁特来归多年，颇为恭顺，并无妄行鸱张，朕还怜卹伊等，岂有无故屏逐伊等之理？将此昨虽降旨我将军等晓谕伊等，但因无朕之特旨，尔等仍疑虑，亦未可定，故特降旨发去，阿布赉、阿布勒比斯接奉朕之此旨后，但益加恭顺，以期永受朕恩，毋滋疑虑。特谕。”

（档号：03－134－4－082）

伊勒图简选数人陪领队大臣纳旺学习行走

清乾隆朝满文寄信档。乾隆四十一年（1776）十二月二十三日，大学士、领侍卫内大臣、尚书、忠勇公等奉上谕，字寄总管伊犁等处地方将军、领侍卫内大臣、尚书伊勒图著简选数人陪领队大臣纳旺学习行走。谕曰：“伊勒图等处奏，派领队大臣纳旺赴布鲁特、哈萨克界巡查时，纳旺惩办来我界内牧放、少许种田之萨雅克鄂托克等布鲁特；又令查拿逃往布鲁特之土尔扈特川敦解来。等语。纳旺所办皆善可嘉，理应奖赏。著寄信伊勒图，纳旺回伊犁后，除从彼处缎内赏大缎二匹外，纳旺于哈萨克、布鲁特地方行走数年，已稔知彼处之形势、伊等之性格。未曾所闻在伊犁有如纳旺之人。纳旺今已老矣，若选得承袭伊之人数名，差往哈萨克、布鲁特地方，则于事才有益。即暂难得如伊之人，则视为人明白可栽培者简选数名，随纳旺学习行走，自然能办也。若不自今始备办，则届时皆为新手，焉能办呢？伊勒图知此，此间留心简选数人，陪纳旺学习行走。”

（档号：03－134－4－086）

伊犁与哈萨克易马情况

乾隆四十一年十一月甲午（二十六日 1777.1.5）谕军机大臣等……即如伊犁与哈萨克易马一节，办理亦须妥善，或哈萨克所驱至者，本不皆善马，原不妨如法择而取之，若既是可用之马，即当按其所值，与之市易，始能经久无弊，设或所给缎匹轻薄，暗减其价，致所得不偿所售，哈萨克贸易已非一日，皆能悉其底里，口即不言，而心岂能允服，既违立法通市之本意，其流弊且无所底止，朕每以此廑怀，该伊犁将军，不可不实力妥办，以裕永远之规，若听其日趋日下而不知返，朕一有所闻，惟该将军是问，恐不能任其咎也。

（《清高宗实录》卷1021　页688—690）

严禁内地化缘喇嘛到新疆各地行走

清乾隆朝满文寄信档。乾隆四十二年（1777）正月初十日，大学士、领侍卫内大臣、尚书、忠勇公等奉上谕，字寄总管伊犁等处地方将军、领侍卫内大臣、尚书伊勒图，乌鲁木齐领队大臣、陕西甘肃总督、山西巡抚、驻新疆各地将军大臣等著严禁内地化缘喇嘛到新疆各地行走。谕曰：“据伊勒图处奏，甘肃省狄道州大佛寺喇嘛逊朗素等八人，从归化城同知讨取路引，路经乌鲁木齐等地时，该处大臣等并未查问，即换给路引。嗣后，请由各地大臣等详查换给路引，永行禁止同知等给发路引往新疆。等语。伊犁、乌鲁木齐皆系新疆地方，距离哈萨克、布鲁特边界甚近。此等化缘喇嘛等，行同乞丐。如令伊等任意在此边界各地行走，偶出边卡至哈萨克、布鲁特等地方，则殊多关系。非但不宜令往哈萨克、布鲁特地方，即喀尔喀地方，与俄罗斯境界相通，亦不可前往矣。此等喇嘛至乌鲁木齐时，想索诺木策凌不在彼，是以遗漏未行查办。然而永庆所司何事？伊应详

加查讯办理。乃并未查办，令其径往伊犁，事无前例，殊属非是。永庆著寄信严加申饬。此等喇嘛系三十八年由本寺外出之人，行至归化城后，向该同知讨取前往伊犁、乌鲁木齐等地路引，本非照旧例办理之事可比。该同知应禀明该大臣等后办理，并未详加查核，又不禀明该管大臣等，甚属糊涂，不晓事体。著将归化城同知交巡抚巴延三查明参奏，仍将此通谕陕西甘肃总督、山西巡抚、驻扎新疆各地大臣等、乌里雅苏台、科布多等地将军、大臣等，嗣后，如内地喇嘛及实在商人等出境，则由驻扎该地方大臣等查明，换给路引遣往。至于此等化缘如同游方行乞之喇嘛等，严查出境，实力禁止。"

（档号:03－134－5－003）

伊勒图将谕旨传谕阿布赉

清乾隆朝满文寄信档。乾隆四十二年（1777）正月初十日，大学士、领侍卫内大臣、尚书、忠勇公等奉上谕，字寄总管伊犁等处地方将军、领侍卫内大臣、尚书伊勒图著将谕旨传谕阿布赉。谕曰："阿布赉使人鄂托尔奇等来京，告称阿布赉请将伊数代征贡之塔什罕三万余户人丁献大皇帝。等情。经军机大臣等询明具奏。等语。四十年阿布赉遣鄂托尔奇至伊犁，欲将塔什罕地方进献。伊勒图知其意存侥幸，驳饬并行文。而阿布赉并不死心，此次又如此呈请者，甚为不知足，应著实驳饬。再，前鄂托尔奇所呈书内，因有在伊等之经中满洲国将白帽屏逐至墨克之语。朕是以降旨署将军索诺木策凌晓示伊等，但阿布赉素性多疑，近见我歼灭金川番子，我大兵威武，恐亦办理伊等，故意编造其经中有屏逐伊等之语探试。鄂托尔奇朝觐朕时，朕若不当面开谕，则阿布赉疑惧不释。为此两件事，由此撰写开谕阿布赉之谕旨，寄发伊勒图，俟鄂托尔奇等回至伊犁，交付伊等带回，送给阿布赉。观之阿布赉不惟多疑，且其意向无定。将此伊勒图知之，当将诸事留心办理。"

（档号:03－134－5－002）

哈萨克布鲁特惑于经文妄生疑惧

乾隆四十一年十二月乙卯（十八日 1777.1.26）又谕，据署伊犁将军索诺木策凌奏称，哈萨克、布鲁特等，惑于经文，妄生疑惧，惟祈永为臣仆，不遭屏弃等语。看来以朕适灭金川，恐一并及彼，故假借经言，托词尝试，此盖不知朕抚恤伊等之意，天朝之于外藩，恭顺则爱育之，鸱张则剿灭之，两金川负朕深恩，恣意欺邻，并思窥伺内地，是以明正天讨，捣穴擒渠，哈萨克等内附多年，颇为恭顺，岂有无故屏逐之理，今特降旨晓谕阿布赉、阿布勒比斯，汝等嗣后，但益加恭谨，以期永受朕恩，毋滋疑虑。

（《清高宗实录》卷 1023　页 706）

哈萨克阿布赉使臣等瞻觐

乾隆四十一年十二月戊午（二十一日 1777.1.29）库车三品阿奇木伯克阿克伯克等十三人，哈萨克阿布赉使臣鄂托尔齐等八人……瞻觐，各赐冠服有差。

（《清高宗实录》卷 1023　页 709）

伊勒图将敕书交鄂托尔奇赍回传谕阿布赉

清乾隆朝满文寄信档。乾隆四十二年(1777)二月初四日,大学士、领侍卫内大臣、尚书、忠勇公等奉上谕,字寄总管伊犁等处地方将军、领侍卫内大臣、尚书伊勒图著将敕书交鄂托尔奇赍回传谕阿布赉。谕曰:“降谕阿布赉敕书,已钤宝发付伊勒图。伊勒图接奉后,俟鄂托尔奇等到伊犁时,交付伊等赍回,传谕阿布赉。兹遇大行皇太后大事,亦应晓谕伊等知悉。将此著寄信伊勒图,矣鄂托尔奇等到伊犁时,即晓谕伊等曰:现因皇太后大事,奉大皇帝谕旨,居住我伊犁等处之土尔扈特、和硕特等,明年俱令停止去瞻仰。钦此。尔等回告阿布赉等,此间亦不必遣人请安贡物。即使遣人,按天朝制度,大丧期内,不筵宴举乐,尔等所遣人,亦不能瞻仰大皇帝金颜。如阿布赉等感激大皇帝之恩,不遣人请安,于心不安,必欲遣人赴京请大皇帝之安,亦当计算于来年年终到京,遣人前往,我将料理,遣之瞻仰大皇帝。等语。宣谕毕,遣之回。”

(档号:03 -134 -5 -009)

命诸王满汉大臣及朝正外藩等从观

乾隆四十二年正月丙子(九日 1777.2.16)上御阅武楼阅兵,命诸王、满汉文武大臣及朝正外藩、蒙古王公台吉,并年班回部库车三品阿奇木伯克及哈萨克使臣、金川土司等从观。

(《清高宗实录》卷 1024　页 720)

逊朗素等在归化讨路引路经乌鲁木齐

乾隆四十二年正月丁丑(十日 1777.2.17)谕军机大臣等,据伊勒图奏,甘肃狄道州大佛寺喇嘛逊朗素等八人,在归化城同知处,讨取路引,路经乌鲁木齐,该处大臣等并未查问,换给路引,请嗣后由该处大臣核查换给,同知给发路引之处,永行禁止等语。伊犁、乌鲁木齐均系新疆地方,距哈萨克、布鲁特边界甚近,此等化缘喇嘛,行同乞丐,如任其在新疆各处行走,偶出边卡,至哈萨克、布鲁特地方,殊多关碍,非但不宜令往哈萨克、布鲁特地方,即喀尔喀地方,与俄罗斯境界相通,亦不可令其前往,此等喇嘛至乌鲁木齐时,想索诺木策凌,因不在彼,是以遗漏未行查办,永庆所司何事,理宜查讯办理,乃听其径往伊犁,殊属不合,永庆著严行申饬。再该喇嘛,系三十八年由本寺外出之人,行至归化城,向该同知处讨取前往伊犁、乌鲁木齐等处路引,本非照例办理之事,该同知并未查核,又不禀明该管大臣,甚属糊涂不晓事体,著将归化城同知,交巡抚巴延三,查明参奏。仍将此通谕陕甘总督、山西巡抚、驻扎新疆各处大臣、乌里雅苏台、科布多等处将军大臣等,嗣后如内地喇嘛,及实在商人出境,驻扎该处大臣等查明,准其换给路引遣往,若此等化缘游方行乞之喇嘛等,务须严查,实力禁止,毋许出口。

(《清高宗实录》卷 1024　页 721—722)

阿布赉遣鄂托尔齐至伊犁

乾隆四十二年正月丁丑(十日 1777.2.17)又谕曰,阿布赉使人鄂托尔齐等至京,告称，阿布赉请将伊征贡之塔什罕三万余户人丁献纳，经军机大臣询明具奏，从前四十年间，阿布赉遣鄂托尔齐至伊犁，欲将塔什罕地方进献，伊勒图知其意存徼幸，曾经驳回，乃阿布赉意尚未息，此次复行呈请，殊属无厌之至。上次鄂托尔齐所呈书内，因有屏逐伊等之语，朕是以降旨署将军索诺木策凌，令其晓示，但阿布赉素性多疑，近见大兵歼灭金川，恐乘胜办理伊等，是以托词探试，鄂托尔齐朝觐时，朕若不面加开谕，阿布赉疑惧不释。著将开谕阿布赉谕旨，钞寄伊勒图，俟鄂托尔齐回至伊犁，令伊等带回，传谕阿布赉，看来彼不惟多疑，且其意向无定，伊勒图惟当加意妥协办理，以副朕抚绥远人之意。将此谕令知之。

（《清高宗实录》卷 1024　页 722）

给哈萨克阿布赉汗之敕谕

乾隆四十二年正月丁丑（十日 1777.2.17）敕谕阿布赉曰，尔使鄂托尔齐等，朝觐京师，呈尔所奏托特字表文，内称尔愿将数世征贡之塔什罕三万户人丁献纳等语。所奏非是，前者尔使鄂托尔齐至伊犁，将此事呈请将军，将军知尔心存侥幸，剖晰情理，行文饬驳，奏到时，朕谓其所办甚当，今尔使鄂托尔齐来京，复以此为请，则是尔侥幸之念，尚未止息。朕统一区宇，尔哈萨克、布鲁特、霍罕、安集延回众，皆朕臣仆，朕一视同仁，毫无偏向，从前尔因争塔什罕土地，向霍罕额尔德尼搆兵，因遣都勒特克呼前来请援，经伊犁将军饬驳，朕曾降旨宣示，尔今复以塔什罕为尔数世征贡之属裔，欲纳于朕，是尔从前无力争夺，欲假天朝威力以取之耳，尔哈萨克与塔什罕，皆系朕之臣仆，岂肯为尔攻彼乎？况尔欲谋取塔什罕，即允所请，倘他部落中如有欲谋取尔哈萨克者，朕亦将允其请乎？汝惟知多方谋取塔什罕，以冀侥幸，而并未实计其利害，殊属非是。阿布赉，汝奉朕此谕，惟宜善自保守游牧，结好邻邦，以期永荷朕恩，断不可妄生觊觎，构祸邻国也。再尔使鄂托尔齐所呈表文，内称哈萨克阿浑曾言经内有云，白帽之人屏逐默克，哈萨克、布鲁特等深惧斯言，情愿永为臣妾，惟期不为屏逐等语。斯言甚属怪异，不知从何而起，谅必因我兵新灭金川，前此将军伊勒图，曾遣回尔使，恐我兵乘胜，并将哈萨克办理，是以假借经文，托词尝试，则是尔未知朕抚绥之意，而妄自疑惧矣。夫天朝之于外番，恭顺则抚恤之，鸱张则讨灭之，迩来大小金川，负朕厚恩，恣意侵邻，遂加天讨，乃不知警惧，复敢抗拒王师，始命将出师，歼灭小丑耳。今尔哈萨克归顺已久，朕方加惠抚恤，岂肯无故即加屏逐，且屏逐尔等，空其土地，将复畀之何人。朕已谕将军传谕尔等，然非朕亲谕，不足以释汝之疑，朕故特降谕旨发往，阿布赉，惟期永荷朕恩，恭顺是效，毋得妄行意逆，以自速祸也。特谕。

（《清高宗实录》卷 1024　页 722—723）

察哈尔营兵丁无法多种地亩并变通办理情形

乾隆四十二年（1777）二月二十八日。奴才伊勒图谨奏：为仰祈睿鉴事。查得，去年秋，在伊犁、博罗塔拉种田为生之土尔扈特返回其游牧后，十月，署理将军索诺木策凌奏称，从伊等收获粮石内扣除拨给官畜应抵之粮后，查其剩余粮石，归博罗塔拉察哈尔兼管种地之土尔扈特余粮通共一万零一百三十六石五斗。察哈尔营官兵呈请，从此项余粮内情愿按官价购买六千石粮作为口粮，其价银由伊等应领俸饷内扣还。即照所请准买。此外，察哈尔等生计稍为贫困，除每年派一百六十人种田外，请仍通融增派二百四十人，共为四百人，并由满洲营选派二名官员管束种田。其所需籽种亦从此项余粮内借给一千石，剩余之粮三千一百三十五石，今年动用官畜运送伊犁，入仓存贮。等因奏至，奉旨准行。钦遵在案。今领队大臣那旺巡查哈萨克边界返回后呈文奴才内开，查得，察哈尔等移驻伊犁业已多年，除牧放官私牲畜外，每年酌派一百六十名兵种田，所获粮石与牲畜乳汁掺和食用，并不窘迫，亦未派员教习耕种。自三十八年将土尔扈特汗渥巴锡贫困部众归察哈尔营种田赡养以来，在此数年间，粮石丰收，除供给土尔扈特等口粮外，余粮仍有一万零一百余石。再，察哈尔兵仅有一千八百名，牧放特穆尔牧厂及孳生牲畜共计十万余头，且又有各自私畜。除牧放此项牲畜、前往塔尔巴哈台换防及承应驻守卡伦、驿站等差使外，剩余兵丁、闲散无多，实难通融派出四百人种田。谨请将军指示，以便遵照办理。等因前来。查得，索诺木策凌拟增派察哈尔兵丁种田，特为利于其生计起见。今领队大臣那旺呈称，该营兵丁除承应各项差使外，剩余兵丁、闲散无法通融派出四百人种田。蒙古人等生性多怕种田，未免推托。又伊等生计诚系富裕而不窘迫，为何买粮六千石作为口粮。将此理应再行询问核实，故奴才传来该营总管巴扎尔、哈拉萨哈勒、副总管贝格、扎木颜等询问，据伊等共同禀告，我等蒙古人原先仅靠牲畜乳汁为生，并非靠粮石。在移驻伊犁后，因官给籽种种田，故每年两翼派兵一百六十名，仅计足够与牲畜乳汁掺和食用，酌量耕种，而且并不另派官员教习耕作。再，本营有兵一千八百名，每年派遣换防、巡查边界及承应驻守卡伦、驿站等项差使外，牧放孳生牧厂、特穆尔牧厂牲畜需人颇多，由所剩兵丁、闲散内扣除老人小孩后，即所剩无几，况且仍牧放私有牲畜，断不能通融派出四百人种田。即使将牧放牲畜之人通融派出四百名种田，然种田处所远离牧厂，两者亦不能兼顾。再，我等察哈尔并不全靠粮石为生，即使多获粮石，亦无处出售，食之不尽，存之无用，徒致腐烂。去年，署理将军派人查看归我察哈尔等兼管种田之土尔扈特抵偿官牲用剩粮石时，我等愚意，查看此项粮石后，必令本营照数运往城中，运粮路程远，甚费脚力。故具文呈请，情愿按官价买粮六千石，以为口粮。所买之粮，皆分给官兵，并非果真接济口粮。再，这几年以来，我等察哈尔每年收获粮石内，除动支口粮外，又留出来年种田所需籽种，现在游牧仍留有粮石，本年种田时，亦无需从官仓借支籽种。请仍照原先所办之例，酌量种田可也。等语。查得，由博罗塔拉土尔扈特抵偿官畜用剩粮石内，索诺木策凌已按官价卖给察哈尔官兵粮六千石。故即照索诺木策凌所奏，将其价银从伊等应领俸饷内分两年陆续扣还，存入银库。此外，奴才窃思，察哈尔皆系蒙古人，白移驻伊犁以来，业已十几年，各自酌量种田，所获粮石与牲畜乳汁掺和食用，并未曾缺食断粮。再查该营现有兵丁，除派往塔尔巴哈台换防、巡查边界及承应驻守卡伦、驿站等差使者外，其余之人皆牧放官畜。官设特穆尔牧厂牲

畜及各项孳生牲畜共计十万余头，牧放此项牲畜需人必多，且察哈尔等又有各自私畜，亦需人牧放。今为多种地亩派出四百人，则牧放官畜之人减少，于事无益。同时，不能妥善牧放其私有牲畜，亦不利于伊等。理应按其习性办理，以利于诸事。奴才又询问那旺及总管等，能增派多少人种田？据那旺等禀称，除现有一百六十名种地兵外，请再由两翼通融增派八十名兵，共为二百四十名兵，加种些许地亩。等语。奴才即照其所请，令派二百四十名兵种田。再，察哈尔等移驻以来，皆自种地亩，而在这几年犹妥善教习土尔扈特种田丰收，伊等均会种田。今若派满洲官员教习察哈尔等种田，则不知晓其习性，相互推诿，或致掣肘，反而于事无益。故此不必委派满洲官员管束教习，即责令其领队大臣、总管、副总管、佐领等员妥善管束种田。又该总管等呈称，伊等每年收获粮石内，除动支口粮外，仍留有籽种，无需从官仓借支籽种。故请免由官借给籽种一千石，俟返青后，仍将所剩四千余石粮，动用官驼，陆续运往城中，入仓存贮。为此，将察哈尔等不能多种地亩及变通办理情形，谨具奏闻，伏乞皇上睿鉴。乾隆四十二年三月二十一日奉朱批：知道了。钦此。

（《军机处满文录副奏折》2712—35）

伊勒图著问在彼领队大臣中有无胜任参赞大臣者

清乾隆朝满文寄信档。乾隆四十二年（1777）三月初一日，大学士、领侍卫内大臣、尚书、忠勇公等奉上谕，字寄总管伊犁等处地方将军、领侍卫内大臣、尚书伊勒图著问在彼领队大臣中有无胜任参赞大臣者。谕曰："庆桂去塔尔巴哈台已有四年，应更换返回。惟一时不得人，塔尔巴哈台地方与哈萨克、布鲁特交界，关系紧要。将此著寄信伊勒图，在彼领队大臣中，有无胜任塔尔巴哈台参赞大臣者？或有无与伊勒图办事三年，可栽培能胜任此职者？著据实奏闻。"

（档号：03-134-5-017）

降谕阿布赉敕书已钤发伊勒图

乾隆四十二年二月庚子（四日 1777.3.12）谕机军大臣等，降谕阿布赉敕书，已钤宝发付伊勒图，令俟鄂托尔齐到伊犁时，交伊等赍回，传谕阿布赉矣。兹大行皇太后大事，亦宜晓谕伊等知悉，著传谕伊勒图，俟其至伊犁时，即谕以现因皇太后大故，奉大皇帝谕旨，在伊犁居住之土尔扈特、和硕特等，明年俱令停止入觐，尔等回告阿布赉，此时且不必遣人请安进贡，即使遣人，天朝制度，大丧期内，亦不筵宴举乐，尔等使人，亦不能瞻仰天颜。如阿布赉等感戴深恩，不遣人请安，于意不惬，必欲遣人进京请安，亦当于后年年终遣人，由此处料理赴京入觐。将此明白宣谕知之。

（《清高宗实录》卷1026　页753）

奎林复兴堪胜塔尔巴哈台参赞

乾隆四十二年五月甲申（二十日 1777.6.24）又谕（军机大臣等），昨据伊勒图奏，奎林、复兴，明白晓事，堪胜塔尔巴哈台参赞之任等语。奎林、复兴，不过在军营阅历，技艺出众而已，至于办事，究未经练，塔尔巴哈台与哈萨克接壤，寻常事务，可与将军商酌，仓猝有事，若无主见，必至张皇。副都统衔惠龄，自遣往西宁以来，办事精详，且系尚书那延泰之子，著以副都统衔补授领队大臣，前往伊犁，更换复兴，随同伊勒图办事，数月后，即可知其才具。将此传谕伊勒图知之。

(《清高宗实录》卷1033　页846)

贝克等人履历清单

巴扎尔所出总管缺，拟正之右翼副总管贝克，食俸饷二十年。出征二次，于特穆尔图淖尔、塔什干、阿勒楚尔、伊什勒库勒、叶尔羌、乌什等处打仗四十一次，杀贼十一名，抓获活口二名，左腿受箭伤一处，保荐为卓异三次。得一等功牌四枚、二等功牌二枚、三等功牌一枚、赏银一百五十四两。补放总管拟陪一次。现所四十九岁，额鲁特，马步箭平。拟陪贝克之左翼副总管扎木颜，食俸饷二十三年。出征二次，于额林哈毕尔噶、叶尔羌、阿勒楚尔、伊什勒库勒、乌什等处打仗四十七次，杀贼十名，保荐为卓异三次，得一等功牌五枚、二等功牌五枚、三等功牌三攻、赏银十九两。塔尔巴哈台换防一次，巡查哈萨克边界一次。现所四十三岁，察哈尔，马步箭平。

(《军机处满文录副奏折》2720—30)

用心办理迁回布鲁特事

清乾隆朝满文寄信档。乾隆四十二年(1777)七月二十一日，大学士、领侍卫内大臣、尚书、忠勇公等奉上谕，字寄总管伊犁等处地方将军、领侍卫内大臣、尚书伊勒图著用心办理迁回布鲁特事。谕曰："据伊勒图奏，布鲁特萨尔巴噶什鄂拓克比阿提布派布鲁特多罗特等前来告称：布呼鄂拓克之布鲁特比齐里克齐等五部布鲁特邀阿提克伙同往掠哈萨克等，被阿提克回绝制止。再，阿提克于奎屯库尔图地方少耕田亩，请秋季收割后再外迁。等语。伊勒图等嘉勉阿提克回绝齐里克齐等甚是，于奎屯库尔图耕田殊属不当，今即回迁等语晓谕多罗特。等语。布呼鄂拓克之布鲁特比齐里克齐等邀同阿提克往掠哈萨克等，被阿提克回绝制止一情，阿提克派人告知伊勒图，特因伊于奎屯库尔图地方耕种农田，为尽显伊之好，使伊暂不被驱迁之意。本年伊勒图已奏，或不派巡边之人，且恰好阿提克有此回绝制止齐里克齐之善举，借此伊勒图理应晓谕阿提克所遣多罗特等：尔等之人私越边界于奎屯库尔图地方耕田，实属不当。按理即行将伊等驱逐，但阿提克等回绝制止齐里克齐等往掠哈萨克甚善，是以现免驱逐伊等，俟收割后，即应回迁，来年我遣人巡查，若尚在彼栖留，则断然不可。等语。如此晓谕后，伊等感激，且我方亦不失信，伊勒图本年并未派人，又何以声称即遣人往查，我等究竟没派人之处，布鲁特等不得而知乎？伊等得知后，似乎将军、大臣等蒙骗伊等，嗣后，将他事交付伊等，致使伊等均皆不信，伊勒图平时尚明事理，此等情形何以考虑不周，将此寄信伊勒图，嗣后，遇此等情事，著好生用心办理。"

(档号:03-134-5-044)

卡伦内私与哈萨克易换物者严惩

清乾隆朝满文寄信档。乾隆四十二年(1777)九月十二日,大学士、领侍卫内大臣、诚谋英勇公,大学士、尚书、忠勇公等奉上谕,字寄总管伊犁等处地方将军、领侍卫内大臣、尚书伊勒图、驻塔尔巴哈台办事参赞大臣等著将于卡伦内私与哈萨克易换物者严惩。谕曰:“昨据庆桂等处奏,集墨尔色克卡伦兵莫和卓首告该卡伦佐领超保、管马群防御阿勒景阿私向哈萨克等易换马、羊,超保又向哈萨克进献鼐济(naiji),准哈萨克马群入卡伦内。等语。而当日又据伊勒图处奏:自塔尔巴哈台戍守兵返回伊犁之厄鲁特兵鄂勒哲依霍托克前驻巴克图卡伦、巴尔鲁克卡伦时,私向居卡伦附近之哈萨克等易换马、羊,当即皆告知该管卡伦之佐领八十五、骁骑校额勒登保。业已审拟具奏。等语。此皆于伊犁、塔尔巴哈台等地数岁未有之事。由彼等之两处皆如此具奏,看来此间似此私向哈萨克等易换畜物者,日渐成风,不可不禁止。长此以往,不仅与官贸无益,而且有去哈萨克地方盗马等诸弊端,俱未可定。况且设卡伦者,特为巡察外部人等潜来卡伦内私行易换畜物等事。今超保、阿勒景阿、八十五、额勒登布皆系派往卡伦之员,而不止亲行私换马、羊,或纵伊等之属下兵丁易换,又私准哈萨克等入卡伦内,太无法度。若不严加治罪,则不能儆众。将此著寄信伊勒图、庆桂等,超保、阿勒景阿等俱革职,连应审之人,一并严审从重定拟具奏。至于八十五、额勒登布,亦即革职,其厄鲁特兵鄂勒哲依霍托克枷号三个月,从重惩打。”

(档号:03-134-5-055)

哈萨克呈文错误毋庸严行申饬

清乾隆朝满文寄信档。乾隆四十二年(1777)九月三十日,大学士、领侍卫内大臣、诚谋英勇公,大学士、尚书、忠勇公等奉上谕,字寄驻塔尔巴哈台参赞大臣、侍郎、副都统庆桂哈萨克呈文错误毋庸严行申饬。谕曰:“据庆桂等奏,哈萨克台吉萨尼雅斯闻皇太后一事,呈送托忒文书,询问可否派遣其子祭奠。萨尼雅斯系闲散台吉,非属应行祭奠者。且其文内,圣主一词,未抬格缮写,又自称为公,是以明白严行申饬。等语。哈萨克等系外藩之人,伊欲来祭奠皇太后,虽亦为图侥幸,终系诚心,尚属可悯。愚昧哈萨克,又晓得何事?所呈文内,圣主一词未抬格缮写,自称为公者,乃其错误,不过开导晓谕,嗣后不再如此缮写则已,又何致严行申饬。庆桂等果若严行申饬是实,则甚过分矣。若未申饬,只是奏折内如此缮写而已,似此之处尚不诚实,其尤为不可也。将此寄信庆桂等知之。”

(档号:03-134-5-059)

从伊犁选送手快善猎者数名以备验看

清乾隆朝满文寄信档。乾隆四十二年(1777)十月初三日,大学士、领侍卫内大臣、诚谋英勇公,大学士、尚书、忠勇公等奉上谕,字寄总管伊犁等处地方将军、领侍卫内大臣、尚书伊勒图著从伊犁选送手快善猎者数名以备验看。谕曰:“据伊勒图处奏,给哈萨克公多拉特克勒萨尼牙孜之子苏克等看打猎时，官兵等奋射，殪兽三百余，众哈萨克等见之，俱皆赞奇。等语。不被哈萨克讥笑，能射兽者，不过迁往彼处之索伦、达呼尔而已，从凉州、庄浪等处迁移之满洲等岂能若是耶？诚能若是，果真甚善，理应鼓励。将此著寄信伊勒图，驻防伊犁之满洲等确能奋射野兽，则其中简选手快能多杀之人二三或五六名，来年朕幸木兰围场时送来，以备验看。诚若技艺娴熟，则朕仍将加恩。”

（档号：03－134－5－061）

巡查布鲁特边界

“乾隆四十二年（1777）十月初八日。奴才伊勒图、拉旺多尔济谨奏：为奏闻事。顷由奴才伊勒图奏请，本年秋停止巡查布鲁特边界，明春派往巡查外，本年九月派领队大臣率领官兵，只巡查哈萨克边界，征收税马等因。奉朱批：好。知道了。钦此。钦遵。今将降雪，应派官兵巡查哈萨克边界，征收税马。是以，奴才等派出满洲、锡伯、索伦、察哈尔、厄鲁特兵三百名，酌量派遣官员，派领队大臣那旺率领前往外，并明白告诉彼等，喂养马匹牲畜，徐徐行猎，巡查库库乌苏、哈喇塔勒等地，行至勒布什，会同塔尔巴哈台所派征收税马之官兵各自分地，照例征收税马，若哈萨克等推托不交，即钦遵前降之旨，一马罚一马，取马二匹，徐徐返回，以养马力等情。于九月二十四日起程前往。为此谨具奏闻。乾隆四十二年十月十八日奉朱批：知道了。钦此。”（《军机处满文月折档》244—2）“嘉庆十五年五月十三日。奴才晋昌谨奏：为奏闻事。窃查，以前每隔一年派出领队大臣，率领官兵巡查布鲁特边界。嘉庆十三年，曾派领队大臣洋桑阿率领官兵巡查布鲁特边界。今应派领队大臣率领官兵巡查布鲁特边界，故奴才派领队大臣轱孟额，照例酌带官员及各营、部之兵三百名，于五月初一日由伊犁前往巡查布鲁特边界。至于巡查情形，容轱孟额返回后，另折谨奏。此外，将轱孟额所管锡伯部事务，暂交领队大臣富勒洪阿署理。为此谨具奏闻。嘉庆十五年六月初九日奉朱批：知道了。钦此。”（译自《军机处满文月折档》）“嘉庆十五年七月十五日。奴才晋昌谨奏：为奏闻事。本年五月，奴才谨将派出领队大臣轱孟额率领官兵往巡布鲁特边界情由具奏在案。顷据轱孟额面禀：领队大臣轱孟额至布鲁特边界后，布鲁特比等闻我等前往查边，各自来见，献伯勒克（礼品）马。其中布鲁特比呼鲁木拜等情愿带路效力，轱孟额即允所请，率领彼等巡查特穆尔图淖尔等地。布鲁特内并无潜入我境放牧耕地者，皆甚恭顺，感戴皇恩，安居乐业，是故，轱孟额晓谕鼓励呼鲁木拜等，收其所献伯勒克马，酬以缎绸布匹等语。故将布鲁特比等所献伯勒克马三匹，放入官场。领队大臣富勒洪阿署理之锡伯部领队大臣事务，仍交付轱孟额。为此谨具奏闻。嘉庆十五年八月十三日奉朱批：知道了。钦此。”（译自《军机处满文月折档》）“道光十七年五月十六日。奴才特依顺保谨奏：为奏闻派往巡查布鲁特边界情形事。窃查，每年青草长出后，由伊犁派出官兵巡查布鲁特边界。现理应派往巡查，故奴才照例派出各营、部之兵三百名，量拨官员，饬交领队大臣托恩多布，以协领西喇布副之，并明白交待照依旧例巡查至特穆尔图淖尔，出卡伦后，务必

整饬队伍,留心防御等情,于五月初八日由伊犁起程前往。此外,将托思多布所管锡伯部领队大臣印信,暂交领队大臣奇成额署理。为此谨具奏闻。道光十七年六月十四日奉朱批:知道了。钦此。”(译自《军机处满文月折档》)“道光十七年六月二十一日。奴才特衣顺保谨奏:为奏闻事。本年五月,谨将奴才处派领队大臣托恩多布,副以协领西喇布,率领官兵前往巡查布鲁特边界之处,奏闻在案。今领队大臣托恩多布于六月十九日返回呈称:本领队大臣率领官兵赴布鲁特边界巡查途中,布鲁特比托克索拜等十三人闻讯,各自前来迎见,献伯勒克马,禀称,小布鲁特我等情愿带路等情,恭顺乞求。故托恩多布收其所献伯勒克马,照例设宴,酬赏缎布等物后,即照其所请,酌带布鲁特比托克索拜、博罗木拜等引导,巡查边界行至特穆尔图淖尔。留心察得,此一带布鲁特等尚属安谧,皆感戴圣主之恩为生。特穆尔图淖尔迤东,亦并无潜来放牧之布鲁特,等情具呈前来。故将托恩多布带来之布鲁特比等所献伯勒克马十匹,皆放入官场外,领队大臣奇成额暂署之锡伯郑领队大臣印信,仍令交付托恩多布。为此谨具奏闻。道光十七年七月二十日奉朱批:知道了。钦此。”(译自《军机处满文月折档》)

巡查哈萨克边界

“乾隆四十二年(1777)十月初八日(朱批时间)。奴才伊勒图、拉旺多尔济谨奏:为奏闻事。顷由奴才伊勒图处奏请本年秋停止往巡布鲁特边界,明年春派往巡查外,本年九月派领队大臣率领官兵,只巡查哈萨克边界,征收官赋等因,奉朱批:好。知道了。钦此。钦遵。今时近降雪,应派官兵巡查哈萨克边界,征收官赋。是以,奴才等派出满洲、锡伯、索伦、察哈尔、厄鲁特兵三百名,量派官员,派领队大臣纳旺率领前往外,并明白告诉彼等,喂养马匹牲畜,徐徐行猎,巡查库库乌苏、哈喇塔勒等地,行至勒布什,会塔尔巴哈台所派征收官赋之官兵,各自分地,照例征收官赋,若哈萨克等推托不交,即钦遵前降之旨,一马罚一马,取马二匹,徐徐返回,以养马力等情。于九月二十四日起程前往。为此谨具奏闻。乾隆四十二年十月十八日奉朱批:知道了。钦此。”(译自《军机处满文月折档》)“嘉庆七年八月十三日。奴才松筠谨奏:为奏闻事。窃查,每年秋季降雪前,由伊犁派出官兵巡查哈萨克边界,征收官赋。现系应派之时,故奴才松筠派锡伯部领队大臣普萨保,以前锋翼长寿昌为副,照例派出各营、部之兵三百名,酌派官员。并详饬普萨保等,于沿途有兽之处率官兵练习打猎,妥善指教一切出外之道,严加约束官兵,毋于哈萨克游牧内招致事端,巡查法库乌苏、哈喇塔勒等地,至勒布什后,会塔尔巴哈台所派征收官赋之官兵,各自分地,照例征收官赋。于八月十九日,由伊犁起程前往。此外,将普萨保所管锡伯部事务,交阿迪斯署理。今佛嚼木保随奴才赴塔尔巴哈台,故将索伦部事务交托约恩泰署理。为此一并谨具奏闻。嘉庆七年九月初十日奉朱批:知道了。钦此。”(译自《军机处满文月折档》)“道光三年七月二十二日。奴才庆祥谨奏:为奏闻事。窃查,每年秋季由伊犁派出官兵巡查哈萨克边界,征收官赋。现系应派之时,故奴才派锡伯部领队大臣穆克德木布,以协领都克济泰副之,照例酌率官员及各营、部之兵三百名,并详饬穆克德木布等,于沿途有兽之处率官兵练习打猎,妥善指教一切出外之道,严加约束官兵,毋于哈萨克游牧内招致事端,巡查库库乌苏,哈喇塔勒等处,至勒布什后,会塔尔巴哈台所派征收官赋之官兵,各自分地照例征收宫赋,而后起程前往。此外,将穆克德布所管锡伯部领队大臣印信,暂交厄鲁特部领队大臣硕龙窝署理。为此谨具奏闻。道光三年八月十八日奉朱批:知道了。钦此。”(译自《军机处满文月折档》)

派察哈尔等营官兵等巡查哈萨克边界

乾隆四十二年(1777)十月初八日。奴才伊勒图、拉旺多尔济谨奏:为奏闻事。顷由奴才伊勒图奏请,本年秋停止巡查布鲁特边界,明春派往巡查外,本年九月派领队大臣率领官兵,只巡查哈萨克边界,征收税马等因。奉朱批:好!知道了。钦此。钦遵。今将降雪,应派官兵巡查哈萨克边界,征收税马。是以,奴才等派出满洲、锡伯、索伦、察哈尔、额鲁特兵三百名,酌量派遣官员,派领队大臣那旺率领前往外,并明白告诉彼等,喂养马匹牲畜,徐徐行猎,巡查库库乌苏、哈喇塔勒等地,行至勒布什,会同塔尔巴哈台所派征收税马之官兵,各自分地,照例征收税马,若哈萨克等推托不交,即钦遵前降之旨,一马罚一马,取马二匹,徐徐返回,以养马力等情。于九月二十四日起程前往。为此谨具奏闻。乾隆四十二年十月十八日奉朱批:知道了。钦此。

(《军机处满文月折档》244—2)

宦保私带闲散坐卡罚俸一年案

“乾隆四十二年(1777)十月二十二日。窃查,向哈萨克易取羊只人内,锡伯图噜木保,黄沃拜均为闲散,不宜派驻卡伦。遂饬询得,图噜木保、黄沃拜俱系先前申报该官员,作为锡伯空蓝翎富保之跟役,带往索达巴罕卡伦。至换班返回时,图噜木保患病,富保携带黄沃拜先回,留图噜木保养病。富保返回后,又遣黄沃拜前往索达巴罕卡伦接图噜木保及其所留行李。图噜木保、黄沃拜乃私向哈萨克易取羊只。该牛录官员遣图噜木保、黄沃拜随富保前往时,并未申报该领队大臣、总管等。图噜木保、黄沃拜均为锡伯闲散,该牛录官员遣派伊等时,理应申报该领队大臣、总管等,但未经申报擅自遣往,均难辞咎。请将该管佐领巴哩木达、骁骑校赳霍托罚俸一年,以示惩戒。空蓝翎富保原奉派前往坐卡时,携带锡伯闲散,即属过失。至换班返回时,因图噜木保患病而留卡,复遣黄沃拜前往迎接,以致两人私向哈萨克易取羊只。今富保升任骁骑校,亦应罚俸一年,以示惩戒。至于该部总管贺稜泰、副总管哈玛尔泰,虽该牛录官员未申报,然而失查,请罚俸半年。此外,该领队大臣德成额为总理之员,亦属失察,相应请旨,将德成额交部察议。为此参奏。请旨。乾隆四十二年十一月十六日奉朱批:另有旨。钦此。”(译自《军机处满文月折档》)“乾隆四十二年十一月十六日。上谕:伊勒图等奏,除将私向哈萨克易取羊只之锡伯闲散图噜木保、黄沃拜查出治罪外,请将私带图噜木保等到卡伦之骁骑校富保及未报私派之佐领巴哩木达、等分别治罪一折。骁骑校富保私带图噜木保、黄沃拜到卡伦,以致私向哈萨克贸易羊只,甚属非是。佐领巴哩木达等并未申报该领队大臣。总管等而擅自差派，亦属过失。骁骑校富保。佐领巴哩木达，骁骑校赳霍托著照伊勒图等所奏，各罚俸一年。失察总管贺稜泰，副总管哈玛尔泰著罚俸半年。领队大臣德成额著交部察议。钦此。”（译自《军机处满文上谕档》）

查拨驻防新旧厄鲁特人盐菜银粮

清乾隆朝满文寄信档。乾隆四十二年（1777）十月二十七日，大学士、领侍卫内大臣、诚谋英勇公，大学士、尚书、忠勇公等奉上谕，字寄驻塔尔巴哈台办事参赞大臣、侍郎、副都统庆桂著查拨驻防新旧厄鲁特人盐菜银粮。谕曰：“据庆桂处奏，今岁由乌鲁木齐驻防塔尔巴哈台之一千户厄鲁特等无事，欲收哈萨克官马时，一并遣往学习行走，照巡察边界例，拨给盐菜银粮，请旨。等语。此奏甚不明白。将在彼旧驻厄鲁特等，每年派去收哈萨克官马时，若拨给盐菜银粮，则差派新驻防厄鲁特等，均一样当差行走，应即一体拨给，毋庸具奏。若于旧厄鲁特等向无拨给，新厄鲁特等甫来驻防，若遇官差应少拨盐菜银粮，则亦应定限一二年，具折奏请。并未明白分开办理，即如此冒奏者，皆由不谙事理所致。将此著寄信庆桂，查明具奏。”

（档号：03－134－5－069）

古木扎布等人履历清单

呼毕图所出佐领缺，拟正之镶蓝旗巴彦察衮佐领下骁骑校古木扎布，食俸饷二十年。出征阿勒泰一次，打仗十五次，杀贼六名，得功牌抵赏银五十两。巡查哈萨克边界一次。补放佐领拟陪一次。现年五十六岁，额鲁特。扎木苏所出佐领缺，拟正之正蓝旗乌巴西佐领下骁骑校蒙霍津，食饷二十年。出征二次，赴阿古雅斯、库库乌苏等处充当向导，擒活口一名。出征乌什，打仗二十七次，杀贼五名。保荐卓异一次，得一等功牌三枚、二等功牌三枚。巡查哈萨克、布鲁特边界五次，赴乌鲁木齐送马一次。现年四十九岁，额鲁特。乌巴西所出佐领缺，拟正之镶蓝旗嘎鲁第佐领下骁骑校库苏勒依，食俸饷二十年。出征二次，于叶尔羌、和阗、阿勒楚尔、伊什勒库勒、乌什等处，打仗三十四次，杀贼十六名，夺获鸟枪二杆，得功牌折赏银七十一两。赴乌鲁木齐送马三次。现年四十五岁，额鲁特。拟陪古木扎布之正红旗呼毕图佐领下骁骑校阿塔木拜，食俸饷二十年。出征二次，于特穆尔图、叶尔羌、阿勒楚尔、伊什勒库勒、乌什等处，打仗三十六次，杀贼九名，右肋骨受箭伤一处，保荐卓异二次，得一等功牌四枚、二等功牌三枚、三等功牌二枚、赏银六十七两。巡查哈萨克、布鲁特边界二次，赴乌鲁木齐送马二次。现年四十二岁，额鲁特。拟陪蒙霍津之正黄旗托布[illegible]佐领下骁骑校沙里，食俸饷十六年。出征乌什一次，打仗二十七次，杀贼六名，生擒活口一名，腰部受枪伤一处，得一等功牌五攻、二等功牌二枚、三等功牌一枚、赏银五两。塔尔巴哈台换防二次，赴乌鲁木齐送马一次。现年五十一岁，额鲁特。拟陪库苏勒依之正白旗库库萨哈勒佐领下骁骑校巴特玛，食俸饷三十二年。出征一次，于鄂垒扎拉图、库车、乌什等处，打仗四十二次，杀贼四名，夺获鸟枪二杆，长枪一杆，长枪一杆，得一等功牌一枚、二等牌一枚、三等功牌一枚、赏银四十五两。现年五十六岁,察哈尔,马步箭平等。

(《军机处满文录副奏折》2725—18)

巴哩木达等人履历清单

升补副总管递出佐领缺,拟正之镶蓝旗扎勒巴佐领下领催巴哩木达,食俸饷三十六年。出演围二次,得赏银十二两。巡查哈萨克、布鲁特边界二次,塔尔巴哈台出差一次,补放佐领拟陪二次。现年五十三岁,锡伯,步箭平等,马箭可观。拟陪巴哩木达之了正黄旗图古苏佐领下骁骑校卓呼泰,食俸饷四十年。出征二次。随领队大臣纳沁兵队阿尔泰路出征一次,在乌逊珠勒地方打仗一次。随副都统哲库讷兵队金川出征一次。出演围二次,巡查哈萨克边界一次。现年六十岁,锡伯,步箭可观,马箭平等。拟补佐领递出骁骑校缺,拟正之镶白旗纳延泰佐领下领催诺尔泰,食钱粮二十三年。出围二次,得赏银八两。补放骁骑校拟陪一次。现年四十岁,锡伯,步箭可观,马箭平等。拟陪诺尔泰之镶黄旗特讷佐领下领催焦霍托,食钱粮三十四年。随副都统哲库讷兵队金川出征一次,得赏银二两。出圈二次,巡查哈萨克边界一次。现年五十四岁,锡伯,步箭可观,马箭平等。

(译自《军机处满文月折档》)

将纳旺交部严行查议

清乾隆朝满文寄信档。乾隆四十二年(1777)十二月二十三日,大学士、领侍卫内大臣、诚谋英勇公,大学士、尚书、忠勇公等奉上谕,字寄总管伊犁等处地方将军、领侍卫内大臣、尚书伊勒图等著将纳旺交部严行查议。谕曰:"据伊勒图处奏,据闻纳旺去巡察哈萨克边界时,私带默们图属下土尔扈特孟库吉尔罕、噶绷卓特巴等两人前往,故将或纳旺带去,或察哈尔等潜带以去之处,密寄纳旺。据纳旺返回告称:默们图欲与我和好,给两土尔扈特为跟役带往是实。等情。请将纳旺交部严行查议。等语。默们图为人奸诈,又系新来归之人。纳旺去巡察哈萨克边界时,即不可带伊等之人去。默们图与伊说后,纳旺带两土尔扈特为跟役前往者,即属非是,而又无向将军询问,岂有此理?伊勒图闻之,即寄信问纳旺者,所思甚细。纳旺返回告称伊带往事后,伊勒图为避免默们图疑惧,并未取此两土尔扈特讯问,装作不知,仍交纳旺遣回默们图游牧者甚是,办得[皆](尤)善。因此,可知伊勒图办诸事时留心。纳旺著交部严行查议外,将此著仍寄信伊勒图等,由伊处严加申饬纳旺。"

(档号:03-134-5-083)

锡伯营领队大臣所辖卡伦

"乾隆四十二年(1777),将军伊勒图奏明:伊犁卡伦,令各营领队大臣分管,每年春秋二季,各巡查所属卡伦一次。锡伯营领队大臣专辖大小卡伦十七座:固尔班托海卡伦(在惠远城西南,西距安达拉六十里)。安达拉卡伦(西距沙布尔托海六十里)。沙布尔托海卡伦(西距托里四十里)。托里卡伦(西距玛哈沁布拉克四十里)。玛哈沁布拉克卡伦（此系小卡伦，西距春稽六十里）。春稽卡伦（西南距塔木哈八十里。以上系三四月应驻之所）。乌里雅苏图卡伦（此系小卡伦，西北距沙布尔托海八十里，西南距额木讷察罕乌苏七十里）。额木讷察罕乌苏卡伦（西距霍依图察罕乌苏四十里）。霍依图察罕乌苏卡伦（此系小卡伦，西距塔木哈五十里）。塔木哈卡伦（东北距春稽八十里。以上系五月以后移驻之所）。察罕托海卡伦（此系小卡伦，西南距沙布尔托海八十里，西北距托赉图八十里）。托赉图卡伦（西距沙喇托罗海七十里）。沙喇托罗海卡伦（此系小卡伦，西距厄楞莫多七十里）。厄楞莫多卡伦（此系小卡伦，西南距哈喇乌苏色奇音卡伦五十里）。哈喇乌苏色奇音卡伦（此系小卡伦，西南距察林多欢六十里）。察林多欢卡伦（西距春稽四十里。以上系十月以后撤回应驻之所）。乾隆五十四年，将军保宁奏明：卡伦以外，与哈萨克游牧接壤（处），添设布克辛，以资防范。其锡伯屯牧西南，因有回子屯所，每年夏秋酌派谙练伯克带领回子二十名，设卡伦于达尔达木图屯所，以资巡察。达尔达木图卡伦（在锡伯沙布尔托海卡伦西南一百余里）。”（《西陲总统事略·卡伦》卷九，11—12 页）“固尔班托海喀伦（常设，一作固尔班扎海，在惠远城西南七十里，西至安达拉七十里）。安达拉喀伦（常设，西至沙巴尔托海七十里）。沙巴尔托海喀伦（春季设，秋季移察罕托海，西至托里七十里）。托里喀伦（春季设，夏季移额木讷察罕乌苏，秋季移托赖图，西至玛哈沁布拉克五十里）。玛哈沁布拉克喀伦（春季设，夏季移辉图察罕乌苏，秋季移额哩音莫多，西至春稽八十里）。春稽喀伦（常设，西南至塔木哈八十里）。乌里雅苏图喀伦（夏季添，秋冬撤，东北至沙巴尔托海，西南至额木讷察罕乌苏六十里）。额木讷察罕乌苏喀伦（夏季由托里移设，西至辉图察罕乌苏六十里）。辉图察罕乌苏喀伦（夏季由玛哈沁布拉克移设，西至塔木哈六十里）。塔木哈喀伦（春季设，秋季移察林河口，东北至春稽九十里）。察罕托海喀伦（秋季由沙巴尔托海移设，西南至沙巴尔托海八十里，西北至托赖图七十里）。托赖图喀伦（秋季由额木讷察罕乌苏移设，西至沙喇托罗海八十里）。沙喇托罗海喀伦（秋季添，冬季撤，西南至额里音莫多一百里）。额里音莫多喀伦（秋季由辉图察罕乌苏移设，西南至头勒克六十里）。头勒克喀伦（秋季设，春季移厄鲁特营之巴噶塔木哈，夏季移塔木哈色沁，东南至春稽九十里，西南至察林河口四十里）。察林河口喀伦（秋季由塔木哈移设，东至春稽四十里）。塔木哈色沁喀伦（夏季由巴噶塔木哈移设在塔木哈西南河口）。大桥喀伦（常设，在惠远城东南一百一十里）。以上各喀伦，均系锡伯营领队大臣所辖内。常设喀伦四座，移设喀伦五座，添撤喀伦二座。”（《朔方备乘·北徼喀伦考》卷十，6—7 页）“固尔班托海卡伦（在惠远城西南七十里，西至安达拉卡伦七十里）。安达拉卡伦（西至沙巴尔托海卡伦七十里）。沙巴尔托海卡伦（西至托里卡伦七十里）。托里卡伦（西至玛哈沁布拉克卡伦五十里）。玛哈沁布拉克卡伦（此小卡伦，西至春稽卡伦八十里）。春稽卡伦（西南至塔木哈卡伦八十里）。乌里雅苏图卡伦（此小卡伦，东北至沙巴尔托海卡伦八十里，西南至额木讷察罕乌苏卡伦六十里）。额木讷察罕乌苏卡伦（西至辉图察罕乌苏卡伦五十里)。辉图察罕乌苏卡伦(此小卡伦,西至塔木哈卡伦六十里)。塔木哈卡伦(东北至春稽卡伦九十里)。察罕托海卡伦(此小卡伦,西南至沙巴尔托海卡伦八十里,西北至托赖图卡伦七十里)。托赖图卡伦(西至沙喇托罗海卡伦八十里)。沙喇托罗海卡伦(此小卡伦,西南至额哩音莫多卡伦一百里)。额哩音莫多卡伦(此小卡伦,西南至头勒克卡伦六十里)。头勒克卡伦(此小卡伦,东南至春稽卡伦九十里,西南至察林河口卡伦四十里)。察林河口卡伦(东至春稽卡伦四十里)。塔木哈色沁卡伦(此小卡伦,在塔木哈卡伦之西南河口安设)。大桥卡伦(在惠远城西南一百一十里)。"(《新疆识略》卷十一,3—4 页)"夫绥靖边圉,其要在于察畿疆,谨斥堠,《尚书》有慎固封守之文,《周礼》有掌固习险之职,此新疆卡伦所由设也。新疆南北各城皆设卡伦,而伊犁为最多。伊犁境内,东北则有察哈尔,西北则有索伦,西南则有锡伯,自西南至东南则有厄鲁特,四营环处,各有分地,其禁在于私越。又有铜厂、铅厂、屯工、船工安置发遣罪人,其禁在于捕逃。至于境外,自北而西,则有哈萨克,自西而南,则有布鲁特壤界毗连,其禁在于盗窃,故设卡置官,派兵巡守,两卡伦递筹巡查之路,名曰开齐。小卡伦分置瞭望之处,名曰布克申,而统名之则曰卡伦。乾隆四十二年,将军伊勒图奏令各领队大臣分管卡伦。每年春秋二季,各巡查所属卡伦一次,其后屡有添设。五十三年,添设伊犁河口、固勒扎渡口卡伦、厄鲁特营察林河等处布克申。五十四年,又添设察哈尔营博尔塔拉河一带布克申。现在惠宁城领队大臣所管者十处,锡伯营领队大臣所管者十八处,索伦营领队大臣所管者十处,察哈尔营领队大臣所管者二十一处,厄鲁特营领队大臣所管者三十二处,营务处专管者二处(以上系卡伦总数),于是内稽逃人,外控荒服,沿边定界,几察森严,而各卡伦安设,有常设、移设、添撤之分。历年不移而设有定地者,是谓常设之卡伦,其数凡二十有七;住卡官兵有时在此处设,有时移向彼处,或春秋两季迭移,或春冬两季迭移,或春夏秋三季迭移者,是谓移设之卡伦,其数凡九;有其地虽有卡伦,而有时安设,过时则撤者,是谓添撤之卡伦,其数凡四十有五。以上系卡伦实数,与前总数不符者,以移设卡伦,随时移地,虽有两处三处地名,实只一卡伦也。"(《新疆识略》卷十一,1—2 页)"锡伯领队大臣专辖卡伦,以外隔河与哈萨克接壤,其锡伯屯牧西南,因有回子屯所,每年夏秋设卡伦达尔达木图,以资巡察。由锡伯卡伦接连迤西,转南而东大小卡伦十七处:特穆尔里克、特穆尔里克渡口、雅巴尔布拉克、鄂博图、额尔格图、扎拉图、哈尔奇喇渡口、库图勒、格根、鄂尔果珠勒、哈尔奇喇、沙里雅斯、特克斯沁、敦达哈布哈克、伊克哈布哈克、察察、那林哈布克哈克。"(《西陲要略》卷一,9 页)

六十等人履历清单

蒙霍津所出佐领缺,拟正之察哈尔营镶蓝旗巴彦察衮佐领下骁骑校六十,食俸饷二十八年。赴哈萨克阿布赉游牧探听来归土尔扈特信息一次。补放佐领拟陪一次。现年四十八岁,旧额鲁特。拟陪六十之察哈尔营镶蓝旗车登佐领下骁骑校门都巴雅尔,食俸饷二十五年。巡查哈萨克、布鲁特边界二十次,缉拿额鲁特逃犯阿布达舒库尔一次。赴哈萨克阿布赉游牧探听来归土尔扈特信息二次。因缉获布鲁特盗犯,得赏马四匹。补放佐领拟陪一次。现年四十八岁,额鲁特。

(《军机处满文录副奏折》3274—30)

萨木西等人履历

浩硕特所出骁骑校缺,拟正之正红旗库苏雷佐领下领催萨木西,食钱粮二十年。出征乌什一次,打仗十六次,杀贼三名,得二等功牌一枚。巡查哈萨克、布鲁特边界二次。补放骁骑校拟陪二次。现年四十二岁,额鲁特。拟陪萨木西之正蓝旗塔彬台佐领下空蓝翎丹津,食钱粮二十三年。赴阿布赉游牧打探新投土尔扈特消息二次,补放骁骑校拟陪一次。现年三十九岁,察哈尔,马步箭平。

(《军机处满文录副奏折》2841—46)

沙里等人履历

嘎鲁第所出佐领缺,拟正之正黄旗托布笏佐领下骁骑校沙里,食俸饷十九年。出征乌什一次,打仗二十七次,杀贼六名,擒活口一名,腰部受枪伤一处,得一等功牌五枚、二等功牌二枚、三等功牌一枚、赏银五两。塔尔巴哈台换防二次,赴乌鲁木齐送马一次,巡查哈萨克边界一次。补放佐领拟陪二次。现年五十四岁,额鲁特。拟陪沙里之正红旗库库斯哈勒佐领下骁骑校巴特玛,食俸饷三十五年。出征一次,于鄂垒扎拉图、库车、乌什等处,打仗四十二次,杀贼四名,夺获鸟枪二杆、长枪一杆,得一等功牌一枚、二等功牌一枚、三等功一枚、赏银四十五两。补放佐领拟陪一次。现年五十九岁,察哈尔,马步箭平等。

(《军机处满文录副奏折》2852—20)

沙里等人履历清单

雅木丕勒所出骁骑校缺,拟正之正蓝旗乌巴西佐领下领催沙里,食钱粮十四年。出征乌什,打仗二十八次,杀贼六名,拿获活口一名,腰受枪伤一处,得头等功牌五枚、二等功牌二枚、三等功牌一枚。塔尔巴哈台换防一次,赴乌鲁木齐送马一次,得赏银五两。补放骁骑校拟陪一次。现年四十九岁,旧额鲁特,马步箭平。拟陪沙里之镶红旗布尔哲依佐领下领催瑚苏雷,食钱粮十九年。出征二次,于哈萨克、塔什干、布鲁特、叶尔羌、和阗、阿勒楚尔、伊什勒库勒、乌什等处打仗四十二次,杀贼十六名,缴获枪二支,得获功牌折抵银七十一两、二等功牌一枚。赴乌鲁木齐送马二次,得赏银七两五钱。现年四十三岁,新额鲁特,马步箭平。

(《军机处满文录副奏折》2660—11)

添给察哈尔牛录孳生牛羊

乾隆四十三年(1778)正月初九日。奴才庆桂、乌岱谨奏:为奏闻拣选堪以孳生牛羊拨给察哈尔牛录孳生情形事。查得,三十九年,因巴尔鲁克游牧察哈尔、额鲁特皆无孳生牲畜，经奴才等奏准，由易获哈萨克牲畜内，拣选马六百匹，牛三百只，羊三千只，分给察哈尔、额鲁特三牛录孳生。等因在案。去年向哈萨克陆续易获乳牛、母羊颇多，理应拣选孳生。故奴才等令管带额鲁特营领队大臣伊里布查得，现在官厂牧放三百余只牛内，堪以孳生之牛一百只，一万余只羊内，堪以孳生之羊一千只。等因呈文前来。奴才等除将此项选出牛羊拨给察哈尔牛录孳生外，照例于设立牧群之月起，计限取孳。为此谨具奏闻。乾隆四十三年二月十三日奉朱批：知道了。钦此。

（《军机处满文录副奏折》2733—6）

御制优恤土尔扈特部众记

归降归顺之不同既明，则归顺归降之甲乙可定，盖战而胜人，不如不战而胜人之为尽美也，降而来归，不如顺而来归之为尽善也，然则归顺者较归降者之宜优恤，不亦宜乎？土尔扈特归顺源委，已见前记，兹记所以优恤之者。方其渡额济勒而来也，户凡三万三千有奇，口十六万九千有奇，其至伊犁者，仅以半计，夫以远人向化，携孥挈属而来，其意甚诚，而其阽危求息，状亦甚惫。既抚而纳之，苟弗为之赡其生，犹弗纳也，赡之而弗为之计长久，犹弗赡也。故自闻其来，及其始至以迨于今，惟此七万余众冻馁疕瘠之形，时悬于目而恻于心，凡宵旰所究图，邮函所谘访，无暇无辍。乃得悉其大要，于是为之口给以食，人授之衣，分地安居，使就米谷而资耕牧，则以属之伊犁将军舒赫德，出我牧群之孳息，驱往供馈，则以属之张家口都统常青，发帑运茶，市羊及裘，则以属之陕甘总督吴达善，而嘉峪关外，董视经理，则以属之西安巡抚文绶。惟时诸臣以次驰牍入告，于伊犁塔尔巴哈台之察哈尔厄鲁特，凡市得马牛羊九万五千五百，其自达里刚爱、商都达布逊牧群运往者，又十有四万，而哈密、辟展所市之三万不与焉。拨官茶二万余封，出屯庾米麦四万一千余石，而初至伊犁赈赡之茶米不与焉。甘肃边内外暨回部诸城，购羊裘五万一千余袭，布六万一千余匹，棉五万九千余斤，毡庐四百余具，而给库贮之毡棉衣什布幅不与焉。计费储用帑银二十万两，而赏贷路赀及宴次赉予不与焉。其台吉渥巴锡等之入觐者，乘传给饩而来，至则锡封爵，备恩礼。其往也，复虑其身之生，不宜内地气候，则命由边外各台，历巴里坤以行，而迎及送，并遣大臣侍卫等护视之，用以柔怀远人，俾毋致失所。或有以为优恤太甚者，盖意出于鄙吝，未习闻国家成宪，毋惑乎其见之隘也。昔我皇祖圣祖仁皇帝时，喀尔喀土谢图汗等为厄鲁特所残破，率全部十万众来归，皇祖矜其穷厄，命尚书阿喇尼等往抚之，发归化城张家、独石二口仓储，以赈其乏，且足其食，又敕内大臣费扬古、明珠等，赍白金茶布以给其用，采买生畜以资其生，遂皆安居得所，循法度，乐休养，迄今八十余年，畜牧日以蕃，生殖日以盛，乐乐利利，殷阜十倍于初。其汗王台吉等世延爵禄，恪守藩卫，一如内扎萨克之效臣仆，长子孙莫不感戴圣祖德泽及人之深，得以长享升平之福也。朕惟体皇祖之心为心，法皇祖之事为事，惟兹土尔扈特之来，其穷厄殆无异曩时之喀尔喀，故所以为之筹画无弗详，赒惠无少靳，优而恤之，且计长久，庸讵知谋之劳而费之钜乎？冀兹土尔扈特之众，亦能如喀尔喀之安居

循法，勤畜牧，务生殖，勿替厥志，则其世延爵禄，长享升平之福，又何以异于今之喀尔喀哉。用是胪举大凡，勒石热河及伊犁，俾土尔扈特汗王部众咸识朕意，且以诏自今以往我诸臣之董其事者。

（《清高宗实录》卷 892　页 963—967）

巴图等查明将三千匹骟马如何办理

清乾隆朝满文寄信档。乾隆四十三年（1778）二月十七日，大学士、领侍卫内大臣、诚谋英勇公，大学士、尚书、忠勇公等奉上谕，字寄定边左副将军、巴林郡王巴图等著查明将三千匹骟马如何办理。谕曰："庆桂等处奏，乌里雅苏台将军巴图所取骟马三千匹，无分拨给，行令由伊等处另行调理。等语。塔尔巴哈台虽有向哈萨克易取之马，但此数年满洲兵驻扎乌鲁木齐、巴里坤、古城等地，其所需马匹，俱由伊犁、塔尔巴哈台办送，而补驿站、填各营缺马时，俱从此项马取而用之。是以现在彼处无多余马匹，亦属实。今于乌里雅苏台地方又有何事？喀尔喀地方即系蒙古地方，尚且出马。巴图现所取之马三千匹，岂取回徒行牧放耶？或别有用处？将此著寄信巴图等，待查明后（其作何办理之处），具折奏闻。"

（档号:03－135－1－005）

多余马匹通融发拨给乌里雅苏台

清乾隆朝满文寄信档。乾隆四十三年（1778）三月十九日，大学士、领侍卫内大臣、诚谋英勇公，大学士、尚书、忠勇公等奉上谕，字寄定边左副将军、驻塔尔巴哈台办事参赞大臣庆桂著将多余马匹通融发拨给乌里雅苏台。谕曰："据巴图等处奏，先是，乌里雅苏台牧群仅剩马三百余匹，故由塔尔巴哈台补送马三千匹。至是，塔尔巴哈台既无多余马匹，则交值办将军事务参赞大臣车木楚克扎布，每马拨给价银各六两，以买马一千匹，补入牧群备用。等语。由乌里雅苏台供给官差过往官员等、填补驿站卡伦时，俱需马匹。著照巴图等具奏，交付车木楚克札布，购马千匹编群，好生牧放，以备所用。又于塔尔巴哈台所易哈萨克马匹，现虽无多余者，但俟后易马匹增多后，仍应照前送往乌里雅苏台。将此著寄信庆桂，彼处所易哈萨克马匹除用于各项外，倘有多余者，仍酌拨一千匹，行文巴图等，派官兵往取之。将此一并寄信巴图等知之。"

（档号:03－135－1－015）

准哈萨克人等入我卡伦寻找马匹

清乾隆朝满文寄信档。乾隆四十三年（1778）四月初一日，大学士、领侍卫内大臣、诚谋英勇公，大学士、尚书、忠勇公等奉上谕，字寄伊犁将军、驻塔尔巴哈台办事参赞大臣庆桂等著准哈萨克人等入我卡伦寻找马匹。谕曰："据庆桂等处奏，哈萨克台吉萨尼牙斯因遗失马匹，听信布斯坦之言，遣伊子鄂萨克来我乌里雅苏图卡伦、又派库图锡来我乌兰布喇卡伦寻马，以我卡伦人未准伊等入，派人持回子文书，即召两卡伦官员来询问得，寻马哈萨克并未来乌里雅苏图卡伦，于乌兰布喇卡伦内亦无伊等所遗马匹，遂逐伊等返回。等语。哈萨克萨尼牙斯遗失马匹，并无踪迹，便听信属下人之言，派人来我卡伦找寻者，虽与理不合，但亦必询明核实，方使伊等心悦诚服。如今萨尼牙斯之子鄂萨克并未来卡伦，而伊等便妄言伊等马匹在我卡伦，我方人不与等情。应传来替鄂萨克前来之哈萨克，与我卡伦官员质对。库图锡等若欲入我乌兰布喇卡伦寻马，则亦应令伊等入卡伦往寻。伊等于各处寻而不得时，伊等之心思了结，且我等指责伊等亦有理。令数名哈萨克入卡伦内寻马，怎奈我何？庆桂等并不召替鄂萨克前来之哈萨克来质对，又不准库图锡等入卡伦寻马，反遣之还，以致哈萨克等怀疑我将伊等之马匹隐匿于卡伦内。如何使伊等心悦诚服耶？庆桂等所办甚不周到。以此观之，所谓庇护卡伦人，并未隐匿哈萨克马匹者，亦甚不可信。惟由伊等处既已如此办理后回文，则亦听罢。著传谕伊等，嗣后，哈萨克等若以丢马来请入卡伦找寻，即准进入找寻，不必阻止伊等。倘有应对质者，亦必质问明白，断不可苟且从事。将此著一并寄信伊勒图等，一体遵办。再，库图锡私戴伊父蓝翎，其意视蓝翎为贵重之物，系糊涂哈萨克，非我方人可比，又有何关系。庆桂等即训饬毕遣回者，亦太过分。将此一并传谕知之。"

（档号:03－135－1－025）

颁给察哈尔及旧额鲁特等牛录旗纛

"乾隆四十三年(1778)四月初七日。奴才庆桂谨奏:为请旨颁给游牧察哈尔牛录及旧额鲁特牛录旗纛事。顷奴才庆桂赴游牧查看官厂牲畜并烙盖印记时，见乌鲁木齐新移驻之四个额鲁特牛录，均有部颁旗纛。旧有察哈尔、额鲁特牛录，原先并未颁给旗纛。今伊等皆同驻一处，理应划一办理。是以，请照新移驻额鲁特牛录之例，亦颁给旧有一个察哈尔牛录、两个额鲁特牛录旗纛。再，将游牧哈萨克等亦编为一个牛录，照察哈尔、额鲁特之例，设置佐领、骁骑校、领催之处，奴才另折具奏请旨。倘若允准奴才所请，亦请颁给哈萨克牛录一份旗纛。当否之处，恭候奉旨，钦遵施行。为此谨奏。请旨。乾隆四十三年四月二十九日奉朱批:另有旨。钦此。"(《军机处满文录副奏折》2740—6)"乾隆四十三年四月二十九日。上谕:据庆桂奏，请照新移驻额鲁特牛录之例，颁发旧有察哈尔、额鲁特牛录旗纛;于哈萨克等编设牛录时，亦请颁给一份旗纛。等语。将此，著照庆桂所奏，旧有一个察哈尔牛录、两个额鲁特牛录，照新移驻额鲁特牛录之例，由部颁给旗纛。将哈萨克等编设牛录之处，现已交军机大臣等议复，著一并议奏颁给旗纛事宜，钦此。"(《军机处满文上谕档》1121—1)

彻查哈萨克马匹入我卡伦案

清乾隆朝满文寄信档。乾隆四十三年(1778)五月初一日，大学士、领侍卫内大臣、诚谋英勇公，大学士、尚书、忠勇公等奉上谕，字寄总管伊犁等处地方将军、领侍卫内大臣、尚书伊勒图著彻查哈萨克马匹入我卡伦案。谕曰:"昨据庆桂等处奏，哈萨克萨尼牙斯以丢马遣人来乌里雅苏台乌兰布喇卡伦找寻，我卡伦人以无踪迹，未准伊等入卡伦，逐之返回。等语。朕即降旨谕曰:庆桂等所办不周到。应召替鄂萨克前来之哈萨克来质对，而库图锡等欲入卡伦寻马，亦应准伊等进入找寻。今数名哈萨克入卡伦内寻马，怎奈我何？庆桂等并不如此办理，听信我卡伦人等一面之词，即遣库图锡等返还者，必致哈萨克等怀疑我将伊等之马匹隐匿于卡伦内。惟由伊等处既已如此办理后回文，则亦听罢。嗣后，哈萨克等若以丢马来请入卡伦找寻，即准进入找寻。倘有应对质者，亦必质问明白。此外，又降旨谕伊勒图等一体遵办。今愈思之，庆桂等办此事，愈未允当。如何能杜绝我卡伦人等隐匿哈萨克所遗马匹为己有之事？庆桂等为专管大臣，伊等亦有不足之处，惟听卡伦人一面之词，便不深究，均未可知。此事虽小，倘不查实妥办，久而久之，必致哈萨克怨恨。塔尔巴哈台，为伊犁将军管辖之地。今于伊犁无大事，伊勒图即如巡察地方赴塔尔巴哈台，彻查此事究竟如何；或哈萨克马匹并未进我卡伦，而哈萨克等诬赖；或确有伊等马匹，而我卡伦人取为已有，以图侥幸。著据实奏闻，不得徇私。将此著寄信伊勒遵行。”

（档号:03－135－1－027）

查明哈密等处应用马匹向系如何办理

清乾隆朝满文寄信档。乾隆四十三年(1778)五月初九日，大学士、领侍卫内大臣、诚谋英勇公，大学士、尚书、忠勇公等奉上谕，字寄陕西、甘肃总督勒尔谨著查明哈密等处应用马匹向系如何办理。谕曰:“据伊勒图等处奏，准勒尔谨咨称:哈密备用马匹不敷，将巴里坤、肃州绿旗营马匹调往应用。此项马匹，由伊犁拨补。等情。但查现于伊犁并无多余马匹，除将另场牧放儿马内拨给三百匹补用外，尚缺马三百匹，既经勒尔谨处将巴里坤游牧所出骟马，照数拨补绿旗营，则不必由伊犁拨送，已行文勒尔谨。等语。哈密、巴里坤等处向来用马匹。未经平定伊犁、与哈萨克易换马匹之前，彼处应需马匹，俱由何处拨用？今既伊犁马匹不敷，并无拨送巴里坤等处之数，则勒尔谨自应照从前所办拨用。将此著寄信勒尔谨，将未经平定伊犁、与哈萨克易换马匹之前，哈密、巴里坤等应用马匹，俱系如何办理，今伊犁马匹不敷，其哈萨克、巴里坤等处，如何拨办马匹，以备需用之处，查明办理具奏。”

（档号:03－135－1－033）

阿塔木拜等人履历清单

古木扎布所遗佐领缺，拟正之正红旗古木扎布佐领下骁骑校阿塔木拜，食俸饷二十一年。出征二次，于特穆尔图淖尔、叶尔羌、阿勒楚尔、伊什勒库勒、乌什等处，打仗三十六次，杀贼九名，右肋受箭伤一处，保荐卓异二次，得一等功牌四枚、二等功牌四枚、三等功牌一枚、赏银六十七两。巡查哈萨克、布鲁特边界二次。补放佐领拟陪一次。现年四十三岁，额鲁特。齐巴克所出佐领缺，拟正之正蓝旗蒙霍津佐领下骁骑校萨木彦，食俸饷十八年。出征乌什一次，打仗二十七次，杀贼十名，擒活口一名，保荐卓异三次，得一等功牌四枚、二等功牌三枚、三等功牌二枚。巡查哈萨克边界一次。现年四十七岁，额鲁特。拟陪阿塔木拜之镶蓝旗雅木丕勒佐领下骁骑校齐臣，食俸饷二十一年。出征一次，于叶尔羌城打仗三个月，杀贼二名。得赏银八十五两。塔尔巴哈台换防二次，巡查哈萨克、布鲁特边界四次。现年四十四岁，额鲁特。拟陪萨木彦之镶蓝旗巴彦察衮佐领下骁骑校达西布林，食俸饷十七年。出征乌什一次，打仗三十二次，杀贼五名，擒活口一名，右腋受箭伤一处，保荐卓异三次，得一等功牌四枚、二等功牌二枚、赏银五两。巡查哈萨克、布鲁特边界二次。现年四十六，额鲁特。补放佐领递出骁骑校缺，拟正之正红旗雅木丕勒佐领下领催古木布，食钱粮十六年。出征乌什一次，打仗二十七次，杀贼四名，左肩受枪伤一处，保荐卓异一次，得一等功牌三枚、二等功牌一枚、三等功牌一枚、赏银三十两。巡查哈萨克边界一次。补放骁骑校拟陪二次。现年三十四岁，察哈尔，马步箭平。拟补佐领递出骁骑校缺，拟正之镶红旗布尔哲依佐领下领催鄂勒哲依图，食钱粮十七年。为探听新归土尔扈特等信息，赴哈萨克阿布赉游牧二次，巡查哈萨克、布鲁特边界五次，赴乌鲁木齐送马二次。补放骁骑校拟陪一次。现年三十四岁，额鲁特。拟陪古木布之正蓝旗蒙霍津佐领下领催图鲁呼，食钱粮二十一年。出征二次，于特穆尔图淖尔、塔什干、阿勒楚尔、伊什勒库勒、乌什等处，打仗三十四次，杀贼四名，擒活口一名，得一等功牌一枚、二等功牌一枚、赏银八十二两。巡查哈萨克、布鲁特边界五次。现年三十七岁，额鲁特。拟陪额勒哲依图之镶红旗雅木丕勒佐领下领催齐旺巴勒，食钱粮二十年。出征二次，于叶尔羌、喀什噶尔、阿勒楚尔、伊什勒库勒、乌什等处，打仗三十三次，杀贼三名，擒活口一名，得一等功牌二枚、二等功牌五枚、三等功牌二枚。巡查哈萨克边界一次。现年三十六岁，察哈尔，马步箭平。

（《军机处满文录副奏折》2742—29）

哈密备用马匹不敷请拨补

乾隆四十三年五月戊辰（九日 1778.6.3）又谕（军机大臣等），据伊勒图奏，准勒尔谨咨，哈密备用马匹不敷，将巴里坤、肃州绿营马匹调往应用，此项缺额马匹由伊犁拨补，但查现今伊犁并无多余马匹，除将另厂牧放儿马拨给三百匹补额外，尚缺马三百匹，既经勒尔谨将巴里坤牧厂所出骟马，照数拨补绿营，似毋庸由伊犁拨送，已行文勒尔谨等语。哈密、巴里坤等处，历来需用马匹，未经平定伊犁，与哈萨克易换马匹之前，彼处应需马匹系由何处拨用，今伊犁马匹既不敷拨送巴里坤等处缺额之数，勒尔谨自应查照从前办过成例，筹拨备用。著传谕勒尔谨，将未经平定伊犁，与哈萨克易换马匹之前，哈密、巴里坤等处应用马匹，向系如何办理，现今伊犁马匹不敷，其哈密、巴里坤等处应作何拨备之处，查明办理具奏。寻勒尔谨奏，伊犁不敷马匹，请照旧于巴里坤镇标及附近之安西、靖逆、沙州等营拨解，其巴里坤镇及各营缺额之数，请在司库照依营中过五马匹之例，领价买补。报闻。

（《清高宗实录》卷 1056　页 116）

究审我卡伦人鞭打寻马哈萨克人等案

清乾隆朝满文寄信档。乾隆四十三年（1778）闰六月初六日，大学士、领侍卫内大

臣、诚谋英勇公，大学士、尚书、忠勇公等奉上谕，字寄总管伊犁等处地方将军、领侍卫内大臣、尚书伊勒图著究审我卡伦人鞭打寻马哈萨克人等案。谕曰："据伊勒图处奏，遵旨前往塔尔巴哈台查明哈萨克等来乌里雅苏图乌兰布喇卡伦寻马一案。途中向从塔尔巴哈台撤回之兵问出卡伦侍卫鄂勒珠依等鞭打前来寻马哈萨克等，哈萨克等还鞭，又射哈萨克马匹等事。等语。昨由庆桂等处奏此一事，朕即降旨谕伊勒图曰：卡伦人等侵吞哈萨克等所遗马匹事，如何免乎？庆桂等系专管大臣，于伊等亦有妨碍。惟以卡伦人等之一言，即不深究，亦未可定。著伊勒图如巡查地方前往塔尔巴哈台彻底清查具奏。今伊勒图途中遇撤回之兵，问出哈萨克等来乌兰布喇卡伦寻马，我方人不准伊等进入，互相鞭打，又放枪射哈萨克马匹，扣留哈萨克所骑马等事。哈萨克等自来归以来，凡事皆甚恭顺，办伊等事，应秉公决断办理，方能使伊等心悦诚服。庆桂、乌岱专驻边办事参赞大臣、领队大臣，将此等事，即侍卫鄂勒珠依等隐匿不报，庆桂等亦应将卡伦人全带去，逐一与哈萨克等对质，仅唤侍卫鄂勒珠依去，且并不究问，听信其一面之词，即因循了事具奏，已属非是。将此等缘由，若伊勒图知而姑息，并不深究，或裁双方口供不录，则伊等之非是将更重。况我诚未见哈萨克马匹，亦应令伊等进入卡伦查马，而未准入卡伦，又扣留伊等所乘马，并放枪射马。以此观之，鄂勒珠依等侵吞哈萨克马匹，俱未可定。未准伊等直入卡伦查马，被哈萨克怀疑乎？究查此等事，有何难处？庆桂等并不查实情具奏者，是庇护我卡伦人，因循了事。将此著寄信伊勒图，伊到塔尔巴哈台后，将应问者俱带去，逐一究问，鄂勒珠依等放枪射哈萨克马匹、欺凌伊等者属实，则即将鄂勒珠依等从重治罪外，通谕哈萨克等知之。倘以庆桂、乌岱为友臣，丝毫徇情隐瞒，则断然不可。"

（档号：03－135－1－047）

将牙曼拜案咨示阿布勒比斯

清乾隆朝满文寄信档。乾隆四十三年（1778）六月十一日，大学士、领侍卫内大臣、诚谋英勇公，大学士、尚书、忠勇公等奉上谕，字寄总管伊犁等处地方将军、领侍卫内大臣、尚书伊勒图等著将牙曼拜案咨示阿布勒比斯。谕曰："据伊勒图等处奏，准哈萨克牙曼拜报请阿布勒比斯称，伊之妾厄鲁特女人塔那锡领其二子往投塔尔巴哈台。等情。阿布勒比斯写回子文给牙曼拜后取之。质问厄鲁特女人塔那锡，问出塔那锡并非牙曼拜之妾。因牙曼拜杀其丈夫伯木巴，故伊领二子往投等事。即行咨复阿布勒比斯，令牙曼拜带去。等语。厄鲁特女子塔那锡并非哈萨克牙曼拜之妾。将牙曼拜妄图侥幸，谎报阿布勒比斯之事，以及由伊勒图处经与塔那锡质审后，俱属虚假之处，理应咨示阿布勒比斯。但咨文，亦应候他便给与，为何即交牙曼拜带去？因为伊前诓骗阿布勒比斯矣，将此文不敢送达阿布勒比斯，途次弃文，欲隐瞒伊诓骗之事，反妄造言报阿布勒比斯，均未可知。如此，则阿布勒比斯终不知此人诓骗之事。伊勒图等所办，可谓思虑不周。将此著寄信伊等，后有由哈萨克处另来之便，令牙曼拜与塔那锡质审，将伊所报之言俱属虚假之处，咨示阿布勒比斯。再，伊勒图身为将军，距离京城又甚远，诸事俱应深思详办。事属寻常，俱不能思及，岂等候朕指示耶？如此，则伊等在彼所办者，俱为何事？伊勒图等著一并寄信申饬。”

（档号：03－135－1－037）

勿准布鲁特于特穆尔图淖尔等处游牧

清乾隆朝满文寄信档。乾隆四十三年（1778）六月十九日，大学士、领侍卫内大臣、诚谋英勇公，大学士、尚书、忠勇公等奉上谕，字寄总管伊犁等处地方将军、领侍卫内大臣、尚书伊勒图著勿准布鲁特于特穆尔图淖尔等处游牧。谕曰：“据伊勒图处奏称，领队大臣纳旺巡查布鲁特边界回称，据有顶戴之布鲁特玛木伯特等告称愿于边内特穆尔图淖尔等处游牧，与哈萨克一体进贡。布鲁特等性情，较哈萨克奸诈。此间伊等不来恳求则已，若前来伊犁恳求，察其情状，系诚心纳贡安居者，则指与卡座远处，令其游牧纳贡，试看一二年。若以进贡为名，别求侥幸，有久居之状，则即行逐回。等语。哈萨克非布鲁特可比。哈萨克地方雪大，过冬牲畜多伤，故居于边界周围之哈萨克等，雪大时避入我边内，其所牧牲畜百中贡一。令其游牧交春雪化，仍令各回牧所。此乃避雪暂居者，尚可准行。布鲁特非此可比，伊等平时即潜入边内耕种，今若准伊等所请游牧于特穆尔图淖尔等处，则伊等又以春耕秋收又避冷为名，必至终年居住。伊等牲畜少，虽令进贡，不甚要紧，尚属细事。若经年居住数载，或居不宁静，或别生事端，彼时再行逐回，则伊等愚意以为此地系伊等之游牧，反难免埋怨。况今布鲁特等时常往哈萨克游牧为盗行掠矣。倘准伊等游牧于特穆尔图淖尔等处，则相距甚近，此等事必将更多，虽与我无涉，但居住我边内，春季滋事，究非善事，索性伊等初来恳求时，即行逐回为好。将此著寄信伊勒图，此间布鲁特玛木伯特等不来恳求则已，若来恳求，则即晓示伊等曰：尔布鲁特等非哈萨克等可比。哈萨克等因游牧所雪大，难以过冬，故照伊等所请，令居住边界周围之哈萨克等冬季暂于边内游牧纳贡，春季即令返回。尔等亦同样，虽为大皇帝之臣民，但居住特穆尔图淖尔等处耕种，春种秋收，必至终年居住，断然不可。今尔等若亦如哈萨克恳求纳贡、止在冬季居住，则可以议。尔等并非如哈萨克暂住者，安可准行？尔等虽恳求，但我等不敢奏闻大皇帝。等语。并将此事，亦应晓谕哈萨克阿布赉等知之。伊勒图等驳回布鲁特等后，即晓示阿布赉云：昨布鲁特玛木伯特等闻尔等冬季于边内纳贡游牧，亦恳求于特穆尔图淖尔等处游牧纳贡。我并未准行。因为，尔等地方雪大，难以过冬，大皇帝轸念伊等，照尔等所请，准暂于边内避雪游牧，交春仍各回游牧。布鲁特等并无此等缘由，而时常进入尔等牧场为盗行窃。今若准伊等于特穆尔图淖尔等处游牧，则相离甚近，以后此等事必将较前甚多。是以未准伊等所请，经奏请大皇帝谕旨，竟驳回之。尔等知此，以后惟好生管束属下人等，勿妄滋事，与邻部和好，勿相侵扰，各安生业，仰副大皇帝令尔等安居乐业之仁意。将此不必专作为一件事，顺便晓谕阿布赉、阿布勒比斯。哈萨克等知此，想益加感激朕恩矣。”

（档号：03－135－1－046）

密谕慎防土尔扈特人逃

清乾隆朝满文寄信档。乾隆四十三年(1778)六月十九日,大学士、领侍卫内大臣、诚谋英勇公,大学士、尚书、忠勇公等奉上谕,字寄总管伊犁等处地方将军、领侍卫内大臣、尚书伊勒图等著密谕彼处大臣等慎防土尔扈特人逃。谕曰:"昨据观音保处奏,将拿获于托克逊驿站之土尔扈特逃人塔布奇,解送喀喇沙尔时,以小刀刺戳看管伊之兵,欲逃往额济勒,业已审出,即行正法。等语。此次来投土尔扈特人甚多,喀喇沙尔、库尔喀喇乌苏、托克逊等各处,皆有分居者。其中伊等属下小人等,一二避往各地,或思原居地而逃回,俱皆难免。但此等小土尔扈特,若逃数人,则无大关系。倘于默们图等大人内亦有逃往者,则关系非小。思之,由伊等现住处到达伊等原居地甚远,倘若逃去,则中间有哈萨克、布鲁特抢掠伊等,即使到达,俄罗斯汗亦不轻放,畏惧治罪,亦未必即起此心。然而现在伊等人内,既有欲逃往者,则我等亦不可不留意。将此著寄信伊勒图等,密饬照管土尔扈特等牧场之大臣、官员等,各地皆留心设防。将设防情形,断不可丝毫泄漏。(将此旨缜密之,不可向土尔扈特等泄漏。)"

(档号:03-135-1-040)

庆桂等以后遇事秉公办理勿再因循了事

清乾隆朝满文寄信档。乾隆四十三年(1778)闰六月二十三日,大学士、领侍卫内大臣、诚谋英勇公,大学士、尚书、忠勇公等奉上谕,字寄驻塔尔巴哈台办事参赞大臣、侍郎、副都统庆桂等著以后遇事秉公办理勿再因循了事。谕曰:"据庆桂等处奏称,昨日审理哈萨克库图锡所告遗失马匹案时,并未带哈萨克等来与我卡座官员对质,便冒昧具奏;而乌兰布喇卡座侍卫鄂勒珠依打弓枪逐回哈萨克等事,并无查出;又参奏侍卫鄂勒珠依者,甚为糊涂,不堪入目。请将庆桂、乌岱交部从重治罪。等语。将错办哈萨克库图锡遗失马匹案,于伊勒图审后所奏事内,业已降旨,将庆桂、乌岱交部严行查议外,此案并未究问,听信一面之词,便因循了事。庆桂、乌岱虽皆有过,但云庆桂对外番事经过无多,意想不到,如此错办,尚可。乌岱系在塔尔巴哈台等处数年,岂不能想到?办理此案时,乌岱先是偏护我卡座人,故意从轻了事,亦未可定。但经伊勒图处审讯,仍无大弊窦,此次朕亦不深究。嗣后,乌岱遇此等案,倘又不秉公办理,欲因循了事,则必将从重治罪,断不轻饶。将此著寄信严饬庆桂、乌岱。"

(档号:03-135-1-053)

将逃往塔尔巴哈台之盗犯严拿治罪

清乾隆朝满文寄信档。乾隆四十三年(1778)七月初七日,大学士、领侍卫内大臣、诚谋英勇公,大学士、尚书、忠勇公等奉上谕,字寄定边左副将军、巴林郡王巴图、科布多参赞大臣、塔尔巴哈台参赞大臣等著将逃往塔尔巴哈台之盗犯严拿治罪。谕曰:"据巴图等处奏,准明善报称:乌梁海哈弼喇克、楚库迈、哈弼喇克、德勒克拜等四人,于六月十五日出猎未归已逃。等情。即欲行文各处缉拿时,由庆桂处报哈弼喇克等逃往塔尔巴哈台后拒捕，故德勒克拜中枪身死，楚霍尔哈弼喇克已逃，将小哈弼喇克、楚库迈拿获，审出欲偷厄鲁特、哈萨克等马匹事，连人一并送往。等语。此等乌梁海，起意偷窃厄鲁特、哈萨克等马匹，逃往塔尔巴哈台者，情节可恶，且又敢拒捕，尤无法纪。明善若一面报将军，一面具奏，急行文塔尔巴哈台等处严行查拿，则不致使凶犯脱逃。将拿获小哈弼喇克等事，庆桂处亦应一面报一面具奏。伊等并未具奏，只报将军，即欲了结伊等之案，甚不晓事。将此著寄信巴图等，将现拿获之小哈弼喇克、楚库迈，严审从重治罪，示众惩儆外，其已逃楚霍尔哈弼喇克，由巴图、明善、庆桂处务必拿获，从严治罪。明善、庆桂仍寄信申饬。"

（档号：03－135－1－057）

庆桂等奏闻如何办理回子卓尔奇之事

清乾隆朝满文寄信档。乾隆四十三年（1778）七月初九日，大学士、领侍卫内大臣、诚谋英勇公，大学士、尚书、忠勇公等奉上谕，字寄塔尔巴哈台参赞大臣、侍郎、副都统庆桂等著奏闻如何办理回子卓尔奇之事。谕曰："据伊勒图处奏称，哈萨克阿布勒比斯遣其子卓勒齐，为索取从前来归之芒噶拜等，呈递回子文书。询据卓勒齐称：芒噶拜所带来之女唐瑟克之父哈尔玛斯等同至。遂行文庆桂，将此等差往塔尔巴哈台对质。等语。前阿布勒比斯为此事遣伯克讷等后，由伊勒图等处奏称：即与芒噶拜对质，并非芒噶拜拐来者，而伯克讷等又不能指出实情，故回文阿布勒比斯。等语。今阿布勒比斯既又遣其子卓勒齐，并带其所娶女之父兄同来，则必明白对质，确实芒噶拜拐来者，则即给伊等带回，倘并非伊等之女姐妹，亦当卓勒齐面穷诘，俾伊等无言以对时，再不给还，才使阿布勒比斯等心服。伊勒图遣卓勒齐等往塔尔巴哈台，交付庆桂等与芒噶拜对质者，甚是。将此著寄信庆桂等，将此事由伊处即如此办理耶？卓勒齐等有何言？著即奏闻。"

（档号：03－135－2－001）

领队大臣纳旺巡查布鲁特边界回程

乾隆四十三年六月丁未（十七日 1778.7.12）谕，据依勒图奏称，领队大臣纳旺巡查布鲁特边界回程，据有顶戴之布鲁特玛木伯特诉称，情愿于边内特穆尔图诺尔等处游牧，与哈萨克一体进贡，查布鲁特性情较哈萨克奸诈，若前来伊犁恳求，察其情状，出于诚心，指与卡座远处，令其游牧纳贡，试看一二年，若以进贡为名，别求侥幸之处，即行逐回等语。哈萨克地方雪大，隆冬牲畜多伤，故准其于雪大时，移居边内，所牧牲畜，百中贡一，交春雪化，仍各回游牧。布鲁特非此可比，伊等平时即私行进边耕种，今若准所请，伊等必至春种秋收，至冬又称避冷，终年居住，其所进牲畜，尚属细事，若居住日久，别生事端，彼时再行逐回，转恐更生觖望。况布鲁特等，时常潜往哈萨克，肆行掳掠，今若令其进边游牧，相离甚近，必易滋事，尤为不妥，不若于来求内徙之时，即不准行。著传谕伊勒图，布鲁特不来恳求则已，若前至伊犁，即晓示伊等云，布鲁特非哈萨克可比，哈萨克因游牧处雪大，故准其于隆冬进边暂住，春季仍回游牧，尔等欲于边内终年居住，

断然不可，亦不敢奏闻大皇帝。并将此事晓谕哈萨克阿布赉知之，令其和好邻封，毋相侵扰，以无负朕矜恤至意。

（《清高宗实录》卷1059　页154—155）

奎库等嫁给锡伯披甲昌明

乾隆四十三年（1778）七月二十四日。奴才伊勒图、拉旺多尔济谨奏：为奏闻事。窃自本年四月起，至闰六月末止，夏季从哈萨克、布鲁特逃出之厄鲁特男四名、妇二名，男童一名、布鲁特血统男一名，塔尔巴哈台送来自哈萨克逃出之厄鲁特男七名、妇十一名、男童二名、女童二名、哈萨克血统男一名、妇一名，诺特海血统回子妇一名，共计三十三口。其中诺特海血统回子妇女，交阿奇木伯克鄂伦木咱布等，嫁给与回子同住之锡伯披甲昌明为妻；哈萨克妇女奎库，照庆贵所奏，仍嫁给锡伯披甲昌明为妻外，其余哈萨克血统男一名，布鲁特血统男一名，皆听其自愿，与其他厄鲁特一同归入厄鲁特部安置。为此谨具奏闻。乾隆四十三年八二十日奉朱批：知道了。钦此。

（译自《军机处满文月折档》）

伊勒图等饬阿布勒比斯勿令属下来卡座内游牧

清乾隆朝满文寄信档。乾隆四十三年（1778）九月初四日，大学士、领侍卫内大臣、诚谋英勇公，大学士、尚书、忠勇公等奉上谕，字寄总管伊犁等处地方将军、领侍卫内大臣、尚书伊勒图、驻塔尔巴哈台办事参赞大臣等著饬阿布勒比斯勿令属下来卡座内游牧。谕曰："据庆桂等处奏称，八月二十五日，于阿尔噶灵图等处，有若干哈萨克率游牧向内地来，卡座章京萨兰逐之不理，故乌岱率兵百名往逐之。等语。哈萨克等来我卡座内游牧，我卡座人逐彼不理，故乌岱率少兵往逐之，理所当然。此乃因哈萨克等见我卡座人少，故逐之不理。今乌岱率兵前往，想伊等不敢抵抗，即行退出，亦无关紧要。惟庆桂等应一面派人驱逐，一面即咨行哈萨克阿布赉等。将此著寄信伊勒图、庆桂，作为己意，咨行阿布赉等曰：尔人因冬季雪大，仰蒙大皇帝之恩，准彼于卡座内游牧，春时即令返还。今才八月，尚非下雪之时，此辈即率游牧迁来，而卡座人逐之仍不理，故我领队大臣亲巡察卡座时，前往逐彼。想彼不敢抵抗，即便返还，但毕竟非理。阿布赉、阿布勒比斯等俱蒙大皇帝重恩之人，平素于凡事恭顺，此皆尔属下无知者隐瞒尔等私来。因我等相好，故将此事并未奏报大皇帝，特拟文送尔。尔等接我此文后，将私来我卡座内游收者，查出惩打外，仍遍加晓谕尔方人等，再不可如此妄行。等语。再将从哈萨克逃出之俄罗斯男丁鄂坡纳斯，由庆桂等处交付侍卫那尔松阿解送时，应取口供后，先行奏闻，而今并未审问者，想是彼处并无懂俄罗斯语之人耳。将此著一并寄信彼等，嗣后将又来归之俄罗斯，倘有懂俄罗斯语之人，即大概问伊为何人，何故来此，彼俄罗斯情形如何等事，先行奏闻，一面送人前来。"

（档号：03-135-2-022）

伊勒图等饬哈萨克非到时令勿入卡座内游牧

清乾隆朝满文寄信档。乾隆四十三年(1778)九月十九日,大学士、领侍卫内大臣、诚谋英勇公,大学士、尚书、忠勇公等奉上谕,字寄总管伊犁等处地方将军、领侍卫内大臣、尚书伊勒图、塔尔巴哈台参赞大臣等著饬哈萨克非到时令勿入卡座内游牧。谕曰:"据庆桂处奏,进卡座内之哈萨克等,伍岱率官兵至吉默尔色克卡座,查看阿尔噶灵图周围地方,见哈萨克纷纷出卡座。等语。此次越入卡座之哈萨克等,听闻伍岱至,即纷纷出卡座以去,则不必另行办理外。[嗣后,哈萨克等又有非到时令越入卡座内游牧者,著庆桂等即将人畜一并拿获]。仍著寄信伊勒图、庆桂等,作为伊等之意,咨行晓示阿布赉、阿布勒比斯云:尔哈萨克地方冬季雪大,故下年春即令返回,原系大皇帝抚恤远方部落人等之至恩。今岁才八月,尚非下雪时令,即率游牧移居,我卡座人逐伊等,虽不理睬,但闻我领队大臣往查卡座,伊等畏惧,即各出卡座返回。仅此一次,我方不加究办。但若将此等人交尔等查办治罪,则尔等能查得人名数目。但尔等必徇护尔等哈萨克,以未查获为口实推诿。此次由我处已不查办,故将越入卡座人数,亦不查矣。然而嗣后,尔等必严管尔属下哈萨克,非到时令,勿令越入我卡座游牧。(将我所委之事,晓示尔众哈萨克知之)。我此次准行后,下年又有似此非到时令妄越卡座来游牧者,则我将人畜俱执之入官,亦不晓示于[尔](尔等)。尔等知此,嗣后,必感激大皇帝之恩,严加管束尔属下卑微哈萨克等。等语。"

(档号:03-135-2-036)

拉旺多尔济著遇厄鲁特人盗马案即遵旨办理

清乾隆朝满文寄信档。乾隆四十三年(1778)九月二十日,大学士、领侍卫内大臣、诚谋英勇公,大学士、尚书、忠勇公等奉上谕,字寄伊犁参赞大臣、喀尔喀亲王、固伦额驸拉旺多尔济著遇厄鲁特人盗马案即遵旨办理。谕曰:"拉旺多尔济处奏,哈萨克台吉萨呢雅斯遣其子索克持托特文书来称:厄鲁特讷默库、哈喇本二人带马四十三匹逃来,请赏给我。等情。即饬往查,并无自哈萨克来投叫讷默库、哈喇本之人,亦无人多赶马匹来,故晓示索克遣回。等语。厄鲁特俱系哈萨克等掠去者,诚有来投者,应留之不给还。若厄鲁特等偷盗哈萨克马匹逃来,虽将人不给还,但将其盗来马匹仍查还,才是秉公办理之道,且哈萨克等亦心服。倘连马不给还,则如图彼便宜,安能使彼心服?况将此等马匹不给还哈萨克等,或入官耶?或给还盗马人乎?并非大国抚绥外藩之道。将此著传谕拉旺多尔济,此次饬查,并无厄鲁特叫讷默库、哈喇本之人来投,亦无厄鲁特赶多马来,著即照拉旺多尔济所奏为之。嗣后,若遇此等案,著俱遵朕旨办理。"

(档号:03-135-2-039)

博清额等著饬哈萨克等暂勿与俄罗斯交易

清乾隆朝满文寄信档。乾隆四十三年(1778)九月二十四日,大学士、领侍卫内大臣、诚谋英勇公,大学士、尚书、忠勇公等奉上谕,字寄驻库伦办事喀尔喀郡王博清额、侍郎、副都统等著饬哈萨克等暂勿与俄罗斯交易。谕曰:“斋桑多尔济等处奏,住西宁之克什米尔回子穆金福等驮大黄往恰克图交易,制止,收入库伦商栅内暂住,明年青草萌发时,俄罗斯等若请开贸易,则派往恰克图,倘暂不开贸易,则给执照,派官员护送原籍。等语。小商贾由远处贩大黄往恰克图,意欲卖给俄罗斯,乃为商贾图利,但遇停止贸易时,弗能售出,令照旧驮回,情稍可怜。将此著传谕斋桑多尔济、博清额,将回子穆金福贩往之大黄,游牧蒙古若有用者,即令伊等酌情卖给蒙古人等。若卖给蒙古人等后,蒙古人等私下盗卖给俄罗斯,亦未可定。即竟不准卖,令带回原籍,但将其由远运往之租钱,应加恩由官项内照数支给。斋桑多尔济等即从在库伦公储项内动支,晓示回子穆金福等曰:大皇帝矜悯尔等由远运货物来,且遇停止恰克图贸易时,未得以交易,特赏给输运租钱。等语。著赏给租银。索琳仓猝办理撤贸易事,且将俄罗斯等欠商人之项,亦未著落伊偿还,今又令署侍郎。因此,将赏给回子穆金福等之租银数目,斋桑多尔济等报部后,著落索琳如数还缴。倘将此项大黄,蒙古人等无用处,回子等又不能带回,则斋桑多尔济等即动支钱粮银官买存于库,俟明年开贸易后,再行买给俄罗斯,亦一样矣。但此买时,勿以官买而少给价,以致回子等本银受损,伊等恣意多取亦不可。或伊等平时卖俄罗斯有价矣。惟照其数办理。官买时所用价银,著落索琳还缴。(如此办理可否之处,著伊二人商办,勿以谕旨而固执)。再,现因撤贸易,住于卡座附近周围之蒙古等偷带货物卖给俄罗斯,务谨防备,甚为紧要。将此著一并寄信斋桑多尔济、博清额等,严饬各处卡座,此间有将货物盗卖给俄罗斯者,留心防备,严之加严。倘若实有盗卖者,即执之从重治罪。”

（档号:03－135－2－042）

伊勒图著留意详查不肖官员妄行勒索苦累属下

清乾隆朝满文寄信档。乾隆四十三年(1778)十月初二日,大学士、领侍卫内大臣、诚谋英勇公,大学士、尚书、忠勇公等奉上谕,字寄总管伊犁等处地方将军、领侍卫内大臣、尚书伊勒图等著留意详查不肖官员妄行勒索苦累属下。谕曰:“据伊勒图处奏,在喀喇沙尔,兵、回、商民杂处,常有与土尔扈特、和硕特窃盗斗殴事件。仍交喀喇沙尔大臣管理,似有裨益。土尔扈特游牧人众事繁,请派我侍卫、官员管理其游牧为善,如遇有事,则报盟长等转呈办事大臣。等语。伊勒图所奏,俱视土尔扈特、和硕特游牧情形,办理妥当。著即照伊所奏为之。昨曾降旨赏海成头等侍卫遣往喀喇沙尔办事,观音保及管理土尔扈特游牧侍卫舒通阿来京候旨。今策璘纳木扎勒年幼,既无关照之人,则舒通阿加恩不必来京,遣往伊犁在侍卫上行走。在伊犁侍卫官员内,伊勒图挑选良者一员,遣往喀喇沙尔替舒通阿[同海成]管理土尔扈特游牧事宜。再,驻扎叶尔羌办事之高朴扰累回民,且私自添派人多采密尔岱山玉石带来内地售卖,阿奇木伯克色提卜阿勒氏告发,永贵参奏,故现已降旨交付永贵严审后,将高朴等即于彼处正法。至于帮办淑宝及总理回子各城事务参赞大臣绰克托,著执之交刑部治罪。想在伊犁无此等案件,然在彼处厄鲁特、回人杂处,且又与哈萨克交易,难免不肖之徒侵渔勒索。因此,将军、参赞大臣应不时留心详查。倘伊等平时不能与将军等随同附和，以致寻衅参劾，则亦难逃朕之睿鉴。设或万一有妄行婪索、扰累属下，扶同徇庇，不据实办理，代为隐瞒，亦终不能隐瞒，一经发觉，绰克托等即前车之鉴，朕断不宽宥。将此著寄信伊勒图等，遵朕旨留心详查，有则据实具奏，断不可丝毫徇隐。著将为高朴案件陆续所降谕旨，俱行誊抄，发送伊勒图等看。”

（档号:03－135－2－052）

拿获偷窃马匹枪支之土尔扈特逃犯

清乾隆朝满文寄信档。乾隆四十三年(1778)十月三十日，大学士、领侍卫内大臣、诚谋英勇公，大学士、尚书、忠勇公等奉上谕，字寄驻塔尔巴哈台办事侍郎、副都统庆桂著拿获偷窃马匹枪支之土尔扈特逃犯。谕曰:“据庆桂处奏，巴尔鲁克游牧哈萨克哈尔什等所买渥巴锡等属下土尔扈特男丁劳藏等十一人，偷窃各家主人之马匹、枪支而逃，哈萨克霍坡什等追时，劳藏相抵放枪，霍坡什大腿中弹，定于马屉，而又追之，噶本拿获一土尔扈特，其余脱逃者，由库尔喀喇乌苏策楞德勒克处俱皆拿获，仅根郭克什克图逃，余俱枷号外。请将劳藏立即绞死。等语。劳藏竟偷窃马匹枪支而逃，且又敢枪击捉拿伊之人，情甚可恶。著即照庆桂等所奏，立即绞死，以示众土尔扈特惩戒。霍坡什追逃人时大腿中弹受伤，且仍追之，拿获一逃人，可谓效力，著施恩赏给霍坡什缎一匹。至所逃根敦克什克图，著寄信庆桂等转饬各处，务必拿获治罪。再，土尔扈特等人众，因伊等不能赡养，故卖给巴尔鲁克游牧哈萨克等。此辈恋其亲戚，不过欲逃回其土尔扈特等现驻游牧珠勒都斯等处游牧而已，并非想逃往俄罗斯之原游牧。在折内理宜分明此事。今庆桂等并未如此分明，仅冒昧奏称逃往原游牧属实等情，如同欲逃往伊等在俄罗斯之原游牧一样。诚欲往其在俄罗斯之原游牧，不仅仅劳藏，且将同逃人等应俱正法。将此著寄信庆桂等，嗣后，若遇此等事，务必分明具奏。”

（档号:03－135－2－070）

嘉奖带回逃人之哈萨克萨尼雅孜

清乾隆朝满文寄信档。乾隆四十三年(1778)十一月初一日，大学士、领侍卫内大臣、诚谋英勇公，大学士、尚书、忠勇公等奉上谕，字寄驻塔尔巴哈台办事参赞大臣、侍郎、副都统庆桂等著嘉奖带回逃人之哈萨克萨尼雅孜。谕曰:“据庆桂等处奏，从前乌鲁木齐厄鲁特部落佐领乌尔噶齐家回人之子与克什克图同逃，行至萨尼雅孜家容留驱使。今伊希特同萨尼雅孜家厄鲁特男丁讷默库投诚前来，问出克什克图现仍在萨尼雅孜家中。为向萨尼雅孜索要克什克图，哈萨克阿哈拉克齐交付土伯特前往。时由萨尼雅孜处遣其子扎达克同土伯特送克什克图前来，呈递托特文书。等语。哈萨克萨尼雅孜将逃人克什克图留容驱使，从前虽以给人、去塔什干等词推托，但由庆桂处复行差人去后，萨尼雅孜即派人赶往带回，遣其子扎达克将克什克图送来，已尽恭顺。即为此事，由庆桂等处虽已奖赏，但寄知庆桂传谕朕旨，赏给萨尼雅孜缎二匹。”

（档号:03－135－2－071）

哈喇沙尔回商杂处有窃盗斗殴事件

乾隆四十三年十月戊午(二日 1778.11.20)谕军机大臣等,据伊勒图奏称,哈喇沙尔回商杂处,有窃盗斗殴事件,请交办事大臣管理,土尔扈特游牧人众事繁,请派侍卫管理,如遇要事,该处呈报盟长,转报大臣等语。应如所奏,前曾令舒通阿来京,现在办事需人,舒通阿不必来京,著加恩赏给侍卫,前往伊犁当差,即著在伊犁侍卫内挑选一员,遣往哈喇沙尔管理土尔扈特游牧。现在高朴扰累回民一案,已交永贵审明后,即于彼处正法,淑宝、绰克托俱交刑部治罪。伊犁地方,厄鲁特回人杂处,又与哈萨克交易,恐有不肖官员侵渔勒索,将军大臣等,自应留心详查,据实参奏,倘扶同徇隐,一经发觉,绰克托等即前车之鉴,断不宽贷。著传谕伊勒图等知之。

(《清高宗实录》卷1068　页293)

将来投哈萨克人等且暂收留

清乾隆朝满文寄信档。乾隆四十四年(1779)正月十六日,大学士、领侍卫内大臣、诚谋英勇公,大学士、尚书、忠勇公等奉上谕,字寄总管伊犁等处地方将军、领侍卫内大臣、尚书伊勒图及驻塔尔巴哈台办事参赞大臣等著将来投哈萨克人等暂且收留。谕曰:"据庆桂处奏,据阿克爱曼鄂拓克哈萨克穆色布等告称:伊等一族百余人来投,愿于大皇帝近前为奴仆。等语。前因伊犁等处地方人少,哈萨克内有一二来投者,具收留安置。今彼处人民渐多,且哈萨克等居住伊等之处所,盗案颇多,若住我地,则牧场宽阔,且我法度森严,盗案无甚多。又如过冬,向伊等免征官马,情愿来归者,想是多矣。阿布赉、阿布勒比斯乃至属下哈萨克等,俱系朕之奴仆,在内在外,原无分别。然穆色布等百余人来投,即行收留,从此我地被占,人民渐多,于事无益。况彼人接踵来投,我方不拒来者皆留,谅阿布赉等亦未必情愿。朕意将伊等不便收留之处,与其等明言,不若饬伊勒图,咨询阿布赉、阿布勒比斯等,将此等人来投即收留,于伊等有无裨益,谅阿布赉等必复文称于伊等无益。我即可据阿布赉等之言,嗣后再有来投者,不留情面,尽行却之为好。此间,穆色布等若携家口来投,即著庆桂晓谕云:尔哈萨克等,俱大皇帝之奴仆,住外与移居内地,原无分别。但由我将军处已咨询尔汗阿布赉等,迄今尚未复文,尔等暂不必来。伊等即遵依不来则已,如仍哀恳必来,则暂准伊等进来居住,俟由阿布赉等处咨复到时,再行遣回亦可,一人尚不必作为一事说之(朱圈)。将此著寄信伊勒图遵办外,并著寄信庆桂知之。著将此旨由六百里飞递。"

(档号:03－135－3－004)

哈萨克穆色布等愿投内地

乾隆四十四年正月辛丑(十六日 1779.3.3)谕军机大臣曰,庆桂奏称,据阿克爱曼鄂拓克哈萨克穆色布等,告称伊族百余人,愿投内地为奴仆等语。前因伊犁等处人少,哈萨克内有一二来投者,俱收留安插,今人民渐多,若穆色布等百余人来投,即行收留,将来闻风踵至,多占内地,于事无益,但此时亦不必明言我处不便收留。著伊勒图咨询阿布赉、阿布勒比斯等，将收留此辈于彼有无裨益，令其答复，谅阿布赉等必不情愿，嗣后来投者，即可据阿布赉等覆文却之。至现来告投之穆色布等，即著庆桂晓谕云，尔哈萨克等，俱大皇帝之奴仆，在内在外，原无分别，但业经将军咨询尔汗阿布赉等，尚未覆文，尔等且不必来。晓谕后，遵依则已，如仍再三哀恳，且暂收留，俟阿布赉等咨覆到时，再行遣回。将此由六百里传谕伊勒图遵办，并著传谕庆桂知之。

（《清高宗实录》卷 1075　页 424）

商民赵良载售卖马匹形迹可疑

乾隆四十四年正月丁未（二十二日 1779.3.9）又谕，据伊勒图等奏，商民赵良载，售卖马匹，形迹可疑，随严行究询，供有从哈萨克购买，亦有赊给干珠罕等卡上官兵物件，辗转由哈萨克买马，偿还伊等者，因传集应询人等，一一究问，俱经承认，请将防御德保革职，所有兵民分别枷号三个月、四个月，卡上章京塔思哈，业已换回，请交部议处等语。伊勒图等，见民人赵良载形迹可疑，即行究出偷买哈萨克马匹情节，尚属留心，但向哈萨克偷买偷换马匹牲畜，以图微利，向来原难保其必无，然一经发觉，即严行治罪，方足以示惩儆，今奸民赵良载等，胆敢向哈萨克偷买马匹牲畜，且卡上官兵等，俱有偷买之事，若不严行治罪，日久即与赵均瑞等偷买玉石之事相同，殊有关系。伊勒图等，仅将骁骑校塞特，锡伯空蓝翎顺德、塞克图革职，披甲伊灵阿、苏登额，厄鲁特闲散海柳，并民人张元长等，俱枷号三个月，民人赵良载、蓝文炳枷号四个月，所拟尚轻，不足以惩戒不肖之徒。除卡上章京德保，照所奏革去防御外，著交伊勒图等，将伊等所定，应枷号三个月者枷号六个月，应枷号四个月者枷号一年，卡上章京塔思哈既已回京，著交军机大臣办理。嗣后伊勒图等，益加留心稽查，并严饬各卡，严行禁止向哈萨克偷买偷换马匹牲畜，倘敢复违犯，一经发觉，即从重治罪具奏。

（《清高宗实录》卷 1075　页 429—430）

哈萨克阿布赉遣使到伊犁请兵

乾隆四十四年六月癸丑（一日 1779.7.13）伊犁将军伊勒图奏，去年哈萨克阿布赉遣使鄂托尔齐，到伊犁请兵，攻取塔什干进献，并赍誓文一张，臣等察其狡诈，曾饬令回去。今年哈萨克售卖牲畜来时，适有回人巴巴和卓同来，因闲问哈萨克近事，据云，去年阿布赉遣鄂托尔齐，曾带印文赴塔什干地方，称言大皇帝降有谕旨，将塔什干贡赋赏给阿布赉取用，现有印文可凭，塔什干之伯克等，先已应允，并留鄂托尔齐之子为质，将鄂托尔齐遣回，迨众回人等集议，始知实系冒索，被伊欺哄，遂将鄂托尔齐之子杀戮泄忿，嗣后阿布赉遂不遣使再来等语。查阿布赉狡诈多端，始则欺罔臣等，继复伪托印文，图取塔什干财赋，觉察之后，妄念始息，是其性情诡谲，将来仍恐不无设法遣人再来之事，倘再来时，臣等酌量情形驳回。得旨，甚是，知道了。

（《清高宗实录》卷 1084　页 561）

查拿弃公文而逃兵图勒哈木保

清乾隆朝满文寄信档。乾隆四十四年(1779)七月二十三日，领侍卫内大臣、尚书、忠勇公等奉上谕，字寄总管伊犁等处地方将军、领侍卫内大臣、尚书伊勒图及驻塔尔巴哈台办事参赞大臣等著查拿弃公文而逃兵图勒哈木保。谕曰:“据庆桂处奏，索伦兵图勒哈木保赍送公文，不知何往，寻至河沿，获其撒袋、公文，人、马皆无，或走错路而死，亦未可定。等语。这真奇怪。图勒哈木保即走错路而死，但将其撒袋等物，在河沿拾获，其骸骨不过在周围地方，寻之尚不难。今到处寻之未获，看来图勒哈木保故意留一踪迹，潜行逃往哈萨克，图彼女人并为盗，均未可定。将此著寄信伊勒图等，一面遍行我地，再行详细查拿；一面撰拟托特文书，晓谕哈萨克等曰:我索伦兵图勒哈木保，送公文至卡伦后未返还，到处查之未获，已逃往尔处，亦未可定，望尔等遍饬查察。倘若逃到尔处，则即拿获解来，断不可窝藏。此辈逃往尔处，特为图尔处女人并行窃，于尔等亦甚无裨益。等语。再，虽已审讯厄鲁特兵托克托和，供称并未侵扰，但毕竟为一面之词，不可相信。此间将托克托和暂不可释放，俟查明此案，诚与伊无涉，再行释放。[将](寻得)图勒哈木保(之骸骨，或)拿获，必严加审讯，诚有他故，则即从重治罪。”

(档号:03－135－3－051)

换马时筹计适度勿令蒙古人等受累

清乾隆朝满文寄信档。乾隆四十四年(1779)七月二十三日，领侍卫内大臣、尚书、忠勇公等奉上谕，字寄驻塔尔巴哈台办事参赞大臣、侍郎、副都统庆桂、乌鲁木齐都统、驻科布多办事参赞大臣等著换马时筹计适度勿令蒙古人等受累。谕曰:“由塔尔巴哈台每年向哈萨克换马时，每马价银二两五钱。惟由塔尔巴哈台送往乌鲁木齐时，送马官兵沿途盘川等项，不知需用几何，抵达彼处，定为几两令官兵购买。将此著寄信庆桂、索诺木策凌等询问，除令伊等查明具奏外，昨据明善处奏称:杜尔伯特人等欲卖马。等语。将此著一并寄信索诺木策凌、明善，我向哈萨克等交易，马价甚贱(但估算赶畜官兵盘川，亦较向哈萨克买价稍增。)若照此价买杜尔伯特等马匹，则似稍苦累伊等，然亦不能给甚多。著勿得苦累蒙古人等，惟筹计适度，酌情办理。如此，则可我马匹渐多，杜尔伯特等马匹少时，于事亦甚有裨益。”

(档号:03－135－3－053)

伊勒图著以后奏事若无紧要项则文字要简练

清乾隆朝满文寄信档。乾隆四十四年(1779)八月初三日，领侍卫内大臣、尚书、忠勇公等奉上谕，字寄总管伊犁等处地方将军、领侍卫内大臣伊勒图著以后奏事若无紧要项则文字要简练。谕曰:“据伊勒图处奏，准哈萨克阿布赉呈递回文称，将从前逃来哈萨克人等，俱未给还，今给还其莽阿拜等男妇，不胜喜悦。等情。看来并无要紧事。等语。朕初见伊勒图奏折甚长，以为有要紧事，阅看良久，始知阿布赉因给还其人而喜悦之事。因从前逃来之哈萨克等，我等收留有未给还之次，故伊言及此。今将莽阿拜等，照伊等所请给还，是以阿布赉呈回文感激耳，是何要紧事？不过数言即可完，何必又如此罗嗦？不惟阿布赉之言不要紧，即伊之此折言语，亦甚罗嗦不要紧。将此著寄信伊勒图，嗣后奏事，若无甚要紧事，则奏折文字要简练，勿得罗嗦。”

（档号：03－135－3－056）

索诺木策凌著不得强行购买杜尔伯特马匹

清乾隆朝满文寄信档。乾隆四十四年（1779）九月十四日，领侍卫内大臣、尚书、忠勇公等奉上谕，字寄乌鲁木齐都统索诺木策凌著不得强行购买杜尔伯特马匹。谕曰："据索诺木策凌处奏，奉旨：购买杜尔伯特马匹时，惟不得苦累伊等，筹计适中，酌情办理。杜尔伯特等赶马到乌鲁木齐等处后，照哈萨克马匹价值，由一马二两五钱均加一两，购买时定价为三两余不过四两。等语。于乌鲁木齐等处买杜尔伯特马时，索诺木策凌定价银为不过三两，尚不甚多。著即如此办理。惟杜尔伯特等赶马到来时，即语伊等曰：尔等俱属圣主旧民，买尔马时，并未照哈萨克马价，每马给银二两五钱，而每马增给一两。等语。语毕买之。杜尔伯特等若图大价，不愿售卖，则不必强行购买，伊等愿带往何处售卖均可。将此著寄信索诺木策凌，即遵旨办理。（再将此事，作为索诺木策凌办理，而不作为谕旨。）"

（档号：03－135－3－065）

查哈萨克布鲁特向来搆衅

乾隆四十四年八月壬戌（十一日 1779.9.20）伊犁将军伊勒图奏，查哈萨克、布鲁特，向来搆衅，今哈萨克汗阿布赉，知布鲁特畏惧天朝，请内地派员前往调停，臣恐调停后，或布鲁特不守示谕，再犯其境，转多未便，且其搆衅非止一处，即哈萨克汗，亦难保其属人不复互相抢夺，因令其于适中之地，设卡防守，晓谕遣回。得旨，所办是，知道了。

（《清高宗实录》卷1088　页620）

吞特等人履历清单

绰霍栾所遗佐领缺，拟正之正黄旗绰霍栾佐领下骁骑校吞特，食俸饷二十八年。塔尔巴哈台换防一次，出差三次，巡查布鲁特、哈萨克边界二次，补放佐领拟陪一次。现年四十三岁，锡伯，马步箭平等。拟陪吞特之镶蓝旗巴拉佐领下骁骑校诺尔泰，食俸饷三十一年。喀什噶尔换防一次，巡查哈萨克边界一次。现年四十八岁，锡伯，马步箭平等。拟补佐领递出骁骑校缺，拟正之镶蓝旗巴拉佐领下空蓝翎达呼，食钱粮十八年。巡查哈萨克边界一次，出差二次，补放骁骑校拟陪一次。现年三十八岁，锡伯，马步箭平等。拟陪达呼之正黄旗绰霍栾佐领下领催费雅斯哈，食钱粮三十一年。塔尔巴哈台换防一次，巡查哈萨克边界一次。现年四十九岁，锡伯，马步箭平等。

（译自《军机处满文月折档》）

伊勒图著将俄罗斯事宜照章办事

清乾隆朝满文寄信档。乾隆四十四年（1779）十一月初二日，领侍卫内大臣、尚书、

忠勇公等奉上谕，字寄伊犁将军、领侍卫内大臣、尚书伊勒图著将俄罗斯事宜照章办事。谕曰："据伊勒图处奏，有来伊犁售卖牲畜之哈萨克帕勒频等带有卓勒齐所付回文，其封面纸上，写有回字、俄罗斯字各一段。粗译阅看，知大概阿布勒比斯有事，欲遣伊子布普往俄罗斯，故遣人往彼。此系俄罗斯察罕汗所付回书，谨将回子、俄罗斯文书，一并呈奏。等语。哈萨克原有二心，今夫伊虽来投我，但俄罗斯亦系大部落，与伊接壤。因此，哈萨克等难免疑虑两顾。今哈萨克阿布勒比斯欲将其子遣往俄罗斯托奔城，询问俄罗斯郭曼丹特。由此以观，伊欲往投俄罗斯，亦未可定。此事虽不甚关紧要，仅可作为不知，置之不议，但从前阿布赉投我时，俄罗斯等曾有书来言，阿布赉系伊处之人，我不可收留。朕亦以阿布赉系尔之人，尔等如善为抚驭伊等，不致伊等即来投我处。今既尔等不能善待伊等，业已来投我，即系我人，我因何不收？尔等又岂可干预乎等语，敕部行文俄罗斯。看来此等俱系无定之人，此际又有投来者，恐俄罗斯等来文领取。著将从前敕复俄罗斯之文，抄录一份，寄信伊勒图知之。日后如遇此等事，办理亦得主意。并将现翻出之回字、俄罗斯字，一并寄与伊勒图阅看。"

（档号:03－135－3－083）

准杜尔伯特在本地卖马时听其自愿

清乾隆朝满文寄信档。乾隆四十四年（1779）十二月初七日，领侍卫内大臣、尚书、忠勇公等奉上谕，字寄科布多参赞大臣、副都统明善著准杜尔伯特在本地卖马时听其自愿。谕曰："据明善处奏，奉旨：杜尔伯特等，将马赶往乌鲁木齐售卖时，较向哈萨克等交易之数稍行增加。即遍行晓谕杜尔伯特等，若有将伊等马以三四两左右售卖者，则报来有几何。等语。所办非是。从前明善奏请杜尔伯特人等欲赶马往乌鲁木齐售卖，故朕降旨谕索诺木策凌曰：若照哈萨克价购买杜尔伯特等之马匹，则似稍苦累伊等。由塔尔巴哈台赶往乌鲁木齐，计沿途所费项，较向哈萨克购买价稍有增加，著酌情办理。时亦寄与明善知者，是特指杜尔伯特人等赶马往乌鲁木齐售卖。若杜尔伯特人等在本地卖马，向有互相交易之数，岂需定官价耶？况现在科布多，并无用马之项，何必传杜尔伯特人等之马这许多？至我马匹渐增多，杜尔伯特人等之马减少后，于事有益之言，不仅不能使杜尔伯待等听，且即内扎萨克，亦不可使之听。将此事，应密尤密之，岂可又妄传耶？明善接奉此旨后，宣谕杜尔伯特等，殊属不明事理。除将伊严加申饬外，仍寄信伊，转谕杜尔伯特等曰：尔等赶马往乌鲁木齐售卖时，降旨较哈萨克价值稍增，是特矜念尔等俱系旧属，非哈萨克等可比。倘在此处卖马，平素俱有定价，惟听尔等情愿买卖，并不强迫。等语。嗣后卖马，仍照从前，听其情愿买卖，断不可照赶往乌鲁木齐售卖例办理。"

（档号:03－135－3－091）

哈萨克帕勒频等带有卓勒齐文书

乾隆四十四年十一月辛巳（一日 1779.12.8）谕，据伊勒图奏称，有来伊犁贩卖牲畜之哈萨克帕勒频等，带有卓勒齐文书，其封面纸上，有回字、俄罗斯字各一段，译出阅看，知是阿布勒比斯，有事欲遣伊子布普往俄罗斯，先致书于彼，此系俄罗斯所付回书，谨将原书呈奏等语。哈萨克原有二心，伊虽以臣服于我，而俄罗斯亦系大部落，与伊接壤，哈萨克不免疑虑两顾，今观哈萨克阿布勒比斯，欲将伊子遣往俄罗斯托奔城，请示于俄罗斯，则伊又欲归附于彼，其意显然。此事虽不甚紧要，仅可作为不知，置之不议，但从前阿布赉来投时，俄罗斯曾有书来言，阿布赉系伊处之人，不可收留，朕亦敕覆以阿布赉系尔之人，尔等如善为抚驭，必不来投我，今既不能使之安居乐业，致伊等投降我国，即系我国之人，揆之柔远之意，岂能却之，尔又岂可干预乎？看来此等俱系无定之人，此际再有投来者，恐俄罗斯等咨呈领取，著将从前敕覆俄罗斯之文，钞录一分，寄与伊勒图知之，将来如遇此等事，办理亦得主意，并将现翻出回字、俄罗斯字书札，一并寄与阅看。

（《清高宗实录》卷1094　页676—677）

齐当扎布等人履历清单

达瓦扎布所遗佐领缺，拟正之察哈尔营正黄旗雅木皮勒佐领下骁骑校齐当扎布，食俸饷三十八年。塔尔巴哈台换防一次，缉拿哈萨克盗贼等一次，巡查哈萨克、布鲁特边界十二次。补放佐领拟陪一次。现年五十三岁，察哈尔，马步箭平等。拟陪齐当扎布之察哈尔营正黄旗德勒格勒库佐领下骁骑校鄂斯库，食俸饷三十七年。塔尔巴哈台换防一次，缉拿哈萨克、布鲁特盗贼等二次，巡查哈萨克、布鲁特边界二十次，出差三次，出哈什围五次。现年四十九岁，旧额鲁特，马步箭平等。拟补佐领所递骁骑校缺，拟正之察哈尔营正黄旗德勒格勒库佐领下委官柯西克特依，食钱粮十六年。缉拿哈萨克盗贼等一次，巡查哈萨克边界二次，出差一次，出哈什围十四次。补放骁骑校拟陪一次。现年二十九岁，察哈尔，马步箭平等。拟陪柯西克特依之察哈尔营正红旗图布新佐领下空蓝翎额格，食钱粮三十年。巡查哈萨克、布鲁特边界三次，出差一次，出哈什围十二次。现年四十岁，察哈尔，马步箭平等。

（《军机处满文录副奏折》3906—20）

玛什巴图等人履历

果木布所遗佐领缺，拟正之察哈尔营正红旗果木布佐领下骁骑校玛什巴图，食俸饷十六年。巡查哈萨克、布鲁特边界四次，出哈什围五次。补放佐领拟陪一次。现年三十岁，喀尔喀蒙古，马步箭平等。拟陪玛什巴图之察哈尔营镶蓝旗车登佐领下骁骑校达瓦扎布，食俸饷二十年。巡查哈萨克、布鲁特边界三次。拿获布鲁特盗马贼托克托等，得赏缎一匹。出哈什围二次。现年三十六岁，旧额鲁特，马步箭平等。补放佐领递出骁骑校缺，拟正之察哈尔营镶蓝旗车登佐领下空蓝翎车伯克，食钱粮十三年。随领队大臣珠尔杭阿册封哈萨克王江和卓一次，出哈什围五次。补放骁骑校拟陪一次。现年二十八岁，旧额鲁特，马步箭平等。拟陪车伯克之察哈尔营正红旗西尔德克佐领下年满委笔帖式贡楚克扎布，食钱粮十六年。巡查哈萨克、布鲁特边界三次。拿获布鲁特盗马贼托克托等，得赏鸟枪一支。出哈什围二次。委笔帖式年满，保举一等报部。现年三十岁，察哈尔，马步箭平等。

（《军机处满文录副奏折》3639—17）

玛什巴图等人履历清单

索特诺木车林所遗总管缺，拟正之察哈尔营右翼副总管玛什巴图，食俸饷三十五年。塔尔巴哈台换防一次，巡查哈萨克、布鲁特边界三次，出差四次，哈什行围六次。补放总管拟陪一次。现年五十四岁，察哈尔，马步箭平等。拟陪玛什巴图之察哈尔营左翼副总管扣肯，食俸饷三十四年。塔尔巴哈台换防一次，巡查哈萨克、布鲁特边界五次，出差四次，哈什行围六次。现年五十六岁，旧额鲁特，马步箭平等。拟补总管所遗副总管缺，拟正之察哈尔营镶红旗佐领科西克特依，食钱粮二十七年。巡查哈萨克、布鲁特边界二次，哈什行围十四次。补放副总管拟陪一次。现年四十岁，察哈尔，马步箭平等。拟陪科西克特依之察哈尔营正黄旗佐领鄂斯库，食俸饷四十三年。塔尔巴哈台换防一次，巡查哈萨克、布鲁特边界二十二次，出差四次，哈什行围五次。现年五十三岁，旧额鲁特，马步箭平等。拟补副总管所遗佐领缺，拟正之察哈尔营正黄旗雅木皮勒佐领下骁骑校车凌，食俸饷三十一年。塔尔巴哈台换防二次，巡查哈萨克、布鲁特边界三次，出差五次，哈什行围十六次。补放佐领拟陪一次。现年四十四岁，旧额鲁特，马步箭平等。拟陪车凌之察哈尔营正红旗赛木伯勒克佐领下骁骑校罗咯依，食俸饷二十六年。塔尔巴哈台换防二次，巡查哈萨克、布鲁特边界八次，出差二次，哈什行围六次。现年四十二岁，察哈尔，马步箭平等。拟补佐领所遗骁骑校缺，拟正之察哈尔营正红旗赛木伯勒克佐领下空蓝翎车凌多尔济，食钱粮十七年。巡查哈萨克、布鲁特边界二次，出差二次，哈什行围十一次。补放骁骑校拟陪一次。现年三十四岁，察哈尔，马步箭平等。拟陪车凌多尔济之察哈尔营正红旗赛木伯勒克佐领下委官巴雅济呼，食钱粮三十年。塔尔巴哈台换防一次，巡查哈萨克、布鲁特边界六次，出差二次，哈什行围二十次。现年四十五岁，察哈尔，马步箭平等。巴彦泰所遗骁骑校缺，拟正之额鲁特营镶白旗库岱佐领下空蓝翎巴图尔，食钱粮十七年。巡查哈萨克、布鲁特边界二次，出差八次。补放骁骑校拟陪一次。现年四十二岁，沙毕纳尔，马步箭平等。拟陪巴图尔之额鲁特营镶白旗库岱佐领下空蓝翎尼玛，食钱粮十六年。巡查哈萨克、布鲁特边界二次，出差四次，哈什行围七次。现年三十八岁，沙毕纳尔，马步箭平等。

（《军机处满文录副奏折》4036—28）

伊勒图著带塞德克苏勒坦等来赵北口

清乾隆朝满文寄信档。乾隆四十五年（1780）正月二十五日，领侍卫内大臣、尚书、忠勇公等奉上谕，字寄总管伊犁等处地方将军、领侍卫内大臣、尚书伊勒图著带塞德克苏勒坦等来赵北口。谕曰："据伊勒图处奏，哈萨克阿布赉遣其子塞德克素勒坦（sedek-sultan）来瞻仰朕明，已至伊犁。时日虽非适当，但若驳回，似苦累伊等。请令暂住伊犁，至正月终,令其由伊犁起程。等情。又奏称,哈萨克王阿布勒比斯、台吉萨呢雅斯之子亦来瞻仰朕明,但并未至。寄谕庆桂传谕阿布勒比斯、萨呢雅斯,令伊等之子赶紧来。等语。伊勒图办事,常常如此。看似仔细,实则小气。今夫阿布赉之子塞德克素勒坦既至伊犁,应即令起程,挨站来此。朕今岁虽巡幸江南,若伊勒图视塞德克素勒坦一到,即令其起程至此,俟朕回銮,至赵北口时,即可遇之。是日正值端阳,在彼必备戏,可具宴宴之。伊勒图原在侍卫上行走,亦曾随朕去江南,每遭俱于五月回京,伊岂不知乎?因何又谓四月终耶?朕于五月回京数日后,即幸热河,又有何闲暇赐宴哈萨克等耶?伊勒图岂不思及此乎?况伊已定,令塞德克素勒坦正月终起行,而又传谕阿布勒比斯、萨呢雅斯,令伊等之子起紧来,更为错谬。阿布勒比斯等之子不能按期至,即令塞德克素勒坦常住伊犁耶?属不成事。再,据伊另折奏称:据阿布赉呈请,伊等之哈喇克塞克鄂托克之阿哈拉克齐伯克博罗特与阿布赉构兵,请赏借兵五六百名等情。作为伊意驳回。等语。伊勒图所驳尚是。但塞德克素勒坦到京后,复向军机大臣等呈请,亦未可定。伊若呈请,则由军机大臣等具奏时,再行驳回。将此除寄信伊勒图知会外,仍寄谕伊,及时致书护送前来之侍卫,令携塞德克素勒坦由保定路行,预计朕端阳回銮,至赵北口时来此。沿途亦不可兼程,以免伊劳累。著将此旨,由六百里加紧飞递。”

(档号:03-135-4-003)

将擅入卡伦哈萨克审明惩处

清乾隆朝满文寄信档。乾隆四十五年(1780)二月初三日,领侍卫内大臣、尚书、忠勇公等奉上谕,字寄总理伊犁等处地方将军、领侍卫内大臣、尚书伊勒图著将擅入卡伦哈萨克审明惩处。谕曰:“据由伊勒图等处奏,驻空郭尔额隆卡伦护军校伊克坦布行至山冈,见五哈萨克,往追时,哈萨克向我等放鸟枪两次,并未中,追及之,以枪刺哈萨克马一次,执坠马哈萨克额尔默克。除将额尔默克重杖后放回外,今来并非为行窃,请停止传其余四哈萨克来。等语。所办错谬。五哈萨克持鸟枪及枪入卡伦,且追时敢拒敌,放鸟枪两次,殊无法纪,况前哈萨克,绝无似此擅入卡伦,妄放鸟枪之次。伊等虽无行窃,但擅入卡伦,又放鸟枪,肆意妄行,岂可轻饶?今惟杖责额尔默克,怠软办理,释之返回者,殊属非是。伊勒图因何不明事理至此?伊勒图著寄信严行申饬。此次既如是,亦罢,嗣后,若似此者,即行执之,务必审出实情,从重惩处,其同来哈萨克等,必索回质对严办,再行示弱若此,断然不可。”

(档号:03-135-4-008)

勒尔谨转饬侍卫好生护送哈萨克人至赵北口

清乾隆朝满文寄信档。乾隆四十五年(1780)二月初五日,领侍卫内大臣、尚书、忠勇公等奉上谕,字寄陕西、甘肃总督勒尔谨著转饬侍卫好生护送哈萨克人至赵北口。谕曰:“顷由伊勒图奏到,言令哈萨克阿布赉之子塞德克苏勒坦,于正月终由伊犁起程赴京朝觐。等情。时即传谕伊勒图曰:及时致书护送前来之侍卫,令携塞德克苏勒坦由保

定路行,预计端阳回銮,赶至赵北口。今若再传旨伊勒图转行护送前来之侍卫,则路迂回且不能及,亦未可定。将此著寄信勒尔谨转饬护送哈萨克前来之侍卫,务必计算路程,于端阳不误至赵北口。仍将在何地接奉此旨,何日能至何地,现已至何地等事,由携哈萨克塞德克苏勒坦前来之侍卫处,获得信息,陆续速报军机处,断不可迟误。”

(档号:03-135-4-010)

伊勒图等报塞德克苏勒坦在伊犁住宿几日

清乾隆朝满文寄信档。乾隆四十五年(1780)二月二十五日,领侍卫内大臣、尚书、忠勇公等奉上谕,字寄总管伊犁等处地方将军、领侍卫内大臣、尚书伊勒图及塔尔巴哈台参赞大臣等著报塞德克苏勒坦在伊犁住宿几日。谕曰:“据庆桂等处奏,阿布赉之子塞德克素勒坦来瞻仰朕明时,阿布勒比斯、萨呢雅斯之子是否同至,伊勒图已行文,经庆桂等询问,据告阿布勒比斯、萨呢雅斯之子,俱不能来瞻仰圣明。等语。从前伊勒图为此事具奏,朕当即降旨曰:阿布赉之子塞德克素勒坦既至伊犁,应即令起程,挨站来此,又毋庸传谕阿布勒比斯、萨呢雅斯,令伊等之子赶紧来,倘若不至,即令塞德克素勒坦常住伊犁耶?据今告称,阿布勒比斯、萨呢雅斯伊等二人之子俱不能至。等情。这怎么样,竟属非事。令塞德克素勒坦白住伊犁数日,正合朕从前所降谕旨,伊勒图岂不羞乎?令塞德克素勒坦,究竟在伊犁住几日?此间是否遣伊赴京?办理诸务,虽应俱求正义,但饰词舞文至此,又有何益哉。自此以后,著伊勒图办理诸务,必按事之轻重,若仍如此拘泥,断然不可。将此亦著寄信庆桂知之。将此由六百里加紧发往。”

(档号:03-135-4-018)

哈萨克汗阿布赉欲借兵

乾隆四十五年正月甲辰(二十五日 1780.2.29)伊犁将军伊勒图奏,哈萨克汗阿布赉,呈递托忒字文,并询据伊子塞德克素勒坦,称去年夏间,哈喇克塞克等三鄂拓克之阿哈拉齐及伯克博罗特等,与我父搆兵,后伯克博罗特领千余人来,我父叩首引罪,犹未肯休,此三鄂拓克,勇力人多,恐将来复出,请赏借兵五六百名为援,将军可奏则奏,不可则止等语。臣思此系哈萨克本境之事,我兵不便与闻,因谕云,尔父乃哈萨克之汗,所行顺理,属人自无不服,如有抗违,宜治其罪,今欲借兵,于理未协,恐与尔等无裨,不便转奏。得旨,所办妥协,知道了。

(《清高宗实录》卷1099　页726)

伊勒图偿还塞德克素勒坦住伊犁费用

清乾隆朝满文寄信档。乾隆四十五年(1780)二月三十日,领侍卫内大臣、尚书、忠勇公等奉上谕,字寄总管伊犁等处地方将军、领侍卫内大臣、尚书伊勒图著偿还塞德克素勒坦住伊犁费用。谕曰:“前遣哈萨克阿布赉等子弟来陛见时,至伊犁后,即办遣往京城。此次遣哈萨克阿布赉之子塞德克素勒坦为朝觐抵达伊犁,伊勒图并未急办,令伊起程来此,硬等阿布勒比斯等之诸子消息,以致塞德克素勒坦徒住伊犁月余,殊属非是,故交部议罪。但塞德克素勒坦住宿伊犁期间,必费盘川。将此著寄信伊勒图问之,塞德克素勒坦徒住伊犁期间,伊等所用盘川等项,或由官办给,或由塞德克素勒坦自理?若由官拨给,则不可列为销算项,如数著落伊勒图偿还;倘塞德克素勒坦自备自用,则即查伊等所用之数,由伊勒图出银还给塞德克苏勒坦。仍明白晓谕塞德克素勒坦曰:陛见毕回至伊犁后,因伊勒图遣塞德克素勒坦赴京迟误,大圣主已降旨训斥我。尔等来时,徒住伊犁月余,所费盘川银,俱著落伊还给尔等。等语。"

(档号:03-135-4-024)

勒尔谨等报哈萨克塞德克素勒坦走路情形

清乾隆朝满文寄信档。乾隆四十五年(1780)三月初十日,领侍卫内大臣、尚书、忠勇公等奉上谕,字寄陕西、甘肃总督勒尔谨、护送哈萨克塞德克素勒坦前来之侍卫成德等报哈萨克塞德克素勒坦走路情形。谕曰:"曾降旨曰:哈萨克阿布赉之子塞德克素勒坦,于正月由伊犁起程,端阳赶至赵北口。著饬勒尔谨,及时致书护送塞德克素勒坦前来之侍卫,携之前来。顷据伊勒图奏到,并未在正月遣塞德克素勒坦前来,于伊犁住月余,二月初四日才令起程前来。朕已斥责伊勒图,交部议罪。若于正月即遣塞德克素勒坦前来,可于五月端阳才至赵北口,迟至二月初四日才令由伊犁起程,看来五月端阳不能至赵北口,亦未可定。将此著勒尔谨寄信护送塞德克素勒坦前来之侍卫成德等,携塞德克素勒坦来时,看沿途伊等能行走,不致劳累,诚能五月端阳至赵北口,甚善,可以早陛见,从速返还其游牧,伊父阿布赉亦放心。塞德克素勒坦若不能快行,五月端阳不能至赵北口,则毋庸令伊急行,视伊等能行走,赶至何处陛见,均可。仍饬成德等,明白晓谕塞德克素勒坦,伊勒图于二月初四日才令塞德克素勒坦自伊犁起程,俾伊等徒住伊犁月余,以致迟误。是以降旨申饬数次外,仍将伊勒图交部议罪。等情。仍饬成德等,将在何处接奉此旨,现行至何处,究竟于五月端阳能否至赵北口,如何行走之处,陆续速报军机处。"

(档号:03-135-4-027)

查看巴尔鲁克游牧察哈尔等牲畜农田情形

乾隆四十五年(1780)四月初六日。奴才庆桂谨奏:为奏闻奴才庆桂巡查巴尔鲁克游牧情形事。三月二十一日,奴才庆桂自城起程,二十四日到达巴尔鲁克游牧。领队大臣伊里布所管察哈尔、额鲁特官兵兵器整齐,官厂骆驼八十六峰、马一千六百五十九匹、牛五百七十只、羊一万五千九十三只,其数目相符,膘皆肥壮。分给察哈尔、额鲁特等牧放孳生牲畜膘分亦好,并无短缺。再,去年向越冬哈萨克征收税马六百二十匹,其中瘦瘠之马九十三匹,依照原奏分群牧放,俟青草茂盛时,经查实后,扣除倒毙者,将其不能养活者变价出售,能养活者拨入官厂牧放。等因具奏在案。今查得,此项另群牧放九十三匹内,扣除陆续倒毙之马二十六匹,将不能养活之残疾马三十二匹,照先前办理之例,每马折价一两二钱银,价银归入正项。其余上膘之马三十五匹,拨入官牧厂牧放。此

外,奴才庆桂督看给马烙印时,察哈尔、额鲁特、哈萨克等均克勤效力,遂将奴才庆桂自带绸缎、布匹、茶叶、烟等物分赏官兵等,以示鼓励。详查察哈尔、额鲁特、哈萨克等生计,伊等均感戴圣主之恩,奋勉当差,各谋生计。本年所种之田,亦苗长整齐。是以,奴才庆桂饬令管理游牧领队大臣伊里布及官员等,受善牧放孳生官牧厂牲畜,尽力看管农田。遂率领官兵行围狩猎,(朱批:尔能杀兽乎?)于四月初二日返城。为此谨具奏闻。乾隆四十五年四月二十七日奉朱批:知道了。钦此。

(《军机处满文录副奏折》2824—6)

哈萨克汗阿布赉子等迎驾瞻觐各赐冠服

乾隆四十五年五月壬午(四日 1780.6.6)哈萨克汗阿布赉子色德克素勒坦等八人,及班禅额尔德尼来使堪布伊什、巴尔珠布,迎驾瞻觐,各赐冠服有差。

(《清高宗实录》卷 1106　页 798)

赐宴扈从王公大臣哈萨克汗阿布赉子等

乾隆四十五年五月癸未(五日 1780.6.7)赐扈从王公大臣,并哈萨克汗阿布赉子色德克素勒坦等八人,及班禅额尔德尼来使堪布伊什、巴尔珠布等食。

(《清高宗实录》卷 1106　页 798—799)

伊勒图等不得派兵助阿布赉攻克塔什罕

清乾隆朝满文寄信档。乾隆四十五年(1780)六月二十一日,大学士、领侍卫内大臣、诚谋英勇公,领侍卫内大臣、尚书、忠勇公等奉上谕,字寄总管伊犁等处地方将军、领侍卫内大臣、尚书伊勒图等著不得派兵助阿布赉攻克塔什罕。谕曰:"据伊勒图等处奏,阿布赉遣使臣托博什来称,阿布赉愿将塔什罕城献大皇帝等情。坚决驳回,并付书明白训示。等语。此事伊勒图等所办甚是,此皆阿布赉之奸计。从前阿布赉向我求兵数次,俱皆驳回,今若复求兵,则必知我不派,故设计谎称塔什罕已克,愿献于朕等情。若欲愿献,何以又称派征正赋人来取时,沿途起盗贼,亦未可定,故派多人去等耶?显系向我求兵。我若派兵去,则伊必以发兵攻取塔什罕等语,恐吓外部落人,伊从中获利,不堪入目。伊勒图等俱指此等事,坚决驳回,甚是。阿布赉接受此文后,若不再求,则听其便,若再呈文或遣使请求,则伊勒图即明白晓谕阿布赉曰:从前尔求兵数次,我俱驳回,尔今与霍罕等部落相战,尔诚能获塔什罕,尔岂不征正赋而献大皇帝乎?然我并未派人往哈萨克地方查人征正赋之事矣。今更不必在塔什罕地方征正赋。尔又称自伊犁至特穆尔图淖尔、吹、塔拉斯等处建城驻军,尤属不堪。我若信尔诳骗,即取塔什罕,亦不致建许多城。我不取尔地方,何必又建城?是尔借口求兵之意。尔之此计,我俱稔知。若再如此试探,则断然不可。等语。"

(档号:03-135-5-010)

贝克等人履历

巴扎尔所出佐领缺,拟正之正红旗佐领贝克,食俸饷十三年。出征二次,于特穆尔图诺尔、呼尔曼、和阗、叶尔羌、阿勒楚尔、伊什勒库勒、玛尔济奈、努尔噶布、乌什等处，打仗四十四次，杀贼十一名，右胯受伤一处，出使叶尔羌、和阗一次，保荐卓异三次、头等十次、二等五次，得一等功牌四枚、二等功牌二枚、三等功牌一枚、赏银共一百五十四两、绸五匹、荷包二对。补放副总管拟陪一次。四十二岁，额鲁特，马步箭平。拟陪贝克之镶黄旗佐领云木楚木，食俸饷十七年。出征乌什，打仗二十七次，杀贼三名，左肩受鸟枪伤一处，保荐头等五次、二等三次，得头等功牌一枚、二等功牌一枚、三等功牌一枚、赏银三十两、皮袄一件。三十三岁，巴尔虎，马步箭平。补放副总管递出佐领缺，拟正之正红旗哈萨科佐领下骁骑校呼毕图，食俸饷三十四年。出征四次，打仗十二次，保荐头等三次、二等一次，获得头等功牌一枚、三等功牌一枚、赏银十五两，补放佐领拟陪一次。五十九岁，察哈尔、马步箭平。拟陪呼毕图之镶黄旗云木楚木佐领下领催齐巴克，食俸饷二十五年。出征一次，于鄂垒扎拉图等处，打仗四十次，杀贼八名，得头等功牌二枚、二等功牌二枚、三等功牌二枚、赏银五十四两，巡查哈萨克边界一次。四十二岁，察哈尔，马步箭平。

（《军机处满文录副奏折》2382—46）

本年哈萨克售卖牲畜较往年倍多

乾隆四十五年八月丁未（一日 1780.8.30）谕军机大臣等，据勒尔谨奏，本年哈萨克售卖牲畜，较往年倍多，现存库贮各色绸缎，虽尚有八千余匹，而哈萨克最喜之荆花绢，所存无几，应赶办荆花绢二千匹，以资应用，请敕下江宁、苏州、杭州织造，即为织办解送，以便转解备用等语。著传谕穆腾额、全德、四德，即照勒尔谨单开所需绢匹，如式分办，务使质地厚实，颜色鲜明，不得稍有粗糙轻减，致滋挑驳，并著遴委妥员，小心护解，毋致稍有霉污，所有勒尔谨原折清单，一并钞寄。

（《清高宗实录》卷 1112　页 863—864）

察哈尔营总管那彦缉拿盗马贼效力请赏赐

乾隆四十六年（1780）九月二十七日。再，此次察哈尔营总管那彦遵奉奴才等交付，赴哈萨克地方，将八名盗马贼犯尽数缉拿解来。在会见阿布勒毕斯派遣之人后，将应告阿布勒毕斯之话，晓谕哈萨克阿哈拉克齐等，所说之话皆得体，且办事有条不紊。查得，先前布鲁特等偷盗额鲁特营马匹，前往缉拿之额鲁特营副总管额木齐、硕通等，因奋勉效力，经奴才等奏请，拟各赏缎一匹，以示鼓励。奉旨：著赏赐。钦此。兹那彦此次缉拿盗马哈萨克人犯时，奋勉效力，相应伏乞圣恩，亦请赏给那彦缎一匹。可否之处，由圣主裁定。为此谨奏。请旨。乾隆四十六年十月十八日奉朱批：赏赐的少了。另有旨。

（《军机处满文录副奏折》2898—15）

严惩入卡盗马哈萨克

清乾隆朝满文寄信档。乾隆四十五年（1780）十月初九日，领侍卫内大臣、尚书、忠勇公等奉上谕，字寄塔尔巴哈台参赞大臣、侍郎、副都统庆桂著严惩入卡盗马哈萨克。

谕曰："据庆桂处奏，将拿获之盗马贼哈萨克维托哈喇等，俱皆拟斩，请旨。等语。此等哈萨克，敢擅入卡座盗马数匹，庆桂处应一面立斩，一面具奏，使众哈萨克知儆惧，何必候旨后才办理。况锁禁等候期间，或致逃脱，不又出一事？不知事体，殊属柔懦。将维托哈喇等，著即立斩，俾众哈萨克知儆戒。并寄信严行申饬庆桂。"

（档号：03－135－5－037）

再查脱逃厄鲁特如何拐带哈萨克妇女

清乾隆朝满文寄信档。乾隆四十五年（1780）十月二十八日，大学士、领侍卫内大臣、诚谋英勇公，领侍卫内大臣、尚书、忠勇公等奉上谕，字寄塔尔巴哈台参赞大臣、侍郎、副都统庆桂著再查脱逃厄鲁特如何拐带哈萨克妇女。谕曰："昨据庆桂处奏，脱逃厄鲁特等拐带哈萨克妇女以去，故传卡座官兵复审无异，咨行阿布赉、阿布尔毕斯等，拿获为首抢劫哈萨克等解来，佐领泰常阿罚俸三个月，惩治兵丁。等语。庆桂所奏不明，且又姑容。今夫于伊折内称，特喇斯提曼哈拉部落哈萨克居住甚远等语。诚若甚远，则厄鲁特等安能拐带其妇女耶？即拐带者属实，则将如何拐带而出之处，又并未具陈，使人费解。究竟如何拐带之处，著由庆桂处再行询明奏闻。再，至我卡座兵丁，哈萨克抢劫厄鲁特时，伊等之人纵然众多，我官兵若战则战之，若执拗不与，则何致厄鲁特等抢哈萨克以去耶？诚能弃命奋战不止，动手身亡，朕岂不加恩乎？此竟由佐领泰常阿为人柔懦无用，率兵丁不努力所致。似此庸员仅罚俸、兵丁仅训斥，久而久之，为外藩所轻视矣。庆桂所办尤属大谬。将此著寄信庆桂，佐领泰常阿即行革职，兵丁俱枷号两个月，使众知惩儆。"

（档号：03－135－5－049）

博罗塔拉

中国新疆正史资料。记述了清朝博罗塔拉情况。对研究西域历史具有重要参考价值。文曰："博罗塔拉，在伊犁东北三百里。塔勒奇鄂拉拱其南，博罗和洛鄂拉、罕哈尔察海鄂拉环其西，阿勒坦特布什鄂拉屏其北。博罗塔拉郭勒自西北来，东南流；鄂托克赛里郭勒自西南来东北流，至博罗塔拉而合，又分流绕其南北，又合而东流，大布勒哈齐淖尔。水甘土肥，形势殊胜。乾隆二十年五月，将军班第率师讨准噶尔至此，有库图齐纳尔鄂拓克宰桑莎撒赉者，以其属七百余户，赴军前降。博罗塔拉河源游牧之宰桑和通额默根等亦内附。平伊犁后，阿睦尔撒纳冀为四卫拉特总台吉不得，拥众窃据于此。前准噶尔旧宰桑杩木特者，为边臣所执，素以勇闻，释之且授职，屡败撒纳。后来归，且陈撒纳狡诈不可信状。二十年五月，随将军班第驻伊犁，猝遇变，为叛党哈丹所获，缚见撒纳。不为屈，且骂其负义，撒纳惭愤，缢杀之。十一月，撒纳将以其党阿巴噶斯、哈丹，往劫绰罗斯嗣诺尔布林沁，伊犁众台吉、宰桑等不从，计擒撒纳来献。适萨拉尔、公丹拜在伊犁，众台吉等因之以兵二道进擒撒纳，一出博罗布尔噶苏鄂拉口，一出塔勒奇鄂拉口。十一月会众鄂托兵于托和木图，撒纳御之，众鄂拓兵败。回人和卓木夹击，撒纳奔，次于烘郭尔鄂博。二十一年正月，将军策楞等进讨，阿睦尔撒纳北走哈萨克，博罗塔拉遂入版图。”

（《西域图志》卷之十二·疆域五·天山北路二）

东布鲁特

中国新疆正史资料。记述了清代西域东布鲁特情况。对研究西域民族具有重要参考价值。文曰：“东布鲁特，在准噶尔部西南，回部西北，天山北麓，近葱岭。东北距伊犁一千四百里，东南距阿克苏七百九十里。其部有五，最著者三：日萨雅克鄂拓克，头目不一，而图鲁起拜为首，户一千有奇。曰萨拉巴哈什鄂拓克，头目不一，而车里克齐为首，户亦千有奇。又一部旧居塔拉斯，头目不一，而迈塔克为首，户四千有奇。诸头目不相统属，推一年长者有事则告，俾与闻而已。头目之长玛木克呼里，则兼辖诸部。其俗好利喜争，尚畜牧，事耕种，颇畏法度。旧游牧地，在格根噶尔奇拉、特木尔图。为准噶尔所侵，西迁寓居安集延。及准噶尔平，乃得复其故地。乾隆二十三年，将军兆惠等追捕逆贼哈萨克锡拉，兵临布鲁特界。图鲁起拜等愿内附，乃遣侍卫乌尔登、托伦泰往抚。行数日，抵其游牧珠穆翰。恭捧谕旨宣读毕，萨雅克、萨拉巴哈什两鄂拓克人众，俱以手加额，望阙叩首而言曰：我部久思投诚大皇帝，为准噶尔间阻，不能自通。今得为天朝臣仆，实望外之幸。言讫，复环向叩首，欢声殷地。时塔拉斯头目迈塔克子额什博洛，适在其地，亦愿率所部来降。托伦泰与俱往，行六日至其地，抚定其众。于是东布鲁特全部皆内附。马木特呼里，年九十余，形体肥，平时趺坐，腹垂至地，不能远行。乃遣头目车里克齐、图鲁起拜、尼沙三人，献牛羊百头，谒军门。因令入觐。诏扈木兰行围，赐宴万树园，观灯火。三人者之至我军也，将军兆惠等与之筵宴，令观军营武艺，咸惊诧曰：天朝弓矢之利，向固闻之。至于有发必中，层甲洞穿，马上三枪连发，五箭左右连射，离马及地，腾跃而起，此种奇特，实罕闻见。彼准噶尔残虐不道，固宜破灭。哈萨克素称富强，望风款附，何有于我等区区小部落乎？相与骇叹不置云。其地北极高四十一度三十分，至四十二度。距京师偏西四十一度三十分，至四十三度三十分。其在于古为乌孙西鄙地。其别部酋长额木尔贝，于二十六年率所部内迁，遣弟穆鲁特归诚，愿受安插。贡匕首，帝嘉之。赐额木尔贝三品顶戴。按：今布鲁特为唐之布露，一名勃律。御制诗注辨晰精详，诚地志之指南，灼千古而无惑者矣。至唐以来，沿革之概，亦有可推而见者。考《汉书》云，乌孙南与城郭诸国相接。所谓城郭诸国者，指天山以南葱岭以东之三十六国而言。东自车师，西迄疏勒。其直北之境，皆与乌孙接。特乌孙在山北，诸国在山南耳。今之喀什噶尔，古疏勒地。逾山而北，即今东布鲁特之萨雅克、萨拉巴哈什诸部落，其境亦正相直。此可见东布鲁特之在汉尚为乌孙地矣。又云：乌孙本塞地，大月氏西破走塞王。塞王南越县度，大月氏居其地。后乌孙昆莫破大月氏，大月氏西臣大夏，而乌孙昆莫居之。是月氏未为乌孙所破时，实居塞王故地，在葱岭之北也。又云：乌秅国西有县度。乌秅为今拔达克山。据此则县度山在今葱岭南，拔达克山西。而塞王故地，当在拔达克山东北也。塞王南越县度之后，地属月氏。月氏西臣大夏之后，地属乌

孙。今东布鲁特诸部，正当葱岭之北，拔达克山东北，是即昆莫当时西走月氏之地，为乌孙西鄙无疑。《汉书》又称，乌孙不田作种树，随畜逐水草，与匈奴同俗。今东布鲁特诸部，无城郭，逐水草，与迤东之准噶尔同俗，是固乌孙之旧也。过此以西，则为霍罕、安集延、玛尔噶朗诸城，是皆土著有城郭，为汉大宛地。盖汉时乌孙西与大宛接壤，而大宛与乌孙异俗。《史记》称其土著耕田，有城郭宫室者是也。又按：《北史》波路国在阿钩羌西北。而阿钩羌国在莎车西南，西有县度山，以《汉书》乌秅国西有县度之文证之，则阿钩羌国，当与今拔达克山连壤。魏时波路，在阿钩羌西北。今布鲁特在拔达克山西北，形势相合。而波路之与布鲁，音亦相同。外藩字无正音，称名类由口授，积久沿讹。犹得与初称近似者，盖往往而有矣。”

（《西域图志》卷之四十五·藩属二·东布鲁特）

东西布鲁特部

中国新疆正史资料。记述了清朝西域东西布鲁特情况。对研究西域民族历史具有重要参考价值。文曰：“东西布鲁特附天山葱岭而居，言语服饰，与山南诸部异。逐水草，事游牧。旧介准噶尔、哈萨克之间，视其兴衰以为叛服，不常所属也。东西部境地邻接，由喀什噶尔北行，经鄂什逾山，则正其错壤处，那林河源出焉。嗣是东西经流五百里，尽布鲁特北界而止。北与安集延诸部接。在古则乌孙昆莫西走月氏之地。《汉书》称：大月氏西君大夏，塞王南君罽宾，塞种往往分散为数国。是在当时为塞种，今则回部别种云。”

（《西域图志》卷之二·图考二·东西布鲁特部图说）

姑墨国

中国新疆正史资料。记述了西域姑墨国情况。对研究西域历史具有重要参考价值。文曰：“《三国志》引魏略，姑墨国属龟兹，《魏书》载姑墨役属龟兹，是姑墨当北魏时犹存，至唐始改为跋禄迦耳。其东距龟兹里数，《汉书》云六百七十，《唐书》云赢六百，大略相等，则跋禄迦信即姑墨也。龟兹即今库车（说见前卷）。赛喇木、拜诸城虽在库车之西，而里数太近，姑墨国当尚在其西。再以《唐书·西域传》刺史苏海政西追龟兹王于六百里外之拨换城。《地理志》拨换城即姑墨州之说证之，正与《汉书》龟兹西六百七十里至姑墨，《唐书》逾龟兹赢六百里即亟墨之说合。然则跋禄迦国，即汉姑墨国，亦即姑墨州。附属龟兹。为拨换城者，应在今雅哈阿里克左右。而自赫色勒郭勒以西，塔里木谔斯腾以北，阿克苏以东，皆姑墨地也。《唐书》龟兹，至跋禄迦，逾沙碛，今库车西沙尔达朗之沙碛，足以当之。又谓跋禄迦西三百里，度石碛至凌山，为葱岭北原，水东流。今雅哈阿里克北为木素尔鄂拉，迤西为萨瓦布齐鄂拉，相距正三百里许。库克墨尔根郭勒，源出焉，倘所谓凌山者欤。库克墨尔根郭勒东南流入阿克苏郭勒，葱岭诸水西来会之。谓为葱岭北原固宜。而图格哈纳达巴，哈喇裕勒衮塔克，皆当雅哈阿里克西去孔道，即其所度之石碛也。塔里木谔斯腾，当其南境，所谓南临思浑河也。至从此南行，循和阗郭勒，经千里外，至和阗六城，从此北行逾山入伊犁西境。是即《汉书》所谓南至于阗马行十五日，北与乌孙接者，证以形势当益释然矣。”

（《西域图志》卷之十六·疆域九·天山南路三）

哈喇沙尔

中国新疆正史资料。记述了西域哈喇沙尔（今焉耆）情况。对研究西域历史具有重要参考价值。文曰：“哈喇沙尔，在辟展西一千六十里。逾哈喇乌苏至其地，距京师九千一百里。有旧城二：一在海都郭勒西十里，一在海都郭勒西南二十里。久废。今移建新城于哈喇沙尔，周一里五分。土田肥沃，鱼盐蒲苇之饶，甲于他处。为古焉耆国地。《汉书·西域传》焉耆国，王治员渠城。西南至都护治所四百里，南至尉犁百里，北与乌孙接。近海，水多鱼。焉耆国近匈奴，叛杀都护但钦，莽不能讨。天凤三年，遣五威将王骏等，将莎车、龟兹兵七千余人，分为数部入焉耆。焉耆伏兵要遮骏，及姑墨、尉犁、危须国为反间，还共袭击骏等，皆杀之。惟戊己校尉郭钦别将兵后至焉耆，焉耆兵未还，钦击杀其老弱，引兵还。《后汉书·班超传》永平十八年，焉耆攻没都护陈睦。永元六年，超发龟兹、鄯善等八国兵讨焉耆。焉耆王广大恐，乃欲悉驱其人共入山。超大会诸国王，扬声当重加赏赐。于是广诣超，国相腹久等亡入海。超收广等于陈睦故城，斩之，传首京师，更立焉耆王。于是西域五十余国，悉皆内属。《西域传》焉耆国王居南河城，北去长史所居八百里。其国四面有大山，与龟兹相连。道险扼易守，有海水曲入四山之内。周匝其城三十余里。《晋书·西戎传》焉耆国方四百里。武帝太康中，其王龙安遣子入侍。世子会少而勇杰，安谓曰：我尝为龟兹王白山所辱，汝能雪之，乃吾子也。及会立，袭灭白山，遂据其国，遣子熙归本国为王。会有胆气筹略，葱岭以东，莫不率服，为龟兹国人罗云所杀。沙州刺史杨宣疆理西域，熙率群下四万人，肉袒降于宣。吕光讨西域，复降于光。及光僭位，熙又遣子入侍。《魏书·西域传》焉耆国在车师南，都员渠城，白山南七十里。其王姓龙，名鸠尸卑那，即前凉张轨所讨龙熙之后。东去高昌九百里，西去龟兹九百里，皆沙碛。东南去瓜州二千二百里，恃地险，颇剽劫中国使。世祖诏万度归讨之，屠其城。其王奔龟兹。《隋书·西域传》焉耆国，都白山南七十里。汉时旧国也。其王姓龙字突骑。大业中，遣使贡方物。《唐书·西域传》焉耆国，直京师西，七千里而赢。横六百里，纵四百里。东高昌，西龟兹，南尉犁，北乌孙。太宗贞观六年，其王龙突骑支始遣使来朝。侯君集讨高昌，突骑支引兵佐唐。西突厥约为辅车势，不朝贡。安西都护郭孝恪讨之，执突骑支，以栗婆准摄国事。焉耆立栗婆准，而从兄薛婆阿那支自为王，号瞎干，执栗婆准献龟兹杀之。阿史那社尔讨龟兹，阿那支奔之，为社尔所禽，斩以徇。立突骑支弟婆伽利为王，以其地为焉耆都督府。婆伽利死，国人请还前王突骑支，高宗许之。开元七年，以焉耆备四镇，讫天宝常朝贡。《地理志》焉耆都督府，贞观十八年灭焉耆置。《突厥传》有庞特勒居焉耆城，称叶护，余部保金莎，领众至二十万。”

（《西域图志》卷之十五·疆域八·天山南路二）

汉唐西域诸国户口

中国新疆正史资料。记述了汉唐西域户口情况。对研究西域历史人口具有重要参考价值。文曰:"《汉书·西域传》乌孙国,户十二万,口六十三万。乌贪訾离国,户四十一,口二百三十一。单桓国,户二十七,口百九十四。蒲类国,户三百二十五,口二千三十二。蒲类后国,户百,口千七十。车师后王国,户五百九十五,口四千七百七十四。车师都尉国,户四十,口三百三十三。车师后城长国,户一百五十四,口九百六十。《后汉书·西域传》蒲类国,户八百余,口二千余。移支国,居蒲类地,户七百余,口三千余。车师后王居务涂谷,领户四千余,口万五千余。戊校尉阎详更立阿罗多为王,将卑君还敦煌。以后部人三百帐,别属役之,食其税帐者,犹中国之户数也。《北史·西域传》悦般国,住龟兹北,众可二十余万。《唐书·突厥传》有执舍地、处木昆、婆鼻三种者,举所部数千帐,与贺鲁皆内属。突骑施乌质勒,西突厥别部也。自贺鲁破灭,二部可汗皆先入侍。乌质勒能抚下,诸胡顺附,帐落浸盛。突厥施别种车鼻施啜苏禄者,裒拾余众至二十万,于是复雄西域。及其破灭,有庞特勒,居焉耆城,余部保金莎,领众至二十万。《沙陀传》贞元中沙陀部七千帐,附吐蕃。元和三年,悉众三万落,款灵州塞。《回鹘传》那颉啜收赤心众七千帐,东走振武大同。贞观二年,西突厥乙失钵孙曰夷男,率部帐七万附颉利可汗。《地理志》北庭大都护府,户二千二百二十六,口九千九百六十四。""准噶尔为汉乌孙全境,悦般居龟兹国北,应在伊犁河环抱之间。拥众称雄,户口甲于他国。寻以准噶尔作孽之故,强食弱,众凌寡,几于地广人稀。伏读御制后勒铭伊犁碑文,悯彼沦亡,期于休息。瘝痌保抱,反覆勤拳。由是佃田宅宅,起凋瘵而康阜之。生养繁息,蒸蒸日盛,可握算而知。汉之蒲类前后国,唐之北庭,地擅膏腴,为今迪化州属一带屯种之区。是以境非辽远,而户口则视小国为加多。至于车师后国、都尉国、后城长国、乌贪訾离国、单桓国,虽与车师前国相属,而地居山北,在乌鲁木齐东境,博克达山之阴,是亦今之准噶尔部地。为类见于此,以备考。"

(《西域图志》卷之三十三·屯政二·户口附)

霍罕

中国新疆正史资料。记述了清代西域霍罕(浩罕)情况。对研究西域历史具有重要参考价值。文曰:"霍罕,在鄂什西北七百八十里,喀什噶尔西北八百八十里,东与布鲁特部落错处。其东为玛尔噶朗,又东为安集延,东北为那木干。皆有城郭。四城地当平陆,南控葱岭,北滨那林河。河流从东布鲁特境西行,过安集延城北,又西过玛尔噶朗城北,又西过那木干城北,又西过霍罕城南,又西北行过赛玛尔堪城北,又东南入于达里冈阿鄂谟。南北山泉,支流会合,襟带诸城之间。土膏沃衍,气候和煦,人民殷庶,畜牧饶富。其人亦布鲁特种,奉回教,习帕尔西语,则皆古之大宛国也。诸城皆有伯克,而霍罕城伯克额尔德尼为之长,众咸听命。乾隆二十四年,将军兆惠追捕霍集占,遣侍卫达克塔纳等抚定布鲁特诸部,遂至其地。额尔德尼伯克遣都官伯克迎至城内,日馈特羊瓜果酒米，又毡毹马匹诸物。感慕悦服，备极诚敬。使旋，乃遣头目托克托玛哈墨第等谒军门，赍奉额尔德尼等恭进皇上表文，并上将军书曰：额尔德尼伯克等请大皇帝钦差统兵、至威至勇将军等安。仰赖上天之德，大皇帝洪福，我等群生亦获安业。闻将军至叶尔羌、喀什噶尔后，布鲁特哈萨克等众部落，俱传檄安定。而我部檄书未至，日夜以冀幸侍卫赍将军书来，我等得为大皇帝臣仆。永受康宁，不胜感悦。于是四城咸内附。二十五年正月，遣安集延伯克托克托玛哈墨第来朝（详安集延条）。九月，额尔德尼遣使贡马。二十七年贡白鹰。二十八年额尔德尼遵驻守新疆尚书永贵等檄，还所侵布鲁特地。二十九年赐敕训谕额尔德尼，并免通信喀什噶尔伊沙噶伯克阿伯都喇伊木罪。是年贡白海青。三十五年，额尔德尼卒。侄纳禄博图袭为伯克，遣使来朝，贡龙泉盘子。其地北极高四十一度二十三分，距京师偏西四十五度五十六分。”

（《西域图志》卷之四十五·藩属二·霍罕）

霍罕安集延等情况

中国新疆正史资料。记述了西域霍罕安集延等情况。对研究西域历史具有重要参考价值。文曰：“汉自北道西逾葱岭，出大宛，今霍罕诸部，当葱岭西北麓，北与右部哈萨克接，应属汉大宛地。《史记》称：大宛属邑大小七十余城。今自霍罕左右诸部，北抵右哈萨克境内，城堡星罗，与游牧逐水草者殊异，固即大宛土著旧俗也。考诸部方位，安集延最东，其西为玛尔噶朗，为霍罕，北为那木干，又西为塔什罕。贰师遗迹，宜在于此。顾当时天马蒲萄，贵所难得，艳称史乘。兹则中外一家，贡琛献赆，非极慕义归仁之至者欤。”

（《西域图志》卷之二·霍罕安集延玛尔噶朗那木干塔什罕诸部图说）

康等国

中国新疆正史资料。记述了西域康等国情况。对研究西域历史具有重要参考价值。文曰：“《北史·西域传》康国者，康居之后也。迁徙无常，不恒故地。自汉以来，相承不绝。其王本姓温，月氏人也。旧居祁连山北昭武城，因被匈奴所破，西逾葱岭，遂有国。支庶各分王，故康国左右诸国，并以昭武为姓，示不忘本也。王字世夫毕，其妻突厥达度可汗女也。都于萨宝水阿禄迪城，名为强国。西域诸国多归之。大业中，始遣使贡方物。米国，都那密水西，旧康居之地。无王。其地主姓昭武，康国王之支庶，字闭拙。都城方二里，西北去苏对沙那国五百里，西南去史国二百里，东去瓜州六千四百里。大业中频贡方物。史国，都独莫水南，旧康居之地也。其王姓昭武，字狄遮，亦康国之支庶也。都城方二里，北去康国二百四十里，南去吐火罗二百里，西去那色波国二百里，北去米国二百里，东北去米国二百里，东去瓜州六千五百里。大业中遣使贡方物。曹国，都那密水南数里，旧是康居之地也。国无主，康国王令子乌建领之。都城方三里，东南去康国百里，西去何国百五十里，东去瓜州六千六百里。大业中遣使贡方物。何国，都那密水南数里，旧是康居地也。其王姓昭武，亦康国王之族类。都城方二里，东去曹国百五十里，西去小女国三百里，东去瓜州六千七百五十里。大业中遣使贡方物（《魏书》、《隋书》，载康米史曹何诸国，与《北史》同）。《唐书·西域传》康者，一日萨末鞬，亦日飒秣建。元魏所谓悉万斤者。其南距史百五十里，西北距西曹百余里，东南属米百里，北中曹五十里。在那密水南，大城三十，小堡三百。君姓温，本月氏人。始居祁连北昭武城，为突厥所破，稍南依葱岭，即有其地。支庶分王，曰安、曰曹、曰石、曰米、曰何、曰火寻、曰戊地、曰史，世谓九姓，皆氏昭武。隋时其王屈木支娶西突厥女，遂臣突厥。武德十年，始遣使来献。高宗永徽时，以其地为康居都督府。东曹，或曰率都沙那、苏对沙那、劫布咀那、苏都识匿，凡四名。居波悉山之阴，汉贰师城地也。东北距俱战提二百里，北至石，西至康，东北宁远，皆四百里许，南至吐火罗五百里。有野义城。武德中与康同遣使入朝。西曹者，隋时曹也，南接史，及波览，治瑟底痕城，武德中入朝，天宝元年献方物。中曹者，居西曹东，康之北，王治迦底真城。米，或曰弥末、曰弥秣贺，北百里距康，其君治钵息德城。永徽时为大食所破，显庆三年以其地为南谧州，朝贡不绝。何，或曰屈霜你迦，曰贵霜匿，即康居小王附墨城故地。史，或曰佉沙，曰羯霜那，居独莫水南，康居小王苏薤城故地，西百五十里距那色波，北二百里属米，南四百里吐火罗也。按：《唐书》吐火罗居葱岭西，乌浒水之南，古大夏地。那色波亦曰小史，居吐火罗故地，东扼葱岭。而于史国则称其西距那色波，南接吐火罗。《北史》亦云史国南去吐火罗五百里。是史国在葱岭西北也。《北史》米国西南去史国二百里，史国北去米国二百里，东北去米国二百里，《唐书》史北二百里属米。是米为史直北偏东二百里国，在葱岭北也。《唐书》康国南距史百五十里，东南距米百里，是康为史直北、米西北百余里国，在葱岭西北也。《唐书》东曹即，苏对沙那，西至康。是东曹在康国之东，而云南去吐火罗五百里，亦应在葱岭西北。以《北史》米国西南去史国二百里，西北去苏对沙那五百里之文证之，则东曹固在史国之北，是以南，去吐火罗与史国同也。东曹之西为中曹，南接康；中曹之西为西曹，南接史，而康之南境亦接史。是史国东西之境较长。《唐书》东曹西至康，《北史》曹国东南至康，一专就东曹而言，一兼中东西三曹国而言，故其文不同。《北史》称何国东去曹国百五十里。是何国又居诸国之西也。总计史、米、曹、康、何五国，南北约四百里，东西六百余里，在葱岭直北迤西境上。以今形势揆之，当为霍罕、安集延诸城西南五百余里内地。安集延诸城为唐之宁远。说见前条。由是西南行得曹米诸国，即《唐书》所谓东曹东北四百里至宁远者也。九姓昭武为匈奴突厥所破，稍西南行依葱岭者如此。既迁之后，在汉大宛西南，依葱岭。未迁之前，在汉大宛西北，傍祁连旧属康居五小王地。《汉书》所谓大宛西北与康居接，北道西逾葱岭则出大宛康居者，于此可见。《唐书》称东曹为汉贰师城，犹在大宛境内。又云西曹者隋时曹也，《隋书》曹国旧康居之地。是则唐之东曹西曹，实汉之大宛康居交界处，益灼然矣。”

（《西域图志》卷之四十五·藩属二）

库车

中国新疆正史资料。记述了西域库车情况。对研究西域历史具有重要参考价值。文曰:“库车,在第纳尔郭勒西二百五十里,距京师一万八十里。城周四里六分,东南北三面形圆,西面形方,高一丈九尺。乾隆二十三年五月,大兵追讨逆回霍集占至此。六月霍集占来援库车,我师败之于乌恰特达里雅,以残兵入库车城,七日复西遁。八月逆党阿布都克勒木拒守未下,攻之,阅三月,旧伯克阿集等以城降。城西六十里曰沙尔达朗,西行至乌恰特达里雅,西北行至赫色勒郭勒。《汉书·西域传》龟兹国,王治延城,去长安七千四百八十里。南与精绝,东南与且末,西南与扜弥(《史记》作扜罙。《后汉》作拘弥),北与乌孙,西与姑墨接。东至都护治所乌垒城三百五十里。初,贰师将军李广利击大宛,还过扜弥。扜弥遣太子赖丹为质于龟兹,广利责龟兹曰:外国皆臣属于汉,龟兹何以得受杅弥质。即将赖丹入至京师,昭帝以丹为校尉,将军田轮台。龟兹王杀赖丹。宣帝时长罗侯常惠使乌孙还,攻龟兹,责以前杀校尉赖丹。龟兹王谢曰:乃我先王时,为贵人姑翼所误,我无罪。执姑翼诣惠,惠斩之。时乌孙公主遣女来至京师,学鼓瑟。汉遣侍郎乐奉送公主女过龟兹,龟兹前遣人至乌孙求公主女,未还。会女过龟兹,龟兹王留不遣。复使使报公主,主许之。后公主上书,愿令女比宗室入朝。而龟兹王绛宾亦爱其夫人,上书言得尚汉外孙为昆弟,愿与公主女俱入朝。元康元年,遂来朝贺,王及夫人皆赐印绶,夫人号称公主,留且一年,厚赠送之。后数来朝贺。绛宾死,其子丞德,自谓汉外孙。成哀帝时,往来尤数,汉遇之亦甚亲密。东通尉犁六百五十里。《后汉书·西域传》建武二十二年,莎车王贤攻杀龟兹王,遂兼其国。又自立其子则罗为龟兹王,数岁,龟兹国人共杀则罗,而遣使向匈奴更请立王。匈奴立龟兹贵人身毒为龟兹王。龟兹由是属匈奴。《班超传》龟兹王建为匈奴所立,倚恃虏威,据有北道,攻破疏勒。永元三年,龟兹降,乃以超为都护。拜白霸为龟兹王,王遣司马姚光送之。超与光共胁龟兹,废其王尤利多而立白霸,使光将尤利多还京师。超居龟兹它乾城。六年,超发龟兹兵讨焉耆。延光三年,班勇至楼兰,龟兹王白英自疑,未下。勇开以恩信,白英乃率姑墨、温宿,自缚,诣勇降。《晋书·西戎传》龟兹国,西去洛阳八千二百八十里。俗有城郭,其城三重,中有佛塔庙千所。武帝太康中,其王遣子入侍。惠怀末,遣使贡方物于张重华。苻坚时,坚遣其将吕光率众七万伐之。其王白纯距境不降,光进军讨平之。《魏书·西域传》龟兹国,在尉犁西北,白山之南一百七十里。都延城。其王姓白,即后凉吕光所立白震之后。所居城方五六里。东有轮台,其南三百里有大河东流,号计式水,即黄河也。东去焉耆九百里,南去于阗一千四百里,西去疏勒一千五百里。北至突厥牙帐六百余里,东南去瓜州三百里。其东阙城戍,寇窃非一。世祖诏万度归击之,龟兹遣乌羯目提等距战,度归击走之,大获驼马而还。自后每使朝贡。《周书·异域传》保定元年,龟兹遣使来献。《隋书·西域传》龟兹,汉时旧国也。东南去瓜州三千一百里。大业中遣使贡方物。”

(《西域图志》卷之十五·疆域八·天山南路二)

历代哈密历史

中国新疆正史资料。记述了历代哈密历史。对研究西域历史具有重要参考价值。文曰:"哈密,在安西州城西北八百七十里,距京师七千一百八十里。城二,其旧城周四里,东北二门,康熙五十六年建。城东有水西南流。新城,雍正五年建,周里许,东西北三门,为官兵驻防之所。东阑干水,西赛巴什湖,夹流十余里,汇于新城之南,曰南湖。二城皆北倚大山。三面平旷,所居回民,以耕牧射猎为生,田畴沃衍,园林蕃庑,气候温暖。泉甘土肥,山泉竞发,巨细不一,伏流或数十里或百里许出地,引渠溉田。城外东西两关,地当孔道,商民辐辏,号称殷庶。其地于汉属匈奴,号伊吾庐,后汉时始内附,为伊吾。魏入蠕蠕。隋置伊吾郡,旋属突厥。唐置西伊州,改伊州。五代时号胡庐碛。宋入回鹘。元为威武王分镇之所。明设哈密卫,后入土尔番。本朝康熙三十五年,回酋额贝都勒拉,遣贡驼马及刀。三十六年,额贝都勒拉遣子郭帕伯克擒噶勒丹子色布腾巴勒珠尔来献,其地始内属。《后汉书·西域传》永平十六年,明帝命将帅北征匈奴,取伊吾庐地,遂通西域。章帝二年,匈奴遣兵守伊吾地。和帝永元元年,大将军窦宪破匈奴。二年,宪遣副校尉阎架,掩击伊吾,破之。安帝元初六年,遣行长史索班将千余人屯伊吾以招抚之。于是车师前王及鄯善王来降。自敦煌西出玉门、阳关,涉鄯善北通伊吾千余里。伊吾地宜五谷、桑、麻、蒲萄。汉常与匈奴争车师、伊吾,以制西域。《魏书·高昌传》太和五年,高昌立马儒为王。二十一年,表求内徙,高祖纳之。遣韩安保赴之,割伊吾五百里,以儒居之。《蠕蠕传》其西则焉耆之地,东则朝鲜之地,北则渡沙漠,南则临大碛。其常所会庭,则敦煌张掖之北。小国皆苦其寇抄,羁縻附之。《隋书·薛世雄传》世雄为玉门道行军大将,与突厥启民可汗连兵击伊吾,师次玉门。启民可汗不至。世雄孤军渡碛,伊吾初谓隋军不能至,皆不设备,及闻世雄兵已渡碛,大惧,请降。世雄遂于汉旧伊吾城东筑城,号新伊吾,留银青光禄大夫王威,以甲卒千余人戍之,而还。《西突厥传》东拒都斤,西越金山,龟兹、铁勒、伊吾悉附之。《元和志》古伊州,贞观四年内附,于其地置伊州。州境东西一千一十五里,南北四百九十里。西南至西州七百三十里。东南取莫贺碛路,至瓜州九百里。正南微东至沙州七百里。领县三:伊吾、纳职、柔远。《唐书·地理志》伊州,伊吾郡本西伊州,贞观六年更名。伊吾,贞观四年置。并置柔远县。神功元年省入焉。在大碛外,南去玉门关八百里。《五代史·高居诲记》沙州西曰仲云,其牙帐居胡庐碛云。仲云者,小月支之遗种也。胡庐碛,汉明帝时征匈奴,屯田于吾庐,盖其地也。地无水而常寒,多雪,每天暖雪消,乃得水。匡邺等西行入仲云界,至大屯城。《宋史·高昌传》王延德使高昌,历伊州。州将陈氏,其先自唐开元二年,领州凡数十世,唐时诏敕尚在。次历益都。次历纳职城。在大患鬼魅碛之东南。望玉门关甚近。《明史·哈密传》洪武中太祖定辉和尔(旧作畏兀儿,今改正)地,渐逼哈密,昂克特穆尔(旧作安克帖木儿,今改正)遣使朝贡。永乐二年,封忠顺王。四年,立哈密卫。八年,封托里特穆尔(旧作兔力帖木儿,今改正)为忠义王。宣德元年,命布达锡里(旧作卜答失里,今改正)嗣忠顺王。自是二王并贡。其地北卫拉特(旧作瓦剌冷改正),西土尔番(旧作吐鲁番,今改正),东沙州、罕东、赤金诸卫,卫拉特酋额森(旧作也先,今改正)兵围哈密,取王母北还。天顺四年,王卒,母弩温答失里主国事。七年,北酋寄寄肃兰(旧作乩加思兰,今改正)破其城。王母走苦峪,朝廷不能援。成化二年,擢巴图穆尔(旧作把塔木儿,今改正)为右都督,摄国事。八年,子哈森(旧作罕慎,今改正)嗣职。土尔番袭破其城。十年,命哈森权主国事,筑苦峪城移哈密卫于其地。十八年,哈森袭破哈密,还居故土。弘治元年,封忠顺王,土尔番阿哈麻(旧作阿黑麻,今改正)诱杀之,据其地。二年,都指挥阿穆呼朗(旧作阿木郎,今改正)袭破之。三年,立善巴(旧作陕巴,今改正)为忠顺王。六年,阿哈麻袭哈密,执善巴,擒阿穆呼朗支解之。七年,廷臣请令都督昂克波赖(旧作奄克孛剌,今改正)总理哈密,且修苦峪城。凡番人散处甘、凉者,令悉还其地。后诸番以朝廷闭关绝贡,不得入,咸怨阿哈麻,乃归善巴,仍其旧封。自是哈密复安。十八年,封善巴子巴雅济(旧作拜牙即,今改正)为忠顺王。正德八年,叛入土尔番。莽肃尔(旧作满肃儿,今改正)遣和卓塔济丁(旧作火者他只丁,今改正)据哈密。十二年,莽肃尔移居之。分兵据沙州,入寇,后复入贡,而王迄不还。自是置哈密不问。后为沙巴达(旧作失拜烟答,今改正)子弥尔玛哈穆(旧作迷儿马黑麻,今改正)所有,服属土尔番,犹比岁一贡,迄隆庆、万历间不绝。然非忠顺王苗裔矣。按:徼外山川部落,名号代殊。依类推求,务详厥始。伏读御制哈萨克使臣至令随围猎诗跋云:史称大宛东则扜罙、于阗,扜罙音韵与今之哈密为近,或又以为哈密为古伊吾,引历代开田屯兵建设州县为据,然焉知非汉占伊吾之地,屯田设戍,而扜罙乃西迁近于阗而居乎?又安知非中国浸微而于采仍来其故处乎?臣等细绎圣训,考证史书,《前汉书》载阳关西一千六百里至鄯善,又西七百二十里至且末,又西二千里至精绝,又西四百六十里至扜罙,又西三百九十里至于阗,是前汉时扜罙,固在阳关西四千七百里外。其时尚未取伊吾庐地也。惟是伊吾与哈密,音不相类,意扜罙国人,尝居此因转扜罙为哈密,如和阗之为古于阗,理或然也。其扜罙国迁徙之迹,虽不可考,要之哈密为扜罙转音,则较然不诬。尝推而论之,汉车师前部高昌壁,今辟展地,在哈密西八百里。《后汉书》称伊吾北通车师前部二千二百里,方隅道里,似不相合。然考明帝取伊吾庐地,遂通西域于阗诸国。知汉时伊吾,东西境甚广。今自辟展南逾大碛更南行当玉门、阳关之西,与汉鄯善国地,南北相直。班志谓涉鄯善北通伊吾,自伊吾北通车师者,其南北亦相直。知当日鄯善北车师南尚属伊吾西境。隋薛世雄度大碛而筑城留戍,其境亦在高昌南也。若魏高祖欲以伊吾五百里地,封高昌王。去高昌四百里,迎韩安保而安保不至,还伊吾。所谓五百里伊吾地,在高昌东南四百里外可知。今自哈密西行,至辟展,适在四百里外。而自哈密西南行,至博罗图阿璊敦煌县交界四百余里。至星星峡芦冈泉与安西州本境交界五百余里,应即当时欲封高昌王地。盖今哈密,止兼有唐时伊州属之伊吾、柔远两县地。而所谓纳职县者,应在今安西州西境外地,与汉时伊吾

庐故地无涉。”

（《西域图志》卷之九·疆域二·安西北路一）

历代西域情况

中国新疆正史资料。记述了历代西域情况。对研究西域历史具有重要参考价值。文曰:“历代史传考西域者,莫详于汉唐。而道里远近,则班传尤备。东自玉门,西讫葱岭。天山南北诸国,方位较然。三国以还,虽诸部强弱,分并不一,而疆圉之广狭可推。若其山水形势,则古今莫之能易也。兹绘历代西域图,其周袤大概,以皇舆西域为准。自两汉以下,得图共十有二。定其山川方位,次其列国相距道里,率权舆汉书及历代正史。虽沿革靡常,而崖略可睹。此二万余里中,考诸前代,多有风教不通之境。虽汉唐之经营开置,而或仅遣使一至,或但遥设州府。其间时绝时通,总不入幅员之内。爰摭前史统论西域之大略,附诸篇末,以资考证云。《史记·大宛传》张骞使月氏,经匈奴,身所至者大宛、大月氏、大夏、康居,而传闻其旁大国五六,具为天子言之。是后天子数问骞大夏之属,以骞为中郎将,使乌孙,分遣副使使大宛、康居、大月氏、大夏、安息、身毒、于阗,及诸旁国。骞还,乌孙乃益重汉。其后岁余,骞所遣使通大夏之属者,皆颇与其人俱来。于是西北国始通于汉矣。杜佑《通典》自张骞开西域之迹,其后霍去病击破匈奴右地,降浑邪休屠王,遂空其地。始筑令居以西,初置酒泉郡,后稍发徙人充实之,分置武威、张掖、敦煌,列四郡,据两关焉。自李广利伐大宛之后,西域震惧,多遣使来贡献。于是东自敦煌,西至盐泽,往往起亭障。征和中,搜粟都尉桑弘羊,与丞相御史奏言:故轮台以东,捷枝、渠黎,皆故国地。广饶水草,有溉田五千顷以上,处温和田美,可益通沟渠,种五谷,与中国同时熟。田一岁有积谷,募民壮健有累重敢徙者,诣田所,就畜积为本业,益垦溉田,稍筑列亭,连城而西,以威西国。诏不行。昭帝时,用桑弘羊前议,以给使外国者。至宣帝遣卫司马,使护鄯善以西数国,破姑师,分以为车师前后王及山北六国。时汉独护南道,未能尽并北道也。神爵三年,匈奴日逐王来降,护鄯善以西使者郑吉迎之。乃因使求并护北道,故号曰都护。于是徙屯田于北胥鞬,都护督察乌孙、康居诸外国。理乌垒城,于西域为中,故治焉。至元帝复戊己二校尉,屯田车师前王庭。哀平间,自相分割为五十五国。凡国自侯王将相以下,佩汉印绶凡三百七十六人。而康居、大月氏、安息、罽宾、乌弋之属,皆以绝远,不在数中。其来贡献,则与相报,不督録总领也。至王莽时,四边扰乱,与中国遂绝,并复役属匈奴。后汉永平中,匈奴乃胁诸国共寇河西郡县。明帝命将北征匈奴,取伊吾卢地,置宜禾都尉以屯田,遂通西域于阗诸国。西域自绝六十五载,乃复通焉。明年,始复置都护、戊己校尉。章帝时,焉耆、龟兹,攻没都护陈睦,匈奴、车师围戊己校尉,乃迎还校尉,不复遣都护,罢屯田。匈奴因遣兵守伊吾地。时军司马班超留于阗,绥集诸国。和帝永元初,窦宪大破匈奴,因遣副校尉阎盘,击伊吾,破之。三年,班超遂定西域。因以超为都护,居龟兹,复置戊己校尉。于是五十余国,悉纳质内属。其条支、安息诸国,至于海滨四万里外,皆重译贡献。九年,班超遣掾甘英,穷临西海而还。安帝初,西域背叛,频攻围都护任尚、段禧等。遂罢都护,弃西域。北匈奴即复收属诸国,共为边寇,十余载。元初中,置护西域副校尉,居敦煌,羁縻而已。其后匈奴连与车师入寇河西,汉不能禁。延光二年,以班超子勇为西域长史,将五百人,西屯柳中,勇遂破平车师。自建武至于延光,西域三绝,复通。顺帝永建二年,勇复击降焉耆。于是龟兹、疏勒、于阗、莎车等十七国,皆来服从。而乌孙葱岭以西遂绝。六年,帝以伊吾旧膏腴之地,复令开设屯田,如永元时事,置伊吾司马一人。阳嘉以后,朝威稍损,诸国骄放,转相陵伐。自魏及晋,中原多故,西域朝贡不过三数国焉。至后魏太武帝使董琬使西域,于是贡献者十有六国。隋炀帝时,遣侍御史韦节、司隶从事杜行满,使于西蕃诸国。复令裴矩于武威张掖间,往来以引致之。皆啖以厚利,转相讽谕。大业中,来朝者三十余国。帝因置西戎校尉以应接之。伊吾、车师为西域门户,汉帝与匈奴争其地,以制西域。至隋,伊吾有商胡杂居,胜兵千余人,附于铁勒,人甚骄悍,厥田良沃。隋末内属,置伊吾郡,后又臣突厥。按:《通典西戎总叙》,上自西汉,下逮唐初,颇称赅备。《文献通考》因之,未经续辑。今录本文至隋止。其自唐迄明,根据史传,补撰事迹,列于左方。唐兴,突厥强盛,西域诸国多役属。武德中,来朝贡者,高昌、龟兹等十数国。贞观四年,太宗擒突厥颉利,伊吾城长举七城以献,以其地为西伊州。九年,疏勒内附,置疏勒都督府。高昌王麴文泰与西突厥通,共击伊吾,壅掠朝使。又与西突厥乙毗设破焉耆三城。十三年,乃拜侯君集为交河道大总管,讨之。十四年,文泰子智盛降,遂俘以归,披其地皆为州县,号西昌州,寻改西州,更置安西都护府。初,文泰厚结西突厥欲谷设,约有急为表里。高昌平,欲谷设亦来降,以其地为庭州,后置北庭大都护府。君集之讨高昌也,遣使与焉耆相闻,其王龙突骑支,引兵佐唐。后与西突厥相约,为辅车势,不朝贡。十八年,命安西都护郭孝恪为西州道总管,伐焉耆,执突骑支归,更立其弟栗婆准。而从兄薛婆阿那支自为王,号瞎干,执栗婆准,献龟兹,龟兹杀之。是时龟兹王诃黎布失毕方臣西突厥,先尝遣兵与焉耆影援,拒郭孝恪兵,颇贰于唐。帝怒其佐焉耆叛,而擅杀栗婆准也。二十一年,以阿史那社尔为昆邱道大总管,讨龟兹。焉耆王阿那支佐龟兹,社尔禽斩以徇。复立突骑支弟婆伽利为王,以其地为焉耆都督府。社尔进攻龟兹。二十三年,俘龟兹王,及其相那利、将羯猎颠,西域震惧。于阗王伏阇信亦入朝。社尔立龟兹王弟叶护王其国,始徙安西都护于其都。统于阗、碎叶、疏勒,号四镇。高宗立,复封诃黎布失毕为龟兹王,与那利、羯猎颠归国。后,王来朝,还,羯猎颠拒不纳,遣使降贺鲁。诏左屯卫大将军杨胄,发兵禽羯猎颠,以其地为龟兹都督府。寻徙安西都护府于其国。以故安西为西州都督府。时显庆三年也。初,太宗立西突厥利邲咄陆可汗,其族人步真率处月等入朝。步真之弟弥射亦归国。其留者咄陆以贺鲁统之。及贺鲁降,置瑶池都督府。永徽初,贺鲁反,寇庭州。废瑶池都督府。即处月地,置金满、沙陀二州,皆领都督。显庆二年,伊丽道行军大总管,苏定方讨禽贺鲁,裂其地为州县,以处诸部。于是西域平,诏许敬宗与史官撰《西域图志》。龙

朔元年，西域遣使内属，乃分置十六都督府，于吐火罗国所治遏换城，置月氏都督府，以其王叶护之部内，分置二十四州，都督统之。咸亨元年，吐蕃入残羁縻十八州，安西四镇并废。诏右威卫大将军薛仁贵为逻娑道大总管，讨吐蕃，败绩。上元初，于阗国王来朝，击吐蕃有功，帝以其地为毗沙都督府。长寿元年，武威道总管王孝杰破吐蕃，复四镇，置安西都护府于龟兹，以兵镇守。元宗开元中，安西节度使汤嘉惠，表以焉耆备四镇。诏焉耆、龟兹、疏勒、于阗征西域贾，各食其征，由北道者轮台征之。时小勃律王没谨忙，迫吐蕃，数为所困。吐蕃曰：我非谋尔国，假道攻四镇尔。北庭节度使张孝嵩救之，大破吐蕃。没谨忙三传至苏失利之为吐蕃阴诱，妻以女，故西北二十余国，皆臣吐蕃，贡献不入。安西都护三讨之，无功。天宝六载，诏副都护高仙芝伐之，吐蕃不能救，遂平其国。于是西域诸胡，七十二国，皆震恐归附。以小勃律国置归仁军。十载，仙芝劾石国王无蕃臣礼，请率兵讨。王约降。仙芝遣使者护送，俘斩阙下。西域咸怨，王子走大食，乞兵攻怛罗斯城，败仙芝军。自是臣大食。初，诸蕃内属，即其部落，列置州县。大者为都督府，以其首领为都督，皆世袭，贡赋版籍，多不上户部，号曰羁縻州。凡西域诸国内属，隶陇右道者，为府五十一、州百九十八。安史之乱，其地渐次没于吐蕃。迨贞元三年，安西北庭陷，陇右州县尽矣。大中五年，沙州人张义潮，以瓜、沙、伊、肃等十一州县来归。而宣懿德微，不暇疆理，惟名存有司而已。五季迭兴，纲纪自紊，远人慕义，无所适从。晋天福三年，于阗国王李圣天，尝遣使一至。而突厥、沙陀、乌孙、回鹘、辖戛斯、高昌、于阗诸部，亦服属于辽。宋有天下，河内外地悉属西夏，与西域睽阻。若天竺、于阗、回鹘、高昌、龟兹等国，筐篚偶通，声教不讫，南渡后益阔绝焉。元太祖肇迹北方，荡平西域，尽以诸王驸马为之君长。前代国名，易蒙古语，盖始诸此。明初既定陕西，太祖命将守嘉峪关。永乐二年，诸蕃遣使贡马，其地设沙州、哈密、赤斤、罕东、阿端、曲先、安定诸卫，封哈密旧王昂克特穆尔（旧名安克帖木儿）为忠顺王。兄子托都（旧名脱脱）袭诸国事。土尔番酋长，亦先后入贡，厥后浸强，侵有火州、柳城，入据哈密。朝廷屡求忠顺王族裔俾主哈密，三立三绝，迄不能复兴。正统中，沙州卫最先废，诸卫亦渐不立。肃州遂以多事，其土尔番西诸国，太祖尝遣招谕，罕有至者。成祖时，西域之使凡数辈，诸蕃贡使始通。终明之世，凡贡道由嘉峪关入，其略可考者，赛玛尔堪等国。仅以奉贡通名朝右者，哈三等部，然蕃商贪中国财帛，且利市易，率诡称贡使，真伪既莫可辨。即所称部落诸名，殆无足深考也。统观历代经营西域之迹，大率详于山南而略于山北。如汉之都护校尉，唐之四镇，俱在山南。犹且户口不登于天府，贡赋不入于司农，聊示羁縻之方，曾无开置之实。至山北诸境，汉张骞仅获一履其地。唐虽遥置都督诸州，亦复名存实去。有元西北疆域稍广，然考元史西北地附录，纪载弗详，规为未备。惟我圣朝德业鸿远，举从古未抚之西域全境，井牧其地，而冠裳其民，设官定赋，与赤县神州相比埒。是不惟创建非常之原，而大荒以西，不啻鸿濛之开辟矣。岂非极覆帱之无外，为旷古所莫及者欤。”

（《西域图志》卷之三·历代西域图说）

历代亭燧

中国新疆正史资料。记述了历代亭燧情况。对研究西域军事具有重要参考价值。文曰:“《汉书·西域传》自贰师将军伐大宛之后,西域震惧,多遣使来贡献。汉使西域者益得职。于是自敦煌西至盐泽,往往起亭。又武帝虏楼兰王,遂破姑师,因暴兵威,目动乌孙大宛之属。于是汉列亭障至玉门矣。《唐书·吐蕃传》张骞始通西域,障候亭燧,出长城数千里。太宗文皇帝,践汉旧迹,并南山,抵葱岭。部裂府镇,烟火相望。安禄山乱,哥舒翰悉河陇兵东守潼关,而诸将各以所镇兵讨难,始号行营。边候空虚,故吐蕃得乘隙暴掠。元宗收黄河碛石宛秀等军,中国无斥堠警者几四十年。开远门揭候署曰:西极道九千九百里,示戍人无万里行也。《回鹘传》太宗诏碛南鹛鹈泉之阳,置过邮六十八所,具群马湩肉待使客。”

(《西域图志》卷之三十一·兵防·附台站卡伦)

历代西域驻防兵

中国新疆正史资料。记述了历代西域驻防兵情况。对研究西域军事具有重要参考价值。文曰:“《汉书·西域传》鄯善国,胜兵二千九百十二人。且末国,胜兵三百二十人。小宛国,胜兵二百人。精绝国,胜兵五百人。扜弥国,胜兵三千五百四十人。渠勒国,胜兵三百人。于阗国,胜兵二千四百人。皮山国,胜兵五百人。西夜国,胜兵一千人。蒲犁国,胜兵二千人。依耐国,胜兵三百五十人。无雷国,胜兵三千人。难兜国,胜兵八千人。莎车国,胜兵三千四十九人。疏勒国,胜兵二千人。尉头国,胜兵八百人。乌孙国,胜兵十八万八千八百人。姑墨国,胜兵四千五百人。温宿国,胜兵千五百人。龟兹国,胜兵二万一千七十六人。乌垒,胜兵三百人。渠犁城,胜兵一百五十人。尉犁国,胜兵二千人。危须国,胜兵二千人。焉耆国,胜兵六千人。乌贪訾离国,胜兵五十七人。卑陆国,胜兵四百二十二人。卑陆后国,胜兵三百五十人。郁立师国,胜兵三百三十一人。单桓国,胜兵四十五人。蒲类国,胜兵七百九十九人。蒲类后国,胜兵三百三十四人。西且弥国,胜兵七百三十八人。东且弥国,胜兵五百七十二人。劫国,胜兵百一十五人。狐胡国,胜兵四十五人。山国,胜兵千人。车师前国,胜兵千八百六十五人。车师后国,胜兵千八百九十人。车师都尉国,胜兵八十四人。车师后城长国,胜兵二百六十人。《后汉书·西域传》拘弥国,胜兵千七百六十人。于阗国,胜兵三万余人。西夜国,胜兵三千人。子合国,胜兵千人。德若国,胜兵三百五十人。疏勒国,胜兵三万余人。焉耆国,胜兵二万余人。蒲类国,胜兵七百余人。移支国,胜兵千余人。东且弥国,胜兵二千余人。车师前王,胜兵二千人。后王,胜兵三千余人。《北史·西域传》焉耆国,隋大业中,其国胜兵千余人而已。龟兹国,隋大业中,胜兵可数千人。疏勒国,胜兵二千人。《唐书·西域传》高昌,胜兵万人。焉耆国,胜兵二千。突骑施乌质勒置二十都督,督兵各七千。《回鹘传》夷男,胜兵二十万。按:前史传载西域兵制殊略,缘当时境属羁縻,未隶版籍。所谓胜兵云者,不过彼地传闻约略之词,与内地兵防无涉。是以多至十数万，少仅数十人，指数参差，未由审正。今天山南北诸部，革心内面，诸度维新，一切驻守调遣之资，悉以满洲蒙古绿旗兵派往。而于准部回民之材技足用者，亦收隶行间，兼资屯种。并以时简阅训练，与内地无异，迥非往代流传失实者可比，洵为善后之极轨已。”

（《西域图志》卷之三十一·兵防）

那木干

中国新疆正史资料。记述了清代西域那木干情况。对研究西域历史具有重要参考价值。文曰："那木干，在玛尔噶朗城西北八十里，霍罕城东北八十里。南滨那林河，东西有水，出北山，南流入那林河。东北与布鲁特杂处。乾隆二十四年，与霍罕、安集延同时内附。其地北极高四十一度三十八分，距京师偏西四十五度四十分。东五十里逾河为塔尔罕。按：霍罕、安集延、玛尔噶朗、那木干诸部，跨那林河之南北，列城四五，应即汉大宛别邑七十余城。唐宁远大城六、小城百之故地。说并见前霍罕条。又按：唐时宁远即破洛那，其西南境，别有曹史康米诸国，即康居五小王支庶，为匈奴突厥所侵，西南依葱岭者，亦应在今安集延诸城以西。其详备见北魏隋唐诸史，爰摭录故实而系以论说焉。"

（《西域图志》卷之四十五·藩属二·那木干）

沙陀等部

中国新疆正史资料。记述了西域沙陀等部历史。对研究西域民族历史具有重要参考价值。文曰："沙陀。《唐书·沙陀传》西突厥别部处月种也。始突厥东西部分治乌孙故地，与处月、处密杂居。贞观七年，太宗立利邲咄陆可汗，而族人步真觖望，谋并其弟弥射，乃自立。弥射惧，率处月等入朝，而步真势穷亦归国。其留者，咄陆以射匮特勒劫越之子贺鲁统之。处月居金婆山之阳，蒲类之东，有大碛，名沙陀，故号沙陀突厥云。贺鲁来降，拜瑶池都督。处月朱邪阙俟斤阿厥，亦请内属。永徽初，贺鲁反。射脾俟斤沙陀那速不肯从，高宗以贺鲁所领授之，废瑶池都督府。即处月地置金满沙陀二州，皆领都督。贺鲁亡，处月来归，乃置昆陵都护府，统咄陆部，以弥射为都护。龙朔初，以处月酋沙陀金山，从武卫将军薛仁贵讨铁勒。长安二年为金满洲都督。子辅国嗣。先天初，徙部北庭，率其下入朝。开元二年，复领金满洲都督。至德宝应间，中国多故，北庭西州闭不通。朝奏使皆道出回纥。而虏多渔撷，尤苦之。虽沙陀之倚北庭者，亦困其暴敛。贞元中，沙陀部七千帐附吐蕃。吐蕃寇边，常以沙陀为前锋。元和三年，悉众三万落。循乌德鞬山而东，款灵州塞。处其部盐州，置阴山府。按：沙陀为西突厥别种，而突厥治乌孙故地。今准噶尔地，属汉乌孙，塔尔巴噶台南境，大碛绵亘，其为沙陀故迹，较然无疑。汉时蒲类国得罪匈奴，而迁右部在今迪化州（说见前卷迪化州属），沙碛正当其北。所谓沙陀即处月，居蒲类之东者，方位不爽。沙碛之中，山谷委蛇。祁连分支，东西相望。金沙之山，于是乎在贺鲁居多逻斯川，即今额尔齐斯（说见本卷及卷二十五水),盖建庭于此,而南统沙陀诸部也。贺鲁叛,沙陀不从。废瑶池都督府,而置金满、沙陀二州于处月之地,以贺鲁所统授之者。盖建庭于南,而北统多逻斯川诸部也。今自烘和图淖尔,额尔齐斯郭勒南至大碛,竟六百里,当时统驭所及,方隅较然。金满、沙陀二州,交界莫考。然按《汉书》车师后部有金满城,《唐书·地理志》,北庭大都护府有金满县。则此金满洲宜居南附山,为汉金满城旧地。而沙陀州宜居北,以地有沙碛故名也。贺鲁亡后,处月来归,即其地置昆陵都护府者,所以统金满、沙陀二州之地。而贺鲁旧庭,别置濛池都护府,与昆陵都护府,南北分治。则昆陵都护府所辖,当在今萨里山以南,迄于天山,而额尔齐斯郭勒一带不及焉。沙陀金山之后,或徙北庭,或附兔蕃,叛服不常,而故壤仍为所统。自元和三年,东徙盐州。范希朝镇太原,料其劲骑为沙陀军。其酋长朱邪执宜保神武川之黄花堆,更号阴山北沙陀,虽仍旧名,而非旧地矣。"

(《西域图志》卷之十一·疆域四·天山北路一)

疏勒东西境

中国新疆正史资料。记述了疏勒东西境情况。对研究西域历史地理具有重要参考价值。文曰:"古疏勒东境,在今乌什西南境,已见前条。若《汉书》所谓疏勒城,《后汉书·西域传》所谓磐藁城(即班超传磐橐城)、桢中城,《唐书》所谓迦师城,北史所谓都城方五里,大城十二,小城数十者,当不在砂碛弥望之区。今之喀什噶尔,正当疏勒西境,山环水带,土地肥腴,城堡鳞次,可想见当日建庭之旧也。自今喀什噶尔西北逾天山西行,入布鲁特界。即《汉书》所谓西当大月氏、大宛、康居道者,形势犹存。唐时疏勒都督府,应亦建此,列备四镇。咸亨元年,地入吐蕃。长寿元年复置都督府。五代之际,隔不复通。宋时于阗通贡,而疏勒无闻,亦无人至其境者。惟《元史》所谓合失合儿,及《明史》旧称哈实哈儿,与今之喀什噶尔,音义相通,寻声求之,固当非此不属。至《三国志》引魏略,桢中国、莎车国、竭石国、渠沙国、西夜国、依耐国、满梨(应作蒲犁)国、亿(应作德)若国、榆令国、捐毒国、休修(应作休循)国、琴国,皆并属疏勒。元明以来,地属巴什伯里,统龟兹、焉耆为一国,疆域最大,是固不得以喀什噶尔所属诸城尽之者矣。"

(《西域图志》卷之十七·疆域十·天山南路四)

疏勒国

中国新疆正史资料。记述了疏勒国情况。对研究西域历史具有重要参考价值。文曰:"《汉书·西域传》疏勒国,王治疏勒城,有列市。西当大月氏、大宛、康居道也。《后汉书·西域传》明帝永平十六年,龟兹王建攻杀疏勒王成,自以龟兹左侯兜题为疏勒王。冬汉遣军司马班超,劫缚兜题,而立成之兄子忠为疏勒王。忠后反叛,超击斩之。后莎车连叛,于阗属疏勒,疏勒以强,故得与龟兹、于阗为敌国焉。安帝元初中,疏勒王安国以舅臣磐有罪,徙于月氏,月氏王亲爱之。后安国死,无子,母持国政,与国人共立臣磐同产弟子遗腹为疏勒王。臣磐闻之,请月氏王曰:安国无子,种人微弱,若立母氏,我乃遗腹叔父也，我当为王。月氏乃遣兵送还疏勒。国人素敬爱臣磐，又畏惮月氏，即共夺遗腹印绶，迎臣磐立为王，更以遗腹为磐藁城侯。灵帝建宁三年，讨疏勒，攻桢中城，不能下，引去。《班超传》永平十七年春，超从间道至疏勒，去兜题所居磐槖城九十里，逆遣吏田虑先往降之。敕虑曰：兜题本非疏勒种，国人必不用命，若不即降，便可执之。虑既到，兜题见虑轻弱，殊无降意。虑因其无备，遂前劫缚兜题。左右出其不意，皆惊惧奔走。虑驰报超，超即赴之，悉召疏勒将吏，说以龟兹无道之状，因立其故王兄子忠为王，国人大悦。《北史·西域传》疏勒国，文成末，其王遣送释迦牟尼佛袈裟一，长二丈余。帝以审是佛衣，应有灵异，遂烧之，以验虚实。置猛火上，经日不然，观者莫不悚骇。其都城方五里，国内有大城十二，小城数十。《唐书·地理志》疏勒都督府，贞观九年疏勒内附置，领州十五。《西域传》疏勒，一曰佉沙，王姓斐氏，自号阿摩支，居迦师城。突厥以女妻之。仪凤时吐蕃破其国。开元十六年，册其君安定为疏勒王。《宋史·外国传》于阗国，西北至疏勒二千余里。《元史·世祖本纪》至元十一年四月，诏安慰喀什噶尔（旧作合失合儿今改正）等城。《明史·西域传》喀什噶尔（旧作哈实哈儿，今改正）亦西域部落。永乐六年，李达等赍敕往赐，即奉命。十一年，遣使入朝贡方物。宣德时亦来朝贡。天顺七年，命指挥刘福普贤使其地。其贡使亦不能常至。”

（《西域图志》卷之十七·疆域十·天山南路四）

塔什罕

中国新疆正史资料。记述了清代西域塔什罕（塔什干）情况。对研究西域历史具有重要参考价值。文曰：“塔什罕，东北与右部哈萨克接，东与布鲁特接，东南与那木干接。距喀什噶尔城一千三百里。汉大宛康居交界处，唐则石国地也。地居平原，有城。以三和卓分辖回众，曰莫尔多萨木什，曰沙达，曰吐尔占。向为右部哈萨克羁属，岁供差役。莫尔多萨木什者，哈萨克所置和卓也，为吐尔占所逐。哈萨克以兵问罪于吐尔占，久而不解。乾隆二十三年，参赞大臣富德，追擒哈萨克锡拉至其地。遣蒙固尔岱、赫善等，往抚塔什罕回众，及右部哈萨克，次军于莽格特城外以待之。蒙固尔岱、赫善，既谕哈萨克降，复悯回众之受兵也，将平之。召吐尔占未至，索诸野，方与哈萨克战于河上。因谕以睦邻守土之道，并宣示圣主威福，乃大感悟，与哈萨克释争相睦如初。遂遣其属莫呢雅斯奉表降。诏受之。其文曰：臣莫尔多萨木什跪奏大仁至圣普冒群生大皇帝，恭惟天使惠临臣土，臣不胜欢跃。奉承谕旨，若开蒙瞽。蠢兹边末，敢备外藩。罔或有二心，所有准孽额什木札布，谨献阙下。外臣草莽，冀随星轺，仰瞻圣容，躬服彝训。回归游牧，宣示臣属，永永无极，诚忻诚庆。九月莫呢雅斯来朝，赐宴盘山静寄山庄，与观南苑大阅，及灯火。额什木札布，阿睦尔撒纳兄子也。从贼亡走，为塔什罕所得。至是献之。其地北极高三十度五分，距京师偏西四十七度三十三分。由塔什罕西南行七百里外，逾锡尔河，又逾那林河，为赛玛尔堪城。又西南为哈拉克则城。又西为乌尔根齐城。又西临达里冈阿鄂谟。西境尽矣。《明史·西域传》塔失罕（旧作达失干。今改正），西去赛玛尔堪(旧作撒马儿罕.今改正)七百余里。城居平原,周二里外,多园林,饶果木,土宜五谷,民居稠密。按:北魏以降,康居五王,分为九姓。后稍西南迁,居汉大宛西南。即《北史》所谓旧居祁连山北昭武城,因被匈奴所破,西逾葱岭。《唐书》所谓始居祁连北昭武城,为突厥所破,南依葱岭者也。今塔什罕城,在古康居大宛之间,当葱岭直北四百里外,必古所谓昭武城者。去此不远,是以南迁则依葱岭,西迁则逾葱岭也。明代去今差近。达失干,即塔什罕。其名不易。所谓西去赛玛尔堪七百余里者,即今自塔什罕西南行,逾锡尔、那林两河而至之赛玛尔堪城也。"

(《西域图志》卷之四十五·藩属二·塔什罕)

突厥等部

中国新疆正史资料。记述了西域突厥等部历史。对研究西域民族历史具有重要参考价值。文曰:"《隋书·突厥传》突厥阿史那以五百家奔茹茹。有阿贤设者,率部落出于穴中,世臣茹茹。当后魏之末,有伊利可汗,击铁勒,败之。袭茹茹,破之。弟逸可汗又破茹茹,弟木扞可汗击茹茹,灭之。西破挹怛。《西突厥传》处罗可汗居无恒处,然多在乌孙故地,复立二小可汗分统所部,一居龟兹北,其地名鹰娑。《唐书·突厥传》突厥国于后魏大统时灭,后其地尽入回纥。始其族分国于西者,曰西突厥。其先讷都陆之孙吐务,号大叶护。长子曰土门伊利可汗;次子曰室点蜜,亦曰瑟帝米,子曰达头可汗,亦曰步迦可汗,始与东突厥分乌孙故地有之,西雷翥海、南疏勒、北瀚海。《回鹘传》回鹘俗多乘高轮车,元魏时亦号高车部,或曰敕勒,讹为铁勒。其部落曰袁纥、薛延陀、契苾羽、都播、骨利干、多览葛、仆骨、拔野古、同罗浑、思结、斛薛、奚结、阿跌、白霫凡十有五种,皆散处碛北。袁纥者,亦曰乌护、曰乌纥,至隋曰韦纥,臣于突厥。太宗幸灵州,铁勒十一部皆来。武后时突厥默啜方强,取铁勒故地,后稍不循,梗绝安西诸国朝贡道。后骨咄禄毗伽阙可汗,南居突厥故地,悉有九姓地。九姓者曰药罗葛、曰胡咄葛、曰啒罗勿、曰貊歌息讫、曰阿勿嘀、曰葛萨、曰斛嗢素、曰药勿葛、曰奚邪勿。与仆骨、浑、拔野古、同罗、思结、契苾六种相等夷,后破有拔悉蜜、葛逻禄,总十一姓,号十一部落。《元史·地理志》诸王海都行营于阿尔穆尔(旧作阿力麻里,今改正)等处,盖其分地也。自高昌五城西北行四五千里至阿尔穆尔。至元五年,海都叛,世祖追至阿尔穆尔。则远遁二千余里,令勿追,以皇子北平王统诸军于阿尔穆尔以镇之。"

(《西域图志》卷之十二·疆域五·天山北路二)

维吾尔族农业生产

中国新疆正史资料。记述了清代维吾尔族的农业生产。对研究西域经济具有重要参考价值。文曰:"田畜:山南诸回部,有城郭宫室,故居处有恒。有沟塍陇亩,故田作有时。男识耕耘,女知纺织。《汉书》言自且末以东,皆种五谷,由今观之,不异于古所云也。耕织之外,多善商贾。故西域贾人,自西土以及傍近诸国,无不至。回俗以豕性昏形秽,忌不食。喜从高处放雕鹘,其人谓之鹘师赤云。《汉书·西域传》西域诸国,大

率土著，有城郭田畜，与匈奴、乌孙异俗。蒲犁国，寄田莎车。依耐国，少谷，寄田疏勒、莎车。轮台艺东，捷枝、渠犁皆故国，地广饶水草，田美，种五谷，与中国同时熟。其傍国少锥刀，贵黄金采缯，可以易谷食。《后汉书·西域传》东且弥国庐帐居，逐水草，颇田作。《晋书·西戎传》龟兹，人以田种畜牧为业。《北史·西域传》高昌国中，羊马牧在隐僻处以避寇，非贵人不知其处。《明史·西域传》于阗国桑麻黍禾，宛然中土。”

（《西域图志》卷之三十九·风俗一·回部）

乌孙

中国新疆正史资料。记述了西域乌孙历史。对研究西域历史具有重要参考价值。文曰：“《汉书·西域传》乌孙国，大昆弥治赤谷城。东至都护治所千七百二十一里。西至康居蕃内地五千里。东与匈奴，西北与康居，西与大宛，南与城郭诸国相接。本塞地也。乌孙昆莫击破大月氏，大月氏徙西臣大夏，而乌孙昆莫居之。武帝即位，令张骞往，昆莫中子大禄，大禄兄太子，有子曰岑陬。太子死，大禄攻岑陬。昆莫与岑陬万余骑，令别居。昆莫亦自有万余骑，国分为三，大总羁属昆莫。得尚汉公主，为昆弟。昭帝时车师与匈奴共侵乌孙。宣帝初匈奴复击乌孙，遣校尉常惠使持节护乌孙兵。后元贵靡为大昆弥，乌就屠为小昆弥。汉复遣长罗侯惠将三校屯赤谷，分别其人民地界，大昆弥户六万余，小昆弥户四万余。然众心皆附小昆弥。乌就屠死，子拊离代立，为弟日贰所杀。子安日为小昆弥，日贰亡阻康居。汉徙己校屯姑墨，欲候便讨焉。后安日为降民所杀，弟末振将代立。末振将弟卑爰疐共谋杀大昆弥，北附康居。谋欲藉兵，兼并两昆弥。哀帝元寿二年大昆弥伊秩靡与单于并入朝。汉以为荣。至元始中两昆弥皆弱。《魏略·西戎传》车师后部转西北，则乌孙本国无增损也。《魏书·西域传》乌孙国，在龟兹西北。其国数为蠕蠕所侵，西徙葱岭山中。《蠕蠕传》始有部众，自号柔然。后其部分为二。缊纥提附卫辰，讨之，蠕蠕移部西遁。既而社仑执匹侯跋子，收余众亡依高车。斛律部侵高车，深入其地，遂并诸部。西北有匈奴余种，尽为社仑所并，其西则焉耆之地。熙平中，西征高车，大破之。禽其王弥俄突，杀之，尽并叛者。《高车传》高车，初号为狄历，北方以为敕勒，诸夏以为高车、丁零。其种有狄氏、表纥氏、斛律氏、解批氏、护骨氏、异奇斤氏。高车之族又有十二姓，一曰泣伏利氏，二曰吐卢氏，三曰乙旃氏，四曰大连氏，五曰窟贺氏，六曰达簿干氏，七曰阿仑氏，八曰莫允氏，九曰俟分氏，十曰副伏罗氏，十一曰乞袁氏，十二曰右叔沛氏。先是副伏罗部为蠕蠕所役属，太和十一年，豆仑犯塞，阿伏至罗等率所部西叛。肃宗初，弥俄突与蠕蠕主丑奴战败，禽杀之，部众悉入吠哒。经数年，弥俄突弟伊匐复国，大破蠕蠕。后与战败归，其弟越居为蠕蠕所破。子比适又为蠕蠕破。越居子去宾，自蠕蠕来奔，封高车王。既而病死。”

（《西域图志》卷之十二·疆域五·天山北路二）

西布鲁特

中国新疆正史资料。记述了清代西域西布鲁特情况。对研究西域民族历史具有重要参考价值。文曰:"西布鲁特,在喀什噶尔西北三百里,道由鄂什逾葱岭而至。与东布鲁特相望。部落凡十有五。其最著者四:曰额德格纳鄂拓克,曰蒙科尔多尔鄂拓克,头目阿济比兼辖之,户七百有奇。曰齐里克鄂拓克,头目由玛特,户二百有奇。曰巴斯子鄂拓克,头目噶尔住,户千三百有奇。部落虽分而驻牧同地,东南扼葱岭,西迄于布哈尔诸部落,共二十万人。逐水草,事游牧。汉休循、捐毒故地也。久思内附,以准噶尔阻未得通。乾隆二十四年,将军兆惠既定喀什噶尔,追捕余孽,道经诸部,遮道吁请内附。乃遣二等侍卫达克塔纳等往抚。阿济比奉将军书曰:额德格纳布鲁特小臣阿济比,恭祝大皇帝万万寿,恭呈如天普覆、广大无外、富有四海。乾隆大皇帝钦命将军之前,今将军自喀什噶尔传谕我部,颁给印文,谨已奉到,不胜踊跃,适慰心想。当率诸部,自布哈尔迤东二十万人众,皆作臣仆。兆惠嘉其诚,表于朝。诏受之。由是十五部落皆内附。诸头目以未出痘,不敢入中国。乃遣由玛特之兄名呼达里者,朝京师,觐于盘山静寄山庄。赐宴,与观南苑大阅,及灯火。二十五年正月,额德格纳阿济比,遣使锡喇嘛噶斯等来朝。赐宴,与观南苑大阅,及灯火。八月遣侍卫索诺木等往赐敕。郊迎祗受如礼。二十七年,额德格纳阿济比所属鄂斯诸处,为霍罕额尔德尼侵据。令驻守新疆尚书永贵等遣谕额尔德尼,还所侵地。其地北极高四十度一分,至三十分。距京师偏西四十三度三十一分,至四十六度三十分。二十八年,其别部阿瓦勒比,愿以其部供内地游牧,并悉心经理牧群事宜。帝嘉之,赐四品顶戴。《汉书·西域传》休循国,王治鸟飞谷。在葱岭西,去长安万二百一十里。东至都护治所三千一百二十一里,至捐毒衍敦谷二百六十里,西北至大宛国九百二十里,西至大月氏千六百一十里。民俗衣服类乌孙,因畜随水草。捐毒国,王治衍敦谷。去长安九千八百六十里。东至都护治所二千八百六十一里。至疏勒南,与葱岭属。西上葱岭则休循也。西北至大宛千三十里。北与乌孙接。衣服类乌孙,随水草,依葱岭。按:《汉书》休循、捐毒,皆在葱岭外。二国相属,附葱岭而居。今喀什噶尔西鄂什一带,连属葱岭。休循、捐毒,当在其西北麓。班史所谓西上葱岭者,由鄂什口西出葱岭也。今西布鲁特之蒙科尔多尔诸部落,道由鄂什出葱岭,则诸部正当其麓,应即休循、捐毒故地。且在安集延、霍罕有城郭诸国之东南,正班史所谓西北至大宛国也。又乌孙西逐月氏而据其地,休循、捐毒,境界毗连,捐毒南直疏勒,北与乌孙据有月氏之境相属,故风俗衣服类乌孙。以月氏之先,本塞王地也。以一方形势考之,北则乌孙据有月氏之地,南则捐毒,捐毒以西则休循,大宛则当二国之西北,而东与乌孙据有月氏之地接。以今之东布鲁特,当古乌孙据有月氏之地。今之西布鲁特,当古休循、捐毒二国地。在今则为无城郭之部落,遗墟故俗,大略可见。又休循去都护治所三千一百二十一里,捐毒去都护治所二千八百六十一里,相距不及三百里。以两国户口考之,大小相等,其地实不过六百里。以今布鲁特之蒙科尔多尔、齐里克、巴斯子诸部落核之,殆不啻兼有两国之地矣。"

(《西域图志》卷之四十五·藩属二·西布鲁特)

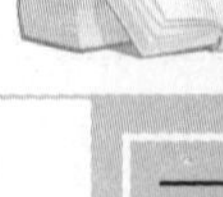

新疆北部等情

中国新疆正史资料。记述了新疆北部各地情况。对研究西域历史具有重要参考价值。文曰:"郦道元《水经注》焉耆之北敦薨之山,在匈奴之西,乌孙之东。是匈奴乌孙交界处,在焉耆之北。今自山南哈喇沙尔,北逾天山,是其地也。今之迪化州、昌吉县,为汉时蒲类前后国(说见本卷)。其直北当属匈奴西境,由是以西为乌孙东境,南与焉耆相直。如今伊犁东南路,即汉时乌孙国之东境也。《后汉书》移支国居蒲类地,应在今昌吉县西,与今绥来县全境方位相合,应属后汉移支国地。阳巴勒噶逊南去哈喇沙尔五百里,以《唐书》由焉耆北八日行为西突厥北庭之文证之,则此当属唐时西突厥北庭。惟其境在焉耆正北,本相近附。是以泥孰亡入焉耆,国人迎而立之也。再考当时五咄陆部,俱属西突厥东境。而葛逻禄、胡屋(即胡禄屋阙)、鼠泥施三姓,于圣历四年内属,境地毗连。以今地位考之,葛逻禄居北,当在塔尔巴噶台、纳林和博克一带,与处木昆部杂居。鼠尼施为处半部,在裕勒都斯一带。更以博罗塔拉左右之为摄舍提暾部,伊犁左右之为突骑施索葛莫贺部,伊犁以西之为突骑施阿利施部推之(说并见十二、十三卷,及本卷名条下),则所谓胡禄屋阙部者,应在今额彬格逊淖尔南境,左右诸河环抱之间,与今绥来县全境,形势适符,而唐得之以为盐泊都督府者也。惟《地理志》盐泊都督府,隶北庭都护;《突厥传》隶安西都护,说不相同。然考当时北庭大都护府,统县四:金满、轮台、后庭、西海。轮台,在龟兹东西海,应即《西突厥传》所谓雷翥海。是北庭所辖之境甚广。且据《地理志》,十姓部落,皆隶北庭。惟四镇都督府、州三十四。河西内属诸胡,州十二、府二,西域府十六、州七十二则隶安西都护府。两都护府境地,多寡适中。如《突厥传》所云,则十姓部落,亦隶安西。其北庭所辖,不应太小。且安得轮台、西海而县之邪。此当以《地理志》之说为正也。"

(《西域图志》卷之十·疆域三·安西北路二)

伊犁

中国新疆正史资料。记述了清代伊犁历史。对研究西域历史具有重要参考价值。文曰:"伊犁,在天山之阴,为准噶尔沃壤。距京师一万八百二十里。天山自西南来者汗腾格里鄂拉、纳喇特达巴屏其南;东过空格斯河源,为乌得音达巴、额布图达巴;折北而西,为北路之哈喇古颜鄂拉环其东;东北过哈什河源,折而西为博罗布尔噶苏达巴、塔勒奇达巴、博罗和洛鄂拉障其北。三面皆负祁连,而空格斯郭勒,自东南来西北流;哈什郭勒自东北来西南流;特克斯郭勒,自西南来东北流,至其境东百里许,会为伊犁郭勒。西流成巨川,西北入巴勒喀什淖尔。山川形势,甲于诸部。气候和暖,人民殷庶,物产饶裕,西陲一大都会也。其俗皆逐水草,无城郭。惟所属回人,因其旧俗,筑城以居。乾隆二十年二月,大兵进讨准噶尔,二十四鄂拓克、二十一昂吉、五集赛,争先迎降,兵不血刃。五月抵伊犁,厥酋达瓦齐率万余人渡河。追及之,斫其营,以数骑遁。回人阿奇木霍集斯伯克擒之以献,伊犁平。六月,阿睦尔撒纳叛,其党阿巴噶斯等附为逆。定北将军班第及参赞大臣鄂容安死之。将军策楞以兵追至塔勒奇达巴，阿睦尔撒纳奔哈萨克。初，准部台吉呢吗、哈萨克沙喇，以内附故，授职从征。二十年十一月，与内附之巴雅尔、莽噶里克等构乱，将军和起死之。定边将军兆惠时方驻伊犁，闻乱，东援巴尔库勒，中途屡歼贼众。二十二年，以富德副兆惠军分南北路进讨。时阿睦尔撒纳自哈萨克归，与富德军遇，复奔哈萨克。富德追之，哈萨克降，阿睦尔撒纳奔俄罗斯，余党以次擒灭，伊犁复定。二十九年，于伊犁河北建惠远城，周九里三分，门四：东曰景仁，西曰说泽，南曰宣闽，北曰来安。三十年，建惠宁城，周六里三分，门四：东曰昌汇，西曰兆丰，南曰遵轨，北曰承枢。"

（《西域图志》卷之十二·疆域五·天山北路二）

伊犁等地各部

中国新疆正史资料。记述了伊犁等地各部历史。对研究西域民族历史具有重要参考价值。文曰："汉乌孙居天山北与匈奴接壤，南临城郭诸国，即今准噶尔部也。至元魏时为高车，隋为铁勒，唐为回鹘。回鹘自唐末散处山南，即今回部。至蠕蠕突厥，并属胡种，与高车铁勒回鹘异族。《魏书·西域传》称：乌孙国在龟兹西北。是乌孙于元魏时已西迁，龟兹以东为匈奴余部高车所据。蠕蠕主社仑亡依高车，旋破其部。复西侵乌孙，拓地至龟兹西北。此蠕蠕盛时，与今准噶尔全境相仿。突厥世臣蠕蠕至元魏末木扞可汗，又击蠕蠕灭之。《隋书》蠕蠕作茹茹，传写之异也。后分东西突厥，割据乌孙故地。是今之准噶尔尽有西突厥地。东境则犹属东突厥也。天宝初，东突厥地入回纥。五代迄宋，声教不及。元代幅员，西北最广，应属诸王行营统军之地。明时卫拉特，当鞑靼西、巴什伯里北。南与于阗相直，与今准部方位适合。《明史》旧称瓦剌，即卫拉特译音之讹，尤较然可信。今按其全境，凡历朝史传所载，方位事实，可考而知者，已分见各条。而伊犁旧属准噶尔庭，为疏其全境沿革大略，系此以备考。"

（《西域图志》卷之十二·疆域五·天山北路二）

伊犁屯田

中国新疆正史资料。记述了清代伊犁屯田情况。对研究西域经济具有重要参考价值。文曰："伊犁。屯田五万五百八十八亩。乾隆二十六年置一万六千亩，二十七年增四千亩，二十九年增一百八亩，三十年增三十二亩，三十二年增一万二十四亩，三十三年增六千四十八亩，三十四年增七十二亩，三十五年增六千七十二亩，三十六年增八千一百二十亩，三十七年增六百亩，三十八年裁一千四百八十八亩，三十九年增三十六亩，四十年增三十六亩，如今额。总理屯务总兵，及管屯参将、游击、都司、守备、千总、把总、外委各员，由陕西甘肃省调派，无定额。屯兵二千五百名。乾隆二十六年设八百名，二十七年增二百名，三十二年增五百名，三十三年增三百名，三十五年增四百名，三十六年增四百名，三十八年裁一百名，如今额。遣犯，乾隆二十九年派九名，三十年增三名，三十二年增二名，三十五年增四名，三十四年增六名，三十五年增六名，三十六年增十名，三

十七年增二名,三十八年增一名,三十九年增三名,四十年增三名,现四十九名。土宜:大麦、小麦、糜、谷、青稞。收获:乾隆二十六年收获十六分五厘,二十七年收获十四分三厘,二十八年收获十七分六厘,二十九年收获十七分五厘,三十年收获十九分四厘,三十一年收获十二分,三十二年收获十八分三厘,三十三年收获十八分八厘,三十四年收获十六分,三十五年收获十八分六厘,三十六年收获十八分七厘,三十七年收获十七分,三十八年收获十七分二厘,三十九年收获十七分二厘,四十年收获十六分二厘,四十一年收获十五分八厘,四十二年收获十六分一厘。按:伊犁东南北三面负山,地势平广,土膏饶厚。地有三河,一空格斯河,出纳拉特岭之北,西北行。一哈什河,出哈喇古颜山,西南行。一特刻斯河,出汗腾格里山,东北行。各三百余里,汇为伊犁河,经流其地,西北入海。支渠数十道,分溉民田。地气和暖,为山北沃壤。乾隆二十五年,令阿克苏回人三百名携带籽种,偕同绿营官兵,如法试种。计种黍米籽种九十石五斗,得收获黍米千一百三十三石有奇。种粟米籽种二百一十一石,得收获粟米二千六百二十二石。爰于二十六年开屯设兵为定制,其回民受田之户,论籽种,不计顷亩。每户各种二麦一石,谷黍五斗。二麦收获约二十分有奇,黍谷收获约四十分有奇。定以岁输十六石为额,余则听收以资养赡,与世业无异云。又按:伊犁之地,前代设屯史传无明文,《汉书》称其地莽平多松樠。又言其俗不田作,种树,随畜逐水草,与匈奴同。非土田硗确,不可树艺,亦其人之不务农业,自遗地利耳。兹幸入圣朝幅宇,荷锸如云,土地日辟,时和岁稔,稌黍盈余。十数年以来,休养生息,民庶物阜。乌孙故壤,始熙熙然成大都会矣。”

（《西域图志》卷之三十二·屯政一）

右部哈萨克

中国新疆正史资料。记述了哈萨克三部之一的右部哈萨克情况。对研究西域民族历史具有重要参考价值。文曰:“右部哈萨克,东去左部二千里,北至俄罗斯界,西南至塔什罕。其部曰乌拉克玉兹。汗曰阿比里斯。其巴图尔有三:曰吐里拜、曰辉格尔德、曰萨萨克拜。阿比里斯驻塔什罕城,不事事,受成而已。惟吐里拜实专其政。其俗大略与左部等。其地在古康居国西境。初阿布赉告于顺德讷曰:我哈萨克之有三玉兹,如准噶尔之有四卫拉特也。鄂图尔玉兹,则我为政矣。他如奇齐克玉兹,乌拉克玉兹,族兄为之。当与偕来,作中土臣。乃使其弟阿布勒比斯往,而参赞大臣富德方以兵索逆贼哈萨克锡拉至右部,遣蒙固尔岱、赫善等往抚,次军于莽格特城外。是时吐里拜等方与塔什罕回人吐尔占战不下,平之,乃下(详见次卷塔什罕条)。于是吐里拜等感德畏威,诣军门纳款,奉马进表以降。其文曰:伏念臣者久思内附,远处边末,与左部阿布赉各长一方,为准噶尔阻绝,末由自通。近闻左部输服,被恩优渥。恭惟天使惠来,只领宸训,得均隶臣仆,诚欢诚忭。谨遣臣子弟入觐,瞻仰天颜,如天覆育之。圣人在上,臣愿竭衰驽,奋勉自效,永无二心,倍于左部。表闻乃受正朔,列外藩焉。二十三年吐里拜遣其子卓兰,及辉格尔德之弟博索尔满朝京师,赐宴盘山静寄山庄,并随至南苑,与观大阅及灯火，恩赉甚渥。今测其地北极高四十三度，至四十五度。距京师偏西四十五度四十八分。东与左部接，东南与伊犁西北境接，南与布鲁特及安集延、那木干诸部接，西逾塔什罕西六百余里，北至依底克鄂拉，名北哈萨克。西南为格根郭勒，又西南为纳穆尔郭勒，又南为雅哈尔斯郭勒，又西南为锡尔郭勒，又西为萨哈斯郭勒，又北为搭拉斯郭勒。格根郭勒东，近搭拉斯郭勒者，为哈拉库尔，为达布孙淖尔。萨哈斯、锡尔两河之间，冈峦绵亘，为穆呼札尔鄂拉，为哈拉绰克多达巴，为莽阿锡鲁达巴，为柯格纳斯达巴。岭北大泽名腾吉斯，地周数百里，盖小海也。海之东南崖，有部名沙尔，又东北萨哈斯郭勒南，有达拉什城、噶拉楚克城。锡尔郭勒西北有波拉克城，其东有那斡喀特城，又南有蒿达克城。由蒿达克西逾锡尔郭勒，为塔什罕，其城寄居右哈萨克部内，而别自为部，不相统也。”

（《西域图志》卷之四十四·藩属一·右部哈萨克）

准噶尔境驻防

中国新疆正史资料。记述了清代准噶尔境驻防情况。对研究西域军事具有重要参考价值。文曰：“准噶尔壤，内接巴尔库勒，外界俄罗斯、哈萨克、布鲁特诸蕃。疆域辽远，袤延数千里。设立台站卡伦，顿兵防守。自乌鲁木齐改镇设提后，郁为重地。由是西迄伊犁，其驻防满洲、蒙古诸部兵，数自一二千至三四千不等，声势尤壮。其间任使令，供建筑、勤屯种，则绿营兼资。因地制宜，咸有定额。满洲、蒙古诸部，隶以领队大臣、佐领、协领诸员。绿旗，则隶营员，而一惟将军及办事大臣统辖。其制更番轮换，而乌鲁木齐之绿营兵，则令携眷移驻。并以察哈尔八旗中单寒人等，及新旧额鲁特，亦令分往乌鲁木齐、伊犁，资以田产牲畜，永驻防守。至塔尔巴噶台，地居北境，边防较重。亦分驻满营诸部兵，以壮牧圉而严征缮，控扼形势之道备焉。盖准部兵防之大略如此。”

（《西域图志》卷之三十一·兵防）

准噶尔蒙古服饰

中国新疆正史资料。记述了准噶尔蒙古的服饰文化。对研究西域民族文化具有重要参考价值。文曰：“被服之具：哈尔邦，即冠也。与内地暖帽略同。其顶高，其边平。以白毡为里，外饰以皮。贫者无皮饰。毡或染紫绿色。无冬夏之别，但以毛质厚薄为差。上缀缨名札拉，止及其帽之半。妇人冠与男子同，辫发双垂，约发用红帛。在辫之腰，帛间缀以好珠瑟瑟之属，望若繁星。拉布锡克，即袍也。台吉用锦缎为之，上饰以绣。宰桑则丝绣丝纻氆氇为之。贱者多用绿色及杂色。御冬则以驼毛为絮，名库绷。亦有止衣羊皮者。右衽，袖平不镶，四围皆连纫。台吉宰桑之妇，衣用锦绣，两袖两肩，及交襟续衽，镶以金花，或以刺绣。民人妇女襟袖衣衽，俱用染色皮镶之。固都逊，即靴也。以牛皮为之。台吉多用红香牛皮，中嵌鹿皮，刺以文绣。宰桑亦用红牛皮，不嵌鹿皮，不刺绣。民人穿皮履，或黑或黄，无敢用红者。妇人靴履与男子同。布色，即带也。

以丝为之，端垂流苏，其长委地。或以全幅帛为之，端长尺余。哈卜塔噶，即荷包也。缎布为之，制与内地微异。结穗精美。绥克，即环也。金银为之，以坠耳，饰以珠。男妇皆用之。《北史·高车传》妇人以皮裹羊骸，戴之首上，萦屈发鬓而缀之，有似轩冕。《西域传》西突厥居乌孙故地，身衣裘褐。悦般国，剪发齐眉，以饣弟餬涂之，昱昱然光泽。《唐书·回鹘传》回鹘汗妻可敦，服绛，通裾大襦，冠金冠，前后锐。坚昆国，服贵貂豸内，阿热冬帽貂，夏帽金扣。锐顶而卷末。诸下皆帽白毡，喜佩刀砺。贱者衣皮不帽。女衣毳毾锦罽绫。《文献通考》回纥国可汗相见，去帽被发以为礼。妇人总发为髻，高五六寸，以红丝绢囊之。既嫁则加毡帽。按：准部服饰，史传所纪殊略。以今证古，大致相同。乾隆十九年，封都尔伯特台吉策凌等爵，首赐冠服。迄荡平而后，革心向化之侣，被服均同内地。于是笑毡裘之乔野，惭卉服之惷愚。苟非幸际休嘉，孰能得此殊荣异数乎？”

（《西域图志》卷之四十一·服物一·准噶尔部）

准噶尔蒙古婚姻

中国新疆正史资料。记述了准噶尔蒙古的婚姻。对研究西域民族文化具有重要参考价值。文曰：“嫁娶：凡嫁娶，富家以牛羊马酒为礼，多者百计，少者十计，先期送至女家。成婚之日，婿先至女门，女家诵喇嘛经。婿至，女出，共持一羊胛骨，拜天地日月。婿请女父母尊长等见毕，婿及女交结其发，女家为开蒙古包以成婚。明日婿先归，别择日以娶妇。新妇乘马至婿家，婿家亦诵喇嘛经。女氏亲戚皆送，惟父不送。送女亲属，各加赠牛羊马酒，及衣服首饰蒙古包之属。或多或寡，视其力之厚薄，与情之疏密焉。间有以女奴为媵者。女至，见婿父母尊长，行叩头礼。其见翁之伯叔兄与姊夫，俱以毡为障，不相见面，至于终身。余俱见面。贫者不过一羊为礼，径自娶妇，婿不先至女家也。《北史·高车传》婚姻用牛马纳聘以为荣，结言既定，男党营车阑马，令女党恣取上马，袒乘出阑，马主立阑外，振手惊马，不坠者即取之。坠则更取，数满乃止。俗无谷，不作酒。迎妇之日，男女相将持马酪熟肉节解，主人延宾，亦无行位，穹庐前丛坐。饮宴终日，复留其宿。明日将妇归，既而夫党还入其家马群，极取良马，父母兄弟虽惜，终无言者。颇讳取寡妇而优怜之。《突厥传》男女盛饰，会于葬所。男有悦爱于女者，归即遣人聘问，其父母多不违也。父母伯叔死，子弟及侄等，妻其后母世叔母嫂，唯尊者不得下淫。《铁勒传》丈夫婚毕，便就妻家。待产乳男女，然后归舍。《唐书·回鹘传》坚昆国，女子已嫁，黥其项。婚嫁纳羊马以聘，富者或百千计。按：汉元封中，遣江都王建女细君为乌孙昆莫右夫人。后昆莫年老，使其孙岑陬尚公主。盖其上烝成俗，与《北史·突厥传》所载相合。今准部为乌孙突厥故墟，其俗新妇见翁之伯叔兄姊夫，至于终身不面，亦可谓有别矣。岂风俗与时移易，古今之际，污隆之间，有未宜一视者欤。”

（《西域图志》卷之三十九·风俗一·准噶尔部）

准噶尔蒙古丧葬

中国新疆正史资料。记述了准噶尔蒙古的丧葬。对研究西域民族文化具有重要参考价值。文曰:“丧祭:准噶尔之俗,不立丧制。人殁后,其子孙亲属,丐延喇嘛检珠露海书。有应用五行葬法者,则以五行之法葬。如应金葬则置诸山,应木葬则悬诸树,应火葬则焚诸火,应水葬则沉诸河,应土葬则埋诸地。如不用五行葬者,则撤蒙古包,弃其尸于道傍。自亡日起诵经四十九日。其家不杀生,其子不剃头。有剪发以为孝者。至葬之日亦如之。夫死其妻剪发,去耳环,去外褂,四十九日不服彩。每遇忌辰,则陈设果品乳湩之属以祭之,不用牲。每遇草青,思其祖父,亦一酹奠焉。《北史·高车传》其死亡葬送,掘地作坎,坐尸于中,张臂引弓,佩刀挟稍,无异于生,而露坎不掩。时有震死及疫疠,则为之祈福。若安全无他,则为报赛。《突厥传》死者停尸于帐,子孙及亲属男女各杀羊马,陈于帐前祭之。绕帐走马七匝。诣帐门以剺面,且哭,血泪俱流,如是者七度乃止。择日取亡者所乘马及经服用之物,并尸俱焚之,收其余灰,待时而葬。春夏死者,候草木黄落。秋冬死者,候花茂。然后坎而瘗之。葬日亲属设祭,及走马剺面,如初死之仪。表为茔,立石屋中,图画死者形仪,及其生时所战阵状。常杀一人则立一石,有至千百者。又以祭之羊马头,尽悬之于标上。是日也,男女咸盛服饰,会于葬所。每岁率诸贵人,祭其先窟。《西域传》石国以王父母烧余之骨,金瓮盛置床上,巡绕而行,散以花香杂果。王率臣下设祭焉。《隋书·西域传》铁勒死者埋殡之。《唐书·回鹘传》坚昆国,丧不剺面,三环尸哭,乃火之。收其骨,岁而乃墓。然后哭泣有节。按:突厥回鹘焚尸之俗,为今准部五行葬法之一。铁勒于突厥错处,而埋殡之法,又不同于火葬,则亦未尽五行葬法之全也。剺面之习,今回部亦无行之者。他如韦节使西蕃记,康居国人死取尸投令狗食,则俗不可训,所当屏而弗录者已。”

(《西域图志》卷之三十九·风俗一·准噶尔部)

准噶尔蒙古畜牧生产

中国新疆正史资料。记述了准噶尔蒙古的畜牧生产情况。对研究西域民族经济具有重要参考价值。文曰:“畜牧:准噶尔全境,不乏泉甘土肥,种宜五谷之处。然不尚田作,惟以畜牧为业。择丰草绿缛处所,驻牙而游牧焉。各有分地,问富强者,数牲畜多寡以对。饥食其肉,渴饮其酪,寒衣其皮,驰驱资其用,无一事不取给于牲畜。储粮峙米长之计,所弗屑也。欲粒食则因粮于回部,回部当谷麦收获时,苦其钞掠,岁纳什之三四以为常。准噶尔因是,不惟赋税之,且役属之。然岁赋之粮,仅充酋豪饘粥而已。达官贵人,夏日食酪浆酸乳麦饭,冬日食牛羊肉谷饭。贫人但饮乳茶,亦足度日。畜牧之外,以熬茶西藏为要务。性喜射猎,第持弓彀矢,罕有巧力胜者。喜放雕鹘,恒择高处就下放之。其居处夏择平原,冬居暖谷,无恒所。《汉书·西域传》乌孙不田作种树,随畜逐水草。与匈奴同俗。《后汉书·西域传》蒲类国,庐帐而居,逐水草,颇知田作。移支国,随畜逐水草,不知田作。《北史·高车传》其迁徙随水草。《突厥传》西突厥居无恒处,

多在乌孙故地。其俗随逐水草，以畜牧射猎为事。食肉饮酪，移徙无常，而各有地分。《铁勒传》厥居无恒所，随水草流移。近西边者，颇为艺植。《唐书·突厥传》随水草射猎，居处无常。《回鹘传》逐水草转徙，善骑射，喜盗钞。《五代史·四裔传》回鹘以橐驼耕而种。按：准部之于牲畜，如蚕桑五谷，厥有恒业。史传称其逐水草者，所以孳生牲畜，裕衣食之源，来耨之利，宜所弗讲矣。第证诸前史，则知田作，工树艺，橐驼耕种之风，犹有可考，即今南近天山，水泉饶裕，足资屯种之处，所在多有，特无驼耕之事。而往者准俗，胥为石田，惟是仰谷山南，自安惰窳。岂古今之地利或殊，抑人事为之也。”

（《西域图志》卷之三十九·风俗一·准噶尔部）

左部哈萨克

中国新疆正史资料。记述了哈萨克三部之一的左部哈萨克情况。对研究西域民族具有重要参考价值。文曰：“左部哈萨克，东南与准噶尔接，西与右部接，北与俄罗斯接，其常所会廷曰叶什勒。傍叶什勒河，东去塔尔巴噶台，南去伊犁皆千里，东南去镇西府四千五百余里。其部曰鄂图尔玉兹。无城郭，逐水草，事游牧，冬夏别居无常处。地广人稠，甲于他部。境西北隅有独树一株，其上五枝盘拿，荫广可容二百骑，名鄂呼引噶克义莫朵，为西域神物。风俗物产，大略与准噶尔等。文字同，言语稍异。其君曰汗。其汗族而为首领者，名苏尔统。相传其地为古大宛。今详考之，盖古康居国也。其汗阿布赉，初乘达瓦齐乱，数侵扰准噶尔。乾隆二十年二月，准噶尔平。诏遣使往谕，阿布赉言于使臣侍卫顺德讷、达永阿曰：向闻大皇帝临御中土，以山川之故，贡译未通。今天威远播，扫伊犁、兴黄教，俾与准夷俱生生，实无疆之福，敢以诚心归于德化。九月，顺德讷等以其使博洛布拜等归伊犁，阿睦尔撒纳适以伊犁叛。明年走哈萨克，阿布赉纳之。诏遣将军达尔党阿由西路，哈达哈由北路，先后以大军进。阿睦尔撒纳之走哈萨克也，有奈曼鄂拓克纳拉巴图者，邀劫之，不获，剿其众。阿睦尔撒纳以三骑走附阿布赉，其属欲擒献。阿布赉不可，乃遣和集博尔根，以兵从阿睦尔撒纳走努拉。自率千骑西行，会于蒿哈萨拉克鄂拉下，以待我师。七月将军达尔党阿兵至于雅尔拉，与和集博尔根前队二千余兵遇。贼设伏佯败，我师登于山，俯其阴则伏在焉。蜂屯蚁聚，随以号火。乃坚壁垒，缮营伍。贼不敢出。越宿遣乌尔登以轻骑致师，分阿里衮、鄂实、哈宁阿、明瑞为左右翼，将军达尔党阿，副将军托拉丰阿，执纛以中军进，齐努浑、玛埔、特通额、额尔登，分部从之。贼仓猝不及顾，溃于山麓，斩首五百七十余级，余败去。我兵乘胜进努拉，擒楚鲁克。是时和集博尔根，方与阿睦尔撒纳引二千骑西行，我军逼之，列而阵，出入鏖战良久，获其纛及炮，贼乃乱，斩三百四十余级。阿睦尔撒纳，易纛褫衣冠而遁。初顺德讷归自哈萨克，以阿布赉恭顺状闻，复遣赍敕往谕。七月至博尔喀尔绰阔，为哈萨克兵所阻，不得达。至将军哈达哈营，乃遣扎萨克三都布等，击败阿布赉兵于蒿哈萨拉克鄂拉下，斩首百余级，夺其马匹辎重无算。阿布赉遁。师从之，复斩首百余，获马二百，枪械百余，获昭华什。由是三战皆捷，师至于伊什勒。于是达尔党阿、哈达哈两军合。鲁楚克、昭华什既获而见将军,极陈阿布赉之欲内附也。将军纵之,俾往谕曰:大皇帝命将讨叛,尔从贼则死。若能擒以来,臣仆无二。于是阿布赉亦稔知为阿睦尔撒纳所卖,将擒贼以求臣于我。其谋泄,阿睦尔撒纳乃窃哈萨克马十余骑,逃归准噶尔。二十二年,将军兆惠,参赞大臣富德等,复将兵西征。阿睦尔撒纳再走哈萨克。六月,阿布赉以兵三万,助擒阿睦尔撒纳。遣其弟阿布勒比斯为前队,与我兵遇,奉将军马一,参赞马一,陈情请罪,愿受约束。于是兆惠等复遣使往谕,阿布赉乃遣亨集噶尔等奉良马四,表请内附。其文曰:自臣祖额什木汗、杨吉尔汗以来,从未得通中国声教。今祗奉大皇帝谕旨,加恩边末部落。臣暨臣属靡不欢忭,感慕皇仁。臣阿布赉愿率哈萨克全部,归于鸿化,永为中国臣仆。闻于朝,诏受之。秋,阿布赉使臣至避暑山庄朝谒。赐宴万树园,观灯火。阿布赉既臣于我,遂以其兵助擒贼。与顺德讷遇于途而言曰:我哈萨克以阿睦尔撒纳之故,获罪天朝,仰荷大皇帝鸿慈,不弃覆载。为臣为仆,愿悉力擒贼。庶赎前罪,毋有二心。阿睦尔撒纳,敢外屏幪,是不祥人也。是有天道,其何能活。乃以托忒乌珠克字印文,导我师巡行诸部。是月,阿布赉将以计擒阿睦尔撒纳于阿尔察图。不获,奔俄罗斯。执其从贼额布济齐巴罕来献。二十一年,努拉之役,和集博尔根以残兵遁。至是闻阿布赉降,乃与喀拉巴拉特者,亲率其属三万户款于军门曰:外臣不识文字,谨以身诣降。将军兆惠为启帐,命东向坐。将军南向坐,列筵食之牲体。哈萨克俗,必持咒破戒始食。于是乃言为大皇帝臣,岂敢称禁。因共饱饣炎毕,引观花马射。悬锁子甲,射之彻其里。益大骇服,约助擒贼,叩首去。左部咸服。二十三年五月,哈萨克拜济格特部落之拜布拉克巴图鲁等获布库查罕;六月哈萨克哈尔津等获额鲁特和硕齐,皆献于军,械送京师。二十四年,阿布赉复遣其兄子俄罗斯苏尔统,及其头目伯克讷等来朝。赐宴。皇上较射于御园,得与观焉。二十五年复遣使来朝,宴赉令观围。赐敕谕,俾约束所部,毋越境游牧。二十六年正月,赐敕谕,宽所属巴图克巴图尔侵掠乌梁海罪。六月伴送使臣入觐回程,定派乾清门侍卫,禁哈萨克于乌里雅苏台市易。二十七年二月,哈萨克阿布勒玛木比特等遣使来朝,值圣驾南巡,觐于扬州行在。赐冠服。所属哈喇图鲁什送归额鲁特人口,赏赉有加。参赞大臣阿桂,收取越界游牧之哈萨克等,谕宽其罪而还之。五月弛乌里雅苏台市易之禁,仍禁私市。七月,阿布赉遣使来朝,命随观木兰围,赐冠服,以陪臣乌默尔为乾清门侍卫,令暂归挈眷移居伊犁。二十九年三月,阿布勒玛木比特遣使来朝,赐冠服。三十四年正月,阿布勒比斯遣子卓尔齐来朝。三月阿布赉遣子斡里苏尔统来朝。三十八年正月,哈萨克波罗特继其父阿布勒玛木比特为汗,遣使来朝。阿布赉子卓尔齐亦来朝。四十一年正月,阿布赉遣使来朝,俱宴赉如例。哈萨克建廷叶什勒,居客斯腾城。其地北极高四十六度二十分,至四十八度。距京师偏西三十二度,至三十七度。当准噶尔北。全境东西千里,南北六百里。四山环绕,山脉亦自西而东。其南境之山曰喀拉巴克喀尔海鄂拉,又东为喀尔克图哈萨拉克鄂拉,又东为札拉图哈萨拉克鄂拉,又东为勒克楞鄂拉。逾山而南入准噶尔境齐尔界。又东为鄂绰沁吉斯鄂拉,又东为

阿尔津沙拉什保台鄂拉，又东北为阿尔辉西里，入准噶尔境额米尔界。自喀拉巴克喀尔海鄂拉西北行，折而东为厄勒伊们鄂拉，叶什勒河源出焉。又北为尼雅克图鄂拉，又东为尼满哈济兰鄂拉，又东北为喀尔玛奇尔哈鄂拉，又东为阿克奇拉鄂拉，又东为巴颜鄂拉，又东为蒿哈萨拉克鄂拉，即将军哈达哈败阿布赉处。又东南为阿巴拉尔鄂拉，又东至塔尔巴噶台而止。群山内外，源泉经络。其最著者为绰多尔图郭勒，出喀拉巴克喀尔海鄂拉。东为克巴什博尔济尔郭勒，又东为哈萨拉克布拉克，又东为博尔喀得克布拉克，又东为额特伦布拉克，又东北为什纳噶布拉克。沮洳涣散，灿若列星。又东为奎苏布拉克，又东为阿尔齐图布拉克，又东为青吉斯布拉克，又北为阿林布拉克，又东为阿济苏布拉克，又东为乌尔图布拉克，又东北为色尔格郭勒，又东为罕拉海图布拉克，又东为三察尔郭勒，又东为楚库鲁克郭勒。又东南逾山入塔尔巴噶台界。其在右哈萨克西北境者为叶什勒郭勒，沿河西北行二百里，为哈萨克春吉索波蓝。地苦寒，其汗盛夏常居此。自是以西，地益旷渺。左部境内，冈阜层沓。折而西北行二千里，为伊底克鄂拉，当塔拉斯郭勒东南境，入右部。臣等谨按：哈萨克地产良马，故相传为即古大宛。及恭读《御制哈萨克使臣至令随臣猎诗跋》，辨析精详，哈萨克之非即大宛，旷若发蒙矣。臣等细绎圣论，研核史书，按厥方隅，证以风俗，定其地为汉之康居，唐之黠戛斯。备录史书，而申以论说如左。”

（《西域图志》卷之四十四·藩属一·左部哈萨克）

左部哈萨克简史

中国新疆正史资料。记述了哈萨克三部之一的左部哈萨克简史。对研究西域民族具有重要参考价值。文曰：《史记·大宛列传》康居在大宛西北可二千里，行国，控弦者八九万人。与大宛邻国，国小，南羁事月氏，东羁事匈奴。《汉书·西域传》康居国，王冬治乐越匿地，到卑阗城。去长安万二千三百里。不属都护。至越匿地马行七日。至王夏所居蕃内九千一百四里。东至都护治所五千五百五十里。东羁事匈奴。宣帝时匈奴五单于并争，汉拥立呼韩邪单于，而郅支单于怨望，杀汉使者，西阻康居。至成帝时，康居遣子侍汉，贡献。然自以绝远，独骄嫚不肯与诸国相望。汉为其新通，重致远人，终羁縻而未绝。乌孙小昆弥末振将弟卑爰建，共谋杀大昆弥，将众八万余口，北附康居。谋欲藉兵，兼并两昆弥。《魏略·西戎传》北乌伊国，在康居北。坚昆国在康居西北。丁令国在康居北。此上三国，坚昆中央，南去车师六国五千里。《唐书·回鹘传》黠戛斯古坚昆国也。郅支单于破坚昆，于时东距单于廷七千里，南车师五千里。郅支留都之。故后世得其地者，讹为结骨，稍号纥骨，亦曰纥扢斯云。直回纥西北三千里，东至木马突厥三部落，日都播、弥列哥、饿支。坚昆之人，得以役属之。坚昆本疆国也，地与突厥等。东至骨利幹，南吐蕃，西南葛逻禄，始隶薛延陀，未始与中国通。贞观二十二年，闻铁勒等已入臣，即遣使者献方物。其酋长俟利发失钵屈阿栈身入朝。帝以其地为坚昆府，隶燕然都护。高宗世再来朝。景龙中献方物。元宗世四朝献。乾元中为回纥所破，自是不能通中国。后狄语讹为黠戛斯，盖回纥谓之，若曰黄赤面云。又讹为戛戛斯。按：《汉书·西域传》，乌孙东与匈奴，西北与康居，西与大宛，南与城郭诸国相接。西北与康居者，西面北面皆与康居接，故不别言北与某接也。今之回部，为天山以直城郭诸国。今之准噶尔在天山北，南与回部接，为汉乌孙。而左部哈萨克，在准噶尔北。迤逦西行，至右部哈萨克与塔什罕接，连延二千余里。偏西北行则为后哈萨克。是哈萨克全境，当准噶尔西北两面。此正《汉书》所云，乌孙西北与康居接者。其在于今，当兼左右哈萨克而言也。又《史记》、《汉书》俱云：康居东羁事匈奴。又《汉书》云：匈奴杀汉使者，西阻康居。又云，乌孙北附康居。是康居东为匈奴，南为乌孙明矣。今天山东北，实汉匈奴旧壤。其西，则哈萨克居北，准噶尔居南。此《汉书》所谓康居东事匈奴，匈奴西阻康居，乌孙北附康居者也。康居国王，冬治乐越匿地，夏居蕃内。颜师古曰：王每冬寒夏暑，则别居不一处。今哈萨克汗阿布赉夏则居叶什勒等处，冬则居哈萨克固斯古尔班察尔等处，所谓冬夏别居者，其俗亦正相类。晋魏以降，康居国乃西迁，其地属今右部哈萨克，与左部无涉。至《唐书》载黠戛斯地当伊吾之西，焉耆北白山之旁，似与哈萨克方位不合。然考《唐书》原文，所谓伊吾西、白山旁者，乃推原古坚昆故地，当属今准噶尔境。若就郅支单于西破坚昆之后，迁都西北，则东距单于廷七千里，南车师五千里，《魏略》与《唐书》所载略同，在今准噶尔部北，其为哈萨克壤无疑。且考伊犁东北，即古噶逻禄部。而哈萨克又在葛逻禄东北，亦正与《唐书》黠戛斯西南葛逻禄之语相合也。”

（《西域图志》卷之四十四·藩属一·左部哈萨克）

左右哈萨克部

中国新疆正史资料。记述了西域左右哈萨克部情况。对研究西域历史具有重要参考价值。文曰：“哈萨克处西域之西北境，其地辽旷绵邈，鲜城郭宫室，畜牧为业，寇钞为资，倏忽往来，不常厥处。揆其形势，左部群山四抱，山泉浚发，回环合沓，颇占形胜。右部西逾沙碛，长河亘带，视左部为尤荒远。以今证古，左部当属康居之旧壤，右部已涉大宛之北境。声教素隔中朝。我国家武烈布昭，风声逖听。自昔阻绝之境，胥颙颙焉頫首内面，岂惟遣侍子倚都护之戋戋者欤。哈萨克有三玉兹：曰鄂图尔玉兹，属左部；曰乌拉克玉兹，奇齐克玉兹，属右部。有别部偏西与奇齐克玉兹偕来者，曰乌尔根齐部。”

（《西域图志》卷之二·左右哈萨克部图说）

西域图志论蒙古族佛教

中国新疆正史资料。论述了西域蒙古族佛教信仰。对研究西域文化具有重要参考价值。文曰：“事佛：额鲁特俗尚黄教，凡决疑定计，必咨于喇嘛而后行。自台吉宰桑以下，或顶礼膜拜焉，得其一抚摩一接手者，以为大福。后噶尔丹策凌，建佛寺于伊犁河滨。在河北者曰固尔札庙。在河南者曰海努克庙。高刹摩霄，金幡耀日，栋甍宏敞，象设庄严。聚集喇嘛，居此二寺。暮鼓朝螺，梵呗清越。令五鄂拓克轮值供养。喇嘛中之坐床者名西勒图，即掌教都纲也。礼佛之仪，众喇嘛偏袒脱裤，露肩及臂，以是为致敬云。人生六七岁，即令识喇嘛字，诵喇嘛经。病则先延喇嘛讽经，然后延额摩奇服药。其医书名曰额默音苏都尔。若大台吉有事，集喇嘛诵经，则十六鄂拓克，二十一昂吉，及回部头目，俱输货物以为礼。《汉书・西域传》昔匈奴破大月氏，大月氏西君大夏，而塞王南君罽宾。塞种分散，往往为数国(师古曰：即所谓释种者也，亦语有轻重耳)。乌孙本塞地也，塞王南越县度，大月氏居其地。后乌孙昆莫击破大月氏，大月氏徙西臣大夏，而乌孙昆莫居之。故乌孙民有塞种大月氏种云。《北史・突厥传》西突厥以五月中旬，集他人水，拜祭天神，敬鬼神信巫。《唐书・回鹘传》坚昆国，祠神惟主水草。祭无时。呼巫为甘。按：颜师古注《汉书》以塞种为释种，则乌孙故壤，民奉佛教，由来久矣。然《北史》称西突厥，《唐书》称黠戛斯，皆祠天神，又与今回部事天之俗相近。若今之宗喀巴黄教，殆即汉时塞种之流派，而衍盛于山北者欤。”

（《西域图志》卷之三十九・风俗一・准噶尔部）

西域图志论天山北路版图

中国新疆正史资料。论述了天山北路版图等情况。对研究西域历史具有重要参考价值。文曰：“太白山阴，准夷是宅。而北境尤广，东抵阿勒坦，北界俄罗斯，南临沙碛，中间土地肥腴，厥名塔尔巴噶台，为古匈奴乌孙交壤处，唐则西突厥诸部在焉。山形水脉，逶迤西走。长流巨浸，都在岗峦襟带间。往时部落错处，利赖保居。金山以为屏，逻水以为池，何必非形胜所凭，而桀黠反覆，卒就芟夷。览者于此，考五单于角逐之场，稽三葛逻凭陵之迹，益共仰圣谟之运，不徒夸地势之雄。若其南境与迪化州接畛，斥卤弥望，略同瀚海，盖即唐之沙陀州云。”

（《西域图志》卷之一・天山北路图说一）

西域图志论天山北路版图等

中国新疆正史资料。论述了天山北路版图等情况。对研究西域历史具有重要参考价值。文曰：“自伊犁而西，洪流奔逝，北潴为泽。逾河眺览，境地忽开。群山界画，万川输委，形势擅，称兑域之隩区焉。以汉武雄才，经营尽瘁，可谓长驾远驭，而乌孙西境，则车辙未之能及。岂非境地愈远，声教之推暨愈难欤。方今圣德诞敷，广被无垠之域。伊犁既我侯甸，而右境悉属版图。颂格登之鸿文，功与苍山并峙矣。其在于古，则赤城柳谷之墟，碎叶千泉之派。阅岁二千，云烟陈迹，而临水登山，访求故实，犹能想见其大概焉。”

（《西域图志》卷之一・天山北路图说三）

西域图志论天山北路版图等情

中国新疆正史资料。论述了天山北路版图等情况。对研究西域历史具有重要参考价值。文曰：“伊犁形势甲西域，高山长河，表里环抱，汉之乌孙大昆弥治，唐之突厥可汗庭，当在于此也。虽俗不土著，云集乌散，而厥酋负阻，是有常区，以为斗智角力之藉，亦所谓扼要者欤。自是东南行五百余里，胥水泉之腴壤，实山川之隩区。盖准部以伊犁为庭，而自哈什迄裕勒都斯，其门户也。于焉访岑陬射匮之遗壤，溯鹰娑伊列之故流，振古梗化之区，悉归王度。岂非习染久污，剥极而复，遂得耀于光明之宇欤。”

（《西域图志》卷之一·天山北路图说二）

西域图志论西域版图

中国新疆正史资料。论述了西域版图的形成等情况。对研究西域历史具有重要参考价值。文曰：“西域在古为西戎，自汉孝武始通其境。厥后二千年来，向背靡常，前史备载其事。大抵文弱之世，规模不远，外夷酋长，各君其国，以长世称雄，互相吞噬，不奉朝命。及当中国强盛，锐意外攘，职贡所通，稍受约束。三代以下，宋时隔越西夏，并不获与接境。明则弃地闭关，退葸已甚。其长驾远驭，号称阔大者，莫如汉唐。然考其时，仅设都护府，置羁縻州，虚存统率之名，初无服属之实。夷酋之称王称汗，画地以守者自若。是以旋服旋叛，反覆无定。英君谊辟，力征经营，讫不能以混一。皇上乾纲独断，神武布昭。初因机会之可乘，嗣以根株之必绝，星驰电扫，雷厉风行。遂使数千年阻深汶昧之区，子臣其民，版籍其地，咸得耀于光明。视大禹之叙西戎，只以织皮通贡，其难易广狭何如，而自汉以下，益无论矣。其地在肃州嘉峪关外，东南接肃州，东北直喀尔喀，西接葱岭，北抵俄罗斯，南界番藏，轮广二万余里。天山以北，准噶尔部居之。人皆强悍，逐水草，无城郭。天山以南，回部居之，风气柔弱，有城郭，土田良沃，人习耕种。利矢猛炮，其力足以战。重冈叠嶂，其险足以守，此天地之奥区。累代以来，番夷迭居，得以抗衡中国者，职是之故。问考《汉书》西域三十六国，皆在匈奴之西，乌孙之南。南北有大山，中央有河。东则接汉，厄以玉门阳关，西则限以葱岭。诸国大率土著，有城郭田畜，与匈奴、乌孙异俗，故皆役属匈奴。今自镇西府，西至伊犁，天山绵亘三千余里，即《汉书》之北山也。敦煌县西之党河口、红山口，古玉门、阳关遗址也。喀什噶尔、叶尔羌以西之山，即古葱岭。其自嘉峪关外迤南自东而西以达于葱岭，即所谓南山者也。而中央之河，今之罗布淖尔是也。由是言之，则今回部诸城，为古西域有城郭之三十六国，确然无疑。至准夷在天山北，并为乌孙地，其东境犹属匈奴地。故古之称西域者，指南北两大山内之诸国言之。而新辟皇舆之西域，兼及北山之北，古乌孙匈奴故境，拓地尤广。至左右哈萨克、东西布鲁特、霍罕、安集延、那木干、塔什罕、拔达克山、博洛尔、布哈尔、爱乌罕、痕都斯坦、巴勒提诸部，揆诸往古，当属康居、大宛、休循、捐毒、乌秅、难兜、月氏、罽宾诸国。奉朔献琛，实逾重译。今绘全图，以限于楮幅，只载山川都会之大者，而备论其梗概如此。”

（《西域图志》卷之一·西域全图说）

西域图志论西域民族风俗

中国新疆正史资料。论述了西域各民族风俗。对研究西域民族文化具有重要参考价值。文曰：“五土之民，刚柔燥湿异其齐，大川广谷异其制。民生其间，习尚判殊。即同一沙漠之壤，而种区族别，其性情好恶所著，暨岁时伏腊交际吉凶诸事宜，亦自各限土

风,彼此不能相效。无他,俗使然也。若同生斯土,或前弱而后强,或今柔而昔悍,惟视禁令驱使者之转移,而民不能以自主,是则风之为矣。《史记》、《汉书》,祇粗举游牧田作之概。北魏以后,记载较详,而彼此参差,末由符契。准噶尔为乌孙故地,以逐水草为业。旧史称其刚恶贪狠,最为强国。回部诸国多有城郭,而土著颇亟三农之务,每当麦禾成熟时,苦准夷侵轶,约输粟而服属焉。征发期会,惟其所使。夫是故准夷常疆,回部常弱。准夷恒役夫回部,回部恒属于准夷。此积威约之渐也。曩者准既违天,回亦背德。天戈所麾,尽归疆索。加以拊循,施之训诲。向之濡染旧习者,弗迁其地。蒸蒸然咸薰德而善良,猗欤休哉。爰有荷戟征人,从军书记,役兹西土者,因采樵营垒之余,寻风询俗,既得识其大凡。奏凯言旋,津津以道。洎底定以来,设官吏,驻兵民,耳目周知,倍为审的。揆厥大端,可约而纪。举夫田畜之业,刑禁之制,婚姻之礼,丧葬之期,岁时聚会,征逐嬉游之事,就所见闻,述而志焉。若其事稍涉荒诞诡异,不足登星轺里鼓,示信方来者,概屏弗录。志风俗第十五。"

(《西域图志》卷之三十九·风俗)

再赏阿布勒毕斯缎匹等物

清乾隆朝满文寄信档。乾隆四十六年(1781)正月十六日,领侍卫内大臣、尚书、忠勇公等奉上谕,字寄塔尔巴哈台参赞大臣、侍郎、副都统惠龄著再赏阿布勒毕斯缎匹等物。谕曰:"据庆桂奏,察哈尔兵丁岳勒博勒图,自伊犁逃往哈萨克,已于阿布勒比斯处缉获,并派遣阿济拜等将其解至塔尔巴哈台。现已将所写回谢札文及所需治眼之药一并交与阿济拜,并赏赐其差人缎匹、羊只等物遣回。等语。今哈萨克阿布勒比斯,十分重视察哈尔兵丁脱逃之事,迅速缉获,并解至塔尔巴哈台,殊属可嘉,朕甚欣悦。庆桂仅赏赐阿济拜等人缎匹等物,尚不足示嘉奖。著将此寄信惠龄,再加赏阿布勒比斯大缎二匹,并将大臣等具奏此事后,朕甚是嘉悦之处,告知阿布勒比斯。再,适才哈萨克人等掠去之六名厄鲁特人,亦应询问阿布勒比斯,并令缉拿。惠龄接奉此旨后,著将朕加赏缎匹等情晓谕阿布勒比斯时,仍以伊意一并告之曰:适才哈萨克来投之厄鲁特人,被尔等哈萨克人掳走,甚无法纪。令将该厄鲁特人及为首行抢之哈萨克人,一并好生加意查缉解来。诚若缉获解来,大皇帝必定益加赏赉尔等。"

(档号:03-136-1-003)

伊勒图等不必派人打探阿布赉病故事

清乾隆朝满文寄信档。乾隆四十六年(1781)闰五月初十日,领侍卫内大臣、尚书、忠勇公等奉上谕,字寄总管伊犁等处地方将军、领侍卫内大臣、尚书伊勒图及塔尔巴哈台参赞大臣等著不必派人打探阿布赉病故事。谕曰:"据惠龄等奏,闻哈萨克贸易之人议论,伊等阿布赉病故。遂详问驻卡伦之图尔图勒鄂托克之阿哈拉克齐巴布克。巴布克返回打探。今据巴布克回来禀告,阿布赉病故消息虽然不实,然听说阿布勒比斯亦派人前往打探消息,并称阿布赉果已病故,即带其子前来;阿布赉倘若健在,则速返回等语。此言亦不可信。俟去年遣往阿布勒比斯处赍送札文之阿哈拉克齐图伯特回来后，问明另行奏闻。等语。此事无须打探矣。哈萨克等不比我内扎萨克，且与喀尔喀、杜尔伯特、土尔扈特等亦不可比。哈萨克阿布赉果已病故，我等前往打探消息，似同此间我有觊觎其土之意，反引起伊等疑惧。今观阿布勒比斯此情，定有占领阿布赉领地之意，亦未可料。否则何必遣人言称阿布赉若死，即带其子前来；若仍健在，即速返回耶？凡哈萨克内此等之事无须打探核实，即使闻知其情，亦不必干预。伊勒图深知此情。从前伊勒图曾奏有若哈萨克与布鲁特征掠，我等切不可干预，如稍加过问，伊等必来求援之语。著将此寄谕伊勒图、惠龄等。阿布赉病故之事无需过问。阿布赉诚若病故，伊等又为承袭汗号前来呈请遣使请封，则再行具奏，朕另行降旨，酌情恩准阿布赉之子袭封汗号。但即便施恩，亦不能至杜尔伯特、土尔扈特等之品级。惠龄等接奉朕之此旨，于伊等之事，不必稍加干预，唯将哈萨克人如何举动、视需奏闻者再具奏闻可也。不必专事打探。此旨亦寄谕伊勒图知之。”

（档号：03－136－1－045）

酌派认回字人员翻译回人书信

乾隆四十六年四月壬申（二十九日 1781.5.22）（是月），伊犁将军伊勒图奏，塔尔巴哈台与哈萨克接壤，遇有回人书信，皆系送至伊犁译妥呈递，请于伊犁回人内，择其识认回字，通晓回语者，酌派一名，令其前往，照别部落之例，一年一换，给与盐菜银两。报闻。

（《清高宗实录》卷1129　页99）

伊勒图著派傅景致祭哈萨克汗阿布赉

清乾隆朝满文寄信档。乾隆四十六年（1781）六月初六日，领侍卫内大臣、尚书、忠勇公等奉上谕，字寄总管伊犁等处地方将军、领侍卫内大臣、尚书伊勒图及塔尔巴哈台参赞大臣著派傅景致祭哈萨克汗阿布赉。谕曰：“惠龄等奏闻哈萨克汗阿布赉病故之情。从前哈萨克汗阿布勒巴木比特病故时，曾派领队大臣鄂津致祭。今阿布赉病故，亦应遣人往祭。著将此寄谕伊勒图，即派领队大臣傅景前往致祭。其如何赏赐之处，如派鄂津之例，由伊勒图处办理。将此一并寄谕惠龄知之。”

（档号：03－136－1－052）

惠龄著晓谕阿布勒毕斯赏赐阿济拜顶翎

清乾隆朝满文寄信档。乾隆四十六年（1781）六月初六日，领侍卫内大臣、尚书、忠勇公等奉上谕，字寄塔尔巴哈台参赞大臣、侍郎、副都统惠龄著晓谕阿布勒毕斯赏赐阿济拜顶翎。谕曰：“据惠龄等奏闻，遣往阿布勒比斯处赍送赏赐缎匹之哈萨克阿济拜返回，带来阿布勒比斯谢恩之托忒文字书内称，阿济拜系哈萨克所遣人中一可信之人。看来有特来乞恩之意。阿济拜人虽年青，尚属明白。等语。哈萨克人阿济拜每次差来我处，皆黾勉效力，著加恩赏赐六品顶戴蓝翎。著将此寄谕惠龄，将朕加恩赏赐哈萨克阿济拜顶翎之事，顺便晓谕阿布勒比斯知之。”

（档号:03－136－1－050）

加恩令斡利苏勒坦承袭汗位

清乾隆朝满文寄信档。乾隆四十六年(1781)六月初六日，领侍卫内大臣、尚书、忠勇公等奉上谕，字寄总管伊犁等处地方将军、领侍卫内大臣、尚书伊勒图及塔尔巴哈台参赞大臣等著加恩令瓦利苏勒坦承袭汗位。谕曰:“据惠龄等奏，哈萨克汗阿布赉病故，伊子斡里苏勒坦呈送托特字书，先行告称，俟丧事完毕，另遣其弟陈情奏闻。因文内有呈给将军之字，故寄给伊勒图，另行商定具奏。等语。阿布赉既已病故，其子斡里苏勒坦虽言丧事办完后，仍遣其弟具奏，尚不必等候之。今朕已加恩颁发敕书，著其子斡里苏勒坦袭封汗号。[惠龄等](伊勒图)接奉后，即派人赍送斡里苏勒坦。将此一并寄谕[伊勒图](惠龄)知之。”

（档号:03－136－1－051）

伊勒图拣选明白晓事者随领队大臣纳旺学习行走

清乾隆朝满文寄信档。乾隆四十六年(1781)九月十四日，领侍卫内大臣、尚书、忠勇公等奉上谕，字寄总管伊犁等处地方将军、领侍卫内大臣、尚书伊勒图著拣选明白晓事者随领队大臣纳旺学习行走。谕曰:“据伊勒图等奏，现派领队大臣纳旺前往巡查哈萨克、布鲁特边界，并令其顺便将从前索伦部所失马匹及盗马之人留心查访。再，如遇陆续脱逃之土尔扈特、厄鲁特及仍未拿获之哈萨克，立即拿解前来。等语。由此看来，领队大臣纳旺竟是一得力之人，彼处领队大臣内，暂无日后可接其任者。著伊勒图于此期间理应留心，或于蒙古、索伦、察哈尔内，拣选明白晓事者，随纳旺学习行走。此事朕前已有降旨，伊勒图知悉后，好生留意挑选奏闻。”

（档号:03－136－1－087）

扎木颜等人履历清单

哈拉萨哈勒所遗总管一缺，拟正之左翼副总管扎木颜，食俸二十七年。出征二次。额林哈毕尔噶、叶尔羌、阿勒楚尔、伊什勒库勒、乌什等处打仗四十七次、杀贼十名，保荐为卓异三次，得头等功牌五枚、二等功牌五枚、三等功牌三枚、赏银十九两。塔尔巴哈台换防一次，巡查哈萨克边界一次，补放总管拟陪二次。现年四十七岁，察哈尔，马步箭平。拟陪扎木颜之右翼副总管乌巴西，食俸二十七年。出征二次，库车、沙雅尔、叶尔羌、阿勒楚尔、伊什勒库勒、乌什等处打仗四十次，杀贼十三名，保荐为卓异一次，得头等功牌四枚、二等功牌四枚、三等功牌一枚、赏银十六两。塔尔巴哈台换防一次，巡查哈萨克边界一次。现年四十六岁，额鲁特。补放总管递出副总管一缺，拟正之蓝旗佐领塔彬泰，食俸三十三年。出征二次，于乌什等处打仗十八次，杀贼一名，得头等功牌三枚、二等功牌三枚、赏银十六两。塔尔巴哈台换防二次。巡查哈萨克、布鲁特边界三次，拟陪副总管二次。现年五十岁，察哈尔，马步箭平。拟陪塔彬泰之镶红旗佐领雅木丕勒，食俸三十一年。出征一次，于鄂垒扎拉图、乌鲁木齐、特讷格尔、喀什噶尔、叶尔羌等处打仗二十九次，杀贼十五名，得头等功牌二枚、二等功牌二枚、三等功牌一枚、赏银三十七两。塔尔巴哈台换防二次，巡查哈萨克、布鲁特边界三次。现年五十一岁，额鲁特。

（《军机处满文录副奏折》2887—12）

予故哈萨克汗阿布赉祭如例

乾隆四十六年六月丙子（五日 1781.7.25）予故哈萨克汗阿布赉祭如例。

（《清高宗实录》卷 1134　页 150）

阿布赉子著加恩承袭尔父汗爵

乾隆四十六年六月丁丑（六日 1781.7.26）敕谕哈萨克瓦利苏勒坦，据驻塔尔巴哈台大臣奏，尔父阿布赉病故，朕闻之不胜轸惜，尔前来京瞻觐，已受朕恩，且系尔父长子，素能约束属下，朕所深知，除遣大臣赏奠尔父外，著加恩承袭尔父汗爵。朕君临天下，一日万机，尔前入觐时，亦已亲见，当感念朕恩，将所属哈萨克，加意约束，友爱兄弟，辑睦邻境，勿滋事衅，勿隐逃人，尚谨遵此旨，笃诚奋勉，以期永受朕恩。随赏大缎四端。

（《清高宗实录》卷 1134　页 150）

伊勒图著将盗马之哈萨克审明重惩以期儆戒

清乾隆朝满文寄信档。乾隆四十六年（1781）九月二十日，领侍卫内大臣、尚书、忠勇公等奉上谕，字寄总管伊犁等处地方将军、领侍卫内大臣、尚书伊勒图著将盗马之哈萨克审明重惩以期儆戒。谕曰："据伊勒图等奏，接据领队大臣纳旺报称，察哈尔部喀喇诺尔地方牧放之骟马群中，有二百余匹马被贼盗走，已派官兵追缉等情，即派察哈尔总管那彦，率官兵前往追踪。旋据那彦报称，现已皆知盗马之哈萨克鄂托克名称，由哈萨克阿哈拉克齐等前往引导协缉。俟贼拿解审明后，另行具奏。等语。哈萨克等盗我马匹不只一次，多次行盗，情甚可恶。哈萨克等常往内地售马，今何以反盗伊犁官厂马匹耶？此终系伊勒图平时疏松、办理不善所致。哈萨克等俱如牲畜，惟图侥幸。伊勒图诚若严办此等案件，令其戒惧，哈萨克人断不致如此肆意盗马也。不仅如此，管理该牧场之官兵，倘加意严防，收管牧场马匹，岂能为哈萨克等所盗？况该马群地方，必距哈萨克甚近，方至被盗。伊犁地方广阔，可作牧马水草佳处甚多，设立官马牧场，距哈萨克等游牧远些，并无不可。伊勒图身为将军，此等之处俱未虑及，岂有此理。著寄谕申饬外，此次盗马之哈萨克等，一经拿获，务必审明重惩，以期永示戒惧。断不可敷衍塞责，使其久后，盗窃之心猖狂，又滋生何等事端。著将此一并寄谕之，令其惟遵朕旨办理。"

（档号：03－136－1－092）

巴特玛等人履历

补放副总管递出佐领缺，拟正之正白旗库库斯哈勒佐领下骁骑校巴特玛，食俸饷三十六年。出征一次，于鄂垒扎拉图、库车、乌什等处，打仗四十二次，杀贼四名，夺获鸟枪二杆，长枪一杆，得一等功牌一枚、二等功牌一枚、三等功牌一枚、赏银四十五两。补放佐领拟陪二次。现年六十岁，察哈尔，马步箭平。拟陪巴特玛之正红旗阿塔木拜佐领下骁骑校古木布，食俸饷十九年。出征一次，打仗二十七次，杀贼四名，夺获腰刀一把，左肩受枪伤一处，得一等功牌二枚、二等功牌四枚、赏银三十两。赴乌鲁木齐送马二次，巡查哈萨克边界一次。现年三十七岁，察哈尔，马步箭平。拟补佐领递出骁骑校缺，拟正之正白旗库库斯哈勒佐领下空蓝翎娄干，食钱粮二十年。出征乌什一次，打仗六次，杀贼二名，夺获鸟枪一杆，得一等功牌一枚。巡查哈萨克边界二次。补放骁骑校拟陪一次。现年四十六岁，察哈尔，马步箭平。拟陪娄干之正黄旗托布筠佐领下委笔帖式达西那木扎勒，食钱粮二十年。巡查哈萨克、布鲁特边界四次。赴阿布赉游牧探听来归土尔扈特信息一次。任察哈尔营档房委笔帖式六年。现年三十四岁。额鲁特，马步箭平。

（《军机处满文录副奏折》2894—14）

巴特玛等人履历清单

根敦所出骁骑校缺，拟正之镶黄旗齐巴克佐领下领催巴特玛，食钱粮三十一年。出征一次，于鄂垒依扎拉图、库车、叶尔羌等处打仗四十二次，杀贼四名，缴获鸟枪二支、枪一支，得头等功牌一枚、三等功牌一枚、赏银四十五两。现年五十五岁，察哈尔，马步箭平。扎布所出骁骑校缺，拟正之镶红旗布尔哲依佐领下领催瑚苏雷，食钱粮十九年。出征二次，于叶尔羌、和阗、阿勒楚尔、伊什勒库勒等处打仗三十四次，杀贼十六名，缴获鸟枪二支，得获功牌折抵赏银七十一两。赴乌鲁木齐送马二次。现年四十四岁，新额鲁特，马步箭平。拟陪巴特玛之镶白旗罗布藏佐领下领催曼托，食钱粮十七年。出征二次，于苏贝阿满、都尔伯勒津、伊什勒努喇、乌什等处打仗三十二次，杀贼四名，夺取马一匹，得获头等功牌四枚、二等功牌二枚、赏银四十两。现年四十一岁，新额鲁特，马步箭平。拟陪瑚苏雷之镶红旗雅木丕勒佐领下领催古木布，食钱粮十四年。出征乌什一次，打仗二十七次，杀贼四名，夺获腰刀一把，左肩受枪伤一处，得获头等功牌二枚、二等功牌四枚、赏银三十两。赴乌鲁木齐送马一次，巡查哈萨克边界一次。现年三十二岁，察哈尔，马步箭平。

（《军机处满文录副奏折》2675—35）

伊勒图等复书阿布勒毕斯更改惠龄之错误情形

清乾隆朝满文寄信档。乾隆四十六年（1781）九月二十九日，领侍卫内大臣、尚书、忠勇公等奉上谕，字寄总管伊犁等处地方将军、领侍卫内大臣、尚书伊勒图及塔尔巴哈台参赞大臣、侍郎、副都统等著复书阿布勒毕斯更改惠龄之错误情形。谕曰："据惠龄等奏，抢劫先前来投之厄鲁特人等之哈萨克海理玛克齐之三子，已准阿布勒比斯所请，免予拿解，由伊等拿获后，照例自行治罪。将此送发阿布勒比斯之札文缮拟后，交伊子杭和卓带回。等语。本日伊勒图折内言称，据来伊犁贩卖牲口之哈萨克图格勒等言，其来时，塔尔巴哈台大臣饬交缉拿之人、行劫之贼，阿布勒比斯业已拿获，并派土伯特禀报彼处大臣。等语。由此看来，惠龄等所办，殊属错误。阿布勒比斯所请，乃系试探，此等人犯,若准如所请,不令拿解,任其妄为,阿布勒比斯由此猖狂,每事皆请照此而行,安可乎?惟此事惠龄等既已札书阿布勒比斯,准如所请,免将人犯拿解,将扎书交伊子杭和卓带回,今不便再令惠龄等复向伊等索人。但若以此事已经办错,将错就错,不即改正,不据理剀切晓谕阿布勒比斯,以示警惩,则断然不可。伊勒图乃总管伊犁等处地方将军,不可不管塔尔巴哈台。著将此寄谕伊勒图,令其将惠龄等办理错误之处,复致札阿布勒比斯云:我乃伊犁将军,塔尔巴哈台参赞大臣即归我属。此等抢劫厄鲁特人之尔属海理玛克齐之三子,不比寻常行窃之哈萨克人,尔等理应立即缉获,解交我等,从重治罪,以示迥戒。塔尔巴哈台参赞大臣准尔等所请,将此三犯交由尔等拿办,已属错谬,我亦未敢奏闻大皇帝。现我处已行文训斥塔尔巴哈台参赞大臣等矣。然尔等如此试探而为,倘奏报大皇帝后,尔阿布勒比斯必获重罪。尔不比愚昧无知之哈萨克,尔承蒙大皇帝重恩,生活安逸,在游牧为王,却不知感恩,如此妄图侥幸,岂有此理?按例理应将尔参劾,治以重罪。然念尔平时尚属安分,明白知法,故此次宽恕尔,未奏闻大皇帝。嗣后,遇有此等案件,尔若再如此试探,妄图侥幸,冀将应解我处治罪人犯,于尔处办理,尔既负大皇帝重恩,我必将尔参劾,奏闻大皇帝,予以治罪。此三名罪犯,适据前来伊犁贩马之哈萨克图格勒等言,已为王所拿获。此三犯乃皆为首抢劫玛哈沁之重犯,尔务必解送我处治罪示众,方为合理。尔若设法试探不给,则断然不可。[等情。以尔](云云。以伊勒图)之意,札书送往。其后视阿布勒比斯如何回文,即行奏闻。再,惠龄等折内写有哈萨克人盗马后,于卡伦出售,原主追至卡伦,套住马后,仍不给还,且被逐回。等语。此事与我卡伦尤关,为何不加严禁?将此一并寄谕伊勒图,伊犁所有卡伦,亦应严禁贼盗,伊犁、塔尔巴哈台等所有卡伦,皆一体办理。惠龄等不但错办此案,且卡伦一事,虽在折中略提,而如何办理之处,却未陈明,殊属非是。著寄谕惠龄等,严行申饬之。”

(档号:03-136-1-094)

赏赐察哈尔总管那彦散秩大臣衔

清乾隆朝满文寄信档。乾隆四十六年(1781)十月十八日,领侍卫内大臣、尚书、忠勇公等奉上谕,字寄总管伊犁等处地方将军、领侍卫内大臣、尚书伊勒图等著赏赐察哈尔总管那彦散秩大臣衔。谕曰:“伊勒图等奏,前因官马群二百十八匹马被盗,派察哈尔总管那彦前往缉拿哈萨克贼。那彦至哈萨克后,阿布勒比斯甚为愧惧,亲自赶往哈通乌苏,派人协缉,缉获盗马之孟克等八名哈萨克,交与总管那彦。除认回十一匹马外,其余未找到之二百零七匹马,俱由盗贼孟克等自家马匹内赔补,已交使臣阿哈拉克齐伯尔都和卓送来,总管那彦逐一查收。孟克等八名哈萨克人内,有年幼哈萨克人二名,盗马时畏惧返回者一名。阿布勒比斯遣使臣额僧格勒第来呈献贡马,于赏赐伊等后,即照其所请,将此三名哈萨克给回伊等带回。将孟克等五名盗贼,立即正法示警之处,缮写致阿布勒比斯札书,交来使额僧格勒第带回。此次黾勉效力之总管那彦,请予赏缎,阿布勒比斯,亦请一并赏缎。等语。伊勒图等所办得当。此次察哈尔总管那彦,办理缉拿哈

萨克盗贼一事，黾勉效力，且又得体，实属可嘉。止赏缎一匹过少，著加恩赏予那彦散秩大臣职衔，仍赏大缎两匹，以示鼓励。（乘便令其来京，朕欲一见。）朕前曾寄谕伊勒图，令于索伦、察哈尔内拣选数名能办事者，跟随纳旺学习办事。兹朕看那彦，人尚明白，日后（谅）有望接替纳旺之任（耳）。著将此寄谕伊勒图，将那彦人品若何，能否接替纳旺之处，据实奏闻。至阿布勒比斯，闻知此事，即亲来哈通乌苏，派人协助我官兵缉拿盗贼，将贼犯全部拿获交出，且将原盗走马匹内，所缺马匹，俱照数赔补，又特遣使臣额僧额格勒第前来谢罪，呈献贡马。可见阿布勒比斯感戴朕恩，甚属恭顺效力，理应施恩嘉奖。现已缮拟嘉奖谕旨，赏赐大缎八匹、大荷包一对、小荷包一对发去。伊勒图等接到后，即行赏赐，令其嗣后唯当感戴朕恩，凡事皆如此一心一意效力外。由伊勒图处，仍赏赐阿布勒比斯使臣额僧格勒第翎子，以示鼓励。著一并晓谕之。”

（档号:03－136－1－102）

严缉脱逃之察哈尔兵丁扣肯

清乾隆朝满文寄信档。乾隆四十六年(1781)十一月十四日，领侍卫内大臣、尚书、忠勇公等奉上谕，字寄总管伊犁等处地方将军、领侍卫内大臣、尚书伊勒图、塔尔巴哈台参赞大臣等著严缉脱逃之察哈尔兵丁扣肯。谕曰:“惠龄等奏，自伊犁遣往塔尔巴哈台戍守之察哈尔兵丁扣肯脱逃，而哈萨克杭和卓现正来城，故为缉拿之事，札饬杭和卓，逃犯若入其哈萨克境内，即行拿解前来。并请将失察之卡伦侍卫上行走拜唐阿，及伊等分别处以罚俸。等语。折内已批知道了。逃犯扣肯系伊犁遣往塔尔巴哈台戍守之人，虽逃亦应逃回伊犁原籍，岂有逃往哈萨克之理？此事，惠龄等理应飞咨伊勒图严行缉拿，缉获后一面正法，一面奏闻，方为办事之道。何以如此优柔寡断，尚称扣肯旧病复发，恐随处而去耶？著寄谕惠龄，严行申饬外。著将此寄谕伊勒图，令将逃犯扣肯务必严缉务获。一旦拿获，即行正法示惩。仍寄谕惠龄等。逃犯扣肯，此际若于塔尔巴哈台等处拿获，亦即正法，不可稍事姑息。”

（档号:03－136－1－112）

伊勒图著严加管束王亶望子弟并令那彦随纳旺学习行走

清乾隆朝满文寄信档。乾隆四十六年(1781)十一月十四日，领侍卫内大臣、尚书、忠勇公等奉上谕，字寄总管伊犁等处地方将军、领侍卫内大臣、尚书伊勒图著严加管束王亶望子弟并令那彦随纳旺学习行走。谕曰:“今甘肃一案犯官王亶望等之子嗣，发往伊犁充当苦役者甚多。伊等皆因其父侵挪国帑，肥己害民，罪情重大而被发往伊犁充当苦役。现在伊等有已到伊犁者，亦有尚未到达者。此项人等到伊犁后，伊勒图即应折挫差使，严加约束，委派苦差，以彰国宪。如果(徇私)任其在彼置业娶妻，伊等反得以安居，则与未治罪何异？再，此等人遣发彼处日久闲居，不得返归原籍，或妄作诗词，编造诽言；或不安分，滋生事端；或有暗中出逃者，著伊勒图立即一面奏闻，一面正法示众，不得稍事姑容。伊勒图知此旨意，唯当加意约束。(即便将来伊勒图离任，亦当记注档册，交代后任。）再，本日伊勒图奏折内称，领队大臣纳旺，在伊犁十余年，多次出差哈萨克地方，人甚明白。请令那彦跟随纳旺学习行走。等语，所奏是。近因伊犁官厂马群马匹遗失，那彦寻踪直入哈萨克边卡，缉获盗贼，所失马匹尽数追回，甚属奋勉。朕加恩赏给那彦散秩大臣职衔，以期接替纳旺之任。并降谕伊勒图，遇便遣那彦来京。伊勒图今既有此奏。嗣后，一切差务凡派纳旺，即差那彦随同学习行走。”

（档号:03－136－1－111）

察哈尔营总管那彦随领队大臣学习行走等情

乾隆四十六年（1781）十一月二十四日。再，恭奉上谕：朕前曾谕令伊勒图，从索伦、察哈尔内挑选能办事之人数名，跟随那旺学习行走。兹朕看那彦，人尚明白，日后可望接班那旺。将此，著寄信伊勒图，那彦人如何，能否接班那旺，据实奏闻。钦此。钦遵。查得，前恭奉上谕：领队大臣那旺之缺，暂不得接替之人。在此期间，伊勒图理应留意，拟可从蒙古、索伦、察哈尔内挑选能办事之人，跟随那旺学习行走。钦此。钦遵。察哈尔营总管那彦年力精壮，人尚明白，谙知哈萨克、布鲁特等习性，先前亦曾跟随那旺巡查哈萨克、布鲁特边界。若令那彦跟随那旺学习行走，尚可接班那旺。将此，奴才已于十月十六日谨奏，伏乞圣主明鉴。今奉圣谕垂询，故将奴才前曾奏闻之处，谨具复奏。乾隆四十六年十二月十七日奉朱批：知道了。钦此。

（《军机处满文录副奏折》2907—25）

察哈尔营总管那彦谢恩情形折

乾隆四十六年（1781）十一月二十四日。奴才伊勒图谨奏，为奏闻叩谢天恩情形事。恭奉上谕：此次察哈尔营总管那彦，承办缉拿哈萨克盗贼事务奋勉效力，且又得体，极其可嘉，仅赏缎一匹尚少。著施恩给那彦赏散秩大臣职衔，并赏赐大缎二匹，以示鼓励。乘便派伊进京，朕欲验看。钦此。钦遵。奴才立即召来那彦，转宣恩谕，赏给大缎二匹。而后，那彦望阙跪叩天恩称，那彦本系一介蒙古奴仆，毫无效力之处，圣主施恩，陆续委用至总管，即与奴才不甚相称。此次遵奉将军吩咐，赴哈萨克地方缉拿盗马贼，皆系遵照将军训示办理。今圣主施以殊恩，赏赐奴才散秩大臣职衔、大缎二匹，并非那彦之份额，实在感激万分，且诚惶诚恐。嗣后，惟感戴圣恩，于将军交付之差甘效犬马之劳，以还报圣主隆恩于万一，此外实无言奏，恳请将军将我叩谢天恩之处转奏。等语。除将那彦乘便派往京城引见外，谨将其叩谢天恩之处，恭谨奏闻。乾隆四十六年十二月十七日奉朱批：知道了。钦此。

（《军机处满文录副奏折》2907—24）

伊勒图著将哈萨克呈书诡计严词驳斥无须干预其事

清乾隆朝满文寄信档。乾隆四十六年（1781）十二月十二日，领侍卫内大臣、尚书、忠勇公等奉上谕，字寄总管伊犁等处地方将军、领侍卫内大臣、尚书伊勒图著将哈萨克呈书诡计严词驳斥无须干预其事。谕曰：“伊勒图奏称，哈萨克台吉达雅尔遣伊子迈穆特苏勒坦呈送回字书，经粗译阅看后复问迈穆特苏勒坦，乃知为阿布赉身故，其子年幼事。此达雅尔系哈萨克地方一寻常台吉，其捏言自称伊父巴里克原曾为汗，其意在于试探，希图侥幸，业已缮写回札斥责，交与迈穆特苏勒坦，令其返回转告其父。再，其呈文内，有该属下哈萨克等俱称阿布赉之子斡里苏勒坦年幼，不能约束游牧之语，现留心向来伊犁之哈萨克，探问其情，俟有另情，再行具奏。等语。伊勒图所办虽是，惟给达雅尔之札文，言词不甚严厉。现既已送出，亦不遑更正。著将此寄谕伊勒图，嗣后再遇此等事宜，即予严词驳斥，以示戒惧。至达雅尔呈文所言，伊等属下哈萨克等俱称阿布赉之子斡里苏勒坦年幼、不能约束游牧一语，何足为信？似此之词，伊岂不可编造乎？达雅尔此言意在阿布赉子年幼，伊欲为汗，故有妄言试探是书耳。伊如此呈文，伊勒图即将其诡计严词驳回则已。伊游牧内，即便真有何事，亦不必管。倘伊等果有合乎地方情理之事，据实呈请，我等亦唯当顺势酌情办理。伊等之人，生性愚昧，其事无关紧要（一旦办理，则了无终日），亦不值得为之办理。著伊勒图知此，好生留意，遵照办理。”

（档号：03－136－1－123）

查拿察哈尔逃兵扣肯并拿获后立即正法折

乾隆四十六年(1781)十二月十六日。奴才伊勒图谨奏：为钦遵上谕事。本年十二月初三日，接奉领侍卫内大臣、尚书和珅寄信内开，乾隆四十六年十一月十四日奉上谕：据惠龄等奏，伊犁赴塔尔巴哈台换防察哈尔兵扣肯脱逃，为查拿起见，乘杭和卓到城之际，晓谕杭和卓，倘若扣肯在其哈萨克内，立即拿解前来，并请将失察卡伦侍卫上行走之拜唐阿，一并分别罚俸。等语。除在奏折内业已朱批知道了外，逃兵扣肯系由伊犁赴塔尔巴哈台换防者，即便脱逃，亦应逃往伊犁原籍，岂有逃往哈萨克之理。惠龄等将此理应迅速行文伊勒图，严加查拿，俟拿获时，一面将其正法，一面奏闻，方是办事之理矣。为何不如此果断办理，还优柔寡断地声称逃兵扣肯旧病复发走失。除寄信严厉申斥惠龄等外，将此寄谕伊勒图，务必严加查拿逃兵扣肯，俟拿获后，立即正法，以儆效尤。并寄谕惠龄等，在此期间，如在塔尔巴哈台等地拿获逃兵扣肯，亦立即正法，不可稍有姑息。钦此。遵旨寄信前来。查得，由伊犁派往塔尔巴哈台换防察哈尔兵扣肯逃亡后，塔尔巴哈台参赞大臣惠龄咨文奴才，请求查拿。奴才以为扣肯逃回伊犁实难逆料，立即饬令缉查，然并未逃回伊犁。该扣肯系额鲁特人，前因察哈尔营闲散西丹少，从额鲁特营拨入察哈尔营选为披甲，今年派往塔尔巴哈台换防。兹恭奉此谕，奴才复行饬令各该处严加查拿，倘若拿获，则钦遵上谕，立即正法。为此，所有钦奉谕旨事宜复奏。乾隆四十七年正月十二日奉朱批：知道了。钦此。

（《军机处满文录副奏折》2910—26）

严加管束发往伊犁案犯子嗣

乾隆四十六年十一月壬子（十四日 1781.12.28）又谕，现在发往伊犁充当若差之甘肃犯官王亶望等子嗣甚多，皆因其父情罪重大，故将伊等发往充当苦差，此项人到伊犁后，伊勒图应即严加管束，委派苦差，以彰国宪，倘瞻徇情面，任其置产娶妻，则伊等反得晏然安处，与无罪何异。至其遣发日久，不得归籍，或妄作诗词，编选诽言，或不安本分生事，及潜行逃走者，一面奏闻，一面正法，不得稍事姑容，即将来伊勒图离任，亦当注档交代后任。再伊勒图奏折内，称领队大臣那旺，在伊犁十余年，往哈萨克出差最多，人甚明白，请令那彦跟随那旺学习行走等语。所奏是，近因伊犁牧场遗失马匹，那彦寻踪直入哈萨克边卡，捉获贼匪，甚属奋勉，是以赏给散秩大臣职衔，曾谕令伊勒图，遇便遣伊来京，今既有此奏，著嗣后派那旺一切差务时，即令那彦随同学习。

（《清高宗实录》卷1144　页341）

申饬领队大臣復兴未自缮折具奏

清乾隆朝满文寄信档。乾隆四十七年（1782）二月二十二日，领侍卫内大臣、尚书、忠勇公等奉上谕，字寄总管伊犁等地将军、领侍卫内大臣、尚书伊勒图及副都统、领队大臣等著申饬领队大臣復兴未自缮折具奏。谕曰："伊勒图奏称，领队大臣復兴返回伊犁呈称，伊遵旨往吊阿布赉，斡里苏勒坦已袭封为汗，斡里苏勒坦之弟沙盖苏勒坦，即将来京谢恩。等情。据此，以四月内抵京计，现已令沙盖苏勒坦，自伊犁起程矣。等语。除已降旨咨饬护送侍卫等，于五月二十日，将沙盖苏勒坦送至避暑山庄觐见外。復兴承蒙朕恩，系副都统兼领队大臣，朕视其为一人才，遣其往吊致祭（并非伊勒图所遣者）。其斡里苏勒坦如何感戴朕恩，伊等游牧情形若何，復兴理应亲自缮折具奏。（不然，亦应与将军会衔具奏。）何以呈报将军转奏，实属糊涂。莫非伊系将军部下耶？復兴究竟自视为何物矣。况从前朕曾饬谕新疆各处领队大臣，凡有应奏之事，任其具奏。近日为经方之事，朕又降旨通谕矣。今日之事，伊即便不单独具奏，与将军会衔具奏亦不可乎！诚若如此，将军倘若反叛，领队大臣亦随之反叛乎？诚属将军应奏之事，固不可恣意妄奏，然为朕赏荷包、锞锭谢恩事，何以亦由将军转奏耶？復兴殊属糊涂，实非人也。著寄信严行申饬之。伊勒图阅览呈文，独自具奏，亦属非是。著一并寄谕申饬之。"

（档号:03－136－2－019）

准阿布勒毕斯遣子入觐

清乾隆朝满文寄信档。乾隆四十七年（1782）三月十四日，领侍卫内大臣、尚书、忠勇公等奉上谕，字寄总管伊犁等地将军、领侍卫内大臣、尚书伊勒图著准阿布勒毕斯遣子入觐。谕曰："据伊勒图奏，阿布勒比斯请于草出之后，遣伊子入觐叩恩。阿布勒比斯感激朕恩，特遣伊子入觐，意尚诚笃，理应准如所请。著寄信伊勒图，阿布勒比斯若遣伊子来伊犁请求入觐，即准所请，委派贤能章京，沿路护送，务以七月二十日后到达避暑山庄，酌量而行。阿布勒比斯之子到达伊犁，何时起程之处，著乘便奏闻。"

（档号:03－136－2－024）

赏赐土尔扈特亲王荷包缎匹

清乾隆朝满文寄信档。乾隆四十七年（1782）三月二十日，领侍卫内大臣、尚书、忠

勇公等奉上谕，字寄塔尔巴哈台参赞大臣、侍郎、副都统惠龄等著赏赐土尔扈特亲王荷包缎匹。谕曰："惠龄等奏，据塔尔巴哈台鄂伦布拉克卡伦坐卡三等侍卫额们车所报，哈萨克等因马匹遗失请求稽查一事。经访查，土尔扈特亲王奇哩布，查出该旗罗布藏詹巴等十四人将马扣留归己之情，并未隐瞒，现俱拿获。其私自扣留之二百余匹马中倒毙马匹，亦俱赔偿送来，一并给还哈萨克外，将罗布藏詹布等十四人，分别拟处。等语。土尔扈特亲王奇哩布，并不袒护属下，且将罗布藏詹巴等私扣倒毙之二十七匹马，如数补还，实属可嘉。伊非但无罪，尚应施恩。著赏赐奇哩布大荷包一对、小荷包一对送去。惠龄接到后，自彼处缎内支取二匹，与荷包一并赏赐奇哩布。并明白晓谕，嗣后，惟应感戴皇上重恩，妥善约束旗属，倘若再有此类事件，即如是陈明具报。至卡伦侍卫额们车追踪查出所失马匹，对于公务尚属用心。著惠龄即从彼处缎内支取一匹，赏赐额们车，以示鼓励。余俱照惠龄等所奏行。"

（档号:03-136-2-027）

古木布等人履历清单

达西布林所出佐领缺，拟正之正蓝旗巴特玛佐领下骁骑校古木布，食俸饷二十七年。出征二次，于叶尔羌、阿勒楚尔、伊什勒库勒等处打仗二十八次，杀贼三名，得一等功牌三枚、二等功牌三枚、三等功牌一枚。出木兰围一次，得赏银十四两。巡查哈萨克、布鲁特边界七次。补放佐领拟陪一次。现年四十七岁，察哈尔，马步箭平。拟陪古木布之镶蓝旗沙里佐领下骁骑校巴图孟克，食俸饷二十一年。出征一次，于古尔图喀喇乌苏、赛里木等处打仗十次，杀贼五名，抓获活口一名，得赏银十两。塔尔巴哈台换防一次。现年四十三岁，额鲁特。补放佐领递出骁骑校缺，拟正之镶白旗齐臣佐领下领催拉古尔，食钱粮二十二年。出征乌什一次。打仗十八次，杀贼三名，保荐卓异一次，赴乌鲁木齐送马四次，巡查哈萨克、布鲁特边界五次。补放骁骑校拟陪一次。现年四十二次，额鲁特。拟陪拉古尔之正黄旗托布筠佐领下领催门都巴雅尔，食钱粮十四年。缉拿额鲁特逃犯阿布达舒库尔一次，赴阿布赉游牧探听来归土尔扈特信息二次，巡查哈萨克、布鲁特边界十四次，赴乌鲁木齐送马一次。现年四十一岁，额鲁特。

（《军机处满文录副奏折》2920—4）

塔尔巴哈台土尔扈特亲王游牧事宜

乾隆四十七年三月丁巳（二十日 1782.5.2）塔尔巴台参赞大臣惠龄奏，塔尔巴哈台所属土尔扈特亲王奇里布游牧，与哈萨克乌梁海游牧相近，自四十年撤回看管官兵后，数年来尚属安静，请于本年查看牧场之便，亲往巡查，既可知其生计，于事亦属有益，嗣后间一二年，即往巡查一次。得旨嘉奖。

（《清高宗实录》卷1153　页446）

伊勒图酌定具奏阿布勒毕斯遣子入觐事

清乾隆朝满文寄信档。乾隆四十七年（1782）五月十四日，领侍卫内大臣、尚书、忠勇公等奉上谕，字寄总管伊犁等处地方将军、领侍卫内大臣、尚书伊勒图著酌定具奏阿布勒毕斯遣子入觐事。谕曰："伊勒图奏称，奉到令阿布勒比斯之子七月内来避暑山庄觐见之旨，乘便询问卓勒齐，据言，阿布勒比斯之子内究竟派谁前往，尚未定夺，大约秋时遣往。是以请准阿布勒比斯之子年终入京觐见。等语。阿布勒比斯感戴朕恩，遣子入觐，若入秋后起程，天气寒冷，但年终到京，来年正月灯节筵宴，观看烟火，亦甚善耳。唯阿布勒比斯虽露此意，尚未呈请。伊若恳请遣子，实出诚意，即准所请；若不情愿，并未提出，亦不必勉强。著伊勒图知此，相机酌定奏闻。"

（档号:03－136－2－045）

勉励阿哈拉克齐图伯特捉拿哈萨克人犯

清乾隆朝满文寄信档。乾隆四十七年(1782)五月十四日，领侍卫内大臣、尚书、忠勇公等奉上谕，字寄总管伊犁等处地方将军、领侍卫内大臣、尚书伊勒图著勉励阿哈拉克齐图伯特捉拿哈萨克人犯事。谕曰："据伊勒图奏称，从前抢劫玛哈沁之哈萨克海里玛克齐之三子向未拿获解来。近日赏给六品顶翎之阿哈拉克齐图伯特，表示愿意协助卓勒齐等，将此三名哈萨克人犯拿解前来。是以婉言交令图伯特，务必将此三犯拿获解来。等语。从前抢劫玛哈沁等之哈萨克三犯，阿布勒比斯屡拿未获，今阿哈拉克齐图伯特感激赏给顶翎之恩，表示愿意协助卓勒齐等缉拿，伊勒图当即好言鼓励，所办甚善。著寄信伊勒图，图伯特诚若奋勉，将哈萨克人犯拿获解来，奏到之时，朕另酌量加恩。"

（档号:03－136－2－042）

伊勒图著酌议交易羊只可否折作钱粮给发官兵

清乾隆朝满文寄信档。乾隆四十七年(1782)六月初一日，领侍卫内大臣、尚书、忠勇公等奉上谕，字寄总管伊犁等地将军、领侍卫内大臣、尚书伊勒图著酌议交易羊只可否折作钱粮给发官兵。谕曰："伊勒图奏称，哈萨克赶来贸易之牲畜官为交易后，其所余牲畜，已令官兵交易矣。等语。哈萨克等之牲畜到后，官兵私下交易者想必甚多，否则京城哈萨克马匹何以如此之多？朕并非欲加禁止，京城哈萨克马匹多，亦系好事耳。唯每年交易之牲只，于伊犁等处驿站牲只、屯田兵丁回人及各营兵丁买补之项，是否足用？兵丁补马所给价银，既已俱充作钱粮，由内地调取之银两数目自应少矣，伊处前日何以仍调银五万余两耶？再者，交换之羊只亦可作为官兵口粮折给，以节省粮饷也。著寄信伊勒图，嗣后马匹、羊只交易若多，可将马匹变价折给官兵，将羊只折作口粮略多折给官兵，则又可节省饷米，且一年无须耗银五万两矣。但彼处每年前来交易之马匹羊只价值多少、能否多加贸易之处，唯伊勒图所稔知。著伊接到此旨，详查其情，以于事有裨酌定议奏。朕亦并非决意如此办理，以撙节钱粮（朱圈）也。其是否可行，伊勒图唯酌情而定。设若我们既得伊犁地方，又无须多费钱粮，岂不更好？切不可拘泥朕旨。"

（档号:03－136－2－051）

哈萨克汗之弟出入贤良门外瞻觐

乾隆四十七年五月丁酉（一日 1782.6.11）哈萨克汗斡里素勒坦之弟沙海素勒坦率来使等九人，于出入贤良门外瞻觐，赐冠服银币有差。

（《清高宗实录》卷1156　页483）

赐王公大臣额驸台吉等宴

乾隆四十七年五月戊戌（二日 1782.6.12）上御山高水长幄次，赐王公大臣额驸台吉等，及哈萨克罕斡里素勒坦之弟沙海素勒坦，并来使等宴。

（《清高宗实录》卷1156　页486）

赏赐拿获盗窃厄鲁特马匹之布鲁特人等

清乾隆朝满文寄信档。乾隆四十七年（1782）六月十七日，领侍卫内大臣、尚书、忠勇公等奉上谕，字寄总管伊犁等处地方将军、领侍卫内大臣、尚书伊勒图著赏赐拿获盗窃厄鲁特马匹之布鲁特人等。谕曰："伊勒图奏称，布鲁特沙巴克等拿获盗窃厄鲁特马匹之布鲁特萨拉，将其绑缚解来，行至哈萨克路段，萨拉翻身落入河中溺死。此案，审无别情，请将前获萨拉盗马同伙布鲁特拜特浑、可布克二贼，即行正法。等语。拜特浑等，著照所奏，即行办理示警。其拿获盗马贼萨拉之布鲁特沙巴克等究系几人，伊勒图折内并未声明。前面写沙巴克等六、七人，后面又写作沙巴克等三人，甚为含糊。著传谕伊勒图，将率先拿获萨拉之布鲁特沙巴克赏彩缎一匹，以示鼓励外，其余协缉效力之布鲁特等，令其查明，分别奖励，具奏以闻。"

（档号:03－136－2－059）

伊勒图著将甘肃案内遣犯有无写诗诉怨者密访奏闻

清乾隆朝满文寄信档。乾隆四十七年（1782）七月初六日，领侍卫内大臣、尚书、忠勇公等奉上谕，字寄总管伊犁等处地方将军、领侍卫内大臣、尚书伊勒图著将甘肃案内遣犯有无写诗诉怨者密访奏闻。谕曰："据伊勒图奏，偷盗伊犁博罗布尔噶苏屯田回子艾里木等人牧马之察哈尔四名兵丁内，其起意盗马之托克索木拜，拟以斩罪，古木布、阿柱、奇尔吉斯，拟以绞罪，俱已立决。请将该察哈尔部佐领古苏类，交部议处。等语。朕已在折内批以'妥当'。又奏报查出原伊犁屯田名叫约勒达西之回子噶里布，前因不安分脱逃，被哈萨克带去，又为布鲁特掳走，逃出后，假装认厄鲁特库勒图西为兄，居于厄鲁特部。请将约勒达西发遣乌鲁木齐给兵丁为奴，其隐情不报之厄鲁特兵丁库勒图西，革去披甲，枷号二个月，以示重惩一折内，朕批以'依议'。此之二事，伊勒图皆果决妥善办理矣。其盖因近日朕屡次降旨训示，伊勒图方才留心妥协办理也。嗣后即应如此办理，不可稍事姑息，权充好人沽名钓誉才是。再，甘肃案内所有发遣人犯，皆系重罪发遣伊犁服苦役之人，其中或有会汉文汉字者，并不知罪，心存怨尤，私作反诗逆词，亦未可料。诚有此事，（不时留心查访），伊勒图务必据实奏闻，从重治罪。若稍事隐瞒，日后为他人查出具奏，伊断难逃其咎，伊岂不知乎？至此等人犯，朕未令正法，唯发遣伊犁，即朕格外重恩矣。若至伊犁仍服轻役，得获生路，晏然而居，焉能示警。即便全无衣食，冻饿至死，唯听任耳，何足为惜。伊勒图知此，唯留意密访严查，若权充好人，稍事姑息，朕闻后决不轻恕。”

（档号:03－136－2－067）

伊勒图等著奏闻伊犁拟解羊只折价售给兵民情形

清乾隆朝满文寄信档。乾隆四十七年（1782）七月十九日，领侍卫内大臣、尚书、忠勇公等奉上谕，字寄总管伊犁等地将军、领侍卫内大臣、尚书伊勒图及乌鲁木齐都统等著奏闻伊犁拟解羊只折价售给兵民情形。谕曰：“伊勒图奏称，近几年自哈萨克陆续购买之羊并无用处，是以札商明亮，将四、五万只赶送乌鲁木齐等地，较原价稍增价值售给兵丁民人。等语。伊勒图所见甚善。此项羊只宜应如此调度。乌鲁木齐、古城、吐鲁番、巴里坤等地，满洲绿旗兵丁携眷而居之民甚多，与其高价购买喀尔喀羊只，不如低价购买自伊犁赶往之羊。著传谕明亮，令其酌定价值，但不可因伊犁所买哈萨克羊只价值甚贱而定价过低。不拘如何，从伊犁买羊，每只仅需银几钱，而乌鲁木齐等处购买喀尔喀羊，每只则需银二两不等。明亮知悉此情，可比伊犁买进羊价多增几钱定价出售，不可骤减至喀尔喀羊价之一半。著明亮接到此旨，将酌量彼处情势，如何以有裨于事定拟之处，即行奏闻。并寄谕伊勒图和之。”

（档号:03－136－2－070）

以高价购买回子布匹

清乾隆朝满文寄信档。乾隆四十七年（1782）八月二十七日，领侍卫内大臣、尚书、忠勇公等奉上谕，字寄总管伊犁等处地方将军、领侍卫内大臣、尚书伊勒图及乌什参赞大臣等著以高价购买回子布匹。谕曰：“伊勒图奏称，本年哈萨克赶来之牲畜甚多，交易羊只所需布匹，已札商绰克托，按时价自回人处购进三万匹；其剩余布匹给兵丁制做二三百顶帐篷，以为备用。等语。制做帐篷之事，即照所奏行。惟此次所买这些布，不比寻常回子纳贡照章折缴之布。新疆地方办理事宜，若偏颇我军而稍有扰害回子之处，即非事体。兹自回子处买布，定价宜稍增加。著传谕伊勒图、绰克托，自回子处购买之布，按略高于每年纳贡布匹之价定价办理外，伊勒图身为将军，总管伊犁等处地方，从前准噶尔之厄鲁特等偏护其属、欺压回众生事之情，伊亦当留心也。”

（档号:03－136－2－084）

将解来哈萨克人犯交阿布勒毕斯自行处置

清乾隆朝满文寄信档。乾隆四十七年（1782）八月二十七日，领侍卫内大臣、尚书、忠勇公等奉上谕，字寄总管伊犁等地将军、领侍卫内大臣、尚书伊勒图著将解来哈萨克人犯交阿布勒毕斯自行处置。谕曰：“伊勒图奏称，阿布勒比斯遣伊子卓勒齐，将所获从前抢劫玛哈沁之三名哈萨克中之二名，名叫嘉弥尔咱、哈色木台者，解送前来。经审，

其二人伙同鄂西尔曼至卡伦附近，将脱逃之玛哈沁拜特穆尔六人劫走，别无他情。是以请旨，拟将嘉弥尔咱、哈色木台二哈萨克，枷号半年，以示重惩，且准阿布勒比斯再四恳请，交伊子鄂勒齐带回。并令鄂勒齐晓谕其父，务将尚未拿获之哈萨克鄂西尔曼拿解前来。等语。伊勒图所办甚善，如此晓谕卓勒齐甚是。身为将军，固然执法宜严。哈萨克等若至卡伦附近，无端劫走我厄鲁特人等，理应拿获重办示警。兹哈萨克嘉弥尔咱等，虽为追其逃人而至卡伦附近，并未与我军冲突；且阿布勒比斯见我索要，即将拿获之二名哈萨克先行解来，殊属知恩恭顺。伊又再四恳请交送伊等，照伊等法律办理。看来阿布勒比斯确是遵我法令恭顺而行也。著加恩将此次解来之二名哈萨克，免以枷号，唯重责示警，交回阿布勒比斯外。其尚未拿获之哈萨克鄂西尔曼，俟拿获后，亦著免于解送，即照伊等之例办理。将此一并晓谕阿布勒比斯知之。此次阿布勒比斯所行，甚属恭顺，殊属可嘉，朕甚嘉悦。著加恩赏给阿布勒比斯大缎四匹。应赏缎匹，即由彼处库内支取赏与。伊勒图接到此旨，将朕所降谕旨明白缮札，俟将嘉弥尔咱、哈色木台二哈萨克重责示警后，即遣妥善之人，将此札付、赏缎及解回之人一并送往。如此，阿布勒比斯必感激朕恩，嗣后诸事愈加恭顺也。”

（档号：03－136－2－083）

拿获之哈萨克二人免其枷号

乾隆四十年八月辛卯（二十七日 1782.10.3）谕军机大臣等，据伊勒图奏，阿布勒比斯遣伊子卓勒齐，将从前抢掠玛哈沁之哈萨克加弥尔噜、哈色木台二人，拿获解送前来，讯明伊等与哈萨克鄂锡尔满至卡，将脱逃之玛哈沁拜特穆尔等掠去，并无别故，拟将加弥尔噜、哈色木台枷号半年，期满，照阿布勒比斯所请，交与领回，并令卓勒齐归告伊父，务将未获之鄂锡尔满拿获解来等语。伊勒图所办甚好，身为将军，固宜法令森严，但哈萨克若无故来至边卡，将土尔扈特虏去，自应严办示惩。今哈萨克加弥尔噜等，系追赶伊之逃人，虽来至边卡并未敢与官兵相距，自可不必深究。阿布勒比斯将内地所要之人，拿获送到，又恳请领回，照伊处之法办理，甚知奉法，著加恩将现在拿获之哈萨克二人，免其枷号，惟重责示惩遣回，并晓谕阿布勒比斯，其未获之哈萨克鄂锡尔满，于拿获时，不必解送，照伊处之法办理可也。此次阿布勒比斯甚属恭顺，朕览奏深为嘉悦，著赏给大缎四匹，以示奖励，伊勒图接奉此旨，即遵照妥办。将此谕令知之。

（《清高宗实录》卷 1163　页 580—581）

卡伦侍卫拟赏给花翎

乾隆四十七年十月甲申（二十一日 1782.11.25）塔尔巴哈台参赞大臣惠龄等奏，查塔尔巴哈台地处极边，与布鲁特、哈萨克接壤，原设卡十二座，侍卫十二员，除轮流坐台外，城内留驻一二员，以备差遣，历任参赞均系如此办理。嗣因土尔扈特游牧移驻和博克萨里地方，复添卡四座，需员照料，再查收哈萨克马匹，亦需妥员，向俱派伊犁满员前往，均有顶无翎，不足以肃观瞻。请嗣后将派往满员，赏给花翎三枝，蓝翎三枝，拣选对品人员赏戴，令其一体坐台，年满换班，将翎枝摘给新派之员，果有认真出力人员，咨行伊犁将军，遇缺升补，懈惰者参处。得旨，著照所请行。

（《清高宗实录》卷1167　页648）

巴图孟克等人履历清单

沙里所遗佐领缺，拟正之镶蓝旗沙里佐领下骁骑校巴图孟克，食俸饷二十一年。出征一次，于古尔图、喀喇乌苏、赛里木等处打仗十次，杀贼五名，抓获活口一名，得赏银十两。塔尔巴哈台换防一次。补放佐领拟陪一次。现年四十三岁，额鲁特。拟陪巴图孟克之正红旗阿塔木拜佐领下骁骑校达西那木扎勒，食俸饷二十一年。巡查哈萨克、布鲁特边界四次，赴阿布赉游牧探听来归土尔扈特信息一次。现年三十五岁，额鲁特。补放佐领递出骁骑校缺，拟正之正黄旗托布�佐领下领催门都巴雅尔，食钱粮十四年。缉拿额鲁特逃犯阿布达舒库尔一次，赴阿布赉游牧探听来归土尔扈特信息二次，巡查哈萨克、布鲁特边界十四次，赴乌鲁木齐送马一次，补放骁骑校拟陪一次。现年四十一岁，额鲁特。拟陪门都巴雅尔之正蓝旗巴特玛佐领下空蓝翎领催讷默库，食钱粮十一年。缉拿额鲁特逃犯阿布达舒库尔一次。巡查哈萨克、布鲁特边界三次。现年三十七岁，额鲁特。

（《军机处满文录副奏折》2948—6）

察哈尔总管那彦送京引见折

乾隆四十八年（1783）正月十九日。奴才伊勒图谨奏：为奏闻事。窃查，四十六年十一月恭奉上谕：察哈尔总管那彦承办缉拿哈萨克盗贼事宜奋勉效力，而得情理，极为可嘉。仅赏缎一匹尚少，著加恩赏给那彦散秩大臣职衔，并赏大缎二匹，以示鼓励。遇有乘便，将其送京，朕欲面见。先前，朕曾谕伊勒图，于索伦、察哈尔内拣选数名办事干练之人，随那旺学习办事。今朕看那彦，人尚聪明，日后有望接班那旺。将此，著寄谕伊勒图，那彦人如何、能否接班那旺之处，据实奏闻。钦此。钦遵。奴才当即谨具奏闻，察哈尔总管那彦年轻力壮，为人聪明，知晓哈萨克、布鲁特习性，若随那旺学习行走，尚可接班那旺。将那彦乘便送京引见。等语。去年春秋两季，那彦随领队大臣那旺巡查哈萨克、布鲁特边界，未送引见。今正值空闲之际，理应将那彦送往引见。是以，将那彦与满洲营补行引见官员一同送京引见外，咨文理藩院。为此谨具奏闻。乾隆四十八年二月十二日奉朱批：知道了。钦此。

（《军机处满文录副奏折》2952—44）